Oberstufe
Elemente Chemie
Nordrhein-Westfalen

Serviceband

Paul Gietz
Peter Nelle
Carsten Penz
Elke Schumacher
Wilke de Vries

D1724405

Ernst Klett Verlag
Stuttgart · Leipzig

Dieser Serviceband gehört zum folgenden Schulbuch:
Elemente Chemie Oberstufe Nordrhein-Westfalen, ISBN 978-3-12-756916-2 bzw. ECF70916EBA12 bzw. ECF70916EBD12

Hinweise zu den Versuchen

Vor der Durchführung eines Versuchs müssen mögliche Gefahrenquellen besprochen werden. Die geltenden Richtlinien zur Vermeidung von Unfällen beim Experimentieren sind zu beachten.

Da Experimentieren grundsätzlich umsichtig erfolgen muss, wird auf die üblichen Verhaltensregeln und die Regeln für Sicherheit und Gesundheitsschutz beim Umgang mit Gefahrstoffen im Unterricht nicht bei jedem Versuch gesondert hingewiesen.

Beim Experimentieren muss immer eine Schutzbrille getragen werden.

Zum Bild auf dem Umschlag:
Das Foto zeigt einen 3D-Drucker, mit dem ein Gegenstand aus Kunststoff hergestellt wird. Der 3D-Druck wird im Schulbuch auf S. 376 und in Kap. 9.5 kurz beschrieben. Der Filament-3D-Druck (FFF – Fused Filament Fabrication) ist das bekannteste Verfahren in der Industrie und im Privatbereich. Am häufigsten wird PLA (Kap. 9.11) zum Filament-3D-Druck verwendet; dieser Kunststoff ist kostengünstig und wegen seines niedrigen Schmelzbereichs leicht zu verarbeiten. Aber auch andere Kunststoffe werden eingesetzt. ABS (S. 376 und Kap. 9.2) ist wegen seines höheren Schmelzbereichs schwieriger zu verarbeiten, aber dafür härter und langlebiger.

1. Auflage   1 5 4 3 2 1 | 27 26 25 24 23

Alle Drucke dieser Auflage sind unverändert und können im Unterricht nebeneinander verwendet werden.
Die letzte Zahl bezeichnet das Jahr des Druckes.

Autorinnen und Autoren: Paul Gietz, Peter Nelle, Dr. Carsten Penz, Dr. h. c. Elke Schumacher, Dr. Wilke de Vries
Bei der Erstellung dieses Unterrichtswerkes wurde auch auf andere Titel des Ernst Klett Verlags zurückgegriffen.
Deren Autorinnen und Autoren sind: Prof. Ulrich Bee, Oliver Blauth, Edgar Brückl, Prof. Werner Eisner, Paul Gietz, Heike Große, Dr. Erhard Irmer, Axel Justus, Christian Kirberger, Prof. Dr. Klaus Laitenberger, Prof. Heike Maier, Dr. Martina Mihlan, Peter Nelle, Hildegard Nickolay, Dr. Carsten Penz, Horst Schaschke, Prof. Dr. Werner Schierle (†), Bärbel Schmidt, Andrea Schuck, Michael Sternberg, Dr. Jutta Töhl-Borsdorf, Prof. Karsten Wiese, Peter Zehentmeier, Dr. Thorsten Zippel.

Entstanden in Zusammenarbeit mit dem Projektteam des Verlages.

Umschlaggestaltung: normaldesign GbR, Maria und Jens-Peter Becker, Schwäbisch Gmünd
Satz: Thomas Krauß Verlagsservice, Ederheim
Druck: Digitaldruck Tebben GmbH, Biessenhofen
Printed in Germany
ISBN 978-3-12-756917-9

Inhaltsverzeichnis

Rückblick und Vertiefung: Chemische Reaktion (S. 4/5)

Zu den Aufgaben

A1

a) Um die Verbrennungsreaktion auszulösen, muss Aktivierungsenergie zugeführt werden.

b) Der Betrag der abgegebenen Energie ist größer als der Betrag der Aktivierungsenergie. Die Reaktion ist also exotherm.

A2 **Dreiwegekatalysator (TWC, three way catalytic converter) bei Benzinmotoren:**

Benzin ist ein Gemisch aus Kohlenwasserstoffen. Beim Verbrennen im Ottomotor reagieren diese mit Sauerstoff, hauptsächlich zu Kohlenstoffdioxid und Wasser. Als Nebenprodukte entstehen aber auch giftige Stoffe:
- Kohlenstoffmonooxid entsteht durch unvollständige Verbrennung des Benzins.
- Stickstoffoxide entstehen aus dem Stickstoff und dem Sauerstoff der eingesaugten Luft bei der hohen Temperatur im Zylinder des Motors.
- Ein geringer Teil des Benzins wird in andere Kohlenwasserstoffe umgewandelt.

Der Dreiwegekatalysator besteht aus einem Keramikblock, der von dünnen Kanälen durchzogen ist. Auf der Oberfläche der Kanäle ist Platin oder ein anderes Edelmetall (z. B. Rhodium oder Palladium) in fein verteilter Form aufgetragen. Ein Katalysatorblock enthält etwa 2 Gramm Edelmetall. An der großen Oberfläche des Katalysators reagieren die vom Motor kommenden heißen Gase miteinander. Aus Kohlenstoffmonooxid, Stickstoffoxiden, Kohlenwasserstoffen und restlichem Sauerstoff entstehen hauptsächlich Kohlenstoffdioxid, Stickstoff und Wasser.

Selektive katalytische Reduktion (SCR, selective catalytic reduction) bei Dieselmotoren:

Auch Dieselkraftstoff ist ein Gemisch aus Kohlenwasserstoffen. Bei der Verbrennung im Dieselmotor entstehen u. a. Stickstoffoxide. Viele Fahrzeuge mit Dieselmotoren, v. a. Lastkraftwagen und Busse, aber auch Pkws, haben einen Zusatztank mit einer wässrigen Harnstoff-Lösung.

Die wässrige Harnstoff-Lösung (auch als AdBlue® bezeichnet) wird in das Abgas eingespritzt; bei der hohen Temperatur des Abgases entsteht u. a. Ammoniak:

$$(NH_2)CO \longrightarrow NH_3 + HNCO$$

Harnstoff   Ammoniak   Isocyansäure

$$HNCO + H_2O \longrightarrow NH_3 + CO_2$$

Isocyansäure   Wasser   Ammoniak   Kohlenstoffdioxid

An einem SCR-Katalysator reagiert das Ammoniak mit den Stickstoffoxiden (NO_2 = Stickstoffdioxid, NO = Stickstoffmonooxid) zu Stickstoff und Wasser:

$$4\,NO + 4\,NH_3 + O_2 \longrightarrow 4\,N_2 + 6\,H_2O$$

$$NO + NO_2 + 2\,NH_3 \longrightarrow 2\,N_2 + 3\,H_2O$$

$$6\,NO_2 + 8\,NH_3 \longrightarrow 7\,N_2 + 12\,H_2O$$

Durch selektive katalytische Reduktion kann der Ausstoß von Stickstoffoxiden um etwa 90 % vermindert werden.

Hinweis: Dieselmotoren erzeugen auch Rußpartikel. Diese stehen im Verdacht, Krebs zu erzeugen. Um sie aus dem Abgas zu entfernen, benötigt man einen Partikelfilter. In den feinen Kanälen des Filters aus einer harten Keramik, die hohe Temperaturen aushält, werden die Rußteilchen zurückgehalten. Ist der Partikelfilter fast gefüllt, wird der zurückgehaltene Ruß zu Kohlenstoffdioxid verbrannt.

Rückblick und Vertiefung: Metalle und Metallgewinnung (S. 6/7)

Zu den Aufgaben **A1**

Metall	Eigenschaften	Wichtige Verwendungen
Aluminium	Silberglänzend, gute elektrische Leitfähigkeit, Schmelztemperatur: 660 °C, Siedetemperatur: 2 467 °C, Dichte: 2,70 g/cm³	Bau- und Konstruktionsmetall, z. B. für Autokarosserien, Fahrradrahmen, Bauverkleidungen, Reflektoren, Stromschienen, Verpackungsmaterial (Dosen, Folien)
Blei	Dunkelblaugrau, weich, Schmelztemperatur: 327 °C, Siedetemperatur: 1 740 °C, Dichte: 11,4 g/cm³	Dachabdeckungen, Autobatterien, Bleischürzen als Strahlenschutz, Senkblei
Eisen	Schmelztemperatur: 1 535 °C, Siedetemperatur: 2 750 °C, Dichte: 7,87 g/cm³	Meist verwendet als Stahl: Brücken, Tore, Nägel, Zäune, Autokarosserien, Fahrradrahmen
Kupfer	Rot glänzend, hohe elektrische Leitfähigkeit, Schmelztemperatur: 1 083 °C. Siedetemperatur: 2 567 °C, Dichte: 8,92 g/cm³	Dachrinnen, Bauverkleidungen, Dächer, Kunstgegenstände, Stromkabel
Silber	Hell glänzend, Schmelztemperatur: 962 °C, Siedetemperatur: 2 212 °C, Dichte: 10,5 g/cm³	Münzen, Schmuckstücke, Besteck
Titan	Grau glänzend, zäh, Schmelztemperatur: 1 660 °C, Siedetemperatur: 3 287 °C, Dichte: 4,51 g/cm³	Verkleidungen im Flugzeug- und Raketenbau, künstliche Gelenke, Brillen, Schmuck

A2

Legierung	Zusammensetzung (Massenanteile)
Neusilber	30–70 % Kupfer 11–26 % Nickel 12–44 % Zink
Bronze (Glockenbronze)	75–80 % Kupfer 20–25 % Zinn
Messing	60–70 % Kupfer 30–40 % Zink
Edelstahl	68–88 % Eisen 12–18 % Kupfer 0–14 % Nickel

A3

a) Zink kann Sauerstoff-Atome besser aufnehmen als Kupfer. Die Reaktion ist möglich:

$$CuO + Zn \longrightarrow Cu + ZnO$$

b) Kupfer kann Sauerstoff-Atome weniger gut aufnehmen als Magnesium. Die Reaktion ist nicht möglich.

c) Magnesium kann Sauerstoff-Atome besser aufnehmen als Silber. Die Reaktion ist möglich:

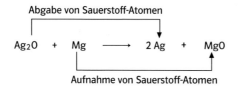

$$Ag_2O + Mg \longrightarrow 2 Ag + MgO$$

d) Silber kann Sauerstoff-Atome weniger gut aufnehmen als Zink. Die Reaktion ist nicht möglich.

e) Magnesium kann Sauerstoff-Atome besser aufnehmen als Eisen. Die Reaktion ist möglich:

Hinweis: Die Reaktionsgleichung könnte auch mit Fe_2O_3 oder mit FeO formuliert werden.

A4

a) Magnesium + Kohlenstoffdioxid $\longrightarrow$ Magnesiumoxid + Kohlenstoff

b) $2\,Mg + CO_2 \longrightarrow 2\,MgO + C$

c) Es müsste die Rückreaktion der Teilaufgabe (b) stattfinden. Kohlenstoff kann jedoch Sauerstoff-Atome weniger gut aufnehmen als Magnesium, d.h., diese Rückreaktion ist nicht möglich.

Rückblick und Vertiefung: Atombau und Periodensystem (S. 8/9)

Vorbemerkung

Diese Lerneinheit wiederholt die wichtigsten Inhalte der Sekundarstufe I zum Thema Atombau und Periodensystem.

Die Bücher der Reihe „Elemente Chemie" folgen bei der Differenzierung des Dalton'schen Atommodells in ein Kern-Hülle-Modell i.d.R. dem folgenden Weg:

1. Die chemische Verwandtschaft der Alkalimetalle und der Edelgase führt zum Periodensystem der Elemente mit den Ordnungsprinzipien der chemischen Verwandtschaft und (zunächst) der Atommasse. Die Ordnungszahl legt die endgültige Reihenfolge fest. Das Periodensystem war einerseits Anreiz zur Entdeckung noch fehlender Elemente, andererseits Anreiz zur Suche nach der Ursache für die Periodizität. Schon Dimitrij Mendelejew vermutete die Ursache in der „inneren Mechanik" der Atome.
2. Danach werden die Grundbausteine der Atome und das Kern-Hülle-Modell (Rutherford'sches Atommodell) behandelt. Im Hinblick auf das angestrebte Schalenmodell wird bei der Behandlung der Atomhülle von Anfang an mit der Vorstellung eines kugelsymmetrischen Aufenthaltsraumes der Elektronen gearbeitet. (Der Begriff „Schale" beschreibt einen Raum und darf nicht mit einer Kugeloberfläche verwechselt werden.)
3. Aus den Werten der Ionisierungsenergien (diese sind für die Schülerinnen und Schüler im Vergleich zu Emissionsspektren leichter interpretierbar) folgen die Energiestufen bzw. Schalen der Atome. Man kann dies im Unterricht zwar so behandeln, in „Elemente Chemie" wird aber der umgekehrte Weg gewählt: Zuerst wird das Energiestufenmodell und das Schalenmodell vorgestellt. Danach werden diese Modelle durch die Werte der Ionisierungsenergien belegt.
4. Das Wissen über die Grundbausteine der Atome und das Schalenmodell führt schließlich zu einem tieferen Verständnis des Periodensystems.

Das Werk „Elemente Chemie" verfolgt im Hinblick auf Atommodelle das Prinzip, dass das jeweils nachfolgende Modell die Eigenschaften des zuvor genannten Modells ebenfalls besitzen soll, sodass nichts von dem, was vorher gesagt wurde, später zurückgenommen werden muss. Vielmehr soll ein „besseres" Modell eine Verfeinerung und keine Aufhebung des einfacheren Modells sein. Das Dalton'sche Modell wird durch das Kern-Hülle-Modell verfeinert und dieses durch das Schalenmodell. Das genannte Prinzip führt auch dazu, dass das Bohr'sche Atommodell mit Bahnen statt Schalen in den Sekundarstufe-I-Bänden der Reihe „Elemente Chemie" i.d.R. nicht dargestellt wird. Seine Aussagen über die Bahnen von Elektronen müssten später revidiert werden, und das Prinzip einer aufbauenden Reihe von Modellen wäre verletzt. Deshalb wird nur von Schalen gesprochen, in denen sich die Elektronen irgendwie befinden, auch wenn der Grund für die Vermeidung von Bahnen zunächst nicht erörtert werden kann.

Bei der Einführung des Schalenmodells sollte man vermeiden zu sagen, dass die Elektronen so schnell herumfliegen, dass man deswegen ihren jeweiligen Ort nicht zu fassen bekommt. Bei Beachtung der Heisenberg'schen Unbestimmtheit ist eher das Umgekehrte der Fall: Bei starker Lokalisation (genauer Ortsfestlegung) nähme das Elektron eine hohe kinetische Energie an; niedrige kinetische Energie (geringe Geschwindigkeit der Elektronen) ist nur mit starker Delokalisation verträglich. Der Impuls Null wäre (nach Louis De Broglie, $p \cdot \lambda = h$) nur noch mit unendlich großer Wellenlänge vereinbar. Die Unbestimmtheit des Ortes wäre beim Impuls Null vollkommen. Das beliebte Bild vom schnell rotierenden Ventilator, dessen Propellerblätter man aufgrund der schnellen Bewegung nicht mehr orten kann, ist ein ungeeigneter Vergleich. Er versucht, die schlechte Wahrnehmbarkeit mit einer vermeintlichen Ortsunschärfe zu verbinden. Der quantenmechanische Sachverhalt ist geradezu das Gegenteil von dem, was das Ventilatorbild nahelegt. Die quantenmechanische Unbestimmtheit kann man mit keinem Bild der klassischen Mechanik plausibel machen, so groß die Versuchung auch sein mag. Das Verhalten von Elektronen ist eben nichtklassisch; deshalb können klassische Bilder hier nicht weiterhelfen und sollten nicht bemüht werden.

Es sei noch darauf hingewiesen, dass die Schalen (statt etwaiger Bahnen), wenn man so will, mit der quantenmechanischen Unbestimmtheit des Ortes einhergehen, indem sie zum Beispiel eine gewisse Dicke besitzen, die auch nicht näher bestimmt ist. Die Energiestufen dagegen haben keine Unbestimmtheit. Dies folgt auch aus der Schrödingergleichung $\underline{H}\psi_n = E_n \cdot \psi_n$: Die Wellenfunktionen ψ_n sind diffus, indem sie den ganzen Raum erfüllen; die zugehörigen Energieeigenwerte E_n sind exakt scharf. (n steht hier symbolisch für Quantenzahlen, die die Wellenfunktionen und ihre Eigenwerte nummerieren.) Es ist deshalb zweckmäßig, visuelle Darstellungen des Schalenmodells und Darstellungen der Energiestufen separat zu handhaben. Man sollte es vermeiden, Energieniveaus in eine Darstellung des Schalenmodells hinein zu zeichnen; dies würde einige Verwirrung schaffen. So hat die Gesamtheit der Energieniveaus nach oben eine scharfe Grenze, die Ionisierungsgrenze. Die Niveaus drängen sich zur Ionisierungsgrenze zusammen. Die Schalen haben ohnehin keine scharfen Grenzen, auch die äußere Schale ist nach außen nicht scharf abgegrenzt. Auch drängen sich die Schalen in keiner Weise nach außen zusammen. Es empfiehlt sich aus diesen Gründen, die räumliche Situation in einer Darstellung durch Schalen klar von der energetischen Situation in einer anderen Darstellung der Energiestufen zu trennen. Es sollte immer klar sein, ob eine Darstellung die räumlichen oder die energetischen Verhältnisse meint. Die Zuordnung zwischen Schalen und Energiestufen soll dennoch deutlich werden.

Zu den Aufgaben

A1

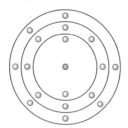

Chlor-Atom

A2 Das Phosphor-Atom steht in der V. Hauptgruppe und 3. Periode. Die Ordnungszahl ist 15. Das Atom weist damit 15 Protonen und 15 Elektronen auf. Die Protonen gehören zum Atomkern. Die 15 Elektronen verteilen sich auf drei Schalen: 2 Elektronen befinden sich in der 1. Schale, 8 Elektronen in der 2. Schale und 5 Elektronen in der 3. Schale. Die Nukleonenzahl (Massenzahl) ist 31. Also weist der Atomkern 16 Neutronen auf. Diese Anzahl ergibt sich als Differenz aus der Nukleonenzahl und der Protonenzahl: 31 − 15 = 16

A3

a) Zu den meisten Elementen gibt es unterschiedliche Isotope. Ein Isotop ist eine Atomsorte, deren Atomkerne die gleiche Anzahl von Protonen haben wie die Atomkerne anderer Atomsorten (also anderer Isotope desselben Elements), aber unterschiedliche Anzahlen von Neutronen. Aus der gleichen Anzahl von Protonen folgt, dass unterschiedliche Isotope desselben Elements auch die gleiche Anzahl von Elektronen haben.

b) Der Anteil des Isotops $^{35}_{17}\text{Cl}$ beträgt 75,8 % = 0,758. Folglich beträgt der Anteil des Isotops $^{37}_{17}\text{Cl}$: 100,0 % − 75,8 % = 24,2 % = 0,242

Berechnung der mittleren Atommasse:

$$m_t(\text{Cl}) = 0{,}758 \cdot m_t(^{35}_{17}\text{Cl}) + 0{,}242 \cdot m_t(^{37}_{17}\text{Cl}) = 0{,}758 \cdot 35{,}0\,\text{u} + 0{,}242 \cdot 37{,}0\,\text{u} \approx 35{,}5\,\text{u}$$

Hinweis: Die Zahlen 35 und 37 sind nur die Nukleonenzahlen; sie entsprechen nur ungefähr den Teilchenmassen in u der beiden Nuklide. Eine Berechnung mit genaueren Anteilen und genaueren Teilchenmassen ergibt:

$$m_t(\text{Cl}) = 0{,}7576 \cdot 34{,}968\,853\,\text{u} + 0{,}2424 \cdot 36{,}965\,903\,\text{u} \approx 35{,}453\,\text{u}$$

Quelle (Stand März 2023): Nuklidkarte der International Atomic Energy Agency, Suchbegriff „VChart" unter dem Stichwort nds.iaea.org

Anmerkungen

Zum Elementsymbol bzw. Nuklidsymbol

Manchmal wird beklagt, dass im *Elementsymbol* der Zahlenwert der mittleren Atommasse in u an die gleiche Stelle geschrieben wird, an der im *Nuklidsymbol* die Nukleonenzahl steht, sodass die Gefahr besteht, dass begrifflich nicht genügend scharf zwischen der Masse und der Nukleonenzahl unterschieden wird. Diese Gefahr wird dadurch noch erhöht, dass die Nukleonenzahl auch als „Massenzahl" bezeichnet wird.

Man sollte also herausstellen, dass es sich um *zwei verschiedene Symboltypen* handelt. Die beiden Symbole sehen ähnlich aus und haben das, was das Element charakterisiert, gemeinsam: die Kernladungszahl und das Buchstabensymbol. Nicht gemeinsam ist die Information, die links oben steht. Dies ist kein Widerspruch und auch keine sonstige Ungereimtheit, wenn man beachtet, dass zwei verschiedene Symbole vorliegen. Bei Beachtung des genannten Unterschiedes wird man sich nicht daran stoßen, dass im PSE das Elementsymbol verwendet wird. Dabei ist auch zu beachten, dass bei Angaben zur Atomart sich meistens *gemittelte* Atomeigenschaften niederschlagen; das PSE ist keine Nuklidkarte.

Zusatzinformationen

Zur Geschichte des Periodensystems der Elemente

Bestrebungen, Zusammenhänge zwischen „Äquivalent- oder Atomgewichtszahlen" der Elemente und ihren chemischen Eigenschaften herzustellen, finden sich in der chemischen Fachliteratur bereits zu Beginn des 19. Jahrhunderts. 1815 veröffentlichte der englische Arzt W. Prout (1785–1850, bekannt durch die Entdeckung der Salzsäure im Magen) eine Hypothese, nach der alle chemischen Elemente aus Wasserstoff als „Urelement" aufgebaut sein sollten. Daher nannte er den Wasserstoff „Protyl" (griech. protos, zuerst). Die Hypothese stützte sich auf die (scheinbare) Ganzzahligkeit der Atommassen. Die von J. B. Dumas und J. J. Berzelius immer genauer durchgeführten Atommassenbestimmungen zahlreicher Elemente widerlegten jedoch die Prout'sche Hypothese.

Es war schon längere Zeit bekannt, dass viele der elementaren Stoffe Familien oder Gruppen mit gemeinsamen Charakteristika bilden, z.B. die Halogene, die Alkali- und Erdalkalimetalle, die Sauerstoff- sowie die Stickstoffgruppe. J. W. Döbereiner (1790–1849) wies erstmals 1817 nach (publizierte jedoch erst 1829), dass sich bestimmte Elemente ihrem chemischen Verhalten nach zu Gruppen von je drei Elementen zusammenfassen lassen („Triaden"), wobei die Differenzen der Atommassen jeweils annähernd gleich sind. Das heißt, wenn man z.B. die Atommassen von Chlor und Iod mittelt, so erhält man ziemlich genau die Atommasse des Broms. Entsprechendes gilt z.B. auch für die „Triaden" Calcium/Strontium/Barium, Lithium/Natrium/Kalium sowie Schwefel/Selen/Tellur. Das Halogen Fluor wurde von ihm als nicht zur „Halogentriade" zugehörend eingestuft. Gelegentlich fand er auch nur Paare von zusammengehörenden Elementen. Hierbei nahm er an, dass sich diese Reihen noch vervollständigen lassen würden.

L. Gmelin (1788–1853) nahm die Gedanken von J. W. Döbereiner auf, stand jedoch der Gruppierung zu drei Elementen kritisch gegenüber. In seinem 1843 erschienenen ersten Band des „Handbuches der Chemie" führte er aus (zitiert nach E. Renatus, Chemie in unserer Zeit 17(1983), S. 97):

Es gibt Gruppen von Elementen, welche ähnliche chemische und physikalische Verhältnisse zeigen. Ob eine Gruppe gerade aus drei Elementen bestehe, wie Döbereiner will, welcher die Elemente nach der Trias gruppiert, bleibt dahingestellt.

In Gmelins Handbuch findet sich auch eines der ersten Beispiele, die Beziehungen zwischen den Elementen bildlich darzustellen:

	O					N						H		
F	Cl	Br	I									L	Na	K
	S	Sc	Tc									Mg	Ca	Sr	Ba
		P	As	Sb				G	Er	Y	Tr	Ce	Di	La
			C	B	Si						Zr	Th	Al
		Ti	Ta	Nb	Pe	W				Sn	Cd	Zn
				Mo	V	Gr		U	Mn	Co	Ni	Fe
					Bi	Pb	Ag	Hg	Cu
				Os	Ru	Ir	R	Pt	Pd	Au

Hinweise: L steht für Lithium, G für „Glucinium" (Beryllium), R für Rhodium. Tr steht wahrscheinlich für Terbium, Pe steht für „Pelopium" (entspricht keinem Element). Di steht für „Didym", das später als Gemisch der Elemente Praseodym und Neodym erkannt wurde.

Weder DÖBEREINERS noch GMELINS Arbeiten fanden bei den Wissenschaftlern dieser Zeit besondere Beachtung. Weitergeführt wurden diese Ideen 1850 durch den Arzt und Physiologen M. VON PETTEN-KOFER (1818–1901), der weitere Elemente zu größeren Gruppen zusammenfasste (zitiert nach H. E. Fierz-David: Die Entwicklungsgeschichte der Chemie. Birkhäuser, Basel 1952, S. 304):

Eine natürliche Gruppe bilden ferner Stickstoff, Phosphor, Arsen und Antimon, ihre Zahlen sind 14, 32, 75 und 129. Diese Gruppe zerfällt in zwei natürliche Abteilungen, in die erste gehören Stickstoff und Phosphor mit nichtmetallischem Aussehen, in die zweite Arsen und Antimon mit metallischem Aussehen ...

Zu ähnlichen Überlegungen kamen auch 1851/1852 J. B. DUMAS (1800–1884) sowie 1853 J. H. GLAD-STONE (1827–1902), der die dem Liebig'schen Jahresbericht entnommenen Atommassen nach der Größe ihrer Zahlenwerte ordnete. Er bemerkte dabei, dass in der so entstandenen Reihe an bestimmten Stellen große Lücken auftraten, während an anderen die Elemente dicht gedrängt stehen. Er konnte diese Erkenntnis jedoch nicht weiter auswerten, da diese Reihe noch viele Werte von „Äquivalentgewichten" enthielt. Ähnliche Vorschläge wie GLADSTONE machte 1854 auch J. P. COOKE.

Die älteste Darstellung eines Systems der chemischen Elemente, das auch nach dem heutigen Verständnis als „periodisch" bezeichnet werden kann, wurde von dem französischen Mineralogen A. E. BÉGUYER DE CHANCOURTOIS entwickelt. Er schlug 1862 eine dreidimensionale Darstellung vor, um die periodische Beziehung zwischen den Eigenschaften der Elemente und ihren Atommassen zu veranschaulichen. Die Elemente wurden nach der Größe der Zahlenwerte ihrer Atommassen auf einer einen Zylinder umlaufenden Schraubenlinie angeordnet, wobei chemisch ähnliche Elemente jeweils in senkrechten Gruppen untereinander standen („tellurische Helix"). Diese Anordnung nach zunehmenden Atommassen war erst nach dem Vorliegen der korrigierten Atommassen durch S. CANNIZZARO 1860 möglich geworden, wie L. MEYER beschreibt (zitiert nach Ostwalds Klassiker der exakten Wissenschaften Nr. 66, Leipzig 1895 (Reprint Geest & Portig, 1983), S. 43):

Es mußten zuerst die Grundsätze aufgefunden werden, nach denen die Atomgewichte aus den stöchiometrischen Bestimmungen sicher hergeleitet werden können, und dies gelang erst Cannizzaro ein Menschenalter nach der ersten Aufstellung der Triaden durch Döbereiner ...

W. ODLING (1829–1921) veröffentlichte 1865 eine Tabelle der bis dahin etwa 70 bekannten Elemente, wobei in waagerechten Reihen verwandte Elemente zu Gruppen zusammengefasst waren (z.B. Kohlenstoff–Silicium–Zinn–Blei; Stickstoff–Phosphor–Arsen–Antimon–Bismut). Zuvor (1864) hatte J. A. R. NEWLANDS (1837–1898) hervorgehoben, dass bei der Anordnung der Elemente nach steigenden Atommassen nach jedem siebten Element ein Element folgt, das dem Anfangsglied der Reihe chemisch sehr ähnlich ist: „Gesetz der Oktaven" (zitiert nach M. M. Pattison Muir: A History of Chemical Theories and Laws. Wiley, New York 1907, 359):

... the eighth element, starting from a given one, is a kind of repetition of the first, like the eighth note of an octave in music ...

Da NEWLANDS annahm, dass jede Verwandtschaftsgruppe aus acht Elementen bestehen müsse, erwies sich sein System als zu eng. Es bot für die später entdeckten Elemente keinen Platz, da es nur sieben Oktaven (entsprechend 56 Elemente) umfasste.

Die im Dunkel liegenden Beziehungen zwischen den zu gleichen Gruppen gehörenden Elementen (Kenntnisse über den Bau der Atomhülle lagen zu dieser Zeit noch nicht vor) beschäftigten die Fantasie vieler Chemiker sehr intensiv. So schrieb F. WÖHLER am 1866 seinem Freund J. V. LIEBIG (zitiert nach H. E. Fierz-David: Die Entwicklungsgeschichte der Chemie. Birkhäuser, Basel 1952, S. 307):

... ich spiele täglich ein bißchen mit Ruthenium, Osmium und Iridium. Namentlich die beiden ersteren sind doch sehr merkwürdige Körper. Warum sind sie das? Wozu? Was magst Du mit dem Tellur vorhaben? Es ist ebenfalls ein merkwürdiger Körper; merkwürdig ist zumal auch, dass bei seinen übrigen Analogien mit dem Schwefel sein Äquivalentgewicht gerade viermal so groß ist ...

Die nahezu endgültige Ausgestaltung erhielt das Periodensystem der Elemente im Jahre 1869 durch L. MEYER (1830–1895) und D. MENDELEJEW (1834–1907), die unabhängig voneinander ein Periodensystem entwickelten. Im Gegensatz zu der heute üblichen Anordnung sind bei ODLING, NEWLANDS, MEYER und MENDELEJEW die verwandten Elemente nicht in senkrechten, sondern in waagerechten Gruppen zusammengefasst. Für die Neuauflage seines Lehrwerkes „Moderne Theorien" entwickelte L. MEYER auch ein Periodensystem mit verwandten Elementen in senkrechten Spalten, das jedoch damals nicht zur Veröffentlichung kam:

I	II	III	IV	V	VI	VII	VIII	IX
—	B 11	Al 27,3	—	—	—	?In 113	—	Tl 202,7
	C 11,97	Si 28	—	—	—	Sn 117,8	—	Pb 206,4
—	—	—	Ti 48	—	Zr 89,7	—	—	—
	N 14	P 31	—	As 74,9	—	Sb 122	—	Bi 207,5
—	—	—	V 51	—	Nb 93	—	Ta 182	—
	O 16	S 32	—	Se 78	—	Te 128	—	—
—	—	—	Cr 52	—	Mo 95,6	—	W 182,2	—
	F 19	Cl 35,4	—	Br 79	—	J 126,5	—	—
—	—	—	Mn 55	—	Ru 103	—	Os 198,6?	—
—	—	—	Fe 55,9	—	Rh 104,1	—	Ir 196,7	—
—	—	Co	Ni 58,6	—	Pd 106,2	—	Pt 196,7	—
Li 7	Na 23	K 39	—	Rb 85	—	Cs 132,7	—	—
—	—	Cu 63,3	—	—	Ag 107,6	—	Au 197,7	—
Be 9	Mg 24	Ca 40	—	Sr 87	—	Ba 137	—	—
—	—	—	Zn 64,9	—	Cd 111,6	—	Hg 200	—

MENDELEJEWS Anordnung beruhte im Gegensatz zu der von MEYER streng auf der Klassifizierung nach Atommassen und erlaubte zusätzliche Interpretationen: Einige Atommassen mussten überprüft werden und im Falle Tellur/Iod musste ein Standorttausch vorgenommen werden. Beide Systeme blieben zunächst ziemlich unbeachtet. Erst mit der Entdeckung einiger von MENDELEJEW vorausgesagter Elemente (Gallium 1875, Scandium 1879, Germanium 1886, Polonium 1898) fand das Gesetz von der Periodizität der chemischen und physikalischen Eigenschaften der Elemente eine hervorragende Bestätigung.

MEYER und MENDELEJEW war es – ohne tiefere Kenntnisse über den Bau der Atome – auf der Basis des Gedankenguts dieser Zeit gelungen, die Elemente im Periodensystem auch für die heutigen Verhältnisse „richtig" anzuordnen. MENDELEJEW bemerkte hierzu (zitiert nach H. E. Fierz-David: Die Entwicklungsgeschichte der Chemie. Birkhäuser, Basel 1952, S. 314):

… es ist vielmehr anzunehmen, dass die periodische Änderung der einfachen und zusammengesetzten Körper irgendeinem höheren Gesetz unterliegt; bis jetzt fehlen uns aber noch die Mittel, um die Natur und desto mehr die Ursache dieses Gesetzes zu erfassen. Aller Wahrscheinlichkeit nach liegt die Ursache in der inneren Mechanik der Atome und Moleküle. Da das periodische System erst seit einigen Jahren zu allgemeiner Annahme gelangt ist, so erscheint es natürlich, dass weitere Fortschritte in der Erklärung desselben nur von der Erweiterung unserer Erkenntnisse, die sich auf dieses Gesetz beziehen, zu erwarten sind …

Das Periodensystem der Elemente brachte zum ersten Mal eine rationale Ordnung und Übersicht in die Vielfalt der elementaren Stoffe und man konnte aufgrund von Analogien innerhalb der Gruppen auf noch unbekannte Verbindungen schließen. Auch war das Periodensystem von Anfang an richtungsweisend für die systematische wissenschaftliche Darstellung der gesamten anorganischen Chemie. Es besaß und besitzt auch heute noch einen hohen didaktischen Wert zur Bündelung des Wissens, das sich Schülerinnen und Schüler als bedeutendes Basiswissen anzueignen haben.

Die weiteren Stationen in der Entwicklung des PSE in Schlagworten:
1880　L. MEYER: Einordnung der „Seltenen Erden" in die dritte Spalte des PSE
1884　Lord RAYLEIGH und Sir W. RAMSAY: Entdeckung der Edelgase, weitere Komplettierung
1905　A. WERNER: „Langperiodensystem", die meistbenutzte Form des PSE
1908　B. BRAUNER: Vorschlag eines periodischen Systems der Lanthanoide
1913　Aus dem Moseley'schen Gesetz ergibt sich, dass für die Einordnung der Elemente in das Periodensystem nicht die Atommasse, sondern die Ordnungszahl (Kernladungszahl) maßgebend ist.
1913　N. BOHR und E. RUTHERFORD: Das Atommodell führt, zusammen mit der Elektronenspin-Hypothese (GOUDSMIT 1923) und dem Pauli-Prinzip (PAULI 1925) zum Aufbauprinzip der Atome und zu einer Bestätigung des „periodischen Gesetzes".

Weitere Auffüllung der Lücken und Ausbau des PSE:
1917/18:　Protactinium
1922:　Hafnium
1925/26:　Rhenium
1936/37:　Technetium
1939:　Francium
1940:　Astat
1945/46:　Promethium
ab 1940:　Weiterer Ausbau des PSE durch die ab 1940 (Neptunium) künstlich hergestellten radioaktiven Elemente bis zum Element 118 (Stand 2022)

Literatur

Zur historischen Entwicklung des Periodensystems:
J. W. Döbereiner, M. Pettenkofer: Die Anfänge des natürlichen Systems der chemischen Elemente. Reihe: „Ostwalds Klassiker der exakten Naturwissenschaften", Nr. 66, Leipzig 1895, Reprint 1983 (Geest & Portig, jetzt Verlag Harri Deutsch, Frankfurt/Main). Download unter (Stand Juli 2022): Suchbegriff dieanfngedesnat00pettgoog unter dem Stichwort archive.org
L. Meyer, D. Mendelejew: Das natürliche System der chemischen Elemente. Reihe: „Ostwalds Klassiker der exakten Naturwissenschaften", Nr. 68, Leipzig 1895, Reprint 1996 (Verlag Harri Deutsch, Frankfurt/Main). Download unter (Stand Juli 2022): Suchbegriff dasnatrlichesys00seubgoog unter dem Stichwort archive.org
G. Boeck, R. Zott: Dmitrij Ivanovič Mendeleev. Chemie in unserer Zeit 41 (2007), 12

Rückblick und Vertiefung: Salze und Ionenbindung (S. 10/11)

Vorbemerkung

Die Edelgasregel sollte man auf keinen Fall damit begründen, dass die Ionen stabiler seien als die entsprechenden Atome. Die Energiebilanz zeigt, dass es fachlich falsch ist, das „Streben" nach der Edelgaskonfiguration als Hauptgrund dafür anzuführen, dass die Bildung von Natriumchlorid exotherm ist: Der gedachte Zustand, in dem lauter edelgasartige Ionen als Gas vorliegen, liegt energetisch deutlich höher als der Zustand, in dem lauter Atome ein Gas bilden. Die hochreaktiven Natrium-Atome (je ein Elektron „zu viel") sowie die hochreaktiven Chlor-Atome (je ein Elektron „zu wenig") nebeneinander stellen also einen energetisch günstigeren Zustand dar als die edelgasartigen Natrium- und Chlorid-Ionen.

Das Erlernen der Edelgasregel ist natürlich trotzdem sinnvoll: Sie ist wichtig bei der Überlegung, welche Ladung die Ionen eines Salzes haben.

Zu den Aufgaben

A1 Im festen Zustand leiten Salze den elektrischen Strom nicht. Das ist darauf zurückzuführen, dass die Ionen ihre Gitterplätze nicht verlassen können und im Kristall damit kein Transport elektrischer Ladung möglich ist. Ist das Salz geschmolzen, also flüssig, so sind die Ionen beweglich und der elektrische Strom kann geleitet werden.

A2

$CaBr_2$: Calciumbromid
CaS: Calciumsulfid
$AlCl_3$: Aluminiumchlorid
Al_2O_3: Aluminiumoxid

A3 Li^+, Na^+, K^+, Rb^+, Cs^+: Die Atome der Alkalimetalle haben jeweils ein Valenzelektron. Bei der Ionenbildung wird dieses Elektron abgegeben, sodass eine Edelgaskonfiguration erreicht wird. Dadurch fehlt eine negative Elementarladung, sodass jedes Ion eine positive Elementarladung hat.
Mg^{2+}, Ca^{2+}, Sr^{2+}, Ba^{2+}: Die Atome der Erdalkalimetalle haben jeweils zwei Valenzelektronen. Bei der Ionenbildung werden diese Elektronen abgegeben, sodass eine Edelgaskonfiguration erreicht wird. Dadurch fehlen zwei negative Elementarladungen, sodass jedes Ion zwei positive Elementarladungen hat.
F^-, Cl^-, Br^-, I^-: Die Atome der Halogene haben jeweils sieben Valenzelektronen. Bei der Ionenbildung wird ein Elektron aufgenommen, sodass eine Edelgaskonfiguration erreicht wird. Dadurch ist eine überschüssige negative Elementarladung vorhanden, sodass jedes Ion eine negative Elementarladung hat.
O^{2-}: Die Atome des Sauerstoffs haben jeweils sechs Valenzelektronen. Bei der Ionenbildung werden zwei Elektronen aufgenommen, sodass eine Edelgaskonfiguration erreicht wird. Dadurch sind zwei überschüssige negative Elementarladungen vorhanden, sodass jedes Ion zwei negative Elementarladungen hat.

A4

a) Ein Kalium-Atom hat 19 Protonen, 20 Neutronen und 19 Elektronen. Ein Kalium-Ion hat gleich viele Protonen und Neutronen, aber nur 18 Elektronen, also ein Elektron weniger.
b) Ein Fluor-Atom hat 9 Protonen, 10 Neutronen und 9 Elektronen. Ein Fluorid-Ion hat gleich viele Protonen und Neutronen, aber 10 Elektronen, also ein Elektron mehr.

A5 Reaktionsgleichung: $2\,Mg + O_2 \longrightarrow 2\,MgO$
Bei dieser Reaktion werden insgesamt vier Elektronen übertragen, jeweils zwei von einem Magnesium-Atom auf ein Sauerstoff-Atom. Beide erreichen dadurch eine Edelgaskonfiguration:
Mg^{2+}: 2 Elektronen in der 1. Schale, 8 Elektronen in der 2. Schale $\Rightarrow$ wie das Neon-Atom
O^{2-}: 2 Elektronen in der 1. Schale, 8 Elektronen in der 2. Schale $\Rightarrow$ wie das Neon-Atom

Rückblick und Vertiefung: Metalle und Metallbindung (S. 12/13)

Zu den Aufgaben

A1

a) Die Atomrümpfe bilden ein Metallgitter. Zwischen den Atomrümpfen können sich die Valenzelektronen frei bewegen. Beim Anlegen einer Gleichspannung bewegen sich die Elektronen in einer Richtung zum Pluspol.

b) Erhitzt man ein Metallstück, so wird sowohl den Atomrümpfen als auch dem Elektronengas Energie zugeführt. Die thermische Energie breitet sich zum einen durch Stöße zwischen den Atomrümpfen aus, zum anderen durch die frei beweglichen Elektronen. Da die Energie von den Elektronen sehr schnell transportiert wird, haben Metalle eine hohe Wärmeleitfähigkeit und man spürt sehr bald die Wärme der Flamme.

A2

- Hohe elektrische Leitfähigkeit: Metalle in der Elektrotechnik, z. B. Kupfer in elektrischen Kabeln, Wicklungen von Motoren und Transformatoren, Leiterbahnen von Platinen
- Hohe Wärmeleitfähigkeit: Kupfer in Wärmetauschern, Aluminium und Kupfer in Kühlkörpern, z. B. in Computern
- Plastische Verformbarkeit: Drahtseil aus Stahl, Blumendraht, Pressen von Stahlblech zu Autokarosserien

A3 Wenn in einem Draht Elektronen fließen, so stoßen diese auf Atomrümpfe. Die Elektronen bringen die Atomrümpfe zu stärkerem Schwingen. Dies ist gleichbedeutend mit einer Erwärmung.

A4 In einem Föhn befinden sich dünne Heizdrähte, die sich beim Fließen des elektrischen Stroms sehr stark erwärmen. Mit einem Gebläse wird Luft über diese Heizdrähte geleitet. Diese Luft erwärmt sich und trocknet das Haar. Die Feuchtigkeit verdunstet.

Zusatzinformationen

Das Bändermodell

Im Schulbuch wird zur Erklärung der elektrischen Leitfähigkeit und der Bindung in Metallen ein schülergemäßes, einfaches Elektronengasmodell verwendet. Ein Modell, das eine differenziertere Beschreibung der elektrischen Leitfähigkeit von Metallen liefert, ist das Bändermodell, das Kenntnisse der MO-Theorie voraussetzt.

So wie man zwei Atomorbitale zu zwei Molekülorbitalen kombinieren kann, lassen sich in den dicht gepackten Metallgittern die Orbitale aller Atome des Gitters kombinieren, da sich die Atomhüllen gegenseitig durchdringen. So können z. B. N Atomorbitale zu N Molekülorbitalen kombiniert werden. Diese gehören allen Atomen des Gitters gemeinsam an. Mit zunehmender Anzahl kombinierter Atomorbitale wird die Energiedifferenz zwischen den einzelnen Molekülorbitalen einer Hauptquantenzahl schließlich so gering, dass die Energieniveaus der einzelnen Molekülorbitale nicht mehr unterscheidbar sind. Man fasst sie daher zu einem Energieband zusammen. Zwischen den verschiedenen Bändern liegen sog. verbotene Zonen, d. h., dort existieren keine besetzbaren Energieniveaus.

Die folgende Abbildung zeigt dies am Beispiel von Lithium:

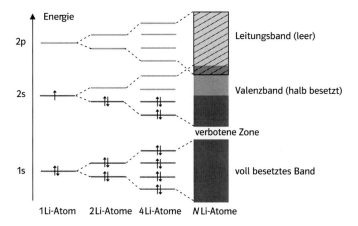

Da im Lithium-Atom das 1s-Orbital voll besetzt ist, ist auch das entsprechende Energieband des Lithium-Gitters voll besetzt. Das 2s-Band ist nur halb besetzt, man bezeichnet es als Valenzband. Das 2p-Band ist nicht besetzt. Nicht besetzte Bänder werden als Leitungsbänder bezeichnet.

Da sowohl im Valenzband als auch im Leitungsband viele Niveaus nicht besetzt sind, können darin Elektronen über das ganze Gitter in einem elektrischen Feld fließen, ohne das Pauli-Prinzip zu verletzen.

Durch voll besetzte Bänder ist keine elektrische Leitfähigkeit gegeben. Da sich beim Lithium das Valenz- und das Leitungsband überschneiden, ist ein Übergang von einem Band zum anderen ohne große Energiezufuhr möglich. Dies ist bei allen metallischen Leitern der Fall. Bei Halbleitern ist das Valenzband durch eine schmale verbotene Zone (Bandlücke, band gap) vom Leitungsband getrennt, die bei Zimmertemperatur nur von wenigen Elektronen überwunden werden kann. Mit steigender Temperatur nimmt die Anzahl der Elektronen im Leitungsband und damit die elektrische Leitfähigkeit zu. Bei Isolatoren ist die Energiedifferenz zwischen Valenzband und Leitungsband so groß, dass praktisch keine Elektronen in das Leitungsband gelangen können.

Bei Erdalkalimetallen ist das s-Band voll besetzt. Aber auch hier steht das nicht besetzte p-Band als Leitungsband zur Verfügung. Bei den Nebengruppenelementen, deren s-Bänder besetzt sind, stehen teilweise besetzte d-Bänder zur Verfügung. Besonders große Leitfähigkeit haben die Elemente mit $d^{10}s^1$-Konfiguration (Kupfer, Silber und Gold) mit halb besetzten s-Bändern.

Eine weitere Eigenschaft von Metallen, der metallische Glanz, kann „klassisch" mit dem Elektronengasmodell erklärt werden: Die frei beweglichen Elektronen werden vom elektrischen Wechselfeld des Lichts zu Schwingungen angeregt. Die schwingenden Elektronen erzeugen (wie in der Antenne eines Radiosenders) wieder elektromagnetische Wellen gleicher Frequenz, in diesem Fall also wieder Licht.

Das Bändermodell liefert eine fundiertere (und im Grunde genommen einfachere) Erklärung: Zu jeder Lichtfrequenz existiert ein passender Energieabstand zwischen dem Grundzustand und einem der vielen angeregten Zustände. Ein Stück Metall kann daher Licht jeder Frequenz bzw. Wellenlänge absorbieren und emittieren. Dies gilt nicht nur für Licht, sondern für elektromagnetische Strahlung in einem großen Frequenzbereich.

Rückblick und Vertiefung: Moleküle und Elektronenpaarbindung (S. 14/15)

Vorbemerkungen

In der Sek. I haben die Schülerinnen und Schüler gelernt, dass sich die Elektronen in der Atomhülle in Schalen anordnen lassen. Eine Gruppierung erfolgte also nur vom Kern aus gesehen. Bei der Betrachtung der Elektronen der äußeren Schale von gebundenen Atomen erfolgt eine weitere Gruppierung. Es wird die Vorstellung von Aufenthaltsräumen bzw. Elektronenwolken vermittelt, die ein Elektron oder auch ein Elektronenpaar aufnehmen können.

Zugrunde liegt das von G. N. LEWIS entwickelte Konzept, nach dem eine Bindung entsteht, wenn zwei Elektronen gleichzeitig zu zwei Atomen gehören. Auf die häufig im Unterricht gestellte Frage, warum ausgerechnet zwei Elektronen einen gemeinsamen Raum besetzen, wo sie sich doch wegen ihrer gleichen Ladung abstoßen, kann hier keine befriedigende Antwort gegeben werden.

Man kann aber Plausibilitätsbetrachtungen anstellen, die vom Methan-Molekül und vom Neon-Atom ausgehen: Da sich Neon-Atome unter „normalen" Bedingungen nicht mit anderen Atomen verbinden, muss man annehmen, dass 8 Elektronen in der äußersten Schale einen Zustand darstellen, der keine Bindungsbildung ermöglicht. Das Kohlenstoff-Atom hat im Methan-Molekül ebenfalls 8 Elektronen in der äußersten Schale, wenn man die Elektronen der vier Wasserstoff-Atome hinzurechnet. Da jedes Wasserstoff-Atom ein Elektron beisteuert, ergibt sich eine Aufteilung der 8 Elektronen zu vier Paaren, von denen jedes Paar sowohl zum Kohlenstoff- als auch zum Wasserstoff-Atom gehört. Da man die Paarbildung der Elektronen auch an anderen Atomen der zweiten Periode durchführen kann, muss man davon ausgehen, dass Elektronenpaare eine besondere „Einheit" darstellen.

Die chemische Bindung in einem Molekül besteht darin, dass das Molekül energieärmer ist als die voneinander getrennten Atome. Die Bindung ist vorrangig auf der Ebene der Energie zu beschreiben und weniger auf der Ebene von Kräften. Die Kraft, die in einem Molekül zwischen den Atomen im Gleichgewichtsabstand besteht, ist Null. In dieser Hinsicht unterscheidet sich das gebundene System (Molekül) nicht von den vollständig getrennten Atomen. Mit Blick auf die Energien der betrachteten Zustände wird der Unterschied dagegen deutlich: Getrennte Atome liegen energetisch höher (als Nullniveau anzusehen) als das Molekül. Die Bindungsenergie (Energie des Moleküls minus Energie der getrennten Atome) ist negativ. Ihr Betrag ist derjenige Energiebetrag, den das Molekül durch die Bindungsbildung verloren hat. Die Bindungsenergie zeigt also, welchen Energiebetrag das Molekül *nicht* mehr hat. Sie stellt keinesfalls einen zusätzlichen Energieinhalt des Moleküls dar. Wenn man von „energiereichen Bindungen" hört, so könnte man den Eindruck gewinnen, eine Bindung enthalte irgendwie Energie, die eine Bindung mehr, die andere weniger, eine feste Bindung vielleicht besonders viel Energie. Das Gegenteil ist der Fall: Ein Molekül mit fester Bindung ist besonders energiearm. Deswegen könnte man auch schlecht in einer Bindung Energie speichern. Im Gegenteil: Wenn man hierbei schon an Bindungen denkt, so könnte man Energie eher durch die Spaltung einer Bindung speichern oder durch den Übergang von einer festen zu einer weniger festen Bindung. Das am wenigsten fest gebundene System enthält die meiste Energie.

Manchmal wird die Bindung im O_2-Molekül als Beispiel für eine Doppelbindung angeführt. In „Elemente Chemie" wird dies bewusst nicht getan. Dazu eine Begründung:
Das O_2-Molekül ist im Grundzustand ein Diradikal; dies zeigen die besondere Reaktionsfähigkeit und das paramagnetische Verhalten des Sauerstoffs. Experimentell kann das paramagnetische Verhalten mit flüssigem Sauerstoff demonstriert werden: Sauerstoff wird vom Magneten angezogen.
Die MO-Theorie erklärt das Zustandekommen dieser Situation. Für das O_2-Molekül ergeben sich drei besetzte bindende Molekülorbitale wie für das N_2-Molekül. Dazu kommen noch zwei Elektronen, die antibindende π-Orbitale besetzen. Dadurch wird in gewisser Weise jede der beiden π-Bindungen teilweise wieder aufgehoben, sodass so etwas Ähnliches wie eine σ-Bindung und zwei halbe π-Bindungen vorliegen. (Dies ist nur bedingt korrekt, weil die antibindenden Orbitale stärker antibindend sind als die bindenden Orbitale bindend).
Die durch solches einfache Aufrechnen definierte Bindungsordnung ist tatsächlich Zwei. Dies sollte aber nicht dazu verleiten, die Bindung im O_2-Molekül als Doppelbindung zu bezeichnen. Besonders die Darstellung mit einem Doppelstrich ist kaum zu rechtfertigen. Vor allem die Vorstellung eines abgeschlossenen Oktetts an beiden Sauerstoff-Atomen ist angesichts der halb besetzten antibindenden Orbitale gründlich falsch. Es ist daher insgesamt recht fragwürdig, dem O_2-Molekül eine Doppelbindung zuzuschreiben.

Zu den Aufgaben

A1

Chlorwasserstoff: H$-\overline{\underline{\text{Cl}}}$|

Kohlenstoffmonooxid: |C≡O|

Cyanwasserstoff: H$-$C≡N|

A2

2,5 2,1	3,0 2,1	3,5 2,1	4,0 2,1
C$-$H	O$-$H	N$-$H	F$-$H
$\Delta EN = 0,4$	$\Delta EN = 0,9$	$\Delta EN = 1,4$	$\Delta EN = 1,9$

Polarität der Bindungen nimmt zu

Je größer die Elektronegativitätsdifferenz ist, desto polarer ist die Bindung.

A3 Moleküle mit einer oder mehreren polaren Bindungen sind Dipole, wenn der Schwerpunkt der positiven Teilladung nicht mit dem Schwerpunkt der negativen Teilladung zusammenfällt.

A4

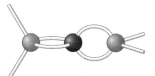

Kohlenstoffdioxid (CO_2):
lineare Struktur

Cyanwasserstoff (HCN):
lineare Struktur

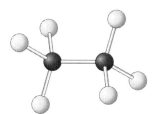

Ethan (C_2H_6):
zwei zusammengesetzte
tetraedrische Strukturen

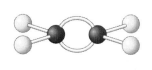

Ethen (C_2H_4):
zwei zusammengesetzte
trigonal planare Strukturen,
insgesamt auch planar

Ethin (C_2H_2):
lineare Struktur

Zum VSEPR-Modell (Gillespie-Nyholm-Modell) und zum Kugelwolkenmodell (Kimball-Modell)

Nach dem von den Chemikern RONALD S. NYHOLM und RONALD J. GILLESPIE entwickelten Elektronenpaarabstoßungsmodell (VSEPR-Modell – **V**alence **S**hell **E**lectron **P**air **R**epulsion) geht man davon aus, dass Elektronenpaare aufgrund ihrer gegenseitigen Abstoßung sich so um einen Atomrumpf anordnen, dass sie möglichst weit voneinander entfernt sind in dem Sinne, dass die Mittelachsen der Elektronenpaarwolken möglichst große Winkel miteinander bilden. Die Abstoßung zwischen einem bindenden und einem nicht bindenden Elektronenpaar ist allerdings größer als zwischen zwei bindenden Elektronenpaaren. Als Folge dieses Unterschieds betragen im Wasser-Molekül bzw. Ammoniak-Molekül die Bindungswinkel nicht 109,5° (Tetraederwinkel), sondern 104,5° (H_2O) bzw. 107,5° (NH_3). In der vereinfachten Form im Schulbuch werden bindende und nicht bindende Elektronenpaare hinsichtlich ihrer Abstoßung gleich behandelt.

Ganz ähnlich ist das häufig im Unterricht gebrauchte Kugelwolkenmodell von GEORGE E. KIMBALL. Diese Modellvorstellung geht von folgenden Grundsätzen aus:
– Die Elektronen einer Schale befinden sich in kugelförmigen Räumen (Wolken), die sich symmetrisch um den Kern anordnen und gleichen Anstand von ihm haben.
– Jede Kugelwolke wird von maximal zwei Elektronen besetzt.
– In der äußersten Schale befinden sich maximal 8 Elektronen in 4 Kugelwolken.
– Die Kugelwolken werden zunächst einzeln und dann doppelt besetzt.

Zur Elektronegativität

Im Schulbuch werden – wie in den meisten Lehrbüchern – die Elektronegativitätswerte nach PAULING angegeben. Sie beruhen auf der Bestimmung der Bindungsenergie von heteronuklearen Molekülen. L. C. PAULING bestimmte z. B. die Bindungsenergie im HCl-Molekül und verglich sie mit der eines hypothetischen unpolaren HCl-Moleküls, dessen Bindungsenergie er aus dem geometrischen Mittel der Bindungsenergien im H_2- und Cl_2-Molekül abschätzte.

Aus der auftretenden Differenz schloss er auf elektrostatische Anziehungskräfte zwischen den unterschiedlichen Atomen und bestimmte rechnerisch die Elektronegativitätsdifferenz als ein Maß für die Polarität der Bindung. Indem Lithium-Atomen der Wert 1 und Fluor-Atomen der Wert 4 zugewiesen wurde, entstand die bekannte Skala.

Es soll noch erwähnt werden, dass es weitere Methoden zur Bestimmung der Elektronegativität gibt: R. S. MULLIKEN berechnete die Elektronegativitäten aus dem arithmetischen Mittel zwischen Elektronenaffinität und 1. Ionisierungsenergie. A. L. ALLRED und E. G. ROCHOW gingen bei ihrer Berechnung von folgender Vorstellung aus: Ein bindendes Elektron wird durch einen Kern gemäß dem Coulomb'schen Gesetz angezogen. Die Stärke der Anziehung wird von der effektiven Kernladung und dem kovalenten Atomradius bestimmt. (Die Problematik des Begriffs „kovalenter Atomradius" soll hier nicht weiter verfolgt werden.)

Die verschiedenen Methoden führen zwar nicht zu übereinstimmenden, aber doch in vielen Fällen zu recht ähnlichen Ergebnissen. Im folgenden Ausschnitt aus dem Periodensystem sind einige Elektronegativitäten nach PAULING, nach MULLIKEN und nach ALLRED-ROCHOW zusammengestellt:

	H						
EN nach PAULING	2,1						
EN nach MULLIKEN	2,1						
EN nach ALLRED-ROCHOW	2,20						
	Li	Be	B	C	N	O	F
EN nach PAULING	1,0	1,5	2,0	2,5	3,0	3,5	4,0
EN nach MULLIKEN	0,94	1,46	2,01	2,63	3,08	3,17	3,91
EN nach ALLRED-ROCHOW	0,97	1,47	2,01	2,50	3,07	3,50	4,10
	Na	Mg	Al	Si	P	S	Cl
EN nach PAULING	0,9	1,2	1,5	1,8	2,1	2,5	3,0
EN nach MULLIKEN	0,93	1,32	1,81	2,03	2,39	2,41	3,00
EN nach ALLRED-ROCHOW	1,01	1,23	1,47	1,74	2,06	2,44	2,83

Zur Entscheidung, ob ein Molekül ein Dipol ist

Die Frage, ob ein Molekül ein Dipol ist oder zumindest sein kann, lässt sich auf drei verschiedene Arten beantworten.

1. Man versucht, die Lage von *Ladungsschwerpunkten* zu ermitteln. In manchen Fällen mag man es als recht offensichtlich ansehen, dass die Ladungsschwerpunkte der positiven und der negativen Ladung nicht zusammenfallen. Das Problem hierbei ist, dass der Ladungsschwerpunkt sich nur schwer schülergemäß definieren lässt.

2. Man betrachtet (in einem mehratomigen Molekül) die einzelnen Bindungspolaritäten und fügt diese zu einer Gesamtpolarität zusammen. Zumindest wenn das Molekül nicht linear gebaut ist, läuft dies unumgänglich auf eine *Vektoraddition* hinaus, auch wenn man das Wort vermeidet. Beim CO_2-Molekül kann man auf die folgende Weise argumentieren: Die linke C=O-Bindung hat ein Dipolmoment, die rechte C=O-Bindung das betragsmäßig gleich große. Beide Dipolmomente kompensieren sich, weil sie entgegengerichtet sind. Man bemerkt leicht, dass hier von der Vektoreigenschaft des Dipolmoments Gebrauch gemacht wird. Da beide Vektoren in der Molekül-achse liegen, ist ihre gegenseitige Kompensation sogar für denjenigen plausibel, der sich mit Vektoren nicht auskennt.
Schwieriger wird es, wenn die analoge Argumentation beim CH_4-Molekül vorgeführt wird. Man fasst zunächst die Dipolmomente von je zwei C—H-Bindungen zusammen und erhält zwei entgegengesetzt gleiche Summenvektoren, die sich kompensieren. Diese oft benutzte Argumenta-tion verwendet, wie man sieht, eine „echte" Vektoraddition, bei der Vektoren unterschiedlicher Richtung addiert werden müssen. Das ist ohne vorherige Behandlung von Vektoren kaum zu vermitteln.

3. Man benutzt *Symmetrieargumente*. Wenn ein Molekül eine „genügend hohe" Symmetrie besitzt, kann es gar kein Dipol sein, egal, ob einzelne Bindungen eine Polarität besitzen oder nicht.
Das CO_2-Molekül kann kein Dipol sein, was völlig unabhängig davon gilt, ob und in welcher Richtung die C=O-Bindungen polarisiert sind. Die Spiegelebene quer zur Molekülachse macht es offenbar unmöglich, dass in der Molekülachse (aufgrund etwaigen Dipolcharakters) eine Richtung vorkommt: Das gespiegelte Molekül muss in sich selbst übergehen, was nicht möglich wäre, wenn eine Richtung beim Spiegeln umgedreht würde. Daher kann das Molekül kein Dipol sein.
Auch hier gestaltet sich die Argumentation beim CH_4-Molekül etwas schwieriger. Durch den etwaigen Dipolcharakter eines Moleküls würde eine räumliche Richtung festgelegt (z.B. vom negativen zum positiven Pol). Diese Richtung muss zunächst mindestens mit einer der dreizäh-ligen Drehachsen des Moleküls (C—H-Bindungen) zusammenfallen. (Denn bei einer Symmetrie-operation, hier Drehung um 120° um die Bindungsachse, geht das Molekül in eine äquivalente Lage über.)
Wäre das Molekül als Ganzes aber in Richtung *einer* dreizähligen Drehachse ein Dipol, so müsste es zugleich in Richtung aller *vier* dreizähligen Drehachse (die alle gleichwertig sind) ein Dipol sein, was ein Unding ist. Denn der Dipol des ganzen Moleküls kann nur *eine* Richtung haben, aber nicht vier verschiedene.
Die Symmetrieargumentation mag auf den ersten Blick etwas diffizil wirken. Sie hat aber den Vorteil, nicht wesentlich von mathematischen Konzepten Gebrauch zu machen, die die Schülerin-nen und Schüler evtl. wieder vergessen haben. Einfache Symmetriebetrachtungen sind ohne weitere Vorbereitung zugänglich. Man beachte auch, dass letztlich bei allen drei hier genannten Argumentationen die Symmetrie der Moleküle zugrunde gelegt wird.

Zum Betrag des Dipolmoments

Für Vorhersagen über das Ausmaß der Polarität eines zweiatomigen Moleküls sowie die Lage der positiven und negativen Partialladung können die Elektronegativitätswerte herangezogen werden. Für ähnliche Vorhersagen bei drei- und mehratomigen Molekülen ist die Kenntnis der Geometrie des jeweiligen Moleküls sowie der Anordnung der nicht bindenden Elektronenpaare unerlässlich. Das Gesamtdipolmoment eines Moleküls ergibt sich aus der Vektoraddition der Dipolmomente der einzelnen Bindungen und der nicht bindenden Elektronenpaare:

Beim NH_3- und beim H_2O-Molekül hat das Zentralatom eine höhere Elektronegativität, entsprechend sind die negativen Enden der Bindungsdipole zum Zentralatom hin gerichtet.

- Beim NH_3-Molekül weist das negative Ende des Dipols des nicht bindenden Elektronenpaars in die vom Elektronenpaar eingenommene „Tetraederecke". Somit ergibt sich durch Vektoraddition ein Gesamtdipol, der mit dem negativen Ende zur Spitze der Pyramide und mit dem positiven Ende zu ihrer Basis zeigt ($\mu = 4,97 \cdot 10^{-30}$ C · m).
- Beim H_2O-Molekül sind zwei polare O–H-Bindungen und zwei nicht bindende Elektronenpaare mit ihren Dipolmomenten zu berücksichtigen. Dies ergibt einen Gesamtdipol, dessen negatives Ende zwischen die nicht bindenden Elektronenpaare weist und dessen positiver Teil zwischen den beiden Wasserstoff-Atomen liegt ($\mu = 6,18 \cdot 10^{-30}$ C · m).

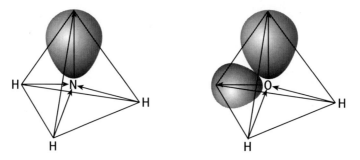

Interessant ist der Vergleich von NH_3 mit NF_3 und NCl_3:

- Das NF_3-Molekül ($\mu = 0,8 \cdot 10^{-30}$ C · m) hat ein vergleichsweise niedriges Dipolmoment, obwohl die N–F-Bindungen stark polar sind. Die Fluor-Atome haben eine höhere Elektronegativität als die Stickstoff-Atome, dadurch weisen die negativen Enden der Bindungsdipole in Richtung der Fluor-Atome. Der Dipol des nicht bindenden Elektronenpaars wirkt in die Gegenrichtung, sodass der Gesamtdipol kleiner wird, mit einem negativen Ende in Richtung der Pyramidenbasis.
- Das NCl_3-Molekül ($\mu = 2 \cdot 10^{-30}$ C · m) hat, obwohl die N–Cl-Bindungen nach PAULING unpolar sind, ein höheres Dipolmoment als das NF_3-Molekül, da das Dipolmoment des nicht bindenden Elektronenpaars das Gesamtdipolmoment bestimmt.
- Das NH_3-Molekül ($\mu = 4,97 \cdot 10^{-30}$ C · m) hat ein noch größeres Dipolmoment, da das Dipolmoment der N–H-Bindungen die gleiche Richtung hat wie das Dipolmoment des nicht bindenden Elektronenpaars.

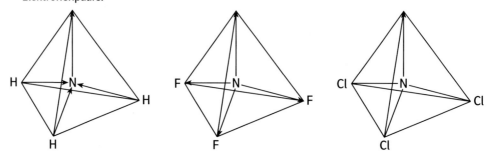

Literatur R. J. Gillespie et al: Elektronendomänen und das VSEPR-Modell der Molekülgeometrie. Angewandte Chemie 108 (1996), 539

Rückblick und Vertiefung: Zwischenmolekulare Kräfte (S. 16/17)

Vorbemerkung Der Begriff „Wechselwirkungen" bezeichnet in der Physik Kräfte, die Gegenstände oder Teilchen gegenseitig (nach dem Prinzip von Actio und Reactio) aufeinander ausüben. Der Ausgangspunkt der zwischenmolekularen Kräfte ist eine anziehende Wechselwirkung zwischen den Teilchen, die – sobald sich die Teilchen nahe genug gekommen sind – im Gleichgewicht mit einer abstoßenden Wechselwirkung steht.

Da der Begriff „Kräfte" anschaulicher ist, haben sich die Autorinnen und Autoren des Schulbuchs dazu entschieden, diesen zu verwenden. Die Begriffe „zwischenmolekulare Kräfte" und „zwischenmolekulare Wechselwirkungen" sollen als synonym betrachtet werden.

Die folgende Tabelle fasst die zwischenmolekularen Kräfte zusammen und nennt Synonyme.

Zwischenmolekulare Kräfte	Beschreibung	Synonyme
Van-der-Waals-Kräfte	Oberbegriff zu London-Kräften, Dipol-Dipol-Kräften und Dipol-induzierter-Dipol-Kräften	Van-der-Waals-Wechselwirkungen
London-Kräfte	Kräfte zwischen temporären Dipolen	London-Kraft, London-Dispersion, „Van-der-Waals-Kräfte im engeren Sinne"
Dipol-Dipol-Kräfte	Kräfte zwischen permanenten Dipolen	Dipol-Dipol-Wechselwirkungen, Keesom-Wechselwirkungen, Keesom-Kräfte
Dipol-induzierte-Dipol-Kräfte	Kräfte zwischen permanenten und temporären Dipolen (im Schulbuch nicht erwähnt)	Debye-Wechselwirkungen
Wasserstoffbrücken	Wechselwirkungen zwischen positiv polarisierten H-Atomen und nicht bindenden Elektronenpaaren negativ polarisierter O-, N- oder F-Atome	Wasserstoffbrückenbindungen, H-Brücken

Zu den Aufgaben

A1 Bei vergleichbarer Moleküloberfläche ergibt sich die folgende Reihenfolge von schwach nach stark:
1) London-Kräfte. Beispiele: Iod, Schwefel, Alkane
2) Dipol-Dipol-Kräfte. Beispiele: Dimethylether, Ethanal (Acetaldehyd), Propanon (Aceton), Chlorfluorid und andere Interhalogenverbindungen
3) Dipol-Ionen-Kräfte. Beispiele: Lösungen beliebiger Salze in Wasser
4) Wasserstoffbrücken. Beispiele: Wasser, Fluorwasserstoff (Hydrogenfluorid), Ammoniak, Ethanol, Essigsäure, Lösungen der genannten Stoffe in Wasser

A2 Ja, zwischen Fluorwasserstoff-Molekülen und Wasser-Molekülen können sich Wasserstoffbrücken ausbilden:

Das Fluorwasserstoff-Molekül enthält ein stark positiv polarisiertes H-Atom und ein stark negativ polarisiertes F-Atom mit drei nicht bindenden Elektronenpaaren. Ein Wasser-Molekül enthält zwei stark positiv polarisierte H-Atome und ein stark negativ polarisiertes O-Atom mit zwei nicht bindenden Elektronenpaaren. Beide Moleküle erfüllen also die Voraussetzungen für die Ausbildung von Wasserstoffbrücken.
Positiv polarisierte H-Atome der Fluorwasserstoff-Moleküle treten in Wechselwirkung mit nicht bindenden Elektronenpaaren an Wasser-Molekülen; positiv polarisierte H-Atome der Wasser-Moleküle treten in Wechselwirkung mit nicht bindenden Elektronenpaaren an Fluorwasserstoff-Molekülen.

Zusatzinformationen

Wasserstoffbrücken und kovalente Bindungen
Wasserstoffbrücken sind nicht in erster Linie besonders starke Dipol-Dipol-Kräfte, sondern stellen einen eigenen Typus von Wechselwirkung dar. So sind in manchen Verbindungen, in denen Wasserstoffbrücken vorliegen, die Abstände zwischen den beteiligten drei Atomen geringer, als von den Van-der-Waals-Radien her zu erwarten wäre. In NMR-Spektren kann man manche Verschiebungen nur erklären, wenn man einen weiter reichenden Einfluss der Wasserstoffbrücken annimmt. Man vermutet daher in Wasserstoffbrücken kovalente Anteile, die durch quantenmechanische Berechnungen bestätigt werden können. Erinnert sei hier an die gute Ionenleitfähigkeit von Protonen in wässrigen Lösungen, als deren Begründung man einen schnellen Wechsel von Wasserstoffbrücken und Elektronenpaarbindungen angibt.

London-Kräfte und Symmetriebrechung

Hier liegt eine Realisierung dafür vor, dass ein weniger symmetrischer Zustand energetisch günstiger sein kann als ein höher symmetrischer, sodass der weniger symmetrische eingenommen wird. Anschaulich könnte man dies vergleichen mit einer Kugel, die auf einer Anhöhe liegt und nach zwei Seiten hinunterrollen kann. Nach welcher Seite soll die Kugel hinunterrollen? Wo ist der Grund dafür, dass sie auf die eine und nicht auf die andere, ganz gleichberechtigte Seite rollt? Sie kann sich in dem energetisch ungünstigen Zustand auf der Anhöhe einfach nicht halten und *bricht die Symmetrie*. Zwei Helium-Atome, welche die zwischen ihnen ursprünglich bestehende Spiegelebene strikt beachten, befinden sich in einer analogen Situation wie die auf der Anhöhe höchst instabil befindliche Kugel. Die Helium-Atome begeben sich in einen energetisch günstigeren Zustand, indem sie die Symmetrie brechen und Dipole bilden. Denn die Anordnung $+ - | + -$ hat ja offensichtlich nicht mehr die ursprüngliche Spiegelebene und ruft eine Anziehung zwischen den polarisierten Atomen hervor. Selbst wenn die sehr flexiblen Dipole beide noch ihre Polung umdrehen (Übergang von $+ - | + -$ zu $- + | - +$), bleibt das System in einem energetisch niedrigen Zustand. (Im oben genannten Bild der Kugel kann man sich vorstellen, dass die Kugel von der linken auf die rechte Seite der Anhöhe gelangen kann, indem sie um die Anhöhe herumrollt.) Die Drehung des einen Dipols hat nur die entsprechende Drehung des anderen Dipols zur Folge, ohne dass die energetisch günstige Situation in nennenswertem Maß verlassen werden müsste. Um also von der einen Lage zur anderen zu gelangen, muss das Dipolmoment nicht zwischenzeitlich verschwinden. Ein Dipolmoment, das einmal da ist, bleibt also aus energetischem Grund in irgendeiner Weise, und sei es fluktuierend, immer erhalten.

Rückblick und Vertiefung: Protonen-Übertragungsreaktionen (S. 19)

Zur Aufgabe

A1 Oxonium-Ionen (H_3O^+) sind die für alle sauren Lösungen typischen Teilchen. Der pH-Wert einer sauren Lösung ist kleiner als 7. Je saurer eine Lösung ist, desto kleiner ist der pH-Wert, und desto größer ist die Konzentration der H_3O^+-Ionen.

Hydroxid-Ionen (OH^-) sind die für alle alkalischen Lösungen typischen Teilchen. Der pH-Wert einer alkalischen Lösung ist größer als 7. Je alkalischer eine Lösung ist, desto größer ist der pH-Wert, und desto größer ist die Konzentration der OH^--Ionen.

Zusatzaufgabe

Stellen Sie für die folgende Reaktion die Reaktionsgleichung auf:
Salzsäure reagiert mit Calciumcarbonat zu Calciumchlorid, Wasser und Kohlenstoffdioxid.

Lösung:
$$2\,HCl + CaCO_3 \longrightarrow CaCl_2 + CO_2 + H_2O$$
oder: $2\,HCl(aq) + CaCO_3(s) \longrightarrow CaCl_2(aq) + CO_2(g) + H_2O(l)$
oder: $2\,H_3O^+ + 2\,Cl^- + CaCO_3 \longrightarrow Ca^{2+} + 2\,Cl^- + CO_2 + 3\,H_2O$
oder: $2\,H_3O^+(aq) + 2\,Cl^-(aq) + CaCO_3(s) \longrightarrow Ca^{2+}(aq) + 2\,Cl^-(aq) + CO_2(g) + 3\,H_2O(l)$

Das Oxonium-Ion (bzw. das HCl-Molekül) ist die Säure, das Carbonat-Ion ist die Base.

Rückblick und Vertiefung: Die Alkane – eine homologe Reihe (S. 20)

Zur Aufgabe

A1

(Pentan/n-Pentan)   (2-Methylbutan)   (2,2-Dimethylpropan)

Hinweis: Die Namen der Verbindungen sind in Klammern gesetzt, da die Aufgabenstellung im Schulbuch die Benennung nicht erfordert. Die Nomenklatur wird auf S. 21 wiederholt.

Rückblick und Vertiefung: Die Alkane – Nomenklatur (S. 21)

Zu den Aufgaben

A1 Der systematische Name von Isobutan ist 2-Methylpropan.

A2 **a), b)** Die oberen zwei und die unteren drei Verbindungen haben jeweils gleiche Molekül-formeln, sind also Isomere.

Name und Molekülformel	Halbstrukturformel	Strukturformel
3,3-Dimethylpentan C_7H_{16}	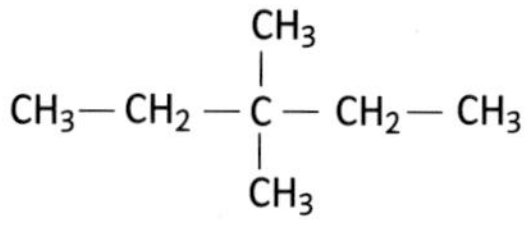 $CH_3-CH_2-\overset{\overset{\displaystyle CH_3}{\mid}}{\underset{\underset{\displaystyle CH_3}{\mid}}{C}}-CH_2-CH_3$	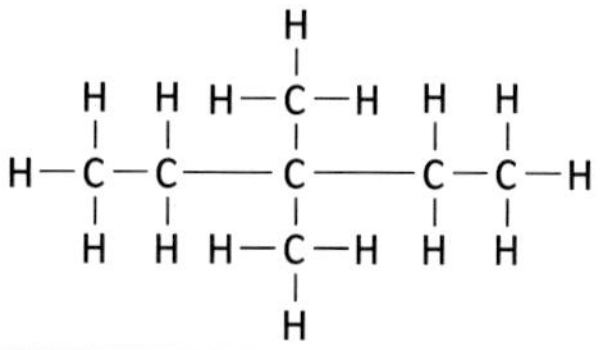
3-Methylhexan C_7H_{16}	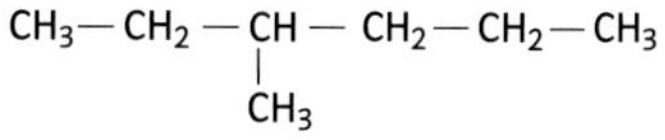 $CH_3-CH_2-\overset{}{\underset{\underset{\displaystyle CH_3}{\mid}}{CH}}-CH_2-CH_2-CH_3$	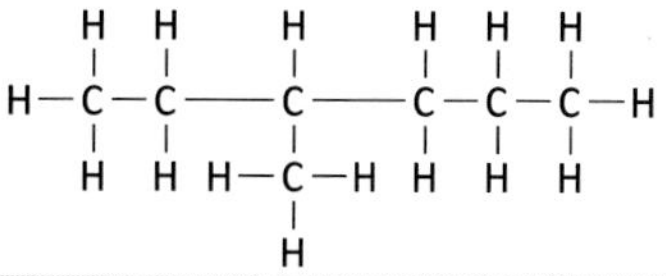
3-Ethylheptan C_9H_{20}	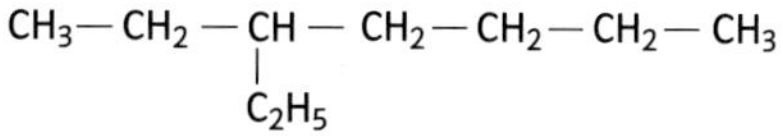 $CH_3-CH_2-\overset{}{\underset{\underset{\displaystyle C_2H_5}{\mid}}{CH}}-CH_2-CH_2-CH_2-CH_3$	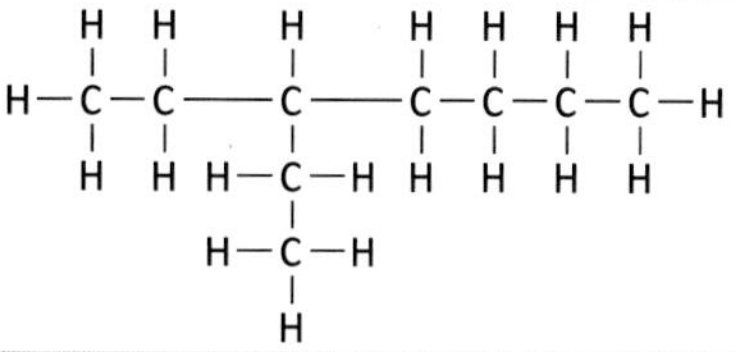
3-Ethyl-2-methylhexan C_9H_{20}	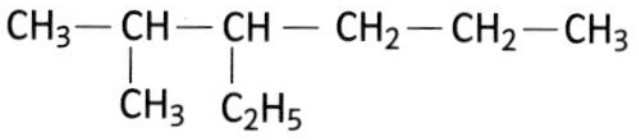 $CH_3-\overset{}{\underset{\underset{\displaystyle CH_3}{\mid}}{CH}}-\overset{}{\underset{\underset{\displaystyle C_2H_5}{\mid}}{CH}}-CH_2-CH_2-CH_3$	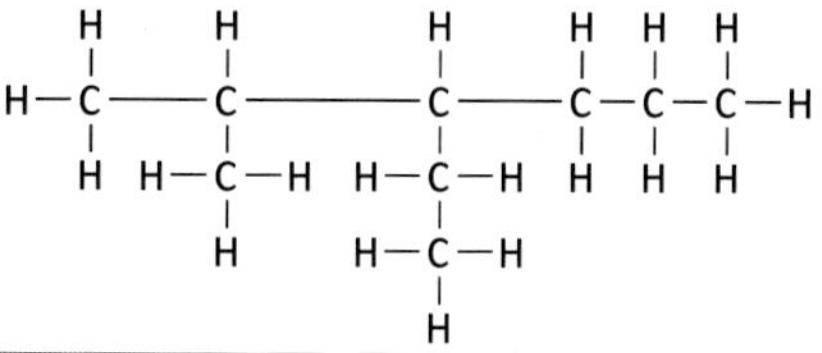
2,3,3-Trimethylhexan C_9H_{20}	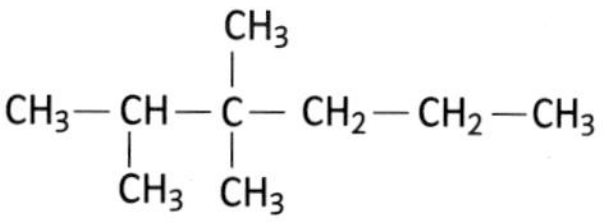 $CH_3-\overset{}{\underset{\underset{\displaystyle CH_3}{\mid}}{CH}}-\overset{\overset{\displaystyle CH_3}{\mid}}{\underset{\underset{\displaystyle CH_3}{\mid}}{C}}-CH_2-CH_2-CH_3$	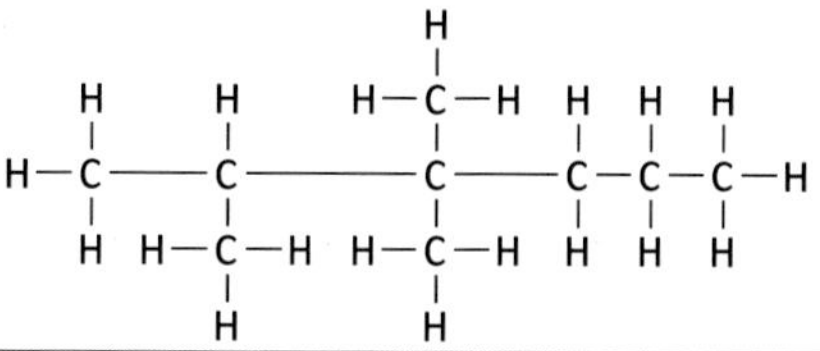

A3

a) 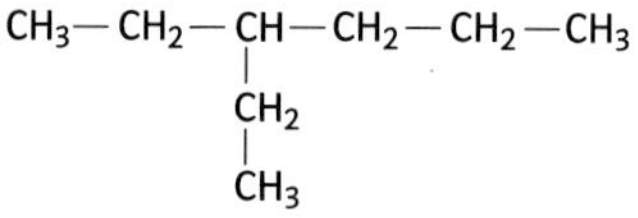 $CH_3-CH_2-\overset{}{\underset{\underset{\underset{\underset{\displaystyle CH_3}{\mid}}{CH_2}}{\mid}}{CH}}-CH_2-CH_2-CH_3$

3-Ethylhexan

b) 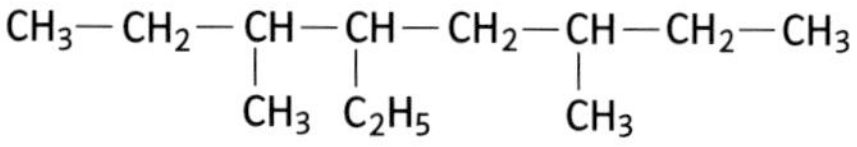 $CH_3-CH_2-\overset{}{\underset{\underset{\displaystyle CH_3}{\mid}}{CH}}-\overset{}{\underset{\underset{\displaystyle C_2H_5}{\mid}}{CH}}-CH_2-\overset{}{\underset{\underset{\displaystyle CH_3}{\mid}}{CH}}-CH_2-CH_3$

4-Ethyl-3,6-dimethyloctan

Literatur und Internet (Stand Juli 2022)

Nomenklatur der Organischen Chemie – Eine Einführung. International Union of Pure and Applied Chemistry (IUPAC), herausgegeben von G. Kruse und U. Schröder. VCH, Weinheim 1997
Zur Anzahl der Strukturisomere:
K. Adam: Die Anzahlbestimmung der isomeren Alkane. Der mathematische und naturwissenschaft-liche Unterricht 36 (1/1983), 29
R. E. Davies et al.: C167H336 – The Smallest Alkane with more Realizable Isomers then the Observed Universe Has "Particles". Journal of Chemical Education 66 (4/1989), 278
R. Lemke: Die Alkanisomeren (bis einschließlich Undecan). Praxis der Naturwissenschaften – Chemie 37 (4/1988), 35
J. R. C. Whyte et al.: The Enumeration of Isomers – with Special Reference to the Stereoisomers of Decane. Journal of Chemical Education 70 (11/1993), 874
Suchbegriff „goldbook.iupac.org"

Rückblick und Vertiefung: Die Alkane – Struktur-Eigenschafts-Beziehungen (S. 22–24)

Zu den Aufgaben

A1 Bei vergleichbarer Moleküloberfläche ergibt sich die folgende Reihenfolge von schwach nach stark:
1) London-Kräfte. Beispiele: Iod, Schwefel, Alkane
2) Dipol-Dipol-Kräfte. Beispiele: Dimethylether, Ethanal (Acetaldehyd), Propanon (Aceton), Chlorfluorid und andere Interhalogenverbindungen
3) Dipol-Ionen-Kräfte. Beispiele: Lösungen beliebiger Salze in Wasser
4) Wasserstoffbrücken. Beispiele: Wasser, Fluorwasserstoff (Hydrogenfluorid), Ammoniak, Ethanol, Essigsäure, Lösungen der genannten Stoffe in Wasser

A2 Mit wachsender Kettenlänge der unverzweigten Alkan-Moleküle und damit wachsender Oberfläche nehmen die gegenseitigen Berührungs- und Polarisierungsmöglichkeiten und damit Anziehungskräfte zu; deshalb nehmen die Siedetemperaturen von Hexan bis Decan zu.
Beim Fließen gleiten Moleküle der Flüssigkeit aneinander vorbei. Die Moleküle gleiten umso schwerer aneinander vorbei, je größer die zwischenmolekularen Kräfte sind. Da zwischen längerkettigen Kohlenwasserstoff-Molekülen größere Anziehungskräfte herrschen als zwischen kurzkettigen, nimmt die Viskosität von Hexan nach Decan zu.

A3
a) Die Flammtemperatur eines Stoffes ist die niedrigste Temperatur, bei der sich über einem Stoff ein zündfähiges Dampf-Luft-Gemisch bilden kann.
Zur Bestimmung wird der zu untersuchende Stoff langsam unter Temperaturkontrolle erwärmt, während mit einer Flamme versucht wird, das Dampf-Luft-Gemisch zu entzünden [B7].

b)

Name	Strukturformel	weiterer Stoff
2-Methylbutan		2-Methylpentan
Pentan		n-Hexan
Nonan		n-Decan

c) Individuelle Leistung

A4 Die Treibmittel in Haar- und Deodorantsprays, bilden mit Luft explosionsfähige Gemische. Daher dürfen Spraydosen nicht in der Nähe von offenen Flammen eingesetzt werden.

Rückblick und Vertiefung: Ethen – ein Alken (S. 25)

Zu den Aufgaben

A1 Alkane haben die allgemeine Summenformel C_nH_{2n+2}. Ein Alken gleicher Kettenlänge weist aufgrund der Doppelbindung zwei H-Atome weniger auf.

A2 Individuelle Schülerlösung.
Mögliche Antworten sind:
– Grundstoff zur Herstellung von Aceton, Acrolein (Propenal), Acrylnitril, Acrylsäure, Butanal, Polypropen, Propylenglykol sowie Allylverbindungen usw.
– Gas für Schneidbrenner
– Kältemittel

Rückblick und Vertiefung: Die Vielfalt der Kohlenwasserstoffe (S. 26/27)

Zu den Aufgaben

A1

Ethan
C_2H_6

Ethen
C_2H_4

Ethin
C_2H_2

Im Ethan-Molekül ist jedes Kohlenstoff-Atom mit drei Wasserstoff-Atomen verknüpft; zwischen den Kohlenstoff-Atomen liegt eine Einfachbindung vor. Im Ethen-Molekül ist jedes Kohlenstoff-Atom mit zwei Wasserstoff-Atomen verknüpft; zwischen den Kohlenstoff-Atomen liegt eine Doppelbindung vor. Im Ethin-Molekül ist jedes Kohlenstoff-Atom mit nur einem Wasserstoff-Atom verknüpft; zwischen den Kohlenstoff-Atomen liegt eine Dreifachbindung vor.
Für jede zusätzliche Bindung zwischen den Kohlenstoff-Atomen enthält das Molekül (im Vergleich zum Ethan-Molekül) zwei Wasserstoff-Atome weniger.

A2 Hexan C_6H_{14}, Cyclohexan C_6H_{12}, Cyclohexen C_6H_{10}
Die drei Moleküle enthalten gleich viele C-Atome, aber unterschiedliche Anzahlen von H-Atomen.

A3

Ethen   Wasserstoff   Ethan

Es handelt sich um eine eine Hydrierung. Die Hydrierung gehört zu den Additionsreaktionen.

A4 Benzol ist ein wichtiger Ausgangsstoff für Farbstoffe, Pharmazeutika, Insektizide und Kunststoffe. Benzol ist giftig, kann genetische Defekte verursachen, kann Krebs erzeugen und schädigt die Organe bei längerer oder wiederholter Exposition.

Rückblick und Vertiefung: Größen und Größengleichungen (S. 28/29)

Zu den Aufgaben

A1 $M(H_2O) = 2 \cdot 1\,g/mol + 16\,g/mol = 18\,g/mol$

$$n(H_2O) = \frac{36\,g}{18\,g/mol} = 2\,mol$$

$N(H_2O) = n(H_2O) \cdot N_A = 2\,mol \cdot 6{,}022 \cdot 10^{23}\,mol^{-1} = 12{,}044 \cdot 10^{23} = 1{,}204\,4 \cdot 10^{24}$

A2 $M(CO) = 12\,g/mol + 16\,g/mol = 28\,g/mol$

$m(Kohlenstoffmonooxid) = n(CO) \cdot M(CO) = 0{,}5\,mol \cdot 28\,g/mol = 14\,g$

$N(CO) = n(CO) \cdot N_A = 0{,}5\,mol \cdot 6{,}022 \cdot 10^{23}\,mol^{-1} = 3{,}011 \cdot 10^{23}$

A3 $\beta(Ca^{2+}) = \dfrac{m(Calcium\text{-}Ionen)}{V(Lösung)} = \dfrac{2\,mg}{5\,ml} = \dfrac{0{,}002\,g}{0{,}005\,l} = 0{,}4\,g/l$

A4 $M(NaOH) = 23\,g/mol + 16\,g/mol + 1\,g/mol = 40\,g/mol$

$$n(NaOH) = \frac{m(Natriumhydroxid)}{M(NaOH)} = \frac{80\,g}{40\,g/mol} = 2\,mol$$

$$c(NaOH) = \frac{n(NaOH)}{V(Natronlauge)} = \frac{2\,mol}{1\,l} = 2\,mol/l$$

A5 $n(Na^+) = n(OH^-) = c(NaOH) \cdot V(\text{Natronlauge}) = 0{,}1\,mol/l \cdot 2\,l = 0{,}2\,mol$

$N(Na^+) = N(OH^-) = 0{,}2\,mol \cdot N_A = 0{,}2\,mol \cdot 6{,}022 \cdot 10^{23}\,mol^{-1} \approx 0{,}1204 \cdot 10^{23} = 1{,}204 \cdot 10^{22}$

A6 Reaktionsgleichung: $H_3O^+ + Cl^- + Na^+ + OH^- \longrightarrow 2\,H_2O + Na^+ + Cl^-$

$$\Rightarrow \frac{n(HCl)}{n(NaOH)} = \frac{1}{1} = \frac{c(HCl) \cdot V(\text{Salzsäure})}{c(NaOH) \cdot V(\text{Natronlauge})}$$

$$\Rightarrow c(HCl) = \frac{c(NaOH) \cdot V(\text{Natronlauge})}{V(\text{Salzsäure})} = \frac{1\,mol/l \cdot 40\,ml}{25\,ml} = 1{,}6\,mol/l$$

A7 $M(NaOH) = 23\,g/mol + 16\,g/mol + 1\,g/mol = 40\,g/mol$

$$n(NaOH) = \frac{m(\text{Natriumhydroxid})}{M(NaOH)} = \frac{200\,g}{40\,g/mol} = 5{,}0\,mol$$

Reaktionsgleichung: $H_3O^+ + Cl^- + Na^+ + OH^- \longrightarrow 2\,H_2O + Na^+ + Cl^-$

$$\Rightarrow \frac{n(HCl)}{n(NaOH)} = \frac{1}{1} = \frac{c(HCl) \cdot V(\text{Salzsäure})}{n(NaOH)}$$

$$\Rightarrow V(\text{Salzsäure}) = \frac{n(NaOH)}{c(HCl)} = \frac{5{,}0\,mol}{2\,mol/l} = 2{,}5\,l$$

A8 Die Angabe $\sigma(\text{Ethanol}) = 40\,\%$ bedeutet, dass in 1 l der Ethanol-Wasser-Lösung 400 ml Ethanol gelöst vorliegen, in 100 ml Lösung entsprechend 40 ml Ethanol.
Will man 1 l der Ethanol-Wasser-Lösung herstellen, so gibt man 400 ml Ethanol in einen 1-l-Messkolben und gibt unter Schütteln nach und nach dest. Wasser bis zur Ringmarke zu. Bei gerader Aufsicht auf den Messkolben soll die unterste Flüssigkeitswölbung (Meniskus) direkt auf der Ringmarkierung liegen.
Mit Lösungen eines anderen gewünschten Gesamtvolumens geht man entsprechend vor.

Hinweis: Die Volumenkonzentration σ unterscheidet sich vom Volumenanteil φ. Der Volumenanteil ist der Quotient aus dem Volumen eines Anteils durch die Summe aller Volumina vor dem Mischen. Beim Mischen von 400 ml Ethanol und 600 ml Wasser erhält man nicht 1000 ml Lösung, sondern eine Lösung mit kleinerem Volumen. Beim Mischen von Ethanol und Wasser tritt eine Volumenkontraktion ein.

Zusatzinformationen

Zusammensetzung von Mischphasen
Die Beschreibung der Zusammensetzung von Lösungen und anderen Gemischen wird häufig mit sehr unterschiedlichen und z.T. unklaren Begriffen vorgenommen. Neben IUPAC-Regeln sollten hier auch die DIN-Normen verwendet werden.
In der DIN 1310 werden die Zusammensetzungsgrößen beschrieben, festgelegt und gegeneinander abgegrenzt.

Nach der DIN 1310 versteht man unter einer Phase eine homogene gasförmige, flüssige oder feste Stoffportion. Besteht eine Phase aus mehreren Stoffen, bezeichnet man sie als Mischphase. Gasförmige Mischphasen nennt man auch Gasgemische, flüssige Mischphasen auch Lösungen, feste Mischphasen auch Mischkristalle oder feste Lösungen.
Zur Beschreibung der Zusammensetzung der Mischphasen verwendet man für die Stoffportion i eines einzelnen Stoffes eine der folgenden Größen:
– Masse m_i
– Volumen V_i
– Stoffmenge n_i
– Teilchenzahl N_i
Anmerkung: V_i ist das Volumen der Stoffportion i vor dem Mischen. Man sollte es nur dann verwenden, wenn die Stoffportion i vor dem Mischen denselben Aggregatzustand wie die Mischphase hat.

Zur Beschreibung der Zusammensetzung einer Mischphase bildet man Quotienten.

Mögliche Zählergrößen sind: m_i, V_i, n_i, N_i

Mögliche Nennergrößen sind:

- Masse m_k, Volumen V_k, Stoffmenge n_k oder Teilchenzahl N_k einer herausgegriffenen Stoffportion k
- Gesamtmasse m
- Gesamtvolumen vor dem Mischvorgang V_0
- Gesamtvolumen nach dem Mischvorgang V
- Gesamtstoffmenge n
- Gesamtteilchenzahl N

Überblick:

Name der Größe	Formel-zeichen	Definition	SI-Einheit	Weitere Einheiten
Massenanteil	w_i	$w_i = m_i/m$	1	
Volumenanteil	φ_i	$\varphi_i = V_i/V_0$	1	
Stoffmengenanteil	χ_i oder x_i	$\chi_i = n_i/n$ oder $x_i = n_i/n$	1	
Teilchenzahlanteil	X_i	$X_i = N_i/N$	1	
Massenkonzentration	β_i	$\beta_i = m_i/V$	kg/m^3	$1\,g/l = 1\,kg/m^3$ $1\,g/m^3 = 0{,}001\,kg/m^3$
Volumenkonzentration	σ_i	$\sigma_i = V_i/V$	1	
Stoffmengenkonzentration	c_i	$c_i = n_i/V$	mol/m^3	$1\,mol/l = 1000\,mol/m^3$
Teilchenzahlkonzentration	C_i	$C_i = N_i/V$	m^{-3}	
Massenverhältnis	ζ_{ik}	$\zeta_{ik} = m_i/m_k$	1	
Volumenverhältnis	ψ_{ik}	$\psi_{ik} = V_i/V_k$	1	
Stoffmengenverhältnis	r_{ik}	$r_{ik} = n_i/n_k$	1	
Teilchenzahlverhältnis	R_{ik}	$R_{ik} = N_i/N_k$	1	
Molalität	b_i	$b_i = n_i/m_k$	mol/kg	

Zu den Wortverbindungen mit -anteil: Diese Größen sind Quotienten aus einer der Zählergrößen und der Summe der gleichdimensionalen Größen aller Stoffportionen vor dem Mischen.

- Jede der Anteilgrößen kann mit ungleichen Einheiten (z.B. g/kg) oder mit gleichen Einheiten (z.B. g/g) für die Zählergröße und für die Nennergröße angegeben werden. Die Größe kann auch als Bruchteil der Zahl 1, in % oder in ‰ angegeben werden.
  Beispiel: $w_i = 20\,g/kg = 0{,}020\,kg/kg = 0{,}020 = 2{,}0\,\% = 20\,‰$
- Wortverbindungen mit -gehalt werden manchmal synonym mit -anteil gebraucht. Das Wort „Gehalt" sollte aber nur als Oberbegriff verwendet werden (siehe unten).
- V_0 ist das Gesamtvolumen *vor* dem Mischvorgang. V wäre das Volumen der Mischphase, also das Gesamtvolumen *nach* dem Mischvorgang. V_0 und V können wegen der eventuell beim Mischen eintretenden Volumenänderung voneinander abweichen. In einem solchen Fall ist der Volumen*anteil* eine problematische Größe und man gibt besser die Volumen*konzentration* an.
- Als Formelzeichen für den Stoffmengenanteil empfiehlt die DIN 1310 das lateinische x. Da das lateinische x aber häufig als „Allerweltssymbol" für eine Unbekannte oder für die waagerechte Achse eines Koordinatensystems steht, wird in „Elemente Chemie" als Formelzeichen für den Stoffmengenanteil das ebenfalls übliche griechische χ verwendet.
- Die veraltete Bezeichnung „Molenbruch" für den Stoffmengenanteil sollte nicht mehr verwendet werden, da sie das Wort für eine Einheit enthält und so zu Verwirrung führen kann. Im Englischen ist allerdings neben der eigentlich besseren Bezeichnung „amount fraction" auch die Bezeichnung „mole fraction" noch üblich; sie wird im „IUPAC Gold Book" als Synonym genannt.

Zu den Wortverbindungen mit -konzentration: Diese Größen sind Quotienten aus einer der Zählergrößen und dem Volumen der Mischphase.

- Wenn der Mischvorgang ohne Volumenänderung verläuft ($V = V_0$), dann ist die Volumenkonzentration gleich dem Volumenanteil ($\sigma_i = \varphi_i$).
- International (auch im „IUPAC Gold Book") wird die Stoffmengenkonzentration c_i (engl. amount concentration) auch kurz Konzentration (engl. concentration) genannt. Nach DIN 1310 wird dies nicht empfohlen.

Zu den Wortverbindungen mit -verhältnis: Diese Größen sind Quotienten aus einer der Zählergrößen und der gleichdimensionalen Nennergröße einer anderen Stoffportion vor dem Mischen.

Zur Molalität: Die Molalität b_i ist der Quotient aus der Stoffmenge der gelösten Stoffportion i und der Masse der Lösungsmittelportion k.

- Die DIN 1310 verzichtet auf den Index k, vermutlich deshalb, weil es i.d.R. klar ist, welcher Stoff das Lösungsmittel sein soll. (Man schreibt also nicht b_{ik}.)
- Diese Größe wird in „Elemente Chemie" normalerweise nicht verwendet.

Das Wort „Gehalt" kann (auch in Verbindung mit dem Namen eines Stoffes) als Oberbegriff verwendet werden, z.B. „Alkoholgehalt". Bei quantitativen Angaben muss man aber immer die jeweils gemeinte Größe angeben.

Literatur und Internet

Normenausschuß Einheiten und Formelgrößen (AEF) im DIN Deutsches Institut für Normung e.V. und Arbeitsausschuß Chemische Terminologie (AChT) im DIN: DIN 1310, Zusammensetzung von Mischphasen (Gasgemische, Lösungen, Mischkristalle) – Begriffe, Formelzeichen. Beuth Verlag, Berlin 1984

International Union of Pure and Applied Chemistry: Compendium of Chemical Terminology – Gold Book, Version 3.0.1. Unter dem Stichwort goldbook.iupac.org (Stand Juli 2022) kann im „IUPAC Gold Book" online recherchiert werden. Außerdem stehen dort Download-Fassungen (PDF, JSON und XML) zur Verfügung.

Rückblick und Vertiefung: Chemisches Rechnen (S. 30/31)

Vorbemerkung

Beim Lösen der Aufgaben ist es wichtig, immer die Einheiten einzusetzen.

Zu den Aufgaben

A1 Berechnung der Stoffmenge:

$$n(O_2) = \frac{m(\text{Sauerstoff})}{M(O_2)} = \frac{4{,}8\,g}{32\,g/mol} = 0{,}15\,mol$$

Berechnung des Volumens:

$$p \cdot V = n \cdot R \cdot T \quad \Leftrightarrow \quad V = \frac{n \cdot R \cdot T}{p}$$

$$V(\text{Sauerstoff}) = \frac{0{,}15\,mol \cdot 83{,}144\,63\,hPa \cdot l/(mol \cdot K) \cdot 298{,}15\,K}{1020\,hPa} \approx 3{,}6\,l$$

A2 Reaktionsgleichung: $CH_4 + 2\,O_2 \longrightarrow CO_2 + 2\,H_2O$

Nach der Reaktionsgleichung ergibt sich: $n(CO_2) = n(CH_4)$

$$n(CO_2) = n(CH_4) = \frac{m(\text{Methan})}{M(CH_4)} = \frac{44{,}5\,g}{16{,}0\,(g/mol)} \approx 2{,}78\,mol$$

$$m(\text{Kohlenstoffdioxid}) = n(CO_2) \cdot M(CO_2) = 2{,}78\,mol \cdot 44{,}0\,g/mol \approx 122\,g$$

Bei der Verbrennung von 44,5 g Methan werden 122 g Kohlenstoffdioxid an die Atmosphäre abgegeben.

Hinweis:
Diese Berechnung kann man mit B1 im Schulbuch vergleichen. Bei der Verbrennung von 44,5 g (0,445 mol) Heptan entstehen 137 g Kohlenstoffdioxid; bei der Verbrennung von 44,5 g (2,78 mol) Methan entstehen 122 g Kohlenstoffdioxid.

Molare Standardverbrennungsenthalpien: $\Delta_c H_m^0(\text{Methan}) = -890\,kJ/mol$
$\Delta_c H_m^0(\text{Heptan}) = -4\,817\,kJ/mol$

Bei der Verbrennung von 44,5 g dieser Brennstoffe ergibt sich:
Methan: $\Delta_c H^0 = -890\,kJ/mol \cdot 2,78\,mol = -2474\,kJ$ (und 122 g Kohlenstoffdioxid)
Heptan: $\Delta_c H^0 = -4817\,kJ/mol \cdot 0,445\,mol = -2144\,kJ$ (und 137 g Kohlenstoffdioxid)

Fazit: Die Verbrennung von Methan ist ein wenig „umweltfreundlicher" als die Verbrennung von Heptan. Dabei ist allerdings die Gewinnung und der Transport der Brennstoffe nicht berücksichtigt.

A3 $p \cdot V = n \cdot R \cdot T \quad \Leftrightarrow \quad V = \dfrac{n \cdot R \cdot T}{p}$

$$V = \frac{1\,mol \cdot 83{,}144\,63\,hPa \cdot l/(mol \cdot K) \cdot 293{,}15\,K}{1013\,hPa} \approx 24{,}06\,l \approx 24\,l$$

A4 Reaktionsgleichung: $2\,Zn + O_2 \longrightarrow 2\,ZnO$

Nach der Reaktionsgleichung ergibt sich: $n(O_2) = 0{,}5 \cdot n(Zn)$

$$n(O_2) = 0{,}5 \cdot n(Zn) = 0{,}5 \cdot \frac{m(Zink)}{M(Zn)} = 0{,}5 \cdot \frac{1{,}31\,g}{65{,}5\,g/mol} = 0{,}010\,0\,mol$$

Berechnung des Volumens:

$p \cdot V = n \cdot R \cdot T \quad \Leftrightarrow \quad V = \dfrac{n \cdot R \cdot T}{p}$

$$V(Sauerstoff) = \frac{0{,}010\,0\,mol \cdot 83{,}144\,63\,hPa \cdot l/(mol \cdot K) \cdot 295{,}15\,K}{1016\,hPa} \approx 0{,}241\,l$$

A5 Reaktionsgleichung: $2\,H_2 + O_2 \longrightarrow 2\,H_2O$

Nach der Reaktionsgleichung ergibt sich: $n(O_2) = 0{,}5 \cdot n(H_2)$

$$n(O_2) = 0{,}5 \cdot n(H_2) = 0{,}5 \cdot \frac{m(Wasserstoff)}{M(H_2)} = 0{,}5 \cdot \frac{1000\,g}{2\,g/mol} = 250\,mol$$

Berechnung des Sauerstoff-Volumens:

$p \cdot V = n \cdot R \cdot T \quad \Leftrightarrow \quad V = \dfrac{n \cdot R \cdot T}{p}$

$$V(Sauerstoff) = \frac{250\,mol \cdot 83{,}144\,63\,hPa \cdot l/(mol \cdot K) \cdot 298{,}15\,K}{1013\,hPa} \approx 6118\,l = 6{,}118\,m^3$$

Berechnung des Luft-Volumens aus dem Volumenanteil des Sauerstoffs:

$$\varphi(Sauerstoff) = \frac{V(Sauerstoff)}{V(Luft)} = 20{,}942\,\% = 0{,}209\,42$$

$$V(Luft) = \frac{V(Sauerstoff)}{\varphi(Sauerstoff)} \approx \frac{6{,}118\,m^3}{0{,}209\,42} \approx 29\,m^3$$

Zum Bild der Einstiegsseite	Die Weinflaschen und das Weinglas zeigen die umgangssprachliche Bedeutung von „Alkohol", also Ethanol („Trinkalkohol"). In der Chemie hat der Begriff „Alkohol" allerdings eine weitreichendere Bedeutung, die im Kapitel dargestellt wird. Das Foto kann als Impuls für den Alkoholgehalt von Getränken verwendet werden (Kap. 1.3).
Literatur	K. Peter, C. Vollhardt, N. E. Schore: Organische Chemie. Wiley-VCH, Weinheim 2011 H. Becker et al.: Organikum – Organisch-chemisches Grundpraktikum. Wiley-VCH, Weinheim 2015

Die Vielfalt der organischen Sauerstoff-Verbindungen (S. 34/35)

Zu den Aufgaben

A1

a) Die Reaktionsgleichungen lauten:

Zellatmung: $C_6H_{12}O_6 + O_2 \longrightarrow 6\,CO_2 + 6\,H_2O$ | exotherm

Alkoholische Gärung: $C_6H_{12}O_6 \longrightarrow 2\,C_2H_5OH + 2\,CO_2$ | exotherm

b) Die Gärröhrchen verhindern, dass Luft in Berührung mit dem Gäransatz kommen kann. Mit dem Kalkwasser als Füllung kann Kohlenstoffdioxid nachgewiesen werden. Kohlenstoffdioxid bildet mit Kalkwasser einen Niederschlag.

c) Wenn der Gäransatz luftdicht verschlossen würde, würde der Druck im Gäransatz steigen und das Gefäß platzen lassen. Wenn der Gäransatz ganz offen wäre, käme er mit dem Sauerstoff der Luft in Berührung. Mit Sauerstoff und Glucose würden die Hefezellen Zellatmung betreiben, die alkoholische Gärung würde nicht stattfinden.

d) Siehe auch Teilaufgabe e).

Der Molekülformel C_2H_5OH lassen sich folgende Informationen entnehmen:

– Das Molekül ist aus 2 Kohlenstoff-Atomen, 6 Wasserstoff-Atomen und 1 Sauerstoff-Atom aufgebaut.

– Da als Molekülformel C_2H_5OH und nicht nur C_2H_6O angegeben ist, wird die OH-Gruppe hervorgehoben. Es ist die funktionelle Gruppe des Moleküls. Die Hydroxygruppe ist die funktionelle Gruppe der Alkohole. Das Molekül ist also ein Alkohol-Molekül.

– Zu der Molekülformel kann so leicht die Strukturformel aufgestellt werden.

Aus der Molekülformel kann auch die Molekülmasse mit 46 u ermittelt werden.

e)

A2 Mit Essig lassen sich Speisen würzen, der säuerliche Geschmack wirkt erfrischend (z. B. saure Gurken, Salate), daneben dient Essig der Konservierung (z. B. Essiggurken).

A3 Neben dem „normalen" Branntweinessig (aus Branntwein, der aus der Vergärung von Zuckerrübenabfällen, Getreide oder Kartoffeln gewonnen wird,) gibt es beispielsweise noch Obstessig (aus Obstwein), Aceto Balsamico (aus Trauben, reift in Holzfässern), Sherry-Essig sowie diverse aromatisierte Essigsorten (Kräuteressig, Himbeeressig, ...).

A4 Es handelt sich um Ameisensäure (Methansäure).

A5

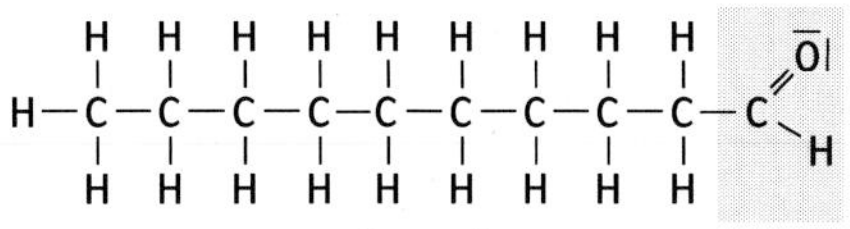

Decanal

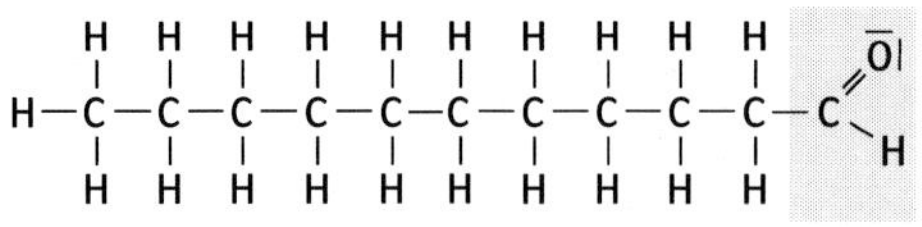

Undecanal

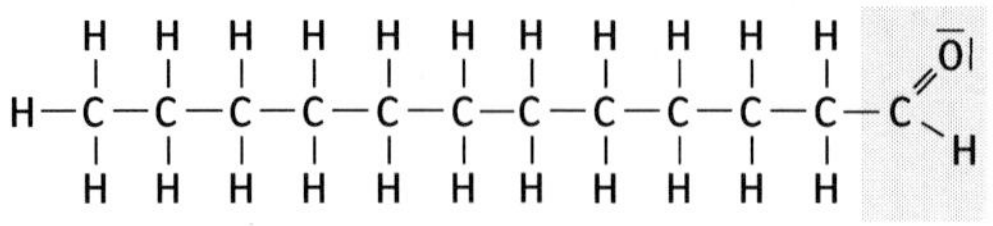

Dodecanal

░ Aldehydgruppe

A6 Die langkettigen Aldehyde sind farblose Flüssigkeiten, die sich praktisch nicht in Wasser, aber gut in Alkohol lösen; Alkohol wird in Parfüms als bevorzugtes Lösungsmittel verwendet, da es leicht verdunstet; die geruchsintensiven Stoffe bleiben auf der Haut zurück. Die Siedetemperatur der geruchsintensiven Stoffe (von ca. 120 °C bis ca. 260 °C) ist höher als die des Wassers; die Stoffe verflüchtigen sich nicht so leicht.

A7 Als Fruchtester bezeichnet man Ester aus kurzen bis mittellangen Carbonsäuren und Alkoholen. Dadurch ergeben sich vielfältige Kombinationsmöglichkeiten.

A8 Strukturformel des Butandions:

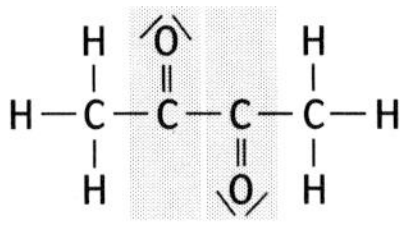

░ Ketogruppe

Die systematische Bezeichnung müsste lauten: Butan-2,3-dion. Da aber eine Ketogruppe nicht endständig sein kann, bleiben nur die Positionen 2 und 3 im Molekül für die Ketogruppen übrig.

A9 Das Butandion-Molekül enthält zwei Methyl- und zwei Ketogruppen (s. Abb. bei A8).

A10 Butandion lässt sich durch Oxidation des Alkandiols Butan-2,3-diol herstellen.

1.1 Praktikum: Alkoholische Gärung

Zu den Versuchen

V1 Vergärung von Fruchtsäften
Es riecht leicht „heftig" vergoren, nach Fruchtestern. Der Geruch lässt darauf schließen, dass ein neuer Stoff entstanden ist. Zudem ist eine Gasentwicklung sichtbar. Im Kalkwasser ist eine weiße Trübung erkennbar.
Deutung: Die auf den Früchten vorhandenen Hefepilze vermehren sich und wandeln durch alkoholische Gärung den vorhandenen Traubenzucker in Ethanol und Kohlenstoffdioxid um. Das Kohlenstoffdioxid wird mit Kalkwasser nachgewiesen.

V2 Bedeutung der Hefe
Nur das Kalkwasser im Gärröhrchen des Ansatzes mit Hefe trübt sich.
Deutung (siehe auch V1): Zur alkoholischen Gärung ist Hefe erforderlich.
Hinweis zur Durchführung: Man kann ein Stückchen Backhefe oder ein halbes Tütchen Trockenhefe verwenden.

V3 Brennprobe auf Alkohol
Die Gärflüssigkeiten, bei denen Alkohol entstanden ist (dies ist beim Ansatz von Versuch 1 sowie bei der Traubenzucker-Lösung mit Hefezusatz aus Versuch 2 der Fall), entwickeln brennbare Dämpfe, welche sich am Ende des Steigrohres entzünden lassen.

Deutung: Beim Erhitzen gehen neben Wasser-Molekülen auch Ethanol-Moleküle in die Gasphase über. Die aufsteigenden Dämpfe sind daher brennbar. Entscheidend ist jedoch, dass Wasser im Rohr aufgrund der hohen Siedetemperatur eher wieder kondensiert als Ethanol, d. h., man führt im Prinzip eine Destillation mit Luftkühlung durch, bei der zuerst im Wesentlichen Ethanol überdestilliert. *Hinweis zur Durchführung:* Gelegentlich schäumt der Kolbeninhalt sehr stark. Dies kann durch Zusatz einiger Tropfen Antischaummittel verhindert werden (z. B. Silikonöl SILFOAM-SRE der Firma Wacker).

V4 **Bestimmung des Zuckergehalts von Fruchtsäften**

Ergebnis einer Bestimmung:
Gemessene Dichte eines Traubenmostes ρ (Alkohol) = 1090 g/l

Daraus ergibt sich das Mostgewicht:

$$\text{Mostgewicht} = \left(\frac{1090\,\text{g/l}}{\text{g/l}} - 1000 \right) {}^{\circ}\text{Oe} = 90\,{}^{\circ}\text{Oe}$$

Massenkonzentration des Zuckers: β (Zucker) $= \frac{90\,{}^{\circ}\text{Oe}}{{}^{\circ}\text{Oe}} \cdot 2\,\text{g/l} = 180\,\text{g/l}$

Volumenkonzentration des Alkohols: σ (Alkohol) $= \frac{90\,{}^{\circ}\text{Oe}}{8\,{}^{\circ}\text{Oe}}\,\% \approx 11{,}2\,\%$

Zusatzinformationen

Zu B2 Die Oechsle-Waage ist ein Aräometer. Sie wurde vom Pforzheimer Goldschmied FERDINAND OECHSLE (1774–1852) erfunden und dient zur Bestimmung des Zuckergehalts über die Dichte von Trauben- und Obstsäften. Erreicht die Oberfläche der Flüssigkeit z. B. die Marke 90, so hat der Saft ein „Mostgewicht" von 90 °Oe, d. h., die Dichte dieses Saftes beträgt 1090 g/l bzw. 1,090 g/cm^3.
Aus dem Mostgewicht kann die Massenkonzentration des gelösten Zuckers abgeschätzt werden. Da in den Säften aber nicht nur Zucker, sondern auch Säuren gelöst vorliegen, deren Gehalt die Dichte ebenfalls beeinflusst, müsste man eigentlich vorher die Massenkonzentration der Säuren bestimmen (bezogen auf Weinsäure) und diese von der Massenkonzentration des Zuckers abziehen. Ferner ist das Aräometer auf eine Mosttemperatur von 20 °C kalibriert, sodass für höhere und tiefere Temperaturen eine Korrektur vorgenommen werden muss. Hierzu zieht man bei niedrigerer Temperatur 0,2 °Oe pro 1 °C ab, bei höheren Temperaturen werden 0,2 °Oe pro 1 °C addiert.

Literatur

P. Slaby: Fruchtweinherstellung als projektorientierter Chemieunterricht. Naturwissenschaften im Unterricht – Chemie 2 (1991), Heft 6 (1/1991), 16

1.2 Die Herstellung von Alkohol

Zu den Aufgaben

A1
a) Schritte der Weinherstellung: Weinlese, Maischen, Fermentieren, Pressen, Filtern, Reifen, Abfüllen
b) Schritte der Sektherstellung: Weinherstellung, Zusatz von Zucker und Sekthefen, Zweitgärung im verschlossenen Gefäß (Flaschengärung), Abtrennung der Hefen, Verschließen der Flaschen und Etikettieren
c) Schritte der Bierherstellung: (Herstellung des Malzes), Maischen, Läutern, Hopfen und Kochen, Gären, Lagern und Abfüllen

Informationen dazu finden sich in den Wikipedia-Artikeln „Weinherstellung", „Sekt"und „Bierherstellung"; dort gibt es auch weiterführende Literatur- und Internet-Hinweise. Es sind unterschiedlich detaillierte Darstellungen denkbar; es können auch einzelne Schritte zusammengefasst werden.

A2 Reinzuchthefen ermöglichen eine kontrollierte Gärung und einen genau definierten Alkoholgehalt mit reproduzierbaren Ergebnissen, man verhindert, dass sich unerwünschte Hefestämme durchsetzen und zum Verderben des Weins führen können.

A3 Bei der alkoholischen Gärung entstehen auch andere Alkohole (Begleitalkohole, Fuselalkohole), vor allem Methanol, aber auch n-Propanol oder iso-Butanol und höhere Alkohole. Methanol hat mit 64,7 °C eine niedrigere Siedetemperatur als Ethanol. Deswegen müssen die ersten überdestillierten Tropfen (der Vorlauf) verworfen werden.

Zusatzinformationen und Literatur

Alkoholische Gärung
Die Reaktionsgleichung der alkoholischen Gärung weist auf einen scheinbar einfachen Reaktionsablauf hin. Tatsächlich ist der Ablauf der Reaktion von Traubenzucker zu Ethanol wesentlich komplexer. Bislang konnten aus dem Enzymkomplex der Hefe (Zymase) 13 Enzyme isoliert werden, die zahlreiche Einzelreaktionen katalysieren, die in ihrer Gesamtheit dann die im Schulbuch angegebene Bruttoreaktionsgleichung der alkoholischen Gärung ergeben.

Weitere Informationen findet man z. B. in:
W. Walter, H. Beyer: Lehrbuch der organischen Chemie. Hirzel-Verlag, Stuttgart 2016
L. Stryer: Biochemie. Spektrum-Verlag, Heidelberg 2018
A. Neubauer: Die Entdeckung der zellfreien Gärung. Chemie in unserer Zeit 34 (2000), S.126
K. Roth: „Jäder nor einen wönzigen Schlock". Chemie in unserer Zeit 40 (2006), S.136 oder
K. Roth: Chemische Delikatessen. Wiley-VCH, Weinheim 2007

Branntwein

Bei der Destillation alkoholhaltiger Lösungen erhält man Branntwein mit einer Volumenkonzentration von maximal 96%. Der Begriff „Branntwein" ist eine Sammelbezeichnung für Flüssigkeiten mit hoher Alkoholkonzentration (extraktfrei oder extraktarm, mit oder ohne Zusatz von Geschmacksstoffen). Auf Trinkstärke herabgesetzte (verdünnte) Erzeugnisse mit einer Volumenkonzentration von 32 bis 50% werden als Trinkbranntwein bezeichnet. U.a. unterscheidet man *Getreidebranntweine* (aus Roggen, Gerste, Hafer oder Weizen) und *Obstbranntweine*. Kernobstbranntweine nennt man „Obstler". Auch z. B. Wodka (aus Getreide oder Kartoffeln), Rum (aus Zuckerrohr) und Arrak (aus Reis) zählen zu den Trinkbranntweinen, ebenso Weinbrand, der ausschließlich aus Wein gewonnen werden darf. Die Bezeichnung Cognac darf nur für Weinbrand verwendet werden, der aus Trauben der Region Cognac hergestellt wurde.

Brennspiritus

Brennspiritus ist zum Genuss unbrauchbar gemachtes Ethanol, wobei „Methylethylketon" und Pyridinbasen als Vergällungsmittel dienen. Die Bezeichnung „Methylethylketon, MEK" dient als Sammelbezeichnung für ein Ketongemisch, das zu 95 bis 96% aus 2-Butanon (Butan-2-on), zu 2,5 bis 3% aus 3-Methylbutanon (3-Methylbutan-2-on) und zu 1,5 bis 2% aus 5-Methyl-3-heptanon (5-Methylheptan-3-on) besteht und sich destillativ von Ethanol nicht abtrennen lässt (ϑ_{sd} = 78,3 °C). Die Pyridinbasen wurden in Deutschland ab 1993 durch den Bitterstoff Denatoniumbenzoat (Handelsname Bitrex) ersetzt. Siehe hierzu:
K. Roth: Fingerfarben – ideal für kleine Künstler. Chemie in unserer Zeit 40 (2006), S.263 u. 267 oder
K. Roth: Chemische Delikatessen. Wiley-VCH, Weinheim 2007, S. 34 u. 41

Angabe des Alkoholgehalts

Der Gehalt einer alkoholischen Flüssigkeit wird üblicherweise in „Vol. % (Vol.-%)" angegeben, z. B. „38 Vol. % (38 Vol.-%)" bei einem Weinbrand oder „13 Vol. % (13 Vol.-%)" bei Wein. Diese Art der Bezeichnung ist sehr unglücklich, da sie dazu verführt, die Angabe als nicht sinnvolle Einheitenbezeichnung „Volumenprozent" (unzulässig gebildet aus Prozent und Volumen) zu lesen. Es ist nicht empfehlenswert, ein „Volumenprozent" von einem „Massenprozent" unterscheiden zu wollen, da es nicht verschiedene Prozent-Arten, sondern nur die Definition 1% = 0,01 = 10^{-2} gibt.
Natürlich kann man verschiedene Anteile unterscheiden, z. B. den Massenanteil und den Volumenanteil (bei Alkohol und Wasser besser die Volumenkonzentration, siehe Anhang). Aber die Unterscheidung ist auf der Seite der Größe (also des Größennamens und des Größensymbols) vorzunehmen, nicht auf der Seite der Einheit. Beispiel: Die Volumenkonzentration von Ethanol in einem Wein ist σ(Ethanol) = 13%.

Informationen über Bier und seine Herstellung:
K. Roth: Die Oktoberfest-Umlagerung. Chemie in unserer Zeit 40 (2006), 338
K. Roth: Chemische Delikatessen. Wiley-CH, Weinheim 2007, S. 24
Suchbegriff hausgebraut.de

1.3 Alkohol – Genussmittel und Alltagsdroge

Zu den Aufgaben

A1 Alkohol beeinträchtigt u.a. das Reaktionsvermögen, die Konzentrationsfähigkeit, die Aufmerksamkeit, das Blickfeld und das Koordinationsvermögen. Außerdem führt die euphorisierende Wirkung zur Selbstüberschätzung und zu erhöhter Risikobereitschaft.
Alkohol stört Nervenzellen (also auch Gehirnzellen) in ihrer Funktion und beeinträchtigt damit praktisch alle Funktionen des Gehirns. Bei einem Rausch sterben bis zu 10 Millionen Gehirnzellen ab. Auch das Sehvermögen wird gestört: Das Blickfeld wird eingeengt („Tunnelblick"; im Extremfall sieht man wegen der fehlerhaften Koordination der Augenmuskulatur doppelt.

A2
a) „Promillegrenzen" in Deutschland (Stand 2022): Ab 0,3‰ Alkohol im Blut kann bei einem Unfall oder Fahrfehler der Führerschein entzogen werden. Ab 0,5‰ droht auch ohne Unfall eine Geldbuße, ein Eintrag ins Flensburger Verkehrszentralregister und ein Fahrverbot. Fahren mit

1,1‰ oder mehr wird als Straftat unter anderem mit einer Geldstrafe und einem Führerscheinentzug geahndet, in schweren Fällen sogar mit Freiheitsentzug. Wer mit 1,6‰ und mehr ein Fahrzeug fährt, hat nicht nur mit den zuvor genannten strafrechtlichen Sanktionen zu rechnen, sondern muss sich einer medizinisch-psychologischen Untersuchung (MPU) unterziehen, bevor er seine Fahrerlaubnis wieder erwerben kann.

Ein absolutes Alkoholverbot gilt für Fahranfänger in der Probezeit, für Personen unter 21 Jahre und für Fahrer, die gewerblich Personen befördern (z.B. Fahrer von Bussen, Taxis und Krankenwagen).

Die Tatsache, dass bereits bei einem Blutalkoholgehalt unter der gesetzlichen „Promillegrenze" die Fahrtüchtigkeit erheblich eingeschränkt sein kann und das Unfallrisiko erhöht ist, spricht für eine weitere Herabsetzung des Grenzwerts. Eine „0-‰-Regelung" würde zudem ein „Herantrinken" bzw. „Zieltrinken" an die jeweilige Promillegrenze verhindern.

b)

Land	Promillegrenze	Land	Promillegrenze
Belgien	0,5	Österreich	0,5
Dänemark	0,5	Polen	0,2
Deutschland	0,5	Portugal	0,5
Finnland	0,5	Schweden	0,2
Frankreich	0,5	Schweiz	0,5
Land	**Promillegrenze**	**Land**	**Promillegrenze**
Griechenland	0,5	Spanien	0,5
Großbritannien	0,8	Tschechien	0,0
Italien	0,5	Türkei	0,5
Kroatien	0,5	Ungarn	0,0
Niederlande	0,5		

A3 Berechnung analog zu B5 im Schulbuch:

V(Alkohol) $= 5,5\% \cdot 0,33\,l \cdot 2 = 0,0363\,l = 36,3\,ml$

m(Alkohol) $= 0,785\,g/ml \cdot 36,3\,ml = 28,5\,g = 0,0285\,kg$

w(Alkohol im Blut) $= \dfrac{0,0285\,kg}{50\,kg \cdot 0,6} = 0,00095 = 0,95\,‰$

Die Fahrtüchtigkeit einer 50 kg schweren Frau ist also bereits nach dem Genuss von zwei Flaschen eines Biermischgetränks erheblich eingeschränkt.

Hinweis: Mit der Formel in B5 im Schulbuch kann man den ungefähren Blutalkoholgehalt abschätzen; die Berechnung ist jedoch keineswegs exakt. Die Formel gilt für den „Einmal-Trink-Nüchtern-Versuch", d.h. für das Trinken einer bestimmten Alkoholmenge auf leeren Magen, ohne Berücksichtigung des Resorptionsverlusts. (Als Resorptionsverlust oder Resorptionsdefizit bezeichnet man den Anteil des getrunkenen Alkohols, der aus verschiedenen Gründen nicht vom Körper aufgenommen wird; er beträgt zwischen 10 und 40 Prozent.) Auch beim Reduktionsfaktor handelt es sich nur um einen Durchschnittswert für Männer bzw. Frauen, siehe „Zur Abbildung B5".

A4 Alcopops (oder Alkopops oder Premixes) sind fertig gemixte süße Getränke, die mit Spirituosen (wie Wodka oder Rum) gemischt werden und in „poppiger" Aufmachung verkauft werden. Namensherkunft: aus Alkohol und engl. umgangssprachlich [soda] pop, Softdrink)

Alkopops im Sinne des Alkopopsteuergesetzes: „Klassische" Alkopops bestehen aus einem Gemisch von Spirituosen und alkoholfreien bzw. alkoholarmen Getränken, weisen einen Alkoholgehalt zwischen $\sigma = 1,2\%$ und $\sigma = 10\%$ auf und werden trinkfertig gemischt (auch in gefrorener Form) in Fertigpackungen angeboten. Um dem Konsum dieser Erzeugnisse durch Jugendliche entgegenzuwirken, wurde 2004 das Gesetz über die Erhebung einer Sondersteuer auf alkoholhaltige Süßgetränke (Alkopops) zum Schutz junger Menschen (Alkopopsteuergesetz) verabschiedet.

Inzwischen sind neben diesen Erzeugnissen auch andere alkoholhaltige Mischgetränke (z.B. Bier- oder Weinmischgetränke) erhältlich, die nicht unter das Alkopopsteuergesetz fallen und somit z.T. erheblich billiger sind. Neben den klassischen Biermischgetränken (wie Radler und Alster) mit relativ geringem Alkoholgehalt ($\sigma \approx 2,5\%$) werden auch aromatisierte Biere und Biercocktails sowie weinhaltige und fruchtweinhaltige Erzeugnisse mit Alkoholgehalten von σ bis zu 6% angeboten. Diese aromatisierten Erzeugnisse sprechen das gleiche Publikum an, welches nach dem Alkopopsteuergesetz geschützt werden sollte und sind zudem bereits für Jugendliche ab 16 Jahren erhältlich. Sie werden jedoch im Alkopopsteuergesetz nicht berücksichtigt.

Ebenso fallen spirituosenhaltige Mischgetränke mit Alkoholgehalten meist deutlich über der Grenze von $\sigma = 10\%$ (z.B. fertig gemixte Cocktails) nicht unter das Alkopopsteuergesetz.

In den letzten Jahren hat sich das Angebot alkoholischer Mischgetränke rasant erweitert. Die „klassischen" Alkopops im Sinne des Alkopopsteuergesetzes wurden offenbar von den neuen Erzeugnissen fast vollständig verdrängt.

a) Individuelle Leistung; z. B. (Stand Juni 2022):
- Suchbegriffe „Selbst-Tests" und „Online_promillerechner" unter dem Stichwort kenn-dein-limit.de
- Suchbegriff promillerechner.de
- Smartsphone-App z. B.: „Promille Tester"

b) Die Blutalkoholkonzentration ist von sehr vielen Faktoren abhängig, die zum Teil vom Rechenprogramm berücksichtigt werden können (Menge, Dauer des getrunkenen Alkohols). Andere Faktoren sind jedoch schwer abzuschätzen oder zu quantifizieren. Dies sind z. B. die zeitliche Verteilung des Alkoholkonsums, individuelle physiologische Merkmale der Person, der Mageninhalt (beeinflusst die Resorption des Alkohols), Krankheiten, Medikamenteneinnahme etc.

Zur Abbildung

B5 Berechnung des Blutalkoholgehalts

Die hier angegebene Formel zur Berechnung des Blutalkoholgehalts bezeichnet man als Widmark-Formel (nach dem schwedischen Chemiker ERIK WIDMARK).

Der beim Trinken aufgenommene Alkohol gelangt nicht nur ins Blut, sondern verteilt sich im ganzen Körper. Deshalb muss man sich auf die Masse des gesamten Körpers (und nicht nur des Blutes) beziehen. Da aber die verschiedenen Gewebe Alkohol in unterschiedlichem Ausmaß aufnehmen (z. B. nimmt Fettgewebe weniger Alkohol auf als stark wasserhaltige Gewebe), muss die Körpermasse durch einen Reduktionsfaktor korrigiert werden. Da Menschen mit Adipositas mehr Fettgewebe und einen anderen Körperbau besitzen, ist ihr Reduktionsfaktor kleiner. Dies gilt auch für fettleibige Männer im Vergleich zu muskulösen Personen gleicher Masse, d. h., der Reduktionsfaktor schwankt auch innerhalb des gleichen Geschlechts.

Bislang war es nicht möglich, diesem Reduktionsfaktor den Charakter einer Variablen zu geben, da sich verschiedene Körperparameter nicht genau bestimmen ließen. Untersuchungen von A. ALT, U. JENSEN und S. SEIDL (Blutalkohol 35 (1998), 275) führten nun zur Möglichkeit der Berechnung eines individuellen Reduktionsfaktors (m = Körpermasse in kg; l = Körperlänge in cm):

$$r(\text{Frau}) = 0{,}312\,23 - 0{,}006\,446 \cdot m/\text{kg} + 0{,}004\,466 \cdot l/\text{cm}$$
$$r(\text{Mann}) = 0{,}316\,08 - 0{,}004\,821 \cdot m/\text{kg} + 0{,}004\,632 \cdot l/\text{cm}$$

Die Widmark-Formel gilt allerdings nur für das Trinken einer bestimmten Alkoholmenge auf leeren Magen, ohne Berücksichtigung des Resorptionsverlusts, s. Hinweis zu A3.

1.4 Praktikum: Untersuchung von Ethanol

Zu den Versuchen

V1 Nachweis von Kohlenstoff- und Wasserstoff-Atomen

a) Der Nachweis von Kohlenstoff- und Wasserstoff-Atomen verläuft positiv.
Im Erlenmeyerkolben bildet sich ein Flüssigkeitsbeschlag. Gibt man Kalkwasser zu und schüttelt, entsteht eine trübe Lösung.
Deutung: Bei der Verbrennung von Ethanol entstehen Wasser und Kohlenstoffdioxid. Bei dem Flüssigkeitsbeschlag handelt es sich um Wasser. (*Hinweis:* Mit Wassertestpapier lässt sich dies auch nachweisen.) Die Trübung des Kalkwassers ist ein Nachweis für Kohlenstoffdioxid:

$$CO_2(aq) + Ca^{2+}(aq) + 2\,OH^-(aq) \longrightarrow CaCO_3(s) + H_2O(l)$$

Hinweis zur Durchführung: Das Kalkwasser sollte frisch filtriert werden. Es muss gesättigt sein, damit der Kohlenstoffdioxidnachweis auch bei der kleinen Menge positiv ist. Eventuell setzt man dem Kalkwasser vor dem Filtrieren einige Spatel Calciumoxid zu und schüttelt kräftig.

b) Der Nachweis von Kohlenstoff- und Wasserstoff-Atomen verläuft positiv.
Das über die Öffnung des Reagenzglases gehaltene Wassertestpapier verfärbt sich dunkelblau.
Deutung: Da Wasser nachgewiesen wird, muss das Ethanol-Molekül Wasserstoff-Atome enthalten.

$$C_2H_5OH + 6\,CuO \longrightarrow 2\,CO_2 + 3\,H_2O + 6\,Cu$$

Hinweis: Beim Versuchsteil (b) kann als Nebenprodukt Ethanal (Acetaldehyd) entstehen:

$$CH_3CH_2OH + 6\,CuO \longrightarrow CH_3CHO + Cu + H_2O$$

Ethanal wurde im Jahr 2019 schärfer eingestuft: Karzinogenität Kategorie 1B, H350 (bisher: Kategorie 2, H224). Nach RiSU KMK 2019 (14. 06. 2019), I – 3.5 (S. 24–26) dürfen Versuche, bei denen geringe Mengen krebserzeugender und keimzell-mutagener Stoffe entstehen, in kleinstmöglichen Ansätzen und unter Beachtung der entsprechenden Schutzmaßnahmen durchgeführt werden. Dies gilt nach Ansicht der Redaktion auch für V1b. Es liegt jedoch in der Verantwortung der Lehrkraft, die aktuellen Bestimmungen zu prüfen und zu entscheiden, ob der Versuch durchgeführt werden darf.

V2 **Hinweis auf Sauerstoff-Atome**

Der Hinweis auf Sauerstoff-Atome verläuft positiv.

Gibt man eine Spatelspitze Iod zu Heptan, färbt sich die Lösung violett. Iod in Ethanol färbt die Lösung gelb bis braun (s. B1 im Schulbuch).

Deutung: Iod-Moleküle und -kristalle sind violett. Auch Lösungen, in denen die Iod-Moleküle als ungeladene Moleküle vorliegen, zeigen eine violette Färbung. Dies trifft z. B. für Lösungen von Iod in Alkanen wie Pentan, Hexan oder Heptan zu.

Im Gegensatz dazu stehen Lösungsmittel, die Sauerstoff enthalten, wie zum Beispiel Alkanole, Ether oder auch Wasser. Dass sich Iod in diesen Lösungsmitteln mit brauner Farbe löst, ist mit der Bildung von Charge-Transfer-Komplexen zu deuten:

$$|\overline{I}-\overline{I}| \xleftarrow{\;\; \delta^-\qquad\quad \delta^+\;\;} \overset{H}{\underset{C_2H_5}{\diagdown\,O\,\diagup}}$$

V3 **Nachweis von Stickstoff-Atomen**

Der Nachweis für Stickstoff- und Schwefel-Atome verläuft bei Hühnereiweiß positiv und bei Ethanol negativ.

Aufgabenlösung:

a) Beobachtungen: Während des Erwärmens „löst" sich das Eiweiß in der Natronlauge, es bildet sich eine schwach gelbe Lösung. Das feuchte Indikatorpapier wird grün.

Deutung: Das Eiweiß wird in der stark alkalischen Lösung zersetzt. Dabei entwickelt sich u.a. Ammoniak, das mit Wasser eine alkalische Lösung bildet:

$$NH_3(aq) + H_2O(l) \longrightarrow NH_4^+(aq) + OH^-(aq)$$

Beim Wiederholen der Experimente mit Ethanol statt Hühnereiweiß sind beide Nachweisreaktionen negativ: Das feuchte Indikatorpapier verfärbt sich nicht; auf dem Bleiacetatpapier bildet sich kein schwarzer Fleck.

b) Die Rauchbildung ist ein Nachweis für Ammoniak. Aus Ammoniak und Chlorwasserstoff, das aus der konz. Salzsäure entweicht, bildet sich Ammoniumchlorid:

$$NH_3(g) + HCl(g) \longrightarrow NH_4Cl(s)$$

V4 **Bestimmung der Molekülmasse**

Beispiel-Messung mit Ethanol ($w = 96\%$): Die Massendifferenz wurde mit einer Analysenwaage bestimmt. Die Bruchteile von Millilitern im Kolbenprober wurden geschätzt.

Masse des Ethanols: m(gesamt) − m(Spritze) = m(Ethanol) = 0,0675 g

Volumenzunahme im Kolbenprober: V(Ethanoldampf) = 36,9 ml = 0,0369 l

Berechnung der Teilchenmasse mit $V_m = 24$ l/mol:

$$m_t = M = \frac{m}{n} \quad \text{und} \quad n = \frac{V}{V_m} \;\Rightarrow\; m_t = \frac{m \cdot V_m}{V}$$

$$m_t(C_2H_5OH) = \frac{m(\text{Ethanol}) \cdot V_m}{V(\text{Ethanoldampf})} = \frac{0,0675\,g \cdot 24\,l/mol}{0,0369\,l} \approx 44\,g/mol = 44\,u$$

Berechneter Wert aus den tabellierten mittleren Atommassen zum Vergleich: $m_t(C_2H_6O) = 44,07\,u$

Hinweise zur Durchführung:

– Die Verwendung von absolutem Ethanol ist nicht nötig; der Versuch funktioniert auch mit „normalem" Ethanol ($w = 96\%$).

– Es ist empfehlenswert, den Rundkolben so anzubringen, dass er nach dem Befüllen mit Ethanol gut geschwenkt werden kann (z. B. über einen 15 cm langen Gummischlauch).

– Nach dem Einsetzen der Spritze muss der Flüssigkeitsstand am Manometer markiert werden, dieser ist durch das zusätzliche Einschieben der Spritze in den durchbohrten Gummistopfen nicht genau im Gleichgewicht (s. B2 im Schulbuch). Nach dem Einspritzen des Ethanols wird der Kolben so lange geschwenkt, bis am Kolbenprober keine Volumenveränderung mehr zu erkennen ist. Anschließend wird mithilfe des Kolbenprobers der Flüssigkeitsstand im Manometer wieder in die ursprüngliche Position gebracht, damit die gleichen Druckbedingungen wie zuvor herrschen.

– Beim Einsatz eines 1-l-Rundkolbens als Verdunstungsgefäß sollen ca. 0,1 ml Ethanol eingespritzt werden. Eine wesentlich größere Menge Ethanol oder ein wesentlich kleinerer Rundkolben führen zu einem falschen Versuchsergebnis. Die folgende Rechnung zeigt dies:

0,1 ml Ethanol entspricht 0,0017 mol. Wenn diese Stoffmenge Ethanol komplett verdunstet, hat der Ethanoldampf (theoretisch) bei 20 °C und 1013 hPa das folgende Volumen:

$$V(20\,°C;\ 1000\,hPa) = 0,0017\,mol \cdot 24\,l/mol = 0,041\,l$$

Dies ist die erwartete Volumenzunahme beim Versuch. Allerdings ist reiner Ethanoldampf bei 20 °C und 1013 hPa nicht stabil, sondern würde zum Großteil kondensieren. Bei 20 °C ist der maximale Partialdruck von Ethanol 58 hPa. (Quelle: Suchbegriff GESTIS-Stoffdatenbank unter dem Stichwort dguv.de – Dampfdruck von Ethanol bei 20 °C). Bei 20 °C und 58 hPa beträgt nach der idealen Gasgleichung $p \cdot V = n \cdot R \cdot T$ das molare Gasvolumen 420 l/mol. Der Ethanoldampf benötigt also das folgende Volumen: $V(20\,°C;\, 58\,hPa) = 0,0017\,mol \cdot 420\,l/mol = 0,71\,l$

Das Verdunstungsgefäß muss mindestens dieses Volumen haben. Die Verwendung eines 1-l-Rundkolbens ist also angemessen; bereits ein 500-ml-Kolben würde zu falschen Ergebnissen führen. Umgekehrt kann man auch mit $n = p \cdot V/(R \cdot T)$ die maximal zulässige Stoffmenge für ein gegebenes Verdunstungsgefäß berechnen, wenn man $p = 58\,hPa$ einsetzt. Für 1 Liter ergibt sich 0,0024 mol, das entspricht 0,14 ml Ethanol.

- Es sollte kein dickwandiger Kolben verwendet werden, weil dadurch der Wärmeaustausch stärker verzögert wird. Erklärung: Beim Verdunsten des Ethanols kühlt sich die Luft im Kolben zunächst ab. Aus der Umgebungsluft muss dann Wärme zugeführt werden, bis der Kolben wieder Zimmertemperatur erreicht hat. Die Auswertung mit $V_m = 24\,l/mol$ setzt ja voraus, dass die Temperatur in der Apparatur ca. 20 °C beträgt.
- Wenn man zusätzlich den Luftdruck und die Temperatur im Kolben misst, kann man nach der idealen Gasgleichung das molare Volumen $V_m = R \cdot T/p$ genauer berechnen. Der Druck p ist der äußere Luftdruck, korrigiert um den zusätzlichen Druck der Wassersäule im Manometer (1 mm Wassersäule entspricht 10 Pa).
- Sehr feuchte Luft führt zu schlechteren Versuchsergebnissen, weil zwischen den Wasser-Molekülen und den Ethanol-Molekülen Wasserstoffbrücken gebildet werden und sich die Ethanol-Moleküle nicht mehr wie die Teilchen eines idealen Gases verhalten.
- Falls der Versuch mehrmals nacheinander mit demselben Kolben durchgeführt wird, so müssen zwischen zwei Versuchen die Ethanoldämpfe entfernt werden, z. B. durch Einblasen von trockener Luft.

V5 **Reaktion mit Natrium**

Bei Zusatz von Natrium zu wasserfreiem Ethanol ist an den Natriumstückchen eine Gasentwicklung zu beobachten. Die anschließend mit dem aufgefangenen Gas durchgeführte Knallgasprobe verläuft positiv, demnach ist Wasserstoff entstanden. (Es kann sich nicht um Ethanoldämpfe handeln, da das Gas über Wasser aufgefangen wird und sich Ethanol beim Durchleiten im Wasser lösen würde.) Die wässrige Lösung zeigt nach der Reaktion eine hohe Leitfähigkeit, was auf die Bildung von Natrium- und Ethanolat-Ionen zurückzuführen ist.

Reaktionsgleichung: $2\ C_2H_5OH\,(l) + 2\,Na\,(s) \longrightarrow 2\,C_2H_5O^-\,(aq) + 2\,Na^+\,(aq) + H_2\,(g)$

1.5 Der Aufbau des Ethanol-Moleküls

Zu den Aufgaben

A1 $C_2H_5OH + 3\,O_2 \longrightarrow 2\,CO_2 + 3\,H_2O$

A2 Die quantitative Analyse liefert das Atomanzahlverhältnis $N(C):N(H):N(O) = 2:6:1$.
Dies führt zur Verhältnisformel $(C_2H_6O)\,x$. Zur Bestimmung von x berechnet man die Molekülmassen für $x = 1$, $x = 2$ usw. und vergleicht mit der experimentell bestimmten Molekülmasse der Alkohol-Moleküle ($m_t = 46\,u$).
Für $x = 1$ ergibt sich: $2\,m_t(C) + 6\,m_t(H) + 1\,m_t(O) = 24\,u + 6\,u + 16\,u = 46\,u$
Für $x = 2$ ergibt sich: $4\,m_t(C) + 12\,m_t(H) + 2\,m_t(O) = 48\,u + 12\,u + 32\,u = 92\,u$
Da die experimentell bestimmte Molekülmasse $m_t = 46\,u$ beträgt, trifft $x = 1$ zu. Die Molekülformel (Summenformel) ist demnach $(C_2H_6O)_1$, also C_2H_6O.

1.6 Ethanol – Eigenschaften und Verwendung

Zu den Aufgaben

A1

a) Für die Höhe der Siedetemperaturen sind v. a. Wasserstoffbrücken zwischen Ethanol-Molekülen bzw. zwischen Wasser-Molekülen verantwortlich.

b) Wasser-Moleküle besitzen jeweils ein polar gebundenes H-Atom mehr als Ethanol-Moleküle und können deshalb jeweils eine Wasserstoffbrücke mehr zu ihren Nachbar-Molekülen ausbilden. Daher sind die zwischenmolekularen Kräfte bei den Wasser-Molekülen stärker und die Siedetemperatur des Wassers ist höher als die des Ethanols.

A2 Die Löslichkeit ergibt sich aus der Möglichkeit der Moleküle, gegenseitig Wasserstoffbrücken auszubilden.

A3 Bei der Verwendung von Ethanol in Parfum und Rasierwasser nutzt man die Eigenschaften von Ethanol, hydrophile und hydrophobe Duftstoffe lösen zu können. Zudem zieht das rasche Verdunsten auf der Haut ein erfrischendes Kältegefühl nach sich, da beim Übergang vom flüssigen in den gasförmigen Zustand die Wasserstoffbrücken zwischen den Ethanol-Molekülen überwunden werden müssen (dazu wird Energie benötigt, die der Umgebung entzogen wird). Allgemein benötigt das Verdunsten einer Flüssigkeit Energie, weil sich die Moleküle von der Flüssigkeit, d.h. von anderen Molekülen, trennen. Außerdem wirkt Ethanol desinfizierend.

A4 Als Louche-Effekt (französisch *louche* ,undurchsichtig', ,verdächtig', ,anrüchig') bezeichnet man die milchige Trübung klarer anishaltiger Spirituosen wie Absinth, Pastis, Sambuca, Ouzo, Mastika, Rakí oder Arak, wenn sie mit Wasser verdünnt oder sehr stark gekühlt werden. Mithilfe des Louche-Effekts kann der Anisgehalt verschiedener Getränke verglichen werden: Je trüber die Flüssigkeit bei einem bestimmten Mischungsverhältnis wird, desto mehr Anis ist im Destillat enthalten.
Erklärung: Die Moleküle der ätherischen Öle im Anisöl sind eher unpolar und im Ethanol-Wasser-gemisch des Ouzos löslich. Sie sind jedoch kaum oder gar nicht wasserlöslich. Werden diese Öl-Ge-mische in Wasser gegeben, so steigt die Polarität der Lösung so stark an, dass sich die Anisöle nicht mehr lösen können, es bildet sich eine Emulsion, die den Ouzo trübt.
Der Louche-Effekt ist auch bei niedrigen Temperaturen zu beobachten, weil sich die ätherischen Öle im kalten Anisschnaps schlechter lösen.

A5 Je ähnlicher die Polaritäten der Teilchen zweier Stoffe sind, desto besser lösen sich die Stoffe ineinander. Wasser-Moleküle sind polarer als Ethanol-Moleküle. Im „nonpermanenten" Stift wird daher ein eher polarer Farbstoff enthalten sein. Im „permanenten" Stift, der nicht wasserlöslich, aber ethanollöslich ist, wird ein etwas weniger polarer Farbstoff enthalten sein.

Zu den Versuchen

V1 In beiden Reagenzgläsern lösen sich die Flüssigkeiten in Ethanol.

V2
a) Bei einem Gemisch von 1 ml Wundbenzin bzw. Heptan und 1 ml Wasser sind ca. 15 ml Brennspiritus (oder ca. 8 ml absoluter Alkohol, vergällt mit Methylethylketon, „MEK") zur Herstellung einer einheitlichen Lösung erforderlich.
b) Nach Zugabe von einigen Millilitern Wasser tritt eine milchige Emulsion auf.

Zusatzinformationen

Brennspiritus
Brennspiritus ist durch Denaturierung zum Genuss unbrauchbar gemachtes Ethanol, wobei „Methyl-ethylketon" und Pyridinbasen als Vergällungsmittel dienen. Die Bezeichnung „Methylethylketon, MEK" dient als Sammelbezeichnung für ein Ketongemisch, das zu 95 bis 96% aus Butan-2-on, zu 2,5 bis 3% aus 3-Methylbutan-2-on und zu 1,5 bis 2% aus 5-Methylheptan-3-on besteht und sich destillativ von Ethanol nicht abtrennen lässt (ϑ_{sd} = 78,3 °C). Die Pyridinbasen wurden in Deutschland ab 1993 durch den Bitterstoff Denatoniumbenzoat (Handelsname Bitrex™) ersetzt. Siehe hierzu: K. Roth: Fingerfarben – ideal für kleine Künstler. Chemie in unserer Zeit 40 (2006), S. 263 u. 267 oder K. Roth: Chemische Delikatessen. Wiley-VCH, Weinheim 2007, S. 34 u. 41

Angabe des Alkoholgehalts
Der Gehalt einer alkoholischen Flüssigkeit wird üblicherweise in „Vol. % (Vol.-%)" angegeben, z.B. „38 Vol. % (38 Vol.-%)" bei einem Weinbrand oder „13 Vol. % (13 Vol.-%)" bei Wein. Diese Art der Bezeich-nung ist sehr unglücklich, da sie dazu verführt, die Angabe als nicht sinnvolle Einheitenbezeichnung „Volumenprozent" (unzulässig gebildet aus Prozent und Volumen) zu lesen. Es ist nicht empfehlens-wert, ein „Volumenprozent" von einem „Massenprozent" unterscheiden zu wollen, da es nicht verschiedene Prozent-Arten, sondern nur die Definition 1% = 0,01 = 10^{-2} gibt.
Natürlich kann man verschiedene Anteile unterscheiden, z.B. den Massenanteil und den Volumen-anteil (bei Alkohol und Wasser besser die Volumenkonzentration, siehe Anhang). Aber die Unterschei-

dung ist auf der Seite der Größe (also des Größennamens und des Größensymbols) vorzunehmen, nicht auf der Seite der Einheit. Beispiel: Die Volumenkonzentration von Ethanol in einem Wein ist σ(Ethanol) = 13 %. Genaueres ist im Anhang „Größen und Größengleichungen" beschrieben (Schulbuch und Serviceband).

1.7 Impulse: Super E10 – Bioethanol als Treibstoffzusatz

Diese Lerneinheit eignet sich auch sehr gut als Vorbereitung auf die quantitative energetische Betrachtung chemischer Reaktionen.

Zur Aufgabe

A1

Verfahrensschritte	Erläuterung des Verfahrens	Produkte
1. Bereitstellung des Zuckers	*Aus Zuckerrüben*: Herauslösen des Zuckers aus der Rübe → Zuckersäfte *Aus Getreide*: Abbau der Stärke durch Erhitzen mit Wasser und Enzymen zu Maische	Zuckersaft
2. Fermentation	Vergärung des Zuckers mithilfe von Hefen	Ethanol-Wasser-Gemisch mit Schlempe
3. Destillation	Abtrennung der Schlempe	Ethanol-Wasser-Gemisch
4. Destillation	Entzug des Wassers aus dem Ethanol-Wasser-Gemisch	Ethanol

Zum Versuch

V1 **Heizwerte bestimmen**
Aufgabenlösungen
1. Berechnung für Ethanol: Masse des verbrauchten Ethanols: $m_B = 0{,}49\,g$; Temperaturdifferenz: $\Delta\vartheta = 8{,}5\,°C$; Masse des Wassers in der Getränkedose: $m_W = 338\,g$

$$Q = -c_W \cdot m_W \cdot \Delta\vartheta$$

$$Q = -4{,}18\,J/(g \cdot °C) \cdot 338\,g \cdot 8{,}5\,°C \approx -12{,}0 \cdot 10^3\,J = -12{,}0\,kJ$$

$$H_i = -\frac{Q}{m_B} \approx -\frac{-12\,kJ}{0{,}49\,g} \approx 24\,kJ/g = 24\,MJ/kg$$

Berechnung für Benzin: $m_B = 0{,}50\,g$; $\Delta\vartheta = 14{,}2\,°C$; $m_B = 338\,g$

$$Q = -c_W \cdot m_W \cdot \Delta\vartheta$$

$$Q = -4{,}18\,J/(g \cdot °C) \cdot 338\,g \cdot 14{,}2\,°C \approx -20{,}06 \cdot 10\,3\,J = -20{,}06\,kJ$$

$$H_i = -\frac{Q}{m_B} \approx -\frac{-20{,}06\,kJ}{0{,}50\,g} \approx 40{,}1\,kJ/g = 40{,}1\,MJ/kg$$

2.
a) Einen Beitrag zum Heizwert leisten nur die Atome eines Brennstoff-Moleküls, die mit Sauerstoff zu energiearmen Produkten reagieren können. Bei Ethanol und Benzin sind dies die C- und H-Atome; sie reagieren mit Sauerstoff zu Kohlenstoffdioxid bzw. Wasser. Die Moleküle des Benzins sind nur aus C- und H-Atomen aufgebaut. Das Ethanol-Molekül enthält C- und H-Atome, aber auch ein O-Atom. Ethanol hat deshalb einen niedrigeren Heizwert.
b) Literaturwerte: H_i(Ethanol) = 26,8 MJ/kg und H_i(Benzin) = 40–42 MJ/kg
Fehlerquellen: Wärmeverlust wegen der fehlenden Wärmeisolation der Getränkedose und direkter Erwärmung der Umgebungsluft, Ungenauigkeit der Massen- und Temperaturmessungen.

1.8 Die Alkanole

Zu den Aufgaben

A1

$CH_3-CH_2-CH_2-CH_2-OH$ primäres Alkanol

$$CH_3-\underset{\underset{OH}{|}}{CH}-CH_2-CH_3$$ sekundäres Alkanol

$$CH_3-\underset{\underset{OH}{|}}{CH}-\overset{\overset{CH_3}{|}}{CH_2}$$ primäres Alkanol

$$CH_3-\underset{\underset{OH}{|}}{\overset{\overset{CH_3}{|}}{C}}-CH_3$$ tertiäres Alkanol

Name	Strukturformel	Primäres, sekundäres oder tertiäres Alkanol?
Pentan-1-ol	$$H-\overset{\displaystyle H}{\underset{\displaystyle H}{C}}-\overset{\displaystyle H}{\underset{\displaystyle H}{C}}-\overset{\displaystyle H}{\underset{\displaystyle H}{C}}-\overset{\displaystyle H}{\underset{\displaystyle H}{C}}-\overset{\displaystyle H}{\underset{\displaystyle H}{C}}-\overline{O}-H$$	primäres Alkanol
Pentan-2-ol	$$H-\overset{\displaystyle H}{\underset{\displaystyle H}{C}}-\overset{\displaystyle H}{\underset{\displaystyle H}{C}}-\overset{\displaystyle H}{\underset{\displaystyle H}{C}}-\overset{\displaystyle H}{\underset{\displaystyle |O|\;H}{C}}-\overset{\displaystyle H}{\underset{\displaystyle H}{C}}-H$$	sekundäres Alkanol
Pentan-3-ol	$$H-\overset{\displaystyle H}{\underset{\displaystyle H}{C}}-\overset{\displaystyle H}{\underset{\displaystyle H}{C}}-\overset{\displaystyle H}{\underset{\displaystyle |O|\;H}{C}}-\overset{\displaystyle H}{\underset{\displaystyle H}{C}}-\overset{\displaystyle H}{\underset{\displaystyle H}{C}}-H$$	tertiäres Alkanol
2-Methylbutan-1-ol	$$H-\overset{\displaystyle H}{\underset{\displaystyle H}{C}}-\overset{\displaystyle H}{\underset{\displaystyle H}{C}}-\overset{\displaystyle \overset{H-C-H}{|}}{\underset{\displaystyle H}{C}}-\overset{\displaystyle H}{\underset{\displaystyle H}{C}}-\overline{O}-H$$	primäres Alkanol
2-Methylbutan-2-ol	$$H-\overset{\displaystyle H}{\underset{\displaystyle H}{C}}-\overset{\displaystyle H}{\underset{\displaystyle H}{C}}-\overset{\displaystyle \overset{H-C-H}{|}}{\underset{\displaystyle |O|\;H}{C}}-\overset{\displaystyle H}{\underset{\displaystyle H}{C}}-H$$	tertiäres Alkanol
3-Methylbutan-1-ol	$$H-\overset{\displaystyle H}{\underset{\displaystyle H}{C}}-\overset{\displaystyle \overset{H-C-H}{|}}{\underset{\displaystyle H}{C}}-\overset{\displaystyle H}{\underset{\displaystyle H}{C}}-\overset{\displaystyle H}{\underset{\displaystyle H}{C}}-\overline{O}-H$$	primäres Alkanol
3-Methylbutan-2-ol	$$H-\overset{\displaystyle H}{\underset{\displaystyle H}{C}}-\overset{\displaystyle \overset{H-C-H}{|}}{\underset{\displaystyle H}{C}}-\overset{\displaystyle H}{\underset{\displaystyle |O|\;H}{C}}-\overset{\displaystyle H}{\underset{\displaystyle H}{C}}-H$$	sekundäres Alkanol
2,2-Dimethylpropan-1-ol	$$H-\overset{\displaystyle H}{\underset{\displaystyle H}{C}}-\overset{\displaystyle \overset{H-C-H}{|}}{\underset{\displaystyle \underset{H-C-H}{|}}{C}}-\overset{\displaystyle H}{\underset{\displaystyle H}{C}}-\overline{O}-H$$	primäres Alkanol

Ist an das Kohlenstoff-Atom, das die Hydroxygruppe trägt, kein oder ein Alkylrest gebunden, so spricht man von einem primären Alkanol. Sind zwei Alkylreste gebunden, liegt ein sekundäres Alkanol und bei drei ein tertiäres Alkanol vor.

a) 3-Ethyl-2-methylhexan-1-ol

2,2-Dimethylpropan-1-ol

b) Halbstrukturformeln:

$$CH_3-\overset{\displaystyle CH_3}{\underset{\displaystyle |}{CH}}-\overset{\displaystyle CH_3}{\underset{\displaystyle |}{CH}}-\overset{\displaystyle CH_3}{\underset{\displaystyle \underset{\displaystyle OH}{|}}{\overset{\displaystyle |}{C}}}-CH_3$$

2,3,4-Trimethylpentan-2-ol

$$CH_3-CH_2-CH_2-\overset{\displaystyle CH_3}{\underset{\displaystyle \underset{\displaystyle CH_3}{|}}{\overset{\displaystyle |}{C}}}-\overset{\displaystyle CH_3}{\underset{\displaystyle |}{CH}}-\overset{\displaystyle C_2H_5}{\underset{\displaystyle |}{CH}}-CH_2-CH_2-OH$$

3-Ethyl-4,5,5-trimethyloctan-1-ol

Hinweis:
Bei 2,3,4-Trimethylpentan-2-ol handelt es sich um ein tertiäres Alkanol.
Bei 3-Ethyl-4,5,5-trimethyloctan-1-ol handelt es sich um ein primäres Alkanol.

a)

Name	Skelettformel
Pentan-1-ol	(Skelettformel) OH
Octan-1-ol	(Skelettformel) OH

b)

$$H-\overset{\displaystyle H}{\underset{\displaystyle H}{C}}-\overset{\displaystyle H}{\underset{\displaystyle H}{C}}-C=C-\overset{\displaystyle H}{\underset{\displaystyle H}{C}}-\overset{\displaystyle H}{\underset{\displaystyle H}{C}}-O-H$$

1.9 Alkanole – Eigenschaften und Verwendung

Zu den Aufgaben

A1 Obwohl beide Moleküle eine ähnliche Molekülmasse und Moleküloberfläche haben, sind ihre Siedetemperaturen sehr unterschiedlich. Die zwischenmolekularen Kräfte müssen zwischen den Butan-Molekülen wesentlich schwächer sein als zwischen den Propan-1-ol-Molekülen. Zwischen den Butan-Molekülen wirken schwache London-Kräfte (Van-der-Waals-Kräfte), dagegen zwischen Propan-1-ol-Molekülen relativ starke Wasserstoffbrücken.

A2 Eine OH-Gruppe verursacht in einem Molekül aufgrund ihrer Polarität bzw. ihrer Möglichkeit Wasserstoffbrücken auszubilden, einen so polaren Bereich, dass es auch einen unpolaren Alkylrest mit bis zu drei Kohlenstoff-Atomen besitzen kann und sich das Alkanol trotzdem noch in Wasser löst. Vier Kohlenstoff-Atome und darüber bilden dagegen einen zu ausgedehnten unpolaren Molekülteil.

A3 Löslichkeit in Heptan: Propan-1-ol-Moleküle besitzen polare Hydroxygruppen und unpolare Kohlenwasserstoffreste (Propylreste). Durch Ausbildung von Wasserstoffbrücken zwischen ihren Hydroxygruppen können sich die Propanol-Moleküle so zusammenlagern, dass das entstehende Molekülaggregat nach außen hin unpolar ist und über London-Kräfte mit Heptan-Molekülen wechselwirken kann:

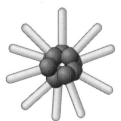

Löslichkeit in Wasser: In Wasser bilden die Propylreste aufgrund von London-Kräften Molekülaggregate mit außen liegenden Hydroxygruppen, die Wasserstoffbrücken zu Wasser-Molekülen ausbilden können:

Zu den Versuchen

V1

a) Cetylalkohol (Hexadecan-1-ol) ist in Wasser unlöslich.
b) Cetylalkohol löst sich in Benzin.

c)

Halbstrukturformel	$CH_3(CH_2)_{14}CH_2OH$
Skelettformel	∿∿∿∿∿∿∿∿OH

Cetylakohol-Moleküle sind eher unpolar, da die lange unpolare Kohlenwasserstoffkette einen größeren Einfluss besitzt als die polare Hydroxygruppe. Cetylakohol ist daher hydrophob und in Wasser unlöslich bzw. lipophil und benzinlöslich.

V2 Nach der Ethanolzugabe kommt es zur Mischung. Das Ethanol wirkt hier als Lösungsvermittler (Emulgator).
Hinweis: Bei einem Gemisch von 1 ml Heptan (als Ersatz für Wundbenzin) und 1 ml Wasser sind ca. 15 ml Brennspiritus (oder ca. 8 ml absoluter Alkohol, vergällt mit Methylethylketon, „MEK") zur Herstellung einer einheitlichen Lösung erforderlich.

Zur Abbbildung

B1 Siedetemperaturen von Alkanolen und Alkanen im Vergleich
Die Siedetemperaturen homologer Reihen werden häufig über der molaren Masse (= Teilchenmasse) aufgetragen, wobei sich im großen Ganzen eine Zunahme der Siedetemperatur mit der Teilchenmasse zeigt. Abweichend von diesem verbreiteten Gebrauch sind in B1 die Siedetemperaturen über der *Elektronenzahl* aufgetragen.
Die Wahl der Teilchenmasse als unabhängige Variable kann die Vorstellung aufkommen lassen, dass die physikalische Größe Masse hier ursächlich eine Rolle spiele. Die Argumentation, die normalerweise (und wohl auch richtigerweise) zugrunde gelegt wird, ist, dass die Zunahme der Teilchenwechselwirkung mit der „Größe" des Moleküls für das Ansteigen der Siedetemperatur verantwortlich ist. Außer der „Größe" des Moleküls spielt auch dessen Gestalt noch eine Rolle, sodass isomere Moleküle wieder zu etwas anderen Siedetemperaturen der zugehörigen Stoffe führen. Man pflegt hier einen (ungefähren) Oberflächenvergleich bei Molekülen gleicher Masse vorzunehmen.
Als Maß für die „Größe" des Moleküls dient häufig die Masse. Wenn man die London-Kräfte jedoch ursächlich mit elektronischen Vorgängen und Situationen in den Molekülen in Zusammenhang bringt, ist es sicher geschickter, die *Anzahl der Elektronen* als unabhängige Variable zu wählen. Sie ist der zugrunde liegenden Physik angemessener als die Masse. Da Masse und Elektronenanzahl aber ungefähr proportional zueinander sind, ist es für die rein formale Stimmigkeit des Zusammenhangs ziemlich unerheblich, was man nimmt.
Trotzdem kann die folgende Frage aufkommen: Hat die Masse als physikalische Größe im Sinne einer physikalisch ursächlich wirkenden Größe nicht auch noch einen Einfluss auf die Siedetemperatur? Dazu kann man die Siedetemperaturen von Wasserstoff (Protium) H_2, Deuterium D_2 und Tritium T_2 betrachten: T_{sd}(Protium) = 20,28 K, T_{sd}(Deuterium) = 23,67 K, T_{sd}(Tritium) = 25,04 K.
Man sieht, dass hier eine Verdreifachung der Masse bei praktisch gleich bleibender Moleküloberfläche eine Zunahme der Siedetemperatur um knapp 25 % mit sich bringt. Die Masse als physikalische Größe hat also tatsächlich einen Einfluss auf die Siedetemperatur. Dabei handelt es sich nicht um die Massenanziehung (Gravitationskraft) zwischen den Molekülen; diese ist verschwindend gering. Auch die unterschiedliche Gewichtskraft der Moleküle im Schwerefeld der Erde hat damit nichts zu tun. Die Ursache liegt in der mittleren Geschwindigkeit der Moleküle, die erreicht werden muss, um die London-Kräfte zu überwinden. Bei gegebener Temperatur ist die mittlere kinetische Energie aller Teilchenarten gleich. Je größer die Masse der Teilchen ist, desto größer muss ihre mittlere kinetische Energie (und damit die Temperatur) sein, um die zum Sieden erforderliche mittlere Geschwindigkeit zu erreichen.
Der Einfluss der Masse ist aber deutlich kleiner als andere Effekte. Dies zeigt z.B. der Vergleich zwischen Ethan und Hexan: T_{sd}(Ethan) = 184 K, T_{sd}(Hexan) = 342 K. Die zugehörigen Teilchenmassen sind: $m_t(C_2H_6)$ = 30 u, $m_t(C_6H_{14})$ = 86 u. Eine knappe Verdreifachung der Masse (vgl. H_2 und T_2) geht

hier mit einer Steigerung der Siedetemperatur um etwa 86 % einher. Daher erscheint es vernünftig, die Siedetemperatur über der Elektronenzahl aufzutragen.

Zusatzinformationen

Einsatz von Ethanol

Ethanol wird heute in zunehmendem Maße aufgrund der hohen Besteuerung v.a. im Lösungs-mittelbereich durch Propan-2-ol (Isopropanol) ersetzt, z.B. in Parfums und Rasierwässern und auch im Labor. Trotz seines Eigengeruchs, der in Parfums und Duftwässern von Duftstoffen überdeckt werden muss, wird Propan-2-ol aufgrund seines günstigen Preises oft eingesetzt. Ein weiterer Vorteil sind seine guten Lösungseigenschaften und seine desinfizierende Wirkung schon ab $\sigma = 50\%$. Es erfrischt die Haut ebenso wie Ethanol und regt die Durchblutung an. Propan-2-ol findet man im Kosmetikbereich vor allem in Rasierwässern, Gesichtswässern für fettende Haut, Akne-Gesichtswäs-sern, medizinischen Haarwässern und in Körpersprays.

Wirkung von Ethanol und Propan-2-ol in Gesichts- und Haarwasser (nach Materiallesebuch zum Thema Alkohole, Bd. IV (S. 166). „Kölner Modell – Chemie – Technik – Lebenswelt" am Institut für Anorganische Chemie der Universität zu Köln, Greinstr. 6, 50939 Köln):
- Entfettende Wirkung: Fette werden gelöst bzw. emulgiert und von der Haut entfernt
- Reinigende Wirkung: Alkohollösliche Verunreinigungen werden entfernt
- Erfrischende Wirkung: Verdunstungskälte hinterlässt eine angenehme Kühle
- Entzündungshemmende Wirkung: Desinfizierende Wirkung, Optimum bei σ(Ethanol) = 70 % bzw. σ(Propan-2-ol) = 50 %
- Solvatisierungsfähigkeit: Lösen von Pflanzenwirkstoffen, Duftstoffen usw.

Nicht ersetzt werden kann Ethanol wegen seiner Körperverträglichkeit z.B. in Lebensmittelfarb-stoffen, wo es meist als Lösungsvermittler zwischen dem Lösungsmittel Wasser und dem Farbstoff dient. Im Lebensmittelbereich ist ein Ersatz durch Propan-2-ol wegen dessen Ungenießbarkeit nicht möglich.

Literatur

P. Gietz, S. Holtgrewe, M. Krauß: Vom Alkohol zum Aromastoff. Chemie aktuell, Heft 3, Ernst Klett Verlag, Stuttgart 2003
Themenheft: Alkohole. Naturwissenschaften im Unterricht – Chemie 10 (3/1999), Heft 51
Themenheft: Alkohole. Praxis der Naturwissenschaften Chemie in der Schule 52 (2003), Heft 6
A. Dietrich et al.: Bioethanol als erneuerbare wirtschaftliche Alternative. Nachrichten aus der Chemie 55 (2007), 385
G. Festel: Biokraftstoffe – welcher ist am wirtschaftlichsten? Nachrichten aus der Chemie 54 (2006), 879

1.10 Praktikum: Nachweis von Alkoholen

Zu den Versuchen

V1 **Nachweis von Alkoholen**

Ethanol, Propan-1-ol, Propan-2-ol und Ethandiol ergeben mit Cer-(IV)-ammoniumnitrat-Reagenz orangerote bis rote Lösungen, während Wasser lediglich eine schwach hellgelbe Lösung bildet. Dies liegt daran, dass es sich bei den ersten vier Stoffen um Alkohole handelt, die mit Cer-(IV)-ammo-niumnitrat-Reagenz einen roten Farbkomplex bilden. Bei Wasser wird die Cer-(IV)-ammoniumnitrat-Reagenz-Lösung lediglich verdünnt, wodurch eine hellgelbe Farbe resultiert.

V2 **Unterscheidung Alkane – Alkanole**

Ethanol, Propan-1-ol und Wasser sind Sauerstoff-Verbindungen, die mit Iod-Lösungen eine rotbraune Lösung bilden, wie man sie von Iod-Tinktur kennt. Mit Kohlenwasserstoffen bildet Iod einen violetten Farbkomplex, was die violette Farbe der Heptan-Probe erklärt.

V3 **Nachweis von Ethanol in Getränken**

Getränke, die Ethanol enthalten, bilden mit Cer-(IV)-ammoniumnitrat-Reagenz orangerote bis rote Lösungen. Bei alkoholfreien Getränken kommt es ganz kurzzeitig zu einer minimalen Verfärbung, da auch diese Produkte noch minimale Mengen an Ethanol enthalten können, weil nach der europäi-schen Lebensmittel-Informations-Verordnung eine Kennzeichnung des Alkoholgehaltes erst ab σ(Ethanol) = 1,2 % erforderlich ist.

V4 **Alkoholnachweis mit einem digitalen Alkoholtester**

Individuelle Lösung. Das Ergebnis ist auch von der Tropfengröße abhängig.

1.11 Praktikum: Alkohole als Emulgatoren in Cremes

Zu den Versuchen

V1 **Herstellen einer Hautcreme**

Eine echte Hautcreme selbst herzustellen, bietet für die meisten Schülerinnen und Schüler einen hohen Anreiz. Darüber hinaus erfahren sie, dass tatsächlich nur wenige Rohstoffe, nämlich Wasser, Pflanzenöl, Emulgator, Konsistenzgeber und Konservierungsmittel für die Herstellung erforderlich sind.

Die Döschen zur Aufbewahrung können von den Schülerinnen/Schülern selbst mitgebracht werden; notfalls erfüllt auch ein ausgewaschenes Filmdöschen denselben Zweck. Als Pflanzenöl eignen sich ganz normale Speiseöle. Allerdings stört ein strenger Eigengeruch bei Kosmetika, weshalb die Industrie i.d.R. auf raffinierte Öle ausweicht. Olivenöl und Weizenkeimöl meidet man zugunsten von Traubenkernöl, Sonnenblumenöl u.a. geruchsneutralen Ölen. Das Konservierungsmittel ist für die Haltbarkeit der Creme unverzichtbar und stellt den einzigen Rohstoff dar, der nicht aus Pflanzen gewonnen wird.

V2 **Bestimmung des Emulsionstyps einer Creme**

Der Emulsionstyp ist nur selten auf der Cremedose/Tube deklariert. Allgemein gilt:

O/W = Öl in Wasser (meist wenig Öl in viel Wasser) → viel Feuchtigkeit für die Haut (z.B. Lotionen)

W/O = Wasser in Öl (meist viel Öl in wenig Wasser) → Fett für die trockene Haut (fetthaltige Cremes und Salben)

Die allermeisten Cremes sind O/W-Emulsionen (auch viele Fettcremes). Der Emulsionstyp hängt nicht nur vom Mengenverhältnis Öl/Wasser ab, sondern auch vom Emulgator.

Eine der wenigen W/O-Emulsionen ist Florena Handcreme, außerdem Linola-Fettcreme.

Herstellung von Paprikaextrakt

Man gibt in ein Reagenzglas ca. 1 cm hoch Paprikapulver. Dazu gibt man ca. 5 ml Aceton oder Benzin und schüttelt kräftig. Man lässt 5 Minuten stehen und schüttelt erneut. Anschließend filtriert man die Suspension in ein zweites Reagenzglas. Man erhält eine intensiv rot gefärbte Lösung, die man vor Licht geschützt im Abzug konzentrieren kann.

Carotin kann von der Firma Carl Roth bezogen werden.

Aufgabenlösungen

1. Das Pflanzenöl färbt sich rot, das Wasser färbt sich blau.

2. Paprikaextrakt ist lipophil, daher färbt sich das Pflanzenöl rot.

Methylenblau ist hydrophil, das Wasser färbt sich daher blau.

Im Falle von Öl in Wasser-Emulsionen färbt sich das Gemisch blau, da der Wasseranteil groß ist.

Bei genauerem Hinsehen kann man rote Pünktchen erkennen.

Im Falle von Wasser-in-Öl-Emulsionen färbt sich das Gemisch rot, da der Ölanteil groß ist.

Bei genauerem Hinsehen kann man blaue Pünktchen erkennen.

3. Individuelle Lösungen. Die allermeisten Cremes sind O/W-Emulsionen (auch viele Fettcremes). Der Emulsionstyp hängt meistens vom Mengenverhältnis Öl/Wasser ab. Der Emulgatortyp spielt jedoch auch eine Rolle.

1.12 Exkurs: Mehrwertige Alkohole

Zu den Aufgaben

A1 Strukturformel von Pentanpentol:

```
      H   H   H   H   H
      |   |   |   |   |
  H — C — C — C — C — C — H
      |   |   |   |   |
      OH  OH  OH  OH  OH
```

A2

a) Hexanhexol-Moleküle besitzen sechs Hydroxygruppen. Dies führt (im Vergleich zu Hexan-1-ol-Molekülen) zu einer wesentlich größeren Anzahl von Wasserstoffbrücken und damit zu wesentlich stärkeren zwischenmolekularen Kräften. Diese sind so stark, dass sich die Moleküle noch bei Zimmertemperatur in einem Molekülgitter anordnen.

b) Die ungefähr gleiche Siedetemperatur weist auf ähnlich starke zwischenmolekulare Kräfte hin. Diese werden beim Octan-1-ol vor allem durch die im Gegensatz zu Ethandiol größeren London-Kräfte zwischen den langen Alkylresten erbracht. Beim Ethandiol sind es v.a. Wasserstoffbrücken über beide Hydroxygruppen, die als zwischenmolekulare Kräfte vorherrschend sind.

A3 Die Propantriol-Moleküle besitzen drei OH-Gruppen; Propantriol ist also stark hydrophil. Zwischen den unpolaren Alkan-Molekülen des Paraffinöls wirken nur London-Kräfte; Alkane sind hydrophob. Daraus folgt ein einfaches Experiment zur Unterscheidung: Man gibt Wasser oder Heptan zu der Flüssigkeit. Ergebnis:
- Propantriol löst sich in Wasser vollständig, während sich mit Heptan zwei Phasen bilden.
- Paraffinöl bildet mit Wasser zwei Phasen, aber löst sich in Heptan vollständig.

A4 Eine hohe und häufige Aufnahme von Zucker (Saccharose) fördert die Entstehung von Übergewicht und Adipositas. Als Folge können Herz-Kreislauferkrankungen und Diabetes mellitus Typ 2 auftreten. Eine zuckerreiche Ernährung kann außerdem Karies verursachen.
Ein natürlicher und gesunder Stoff, der Haushaltszucker ersetzen kann, wurde bisher nicht gefunden. Der beste Weg auf Zucker zu verzichten ist, weniger zuckerhaltige Getränke und Lebensmittel ohne Zucker zu sich zu nehmen. Doch wer über Vor- und Nachteile der alternativen Süßungsmittel Bescheid weiß, kann sie gezielt einsetzen.
Der Energieinhalt von Xylit (E 967) beträgt nur etwa 40 % des Energieinhalts von Saccharose, ist aber genauso süß wie Saccharose. Außerdem hat Xylit keinen Einfluss auf den Blutzuckerspiegel und kann zur Erhaltung der Zahnmineralisierung beitragen. Aus diesem Grund wird er häufig für Zahnpflege-Kaugummis verwendet.
Xylit kann von Diabetikern und Menschen mit Übergewicht gelegentlich als Alternative für Saccharose genutzt werden.
Mit Xylit findet keine Entwöhnung von süßen Lebensmitteln statt und das Verlangen nach süßen Lebensmitteln wird nicht reduziert. Ob Xylit somit gesünder und ein geeigneter Stoff zum Abnehmen ist, bleibt unklar. Aus ökologischer Sicht muss von einer häufigen Nutzung abgeraten werden, da der Energieaufwand zur Herstellung von Xylit hoch ist.

Sorbit weist nur etwa 60 % des Haushaltszucker (Saccharose) (17 kJ/g). Seine Süßkraft entspricht etwa 60 % des Energieinhalts von Saccharose auf. Für die Verstoffwechselung im Körper wird kein Insulin benötigt. Sorbit ist deshalb zum Süßen von Diabetikerlebensmitteln geeignet. Sorbit ist in der EU als Lebensmittelzusatzstoff (E 420) mit Ausnahme von Getränken als Zusatz für fast alle Lebensmittel in beliebig hoher Menge zugelassen, obwohl aufgenommene Mengen von mehr als 20 g/Tag zu Durchfall, Blähungen und Bauchschmerzen führen können.

Zu den Versuchen

V1 Propantriol besitzt die größte Viskosität, gefolgt von Ethandiol und Propan-1-ol. Propantriol wird im Labor häufig in Form unterschiedlich konzentrierter wässriger Lösungen eingesetzt, die je nach Wasseranteil geringere Viskositäten besitzen.

V2 Nach einiger Zeit gefriert das Wasser, während das Wasser-Ethandiol-Gemisch flüssig bleibt. Dieser Versuch demonstriert die Frostschutzeigenschaften von wässrigen Glykol-Lösungen.

Zusatzaufgabe 1

Zeichnen Sie alle stabilen Alkoholisomere der Formel $C_4H_8(OH)_2$ und benennen Sie diese.

Lösung:

$H_3C-CH_2-\overset{|}{\underset{|}{CH}}-\overset{|}{\underset{|}{CH_2}}$
              OH OH

Butan-1,2-diol

$H_3C-\overset{|}{\underset{|}{CH}}-CH_2-\overset{|}{\underset{|}{CH_2}}$
     OH   OH

Butan-1,3-diol

$H_2C-CH_2-CH_2-CH_2$
    OH   OH

Butan-1,4-diol

$H_3C-\overset{|}{\underset{|}{CH}}-\overset{|}{\underset{|}{CH}}-CH_3$
     OH OH

Butan-2,3-diol

             CH_3
$H_2C-\overset{|}{\underset{|}{C}}-CH_3$
    OH OH

2-Methylpropan-1,2-diol

          CH_3
$H_2C-\overset{|}{\underset{|}{CH}}-CH_2$
   OH   OH

2-Methylpropan-1,3-diol

Hinweise:
2-Methylpropan-1,3-diol ist unter dem Namen „Methylpropanediol" ein häufiger Inhaltsstoff in Kosmetik-Produkten.
Die oben skizzierte Lösung sollte als richtig betrachtet werden. Allerdings sind Butan-1,2-diol und Butan-1,3-diol chirale Verbindungen; von Butan-2,3-diol gibt es zwei Spiegelbildisomere und eine meso-Form. Es gibt also eigentlich 10 Isomere.

Zusatzaufgabe 2

Chloralhydrat ist eines der ältesten synthetisch hergestellten Schlafmittel. Sein systematischer Name lautet 2,2,2-Trichlorethan-1,1-diol. Zeichnen Sie die Strukturformel und erläutern Sie kurz, warum das Molekül eine „chemische Ausnahmeerscheinung" darstellt.

Lösung:
Das Molekül ist eine Ausnahmeerscheinung, weil sich an einem Kohlenstoff-Atom zwei Hydroxygruppen befinden. Normalerweise sind solche Verbindungen äußerst instabil (Erlenmeyer-Regel).

$$Cl-\underset{\underset{Cl}{|}}{\overset{\overset{Cl}{|}}{C}}-\underset{\underset{OH}{|}}{\overset{\overset{H}{|}}{C}}-OH$$

2,2,2-Trichlorethan-1,1-diol

Zusatzaufgabe 3

Benennen Sie das nebenstehende Alkohol-Molekülen und charakterisieren Sie den Alkohol mit chemischen Fachbegriffen.

Lösung:
Benennung: Cyclohexan-1,4-diol
Es handelt sich um einen cyclischen, zweiwertigen, sekundären Alkohol. Die Verbindung mit der Molekülformel (Summenformel) $C_6H_{12}O_2$ bzw. $C_6H_{10}(OH)_2$ kann man als cyclisches Diol bezeichnen.

Zusatzversuch

Unterscheidung von Propanol und Propantriol (Schülerversuch)
Geräte, Materialien, Chemikalien: zwei Reagenzgläser, zwei Stopfen, Reagenzglasständer, zwei Pipetten, Propanol, Glycerin, Kupfer(II)-sulfat-Lösung (z. B. Fehling I), verdünnte Natronlauge.
Durchführung: Gießen Sie in ein Reagenzglas etwa 2 cm hoch Propanol, in das andere die gleiche Menge Glycerin. Pipettieren Sie nun in beide Gläser jeweils einige Tropfen Kupfer(II)-sulfat-Lösung. Geben Sie jetzt etwas verdünnte Natronlauge in beide Gläser.
Nur in Anwesenheit eines Alkohols mit mindestens zwei benachbarten Hydroxygruppen im Molekül entsteht eine intensivblaue Lösung. Ansonsten bildet sich ein hellblauer, gallertiger Niederschlag aus Kupferhydroxid.

Erklärung: Mit Propanol reagieren die Kupfer-Ionen nicht, daher bildet sich nach Zugabe von Natronlauge ein Niederschlag von Kupferhydroxid, $Cu(OH)_2$.
Mit Glycerin (Propantriol) reagieren die Kupfer-Ionen zu der blauen Verbindung $[Cu(C_3H_5(OH)_3)_2]^{2+}$. In der Lösung sind keine freien Kupfer-Ionen mehr vorhanden, folglich bildet sich nach Zugabe von Natronlauge kein Niederschlag.
Hinweis: Man bezeichnet diesen Effekt auch als Maskierung.

Zusatzinformationen

Das Shallenberger-Modell des süßen Geschmacks
Früher wurde der süße Geschmack einer Verbindung auf eine große Anzahl von Hydroxygruppen in deren Molekülen zurückgeführt. Insbesondere Hydroxygruppen an zwei benachbarten Kohlenstoff-Atomen sollten für den süßen Geschmack verantwortlich sein. Da dies auf viele synthetische Süßstoffe nicht zutrifft, entwickelten ROBERT S. SHALLENBERGER und TERRY E. ACREE ein Modell des süßen Geschmacks, das sie 1967 veröffentlichten. Demnach können auch andere Gruppen in einer bestimmten Anordnung süßen Geschmack hervorrufen. Die Anordnung besteht aus einer als AH bezeichneten Gruppe (Protonendonator) und einer als B bezeichneten Gruppe (Protonenakzeptor). Das Rezeptor-Molekül in den Geschmacksknospen verfügt über eine ähnliche, komplementäre AH-B-Einheit. Durch die Bildung von zwei parallelen Wasserstoffbrücken zwischen dem Süßstoff-Molekül und dem Rezeptor-Molekül wird der Rezeptor gereizt.
Zwar weisen alle Moleküle von Verbindungen mit süßem Geschmack dieses Strukturmerkmal auf, aber es gibt auch viele Stoffe mit entsprechender Struktur, die nicht süß schmecken. Deshalb wurde das Modell modifiziert. Im Jahr 1972 erweiterte L. B. KIER das AH-B-System um eine dritte hydrophobe Bindungsstelle X, die über London-Kräfte an eine entsprechende hydrophobe Region des Rezeptor-Moleküls gebunden wird. Der hydrophobe Bereich im Süßstoff-Molekül liegt dem AH-B-System gegenüber und bildet mit diesem ein AH-B-X-System, das „Dreieck des süßen Geschmacks":

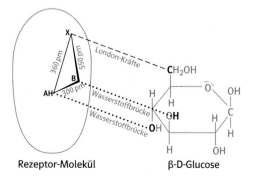

Rezeptor-Molekül   β-D-Glucose

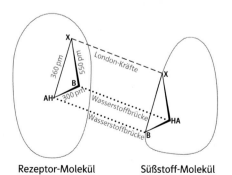

Rezeptor-Molekül   Süßstoff-Molekül

Aber auch diese Theorie liefert keine vollständig zuverlässigen Aussagen über den süßen Geschmack. Beispielsweise gibt sie keine Erklärung für die unterschiedliche Süßkraft verschiedener Süßstoffe und für die großen Schwankungen der Süßkraft bei Variation von Substituenten an einem Grundkörper.

Literatur   R. S. Shallenberger, T. E. Acree: Molecular theory of sweet taste. Nature 216 (1967), 480–482
L. B. Kier: A Molecular Theory of Sweet Taste. Journal of Pharmaceutical Sciences 61 (1972), 1394–1397
S. Immel: Computersimulation chemischer und biologischer Eigenschaften von Sacchariden. Dissertation, Technische Hochschule Darmstadt 1995.

1.13 Impulse: Lernzirkel Alkohole

Station 1: Analyse von Ethanol

Zu den Aufgaben

A1 Es lassen sich Wasser und Kohlenstoffdioxid nachweisen. Das Ethanol-Molekül muss mindestens die Elemente Kohlenstoff und Wasserstoff aufweisen.

A2 Sauerstoff-Verbindungen ergeben mit einer Iod-Lösung eine rotbraune Lösung.

A3 Die allgemeine Molekülformel (Summenformel) der Alkanole ist $C_nH_{2n+1}OH$.

Die funktionelle Gruppe ist die Hydroxygruppe.

Station 2: Verzweigte Alkohole

Zu den Aufgaben   **A4**

Propan-1-ol   Propan-2-ol   2-Methylpropan-2-ol

Der Versuch zeigt die Unterschiede von primären, sekundären und tertiären Alkoholen hinsichtlich ihrer Oxidierbarkeit. Die Lösung, zu der Propan-1-ol pipettiert wird, färbt sich von Lila über Grün zu Gelbbraun. In der Lösung, in die Propan-2-ol hinzugefügt wird, kommt es zu einem Farbumschlag von Lila nach Grün. Die Lösung mit 2-Methyl-propan-2-ol bleibt farblich unverändert.
Hinweis: Primäre Alkohole können in zwei Schritten oxidiert werden: Zunächst zu Aldehyden, anschließend zu Carbonsäuren. Dagegen können sekundäre Alkohole lediglich einmal zu Ketonen oxidiert werden. Im Gegensatz dazu können tertiäre Alkohole nicht auf diese Weise oxidiert werden, da sich keine Carbonylgruppe ohne Spaltung einer C-C-Bindung bilden kann.

Propan-1-ol-Moleküle reagieren mit den rotvioletten Permanganat-Ionen (MnO_4^-) zunächst zu Propanal-Molekülen und den grünen Manganat-Ionen (MnO_4^{2-}):

Oxidation:

$$CH_3-CH_2-\overset{-I}{C}H_2-OH + 2\,OH^- \longrightarrow CH_3-CH_2-C{\overset{\overline{O}|}{\diagup}}_{\diagdown H} + 2\,e^- + 2\,H_2O$$

Reduktion:

$$\overset{VII}{MnO_4^-} + e^- \longrightarrow \overset{VI}{MnO_4^{2-}} \qquad\qquad |\cdot2$$

Redoxreaktion:

$$CH_3-CH_2-CH_2-OH + 2\,OH^- + 2\,MnO_4^- \longrightarrow CH_3-CH_2-C{\overset{\overline{O}|}{\diagup}}_{\diagdown H} + 2\,H_2O + 2\,MnO_4^{2-}$$

Propanal-Moleküle reagieren mit Permanganat-Ionen zu Propansäure-Molekülen und Mangandioxid (Braunstein):

Oxidation:

$$CH_3-CH_2-\overset{I}{C}\overset{\overline{O}|}{\diagup}_{H} + 2\,OH^- \longrightarrow CH_3-CH_2-\overset{III}{C}\overset{\overline{O}|}{\underset{\underline{O}-H}{\diagup}} + 2\,e^- + H_2O \qquad\qquad I\cdot 3$$

Reduktion:

$$\overset{VII}{MnO_4^-} + 3\,e^- + 2\,H_2O \longrightarrow \overset{IV}{MnO_2} + 4\,OH^- \qquad\qquad I\cdot 2$$

Redoxreaktion:

$$3\,CH_3-CH_2-\overset{\overline{O}|}{C}\diagdown_H + 2\,MnO_4^- + H_2O \longrightarrow 3\,CH_3-CH_2-\overset{\overline{O}|}{C}\overset{}{\underset{\underline{O}-H}{\diagup}} + 2\,MnO_2 + 2\,OH^-$$

Propan-2-ol-Moleküle reagieren mit den rotvioletten Permanganat-Ionen (MnO_4^-) zu Propanon-Molekülen und den grünen Manganat-Ionen (MnO_4^{2-}):

Oxidation:

$$CH_3-\overset{\overset{\displaystyle H}{|}\,\overset{\displaystyle |O|}{|}_0}{\underset{\underset{\displaystyle H}{|}}{C}}-CH_3 + 2\,OH^- \longrightarrow CH_3-\overset{\overset{\displaystyle \overset{\frown}{O}}{||\,II}}{C}-CH_3 + 2\,e^- + 2\,H_2O$$

Reduktion:

$$\overset{VII}{MnO_4^-} + e^- \longrightarrow \overset{VI}{MnO_4^{2-}} \qquad\qquad I\cdot 2$$

Redoxreaktion:

$$CH_3-\overset{\overset{\displaystyle H}{|}\,\overset{\displaystyle |O|}{|}}{\underset{\underset{\displaystyle H}{|}}{C}}-CH_3 + 2\,OH^- + 2\,MnO_4^- \longrightarrow CH_3-\overset{\overset{\displaystyle \overset{\frown}{O}}{||}}{C}-CH_3 + 2\,H_2O + 2\,MnO_4^{2-}$$

Tertiäre Alkohole besitzen im Gegensatz zu primären und sekundären Alkoholen am Kohlenstoff-Atom, an dem die Hydroxygruppe gebunden ist, kein Wasserstoff-Atom, welches im Verlauf einer Oxidation abgegeben werden müsste.

A5

$CH_3-CH_2-CH_2-CH_2-OH$

Butan-1-ol
(primäres Alkanol)

$$CH_3-\overset{\overset{\displaystyle CH_3}{|}}{CH}-CH_2-OH$$

2-Methylpropan-1-ol
(primäres Alkanol)

$$CH_3-CH_2-\underset{\underset{\displaystyle OH}{|}}{CH}-CH_3$$

Butan-2-ol
(sekundäres Alkanol)

$$CH_3-\overset{\overset{\displaystyle CH_3}{|}}{\underset{\underset{\displaystyle CH_3}{|}}{C}}-OH$$

2-Methylpropan-2-ol
(tertiäres Alkanol)

A6

- Primäres Alkanol: An das C-Atom mit der OH-Gruppe ist maximal eine Alkylgruppe gebunden.
- Sekundäres Alkanol: An das C-Atom mit der OH-Gruppe sind zwei Alkylgruppen gebunden.
- Tertiäres Alkanol: An das C-Atom mit der OH-Gruppe sind drei Alkylgruppen gebunden.

Station 3: Löslichkeit

Zur Aufgabe

A7

a) Zusatz von Wasser: Mit Ethanol und Propan-1-ol erhält man Lösungen. Mit Heptan, Pentan-1-ol und Dodecan-1-ol erhält man Emulsionen, die sich nach kurzer Zeit zu zwei Phasen entmischen.

b) Zusatz von Heptan: Mit den Alkanolen erhält man Lösungen. Mit Wasser erhält man eine Emulsion, die sich nach kurzer Zeit zu zwei Phasen entmischt.

Deutung: Die folgenden Halbstrukturformeln sind nach abnehmender Polarität geordnet; die entsprechenden Stoffe sind abnehmend hydrophil bzw. zunehmend lipophil:

Wasser:	$H-OH$
Ethanol:	CH_3-CH_2-OH
Propan-1-ol:	$CH_3-CH_2-CH_2-OH$
Pentan-1-ol:	$CH_3-CH_2-CH_2-CH_2-CH_2-OH$
Dodecan-1-ol:	$CH_3-CH_2-CH_2-CH_2-CH_2-CH_2-CH_2-CH_2-CH_2-CH_2-CH_2-CH_2-OH$
Heptan:	$CH_3-CH_2-CH_2-CH_2-CH_2-CH_2-CH_3$

Je länger die (unpolare) Alkylkette der Alkanol-Moleküle ist, desto weniger fällt die (polare) Hydroxygruppe ins Gewicht. Das Heptan-Molekül ist unpolar. Je ähnlicher sich die Teilchen zweier Stoffe in Bezug auf die Polarität sind, desto besser lösen sich die Stoffe ineinander.

Hinweis: Wenn das Ethanol zu viel Wasser enthält, erhält man mit Heptan eine trübe Lösung. Dies kann z. B. bei Brennspiritus der Fall sein. Durch Zugabe von weißem Kupfersulfat kann man das Ethanol vor dem Versuch trocknen.

Station 4: Viskosität

Zu den Aufgaben

A8 Man erhält folgende Reihenfolge von schnell nach langsam: Ethanol > Butan-1-ol > Ethandiol > Propantriol. Die genauen Zeiten hängen auch von der Form der Pipetten ab; sie liegen zwischen einigen Sekunden (Ethanol) und mehreren Minuten (Propantriol).

Ein Versuch mit Messpipetten (10 ml) ergab folgende Auslaufzeiten: Ethanol 6 s; Butanol 10 s; Ethandiol 18 s; Propantriol (86 %) 45 s.

Deutung: Die Viskosität ist umso größer, je größer die zwischenmolekularen Kräfte sind. Zwischen Ethanol-Molekülen wirken hauptsächlich Wasserstoffbrücken, ebenfalls zwischen den Butan-1-ol-Molekülen, bei denen jedoch aufgrund des größeren Alkylrests noch etwas größere London-Kräfte wirken. Die Ethandiol-Moleküle können aufgrund der Anzahl ihrer Hydroxygruppen zwei Wasserstoffbrücken bilden, die Propantriol-Moleküle sogar drei.

Hinweis zur Durchführung: Der Versuch ist mit wasserfreiem Glycerin praktisch nicht durchführbar, da seine Viskosität zu groß ist. Man verwendet wasserhaltiges Glycerin, z. B. $w = 86 \%$.

A9 Butan-1-ol hat die größere Viskosität. Zwischen Butan-1-ol-Molekülen wirken starke Wasserstoffbrücken, Dipol-Dipol-Kräfte und auch London-Kräfte. Zwischen den (ungefähr gleich großen) Pentan-Molekülen wirken nur die schwachen London-Kräfte.

Station 5: Ethanol als Treibstoff

Zu den Aufgaben

A10 Vorteile: Geringer Schadstoffausstoß; verminderte Abhängigkeit von Erdölimporten; Erdölvorräte halten länger; Ethanol kann aus nachwachsenden Rohstoffen (z. B. Zuckerrohr und -rüben) hergestellt werden; sinnvolle Nutzung landwirtschaftlicher Überschussprodukte

Nachteile: Schlechtes Kaltstartverhalten; Vergaser muss umgerüstet werden; erhöhter Treibstoffverbrauch wegen geringeren Energieinhalts; höhere Kosten

A11 $C_2H_5OH + 3\,O_2 \longrightarrow 2\,CO_2 + 3\,H_2O$

A12 Ethanol hat gegenüber Erdgas einige Vorteile: Das Ausmaß der erforderlichen Umbauten an den Motoren ist bei der Verwendung von Ethanol wesentlich geringer. Auch wird kein spezieller Tank benötigt. Ferner ist die Infrastruktur für flüssige Treibstoffe bereits vorhanden (Pipelines, Tanker, Tankwagen, Zapfsäulen, Pumpen …), diese müsste für Erdgas neu geschaffen werden. Ethanol kann aus nachwachsenden Rohstoffen erzeugt werden und besitzt dadurch eine günstigere Kohlenstoffdioxid-Bilanz, Erdgas ist ein fossiler Rohstoff.

Nachteil: Ethanol ist wesentlich teurer.

A13 Nachwachsende Rohstoffe sind v. a. land- und forstwirtschaftliche Produkte, die nicht als Nahrungsmittel Verwendung finden, sondern z. B. als Energieträger, Schmierstoffe, Dämmstoffe oder Ausgangsprodukte für organische Synthesereaktionen eingesetzt werden. Im Gegensatz zu fossilen Rohstoffen sind sie erst kurz vor ihrer Verwertung entstanden.

Weitere Beispiele:
- Öle und Fette zur Herstellung von Schmiermitteln, Kosmetika, Waschmitteln, Biodiesel und Zweitaktmotorenölen
- Stärke zur Herstellung von Papier, Verpackungsmaterial und Einweggeschirr
- Zucker zur Herstellung von Antibiotika, Vitaminen, Kosmetika, Waschmitteln und Klebstoffen
- Fasern zur Herstellung von Textilien, Dämmstoffen und Pressspanplatten
- Heil- und Aromastoffe zur Herstellung von Pharmazeutika, Cremes und Mundwasser
- Biomasse wie z. B. Holz und Stroh zur Erzeugung von Strom und Wärme

A14 Die Zunahme der Kohlenstoffdioxid-Konzentration in der Atmosphäre wird beim Einsatz von Treibstoffen aus nachwachsenden Rohstoffen dadurch vermindert, dass entsprechend weniger fossile Materialien verbrannt werden. Im Prinzip wird bei der Verbrennung nachwachsender Rohstoffe gerade so viel Kohlenstoffdioxid freigesetzt, wie die Pflanze beim Wachstum gebunden hat. Der zusätzliche Kohlenstoffdioxid-Ausstoß entsteht bei Anbau, Pflege, Düngung, Ernte und Verarbeitung der Pflanzen und beim Transport der nachwachsenden Rohstoffe und der fertigen Treibstoffe.

1.14 Exkurs: Wichtige Ether

Zur Aufgabe

A1

a) Reaktionsgleichung:

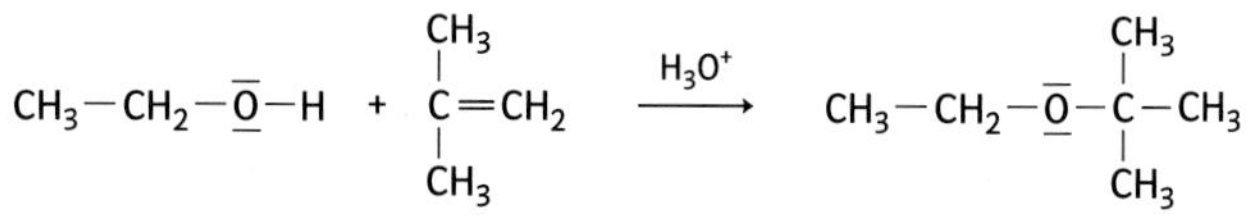

$$CH_3-CH_2-\overline{O}-H \;+\; \underset{CH_3}{\overset{CH_3}{C=CH_2}} \xrightarrow{H_3O^+} \; CH_3-CH_2-\overline{O}-\underset{CH_3}{\overset{CH_3}{C}}-CH_3$$

Ethanol   2-Methylpropen   ETBE

b) IUPAC-Name für ETBE: 2-Ethoxy-2-methylpropan

1.15 Fachmethode: Oxidationszahlen in organischen Verbindungen

Zu den Aufgaben

A1

$$\overset{I\;\;\;0\;\;-II}{H_2C=O} \qquad \overset{I\;\;-II\;-III}{H_3C-OH} \qquad \overset{I\;\;-II\;\;-III\;\;I}{H_2C=CH_2} \qquad \overset{-II\;-III\;\;\;\;-II\;-III}{CH_2OH-CH_2OH}$$

A2

Verbindung 1: $\overset{-IV\;\;I}{C\,H_4}$:   Methan

Verbindung 2: $\overset{0\;\;I\;-II}{CH_2O}$:   Methanal

Verbindung 3: $\overset{IV-II}{CO_2}$:   Kohlenstoffdioxid

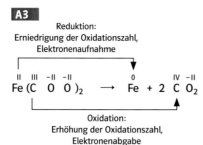

Reduktion:
Erniedrigung der Oxidationszahl,
Elektronenaufnahme

$$\overset{II}{Fe}(\overset{III}{C}\ \overset{-II}{O}\ \overset{-II}{O})_2 \longrightarrow \overset{0}{Fe} + 2\ \overset{IV}{C}\ \overset{-II}{O_2}$$

Oxidation:
Erhöhung der Oxidationszahl,
Elektronenabgabe

1.16 Oxidation von Alkoholen

Zu den Aufgaben

A1

a) *Primäre Alkohole* (z.B. Alkan-1-ole) lassen sich zunächst zu Aldehyden (z.B. Alkanalen), dann zu Carbonsäuren (z.B. Alkansäuren) oxidieren.
Sekundäre Alkohole lassen sich zu Ketonen (z.B. Alkanonen) oxidieren.
Tertiäre Alkohole reagieren mit milden Oxidationsmitteln, wie z.B. Kupfer(II)-oxid, nicht.

b) Oxidation eines primären Alkohols (Beispiel):

Oxidation

$$CH_3-CH_2-\overset{-I}{CH_2}-\overline{\underline{O}}-H + \overset{II}{CuO} \longrightarrow CH_3-CH_2-\overset{I}{C}\!\!\begin{smallmatrix}\overline{O}|\\ \\ H\end{smallmatrix} + \overset{0}{Cu} + H_2O$$

Reduktion

Propan-1-ol wird zu Propanal oxidiert, Kupfer(II)-oxid wird reduziert zu Kupfer.
Das C-Atom, das mit der Hydroxygruppe verbunden ist, wird von –I nach I in der Aldehydgruppe oxidiert, das Kupfer-Atom (Kupfer-Ion) wird von II nach 0 reduziert.

Oxidation

$$CH_3-CH_2-\overset{I}{C}\!\!\begin{smallmatrix}\overline{O}|\\ \\ H\end{smallmatrix} + \overset{II}{CuO} \longrightarrow CH_3-CH_2-\overset{III}{C}\!\!\begin{smallmatrix}\overline{O}|\\ \\ \overline{O}-H\end{smallmatrix} + \overset{0}{Cu}$$

Reduktion

Propanal wird mit Kupfer(II)-oxid zu Propansäure oxidiert, Kupfer(II)-oxid wird reduziert zu Kupfer.
Das C-Atom der Aldehydgruppe wird von I nach III in der Carboxygruppe oxidiert, das Kupfer-Atom (Kupfer-Ion) wird von II nach 0 reduziert.

Oxidation eines sekundären Alkohols (Beispiel):

Oxidation

$$H_3C-\overset{0}{CH}-CH_3 + \overset{II}{CuO} \longrightarrow H_3C-\overset{II}{C}-CH_3 + \overset{0}{Cu} + H_2O$$
$$\quad\quad |O|$$
$$\quad\quad |$$
$$\quad\quad H$$

Reduktion

Propan-2-ol wird mit Kupfer(II)-oxid zu Propanon oxidiert, Kupfer(II)-oxid wird reduziert zu Kupfer.
Das C-Atom, das mit der Hydroxygruppe verbunden ist, wird von 0 nach II in der Ketogruppe oxidiert, das Kupfer-Atom (Kupfer-Ion) wird von II nach 0 reduziert.

Versuch der Oxidation eines tertiären Alkohols:

$$\begin{array}{c}CH_3\\ |\\ H_3C-C-CH_3\\ |\\ |O|\\ |\\ H\end{array} + CuO \longrightarrow\!\!\!/\!\!\!\longrightarrow$$

2-Methylpropan-2-ol wird als tertiärer Alkohol nicht mit Kupfer(II)-oxid oxidiert.

Halbstrukturformel, Molekül mit Molekülformel $C_5H_{10}OH$	Systematischer Name	Primärer, sekundärer oder tertiärer Alkohol?	Oxidation mit Kupfer(II)-oxid zu
$CH_3-CH_2-CH_2-CH_2-CH_2-OH$	Pentan-1-ol	primärer	Pentanal und weiter zur Pentansäure
$CH_3-CH_2-CH_2-\underset{\underset{OH}{\vert}}{CH}-CH_3$	Pentan-2-ol	sekundärer	Pentan-2-on
$CH_3-CH_2-\underset{\underset{OH}{\vert}}{CH}-CH_2-CH_3$	Pentan-3-ol	sekundärer	Pentan-3-on
$CH_3-CH_2-\underset{\underset{CH_3}{\vert}}{CH}-CH_2-OH$	2-Methyl-butan-1-ol	primärer	2-Methylbutanal und weiter zur 2-Methyl-butansäure
$CH_3-CH_2-\overset{\overset{CH_3}{\vert}}{\underset{\underset{OH}{\vert}}{C}}-CH_3$	2-Methyl-butan-2-ol	tertiärer	Keine Oxidation
$CH_3-\underset{\underset{CH_3}{\vert}}{CH}-CH_2-CH_2-OH$	3-Methyl-butan-1-ol	primärer	3-Methylbutanal und weiter zur 3-Methyl-butansäure
$CH_3-\overset{\overset{CH_3}{\vert}}{CH}-\underset{\underset{OH}{\vert}}{CH}-CH_3$	3-Methyl-butan-2-ol	sekundärer	3-Methylbutanon
$CH_3-\overset{\overset{CH_3}{\vert}}{\underset{\underset{CH_3}{\vert}}{C}}-CH_2-OH$	2,2-Dimethyl-propan-1-ol	primärer	2,2-Dimethylpropanal und weiter zu 2,2-Di-methylpropansäure

A3 Tertiäre Alkanole (Alkohole) besitzen im Gegensatz zu primären und sekundären Alkanolen (Alkoholen) am Kohlenstoff-Atom, an das die Hydroxygruppe gebunden ist, kein Wasserstoff-Atom, welches im Verlauf einer Oxidation abgegeben werden müsste.

Zu den Versuchen

V1/V2 Das an der Oberfläche des Kupferbleches(-drahtnetzes) vorhandene schwarze Kupferoxid reagiert mit den Flüssigkeiten unter Reduktion zu Kupfer. Die Kupferfarbe ist sehr schön an dem Teil des Bleches/Drahtnetzes zu erkennen, der in die Flüssigkeiten eintaucht.

Hinweis: Bei V1 entsteht Ethanal (Acetaldehyd) als Reaktionsprodukt. Ethanal wurde im Jahr 2019 schärfer eingestuft: Karzinogenität Kategorie 1B, H350 (bisher: Kategorie 2, H224). Nach RiSU KMK 2019 (14.06.2019), I – 3.5 (S. 24–26) dürfen Versuche, bei denen geringe Mengen krebserzeugender und keimzell-mutagener Stoffe entstehen, in kleinstmöglichen Ansätzen und unter Beachtung der entsprechenden Schutzmaßnahmen durchgeführt werden. Dies gilt nach Ansicht der Redaktion auch für V1. Es liegt jedoch in der Verantwortung der Lehrkraft, die aktuellen Bestimmungen zu prüfen und zu entscheiden, ob der Versuch durchgeführt werden darf.

Hinweise zum Königsblau-Nachweis:
Bei der Schiff'schen Probe wird der Triphenylmethan-Farbstoff Fuchsin verwendet, der mit Parafuch-sin verunreinigt sein kann und ein gewisses Gefährdungspotenzial hat. Beim Königsblau-Nachweis wird das Fuchsin durch den ungefährlichen Triphenylmethan-Farbstoff Methylblau ersetzt, einem Bestandteil von Füllertinte. Man macht sich hierbei die „Chemie des Tintenkillers" zunutze. Details: siehe Literatur.

Herstellung von Königsblau-Reagenz und Königsblau-Reagenzstreifen:
Material:
Methylblau oder blaue Tinte (z.B. Pelikan® 4001 königsblau), Natriumdihydrogenphosphat-Dihydrat ($NaH_2PO_4 \cdot 2\,H_2O$), Dikaliumhydrogenphosphat (wasserfrei) (K_2HPO_4), Natriumsulfit-Lösung $c(Na_2SO_3)$ = 0,1 mol/l, Messzylinder (50 ml), 2 Spatel, Trichter, Messpipette (5 ml), Messpipette (10 ml), Magnet-rührgerät und Rührkern, Becherglas (150 ml), 2 Wägebecher, Waage, Chromatografie-Papier (z.B. MN260, Rutka Laborbedarf), Pinzette

Durchführung:
Im Becherglas werden 0,1 g Methylblau in 15 ml dest. Wasser vollständig gelöst. Statt dieser Lösung kann man auch 10 ml blaue Tinte verwenden. 1,39 g Natriumdihydrogenphosphat-Dihydrat und 5,32 g Kaliumhydrogenphosphat werden zugegeben; das Ganze wird gerührt. Nachdem auch die Phosphate gelöst sind, werden 2,6 ml Natriumsulfit-Lösung zugegeben. Das Gemisch wird nochmals ca. 20 Minuten gerührt und dann mit dest. Wasser auf 25 ml aufgefüllt. Diese Lösung ist ca. einen Monat haltbar. Kurz vor der Verwendung werden schmale Streifen aus Chromatografie-Papier mit der Pinzette kurz in die Lösung getaucht; sie dürfen nicht eintrocknen.

Verwendung der Königsblau-Reagenzstreifen:
- Becherglas: Der Reagenzstreifen wird umgeknickt, mit der Pinzette über den Rand des Becherglases gehängt und mit einem Gummiring befestigt. Das Becherglas wird mit einem Uhrglas abgedeckt. Falls das Aldehyd durch Reaktion eines Alkohols mit Kupferoxid im Becherglas gebildet wird, muss der Oxidationsvorgang evtl. mehrmals wiederholt werden.
- Reagenzglas: Der Reagenzstreifen wird mithilfe der Pinzette über die Flüssigkeit gehängt und mit einem Stopfen festgeklemmt.

Wichtig ist, dass der Reagenzstreifen nicht mit der Flüssigkeit in Berührung kommt, sondern nur mit der Gasphase. Sonst können evtl. enthaltene Säuren durch den niedrigen pH-Wert das Ergebnis verfälschen. Der Nachweis ist dann als positiv zu bewerten, wenn der Reagenzstreifen sich gleichmäßig und großflächig blaugrün bis blau verfärbt. Eine stark blaue Verfärbung der Ränder an den Kontaktstellen zum Reagenzglas ist eher ein Hinweis auf eine Verunreinigung durch Säuren in der Gasphase.

Zusatzversuch

Partielle Oxidation von Ethanol mit Kupfer(II)-oxid
Geräte, Materialien, Chemikalien: schwer schmelzendes Reagenzglas, Reagenzglashalter, Reagenzglasständer, durchbohrter Gummistopfen, Gärröhrchen, Spatel, zwei Pipetten, Bunsenbrenner, Schutzbrille, Kupfer(II)-oxid, Schiff'sches Reagenz, Ethanol, Glycerin.
Durchführung: Geben Sie einen Spatel Kupfer(II)-oxid in ein trockenes Reagenzglas. Setzen Sie zwei bis drei Tropfen Ethanol zu, sodass das Kupferoxid gut durchfeuchtet ist. Schieben Sie nun das Gärröhrchen in den durchbohrten Gummistopfen (verwenden Sie etwas Glycerin als Gleitmittel) und verschließen Sie damit das Reagenzglas. In das Gärröhrchen kommt nun noch etwas Schiff'sches Reagenz. Das Reagenzglas wird langsam erhitzt, bis die Reaktion einsetzt. Reagenzglashalter benützen! Schutzbrille! Stellen Sie das Reagenzglas zum Abkühlen in den Reagenzglasständer. Schwermetallabfälle getrennt sammeln!

Beobachtung: Das Reagenz im Gärröhrchen färbt sich blaurot. Im anfangs schwarzen Pulver im Reagenzglas entsteht ein roter Feststoff.

Erklärung: Im Reagenzglas wird der Alkohol (Ethanol) zum Aldehyd (Ethanal, Acetaldehyd) oxidiert. Gleichzeitig wird das schwarze Kupferoxid zu rotem Kupfer reduziert. Die Reaktionsgleichung ist in B1 im Schulbuch angegeben. Das Ethanal verdampft, gelangt in das Gärröhrchen und reagiert dort mit dem Schiff'schen Reagenz.

Hinweise zur Durchführung:
Der Versuch funktioniert gut, wenn man nicht zu scharf erhitzt. Sonst verdampft der Alkohol, bevor er mit dem Kupferoxid reagieren kann. Das Einsetzen der Reaktion erkennt man an den Farbänderungen im Reagenzglas und im Gärröhrchen.
Im kälteren Teil des Reagenzglases kondensiert Flüssigkeit. Dabei handelt es sich zum Teil um das Reaktionsprodukt Wasser, aber auch um zuvor verdampften Alkohol.
Zum Reaktionsprodukt Acetaldehyd: siehe Hinweis zu V1/V2.

Literatur

I. Bertsche: Königsblau statt krebserregend – Ein neues Reagenz zum Nachweis von Aldehyden. CHEMKON 24/2 (April 2017), 73–76. DOI: 10.1002/ckon.201710291

1.17 Praktikum: Nachweis von Aldehyden

Zu den Versuchen

V1 **Tollens-Probe (Silberspiegelprobe)**
Die Tollens-Probe, auch Silberspiegelprobe genannt, ist ein im Schülerexperiment leicht und moti-vie-rend durchzuführender Nachweis.

Aufgabenlösungen
1. Die farblose Lösung bildet an der Reagenzglaswand einen Silberspiegel.

2. Es läuft eine Redoxreaktion ab. Die positiv geladenen, hydratisierten Silber-Ionen werden zu elementarem Silber reduziert, das Aldehyd wird zu einer Carbonsäure oxidiert:

$$R-CHO + 2\,Ag^+\,(aq) + 2\,OH^- \longrightarrow R-COOH + 2\,Ag\,(s) + H_2O$$

V2 **Fehling-Probe**
Aufgabenlösungen
1. Bei der Reaktion von Propanal mit dem Gemisch aus Fehling-Lösung 1 und 2 verfärbt sich die Lösung orange bis bräunlich. Nach einiger Zeit setzt sich ein orangefarbener bis bräunlicher Niederschlag ab. Bei Propanon ändert sich die Farbe der Lösung bei Zugabe des Gemisches aus Fehling-Lösung 1 und 2 nicht. Dieses gilt auch für Propan-1-ol (eine sehr verdünnte Propan-1-ol-Lösung kann einen sehr schwach positiven Nachweis ergeben). Mit Citral fällt die Fehling-Probe ebenfalls positiv aus.

$$R-CHO + 2\,Cu^{2+}\,(aq) + 4\,OH^- \longrightarrow R-COOH + Cu_2O + 2\,H_2O$$

Zusatzinformation Redoxgleichung:
Oxidation:

$$R-\overset{I}{C}\overset{\overline{O}|}{\underset{H}{\diagup}} + 2\,OH^- \longrightarrow R-\overset{III}{C}\overset{\overline{O}|}{\underset{\overline{O}-H}{\diagup}} + 2\,e^- + H_2O$$

Reduktion:

$$2\,\overset{II}{Cu}{}^{2+} + 2\,OH^- + 2\,e^- \longrightarrow \overset{I}{Cu_2O} + H_2O$$

Redoxreaktion:

$$R-C\overset{\overline{O}|}{\underset{H}{\diagup}} + 2\,Cu^{2+} + 4\,OH^- \longrightarrow R-C\overset{\overline{O}|}{\underset{\overline{O}-H}{\diagup}} + Cu_2O + 2\,H_2O$$

Aldehyde werden bei der Fehling-Probe zu Carbonsäuren oxidiert.

V3 **Benedict-Probe**
Die Benedict-Probe ist eine gute Alternative zur Fehling-Probe, weil die stark alkalische Natronlauge durch Natriumcarbonat-Lösung ersetzt ist.

Aufgabenlösung
Es läuft eine Redoxreaktion ab. Die zweifach positiv geladenen, hydratisierten Kupfer-Ionen werden zu einfach positiv geladenen Kupfer-Ionen reduziert: Es entsteht rotbraunes Cu_2O. Das Aldehyd wird zu einer Carbonsäure oxidiert:

$$R-CHO + 2\,Cu^{2+}\,(aq) + 4\,OH^- \longrightarrow R-COOH + Cu_2O + 2\,H_2O$$

V4 **Königsblau-Nachweis**
Aufgabenlösungen
1. In den Reagenzgläsern mit Propanal und Citral färbt sich der Reagenzstreifen blau. In den anderen Reagenzgläsern ist keine Blaufärbung zu beobachten.
Propanal und Citral sind Aldehyde. Die Blaufärbung ist ein positiver Nachweis für Aldehyde, die mit dem Königsblau-Reagenzstreifen nachgewiesen werden können. Erfolgt keine Blaufärbung, wie bei Propan-1-ol und Propanon, liegt kein Aldehyd vor.
2. Das Citral muss erwärmt werden, damit es verdampft und in die Gasphase übergeht. Dies ist bei den anderen Stoffen nicht erforderlich, da sie schon bei Raumtemperatur im ausreichenden Maße gasförmig vorliegen.

Hinweise zum Königsblau-Nachweis: Siehe Kap. 1.16, V1/V2 und Literatur

1.18 Aldehyde und Ketone

Zu den Aufgaben

A1

Propanal ist eine leichtbewegliche, farblose Flüssigkeit. Die Flammtemperatur liegt bei −40 °C, die Zündtemperatur bei 190 °C.
Gefahrenpotenzial: Es wirkt bei längerem Einatmen narkotisch. Als Folge können Leber- und Nierenschäden auftreten.

Methanal/Formaldehyd ist ein Gas.
Gefahrenpotenzial: Formaldehyd bildet mit Luft in einem weiten Konzentrationsbereich explosionsfähige Gemische. Formaldehyd kann Allergien, Haut-, Atemwegs- oder Augenreizungen verursachen. Bei chronischer Exposition ist es karzinogen und beeinträchtigt zudem das Gedächtnis, die Konzentrationsfähigkeit und den Schlaf.

Ethanal/Acetaldehyd ist eine farblose und sehr leicht flüchtige Flüssigkeit.
Gefahrenpotenzial: Acetaldehyd ist eine leicht entzündliche Flüssigkeit. Es schädigt in vielfältiger Weise Leber und Herz.

Auch wenn Propanal Gefahrenpotenziale birgt, so sind diese weitaus geringer einzuschätzen als die Gefahrenpotenziale von Methanal und Ethanal.

A2

Verbindung	Siedetemperatur
Propan	−42 °C
Propanal	48,8 °C
Propanon	56 °C
Propan-2-ol	82,6 °C
Propan-1-ol	97 °C

Die Siedetemperaturen der Alkanale liegen deutlich über denen der Alkane mit ähnlicher Molekülgröße und Elektronenanzahl, sind jedoch niedriger als die der entsprechenden Alkanole. Dies wird dadurch verständlich, dass zwischen Alkanal-Molekülen zwar Dipol-Dipol-Kräfte wirken, jedoch keine Wasserstoffbrücken ausgebildet werden können. Alkanal-Moleküle besitzen kein positiv polarisiertes Wasserstoff-Atom, das an ein Atom mit einer hohen Elektronegativität, z.B. ein Sauerstoff-Atom, gebunden ist. Daher ist die Siedetemperatur der Alkanone höher als der Alkanale.
Der Einfluss des Alkylrestes bzw. der Hydroxygruppe wirkt sich auf die Siedetemperatur der Alkanole aus. Zwischen der polaren OH-Gruppe der Alkanol-Moleküle können sich Wasserstoffbrücken ausbilden. Durch die endständigen Hydroxygruppe beim Propan-1-ol ist daher die Siedetemperatur höher als beim sterisch abgeschirmten Propan-2-ol.

A3

Verbindung	Struktur

Aceton	H |O| H
	  | || |
	H−C−C−C−H
	  | |
	  H H

Ethanol	H H | | H−C−C−O̲−H | | H H
Wasser	O H H
Benzin	Benzin ist ein Gemisch aus verschiedenen Kohlenwasserstoffen. Es besteht hauptsächlich aus linearen, Iso- und Cycloalkanen und aromatischen Verbindungen des C-Bereichs C_5 bis C_{10}.

Aceton ist in jedem Verhältnis in Wasser, Ethanol und Benzin löslich, da Aceton zu den Ketonen gehört und demzufolge als ein charakteristisches Merkmal eine nicht endständige Carbonylgruppe hat. Diese funktionelle Gruppe ist aufgrund der stark unterschiedlichen Elektronegativität von Sauerstoff und Kohlenstoff polar und bewirkt, dass Aceton sich im Wasser und Ethanol löst. Durch die beiden unpolaren Alkylreste ist Aceton allerdings auch in Benzin löslich.

A4 Isomere Pentanone:

H   O   H   H   H
| ‖ | | |
H—C—C—C—C—C—H   Pentan-2-on
| | | |
H   H   H   H

H   H   O   H   H
| | ‖ | |
H—C—C—C—C—C—H   Pentan-3-on
| | | |
H   H   H   H

            CH₃
H   O | H
| ‖ | |
H—C—C—C—C—H   3-Methylbutan-2-on
| | |
H   H   H

1.19 Praktikum: Gewinnung eines Aromastoffes

Zu den Versuchen

V1 **Gewinnung von Lavendelöl durch Wasserdampfdestillation**
Aufgabenlösungen
a) Nachdem das Wasser im ersten Kolben kräftig siedet, treten auch im zweiten Kolben mit den Lavendelblüten Wasserdampfblasen auf, die durch das Wasser-Lavendelblüten-Gemisch perlen. Das Destillat im Reagenzglas besteht aus zwei Phasen, wobei die obere Phase schwach gelb gefärbt ist.
b) Die obere Phase riecht intensiv nach Lavendel.

Hinweise zur Durchführung: Bei der Verwendung von gut getrockneten Lavendelblüten reicht eine Portion von ca. 15 g aus. Nach Beendigung der Destillation (ca. 5 bis 10 Minuten nach Siedebeginn) sollte die Verbindung zum ersten Kolben rasch getrennt werden, um ein Zurücksteigen der Flüssigkeit zu vermeiden.

V2 **Gewinnung von Anisöl durch vereinfachte Wasserdampfdestillation**
Aufgabenlösungen
a) Nach dem Sieden sammeln sich Wasser und ölige Tröpfchen als Destillat in der Vorlage.
b) Die Tröpfchen riechen intensiv nach Anis (Anethol).

Hinweise zur Durchführung: Die Destillation sollte abgebrochen werden, wenn einige ölige Tropfchen in der Vorlage erkennbar sind. Bei längerer Destillation entsteht mit dem größeren Wasseranteil eine recht beständige Emulsion.

V3 **Isolierung von Zitronenöl durch Soxhlet-Extraktion**
Aufgabenlösung
Bei Extraktionsvorgängen steigt die Ausbeute, wenn man den Extraktionsvorgang mit jeweils frischem Lösungsmittel mehrfach wiederholt. Dies geschieht in der Soxhlet-Extraktionsapparatur mit einer geringen Lösungsmittelportion, da die sich wiederholenden Extraktionsprozesse immer mit derselben Lösungsmittelportion ablaufen.
Das Lösungsmittel verdampft zunächst, kondensiert am Rückflusskühler und tropft in die Extraktionshülse, der Extraktionsvorgang beginnt. Nach und nach steigt der Flüssigkeitsspiegel im Extraktionsraum an, bis er die Höhe der oberen Biegung des Heberrohres erreicht. Die dann einsetzende Saugheberwirkung entleert den Extraktionsraum über das Heberrohr; die Lösung strömt in den Rundkolben zurück. Das Lösungsmittel verdampft dort erneut, sodass ein weiterer Extraktionszyklus beginnt. Die extrahierten, gelösten Stoffe reichern sich in der Flüssigkeit des Rundkolbens an.

Literatur

Eine kurze, prägnante Einführung in die Theorie der Wasserdampfdestillation befindet sich in:
K. Roth: Das Geheimnis des Weihnachtsdufts. Chemie in unserer Zeit 44, 2010, Heft 6, S. 418

1.20 Vom Alkohol zum Katerfrühstück

Zu den Aufgaben

A1

a)

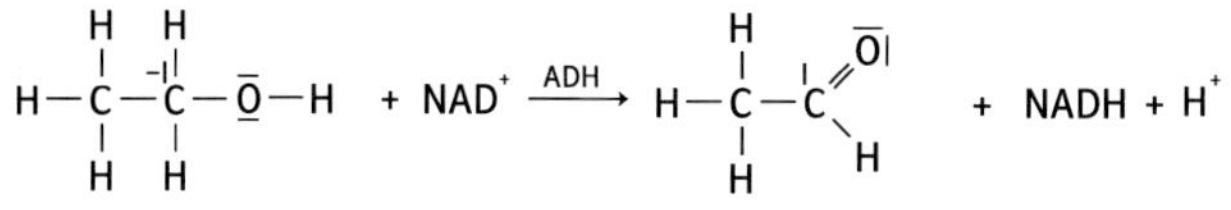

Ethanol (Ethylalkohol) + NAD$^+$ →(ADH) Ethanal (Acetaldehyd) + NADH + H$^+$

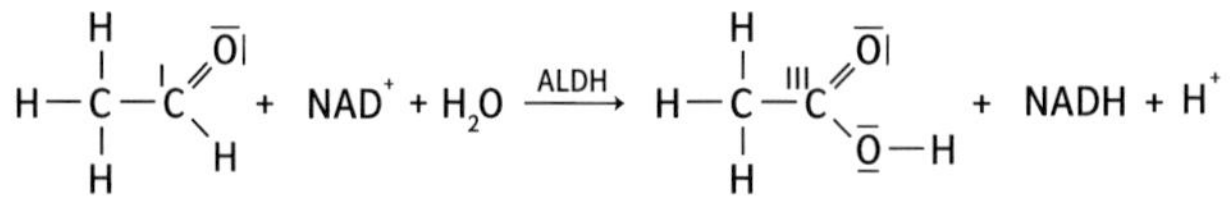

Ethanal + NAD$^+$ + H$_2$O →(ALDH) Ethansäure (Essigsäure) + NADH + H$^+$

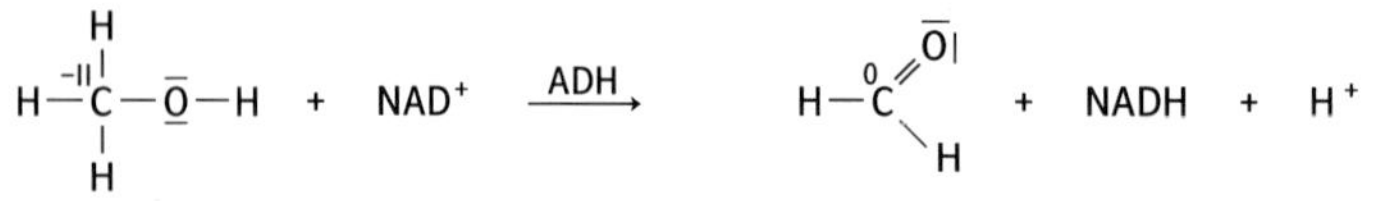

b)

Methanol + NAD$^+$ →(ADH) Methanal (Formaldehyd) + NADH + H$^+$

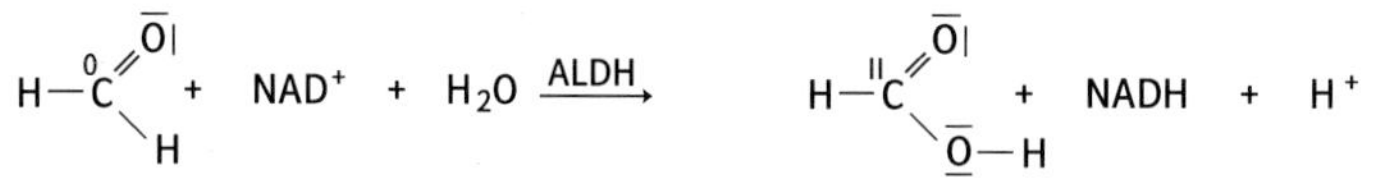

Methanal (Formaldehyd) + NAD$^+$ + H$_2$O →(ALDH) Methansäure (Ameisensäure) + NADH + H$^+$

A2 Begleitalkohole sind vorwiegend Methanol, Propan-1-ol, 2-Methylpropan-1-ol und weitere Butanole, Pentanole und Hexanol.

Die meisten der Begleitalkohole wie Propan-1-ol und 2-Methylpropan-1-ol entstehen während der alkoholischen Gärung durch Prozesse, an denen Hefen und Bakterien beteiligt sind. Dabei sind anders als bei Ethanol nicht Zucker, sondern Aminosäuren die Ausgangsprodukte.

Methanol dagegen bildet sich bei der Getränkeherstellung nicht durch Gärung, sondern durch Spaltung von Pektinen, die vor allem in den Schalen von Früchten enthalten sind. Pektine gehören wie Zucker zur Stoffklasse der Polysaccharide.

Hohe Methanolgehalte entstehen daher insbesondere bei der Maischegärung, bei dem die ganzen Früchte und nicht nur der Saft vergoren werden.

A3

a) Der Befund unterstützt die Hypothese, dass Ethanal für den „Kater" verantwortlich ist.
Durch Oxidation von Ethanol mithilfe der Alkoholdehydrogenase wird Ethanal gebildet, dieses kann aber wegen der nicht intakten Aldehyddehydrogenase nicht weiter oxidiert werden. Die beschriebenen Symptome sind Vergiftungserscheinungen durch Ethanal; sie ähneln dem „Kater".

b) Im Blut müsste Acetaldehyd in relativ hoher Konzentration nachweisbar sein.

Literatur K. Roth: Die Chemie des Katers. Chemie in unserer Zeit 41 (2007), 46

1.21 Exkurs: Vergiftungen durch Methanol

Zu den Aufgaben

A1 Die Therapie der Übersäuerung erfolgt u. a. durch Gabe von Natriumhydrogencarbonat oder anderen Stoffen mit Pufferwirkung. Ergänzend wird den Patienten Folsäure verabreicht, um die Oxidation der Ameisensäure zu Kohlenstoffdioxid und Wasser zu beschleunigen. In schweren Fällen wird eine Blutwäsche durchgeführt.

A2 *Hinweis*: Die Reaktionsgleichungen in der folgenden Lösung gehen über die Aufgabenstellung etwas hinaus.

$$H-\overset{\overset{\displaystyle H}{|}}{\underset{\underset{\displaystyle H}{|}}{\overset{-II}{C}}}-\overline{O}-H \;+\; NAD^+ \;\xrightarrow{\;ADH\;}\; H-\overset{0}{C}\!\!\diagup\!\!\overset{\overline{O}|}{}\diagdown_{H} \;+\; NADH \;+\; H^+$$

Methanol $\qquad\qquad\qquad$ Methanal (Formaldehyd)

$$H-\overset{0}{C}\!\!\diagup\!\!\overset{\overline{O}|}{}\diagdown_{H} \;+\; NAD^+ \;+\; H_2O \;\xrightarrow{\;ALDH\;}\; H-\overset{II}{C}\!\!\diagup\!\!\overset{\overline{O}|}{}\diagdown_{\overline{O}-H} \;+\; NADH \;+\; H^+$$

Methanal (Formaldehyd) $\qquad\qquad$ Methansäure (Ameisensäure)

Bei beiden Reaktionsschritten wird die Oxidationszahl des C-Atoms um jeweils 2 erhöht. Folglich handelt es sich um Oxidationsreaktionen.

1.22 Essig und Essigsäure

Zu den Aufgaben

A1 Die eingeblasene Luft (Sauerstoff) ist erforderlich, um den Alkohol zur Alkansäure zu oxidieren.

A2 Die höhere Siedetemperatur der Essigsäure weist auf stärkere zwischenmolekulare Kräfte hin, verursacht durch die stark polare Carboxygruppe. So sind zwischen zwei Essigsäure-Molekülen zwei Wasserstoffbrücken möglich. Die Hydroxygruppe des Ethanol-Moleküls ist weniger stark polar und zwischen zwei Ethanol-Molekülen kann nur eine Wasserstoffbrücke ausgebildet werden.

A3 Beim Mälzen des Getreides bildet sich aus Stärke Zucker, der anschließend zu Ethanol vergoren wird:

$$C_6H_{12}O_6 \;\xrightarrow{\;Enzyme\;}\; 2\,C_2H_5OH \;+\; 2\,CO_2$$

Der abdestillierte und anschließend mit Wasser verdünnte Branntwein wird zur Essigherstellung eingesetzt. Dabei wird Ethanol enzymatisch zu Ethansäure oxidiert:

$$C_2H_5OH \;+\; O_2 \;\xrightarrow{\;Acetobakterien\;}\; CH_3COOH + H_2O$$

Zum Versuch

V1 Zum Experiment sollte nur Wein (vergorener Traubensaft) eingesetzt werden, der nicht oder nur sehr wenig geschwefelt wurde. Anderenfalls ist es möglich, dass durch Sulfite die Essigbildung stark verzögert wird oder sogar völlig ausbleibt.

Zusatzinformationen

Herkunft der Bezeichnung „Eisessig"
Über die Herkunft des Wortes „Eisessig" für reine Essigsäure liest man gelegentlich, dass das Erstarren der reinen Essigsäure unterhalb von 16 °C zu einer „eisähnlichen Masse" zu dieser Bezeichnung geführt habe. Allerdings ist auch eine ganz andere Vermutung recht plausibel. Sie nimmt Bezug auf die Art, wie in früherer Zeit das Aufkonzentrieren von Essigsäure vorgenommen wurde, nämlich durch Frost. Bei starker Winterkälte ließ man den Essig in flachen Gefäßen mehrere Stunden stehen, wonach sich das dabei gebildete Wassereis von der nun stark aufkonzentrierten Essigsäure trennen ließ. Sie wurde „Acetum per frigus concentratum" genannt, also etwa „durch Frost konzentrierter Essig", also sozusagen „Frostessig" oder eben Eisessig.

Diese Interpretation wird nahegelegt durch Karl Gottfried Hagen: Grundriß der Experimentalpharmacie. Königsberg und Leipzig, 1790. Das Buch ist digitalisiert in der Europeana zu finden (Stand August 2023). Hier ein kleiner Auszug aus „§.32. Destillation des Essigs.":

4. *Weil also durch die Destillation, obgleich die schleimigen u.a. fremdartige Theile abgeschieden werden, der Essig noch mit vielem Wasser vermischt erhalten wird, so suchte man ihn in vorigen Zeiten durch den Frost zu verstärken, (Acetum per frigus concentratum), indem man ihn einer starken Kälte aussetzte, wodurch die wäßrige Theile gefroren, und als Eis abgesondert werden konnten. Aber so wie hiedurch der Essig verstärkt wurde, wurden auch zugleich die fremdartigen Theile darin concentrirt, mit dem Wegnehmen des Eises wurde viele Säure mit eingebüßt, und diese Methode ist überdem auch unbequem, weil sie nicht zu jeder Jahreszeit angewandt werden kann. [...]*

1.23 Praktikum: Essig im Alltag

Zu den Versuchen

V1 **Essig als Entkalker**

a) Essig und Essigreiniger sind deutlich sauer.

b) Nach dem Abspülen ist der Objektträger frei von Kalk.

Aufgabenlösung

$$CaCO_3 + 2\,CH_3COOH \longrightarrow Ca(CH_3COO)_2 + CO_2 + H_2O$$

V2 **Bestimmung des Essigsäuregehalts von Essig, Essigreiniger und Essigessenz**

Verbrauch an Natronlauge:

Titrierte Lösung, $V = 0,01\,l$	Verbrauch Natronlauge, $c = 1\,mol/l$
Obstessig	8–8,5 ml
Branntweinessig	8–8,5 ml
Weinessig	10–11 ml
Essigreiniger	10–11 ml
Essigessenz (5-ml-Probe)	20–21,5 ml

Auswertungsbeispiel:

Titration einer 10-ml-Probe Obstessig:

Der Verbrauch an Natronlauge mit der Stoffmengenkonzentration $c(OH^-) = 1\,mol/l$ ist:

V(Natronlauge) = 8,4 ml

Berechnung des Massenanteils w der Essigsäure:

$n(OH^-) = n(H_3O^+)$

$n(OH^-) = c(OH^-) \cdot V$(Natronlauge)

$n(H_3O^+) = c(OH^-) \cdot V$(Natronlauge)

$\begin{aligned}m(\text{Essigsäure}) &= n(H_3O^+) \cdot M(\text{Essigsäure})\\ &= c(OH^-) \cdot V(\text{Natronlauge}) \cdot M(\text{Essigsäure})\\ &= 1\,mol/l \cdot 0,008\,4\,l \cdot 60\,g/mol\\ &= 0,504\,g\end{aligned}$

Vereinfachung: m(„100-ml-Probe") = 100 g Massenanteil Essigsäure:

$$w(\text{Essigsäure}) = \frac{m(\text{Essigsäure})}{m(\text{Probe})} = \frac{5,04\,g}{100\,g} = 0,050\,4 = 5,04\,\%$$

Durchschnittlicher Massenanteil der Essigsäure in verschiedenen Essigsorten und in Essigreiniger:

Obstessig: $w = 5\,\%$
Branntweinessig: $w = 5\,\%$
Weinessig: $w = 6\,\%$
Essigreiniger: $w = 6\,\%$
Essigessenz: $w = 25\,\%$

In verschiedenen französischen und italienischen Essigsorten kann der Massenanteil der Essigsäure auch über $w = 6\,\%$ liegen.

V3 **Essig als Rostentferner**

Nach einigen Tagen lässt sich der Rost durch Abspülen und Nachreiben mit einem Tuch entfernen.

Aufgabenlösung

Die Beläge auf den Kupfergefäßen bestehen aus Kupferoxiden und Kupfer-(carbonat-sulfat-chlorid)-hydroxid-Gemischen. Diese werden zum einen mechanisch durch die Bürste und das Salz (Scheuermittel) entfernt. Zum anderen reagiert der Essig mit den Belägen und überführt sie in lösliche Verbindungen.

1.24 Impulse: Essigsäure – genauer betrachtet

Zu den Aufgaben

A1 Ethanol und Ethanal sind oxidiert worden, Kupferoxid wurde reduziert.

A2

a)

$$CH_3-CH_2-OH + CuO \longrightarrow$$

$$CH_3-CHO + Cu + H_2O$$

b)

$$CH_3-CHO + CuO \longrightarrow$$

$$CH_3-COOH + Cu$$

A3

a) $CH_3COOH + H_2O \longrightarrow CH_3COO^- + H_3O^+$

$CH_3COO^- + H_2O \longrightarrow CH_3COOH + OH^-$

$H_2O + H_2O \longrightarrow H_3O^+ + OH^-$

Essigsäure-Moleküle reagieren (in einer Gleichgewichtsreaktion) mit Wasser-Molekülen zu Acetat-Ionen und Oxonium-Ionen. Die Konzentration bzw. die Anzahl der Moleküle des Lösungsmittels und Reaktionspartners Wasser ist am höchsten. Darauf folgt die Konzentration der Moleküle der schwachen Säure Essigsäure, die in geringerer Konzentration vorliegt. Die Oxonium-Ionen stammen aus der Reaktion mit den Essigsäure-Molekülen, zusätzlich liegen noch Oxonium-Ionen aus dem Wassergleichgewicht in geringer Konzentration vor. Die Acetat-Ionen als korrespondierende Base-Teilchen der schwachen Säure Essigsäure reagieren mit Wasser-Molekülen zu Essigsäure-Molekülen und Hydroxid-Ionen. Die Konzentration der Acetat-Ionen ist also ein wenig kleiner als die Konzentration der Essigsäure-Moleküle und der Oxonium-Ionen. Die kleinste Konzentration weisen die Hydroxid-Ionen auf, die aus der Reaktion der Acetat-Ionen mit den Wasser-Molekülen und dem Wasser-Gleichgewicht stammen.

b) Protonendonatoren: Essigsäure-Moleküle, Wasser-Moleküle, Oxonium-Ionen
Protonenakzeptoren: Wasser-Moleküle, Acetat-Ionen, Hydroxid-Ionen
Ein Protonendonator muss ein polar gebundenes H-Atom aufweisen.
Ein Protonenakzeptor muss ein freies Elektronenpaar haben, mit dem es das Proton binden kann.

c) Das Wasserstoff-Atom der Hydroxygruppe, welche zur Carboxygruppe gehört, ist polar gebunden. Dies ist bei keinem der Wasserstoff-Atome der Methyl-Gruppe der Fall.

A4

a) Man gibt den zusätzlichen Zucker hinzu, um die Gärung zu beschleunigen.
b) Die Essigmutter wird auch Essigkahm oder Essigpilz genannt und ist eine gallertartige, Fäden ziehende Masse aus Essigsäurebakterien. Sie fermentiert Alkohol mithilfe von (Luft-)Sauerstoff zu Essigsäure. In der traditionellen Essigherstellung wird Essigmutter verwendet, um die alkoholhaltige Ausgangssubstanz zu „impfen" und so die Essigsäuregärung zu beschleunigen (dieses Beimpfen geschieht durch Essigfliegen [Taufliegen (*Drosophilidae*)]).
c)

$$\overset{-III}{C}\overset{+III}{H_3}\overset{+I}{C}\overset{-II}{O}\overset{-II}{O}\overset{-I}{H} + 2\,O_2 \longrightarrow 2\,\overset{0}{C}\,\overset{-II}{O_2} + 2\,\overset{+I}{H_2}\,\overset{-II}{O}$$

d) Bei einer vollständigen Oxidation entstünde Kohlenstoffdioxid. Da man dies aber bei der Essigbildung nicht haben, sondern Essigsäure als Produkt erhalten möchte, spricht man von einer unvollständigen Oxidation.
Bei einer unvollständigen Oxidation werden Substrate nicht vollständig zu Kohlenstoffdioxid (und Wasser) abgebaut und einzelne Molekülteile (stufenweise) oxidiert. Bei einer vollständigen Oxidation werden dagegen alle Molekülteile maximal oxidiert.
Die Essigsäurebildung ist daher eine unvollständige Oxidation. Der Alkohol wird in zwei Schritten in Essigsäure umgewandelt. Dabei finden die Oxidationen aber nur an dem Kohlenstoff-Atom statt,

das bereits von Anfang an mit einem Sauerstoff-Atom verbunden war. Das Alkohol-Molekül wird somit nur teilweise oxidiert.

Zusatzinformation Folgende Schritte spielen bei der Essigsäureherstellung eine Rolle:
Zunächst wird der Zucker des Obstes und der Zucker-Lösung durch die an den Schalen haftenden Hefen zu Ethanol und Kohlenstoffdioxid vergoren:

$$\overset{\text{I}}{\text{H}} \; \overset{-\text{II}}{\text{O}} \; \overset{\text{I}}{\text{C}} - (\overset{\text{0}}{\text{C}} \; \overset{\text{I}}{\text{H}} \; \overset{-\text{II}}{\text{O}} \; \overset{\text{I}}{\text{H}})_4 - \overset{-\text{I}}{\text{C}} \; \overset{\text{I}}{\text{H}}_2 \; \overset{-\text{II}}{\text{O}} \; \overset{\text{I}}{\text{H}} \quad \longrightarrow \quad 2 \, \overset{-\text{III}}{\text{C}} \, \overset{\text{I}}{\text{H}}_3 - \overset{-\text{I}}{\text{C}} \, \overset{\text{I}}{\text{H}}_2 - \overset{-\text{II}}{\text{O}} \, \overset{\text{I}}{\text{H}} + 2 \, \overset{\text{IV}}{\text{C}} \, \overset{-\text{II}}{\text{O}}_2$$

$$\text{Glucose} \qquad \qquad \longrightarrow \qquad \text{Ethanol} \qquad + \text{Kohlenstoffdioxid}$$

Der Alkohol wird dann durch Sauerstoff und Essigsäurebakterien aus der Luft zu Essigsäure oxidiert:

$$2 \, \overset{-\text{III}}{\text{C}} \, \overset{\text{I}}{\text{H}}_3 - \overset{-\text{I}}{\text{C}} \, \overset{\text{I}}{\text{H}}_2 - \overset{-\text{II}}{\text{O}} \, \text{H} + \overset{\text{0}}{\text{O}}_2 \quad \longrightarrow \quad \overset{-\text{III}}{\text{C}} \, \overset{\text{I}}{\text{H}}_3 \; \overset{\text{III}}{\text{C}} \, \overset{-\text{II}}{\text{O}} \, \overset{-\text{II}}{\text{O}} \, \overset{\text{I}}{\text{H}} + \overset{\text{I}}{\text{H}}_2 \, \overset{-\text{II}}{\text{O}}$$

$$\text{Ethanol} \qquad + \text{Sauerstoff} \longrightarrow \qquad \text{Essigsäure} \qquad \text{Wasser}$$

1.25 Carbonsäuren

Zur Aufgabe

A1

a) Innerhalb der homologen Reihe der Alkansäuren nimmt die Kettenlänge, also die Anzahl der Elektronen der Moleküle zu. Dadurch werden auch die zwischenmolekularen Kräfte (London-Kräfte) größer und die Siedetemperaturen werden höher.

b) Ab der Dodecansäure können die Alkansäuren nur bei vermindertem Druck zum Sieden gebracht werden. Die Siedetemperatur liegt umso tiefer, je geringer der Druck ist. Bei Normdruck findet kein Übergang vom flüssigen in den gasförmigen Zustand statt, da sich die Alkansäure-Moleküle bei höheren Temperaturen zersetzen.

Zusatzinformationen

Die Schmelztemperaturen der Alkansäuren zeigen entlang der homologen Reihe ein auffälliges Verhalten. Nicht nur, dass ein nicht monotones Verhalten mit einem Extremwert vorläge, sondern die Schmelztemperaturen springen geradezu hin und her. Die Schmelztemperatur von Butansäure ist −7 °C, die von Pentansäure ist −35 °C und die von Hexansäure −4 °C usw. Dahinter verbergen sich Effekte, die nicht allein durch Wasserstoffbrücken und London-Kräfte erfasst werden können. Betrachtet man die Abhängigkeit der Schmelztemperatur von der Anzahl der C-Atome im Molekül getrennt für die beiden Reihen mit einmal gerader Anzahl, das andere Mal mit ungerader Anzahl, so sind die Verläufe schon wesentlich einfacher: Man erhält zwar immer noch keinen monotonen Gang, aber immerhin beide Male eine Abhängigkeit mit nur noch einem Minimum. Dies deutet darauf hin, dass sterische Gründe verantwortlich sind, die beim Zusammenlagern der Moleküle zum Festkörper eine Rolle spielen. Moleküle mit gerader Anzahl an C-Atomen können sich energetisch günstiger zusammenlagern.

Methansäure (Ameisensäure) wurde 1670 in der roten Waldameise entdeckt und erstmals von JOHN RAY 1671 und dann 1749 von ANDREAS SIGISMUND MARGGRAF durch Destillation aus der Ameise gewonnen und nach ihr benannt. Daneben kommt sie vor allem in Pflanzen vor (Brennnessel, Dachwurz), aber auch in sauren Böden, im kalifornischen Erdöl, im Honig und im Tabakrauch. Sie ist in zahlreichen Insektengiften enthalten, im Gift der Ameisen beträgt ihr Anteil bis zu 50 %. Die Laufkäfer (z. B. Bombardierkäfer) entwickeln Bläschen, die bis zu 2 mg Ameisensäure mit einer Konzentration von 75 % enthalten. Ameisensäure verursacht auf der menschlichen Haut sehr unangenehme, schlecht heilende Verätzungen. Man verwendet sie heute in der Gummigewinnung (Koagulation von Latexmilch), in der Färberei, in der Lederzubereitung und zur Herstellung von Geschmacks- und Geruchsstoffen sowie gelegentlich zum Entkalken. Ferner wird sie bei der Grünfuttersilage eingesetzt, bei der sie die erwünschte Milchsäuregärung begünstigt.

Propansäure (Propionsäure) entsteht beim thermischen Abbau von tierischen und pflanzlichen Materialien und ist daher im Holzessig oder im Steinkohlenteer enthalten. Auch bei verschiedenen Gärungs- und Fermentationsprozessen wird sie in wechselnden Mengen gebildet, z. B. bei der Vergärung von Kohlenhydratgemischen, von Cellulose in Zellstoffablaugen und von Eiweiß durch Bakterien. Sie tritt auch im Pansen von Wiederkäuern auf. Propansäure ist der wesentliche Bestandteil des Aromas von Emmentaler Käse.
Verwendet wird Propansäure vor allem zur Synthese von Propansäureestern, die als Lösungsmittel für Harze dienen, und zur Herstellung von Cellulosederivaten. Ferner wird sie zur Herstellung von Kunststoffen benötigt. Propansäure wird als Konservierungsmittel für Lebensmittel verwendet (E 280), und auch zur Konservierung von Futtergetreide und Futtermitteln.

Butansäure (Buttersäure) wurde 1823 von Eugène Chevreul aus Butter isoliert. Sie entsteht in geringen Mengen bei der Autooxidation der Milchfette und verursacht deren Ranzigkeit und üblen Geruch. Ferner findet man sie in tierischen Sekreten, in Fußschweiß, in Wurmfarnwurzeln, im fleischigen Mantel reifer Gingko-Früchte, in rohem Holzessig und im Schwelwasser der Braunkohle-Destillationsanlagen. Sie wird v.a. zur Herstellung von Butansäureestern herangezogen, die als Aromastoffe, Lösungsmittel und Weichmacher Verwendung finden.

Pentansäure (Valeriansäure) ist eine farblose, unangenehm wie Buttersäure riechende Flüssigkeit. Der Kontakt mit der Flüssigkeit führt zu sehr starker Reizung und Verätzung der Augen sowie der Haut. Die Säure kommt spurenweise in Holzessig und im Schwelwasser von Braunkohle-Destillationsanlagen vor, sowie als Sexuallockstoff bei weiblichen Zuckerrübendrahtwürmern. Verwendung findet Pentansäure v.a. in Form von Glykol- und Polyglykolestern als Schmierstoff, Weichmacher, Emulgator und Korrosionsinhibitor.

Hexansäure (Capronsäure) ist eine ölige, farblose oder schwach gelbliche Flüssigkeit; sie riecht unangenehm schweißartig und nach Ziegen (lat. *capra*, Ziege). Die Säure kommt als Glycerinester in geringen Mengen in Kuhbutter, Ziegenbutter und Kokosnussöl vor und entsteht auch bei Vergärungs-prozessen neben Butansäure. Bei Termiten spielt sie die Rolle eines Spurfolgepheromons. Verwendet wird Hexansäure zur Synthese von Fruchtestern und von Aminocapronsäure sowie Caprolactam für die Synthese von Nylon bzw. Perlon.

Heptansäure (Önanthsäure, Enanthsäure) ist ein farbloses, ätzendes, talgig-ranzig riechendes Öl. Heptansäure dient als Stabilisator von Schmiermitteln und als Hydraulikflüssigkeit. Heptansäureester sind Bestandteile der Fuselöle und werden in der Parfümindustrie verwendet.

Octansäure (Caprylsäure) ist ein farbloses Öl mit ranzigem Geruch. Sie kommt v.a. in Form ihrer Glycerinester in Ziegenbutter und Kokosnussöl vor, ferner in Weinfuselölen. Sie wirkt wie die Hexan- und Decansäure in wässrigen Emulsionen insektentötend. Blattläuse werden schon bei einer Verdünnung von 1:1000 abgetötet. Man verwendet sie zur Herstellung von Sikkativen, Farbstoffen, Antiseptika und Flotationshilfsmitteln.

Nonansäure (Pelargonsäure) ist eine farblose, stark haut- und schleimhautreizende, ölige Flüssigkeit. Sie kommt meist in Form ihrer Ester in den Blättern von z.B. Pelargonium roseum, Artemisia, in Hopfenöl und in ranzigen Fetten vor. Verwendet wird sie zur Herstellung von Alkydharzen, Schmier-mitteln, Weichmachern und in Form ihrer Ester in der Parfümindustrie. Die Säure wirkt schwach bakterizid und fungizid und wird in Wirkstoffen zur Vertreibung von Schlangen eingesetzt.

Decansäure (Caprinsäure) ist eine farblose, ranzig riechende Masse. Die Säure ist in Form von Glycerinestern u.a. in Kuh- und Ziegenbutter sowie in Kokosnussöl enthalten.

Dodecansäure (Laurinsäure) bildet farblose, in Wasser unlösliche Nadeln. Sie kommt als Glycerin-ester in Kokosnussbutter und in Lorbeerfrüchten sowie verestert mit Hexadecanol im Walrat vor. Die Säure wird zur Herstellung spezieller Alkydharze verwendet.

Hexadecansäure (Palmitinsäure) bildet farblose, kristalline Plättchen, die in Wasser unlöslich sind. Sie kommt in Form von Glycerinestern in Fetten und Ölen vor, als Fettsäurekomponente z.B. im Palmöl mit einem Massenanteil von 30–45%. Verestert mit Myricylalkohol ($C_{30}H_{61}OH$) findet man sie in Bienenwachs, verestert mit Hexadecanol im Walrat.
Man verwendet Hexadecansäure zur Herstellung von Schmierölen, Seifen, Waschmitteln, Imprägnie-rungen sowie als Futterzusatzmittel und zur Herstellung von Palmitaten. Diese finden als Zusatz in Schmierfetten, als Druckfarbenbestandteile und als Gleitmittel Verwendung. Besonders anzumerken ist die Verwendung von Aluminiumpalmitat als Verdickungsmittel in Brandwaffen (Napalm).

Octadecansäure (Stearinsäure) ist ein weißer, geruchloser, fettiger, in Wasser unlöslicher Feststoff. Sie kommt in großen Mengen als Fettsäurekomponente in Fetten (im Rindertalg z.B. bis zu 25%) und Ölen vor. Die Säure wird zur Herstellung von Kerzen, Schallplatten, Modellmassen, Salbengrundlagen, Appreturen, Schmierfetten, Seifen, Waschmitteln und Trennmitteln verwendet.

Quellen als Basis für obige Informationen:
Römpp Chemie-Lexikon, 9. Aufl., Thieme Verlag, Stuttgart
Ullmanns Enzyklopädie der technischen Chemie, 4. Aufl., VCH, Weinheim

1.26 Exkurs: Carbonsäuren in der Natur

Zusatzinformationen **Fruchtsäuren** sind Säuren, die in Pflanzen und Pflanzenteilen, v.a. in Früchten vorkommen: Citronen-, Wein- und Äpfelsäure; weniger bedeutend sind die Fumarsäure und die Bernsteinsäure.

Massenanteil der Hauptfruchtsäuren in einigen Früchten in Prozent der Masse der Gesamtsäure (nach H. Rudy: Fruchtsäuren, Wissenschaft und Technik. Hüthig, Heidelberg 1967):

Frucht	L-Äpfelsäure	Citronensäure	L-Weinsäure
Äpfel	69,6	25,0	0
Birnen	33,3	66,7	0
Kirschen	83,3	1,4	0
Aprikosen	71,4	28,6	0
Granatäpfel	0	100	0
Feigen	Spur	93,0	0
Ananas	13,0	87,0	0
Tamarinden	2,4	0,05	96,7
Weintrauben (unreif)	60,0	Spur	40,0
Heidelbeeren	18,7	72,4	0
Erdbeeren	10,0	90,0	0
Himbeeren	3,0	97,0	0
Stachelbeeren	0	97,9	2,1

Genusssäuren sind neben den Fruchtsäuren die Adipin-, Bernstein-, Essig-, Fumar-, Glucon-, Milch- und Phosphorsäure.
Anwendungsgebiete sind: Alkoholfreie Erfrischungsgetränke (v.a. Citronensäure; Phosphorsäure bei Cola-Getränken), Wein (z.B. Zusatz von Weinsäure, bei Obstweinen auch Milchsäure), Konfitüren, Süßwaren (v.a. Citronen- und Milchsäure), Gemüse (v.a. Citronensäure), Backtriebmittel (feste Säuren oder Salze), Schmelzsalze (Citrate, Phosphate bei der Herstellung von Schmelzkäse), Trockensuppen bzw. -gemüse (Rehydratationszeit wird durch Citrat von 15 Minuten auf 2 bis 3 Minuten reduziert, vermutlich wegen Komplexbildung mit den Härtebildnern des Wassers).

Geschätzter Welt-Genusssäurebedarf für ein Jahr (für Lebensmittelanwendungen) in Tonnen (nach GDCh-Fachgruppe Lebensmittelchemie: Genusssäuren und ihre Salze. Band 14 der Schriftenreihe „Lebensmittelchemie, Lebensmittelqualität", Behrs, Hamburg 1989):

Citronensäure	320 000
Phosphorsäure	80 000
Äpfelsäure	18 000
Essigsäure (ohne Essig)	20 000
Milchsäure	23 000
Fumarsäure	2 500
Weinsäure	20 000

Äpfelsäure (Hydroxybutandisäure) wurde 1785 von CARL WILHELM SCHEELE aus Apfelsaft isoliert, ihre Konstitution wurde 1832 durch LIEBIG aufgeklärt. Sie zählt zu den Genusssäuren und kommt in der L-Form in vielen Pflanzen und Pflanzenteilen vor. Sie ist neben der Citronensäure die verbreitetste Fruchtsäure im Pflanzenbereich, z.B. in Äpfeln, Birnen, Quitten, Kirschen und Weintrauben sowie in höheren Pilzen. Daneben wird sie als Glied des Citronensäurecyclus als Zwischenverbindung beim Abbau von Fett, Kohlenhydraten und Eiweiß gebildet. Äpfelsäure ist Säureträger für Backpulver, in Gelees, Konfitüren, Getränken, Speiseeis und dient zum Imprägnieren von Verpackungsmaterialien für Käse.

Citronensäure (3-Carboxy-3-hydroxypentandisäure) wurde 1784 von SCHEELE aus dem Saft von Zitrusfrüchten isoliert. Sie ist zu 4–8 % im Saft der Citrusfrüchte und zu 1–3 % in Beerenfrüchten enthalten. Citronensäure ist ein Zwischenprodukt bei oxidativen Abbauvorgängen von Nahrungsmitteln im lebenden Organismus (Citronensäurecyclus). Sie ist die wichtigste und verbreitetste Fruchtsäure und bei weitem die wichtigste Genusssäure und wird heute fermentativ aus Melasse hergestellt.

Verwendung findet Citronensäure als Säuerungsmittel von Getränken, Brausepulvern, Backpulvern, Sirupen, Marmeladen, Gelees usw. Citronensäure dient der Gewinnung von Blutplasma durch Verhinderung der Blutgerinnung, indem sie die im Blut gelösten Calciumionen komplexiert. Außerdem wird sie in Citrusreinigern und umweltfreundlichen Entkalkern, beim Entrosten und Reinigen von Metalloberflächen (z. B. von Galvanikbädern), zum Entfernen von Tintenflecken, als teilweiser Phosphatersatz in Waschmitteln und als Zusatz zu Beton (zur Beschleunigung der Abbindezeit) verwendet.

Milchsäure (2-Hydroxypropansäure) zählt zu den Genusssäuren und wirkt durch pH-Absenkung als Säuerungsmittel und Konservierungsstoff. Sie ist in Süßwaren, Sauergemüse (entsteht dort durch Gärung), Sauermilchprodukten, Joghurts, Fischmarinaden, Roggenbrot und alkoholfreien Getränken enthalten.

Oxalsäure (Ethandisäure) wurde 1776 erstmals durch CARL WILHELM SCHEELE und TORBERN OLOF BERGMANN hergestellt. Sie zählt zu den verbreitetsten Pflanzensäuren und findet sich als Kaliumhydrogenoxalat im Sauerklee, im Rhabarber und im Sauerampfer, ferner in Rübenblättern und im Guano. Für den Menschen ist Oxalsäure giftig, die gefährliche Menge wird mit 1–5 g angegeben, Todesfälle sind schon durch 5–15 g aufgetreten. Oxalsäure fällt die Calciumionen aus und das Calciumoxalat verstopft die Nierenkanälchen. Oxalsäure wird u. a. zum Bleichen von Stearingemischen, zur Entfernung von Rost- und Tintenflecken sowie zur Herstellung von Metallputzmitteln verwendet.

Weinsäure (2,3-Dihydroxybutandisäure) zählt zu den Genuss- und Fruchtsäuren und wurde erstmals 1770 von SCHEELE aus den Rückständen der Weinbereitung hergestellt. Verwendet wird Weinsäure wie die anderen Genusssäuren. Nach der Gärung von Wein setzt sich häufig Kaliumhydrogentartrat (Weinstein) zusammen mit Calciumtartrat ab, deren Löslichkeit in der alkoholischen Lösung geringer ist als in der rein wässrigen Phase. Weinsäure wird auch in zunehmendem Maße in der Zement- und v. a. in der Gipsindustrie eingesetzt, da sie das Abbindeverhalten stark beeinflusst.

Literatur

E. Lück (Hrsg.): Lexikon Lebensmittelzusatzstoffe. Behrs, Hamburg 1992
G. Vollmer, M. Franz: Chemische Produkte im Alltag. Thieme, Stuttgart 1985
GDCh-Fachgruppe Lebensmittelchemie: Genusssäuren und ihre Salze. Band 14 der Schriftenreihe „Lebensmittelchemie, Lebensmittelqualität", Behrs, Hamburg 1989
GDCh-Fachgruppe Lebensmittelchemie: Zusatzstoffe, ihre Wirkung und Anwendung in Lebensmitteln. Band 11 der Schriftenreihe „Lebensmittelchemie, Lebensmittelqualität", Behrs, Hamburg 1986
Ullmanns Encyclopädie der technischen Chemie (24 Bände). VCH, Weinheim 1982
H. Rudy: Fruchtsäuren, Wissenschaft und Technik. Hüthig, Heidelberg 1967

1.27 Exkurs: Carbonsäuren als Lebensmittelzusatzstoffe

Zu den Aufgaben

A1 Recherche z. B. im Wikipedia-Artikel „Lebensmittelkonservierung" (Stand Juli 2022)

Physikalische Verfahren:
- Durch Erhitzen werden Schaderreger abgetötet oder durch Kühlung in ihrer Aktivität gehemmt.
- Durch Trocknen wird dem Lebensmittel Wasser entzogen und damit die Aktivität von Schadorganismen gehemmt.
- Lebensmittel können in Öl oder hochprozentigen Alkohol eingelegt werden. In diesem Milieu können Mikroorganismen nicht überleben.
- Durch Vakuumverpackung wird die Zufuhr von Luftsauerstoff verhindert, der für das Verderben von vielen Lebensmitteln benötigt wird.

Chemische Verfahren:
- Beim Salzen oder Einlegen in Salz-Lösungen bewirken vor allem osmotische Prozesse ein Absterben von Schadorganismen. Ähnlich wirkt das Einzuckern von z. B. Obst.
- Durch Säuern wird der pH-Wert soweit abgesenkt, dass schädliche Bakterien oder Pilze absterben.
- Beim Räuchern findet neben dem Wasserentzug auch eine Wirkung durch die Rauchbestandteile statt.
- Zugabe von Lebensmittelzusatzstoffen (Konservierungsstoffen); Manche von ihnen wirken auch antibiotisch.

Mikrobiologische Verfahren:
- Alkoholische Vergärung, Essigsäuregärung oder Milchsäuregärung

A2 E-Nummern
- E1** Lebensmittelfarbstoffe
- E2** Konservierungsstoffe
- E3** Antioxidantien und Säureregulatoren
- E4** Verdickungsmittel, Geliermittel, Stabilisatoren, Emulgatoren
- E5** Rieselhilfen, Säureregulatoren
- E6** Geschmacksverstärker

Weitere Stoffe (Schaumverhüter, Süßstoffe, …) sind mit E9**-Nummern zusammengefasst.

A3 Mit den Lebensmitteln isst man auch die zugesetzten Konservierungsstoffe. Die im Lebensmittel enthaltenen Mengen dürfen auf den menschlichen Körper nicht giftig wirken. Deshalb sind im Lebensmittelgesetz Höchstwerte für den Zusatz von Konservierungsstoffen festgelegt.

Zum Versuch

V1 Der Zusatz von Vitamin C unterbindet die Verfärbung.

Zusatzinformationen

Konservierungsstoffe und ihre Wirkung

Viele pflanzliche Nahrungsmittel stehen nur während einer kurzen Ernteperiode zur Verfügung oder müssen über weite Entfernungen transportiert werden. Auch hat sich das Einkaufsverhalten der Bevölkerung teilweise so entwickelt, dass mit Ausnahme einiger Frischprodukte der Grundbedarf an Nahrungsmitteln nur wöchentlich eingekauft wird. Ohne besondere Maßnahmen sind jedoch der Haltbarkeit enge Grenzen gesetzt. Vor allem durch den Einfluss der allgegenwärtigen Mikroorganismen kommt es bald zu Veränderungen von Aussehen und Geschmack bis hin zum völligen Verderb der Nahrungsmittel. Um diese Prozesse aufzuhalten, wendet man Konservierungsverfahren an. Die Konservierung ist also eine generelle Auseinandersetzung mit Mikroorganismen. Die einzelnen Verfahren lassen sich grundsätzlich in zwei große Bereiche gliedern:
- Chemische Verfahren (Salzen, Pökeln, Säuern, Räuchern, Zusatz von Konservierungsstoffen),
- Physikalische Verfahren (Thermische Behandlung: Kühlen, Gefrieren, Pasteurisieren, Sterilisieren; Wasserentzug: Trocknen, Gefriertrocknen; Bestrahlung: UV-, Elektronen-, Röntgenstrahlen, γ-Strahlung).

Charakteristisch für chemische Verfahren ist der Zusatz eines bestimmten Stoffes, eines Konservierungsstoffes, der die Entwicklung der Mikroorganismen hemmt oder diese sogar abtötet. Manche Konservierungsstoffe sind auch natürliche Bestandteile von Nahrungsmitteln. Für den Verbraucher ist es natürlich wichtig, wie sich diese (in der Regel zugesetzten) Stoffe im Körper verhalten.
Bei einem Konservierungsstoff unterscheidet man folgende Möglichkeiten:
- Er wird durch chemische Reaktionen zu anderen Stoffen umgesetzt und ausgeschieden (z.B. Benzoesäure),
- er wird wie ein Nahrungsmittel verwertet (z.B. Sorbinsäure, Hexa-2,4-diensäure),
- er reichert sich im Organismus an (diese Stoffe versucht man zu vermeiden).

Die Weltgesundheitsorganisation (WHO) hat für die Konservierungsstoffe (und für andere Lebensmittelzusatzstoffe) sog. ADI-Werte (acceptable daily intake) festgesetzt. Das sind mit einem Sicherheitsfaktor 100 aus den Ergebnissen langfristiger Tierversuche errechnete Werte. Sie geben in mg/kg Körpergewicht die Menge eines Stoffes an, die ohne Bedenken pro Tag über die ganze Lebenszeit hinweg aufgenommen werden kann.

ADI-Werte von Konservierungsstoffen (Angabe in mg/kg Körpermasse):

Säure	ADI-Wert
Ameisensäure	3
Benzoesäure	5
Essigsäure	kein Limit
p-Hydroxybenzoesäurester	10
Milchsäure	kein Limit
Schwefeldioxid	0,7
Sorbinsäure	25

In der EU sind Zusatzstoffe mit dreistelligen E-Nummern auf der Zutatenliste der Nahrungsmittel gekennzeichnet, für Konservierungsstoffe ist die erste Ziffer eine 2:

Zusatzstoff	E-Nummer
Ameisensäure und -salze	E 236–E 238
Benzoesäure und -salze	E 210–E 213
Essigsäure und -salze	E 260–E 263
p-Hydroxybenzoesäureester (PHB-Ester)	E 214–E 219
Milchsäure	E 270
Schwefeldioxid und Sulfite	E 220–E 228
Sorbinsäure und -salze	E 200–E 203

An einen Konservierungsstoff werden neben der toxikologischen Unbedenklichkeit u.a. folgende Anforderungen gestellt:
- Er sollte auch in reiner Form für die Verarbeiter toxikologisch unbedenklich sein,
- er sollte ein möglichst breites Wirkungsspektrum besitzen,
- er sollte unter den im Lebensmittel herrschenden Bedingungen eine ausreichende Wirkung besitzen,
- er sollte die im Lebensmittel gewollt ablaufenden mikrobiologischen Prozesse wenig stören,
- er sollte mit Lebensmittel- und Verpackungsbestandteilen nicht reagieren,
- er sollte Geruch und Geschmack sowie Farbe des Lebensmittels nicht beeinträchtigen,
- er sollte leicht anwendbar und preisgünstig sein.

Einige wichtige Konservierungsstoffe

Sorbinsäure (Hexa-2,4-diensäure) wurde erstmals 1859 aus „Vogelbeeröl" hergestellt. Sie kommt in Vogelbeeren vor, den Früchten der Eberesche. Ihre antimikrobielle Wirkung ist seit 1939/40 bekannt. Sie wird auch in Form ihrer Salze (Kalium- und Calciumsorbat) angewendet. Säure wie Salze zeichnen sich durch gesundheitliche Unbedenklichkeit aus. Sorbinsäure wird im Körper wie eine Fettsäure, also letztendlich wie ein Fett abgebaut. Sie wirkt hauptsächlich auf Hefen und Schimmelpilze. Hauptanwendungsgebiete: Margarine, Feinkostprodukte, Käse, Fleischwaren, Fischerzeugnisse, Sauerkonserven, Trockenpflaumen, Marmeladen, Konfitüren, Gelees, Obstsäfte, Erfrischungsgetränke, Wein, Backwaren und Süßwaren, Futtermittel, kosmetische und pharmazeutische Präparate.

Benzoesäure (Benzolcarbonsäure) kommt im Benzoeharz und in einigen Früchten, z.B. Preiselbeeren, vor. Die konservierende Wirkung ist seit 1875 bekannt. Benzoesäure und das leicht wasserlösliche Natriumsalz sind sehr preisgünstig. Im Organismus muss die Benzoesäure in Hippursäure (C_6H_5–CO–NH–CH_2–COOH) umgebaut werden, die dann ausgeschieden wird. Das Wirkungsspektrum entspricht weitgehend dem der Sorbinsäure, ist gegen Bakterien jedoch etwas besser. Allerdings ist die Wirkung der Benzoesäure stärker vom pH-Wert abhängig. Sie eignet sich daher nur zur Konservierung stärker saurer Lebensmittel, wie z.B. Sauerkonserven, Obstprodukten und Erfrischungsgetränken. Bei Obstprodukten können Aromaveränderungen auftreten.

p-Hydroxybenzoesäureester (PHB-Ester) wurden erstmals um 1920 als Ersatz für Benzoesäure als Konservierungsmittel vorgeschlagen. Die antimikrobielle Wirkung steigt mit zunehmender Kettenlänge des Alkohol-Moleküls, allerdings sinkt in der gleichen Richtung die Wasserlöslichkeit. Die Ester haben gegenüber der Sorbin- und Benzoesäure den Vorteil, dass sie auch im schwach sauren oder neutralen Bereich noch eine gute Wirkung zeigen. Dem steht jedoch ihr Eigengeschmack entgegen. Aus diesem Grunde werden sie in Lebensmitteln kaum verwendet. Man findet sie vor allem in kosmetischen und pharmazeutischen Produkten. Typische Vertreter sind der Methyl-, Ethyl-, Propyl- und Heptylester der p-Hydroxybenzoesäure.

Ameisensäure (Methansäure): Die Ameisensäure ist eine starke Säure und kann daher nur zur Konservierung von sehr stark sauren Lebensmitteln benutzt werden. Ihr Vorteil liegt in der Preisgünstigkeit, zudem kann sie als Flüssigkeit besonders leicht eingearbeitet werden.

Essigsäure, Milchsäure: Alle Mikroorganismen können nur innerhalb bestimmter pH-Grenzen wachsen. Man kann daher durch Zusatz von sauer wirkenden Stoffen einen pH-Wert erzeugen, bei dem bestimmte Mikroorganismen nicht mehr gedeihen können. Allerdings können manche Hefen und Schimmelpilze nicht ohne Weiteres gehemmt werden. Milch- und Essigsäure machen sich in den Lebensmitteln geschmacklich bemerkbar, was aber in den meisten Fällen erwünscht ist. Man kann sie daher jedoch nur für bestimmte Produkte benutzen, wie Sauerkonserven, Fischkonserven und Saucen.

Propionsäure (Propansäure) ist ein in Deutschland nicht mehr zugelassener Konservierungsstoff. Sie wurde früher in Brot und Backwaren verwendet. Die Säure ist in der Natur weit verbreitet. In konzentrierter Form ist sie haut- und schleimhautreizend.

1.28 Praktikum: Carbonsäuren in Lebensmitteln

Zu den Versuchen

V1 **Fällung der Calciumsalze**

Die Fällung der Calciumsalze ist pH-abhängig. Daher sollten die angegebenen Mengen eingehalten werden.

Der Rhabarbersaft lässt sich z. B. mittels einer Knoblauchpresse gewinnen.

Als Demonstration kann man den Versuch leicht in der Projektion (Tageslichtprojektor) zeigen.

Für die Fällungsreaktion mit Calcium-Ionen genügen dann einige Tropfen, die man in den unteren Teil einer kleinen Petrischale gibt. Beim Zusatz einiger Tropfen Calciumchlorid-Lösung mittels Pipette kristallisiert sofort Calciumoxalat aus.

V2 **Säuregehalt von Milch und Milchprodukten**

Auswertungsbeispiel Sauermilch:

V(Sauermilch) $=$ 25 ml

V(Natronlauge) $=$ 23,2 ml

$c(OH^-)$ $=$ 0,1 mol/l

$$c(H_3O^+) \cdot V(\text{Milchsäure}) = c(OH^-) \cdot V(\text{Natronlauge})$$

$$\Leftrightarrow \qquad c(H_3O^+) = c(OH^-) \cdot \frac{V(\text{Natronlauge})}{V(\text{Milchsäure})}$$

$$= 0{,}1 \, \text{mol/l} \cdot \frac{23{,}2 \, \text{ml}}{25 \, \text{ml}}$$

$$= 0{,}0928 \, \text{mol/l}$$

Bei dickflüssigem Joghurt tritt bisweilen das Problem auf, dass es sich sehr schwierig gestaltet, ein Volumen von 25 ml abzumessen. Bei solchen Produkten sollte man auf die Waage ausweichen und 25 g Joghurt abwiegen (angenommene Dichte ρ(Joghurt) = 1 g/cm^3, Fehler von etwa 10 %) oder unter Berücksichtigung der durchschnittlichen Dichte von Joghurt, ρ = 1,1 g/cm^3, mit m(Joghurt) = 27,5 g arbeiten.

Bei Kefir wird das Ergebnis durch Kohlenstoffdioxid verfälscht, das bei einer leichten Gärung des Milchzuckers entsteht, die durch Kefirkulturen verursacht wird.

V3 **Bestimmung des Vitamin-C-Gehaltes**
Auswertungsbeispiel:
Titration mit Iod-Lösung, $c(I_2) \approx 0,01\,mol/l$ (Zubereitung wie in der Anleitung angegeben), Volumen der jeweiligen Probe: V(Probe) = 25 ml

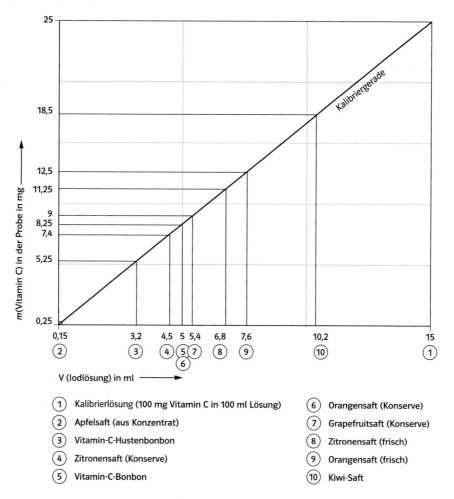

① Kalibrierlösung (100 mg Vitamin C in 100 ml Lösung)
② Apfelsaft (aus Konzentrat)
③ Vitamin-C-Hustenbonbon
④ Zitronensaft (Konserve)
⑤ Vitamin-C-Bonbon

⑥ Orangensaft (Konserve)
⑦ Grapefruitsaft (Konserve)
⑧ Zitronensaft (frisch)
⑨ Orangensaft (frisch)
⑩ Kiwi-Saft

Die Verwendung von Iod als Redoxpartner für Ascorbinsäure hat gegenüber Tillmanns Reagenz (2,6-Dichlorphenolindophenol), das zwar spezifischer ist, den Vorteil einer einfacheren und für die Schülerinnen und Schüler überschaubaren Redoxreaktion ohne „exotische" Reaktionspartner.
Da sich der Gehalt von Iod-Lösungen mit der Zeit verändert, kalibriert man die Lösung mit einer Vitamin-C-Tablette und erstellt für die Versuchsauswertung eine Kalibriergerade.

Hinweis: 1 l Lösung Iod-Kaliumiodid-Lösung wird hergestellt, indem 2,5 g Iod und 5 g Kaliumiodid mit Wasser auf einen Liter aufgefüllt werden.
Bei der Bereitung der Iod-Lösung ist es günstig, Iod und Kaliumiodid in ca. 75 ml Wasser zu lösen und dann erst auf 1 l aufzufüllen. Der Lösungsvorgang verläuft rascher, wenn man das Iod vorher pulverisiert.

1.29 Exkurs: Gewinnung von Citronensäure

Zur Aufgabe

`A1` Prozesse unter Mitwirkung von Mikroorganismen:
- Zahlreiche Verfahren in der Nahrungsmittel- und Genussmittelindustrie: u.a. Herstellung von Bier, Wein, Essig, Brot, Sauermilchprodukten, Käse
- Gewinnung von Impfstoffen und Medikamenten (z.B. Penicillin)
- Gewinnung von Vitaminen und Hormonen
- Herstellung von Bioethanol als Treibstoffzusatz aus Getreide oder Zucker
- Gewinnung von Biogas; Abbau von Müll
- Herstellung von Enzymen für den Waschprozess (zum Entfernen von Eiweiß, Fett und Stärke)
- Herstellung verschiedener Aminosäuren, u.a. zur Verwendung als Futtermittel
- Herstellung von Ausgangsprodukten für die organisch-chemische Industrie

Zum Versuch

Praktikum – Auswertung

a) Durchführung, Teil (a), Bildung von Citrat-Ionen, dann Fällung von Calciumcitrat:

$$H_3Cit\,(aq) + 3\,NH_3\,(aq) \longrightarrow 3\,NH_4^+\,(aq) + Cit^{3-}\,(aq)$$

$$2\,Cit^{3-}\,(aq) + 3\,Ca^{2+}\,(aq) \longrightarrow Ca_3Cit_2\,(s)$$

Durchführung, Teil (b), Protonierung der Citrat-Ionen:

$$Ca_3Cit_2\,(s) + 6\,H_3O^+ \text{(Kationenaustauscher)}$$
$$\longrightarrow 2\,H_3Cit\,(aq) + 3\,Ca^{2+} \text{(Kationenaustauscher)} + 6\,H_2O\,(l)$$

b) Die Kristalle haben ein glasiges Aussehen. Man erkennt flächige Kristallaggregate, die miteinander polyedrische Strukturen bilden (teilweise eine Art „Schildkrötenpanzer"). Lässt man reine Citronensäure auskristallisieren, erhält man große Kristalle.

1.30 Veresterung und Esterspaltung

Zu den Aufgaben

`A1`

| Essigsäure | Butanol | Essigsäurebutylester | Wasser |

`A2` Die zu Essigsäureethylester isomere Carbonsäure ist die Butansäure. Die Siedetemperatur der Butansäure ist mit 164 °C viel höher als die des Esters. Da die Ester-Moleküle keine Hydroxygruppen aufweisen, können sie untereinander keine Wasserstoffbrücken bilden. Die Siedetemperatur des Esters ist daher viel niedriger als die der isomeren Alkansäure.

`A3` Die Moleküle des Ameisensäuremethylesters enthalten weniger unpolare Anteile als die Moleküle des Essigsäureethylesters. Daher löst sich Ameisensäuremethylester besser in Wasser als Essigsäureethylester.

`A4` Der nach Ananas riechende Buttersäureethylester wird durch Spuren von Wasser und Säure hydrolysiert (analog zu B8). Die frei werdende Buttersäure hat einen sehr unangenehmen Geruch.

Zu den Versuchen

`V1` Vor der Reaktion riecht das Reaktionsgemisch hauptsächlich nach Essigsäure. Der weitere Verlauf des Versuchs ist im Schulbuch beschrieben; der Geruch des Reaktionsprodukts Essigsäureethylester erinnert an Alleskleber.

`V2` Das Reaktionsprodukt Essigsäurebutylester riecht „fruchtig" und löst sich kaum in Wasser (es bilden sich zwei Phasen). Reaktionsgleichung: siehe A1

`V3` In Benzin und Pflanzenöl löst sich der Essigsäureethylester. Mit 2 ml Wasser bilden sich zwei Phasen; in 20 ml Wasser löst sich fast die ganze (manchmal auch die ganze) Menge Essigsäureethylester; er ist also nicht ganz unlöslich in Wasser.

V4 Der zunächst deutlich wahrnehmbare Geruch des Essigsäureethylesters ist nach 10 Minuten nicht mehr vorhanden.

Erklärung: Der Ester wird hydrolysiert. Allerdings findet hier eine alkalische Hydrolyse statt:

$$CH_3COOC_2H_5 + OH^- (aq) \rightarrow CH_3COO^- (aq) + C_2H_5OH (aq)$$

Die Reaktion ist nicht umkehrbar, da die Veresterung säurekatalysiert abläuft. Daher läuft die alkalische Hydrolyse praktisch vollständig ab.

Zusatzaufgabe 1

Formulieren Sie die Bildung von Ethansäureethylester mit Strukturformeln. Benennen Sie die Ausgangsstoffe.

Lösung:

Ethansäure   Ethanol   Ethansäureethylester   Wasser

Zusatzaufgabe 2

Eine Verbindung hat die Molekülformel (Summenformel) $C_3H_6O_2$. Um welches Molekül könnte es sich handeln? Zeichnen Sie für jeden Vorschlag die Strukturformel.

Lösung:

Ethansäuremethylester
(Essigsäuremethylester)

Methansäureethylester
(Ameisensäureethylester)

Propansäure
(Propionsäure)

auch denkbar:

Zusatzaufgabe 3

Drei farblose Flüssigkeiten zeigen bei Normdruck folgende Siedetemperaturen: 54 °C, 97 °C, 141 °C. Bei den Flüssigkeiten handelt es sich um Propan-1-ol, Propansäure und Ameisensäureethylester. Ordnen Sie den drei Stoffen jeweils die richtige Siedetemperatur zu und begründen Sie Ihre Zuordnung.

Lösung:

Propansäure
(Propionsäure)

$\vartheta_{sd} = 141\,°C$

Ameisensäure-
ethylester

$\vartheta_{sd} = 54\,°C$

Propan-1-ol

$\vartheta_{sd} = 97\,°C$

- Propansäure hat die höchste Siedetemperatur der drei Verbindungen, da die stark polare Carboxy-gruppe zur Bildung sehr stabiler Wasserstoffbrücken führt.
- Propan-1-ol ist weniger polar als Propansäure, kann aber ebenfalls Wasserstoffbrücken bilden.
- Ameisensäureethylester hat die niedrigste Siedetemperatur der drei Verbindungen, da Estermole-küle keine Wasserstoffbrücken bilden können. Zwischen den Estermolekülen wirken nur die schwächeren Dipol-Dipol-Kräfte und London-Kräfte.

Zusatzversuch 1

Veresterung von Buttersäure mit Ethanol (Lehrerversuch)

Zu Beginn des Versuchs lässt man die Schülerinnen und Schüler an einer verschlossenen (!) Flasche mit Buttersäure riechen. Im Abzug füllt man dann etwa 3 cm hoch Ethanol in ein großes Reagenzglas und pipettiert Buttersäure gleichen Volumens dazu. Die Pipette wird sofort in ein Glas mit verdünnter Natronlauge gestellt. Mit einer frischen Pasteurpipette gibt man noch etwa 3 ml konzentrierte Schwefelsäure ins Reagenzglas und verschließt es dann mit einem durchbohrten Gummistopfen, in dem ein Gärröhrchen steckt. Das Gärröhrchen hat man zuvor mit etwas verdünnter Natronlauge versehen.

Nun kann außerhalb des Abzugs weitergearbeitet werden. Man zeigt das homogene Gemisch. Mit der Brennerflamme wird das Reagenzglas langsam erhitzt, bis die Lösung zu sieden beginnt. Sofort wird das Glas aus der Flamme genommen, die Lösung siedet aber weiter. Wenn die Reaktion zum Stillstand kommt, haben sich zwei flüssige Phasen gebildet. Man gießt das Reaktionsgemisch in ein Becherglas, das halb mit verdünnter Natronlauge gefüllt ist. Von dem aufschwimmenden Buttersäureethylester (zeigen!) pipettiert man etwas auf ein Blatt Filterpapier. Dieses reicht man in einer Petrischale zur Geruchsprobe herum.

Beobachtung und Erklärung:
B1 im Schulbuch zeigt die Reaktionsgleichung. Da die Reaktionsprodukte nicht ineinander löslich sind, bilden sich zwei flüssige Phasen: eine wässrige Phase und (oben) eine organische Phase, die hauptsächlich aus dem Ester besteht. Der extrem unangenehme Geruch der Buttersäure erinnert an Schweißgeruch. (Schweiß enthält Fettsäuren; diese werden von Bakterien (Hautflora) u.a. zu Buttersäure abgebaut.) Buttersäureethylester riecht „fruchtig".

Hinweis: Die Natronlauge hat jeweils die Funktion, entweichende bzw. überschüssige Buttersäure zu neutralisieren, um die Geruchsbelästigung in Grenzen zu halten.

Zusatzversuch 2

Verseifung von Essigsäureethylester (Schülerversuch)

(Schutzbrille!) Gießen Sie etwa 5 ml Essigsäureethylester und die doppelte Menge Wasser in ein Reagenzglas. Dann geben Sie etwas Phenolphthalein-Lösung und einige Tropfen Natronlauge (c = 1 mol/l) dazu. Verschließen Sie das Glas mit einem Gummistopfen und schütteln Sie mäßig (Stopfen mit dem Daumen sichern). Die Farbe verschwindet. Sie können das Farbenspiel mehrmals durch Zutropfen von Lauge wiederholen, wobei der Ester langsam weniger wird. Es kommt zu einer leichten Erwärmung. Um einen Überdruck zu vermeiden, müssen Sie das Reagenzglas vorsichtig öffnen!

Wenn der Ester fast verbraucht ist, tropfen Sie etwas Eisen(III)-chlorid-Lösung ins Glas. Die entstehende blutrote Färbung weist auf Acetat-Ionen hin. Führen Sie eine Blindprobe mit Natriumacetat-Lösung durch.

Beobachtungen und Erklärung:
Der Ester wird basisch hydrolisiert (verseift):

$$CH_3COOC_2H_5 + OH^- \longrightarrow CH_3COO^- + C_2H_5OH$$

Da die Reaktionsgeschwindigkeit relativ langsam ist, färbt sich die Phenolphthalein-Lösung zunächst rotviolett; durch den allmählichen Verbrauch der OH^--Ionen verschwindet die Farbe dann wieder. Durch Zutropfen von Eisen(III)-chlorid-Lösung färbt sich das Gemisch rot.

Hinweis: Die Reaktion ist praktisch nicht umkehrbar und läuft vollständig ab, da die Rückreaktion (Veresterung) säurekatalysiert ist.

1.31 Verwendung und Vorkommen von Carbonsäureestern

Zu den Aufgaben

A1 Ester sind aufgrund ihres wenig polaren Molekülbaus gute Lösungsmittel für organische Stoffe.

A2
a)

$$2\ C_3H_7-\overset{\overset{O}{\|}}{C}-\underline{O}-H\ +\ \begin{matrix}CH_2-CH_2\\ |\qquad\quad|\\ OH\quad\ OH\end{matrix}\ \longrightarrow\ C_3H_7-\overset{\overset{O}{\|}}{C}-\underline{O}-CH_2-CH_2-\underline{O}-\overset{\overset{O}{\|}}{C}-C_3H_7\ +\ H_2O$$

Butansäure   Ethandiol   Dibutansäureethandiolester

b)

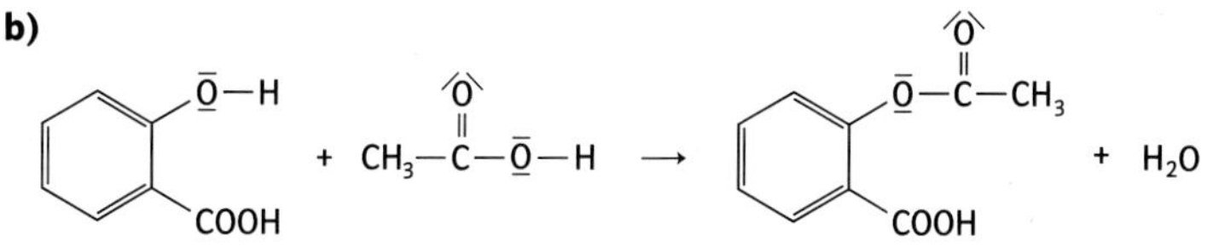

Salicylsäure   Essigsäure   Acetylsalicylsäure
(Ethansäuresalicylester)

A3

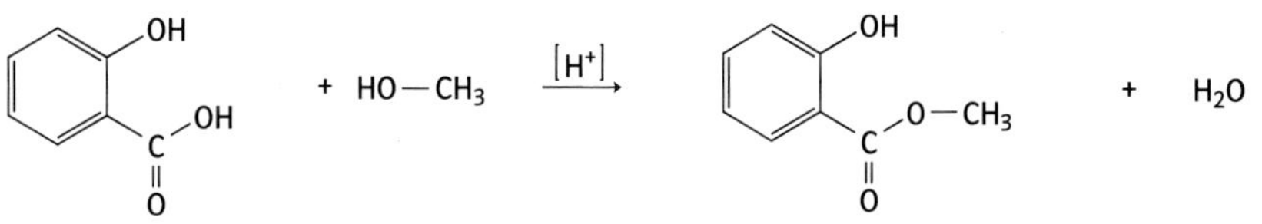

Salicylsäure   Methanol   Salicylsäuremethlyester   Wasser
(Methylsalicylat)
(Wintergrünöl)
(Gaultheriaöl)

Zu den Versuchen

V1 Der Nagellack löst sich in Aceton (Propanon) und in Essigsäureethylester, nicht in Ethanol.

V2 Die Materialien lassen sich mit dem selbst hergestellten Kleber zusammenkleben.

V3 Der Geruch erinnert an eine Mischung aus Vanille und Kampfer. Es hat sich Wintergrünöl (Salicylsäuremethylester) gebildet.

V4 Es entsteht Polymilchsäure (siehe B4).
Industriell weiterverarbeitet kann dieser Polyester verwendet werden, z.B. für:
- Verpackungen
- Landwirtschaft und Gartenbau
- Cateringartikel
- Büroartikel
- Medizintechnik
- Verbundwerkstoffe

Diese Polyester weisen aufgrund der Molekülstruktur eine biologische Abbaubarkeit auf.

1.32 Praktikum: Die Vielfalt der Ester

Zu den Versuchen

V1 **Synthese von Aromastoffen**
Aufgabenlösungen
1. Beobachtung: Bei allen Ansätzen bildet sich nach dem Vermischen des Alkohols, der Carbonsäure und der Schwefelsäure eine klare, farblose Lösung. Die Ansätze riechen meist nach der eingesetzten Carbonsäure; der Ansatz mit Benzoesäure riecht nach Ethanol. Auch nach Ablauf der Reaktion überdeckt der Geruch der jeweiligen Carbonsäure meist den Geruch des Esters. Nach dem Gießen der Reaktionsgemische in Natronlauge bilden sich zum Teil trübe Emulsionen. Nach kurzer Zeit sind bei allen Ansätzen zwei flüssige Phasen erkennbar. Der Geruch der Ester ist jetzt gut wahrnehmbar.

Deutung: Die Alkohole werden verestert, aber die Reaktionen laufen nicht vollständig ab, sodass etwas Carbonsäure übrig bleibt. (Falls das chemische Gleichgewicht bereits behandet wurde, kann man das unvollständige Ablaufen der Reaktionen damit erklären, dass es sich um Gleichgewichtsreaktionen handelt.) Durch die Neutralisation der Carbonsäuren entstehen Lösungen der Carbonsäuresalze, die fast geruchlos sind. Der Geruch der Ester wird nicht mehr überdeckt. Die Ester sind hydrophob und deshalb in wässrigen Lösungen unlöslich. Die obere Phase enthält jeweils den Ester.

2. Reaktionsgleichungen:

Ameisensäure · Methansäure + Ethanol → Ameisensäureethylester · Methansäureethylester + Wasser

Essigsäure · Ethansäure + Propan-1-ol → Essigsäurepropylester · Ethansäurepropylester + Wasser

Propionsäure · Propansäure + Pentan-1-ol → Propionsäurepentylester · Propansäurepentylester + Wasser

Benzoesäure + Ethanol → Benzoesäureethylester + Wasser

Zuordnung der Ester zu Aromen:

Ester	Geruch/Aroma
Ameisensäureethylester	nach Rum
Essigsäurepropylester	fruchtig/nach Rum
Essigsäurepentylester	nach Banane/nach Birne/nach Ananas
Propionsäurepentylester	fruchtig/nach Apfel
Benzoesäureethylester	fruchtig/nach Birne

Hinweis zu den Aromen:
Geruchswahrnehmungen und Zuordnungen zu Aromastoffen sind sehr individuell. Außerdem entsteht das Gesamtaroma einer Frucht oder von Rum meist durch eine Kombination vieler verschiedener Stoffe. Es sind also durchaus unterschiedliche Zuordnungen möglich.

Hinweise zu den Gefahrstoffen:
Die Gefahren, die von Schwefelsäure ausgehen, sind allgemein bekannt. Bei diesem Versuch wird jedoch ein weiterer Gefahrstoff verwendet, mit dem ebenfalls sehr sorgfältig umgegangen werden muss: Ameisensäure (Methansäure) verursacht schwere Verätzungen der Haut und schwere Augenschäden. Die Dämpfe der Ameisensäure reizen stark die Augen und Atemwege; Kontakt mit der Flüssigkeit führt zu Verätzungen der Haut und der Augen mit bleibenden Hornhautschäden. Die auf den Gefäßen und im Sicherheitsdatenblatt angegebenen Gefahren- und Sicherheitshinweise müssen unbedingt beachtet werden.

V2 **Esterspaltung**
Aufgabenlösungen

1. Beobachtung: Nach dem Gießen der Reaktionsgemische in Natronlauge bilden sich zum Teil trübe Emulsionen. Nach kurzer Zeit sind bei allen Ansätzen zwei flüssige Phasen erkennbar. Der Geruch der Ester ist jetzt gut wahrnehmbar (vgl. V1). Nach ca. 30 min sind i.d.R. immer noch zwei Phasen erkennbar und der Estergeruch ist weiterhin vorhanden. Nach einem Tag beobachtet man Folgendes:
- Ameisensäureethylester, Essigsäurepropylester und Benzoesäureethylester: Es ist nur noch eine Phase erkennbar; der Estergeruch ist verschwunden.
- Essigsäurepentylester und Propionsäurepentylester: Es sind immer noch zwei Phasen erkennbar; der Estergeruch ist noch schwach wahrnehmbar.

Erklärung: Durch die Neutralisation der Carbonsäuren entstehen Lösungen der Carbonsäuresalze, die fast geruchlos sind. Der Geruch der Ester wird nicht mehr überdeckt. Die Ester sind hydrophob und deshalb in wässrigen Lösungen unlöslich. Die obere Phase enthält jeweils den Ester. Nach einem Tag sind die Ester zumindest zum größten Teil gespalten. Da Pentan-1-ol hydrophob ist, sind nach der Spaltung von Essigsäurepentylester und Propionsäurepentylester immer noch zwei Phasen vorhanden. Der weiterhin schwache Estergeruch nach den Pentylestern kann damit erklärt werden, dass die Ester im Pentan-1-ol gelöst sind und nur an der Phasengrenze Kontakt zur Natronlauge haben. Die Esterspaltung läuft dadurch sehr langsam ab.

2. *Reaktionsgleichungen (für alle Esterspaltungen):*

Ameisensäureethylester   Wasser   Ameisensäure   Ethanol
Methansäureethylester   Methansäure

Essigsäurepropylester   Wasser   Essigsäure   Propan-1-ol
Ethansäurepropylester   Ethansäure

Propionsäurepentylester   Wasser   Propionsäure   Pentan-1-ol
Propansäurepentylester   Propansäure

Benzoesäureethylester   Wasser   Benzoesäure   Ethanol

Hinweis: Die oben angegebenen Reaktionsgleichungen folgen aus Kap. 1.30 und werden deshalb wahrscheinlich so von den Schülerinnen und Schülern als Lösung der Aufgabe formuliert. Da hier zur Esterspaltung Natronlauge eingesetzt wird, sind die Reaktionsgleichungen eigentlich nicht ganz korrekt. Statt der H_2O-Moleküle müssten OH^--Ionen eingesetzt werden und statt der Carbonsäure-Moleküle deren Anionen:

$$R-COOR' + OH^- \longrightarrow R-COO^- + R'OH$$

3. Die Esterspaltung wird auch als Hydrolyse bezeichnet, weil es sich um eine Reaktion mit *Wasser* handelt, die zur *Spaltung* eines Moleküls führt (griech. hydor, Wasser; lysis, Lösung, Auflösung).

Hinweis: Bei diesem Versuch wird eine alkalische Esterspaltung durchgeführt. Man bezeichnet diese auch als alkalische Hydrolyse, obwohl sie streng genommen keine Reaktion mit Wasser ist.

V3 **Carbonyle und DNPH-Test**
Aufgabenlösung

Mit Propanal und Propanon bildet sich ein gelber Niederschlag. Mit Ethansäureethylester bildet sich kein Niederschlag. Ethansäureethylester reagiert nicht mit dem DNPH-Reagenz. Ethansäureethylester weist zwar eine Carbonylgruppe (im weiteren Sinne) auf, zeigt aber andere Reaktionen als Carbonylverbindungen im engeren Sinne (Aldehyde, Ketone).

Mit 2,4-Dinitrophenylhydrazin in saurer Lösung, dem DNPH-Reagenz, lassen sich sowohl Aldehyde als auch Ketone nachweisen. Beim positiven Ausfall des Nachweises bildet sich ein schwer löslicher gelber, bei einigen Aldehyden orangefarbener oder roter Niederschlag eines Farbstoffes. Mit dem Nachweis kann nicht zwischen Ketonen und Aldehyden unterschieden werden. Ester sind nicht reaktiv genug für die Reaktion mit dem DNPH-Reagenz, sodass der Nachweis negativ ausfällt.

Die Carbonylgruppe eines Aldehyds oder Ketons reagiert mit der Aminogruppe des 2,4-Dinitrophenylhydrazins unter der katalytischen Wirkung einer Säure zu einem Wasser-Molekül und dem Molekül des schwerlöslichen, meist gelben 2,4-Dinitrophenylhydrazons.

1.33 Duft- und Aromastoffe im Überblick

Zu den Aufgaben `A1`

Duft- und Aromastoff/funktionelle Gruppe/Stoffklasse	Formel/Hervorhebung der funktionellen Gruppe durch Unterlegung	Vorkommen	Verwendung	Sonstiges
Heptan-2-on/ Carbonylgruppe (Ketogruppe)/ Ketone		Bestandteil des Schimmelpilzgeruchs, Brombeeren, Alarmpheromon von Ratten, wesentlicher Bestandteil des Nelkenöls (Gewürznelken)	Zur Aromatisierung von Likören, in der Parfüm- und Seifenherstellung	farblose Flüssigkeit mit fruchtigem Geruch (auch würzig nach Zimt), wirkt keimtötend
Butan-2,3-dion, Diacetyl/ Carbonylgruppe (Ketogruppe)/ Ketone		Kommt natürlicherweise in Äpfeln, Bohnen, Butter, Artischocken, schwarzen Johannisbeeren, Heidelbeeren, Blauschimmelkäse und Weizen vor. Bei einigen durch Mikroorganismen gesteuerten Prozessen entsteht es als Nebenprodukt. So können verschiedene Milchsäurebakterien und Hefepilze Diacetyl bilden, und es kann als Fehlaroma im Verlauf der Bier- und Weinherstellung entstehen.	Wird als Butteraroma deklariert und bei verschiedenen Produkten eingesetzt. Dazu gehören Tiefkühl- und Fertiggerichte (z. B. Mikrowellen-Popcorn) sowie Margarine, Schmelzkäse, Backmischungen, Salatsaucen, Kuchenglasuren und weitere industriell verarbeitete Lebensmittel und Getränke.	Bei Expositionen in Betrieben der Lebensmittelindustrie, in denen Butter-Aromastoffe eingesetzt wurden, traten Erkrankungen des Atemtraktes auf. Diacetyl wird seit Jahren für die sogenannte Popcorn-Lunge (Bronchiolitis obliterans) verantwortlich gemacht. Manche Menschen reagieren besonders empfindlich auf Zusatzstoffe. Deshalb sollen sie beim Konsum von aromatisierten E-Zigaretten, die viele Zusatzstoffe im sogenannten E-Liquid enthalten können, vorsichtig sein, vor allem wenn diese süßlich schmecken, da sie dann oft die Substanz Diacetyl enthalten, die bereits als Auslöser von Überempfindlichkeitsreaktionen bekannt geworden ist.
Linalylacetat/ Estergruppe/Ester		In etherischen Ölen: besonders Lavendelöl, Citronenöl, Orangenblütenöl, Jasminöl	Parfüm, Seifen, Waschmittel	bergamottartig riechend; es soll besänftigend auf das Zentralnervensystem einwirken; so sollen unruhige Babys besser einschlafen, wenn ein Lavendelsäckchen mit möglichst frischen Blüten in ihrem Bettchen aufgehängt wird.

Duft- und Aromastoff/funktionelle Gruppe/Stoffklasse	Formel/Hervorhebung der funktionellen Gruppe durch Unterlegung	Vorkommen	Verwendung	Sonstiges
Menthol/ Hydroxygruppe/ Alkohole	CH₃ / HO / H₃C CH₃	(–)-Menthol kommt im ätherischen Öl von Pflanzen der Gattung Mentha vor; im japanischen Pfefferminzöl. Auch in anderen Gattungen und Arten der Familie der Lippenblüter *(Labiatae)* finden sich Menthole, so in den Gewürzpflanzen Basilikum, Thymian, Majoran, Oreganon, Rosmarin, Salbei. (+)-Neomenthol findet sich im japanischen Pfefferminzöl, (–)-Neoisomenthol im Geraniumöl.	Desinfizierender Bestandteil und Duft- sowie Aromastoff in Süßwaren, Parfüm, Zahn- und Mundpflegemittel; Bestandteil von Salben und Einreibemittel gegen Hautirritationen bei leichten Verbrennungen oder Insektenstichen; in Tabakprodukten vermindert es beim Inhalieren des Rauches das Reiz- und Schmerzempfinden des Atemtraktes	Es gibt acht Stereoisomere des Menthols: (–)-Menthol, (+)-Menthol, (+)-Isomenthol, (–)-Isomenthol, (+)-Neomenthol, (–)-Neomenthol und (+)-Neoisomenthol sowie (–)-Neoisomenthol. Alle sind sekundäre, einwertige Alkohole. Schon wenige Gramm Menthol verursachen Herzrhythmusstörungen. Zusätzliche Gefahr besteht für Säuglinge und Kleinkinder, da bei ihnen durch Inhalation von Menthol eine schwere Atemnot mit Atemstillstand auftreten kann.
Perilla-Aldehyd/ Aldehygruppe/ Aldehyde	H O / H₃C CH₂	Perillapflanze, Schalen von Zitrusfrüchten	Wird einigen Backwaren, Puddings, Fleischerzeugnissen und alkoholischen wie alkoholfreien Getränken beigefügt, um einen intensiven Zitrusduft und einen holzig-würzigen Zitrusgeschmack zu erhalten; wird zum Würzen von Sushi verwendet.	verursacht vielleicht DNA-Schädigungen der Leber

A2 Ordnungsmöglichkeiten nach Stoffgruppen bzw. strukturellen Merkmalen der Moleküle:
- Alkohole
- Aldehyde
- Ketone
- Carbonsäureester
- Ether
- Aromaten (hier: mit Benzolring im Molekül)
- Alkene und Diene

Je nach Auswahl der Gruppen gehören einige der Moleküle in mehrere Gruppen.

A3

Natürliche Aromastoffe	Sie werden aus entsprechenden Pflanzenteilen gewonnen. Es handelt sich meist um Stoffgemische.
Naturidentische Aromastoffe	Sie werden künstlich hergestellt, kommen aber auch in der Natur vor.
Künstliche Aromastoffe	Sie werden in Labors entwickelt und sind nur als Zusatz für bestimmte Lebensmittel erlaubt (z. B. Pudding oder Götterspeise).

1.34 Durchblick: Zusammenfassung und Übung

Zu den Aufgaben

A1 Es gibt zwei mögliche Lösungen:

Name	Strukturformel
2-Methylbutan-1,2,3-triol	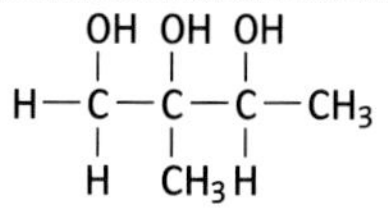 OH OH OH | | | H—C—C—C—CH₃ | | | H CH₃ H
3-Methylbutan-1,2,3-triol	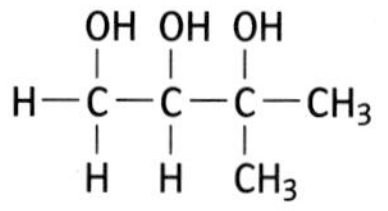 OH OH OH | | | H—C—C—C—CH₃ | | | H H CH₃

A2 Wasser ist eine hydrophile, Benzin eine hydrophobe (lipophile) Flüssigkeit. Ethanol-Moleküle haben einen polaren Teil (Hydroxygruppe) und einen unpolaren Teil (Alkylgruppe). Ethanol ist aufgrund des Baus seiner Moleküle sowohl hydrophil als auch lipophil und kann so gleichzeitig hydrophile und lipophile Stoffe lösen („Lösungsvermittler").

A3

$$n(\text{Alkohol}) = \frac{V(\text{gasf. Alkohol})}{V_m} = \frac{0,05\,l}{24\,l/mol} = 2,1 \cdot 10^{-3}\,mol$$

$$M(C_xH_yO_z) = \frac{m(\text{Alkohol})}{n(\text{Alkohol})} = \frac{0,067\,g}{2,1 \cdot 10^{-3}\,mol} = 32\,g/mol$$

$$M(C_1H_4O_1) = (12 + 4 + 16)\,g/mol = 32\,g/mol$$

Bei dem gesuchten Alkohol handelt es sich um Methanol.

A4 Propanol als Vertreter der Alkanole besitzt mit der Hydroxygruppe sowohl ein stark positiv polarisiertes Wasserstoff-Atom als auch ein Sauerstoff-Atom mit freien Elektronenpaaren. Diese sind eine Voraussetzung zur Ausbildung von Wasserstoffbrücken. Beim Propanon fehlen die ausreichend stark positiv polarisierten H-Atome. Deshalb können Propanon-Moleküle untereinander keine Wasserstoffbrücken bilden, jedoch beispielsweise mit Wasser-Molekülen.

A5

a)

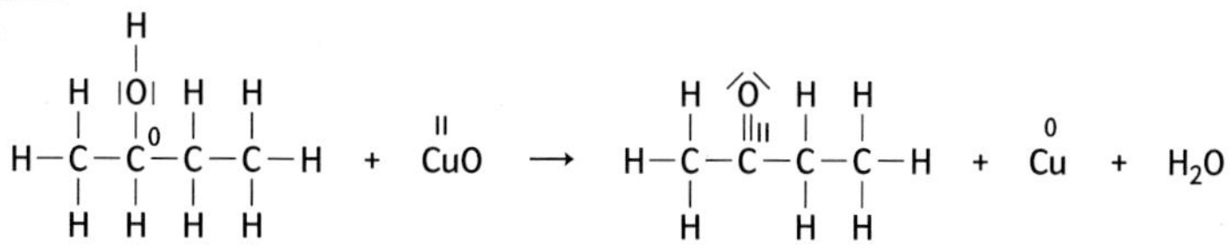

Butan-2-ol + CuO → Butanon + Cu + H₂O

Das Butan-2-ol wird zu Butanon oxidiert; das Kupferoxid wird zu Kupfer reduziert.

b) Butanon wird als Lösungsmittel für Lacke, Kunststoffe usw. verwendet. Aufgrund der ähnlichen Siedetemperatur von 79 °C wird es als Vergällungsmittel für Ethanol (Siedetemperatur 78 °C) verwendet.

A6

Propan-1-ol	Propan-2-ol
H₃C—CH₂—CH₂—OH	OH | H₃C—CH—CH₃
primäres Alkanol	sekundäres Alkanol

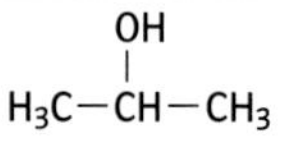

Man hält ein Kupferblech in die rauschende Brennerflamme, wodurch Kupferoxid (CuO) entsteht. Das noch heiße Blech taucht man anschließend einmal in Propan-1-ol und in einem weiteren Versuch in Propan-2-ol. Im Falle des Propan-1-ols [1] (prim. Alkanol) entsteht ein Aldehyd (Propanal). Im Falle des Propan-2-ols [2] (sek. Alkanol) ensteht ein Keton (Propanon).

$$CH_3-CH_2-CH_2-OH + CuO \longrightarrow CH_3-CH_2-CHO + Cu + H_2O \quad [1]$$

$$CH_3-CH(OH)-CH_3 + CuO \longrightarrow CH_3-CO-CH_3 + Cu + H_2O \quad [2]$$

Das in [1] entstandene Propanal kann mit der Benedict- oder Tollensprobe nachgewiesen werden, während das Keton in [2] damit nicht reagiert.

A7 Material: Erlenmeyerkolben 250 ml, Bürette, Messzylinder oder Messpipette, Essig oder Essigreiniger, Natronlauge (z. B. $c(NaOH) = 0{,}1 \, mol/l$), Phenolphthalein-Lösung
Durchführung: In den Erlenmeyerkolben werden mithilfe des Messzylinders oder der Messpipette ein definiertes Volumen an Essig gegeben (z. B. 10 ml). Der Essig wird mit 3–5 Tropfen Phenolphthalein-Lösung als Indikator versetzt. In die Bürette wird die Natronlauge mit definierter Konzentration gefüllt. Unter regelmäßigem Umschwenken wird der Essig vorsichtig bis zum ersten bleibenden Pink-Farbton des Phenolphthaleins titriert. Der Verbrauch an Natronlauge wird notiert.

A8

Stoff	Siedetemperatur	Strukturformeln der Moleküle
Propan	–42 °C	
Ethanal	21 °C	
Ethanol	78 °C	
Ethansäure	118 °C	

Die Moleküle der ausgewählten Stoffe weisen eine vergleichbare Größe und Oberfläche auf. Zwischen Propan-Molekülen wirken nur die Anziehungskräfte zwischen temporären Dipolen (London-Kräfte). Zwischen Ethanal-Molekülen wirken Anziehungskräfte zwischen permanenten Dipolen und über die Methylgruppe London-Kräfte. Aufgrund der Dipol-Dipol-Kräfte weist Ethanal eine höhere Siedetemperatur als Propan auf.
Ethanol-Moleküle können untereinander Wasserstoffbrücken bilden, außerdem wirken zwischen den Alkylgruppen die London-Kräfte. Auf dem Vorhandensein der Wasserstoffbrücken beruht die gegenüber Ethanal höhere Siedetemperatur.
Das Ethansäure-Molekül weist die stark polare Carboxygruppe auf. Ethansäure-Moleküle bilden Wasserstoffbrücken aus, wobei Ethansäure-Dimere entstehen. Außerdem wirken Dipol-Dipol-Kräfte und London-Kräfte.

A9

Hinweise zu Kap. 1.9, B1:
Das Diagramm zeigt die Siedetemperaturen von Alkanolen und Alkanen im Vergleich.
Auf der y-Achse sind die Siedetemperaturen der jeweiligen Verbindungen aufgetragen, auf der x-Achse die Zahl der Elektronen im Molekül. Die untere Kurve (grün) gehört zur die Stoffklasse der Alkane. Mit zunehmender Zahl der Elektronen, d.h. mit Fortschreiten in der homologen Reihe, steigen die Siedetemperaturen der Alkane. Der Anstieg ist nicht linear.
Die orangefarbene Kurve, die zur Stoffklasse der Alkanole gehört, verläuft oberhalb der Alkan-Kurve. Diese Kurve steigt ebenfalls mit Fortschreiten in der homologen Reihe an. In diesem Fall ist der Anstieg nahezu linear (Ausnahme: Methanol).
Zu Beginn weichen die Kurven stark voneinander ab, während sie sich am Ende annähern.
Die Siedetemperaturen beider Stoffklassen nehmen mit steigender Elektronenanzahl in den Molekülen zu, da die London-Kräfte aufgrund der größeren Polarisierungsmöglichkeiten (Bildung temporärer Dipole) ebenfalls ansteigen.

Bei den eher *kurzkettigen* Alkan- und Alkanol-Molekülen (links im Diagramm) wirken vergleichbare, entsprechend der Molekülgröße geringe London-Kräfte. Bei den Alkanol-Molekülen wirken zusätzlich starke Wasserstoffbrücken, sodass die Unterschiede in den zwischenmolekularen Kräften groß sind. Daher sind auch die Unterschiede in den Siedetemperaturen der Alkane und Alkanole groß und die Kurven weichen am Anfang stark voneinander ab.

Die Stärke der Wasserstoffbrücken ist bei den langkettigen und kurzkettigen Alkanol-Molekülen gleich. Die London-Kräfte dagegen sind bei den *langkettigen* Molekülen beider Stoffklassen deutlich größer, sodass die bei Alkanol-Molekülen zusätzlich wirkenden Wasserstoffbrücken in den Hintergrund treten. Dies hat zur Folge, dass sich die Siedetemperaturen der Alkan- und der Alkanol-Moleküle in diesem Bereich immer weiter annähern.

a)

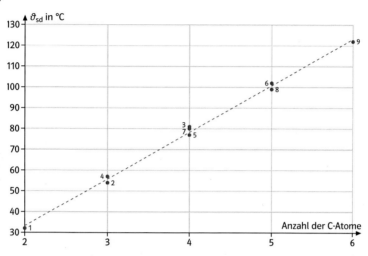

b) Die Siedetemperaturen der Alkanale liegen zwischen denen der Alkane und Alkanole. Zwischen den Alkanal-Molekülen wirken London-Kräfte und Dipol-Dipol-Kräfte (aufgrund der polaren C=O-Bindungen). Diese sind größer als die London-Kräfte, die zwischen den Alkan-Molekülen wirken, aber kleiner als die Kräfte der Wasserstoffbrücken zwischen den Hydroxygruppen der Alkanol-Moleküle vergleichbarer Größe.

Die Kurve der Alkansäuren liegt über der Kurve der Alkanole. Über die OH-Gruppen der Carboxygruppen der Alkansäure-Moleküle können Wasserstoffbrücken ausgebildet werden. Zusätzlich wirken noch Dipol-Dipol-Kräfte zwischen den polaren C=O-Gruppen und London-Kräfte zwischen den Alkylgruppen.

A10

a)

Ethanol

Ethanal

Ethansäure

Kohlenstoffdioxid

Oxidationszahl des C-Atoms der funktionellen Gruppe beim Ethanol-Molekül: – I
Oxidationszahl des C-Atoms der funktionellen Gruppe beim Ethanal-Molekül: I
Oxidationszahl des C-Atoms der funktionellen Gruppe beim Ethansäure-Molekül: III
Oxidationszahl des C-Atoms im Kohlenstoffdioxid-Molekül: IV
Die Oxidationszahlen der C-Atome der Moleküle, die beim Abbau von Ethanol entstehen, steigen. Es handelt sich also, um Oxidationsreaktionen.

b) Alkohol (Ethanol) entsteht durch alkoholische Gärung aus der in zuckerhaltigen Früchten enthaltenen Glucose. Glucose wird von Pflanzen durch Fotosynthese aus Kohlenstoffdioxid und Wasser hergestellt, d.h., dass das beim Ethanolabbau gebildete und in die Atmosphäre abgegebene Kohlenstoffdioxid zuvor der Atmosphäre entnommen wurde. Unter diesem Aspekt hat das Alkoholtrinken also keinen Einfluss auf das Klima.

Hinweis: Die Produktion alkoholischer Getränke kann allerdings klimaschädlich sein; dies gilt jedoch für alle Lebensmittel. Beispiele: Evtl. wurde für die Anbaufläche der Rohstoffe Wald gerodet; für die Kunstdünger-Herstellung und für Transporte werden häufig fossile Brennstoffe eingesetzt; die Herstellung der Verpackung (i.d.R. Glas) benötigt Energie, die auch häufig aus fossilen Brennstoffen stammt.

A11

Ein Essigsäure-Molekül reagiert mit einem 2-Methylpropan-1-ol-Molekül unter Abspaltung eines Wasser-Moleküls zu einem Essigsäure-2-methylpropylester-Molekül. Man bezeichnet diese Reaktion als Veresterung. Da insgesamt aus zwei Molekülen ein größeres Molekül unter Abspaltung eines kleinen Moleküls (H_2O) gebildet wird, spricht man von einer Kondensationsreaktion.

A12 Die Oberfläche der Blätter vieler Pflanzen ist mit einer dünnen Wachsschicht überzogen. Wachse sind Ester aus Fettsäuren und Fettalkoholen. Ihre Moleküle sind durch die sehr langen Kohlenwasserstoff-Ketten daher nahezu unpolar. Somit sind Wachse hydrophob und wasserabweisend. Wachshaltige Blätter können nicht benetzt werden, das Wasser perlt ab.

Hinweis: Die zwischenmolekularen Kräfte (London-Kräfte) zwischen den Wachs- und den Wasser-Molekülen sind geringer als die Kräfte zwischen den Wasser-Molekülen (Wasserstoffbrücken). Die somit entstehende große Oberflächenspannung des Wassers bewirkt, dass sich das Wasser zu Tropfen einkugelt, die durch die Schwerkraft zum Teil von der Blattoberfläche abrollen.

A13

a) Ethansäureethylester (Ethylacetat) bildet mit Luft leicht entzündliche Gemische. Man sollte also z.B. bei Nagellackentfernen oder Kleben nicht rauchen. In hoher Konzentration wirkt es als narkotisierendes Rauschmittel, das zum Schnüffeln verwendet wird. Das häufige Schnüffeln kann zu schweren Schäden der Atemwege, Organe und Nerven führen.

b) In der Schule gehören Ethansäureethylester-Reste in das Sammelgefäß für flüssige organische Abfälle (s. Anhang im Schulbuch). Reste von Nagellackentferner und Klebstoffen sind im Entsorgungszentrum der Gemeinde abzugeben.

A14 Die Hauptaufgabe von Konservierungsstoffen ist es, den Verderb von Lebensmitteln zu verzögern. Daneben helfen sie, Geschmack und Aussehen zu bewahren. Konservierungsstoffe zählen zu den Lebensmittelzusatzstoffen und müssen von der Europäischen Behörde für Lebensmittelsicherheit (EFSA) zugelassen werden. Diese prüft, welche Mengen über die Nahrung aufgenommen werden können, ohne eine Wirkung auf die Gesundheit zu haben.

Zucker konserviert durch seine hygroskopische Wirkung. Den Mikroorganismen wird das lebenswichtige Wasser entzogen, sie sterben oder werden inaktiviert. Da aber auch die Gefahr besteht, dass bestimmte Mikroorganismen den Zucker vergären, darf dessen Menge ein bestimmtes Maß nicht unterschreiten. Bei Marmelade wird häufig für 100 g Frucht mindestens 100 g Zucker verwendet. Zucker ist aber nur in den seltensten Fällen alleiniges Konservierungsmittel. Oft wird das Konservierungsgut noch zusätzlich gesäuert oder mit anderen Konservierungsstoffen versehen. Dann kann die Konservierung durch weniger Zucker erreicht werden.

Mit dem Verspeisen sehr süßer Lebensmittel geht eine hohe Aufnahme von Energie einher, die sehr schnell zu Übergewicht führt.

Zum Einlegen in Essig eignen sich besonders gut feste Gemüsearten wie Gurken, Rote Bete, Möhren oder Sellerie. Auch Paprika, Zwiebeln, grüne Bohnen und Blumenkohl vertragen das saure Milieu. Auch Fleisch und Fisch können in Essig eingelegt werden. Der Essig wirkt konservierend, weil die enthaltene Säure Mikroorganismen am Wachstum hindert. Abgetötet werden die krankheitserregenden Bakterien nach Angaben des Bundeszentrum für Ernährung (BZfE) ab einem Säureanteil (Massenanteil) von zwei bis neun Prozent, was für unseren Geschmack allerdings viel zu sauer wäre.

Daher werden zum Essig beispielsweise Zucker und Salz hinzugegeben, die ebenfalls konservierend wirken. Auch das vorherige Einkochen oder Trocknen der Lebensmittel tragen hierzu bei. Für Erwachsende birgt Essig keine Gefahren.

Kochsalz wurde schon zu Beginn der Vorratshaltung als Konservierungsmittel eingesetzt. Aus archäologischen Funden ist bekannt, dass Sumerer und Babylonier mit Salzfleisch und Salzfischen Handel betrieben. Dass das Salz konservierende Eigenschaften hat, ist den Menschen also schon lange bekannt.
Heute weiß man, dass das Salz den zu konservierenden Lebensmitteln Wasser entzieht und dadurch den Mikroorganismen eine wichtige Lebensgrundlage nimmt. Darüber hinaus löst sich in salzhaltigem Wasser auch weniger Sauerstoff, was das Leben der Bakterien, besonders das der aeroben, zusätzlich erschwert. Hauptaspekt der Konservierung mit Salz ist aber der Wasserentzug.
Beim Verzehr von durch Kochsalz konservierter Stoffe sollten die Verbraucherinnen und Verbraucher darauf achten, nicht zu viel Salz aufzunehmen.
Die Deutsche Gesellschaft für Ernährung rät zu einer Salzaufnahme von höchstens sechs Gramm pro Tag. Das Robert-Koch-Institut hat aber in einer Studie herausgefunden, dass die tägliche Salzaufnahme bei Frauen durchschnittlich 8,4 Gramm und bei Männern 10 Gramm beträgt. Rund die Hälfte aller Bluthochdruckpatienten reagiert empfindlich auf die Salzzufuhr. Allein durch das Einsparen von Kochsalz können sie ihren Blutdruck senken.

Ethanol tötet Organismen ab, indem es ihre Proteine denaturiert und ihre Lipide auflöst. Es wirkt gegen die meisten Bakterien und Pilze sowie gegen viele Viren.
Insbesondere bei „trockenen Alkoholikern" können schon geringe Mengen Ethanol zu Rückfällen führen. Auch sollten schwangere Frauen keinen Alkohol konsumieren, um so das ungeborene Kind zu schützen. Ob geringe Mengen, wie sie in Süßspeisen vorkommen, Kinder gefährden, konnte wissenschaftlich bislang nicht geklärt werden. Die lückenhafte Pflicht zur Kennzeichnung macht es Verbrauchern nicht gerade leicht, einen vollständigen Überblick über alle Inhaltsstoffe zu erlangen.
Die Deutsche Gesellschaft für Ernährung (DGE) schätzt auf Grundlage wissenschaftlicher Studien, dass gesunde Frauen nicht mehr als zehn Gramm Alkohol pro Tag zu sich nehmen sollten. Für gesunde Männer gibt die Gesellschaft 20 Gramm pro Tag an. In beiden Fällen ist die Gesamtmenge aus Getränken und aus alkoholhaltigen Lebensmitteln gemeint.
Alkohol muss nur deklariert werden, wenn in Getränken mehr Alkohol als 1,2 Vol.% enthalten sind. Getränke mit weniger als 0,5 Vol.% dürfen sogar als „alkoholfrei" beworben werden, etwa Biere oder Bier-Mixgetränke wie Radler. Dazu gehören Malzbiere. Einige Brauereien haben auf die Kritik von Verbrauchern reagiert und geben den Alkoholgehalt freiwillig an. Personen, die keinen Alkohol trinken dürfen oder wollen, sollten sich darauf nicht immer verlassen. Sie sollten die Verbraucherzentrale oder direkt beim Hersteller anfragen.
Auch in vermeintlich „alkoholfreien Lebensmitteln" kann Ethanol in geringen Mengen enthalten sein. Das hat mehrere Gründe: Alkohol kann auf natürlichem Weg durch Gärungsvorgänge und Fermentation entstehen. Da es sich um einen natürlichen Prozess handelt, muss hier kein Alkoholgehalt angegeben werden. Zum Beispiel ist in Trauben- und Apfelsaft ein wenig Alkohol enthalten, weil die Früchte bereits vor der Verarbeitung leicht gären. Möglich machen das Mikroorganismen, vor allem Hefepilze, die die Früchte besiedeln. Auch Brot und Kuchen können bis zu 0,3 Vol.% Alkohol enthalten, wenn sie mit Hefe gebacken sind. Auch beim Fermentieren kann z. B. in Sauerkraut ein Alkoholgehalt von bis zu 0,5 Vol.% gebildet werden, da die Milchsäurebakterien beim Fermentieren Kohlenhydrate unter anderem zu Alkohol umwandeln.

Propionsäure (Propansäure) ist unter anderem Stoffwechselprodukt einiger Bakterienarten und gibt Emmentaler und Blauschimmelkäse ihren charakteristischen Geschmack. Propionsäure wirkt gegen bestimmte Bakterien-, Hefe- und Schimmelarten. Weil sie in basischer Umgebung gegen Bakterien und Schimmel, aber nicht gegen Hefen wirkt, eignet sich Propionsäure vor allem für den Einsatz in industriell hergestellten Brot- und Backwaren.
Die Propionsäure wird wegen ihres unangenehmen Geruchs häufig durch ihre Salze, die Propionate ersetzt, vor allem für abgepacktes Brot oder Feingebäck.

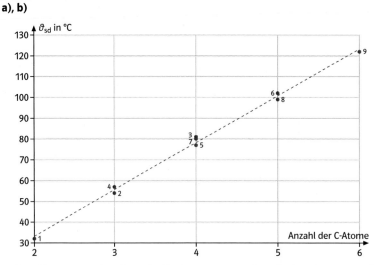

Das Diagramm zeigt, dass die Siedetemperatur eines Carbonsäureesters hauptsächlich von der Anzahl der C-Atome seiner Moleküle abhängig ist. Isomere wie z.B. Ameisensäureethylester und Essigsäuremethylester haben sehr ähnliche Siedetemperaturen. Außerdem erkennt man eine annähernd lineare Abhängigkeit der Siedetemperatur von der Anzahl der C-Atome. Bestimmt man die Steigung der Geraden, so erkennt man, dass pro zusätzlichem C-Atom die Siedetemperatur um etwa 22,5 °C höher wird.

Zum Bild der Einstiegsseite	Die Reaktion von Natrium mit Wasser ist ein spektakuläres Beispiel für eine relativ schnell ablaufende Reaktion. Bei Zimmertemperatur läuft die Reaktion so gut wie vollständig ab; man betrachtet sie also nicht als Gleichgewichtsreaktion.

Reaktionsgleichung: $2\,Na\,(s) + 2\,H_2O\,(l) \longrightarrow 2\,Na^+(aq) + 2\,OH^-(aq) + H_2\,(g)$

Literatur

Die meisten Hochschul-Lehrbücher für physikalische Chemie behandeln die Themen dieses Kapitels relativ ausführlich.

Themenheft: Gleichgewichte. Praxis der Naturwissenschaften – Chemie in der Schule 2/61 (März 2012)

AG Terminologie und Symbolik der Fachgruppe Chemieunterricht der GDCh (J. Hähndel, M. Kremer, H. Nickel, B. Sieve, H. Thielen-Redlich, C. Tittel): Das chemische Gleichgewicht – Empfehlungen für eine konsistente Begriffsentwicklung und Symbolik. CHEMKON 27/2 (April 2020), 96–98

Geschwindigkeit und Gleichgewicht (S. 86/87)

Zu den Aufgaben

A1 Beim pyrotechnischen Gasgenerator bildet sich je nach Treibsatz Stickstoff oder ein Gemisch aus Stickstoff, Kohlenstoffdioxid und Wasserdampf. Beim Hybridgasgenerator strömt ein Gemisch aus ca. 98 % Argon und 2 % Helium in den Airbag. Die Geschwindigkeit der Gase beträgt bis zu 350 km/h.

A2

a) Reaktionsgleichung: $2\,H_2 + O_2 \longrightarrow 2\,H_2O$
- Stoffmengen: Die Stoffmenge des Wasserstoffs und des Sauerstoffs nimmt jeweils ab, die Stoffmenge des Wassers nimmt zu. Aus insgesamt 3 mol Ausgangsstoffen bilden sich 2 mol Reaktionsprodukt, d.h., insgesamt nimmt die Stoffmenge ab.
- Massen: Die Masse des Wasserstoffs und des Sauerstoffs nimmt jeweils ab, die Masse des Wassers nimmt zu. Die Gesamtmasse bleibt konstant.
- Konzentrationen bei Bildung von Wasserdampf aus den gasförmigen Ausgangsstoffen (bei konstantem Druck und konstanter Temperatur): Die Konzentration des Wasserstoffs und des Sauerstoffs nimmt jeweils ab, die Konzentration des Wasserdampfs nimmt zu.
- Konzentrationen bei Bildung von flüssigem Wasser aus den gasförmigen Ausgangsstoffen (bei konstantem Druck und konstanter Temperatur): Wenn Wasserstoff und Sauerstoff im richtigen (stöchiometrischen) Verhältnis vorliegen, so ändern sich ihre Konzentrationen während der Reaktion nicht, bis die Ausgangsstoffe komplett verbraucht sind.
- Volumina (bei konstantem Druck und konstanter Temperatur): Das Volumen des Wasserstoffs und des Sauerstoffs nimmt jeweils ab, das Volumen des Wassers nimmt zu. Wenn man annimmt, dass sich aus den gasförmigen Ausgangsstoffen flüssiges Wasser bildet, nimmt das Gesamtvolumen sehr stark ab. Wenn man von Wasserdampf als Reaktionsprodukt ausgeht, verringert sich das Gesamtvolumen auf zwei Drittel.

b) Zur Definition der mittleren Reaktionsgeschwindigkeit könnte man eine Größe, die von der Menge eines gebildeten Reaktionsprodukts abhängt, durch die Zeit dividieren, z.B.:

$$\bar{v} = \frac{m(\text{Produkt})}{t} \quad \text{oder} \quad \bar{v} = \frac{V(\text{Produkt})}{t} \quad \text{oder} \quad \bar{v} = \frac{n(\text{Produkt})}{t} \quad \text{oder} \quad \bar{v} = \frac{c(\text{Produkt})}{t}$$

A3 Im Döbereiner-Feuerzeug wird ein Platinschwamm als Katalysator eingesetzt.

A4 Aus dem Alltag sind meist bekannt:
- der Autoabgaskatalysator (Dreiwegekatalysator bei Benzinmotoren)
- Enzyme (Biokatalysatoren) in Waschmitteln (Protease, Lipase, Amylase, Cellulase)
Hinweise:
- Aus dem Biologieunterricht ist häufig die Katalase bekannt. Meist ist es den Schülerinnen und Schülern auch bewusst oder bekannt, dass die alkoholische Gärung katalysiert abläuft.
- Beim SCR-System der Dieselmotoren ist oft weniger bekannt, dass auch hier ein Katalysator beteiligt ist.

A5 Ein Katalysator ist ein Stoff, der eine chemische Reaktion beschleunigt oder bei einer niedrigeren Temperatur ermöglicht. Es muss also weniger Aktivierungsenergie eingesetzt werden. Katalysatoren lassen sich auch zur Beschleunigung von Reaktionen einsetzen, die z.B. nicht bei hohen Temperaturen durchgeführt werden können. In Gemischen können Katalysatoren bei einer Vielzahl von möglichen Reaktionen eine spezielle Reaktion beschleunigen, sodass hauptsächlich die gewünschte Reaktion abläuft. (In vielen Fällen würde die gewünschte Reaktion ohne Katalysator praktisch gar nicht ablaufen.)

A6

a) Zwei Beispiele:

Essigsäure + Ethanol ⟶ Essigsäureethylester + Wasser

Essigsäure + Butan-1-ol ⟶ Essigsäurebutylester + Wasser

b) Die Schwefelsäure wirkt als Katalysator.
Hinweis: Die Veresterung wird an dieser Stelle nicht als Gleichgewichtsreaktion dargestellt, da Gleichgewichtsreaktionen noch nicht bekannt sind. Auch die Verschiebung des Gleichgewichts bei Einsatz einer größeren Schwefelsäure-Portion, die das Wasser bindet und so dem Gleichgewicht entzieht, ist hier noch nicht bekannt.

A7

a) Flussaufwärts hinter dem Wehr erhöht sich zunächst der Wasserstand, bis das Volumen des abfließenden Wassers dem Volumen des zufließenden Wassers entspricht.
b) Bei geringem Bedarf lässt man weniger Wasser durch die Turbinen laufen; der Wasserstand des Oberwassers steigt. Bei hohem Bedarf lässt man mehr Wasser durch die Turbinen strömen; der Wasserstand des Oberwassers sinkt.
Hinweis: Man bezeichnet dies als Schwallbetrieb. Häufig lässt man z.B. eine Turbine immer laufen und schaltet bei Bedarf weitere Turbinen zu. Der Schwallbetrieb kann sich allerdings nachteilig auf die Wasserqualität und die Artenvielfalt im Fluss auswirken.

A8 Gemeinsamkeit: Sowohl beim mechanischen Gleichgewicht als auch beim Fließgleichgewicht stellt sich die Gleichgewichtslage ein und ändert sich dann nicht mehr. Die Höhen der Waagschalen einer Balkenwaage ändern sich nicht, auch die Wasserhöhen bleiben konstant.
Unterschied: Das mechanische Gleichgewicht einer Balkenwaage bleibt erhalten, wenn weder Stoffe noch Energie mit der Umgebung ausgetauscht werden. Das Fließgleichgewicht am Stauwehr bleibt nur dann erhalten, wenn ständig Wasser zugeführt wird, ein Teil der potentiellen Energie des Wassers im Kraftwerk in andere Energieformen umgewandelt wird und unten die gleiche Menge Wasser abfließt. Die Wasserhöhe vor dem Stauwehr bleibt nur deshalb gleich, weil sich Zufluss und Abfluss ausgleichen.
Hinweis: Das chemische Gleichgewicht wird in Kap. 2.10 auch als dynamisches Gleichgewicht bezeichnet, weil die Hin- und die Rückreaktion ständig ablaufen. Das chemische Gleichgewicht ist trotzdem kein Fließgleichgewicht, sondern (aus thermodynamischer Sicht) ein stabiles Gleichgewicht.

A9

a) Die mit Leitungswasser gefüllte Flasche soll vorgekühlt werden, weil sich in kaltem Wasser mehr Kohlenstoffdioxid löst als z.B. in Wasser mit Zimmertemperatur. Durch das mehrmalige Drücken des Dosierknopfes presst man mehr Kohlenstoffdioxid in das Leitungswasser. Die Flasche sollte stets gut verschlossen sein, weil sonst das im Wasser gelöste Kohlenstoffdioxid in den Gasraum übergeht und aus der Flasche entweicht.

b) Man kann das Tafelwasser erwärmen und das entweichende Gas durch (frisch filtriertes) Kalkwasser leiten. Beim Einleiten von Kohlenstoffdioxid in Kalkwasser entsteht zunächst eine weißlich trübe Flüssigkeit. Anschließend bilden sich kleine Flocken, die nach einiger Zeit einen weißen Niederschlag bilden.

Reaktionsgleichung: $CO_2(g) + Ca^{2+}(aq) + 2\,OH^-(aq) \longrightarrow CaCO_3(s) + H_2O(l)$

Hinweise:
- Durch Zugabe von Essig oder Salzsäure lässt sich der Niederschlag wieder entfernen:
$CaCO_3(s) + 2\,H_3O^+(aq) + 2\,Cl^-(aq) \longrightarrow Ca^{2+}(aq) + 2\,Cl^-(aq) + CO_2(g) + 3\,H_2O(l)$
- Auch beim Einleiten von sehr viel Kohlenstoffdioxid löst sich der Niederschlag auf:
$CaCO_3(s) + H_2O(l) + CO_2(aq) \longrightarrow Ca^{2+}(aq) + 2\,HCO^{3-}(aq)$

c) Kohlenstoffdioxid ist in Wasser gut löslich. Durch den Lösungsvorgang verringert sich das Gasvolumen in der Flasche und sie wird vom äußeren Luftdruck eingedrückt.

A10

a) Die Münzen in den jeweiligen Hälften des Spielfeldes entsprechen den Edukten bzw. Produkten. Hin- und Rückreaktion werden durch das Schnipsen der Münzen abgebildet.

b) Nach einiger Zeit entsteht i.d.R. eine Spielsituation, in der die beiden Spieler pro Runde im Durchschnitt gleich viele Münzen in die Bankhälfte des Gegners schnipsen. Die Lage des Gleichgewichtszustandes hängt dabei vom Geschick der Spieler ab: Der geschicktere Spieler hat weniger Münzen in seiner Bankhälfte und damit weniger erlaubte Versuche pro Runde, gleicht dies aber durch eine höhere Erfolgsquote aus.

Interpretation: Die Geschwindigkeiten der Hinreaktion und der Rückreaktion sind im Gleichgewichtszustand gleich groß, deshalb ändert sich der Anteil an Edukten und Produkten nicht mehr. Die jeweilige Reaktionsgeschwindigkeit hängt von der Konzentration der Edukte (Anzahl der Münzen in der eigenen Hälfte und damit Anzahl der Versuche) und der Geschwindigkeitskonstante (Geschick des Spielers und damit Erfolgsquote) ab.

2.1 Die Geschwindigkeit von Reaktionen

Zur Aufgabe

A1

a)

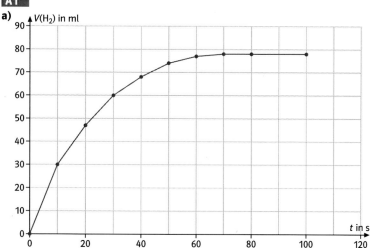

b) Mit V(Salzsäure) = 65 ml = 0,065 l und $V_m(H_2) \approx 24$ l/mol kann man die Volumendifferenzen in Konzentrationsdifferenzen umrechnen und daraus die mittleren Reaktionsgeschwindigkeiten berechnen. Die im Folgenden berechneten Reaktionsgeschwindigkeiten beziehen sich auf die Konzentration der Oxonium-Ionen. Die Formeln zur Berechnung (in Anlehnung an B5 im Schulbuch) sind:

$$\Delta c(Zn^{2+}) = \frac{\Delta n(Zn^{2+})}{V(\text{Salzsäure})} = \frac{\Delta n(H_2)}{V(\text{Salzsäure})} = \frac{\Delta V(\text{Wasserstoff})}{V_m(H_2) \cdot V(\text{Salzsäure})}$$

$$\Delta c(H_3O^+) = -2 \cdot \Delta c(Zn^{2+})$$

$$\bar{v} = \frac{|\Delta c(H_3O^+)|}{\Delta t}$$

Δt in s	ΔV(Wasserstoff) in l	$\Delta c(Zn^{2+})$ in mol/l	$\Delta c(H_3O^+)$ in mol/l	$\bar{v}$ in mol/(l·s)
10 – 0 = 10	0,030 – 0,000 = 0,030	0,019	– 0,038	0,0038
20 – 10 = 10	0,047 – 0,030 = 0,017	0,011	– 0,022	0,0022
30 – 20 = 10	0,060 – 0,047 = 0,013	0,008	– 0,017	0,0017
40 – 30 = 10	0,068 – 0,060 = 0,008	0,005	– 0,010	0,0010

Hinweise:
- In der Aufgabe wird nur eine Auswahl von drei Zeitintervallen verlangt.
- Die mittleren Reaktionsgeschwindigkeiten können auch auf $\Delta c(Zn^{2+})$ bezogen werden. Es ergeben sich (im Vergleich zur obigen Tabelle) die halben Werte von $\bar{v}$.
- Bei Edukten (hier H_3O^+) haben die Konzentrationsdifferenzen negative Werte, da deren Konzentration abnimmt. Bei Produkten (hier Zn^{2+}) haben die Konzentrationsdifferenzen positive Werte. Die mittlere Reaktionsgeschwindigkeit wird jeweils aus dem *Betrag* einer Konzentrationsdifferenz berechnet, sie hat deshalb immer einen positiven Wert.
- Bei der Lösung dieser Aufgabe kann man auch auf die Berechnung der Stoffmengenkonzentrationen verzichten und die mittleren Reaktionsgeschwindigkeiten in der Einheit l/s oder ml/s angeben. Es ergibt sich:
  $\bar{v}(0\,s, 10\,s) = 3,0\,ml/s$
  $\bar{v}(10\,s, 20\,s) = 1,7\,ml/s$
  $\bar{v}(20\,s, 30\,s) = 1,3\,ml/s$
  $\bar{v}(30\,s, 40\,s) = 0,8\,ml/s$

c) Die mittlere Reaktionsgeschwindigkeit nimmt mit der Zeit ab.

Zum Versuch

V1 Ergebnis einer Messung mit Auswertung:

t in s	$V(H_2)$ in ml	$c(H_3O^+)$ in mol/l	$c(Mg^{2+})$ in mol/l
0	0	0,100	0,000
10	10	0,083	0,008
20	18	0,070	0,015
30	24	0,060	0,020
40	30	0,050	0,025
50	34	0,043	0,028
60	38	0,037	0,032
70	41	0,032	0,034
80	44	0,027	0,037
90	47	0,022	0,039
100	49	0,018	0,041
110	51	0,015	0,043
120	53	0,012	0,044
130	55	0,008	0,046
140	56	0,007	0,047
150	57	0,005	0,048
160	58	0,003	0,048
170	59	0,002	0,049
180	60	0,000	0,050
190	60	0,000	0,050

Hinweise zur Auswertung:
Eine grafische Auswertung der Messwerte zeigt B4 im Schulbuch.
Die Werte von $c(H_3O^+)$ und $c(Mg^{2+})$ wurden mit $V_m(H_2) \approx 24\,l/mol$ und den Formeln aus B5 im Schulbuch berechnet. Grafische Darstellung der berechneten Werte: Siehe „Zu den Abbildungen".

Hinweise zur Durchführung:
Dieser Versuch ist gut geeignet, auf die durchschnittliche Reaktionsgeschwindigkeit als Quotient aus der Änderung der Konzentration in der gewählten Zeitspanne hinzuführen. Im Verlauf der Reaktion verändert sich nur die Konzentration der Salzsäure. Die Magnesiumbandstücke liegen im Überschuss vor; ihre Oberfläche ändert sich praktisch nicht. Bei dem Versuch fallen keine Problemabfälle an. Nach Beendigung des Versuchs können die Magnesiumbandstücke mit einem Teesieb von der

Magnesiumchlorid-Lösung abgetrennt werden. Die Magnesiumbandstücke werden anschließend gründlich mit dest. Wasser abgespült; sie können dann für weitere Versuche eingesetzt werden.

Zusatzversuch

Eine schnelle und eine langsame Reaktion (Schülerversuch)
a) Geben Sie zu einer Lösung von Natriumcarbonat einige Tropfen Calciumchlorid-Lösung.
b) Geben Sie zu Natronlauge (c = 1 mol/l) einige Tropfen Phenolphthalein-Lösung.

Beobachtung: Während die Fällung von Calciumcarbonat fast momentan verläuft (a), erfolgt die Entfärbung von Phenolphthalein in alkalischer Lösung langsam (b).

Zu den Abbildungen

B4 und B5 Volumen-Zeit-Diagramm und Umrechnung in Konzentrations-Zeit-Diagramme

Im Folgenden werden Diagramme gezeigt, die sich durch Umrechnung der Werte im Diagramm B4 im Schulbuch ergeben.

B4 im Schulbuch:

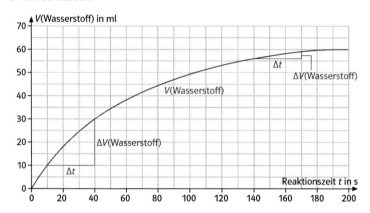

Umrechnung in $c_t(Mg^{2+})$ mit $V_m(H_2) \approx 24$ l/mol und V(Salzsäure) = 50 ml (vgl. V1) ergibt:

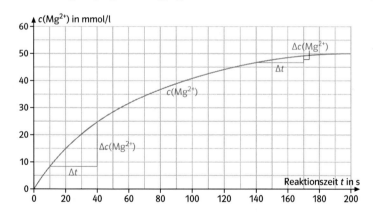

Umrechnung in $c_t(H_3O^+)$ mit $c_0(H_3O^+)$ = 0,1 mol/l (vgl. V1) ergibt:

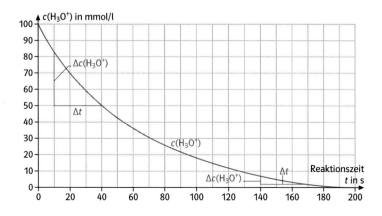

2.2 Praktikum: Einfluss der Konzentration und des Zerteilungsgrades

Zu den Versuchen

V1 Magnesium reagiert mit Salzsäure

Der Versuch wurde mit Magnesiumband der Firma Riedel-de Haën (Magnesium, Bandform, ca. 3 mm · 0,2 mm) durchgeführt. (1 cm Magnesiumband entspricht 13 mg Magnesium.)

Aufgabenlösungen

1. Messergebnisse:

$c(HCl)$ in mol/l	Reaktionsdauer
1,0	ca. 80 s
0,5	ca. 6 min
0,1	Auch nach 30 min ist das meiste Magnesium noch vorhanden.

2. Je höher die Konzentration der Salzsäure ist, desto höher ist die Reaktionsgeschwindigkeit.

Hinweis: Dieser Versuch soll nicht streng quantitativ ausgewertet werden. Vielmehr wird halbquantitativ festgestellt, dass zu einer höheren Salzsäure-Konzentration eine kürzere Reaktionsdauer gehört. Die Reziprokwerte der Reaktionsdauern können als grobes Maß für die mittleren Reaktionsgeschwindigkeiten angesehen werden.

V2 Salzsäure reagiert mit Calciumcarbonat

Messwerte eines Experiments mit „Marmor granuliert zur Kohlensäureentwicklung" von Merck und Marmorstücken von einem alten Fenstersims:

t in s	m(Kohlenstoffdioxid) in g		
	Granulierter Marmor, m = 10,0 g Salzsäure, $w(HCl) \approx 5\%$	Granulierter Marmor, m = 10,0 g Salzsäure, $w(HCl) \approx 10\%$	Marmorstück, m = 10,0 g Salzsäure, $w(HCl) \approx 10\%$
0	0,000	0,000	0,000
30	0,414	1,056	0,120
60	0,580	1,279	0,251
90	0,665	1,378	0,380
120	0,707	1,425	0,508
150	0,734	1,454	0,618
180	0,755	1,475	0,717
210	0,772	1,493	0,800
240	0,785	1,506	0,874
270	0,794	1,518	0,936
300	0,800	1,529	0,994
330	0,808	1,538	1,042
360	0,812	1,549	1,087
390	0,817	1,557	1,124
420	0,821	1,565	1,158
450	0,823	1,569	1,188
480	0,826	1,576	1,214
510	0,829	1,580	1,238
540	0,831	1,584	1,261
570	0,833	1,588	1,284
600	0,834	1,593	1,302

Aufgabenlösungen

1. Diagramme:

a)

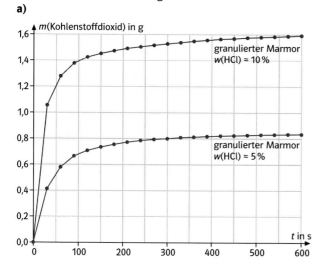

b)

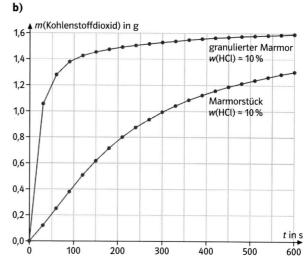

2. Interpretation der Diagramme:

Calciumcarbonat (Marmor) liegt hier in deutlichem Überschuss vor. Die Oberfläche des Marmors bleibt daher ungefähr konstant, sodass (bei derselben Marmorprobe) die Reaktionsgeschwindigkeit hauptsächlich von der Konzentration der Salzsäure abhängt. Die Reaktionsgeschwindigkeit nimmt im Verlauf der Reaktion ab, da die Salzsäure allmählich verbraucht wird.

Zu (a): Bei höherer Salzsäure-Konzentration ist auch die Reaktionsgeschwindigkeit höher. Die in den ersten 30 Sekunden gebildete Masse von Kohlenstoffdioxid ist ungefähr proportional zur Anfangsgeschwindigkeit (Reaktionsgeschwindigkeit bei $t = 0$). Vergleicht man die beiden Werte, so stellt man fest, dass bei der doppelten Salzsäure-Konzentration auch die Anfangsgeschwindigkeit ungefähr doppelt so groß ist.

Zu (b): Mit dem Marmorstück verläuft die Reaktion wegen der kleineren Oberfläche deutlich langsamer als mit granuliertem Marmor. In den ersten 2 Minuten ist die Masse des gebildeten Kohlenstoffdioxids nahezu proportional zur Reaktionszeit, d.h., die Reaktionsgeschwindigkeit ist praktisch konstant. In diesem Fall wird die Reaktionsgeschwindigkeit also hauptsächlich von der (kleinen) Oberfläche bestimmt, an der nur eine begrenzte Anzahl von H_3O^+-Ionen gleichzeitig angreifen kann. Nach mehr als 2 Minuten macht sich aber die Abnahme der Salzsäure-Konzentration auch deutlich bemerkbar; die Reaktionsgeschwindigkeit nimmt ab.

Hinweise zur Durchführung:

Bei der Reaktion können Salzsäure-Spritzer aus dem Becherglas gelangen. Um die Waage sauber zu halten, stellt man das Becherglas mit dem Reaktionsgemisch in eine Glaswanne oder in ein großes Becherglas.

Da sich im Verlauf der Reaktion auch immer die Oberfläche des Marmors ändert, ist eine weitere quantitative Auswertung der Messwerte nicht sinnvoll. Man erhält i.d.R. nicht exponentielle Kurven im Konzentrations-Zeit- und Reaktionsgeschwindigkeits-Zeit-Diagramm und auch keinen linearen Zusammenhang zwischen der Konzentration und der Reaktionsgeschwindigkeit.

Außerdem hat man geringe Massenverluste durch Verdunstung von Wasser. Dadurch kann die scheinbar (!) gebildete Stoffmenge von Kohlenstoffdioxid etwas größer sein, als von der gesamten Stoffmenge des Chlorwasserstoffs her zu erwarten ist.

Massenanteil, Konzentration und Dichte von Salzsäure-Lösungen bei 20°C (CRC Handbook, 91th Ed.):

$w(HCl) = 36\%$ $c(HCl) = 1,403\,mol/l$ $\varrho = 1,1791\,g/ml$

$w(HCl) = 10\%$ $c(HCl) = 2,873\,mol/l$ $\varrho = 1,0476\,g/ml$

$w(HCl) = 5\%$ $c(HCl) = 11,642\,mol/l$ $\varrho = 1,0228\,g/ml$

Daraus folgt für die Herstellung der Salzsäure-Lösungen aus konz. Salzsäure mit $w(HCl) = 36\%$:

$w(HCl) = 10\%$: Auffüllen von 27,8 g bzw. 23,6 ml konz. Salzsäure mit dest. Wasser auf 100 g bzw. 95,5 ml

$w(HCl) = 5\%$: Auffüllen von 13,9 g bzw. 11,8 ml konz. Salzsäure mit dest. Wasser auf 100 g bzw. 97,8 ml

2.3 Reaktionsgeschwindigkeit und Konzentration

Zum Versuch

V1 Messwerte eines Experiments (Fettdruck) und berechnete Werte:

t in s	Δt in s	τ in %	E	c in mmol/l	Δc in mmol/l	$t + 0,5\,\Delta t$ in s	$\bar{v}$ in mmol/(l · s)	$\bar{c}$ in mol/l
0	30	0,9	2,062	0,05000	−0,01574	15	0,0005246	0,04213
30	30	3,9	1,413	0,03426	−0,00958	45	0,0003193	0,02947
60	30	9,6	1,018	0,02468	−0,00686	75	0,0002287	0,02125
90	30	18,4	0,735	0,01782	−0,00504	105	0,0001681	0,01530
120	30	29,7	0,527	0,01278	−0,00344	135	0,0001148	0,01106
150	30	41,2	0,385	0,00934	−0,00242	165	0,0000808	0,00812
180	30	51,9	0,285	0,00691	−0,00172	195	0,0000574	0,00605
210	30	61,1	0,214	0,00519	−0,00121	225	0,0000404	0,00458
240	30	68,5	0,164	0,00398	−0,00082	255	0,0000275	0,00356
270	30	74,2	0,130	0,00315	−0,00058	285	0,0000194	0,00286
300	30	78,3	0,106	0,00257	−0,00039	315	0,0000129	0,00238
330	30	81,2	0,090	0,00218	−0,00029	345	0,0000097	0,00204
360	30	83,6	0,078	0,00189	−0,00019	375	0,0000065	0,00179
390	30	85,2	0,070	0,00170	−0,00012	405	0,0000040	0,00164
420	30	86,1	0,065	0,00158	−0,00012	435	0,0000040	0,00152
450	30	87,1	0,060	0,00145	−0,00005	465	0,0000016	0,00143
480		87,5	0,058	0,00141				

Abhängigkeit der Reaktionsgeschwindigkeit von der Konzentration:

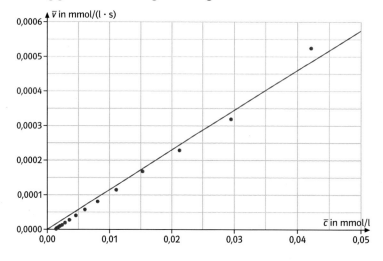

Durch die Punkte im Diagramm lässt sich eine Ursprungsgerade als Ausgleichsgerade legen, ähnlich wie in B1c im Schulbuch. Die Reaktionsgeschwindigkeit ist also proportional zur Konzentration von Malachitgrün.

Anmerkung zum Diagramm: Dass fast alle Werte unterhalb der Ursprungsgeraden liegen, ist ein systematischer Fehler. Die farblose Form des Malachitgrüns ist in Wasser schwer löslich und erzeugt im Laufe der Reaktion eine zunehmende Trübung. Dies täuscht zu hohe Extinktionswerte und damit zu hohe Konzentrationen vor.

Hinweise zur Durchführung:
Vor der Ausführung dieses Versuches kann man den hier verwendeten Begriff Extinktion erläutern. Im Prinzip genügt es aber zu wissen, dass die Extinktion eine fotometrische Messgröße ist, die zur Konzentration der gelösten, Licht absorbierenden Verbindung proportional ist.

Die Werte der Transmission und Extinktion bei 590 nm wurden mit dem Fotometer Novaspec Plus (Biochrom Ltd, Cambridge) gemessen. (Dieses Gerät zeigt sowohl den Transmissionsgrad als auch die Extinktion an. Die in der Tabelle angegebenen Extinktionswerte sind also nicht berechnet, sondern die vom Gerät angezeigten Werte.) Die Malachitgrün-Lösung ($c = 1{,}0 \cdot 10^{-4}$ mol/l) wurde aus Malachit-grün-Oxalat (Merck; $M(C_{25}H_{26}N_2O_4) = 418{,}5$ g/mol) hergestellt.

Zunächst wurden 5 ml der Malachitgrün-Lösung in einem Reagenzglas mit 5 ml dest. Wasser verdünnt, eine Probe davon in eine Küvette pipettiert und im Fotometer die Transmission und Extinktion gemessen. (Man nimmt an, dass dieser – ohne Zeitdruck messbare – Wert dem Startwert ($t = 0$) bei der Reaktion mit Natronlauge entspricht.) Zur Verfolgung der Reaktion wurden 5 ml der Malachitgrün-Lösung mit 5 ml Natronlauge ($c = 2 \cdot 10^{-2}$ mol/l) schnell gemischt und die Zeitmessung gestartet. Anschließend wurde eine Probe dieser Lösung in die Küvette gegeben und die Trans-mission und Extinktion zu den angegebenen Zeitpunkten gemessen.

Bei der Reaktion wird das Ion des Malachitgrün durch Anlagerung eines Hydroxid-Ions in seine Leukoform überführt:

Ein entsprechendes Ergebnis liefert auch die Reaktion von Kristallviolett mit Natronlauge, wenn sie unter den gleichen Bedingungen durchgeführt wird. (Auch Parafuchsin wäre geeignet; für diesen Stoff besteht aber ein totales Tätigkeitsverbot an Schulen.)

Bei dem angegebenen Versuchsansatz liegt die Natronlauge in großem Überschuss vor. Die Konzen-tration der Hydroxid-Ionen bleibt daher während des Versuchs annähernd konstant. Man erhält einen für das Geschwindigkeitsgesetz $v = k \cdot c$ (1. Ordnung) typischen Zusammenhang. Wird in einem weiteren Versuchsansatz die Konzentration der Hydroxid-Ionen verändert, so ergibt sich eine andere Geschwindigkeitskonstante. Da sich nur bei großem Überschuss eines der Edukte eine Reaktion 1. Ordnung ergibt, spricht man von einer Reaktion pseudo-1. Ordnung.

Hinweise zur Auswertung:
Der Startwert der Konzentration $c(t = 0) = 0{,}050\,00$ mmol/l ist mit einer eigentlich zu hohen Genauig-keit angegeben, um Rundungsfehler zu vermeiden.

Wenn man annimmt, dass das Geschwindigkeitsgesetz die Form $v = k \cdot c$ hat (1. Ordnung), entspricht die Steigung der Ausgleichsgeraden der Geschwindigkeitskonstante. Bei der abgebildeten Messung ergibt sich (z. B. durch Auswertung mit Excel: „Trendlinie hinzufügen"; Typ linear; Schnittpunkt = 0):
$k = 0{,}012\,\text{s}^{-1}$

Sofern die mathematischen Voraussetzungen gegeben sind, kann die Proportionalität der Reaktions-geschwindigkeit zur Konzentration des Malachitgrüns (also $v \sim c$ bzw. $v = k \cdot c$) auch durch die folgende Beziehung überprüft werden:

$$\lg \frac{c}{c_0} \sim t$$

Herleitung dieser Beziehung:
Das Geschwindigkeitsgesetz $v = k \cdot c$ kann mit der Definition $v = -dc/dt$ in Form der folgenden Differentialgleichung geschrieben werden:

$$-\frac{dc}{dt} = k \cdot c$$

Die Lösung der Differentialgleichung ist: $c = c_0 \cdot e^{-k \cdot t}$

Umstellen ergibt: $\dfrac{c}{c_0} = e^{-k \cdot t} \iff \ln \dfrac{c}{c_0} = -k \cdot t \iff \lg \dfrac{c}{c_0} = \dfrac{-k}{\ln 10} \cdot t \implies \lg \dfrac{c}{c_0} \sim t$

2.4 Reaktionsgeschwindigkeit und Zerteilungsgrad

Zu den Versuchen　　**V1**　Messwerte eines Experiments mit 0,05 g Magnesium und 50 ml Salzsäure (c(HCl) = 0,5 mol/l):

t in s	Magnesium-pulver $V(H_2)$ in ml	Magnesium-späne $V(H_2)$ in ml	Magnesium-band $V(H_2)$ in ml
0	0	0	0
10	22	10	3
20	34	16	6
30	42	21	8
40	48	25	10
50	50	29	12
60		33	14
120		45	26
180		50	36
240			44
300			50

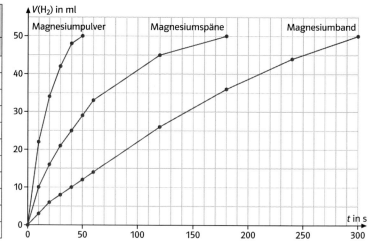

Je größer der Zerteilungsgrad des Magnesiums ist, desto größer ist die Steigung der Kurve. Erklärung: Die Reaktion kann nur an der Magnesium*oberfläche* ablaufen. Diese wächst mit dem Zerteilungsgrad.

V2

a) Das gelbe Pulver wird schwarz.
Reaktionsgleichung: $Fe(COO)_2 \longrightarrow Fe + 2\,CO_2$

b) Beim Herunterrieseln entsteht ein Funkenregen. Die Eisenpartikel verbrennen ohne weiteres Erhitzen an der Luft. Es entsteht hauptsächlich rotes Eisenoxid.
Reaktionsgleichung: $4\,Fe + 3\,O_2 \longrightarrow 2\,Fe_2O_3$

Hinweis:
Beim Erhitzen von Eisen(II)-oxalat entsteht nicht nur Eisen, sondern ein Gemisch aus Eisen(II)-oxid (FeO) und Eisen (Fe). Die Reaktionsgleichung beim Verbrennen dieses pyrophoren Pulvers kann folgendermaßen formuliert werden:
$Fe + FeO + O_2 \longrightarrow Fe_2O_3$

2.5 Energieverlauf beim Wechseln eines Bindungspartners

Zur Aufgabe　　**A1**　$I{-}H + Cl \longrightarrow I\cdots H\cdots Cl \longrightarrow I + H{-}Cl$
Nach dem Zusammenstoß des Iodwasserstoff-Moleküls mit dem Chlor-Atom entsteht zunächst ein energiereicher Übergangszustand aus drei Atomen, der jedoch keinem stabilen Molekül entspricht. Aus dem instabilen Übergangszustand entstehen dann die Reaktionsprodukte.

Zu den Abbildungen　　**B1 Energie eines Ensembles von drei Atomen in Abhängigkeit von ihrer Anordnung**
Die Autorinnen und Autoren haben sich entschlossen, die Aktivierungsenergie mit der Teilchen-vorstellung zu verknüpfen, um Fehlvorstellungen vorzubeugen. Eine Fehlvorstellung besteht z. B. darin, dass einem Reaktionsgemisch zunächst die gesamte Aktivierungsenergie zugeführt werden müsse, damit eine Reaktion ausgelöst werden kann. Es genügt aber, bei einem Reaktionsgemisch die Reaktion durch Zufuhr von Energie an einem – häufig sehr kleinen – Ort auszulösen. Die dann abgegebene Energie reicht aus, dass das ganze Gemisch mehr oder weniger zügig reagiert. Die Teilchenvorstellung wird von Schülerinnen und Schülern als anschauliches Werkzeug genutzt. Es geht nicht um Reaktionsmechanismen. Entscheidend ist die Formulierung eines Übergangszustandes, dessen Energie einen Maximalwert gegenüber allen anderen Zuständen des Reaktionsverlaufs hat. Der im Übergangszustand vorliegende aktivierte Komplex wird aus den reagierenden Teilchen gebildet.

Außerdem gewinnt der Begriff *Reaktionskoordinate* auf diese Art eine klarere Bedeutung. Man trifft oft Unklarheit darüber an, um was für eine Größe es sich hierbei handelt. Manchmal wird ziemlich irreführend „Zeit" als Abszissenbeschriftung des Energiediagramms angegeben. Zunächst ist es wichtig zu verstehen, dass die Reaktionskoordinate nur auf der Teilchenebene definiert werden kann. Die Reaktionskoordinate beschreibt den Fortgang der Umgruppierung der Atome im Reaktions-knäuel. Im einfachsten Fall, der im Schulbuch beschrieben ist, wechselt nur das Wasserstoff-Atom den Bindungspartner. In diesem Fall lässt sich als Reaktionskoordinate der sich vergrößernde Abstand zwischen den ursprünglichen Bindungspartnern auffassen. Die Reaktionskoordinate ist also eine *geometrische* Größe.

B2 Dominosteine

Zur Veranschaulichung der Aktivierungsenergie ist das Modell der umfallenden Dominosteine sehr geeignet, wobei jeder Stein durch sein Kippen den nächsten in der Reihe zum Kippen bringt. Der erste Stein muss von außen angestoßen werden. Sein Schwerpunkt muss zum Umkippen des Steines etwas angehoben werden.

Besonders passend ist an diesem Modell, dass es gewissermaßen eine „Teilchenebene" (einzelner Dominostein) und eine „Stoffebene" (Gesamtheit aller Dominosteine) gibt. Auf der „Teilchenebene" besteht ein festes Verhältnis zwischen der „Aktivierungsenergie" (benötigte Energie zum Anheben des Schwerpunktes) und der „Reaktionsenergie" (abgegebene Energie durch Absenkung des Schwerpunktes bis zu seiner tiefsten Lage). Auf der „Stoffebene" gilt dies nicht: Um die „Reaktion" zu starten, müssen (durch Energiezufuhr von außen) nicht alle Dominosteine angehoben werden, sondern nur einer. Wenn es N Steine gibt, muss man also *nicht* das N-fache der „Aktivierungsenergie" von außen zuführen, sondern nur die „Aktivierungsenergie" *eines* Dominosteins. Das Umfallen des ersten Dominosteins liefert die Aktivierungsenergie des zweiten usw.

Diese Überlegungen zeigen, dass die „Reaktionsenergie" mit N wächst, während die „Aktivierungs-energie" gleich bleibt. Auf der „Stoffebene" gibt es folglich kein festes Verhältnis zwischen „Aktivie-rungsenergie" und „Reaktionsenergie".

Beispiel: Eine Aktivierungsenergie von 50 kJ/mol bedeutet *nicht*, dass man zu 1 mol Edukten die Energie von 50 kJ zuführen muss, um die Reaktion zu starten, sondern nur, dass ein einzelnes Teilchen die kinetische Energie von $50 \, \text{kJ} : (6 \cdot 10^{23}) \approx 8 \cdot 10^{-23} \, \text{kJ}$ haben muss, um zu reagieren. (Bei fotochemi-schen Reaktionen ist es die Summe aus kinetischer Energie und Anregungsenergie.)

2.6 Reaktionsgeschwindigkeit und Temperatur

Zu den Aufgaben

A1 Nach der RGT-Regel ist die Reaktionsgeschwindigkeit bei 20 °C (v_{20}) doppelt so groß wie die Reaktionsgeschwindigkeit bei 10 °C (v_{10}):

$$v_{20} = 2 \cdot v_{10}$$

Eine Temperaturerhöhung auf 30 °C ergibt wieder eine Verdoppelung der Reaktionsgeschwindigkeit:

$$v_{30} = 2 \cdot v_{20} = 2 \cdot 2 \cdot v_{10} = 2^2 \cdot v_{10}$$

Entsprechend gilt für eine Temperaturerhöhung von 10 °C auf 100 °C:

$$v_{100} = 2^9 \cdot v_{10} = 512 \cdot v_{10}$$

Hinweis: Solche Rechnungen dürfen nur als überschlagsmäßige Näherungen (Abschätzungen) angesehen werden, da die RGT-Regel keineswegs exakt gilt.

A2 Beim Atmosphärendruck von 1013 hPa siedet Wasser bei 100 °C. (Wenn im Kochwasser Salz gelöst ist, ist die Siedetemperatur etwas höher.) Ein Schnellkochtopf hat einen dicht schließenden Deckel mit Regelventil. Beim Kochen erhöht sich der Druck im Schnellkochtopf auf ca. 1800 hPa. Die Siedetemperatur des Wassers beträgt unter diesen Bedingungen ca. 117 °C. Durch die Temperatur-differenz von 17 K steigt die Reaktionsgeschwindigkeit der ablaufenden chemischen Reaktionen des Garprozesses auf das 2- bis 3-fache an. Doppelte Reaktionsgeschwindigkeit bedeutet ungefähr die halbe Garzeit, 3-fache Reaktionsgeschwindigkeit bedeutet ungefähr ein Drittel der Garzeit.

Zusatzinformationen

Die RGT-Regel geht auf den Chemiker JACOBUS HENRICUS VAN'T HOFF zurück; auch von ihm wurde sie nur als grobe „Faustregel" betrachtet. Wenige Jahre später (1884) stellte SVANTE ARRHENIUS die nach ihm benannte Arrhenius-Gleichung auf. Sie gibt einen Zusammenhang zwischen der Geschwindigkeitskonstante k und der thermodynamischen Temperatur T an:

$$k = A \cdot e^{-\frac{E_a}{R \cdot T}}$$ (Die universelle Gaskonstante ist $R \approx 8{,}314\,\text{J}/(\text{mol} \cdot \text{K})$.)

Außer den Variablen k und T enthält die Arrhenius-Gleichung noch zwei Parameter:
– E_a ist die Aktivierungsenergie. Sie wird als charakteristisch für eine bestimmte Reaktion und damit als konstant betrachtet. Ihre Werte liegen i.d.R. im Bereich zwischen 0 und 400 kJ/mol.
– A ist der präexponentielle Faktor. Er hängt von der Wahrscheinlichkeit (Häufigkeit) der für die Reaktion geeigneten Zusammenstöße zweier Moleküle ab. Der präexponentielle Faktor kann als „Geschwindigkeitskonstante bei unendlich hoher Temperatur" interpretiert werden. A ist proportional zu $\sqrt{T}$, kann aber bei kleineren Temperaturänderungen als konstant betrachtet werden. Die Zahlenwerte von A liegen meist im Bereich zwischen 10^2 und 10^{15}.

Die beiden Parameter E_a und A können aus experimentellen Daten recht bequem gewonnen werden, wenn man die Arrhenius-Gleichung logarithmiert:

$$\ln\{k\} = \ln\{A\} - \frac{E_a}{R} \cdot \frac{1}{T}$$

Trägt man $\ln\{k\}$ gegen $1/T$ auf („Arrhenius-Plot"), so ergibt sich eine Gerade. Die folgende Wertetabelle mit Diagramm zeigt dies am Beispiel der Spaltung von Essigsäureethylester in alkalischer Lösung. (Daten entnommen aus: Peter Keusch, Universität Regensburg, Fachdidaktik Chemie: Chembox, Alkalische Hydrolyse von Ethylacetat. Die Seite ist leider nicht mehr online.)

ϑ in °C	T in K	$1/T$ in K^{-1}	k in l/(mol · s)	$\ln\{k\}$
39,6	312,8	0,003 197	0,348 7	− 1,053 5
45,5	318,7	0,003 138	0,469 7	− 0,755 7
50,1	323,3	0,003 094	0,591 8	− 0,524 6

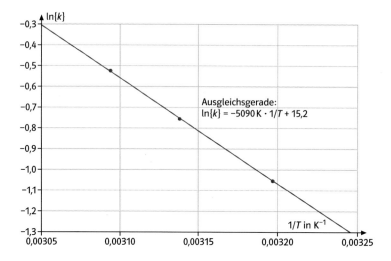

Die Steigung der Gerade ist $-E_a/R$; der Ordinatenabschnitt (y-Achsen-Abschitt) ist A. Für die alkalische Hydrolyse von Essigsäureethylester ergibt sich damit:

$$E_a = -(-5\,090\,\text{K}) \cdot 8{,}314\,\text{J}/(\text{mol} \cdot \text{K}) \approx 4{,}2 \cdot 10^4\,\text{J}/\text{mol} = 42\,\text{kJ}/\text{mol}$$

$$\ln\{A\} = 15{,}2 \quad \Rightarrow \quad A \approx 4 \cdot 10^6\,\text{l}/(\text{mol} \cdot \text{s})$$

Um die Arrhenius-Gleichung mit der RGT-Regel zu vergleichen, berechnet man für gegebene Aktivierungsenergien und Temperatur-Paare T_1 und $T_2 = T_1 + 10\,\text{K}$ das Verhältnis k_2/k_1. Aus der Arrhenius-Gleichung (s.o.) ergibt sich die allgemeine Gleichung zur Berechnung von k_2/k_1:

$$\frac{k_2}{k_1} = e^{-\frac{E_a}{R} \cdot \left(\frac{1}{T_1} - \frac{1}{T_2}\right)}$$

Das folgende Diagramm zeigt dies für Aktivierungsenergien bis zu 150 kJ/mol bei einigen Beispiel-Temperaturen. Die RGT-Regel gilt genau, wenn $k_2/k_1 = 2{,}0$ ist.

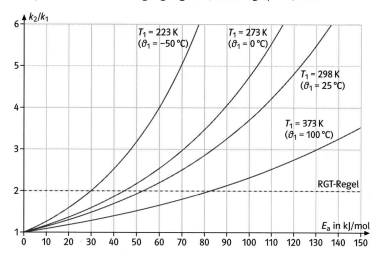

Man sieht, dass die RGT-Regel je nach Temperatur T_1 nur bei einer ganz bestimmten Aktivierungsenergie gilt. Beispielsweise muss bei 25 °C ($T_1 = 298$ K) die Aktivierungsenergie 53 kJ/mol betragen, dass $k_2/k_1 = 2{,}0$ ist. Bei anderen Aktivierungsenergien kann die Abweichung von der RGT-Regel so groß sein, dass sie nicht sinnvoll anwendbar ist.

2.7 Katalyse

Zu den Aufgaben

A1 Ein Katalysator bildet z. B. mit einem der Edukte ein Zwischenprodukt. Diese Reaktion hat eine niedrigere Aktivierungsenergie als die „direkte" Reaktion zu den Produkten. Das Zwischenprodukt reagiert dann z. B. mit einem weiteren Edukt zu den Produkten; auch diese Reaktion hat eine relativ niedrige Aktivierungsenergie.
Insgesamt setzt ein Katalysator folglich die Aktivierungsenergie einer Reaktion herab. Dadurch beschleunigt er den Ablauf der Reaktion.

A2 Die Knallgasreaktion benötigt eine hohe Aktivierungsenergie. Bei Zimmertemperatur hat so gut wie kein Molekül diese Energie, deshalb ist die Reaktionsgeschwindigkeit extrem klein. Ein Gemisch aus Wasserstoff und Sauerstoff ist bei Zimmertemperatur metastabil.

A3

a) Bei den Reaktionsgleichungen wird geprüft, ob sich Oxidationszahlen ändern. Im Folgenden ist zur besseren Übersichtlichkeit die Oxidationszahl von H (immer I) weggelassen:

$$\overset{-II}{(NH_2)_2}\overset{IV-II}{C O} \longrightarrow \overset{-III}{NH_3} + \overset{-III\ IV-II}{H\,N\,C\,O} \qquad \text{keine Redoxreaktion}$$

$$\overset{-III\,IV-II}{H\,N\,C\,O} + \overset{-II}{H_2O} \longrightarrow \overset{-III}{NH_3} + \overset{IV-II}{CO_2} \qquad \text{keine Redoxreaktion}$$

$$4\,\overset{-III}{NH_3} + 4\,\overset{II-II}{NO} + \overset{0}{O_2} \longrightarrow 4\,\overset{0}{N_2} + 6\,\overset{-II}{H_2O} \qquad \text{Redoxreaktion}$$

$$2\,\overset{-III}{NH_3} + \overset{II-II}{NO} + \overset{IV-II}{NO_2} \longrightarrow 2\,\overset{0}{N_2} + 3\,\overset{-II}{H_2O} \qquad \text{Redoxreaktion}$$

$$8\,\overset{-III}{NH_3} + 6\,\overset{IV-II}{NO_2} \longrightarrow 7\,\overset{0}{N_2} + 12\,\overset{-II}{H_2O} \qquad \text{Redoxreaktion}$$

b) Bei der SCR steht der Fokus auf der Reaktion der Stickstoffoxide zu Stickstoff. Da es sich dabei um eine Reduktion der Stickstoff-Atome handelt, spricht man in diesem Zusammenhang vereinfacht von einer Reduktion.

A4

a) Es gibt (Stand 2022) hauptsächlich zwei Arten von SCR-Katalysatoren: Die eine Art besteht aus einer Keramik als Trägermaterial, auf die Oxide von Metallen (z. B. Vanadium, Molybdän oder Wolfram) aufgebracht sind. Die andere Art ist auf Zeolith-Basis aufgebaut.
b) Harnstoff wird bei der Reaktion verbraucht. Er ist also ein normales Edukt und kein Katalysator.

Zusatzversuche

Verbrennung von Wasserstoff an Katalysatorperlen

Die Verbrennung von Wasserstoff kann bei Zimmertemperatur an einem Katalysator gestartet werden.

Variante 1: Man leitet einen schwachen Wasserstoffstrom auf einige Platin-Katalysatorperlen, die z.B. auf einem Drahtnetz oder in einer Kristallisierschale liegen. Die Platin-Katalysatorperlen glühen auf. Durch Variation des Abstands und der Richtung des Wasserstoffstroms kann man die Zusammensetzung des Gasgemisches am Katalysator verändern und so ein starkes Aufglühen der Kugeln oder die Entzündung des Wasserstoffs erreichen.

Variante 2: Man dreht ein mit Wasserstoff gefülltes, mit einem Stopfen verschlossenes Reagenzglas auf den Kopf. Dann öffnet man es, gibt rasch eine Katalysatorperle hinzu und verschließt es sofort wieder. (Dabei wird dennoch eine gewisse Menge an Luft und somit auch Sauerstoff in das Reagenzglas eingebracht.) Danach lässt man die Perlen langsam im Reagenzglas hin- und herrollen. Durch Befühlen des Reagenzglases von außen können die Schülerinnen und Schüler feststellen, dass eine exotherme Reaktion stattfindet. Am Schluss kann man das Reagenzglas mit Wassertestpapier (Watesmo®-Papier) auswischen.

Literatur

H. Fleischer, G. Greiner, B. Horlacher, H. Maier, M. Öttinger: Stickoxide aus Dieselmotoren – die Notwendigkeit der thermodynamischen Betrachtungen. CHEMKON, online veröffentlicht 2021. DOI: 10.1002/ckon.202000061 (u.a. Schülerversuche zum Stickstoffoxid-Nachweis und zum SCR-Katalysator im Microscale-Maßstab)

R. Harrer: Übergangsmetallkatalyse. Chemie in unserer Zeit 48, 4 (August 2014), 306–308

F. Schüth: Heterogene Katalyse. Chemie in unserer Zeit 2/2006, 92

K. Muñiz: Asymmetrische Katalyse mit Metall-Komplexen. Chemie in unserer Zeit 2/2006, 112

M. Röper: Homogene Katalyse in der chemischen Industrie. Chemie in unserer Zeit 2/2006, 126

2.8 Praktikum: Einfluss der Temperatur und von Katalysatoren

Zu den Versuchen

V1 **Einfluss der Temperatur auf die Bildung von Schwefel aus Natriumthiosulfat**

Aufgabenlösungen

1. Ergebnis einer Messung:

ϑ in °C	t_R in s	t_R^{-1} in s^{-1}
10,1	245	0,0041
19,8	139	0,0072
32,1	63	0,0159
38,8	41	0,0244

Variante: Der Versuch kann auch mit Salzsäure der Konzentration $c(HCl) = 1\,mol/l$ durchgeführt werden, die häufig als Maßlösung an der Schule vorhanden ist. In diesem Fall sollte die Konzentration der Natriumthiosulfat-Lösung verdoppelt werden, also $c(S_2O_3^{2-}) = 0,2\,mol/l$. Ergebnis einer Messung mit diesen Konzentrationen:

ϑ in °C	t_R in s	t_R^{-1} in s^{-1}
10,1	135	0,0074
19,4	76	0,0132
30,8	36	0,0278
38,8	22	0,0455

2. Diagramm zu den im Schulbuch angegebenen Konzentrationen und zur Variante:

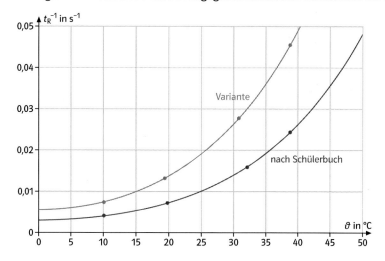

Hinweis: In diesem Diagramm wurden Exponentialfunktionen an die Messwerte angepasst. Zur Auswertung siehe Hinweise unten.

3. Die mittlere Reaktionsgeschwindigkeit ist der Betrag des Quotienten aus einem Konzentrationsunterschied Δc und der dafür benötigten Zeit Δt. Die Anfangskonzentrationen sind in einer Messreihe immer gleich. Die Endkonzentrationen sollten auch immer ungefähr gleich sein, da zum Verdecken des Kreuzes immer etwa die gleiche (allerdings unbekannte) Menge Schwefel benötigt wird. Der Konzentrationsunterschied Δc ist also innerhalb einer Messreihe zwar unbekannt, aber ungefähr konstant. Die Reaktionszeit t_R ist die Zeit, die zum Erreichen von Δc benötigt wird, sie entspricht also Δt. Zum Berechnen der mittleren Reaktionsgeschwindigkeit müsste man eigentlich Δc durch Δt dividieren. Da Δc zwar unbekannt aber konstant ist, ist $1/\Delta t = 1/t_R = t_R^{-1}$ proportional zur mittleren Reaktionsgeschwindigkeit.

Hinweise zur Durchführung:
Die gemessenen Zeiten sind auch abhängig vom aufgezeichneten Kreuz. Um eine bessere Vergleichbarkeit der Ergebnisse unterschiedlicher Gruppen zu erreichen, kann man schwarze Kreuze auf weißes Papier drucken und das Papier folieren.
In einer Gruppe sollte zur Beobachtung der Trübung immer dieselbe Person eingesetzt werden, damit möglichst der gleiche Grad der Trübung festgehalten wird. Führen mehrere Gruppen die Versuche durch, so weichen die Zeiten meist ein wenig voneinander ab, weil die Trübung unterschiedlich wahrgenommen wird oder z. B. der Start der Reaktion (das Zusammengeben der Lösungen) zu früh oder ein wenig verspätet festgehalten wird.

Hinweise zur Auswertung:
Erfahrungsgemäß kann mit diesem Experiment die RGT-Regel im Bereich zwischen 10 °C und 40 °C gut belegt werden: Die Zeit bis zur Trübung wird bei einer Temperaturerhöhung um 10 °C (10 K) etwa halbiert, folglich wird die Reaktionsgeschwindigkeit etwa verdoppelt.

Die RGT-Regel ist bekanntlich nur eine Näherung. Will man die Temperaturabhängigkeit genauer untersuchen, so kann man an die Messwerte im Diagramm eine Exponentialfunktion anpassen. Bei den beiden oben angegebenen Messreihen erhält man bei einer Temperaturerhöhung um 11 °C (statt 10 °C) eine Halbierung der Zeit bis zur Trübung. (Auswertung mit Excel: „Trendlinie hinzufügen"; Typ exponentiell. Die Temperaturdifferenz zur Halbierung der Reaktionsdauer erhält man, indem man $\ln 2 \approx 0{,}693$ durch den Exponenten der erhaltenen Funktion dividiert.)

V2 **Wasserstoffperoxid und verschiedene Katalysatoren**
a) Sobald die Katalysatorperlen in die Wasserstoffperoxid-Lösung gefallen sind, beginnt eine lebhafte Gasentwicklung. Der glimmende Holzspan flammt hell auf.

b) Beobachtung: Nach Zugabe der zerriebenen rohen Kartoffel setzt nach kurzer Zeit eine lebhafte Gasentwicklung ein, auch die Glimmspanprobe verläuft positiv.
Erklärung: Kartoffeln enthalten das Enzym Katalase, das den Zerfall von Wasserstoffperoxid katalysiert.

Hinweis zur Durchführung: Der Versuch funktioniert natürlich nur mit einer rohen Kartoffel, da beim Kochen die in der Kartoffel enthaltenen Enzyme denaturiert werden. Will man dies zeigen, kann man zum Vergleich eine gekochte Kartoffel verwenden. Man beobachtet dann keine oder nur eine sehr geringe Gasentwicklung.

V3 **Enzyme zerlegen Eiweiße**
Aufgabenlösung
Beobachtung: Die Gelatine löst sich im warmen Wasser und bildet beim Abkühlen ein zusammenhängendes, festes, stabiles Gel. Ohne Zusatz von Waschmittel bleibt die Gelatine unverändert fest. Beim Zusatz enzymhaltiger Waschmittel bleibt die Gelatine dünnflüssig oder wird höchstens halbfest.
Erklärung: Unter dem Einfluss der Enzyme (Proteasen) werden die Eiweißketten der Gelatine gespalten; die Gelstruktur kann sich nicht ausbilden.

Hinweise:
– Wollwaschmittel enthalten keine Proteasen.

Literatur

H. Fleischer, G. Greiner, B. Horlacher, H. Maier, M. Öttinger: Kinetik und Energetik der Wasserstoffperoxid-Zersetzung. CHEMKON, online veröffentlicht 2021 (Stand April 2022 noch nicht in der Print-Ausgabe). DOI: 10.1002/ckon.202000041

2.9 Exkurs: Enzyme

Zu den Aufgaben

A1 Verlauf einer enzymatisch katalysierten Reaktion: In einem ersten Reaktionsschritt bildet ein Enzym-Molekül mit einem Substrat-Molekül einen Enzym-Substrat-Komplex. Anschließend wird das Substrat-Molekül zu den Produkten umgesetzt, das Enzym-Molekül wird wieder frei. Es kann erneut ein Substrat-Molekül aufnehmen. Im Vergleich zur Reaktion des Substrats ohne Enzym wird auf diesem Reaktionsweg die Aktivierungsenergie so weit herabgesetzt, dass z.B. die Körpertemperatur für eine schnelle Reaktion ausreicht.
Schlüssel-Schloss-Modell: Die Bindungsstelle des Enzym-Moleküls, das aktive Zentrum, ist eine Passform für das umzusetzende Substrat-Molekül. Andere Moleküle können i.d.R. nicht entsprechend gebunden werden. Das Substrat-Molekül passt in das Enzym-Molekül wie ein Schlüssel in das Schloss.

A2
– Substratspezifität: Spezialisierung des Enzyms auf ein bestimmtes Edukt
– Wirkungsspezifität: Spezialisierung des Enzyms auf eine bestimmte Reaktion

A3 Enzyme sind Katalysatoren, die die chemischen Reaktionen in Organismen steuern. Nur unter der Wirkung dieser „Biokatalysatoren" sind die chemischen Umsetzungen, der Stoffwechsel im Organismus, überhaupt möglich, denn die meisten am Stoffwechsel beteiligten chemischen Verbindungen sind bei den in Lebewesen herrschenden Temperaturen zu reaktionsträge, um genügend rasch reagieren zu können.
Die Wirkung der Enzyme besteht darin, dass sie die erforderliche Aktivierungsenergie absenken und dadurch die Reaktionsgeschwindigkeit erhöhen. Die meisten Enzyme beeinflussen nur ganz bestimmte Reaktionen, d.h., sie sind wirkungsspezifisch. Sie wählen von verschiedenen möglichen Umsetzungen eines bestimmten Substrats nur eine einzige aus und senken nur die Aktivierungsenergie gerade dieser Reaktion ab.

Zusatzversuche

Zusatzversuch 1: Substratspezifität der Urease
Versetzen Sie eine Harnstoff- und eine Thioharnstoff-Lösung mit Urease-Lösung. Geben Sie anschließend jeweils einige Tropfen Phenolphthalein-Lösung dazu.

Beobachtung: In dem Reaktionsgemisch mit Harnstoff tritt eine Rotfärbung auf, während die Lösung mit Thioharnstoff farblos bleibt.

Erklärung: Harnstoff wird durch Urease hydrolytisch gespalten:

$$NH_2\!-\!CO\!-\!NH_2 + H_2O \xrightarrow{\text{Urease}} 2\,NH_3 + CO_2 \xrightarrow{+\,2\,H_2O} 2\,NH_4^+ + HCO_3^- + OH^-$$

Durch Reaktion der Ammoniak-Moleküle und Kohlenstoffdioxid-Moleküle mit Wasser-Molekülen entstehen Hydroxid-Ionen; die Lösung wird alkalisch und färbt Phenolphthalein rot.
Thioharnstoff wird durch Urease nicht gespalten (Substratspezifität der Urease).

Zusatzversuch 2: Abhängigkeit der Aktivität von Amylase vom pH-Wert

a) Amylose-Lösung: Man lässt 1g Amylose in 50 ml Wasser aufkochen, füllt auf 100 ml auf und lässt abkühlen. Jeweils 5 ml dieser Amylose-Lösung gibt man in acht Reagenzgläser.

b) Pufferlösungen: 150 ml Dinatriumhydrogenphosphat-Lösung ($c(Na_2HPO_4)$ = 0,2 mol/l) und 50 ml Citronensäure-Lösung (c = 0,2 mol/l) werden hergestellt. Beide Lösungen werden in den folgenden Mengen in die acht Reagenzgläser zur Amylose-Lösung gegeben:

pH	V(Dinatriumhydrogenphosphat-Lösung) in ml	V(Citronensäurelösung) in ml
4,6	9,35	10,65
5,0	10,30	9,70
5,4	11,15	8,85
5,8	12,09	7,91
6,2	13,42	6,78
6,8	15,45	4,55
7,4	18,17	1,83
8,0	19,45	0,55

c) Zugabe von Iod-Kaliumiodid-Lösung: In jedes Reagenzglas wird die gleiche Tropfenzahl gegeben. Sie ist so zu bemessen, dass eine deutlich blaue, noch durchsichtige Lösung entsteht.

d) Zugabe von Amylase-Lösung (w ≈ 1%): Zu jedem Ansatz wird 1 ml Amylase-Lösung gegeben, kurz geschüttelt und die Zeit bis zur Entfärbung gemessen.

Aufgabe: Tragen Sie die Messwerte in eine Tabelle mit der Reaktionsdauer t_R (Zeit bis zur Entfärbung der Lösung) und dem pH-Wert ein. Erstellen Sie eine Grafik dieser Messwerte mit den Koordinaten $1/t_R$ (als Maß für die mittlere Reaktionsgeschwindigkeit) und pH-Wert.

Ergebnis und Auswertung:
Amylase spaltet die glycosidischen Bindungen der Amylose.
Abhängigkeit der Reaktionsdauer vom pH-Wert:

pH	t_R in s	$1/t_R$ in s^{-1}
4,6	26	0,038
5,0	24	0,042
5,4	19	0,053
5,8	17	0,059
6,2	13	0,077
6,8	10	0,100
7,4	14	0,071
8,0	19	0,053

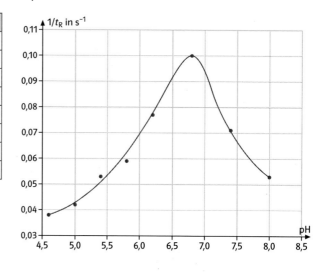

Zusatzinformationen

Reaktionen nullter Ordnung

Die Reaktionsgeschwindigkeit vieler Enzymreaktionen ist annähernd konstant, obwohl die Konzentration des Substrats abnimmt. Dies wird dadurch erklärt, dass während der Reaktion alle Enzym-Moleküle durch Substrat-Moleküle besetzt sind. Damit ist die Reaktionsgeschwindigkeit unabhängig von der Substrat-Konzentration. Ein bekanntes Beispiel ist der Abbau von Ethanol durch das Enzym Alkoholdehydrogenase im menschlichen Körper. Als Faustregel gilt, dass der Alkohol-Gehalt im Blut konstant um etwa 0,1 Promille pro Stunde abnimmt.

Man bezeichnet eine Reaktion, deren Geschwindigkeit von den Konzentrationen der Edukte unabhängig ist, als Reaktion nullter Ordnung. Nur bei sehr geringen Substrat-Konzentrationen sind nicht alle Enzym-Moleküle besetzt, und die Reaktionsgeschwindigkeit ist abhängig von der Substrat-Konzentration. Der Effekt ist vergleichbar mit der Begrenzung der Reaktionsgeschwindigkeit durch die Oberfläche bei der heterogenen Katalyse.

Was prickelt auf der Zunge?

Das Prickeln von kohlensäurehaltigen Getränken auf der Zunge hängt mit einer Enzymreaktion zusammen. Siehe Kap. 2.13 im Serviceband, „Zum Exkurs Kohlenstoffdioxid in Getränken".

2.10 Chemische Reaktion und Gleichgewichtseinstellung

Zu den Aufgaben

A1 Veresterung: Zu Beginn ist weder Essigsäureethylester noch Wasser vorhanden. Bei der Veresterung von Essigsäure und Ethanol wird pro Essigsäureethylester-Molekül ein Wasser-Molekül gebildet, d.h., die beiden Stoffmengen nehmen im gleichen Maß zu.
Folglich gilt: $n(CH_3COOC_2H_5) = n(H_2O)$.
Esterhydrolyse: Zu Beginn sind gleiche Stoffmengen von Essigsäureethylester und Wasser vorhanden. Bei der Esterhydrolyse reagiert immer ein Essigsäureethylester-Molekül mit einem Wasser-Molekül, d.h., die beiden Stoffmengen nehmen im gleichen Maß ab.
Folglich gilt auch hier: $n(CH_3COOC_2H_5) = n(H_2O)$.
Hinweis: Dieser Zusammenhang ist insbesondere nicht davon abhängig, ob sich das chemische Gleichgewicht eingestellt hat.

A2

a) Zu Beginn der Veresterung liegen im Reaktionsgefäß nur Carbonsäure- und Alkohol-Moleküle vor. Wenn ein Carbonsäure- und ein Alkohol-Molekül aufeinandertreffen, können sie zu einem Ester- und einem Wasser-Molekül reagieren. Diese verteilen sich aufgrund der Diffusion gleichmäßig in der Lösung. Mit dem Fortschreiten der Veresterung wird also die Anzahl der Moleküle der Ausgangsstoffe abnehmen und die Anzahl der Moleküle des Esters und des Wassers zunehmen. Die Konzentration der Ausgangsstoffe nimmt also ab und die Konzentration der Reaktionsprodukte nimmt zu. Dies führt dazu, dass immer seltener ein Carbonsäure-Molekül auf ein Alkohol-Molekül trifft, die Veresterung verlangsamt sich. Gleichzeitig treffen immer häufiger Ester-Moleküle auf Wasser-Moleküle, sodass die Hydrolyse voranschreitet. Im Reaktionsverlauf wird schließlich ein Zustand erreicht, ab dem in der gleichen Zeit genauso viele Ester-Moleküle gebildet wie gespalten werden: Der Gleichgewichtszustand ist erreicht.

b) Im Gleichgewichtszustand reagieren pro Zeiteinheit genauso viele Teilchen der links vom Gleichgewichtspfeil stehenden Reaktionsteilnehmer zu den rechts vom Gleichgewichtspfeil stehenden Reaktionsteilnehmern wie umgekehrt. Insgesamt erfolgt keine Änderung der Stoffmengen bzw. Konzentrationen der Reaktionsteilnehmer. Das chemische Gleichgewicht ist ein dynamisches Gleichgewicht: Die Hin- und die Rückreaktion laufen ständig ab, aber wegen der entgegengesetzten Gleichheit beider Geschwindigkeiten heben sich die Teilreaktionen in ihrer Wirkung auf die Konzentrationen auf.

A3

a) V(Lösung) $= 29{,}0\,ml + 28{,}0\,ml + 0{,}2\,ml = 57{,}2\,ml = 0{,}0572\,l$

$$c(CH_3COOH) = \frac{n(CH_3COOH)}{V(\text{Lösung})} = \frac{0{,}5\,mol}{0{,}0572\,l} \approx 8{,}7\,mol/l$$

b) Reaktionsgleichung der Titration: $CH_3COOH\,(aq) + NaOH\,(aq) \longrightarrow CH_3COONa\,(aq) + H_2O\,(l)$

$$\Rightarrow \frac{n(CH_3COOH)}{n(NaOH)} = \frac{1}{1} = \frac{c(CH_3COOH) \cdot V(\text{Essigsäure-Lösung})}{c(NaOH) \cdot V(\text{Natronlauge})} \Leftrightarrow c(CH_3COOH) = \frac{c(NaOH) \cdot V(\text{Natronlauge})}{V(\text{Essigsäure-Lösung})}$$

$$c(CH_3COOH) = \frac{1\,mol/l \cdot 18\,ml}{5{,}0\,ml} = 3{,}6\,mol/l$$

Stoffmenge der Essigsäure im gesamten Reaktionsansatz:

$$n(CH_3COOH) = c(CH_3COOH) \cdot V(\text{Essigsäure-Lösung}) = 3{,}6\,mol/l \cdot 0{,}0572\,l = 0{,}21\,mol$$

Anmerkung (siehe Hinweis bei V1): Berücksichtigt man den Verbrauch von ca. 0,6 ml Natronlauge durch die Neutralisation der Schwefelsäure und rechnet mit V(Natronlauge) $= 17{,}4\,ml$, so erhält man $n(CH_3COOH) = 0{,}20\,mol$.

Um zu beurteilen, ob das chemische Gleichgewicht erreicht ist, halbiert man die Stoffmengen in B1 im Schulbuch. Im Gleichgewicht müsste also $n(CH_3COOH) \approx 0{,}33\,mol : 2 \approx 0{,}17\,mol$ sein. Da sich im Reaktionsgemisch jedoch mehr Essigsäure befindet, ist das chemische Gleichgewicht noch nicht erreicht.

Hinweis: Die einfache Halbierung der Stoffmengen ist hier erlaubt, weil in der Reaktionsgleichung alle stöchiometrischen Faktoren Eins sind. Bei anderen stöchiometrischen Faktoren würde sich nach dieser einfachen Halbierung beim Einsetzen in das MWG eine andere Gleichgewichtskonstante ergeben, was offensichtlich falsch wäre.

Zum Versuch

Reaktionsgleichung der Titration: $CH_3COOH(aq) + NaOH(aq) \longrightarrow CH_3COONa(aq) + H_2O(l)$

$$\Rightarrow \frac{n(CH_3COOH)}{n(NaOH)} = \frac{1}{1} = \frac{c(CH_3COOH) \cdot V(\text{Essigsäure-Lösung})}{c(NaOH) \cdot V(\text{Natronlauge})} \Leftrightarrow c(CH_3COOH) = \frac{c(NaOH) \cdot V(\text{Natronlauge})}{V(\text{Essigsäure-Lösung})}$$

Bei der Titration einer 5-ml-Probe werden i.d.R. 14 bis 16 ml Natronlauge der Konzentration $c(NaOH) = 1\,mol/l$ verbraucht; dies gilt für beide Versuchsansätze. Sowohl nach der Veresterung als auch nach der Esterhydrolyse liegt also gleich viel Essigsäure vor. Die Rechnung für 15 ml Natronlauge ergibt:

$$c(CH_3COOH) = \frac{1{,}0\,mol/l \cdot 15\,ml}{5{,}0\,ml} = 3{,}0\,mol/l$$

$$n(CH_3COOH) = c(CH_3COOH) \cdot V(\text{Essigsäure-Lösung}) = 3{,}0\,mol/l \cdot 0{,}0575\,l = 0{,}17\,mol$$

Hinweis: Die Schwefelsäure wirkt katalytisch. Ohne Zugabe von Schwefelsäure befindet sich die Reaktion auch nach 10 Tagen noch nicht im Gleichgewicht. Die kleine Schwefelsäure-Portion be-einflusst die Gleichgewichts*lage* praktisch nicht, führt aber bei der Titration zu einem zusätzlichen Verbrauch von Natronlauge. Fügt man dem Versuchsansatz von 57,5 ml eine Portion von ca. 0,2 ml konz. Schwefelsäure hinzu, so ergibt sich die folgende Stoffmenge in der 5-ml-Probe:

$$n(H_2SO_4) \approx \frac{0{,}2\,ml \cdot 1{,}8\,g/ml}{98\,g/mol} \cdot \frac{5\,ml}{57{,}5\,ml} \approx 0{,}0003\,mol$$

Da jedes Schwefelsäure-Molekül zwei Protonen abgeben kann, werden zur Neutralisation der Schwefelsäure in der 5-ml-Probe ca. 0,0006 mol NaOH benötigt. Bei der Titration werden also ca. 0,6 ml Natronlauge ($c(NaOH) = 1\,mol/l$) zusätzlich verbraucht. Subtrahiert man diese 0,6 ml vom bei der Titration gemessenen Volumen $V(\text{Natronlauge})$, so erhält man einen genaueren Wert für $n(CH_3COOH)$.

Weitere Hinweise:
Die Bildung und Spaltung von Essigsäureethylester ist ein bewährtes Beispiel für die Hinführung zum chemischen Gleichgewicht. Schon bei der qualitativen Betrachtung (Deutung des Geruchs nach Ester) lässt sich das Problem in den Fragehorizont der Schülerinnen und Schüler heben, dass es bei umkehrbaren Reaktionen auch Temperaturbereiche gibt, in denen die Hin- und die Rückreaktion nebeneinander ablaufen und die „Ausgangsstoffe" und „Reaktionsprodukte" nebeneinander vorlie-gen. Für die quantitative Verfolgung der Hin- und Rückreaktion ist der experimentelle Aufwand nicht zu groß. Außerdem wird der Umgang mit quantitativen Beziehungen vertieft. Für viele Schülerinnen und Schüler ist es immer wieder überraschend, dass in beiden Reaktionsansätzen die gleiche Essigsäurekonzentration vorliegt.

Werden die Angaben der Versuchsanleitung eingehalten, ist aufgrund der Langsamkeit der Reaktion die Essigsäure-Konzentration im Gleichgewicht gut bestimmbar. (Bei einer zu hohen Reaktions-geschwindigkeit würde durch Entzug der Essigsäure das Gleichgewicht während der Titration nach links verschoben.) Wichtig ist es zu betonen, dass die Konzentrationsbestimmung auch nach 20 Tagen oder 100 Jahren zu keinen anderen Ergebnissen führt. Evtl. lässt man die Konzentrations-bestimmungen nach zwei Wochen noch einmal durchführen.

Aus der Reaktionsgleichung der Gleichgewichtsreaktion und den eingesetzten Stoffmengen von 0,5 mol folgt:

$$n(CH_3COOH) = n(C_2H_5OH) \quad \text{und} \quad n(CH_3COOC_2H_5) = n(H_2O) = 0{,}5\,mol - n(CH_3COOH)$$

Damit kann man auch die anderen Stoffmengen berechnen und das Versuchsergebnis folgender-maßen zusammenfassen:

Die Bildung und Spaltung von Essigsäureethylester – ein Beispiel für eine umkehrbare Reaktion

	Essigsäure + Ethanol $\rightleftharpoons$		Essigsäureethylester + Wasser	
	CH_3COOH + C_2H_5OH $\rightleftharpoons$		$CH_3COOC_2H_5$ + H_2O	
Stoffmengen …				
… zu Beginn der Veresterung:	0,50 mol	0,50 mol	0	0
… im Gleichgewichtszustand:	0,17 mol	0,17 mol	0,33 mol	0,33 mol
Stoffmengen …				
… zu Beginn der Esterhydrolyse:	0	0	0,50 mol	0,50 mol
… im Gleichgewichtszustand:	0,17 mol	0,17 mol	0,33 mol	0,33 mol

Charakteristisch für eine umkehrbare Reaktion ist: Wird sie in einem geschlossenen System durchgeführt, verläuft sie meist in einem großen Temperaturbereich unvollständig. Man erhält immer ein Gemisch aller an der Reaktion beteiligten Stoffe. Die Stoffmengen bzw. Konzentrationen der Stoffe ändern sich nach einiger Zeit nicht mehr. (Dies gilt natürlich nur, wenn die Temperatur sich nicht ändert.)

<table>
<tr><td>**Zusatzversuch**</td><td>

Reaktion von Silber-Ionen mit Eisen(II)-Ionen

Ein weiteres Beispiel für eine unvollständig ablaufende Reaktion (eine Gleichgewichtsreaktion) ist die Reaktion von Silber-Ionen mit Eisen(II)-Ionen. Schon nach kurzer Zeit sind die Reaktionsprodukte sichtbar (Trübung durch fein verteiltes Silber) bzw. nachweisbar (Eisen(III)-Ionen). Obwohl die Reaktion sehr schnell abläuft, sind – sogar nach langer Zeit – auch noch Ausgangsstoffe nachweisbar. Der Nachteil dieses Experimentes liegt darin, dass hier nicht quantitativ gezeigt werden kann, dass die Zusammensetzung des jeweiligen Reaktionsgemisches gleich ist, gleichgültig ob man von Silber- und Eisen(II)-Ionen oder von Eisen(III)-Ionen und Silber-Atomen ausgeht.
</td></tr>
</table>

Hinreaktion: $Fe^{2+} + Ag^+ \longrightarrow Fe^{3+} + Ag$

Rückreaktion: $Fe^{3+} + Ag \longrightarrow Fe^{2+} + Ag^+$

Nachweis der Ag+-Ionen durch Fällung: $Ag^+(aq) + Cl^-(aq) \longrightarrow AgCl(s)$

Nachweis der Fe^{2+}-Ionen als Berliner Blau: $\overset{II}{Fe^{2+}} + [\overset{III}{Fe}(CN)_6]^{3-} \longrightarrow [\overset{III}{Fe}\overset{II}{Fe}(CN)_6]^-$

Nachweis der Fe^{3+}-Ionen als Thiocyanato-Komplex: $Fe^{3+}(aq) + SCN^-(aq) \longrightarrow [Fe(SCN)]^{2+}(aq)$

Durchführung:
a) Hinreaktion: Man vermischt in einem kleinen Becherglas 10 ml Silbernitrat-Lösung ($c(AgNO_3)$ = 0,1 mol/l) und 10 ml Eisen(II)-sulfat-Lösung ($c(FeSO_4 \cdot 7 H_2O)$ = 0,1 mol/l) und wartet ca. 10 Minuten. Der Inhalt des Becherglases wird in ein Reagenzglas filtriert. (Das Filterpapier mit dem Rückstand wird für die Rückreaktion aufbewahrt.) Das Filtrat wird auf drei saubere Reagenzgläser aufgeteilt. Anschließend gibt man in das erste Reagenzglas verdünnte Salzsäure, in das zweite Reagenzglas Kaliumhexacyanoferrat(III)-Lösung (w ≈ 1 bis 2 %) und in das dritte Reagenzglas Kaliumthiocyanat-Lösung (w ≈ 1 bis 2 %).
b) Rückreaktion: Der Filterrückstand wird mit dest. Wasser so häufig gewaschen, bis das Filtrat mit Salzsäure und Kaliumhexacyanoferrat(III)-Lösung keine positive Reaktion mehr zeigt. Danach gibt man in den Filter konzentrierte Eisen(III)-nitrat-Lösung. Das Filtrat fängt man auf, teilt es in zwei Portionen und weist mit Salzsäure Silber-Ionen und mit Kaliumhexacyanoferrat(III)-Lösung Eisen(II)-Ionen nach.

<table>
<tr><td>**Literatur**</td><td>H. Fleischer: Das Iod-Verteilungsgleichgewicht – Ein problemorientierter Zugang zum chemischen Gleichgewicht zur Schulung der naturwissenschaftlichen Arbeitsweise im Chemieunterricht. MNU 68/1 (Januar 2015), 28–35</td></tr>
</table>

2.11 Praktikum: Umkehrbarkeit und Gleichgewicht

<table>
<tr><td>**Zu den Versuchen**</td><td>

V1 **Bildung und Spaltung eines Esters**
Vorbemerkungen:
Die Bildung und die Spaltung von Methansäuremethylester verlaufen wesentlich schneller als die entsprechenden Reaktionen von Ethansäureethylester. Die Methansäurekonzentration lässt sich trotzdem einfach durch Titration mit Natronlauge bestimmen. Die Stoffe sind leicht zugänglich. Aus diesen Gründen ist der vorgeschlagene Versuch gut geeignet, die Einstellung eines chemischen Gleichgewichts zu verfolgen.

Hinweise zur Durchführung:
In beide Versuchsansätze sollen möglichst gleiche Schwefelsäureportionen gegeben werden. Man kann auch 0,3 ml Schwefelsäure (w = 98 %) einsetzen; das Gleichgewicht stellt sich dann etwa 5 bis 10 Minuten früher ein. Das Verdünnen und Abkühlen der Probe soll die Reaktionsgeschwindigkeit herabsetzen. Die Konzentration der Methansäure soll für die Zeit ihrer Bestimmung „eingefroren" werden, d.h., sie soll sich durch die Titration möglichst nicht (aufgrund einer Gleichgewichtsverschiebung) ändern. Den Schülerinnen und Schülern kann an dieser Stelle verdeutlicht werden, dass die Titration hier kein bloßes Messverfahren darstellt, mit dem die Methansäure-Konzentration ermittelt wird. Vielmehr greift die Titration in das Protolysegleichgewicht der Methansäure ein. Da die
</td></tr>
</table>

Methansäure außerdem im Gleichgewicht mit dem Ester steht, wird durch die Titration im Prinzip gerade jenes Gleichgewicht beeinflusst, das eigentlich möglichst ungestört untersucht werden soll. Weil aber die Protolyse der Methansäure wesentlich schneller abläuft als die Spaltung von Methansäuremethylester, ist (wenn zügig gearbeitet wird) eine näherungsweise störungsfreie Titration möglich.

Da die Reaktionen am Anfang schneller ablaufen als gegen Ende, ist auch eine schnelle Probenahme notwendig. Die Schülerinnen und Schüler müssen alles gut organisieren. Mit einer Einmalspritze lässt sich 1 ml ausreichend genau abmessen. Messfehler (von z. B. 0,1 ml) wirken sich stark aus. Man kann auch 2-ml-Proben nehmen; der Versuchsansatz reicht dafür.

Da die Rotfärbung durch Phenolphthalein recht schnell wieder verschwindet (wegen des Entzugs von Methansäure verschiebt sich das Gleichgewicht in Richtung der Edukte), neigen ungeübte Schülerinnen und Schüler zum Nachtitrieren. Deshalb sollte die Titration einmal vorgeführt werden.

Hinweise zu den Gefahrstoffen:
Die Gefahren, die von Schwefelsäure ausgehen, sind allgemein bekannt. Bei diesem Versuch werden jedoch zwei weitere Gefahrstoffe verwendet, mit denen ebenfalls sehr sorgfältig umgegangen werden muss. Die auf den Gefäßen und im Sicherheitsdatenblatt angegebenen Gefahren- und Sicherheitshinweise müssen unbedingt beachtet werden.

- Methanol ist leicht entzündlich und giftig beim Verschlucken, beim Hautkontakt und beim Einatmen. Methanol wird auch über die Haut sehr gut resorbiert. Es schädigt das Zentralnervensystem, die Nieren, das Herz, die Leber und weitere Organe. Eine Schädigung der Sehnerven führt zur Erblindung.
- Methansäure (Ameisensäure) verursacht schwere Verätzungen der Haut und schwere Augenschäden. Die Dämpfe der Methansäure reizen stark die Augen und Atemwege; Kontakt mit der Flüssigkeit führt zu Verätzungen der Haut und der Augen mit bleibenden Hornhautschäden.

Es wäre aber bedauerlich, wenn der Versuch aus diesen Gründen nicht durchgeführt würde. Im Schulbuch ist daher eine „entschärfte" Version beschrieben: Der Versuchsteil a (Mischen von Methanol, Methansäure und Schwefelsäure) und der Anfang von Versuchsteil b (Probenentnahme) werden von der Lehrkraft übernommen. In den restlichen Phasen des Versuchs liegen Methanol und Methansäure so verdünnt vor, dass der Versuch nicht mehr besonders gefährlich ist.

Aufgabenlösungen

1., 2. Zur Neutralisation der Schwefelsäure in der 1-ml-Probe werden ca. 0,4 ml Natronlauge der Konzentration $c(NaOH) = 1 \, mol/l$ benötigt (Versuchsteil e). Dieses Volumen muss von dem bei der Titration gemessenen Volumen jeweils subtrahiert werden:
$$V(\text{Natronlauge, korr}) = V(\text{Natronlauge}) - 0,4 \, ml$$

Reaktionsgleichung der Titration: $HCOOH(aq) + NaOH(aq) \longrightarrow HCOONa(aq) + H_2O(l)$

$$\Rightarrow \frac{n(HCOOH)}{n(NaOH)} = \frac{1}{1} = \frac{c(HCOOH) \cdot V(\text{Methansäure-Lösung})}{c(NaOH) \cdot V(\text{Natronlauge, korr})} \Leftrightarrow c(HCOOH) = \frac{c(NaOH) \cdot V(\text{Natronlauge, korr})}{V(\text{Methansäure-Lösung})}$$

Beispiel: $V(\text{Natronlauge, korr}) = 9,5 \, ml \Rightarrow c(HCOOH) = \frac{1 \, mol/l \cdot 9,5 \, ml}{1 \, ml} = 9,5 \, mol/l$

Die Zahlenwerte von $V(\text{Natronlauge, korr})$ in ml und $c(HCOOH)$ in mol/l sind also bei diesem Versuch gleich.

Die folgende Tabelle und das Diagramm zeigen die Auswertung je einer Messreihe:

t in min	Bildung von Methansäuremethylester			Spaltung von Methansäuremethylester		
	V(Natronlauge) in ml	V(Natronlauge, korr) in ml	c(HCOOH) in mol/l	V(Natronlauge) in ml	V(Natronlauge, korr) in ml	c(HCOOH) in mol/l
0	13,2	12,8	12,8	0,4	0,0	0,0
5	9,9	9,5	9,5	2,6	2,2	2,2
10	8,4	8,0	8,0	4,0	3,6	3,6
15	7,4	7,0	7,0	4,8	4,4	4,4
20	6,8	6,4	6,4	5,4	5,0	5,0
25	6,5	6,1	6,1	5,8	5,4	5,4
30	6,2	5,8	5,8	6,0	5,6	5,6
35	6,2	5,8	5,8	6,1	5,7	5,7
40	6,2	5,8	5,8	6,2	5,8	5,8
45	6,2	5,8	5,8	6,2	5,8	5,8
50	6,2	5,8	5,8	6,2	5,8	5,8

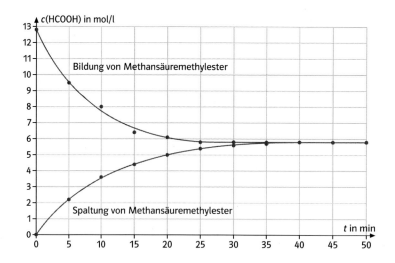

Bei der Bildung des Esters nimmt die Methansäure-Konzentration zunächst stark ab. Im Verlauf der Reaktion wird die Änderung der Methansäure-Konzentration immer kleiner. Nach etwa 30 Minuten ändert sie sich nicht mehr. Bei der Spaltung des Esters nimmt die Methansäure-Konzentration zunächst stark zu. Auch hier wird im Verlauf der Reaktion die Änderung der Methansäure-Konzentration immer kleiner. Nach etwa 40 Minuten ändert sie sich nicht mehr.
Die Methansäure-Konzentrationen, die sich schließlich einstellen, sind in beiden Versuchsansätzen gleich.

V2 Bildung und Zersetzung von Ammoniumchlorid
Aufgabenlösung
a) Im Glasrohr bildet sich ein weißer Belag zwischen den Wattestäbchen (ein wenig näher am Wattestäbchen mit der konz. Salzsäure). Es handelt sich um Ammoniumchlorid.

Reaktionsgleichung: $NH_3 + HCl \longrightarrow NH_4Cl$

b) Beobachtung: Das Universalindikator-Papier in der Nähe des Ammoniumchlorids wird zunächst ein wenig grün, bei kontinuierlichem Weitererhitzen verschwindet die Farbe wieder und nach kurzer Zeit wird das zweite Universalindikator-Papier grün. Kurz danach wird das Universalindikator-Papier in der Nähe des Ammoniumchlorids rot.
Erklärung: Beim Erhitzen wird das Ammoniumchlorid in Ammoniak und Chlorwasserstoff zerlegt.

Reaktionsgleichung: $NH_4Cl \longrightarrow NH_3 + HCl$

Die NH_3-Moleküle wandern (wegen ihrer kleineren Teilchenmasse) schneller als die HCl-Moleküle. Beim Erreichen des Universalindikator-Papiers bildet Ammoniak mit Wasser eine alkalische Lösung, die die grüne Farbe des Papiers hervorruft. Chlorwasserstoff wandert hinterher und bildet nach Neutralisation der Lösung auf dem Universalindikator-Papier eine saure Lösung, die das Universalindikator-Papier bzw. dessen Rand rot färbt. Das Ammoniak bildet mit der Feuchtigkeit auf dem zweiten Universalindikator-Papier eine alkalische Lösung.

Hinweise zur Durchführung: Man gibt eine *kleine* Portion Ammoniumchlorid in das Reagenzglas. An der Reagenzglaswand sollte kein Ammoniumchlorid haften. Danach schiebt man zunächst ein kleines Stück feuchtes Universalindikator-Papier in das Reagenzglas und anschließend einen Glaswollebausch. Auf den Glaswollebausch folgt wieder ein kleines Stück feuchtes Universalindikator-Papier. Das Ammoniumchlorid wird langsam erhitzt. Bei zu starkem Erhitzen verkohlt das Universalindikator-Papier.

2.12 Impulse: Gleichgewichtseinstellung im Modell

Zur Aufgabe

A1

	V1	V2
Edukte	blaue und gelbe Kugeln	Flüssigkeit im Messzylinder 1
Produkte	rote und grüne Kugeln	Flüssigkeit im Zylinder 2
Konzentration der Edukte	Anzahl an blauen und gelben Kugeln	Füllhöhe bzw. Flüssigkeits-volumen im Messzylinder 1
Konzentration der Produkte	Anzahl an roten und grünen Kugeln	Füllhöhe bzw. Flüssigkeits-volumen im Messzylinder 2
Hinreaktion	Ziehen der Kombination blau/gelb und Ersetzen durch rot/grün	Flüssigkeitstransport von Mess-zylinder 1 nach Messzylinder 2
Rückreaktion	Ziehen der Kombination rot/grün und Ersetzen durch blau/gelb	Flüssigkeitstransport von Mess-zylinder 2 nach Messzylinder 1
Reaktionsrate der Hin-reaktion	Wahrscheinlichkeit der Ziehung der Kombination blau/gelb	Flüssigkeitsvolumen im Glas-rohr 1 beim Transport
Reaktionsrate der Rück-reaktion	Wahrscheinlichkeit der Ziehung der Kombination rot/grün	Flüssigkeitsvolumen im Glas-rohr 2 beim Transport
Geschwindigkeitskonstante der Hinreaktion	(keine Entsprechung)	Innendurchmesser des Glas-rohrs 1
Geschwindigkeitskonstante der Rückreaktion	(keine Entsprechung)	Innendurchmesser des Glas-rohrs 2

Zu den Versuchen

V1 Das Kugelspiel
Aufgabenlösungen
1., 2. Ergebnisse von zwei Schülergruppen (die Tabellen wurden hier aus Platzgründen weggelassen):

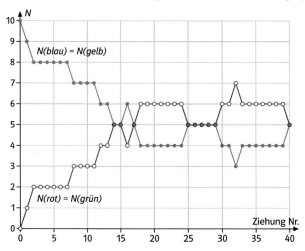
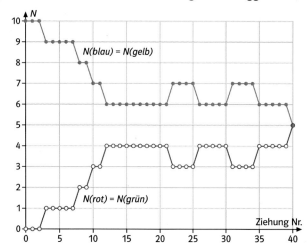

3. Die Anzahl der blauen und gelben Kugeln nimmt ab, die Anzahl der roten und grünen Kugeln nimmt zu. Nach ca. 15 bis 20 Ziehungen haben sich die Anzahlen ungefähr ausgeglichen und schwanken meistens zwischen 4 und 6, seltener auch zwischen 3 und 7.

Übertragung auf die Gleichgewichtsreaktion $A + B \rightleftharpoons C + D$:
Die blauen und die gelben Kugeln repräsentieren die Teilchen der Ausgangsstoffe A und B, die roten und grünen Kugeln die Teilchen der Reaktionsprodukte C und D. Stoßen Teilchen der Ausgangsstoffe (mit genügender Geschwindigkeit) zusammen, so entstehen Teilchen der Reaktionsprodukte. Im Verlauf der Reaktion nimmt die Anzahl der Teilchen der Ausgangsstoffe ab, die Anzahl der Teilchen der Reaktionsprodukte nimmt zu. Sobald Teilchen der Reaktionsprodukte vorhanden sind, setzt die Rückreaktion ein. Im Gleichgewicht liegen – bei diesem Beispiel – gleich viele Teilchen der verschiedenen Stoffe vor. Die Anzahlen der Teilchen der einzelnen Stoffe schwanken nur noch geringfügig. (Bei einer sehr großen Anzahl von Teilchen ist keine Änderung mehr messbar, da dann wenige Teilchen nicht ins Gewicht fallen.)

Hinweis: Im Internet findet man bei der Suche mit den Begriffen „Kugelspiel Chemie", „Simulation chemisches Gleichgewicht" oder vergleichbaren Suchwörtern zahlreiche Artikel, Literaturhinweise und interaktive Simulationen.

V2 Der Stechheberversuch

Dieser Versuch ist ein bewährter Modellversuch zum chemischen Gleichgewicht, der trotz seiner Schwächen (insbesondere die Simulation des eher seltenen Reaktionstyps A $\rightleftharpoons$ B) hilft, den Schülerinnen und Schülern das Einstellen eines chemischen Gleichgewichts und den Gleichgewichts-zustand begreifbar zu machen. Wenn – wie in dem vorgeschlagenen Versuch – zuerst mit Glasrohren deutlich unterschiedlichen Durchmessers gearbeitet wird, kann der sehr verbreiteten Fehlvorstellung entgegengearbeitet werden, dass im chemischen Gleichgewichtszustand die Stoffmengen bzw. Konzentrationen der Edukte („Linksstoffe") und Produkte („Rechtsstoffe") gleich sind. Auch praktische Gründe sprechen für diesen Versuch:
- die Geräte sind in jeder Sammlung vorhanden;
- der Versuch kann in kleinen Schülergruppen durchgeführt werden;
- es fallen keine Gefahrstoffe an.

Die theoretische Bedeutung dieses Versuchs sollte jedoch nicht überbewertet werden. Wer sich vergegenwärtigt, dass Gleichgewichtseinstellungen ihren Antrieb letztlich dem Entropiesatz (dem Zweiten Hauptsatz der Thermodynamik) verdanken, wird sich fragen, wo denn im Stechheberversuch der Entropiesatz zur Wirkung kommt. Der Versuch scheint von seiner Anlage her so einfach und übersichtlich zu sein, dass es leicht übersehen werden kann, auf welche Weise der Entropiesatz befolgt wird.

Und doch läuft in diesem Versuch ein Vorgang ab, der eine Richtung hat und auf diese Weise nicht in die entgegengesetzte Richtung laufen könnte: Wenn das Gleichgewicht einmal erreicht ist, können weitere Übertragungsvorgänge ein Verlassen des Gleichgewichts nicht mehr herbeiführen. Das Wirken des Entropiesatzes macht sich in den Ausgleichsvorgängen bemerkbar, die sich beim Einstellen der Wasserniveaus abspielen: Wenn keine Reibung vorhanden wäre, würde die Flüssigkeit in den Messzylindern ins Schwingen geraten, sodass man mit dem Stechheber – je nach Zeitpunkt und genauem Ort – aus einem Wellental oder aus einem Wellenberg unterschiedliche Wassermengen entnehmen könnte. Durch die Reibung kommt aber die Flüssigkeit nach jeder Entnahme schnell zur Ruhe. Diese Ausgleichsvorgänge sind typische Resultate des Entropiesatzes. Er wird hier also – in einer etwas versteckten Weise – ständig vorausgesetzt und benutzt, was den Erklärungswert des Versuchs begrenzt.

Hinweise zur Durchführung:
- Die Messzylinder müssen festgehalten werden, da sie sonst sehr leicht umkippen.
- In den Glasrohren bleibt meist ein wenig Wasser hängen.

Messergebnisse:
Die folgenden Messergebnisse wurden in Schülerversuchen mit Glasrohren erhalten, die einen Innendurchmesser von ca. 9 mm (Glasrohr A) bzw. ca. 6 mm (Glasrohr B) aufwiesen. Die Dezimal-stellen wurden abgeschätzt.

Übertragungs-vorgang Nr.	V(Wasser) im Glasrohr A in ml	V(Wasser) im Glasrohr B in ml	V(Wasser) im Messzylinder A in ml	V(Wasser) im Messzylinder B in ml
0	–	–	90,0	0,0
1	11,3	0,0	78,7	11,3
2	9,8	0,6	69,5	20,5
3	8,6	1,1	62,0	28,0
4	7,7	1,5	55,8	34,2
5	7,0	1,8	50,6	39,4
6	6,3	2,1	46,4	43,6
7	5,8	2,4	43,0	47,0
8	5,4	2,5	40,1	49,9
9	5,1	2,7	37,7	52,3
10	4,7	2,8	35,8	54,2
11	4,5	2,9	34,2	55,8
12	4,2	3,0	33,0	57,0
13	4,1	3,0	31,9	58,1
14	4,0	3,1	31,0	59,0
15	3,9	3,1	30,2	59,8
16	3,8	3,2	29,6	60,4
17	3,7	3,2	29,1	60,9
18	3,5	3,3	28,9	61,1
19	3,4	3,3	28,8	61,2
20	3,4	3,4	28,8	61,2
21	3,4	3,4	28,8	61,2
22	3,4	3,4	28,8	61,2
23	3,4	3,4	28,8	61,2
24	3,4	3,4	28,8	61,2
25	3,4	3,4	28,8	61,2

Aufgabenlösungen

1. Auftragung der Wasservolumina in den Glasrohren (links) und Messzylindern (rechts) gegen die Nummer des Übertragungsvorgangs (Glasrohre mit unterschiedlichen Durchmessern, gleiche Messzylinder):

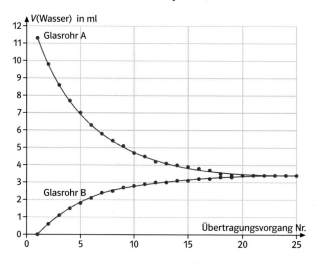

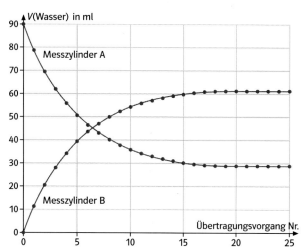

2. Das Volumen des mit dem Glasrohr A herausgehobenen Wassers nimmt zunächst ab, ebenso das Volumen des Wassers im Messzylinder A. Das Volumen des mit dem Glasrohr B herausgehobenen Wassers nimmt zunächst zu, ebenso das Volumen in Messzylinder B. Die Abnahme bzw. Zunahme ist zu Beginn sehr viel größer als gegen Ende der Übertragungen. Die Volumina der Wasserportionen in den Glasrohren nähern sich einander an. Ab etwa dem 20. Übertragungsvorgang sind die Volumina der Wasserportionen in den beiden Glasrohren gleich. Die Volumina der Wasserportionen in den Messzylindern ändern sich nicht mehr, sie sind aber unterschiedlich.

Hinweis:
Die hier beschriebene Interpretation reicht für die Betrachtung von Analogien zwischen dem Modellversuch und dem chemischen Gleichgewicht zunächst aus. Es ist selbstverständlich möglich, die Erklärung für die beschriebenen Sachverhalte – auch mathematisch – zu suchen, z.B., indem die Wasservolumina für jeden Schritt berechnet werden:

Das Volumen des mit dem Glasrohr aufgenommenen Wassers hängt von der Höhe h des Wassers im Messzylinder ab:

V(Wasser, Glasrohr) $= \pi \cdot r^2$(Glasrohr) $\cdot h$ \quad mit \quad r(Glasrohr) $= \frac{1}{2} d$(Glasrohr)

Die Höhe h des Wassers im Messzylinder kann aus dem Volumen des Wassers im Messzylinder berechnet werden:

V(Wasser, Messzylinder) $= \pi \cdot r^2$(Messzylinder) $\cdot h$ \quad mit \quad r(Messzylinder) $= \frac{1}{2} d$(Messzylinder)

$\Leftrightarrow \quad h = \dfrac{V(\text{Wasser, Messzylinder})}{\pi \cdot r^2(\text{Messzylinder})}$

Einsetzen ergibt: \quad V(Wasser, Glasrohr) $= \dfrac{\pi \cdot r^2(\text{Glasrohr})}{\pi \cdot r^2(\text{Messzylinder})} \cdot V$(Wasser, Messzylinder)

Durch solche Berechnungen erhält man idealisierte Werte. Die real gemessenen Werte werden u.a. dadurch beeinflusst, dass durch Benetzung der Oberfläche immer etwas Wasser in den Glasrohren hängen bleibt und dass die Wasseroberfläche wegen der Oberflächenspannung nicht waagerecht ist.

3. Die Auftragungen der Wasservolumina ergeben ungefähr symmetrische Kurven, die genau bei der Hälfte des Startvolumens zusammenlaufen. Dies gilt sowohl für die Auftragung der Wasservolumina in den Glasrohren als auch in den Messzylindern.

Die folgende Messreihe geht über die Aufgabenstellung im Schulbuch hinaus. Sie stammt aus einem Schülerversuch mit zwei gleichen Glasrohren, die beide einen Innendurchmesser von ca. 9 mm aufwiesen.

Übertragungs-vorgang Nr.	V(Wasser) im Glasrohr A in ml	V(Wasser) im Glasrohr B in ml	V(Wasser) im Messzylinder A in ml	V(Wasser) im Messzylinder B in ml
0	–	–	90,0	0,0
1	11,3	0,0	78,7	11,3
2	9,9	1,4	70,2	19,8
3	8,8	2,5	63,9	26,1
4	8,0	3,3	59,2	30,8
5	7,4	3,9	55,7	34,3
6	7,0	4,3	53,0	37,0
7	6,7	4,6	50,9	39,1
8	6,4	4,9	49,4	40,6
9	6,2	5,1	48,3	41,7
10	6,1	5,2	47,4	42,6
11	6,0	5,3	46,7	43,3
12	5,9	5,4	46,2	43,8
13	5,8	5,4	45,8	44,2
14	5,8	5,5	45,1	44,9
15	5,7	5,6	45,0	45,0
16	5,6	5,6	45,0	45,0
17	5,6	5,6	45,0	45,0
18	5,6	5,6	45,0	45,0
19	5,6	5,6	45,0	45,0
20	5,6	5,6	45,0	45,0

Auftragung der Wasservolumina in den Glasrohren (links) und Messzylindern (rechts) gegen die Nummer des Übertragungsvorgangs (Glasrohre mit gleichen Durchmessern, gleiche Messzylinder):

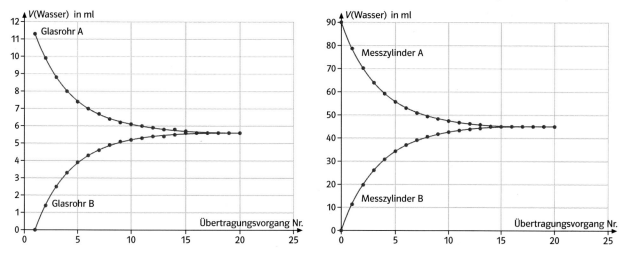

Das Volumen des mit dem Glasrohr A herausgehobenen Wassers nimmt zunächst ab, ebenso das Volumen im Messzylinder A. Das Volumen des mit dem Glasrohr B herausgehobenen Wassers nimmt zunächst zu, ebenso das Volumen in Messzylinder B. Die Volumina der Wasserportionen in den Glasrohren nähern sich einander an. Ab etwa dem 15. Übertragungsvorgang sind die Volumina der Wasserportionen in beiden Glasrohren gleich. Die Volumina der Wasserportionen in den Messzylindern ändern sich nicht mehr, sie sind in diesem Fall gleich.

Hinweis: Die folgende Tabelle fasst die Analogien zwischen V2 und einer chemischen Gleichgewichtsreaktion zusammen; sie ist eine Erweiterung der Lösung zu A1.

Modellversuch	**Chemische Gleichgewichtsreaktion A ⇌ B**
1. Wasser im Messzylinder A Wasser im Messzylinder B	Edukt („Linksstoff") A Produkt („Rechtsstoff") B
2. Volumen des Wassers in Messzylinder A: V(Wasser, Messzylinder A) Volumen des Wassers in Messzylinder B: V(Wasser, Messzylinder B)	Konzentration von A: $c(A)$ Konzentration von B: $c(B)$
3. Übertragung des Wassers	Hin- bzw. Rückreaktion
4. Volumen des Wassers in Glasrohr A: V(Wasser, Glasrohr A) Volumen des Wassers in Glasrohr B: V(Wasser, Glasrohr B)	Reaktionsrate der Hinreaktion: R_{Hin} Reaktionsrate der Rückreaktion: $R_{Rück}$
5. Es gilt: V(Wasser, Glasrohr A) ~ V(Wasser, Messzylinder A) V(Wasser, Glasrohr B) ~ V(Wasser, Messzylinder B) V(Wasser, Glasrohr A) $= \dfrac{\pi \cdot r^2 (\text{Glasrohr A})}{\pi \cdot r^2 (\text{Messzylinder A})} \cdot V$(Wasser, Messzylinder A) V(Wasser, Glasrohr B) $= \dfrac{\pi \cdot r^2 (\text{Glasrohr B})}{\pi \cdot r^2 (\text{Messzylinder B})} \cdot V$(Wasser, Messzylinder B)	Es gilt: $R_{Hin} \sim c(A)$ $R_{Rück} \sim c(B)$ $R_{Hin} = k_{Hin} \cdot c(A)$ $R_{Rück} = k_{Rück} \cdot c(B)$
6. Für den dynamischen Gleichgewichtszustand gilt: V(Wasser, Glasrohr A) = V(Wasser, Glasrohr B) **Das Gleichgewicht liegt auf der Seite des Glasrohres mit dem kleineren Durchmesser.**	Für den dynamischen Gleichgewichtszustand gilt: $R_{Hin} = R_{Rück}$ **Das Gleichgewicht liegt auf der Seite des Stoffes, der mit der kleineren Geschwindigkeitskonstante reagiert.**

Literatur

Eine Unterrichtsreihe zur Einführung des chemischen Gleichgewichts, in der die Bedeutung von Analogiebetrachtungen behandelt wird, ist beschrieben in: O. Timmer, K. Meschede: Einführung des chemischen Gleichgewichts in Klasse 11. Zur didaktischen Bedeutung von wissenschaftstheoretischen Überlegungen und Analogiebetrachtungen im Chemieunterricht. Praxis der Naturwissenschaften – Chemie 46 (4/1997), 22

„Der Große Holzapfelkrieg" ist ein berühmter, mit Cartoons illustrierter „Modellversuch" zum chemischen Gleichgewicht. Er ist nachzulesen in: R. E. Dickerson, I. Geiss: Chemie – eine lebendige und anschauliche Einführung. Weinheim [u.a.], Wiley-VCH, 2008 (S. 321 ff.)

2.13 Beeinflussung des chemischen Gleichgewichts

Vorbemerkung

Die im Schulbuch gewählte Formulierung des Prinzips von HENRY LOUIS LE CHATELIER und KARL FERDINAND BRAUN ist an der Schule üblich. Sie verzichtet darauf, die unabhängige Variable (Zwang) von der abhängigen Variablen (Reaktion des Systems auf den Zwang) deutlich zu unterscheiden. Beide Variablen können z.B. der Druck sein. Die Anwendung des Prinzips sollte dann gedanklich immer in zwei Schritten erfolgen:
a) Ausübung des Zwangs
b) Reaktion des Systems auf den Zwang
In dem im Exkurs beschriebenen mechanischen Modell laufen die beiden Schritte auch zeitlich getrennt nacheinander ab, siehe Erläuterungen weiter unten.
Möchte man das Prinzip ohne die Unterteilung in zwei Schritte formulieren, so verwendet man am besten als unabhängige Variable eine extensive Größe (z.B. das Volumen) und als abhängige Variable eine intensive Größe (z.B. den Druck). Dies wird weiter unten genauer beschrieben.

Zu den Aufgaben

A1 Die Ausbeute an Essigsäureethylester kann folgendermaßen erhöht werden:
- Man erhöht die Konzentration eines Ausgangsstoffes (Essigsäure oder Ethanol). Das Gleichgewicht wird in die Richtung verschoben, die einen Teil davon verbraucht; dadurch entsteht mehr Essigsäureethylester.
- Man entnimmt während der Reaktion ein Reaktionsprodukt (Essigsäureethylester oder Wasser) und verringert dadurch dessen Konzentration. Das Gleichgewicht wird in die Richtung verschoben, die einen Teil davon neu entstehen lässt; dadurch entsteht (auch wenn man Wasser entnimmt) mehr Essigsäureethylester.

A2 Zugabe von Säure erhöht die Konzentration der H_3O^+-Ionen. Dadurch wird das Gleichgewicht zugunsten der Bildung von Dichromat-Ionen verschoben. (*Hinweis:* Die Farbe der Lösung wird tiefer orange.)
Die OH^--Ionen der Natronlauge reagieren mit den H_3O^+-Ionen zu Wasser-Molekülen. Die Wegnahme der H_3O^+-Ionen verschiebt das Gleichgewicht in die Richtung der Bildung der Chromat-Ionen. Dadurch werden Dichromat-Ionen verbraucht. (*Hinweis:* Die Lösung ist im Alkalischen gelb.)

A3 Eine Temperaturerhöhung begünstigt die endotherme Rückreaktion. Die Ausbeute an Kohlenstoffmonooxid und Wasserstoff sinkt.

A4
a) $2\,NO(g) + O_2(g) \rightleftharpoons 2\,NO_2(g)$
Eine Druckerhöhung verschiebt das Gleichgewicht nach rechts. Dadurch wird die Anzahl der Teilchen in der Gasphase kleiner. Eine Druckverminderung verschiebt das Gleichgewicht nach links. Dadurch wird die Anzahl der Teilchen in der Gasphase größer.

b) $C(s) + CO_2(g) \rightleftharpoons 2\,CO(g)$
Eine Druckerhöhung verschiebt das Gleichgewicht nach links. Dadurch wird die Anzahl der Teilchen in der Gasphase kleiner. (Der Kohlenstoff liegt im festen Zustand vor.) Eine Druckverminderung verschiebt das Gleichgewicht nach rechts. Dadurch wird die Anzahl der Teilchen in der Gasphase größer.

c) $CO(g) + NO_2(g) \rightleftharpoons CO_2(g) + NO(g)$
Die Lage des Gleichgewichts dieser Reaktion wird weder durch Druckerhöhung noch durch Druckverminderung beeinflusst, da die Anzahl der Teilchen in der Gasphase auf der rechten und linken Seite des Gleichgewichtspfeils gleich ist.

Hinweis: Dies gilt unter der Annahme, dass alle vier beteiligten Gase das gleiche molare Volumen haben. Bei genauerer Betrachtung stimmt das natürlich nur für ideale Gase, d.h., es ist zu erwarten, dass die Gleichgewichtslage schwach druckabhängig ist. Die Berechnung aus den molaren Massen und den Dichten der Gase bei 25 °C und 101 325 Pa ergibt: $V_m(CO) = 24{,}463$ l/mol; $V_m(NO_2) = 24{,}471$ l/mol; $V_m(CO_2) = 24{,}464$ l/mol; $V_m(NO) = 24{,}475$ l/mol (Dichten aus: CRC Handbook, 91st Edition, 2010–2011). Das molare Volumen idealer Gase bei diesen Bedingungen ist $V_m = 24{,}465$ l/mol. Die Abweichungen sind also minimal, sodass die obige Antwort in sehr guter Näherung richtig ist.

d) $CaCO_3(s) \rightleftharpoons CaO(s) + CO_2(g)$

Eine Druckerhöhung verschiebt das Gleichgewicht nach links. Dadurch wird die Anzahl der Teilchen in der Gasphase kleiner. (Calciumcarbonat und Calciumoxid liegen im festen Zustand vor.) Eine Druckverminderung verschiebt das Gleichgewicht nach rechts. Dadurch wird die Anzahl der Teilchen in der Gasphase größer.

Zu den Versuchen

V1 Am festen Kaliumthiocyanat bzw. Eisen(III)-chlorid bilden sich rote Schlieren. Durch Schütteln lösen sich die Festkörper auf; die resultierende Lösung hat eine dunklere Farbe als vorher. Durch Zugabe eines Natriumhydroxid-Plätzchens wird die Lösung heller (hellgelb) und trübt sich leicht. Die Farbänderung bei der Zugabe von Eisen(III)-chlorid und Kaliumthiocyanat fällt je nach Konzentration der Lösung und zugegebener Menge unterschiedlich aus.

Hinweis: Betrachtet man die Reaktion genauer, kann sie als eine Reihe mehrerer voneinander abhängiger Ligandenaustauschreaktionen beschrieben werden:

$[Fe(H_2O)_6]^{3+} + SCN^- \rightleftharpoons [Fe(SCN)(H_2O)_5]^{2+} + H_2O$ $\quad\quad \lg K_D = -2{,}2$

$[Fe(SCN)(H_2O)_5]^{2+} + SCN^- \rightleftharpoons [Fe(SCN)_2(H_2O)_4]^{+} + H_2O$ $\quad\quad \lg K_D = -1{,}4$

$[Fe(SCN)_2(H_2O)_4]^{+} + SCN^- \rightleftharpoons [Fe(SCN)_3(H_2O)_3] + H_2O$ $\quad\quad \lg K_D = -1{,}4$

$[Fe(SCN)_3(H_2O)_3] + SCN^- \rightleftharpoons [Fe(SCN)_4(H_2O)_2]^{-} + H_2O$ $\quad\quad \lg K_D = -1{,}3$

$[Fe(SCN)_4(H_2O)_2]^{-} + SCN^- \rightleftharpoons [Fe(SCN)_5(H_2O)]^{2-} + H_2O$ $\quad\quad \lg K_D = +0{,}1$

$[Fe(SCN)_5(H_2O)]^{2-} + SCN^- \rightleftharpoons [Fe(SCN)_6]^{3-} + H_2O$ $\quad\quad \lg K_D = +0{,}1$

Bei kleinen Konzentrationen bestimmt die erste Reaktion die Farbe der Lösung, da der Komplex $[Fe(SCN)(H_2O)_5]^{2+}$ eine wesentlich größere Stabilitätskonstante hat als die in den nachgeschalteten Gleichgewichtsreaktionen gebildeten Komplexe. Da den meisten Schülerinnen und Schülern die Komplexchemie nicht bekannt ist, wurde diese erste Reaktion im Schulbuch vereinfacht dargestellt, indem die H_2O-Liganden als „(aq)" zusammengefasst wurden:

$Fe^{3+}(aq) + SCN^-(aq) \rightleftharpoons [Fe(SCN)]^{2+}(aq)$

Auch das dazu formulierte Massenwirkungsgesetz ist eine sinnvolle (und in der Komplexchemie übliche) Vereinfachung, da die Konzentration der Wasser-Moleküle in wässriger Lösung nahezu konstant ist. Die im Schulbuch beschriebene Gleichgewichtskonstante bezeichnet man in der Komplexchemie als *Stabilitätskonstante*, ihren Kehrwert als *Dissoziationskonstante*.

V2 Das Ergebnis dieses Versuches wird in B3 im Schulbuch gezeigt. Stickstoffdioxid ist braun, Distickstofftetraoxid ist farblos. Temperaturerhöhung führt zu Farbvertiefung, also zu einer Verschiebung des Gleichgewichts in Richtung der endothermen Reaktion.

Hinweise zur Durchführung:
Stickstoffdioxid ist sehr giftig und für Schülerversuche nicht zugelassen. Der Kolben muss fest und sicher verschlossen oder (am besten) zugeschmolzen sein.

Stickstoffdioxid lässt sich am einfachsten durch Erhitzen von Bleinitrat darstellen (Abzug!):
$2 Pb(NO_3)_2 \longrightarrow 2 PbO + 4 NO_2 + O_2$
Der Sauerstoff stört dabei nicht; die Erfahrung zeigt sogar, dass der Versuch mit dem auf diese Weise „verdünnten" Stickstoffdioxid besser funktioniert als mit reinem Stickstoffdioxid. Sehr sinnvoll ist es, das Gasgemisch dauerhaft aufzubewahren. Dazu leitet man das bei der Reaktion entstehende Gasgemisch in einen langhalsigen Kolben ein, dessen Hals man vorher ausgezogen hat (z. B. in einen 250-ml-Kjeldahl-Kolben aus Borosilicatglas). Nach dem Einleiten des Gases schmilzt man den Hals ab.

Zugeschmolzene Ampullen mit Stickstoffdioxid sind erhältlich bei WINLAB (Suche im Online-Shop, Stand Juli 2022: Schule – Laborchemikalien – Kreative Reagenzien – Chemisches Gleichgewicht).

V3 Beim Ansaugen des Wassers mit Universalindikator-Lösung löst sich sofort etwas Kohlenstoffdioxid im Wasser, sodass man den Kolben ein wenig über die 100-ml-Marke hinausziehen muss, um 20 ml Wasser in den Kolbenprober einzusaugen.

a) Nach dem Schütteln verringert sich das Volumen von Gas und Flüssigkeit um ca. 20 ml. Es tritt ein Farbwechsel von Grün (Gelbgrün bis Blaugrün) nach Orangegelb ein.

b) Presst man den Stempel in den Zylinder und hält ihn fest, wird die Farbe der Lösung noch etwas dunkler, mehr orange.

c) Der Stempel bewegt sich wieder ein Stück heraus, allerdings i.d.R. nicht so weit wie vor Versuch b, da beim Hineinpressen und Festhalten des Stempels meist ein wenig Kohlenstoffdioxid entwichen ist.

d) Zieht man den Stempel heraus, perlen kleine Gasbläschen aus der Flüssigkeit.

Hinweise zur Durchführung:
Man setzt hier Leitungswasser ein, das meist leicht alkalisch ist. Destilliertes bzw. deionisiertes Wasser ist wegen des gelösten Kohlenstoffdioxids aus der Luft meist schwach sauer.
Bei der Überprüfung des Experiments wurden die folgenden pH-Werte gemessen:
Leitungswasser: pH = 8,0
Wasser mit dem nach dem Schütteln gelösten Kohlenstoffdioxid: pH = 5,7
Wasser nach Hineinpressen des Stempels: pH = 5,3
Will man das Entweichen des Kohlenstoffdioxids bei Volumenvergrößerung bzw. Unterdruck deutlicher demonstrieren, sollte man das vorher nicht gelöste Kohlenstoffdioxid aus dem Kolbenprober drücken (Kolben mit Hahn schräg nach oben halten). Zieht man dann den Kolben heraus, entweichen größere Gasblasen aus der Flüssigkeit. Die Lösung wird auch ein wenig heller. Bei der Überprüfung des Experiments wurde auch der pH-Wert dieses leicht entgasten Wassers bestimmt: pH = 6,2.

V4 Reaktionsgleichung: $2\,NO_2 \rightleftharpoons N_2O_4$
braun   farblos

Versuchsdurchführung	Beobachtung	Deutung
Volumenverringerung $V_1 < V_0$	Zunächst Farbvertiefung, anschließend Aufhellung	Zunächst Erhöhung der NO_2-Konzentration (gleiche Teilchenanzahl in kleinerem Raum), anschließend Bildung von mehr farblosem N_2O_4 (Gleichgewichtsverschiebung nach rechts)
Volumenvergrößerung $V_2 > V_0$	Zunächst Aufhellung, anschließend Farbvertiefung	Zunächst Verringerung der NO_2-Konzentration (gleiche Teilchenanzahl in größerem Raum), anschließend Bildung von mehr braunem NO_2 (Gleichgewichtsverschiebung nach links)

Verallgemeinerung der Deutung (vgl. „Anmerkungen zum Prinzip von LE CHATELIER und BRAUN" weiter unten): Durch eine Volumenverringerung wird das Gleichgewicht zugunsten der Seite verschoben, die die geringere Teilchenzahl aufweist. Die Verringerung der Teilchenzahl bedeutet, dass die dem Volumen zugeordnete intensive Größe, also der Druck, weniger stark ansteigt, als dies ohne Gleichgewichtsverschiebung der Fall wäre.
Durch eine Volumenvergrößerung wird das Gleichgewicht zugunsten der Seite verschoben, die die größere Teilchenzahl aufweist. Die Vergrößerung der Teilchenzahl bewirkt, dass der Druck durch die Volumenvergrößerung nicht so stark abfällt wie ohne Gleichgewichtsverschiebung.

Verringert oder vergrößert man das Volumen bei einer sich im Gleichgewicht befindenden Reaktion, so verschiebt sich das Gleichgewicht in die Richtung, in der die Folgen des Zwanges – Druckerhöhung bzw. Druckverminderung – verringert werden.
Wegen der Langsamkeit der Gleichgewichtsverschiebung können der Primäreffekt und der Sekundäreffekt recht gut einzeln beobachtet werden.

Hinweise zur Problematik der Beeinflussung der Gleichgewichtslage durch Volumenänderung bei der obigen Reaktion: Bei der Volumenverringerung erwärmt sich das Gasgemisch, um sich anschließend durch Abgabe von Wärme an die Umgebung wieder auf Zimmertemperatur abzukühlen. Die „Eigenerwärmung" begünstigt natürlich auch die Bildung des Stickstoffdioxids und die anschließende Abkühlung begünstigt die Bildung von Distickstofftetraoxid. Die Volumenvergrößerung führt zur Abkühlung des Gases, dieses erwärmt sich anschließend wieder auf Zimmertemperatur. Die Abkühlung begünstigt die Bildung des farblosen Distickstofftetraoxids, die anschließende Erwärmung die Bildung des farbigen Stickstoffdioxids. Die oben beschriebenen Farbänderungen lassen sich also nicht allein oder vielleicht sogar nur zu einem geringen Anteil auf die Konzentrationsänderungen und die Begünstigung der volumenverringernden oder volumenvergrößernden Teilreaktion zurückführen. Die Demonstration des Experiments unter der gewählten Fragestellung führt aber zu der zutreffenden Deutung der Beeinflussung einer Gleichgewichtsreaktion durch eine Volumenänderung.

Zum Exkurs

Kohlenstoffdioxid in Getränken
Löslichkeit von Kohlenstoffdioxid. Das folgende Diagramm zeigt die Löslichkeit von Kohlenstoffdioxid in Wasser als Funktion des Drucks und der Temperatur (bearbeitet nach: C. Gloger: Kohlenstoffdioxid – Gewinnung, Eigenschaften, Anwendung. Praxis der Naturwissenschaften – Chemie 43 (5/1994), 7).

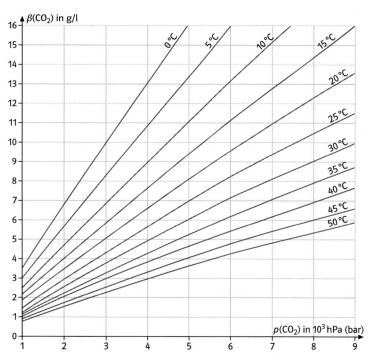

Was prickelt auf der Zunge? Dem obigen Diagramm kann man entnehmen, dass mit steigender Temperatur die Löslichkeit von Kohlenstoffdioxid abnimmt. Daraus könnte man die folgende Vermutung ableiten: Wenn ein kohlenstoffdioxidhaltiges Getränk die warme Zunge berührt, perlt gasförmiges Kohlenstoffdioxid aus und die Bläschen erzeugen das prickelnde Gefühl auf der Zunge. Diese Vermutung hat sich allerdings als unzutreffend herausgestellt, da das Prickeln auch in einer Überdruckkammer auftritt, in der die Bildung der Bläschen verhindert wird.

Die wahrscheinlich richtige Erklärung ist (siehe Literatur): Gelöstes Kohlendioxid dringt in die Schleimhaut ein und reagiert dort mit Wasser zu Kohlensäure. Die Kohlensäure reizt Nozizeptoren (Schmerzrezeptoren) und erzeugt so das prickelnde Gefühl. Die Reaktion wird von dem Enzym Carboanhydrase katalysiert, das die Reaktionsgeschwindigkeit um den Faktor 10^7 erhöht.
Diese Hypothese wurde an Probanden experimentell belegt, indem man die Hälfte der Zunge mit dem Carboanhydrase-Hemmer Acetazolamid behandelte. Die Probanden spürten auf der behandelten Hälfte der Zunge kein Prickeln oder deutlich weniger Prickeln als auf der unbehandelten Hälfte. Acetazolamid wird als Medikament verwendet, u. a. gegen die Höhenkrankheit. Aus diesem Grund gibt es einen weiteren Beleg für den Mechanismus des Prickelns: Bergsteiger berichteten nach der Einnahme von Acetazolamid, dass Bier „wie Spülwasser" schmeckt.

Das Prickeln auf der Zunge wird also *nicht* durch eine Verschiebung des Löslichkeitsgleichgewichts von Kohlenstoffdioxid in Wasser verursacht, sondern durch die enzymatische Beschleunigung der Reaktion von gelöstem Kohlenstoffdioxid mit Wasser.

Anmerkungen	**Zum Prinzip von Le Chatelier und Braun**

Die im Schulbuch gewählte Formulierung des Prinzips von Le Chatelier und Braun verzichtet auf eine deutliche Unterscheidung der unabhängigen von der abhängigen Variablen (siehe Vorbemerkung weiter oben). Die Anwendung des Prinzips sollte dann gedanklich immer in zwei Schritten erfolgen:

1. Ausübung des Zwangs
2. Reaktion des Systems auf den Zwang

Will man beides in einem einzigen Schritt denken, so wird das System beispielsweise auf eine Druckerhöhung mit einer Druckminderung reagieren, was schwer nachzuvollziehen ist. Die Reaktion des Systems auf den Zwang ist eine *Folge* des Zwangs und darf nicht mit dem Zwang selbst verwechselt werden. Das System kann die Folge des Zwangs vermindern, aber nicht den Zwang selbst.

Im Folgenden wird gezeigt, wie man das Prinzip von Le Chatelier und Braun *ohne* diese gedankliche Unterteilung in zwei Schritte formulieren kann. Voraussetzung dafür ist, dass man für die unabhängige Variable eine andere Größe wählt als für die abhängige Variable. Auf diese Weise kann man klar unterscheiden zwischen dem äußeren Eingriff und der Folge des Eingriffs. Will man den üblichen Formulierungen des Prinzips von Le Chatelier und Braun so nah wie möglich kommen, wählt man die Variablen am besten folgendermaßen:

– Als *unabhängige Variable* (Zwang, bzw. die Größe, die der Experimentator verändert) wählt man eine extensive Größe. Extensive Größen sind von der Stoffmenge abhängig. Dies sind z.B. die Stoffmenge n, das Volumen V und die Wärmemenge Q.
– Als *abhängige* Variable (Reaktion des Systems auf den Zwang) wählt man eine intensive Größe. Intensive Größen sind von der Stoffmenge unabhängig. Zu den oben genannten extensiven Größen gehören die folgenden intensiven Größen, da sie von diesen direkt beeinflusst werden: Zur Stoffmenge n gehört die Konzentration c (Stoffzufuhr bewirkt Erhöhung der Konzentration); zum Volumen V gehört der Druck p (Volumenverkleinerung bewirkt Druckerhöhung); zur Wärmemenge Q gehört die Temperatur T (Wärmezufuhr bewirkt Temperaturerhöhung).

Damit lässt sich das Prinzip von Le Chatelier und Braun wie folgt formulieren:
Verändert man bei einem Gleichgewichtssystem eine extensive Größe, so erfolgt eine Gleichgewichtsverschiebung derart, dass die zugehörige intensive Größe weniger stark verändert wird, als dies ohne Gleichgewichtsverschiebung der Fall gewesen wäre.

Als Beispiel dient im Folgenden eine Dimerisierungsreaktion im Gas (vgl. V2): $2\,A\,(g) \rightleftharpoons A_2\,(g)$

Unabhängige Variable: Volumen V
Abhängige Variable: Druck p
Das Ausgangsvolumen werde halbiert.

Primäreffekt: Ohne Gleichgewichtsverschiebung (und bei Annahme der Gültigkeit des idealen Gasgesetzes) verdoppelt sich der Druck.
Sekundäreffekt: Das Gleichgewicht verschiebt sich zugunsten der Dimerisierung. Sie führt für sich betrachtet zu einer Verkleinerung des Drucks, wenn jetzt das Volumen als fest vorgegeben gilt.

Insgesamt fällt durch die Gleichgewichtsverschiebung die Druckerhöhung kleiner aus, als wenn es (wie bei Gasen, die zu keiner Dimerisierung fähig sind) nur den Primäreffekt gegeben hätte:

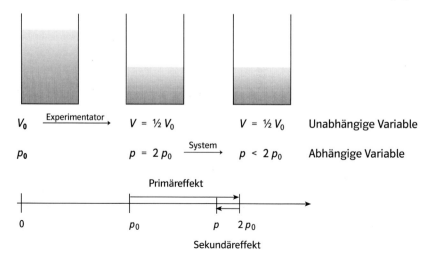

Der Sekundäreffekt ist dem Primäreffekt entgegengesetzt, sodass der Gesamteffekt kleiner als der Primäreffekt ist. Oder: Der Primäreffekt wird durch den Sekundäreffekt teilweise rückgängig gemacht. Dieses Verkleinern der Folge entspricht am ehesten dem, was auch als „Minimierung des Zwangs" bezeichnet wird.

Entsprechende Beispiele lassen sich auch für das Zuführen einer Stoffportion (Verändern der Stoffmenge) oder das Zuführen von Wärme formulieren. Auch hier erhält man als Reaktionen des Systems Änderungen der zugehörigen intensiven Größen, wobei die Änderungen kleiner ausfallen als ohne Gleichgewichtsverschiebung. Beispiele:
– Die Zugabe von einer bestimmten *Stoffmenge* an H_3O^+-Ionen zu einer Pufferlösung verändert den pH-Wert (also den negativen Logarithmus der H_3O^+-*Konzentration*) weniger als die Zugabe der gleichen Stoffmenge an H_3O^+-Ionen zu einer entsprechenden Portion Wasser.
– Die Zufuhr einer bestimmten *Wärmemenge* zu einem Stickstoffdioxid-Distickstofftetraoxid-Gemisch erhöht die *Temperatur* weniger als von der Wärmekapazität her zu erwarten wäre, da ein Teil der Energie zur endothermen Spaltung des Dimers verwendet wird.

Warum die unabhängige Variable eine extensive Größe sein muss, wenn das Prinzip von LE CHATELIER und BRAUN durch eine Abschwächung formuliert werden soll, wird durch die folgende Überlegung deutlich: Wieder wird das obige Beispiel ($2\,A \rightleftharpoons A_2$) betrachtet. Jedoch soll jetzt der Druck als die unabhängige, das Volumen als die abhängige Variable behandelt werden.
Der Zwang besteht dann z. B. in einer Verdoppelung des Drucks. Das Volumen würde halbiert, wenn keine chemische Reaktion einträte. Die jetzt begünstigte Dimerisierung führt bei fest vorgegebenem Druck zu einer weiteren Verminderung des Volumens:

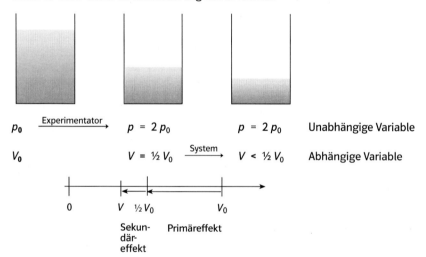

p_0 $\xrightarrow{\text{Experimentator}}$	$p = 2\,p_0$	$p = 2\,p_0$	Unabhängige Variable
V_0	$V = \frac{1}{2}\,V_0$ $\xrightarrow{\text{System}}$	$V < \frac{1}{2}\,V_0$	Abhängige Variable

Der Primäreffekt besteht also in einer Verkleinerung des Volumens und der Sekundäreffekt zeigt sich ebenfalls in einer Verkleinerung. Beide Effekte gehen in die dieselbe Richtung. Von einer Abschwächung der Folgen kann keine Rede sein; es liegt vielmehr eine Verstärkung vor. Bei der Wahl einer intensiven Größe als unabhängige Variable sind der Sekundär- und der Primäreffekt gleich gerichtet. Man könnte das Prinzip freilich auch so formulieren, dass man diese Verstärkung des Primäreffektes durch den Sekundäreffekt betont. Jedoch entfernt man sich damit noch weiter von den üblichen Formulierungen, weshalb diese – ansonsten zur ersten äquivalente – Sichtweise hier nicht weiter verfolgt wird.

Die hier skizzierte Behandlung des Prinzips von LE CHATELIER und BRAUN ist keineswegs daran gebunden, dass der Sekundäreffekt getrennt vom Primäreffekt stattfindet, etwa so, dass er zeitlich erst nach dem Primäreffekt einträte. Dieses würde voraussetzen, dass zwischenzeitlich ausdrücklich Nichtgleichgewichtszustände aufrechterhalten würden. Experimentell wäre etwas Derartiges näherungsweise zu verwirklichen, wenn die Gleichgewichtsnachstellung sehr langsam erfolgt. Dann hätte man zu Beginn nach einer plötzlichen Änderung der unabhängigen Variablen fast nur den Primäreffekt und könnte das allmähliche Nachstellen in das neue Gleichgewicht verfolgen.
Da zwischen der unabhängigen und der abhängigen Variablen klar unterschieden wird, können jetzt ohne weiteres auch solche Versuchsführungen zugelassen werden, bei denen die Gleichgewichtsnachstellung so schnell erfolgt, dass beim Ändern der unabhängigen Variablen immer nur Gleichgewichtszustände durchlaufen werden. Man kann dann experimentell den Primär- und den Sekundäreffekt überhaupt nicht auseinanderhalten, weil man nur eine Gesamtveränderung der abhängigen Variablen beobachtet. Dies ist eine durchaus realistische Situation, die mit dem hier beschriebenen Konzept klar dargestellt werden kann.

Zum Exkurs

Ein Modell zum Prinzip von Le Chatelier und Braun

Die im Schulbuch gewählte Formulierung des Prinzips von Le Chatelier und Braun verzichtet auf die oben erörterte deutliche Unterscheidung von unabhängigen und abhängigen Variablen. Auch ist es nicht immer praxisgerecht, die extensiven Größen als die unabhängigen anzusehen. So wird oftmals tatsächlich nicht ein Volumen, sondern ein Druck von außen vorgegeben und es ist dann durchaus üblich, den daraufhin erfolgenden Abbau des hohen Drucks durch das System zu beschreiben. Ähnliches gilt für die Temperatur, die der Experimentator gezielt verändert.

Allerdings sollte dann von der oben schon skizzierten Einschränkung Gebrauch gemacht werden, dass beide Schritte, der Eingriff von außen sowie die Reaktion des Systems zumindest in Gedanken zeitlich *getrennt nacheinander* ablaufen sollten. Sonst erhielte man ein Gemisch der beiden Effekte.

Diese Verhältnisse können besonders übersichtlich an dem im Schulbuch beschrieben mechanischen Modell dargestellt und verdeutlicht werden. Dieses Modell ermöglicht u.a. die zeitliche Trennung der beiden Schritte. (Darüber hinaus können aber auch die oben gezeigten Überlegungen zu unabhängigen und abhängigen Variablen an diesem Modell leicht und übersichtlich erörtert werden.) Das Modell besteht darin, dass zwischen zwei Gefäßen, die mit einem Hahn verbunden sind und in denen sich Wasser befindet, ein Gleichgewicht (gleiche Höhe des Wasserspiegels) bestehen kann. Durch Schließen des Hahns können Gleichgewichtseinstellungen zeitweilig verhindert werden:

	a)	b)	c)
Modell	Im Haupt- und Neben-gefäß steht das Wasser gleich hoch.	In das Hauptgefäß wird bei geschlossenem Hahn Wasser gefüllt. Die Was-serhöhe steigt proportio-nal zum Volumen des zu-gegebenen Wassers an.	Der Hahn wird geöffnet. Die Wasserhöhe im Hauptgefäß sinkt.
Übertragung auf das chemische Gleichgewicht	Das System befindet sich im Gleichgewichts-zustand.	Die Konzentration eines Stoffes *oder* die Tempe-ratur *oder* der Druck wird erhöht.	Das Gleichgewicht stellt sich neu ein. Das System vermindert die Erhöhung der Konzentration, der Temperatur oder des Drucks.

Mit diesem Modell lassen sich Feststellungen treffen, die sich in Analogie zu Aussagen über ein chemisches System befinden. Zunächst bestehe zwischen beiden Gefäßen bei geöffnetem Hahn ein Gleichgewicht. Nun erfolgt bei geschlossenem Hahn durch Wasserzugabe ins Hauptgefäß ein Eingriff von außen. Der Wasserspiegel in diesem Gefäß steigt. Das ursprüngliche Gleichgewicht ist nicht mehr gegeben.

Da das System aber über eine Ausweichmöglichkeit verfügt, in diesem Modell über das zweite Gefäß, lässt sich jetzt der folgende Vorgang anschließen: Man öffnet den Hahn zum Nebengefäß und stellt fest, dass nun die Wasserhöhe im Hauptgefäß wieder sinkt. Die Einstellung in ein neues Gleichge-wicht bringt also mit sich, dass die zunächst erhaltene Vergrößerung der Wasserhöhe *teilweise wieder rückgängig* gemacht wird. Das System vermindert durch die Gleichgewichtsnachstellung die Verände-rung, die zuerst eingetreten ist.

Möchte man einen realen Vorgang in der Natur betrachten, kann man Folgendes erwähnen: Wenn man Kohlenstoffdioxid in die Atmosphäre entlässt, so vergrößert sich beim Fehlen sonstiger Effekte einfach die Konzentration des Kohlenstoffdioxids in der Atmosphäre. Berücksichtigt man zusätzlich, dass die Ozeane in der Lage sind, Kohlenstoffdioxid aufzunehmen, so ergibt sich, dass der Anstieg der *Konzentration*, welcher ohne diesen zweiten Effekt stattgefunden hätte, teilweise rückgängig gemacht, also vermindert wird. Das „Nebengefäß" der Ozeane nimmt einen Teil des Kohlenstoff-dioxids auf, sodass der Gesamteffekt der Konzentrationserhöhung in der Atmosphäre kleiner ausfällt als er ohne Gleichgewichtsnachstellung wäre.

Bei einer langsam ablaufenden Reaktion kann man auch die *Temperatur* so schnell erhöhen, dass die Gleichgewichtsnachstellung erst dann erfolgt, wenn die beabsichtigte, von außen herbeigeführte Temperaturerhöhung beendet ist. Die Nachstellung ins neue Gleichgewicht erniedrigt dann durch Verstärkung der endothermen Reaktion die Temperatur, wenn das System nach erfolgter Temperatur-erhöhung isoliert ist, also keine Wärme mehr von außen aufnimmt. (Statt der externen Temperaturerhöhung kann auch eine Temperaturabsenkung vorgenommen werden. Die Antwortreaktion des Systems im Hinblick auf die Temperatur ist wieder gegenläufig, wenn das System nach der Kühlung gegen Wärmeübertragung isoliert wird.)

Ferner kann man eine Gasreaktion betrachten, bei der die Teilchenzahl sich durch die Reaktion ändert. Vergrößert man im geschlossenen Gefäß sehr schnell den *Druck*, so wird beim Eintritt der Reaktion eine solche Gleichgewichtsverschiebung stattfinden, dass der Druck wieder nachlässt, wenn nach erfolgter Druckerhöhung das Volumen festgehalten wird.

Die von außen vorgenommene Veränderung einer (hier intensiven) Größe wie Konzentration, Druck oder Temperatur wird durch die anschließend folgende Gleichgewichtsnachstellung vom System vermindert, wenn die zugeordnete extensive Größe nach der externen Veränderung festgehalten wird.

Die Folgen des äußeren Eingriffs werden vom System abgemildert oder „gepuffert". Auch mit diesem Gefäßmodell kann der Puffereffekt, wie er zum Beispiel bei pH-Puffersystemen auftritt, als ein Effekt verdeutlicht werden, der dem Prinzip von Le Chatelier und Braun folgt. Man muss sich dazu nur vorstellen, dass das Nebengefäß hier besonders groß ist. Dann hat das Zufügen von Wasser im Hauptgefäß (entspricht der Säurezugabe) auf die dortige Wasserhöhe (d.h. auf den pH-Wert) kaum Einfluss.

Das mechanische Modell zeigt auch Folgendes: Obwohl das Prinzip von Le Chatelier und Braun üblicherweise der Chemie zugerechnet wird, kann man es auch auf andere, z.B. physikalische Gleichgewichtszustände anwenden. Das Prinzip ist kein spezifisch chemisches Prinzip, sondern handelt von Gleichgewichten allgemein. Da mechanische Situationen manchmal einfacher sind als chemische, eignen sich mechanische Modelle zur Erläuterung des Prinzips besser. Wer das geschilderte mechanische Modell verstanden hat, was wegen seiner Einfachheit leichtfallen dürfte, wird mit den analogen chemischen Verhältnissen gut zurechtkommen.

Literatur

S. Feil: Und es gibt sie doch: Kohlensäure. Chemie in unserer Zeit 1/2010, 9
J.-M. Dessirier, Ch. T. Simons, M. Iodi Carstens, M. O'Mahony, E. Carstens: Psychophysical and Neurobiological Evidence that the Oral Sensation Elicited by Carbonated Water is of Chemogenic Origin. Chemical Senses 25 (2000), 277–284. DOI: 10.1093/chemse/25.3.277 (Stand April 2022 im Internet frei zugänglich)

2.14 Exkurs: Fließgleichgewichte

Hinweis

Der Abbau von Ethanol im menschlichen Körper wird im Schulbuch in Kap. 1.20 genauer beschrieben.

Literatur

Sehr schöne Beispiele für Fließgleichgewichte in der Biochemie findet man in Biochemiebüchern, z.B.: A. L. Lehninger, D. L. Nelson, M. M. Cox: Prinzipien der Biochemie. Spektrum Akademischer Verlag, Heidelberg 1998

2.15 Die Ammoniak-Synthese

Zu den Aufgaben

A1 Ermittlung aus B2:
a) Bei 400 °C und 20 MPa: $\varphi(NH_3) \approx 40\%$
b) Bei 400 °C und 60 MPa: $\varphi(NH_3) \approx 67\%$
c) Bei 300 °C und 30 MPa: $\varphi(NH_3) \approx 72\%$
d) Bei 500 °C und 30 MPa: $\varphi(NH_3) \approx 29\%$

A2 Ein höherer Druck würde die Ausbeute an Ammoniak erhöhen, dem steht jedoch die zu große Materialbelastung des Reaktors gegenüber. Ebenso würde eine niedrigere Temperatur das Gleichgewicht auf die Seite des Ammoniaks verschieben. Allerdings würde die Einstellung des Gleichgewichts dann zu langsam ablaufen.

A3 Die in den Reaktor hineinströmenden Edukte werden von dem ausströmenden Reaktionsgemisch erwärmt, sodass zum Erreichen der Betriebstemperatur des Reaktors weniger oder keine zusätzliche Wärme zugeführt werden muss. Außerdem wird das ausströmende Reaktionsgemisch vorgekühlt, sodass im Abhitzkessel, im Kühler und im Abscheider weniger Energie entzogen werden muss.

A4 Die nicht umgesetzten Gase gehen nicht verloren, sondern werden in den Kreislauf zurückgeführt. Der Nachteil der unvollständigen Umsetzung besteht also nur darin, dass die Gase abgekühlt und wieder aufgeheizt werden müssen. Es ist wirtschaftlicher, die Gase rasch über den Katalysator strömen zu lassen, da der hierdurch bedingte Verzicht auf den maximalen Ammoniak-Anteil durch die viel größeren Gasmengen überkompensiert wird.

Literatur und Medien

Ein Modellexperiment zur Ammoniak-Synthese aus den elementaren Stoffen wird beschrieben von S. Pürkl: Ammoniak aus der Einwegspritze. Praxis der Naturwissenschaften – Chemie 48 (5/1999), 8

Die großtechnische Ammoniaksynthese ist verbunden mit den Persönlichkeiten FRITZ HABER (1868–1934) und CARL BOSCH (1874–1940).

Für die einen ist FRITZ HABER der geniale Wissenschaftler, Nobelpreisträger und weitsichtige Wissenschaftspolitiker, anderen gilt er als skrupelloser Erfinder des Gaskrieges und kalter Wissenschaftstechnokrat, dessen Ehrgeiz auch seine Familie zum Opfer fiel. FRITZ HABER ist sicherlich eine Persönlichkeit, an der verschiedene Seiten der Naturwissenschaften und eines Naturwissenschaftlers besprochen und diskutiert werden können. Zur Information bieten sich an:
- Dietrich Stoltzenberg: Fritz Haber, Chemiker, Nobelpreisträger, Deutscher, Jude – Eine Biographie. Wiley-VCH, Weinheim 1998
- Margit Szöllösi-Janze: Fritz Haber 1868 bis 1934 – Eine Biographie. Beck, München 2014
- Ute Deichmann: Dem Vaterlande – solange es dies wünscht, Fritz Habers Rücktritt 1933, Tod 1934 und die Fritz-Haber-Gedächtnisfeier 1935. Chemie in unserer Zeit 30 (3/1996), 141

Unterrichtsmaterialien zum Themenbereich FRITZ HABER:
Achim Bühler, Erwin Graf: Lesetexte für den Chemieunterricht, Kopiervorlagen für den Chemie unterricht der Sekundarstufe I (auch für die Sekundarstufe II weitgehend geeignet). Ernst Klett Verlag, Stuttgart 1998; daraus: Fritz Haber, der Nobelpreisträger; Fritz Haber und die Kampfstoffe; Clara Immerwahr: Wissenschaft und Verantwortung; Clara Immerwahr: Das Recht auf Bildung

Über das Wirken und Arbeiten des Nobelpreisträgers CARL BOSCH kann man sich sehr gut informieren im: Carl Bosch Museum Heidelberg GmbH, Schloss-Wolfbrunnenweg 46, 69118 Heidelberg (Stand Juli 2022 auch über den Internet-Auftritt). In inhaltlich miteinander verbundenen Stationen werden folgende Themen behandelt: Lebenslauf, Wirtschaftsführer, Privatmann, Nobelpreisträger, Forschungslabor, Hochdruckwerkstatt, Industrieanlagen.

Die Probleme, die mit der Hochdrucksynthese verbunden waren, beschreibt D. Stoltzenberg: Fritz Haber, Carl Bosch und Friedrich Bergius – Protagonisten der Hochdrucksynthese. Chemie in unserer Zeit 33 (6/1999), 359–364

Über den Aspekt der Wirtschaftlichkeit einer Ammoniak-Anlage und die Möglichkeit des Einsatzes einer Ammoniak-Anlage für die Synthese von Methanol berichtet G. Latzl: Verfahrenstechnik in einem chemischen Großbetrieb. Praxis der Naturwissenschaften – Chemie 48 (5/1999), 17

Videos (Stand Juli 2022): Ammoniaksynthese: Der Griff in die Luft. FWU-Nr.: 4610257 (DVD) bzw. 5500126 (Online-Video, Ammoniaksynthese – Das Haber-Bosch-Verfahren FWU 04210257)

2.16 Exkurs: FRITZ HABER

Literatur

E. Vaupel: Krieg der Chemiker. Chemie in unserer Zeit 48, 6 (Dezember 2014), 460–475

In diesem Zusammenhang ist auch die Biografie von CLARA IMMERWAHR (HABERS Ehefrau) interessant: Gerit von Leitner: Der Fall Clara Immerwahr – Leben für eine humane Wissenschaft. München (Beck) 1993
Außerdem: D. Wöhrle: Fritz Haber und Clara Immerwahr. Chemie in unserer Zeit 1/2010, 30

Weitere Literatur und Medien: siehe Kap. 2.15

2.17 Das Massenwirkungsgesetz

Vorbemerkung

Das chemische Gleichgewicht ist ein *stabiles* Gleichgewicht. Dies sollte den Schülerinnen und Schülern auf jeden Fall deutlich gemacht werden, auch im Rahmen der sog. „kinetischen Herleitung" des MWG.

Bei der Gleichsetzung von zwei Reaktionsraten entgegengerichteter Reaktionen könnte die Befürchtung aufkommen, dass diese Gleichheitsbedingung gar nicht leicht dauerhaft zu erfüllen ist. Vielleicht kann die Gleichheit der Reaktionsraten einmal zufällig zustande kommen, dann aber auch wieder leicht verloren gehen? Oder gibt es doch eine Notwendigkeit für diese Gleichheit und damit für das chemische Gleichgewicht?

Am Beispiel einer Kugel, die an der tiefsten Stelle einer Mulde liegt, kann man verdeutlichen, dass jede Abweichung von dieser stabilen Lage der Kugel eine rücktreibende Kraft erzeugt, welche die Kugel wieder in Richtung auf die stabile Lage zieht. Die Abweichung vom Gleichgewicht ist also selbst Ursache für die Beseitigung dieser Abweichung und damit Ursache für die Wiederherstellung des Gleichgewichts.

Beim chemischen Gleichgewicht gilt analog: Sollte die Konzentration eines Reaktionspartners z. B. größer sein als die Gleichgewichtskonzentration, dann wird gerade hierdurch die Reaktionsrate derjenigen Teilreaktion vergrößert, welche den Abbau dieses Überschusses herbeiführt. Auch hier verursacht jede Abweichung vom Gleichgewicht ihren eigenen Abbau.

Deshalb beruht ein chemisches Gleichgewicht nicht auf einer Gleichheit, die höchst empfindlich gegen jede Störung sein könnte. Vielmehr wird eine Störung durch die daraufhin erfolgende Veränderung der Reaktionsrate einer Teilreaktion beseitigt, sodass das Gleichgewicht unempfindlich ist und sich auch nach äußeren Eingriffen immer wieder neu einstellt.

Mit Begriffen der Kybernetik beschreibt man eine solche Situation als negative Rückkopplung. Die Ursache für den Abbau einer Auslenkung aus einer stabilen Lage wächst mit der Größe der Auslenkung und ist ihr entgegengerichtet (daher „negativ"). Erst wenn die Auslenkung null ist, gibt es auch keine Ursache für eine Änderung. Ein technisches Beispiel ist der Thermostat. Bei ihm wird die Abweichung einer Temperatur von einer Solltemperatur dazu verwendet, die Abweichung durch Heizen oder Kühlen zu beseitigen. Die Solltemperatur wird dadurch stabilisiert und kann auch Störungen standhalten. Man spricht hier von einem Regelkreis.

Zu den Aufgaben

A1 $K_c = \dfrac{c^2(SO_3)}{c^2(SO_2) \cdot c(O_2)}$

A2
a) $K_c = \dfrac{c^2(NH_3)}{c^3(H_2) \cdot c(N_2)}$

b) Temperaturerhöhung: Die Reaktion ist exotherm. Bei einer Temperaturerhöhung wird die endotherme Rückreaktion begünstigt, das Gleichgewicht verschiebt sich nach links. Im neuen Gleichgewichtszustand ist also die Konzentration des Edukts (Zähler im MWG) höher und die Konzentrationen der Produkte (Nenner im MWG) geringer. Folglich wird die Gleichgewichtskonstante K_c kleiner.

Druckerhöhung: Die volumenverringernde Hinreaktion wird so lange begünstigt, bis der Quotient der Konzentrationen wieder dem ursprünglichen Wert von K_c entspricht. Die Gleichgewichtskonstante K_c bleibt also gleich.

Zugabe von Stickstoff: Die Stickstoff verbrauchende Hinreaktion wird so lange begünstigt, bis der Quotient der Konzentrationen wieder dem ursprünglichen Wert von K_c entspricht. Die Gleichgewichtskonstante K_c bleibt also gleich.

c) Temperaturerhöhung: Bei einer Temperaturerhöhung wird dem System Wärme zugeführt. Die endotherme Rückreaktion verbraucht einen Teil der zugeführten Wärme. Dadurch fällt die Temperaturerhöhung geringer aus, als es ohne Gleichgewichtsverschiebung der Fall wäre. Das Gleichgewicht verschiebt sich folglich in Richtung der Edukte, d. h., die Rückreaktion wird begünstigt.

Druckerhöhung: Alle beteiligten Stoffe sind gasförmig. Bei der Hinreaktion reagieren jeweils 4 Mokelüle zu 2 Molekülen. Dadurch fällt die Druckerhöhung geringer aus, als es ohne Gleichgewichtsverschiebung der Fall wäre. Das Gleichgewicht verschiebt sich folglich in Richtung der Produkte, d. h., die Hinreaktion wird begünstigt.

Zugabe von Stickstoff: Stickstoff ist ein Edukt. Durch die Hinreaktion wird Stickstoff verbraucht. Dadurch fällt die Zunahme der Stickstoff-Konzentration geringer aus, als es ohne Gleichgewichtsverschiebung der Fall wäre. Das Gleichgewicht verschiebt sich folglich in Richtung der Produkte, d. h., die Hinreaktion wird begünstigt.

A3 Vor der Reaktion: $n(H_2) = 8{,}300\,mol$ und $n(I_2) = 2{,}940\,mol$

Nach der Einstellung des Gleichgewichts: $n(HI) = 5{,}596\,mol$

Aus der Reaktionsgleichung $H_2 + I_2 \rightleftharpoons 2\,HI$ folgt: 5,596 mol Iodwasserstoff werden aus 2,798 mol Wasserstoff und 2,798 mol Iod gebildet. Im Gleichgewicht gilt also:
$n(H_2) = 8{,}300\,mol - 2{,}798\,mol = 5{,}502\,mol$
$n(I_2) = 2{,}940\,mol - 2{,}798\,mol = 0{,}142\,mol$

Konzentrationen im Gleichgewicht:

$$c(H_2) = \frac{5{,}502\,mol}{2{,}000\,l} = 2{,}751\,mol/l$$

$$c(I_2) = \frac{0{,}142\,mol}{2{,}000\,l} = 0{,}071\,mol/l$$

$$c(HI) = \frac{5{,}596\,mol}{2{,}000\,l} = 2{,}798\,mol/l$$

$$K_c = \frac{c_2(HI)}{c(H_2) \cdot c(I_2)} = \frac{(2{,}798\,mol/l)^2}{2{,}751\,mol/l \cdot 0{,}071\,mol/l} = 40$$

Literatur

H. Fleischer: Das Iod-Verteilungsgleichgewicht – Ein problemorientierter Zugang zum chemischen Gleichgewicht zur Schulung der naturwissenschaftlichen Arbeitsweise im Chemieunterricht. MNU 68/1 (Januar 2015), 28–35

In der chemiedidaktischen Literatur wird immer wieder die kinetische Ableitung des Massenwirkungsgesetzes als fragwürdig oder gar als falsch hingestellt. Auf der anderen Seite wird das MWG in der Schule mit überwiegender Mehrheit kinetisch hergeleitet. Es ist auch sehr zu bezweifeln, dass das chemische Gleichgewicht als dynamisches Gleichgewicht ohne die kinetische Ableitung oder die kinetische Betrachtung des Gleichgewichtszustandes vermittelbar ist. In einem Zeitschriftenartikel, in dem weitere Literatur berücksichtigt und angegeben wird, geht Dr. Frank Jürgensen auf dieses Problem ein:
F. Jürgensen: Zur kinetischen Herleitung des Massenwirkungsgesetzes. Der mathematische und naturwissenschaftliche Unterricht 51 (2/1998), 172

Die Originalveröffentlichungen von CATO GULDBERG und PETER WAAGE von 1864 und 1867 sind in norwegischer bzw. französischer Sprache verfasst. Sie wurden später ins Deutsche übersetzt: Untersuchungen über die chemischen Affinitäten. Abhandlungen aus den Jahren 1864, 1867, 1879 von C. M. Guldberg und P. Waage. Übersetzt und herausgegeben von Richard Abegg. Ostwalds Klassiker 104, Leipzig 1899. (Stand Juli 2022 in der Internet Archive Open Library frei zugänglich, ID: OL6928892M)

2.18 Exkurs: Aggregatzustände und Gleichgewichte

Zu den Aufgaben

A1 Bei einem Luftdruck ca. 690 hPa siedet Wasser bei ca. 89 °C.

A2 Am Tripelpunkt des Wassers stehen Wasserdampf, flüssiges Wasser und Eis miteinander im Gleichgewicht. In einem abgeschlossenen System können alle denkbaren Aggregatzustandsübergänge (Sublimieren und Resublimieren, Schmelzen und Erstarren, Verdampfen und Kondensieren) gleichzeitig stattfinden, gleichen sich aber aus, sodass das Mengenverhältnis der drei Aggregatzustände gleich bleibt. Der Tripelpunkt des Wassers liegt bei einem Druck von ca. 611,7 Pa (ca. 6 hPa) und einer Temperatur von ca. 273,16 K (0,01 °C).

Zum Versuch

V1 Der Versuch wurde mit 500 ml eines sehr preiswerten Weißweins durchgeführt (Verschnitt aus verschiedenen Ländern der EU, Volumenkonzentration σ(Ethanol) = 10 %). Zusätzlich zur Versuchsvorschrift wurde das 4. Destillat noch einmal destilliert. Die Volumenkonzentration und der Massenanteil wurden anhand einer Tabelle aus der Dichte bestimmt. Das 1. Destillat war nicht entflammbar. Das 2. Destillat entzündete sich, nachdem ein brennender Holzspan kurz über die Flüssigkeit gehalten wurde. Das 3. und 4. Destillat entzündete sich jeweils sofort.

Destillat Nr.	Volumen V(Destillat)	Dichte bei ca. 20 °C ρ(Destillat)	Volumenkonzentration σ(Ethanol)
1	ca. 250 ml	0,97 g/ml	ca. 20 %
2	ca. 125 ml	0,94 g/ml	ca. 40 %
3	ca. 60 ml	0,88 g/ml	ca. 65 %
4	ca. 30 ml	0,83 g/ml	ca. 90 %

Der gleiche Wein wurde auch mit einer Glockenbodenkolonne mit fünf Böden und aufgesetztem Rückflusskühler destilliert. Nach ca. 40 Minuten waren alle Böden mit Flüssigkeiten bedeckt. Die zurückfließende Flüssigkeit am Kopf der Kolonne hatte eine Temperatur von 79 °C, die Temperatur der Flüssigkeit im Destillationskolben betrug 100 °C.

Glockenboden Nr.	Dichte bei ca. 20 °C ρ(Destillat)	Volumenkonzentration σ(Ethanol)
1 (unten)	0,96 g/ml	ca. 30 %
2	0,95 g/ml	ca. 40 %
3	0,92 g/ml	ca. 55 %
4	0,89 g/ml	ca. 70 %
5 (oben)	0,83 g/ml	ca. 90 %

Hinweis zur Durchführung: Die mehrfache Destillation dauert ca. 80 Minuten, die Destillation mit einer Glockenbodenkolonne ca. 40 Minuten (jeweils ohne die Untersuchung der Destillate).

Weitere Hinweise: Die Destillation von Wein kann zur Behebung einer verbreiteten Fehlvorstellung beitragen. Sie besteht darin, dass angenommen wird, die Stoffeigenschaften von Ethanol und Wasser seien beide im Wein vorhanden, sodass beim Erhitzen ab der Siedetemperatur des Ethanols das Abdestillieren von Ethanol erfolge und schließlich bei der Siedetemperatur des Wassers eben dieses sieden würde. So behauptet mancher erfahrene Koch, in einer Weinsauce befinde sich kein Alkohol mehr, weil sie ja bei der Zubereitung aufgekocht wurde. Dabei sei aller Alkohol entwichen, denn er könne ja oberhalb seiner Siedetemperatur nicht mehr flüssig vorliegen.
Stattdessen hat der Wein nicht etwa zwei Siedetemperaturen, sondern eine einzige. Bei ihr siedet nicht nur eine Komponente, sondern die ganze Lösung. Die Komponenten sieden nicht nacheinander, sondern die ganze Lösung siedet zugleich. Da aber der Dampf und die Flüssigkeit unterschiedlich zusammengesetzt sind, ändert sich die Zusammensetzung der Flüssigkeit während der Destillation fortlaufend. Auch die Siedetemperatur steigt kontinuierlich, bis (beim „letzten Tropfen") die Siedetemperatur des Wassers erreicht ist. (Beginnt man die Destillation mit einer Mischung, die mehr als $w = 96\,\%$ Ethanol enthält, fällt die Siedetemperatur geringfügig, bis ein azeotropes Gemisch erreicht ist und bleibt dann konstant.)
Bei einer fraktionierenden Destillation enthalten die ersten Fraktionen am meisten Ethanol und haben deshalb kleine Dichten und eine leichte Entflammbarkeit. Dennoch ist auch die erste Fraktion nicht reines Ethanol, und die nachfolgenden Fraktionen sind nicht reines Wasser.
Im Schulbuch wird die fraktionierende Destillation am Ethanol-Wasser-Gemisch betrachtet, weil damit auch praktikable Schulversuche durchgeführt werden können, die auf reges Interesse der Schülerinnen und Schüler stoßen. Das Beispiel hat natürlich den Nachteil, dass sich ein azeotropes Gemisch bildet. Auf reges Interesse stößt auch die Besprechung der fraktionierenden Destillation der Luft.

Zusatzinformationen

Siedediagramme
Die im Schulbuch erwähnte Tatsache, dass die Anteile der Komponenten im Dampfraum anders sind als in der Lösung, wird quantitativ in Siedediagrammen dargestellt. Das Siedediagramm einer idealen Lösung sieht linsenförmig aus; man spricht deshalb auch von einer „Siedelinse". Sauerstoff-Stickstoff-Gemische (s. „Literatur und Medien") kommen einer idealen Lösung sehr nahe.
Im Siedediagramm von Ethanol-Wasser-Gemischen berühren sich die Siedekurve und die Kondensationskurve bei w(Ethanol) = 96 % und ϑ = 78 °C. Dieses Gemisch bezeichnet man als azeotropes Gemisch; es lässt sich durch Destillation nicht trennen. Um reines Ethanol („absoluten Alkohol") zu erhalten, entfernt man das restliche Wasser mit wasserbindenden Stoffen und destilliert das Ethanol dann nochmals.

Literatur und Medien

Das Siedediagramm für Sauerstoff-Stickstoff-Gemische findet man in: A. Holleman, E. Wiberg: Lehrbuch der anorganischen Chemie. de Gruyter, Berlin.
Die fraktionierende Destillation ist gut erklärt im Video „Erdölverarbeitung", Teil „Destillation" (Stand Juli 2022). FWU-Nr.: 4602475 (DVD), 5500043 bzw. 5521276 (Online-Video)

2.19 Durchblick: Zusammenfassung und Übung

Zu den Aufgaben

A1

a) Durch die Zerkleinerung des Zinkstücks wird die Oberfläche vergrößert, die Reaktion mit Salzsäure läuft schneller ab.

b) Bei einer höheren Temperatur läuft die Reaktion schneller ab, da mehr Teilchen über die notwendige Aktivierungsenergie verfügen.

c) Wird das Volumen der Salzsäure durch Zugabe von Salzsäure gleicher Konzentration vergrößert, so hat dies zu Beginn keinen Einfluss auf die Reaktionsgeschwindigkeit. Da nun jedoch insgesamt mehr Salzsäure vorhanden ist, nimmt ihre Konzentration mit fortschreitender Reaktion langsamer ab, d.h., auch die Reaktionsgeschwindigkeit nimmt langsamer ab als ohne Zugabe von Salzsäure. (Nimmt man an, dass das Volumen der Salzsäure durch Zugabe von dest. Wasser vergrößert wird, führt dies zu einer Konzentrationsverringerung der Salzsäure und damit zu einer Verringerung der Reaktionsgeschwindigkeit.)

d) Durch das Schütteln werden die Wasserstoffblasen schneller von der Oberfläche des Zinkstücks entfernt, sodass dort wieder die Salzsäure angreifen kann. Außerdem bewirkt das Schütteln eine Erhöhung der Salzsäure-Konzentration an der Oberfläche des Zinkstücks, da die „verbrauchte" Salzsäure durch „frische" Salzsäure ersetzt wird. Beide Effekte führen zu einer Erhöhung der Reaktionsgeschwindigkeit.

A2 Die Zeit vom Zusammengeben der Natriumthiosulfat-Lösung und der Salzsäure bis zum Auftreten der Trübung durch fein verteilten Schwefel wird durch eine Temperaturerhöhung um 10 °C (10 K) jeweils ungefähr halbiert. Eine Halbierung der Zeit entspricht einer Verdopplung der Reaktionsgeschwindigkeit. Dies entspricht der RGT-Regel.

A3

a)

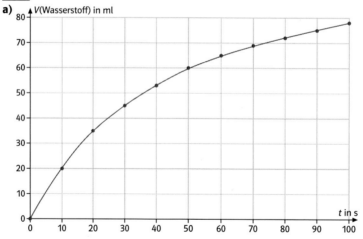

b) Während in den ersten 10 Sekunden 20 ml Wasserstoff gebildet werden, nimmt in gleichen Zeitintervallen das Volumen des gebildeten Wasserstoffs immer mehr ab. Von der 90. bis zur 100. Sekunde werden nur noch 3 ml Wasserstoff gebildet. Am Anfang ist die Reaktionsgeschwindigkeit am größten; im Verlauf der Reaktion nimmt die Reaktionsgeschwindigkeit ab.

c) Mit V(Salzsäure) = 10 ml = 0,010 l und $V_m(H_2) \approx 24$ l/mol kann man die Volumendifferenzen in Konzentrationsdifferenzen umrechnen und daraus die mittleren Reaktionsgeschwindigkeiten berechnen. Die im Folgenden berechneten Reaktionsgeschwindigkeiten beziehen sich auf die Konzentration der Oxonium-Ionen. Die Formeln zur Berechnung (in Anlehnung an Kap. 2.1, B5 im Schulbuch) sind:

$$\Delta c(Mg^{2+}) = \frac{\Delta n(Mg^{2+})}{V(\text{Salzsäure})} = \frac{\Delta n(H_2)}{V(\text{Salzsäure})} = \frac{\Delta V(\text{Wasserstoff})}{V_m(H_2) \cdot V(\text{Salzsäure})}$$

$$\Delta c(H_3O^+) = -2 \cdot \Delta c(Mg^{2+})$$

$$\bar{v} = \frac{|\Delta c(H_3O^+)|}{\Delta t}$$

Δt in s	ΔV(Wasserstoff) in l	$\Delta c(Mg^{2+})$ in mol/l	$\Delta c(H_3O^+)$ in mol/l	$\bar{v}$ in mol/(l·s)
10 − 0 = 10	0,020 − 0,000 = 0,020	0,083	−0,17	0,017
20 − 10 = 10	0,035 − 0,020 = 0,015	0,063	−0,13	0,013
30 − 20 = 10	0,045 − 0,035 = 0,010	0,042	−0,08	0,008
40 − 30 = 10	0,053 − 0,045 = 0,008	0,033	−0,07	0,007
50 − 40 = 10	0,060 − 0,053 = 0,007	0,029	−0,06	0,006
60 − 50 = 10	0,065 − 0,060 = 0,005	0,021	−0,04	0,004
70 − 60 = 10	0,069 − 0,065 = 0,004	0,017	−0,03	0,003
80 − 70 = 10	0,072 − 0,069 = 0,003	0,013	−0,03	0,003
90 − 80 = 10	0,075 − 0,072 = 0,003	0,013	−0,03	0,003
100 − 90 = 10	0,078 − 0,075 = 0,003	0,013	−0,03	0,003

Hinweise:
- In der Aufgabe wird nur eine Auswahl von drei Zeitintervallen verlangt.
- Die mittleren Reaktionsgeschwindigkeiten können auch auf $\Delta c(Mg^{2+})$ bezogen werden. Es ergeben sich (im Vergleich zur obigen Tabelle) die halben Werte von $\bar{v}$.
- Bei Edukten (hier H_3O^+) haben die Konzentrationsdifferenzen negative Werte, da deren Konzentration abnimmt. Bei Produkten (hier Mg^{2+}) haben die Konzentrationsdifferenzen positive Werte. Die mittlere Reaktionsgeschwindigkeit wird jeweils aus dem *Betrag* einer Konzentrationsdifferenz berechnet, sie hat deshalb immer einen positiven Wert.

A4

a) Eine Temperaturerhöhung begünstigt die endotherme Rückreaktion. Die Wasserstoff-Ausbeute wird kleiner, die Gleichgewichtskonstante wird kleiner.

b) Die Entfernung von Kohlenstoffdioxid führt dazu, dass das Gleichgewicht in die Richtung verschoben wird, in der Kohlenstoffdioxid nachgebildet wird, d. h., die Hinreaktion wird begünstigt. Dadurch wird auch die Wasserstoff-Ausbeute größer. Da die Temperatur gleich bleibt, ändert sich die Gleichgewichtskonstante nicht.

c) Eine Druckverminderung wirkt sich nicht auf die Gleichgewichtslage aus, da die Teilchenanzahlen der gasförmigen Stoffe links und rechts vom Gleichgewichtspfeil gleich sind. Die Wasserstoff-Ausbeute bleibt gleich. Da die Temperatur gleich bleibt, ändert sich die Gleichgewichtskonstante nicht.

A5

a) Bei Temperaturen bis 500 °C liegt das Gleichgewicht auf der Seite des Schwefeltrioxids. Bei Temperaturen über 500 °C verschiebt sich das Gleichgewicht sehr stark auf die Seite des Schwefeldioxids. Bei über 900 °C liegt das Gleichgewicht fast vollständig auf der Seite des Schwefeldioxids.

b) Eine Temperaturabsenkung begünstigt die exotherme Reaktion, eine Temperaturerhöhung die endotherme Reaktion. Da bei niedriger Temperatur das Gleichgewicht auf der Seite des Schwefeltrioxids liegt und mit steigender Temperatur das Gleichgewicht sich auf die Seite des Schwefeldioxids verschiebt, muss die Bildung des Schwefeltrioxids eine exotherme Reaktion sein:
$2\,SO_2 + O_2 \;\rightleftharpoons\; 2\,SO_3 \qquad |\,\text{exotherm}$

c) Folgende Maßnahmen erhöhen die Ausbeute an Schwefeltrioxid:
- Absenkung der Temperatur (Begünstigung der exothermen Reaktion)
- Erhöhung des Drucks (Gleichgewichtsverschiebung zur Seite mit der kleineren Anzahl von Teilchen gasförmiger Stoffe)
- Entfernen des Schwefeltrioxids aus dem Gemisch (Gleichgewichtsverschiebung durch Verringerung der Konzentration des Produkts)
- Einsatz eines der Ausgangsstoffe (Schwefeldioxid oder Sauerstoff) in großem Überschuss (Gleichgewichtsverschiebung durch Erhöhung der Konzentration eines Edukts)

A6 Ethanol + Ethansäure $\rightleftharpoons$ Ethansäureethylester + Wasser

$$C_2H_5OH + CH_3COOH \rightleftharpoons CH_3COOC_2H_5 + H_2O$$

$$K_c = \frac{c(CH_3COOC_2H_5) \cdot c(H_2O)}{c(C_2H_5OH) \cdot c(CH_3COOH)} = \frac{0,5\,mol/l \cdot 0,5\,mol/l}{1\,mol/l \cdot 0,0625\,mol/l} = 4$$

A7 **Heterogenes Gleichgewicht:** Die am Gleichgewicht beteiligen Stoffe liegen in unterschiedlichen Phasen (häufig auch in unterschiedlichen Aggregatzuständen) vor.
Beispiele:
- Gleichgewichte zwischen Aggregatzuständen, z.B. zwischen flüssigem Wasser und Wasserdampf
- Löslichkeitsgleichgewichte, z.B. Silberchlorid in Wasser, Bleiiodid in Wasser, Kohlenstoffdioxid in Wasser
- Gleichgewichte zwischen Kalk, Wasser und Kohlenstoffdioxid, z.B. in Tropfsteinhöhlen

Homogenes Gleichgewicht: Die am Gleichgewicht beteiligen Stoffe liegen in derselben Phase vor (sie haben damit auch den gleichen Aggregatzustand).
Beispiele:
- Ammoniak-Gleichgewicht
- Neutralisationsreaktion
- Reaktion von Chlor mit Bromid-Ionen

Hinweise:
Im Folgenden werden die genannten Gleichgewichte anhand von Reaktionsgleichungen genauer beschrieben.

Gleichgewicht zwischen flüssigem Wasser und Wasserdampf:
Wird Wasser in ein Gefäß eingeschlossen, stellt sich nach einiger Zeit ein Gleichgewicht zwischen den aus der Oberfläche des flüssigen Wassers austretenden und den in die Oberfläche eintretenden Wasser-Molekülen ein.

$$H_2O\,(l) \rightleftharpoons H_2O\,(g)$$

Die Überführung von Wasser in Wasserdampf ist endotherm. Durch Wärmezufuhr wird das Gleichgewicht zugunsten des Wasserdampfes verschoben. Wärmeentzug führt zur vermehrten Kondensation des Wasserdampfes.

Löslichkeitsgleichgewichte:
Schwer lösliche Salze in Wasser:

$$AgCl\,(s) \rightleftharpoons Ag^+\,(aq) + Cl^-\,(aq)$$

$$PbI_2\,(s) \rightleftharpoons Pb^{2+}\,(aq) + 2\,I^-\,(aq)$$

Kohlenstoffdioxid in einer geschlossenen Mineralwasserflasche:
$$CO_2\,(g) \xrightleftharpoons{\text{Wasser}} CO_2\,(aq)$$

Gleichgewichte zwischen Kalk, Wasser und Kohlenstoffdioxid:
Regenwasser nimmt aus der Luft Kohlenstoffdioxid auf; es bildet sich eine schwach saure Lösung:

$$CO_2\,(g) + 2\,H_2O\,(l) \rightleftharpoons HCO_3^-\,(aq) + H_3O^+\,(aq)$$

Trifft diese saure Lösung auf Kalkgestein, reagieren die Carbonat-Ionen des Kalks mit Oxonium-Ionen zu Hydrogencarbonat-Ionen:

$$CaCO_3\,(s) + H_3O^+\,(aq) \rightleftharpoons Ca^{2+}\,(aq) + HCO_3^-\,(aq) + H_2O\,(l)$$

Insgesamt wird dabei das schwer lösliche Calciumcarbonat in besser lösliches Calciumhydrogencarbonat überführt.

In Tropfsteinhöhlen entsteht aus dieser Lösung festes Calciumcarbonat und gasförmiges Kohlenstoffdioxid:

$$Ca^{2+}(aq) + 2\,HCO_3^-(aq) \rightleftharpoons CaCO_3(s) + CO_2(g) + H_2O(l)$$

Ammoniak-Gleichgewicht:

$$N_2(g) + 3\,H_2(g) \rightleftharpoons 2\,NH_3(g)$$

Neutralisationsreaktion:

$$H_3O^+(aq) + OH^-(aq) \rightleftharpoons 2\,H_2O(l)$$

Reaktion von Chlor mit Bromid-Ionen:

$$Cl_2(aq) + 2\,Br^-(aq) \rightleftharpoons 2\,Cl^-(aq) + Br_2(aq)$$

A8

a)

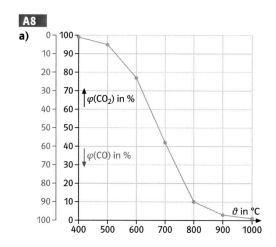

b) Mit steigender Temperatur nimmt der Anteil von Kohlenstoffmonooxid zu. Nach dem Prinzip von LE CHATELIER und BRAUN wird durch eine Temperaturerhöhung die endotherme Reaktion begünstigt. Also ist die Bildung von Kohlenstoffmonooxid aus Kohlenstoffdioxid und Kohlenstoff endotherm.
Reaktionsgleichung: $\quad CO_2(g) + C(s) \rightleftharpoons 2\,CO(g) \quad |$ endotherm

Es handelt sich um ein heterogenes Gleichgewicht. Die „Konzentration" des festen Kohlenstoffs wird im MWG nicht berücksichtigt bzw. es wird $c(C) = 1$ gesetzt. Damit lautet das MWG des Boudouard-Gleichgewichts:

$$K_c = \frac{c^2(CO)}{c(CO_2)}$$

c) Wenn der endotherm gebildete Stoff im Zähler des MWG steht, dann wird K_c mit steigender Temperatur größer. Eine Temperaturerhöhung bewirkt also eine Erhöhung des Anteils von Kohlenstoffmonooxid.
Eine Druckerhöhung verschiebt ein Gleichgewicht, an dem gasförmige Stoffe beteiligt sind, zu der Seite mit der kleineren Teilchenanzahl in der Gasphase. Beim Boudouard-Gleichgewicht sind also nur die Teilchenanzahlen des Kohlenstoffmonooxids und des Kohlenstoffdioxids zu berücksichtigen. Da die Teilchenanzahl in der Gasphase rechts vom Gleichgewichtspfeil doppelt so groß ist wie links, wird durch eine Druckerhöhung die Rückreaktion begünstigt, d.h., der Anteil von Kohlenstoffdioxid wird größer.

Zum Bild der Einstiegsseite

Das Foto der Erde wurde am 12. Oktober 2015 vom Lunar Reconnaissance Orbiter (LRO) aufgenommen. Es zeigt den Aufgang der Erde über dem Horizont des Mondes. Deutlich erkennbar ist die hellbraun gefärbte Sahara und die Arabische Halbinsel.

Das Foto der Mondoberfläche wurde von der NASA hinzugefügt; vermutlich war die Fotomontage aufgrund der stark unterschiedlichen Belichtungsverhältnisse notwendig. Es zeigt die Rückseite des Mondes mit dem Krater „Compton".

Kreislauf des Kohlenstoff-Atoms und Klima (S. 120/121)

Zu den Aufgaben

A1

a) Pflanzen nehmen Kohlenstoffdioxid und Wasser auf und erzeugen daraus durch Fotosynthese organische Kohlenstoff-Verbindungen. Ein Teil davon wird durch die Pflanzenatmung wieder abgebaut. Das dabei entstehende Kohlenstoffdioxid gelangt zum größten Teil wieder in die Atmosphäre.

Tiere leben direkt oder indirekt von pflanzlicher Nahrung. Sie produzieren durch ihren Stoffwechsel Kohlenstoffdioxid, das in die Atmosphäre zurückfließt. Durch Ausscheidungen und abgestorbene Lebewesen gelangen Kohlenstoff-Verbindungen in den Boden. Bodentiere und Bakterien bauen die organische Substanz ab und führen der Atmosphäre Kohlenstoffdioxid zu.

Die Energie, die alle Prozesse im Kreislauf benötigen, wird durch die Fotosynthese bereitgestellt. Damit hält die Sonnenenergie den Kohlenstoff-Atom-Kreislauf aufrecht.

b) Beispiellösung:

Ein von einer Pflanze mit einem Kohlenstoffdioxid-Molekül aufgenommenes C-Atom kann durch die Pflanzenatmung wieder in die Atmosphäre abgegeben werden.

Das C-Atom kann auch Bestandteil einer Verbindung in einem Blatt sein, das abstirbt und als Laub vermodert. In einem bei diesem Vorgang entstehenden Kohlenstoffdioxid-Molekül wird das C-Atom der Atmosphäre zurückgegeben.

c) Da Kohlenstoffdioxid in Wasser löslich ist, gelangen die C-Atome der Kohlenstoffdioxid-Moleküle aus der Atmosphäre in offene Gewässer. Eine weitere Möglichkeit besteht darin, dass beim Abbau organischer Substanz im Boden Kohlenstoffdioxid mit dem Grundwasser in Flüsse oder Seen ausgeschwemmt wird.

A2

a) Phytoplankton (z. B. Kieselalgen) nimmt bei der Fotosynthese das in Wasser gelöste Kohlenstoffdioxid auf. Das im Meerwasser gelöste Kohlenstoffdioxid steht im Gleichgewicht mit dem Kohlenstoffdioxid der Atmosphäre. Bei einer Algenblüte werden große Mengen an gelöstem Kohlenstoffdioxid verbraucht, das aus der Atmosphäre ersetzt wird.

b) Zum Wachstum der Algen sind Nährstoffe erforderlich. Diese werden durch Flüsse in die Meere befördert und liegen hauptsächlich in Küsten- und Schelfgewässern vor, sodass in diesen die Bedingungen für das Algenwachstum viel günstiger sind als in küstenfernen Gewässern. Ausnahmen sind dort die aufsteigenden Meeresströme, die Nährstoffe aus dem Tiefenwasser nach oben befördern.

A3 Überwiegt bei einem Speicher der Zufluss von Kohlenstoff gegenüber dessen Abgabe, so steigt der Kohlenstoffgehalt des Speichers. Für die Lithosphäre, die nahezu die gesamte Kohlenstoffmenge enthält, spielen nicht ausgeglichene Zu- und Abflüsse keine Rolle. Bei der Atmosphäre, dem kleinsten Kohlenstoffspeicher, kommt es durch ein Überwiegen des Zuflusses von Kohlenstoff zu einer deutlichen Zunahme des Kohlenstoffgehalts.

A4 Die Grafik zeigt, dass die Schwankungen des Kohlenstoffdioxid-Gehalts der Atmosphäre bis etwa 1850 relativ gering waren. Seither erfolgt ein immer stärkerer Anstieg (von ca. 285 ppm CO_2 auf 420 ppm CO_2 im Jahr 2022). Ursachen dafür sind Industrialisierung, Verkehr und Bevölkerungswachstum.

A5 Um die Dicke der „Luftschicht" um den Fußball berechnen zu können, wird die im Text beschriebene „Homogenhöhe" der Atmosphäre von 8 km verwendet. Bei einem Fußball mit einem Durchmesser von 23 cm hätte diese Schicht eine Dicke von:

$$h = \frac{8\,\text{km} \cdot 23\,\text{cm}}{12\,756\,\text{km}} = 0{,}014\,\text{cm} = 0{,}14\,\text{mm}$$

(Dies entspricht ungefähr der Dicke einer Lackschicht.)

A6 Wenn Eisberge schmelzen, verringert sich die Dichte des Meerwassers. Diese Dichte ist aber entscheidend für das Aufrechterhalten einer für unsere Breiten wichtigen Meeresströmung, des Golfstroms. Durch ein Abschmelzen des Süßwassereises in den Eisbergen könnte die Dichte des Meerwassers so weit abnehmen, dass es nicht mehr in dem erforderlichen Maße absinkt und die Südströmung unterbeibt:

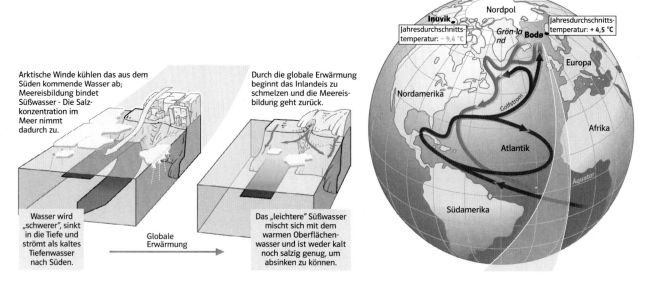

A7 Bis etwa 1980 liegen die beobachteten Temperaturabweichungen noch weitgehend innerhalb der Streuung der Modellrechnungen. Seit 1980 beobachtet man einen Trend zu größeren Temperaturabweichungen, der durch natürliche Einflüsse (auf denen die Modellrechnungen beruhen) nicht zu erklären ist.

A8 Bis zu einer Höhe von etwa 12 km nimmt die Temperatur der Atmosphäre mit der Höhe ab. (Man kann das auch bei einer Reise mit dem Flugzeug beobachten, wenn Informationen über Flughöhe und Außentemperatur angezeigt werden.)
Es ist zunächst überraschend, dass in der Stratosphäre die Temperatur mit der Höhe wieder zunimmt. In [B8] erkennt man, dass in diesem Bereich UV-Strahlung absorbiert wird. Die Energie der absorbierten UV-Strahlung wird letztendlich in thermische Energie umgewandelt.
Hinweis: Die Umwandlung in thermische Energie läuft zum Teil über den folgenden „Umweg": Ein Sauerstoff-Molekül absorbiert ein UV-Photon und zerfällt in einer endothermen Reaktion in zwei Sauerstoffradikale; diese reagieren mit zwei weiteren Sauerstoff-Molekülen zu Ozon-Molekülen. Ein Ozon-Molekül absorbiert wieder ein UV-Photon und zerfällt in ein Sauerstoffradikal und ein Sauerstoff-Molekül. Das Sauerstoffradikal kann mit einem weiteren Ozon-Molekül in einer exothermen Reaktion zu zwei Sauerstoff-Molekülen reagieren. Bei allen diesen Prozessen wird Wärme frei; auch bei den endothermen Reaktionen bleibt i.d.R. ein Teil der Energie des UV-Photons übrig.

3.1 Kohlenstoffoxide und Kohlensäure

Zu den Aufgaben

A1 Gasförmiges Kohlenstoffdioxid und Wasser reagieren nach den folgenden gekoppelten Gleichgewichtsreaktionen:

$$CO_2(g) + 3\,H_2O(l) \rightleftharpoons CO_2(aq) + 3\,H_2O(l) \rightleftharpoons H_2CO_3(aq) + 2\,H_2O(l)$$

$$\rightleftharpoons HCO_3^-(aq) + H_3O^+(aq) + H_2O(l) \rightleftharpoons CO_3^{2-}(aq) + 2\,H_3O^+(aq)$$

Erhöht man den Druck von Kohlenstoffdioxid, verschieben sich diese Gleichgewichte nach rechts; es werden mehr Oxonium-Ionen gebildet. Der pH-Wert wird folglich kleiner, d.h., die Lösung wird saurer.

A2 Die Lösung enthält: Wasser-Moleküle, Kohlenstoffdioxid-Moleküle, Kohlensäure-Moleküle, Oxonium-Ionen, Hydrogencarbonat-Ionen, Carbonat-Ionen, wenige Hydroxid-Ionen. Reaktionen:
$$CO_2 + H_2O \rightarrow H_2CO_3$$
$$H_2CO_3 + H_2O \rightarrow HCO_3^- + H_3O^+$$
$$HCO_3^- + H_2O \rightarrow CO_3^{2-} + H_3O^+$$

Zu den Versuchen

V1 Die Indikator-Lösung färbt sich orange. Es ist eine schwach saure Lösung entstanden.

V2 Die orange bis leicht rote Färbung von beiden Lösungen verändert sich beim Erhitzen zu einem schwachen Gelb.

V3 Bei hohem Druck wird die Bläschenbildung schwächer, bei geringem Druck stärker.

V4 In der verschlossenen Flasche sind keine Gasblasen erkennbar. Beim Öffnen bilden sich sofort Gasblasen. Bei Druckerhöhung wird die Blasenbildung schwächer, bei Druckverringerung stärker.

Zusatzinformationen

Reine Kohlensäure

Bis vor Kurzem konnte Kohlensäure als Reinstoff nicht nachgewiesen werden. Auch heute wird sie in Lehrbüchern als nur in wässriger Lösung existierende Säure beschrieben, die nur im Gleichgewicht mit Kohlenstoffdioxid und Wasser vorliegt. Verschiedene Forschergruppen konnten jedoch Kohlensäure inzwischen isolieren und charakterisieren, sowohl als Feststoff wie auch in der Gasphase. Erstaunlich ist die außerordentlich hohe kinetische Stabilität. Bei der Temperatur $T = 300\,K$ wurde eine Halbwertszeit von 180 000 Jahren ermittelt. In wässriger Lösung zerfällt Kohlensäure allerdings sehr schnell. Schon ein einziges Wasser-Molekül erhöht die Zerfallsgeschwindigkeit um den Faktor 10^7 bis 10^9. Mit dem Zerfall des ersten Hoydrogencarbonat-Moleküls setzt ein autokatalytischer Prozess ein, der den weiteren Zerfall stark beschleunigt, da ja beim Zerfall immer mehr katalytisch wirkende Wasser-Moleküle entstehen. Man nimmt an, dass Kohlensäure-Moleküle im Weltraum verbreitet vorkommen, und versucht, sie spektroskopisch nachzuweisen, da seit Kurzem das Infrarotspektrum der gasförmigen Kohlensäure (H_2CO_3) bekannt ist.

3.2 Carbonate und Hydrogencarbonate

Zu den Aufgaben

A1

a) $Ca^{2+}(aq) + 2\,Cl^-(aq) + 2\,Na^+(aq) + CO_3^{2-}(aq) \longrightarrow CaCO_3(s) + 2\,Na^+(aq) + 2\,Cl^-(aq)$

b) $NaHCO_3(s) + H_3O^+(aq) + Cl^-(aq) \longrightarrow Na^+(aq) + H_2CO_3(aq) + H_2O(l) + Cl^-(aq)$

$H_2CO_3(aq) \longrightarrow CO_2(aq) + H_2O(l) \longrightarrow CO_2(g) + H_2O(l)$

c) $Na_2CO_3(s) + 2\,H_3O^+(aq) + 2\,Cl^-(aq) \longrightarrow 2\,Na^+(aq) + H_2CO_3(aq) + 2\,H_2O(l) + 2\,Cl^-(aq)$

$H_2CO_3(aq) \longrightarrow CO_2(aq) + H_2O(l) \longrightarrow CO_2(g) + H_2O(l)$

A2 Man beobachtet eine milchige Trübung. Ein weißer Feststoff setzt sich allmählich ab.
Erklärung: Die Carbonat-Ionen der Sodalösung reagieren mit den Calcium-Ionen des Kalkwassers zu schwer löslichem Calciumcarbonat.

Zu den Versuchen

V1 In beiden Fällen entsteht ein weißer Feststoff, der sich allmählich absetzt.
Reaktionsgleichung mit Calciumchlorid: siehe A1a (mit Magnesiumchlorid analog)

V2
a) Das entstehende Gas trübt Kalkwasser. Es handelt sich um Kohlenstoffdioxid.
Reaktionsgleichungen: analog zu A1b, mit $Na^+(aq) + HCO_3^-(aq)$ statt $NaHCO_3(s)$
bzw. $2\,Na^+(aq) + CO_3^{2-}(aq)$ statt $Na_2CO_3(s)$

b) Beim Auftropfen von Salzsäure auf die kalkhaltigen Proben ist ein „Aufschäumen" infolge der Gasentwicklung zu beobachten. Bei kalkarmen Bodenproben ist nur eine schwache Bläschenbildung zu sehen.
Hinweis zur Durchführung: Wenn man auch Proben mit glatter Oberfläche untersucht, erkennt man nach dem Abspülen, dass die Oberfläche rau geworden ist.

V3 Der am Glasstab hängende Tropfen Kalkwasser wird trüb.
Erklärung: Durch Reaktion der Salzsäure mit in der Asche enthaltenen Carbonaten (hauptsächlich Kaliumcarbonat) entsteht Kohlenstoffdioxid.

V4 Das durch Erhitzen von Natriumhydrogencarbonat entstehende Gas löscht die Kerzenflamme. Es ist also Kohlenstoffdioxid entstanden:

$2\,NaHCO_3(s) \longrightarrow Na_2CO_3(s) + H_2O(g) + CO_2(g)$

3.3 Natürliche und technische Kalkkreisläufe

Zu den Aufgaben

A1 Durch die Reaktion von Kalkstein mit Regenwasser, das aus der Luft oder dem Boden Kohlenstoffdioxid aufgenommen hat, entsteht Calciumhydrogencarbonat-Lösung. Sie sickert durch Spalten oder Risse tiefer ins Gestein ein. Erreicht diese Lösung das Dach einer Höhle, verdunstet aus den hängenden Tropfen ein Teil des Wassers und Kohlenstoffdioxid wird in die Höhlenluft abgegeben. Als Folge scheidet sich wieder festes Calciumcarbonat ab. Es entstehen Stalaktiten.
Ebenso verhält es sich, wenn der Tropfen gefallen ist. An der Tropfstelle verdunstet ein Teil des Wassers und Kohlenstoffdioxid entweicht in die Höhlenluft, bis der nächste Tropfen fällt. Es entstehen Stalagmiten.

A2 Durch Auftropfen von verdünnter Salzsäure lässt sich Kalkgestein von anderem Gestein unterscheiden. Ein Aufbrausen (Entwicklung von Kohlenstoffdioxid) weist auf Kalkgestein hin.

A3 Hartes Wasser enthält Calcium- und Magnesium-Ionen. Diese bilden mit den Carbonat-Ionen der Soda (Natriumcarbonat) nahezu unlösliche Carbonate, die aus dem Wasser ausgefällt werden:

$$Ca^{2+}(aq) + CO_3^{2-}(aq) \longrightarrow CaCO_3(s) \quad bzw. \quad Mg^{2+}(aq) + CO_3^{2-}(aq) \longrightarrow MgCO_3(s)$$

A4 Beim Eindampfen von Calciumhydrogencarbonat-Lösung bleibt Calciumcarbonat als Rückstand:

$$Ca^{2+}(aq) + 2\,HCO_3^-(aq) + H_2O(l) \longrightarrow CaCO_3(s) + CO_2(g) + 2\,H_2O(g)$$

Zu den Versuchen

V1 Beim Einleiten von Kohlenstoffdioxid in Kalkwasser entsteht eine weiße Trübung durch Calciumcarbonat:

$$Ca^{2+}(aq) + 2\,OH^-(aq) + CO_2(aq) \longrightarrow CaCO_3(s) + H_2O(l)$$

Beim weiteren Einleiten von Kohlenstoffdioxid verschwindet die Trübung wieder:

$$CaCO_3(s) + CO_2(aq) + H_2O(l) \longrightarrow Ca^{2+}(aq) + 2\,HCO_3^-(aq)$$

Beim Erhitzen entsteht wieder festes Calciumcarbonat. Aus der heißen Lösung scheidet sich dieses gröber ab und ist nicht mehr so gut sichtbar, auch weil es sofort sedimentiert.

Erklärung: Beim Erhitzen entweicht Kohlenstoffdioxid aus der Lösung, da es sich in heißem Wasser schlechter löst.

Hinweis zur Durchführung: Der Versuch gelingt, wenn eine gesättigte Calciumhydroxid-Lösung auf das Doppelte verdünnt wird.

V2 Nach kurzer Zeit entweicht unter Zischen Wasserdampf; die Kalkstückchen blähen sich auf. Bei weiterer Wasserzugabe zerfallen die Stückchen zu einem weißen Pulver.

Erklärung: Die Reaktion von Calciumoxid (gebranntem Kalk) mit Wasser bezeichnet man als Kalklöschen (es entsteht Löschkalk); die Reaktion ist stark exotherm:

$$CaO + H_2O \longrightarrow Ca(OH)_2$$

Hinweise zur Durchführung: Man gibt in einer Porzellanschale auf einige Stückchen Calciumoxid so viel Wasser, dass sie sich vollsaugen. Frisch gebranntes Calciumoxid reagiert besonders heftig. Es empfiehlt sich daher, den Versuch zunächst mit einer kleinen Probe durchzuführen.

V3 Lässt man den dicken Brei aus Calciumhydroxid, Sand und Wasser einige Tage an der Luft stehen, wird die Probe fest, an der Oberfläche ziemlich hart.
Erklärung: Die Reaktion von gelöschtem Kalk mit Kohlenstoffdioxid bezeichnet man als Abbinden:

$$Ca(OH)_2 + CO_2 \longrightarrow CaCO_3 + H_2O$$

Wird Salzsäure aufgetropft, ist eine Gasentwicklung zu beobachten.

$$CaCO_3 + 2\,H_3O^+ \longrightarrow Ca^{2+}(aq) + 3\,H_2O + CO_2(g)$$

Im Glas mit Kohlenstoffdioxid erhält man schon nach einem Tag das gleiche Ergebnis.

Erklärung: In der reinen Kohlenstoffdioxid-Atmosphäre gelangt in kurzer Zeit wesentlich mehr Kohlenstoffdioxid an die Mörtel-Oberfläche als in einer Luft-Atmosphäre, die nur ca. 0,04 % Kohlenstoffdioxid enthält.

a) Gibt man Seifenlösung zu Leitungswasser, so entsteht im Gegensatz zu dest. Wasser eine weiße Trübung durch schwer lösliche Kalkseife. Beim Schütteln schäumt die Probe mit dest. Wasser stärker als die Probe mit Leitungswasser.

Erklärung: Je weniger Seife gelöst ist, desto schwächer ist die Schaumbildung.

b) Regenwasser und Leitungswasser, in dem Soda gelöst wurde, verhalten sich bei der Untersuchung mit Seifenlösung wie dest. Wasser. In gleicher Weise verhält sich auch die Probe mit aufgekochtem Leitungswasser, allerdings nur dann, wenn lediglich Carbonathärte vorliegt.

Erklärung: siehe [A3]

Die Probe mit Mineralwasser schäumt kaum; es bildet sich eine weiße Suspension.

Erklärung: Mineralwasser enthält i.d.R. Calcium- und Magnesium-Ionen in hoher Konzentration. Ein Großteil der zugesetzten Seife wird als Kalkseife ausgefällt; es ist dann kaum noch gelöste Seife vorhanden, die Schaum bilden könnte.

3.4 Praktikum: Kalk und Wasserhärte

Zu den Versuchen

V1 **Bestimmung des Kalkgehalts durch Rücktritration**
Aufgabenlösungen:
Beispiel für die Bestimmung des Kalkgehalts von Eierschalen:

a) Volumen der reagierten Salzsäure:
Einwaage: m(Probe) = 0,52 g
V(Salzsäure, gesamt) = 20,0 ml
V(Natronlauge) = 10,6 ml $\longrightarrow$ V(Salzsäure, übrig) = 10,6 ml
$\Rightarrow$ V(Salzsäure, reagiert) = 20 ml – 10,6 ml = 9,4 ml

b) Masse des Kalks:
m(Kalk) = V(Salzsäure, reagiert) · 0,05 g/ml = 9,4 ml · 0,05 g/ml = 0,47 g

c) Massenanteil des Kalks:
$$w(\text{Kalk}) = \frac{m(\text{Kalk})}{m(\text{Probe})} = \frac{0,47\,g}{0,52\,g} = 0,90 \triangleq 90\,\%$$
Die Literaturwerte für den Kalkgehalt von Eierschalen liegen zwischen 89 % und 97 %.
Einige Ergebnisse von Schülergruppen: 88,4 %; 89,5 %; 90,3 %; 92,0 %.

V2 **Bestimmung der Gesamthärte mit einer Seifenlösung**
Reaktionsgleichung:
$$2\,R-COO^-(aq) + Ca^{2+}(aq) \longrightarrow (R-COO)_2Ca\,(s)$$

Aufgabenlösung (Beispiel):
Bestimmung der Gesamthärte von Leitungswasser (Trinkwasser) mit Seifenlösung nach Boutron-Boudet (Angabe laut Hersteller der Seifenlösung: 2,4 ml Verbrauch von Seifenlösung für 40 ml Probe entspricht der Gesamthärte von 12,3 °dH).

V(Probe) = 40 ml
V(Seifenlösung) ≈ 2,9 ml (Der Endpunkt ließ sich nicht eindeutig ermitteln.)

$\Rightarrow$ Ungefährer Wert der Gesamthärte: $\dfrac{2,9\,ml \cdot 12,3\,°dH}{2,4\,ml} \approx 15\,°dH$

Um eine deutlichere Schaumbildung zu erhalten, wurden 20 ml Leitungswasser mit 20 ml dest. Wasser verdünnt, dafür wurde das Titrationsergebnis mit 2 multipliziert:

V(Probe) = 20 ml
V(Seifenlösung) = 1,32 ml

$\Rightarrow$ Genauerer Wert der Gesamthärte: $\dfrac{1,32\,ml \cdot 2 \cdot 12,3\,°dH}{2,4\,ml} = 13,5\,°dH$

Hinweis zur Durchführung: Ältere Seifenlösung sollte mit einer Referenzlösung neu kalibriert werden.

3.5 Der Kreislauf der Kohlenstoff-Atome

Zu den Aufgaben

A1 Die am geologischen Kohlenstoff-Atom-Kreislauf beteiligten Speicher sind: die Sedimente, das Meer und die Atmosphäre

A2

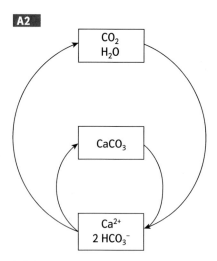

A3 Kohlenstoffdioxid reagiert mit Wasser unter Bildung einer kohlensauren Lösung:

$$CO_2 + 2\,H_2O \longrightarrow HCO_3^- + H_3O^+$$

Die Oxonium-Ionen der Lösung reagieren mit den Carbonat-Ionen zu Hydrogencarbonat-Ionen:

$$CO_3^{2-} + H_3O^+ \longrightarrow HCO_3^- + H_2O$$

Carbonat-Ionen sind in Calciumcarbonat gebunden, dieses ist in Wasser unlöslich. Calciumhydrogencarbonat ist jedoch wasserlöslich, und so können die Hydrogencarbonat-Ionen mit dem Wasser weggeschwemmt werden. Calciumcarbonat wird also mit der Zeit vom Regenwasser zerstört.

A4 Dolomit reagiert mit dem Kohlenstoffdioxid aus dem Regenwasser wie das im Text beschriebene Calciumcarbonat, nur dass hier noch Magnesium-Ionen beteiligt sind:

$$CaMg(CO_3)_2\,(s) + 2\,CO_2\,(g) + 2\,H_2O\,(l) \longrightarrow Ca^{2+}\,(aq) + Mg^{2+}\,(aq) + 4\,HCO_3^-\,(aq)$$

A5 Die am biologischen Kohlenstoff-Atom-Kreislauf beteiligten Speicher sind: die Biomasse, das Meer und die Atmosphäre.

A6 Durch geologische Prozesse gelangt Kohlenstoffdioxid in die Atmosphäre und ins Meer. Dieses Kohlenstoffdioxid wird von Pflanzen aufgenommen und geht in den biologischen Kreislauf ein. Beim Abbau organischer Verbindungen entstehendes Kohlenstoffdioxid kann über das Regenwasser in den geologischen Kreislauf gelangen.

3.6 Praktikum: Versuche mit Kohlenstoffdioxid

Zu den Versuchen

V1 **Ein überraschender Versuch**
Nach dem Auflösen der ersten Brausetablette bleibt die Flüssigkeit im Zylinder praktisch unverändert; entstehendes Gas wird vollständig aufgenommen. Die zweite Tablette bewirkt bereits ein Gasvolumen im Zylinder; das entsprechende Flüssigkeitsvolumen wird verdrängt. Nach Zugabe der dritten Tablette verdrängt das entstehende Gas die gesamte Flüssigkeit aus dem Standzylinder. Deutung: Das aus der Reaktion der Brausetablette mit dem Wasser entstehende Kohlenstoffdioxid löst sich zunächst im Wasser. Irgendwann ist die Grenze der Löslichkeit erreicht und weiteres Kohlenstoffdioxid wird nicht mehr gelöst, sondern verdrängt die Flüssigkeit aus dem Standzylinder.

Hinweise zur Durchführung:
Die Kristallisierschale sollte nicht zu klein sein, sodass sie das Wasser aus dem Standzylinder aufnehmen kann. Falls keine große Schale zur Verfügung steht, sollte man eine Wanne verwenden oder den Versuch im Waschbecken durchführen.
Bei der Variante für zu Hause reichen i.d.R. zwei Tabletten aus.

V2 **Kohlenstoffdioxid im Ozean (Salzwasser) – Löslichkeit und Temperatur**
Das Gasvolumen im Kolbenprober nimmt ab, danach zeigt der Indikator bei Versuch a) und bei Versuch b) einen pH-Wert von etwa 5 an. Beim Versuch b) ist die Volumenabnahme größer als beim Versuch a).
Deutung: Bei einer Temperatur von 15 °C ist die Volumenabnahme größer als bei 20 °C. Kohlenstoffdioxid löst sich also in kälterem Salzwasser besser als in wärmerem. Der Indikator zeigt in beiden Fällen an, dass die vorher schwach alkalische Lösung schwach sauer wird (pH ≈ 5). Ein Teil des Kohlenstoffdioxids muss also mit dem Wasser unter Bildung von H_3O^+-Ionen reagiert haben:

$$CO_2 + 2\,H_2O \longrightarrow H_3O^+ + HCO_3^-$$

Kohlenstoffdioxid aus der Atmosphäre wird demnach im Meerwasser gelöst und führt zu einer Senkung des pH-Werts. In kaltem Meerwasser löst sich mehr Kohlenstoffdioxid als in warmem. Erwärmt sich also das Meerwasser, kann es weniger Kohlenstoffdioxid lösen, dadurch könnte sich der Kohlenstoffdioxid-Gehalt der Atmosphäre erhöhen.

Hinweise zur Durchführung:
Der Versuch ist so dimensioniert, dass der Kolbenprober mit 80 ml Luft gefüllt wird, nicht mit Kohlenstoffdioxid.

Beobachtung und Deutung der Variante für zu Hause: Beim Schütteln der PET-Flasche löst sich das Kohlenstoffdioxid. Es entsteht ein Unterdruck in der Flasche; durch den Druck der Atmosphäre wird die Flasche zusammengedrückt.
– Als PET-Flaschen sind hier 1-Liter- oder 1,5-Liter-Flaschen für Mineralwasser zu empfehlen. Sie müssen dünnwandig und weich sein.
– Die Kohlenstoffdioxid-Fahrradpumpen sind in Fachgeschäften für Rennräder zu erwerben.
– Im folgenden Artikel wird beschrieben, wie man Kohlenstoffdioxid aus einem „Sprudler" gewinnt: J. Soentgen: Lob des CO_2 – Das verrufene Gas. Chemie in unserer Zeit 45 (1/2011), S. 48

V3 **Säurewirkung einer Kohlenstoffdioxid-Lösung**
Aufgabenlösungen
a) Die Indikatorlösung verändert ihre Farbe von Grün (neutral) bzw. Blaugrün (alkalisch) nach Gelb (schwach sauer).
b) Die anfänglich auftretende Trübung bzw. der Niederschlag löst sich wieder auf.
Die Lösung wird durch die Reaktion von Kohlenstoffdioxid mit Wasser sauer. Es bilden sich H_3O^+-Ionen:

$$CO_2 + 2\,H_2O \longrightarrow H_3O^+ + HCO_3^-$$

Beim Versuch a) wird das durch die Indikator-Lösung angezeigt. Beim Versuch b) löst sich der Niederschlag von Calciumcarbonat durch die Reaktion mit H_3O^+-Ionen wieder auf:

$$CaCO_3 + H_3O^+ \longrightarrow Ca^{2+} + HCO_3^- + H_2O$$

3.7 Kohlenstoffdioxid im Ozean

Zu den Aufgaben

A1 Der durchlichteten Zone des Meeres wird durch die Fotosynthese des Phytoplanktons Kohlenstoffdioxid entzogen. Unterhalb dieser Zone wird abgestorbenes Material von Bakterien unter Kohlenstoffdioxid-Entwicklung abgebaut. Mit zunehmender Tiefe ist weniger abgestorbenes Material vorhanden, das abgebaut werden kann.

A2 Individuelle Lösungen bei der Erstellung einer Präsentation. Recherche z. B. mit dem Suchbegriff „Korallensterben im Pazifik"

3.8 Erdatmosphäre und Treibhauseffekt

Zu den Aufgaben

A1 Vorbemerkung: Da das molare Volumen eines Gases näherungsweise nicht von der Art der Teilchen abhängig ist, sind die Volumenkonzentrationen ungefähr gleich den Stoffmengenanteilen. Daher kann man für die folgenden Überlegungen die Volumenkonzentrationen verwenden. Der Beitrag zum natürlichen Treibhauseffekt wird auf die Volumenkonzentration vor 1750 bezogen. Der CO_2-Anteil von 0,028 % bewirkt einen Beitrag zum Treibhauseffekt von 26 %. Der CH_4-Anteil von 0,00007 % bewirkt einen Beitrag zum Treibhauseffekt von 3 %. Um die Zahlen zu vergleichen, kann man den Beitrag zum Treibhauseffekt durch den Volumenanteil dividieren:

Für CO_2: $\quad \dfrac{26\,\%}{0,028\,\%} \approx 930$

Für CH_4: $\quad \dfrac{3\,\%}{0,00007\,\%} \approx 43\,000$

Für CH_4 ergibt sich eine wesentlich höhere Zahl als für CO_2, also hat ein CH_4-Molekül eine höhere Wirksamkeit bezüglich des Treibhauseffekts.

Man kann die Zahlen zu CO_2 und CH_4 auch quantitativ vergleichen, indem man sie durcheinander dividiert: $43\,000 : 930 \approx 46$. Ein Methan-Molekül ist also etwa 46-mal so wirksam wie ein Kohlenstoffdioxid-Molekül.

Alternativer Lösungsweg: Der CO_2-Anteil in der Atmosphäre vor 1750 war etwa 400-mal so groß wie der CH_4-Anteil. Der Beitrag des Kohlenstoffdioxids zum natürlichen Treibhauseffekt ist aber nur etwa 8,7-mal so groß wie der Beitrag des Methans. Auch daraus ergibt sich, dass ein CH_4-Molekül eine höhere Wirksamkeit bezüglich des Treibhauseffekts hat. Die Division dieser beiden Relativwerte ergibt die gleiche Verhältniszahl wie oben: $400 : 8,7 \approx 46$.

Hinweis: Man kann die Verhältniszahl 46 so umrechnen, dass statt gleicher Molekül-Anzahlen (Stoffmengen) gleiche Massen von Kohlenstoffdioxid und Methan verglichen werden:

$$46 \cdot \frac{M(CO_2)}{M(CH_4)} = 46 \cdot \frac{44}{16} \approx 130$$

Diese Verhältniszahl ist höher als das Treibhauspotential (CO_2-Äquivalent, GWP, *global warming potential*) von Methan, da beim Treibhauspotential auch eine langfristige chemische Umwandlung der Gase berücksichtigt wird. Das Treibhauspotential eines Gases wird berechnet, indem man (in Gedanken) eine bestimmte Masse des Gases in unsere Atmosphäre freisetzt und die dadurch in einem definierten Zeitraum insgesamt absorbierte Energie mit der Energie vergleicht, die von der gleichen Masse CO_2 absorbiert wird. Dabei ist auch berücksichtigt, dass das Gas evtl. in andere Stoffe umgewandelt wird. Das Treibhaus*potential* von Kohlenstoffdioxid ist als Vergleichswert gleich eins gesetzt. Für Methan findet man die folgenden Angaben: *GWP = 21* (gemäß Kyoto-Protokoll, bezogen auf 100 Jahre), GWP = 28 (gemäß IPCC, bezogen auf 100 Jahre), GWP = 84 (gemäß IPCC, bezogen auf 20 Jahre). IPCC ist die Abkürzung für *Intergovernmental Panel on Climate Change* (zwischenstaatlicher Ausschuss für Klimaveränderungen). Dieser wird im Deutschen oft als *„Weltklimarat"* bezeichnet.

A2 Die Treibhausgase absorbieren einen Teil der Wärmestrahlung der Erde. Die absorbierte Energie erhöht die Temperatur der Atmosphäre. Die mittlere Temperatur an der Erdoberfläche beträgt dadurch ca. + 15 °C. Ohne den natürlichen Treibhauseffekt würde sie bei ca. − 18 °C liegen. Zum natürlichen Treibhauseffekt kommt der anthropogene Treibhauseffekt hinzu. Durch das Freisetzen von Treibhausgasen, z. B. durch Verbrennung fossiler Brennstoffe, erhöht sich die Temperatur der Atmosphäre stärker.

A3 Die Reflexion der Sonneneinstrahlung erfolgt an der Erdoberfläche (besonders Wüsten, Eis- und Wasserflächen), an den Wolken und an Schwebteilchen in der Luft (Aerosole).

A4 Die Eingriffe des Menschen erfolgen über das Verbrennen fossiler Brennstoffe und über Brandrodung.

A5 Man erhält einen Wert von ca. 422 ppm.

A6 Die Erhöhung der globalen Mitteltemperatur wird nach den Prognosen in B8 ca. 1 °C betragen.

A7 Im Dezember 2015 beschlossen 195 Staaten auf der Weltklimakonferenz in Paris die UN-Weltklimakonvention. Sie sieht vor, die Erwärmung der Erde auf unter 2 °C über dem vorindustriellen

Niveau zu begrenzen. In dem Abschlussdokument heißt es, man wolle die globale Mitteltemperatur möglichst um nicht mehr als 1,5 °C ansteigen lassen.

Man geht davon aus, dass die augenblickliche, im Vergleich rasante Erwärmung der Erde von Menschen gemacht wird. Daher werden alle Staaten aufgefordert, die Emission der Treibhausgase (vor allem CO_2) zu begrenzen. Das bedeutet, dass die Erzeugung von Energie durch fossile Energieträger wie Kohle, Erdöl, Erdgas bis 2040 komplett eingestellt werden müsste. Dazu wäre es erforderlich, die Energieversorgung vollständig auf erneuerbare Energien umzustellen.

Das gesteckte Ziel scheint unrealistisch zu sein, da nicht nur in den Industrieländern trotz früherer Übereinkommen weiter mehr Kohlenstoffdioxid emittiert wird, als vereinbart. Auch die Schwellenländer und die Entwicklungsländer werden in Zukunft einen größeren Energiebedarf haben. Dieser kann nach heutigen Erkenntnissen nicht nur mithilfe erneuerbarer Energiequellen gedeckt werden. So ist leider zu befürchten, dass das gesteckte Ziel, die Erderwärmung zu begrenzen, nicht erreicht werden wird.

3.9 Exkurs: Landwirtschaft und Böden als Klimafaktoren

Zu den Aufgaben

A1 An der Permafrostregion sind die folgenden Länder beteiligt: Russland, USA (Alaska), Kanada, Dänemark (Grönland), Island und Norwegen.

A2 Im Sommer taut die obere Bodenschicht auf, Bakterien und Kleinstlebewesen können dann abgestorbene Biomasse in den Mooren zersetzen. Dabei entstehen die erwähnten Treibhausgase.

A3 Distickstoffmonooxid (N_2O, Lachgas) entsteht u.a. aus Fäkalien und Stickstoffdüngern, wenn im Boden Sauerstoffmangel herrscht. Denitrifizierende Bakterien zersetzen Nitrat über Nitrit zu Distickstoffmonooxid und weiter zu Stickstoff. Zum letzten Schritt benötigen die Bakterien das Enzym Distickstoffmonooxid-Reduktase.

Dieses Enzym ist allerdings besonders sauerstoffempfindlich und fällt daher unter den Bedingungen im Ackerboden häufig aus, sodass die Reaktionskette beim Distickstoffmonooxid beendet ist. Auch bei der katalytischen Entstickung (Zerlegung von Stickstoffoxiden in Stickstoff und Sauerstoff) in Kraftwerken und Kraftfahrzeugen entsteht als Nebenprodukt Distickstoffmonooxid.

3.10 Impulse: Erneuerbare Energiequellen

Zu den Aufgaben

A1 Grundsätzlich gibt es zwei Arten der Energiegewinnung:
1. das Verbrennen fossiler und nachwachsender Brennstoffe,
2. die Nutzung von Sonne, Wind, Wasser und Erdwärme:
   - Die Strahlung der Sonne wird zum einen durch Sonnenkollektoren genutzt, in denen Flüssigkeiten erhitzt werden, zum anderen durch Fotovoltaikanlagen, in denen Strom erzeugt wird.
   - In Windkraftanlagen wird mithilfe von Rotoren, die Generatoren bewegen, Strom erzeugt.
   - In Wasserkraftwerken nutzt man das aus Stauseen oder Staustufen herabstürzende Wasser, das (über Turbinen) ebenfalls Generatoren bewegt und so Strom erzeugt.
   - In Geothermiekraftwerken wird die Erdwärme genutzt, indem Wasser durch tiefe Erdschichten gepumpt wird. Es erhitzt sich dort und kann, wieder an die Erdoberfläche gelangt, Turbinen antreiben. Die mit den Turbinen gekoppelten Generatoren erzeugen Strom.

A2 Fossile Brennstoffe sind Kohle (Braunkohle und Steinkohle), Erdöl und Erdgas. Sie sind vor Jahrmillionen aus abgestorbenen Pflanzen und Tieren entstanden, d.h., sie enthalten Kohlenstoff, der damals durch Fotosynthese der Atmosphäre entzogen wurde. Beim Verbrennen von Kohle, Erdöl und Erdgas entsteht Kohlenstoffdioxid aus diesem lange in der Erde gespeicherten Kohlenstoff. Auf diese Weise wird die Kohlenstoffdioxid-Konzentration in der heutigen Atmosphäre erhöht.

Da Kohlenstoffdioxid ein Treibhausgas ist, erwärmt sich die Atmosphäre über das natürliche Maß hinaus. Zudem entstehen beim Verbrennen fossiler Brennstoffe wie Kohle u.a. schwermetallhaltige Stäube, die aus dem Abgas entfernt und entsorgt werden müssen. Weiterhin können bei der Verbrennung Schwefeldioxid und Stickstoffoxide entstehen, die ebenfalls entfernt werden müssen, da sie zur Versauerung des Regens führen würden.

A3 Einige Stichworte zu möglichen Inhalten der Präsentation:
Es gibt zahlreiche Typen von Solarzellen, z. B.:
- monokristalline Silicium-Solarzelle
- polykristalline Silicium-Solarzelle
- amorphe Silicium-Solarzelle (Dünnschichtzelle)
- Dünnschichtzellen aus anderen Halbleitermaterialien, z.B. Galliumarsenid
- Farbstoffzellen, z.B. die Grätzel-Zelle
- organische Solarzelle (aus organischen Halbleitern)

Gemeinsamkeiten:
- Solarzellen wandeln die Energie von Licht (und auch IR- und UV-Strahlung) in elektrische Energie um.
- Alle Solarzellen-Typen enthalten Halbleiter. Photonen erzeugen (zum Teil indirekt) Elektronen-Loch-Paare im Halbleitermaterial, d.h. eine Ladungstrennung und damit eine elektrische Spannung.

A4
- **Sonnenkollektoren:** Sonnenkollektoren erzeugen nur dann ausreichend Wärme, wenn die Sonne scheint. Man muss darauf achten, dass die Kollektoren im richtigen Winkel zur Sonne stehen und nicht beschattet sind. Weiterhin muss die Oberfläche frei von Schmutz sein, damit die Strahlung ungehindert einwirken kann.
- **Fotovoltaik:** Für Solarzellen gilt zunächst dasselbe, was bereits zu Sonnenkollektoren gesagt wurde. Hinzu kommt bei Solarzellen, die auf Hausdächern angebracht sind, die Gefahr bei einem Brand des Hauses. Da die Anlage unter Spannung steht, besteht für die Feuerwehrleute die Gefahr eines elektrischen Schlags über das Löschwasser.
- **Wasserkraft:** Die größten Probleme bei der Gewinnung elektrischer Energie aus Wasserkraft hängen damit zusammen, dass unmittelbar in die Landschaft und das Fließverhalten des Flusses eingegriffen wird. Im Speziellen wird das Abflussverhalten verändert; die Wanderung der Fische und der Transport von Geschiebe werden behindert. Viele Fische und andere Wasserorganismen werden zudem von den Turbinen verletzt oder getötet. Außerdem kann die biologische Vielfalt durch den Eingriff in die Natur negativ beeinflusst werden.
- **Windkraft:** Probleme, die mit der Energiegewinnung aus Windkraft verbunden sind, hängen damit zusammen, dass Wind nicht überall und nicht immer konstant weht. Im Binnenland kann es zu starken Schwankungen der Windstärke kommen. Daher müssen z.B. die Rotoren immer wieder neu angestellt werden (was etwas Energie benötigt). Bei Windstille muss anderweitig für Energie gesorgt werden. Zudem werden manche Kraftwerke bei zu starkem Windaufkommen abgeschaltet. Windenergie wird häufig in Küstennähe oder auf dem offenen Meer gewonnen, sodass man zum Transport der Energie ins Landesinnere Hochspannungsleitungen benötigt. Diese Hochspannungsleitungen stehen in der Diskussion, beträchtlichen Elektrosmog hervorzurufen. Als Belastungen für Anwohner sind die Schallentwicklung sowie der Schattenwurf der Anlagen zu nennen.

A5 Aus einem Speicherbecken strömt durch ein Rohr Wasser. Es trifft auf eine Turbine, die sich dreht und einen mit ihr gekoppelten Generator antreibt. Dieser erzeugt Strom, der über Umspanner in ein Leitungsnetz abgegeben wird.
Hinweis: Die Lösung der Aufgabe entspricht der Beschreibung von [B6].

A6 Laufwasserkraftwerke nutzen das strömende Wasser eines Flusses. Dafür muss der Fluss ein genügendes Gefälle aufweisen und eine ausreichende Wassermenge führen. Im Gegensatz zu einem Speicherkraftwerk ist aber eine niedrigere Fallhöhe des Wassers ausreichend. Bei schwankenden Wasserhöhen ist ein Betrieb nicht immer möglich.

A7 Die (individuelle) Lösung sollte die folgenden Möglichkeiten enthalten:
- Pumpspeicherwerke
- Akkumulatoren
- Erzeugung von Wasserstoff durch Elektrolyse
Eine weitere prinzipielle Möglichkeit sind Kondensatoren; diese können jedoch nur sehr kleine Energiemengen speichern.

A8 Mögliche Probleme bei der Stromerzeugung durch Windkraft in Offshore-Anlagen:
- Verankerung der Windkraftanlagen
- Verstärkte Korrosion an den Windkraftanlagen durch Salzwasser
- Keine konstante Stromerzeugung
- Mangelnde Speichermöglichkeit für den erzeugten Strom
- Strom wird an weit von der Küste entfernten Standorten benötigt

A9 In Geothermiekraftwerken wird Wasser 3000 bis 5000 m tief in die Erde gepumpt. Dort erwärmt es sich auf ca. 150 °C. Aus einem zweiten, etwa 100 m entfernten Bohrloch strömt es wieder nach oben und treibt Turbinen zur Stromerzeugung an.

Häufiger wird die Geothermie allerdings zur Erwärmung von Wasser (Brauchwasser und Heizung) genutzt. Dafür benötigt man geringere Tiefen.

A10

- Die Verbrennung von Rapsöl ist im Hinblick auf Kohlenstoffdioxid neutral. Es wird nur so viel Kohlenstoffdioxid freigesetzt, wie die Pflanze vorher durch die Fotosynthese gebunden hat. Der Treibhauseffekt wird nicht verstärkt.
- Pflanzenöl ist ein Lebensmittel. Dass es bei uns als Treibstoff verwendet wird, während andernorts Menschen hungern, ist ethisch bedenklich. Die erhöhte Nachfrage nach Pflanzenöl hat die Preise für Speiseöl in manchen Ländern in die Höhe getrieben. Ernährungsexperten sprechen bereits von einer „Konkurrenz von Tank und Teller".
- Deutschland verbraucht pro Jahr über 50 Millionen Tonnen Diesel und Heizöl. Die landwirtschaftlich nutzbaren Flächen im Inland genügen nicht, um eine entsprechende Menge an Pflanzenöl zu produzieren. Wenn man ganz auf Biodiesel umsteigen wollte, müsste also Pflanzenöl importiert werden. In vielen asiatischen Ländern hat man Ölpalmen angepflanzt, um Palmöl zu exportieren. Dafür wurde großflächig Regenwald abgeholzt.
- Auf stillgelegten Äckern könnte man Ölpflanzen anbauen. Andererseits können Brachflächen auch als Rückzugsräume für wild lebende Pflanzen- und Tierarten dienen und so zum Erhalt der Artenvielfalt beitragen.

3.11 Exkurs: Speicherung – eine Lösung des CO$_2$-Problems?

Zur Aufgabe   **A1** Durch CCS wird eine Technologie gefördert bzw. am Leben gehalten, die von Verfechtern alternativer Energieerzeugung als überlebt bezeichnet wird. Man argumentiert, dass die Energieproduktion auf Kohlenstoffbasis langfristig immer schädlich für die Umwelt sei. Strom aus Kohlekraftwerken ist zurzeit immer noch billig, auch wegen bereits bestehender Anlagen. Obwohl der Strom bei Anwendung von CCS teurer würde, wäre er immer noch kostengünstiger zu produzieren als mit alternativen Energietechnologien. Dadurch würden die Energiepreise so niedrig bleiben, dass sich der Ausbau und die kostenintensive Erforschung regenerativer Energieerzeugung nicht lohnen.

3.12 Impulse: Polarforschung

Zu den Aufgaben   **A1** Die Dicken der Schichten des Eisbohrkerns geben Aufschluss über die Niederschlagsmenge des jeweiligen Jahres. Der Gehalt an Methan und Kohlenstoffdioxid in den im Eis enthaltenen Gasbläschen erlaubt Rückschlüsse, wie stark der Treibhauseffekt in den jeweiligen Jahren war. Dies liefert Hinweise auf die damals herrschende Temperatur.

A2 Der mit einem Alter von 123000 Jahren älteste Eisbohrkern wurde im Jahre 2003 aus einer Tiefe von etwa 3000 m geborgen. Dieser Eisbohrkern stammt aus dem grönländischen Inlandeis.

A3 Auch die Überreste derjenigen Lebewesen, die in der Antarktis gelebt haben, bevor sich dort ein Eisschild gebildet hat, sind dort zu finden. Sie sind ein Hinweis darauf, dass sich die antarktische Eiskappe erst vor 43 Millionen Jahren gebildet hat.

3.13 Impulse: Modellieren mit Regelkreisen

Zu den Aufgaben   **A1**
- Räuber-Beute-Beziehungen in der Biologie
- menschliches Auge: Stärke des Lichteinfalls und Pupillenweite
- Thermostat eines Kühlschrankes
- Klimaanlage
- Lampen mit Helligkeitssensor

A2

- Temperatur der Atmosphäre und der Ozeane
- Abhängigkeit der Löslichkeit von Kohlenstoffdioxid in Wasser von der Temperatur
- Menge des Wasserdampfs in der Atmosphäre (Treibhauseffekt)
- Pflanzenwachstum

A3

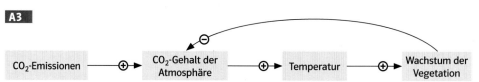

Hinweis: Es besteht zusätzlich eine schwache, von der Temperatur unabhängige, positive Kopplung zwischen CO_2-Gehalt der Atmosphäre und dem Pflanzenwachstum.

A4

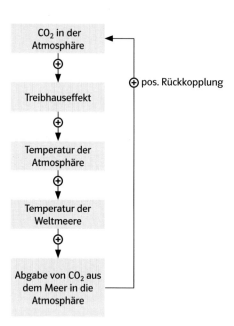

3.14 Pflanzenwachstum und Mineralstoffangebot

Zur Aufgabe

A1

Formel	Name
NO_3^-	Nitrat-Ion
NH_4^+	Ammonium-Ion
Mg^{2+}	Magnesium-Ion
HPO_4^{2-}	Hydrogenphosphat-Ion
$H_2PO_4^-$	Dihydrogenphosphat-Ion
SO_4^{2-}	Sulfat-Ion
K^+	Kalium-Ion
Na^+	Natrium-Ion
Zn^{2+}	Zink-Ion
Fe^{3+}	Eisen(III)-Ion
Ca^{2+}	Calcium-Ion

Hinweis: Die Abbildung B1 im Schulbuch erhebt keinen Anspruch auf Vollständigkeit. In der Literatur werden bis zu 17 für autotrophe Pflanzen essenzielle Elemente genannt; diese sind im Schulbuch in der Randspalte aufgeführt. Wissenschaftliche Untersuchungen, wie sie im Exkurs „Hydrokultur zur Identifizierung essenzieller Elemente" vorgestellt werden, beziehen sich i.A. auf Kulturpflanzen. Wildpflanzen sind weniger erforscht.

Zum Versuch

V1 Die Nachweise von Kalium-Ionen (Flammenfärbung) und Sulfat-Ionen (Fällung von Barium-sulfat) sind eindeutig positiv; der Nachweis von Phosphat-Ionen (Teststäbchen) ist i.d.R. schwach positiv. Der Nachweis von Calcium-Ionen gelingt i.d.R. nur mit empfindlichen Teststäbchen oder durch Betrachtung der Flammenfärbung mit einem Spektroskop. Der Nachweis von Eisen(III)-Ionen gelingt außer mit Teststäbchen auch mit Kaliumthiocyanat (leichte Orangefärbung); die Probe mit gelbem Blutlaugensalz ist i.d.R. zu unempfindlich. Eisen(II)-Ionen lassen sich auch mit Teststäbchen nicht nachweisen.
Hinweis: Die pH-Messung eines wässrigen Ascheauszuges ergab pH ≈ 10.

3.15 Sulfate – Salze der Schwefelsäure

Zu den Aufgaben

A1
a) Die Verhältnisformel des wasserfreien Kupfer(II)-sulfats ist $CuSO_4$.
b) Die Ionenladung lässt sich aus der Verhältnisformel ableiten. Das Sulfat-Ion bildet sich aus dem (ungeladenen) Schwefelsäure-Molekül durch Abspaltung von zwei (einfach positiv geladenen) Protonen. Es ist folglich zweifach negativ geladen. Da die Ladung in einer Ionenverbindung insgesamt ausgeglichen sein muss, ergibt sich für das Kupfer-Ion eine zweifach positive Ladung. Dies kann man auch an der in Klammern angegebenen Oxidationszahl erkennen.

A2 Der größte Teil der Schwefelsäure wird zu anderen chemischen Produkten weiterverarbeitet, z.B. zu Düngemitteln, Farbstoffen, Waschmitteln, Sprengstoffen und Arzneimitteln. Ferner wird sie in der Mineralölindustrie und beim Verchromen verwendet. Als Batteriesäure wird sie in Bleiakkumula-toren von Kraftfahrzeugen eingesetzt. Auch in chemischen Laboren wird Schwefelsäure häufig verwendet.

Zu den Versuchen

V1 Der Versuch dient dem Nachweis der in der Lösung vorliegenden Sulfat-Ionen. Mit der Bariumchlorid-Lösung werden die Sulfat-Ionen nachgewiesen. Barium-Ionen bilden mit Sulfat-Ionen einen weißen Niederschlag von Bariumsulfat.
Hinweis: Soll die Reaktion als „echter" Nachweis verwendet werden, so säuert man die Probelösung vorher mit etwas Salzsäure an. Dies verhindert eine Störung durch evtl. vorhandene Carbonat-Ionen.

V2 Mit Natriumhydrogensulfat entsteht eine saure Lösung, mit Natriumsulfat eine neutrale Lösung.

3.16 Salpetersäure und Nitrate

Zur Aufgabe

A1 Stickstoff-Moleküle sind sehr reaktionsträge, außerdem ist die Reaktion von Stickstoff mit Sauerstoff endotherm. Durch die hohe Temperatur des Lichtbogens wird so viel Energie zugeführt, dass die Reaktion stattfindet.
Hinweis: Auch in einem Verbrennungsmotor ist die Temperatur so hoch, dass Stickstoff mit Sauerstoff reagiert.

3.17 Der Kreislauf der Stickstoff-Atome

Zu den Aufgaben

A1
– Stickstoff bindende Organismen
– Mineralisierung (Verrottung) von toten Pflanzen (bzw. Pflanzenteilen) und Tieren
– Ausscheidungen
– Bildung von Nitrat-Ionen bei Gewittern
– Abgase des Kfz-Verkehrs
– Industrielle Stickstoffbindung (Herstellung von Mineraldünger)

A2 Stickstoff-Verbindungen können dem Boden auch durch organische Dünger zugeführt werden, z.B. Kompost, Mulch, Mist und Gülle. Eine weitere Möglichkeit ist die Gründüngung mit Legumino-sen, z.B. Wicken. Diese Pflanzen entziehen mithilfe von Bakterien der Luft Stickstoff, der dann durch Unterpflügen in den Boden gelangt.

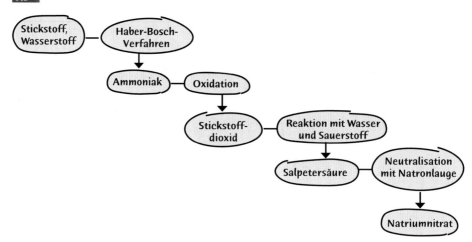

Zusatzinformationen

Stickstoffdüngung im Biogarten und im alternativen Landbau

Ziel der Düngung im Biogarten ist nicht nur die Bereitstellung der notwendigen Stickstoff-Verbindungen für die Pflanzen, sondern vor allem eine Aktivierung des Bodenlebens. Die Bodenorganismen setzen organische Substanz im Boden um und stellen so dauerhaft und langsam den Pflanzen Nährstoffe zur Verfügung. Eine Düngung ist hier somit in erster Linie Bodendüngung, nicht Pflanzendüngung. Man vermutet, dass durch direkte Zufuhr von Stickstoff-Verbindungen die Pflanzen zum „Luxuskonsum" angeregt werden und Nitrat anreichern. Das daraus resultierende übermäßige Wachstum schwächt die Abwehrkräfte der Pflanzen gegen Krankheiten und Schädlinge.

Als besonders günstig für die Stickstoffdüngung haben sich die Leguminosen (z.B. Bohnen, Erbsen, Linsen, Perserklee, Luzerne, Lupinen, Wicken) erwiesen. Die in ihren Wurzeln aktiven Knöllchenbakterien ernähren sich von den Kohlenhydraten, die die Pflanzen produzieren, und setzen als Stoffwechselprodukt Eiweißverbindungen frei, die sie mithilfe des Luftstickstoffs gebildet haben. Diese Stickstoff-Verbindungen bleiben zum großen Teil im Boden, wenn die Leguminosen abgeerntet oder in den Boden eingearbeitet werden. Man darf allerdings nicht verschweigen, dass es auch hier bei übermäßiger bzw. zeitlich nicht richtiger Anwendung zu Auswaschungen ins Grundwasser bzw. Oberflächenwasser kommen kann.

3.18 Phosphorsäure und Phosphate

Zu den Aufgaben

A1 Beispiel: alle Natriumsalze:
Natriumdihydrogenphosphat: NaH_2PO_4 (Ionen: Na^+ und $H_2PO_4^-$)
Dinatriumhydrogenphosphat: Na_2HPO_4 (Ionen: Na^+ und HPO_4^{2-})
Natriumphosphat: Na_3PO_4 (Ionen: Na^+ und PO_4^{3-})

A2 Calciumphosphat ist nahezu wasserunlöslich und kann deshalb von den Wurzeln der Pflanzen nicht aufgenommen werden. Durch Reaktion mit Schwefelsäure entsteht u.a. das lösliche Calciumdihydrogenphosphat:

$$Ca_3(PO_4)_2 + 2\,H_2SO_4 \longrightarrow 2\,CaSO_4 + Ca(H_2PO_4)_2$$

Das entstehende Salzgemisch heißt „Superphosphat" und kann als Dünger eingesetzt werden.

A3 Phosphor gehört zu den Hauptnährelementen der Pflanzen. Im naturbelassenen Boden erfolgt deren Versorgung mit Phosphor zum größeren Teil durch Zersetzung des abgestorbenen Materials. Die Verwitterung von phosphorhaltigem Gestein verläuft durch die geringe Wasserlöslichkeit des Calciumphosphats nur langsam zu Hydrogenphosphat-Ionen, die dann von den Pflanzenwurzeln aufgenommen werden können. An einem natürlichen Standort wachsen nur die Pflanzen, die sich mit dem Phosphor aus Gesteinsverwitterung und der Zersetzung von abgestorbenem Material begnügen.
Hinweis: Nach dem Liebig'schen Fassmodell (Kap. 3.20) begrenzt das Nährelement, das (in Bezug auf den Bedarf) am knappsten ist, den Ertrag.

Zum Versuch

V1 Nach der Einwirkung der Phosphorsäure auf die rostige Oberfläche lässt sich der gebildete Belag nicht mehr abwaschen.

Erklärung: Phosphorsäure reagiert mit Rost (hauptsächlich Eisen(III)-hydroxid-oxid) zu einer dunkelgrauen Schutzschicht aus schwerlöslichem Eisen(III)-phosphat:

$$FeO(OH) + H_3PO_4 \longrightarrow FePO_4 + 2\,H_2O$$

Hinweis: Würde nur diese Reaktion vollständig ablaufen, müsste die Schutzschicht eine hellgelbe Farbe haben. Denkbar ist, dass die Reaktion nicht vollständig verläuft. Rost wird außerdem durch die obige Formel nur unvollkommen beschrieben. Durch Reaktion der Phosphorsäure mit Eisen kann zudem dunkles Eisen(II)-phosphat entstehen.

3.19 Der Kreislauf der Phosphor-Atome

Zur Aufgabe

A1 Die größten Mengen an Phosphat liegen gespeichert in der Erdkruste bzw. in Sedimenten im Meer vor.

Das Phosphat aus Böden und Gesteinen gelangt durch Auswaschung in Fließgewässer und damit ins Meer. Dort werden große Teile des Phosphors von Plankton und größeren Meerestieren umgesetzt, bei denen die Phosphor-Atome beispielsweise in organische Verbindungen eingebaut werden.
Ein Teil des Phosphats sinkt in tiefere Meeresschichten und wird dort als schwerlösliches Phosphat abgelagert. Durch Strömungen können Teile davon wieder gelöst werden.
Die größten anthropogenen Phosphat-Quellen sind die Landwirtschaft (Düngung) und die Abwässer von Siedlungen und Industrie.

3.20 Mineraldünger

Zu den Aufgaben

A1 Richtiger Zeitpunkt für die Düngung von
Winterweizen: März bis Mai
Sommergerste: April bis Juni
Mais: Mai bis Juli

A2 LIEBIGS Forschungen ergaben, dass Pflanzen bestimmte Elemente in einem ausgewogenen Verhältnis zueinander benötigen.
Die Fassdauben stellen diese Elemente dar. Die Länge der Fassdauben zeigt an, inwieweit anteilig der Bedarf an diesem Element gedeckt ist. Die im Fass befindliche Wassermenge stellt den zu erzielenden Ertrag dar. Die kürzeste Fassdaube begrenzt den Wasserstand. Das bedeutet: Das im Vergleich zu seinem Bedarf im geringsten Maße vorhandene Element begrenzt den Ertrag. Wenn eine andere Fassdaube verlängert wird, ist kein höherer Wasserstand möglich. Die erhöhte Gabe eines Elementes über den Bedarf hinaus vergrößert also nicht den Ertrag.

Zusatzinformationen

J. V. LIEBIG und das „Minimumgesetz"
Das nach LIEBIG benannte Minimumgesetz, das dem Fassmodell zugrunde liegt, ist von ihm seit 1855 einer breiten Öffentlichkeit vorgestellt worden. Formuliert hat es aber schon 27 Jahre vorher ein anderer Agrarchemiker, CARL PHILIPP SPRENGEL. Er veröffentlichte 1828 im „Journal für technische und ökonomische Chemie" einen Beitrag mit dem Titel „Von den Substanzen der Ackerkrume und des Untergrundes".
„Wenn eine Pflanze 12 Stoffe zu ihrer Ausbildung bedarf, so wird sie nimmer aufkommen, wenn nur ein einziger an dieser Zahl fehlt, und stets kümmerlich wird sie wachsen, wenn einer derselben nicht in derjenigen Menge vorhanden ist, als es die Natur der Pflanze erheischt" (Bd. 3, 1828, S. 93).
Während die Arbeiten von Sprengel für lange Zeit in Vergessenheit gerieten, gelangte Liebig zu großer Popularität.

Einige weiterführende Informationen zu verschiedenen Düngerarten
In Fachmärkten (Pflanzencenter, Landhandel) sind zahlreiche unterschiedlich zusammengesetzte Dünger für Landwirtschaft und Garten erhältlich.

Organische Handelsdünger

Dünger aus Torf: Weißtorf oder Schwarztorf dient vor allem zur Bodenverbesserung. Er enthält keine nennenswerten Mengen an Pflanzennährstoffen. Weißtorf ist hochwertiger Torf aus tiefen Schichten, der keine keimfähigen Unkrautsamen enthält.

Dünger aus Abfällen tierischer Herkunft: Knochenmehle sind zerkleinerte, entfettete und gereinigte Phosphor/Stickstoff-Dünger, zum Teil auch reine Phosphor-Dünger, wenn der Knochenleim (die Eiweißkomponenten) entfernt wurde. Hornmaterial ergibt je nach Zerkleinerungsgrad Hornmehl, Horngries oder Hornspäne und ist ein langsam wirkender Stickstoffdünger. Guano besteht aus den Exkrementen von Seevögeln.

Mineralische Handelsdünger

NPK-Dünger (Nitrophoska, Blaukorn) wird als ein Volldünger bezeichnet, weil er die Elemente Stickstoff, Phosphor und Kalium in recht großen Anteilen enthält. Die Zahlen auf der Packung geben die Massenanteile dieser drei (und evtl. weiterer Elemente) an. Z.B. bedeutet die Zahlenfolge 7–4–6, dass 7% Stickstoff, 4% Phosphor und 6% Kalium enthalten sind, berechnet als Ammoniak (NH_3), Phosphorpentaoxid (P_2O_5) und Kaliumoxid (K_2O).

Kalkstickstoff ist Calciumcyanamid ($CaCN_2$), das durch Umsetzung von Calciumcarbid (Calciumacetylid, CaC_2) mit Stickstoff hergestellt wird. Aus Kalkstickstoff entstehen im Boden zunächst Nitrate, bevor der Stickstoff pflanzenverfügbar ist. Frischer Kalkstickstoff ist in der Lage, Pflanzenwurzeln abzutöten, daher muss er vor oder nach der Aussaat ausgebracht werden, kann daher jedoch Unkrautkeimlinge und -wurzeln zerstören. Das Ausbringen von Kalkstickstoff (gesundheitsschädlich) ist mit Gefahren für Mensch und Tier verbunden. Schnell wirkende Stickstoffdünger sind meist Kombinationen von Ammonium- und Nitrat-Düngern: Ammoniumnitrat, „Kalkammonsalpeter", „Stickstoffmagnesia", „Ammonsulfatsalpeter", Ammoniumnitrat-Harnstoff-Lösung.

Superphosphat ist ein Gemisch aus Calciumdihydrogenphosphat und Gips, das aus den unlöslichen Rohphosphaten mithilfe von Schwefelsäure gewonnen wird (Kap. 15.19). Superphosphat ist das wichtigste Phosphat-Düngemittel. (Auch der Ausdruck „Superphosphat" gehört – wie viele andere Trivialnamen in diesem Bereich – nicht der chemischen Nomenklatur an.)

Thomasphosphat (Thomasmehl) fällt bei der Stahlgewinnung nach dem Thomasverfahren an. Es besteht aus Phosphorpentaoxid (P_2O_5) und Kalkstein. Die Düngung kann bereits im Herbst erfolgen, da das Thomasmehl wegen seiner Wasserschwerlöslichkeit durch Regen kaum weggeschwemmt werden kann.

Kalimagnesia (Patentkali) ist ein Salzgemisch aus Kaliumsulfat (26 bis 30% berechnet als K_2O) und Magnesiumsulfat (9% berechnet als MgO) zur Kali- und Magnesiumdüngung chloridempfindlicher Pflanzen (Beerenobst, Gemüse etc.).

Viele im Handel erhältliche Dünger sind auch Gemische verschiedener organischer und mineralischer Dünger. Zur Düngung von Balkonpflanzen sind Flüssigdünger geeignet. Sie bergen allerdings die Gefahr, dass die Pflanzen geschädigt werden, wenn die vorgegebene Dosierung überschritten wird.

3.21 Praktikum: Untersuchung eines Mineraldüngers

Zu den Versuchen

V1 **Prüfung auf Kalium-Ionen**
Hinweis: Das Cobaltglas blendet die gelbe Flammenfärbung durch das „allgegenwärtige" Natrium aus.

V2 **Prüfung auf Calcium-Ionen**
Reaktionsgleichung der Fällung: $Ca^{2+}(aq) + C_2O_4^{2-}(aq) \longrightarrow CaC_2O_4(s)$

V3 **Prüfung auf Ammonium-Ionen**
Reaktionsgleichung: $NH_4^+(aq) + OH^-(aq) \longrightarrow NH_3(g) + H_2O(l)$
Beim Überschuss von OH^--Ionen und bei der hohen Temperatur im Reagenzglas entweicht Ammoniak. Ammoniak bildet mit dem Wasser des angefeuchteten Indikatorpapiers eine alkalische Lösung mit genügend OH^--Ionen, sodass eine Blaufärbung eintritt.

V4 Prüfung auf Eisen-Ionen

$$\overset{III}{Fe}{}^{3+} + [\overset{II}{Fe}(CN)_6]^{4-} \longrightarrow [\overset{III}{Fe}\,\overset{II}{Fe}(CN)_6]^- \quad \text{(„lösliches Berliner Blau")}$$

$$\overset{II}{Fe}{}^{2+} + [\overset{III}{Fe}(CN)_6]^{3-} \longrightarrow [\overset{III}{Fe}\,\overset{II}{Fe}(CN)_6]^- \quad \text{(„lösliches Berliner Blau")}$$

Bei höheren Konzentrationen bildet sich auch das „unlösliche Berliner Blau":

$$\overset{III}{Fe}_4[\overset{II}{Fe}(CN)_6]_3$$

V5 Prüfung auf Sulfat-Ionen

Reaktionsgleichung der Fällung: $Ba^{2+}(aq) + SO_4^{2-}(aq) \longrightarrow BaSO_4(s)$
Hinweis:
Die Salzsäure verhindert eine Verwechslung mit Carbonat-Ionen; im sauren Milieu bildet sich kein Niederschlag von Bariumcarbonat.

V6 Prüfung auf Nitrat-Ionen und Phosphat-Ionen

Prinzip gängiger Nitrat-Teststäbchen: Die Nitrat-Ionen werden durch ein Reduktionsmittel zu Nitrit-Ionen reduziert. Diese bilden mit einem aromatischen Amin ein Diazoniumsalz, das mit N-(1-Naphthyl)-ethylendiamin durch Azokupplung zu einem rotvioletten Farbstoff reagiert.

Prinzip gängiger Phosphat-Teststäbchen: Molybdat-Ionen (durch Hydrolyse von Heptamolybdat-Ionen, $Mo_7O_{24}{}^{6-}$ gebildet) reagieren mit Phosphat-Ionen zu Phosphormolybdat-Ionen:
$$PO_4^{3-} + 12\,MoO_4^{2-} + 24\,H_3O^+ \longrightarrow [P(Mo_3O_{10})_4]^{3-} + 36\,H_2O$$
Die Phosphormolybdat-Ionen werden dann von einem Reduktionsmittel zu blauen Molybdän-Verbindungen („Molybdänblau") reduziert.

3.22 Belastung der Umwelt durch Nitrate und Phosphate

Zu den Aufgaben

A1 Aus Nitrat-Ionen können durch bakterielle Einwirkung Nitrit-Ionen entstehen. Von ihnen können die folgenden Schadwirkungen ausgehen:
- Chemische Reaktion mit Hämoglobin. Der so veränderte Blutfarbstoff kann seine Aufgabe als Sauerstofftransportmittel nicht mehr erfüllen. Gefährdet sind vor allem Säuglinge.
- Bildung von krebserregenden Nitrosaminen. Nitrit-Ionen reagieren mit anderen Molekülen, die N-Atome enthalten (z.B. Aminosäuren), zu krebserregenden Nitrosamin-Molekülen.

A2 Die Zufuhr von Mineralsalzen führt zu einem starken Wachstum von Wasserpflanzen (z.B. Algen). Zunächst führt das zu einer Anreicherung von Sauerstoff durch Fotosynthese. Durch das Algenwachstum finden tierische Organismen gute Nahrungsbedingungen und vermehren sich entsprechend. Sie verbrauchen zunehmend Sauerstoff. Das Absterben der Organismen führt zum Absinken toter Biomasse, die unter weiterem Verbrauch von Sauerstoff von Mikroorganismen zersetzt wird. Dadurch kann eine vollständige Sauerstoffzehrung auftreten. Dann überleben nur noch anaerobe Organismen, z.B. Bakterien, die Biomasse unter Bildung von giftigen Stoffen wie Schwefelwasserstoff abbauen.

Zu den Versuchen

V1 *Hinweis:* Der Gehalt an Ammonium-Ionen kann als Anhaltspunkt für die Einstufung des Gewässers in eine Güteklasse verwendet werden:
Güteklasse I: höchstens Spuren von Ammonium-Ionen
Güteklasse I–II: $\beta(NH_4^+)$ ca. 0,1 mg/l
Güteklasse II: $\beta(NH_4^+)$ < 0,3 mg/l
Güteklasse II–III: $\beta(NH_4^+)$ < 1,0 mg/l
Güteklasse III, III–IV und IV: $\beta(NH_4^+)$ > 0,5 mg/l; bis zu mehreren mg/l
(*Quelle*: Natura Oberstufe, Ernst Klett Verlag, Stuttgart 2005, ISBN 978-3-12-045300-0)

V2 Eisen(III)-chlorid-Lösung reagiert mit Natriumdihydrogenphosphat-Lösung zu einem weißlichen Niederschlag von Eisen(III)-phosphat:

$$Fe^{3+}(aq) + H_2PO_4^-(aq) + 2\,H_2O(l) \longrightarrow FePO_4(s) + 2\,H_3O^+(aq)$$

Hinweis: Der Niederschlag kann bei einem Überschuss von Fe^{3+}-Ionen durch Bildung von Eisen(III)-hydroxid bräunlich gefärbt sein.

Zusatzinformationen

Nitratgehalt in Lebensmitteln

Für Trinkwasser gilt gemäß der Trinkwasserverordnung ein Grenzwert von 50 mg/l. Trinkwasser, das diesen Grenzwert nicht überschreitet, ist auch zur Herstellung von Babynahrung geeignet.
In anderen Lebensmitteln kann der Nitratgehalt deutlich höher sein:

Nitrat in Lebensmitteln 2001 und 2002				
		$w(NO_3^-)$ in mg/kg		
Lebensmittel	Anzahl der Proben	Median	90. Perzentil	Maximum
Kopfsalat	100	2166	3875	4973
Porree	238	307	745	3585
Tomaten	275	10	64	268
Äpfel	100	10	10	20
Spinat	99	951	1953	3745
Grüne Bohnen	135	288	602	1640
Karotten (Mohrrüben)	82	118	352	714
Karottensaft	221	101	219	377
Fertigmenüs für Säuglinge:				
– ohne tierische Erzeugnisse	65	46	132	210
– mit Rindfleisch	62	34	89	122
– mit Geflügel	61	28	95	123
– mit Kalbfleisch	51	39	111	144

Quelle: Bundesamt für Verbraucherschutz und Lebensmittelsicherheit (BVL, bvl.bund.de)
Erläuterung: Wenn das 90. Perzentil z.B. den Wert 3875 mg/kg hat, bedeutet dies, dass 90 % der Proben einen Nitratanteil von höchstens 3875 mg/kg haben. 10 % der Proben haben einen höheren Nitratanteil.

Pflanzen decken ihren Stickstoffbedarf über Nitrat. Daher weisen insbesondere verschiedene Gemüsesorten einen hohen Nitratgehalt auf. Insbesondere Rucola und andere Blattsalate, Kohlrabi, Rote Beete, Spinat, Radieschen und Rettiche speichern viel Nitrat. Vor allem in Stielen, Blattrispen und den äußeren grünen Blättern reichert sich das Nitrat an, da dort wasserleitende Segmente zu finden sind.

Im Jahr 2017 und dem 1. Quartal 2018 wurde im Lebensmittel- und Veterinärinstitut Oldenburg (LVI OL) des Landesamts für Verbraucherschutz und Lebensmittelsicherheit Niedersachsen (LAVES) verschiedenes Frischgemüse auf Nitrat untersucht. Die Ergebnisse sind in der nachfolgenden Tabelle abgebildet:

Probenart	Anzahl der Proben	Minimale Konzentration [mg/kg]	Maximale Konzentration [mg/kg]	Mittelwert [mg/kg]	Medianwert [mg/kg]	Anzahl der Proben über den jeweiligen Höchstgehalten der VO (EG) Nr. 1881/2006
Brokkoli	10	< 35	979	472	442	–
Grüne Bohnen	10	291	475	378	360	–
Grünkohl, frisch	2	240	397	319	-	–
Grünkohl, tiefgefroren	8	85	1963	508	293	–
Möhren	10	< 27,6	154	54	32	–
Spinat, frisch	11	239	3657,75	1563	1624	1

Außer für Spinat gibt es für die hier untersuchten Produkte keine Nitrat-Höchstgehalte. Unter Berücksichtigung der Messunsicherheit war auch die Spinatprobe mit nomineller Überschreitung des Höchstgehaltes [3500 mg/kg] gerade noch verkehrsfähig. Bei den anderen Spinatproben konnten keine Höchstgehaltsüberschreitungen festgestellt werden.

Im Jahr 2016 wurden im LVI OL verschiedene Salate und Gemüsearten auf Nitrat untersucht. Die Tabelle zeigt das Ergebnis: Es konnten keine Höchstgehaltsüberschreitungen der EU-Grenzwerte festgestellt werden bei Eisbergsalat, Kopfsalat und Lollo rosso/bionda. Für die anderen Probenarten gibt es keinen Höchstgehalt als Beurteilungswert.

Probenart	Anzahl der Proben	Minimale Konzentration [mg/kg]	Maximale Konzentration [mg/kg]	Mittelwert [mg/kg]	Medianwert [mg/kg]	Anzahl Proben über den jeweiligen Höchstgehalten der VO (EG) Nr. 1881/2006
Eisbergsalat	9	857	1432	1090	1016	0
Kopfsalat	12	292	2955	1652	1506	0
Lollo rosso/bionda	2	2031	2092	2062	-	0
Porree (Lauch)	10	114	1330,5	374	210	–
Rhabarber	20	<2,1*	1259,5	692	757	–
Romanasalat	2	921	1242	1082	-	–
Weißkohl	5	44,5	337	148	131,5	–

* Nachweisgrenze

Quelle: Auch in den vergangenen Jahren wurden Salate, Gemüsearten und Säuglings- und Kleinkindernahrung auf Nitrat untersucht. Eine detaillierte Auflistung der ausgewählten Untersuchungsergebnisse aus den Jahren 2006–2013 sowie der Jahre 2014/2015 finden Sie auf der Homepage des LAVES Niedersachsen, Stichworte Lebensmittel, Rückstände/Verunreinigungen, Nitrat in Lebensmitteln.

3.23 Durchblick: Zusammenfassung und Übung

Zu den Aufgaben

A1 In Gebieten mit Kalkgestein reagiert das atmosphärische, im Regenwasser gelöste CO_2 mit Calciumcarbonat zu einer wässrigen Lösung von Calciumhydrogencarbonat:

$$CaCO_3(s) + CO_2(aq) + H_2O(l) \rightleftharpoons Ca^{2+}(aq) + 2\,HCO_3^-(aq)$$

Dort, wo der Untergrund aus Silikatgestein besteht, das Calciumsilicat enthält, reagiert die wässrige CO_2-Lösung mit Calciumsilicat zu Calciumhydrogencarbonat; zurück bleiben unlösliche Silicate. Flüsse transportieren das gelöste Calciumhydrogencarbonat zum größten Teil in die Meere. Auf dem Transportweg kann es – durch Verschiebung des oben beschriebenen Gleichgewichts nach links – zur Abscheidung von Calciumcarbonat (Kalktuff) kommen.

Im Meer wird Calciumcarbonat beim Aufbau von Skeletten und Schalen der Meeresorganismen abgeschieden und CO_2 freigesetzt, das in die Atmosphäre zurückströmt. Das Gleichgewicht wird dadurch weitgehend auf die Seite dieser Stoffe verschoben. Mit abgestorbenen Organismen sinkt das eingebaute Calciumcarbonat auf den Meeresboden und wird sedimentiert. Zum Teil wird Calciumcarbonat auch ohne Beteiligung von Organismen abgeschieden.

Durch Verschiebungen in der Erdkruste können die gebildeten Carbonatsedimente in große Tiefen gelangen und bei hohen Temperaturen mit Silikatgestein reagieren, z. B. mit Siliciumdioxid:

$$CaCO_3 + SiO_2 \longrightarrow CaSiO_3 + CO_2$$

Das entstehende CO_2 gelangt durch Vulkanismus wieder in die Atmosphäre.

A2 Fotosynthese und damit Entnahme von CO_2 aus der Atmosphäre erfolgt hauptsächlich in den Blättern der Baumkronen. Damit ist in dieser Höhe die CO_2-Konzentration am geringsten, sie nimmt nach unten zu. Der Unterschied der beobachteten Konzentrationen von CO_2 ist bei hochsommerlichen Temperaturen am deutlichsten. Die höchste CO_2-Konzentration in Bodennähe beruht auf der intensiven Bodenatmung der Mikroorganismen in der Humusschicht des Bodens.

Hinweis: Zur Bestimmung der CO_2-Konzentration in der Luft nutzt man die Absorption von CO_2 im infraroten Bereich. Im Messgerät wird Infrarotstrahlung erzeugt, die nach Durchgang durch die Luft auf einen Infrarotsensor trifft. Je schwächer das Signal, desto höher ist die CO_2-Konzentration.

A3 Der Anstieg der CO_2-Konzentration der Atmosphäre hatte auch eine Zunahme der CO_2-Konzentration im Oberflächenwasser der Meere zur Folge. Gegenüber der vorindustriellen Zeit hat der pH-Wert um durchschnittlich 0,11 Einheiten abgenommen, verursacht durch die Verschiebung des folgenden Gleichgewichts nach rechts:

$$CO_2\,(aq) + H_2O\,(l) \;\rightleftharpoons\; HCO_3^-\,(aq) + H_3O^+\,(aq)$$

Obwohl das Wasser der Meere mit einem durchschnittlichen pH-Wert von ca. 8,1 noch schwach alkalisch ist, bedeutet eine Zunahme der H_3O^+-Konzentration eine Versauerung. Vor allem, wenn man bedenkt, dass die Versauerung beschleunigt zunimmt und in manchen Bereichen deutlich über dem Durchschnittswert liegt, mit gefährlichen Folgen für das Ökosystem.

A4 Durch Aktivitäten des Menschen ist die CO_2-Bilanz der Atmosphäre nicht ausgeglichen. Der Anstieg der CO_2-Konzentration wird verursacht durch
- Verbrennung fossiler Energieträger,
- Freisetzung von CO_2 durch den Einsatz von Kalkgestein bei der Zementherstellung,
- großflächige Brandrodung tropischer Urwälder.

Ein Teil der anthropogenen Emissionen wird von der Biosphäre und vom Meer aufgenommen. Diese Senken haben bisher einen wesentlich höheren Anstieg der CO_2-Konzentration in der Atmosphäre verhindert. Im Meer wirkt sich die CO_2-Aufnahme allerdings ungünstig aus, siehe A3.

A5 Bei einer Algenblüte werden durch die Fotosynthese große Mengen des im Meerwasser gelösten CO_2 vom Phytoplankton aufgenommen. Dadurch wird das Gleichgewicht zwischen dem im Wasser gelösten und dem gasförmigen CO_2 in der Luft gestört, sodass sich atmosphärisches CO_2 im Meerwasser löst und den Verbrauch zum Teil ausgleicht. Weiteres CO_2 wird auch durch eine Verschiebung des CO_2/HCO_3^--Gleichgewichts nachgeliefert:

$$CO_2\,(aq) + H_2O\,(l) \;\rightleftharpoons\; H_2CO_3\,(aq)$$

$$H_2CO_3\,(aq) + H_2O\,(l) \;\rightleftharpoons\; HCO_3^-\,(aq) + H_3O^+\,(aq)$$

A6 Für Kulturpflanzen gelten die folgenden Elemente als essenziell: C (Kohlenstoff), H (Wasserstoff), O (Sauerstoff), N (Stickstoff), S (Schwefel), P (Phosphor), Mg (Magnesium), K (Kalium), Ca (Calcium), Fe (Eisen), Mn (Mangan), Zn (Zink), Cu (Kupfer), Ni (Nickel), Mo (Molybdän), Cl (Chlor), B (Bor).

A7 Um zu untersuchen, ob ein bestimmtes Element essenziell ist, werden Pflanzen einer Art in Hydrokulturen gezogen. Für einen Teil der Pflanzen (Vergleichspflanzen) wird ein Vollmedium hergestellt, das alle bisher als essenziell ermittelten Elemente in einer für die Pflanze verwertbaren Form und im richtigen Verhältnis zueinander enthält. Für einen anderen Teil der Pflanzen (Testpflanzen) wird ein Kulturmedium eingesetzt, das mit dem der ersten Gruppe weitgehend übereinstimmt, allerdings fehlt das zu testende Element. Wenn die Testpflanzen genauso gut wie die Vergleichspflanzen wachsen, dann gehört das Element nicht zu den essenziellen.

Im Fall von Magnesium zeigen die Testpflanzen Mangelerscheinungen wie geringeres Wachstum und unnatürlich gefärbte Blätter. Daraus kann man schließen, dass Magnesium essenziell für diese Pflanzenart ist. *Hinweis:* Ohne Magnesium kann die Pflanze kein Chlorophyll bilden.

A8

Verhältnisformel	Name
$KHSO_4$	Kaliumhydrogensulfat
K_2SO_4	Kaliumsulfat
NH_4NO_3	Ammoniumnitrat
$Ca(NO_3)_2$	Calciumnitrat
$AgNO_3$	Silbernitrat
$Ca_3(PO_4)_2$	Calciumphosphat
$Ca(H_2PO_4)_2$	Calciumdihydrogenphosphat
$CaHPO_4$	Calciumhydrogenphosphat

A9

a) $4\,P + 5\,O_2 \longrightarrow P_4O_{10}$

$P_4O_{10} + 6\,H_2O \longrightarrow 4\,H_3PO_4$

$2\,H_3PO_4 + 3\,Ca(OH)_2 \longrightarrow Ca_3(PO_4)_2 + 6\,H_2O$

b) Die Reaktion von Phosphor mit Sauerstoff ist eine Redoxreaktion:

$$\overset{0}{4\,P} + \overset{0}{5\,O_2} \longrightarrow \overset{V\ -II}{P_4O_{10}}$$

Die Oxidationszahl des Phosphor-Atoms wird erhöht (Oxidation). Die Oxidationszahl des Sauer-stoff-Atoms wird verringert (Reduktion).
Bei den anderen beiden Reaktionen bleiben die Oxidationszahlen unverändert, sie sind also keine Redoxreaktionen.

A10 Phytoplankton, die Grundlage für das Leben im Meer, benötigt für seine Existenz nicht nur Kohlenstoffdioxid und Wasser. Lebensnotwendig sind Mineralsalze, die z.B. durch Flüsse ins Meer befördert werden. Algenwachstum findet aber nicht nur in den küstennahen Schelfmeeren statt sondern auch im weiten Ozean, und zwar dort, wo durch Meeresströmungen Wasser mit Mineralstoffen aus der Tiefe aufsteigt oder wo sie mit Wüstenstaub durch Stürme weiträumig verteilt werden.

A11
- Stickstofffixierende Bakterien reduzieren N_2-Moleküle zu NH_4^+-Ionen.
- Ammoniakbildende Bakterien zersetzen organisches Material; dabei entstehen ebenfalls NH_4^+-Ionen.
- Nitrifizierende Bakterien oxidieren NH_4^+-Ionen zu NO_3^--Ionen.
- Denitrifizierende Bakterien reduzieren NO_3^--Ionen zu N_2-Molekülen.

Die NH_4^+- und NO_3^--Ionen sind lebenswichtig für die Pflanzen, da diese keinen Stickstoff aus der Luft aufnehmen können. (Ohne Stickstoff könnten die Pflanzen keine Aminosäuren aufbauen.) Ohne die Bodenbakterien wären die Pflanzen völlig auf Kunstdünger angewiesen. Eine Ausnahme sind Pflanzen, die in einer Symbiose mit stickstofffixierenden Bakterien (Knöllchenbakterien) leben.

A12 Eine Kuh produziert 50 bis 100 kg Stickstoff-Verbindungen im Jahr. Davon entweichen 20 bis 40 kg in Gasform. Übrig bleiben mindestens 30 kg, höchstens 60 kg. Bezogen auf 50 Kühe bedeutet dies, dass mindestens 1 500 kg, höchstens 3 000 kg Stickstoff-Verbindungen pro Jahr auf die Felder ausgebracht werden.

A13 Aus Nitrat-Ionen können durch bakterielle Einwirkung Nitrit-Ionen entstehen. Von ihnen können die folgenden Schadwirkungen ausgehen:
- Chemische Reaktion mit Hämoglobin. Der so veränderte Blutfarbstoff kann seine Aufgabe als Sauerstofftransportmittel nicht mehr erfüllen. Gefährdet sind vor allem Säuglinge.
- Bildung von krebserregenden Nitrosaminen. Nitrit-Ionen reagieren mit anderen Molekülen, die N-Atome enthalten (z.B. Aminosäuren), zu krebserregenden Nitrosamin-Molekülen.

4 Säuren, Basen und analytische Verfahren

Vorbemerkung Dieses Kapitel ist in besonderem Maße geeignet, das chemische Gleichgewicht aufzugreifen, anzuwenden und zu vertiefen. Falls das Massenwirkungsgesetz in der Einführungsphase nur gestreift werden konnte, so bietet es sich an, es in diesem Kapitel intensiv zu betrachten.

Zum Bild der Einstiegsseite Das Foto zeigt eine Säure-Base-Titration mit dem Indikator Methylrot (s. Kap. 4.15, B1 im Schulbuch). Bei jeder Säure-Base-Titration findet eine Neutralisationsreaktion statt; diese ist exotherm. Nach dem Kernlehrplan (Grundkurs und Leistungskurs) wird die Enthalpie anhand der Neutralisationsenthalpie eingeführt; im Leistungskurs kommt dann noch die Lösungsenthalpie dazu (s. Kap. 4.20 – 4.24 im Schulbuch).

Hinweis **Begriff „konjugiertes Säure-Base-Paar"**
Im Schulbuch wird „konjugiertes Säure-Base-Paar" als Hauptbegriff verwendet. Der bisher übliche, synonyme Begriff „korrespondierendes Säure-Base-Paar" steht an einigen Stellen in Klammern. Dies ist zurückzuführen auf: Begleitende Dokumente zu den Abituraufgabenpools – Naturwissenschaften – Mathematisch-naturwissenschaftliche Formelsammlung. Institut zur Qualitätsentwicklung im Bildungswesen (IQB), Stand: 04.07.2023. Inhalte aus einer etwas älteren Version dieses Dokuments wurden übernommen in: Dokument mit Formeln und relevanten Werten für das Fach Chemie. Ministerium für Schule und Bildung des Landes Nordrhein-Westfalen. Stand: 15.06.2022.

In der englischen Fachsprache ist der Begriff *conjugate acid-base pair* üblich; er wird empfohlen in: Compendium of Chemical Terminology, Gold Book, Version 3.0.1. DOI: 10.1351/goldbook.C01266 bzw. in der PDF-Download-Fassung Version 2.3.3, IUPAC 2014 (Stand Mai 2023 beide im Internet frei zugänglich).

Säuren und Basen in Alltag, Technik und Umwelt (S. 160/161)

Zu den Aufgaben **A1** Brausepulver und Backpulver enthalten jeweils ein Säuerungsmittel und Natriumhydrogencarbonat.

A2 Weinsäure, Natriumhydrogencarbonat und Wasser führen zum Sprudeln der Brause.

Weinsäure $C_4H_6O_6$
(2,3-Dihydroxybutandisäure)

Natriumhydrogencarbonat $NaHCO_3$
(Natron)

Wasser H_2O

Hinweis: Weinsäure bildet mit Wasser eine saure Lösung. Hydrogencarbonat-Ionen werden in dieser sauren Lösung protoniert; die entstehende Kohlensäure zerfällt zu Kohlenstoffdioxid und Wasser. Das gasförmige Kohlenstoffdioxid führt zum Sprudeln der Brause.
Reaktionsgleichungen:

$$C_4H_6O_6(aq) + 2\,H_2O(l) \rightleftharpoons C_4H_5O_6^-(aq) + H_3O^+(aq) + H_2O(l) \rightleftharpoons C_4H_4O_6^{2-}(aq) + 2\,H_3O^+(aq)$$

$$HCO_3^-(aq) + H_3O^+(aq) \rightleftharpoons H_2CO_3(aq) + H_2O(l) \rightleftharpoons CO_2(g) + 2\,H_2O(l)$$

A3 Monokaliumtartrat, Natriumhydrogencarbonat und Wasser führen zum Aufgehen des Teiges.

Monokaliumtartrat $C_4H_5O_6K$
(Kaliumhydrogentartrat)

Natriumhydrogencarbonat $NaHCO_3$
(Natron)

Wasser H_2O

Hinweis: Monokaliumtartrat (Kaliumhydrogentartrat) bildet mit Wasser eine saure Lösung. Hydrogencarbonat-Ionen werden in dieser sauren Lösung protoniert; die entstehende Kohlensäure zerfällt zu Kohlenstoffdioxid und Wasser. Das gasförmige Kohlenstoffdioxid führt zum Aufgehen des Teiges.
Reaktionsgleichungen:

$$C_4H_5O_6^-(aq) + H_2O(l) \rightleftharpoons C_4H_4O_6^{2-}(aq) + H_3O^+(aq)$$

$$HCO_3^-(aq) + H_3O^+(aq) \rightleftharpoons H_2CO_3(aq) + H_2O(l) \rightleftharpoons CO_2(g) + 2\,H_2O(l)$$

A4 Sobald dem Gemisch aus Säuerungsmittel und Natriumhydrogencarbonat Wasser hinzugefügt wird, beginnt die Reaktion, d.h., das Brausepulver bzw. das Backpulver würde bereits in der Verpackung „verbraucht". Dazu genügt bereits das Wasser aus der Luftfeuchtigkeit. Deshalb müssen Brausepulver und Backpulver trocken gelagert werden.

A5 Der pH-Wert einer sauren Lösung ist kleiner als 7.
Der pH-Wert einer neutralen Lösung ist 7.
Der pH-Wert einer alkalischen Lösung ist größer als 7.

A6 Das Einlegen von Gurken und Zwiebeln in Essig dient der Konservierung und der Geschmacksbeeinflussung. Die saure Lösung hemmt das Wachstum von Schadorganismen.

A7

Alltagsprodukt	Name der Säure	Summenformel oder Halbstrukturformel der Säure	Funktion der Säure
Essig	Essigsäure	CH_3COOH	Saurer Geschmack; Würz- und Konservierungsmittel
Essigessenz	Essigsäure	CH_3COOH	Saurer Geschmack; Herstellung von Essig und Essigreiniger
Essigreiniger	Essigsäure	CH_3COOH	Entfernt Kalkflecken, indem die Essigsäure mit Calciumcarbonat zu Kohlenstoffdioxid und wasserlöslichem Calciumacetat reagiert
Entkalker	Essigsäure Ameisensäure Salzsäure Amidosulfonsäure Citronensäure	CH_3COOH $HCOOH$ $HCl(aq)$ $H_2N{-}SO_2{-}OH$ $H_2C{-}COOH$ $HO{-}C{-}COOH$ $H_2C{-}COOH$	Entfernt Kalkflecken, indem die Säure mit Calciumcarbonat zu Kohlenstoffdioxid und einem wasserlöslichem Salz reagiert
Backpulver	Dinatriumdihydrogenphosphat	$Na_2H_2P_2O_7$	Reagiert mit Hydrogencarbonat-Ionen und Wasser, dabei entsteht Kohlenstoffdioxid, das den Teig treibt
Weinsteinbackpulver	Kaliumhydrogentartrat (Monokaliumtartrat, Reinweinstein)	$HOOC{-}C(OH)H{-}C(OH)H{-}COO^{\ominus}\ K^{\oplus}$	Hydrogentartrat-Ionen reagieren mit Hydrogencarbonat-Ionen und Wasser, dabei entsteht Kohlenstoffdioxid, das den Teig treibt
Brausepulver	Weinsäure oder Citronensäure	$HOOC{-}C(OH)H{-}C(OH)H{-}COOH$ $H_2C{-}COOH$ $HO{-}C{-}COOH$ $H_2C{-}COOH$	Verleiht der Brause den sauren Geschmack; reagiert mit Hydrogencarbonat-Ionen und Wasser, dabei entsteht Kohlenstoffdioxid

A8 Natriumhydroxid ist eine Verbindung, die aus Natrium-Ionen und Hydroxid-Ionen aufgebaut ist. Bei Zimmertemperatur ist Natriumhydroxid fest. Natronlauge ist eine Lösung, die durch Lösen von Natriumhydroxid in Wasser hergestellt werden kann. Natronlauge enthält Natrium-Ionen und Hydroxid-Ionen.

A9 Das in der Brennwerttechnik anfallende Abwasser ist sauer, weil es gelöstes Kohlenstoffdioxid und Stickstoffoxide (evtl. auch Schwefeldioxid) enthält. Diese Nichtmetalloxide bilden mit Wasser eine saure Lösung.

A10

a) $H_3O^+ + OH^- \longrightarrow 2\,H_2O$

b) Oxonium-Ionen reagieren mit Hydroxid-Ionen zu Wasser-Molekülen.

A11

$CaO + 2\,H_3O^+ \longrightarrow Ca^{2+} + 3\,H_2O$

$CaCO_3 + 2\,H_3O^+ \longrightarrow Ca^{2+} + 3\,H_2O + CO_2$

$MgCO_3 + 2\,H_3O^+ \longrightarrow Mg^{2+} + 3\,H_2O + CO_2$

Hinweis: Die Reaktionsgleichungen mit den Carbonaten kann man auch mit dem Zwischenprodukt Kohlensäure formulieren, wie in A2.

A12 Beim Mischen von Natronlauge mit Salpetersäure findet eine Neutralisationsreaktion statt:

$NaOH\,(aq) + HNO_3\,(aq) \longrightarrow NaNO_3\,(aq) + H_2O\,(l)$

Die Neutralisationsreaktion ist eine exotherme Reaktion. Da das Reaktionsgemisch die Wärme nicht sofort abgeben kann, steigt seine Temperatur. Dadurch verdampft ein Teil der Salpetersäure und zersetzt sich:

$4\,HNO_3 \longrightarrow 4\,NO_2 + 2\,H_2O + O_2$

Gasförmige Salpetersäure und Stickstoffdioxid sind giftig.

Hinweis:
Je nach Reaktionsbedingungen (Temperatur, Konzentration, Sauerstoffangebot) entstehen bei der Zersetzung von Salpetersäure mehrere Stickstoffoxide (nitrose Gase, Stickoxide, NO_x), die zum Teil sehr giftig sind:

Oxidationsstufe des N-Atoms	Formel	Bezeichnung	Besondere Gefahren
I	N_2O	Distickstoffmonooxid (Lachgas)	Kann Brand verursachen oder verstärken; Kann Schläfrigkeit und Benommenheit verursachen
II	NO	Stickstoffmonooxid	Kann Brand verursachen oder verstärken; Verursacht schwere Verätzungen der Haut und schwere Augenschäden; Lebensgefahr bei Einatmen
III	N_2O_3	Distickstofftrioxid	Kann Brand verursachen oder verstärken; Lebensgefahr bei Hautkontakt; Verursacht schwere Verätzungen der Haut und schwere Augenschäden; Lebensgefahr bei Einatmen
IV	NO_2	Stickstoffdioxid	Kann Brand verursachen oder verstärken; Verursacht schwere Verätzungen der Haut und schwere Augenschäden; Lebensgefahr bei Einatmen

A13 Bei der Reaktion von Salzsäure mit Natronlauge reagiert jeweils ein Oxonium-Ion der Salzsäure mit einem Hydroxid-Ion der Natronlauge zu einem Wasser-Molekül. Dabei wird ein Proton vom Oxonium-Ion auf das Hydroxid-Ion übertragen. Man bezeichnet die Reaktion deshalb auch als Protonen-Übertragungsreaktion. Die Natrium-Ionen und die Chlorid-Ionen sind an der Reaktion nicht beteiligt.

A14 $\quad NH_3 + H_2O \rightleftharpoons NH_4^+ + OH^-$

Die Ammoniak-Moleküle reagieren mit Wasser-Molekülen zu Ammonium-Ionen und Hydroxid-Ionen. Es findet eine Protonenübertragung von den Wasser-Molekülen auf die Ammoniak-Moleküle statt. Die Hydroxid-Ionen machen die Lösung alkalisch.
Hinweis: Die Reaktion von Ammoniak mit Wasser ist eine Gleichgewichtsreaktion.

Zur Abbildung

B6 Schutzanzug der Feuerwehr
Unter dem abgebildeten Chemikalienschutzanzug wird ein umluftunabhängiger Atemschutz (Pressluftflasche auf dem Rücken und Maske) verwendet. Bei genauer Betrachtung ist die Maske auf dem Foto erkennbar.

4.1 Die Säure-Base-Theorie nach Brønsted

Zur Aufgabe

A1

a)

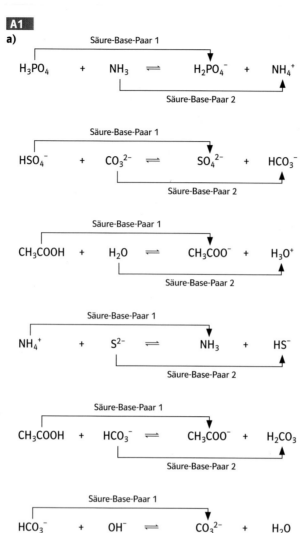

Säure-Base-Paar 1

$$H_3PO_4 \; + \; NH_3 \; \rightleftharpoons \; H_2PO_4^- \; + \; NH_4^+$$

Säure-Base-Paar 2

Säure-Base-Paar 1

$$HSO_4^- \; + \; CO_3^{2-} \; \rightleftharpoons \; SO_4^{2-} \; + \; HCO_3^-$$

Säure-Base-Paar 2

Säure-Base-Paar 1

$$CH_3COOH \; + \; H_2O \; \rightleftharpoons \; CH_3COO^- \; + \; H_3O^+$$

Säure-Base-Paar 2

Säure-Base-Paar 1

$$NH_4^+ \; + \; S^{2-} \; \rightleftharpoons \; NH_3 \; + \; HS^-$$

Säure-Base-Paar 2

Säure-Base-Paar 1

$$CH_3COOH \; + \; HCO_3^- \; \rightleftharpoons \; CH_3COO^- \; + \; H_2CO_3$$

Säure-Base-Paar 2

Säure-Base-Paar 1

$$HCO_3^- \; + \; OH^- \; \rightleftharpoons \; CO_3^{2-} \; + \; H_2O$$

Säure-Base-Paar 2

b) Die folgenden Teilchen sind Ampholyte (amphotere Teilchen):
- Ammoniak-Molekül (NH_3)
- Hydrogensulfat-Ion (HSO_4^-)
- Wasser-Molekül (H_2O)
- Hydrogencarbonat-Ion (HCO_3^-)

Begründung: Diese Teilchen können ein Proton aufnehmen oder abgeben, d.h., sie können sowohl als Brønsted-Säure als auch als Brønsted-Base reagieren.

Zusatzversuch

Reaktion von Chlorwasserstoff mit Ammoniak (Lehrerversuch)
Die in B1 gezeigte Reaktion kann man in Standzylindern demonstrieren:
Man pipettiert in zwei gleich große Standzylinder 2–3 Tropfen konz. Salzsäure bzw. 2–3 Tropfen konz. Ammoniak-Lösung. Dann stellt man den Standzylinder, der Chlorwasserstoff enthält, mit der Öffnung auf den Standzylinder mit Ammoniak.

Beobachtung: Im Durchmischungsbereich kommt es zur Reaktion zwischen Chlorwasserstoff und Ammoniak unter Bildung von weißem Ammoniumchlorid, das sich abscheidet. Ammoniak diffundiert aufgrund seiner geringen Dichte rasch nach oben, sodass die Reaktion vor allem im oberen Standzylinder abläuft.

Hinweis zur Duchführung: Wenn man die Standzylinder vorher mit Glasplatten abdeckt und einige Minuten stehen lässt, kann man leichter den Zeitpunkt des Reaktionsbeginns bestimmen.

Literatur

S. Feil: Ultrakalte Säure-Base-Chemie. Chemie in unserer Zeit 54 (1/2020), 6–13

4.2 Autoprotolyse des Wassers und pH-Wert

Zu den Aufgaben

A1

	pH	$c(H_3O^+) = 10^{-pH}$ mol/l	$c(OH^-) = 10^{-(14-pH)}$ mol/l	Lösung
a)	1	10^{-1} mol/l = 0,1 mol/l	10^{-13} mol/l	sauer
b)	4	10^{-4} mol/l = 0,0001 mol/l	10^{-10} mol/l	sauer
c)	8	10^{-8} mol/l = 0,00000001 mol/l	10^{-6} mol/l = 0,000001 mol/l	alkalisch
d)	12	10^{-12} mol/l = 0,000000000001 mol/l	10^{-2} mol/l = 0,01 mol/l	alkalisch
e)	13,5	$10^{-13,5}$ mol/l ≈ 0,000000000000032 mol/l	$10^{-0,5}$ mol/l ≈ 0,32 mol/l	alkalisch

A2

	$c(H_3O^+)$	$pH = -\lg\{c(H_3O^+)\}$	Lösung
a)	10^{-2} mol/l	2	sauer
b)	10^{-4} mol/l	4	sauer
c)	$5 \cdot 10^{-7}$ mol/l	6,3	sauer
d)	10^{-8} mol/l	8	alkalisch
e)	$3 \cdot 10^{-10}$ mol/l	9,5	alkalisch

A3

	$c(OH^-)$	$pOH = -\lg\{c(OH^-)\}$	$pH = 14 - pOH$	Lösung
a)	10^{-1} mol/l	1	13	alkalisch
b)	10^{-4} mol/l	4	10	alkalisch
c)	10^{-7} mol/l	7	7	neutral
d)	$4 \cdot 10^{-7}$ mol/l	6,4	7,6	alkalisch
e)	10^{-11} mol/l	11	3	sauer

A4

a) $pH = 1 \Rightarrow c(H_3O^+) = 10^{-1}$ mol/l

$V = 1\,\text{ml} = 10^{-3}\,\text{l}$

$$\Rightarrow n(H_3O^+) = c(H_3O^+) \cdot V = 10^{-1}\,\text{mol/l} \cdot 10^{-3}\,\text{l} = 10^{-4}\,\text{mol}$$

Nach Verdünnen auf 1 l ist die Konzentration:

$$c(H_3O^+) = 10^{-4}\,\text{mol}\,/\,1\,\text{l} = 10^{-4}\,\text{mol/l} \quad \Rightarrow \quad pH = 4$$

b) $c(OH^-) = 10^{-2}$ mol/l

$V = 10\,\text{ml} = 10^{-2}\,\text{l}$

$$\Rightarrow n(OH^-) = c(OH^-) \cdot V = 10^{-2}\,\text{mol/l} \cdot 10^{-2}\,\text{l} = 10^{-4}\,\text{mol}$$

Nach Verdünnen auf 1 l ist die Konzentration:

$$c(OH^-) = 10^{-4}\,\text{mol}\,/\,1\,\text{l} = 10^{-4}\,\text{mol/l} \quad \Rightarrow \quad pOH = 4 \quad \Rightarrow \quad pH = 14 - 4 = 10$$

c) Durch Verdünnen einer sauren oder alkalischen Lösung kann man sich höchstens dem pH-Wert pH = 7 nähern.
Beim Verdünnen einer sauren Lösung nimmt die Konzentration der H_3O^+-Ionen ab und die Konzentration der OH^--Ionen zu, die Konzentrationen dieser beiden Ionenarten nähern sich an.
Beim pH-Wert pH = 7 sind beide Ionenkonzentrationen gleich: $c(H_3O^+) = c(OH^-) = 10^{-7}$ mol/l
Je nach Verdünnung ist der pH-Wert ein wenig niedriger als pH = 7.
Beim Verdünnen einer alkalischen Lösung nimmt die Konzentration der OH^--Ionen ab und die Konzentration der H_3O^+-Ionen zu, die Konzentrationen dieser beiden Ionenarten nähern sich an.
Beim pH-Wert pH = 7 sind beide Ionenkonzentrationen gleich: $c(H_3O^+) = c(OH^-) = 10^{-7}$ mol/l
Je nach Verdünnung ist der pH-Wert ein wenig höher als pH = 7.

Zum Versuch

V1 Die Leitfähigkeit von dest. Wasser ist sehr gering und kann nur mit empfindlichen Messgeräten festgestellt werden. Schwefelsäure, Essigsäure, Natronlauge und Ammoniak-Lösung sind deutlich elektrisch leitfähig.

Hinweise zur Durchführung:
Der Versuch kann in Form einer problemorientierten Aufgabenstellung durchgeführt werden, bei der die Schülerinnen und Schüler aus Kabeln, Batterie oder Stelltrafo, Glühlampe oder Leuchtdiode etc. einen geeigneten Versuchsaufbau entwickeln. Geeignet ist z.B. die Kombination einer Blockbatterie (9 V) mit einer Glühlampe (4 V / 0,04 A) oder mit einer Leuchtdiode. Als Elektroden können z.B. abisolierte Enden von Klingeldraht, aufgebogene Büroklammern oder auch die Stahlelektroden vom Lehrmittelhandel verwendet werden. Sowohl bei der Glühlampe als auch bei der Leuchtdiode muss man darauf achten, dass sich die Elektroden nie berühren, da an ihnen sonst die volle Batteriespannung anliegt, ohne den notwendigen Vorwiderstand der Elektrolytlösung. Die Leuchtdiode ist hier empfindlicher als die Glühlampe, andererseits kostet sie weniger Geld.
Der sog. melodische Leitfähigkeitsprüfer (gebaut aus einer Musik-Grußkarte, betrieben mit 3 Volt, s. Literatur) reagiert auch auf die geringe Leitfähigkeit von dest. Wasser.

Literatur

U. Bee, D. Jansen: Der melodische Leitfähigkeitsprüfer – low cost mit großer Leistung. CHEMKON 25 (1/2018), 35 – 38. DOI: 10.1002/ckon.201810320

4.3 Die Stärke von Säuren und Basen

Vorbemerkung

Der Zusammenhang zwischen der Säurestärke und dem pH-Wert wird in dieser Lerneinheit ausführlich behandelt. Der Kernlehrplan verlangt jedoch außerdem den für die Schülerinnen und Schüler anschaulicheren Zusammenhang zu „unterschiedlichen Reaktionsgeschwindigkeiten von starken und schwachen Säuren mit unedlen Metallen oder Salzen" (Kernlehrplan S. 38 und S. 47). Auch dieser Zusammenhang wird in dieser Lerneinheit am Beispiel der Reaktion mit Zink behandelt (Abschnitt „Säurestärke und Reaktion mit Metallen"), experimentell dann mit Magnesium (V2).

Zu den Aufgaben

A1
a) Salzsäure enthält Wasser-Moleküle, Oxonium-Ionen, Chlorid-Ionen und Hydroxid-Ionen.
$c(H_2O) > c(H_3O^+) > c(Cl^-) > c(OH^-)$

b) Essigsäure enthält Wasser-Moleküle, Essigsäure-Moleküle, Oxonium-Ionen, Acetat-Ionen und Hydroxid-Ionen.
$c(H_2O) > c(CH_3COOH) > c(H_3O^+) > c(CH_3COO^-) > c(OH^-)$

c) Natronlauge enthält Wasser-Moleküle, Hydroxid-Ionen, Natrium-Ionen und Oxonium-Ionen.
$c(H_2O) > c(OH^-) > c(Na^+) > c(H_3O^+)$

d) Ammoniak-Lösung enthält Wasser-Moleküle, Ammoniak-Moleküle, Hydroxid-Ionen, Ammonium-Ionen und Oxonium-Ionen.
$c(H_2O) > c(NH_3) > c(OH^-) > c(NH_4^+) > c(H_3O^+)$

Hinweis: In den sauren Lösungen ist $c(H_3O^+)$ geringfügig größer als $c(Cl^-)$ bzw. $c(CH_3COO^-)$; in den alkalischen Lösungen ist $c(OH^-)$ geringfügig größer als $c(Na^+)$ bzw. (NH_4^+). Grund: Durch die Autoprotolyse des Wassers kommen sehr kleine Mengen H_3O^+- bzw. OH^--Ionen dazu.
Von den Schülerinnen und Schülern wird häufig $c(H_3O^+) = c(Cl^-)$ usw. angegeben. Dies sollte man auch als richtig gelten lassen, da der Unterschied bei den gegebenen Beispielen praktisch nicht messbar ist.

A2 $c_0(HProp) = 0,1 \, mol/l = 10^{-1} \, mol/l$ und pH = 2,94 $\Rightarrow$ $c(H_3O^+) = 10^{-2,94} \, mol/l$

$$K_S = \frac{c(Prop^-) \cdot c(H_3O^+)}{c(HProp)} \approx \frac{c^2(H_3O^+)}{c_0(HProp)} = \frac{(10^{-2,94} \, mol/l)^2}{10^{-1} \, mol/l} = 10^{-4,88} \, mol/l$$

$$K_S \approx 10^{-4,88} \, mol/l \quad \Rightarrow \quad pK_S \approx 4,88$$

Zu den Versuchen

V1 Die folgende Tabelle zeigt die berechneten Werte. (*Hinweis*: Bei $c_0(HA) = 0,1$ mol/l sind die gemessenen pH-Werte aufgrund der Wechselwirkungen zwischen den gelösten Teilchen geringfügig höher.) Je nach Qualität und Kalibrierung der Glaselektrode sind pH-Abweichungen von ca. ± 0,2 möglich. Weitere Abweichungen können durch ungenau hergestellte Lösungen auftreten.

$c_0(HA)$	pH(Salzsäure)	pH(Essigsäure)
0,1 mol/l	1,0	2,9
0,01 mol/l	2,0	3,4
0,001 mol/l	3,0	3,9

V2 Das Magnesium reagiert mit der Salzsäure deutlich heftiger und schneller als mit der Essigsäure gleicher Konzentration. In beiden Fällen bildet sich ein gelöstes Salz und Wasserstoff:

$$Mg(s) + 2\,HCl(aq) \longrightarrow Mg^{2+}(aq) + 2\,Cl^-(aq) + H_2(g)$$

$$Mg(s) + 2\,CH_3COOH(aq) \longrightarrow Mg^{2+}(aq) + 2\,CH_3COO^-(aq) + H_2(g)$$

Die unterschiedliche Geschwindigkeit der beiden Reaktionen rührt daher, dass die Magnesium-Atome hauptsächlich mit den Oxonium-Ionen reagieren:

$$Mg(s) + 2\,H_3O^+(aq) \longrightarrow Mg^{2+}(aq) + H_2(g) + 2\,H_2O(l)$$

In der verdünnten Salzsäure liegen praktisch keine Chlorwasserstoff-Moleküle, sondern Oxonium-Ionen und Chlorid-Ionen vor. In der verdünnten Essigsäure liegen jedoch überwiegend Essigsäure-Moleküle und nur wenige Oxonium-Ionen und Acetat-Ionen vor.

Hinweise zur Durchführung:
- Das Magnesiumband weist häufig einen grauen Belag auf. Diesen sollte man vor der Versuchs-durchführung entfernen, z.B. durch Schmirgeln. Einfacher und schneller ist es, das Magnesium-band mit dem grauen Belag kurz durch verdünnte Salzsäure zu ziehen, anschließend mit Wasser abzuspülen und mit einem Papierhandtuch zu trocknen.
- Der Versuch kann auch mit Salzsäure und Essigsäure der Konzentration $c_0(HA) = 1$ mol/l durchge-führt werden, vgl. auch Kap. 2.2, V1.

Zusatzinformationen

Die pK_S-Werte von H_3O^+ und H_2O

Die pK_S-Werte von H_3O^+ und von H_2O sind bei alltäglichen Berechnungen völlig unwichtig; sie dienen eher als Bezugspunkte für die Einschätzung von Säurestärken. Einige Publikationen und Tabellen-werke (s. Literatur) geben die pK_S-Werte von H_3O^+ und von H_2O mit 0,00 bzw. 14,00 an, andere mit −1,74 bzw. 15,74.

In B2 im Schulbuch sind die pK_S-Werte von H_3O^+ und von H_2O mit −1,74 bzw. 15,74 angegeben, mit einer kurzen Erklärung in der Fußnote. Im Folgenden wird gezeigt, wie sich diese Werte aus einfa-chen Überlegungen ergeben.

Wenn AH^+ eine Brønsted-Säure ist, stellt sich in Wasser das folgende Gleichgewicht ein:

$$AH^+ + H_2O \longrightarrow A + H_3O^+$$

Für dieses gilt:

$$K_c = \frac{c(A) \cdot c(H_3O^+)}{c(AH^+) \cdot c(H_2O)} \qquad \text{und} \qquad K_S = K_c \cdot c(H_2O) = \frac{c(A) \cdot c(H_3O^+)}{c(AH^+)}$$

Dabei wird die Konzentration der Wasser-Moleküle – obwohl sie Reaktionspartner sind – wie üblich in die Säurekonstante K_S einbezogen. Dieser Einbezug müsste nicht sein, wird aber wegen der ungefähren Konstanz $c(H_2O) \approx 55,5$ mol/l als zweckmäßig angesehen. Dies bewirkt eine Verschie-bung aller pK_S-Werte um lg{55,5 mol/l} = 1,74 im Vergleich zu den pK_c-Werten. Normalerweise fällt dies nicht auf, weil der pK_S-Wert einer beliebigen Säure irgendeine nicht vorhersehbare Zahl ist, an deren Größe Anstoß zu nehmen man keinen Grund hat.

Nur im Spezialfall $AH^+ = H_3O^+$ kann man auf einfachstem Wege eine a-priori-Aussage über die Gleichgewichtskonstante gewinnen: Da auf beiden Seiten die gleichen Reaktionspartner stehen, muss die Gleichgewichtskonstante $K_c = 1$ sein. (Ihr negativer Logarithmus ist folglich $pK_c = 0$.) Der Einbezug der Konzentration der Wasser-Moleküle in die Konstante K_S zeigt jedoch, dass hier-durch – wenn man den Bruch kürzt – die Konzentration $c(H_2O)$ stehen bleibt:

$$H_3O^+ + H_2O \longrightarrow H_2O + H_3O^+$$

$$K_c = \frac{c(H_2O) \cdot c(H_3O^+)}{c(H_3O^+) \cdot c(H_2O)} = 1 \qquad \text{und} \qquad K_S = K_c \cdot c(H_2O) = \frac{c(H_2O) \cdot c(H_3O^+)}{c(H_3O^+)} = c(H_2O)$$

Folglich ist die Säurekonstante des Oxonium-Ions (H_3O^+):

$$K_S = c(H_2O) = 55{,}5\,mol/l \qquad \text{und} \qquad pK_S = -\lg 55{,}5 = -1{,}74$$

Auch bei der Autoprotolyse des Wassers wäre es nicht sinnvoll, von der üblichen Einbeziehung der Konzentration der Wasser-Moleküle in die Säurekonstante K_S abzuweichen. Damit ergibt sich für die Säurekonstante des Wasser-Moleküls:

$$H_2O + H_2O \longrightarrow H_3O^+ + OH^-$$

$$K_S = \frac{c(OH^-) \cdot c(H_3O^+)}{c(H_2O)} = \frac{K_W}{c(H_2O)} = \frac{1{,}00 \cdot 10^{-14}\,mol^2/l^2}{55{,}5\,mol/l} = 1{,}80 \cdot 10^{-16}\,mol/l$$

$$pK_S = -(\lg K_W - \lg\{c(H_2O)\}) = -(-14{,}00 - 1{,}74) = 15{,}74$$

Literatur

S. Feil: Und es gibt sie doch: Kohlensäure. Chemie in unserer Zeit 1/2010, 9
C. Bliefert: pH-Wert-Berechnungen. Verlag Chemie, Weinheim 1978
R. Kummert: Falsche pK_S-Werte. chemie+biologie 48 (2/2004), 14–20
T. P. Silverstein, S. T. Heller: pK_a Values in the Undergraduate Curriculum: What Is the Real pK_a of Water? Journal of Chemical Education 94/6 (2017), 690–695. DOI: 10.1021/acs.jchemed.6b00623

4.4 Exkurs: Einfluss der Molekülstruktur auf die Säure- und Basenstärke

Vorbemerkung

Die Säurestärke (analog die Basenstärke) wird bekanntlich durch den pK_S-Wert bzw. durch den K_S-Wert ausgedrückt. Der K_S-Wert ist eine (modifizierte) Gleichgewichtskonstante, in welche die nahezu konstante Konzentration der Wasser-Moleküle eingerechnet ist. Gleichgewichtskonstanten können aus der freien Reaktionsenthalpie berechnet werden (s. Kap. 5.19, Schulbuch und Serviceband). Damit folgt der pK_S-Wert letztendlich aus thermodynamischen Größen.

Die freie Reaktionsenthalpie der Protolysereaktion einer Säure mit Wasser setzt sich zusammen aus den freien Enthalpien der hydratisierten Säure, des Wassers, der hydratisierten konjugierten (korrespondierenden) Base und des hydratisierten Oxonium-Ions. Aus diesen Werten (die allerdings nicht immer leicht herauszufinden sind) kann man den pK_S-Wert prinzipiell berechnen. In dieser Lerneinheit geht es aber darum, ohne die Kenntnis thermodynamischer Daten aus der *Struktur* abschätzen zu können, ob eine Säure stark oder schwach ist, und wie eine kleine Änderung der Struktur die Säurestärke beeinflusst.

Eine Argumentation mit der Polarität der Bindung zum H-Atom lautet ungefähr so: Je größer die positive Teilladung des H-Atoms ist, desto leichter wird die Bindung unter Abgabe eines Protons aufgelöst, d.h., desto stärker ist die Säure. Diese Argumentation führt jedoch in vielen Fällen zu Widersprüchen. Beispiele:
– Das HCl-Molekül (ΔEN = 0,9) ist eine viel stärkere Säure als das HF-Molekül (ΔEN = 1,9).
– Das NH_3-Molekül (ΔEN = 0,9) ist eine sehr schwache Säure; das HCl-Molekül (ΔEN = 0,9) ist eine sehr starke Säure.
– Das HI-Molekül (ΔEN = 0,4) ist eine sehr starke Säure; das CH_4-Molekül (ΔEN = 0,4) wird i.d.R. überhaupt nicht als Säure betrachtet.

Zu viel besseren Ergebnissen kommt man, wenn man vereinfachend nur *die Stabilität der konjugierten (korrespondierenden) Base* betrachtet, siehe auch Literatur. (Die freie Enthalpie eines Moleküls ist ja nichts anderes als ein Maß für dessen Stabilität.)
Die konjugierte Base einer elektrisch neutralen Säure ist ein Anion; dies trifft auf die meisten „üblichen" Säuren zu. Die Stabilität eines Anions hängt sehr stark davon ab, ob seine Ladung eher lokalisiert ist (hohe Ladungsdichte, geringe Stabilität) oder über einen größeren Bereich verteilt ist (geringere Ladungsdichte, höhere Stabilität). Die Verteilung (Delokalisierung) der Ladung wird durch Mesomerie und/oder den induktiven Effekt beeinflusst. Nach diesem Prinzip werden in dieser Lerneinheit einige Säuren verglichen. Analog dazu werden Basen verglichen, indem die Stabilität ihrer konjugierten Säuren betrachtet wird.

Zusätzlich zu dieser Lerneinheit kann man das Prinzip der Ladungsverteilung (bzw. Ladungsdichte) sogar auf ein einzelnes Atom der konjugierten Base anwenden. Beispiele:

- Mit dem Durchmesser des Halogenid-Ions steigt die Säurestärke der Halogenwasserstoffe: HF < HCl < HBr < HI
- Im CH_3^--Ion ist die negative Ladung auf einem freien Elektronenpaar lokalisiert. Im NH_2^--Ion ist die negative Ladung auf zwei Elektronenpaare verteilt, im OH^--Ion auf drei Elektronenpaare und im Cl^--Ion auf vier Elektronenpaare. Entsprechend ist die Reihenfolge der Säurestärken: $CH_4 < NH_3 < H_2O < HCl$

Zu den Aufgaben

A1 Es gelten analoge Überlegungen wie beim Vergleich von Essigsäure mit Ameisensäure, vgl. Schulbuch, B6 und Text dazu. In diesem Fall betrachtet man die konjugierte (korrespondierende) Base, das 2,2-Dimethylpropanoat-Ion, im Vergleich zum Propanoat-Ion. Durch den +I-Effekt der beiden zusätzlichen CH_3-Gruppen wird die negative Ladung an der Carboxylatgruppe verstärkt. Dies führt zu einer Destabilisierung des Propanoat-Ions. Folglich ist die 2,2-Dimethylpropansäure eine schwächere Säure als die Propansäure.

A2 Es gelten analoge Überlegungen wie beim Vergleich von Chloressigsäure mit Essigsäure, vgl. Schulbuch, B4 und Text dazu. In diesem Fall betrachtet man die konjugierte (korrespondierende) Base, das Fluorethanoat-Ion, im Vergleich zum Ethanoat-Ion. Durch den –I-Effekt des Fluor-Atoms wird die negative Ladung an der Carboxylatgruppe abgeschwächt. Dies führt zu einer Stabilisierung des Fluorethanoat-Ions. Folglich ist die Fluorethansäure (Fluoressigsäure) eine stärkere Säure als die Ethansäure (Essigsäure).

A3 Grenzformeln des Anilin-Moleküls:

Von der Elektronegativität her wäre zu erwarten, dass das N-Atom im Anilin-Molekül eine negative Teilladung hat. Das freie Elektronenpaar am N-Atom ist jedoch an der Mesomerie der Doppelbindungselektronen der Phenylgruppe beteiligt; in einigen Grenzformeln trägt das N-Atom eine positive Formalladung. Dadurch wird die negative Teilladung ausgeglichen; dies stabilisiert das Anilin-Molekül. Da das Ammoniak-Molekül (NH_3) keine Phenylgruppe hat, wird es auch nicht stabilisiert.

Bei der konjugierten (korrespondierenden) Säure, dem Anilinium-Ion ($C_6H_5NH_3^+$), ist kein freies Elektronenpaar vorhanden; die positive Ladung ist formal am N-Atom lokalisiert. Die oben beschriebene Stabilisierung ist beim Anilinium-Ion nicht möglich, abgesehen davon, dass sie durch die Verstärkung der positiven Ladung am N-Atom eine Destabilisierung wäre. Die positive Ladung am N-Atom des Anilinium-Ions wird durch den –I-Effekt des N-Atoms etwas abgeschwächt, d.h., sie wird in kleinem Umfang auf die drei H-Atome am N-Atom und auf die Atome des Phenylrings verteilt. Aber es sind keine mesomeren Grenzstrukturen denkbar, bei denen die positive Ladung am N-Atom auf C-Atome der Phenylgruppe verteilt wird. Die positive Ladung am N-Atom des Ammonium-Ions (NH_4^+) wird durch den –I-Effekt des N-Atoms in kleinem Umfang auf vier H-Atome verteilt.

Zusammenfassung:
- Das Anilin-Molekül wird durch Mesomerie stabilisiert. Dies trifft auf das Ammoniak-Molekül nicht zu.
- Die positive Ladung am N-Atom des Anilinium-Ions wird durch den –I-Effekt des N-Atoms etwas abgeschwächt. Dies trifft auch auf das Ammonium-Ion zu, allerdings steht bei diesem kleineren Molekül auch ein kleinerer Bereich für die Ladungsverteilung zur Verfügung.
Da Anilin eine schwächere Base als Ammoniak ist, ist offenbar die Stabilisierung durch Mesomerie der überwiegende Effekt.

Hinweis: Beim Anilin-Molekül wird der –I-Effekt durch den +M-Effekt überkompensiert. Das Anilin-Molekül hat dadurch eine positive Teilladung bei der Aminogruppe. Dies hat auch Auswirkungen auf die elektrophile Zweitsubstitution (s. Kap. 7.8): Die Aminogruppe ist nicht nur ortho/para-dirigierend, sondern auch aktivierend. Bei einer Zweitsubstitution in stark saurer Lösung durch (z.B. bei einer Nitrierung) liegt allerdings das Anilinium-Ion vor; die NH_3^+-Gruppe ist meta-dirigierend und desaktivierend.

A4 Man betrachtet die konjugierte (korrespondierende) Base des Nitrophenols, das Nitrophenolat-Ion. Die Nitrogruppe übt einen −I-Effekt aus. Dadurch wird beim Nitrophenolat-Ion die negative Ladung des direkt an den Phenylring gebundenen O-Atoms auf einen größeren Bereich verteilt. Außerdem kann man eine Grenzformel des Nitrophenolat-Ions aufstellen, in der das direkt an den Phenylring gebundene O-Atom keine negative Formalladung hat:

Sowohl durch den −I-Effekt als auch durch Mesomerie wird die negative Ladung des direkt an den Phenylring gebundenen O-Atoms auf einen noch größeren Bereich verteilt als beim Phenolat-Ion (s. B5 im Schulbuch). Dies führt zu einer Stabilisierung der konjugierten Base des Nitrophenols. Nitrophenol ist folglich eine stärkere Säure als das Phenol.

Literatur

H. Fleischer: Ist eine polare Bindung notwendig für eine Säure? − Analyse einer verbreiteten Erklärung. CHEMKON 29 (01/2022), 13 – 19. DOI: 10.1002/ckon.202000030

4.5 Protolysen bei Nachweisreaktionen

Zu den Aufgaben

A1 Bei jeder Säure-Base-Reaktion gibt es zwei konjugierte (korrespondierende) Säure-Base-Paare. Allgemeine Reaktionsgleichung:

$$HA \quad + \quad B^- \quad \rightleftharpoons \quad A^- \quad + \quad HB$$
Säure 1   Base 2   Base 1   Säure 2

Jede Reaktion, die zu diesem Schema passt, ist eine Säure-Base-Reaktion. Dies wird im Folgenden gezeigt:

Nachweis von Hydroxid-Ionen und Oxonium-Ionen:

$$HIND(aq) \quad + \quad H_2O(l) \quad \rightleftharpoons \quad Ind^-(aq) \quad + \quad H_3O^+(aq)$$
Säure 1   Base 2   Base 1   Säure 2

Nachweis von Ammonium-Ionen:

$$NH_4^+(aq) \quad + \quad OH^-(aq) \quad \rightleftharpoons \quad NH_3(g) \quad + \quad H_2O(l)$$
Säure 1   Base 2   Base 1   Säure 2

Nachweis von Carbonat-Ionen:

$$2\,H_3O^+(aq) \quad + \quad CO_3^{2-}(aq) \quad \rightleftharpoons \quad 2\,H_2O(l) \quad + \quad H_2CO_3(aq)$$
Säure 1   Base 2   Base 1   Säure 2

$$H_2CO_3(aq) \quad \rightleftharpoons \quad CO_2(g) \quad + \quad H_2O(l) \qquad \text{(keine Säure-Base-Reaktion)}$$

$$Ca^{2+}(aq) \quad + \quad H_2CO_3(aq) \quad + \quad 2\,OH^-(aq) \quad \longrightarrow \quad CaCO_3(s) \quad + \quad 2\,H_2O(l)$$
Säure 1   Base 2   Base 1   Säure 2

Anmerkung: Bei der letzten Reaktion ist die Base 1 nicht $CaCO_3$ (Calciumcarbonat), sondern das Carbonat-Ion, das Teil dieser Verbindung ist.

4.6 Praktikum: Nachweisreaktionen

Vorbemerkung

Bei V2 und V4 wird die Möglichkeit beschrieben, den Versuch mit einem Tropfenobjektträger durchzuführen. Das Foto zeigt einen Tropfenobjektträger in der Plastikbox mit Universalindikator-Papier:

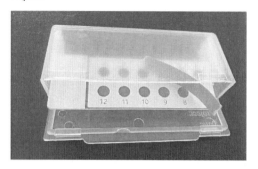

Der Tropfenobjektträger ermöglicht einen minimalen Verbrauch an Chemikalien (siehe auch Literatur und Medien).

Zu den Versuchen

V1 Nachweis von Oxonium-Ionen in Lebensmitteln

Die unten tabellierten Messergebnisse wurden mit dem Leitfähigkeitssensor und dem pH-Sensor der Serie GO DIRECT® von Vernier erhalten.

Hinweis zur Durchführung: Für die Leitfähigkeitsmessungen kann der beschriebene Versuchsaufbau aus Einzelteilen verwendet werden (B1 im Schulbuch). Wird ein integriertes Leitfähigkeitsmessgerät verwendet, können die Lernenden anhand von B1 trotzdem verstehen, wie die Messung im Prinzip funktioniert.

Aufgabenlösungen

1.

Probe	Leitfähigkeit κ in mS/cm	pH (Universal-indikator)	pH (pH-Meter)	$c(H_3O^+)$ in mol/l
Zitronensaft („Plastik-Zitrone")	8,77	2	1,7	$2,0 \cdot 10^{-2}$
Orangensaft	7,40	4	3,6	$2,5 \cdot 10^{-4}$
Mineralwasser (Teinacher classic)	1,56	6	5,4	$4,0 \cdot 10^{-6}$
Cola (Coca Cola classic)	3,60	–	2,3	$5,0 \cdot 10^{-3}$
Demineralisiertes Wasser	0,08	6	6,4	$4,0 \cdot 10^{-7}$

2. Die elektrische Leitfähigkeit einer wässrigen Lösung wird zu einem kleinen Anteil durch die Autoprotolyse des Wassers verursacht, hauptsächlich aber durch die gelösten Ionen. Die elektrische Leitfähigkeit zeigt also nur, dass irgendwelche Ionen gelöst sind, nicht unbedingt Oxonium-Ionen. Universalindikator-Lösung ist nur für farblose Probelösungen geeignet. Der pH-Wert von Cola (braun gefärbt durch Zuckerkulör) kann mit Universalindikator-Lösung nicht bestimmt werden, da der Lebensmittelfarbstoff alle anderen Farben unkenntlich macht.

3. Die Konzentrationen in der Tabelle wurden nach dieser Formel berechnet: $c(H_3O^+) = 10^{-pH}\,\text{mol/l}$

V2 Nachweis von Ammonium-Ionen

Das Universalindikator-Papier färbt sich grün oder blau.

Hinweis zur Durchführung: Für die Reaktion von Ammoniumchlorid mit Natriumhydroxid ist etwas Wasser als Lösungsmittel notwendig. Normalerweise genügt jedoch die Luftfeuchtigkeit, durch die die hygroskopische Natriumhydroxid-Perle feucht wird. Falls die Reaktion nicht einsetzt, kann man einen Tropfen dest. Wasser zugeben.

Aufgabenlösung

Bei der Reaktion von Ammoniumchlorid mit Natriumhydroxid genügt es, die Ammonium-Ionen und die Hydroxid-Ionen zu betrachten:

$$NH_4^+(aq) + OH^-(aq) \rightleftharpoons NH_3(g) + H_2O(l)$$

Das gasförmige Ammoniak reagiert mit dem Wasser im feuchten Universalindikator-Papier:

$$NH_3(aq) + H_2O(l) \; \rightleftharpoons \; NH_4^+(aq) + OH^-(aq)$$

Durch die Hydroxid-Ionen werden die Proptolysegleichgewichte der im Universalindikator-Papier enthaltenen Säure-Base-Indikatoren nach rechts verschoben, d.h., es liegen hauptsächlich die Indikatorbasen vor:

$$HIND(aq) + H_2O(l) \; \rightleftharpoons \; Ind^-(aq) + H_3O^+(aq)$$

Als Mischfarbe der Indikatorsäuren und Indikatorbasen ergibt sich Grün oder Blau.

Hinweis: Die Reaktionsgleichungen können dem Schulbuch (Kap. 4.5) entnommen werden.

V3 Nachweis von Carbonat-Ionen
In der Salzsäure auf dem Kalkbrocken bildet sich Schaum. Das Kalkwasser wird milchig trüb.

Hinweis zur Durchführung: Der Versuch kann auch mit einer normalen (nicht zweigeteilten) Petri-schale durchgeführt werden.

Aufgabenlösungen
1. Reaktion der Salzsäure mit dem Kalkbrocken und Zerfall der Kohlensäure:

$$CO_3^{2-}(aq) + 2\,H_3O^+(aq) \; \rightleftharpoons \; H_2CO_3(aq) + 2\,H_2O(l)$$

$$H_2CO_3(aq) \; \rightleftharpoons \; CO_2(g) + H_2O(l)$$

Reaktion von Kohlenstoffdioxid mit Wasser und Reaktion der Kohlensäure mit Kalkwasser:

$$CO_2(aq) + H_2O(l) \; \rightleftharpoons \; H_2CO_3(aq)$$

$$Ca^{2+}(aq) + 2\,OH^-(aq) + H_2CO_3(aq) \; \longrightarrow \; CaCO_3(s) + 2\,H_2O(l)$$

2. Einige Beispiele:
- Calcit, Aragonit (bestehen aus Calciumcarbonat)
- Strontianit (besteht aus Strontiumcarbonat)
- Witherit (besteht aus Bariumcarbonat)
- Dolomit (besteht aus Calciummagnesiumcarbonat, reagiert nur mit warmer Salzsäure)
- Siderit (besteht aus Eisen(II)-carbonat, reagiert nur mit warmer Salzsäure)

V4 Nachweis der Carboxygruppe
Die Lösungen von Essigsäure, Citronensäure und DL-Milchsäure in dest. Wasser haben einen pH-Wert von ungefähr 1. Das dest. Wasser und die Lösung von Ethanol in dest. Wasser haben einen pH-Wert von ungefähr 6.

Hinweis zur Durchführung: Statt dest. Wasser kann auch Leitungswasser verwendet werden; sein pH-Wert liegt häufig näher an 7. Das Versuchsergebnis bleibt im Prinzip das Gleiche: Essigsäure, Citronensäure und DL-Milchsäure senken den pH-Wert stark; Ethanol ändert den pH-Wert nicht wesentlich.

Hinweis: In Kap. 4.4 (Schulbuch und Serviceband) wird begründet, warum die Carboxygruppe einer Carbonsäure zu sauren wässrigen Lösungen führt, jedoch nicht die Hydroxygruppe eines Alkohols.

Aufgabenlösungen
1. Reaktion von Essigsäure mit Wasser:

$$CH_3{-}COOH + H_2O \; \rightleftharpoons \; CH_3{-}COO^- + H_3O^+$$

Reaktion von Citronensäure mit Wasser:

$$HOOC{-}CH_2{-}C(OH)(COOH){-}CH_2{-}COOH + H_2O \; \rightleftharpoons \; HOOC{-}CH_2{-}C(OH)(COOH){-}CH_2{-}COO^- + H_3O^+$$

Reaktion von DL-Milchsäure mit Wasser:

$$CH_3{-}CH(OH){-}COOH + H_2O \; \rightleftharpoons \; CH_3{-}CH(OH){-}COO^- + H_3O^+$$

2. Kohlenstoffdioxid aus der Luft löst sich in dest. Wasser und reagiert dann zu Kohlensäure:

$$CO_2\,(aq) + H_2O\,(l) \;\rightleftharpoons\; H_2CO_3\,(aq)$$

Die Kohlensäure reagiert mit Wasser:

$$H_2CO_3\,(aq) + H_2O\,(l) \;\rightleftharpoons\; HCO_3^-\,(aq) + H_3O^+\,(aq)$$

Die Oxonium-Ionen führen zu einem pH-Wert unter 7.

Hinweis: Durch Erhitzen von dest. Wasser kann man einen Großteil des Kohlenstoffdioxids „austreiben", sodass man (wenn man es unter Luftabschluss abkühlen lässt) sehr nah an den pH-Wert von 7 gelangt.

Literatur und Medien S. Matussek: Lab in a drop – Blue drop experience. MNU 66/6 (2013), 344 – 352
Experimentierkästen und Einzelgeräte zu „Lab in a Drop" können bei Herrn Stephan Matussek in Seevetal bezogen werden. In seinem Internet-Auftritt (Stand Juli 2023) werden aber auch die direkten Bezugsquellen genannt (Tropfenobjektträger: Carl Roth, Plastikbox: neoLab); außerdem kann man dort u.a. das Skript „Versuchsbeschreibungen LAB in a DROP" herunterladen.

4.7 Löslichkeitsgleichgewichte und Nachweis von Ionen

Zu den Aufgaben

A1

$$K_L(CaCO_3) = c(Ca^{2+}) \cdot c(CO_3^{2-})$$

$$K_L(Al(OH)_3) = c(Al^{3+}) \cdot c^3(OH^-)$$

$$K_L(Na_2S) = c^2(Na^+) \cdot c(S^{2-})$$

A2 Das Abkühlen der Lösung begünstigt den exothermen Prozess. Weil sich das Gleichgewicht beim Abkühlen nach links verschiebt, muss das Ausfallen des Salzes exotherm sein. Der Lösungsvorgang (der umgekehrte Prozess) ist folglich endotherm.

A3

$$c = \frac{n}{V} = \frac{m}{M \cdot V} \qquad \Leftrightarrow \qquad m = c \cdot M \cdot V$$

$$m(\text{Silber-Ionen}) = 1{,}3 \cdot 10^{-5}\,\text{mol/l} \cdot 107{,}8\,\text{g/mol} \cdot 0{,}100\,\text{l} = 0{,}000\,14\,\text{g} = 0{,}14\,\text{mg}$$

$$m(\text{Chlorid-Ionen}) = 1{,}3 \cdot 10^{-5}\,\text{mol/l} \cdot 35{,}5\,\text{g/mol} \cdot 0{,}100\,\text{l} = 0{,}000\,046\,\text{g} = 0{,}046\,\text{mg}$$

In 100 ml gesättigter Silberchlorid-Lösung befinden sich 0,14 mg Silber-Ionen und 0,046 mg Chlorid-Ionen.

A4 $Al(OH)_3 \;\rightleftharpoons\; Al^{3+} + 3\,OH^-$

$$K_L = c(Al^{3+}) \cdot c^3(OH^-) \qquad \text{und} \qquad c(Al^{3+}) = \tfrac{1}{3} \cdot c(OH^-)$$

$$\Rightarrow \quad K_L = \tfrac{1}{3} \cdot c(OH^-) \cdot c^3(OH^-) = \tfrac{1}{3} \cdot c^4(OH^-)$$

$$= \tfrac{1}{3} \cdot (7{,}4 \cdot 10^{-9}\,\text{mol/l})^4 = 1{,}0 \cdot 10^{-33}\,\text{mol}^4/\text{l}^4$$

A5
a) $PbCl_2 \;\rightleftharpoons\; Pb^{2+} + 2\,Cl^-$

$$K_L = c(Pb^{2+}) \cdot c^2(Cl^-) = 2{,}0 \cdot 10^{-5}\,\text{mol}^3/\text{l}^3 \qquad \text{und} \qquad c(Cl^-) = 2 \cdot c(Pb^{2+})$$

$$\Rightarrow \quad K_L = c(Pb^{2+}) \cdot (2 \cdot c(Pb^{2+}))^2 = 4 \cdot c^3(Pb^{2+}) = 2{,}0 \cdot 10^{-5}\,\text{mol}^3/\text{l}^3$$

$$\Leftrightarrow \quad c^3(Pb^{2+}) = \tfrac{1}{4} \cdot 2{,}0 \cdot 10^{-5}\,\text{mol}^3/\text{l}^3 = 5{,}0 \cdot 10^{-4}\,\text{mol}^3/\text{l}^3$$

$$\Leftrightarrow \quad c(Pb^{2+}) = \sqrt[3]{5{,}0 \cdot 10^{-4}\,\text{mol}^3/\text{l}^3} = 1{,}71 \cdot 10^{-2}\,\text{mol/l}$$

$$m(\text{Blei-Ionen}) = c(\text{Pb}^{2+}) \cdot M(\text{Pb}^{2+}) \cdot V(\text{Bleichlorid-Lösung})$$
$$= 1{,}71 \cdot 10^{-2}\,\text{mol/l} \cdot 207{,}2\,\text{g/mol} \cdot 1\,\text{l} = 3{,}5\,\text{g}$$

b) $\text{PbI}_2 \longrightarrow \text{Pb}^{2+} + 2\,\text{I}^-$

$$K_L = c(\text{Pb}^{2+}) \cdot c^2(\text{I}^-) = 8{,}7 \cdot 10^{-9}\,\text{mol}^3/\text{l}^3 \quad \text{und} \quad c(\text{I}^-) = 2 \cdot c(\text{Pb}^{2+})$$

$$\Rightarrow \quad K_L = c(\text{Pb}^{2+}) \cdot (2 \cdot c(\text{Pb}^{2+}))^2 = 4 \cdot c^3(\text{Pb}^{2+}) = 8{,}7 \cdot 10^{-9}\,\text{mol}^3/\text{l}^3$$

$$\Leftrightarrow \quad c^3(\text{Pb}^{2+}) = \tfrac{1}{4} \cdot 8{,}7 \cdot 10^{-9}\,\text{mol}^3/\text{l}^3 = 2{,}175 \cdot 10^{-9}\,\text{mol}^3/\text{l}^3$$

$$\Leftrightarrow \quad c(\text{Pb}^{2+}) = \sqrt[3]{2{,}175 \cdot 10^{-9}\,\text{mol}^3/\text{l}^3} = 1{,}30 \cdot 10^{-3}\,\text{mol/l}$$

$$m(\text{Blei-Ionen}) = c(\text{Pb}^{2+}) \cdot M(\text{Pb}^{2+}) \cdot V(\text{Bleichlorid-Lösung})$$
$$= 1{,}30 \cdot 10^{-3}\,\text{mol/l} \cdot 207{,}2\,\text{g/mol} \cdot 1\,\text{l} = 0{,}27\,\text{g}$$

Zu den Versuchen

V1 Silbersulfid hat mit $K_L = 1{,}6 \cdot 10^{-49}\,\text{mol}^3/\text{l}^3$ unter allen bekannten Silberverbindungen die geringste Löslichkeit in Wasser. Daher tritt auch noch bei der nach den beiden vorherigen Fällungen sehr geringen Konzentration an Silber-Ionen bei Zugabe von Natriumsulfid-Lösung ein schwarzer Niederschlag auf.

V2 Beobachtung: Das Kaliumnitrat löst sich unter deutlicher Abkühlung. Beim Erwärmen löst sich auch der Bodenkörper.
Erklärung: Der Lösungsvorgang ist endotherm. Deshalb löst sich beim Erwärmen mehr Kaliumnitrat.

Hinweise zur Durchführung:
- 100 ml Wasser werden bei 20 °C durch ca. 31 g Kaliumnitrat gesättigt.
- Lässt man eine heiß gesättigte Kaliumnitrat-Lösung langsam abkühlen, kristallisiert Kaliumnitrat in schönen Kristallen aus.

4.8 Säurestärke und pH-Wert saurer Lösungen

Zu den Aufgaben

A1

a) Salzsäure $c_0(\text{HCl}) = 0{,}001\,\text{mol/l}$
In verdünnter Salzsäure liegt Chlorwasserstoff (Hydrogenchlorid) vollständig protolysiert vor. Chlorwasserstoff ist eine sehr starke Säure.

$$c(\text{H}_3\text{O}^+) = 0{,}001\,\text{mol/l} = 10^{-3}\,\text{mol/l} \quad \Rightarrow \quad \text{pH} = 3$$

b) Salzsäure $c_0(\text{HCl}) = 0{,}02\,\text{mol/l}$

$$c(\text{H}_3\text{O}^+) = 0{,}02\,\text{mol/l} = 2 \cdot 10^{-2}\,\text{mol/l} \approx 10^{0{,}3} \cdot 10^{-2}\,\text{mol/l} = 10^{-1{,}7}\,\text{mol/l} \quad \Rightarrow \quad \text{pH} \approx 1{,}7$$

c) Essigsäure $c_0(\text{HAc}) = 0{,}1\,\text{mol/l}$
Essigsäure ist eine schwache Säure.

$$K_S = \frac{c(\text{Ac}^-) \cdot c(\text{H}_3\text{O}^+)}{c(\text{HAc})} = \frac{c^2(\text{H}_3\text{O}^+)}{c_0(\text{HAc})}$$

$$\Leftrightarrow \quad c(\text{H}_3\text{O}^+) = \sqrt{K_S \cdot c_0(\text{HAc})} = [K_S \cdot c_0(\text{HAc})]^{1/2}$$

$$c(\text{H}_3\text{O}^+) = [10^{-4{,}75}\,\text{mol/l} \cdot 10^{-1}\,\text{mol/l}]^{1/2} \approx 10^{-2{,}88}\,\text{mol/l} \quad \Rightarrow \quad \text{pH} \approx 2{,}88$$

Kürzerer Rechenweg:

$$\text{pH} = \tfrac{1}{2} \cdot [\text{p}K_S - \lg\{c_0(\text{HAc})\}] = \tfrac{1}{2} \cdot [4{,}75 - \lg 0{,}1] = \tfrac{1}{2} \cdot [4{,}75 + 1] \approx 2{,}88$$

A2 Die Näherungsformel für sehr starke Säuren ergibt pH = 8. Dies ist natürlich Unsinn; eine Säurelösung hat aufgrund der Autoprotolyse des Wassers immer einen pH-Wert unter 7. In diesem Fall erwartet man einen pH-Wert knapp unter 7.

Hinweis: Das Ergebnis „pH = 8" wird häufig von Schülerinnen und Schülern unkritisch genannt. Es muss verdeutlicht werden, dass die Autoprotolyse des Wassers nicht immer vernachlässigt werden kann. Der pH-Wert kann berechnet werden, siehe Zusatzinformationen.

A3 $K_S = 1{,}35 \cdot 10^{-4}\,\text{mol/l} \quad \Rightarrow \quad pK_S = -\lg(1{,}35 \cdot 10^{-4}) = 3{,}87$
$m(\text{Milchsäure}) = 1{,}1\,\text{g}$
$M(C_3H_6O_3) = 90\,\text{g/mol}$
$V = 100\,\text{ml} = 0{,}100\,\text{l}$

$$c_0(C_3H_6O_3) = \frac{n(C_3H_6O_3)}{V} = \frac{m(\text{Milchsäure})}{M(C_3H_6O_3) \cdot V} = \frac{1{,}1\,\text{g}}{90\,\text{g/mol} \cdot 0{,}100\,\text{l}} = 0{,}12\,\text{mol/l}$$

$$pH = \frac{1}{2} \cdot [pK_S - \lg\{c_0(C_3H_6O_3)\}] = \frac{1}{2} \cdot [3{,}87 - \lg 0{,}12] = 2{,}4$$

Zusatzinformationen

pH-Wert und Aktivität

Die in Kap. 4.8 und 4.9 angegebenen Formeln gelten streng genommen nicht für Konzentrationen, sondern für Aktivitäten. Insbesondere bei höheren Konzentrationen (merkbar ab etwa 0,1 mol/l) liegen die pH-Werte geringfügig näher am Neutralpunkt.

Berechnung des pH-Werts einer sehr starken Säure mit sehr kleiner Konzentration

Bei sehr kleinen Konzentrationen liefert die Näherungsformel für sehr starke Säuren unsinnige Werte, da sie die Autoprotolyse des Wassers vernachlässigt. Beispielsweise hat eine verdünnte Salzsäure mit $c_0(\text{HCl}) = 1 \cdot 10^{-8}\,\text{mol/l}$ natürlich nicht einen pH-Wert von 8, da sie nicht alkalisch ist. Im Folgenden wird anhand dieses Beispiels gezeigt, wie der pH-Wert berechnet wird.

Die folgenden beiden Reaktionen sind zu berücksichtigen:

$$HCl + H_2O \longrightarrow Cl^- + H_3O^+ \qquad \text{und} \qquad 2\,H_2O \rightleftharpoons H_3O^+ + OH^-$$

Ansatz zur Berechnung von $c(H_3O^+)$: $\quad K_W = c(H_3O^+) \cdot c(OH^-)$

Vorläufig ist jedoch auch $c(OH^-)$ unbekannt. Die Lösung muss jedoch insgesamt elektrisch neutral sein („elektrisches Neutralisationsgebot"). Daraus folgt:

$$c(H_3O^+) = c(OH^-) + c(Cl^-) \qquad \Leftrightarrow \qquad c(OH^-) = c(H_3O^+) - c(Cl^-)$$

Einsetzen in die Gleichung für K_W ergibt:

$$K_W = c(H_3O^+) \cdot [c(H_3O^+) - c(Cl^-)] = c^2(H_3O^+) - c(Cl^-) \cdot c(H_3O^+)$$

$$\Leftrightarrow \quad c^2(H_3O^+) - c(Cl^-) \cdot c(H_3O^+) - K_W = 0$$

Die Lösungen dieser quadratischen Gleichung sind: $\quad c_{1,2}(H_3O^+) = \dfrac{c(Cl^-) \pm \sqrt{c^2(Cl^-) + 4 \cdot K_W}}{2}$

Einsetzen von $\quad c(Cl^-) = c_0(\text{HCl}) = 1 \cdot 10^{-8}\,\text{mol/l} \quad$ und $\quad K_W = 1{,}00 \cdot 10^{-14}\,\text{mol}^2/\text{l}^2 \quad$ ergibt:

$$c_{1,2}(H_3O^+) = \frac{1 \cdot 10^{-8}\,\text{mol/l} \pm \sqrt{1 \cdot 10^{-16}\,\text{mol}^2/\text{l}^2 + 4{,}00 \cdot 10^{-14}\,\text{mol}^2/\text{l}^2}}{2} = \frac{1 \cdot 10^{-8}\,\text{mol/l} \pm \sqrt{4{,}01 \cdot 10^{-14}\,\text{mol}^2/\text{l}^2}}{2}$$

$$= \frac{1 \cdot 10^{-8}\,\text{mol/l} \pm 20{,}02 \cdot 10^{-8}\,\text{mol/l}}{2}$$

$$c_1(H_3O^+) = 1{,}051 \cdot 10^{-7}\,\text{mol/l} \quad \Rightarrow \quad pH = -\lg(1{,}051 \cdot 10^{-7}) = 6{,}98$$

$$[c_2(H_3O^+) = -9{,}51 \cdot 10^{-8}\,\text{mol/l} \quad \Rightarrow \quad \text{Die negative Lösung scheidet aus.}]$$

Berechnung des pH-Werts der Lösung einer starken Säure

Die Berechnung mit der Formel $pH = \frac{1}{2}\,[pK_S - \lg\{c_0(\text{HA})\}]$ ist für Säuren mit $pK_S < 4$ ungenau. In der Herleitung dieser Gleichung wird K_S durch zwei Näherungen einfacher ausgedrückt:

Näherung 1: Die Oxonium-Ionen aus dem Autoprotolysegleichgewicht des Wassers werden vernachlässigt. Diese Näherung ist immer angemessen, solange die Säure nicht extrem schwach ist und ihre Konzentration nicht sehr klein ist (s.o.). Folglich gilt: $c(A^-) = c(H_3O^+)$

Einsetzen in die Definition von K_S ergibt: $K_S = \dfrac{c(A^-) \cdot c(H_3O^+)}{c(HA)} = \dfrac{c^2(H_3O^+)}{c(HA)}$

Näherung 2: Eine schwache Säure reagiert nur in geringem Ausmaß mit Wasser, sodass die Gleichgewichtskonzentration näherungsweise gleich der Ausgangskonzentration ist: $c(HA) \approx c_0(HA)$

Einsetzen in die obige Gleichung führt zur vereinfachten Formel zur Berechnung des pH-Werts schwacher Säuren:

$$K_S = \frac{c^2(H_3O^+)}{c(HA)} \approx \frac{c^2(H_3O^+)}{c_0(HA)}$$

$$\Leftrightarrow \quad c^2(H_3O^+) \approx K_S \cdot c_0(HA) \quad \Leftrightarrow \quad c(H_3O^+) \approx [K_S \cdot c_0(HA)]^{\frac{1}{2}} \quad \Rightarrow \quad pH \approx \frac{1}{2} \cdot [pK_S - \lg\{c_0(HA)\}]$$

Eine starke Säure reagiert aber in größerem Ausmaß mit Wasser, sodass die Näherung 2 nicht mehr angemessen ist. Aus der Näherung 1 folgt aber auch:

$$c(HA) = c_0(HA) - c(A^-) = c_0(HA) - c(H_3O^+)$$

Mit dieser Beziehung kann man K_S auch ohne die Näherung 2 ausdrücken:

$$K_S = \frac{c^2(H_3O^+)}{c(HA)} = \frac{c^2(H_3O^+)}{c_0(HA) - c(H_3O^+)} \quad \Leftrightarrow \quad c^2(H_3O^+) + K_S \cdot c(H_3O^+) - c_0(HA) \cdot K_S = 0$$

Die Lösungen dieser quadratischen Gleichung sind: $c_{1,2}(H_3O^+) = \dfrac{-K_S \pm \sqrt{K_S^2 + 4 \cdot c_0(HA) \cdot K_S}}{2}$

Die negative Lösung scheidet aus, damit gilt: $pH = -\lg\left\{\dfrac{-K_S + \sqrt{K_S^2 + 4 \cdot c_0(HA) \cdot K_S}}{2}\right\}$

Analog gilt für Basen:

$$K_B = \frac{c^2(OH^-)}{c_0(B^-) - c(OH^-)} \quad \Rightarrow \quad pH = 14 - pOH = 14 + \lg\left\{\frac{-K_B + \sqrt{K_B^2 + 4 \cdot c_0(B^-) \cdot K_B}}{2}\right\}$$

Die folgende Tabelle zeigt am Beispiel $c_0(HA) = 0{,}1\,\text{mol/l}$, dass ab $pK_S \geq 4$ die Abweichung des nach der Formel für schwache Säuren berechneten pH-Werts kleiner ist als die Messgenauigkeit. Bei kleineren pK_S-Werten sind die Abweichungen größer. Ab $pK_S \leq -1$ liefert die genauere Rechnung ungefähr den gleichen Wert wie bei der Näherung für *sehr* starke Säuren: $pH \approx 1{,}00$.

$c_0(HA)$ in mol/l	pK_S	K_S in mol/l	pH (Näherung für schwache Säuren)	pH (genauere Rechnung)	pH (Näherung für sehr starke Säuren)
0,1	−3	1000	−1,000	1,000	1,000
0,1	−2	100	−0,500	1,000	1,000
0,1	−1	10	0,000	1,004	1,000
0,1	0	1	0,500	1,038	1,000
0,1	1	0,1	1,000	1,209	1,000
0,1	2	0,01	1,500	1,568	1,000
0,1	3	0,001	2,000	2,022	1,000
0,1	4	0,0001	2,500	2,507	1,000
0,1	5	0,00001	3,000	3,002	1,000

Im folgenden Diagramm sind die nach den drei Formeln berechneten pH-Werte für drei unterschiedliche Konzentrationen abhängig vom pK_S-Wert aufgetragen. Es zeigt zwei weitere Aspekte:
- Im Zwischenbereich liefern beide Näherungsformeln zu niedrige Werte. Es ist hier also *nicht* sinnvoll, den pH-Wert nach beiden Formeln zu berechnen und den Mittelwert zu bilden.
- Welche Näherungsformel die besseren Werte liefert, hängt nicht nur vom pK_S-Wert ab, sondern auch von der Konzentration.

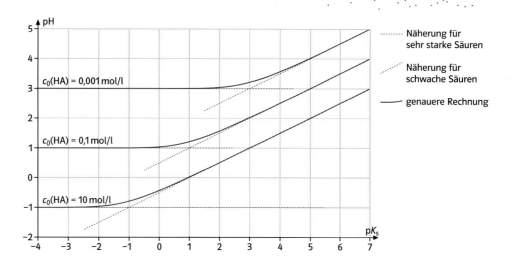

4.9 Basenstärke und pH-Wert alkalischer Lösungen

Zu den Aufgaben

A1

a) Kalilauge $c_0(KOH) = 0,01\,mol/l$

In verdünnter Kalilauge liegt das Kaliumhydroxid vollständig dissoziiert vor:

$$KOH \longrightarrow K^+ + OH^-$$

Das Hydroxid-Ion ist eine sehr starke Base.

$$c(OH^-) = c_0(KOH) = 0,01\,mol/l = 10^{-2}\,mol/l \qquad \Rightarrow pOH = 2$$
$$\Rightarrow pH = 14 - 2 = 12$$

b) Kalkwasser $c_0(Ca(OH)_2) = 0,000\,5\,mol/l$

In sehr verdünnter Calciumhydroxid-Lösung liegt das Calciumhydroxid vollständig dissoziiert vor:

$$Ca(OH)_2 \longrightarrow Ca^{2+} + 2\,OH^-$$

Das Hydroxid-Ion ist eine sehr starke Base.

$$c(OH^-) = 2 \cdot c_0(Ca(OH)_2) = 2 \cdot 0,000\,5\,mol/l = 0,001\,mol/l = 10^{-3}\,mol/l \qquad \Rightarrow pOH = 3$$
$$\Rightarrow pH = 14 - 3 = 11$$

c) Ammoniak-Lösung $c_0(NH_3) = 1\,mol/l$

Ammoniak ist eine schwache Base:

$$NH_3 + H_2O \rightleftharpoons NH_4^+ + OH^-$$

$$K_B(NH_3) = \frac{c(OH^-) \cdot c(NH_4^+)}{c(NH_3)} = \frac{c^2(OH^-)}{c_0(NH_3)}$$

$$\Leftrightarrow \quad c(OH^-) = \sqrt{K_B \cdot c_0(NH_3)} = [K_B \cdot c_0(NH_3)]^{1/2} = [10^{-4,75}\,mol/l \cdot 1\,mol/l]^{1/2} \approx 10^{-2,38}\,mol/l$$

$$\Rightarrow \quad pOH \approx 2,38$$
$$\Rightarrow \quad pH \approx 14 - 2,38 = 11,62$$

Kürzerer Rechenweg:

$$pOH = \frac{1}{2} \cdot [pK_B - \lg\{c_0(NH_3)\}]$$

$$pOH = \frac{1}{2} \cdot [4,75 - \lg 1] = \frac{1}{2} \cdot [4,75 - 0] \approx 2,38$$

$$\Rightarrow pH \approx 14 - 2,38 = 11,62$$

A2 Kaliumoxid reagiert mit Wasser: $K_2O + H_2O \longrightarrow 2\,K^+ + 2\,OH^-$

$\Rightarrow$ Aus 1 mol K_2O entstehen 2 mol OH^- $\Rightarrow$ Aus 0,05 mol K_2O entstehen 0,1 mol OH^-

Die Lösung enthält 0,1 mol OH^--Ionen und wird auf 1 l Wasser aufgefüllt. Folglich ist die Stoffmengenkonzentration: $c(OH^-) = 0{,}1\,\text{mol/l}$

$\Rightarrow$ $pOH = -\lg\{c(OH^-)\} = -\lg 0{,}1 = 1$

$\Rightarrow$ $pH = 14 - 1 = 13$

A3

a)

b) 2-Aminoethanol bildet mit Wasser alkalische Lösungen, die Fette und auch Proteine zersetzen.

4.10 Protolysen in Salzlösungen

Zu den Aufgaben

A1 Ammoniumchlorid-Lösung (NH_4Cl):
- Das Ammonium-Ion ist eine schwache Brønsted-Säure, die mit einem Wasser-Molekül ein Oxonium-Ion bildet: $NH_4^+ + H_2O \rightleftharpoons NH_3 + H_3O^+$
- Das Chlorid-Ion ist die konjugierte (korrespondierende) Base der sehr starken Säure HCl. Es ist also eine sehr schwache Base, die mit einem Wasser-Molekül keine Säure-Base-Reaktion eingeht.
Die Lösung ist sauer.

Zinkchlorid-Lösung ($ZnCl_2$):
- Das hydratisierte Zink-Ion (hauptsächlich das Hexahydrat) ist eine Brønsted-Säure, die mit einem Wasser-Molekül ein Oxonium-Ion bildet: $[Zn(H_2O)_6]^{2+} + H_2O \rightleftharpoons [Zn(OH)(H_2O)_5]^+ + H_3O^+$
- Das Chlorid-Ion (Cl^-) ist die konjugierte Base der sehr starken Säure HCl. Es ist also eine sehr schwache Base, die mit Wasser-Molekülen keine Säure-Base-Reaktion eingeht.
Die Lösung ist sauer.

Kaliumnitrat-Lösung (KNO_3) und Natriumsulfat-Lösung (Na_2SO_4):
- Hydratisierte Alkali- und Erdalkalimetall-Ionen haben aufgrund ihrer geringen Ladungsdichte eine so geringe Säurestärke, dass man das Ausmaß der Säure-Base-Reaktion mit Wasser als vernachlässigbar klein ansehen kann.
- Das Nitrat-Ion (NO_3^-) und das Sulfat-Ion (SO_4^{2-}) sind die konjugierten Basen starker Säuren (HNO_3 bzw. HSO_4^-). Sie sind also schwache Basen, deren Säure-Base-Reaktion mit Wasser-Molekülen vernachlässigbar ist.
Die Lösungen sind neutral.

Natriumsulfid-Lösung (Na_2S) und Natriumhydrogencarbonat-Lösung ($NaHCO_3$):
- Hydratisierte Alkali- und Erdalkalimetall-Ionen haben aufgrund ihrer geringen Ladungsdichte eine so geringe Säurestärke, dass man das Ausmaß der Säure-Base-Reaktion mit Wasser als vernachlässigbar klein ansehen kann.
- Das Sulfid-Ion (S^{2-}) und das Hydrogencarbonat-Ion (HCO_3^-) sind die konjugierten Basen schwacher Säuren (HS^- bzw. H_2CO_3). Sie bilden mit Wasser-Molekülen Hydroxid-Ionen:
$S^{2-} + H_2O \rightleftharpoons HS^- + OH^-$ bzw. $HCO_3^- + H_2O \rightleftharpoons H_2CO_3 + OH^-$
Die Lösungen sind alkalisch.

A2 Das Carbonat-Ion (CO_3^{2-}) ist eine stärkere Base als das Hydrogencarbonat-Ion (HCO_3^-). Eine wässrige Lösung von Carbonat-Ionen ist folglich stärker alkalisch.

A3 Hydrogensulfat-Ionen reagieren mit Hydrogencarbonat- bzw. Carbonat-Ionen:
$HSO_4^- + HCO_3^- \rightleftharpoons SO_4^{2-} + H_2CO_3$
$2\,HSO_4^- + CO_3^{2-} \rightleftharpoons 2\,SO_4^{2-} + H_2CO_3$
Die bei der Reaktion gebildete Kohlensäure zerfällt: $H_2CO_3 \longrightarrow CO_2 + H_2O$
Durch die Gasbildung schäumt der Reiniger auf und verteilt sich dadurch besser auf der zu reinigenden Oberfläche.

A4 Sowohl das Hydrogensulfat-Ion als auch das Hydrogencarbonat-Ion sind Ampholyte (amphotere Teilchen), sodass im Prinzip eine saure oder alkalische Lösung entstehen könnte.

In einer Natriumhydrogensulfat-Lösung sind folgende Gleichgewichtsreaktionen möglich:
(I) $HSO_4^- + H_2O \rightleftharpoons H_2SO_4 + OH^-$
(II) $HSO_4^- + H_2O \rightleftharpoons SO_4^{2-} + H_3O^+$
Da Schwefelsäure eine sehr starke Säure ist, spielt Reaktion (I) praktisch keine Rolle. Da bei Reaktion (II) Oxonium-Ionen gebildet werden, ist die Lösung sauer.
Hinweis: Natriumhydrogensulfat-Lösung mit $c = 0,1$ mol/l hat einen pH-Wert von pH $\approx$ 1,5.

In einer Natriumhydrogencarbonat-Lösung sind folgende Gleichgewichtsreaktionen möglich:
(I) $HCO_3^- + H_2O \rightleftharpoons H_2CO_3 + OH^-$ $pK_B = 7,48$ $\Rightarrow$ $K_B = 3,31 \cdot 10^{-8}$ mol/l
(II) $HCO_3^- + H_2O \rightleftharpoons CO_3^{2-} + H_3O^+$ $pK_S = 10,40$ $\Rightarrow$ $K_S = 3,98 \cdot 10^{-11}$ mol/l
Da $K_B > K_S$ ist, überwiegt Reaktion (I), bei der Hydroxid-Ionen gebildet werden. Folglich ist die Lösung alkalisch.
Hinweis: Natriumhydrogencarbonat-Lösung mit $c = 0,1$ mol/l hat einen pH-Wert von pH $\approx$ 8,5.

Zu den Versuchen

V1

Salz	pH bei c(Salz) = 0,1 mol/l
Natriumchlorid	$\approx$ 7,0
Natriumacetat	$\approx$ 8,9
Ammoniumchlorid	$\approx$ 5,1
Ammoniumacetat	$\approx$ 7,0
Eisen(III)-chlorid	$\approx$ 1,6

Hinweise zur Durchführung:
– Als „dest. Wasser" wird meistens mit einem Ionenaustauscher hergestelltes deionisiertes Wasser verwendet. Dessen pH-Wert liegt – vor allem wegen des gelösten Kohlenstoffdioxids – meist bei ca. 5,8. Austreiben des Kohlenstoffdioxids durch Abkochen erhöht zwar den pH-Wert, jedoch meistens nicht bis 7; außerdem löst sich bei Kontakt mit Luft wieder neues Kohlenstoffdioxid. Zur Messung der oben angegebenen pH-Werte muss das verwendete Wasser jedoch neutral sein. Solches „neutrales Wasser" kann man durch Mischen von Leitungswasser (das meistens leicht alkalisch ist) und deionisiertem Wasser herstellen.
– Wird mit einem pH-Meter gemessen, sollte dieses bei pH = 7 kalibriert werden.

V2 Der Versuch wurde mit dem festen WC-Reiniger „00 Power WC Aktiv Pulver" durchgeführt. Nach Zugabe dieses WC-Reinigers zu dest. Wasser entwickelte sich ein Gas. Nach einiger Zeit wurde die Gasentwicklung schwächer. Nach Zugeben von Calciumcarbonat wurde die Gasentwicklung wieder stärker.
Erklärung: Dieser WC-Reiniger enthält Natriumhydrogensulfat und (vermutlich) Natriumhydrogencarbonat. Durch Lösen in Wasser setzt die in der Lösung zu A3 beschriebene Reaktion ein. Das Natriumhydrogensulfat liegt im Überschuss vor. Wenn das Natriumhydrogencarbonat verbraucht ist, kommt die Reaktion durch Zugabe von Calciumcarbonat wieder in Gang.

Hinweise:
– Das Gas kann mit Kalkwasser als Kohlenstoffdioxid identifiziert werden.
– Alle festen WC-Reiniger enthalten Säuren, z.B. Natriumhydrogensulfat, Citronensäure oder Amidoschwefelsäure ($H_2N - SO_2 - OH$, andere Bezeichnung: Amidosulfonsäure).

Zusatzinformationen

pH-Werte von Ampholyt-Lösungen
In vielen (allerdings nicht allen) Ampholyt-Lösungen liegen ungefähr gleiche Mengen der konjugierten (korrespondierenden) Säure und der konjugierten Base des amphoteren Anions vor. Man kann den pH-Wert einer solchen Ampholyt-Lösung berechnen, indem man die beiden Konzentrationen gleichsetzt. Dies wird im Folgenden am Beispiel des Dihydrogenphosphat-Ions gezeigt.

Zwischen Wasser-Molekülen und Dihydrogenphosphat-Ionen treten zwei Gleichgewichtsreaktionen auf:
$H_2PO_4^- + H_2O \rightleftharpoons HPO_4^{2-} + H_3O^+$
$H_2PO_4^- + H_2O \rightleftharpoons H_3PO_4 + OH^-$

Die Säurekonstante und die Basenkonstante des Dihydrogenphosphat-Ions werden nach ihrer Definition folgendermaßen berechnet:

$$K_S(H_2PO_4^-) = \frac{c(HPO_4^{2-}) \cdot c(H_3O^+)}{c(H_2PO_4^-)} \qquad\qquad K_B(H_2PO_4^-) = \frac{c(H_3PO_4) \cdot c(OH^-)}{c(H_2PO_4^-)}$$

Die Division der beiden Konstanten ergibt:

$$\frac{K_S}{K_B} = \frac{c(H_3O^+) \cdot c(HPO_4^{2-})}{c(H_3PO_4) \cdot c(OH^-)}$$

Mit der Annahme, dass die Konzentrationen der Hydrogenphosphat-Ionen und der Phosphorsäure ungefähr gleich sind (also $c(HPO_4^{2-}) = c(H_3PO_4)$) erhält man durch Kürzen die folgende Gleichung:

$$\frac{K_S}{K_B} \approx \frac{c(H_3O^+)}{c(OH^-)}$$

In verdünnter wässriger Lösung gilt: $\qquad c(OH^-) = \dfrac{K_W}{c(H_3O^+)}$

Einsetzen in die obige Gleichung und Logarithmieren ergibt:

$$\frac{K_S}{K_B} \approx \frac{c^2(H_3O^+)}{K_W} \quad\Leftrightarrow\quad c(H_3O^+) \approx \sqrt{\frac{K_S \cdot K_W}{K_B}} \quad\Rightarrow\quad pH \approx \frac{pK_S + pK_W - pK_B}{2}$$

Mit $pK_S(H_2PO_4^-) = 7{,}20$, $pK_W = 14{,}00$ und $pK_B(H_2PO_4^-) = 11{,}87$ berechnet man für diese Ampholyt-Lösung einen pH-Wert von 4,67; dies kommt der Realität bei mittleren Verdünnungen recht nahe (vgl. Kap. 4.13, V3).

Beim Anwenden der oben hergeleiteten Näherungsformel ist Folgendes zu bedenken:
– Die Konzentration des Ampholyten wird nicht berücksichtigt. Dies steht im Widerspruch dazu, dass beim Verdünnen einer Lösung immer deren pH-Wert dem Wert 7 etwas näher rückt.
– Man berechnet den pH-Wert, bei dem gleiche Mengen der konjugierten (korrespondierenden) Säure und der konjugierten Base des amphoteren Anions vorliegen. Dieser kann gleichzeitig ungefähr der pH-Wert der Ampholyt-Lösung sein, dies gilt aber nicht immer.
– Die Näherungsformel gilt bei Konzentrationen von 0,1 mol/l recht gut z. B. für Dihydrogenphosphat, Hydrogenphosphat, Hydrogencarbonat und Glycin. Für Hydrogensulfat liefert sie völlig falsche Werte; bessere Werte liefert in diesem Fall die Formel für sehr starke Säuren.

Literatur C. Bliefert: pH-Wert-Berechnungen. Verlag Chemie, Weinheim 1978

4.11 Puffersysteme

Zu den Aufgaben

A1

a) Die Lösung puffert im Bereich um $pH = pK_S = 9{,}25$. Der Pufferbereich liegt bis zu einer pH-Einheit unter bzw. über dem pK_S-Wert, also im Bereich $8{,}25 \leq pH \leq 10{,}25$.

Hinweis: Dies entspricht dem „Extremfall", dass durch Zugabe von Säure oder Lauge ca. 80 % der NH_3-Moleküle bzw. NH_4^+-Ionen reagieren. Wenn man vereinfacht annimmt, dass dabei das Volumen gleich bleibt, sind die Konzentrationen dann (statt vorher jeweils 0,10 mol/l): $c(NH_3) = 0{,}18$ mol/l und $c(NH_4^+) = 0{,}02$ mol/l bzw. $c(NH_3) = 0{,}02$ mol/l und $c(NH_4^+) = 0{,}18$ mol/l. Man erhält dann nach der Henderson-Hasselbalch-Gleichung:

$$pH = 9{,}25 + \lg \frac{0{,}02\,\text{mol/l}}{0{,}18\,\text{mol/l}} \approx 9{,}25 - 0{,}95 = 8{,}3$$

$$pH = 9{,}25 + \lg \frac{0{,}18\,\text{mol/l}}{0{,}02\,\text{mol/l}} \approx 9{,}25 + 0{,}95 = 10{,}3$$

b) Bei Zugabe von Salzsäure reagiert ein Großteil der zusätzlichen Oxonium-Ionen mit Ammoniak-Molekülen: $\quad H_3O^+ + NH_3 \;\rightleftharpoons\; H_2O + NH_4^+$

Bei Zugabe von Natronlauge reagiert ein Großteil der zusätzlichen Hydroxid-Ionen mit Ammonium-Ionen: $\quad OH^- + NH_4^+ \;\rightleftharpoons\; H_2O + NH_3$

In beiden Fällen bleibt der pH-Wert deshalb annähernd konstant.

Berechnungen zur Pufferlösung ohne Zugabe von Säure oder Lauge:
$n(NH_3) = n(NH_4^+) = 0{,}1$ mol $\qquad$ und $\qquad V_0 = 100$ ml $= 0{,}100$ l

$$pH = pK_S + \lg \frac{c(NH_3)}{c(NH_4^+)} = pK_S + \lg \frac{n(NH_3)/V_0}{n(NH_4^+)/V_0} = pK_S + \lg \frac{n(NH_3)}{n(NH_4^+)} = 9{,}25 + \lg \frac{0{,}1\,\text{mol}}{0{,}1\,\text{mol}} = 9{,}25$$

Hinweis: Das Volumen kürzt sich heraus, d.h., statt der Konzentrationen kann man auch die Stoffmengen in die Henderson-Hasselbalch-Gleichung einsetzen.

Berechnungen zur Pufferlösung nach Zugabe von 9 ml Salzsäure mit $c_0(HCl) = 1 mol/l$:
$n(H_3O^+) = n(HCl) = 1 mol/l \cdot 0,009 l = 0,009 mol$

Annahme: Alle H_3O^+-Ionen reagieren mit NH_3-Molekülen. Damit ergibt sich nach der Reaktion:
$n(NH_3) = 0,1 mol - 0,009 mol = 0,091 mol$
$n(NH_4^+) = 0,1 mol + 0,009 mol = 0,109 mol$

$pH = 9,25 + lg \frac{0,091 mol}{0,109 mol} = 9,25 - 0,08 = 9,17$

Berechnungen zur Pufferlösung nach Zugabe von 9 ml Natronlauge mit $c_0(NaOH) = 1 mol/l$:
$n(OH^-) = n(NaOH) = 1 mol/l \cdot 0,009 l = 0,009 mol$

Annahme: Alle OH^--Ionen reagieren mit NH_4^+-Ionen. Damit ergibt sich nach der Reaktion:
$n(NH_3) = 0,1 mol + 0,009 mol = 0,109 mol$
$n(NH_4^+) = 0,1 mol - 0,009 mol = 0,091 mol$

$pH = 9,25 + lg \frac{0,109 mol}{0,091 mol} = 9,25 + 0,08 = 9,33$

Der pH-Wert ändert sich also jeweils um nur 0,08.

A2

a) Das Protein-Puffersystem besteht aus protonierten und nicht protonierten Protein-Molekülen. Drei funktionelle Gruppen haben Bedeutung für die Pufferwirkung: Die NH_2-Gruppe am N-terminalen Ende, die SH-Gruppe des Cysteins und (am wichtigsten) die Imidazol-Seitenkette des Histidins ($pK_S = 6,0$):

Das Protein-Puffersystem des Blutes besteht aus Hämoglobin und Plasmaproteinen wie z. B. Albumin.

b) Gleichgewichte des Hydrogenphosphat-Puffersystems:
$$H_3O^+ + HPO_4^{2-} \rightleftharpoons H_2O + H_2PO_4^-$$
$$OH^- + H_2PO_4^- \rightleftharpoons H_2O + HPO_4^{2-}$$

Hinweis: Dieses System stellt allerdings nur einen kleinen Teil der Gesamtpufferkapazität des Blutes dar, dessen pH-Wert bei 7,4 liegt. Bedeutender für die Pufferkapazität des Blutes sind das Kohlensäure-Hydrogencarbonat-System und das Hämoglobin.

A3 Steigt im Organismus der pH-Wert (d.h. die Konzentration der H_3O^+-Ionen nimmt ab), so wird dem folgenden Gleichgewicht das Produkt H_3O^+ entzogen, und es wird nach dem Prinzip von LE CHATELIER und BRAUN (bzw. nach dem Massenwirkungsgesetz) nach rechts verschoben:

$$H_2CO_3 + H_2O \rightleftharpoons HCO_3^- + H_3O^+$$

Die dadurch neu gebildeten H_3O^+-Ionen wirken dem Ansteigen des pH-Werts entgegen.

A4 Man misst den pH-Wert einer Bodenprobe. Anschließend gibt man Kalk zu der Bodenprobe und mischt ihn unter. Danach wird der pH-Wert erneut gemessen.

A5 Die Puffersysteme im Meerwasseraquarium sind:
- Kohlensäure-Hydrogencarbonat-Puffersystem: H_2CO_3 / HCO_3^-
- Ammonium-Ammoniak-Puffersystem: NH_4^+ / NH_3

(Das Hydrogencarbonat-Carbonat-Puffersystem liegt im angegebenen pH-Bereich zwischen 8 und 8,5 nicht vor, vgl. B5 im Schulbuch.)

Einflüsse der Lebewesen auf das Kohlensäure-Hydrogencarbonat-Puffersystem:
- Die Wasserpflanzen und Kalkalgen nehmen Kohlenstoffdioxid auf; die Fische und Korallen atmen Kohlenstoffdioxid aus. Kohlenstoffdioxid steht (zusammen mit Wasser) im chemischen Gleichgewicht mit Kohlensäure.
- Die Kalkalgen und Korallen entziehen dem Wasser Carbonat-Ionen, die wiederum aus Hydrogen-carbonat-Ionen gebildet werden.

Einflüsse der Lebewesen auf das Ammonium-Ammoniak-Puffersystem:
- Aus den Ausscheidungen der Fische entwickelt sich Ammoniak.
- Ammoniak reagiert mit ausgeatmetem Kohlenstoffdioxid zu Ammonium-Ionen und Hydrogen-carbonat-Ionen.

Zum Versuch

V1 Zugabe von je 1 ml
- Salzsäure zum dest. Wasser: Der pH-Wert ändert sich von 7 (gelbgrün) nach 5 (orange).
- Natronlauge zum dest. Wasser: Der pH-Wert ändert sich von 7 (gelbgrün) nach 9 (blaugrün).
- Salzsäure zum Essigsäure-Acetat-Puffer: Der pH-Wert bleibt konstant bei ca. 5 (orange).
- Natronlauge zum Essigsäure-Acetat-Puffer: Der pH-Wert bleibt konstant bei ca. 5 (orange).
Hinweise zur Durchführung: siehe Kap. 4.10, V1

Literatur

Th. Hoyer, A. Flint: Chemisches Gleichgewicht und Pufferwirkung am Beispiel Mineralwasser. CHEMKON 27/7 (2020), 337–339. DOI: 10.1002/ckon.201900083

4.12 Praktikum: Titration mit Endpunktbestimmung

Zu den Versuchen

V1 **Wie viel Essigsäure ist im Essig?**
Aufgabenlösungen
1. Zur Auswertung wird zunächst aus dem Verbrauch an Maßlösung die Stoffmengenkonzentration c berechnet; diese wird in die Massenkonzentration β und den Massenanteil w umgerechnet.

$$CH_3COOH + OH^- \longrightarrow CH_3COO^- + H_2O \qquad \text{und} \qquad n(OH^-) = n(NaOH)$$

$$\Rightarrow \quad \frac{n(CH_3COOH)}{n(OH^-)} = \frac{1}{1} = \frac{c(CH_3COOH) \cdot V(\text{Essig})}{c(NaOH) \cdot V(\text{Natronlauge})} \quad \Leftrightarrow \quad c(CH_3COOH) = \frac{c(NaOH) \cdot V(\text{Natronlauge})}{V(\text{Essig})}$$

$$\beta(\text{Essigsäure}) = \frac{m(\text{Essigsäure})}{V(\text{Essig})} = \frac{n(CH_3COOH) \cdot M(CH_3COOH)}{V(\text{Essig})} = c(CH_3COOH) \cdot M(CH_3COOH)$$

(*Hinweis:* $M(CH_3COOH) = 60{,}05\,g/mol$)

$$w(\text{Essigsäure}) = \frac{m(\text{Essigsäure})}{m(\text{Essig})} = \frac{m(\text{Essigsäure})}{V(\text{Essig}) \cdot \rho(\text{Essig})} = \frac{\beta(\text{Essigsäure})}{\rho(\text{Essig})}$$

(*Hinweis:* ρ(Essig) setzt man zweckmäßig in der Einheit g/l ein (1 g/cm³ = 1000 g/l). Zur Umrechnung in Prozent wird das Ergebnis mit 100 % multipliziert.)

Beispiel für Messergebnisse ($c(NaOH) = 1\,mol/l$; hier wurde auch die Dichte des Essigs bestimmt):

Sorte	ρ in g/l	V(Essig) in ml	V(Natronlauge)* in ml	$c(CH_3COOH)$ in mol/l	β(Essigsäure) in g/l	w(Essigsäure) in %
Obstessig	1007	10,0	8,5	0,85	51	5,1
Branntwein-essig	1006	10,0	8,5	0,85	51	5,1
Weinessig	1006	10,0	10,5	1,05	63	6,3
Essigessenz	1033	5,0	21,0	4,20	252	24,4

* Es handelt sich um Mittelwerte mehrerer Titrationen mit Essig aus jeweils derselben Flasche.
  Abweichung: ± 0,5 ml bei den Essigsorten bzw. ± 1 ml bei Essigessenz

2. Die Vorgehensweise ist prinzipiell gleich wie im Schulbuch unter „Durchführung" beschrieben. Allerdings hat Essigessenz eine wesentlich höhere Konzentration (i.d.R. $w = 25\%$), sodass beim Vorlegen von 10 ml Essigessenz die Natronlauge in der Bürette nicht reichen würde. Zwei mögliche Auswege aus diesem Problem:
- Die Essigessenz wird vor dem Titrieren verdünnt, indem sie z.B. mit einer Vollpipette (10 ml) in einen Messkolben (50 ml) gegeben und mit dest. Wasser aufgefüllt wird.
- Es werden nur 2 ml Essigessenz vorgelegt (auch durch Einwiegen von 2,06 g möglich) und dann wie im Schulbuch beschrieben titriert.

Hinweise zur Durchführung:
Bei einem stark gefärbten Essig ist es schwierig, den Umschlagspunkt des Indikators zu erkennen. In diesem Fall ist es sinnvoll, den Essig zunächst zu verdünnen; z.B. füllt man 10 ml Essig mit dest. Wasser auf 100 ml auf. Man titriert dann entweder die ganze verdünnte Probe oder entnimmt 10 ml und titriert mit Natronlauge der Konzentration $c(NaOH) = 0,1\,mol/l$.
Durchschnittliche Massenanteile der Essigsäure in verschiedenen Essigsorten: Obstessig: $w = 5\%$; Branntweinessig: $w = 5\%$; Weinessig: $w = 6\%$ (in einigen französischen und italienischen Essigsorten auch über 6%); Essigessenz: $w = 25\%$

V2 **Volumen und Konzentration eines Tropfens der Maßlösung**
Aufgabenlösungen
1. Beispiel: 1 ml Maßlösung entspricht 25 Tropfen $\Rightarrow$ $V(Natronlauge) = 1,0\,ml : 25 = 0,040\,ml$

2. $n(NaOH) = c(NaOH) \cdot V(Natronlauge) = 1,0\,mol/l \cdot 0,040\,ml = 1,0\,mol/l \cdot 0,000\,040\,l = 4,0 \cdot 10^{-5}\,mol$

3. Reaktionsgleichung: $CH_3COOH + OH^- \longrightarrow CH_3COO^- + H_2O$ $\Rightarrow$ $n(CH_3COOH) = n(OH^-)$

Mit $n(OH^-) = n(NaOH) = 4,0 \cdot 10^{-5}\,mol$ gilt: $n(CH_3COOH) = 4,0 \cdot 10^{-5}\,mol$

$m(CH_3COOH) = n(CH_3COOH) \cdot M(CH_3COOH) = 4,0 \cdot 10^{-5}\,mol \cdot 60,05\,g/mol = 2,4 \cdot 10^{-3}\,g = 2,4\,mg$

Ein Tropfen der Maßlösung reagiert mit 2,4 mg Essigsäure.

4.13 pH-metrische Titrationen

Zu den Aufgaben

A1 Nur bei der Titration einer starken Säure oder Base fällt der Äquivalenzpunkt mit dem Neutralpunkt (pH = 7) zusammen.
Bei der Titration einer schwachen Säure mit einer starken Base erhält man am Äquivalenzpunkt eine alkalische Lösung; bei der Titration einer schwachen Base mit einer starken Säure erhält man eine saure Lösung. Beispiel: Bei der Titration von Essigsäure mit Natronlauge erhält man am Äquivalenzpunkt eine Lösung von Natriumacetat. Das hydratisierte Natrium-Ion ist eine extrem schwache Säure, das Acetat-Ion ist eine schwache Base. Folglich ist die Lösung alkalisch.

A2
a) Die Essigsäure und die Salzsäure weisen die gleiche Ausgangskonzentration $c_0(HA) = 0,1\,mol/l$ auf. Der pH-Wert liegt in der grafischen Darstellung bei pH ≈ 3, der pH-Wert der Salzsäure bei pH ≈ 1.

Chlorwasserstoff ist eine sehr starke Säure, es gilt näherungsweise: $c(H_3O^+) = c(A^-) = c_0(HA)$

Für den pH-Wert der Säure-Lösung gilt annähernd: $pH \approx -\lg\{c_0(HA)\} = -\lg 0,1 = -\lg 10^{-1} = 1$

Essigsäure ist eine schwache Säure, es gilt näherungsweise:

$$pH \approx \frac{1}{2} \cdot [pK_S - \lg\{c_0(HA)\}] = \frac{1}{2} \cdot [4,75 - \lg 0,1] = \frac{1}{2} \cdot [4,75 + 1] \approx 2,9$$

b) Der pK_S-Wert der Ameisensäure (HCOOH) ist $pK_S = 3,75$. Ameisensäure ist eine stärkere Säure als Essigsäure, aber eine deutlich schwächere Säure als Chlorwasserstoff. Der pH-Wert der Ausgangs-Lösung einer Ameisensäure-Lösung der Konzentration $c_0 = 0,1\,mol/l$ würde also oberhalb des pH-Wertes der Salzsäure und unterhalb des pH-Wertes der Essigsäure jeweils gleicher Konzentration liegen, aber näher am pH-Wert der Essigsäure.

$$pH \approx \frac{1}{2} \cdot [3,75 - \lg 0,1] \approx 2,4$$

V1 Titration von Salzsäure (c_0(HCl) = 0,1 mol/l; V_0(Salzsäure) = 100 ml) mit Natronlauge (c_0(NaOH) = 1 mol/l). Die Tabelle mit Diagramm zeigt die folgendermaßen berechneten Werte:

$$V\text{(Natronlauge)} < 10\,\text{ml:} \quad pH = -\lg\left\{\frac{c_0(\text{HCl}) \cdot V_0(\text{Salzsäure}) - c_0(\text{NaOH}) \cdot V(\text{Natronlauge})}{V_0(\text{Salzsäure}) + V(\text{Natronlauge})}\right\}$$

$$V\text{(Natronlauge)} = 10\,\text{ml:} \quad pH = -\lg\left\{\sqrt{K_W}\right\} = 7,00$$

$$V\text{(Natronlauge)} > 10\,\text{ml:} \quad pH = 14 + \lg\left\{\frac{c_0(\text{NaOH}) \cdot V(\text{Natronlauge}) - c_0(\text{HCl}) \cdot V_0(\text{Salzsäure})}{V_0(\text{Salzsäure}) + V(\text{Natronlauge})}\right\}$$

Je nach Qualität und Kalibrierung der Glaselektrode sind (sofern die Lösungen genau abgemessen sind und die Konzentrationen stimmen) pH-Abweichungen von ca. ± 0,2 möglich.

V(Natronlauge) in ml	pH	V(Natronlauge) in ml	pH
0	1,00	6,5	1,48
0,5	1,02	7,0	1,55
1,0	1,05	7,5	1,63
1,5	1,08	8,0	1,73
2,0	1,11	8,5	1,86
2,5	1,14	9,0	2,04
3,0	1,17	9,5	2,34
3,5	1,20	10,0	7,00
4,0	1,24	10,5	11,66
4,5	1,28	11,0	11,95
5,0	1,32	11,5	12,13
5,5	1,37	12,0	12,25
6,0	1,42	12,5	12,35

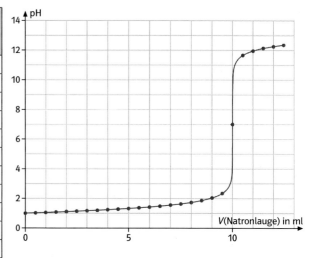

V2 Titration von Essigsäure (pK_S = 4,75; c_0(HAc) = 0,1 mol/l; V_0(Essigsäure) = 100 ml; mit Natronlauge (c_0(NaOH) = 1 mol/l). Die Tabelle mit Diagramm zeigt die folgendermaßen berechneten Werte:

$$V\text{(Natronlauge)} = 0: \quad pH = \frac{1}{2} \cdot \left[pK_S - \lg\{c_0(\text{HAc})\}\right]$$

$$V\text{(Natronlauge)} < 10\,\text{ml:} \quad pH = pK_S + \lg\frac{c(\text{Ac}^-)}{c(\text{HAc})}$$

$$= pK_S + \lg\frac{c_0(\text{NaOH}) \cdot V(\text{Natronlauge})}{c_0(\text{HAc}) \cdot V_0(\text{Essigsäure}) - c_0(\text{NaOH}) \cdot V(\text{Natronlauge})}$$

$$V\text{(Natronlauge)} = 10\,\text{ml:} \quad pH = 14 - \frac{1}{2} \cdot \left[pK_B - \lg\{c_0(\text{Ac}^-)\}\right]$$

$$= 14 - \frac{1}{2} \cdot \left[14 - pK_S - \lg\left\{\frac{c_0(\text{HAc}) \cdot V_0(\text{Essigsäure})}{V_0(\text{Essigsäure}) + V(\text{Natronlauge})}\right\}\right]$$

$$V\text{(Natronlauge)} > 10\,\text{ml:} \quad pH = 14 + \lg\left\{\frac{c_0(\text{NaOH}) \cdot V(\text{Natronlauge}) - c_0(\text{HAc}) \cdot V_0(\text{Essigsäure})}{V_0(\text{Essigsäure}) + V(\text{Natronlauge})}\right\}$$

V(Natronlauge) in ml	pH	V(Natronlauge) in ml	pH
0	2,88	6,5	5,02
0,5	3,47	7,0	5,12
1,0	3,80	7,5	5,23
1,5	4,00	8,0	5,35
2,0	4,15	8,5	5,50
2,5	4,27	9,0	5,70
3,0	4,38	9,5	6,03
3,5	4,48	10,0	8,85
4,0	4,57	10,5	11,66
4,5	4,66	11,0	11,95
5,0	4,75	11,5	12,13
5,5	4,84	12,0	12,25
6,0	4,93	12,5	12,35

V3 Im folgenden Diagramm sind mit dem Simulationsprogramm UNI-SIM (AK Kappenberg) berechnete pH-Werte einer Titration von 100 ml Phosphorsäure ($c_0(H_3PO_4)$ = 0,05 mol/l) mit Natronlauge (c(NaOH) = 1 mol/l) aufgetragen:

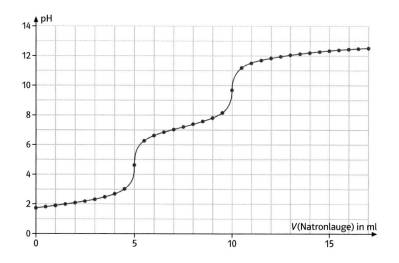

Die folgende Tabelle zeigt die mit dem Simulationsprogramm UNI-SIM berechneten pH-Werte (Spalte 6) und zum Vergleich pH-Werte, die mit Näherungsgleichungen berechnet wurden (Spalte 5). Da in Spalte 5 unterschiedliche Näherungsgleichungen verwendet wurden, sind teilweise „Sprünge" in den Ergebnissen vorhanden, die bei einer Messung nicht vorkommen.

V(Natronlauge) in ml	Näherungsgleichung Nr.	Konzentrationen in mol/l oder Quotienten		pH (berechnet mit den Näherungsgleichungen)	pH (berechnet mit UNI-SIM)
0,0	1	$c(H_3PO_4)$	0,05000	1,72	1,73
0,5	2a	$c(H_3PO_4)/c(H_2PO_4^-)$	0,11111	1,18	1,81
1,0	2a	$c(H_3PO_4)/c(H_2PO_4^-)$	0,25000	1,53	1,89
1,5	2a	$c(H_3PO_4)/c(H_2PO_4^-)$	0,42857	1,76	1,98
2,0	2a	$c(H_3PO_4)/c(H_2PO_4^-)$	0,66667	1,95	2,08
2,5	2a	$c(H_3PO_4)/c(H_2PO_4^-)$	1,00000	2,13	2,19
3,0	2a	$c(H_3PO_4)/c(H_2PO_4^-)$	1,50000	2,31	2,32
3,5	2a	$c(H_3PO_4)/c(H_2PO_4^-)$	2,33333	2,50	2,48
4,0	2a	$c(H_3PO_4)/c(H_2PO_4^-)$	4,00000	2,73	2,69
4,5	2a	$c(H_3PO_4)/c(H_2PO_4^-)$	9,00000	3,08	3,02

V(Natronlauge) in ml	Näherungs-gleichung Nr.	Konzentrationen in mol/l oder Quotienten		pH (berechnet mit den Näherungs-gleichungen)	pH (berechnet mit UNI-SIM)
5,0	3a			4,67	4,63
5,5	2b	$c(H_2PO_4^-)/c(HPO_4^{2-})$	0,11111	6,25	6,26
6,0	2b	$c(H_2PO_4^-)/c(HPO_4^{2-})$	0,25000	6,60	6,61
6,5	2b	$c(H_2PO_4^-)/c(HPO_4^{2-})$	0,42857	6,83	6,84
7,0	2b	$c(H_2PO_4^-)/c(HPO_4^{2-})$	0,66667	7,02	7,03
7,5	2b	$c(H_2PO_4^-)/c(HPO_4^{2-})$	1,00000	7,20	7,21
8,0	2b	$c(H_2PO_4^-)/c(HPO_4^{2-})$	1,50000	7,38	7,39
8,5	2b	$c(H_2PO_4^-)/c(HPO_4^{2-})$	2,33333	7,57	7,58
9,0	2b	$c(H_2PO_4^-)/c(HPO_4^{2-})$	4,00000	7,80	7,81
9,5	2b	$c(H_2PO_4^-)/c(HPO_4^{2-})$	9,00000	8,15	8,16
10,0	3b			9,78	9,68
10,5	2c	$c(HPO_4^{2-})/c(PO_4^{3-})$	0,11111	11,41	11,18
11,0	2c	$c(HPO_4^{2-})/c(PO_4^{3-})$	0,25000	11,76	11,50
11,5	2c	$c(HPO_4^{2-})/c(PO_4^{3-})$	0,42857	11,99	11,69
12,0	2c	$c(HPO_4^{2-})/c(PO_4^{3-})$	0,66667	12,18	11,84
12,5	2c	$c(HPO_4^{2-})/c(PO_4^{3-})$	1,00000	12,23	11,95
13,0	2c	$c(HPO_4^{2-})/c(PO_4^{3-})$	1,50000	12,54	12,05
13,5	2c	$c(HPO_4^{2-})/c(PO_4^{3-})$	2,33333	12,73	12,13
14,0	2c	$c(HPO_4^{2-})/c(PO_4^{3-})$	4,00000	12,96	12,20
14,5	2c	$c(HPO_4^{2-})/c(PO_4^{3-})$	9,00000	13,31	12,27
15,0	4	$c(PO_4^{3-})$	0,04348	12,50	12,33
15,5	5	$c(OH^-)$	0,00433	11,64	12,39
16,0	5	$c(OH^-)$	0,00862	11,94	12,44
16,5	5	$c(OH^-)$	0,01288	12,11	12,48
17,0	5	$c(OH^-)$	0,01709	12,23	12,52

Im Folgenden werden die Näherungsgleichungen hergeleitet, die zur Berechnung der pH-Werte in Spalte 5 verwendet wurden.

Während der Titration laufen die folgenden Reaktionen ab:
$$H_3PO_4 + OH^- \rightleftharpoons H_2PO_4^- + H_2O$$
$$H_2PO_4^- + OH^- \rightleftharpoons HPO_4^{2-} + H_2O$$
$$HPO_4^{2-} + OH^- \rightleftharpoons PO_4^{3-} + H_2O$$

pK-Werte der Phosphorsäure und ihrer Anionen:

Teilchen	pK_S	pK_B
H_3PO_4	2,13	
$H_2PO_4^-$	7,20	11,87
HPO_4^{2-}	12,36	6,80
PO_4^{3-}		1,64

Vor der Titration gilt:

$$pH = \frac{1}{2} \cdot [pK_S - \lg c_0(HA)] = \frac{1}{2} \cdot [2{,}13 - \lg \{c_0(H_3PO_4)\}] \tag{1}$$

(Vereinfachung: Die Phosphorsäure ist keine schwache Säure, sodass die Gleichgewichtskonzentration eigentlich von der Ausgangskonzentration abweicht.)

Bis zum 1. Äquivalenzpunkt läuft im Wesentlichen die folgende Reaktion ab:

$$H_3PO_4 + OH^- \rightleftharpoons H_2PO_4^- + H_2O \tag{I}$$

Die Oxonium-Ionen-Konzentration, die sich nach jeweils vollständigem Ablauf dieser Reaktion einstellt, ergibt sich aus dem folgenden Gleichgewicht:

$$H_3PO_4 + H_2O \rightleftharpoons H_2PO_4^- + H_3O^+ \tag{II}$$

Hierauf lässt sich die Henderson-Hasselbalch-Gleichung anwenden:

$$pH = pK_S(H_3PO_4) + \lg \frac{c(H_2PO_4^-)}{c(H_3PO_4)} \tag{III}$$

Wenn man den Quotienten der Henderson-Hasselbalch-Gleichung mit dem Volumen V erweitert, erhält man mit $n = c \cdot V$ eine andere Form der Gleichung mit Stoffmengen im Quotienten:

$$pH = pK_S(H_3PO_4) + \lg \frac{c(H_2PO_4^-) \cdot V}{c(H_3PO_4) \cdot V} = pK_S(H_3PO_4) + \lg \frac{n(H_2PO_4^-)}{n(H_3PO_4)} \tag{IIIa}$$

Die Stoffmenge $n(H_2PO_4^-)$ nach Ablauf der Reaktion (I) ist gleich der Stoffmenge der durch Zutropfen von Natronlauge hinzugefügten Hydroxid-Ionen $n(NaOH)$). Die Stoffmenge $n(H_3PO_4)$ ist deren Ausgangsstoffmenge $n_0(H_3PO_4)$ vermindert um die Stoffmenge $n(H_2PO_4^-)$. Aus Gleichung (IIIa) und dem pK_S-Wert von H_3PO_4 ergibt sich damit die folgende Gleichung:

$$pH = 2{,}13 + \lg \frac{c(NaOH) \cdot V_1(\text{Natronlauge})}{c_0(H_3PO_4) \cdot V(\text{Phosphorsäure}) - c(NaOH) \cdot V_1(\text{Natronlauge})} \tag{2a}$$

(Vereinfachung wie Gleichung (1). V_1(Natronlauge) ist das Volumen der zugetropften Natronlauge.)

Am 1. Äquivalenzpunkt (V(Natronlauge) = 5 ml) haben sich Dihydrogenphosphat-Ionen gebildet. Das Dihydrogenphosphat-Ion ist ein Ampholyt. Nach der in den Zusatzinformationen zu Kap. 4.10 beschriebenen Näherungsformel gilt mit den pK-Werten von $H_2PO_4^-$ (s.o.) und $pK_W = 14{,}00$:

$$pH = \frac{pK_S + pK_W - pK_B}{2} = \frac{7{,}20 + 14{,}00 - 11{,}87}{2} = 4{,}67 \tag{3a}$$

Zwischen dem 1. und 2. Äquivalenzpunkt lautet die Henderson-Hasselbalch-Gleichung:

$$pH = pK_S(H_2PO_4^-) + \lg \frac{c(HPO_4^{2-})}{c(H_2PO_4^-)} \tag{IV}$$

Durch Erweiterung des Quotienten mit V ergibt sich daraus analog zur Gleichung (2a):

$$pH = 7{,}20 + \lg \frac{c(NaOH) \cdot V_2(\text{Natronlauge})}{c_0(H_2PO_4^-) \cdot V(\text{Phosphorsäure}) - c(NaOH) \cdot V_2(\text{Natronlauge})} \tag{2b}$$

V_2(Natronlauge) ist das Volumen der *nach* dem 1. Äquivalenzpunkt zugetropften Natronlauge. $c_0(H_2PO_4^-)$ ist die Konzentration der Dihydrogenphosphat-Ionen *am* 1. Äquivalenzpunkt. Mit der vereinfachenden Annahme, dass am 1. Äquivalenzpunkt alle Phosphorsäure-Moleküle zu Dihydrogenphosphat-Ionen umgesetzt wurden, ist $c_0(H_2PO_4^-) = c_0(H_3PO_4)$.

Am 2. Äquivalenzpunkt (V(Natronlauge) = 10 ml) haben sich Hydrogenphosphat-Ionen gebildet. Das Hydrogenphosphat-Ion ist ein Ampholyt. Analog zu Gleichung (3a) ergibt sich:

$$pH = \frac{pK_S + pK_W - pK_B}{2} = \frac{12{,}36 + 14{,}00 - 6{,}80}{2} = 9{,}78 \tag{3b}$$

Zwischen dem 2. und 3. Äquivalenzpunkt lautet die Henderson-Hasselbalch-Gleichung:

$$pH = pK_S + \lg \frac{c(PO_4^{3-})}{c(HPO_4^{2-})} \tag{V}$$

Durch Erweiterung des Quotienten mit V ergibt sich daraus analog zur Gleichung (2a):

$$pH = 12{,}36 + \lg \frac{c(NaOH) \cdot V_3(\text{Natronlauge})}{c_0(HPO_4^{2-}) \cdot V(\text{Phosphorsäure}) - c(NaOH) \cdot V_3(\text{Natronlauge})} \tag{2c}$$

V_3(Natronlauge) ist das Volumen der *nach* dem 2. Äquivalenzpunkt zugetropften Natronlauge. $c_0(HPO_4^{2-})$ ist die Konzentration der Hydrogenphosphat-Ionen *am* 2. Äquivalenzpunkt. Mit der vereinfachenden Annahme, dass am 2. Äquivalenzpunkt alle Dihydrogenphosphat-Ionen zu Hydrogenphosphat-Ionen umgesetzt wurden, ist $c_0(HPO_4^{2-}) = c_0(H_2PO_4^-) = c_0(H_3PO_4)$.

Am 3. Äquivalenzpunkt (V(Natronlauge) = 15 ml) gilt:

$$pH = 14 - pOH = 14 - \frac{1}{2} \cdot [pK_B - \lg\{c_0(A^-)\}]$$

$$= 14 - \frac{1}{2} \cdot [1{,}64 - \lg\{c_0(PO_4^{3-})\}] = 14 - \frac{1}{2} \cdot \left[1{,}64 - \lg \frac{\{c_0(H_3PO_4)\} \cdot V(\text{Phosphorsäure})}{V_{\text{ges}}}\right] \tag{4}$$

V_{ges} ist das Gesamtvolumen der Phosphorsäure und der zugetropften Natronlauge. Mit der vereinfachenden Annahme, dass am 3. Äquivalenzpunkt alle Hydrogenphosphat-Ionen zu Phosphat-Ionen umgesetzt wurden, ist $c_0(PO_4^{3-}) = n_0(H_3PO_4)/V_{ges} = c_0(H_3PO_4) \cdot V(\text{Phosphorsäure})/V_{ges})$.

Nach dem 3. Äquivalenzpunkt gilt:

$$pH = 14 + \lg\{c_0(OH^-)\} = 14 + \lg\frac{\{c(NaOH)\} \cdot V_4(\text{Natronlauge})}{V_{ges}} \qquad (5)$$

V_4(Natronlauge) ist das Volumen der *nach* dem 2. Äquivalenzpunkt zugetropften Natronlauge.
V_{ges} ist das Gesamtvolumen der Phosphorsäure und der zugetropften Natronlauge.
Gleichung (5) ist kurz nach dem 3. Äquivalenzpunkt sehr ungenau, weil der pH-Wert nicht nur durch die zugegebene Natronlauge, sondern auch durch das Protolysegleichgewicht
$PO_4^{3-} + H_2O \rightleftharpoons HPO_4^{2-} + OH^-$ beeinflusst wird. Mit steigender Zugabe von Natronlauge bestimmen aber im Wesentlichen die Hydroxid-Ionen aus der Natronlauge den pH-Wert, sodass Gleichung (5) nach und nach besser stimmt.

V4 Ein bestimmtes Volumen der Probe (i.d.R. 10 ml) wird mit der Vollpipette entnommen und in den Erlenmeyerkolben gegeben. Dann wird mit Natronlauge ($c(NaOH)$ = 1 mol/l) titriert.
Ergebnis: Der Massenanteil von Essigsäure in Essigreiniger ist i.d.R. $w \approx 6\,\%$.

4.14 Halbtitration

Zu den Aufgaben

A1

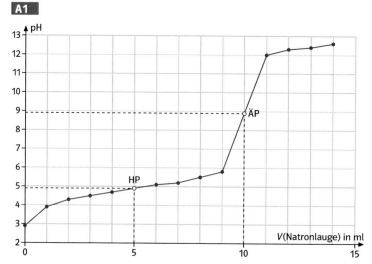

Der Äquivalenzpunkt liegt bei einer Zugabe von 10 ml Natronlauge, der Halbäquivalenzpunkt folglich bei einer Zugabe von 5 ml Natronlauge. Der zugehörige pH-Wert ist 4,9; also ist der pK_S-Wert der Propansäure pK_S = 4,9.

Hinweis: Der Literaturwert ist pK_S = 4,87 bei 25 °C (CRC Handbook, 91st Edition 2010–2011).

A2 Titration einer schwachen Base mit pK_B = 5
Beispiel: V_0 = 100 ml; c_0 = 0,1 mol/l; Titration mit einer starken Säure (c(Maßlösung) = 1 mol/l)
Berechnung einiger Punkte:

V(Maßlösung) = 0: $pH = 14 - \frac{1}{2} \cdot [pK_B - \lg c_0] = 14 - \frac{1}{2} \cdot [5 - \lg 0,1] = 11$

V(Maßlösung) = 5,0 ml (HP): $pH = 14 - pK_B = 14 - 5 = 9$

V(Maßlösung) = 10,0 ml (ÄP): $pH = \frac{1}{2} \cdot [14 - pK_B - \lg c_0] = \frac{1}{2} \cdot [14 - 5 - \lg 0,1] = 5$

V(Maßlösung) = 20,0 ml:

$$pH = -\lg\frac{c(\text{Maßlösung}) \cdot (V(\text{Maßlösung}) - V(\text{Maßlösung, ÄP}))}{V_0 + V(\text{Maßlösung})} = -\lg\frac{1\,mol/l \cdot (20\,ml - 10\,ml)}{100\,ml + 10\,ml} = 1,04$$

(Vernachlässigt man im Nenner das zugegebene Volumen V(Maßlösung), erhält man praktisch dasselbe Ergebnis: pH = 1)

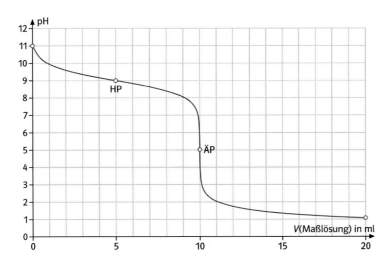

V(Maßlösung) in ml

A3 Am Halbäquivalenzpunkt sind die Stoffmengen der Base und ihrer konjugierten Säure gleich. Der pH-Wert dieser Lösung entspricht dem pK_S-Wert der Säure. Der Pufferbereich eines Puffersystems liegt zwischen $pK_S - 1$ und $pK_S + 1$. Der Halbäquivalenzpunkt liegt also in der Mitte des Pufferbereichs.

Zum Versuch

V1

Strukturformel von Benzoesäure:

$M(C_6H_5COOH)$ = 122,12 g/mol

Wasserlöslichkeit: 2,9 g/l bei 25 °C

$$n(C_6H_5COOH) = \frac{1,22\,g}{122,12\,g/mol} = 0,010\,mol$$

$$c(C_6H_5COOH) = \frac{0,010\,mol}{1\,l} = 0,010\,mol/l$$

Das Lösen der Benzoesäure in Wasser benötigt einige Zeit, ca. eine Stunde unter ständigem Rühren. Man kann die Benzoesäure auch in wenig Ethanol (z. B. 50 ml) lösen und anschließend mit Wasser verdünnen, dies geht schnell. Die pH-Werte der Titration dieser Ethanol enthaltenden Lösung weichen praktisch nicht von den pH-Werten der „rein" wässrigen Lösung ab.

Eine Titration von 100 ml Benzoesäure der Konzentration $c(C_6H_5COOH)$ = 0,010 mol/l mit Natronlauge der Konzentration $c(NaOH)$ = 0,1 mol/l ergab die folgenden Messwerte:

V(Natronlauge) in ml	pH
0,0	3,1
1,0	3,4
2,0	3,7
3,0	3,9
4,0	4,1
5,0	4,2
6,0	4,4
7,0	4,6
8,0	4,8
9,0	5,2
10,0	8,1
11,0	11,0
12,0	11,3
13,0	11,4
14,0	11,6

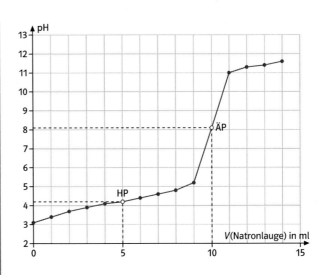

Der Äquivalenzpunkt liegt bei einer Zugabe von 10 ml Natronlauge; der Halbäquivalenzpunkt ist folglich bei einer Zugabe von 5 ml Natronlauge erreicht. Der zugehörige pH-Wert ist pH = 4,2; der pK_S-Wert von Benzoesäure ist damit pK_S = 4,2.

Hinweis: Der Literaturwert ist pK_S = 4,204 bei 25 °C (CRC Handbook, 91st Edition 2010 – 2011).

4.15 Titration und Indikator

Zur Aufgabe

A1

a) Eine sehr starke Base (OH⁻) wird mit einer sehr starken Säure (HCl) titriert. Am Äquivalenzpunkt liegt Kaliumchlorid-Lösung vor (pH = 7). Folglich ist Bromthymolblau (pK_S = 7,1) am besten geeignet.
Hinweis: Da die Titrationskurve im Bereich des Äquivalenzpunktes sehr steil verläuft, sind auch andere Indikatoren gut geeignet.

b) Eine schwache Base (NH_3) wird mit einer sehr starken Säure (HCl) titriert. Am Äquivalenzpunkt liegt eine Lösung von Ammoniumchlorid vor ($c_0(NH_4^+)$ = 0,1 mol/l).

$$pH = \frac{1}{2} \cdot [pK_S - \lg c_0(NH_4^+)] = \frac{1}{2} \cdot [9,25 - \lg 0,1] = 5,13$$

Folglich ist Methylrot (pK_S = 5,0) am besten geeignet.

Zu den Versuchen

V1 Da die Konzentrationen aller Lösungen gleich sind, wird der Äquivalenzpunkt bei Zugabe von 20,0 ml Natronlauge erreicht.

a) Titration von 20 ml Salzsäure (c(HCl) = 0,1 mol/l) mit Natronlauge (c(NaOH) = 0,1 mol/l): Bei allen drei Indikatoren wird der Umschlagspunkt bei Zugabe von 20,0 ml Natronlauge beobachtet. Ergebnis: Alle drei Indikatoren sind für diese Titration gut geeignet.

b) Titration von 20 ml Essigsäure (c(CH_3COOH) = 0,1 mol/l) mit Natronlauge (c(NaOH) = 0,1 mol/l)
- mit Methylorange: kein eindeutiger Umschlagspunkt, sondern ein Umschlagsbereich von Rot nach Gelborange ab der Zugabe von ca. 1 ml Natronlauge, bis die Farbe nach Zugabe von ca. 6 ml Natronlauge gleich bleibt
- mit Bromthymolblau: Farbumschlag von Gelb nach Blau nach Zugabe von ca. 19,9 ml Natronlauge
- mit Phenolphthalein: Umschlagspunkt von Farblos nach Purpur bei Zugabe von 20,0 ml Natronlauge

Ergebnis: Gut geeignet für diese Titration ist nur Phenolphthalein, bei Verzicht auf hohe Genauigkeit auch Bromthymolblau. Methylorange ist ungeeignet.

Hinweis: Die folgenden Diagramme zeigen den berechneten Verlauf der Titrationskurven im Vergleich zu den Umschlagsbereichen der Indikatoren. Bei der Titration von Salzsäure liegen alle drei Umschlagsbereiche im steilen Bereich der Titrationskurve, bei der Titration von Essigsäure nur der Umschlagsbereich von Phenolphthalein.

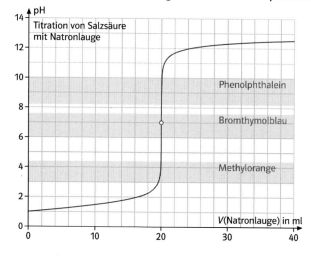

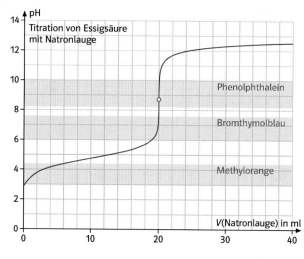

Hinweise zur Durchführung:
- Beim Titrieren von Salzsäure mit Natronlauge und Phenolphthalein neigen manche Schülerinnen und Schüler zu einem geringfügigen Übertitrieren auf ca. 20,2 ml, weil sie auf ein kräftiges statt auf ein schwaches Purpur titrieren.
- Alle weiteren Abweichungen sind auf unsauberes Arbeiten oder Ablesefehler zurückzuführen.

V2 Der Versuch wurde mit dem flüssigen Universalindikator Unisol 113 von Macherey & Nagel auf DC-Platten mit Cellulose-Beschichtung (Polygram CEL 300, 40 mm · 80 mm, Macherey & Nagel) durchgeführt, zusätzlich auch auf DC-Platten mit Kieselgel-Beschichtung (Polygram SIL G, 40 mm · 80 mm, Macherey & Nagel).

Ergebnis mit Polygram CEL 300:

Indikator	R_f auf CEL 300	In Unisol 113 enthalten?	Farbe im trockenen Chromatogramm	Farbe in Chlorwasserstoff	Farbe in Ammoniak
Methylrot	0,71	Ja	orange und gelb	rot	gelb
Thymolblau	0,70	Ja	grüngelb	rot	grün
Bromthymolblau	0,52	Ja	grün	grün	blau
Phenolphthalein	0,50	Nein	purpur	pupur	pupur
Thymolphthalein	0,44	Ja	farblos*	farblos	farblos
Methylorange	0,41	Nein	gelb	rot und gelb	gelb

* Im nassen Chromatogramm war Thymolphthalein als dunkelblauer Fleck deutlich erkennbar.

Im Chromatogramm von Unisol 113 auf der Cellulose-Platte wurden zwei weitere unbekannte Farbstoffe gefunden:
- Gelber Fleck ($R_f \approx 0,13$), der seine Farbe in Chlorwasserstoff und in Ammoniak nicht änderte
- Blassrosa Fleck ($R_f \approx 0,27$), der nach dem Trocknen farblos war, in Chlorwasserstoff hellgelb und in Ammoniak wieder blassrosa wurde

Ergebnis mit Polygram SIL G:

Indikator	R_f auf SIL G	In Unisol 113 enthalten?	Farbe im trockenen Chromatogramm	Farbe in Chlorwasserstoff	Farbe in Ammoniak
Methylorange	0,71	Nein	orange	rot	gelb
Thymolblau	0,66	Ja	gelb	rot	grün
Bromthymolblau	0,24	Ja	grün	grün	blau
Methylrot	0,21	Ja	rot	rot	gelb
Phenolphthalein	0,04	Nein	farblos	farblos	purpur
Thymolphthalein	?	?	farblos	farblos	farblos

Im Chromatogramm von Unisol 113 auf der Kieselgel-Platte wurde ein weiterer unbekannter Farbstoff gefunden: Gelber Fleck ($R_f \approx 0,35$), der nur in Ammoniak sichtbar war

Der Substanzfleck von Thymolphthalein ließ sich auf der Kieselgel-Platte leider nicht sichtbar machen, sodass hier nicht entschieden werden konnte, ob Thymolphthalein in Unisol 113 enthalten ist.

Hinweise zur Durchführung:
- Das Laufmittel wird zu Versuchsbeginn in das DC-Gefäß gefüllt und mit einer Glasplatte abgedeckt.
- Die DC-Platte soll seitlich keinen Kontakt zum DC-Gefäß haben und sich nicht durchbiegen.
- Eine Aufteilung auf zwei DC-Platten ist sinnvoll (jeweils drei Indikatorfarbstoffe und Universalindikator).
- Um Randeffekte zu vermeiden, soll man die Proben nicht zu nah am Rand der DC-Platte auftragen.
- Die Begasung mit Chlorwasserstoff bzw. Ammoniak lässt sich auf einfache Weise verwirklichen, indem man in je ein trockenes DC-Gefäß 10 Tropfen rauchende Salzsäure bzw. 10 Tropfen konz. Ammoniak-Lösung gibt und die mit Glasplatten abgedeckten Gefäße einige Minuten stehen lässt. Die DC-Platte wird dann mit einer Pinzette in das DC-Gefäß gehalten. Man kann auch Glasröhrchen in das DC-Gefäß legen, auf die man die DC-Platte stellt.

4.16 Exkurs: Konduktometrische Titration

Zu den Aufgaben

A1 Nach Erreichen des Äquivalenzpunktes wird die Leitfähigkeit außer durch Natrium- und Chlorid-Ionen noch durch die dann überschüssigen Oxonium- und Chlorid-Ionen bestimmt. Oxonium-Ionen haben im Vergleich zu Hydroxid-Ionen eine größere Ionenäquivalentleitfähigkeit (siehe B4 im Schulbuch). Die Leitfähigkeit nimmt deshalb nach dem Äquivalenzpunkt stärker zu, als sie bis zum Erreichen des Äquivalenzpunktes abnimmt.

A2

a) Titration von Bariumhydroxid-Lösung mit Schwefelsäure-Lösung:

$$Ba^{2+}(aq) + 2\,OH^-(aq) + 2\,H_3O^+(aq) + SO_4^{2-}(aq) \longrightarrow BaSO_4(s) + H_2O(l)$$

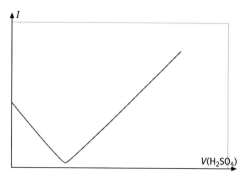

Am Äquivalenzpunkt liegen nur noch die Ionen aus dem Lösungsgleichgewicht von Bariumsulfat vor. Die Leitfähigkeit der Lösung ist daher sehr gering. Durch die überschüssigen Oxonium- und Sulfat-Ionen steigt sie nach dem Äquivalenzpunkt stark an.

b) Titration von Natriumchlorid-Lösung mit Silbernitrat-Lösung:

$$Na^+(aq) + Cl^-(aq) + Ag^+(aq) + NO_3^-(aq) \longrightarrow AgCl(s) + Na^+(aq) + NO_3^-(aq)$$

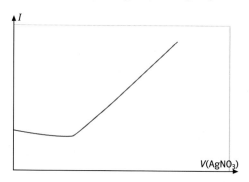

Die Leitfähigkeit einer Natriumchlorid-Lösung beruht auf den Na^+- und Cl^--Ionen. Bei der Titration bis zum Äquivalenzpunkt werden die Cl^--Ionen allmählich als Silberchlorid ausgefällt. Sie werden jedoch durch NO_3^--Ionen ersetzt, wodurch die Leitfähigkeit nur geringfügig abnimmt (die Ionen-äquivalentleitfähigkeit der NO_3^--Ionen ist ein wenig kleiner als die der Cl^--Ionen).
Am Äquivalenzpunkt sind praktisch alle Cl^--Ionen als Silberchlorid ausgefällt worden, d.h., in der Lösung findet man fast nur noch Na^+- und NO_3^--Ionen (und wenige H_3O^+- und OH^--Ionen aus der Autoprotolyse des Wassers). Die Titrationskurve hat ein Minimum.
Nach dem Äquivalenzpunkt nimmt durch die zusätzlichen Ag^+- und NO_3^--Ionen die Ionenkonzentration zu, und damit auch die Leitfähigkeit.

Zum Versuch

V1 Versuchsbedingungen: Platinelektroden $1\,cm^2$; Abstand ca. 3 cm; Wechselspannung 8 V
Der Schnittpunkt der linearen „Kurvenäste" in den Titrationskurven ergibt jeweils den Verbrauch an Maßlösung bis zum Äquivalenzpunkt.

a) Titration von 100 ml Natronlauge (c = 0,1 mol/l) mit Salzsäure (c = 1 mol/l):

V(Salzsäure) in ml	I in mA
0	34,0
1	31,5
2	29,1
3	27,5
4	26,0
5	23,5
6	22,1
7	19,5
8	17,1
9	14,5
10	12,0
11	16,8
12	21,9
13	27,0

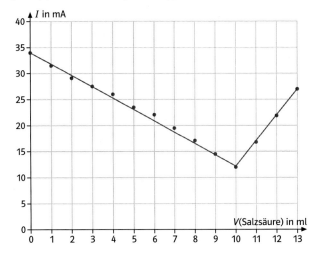

Verbrauch an Maßlösung bis zum Äquivalenzpunkt: V(Salzsäure) = 10 ml
Reaktionsgleichung:
$$Na^+(aq) + OH^-(aq) + H_3O^+(aq) + Cl^-(aq) \longrightarrow 2\,H_2O(l) + Na^+(aq) + Cl^-(aq)$$

Interpretation der Titrationskurve: Am Äquivalenzpunkt erreicht die Anzahl bzw. Konzentration der Ionen ein Minimum, folglich auch die Leitfähigkeit (s. Reaktionsgleichung). Nach Überschreiten des Äquivalenzpunktes nimmt die Leitfähigkeit stärker zu, als sie bis zum Erreichen des Äquivalenzpunktes abnimmt, da die Ionenäquivalentleitfähigkeit der Oxonium-Ionen größer ist als die der Hydroxid-Ionen.

b) Titration eines Gemisches von 50 ml Essigsäure (c = 0,1 mol/l) und 50 ml Salzsäure (c = 0,1 mol/l) mit Natronlauge (c = 1 mol/l):

V(Natronlauge) in ml	I in mA
0	40,0
1	34,0
2	29,0
3	23,5
4	17,2
5	12,4
6	13,6
7	14,9
8	16,3
9	17,7
10	19,9
11	24,0
12	28,1
13	31,5
14	34,0
15	36,0

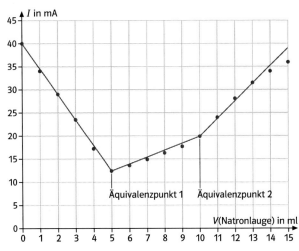

Verbrauch an Maßlösung bis zum Äquivalenzpunkt 1: V_1(Natronlauge) = 5 ml
Reaktionsgleichung:
$$H_3O^+(aq) + Cl^-(aq) + Na^+(aq) + OH^-(aq) \longrightarrow 2\,H_2O(l) + Na^+(aq) + Cl^-(aq)$$

Verbrauch an Maßlösung bis zum Äquivalenzpunkt 2: V_2(Natronlauge) = 10 ml
Reaktionsgleichung:
$$CH_3COOH(aq) + Na^+(aq) + OH^-(aq) \longrightarrow H_2O(l) + Na^+(aq) + CH_3COO^-(aq)$$

Interpretation der Titrationskurve: Da Essigsäure kaum protolysiert vorliegt, verläuft die Titrationskurve zunächst ähnlich wie in V1a. Erst nach Überschreiten des 1. Äquivalenzpunktes wird die Reaktion von Essigsäure mit Natronlauge bemerkbar. Da die Essigsäure nur in geringem Ausmaß protolysiert ist, nimmt die Ionenkonzentration während der Titration zu (Natrium- und Acetat-Ionen), und damit auch die Leitfähigkeit der Lösung. Die stärkere Zunahme der Leitfähigkeit nach Überschreiten des 2. Äquivalenzpunktes ist im Wesentlichen durch die überschüssigen Hydroxid-Ionen bedingt.

Zusatzversuche

Titration von 100 ml Salzsäure (c = 0,1 mol/l) mit Natronlauge (c = 1 mol/l)

V(Natronlauge) in ml	I in mA
0	68
1	63
2	58
3	53
4	48
5	43
6	38
7	33
8	28
9	24
10	18
11	22
12	25
13	28

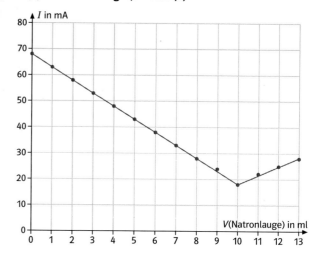

Verbrauch an Maßlösung bis zum Äquivalenzpunkt: V(Natronlauge) = 10 ml
Reaktionsgleichung:
$$H_3O^+(aq) + Cl^-(aq) + Na^+(aq) + OH^-(aq) \longrightarrow 2\,H_2O(l) + Na^+(aq) + Cl^-(aq)$$

Interpretation der Titrationskurve: Nach Überschreiten des Äquivalenzpunktes nimmt die Leitfähigkeit weniger zu, als sie bis zum Erreichen des Äquivalenzpunktes abnimmt, da die Ionenäquivalentleitfähigkeit der Hydroxid-Ionen kleiner ist als die der Oxonium-Ionen.

Titration von 100 ml Essigsäure (c = 0,1 mol/l) mit Natronlauge (c = 1 mol/l)

V(Natronlauge) in ml	I in mA
0	0,97
1	1,64
2	2,7
3	4,3
4	5,5
5	7,0
6	8,2
7	9,6
8	10,8
9	12,0
10	14,3
11	17,3
12	21,1
13	24,4
14	27,3

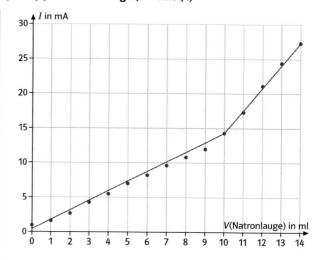

Verbrauch an Maßlösung bis zum Äquivalenzpunkt: V(Natronlauge) = 10 ml
Reaktionsgleichung:
$$CH_3COOH(aq) + Na^+(aq) + OH^-(aq) \longrightarrow H_2O(l) + Na^+(aq) + CH_3COO^-(aq)$$

Interpretation der Titrationskurve: Da die Essigsäure nur in geringem Ausmaß protolysiert ist, nimmt die Ionenkonzentration während der Titration zu (durch Natrium- und Acetat-Ionen), und damit auch die Leitfähigkeit der Lösung. Die stärkere Zunahme der Leitfähigkeit nach Überschreiten des Äquivalenzpunktes ist im Wesentlichen durch die überschüssigen Hydroxid-Ionen bedingt.

Literatur   K. Petermann, J. Friedrich, M. Oetken: Leitfähigkeits- und Fällungstitrationen. Der mathematische und naturwissenschaftliche Unterricht 2/2010, 94

4.17 Impulse: Titrationen im Vergleich

Zu den Aufgaben   **A1** Den geringsten Materialaufwand erfordert eine Titration mit Endpunktbestimmung. Man benötigt nur eine Bürette, Stativmaterial, Erlenmeyerkolben, Pipette, Maßlösung, Probelösung, Indikatorlösung.

A2 Die Titration mit Endpunktbestimmung ist ungeeignet, um die Phosphorsäure-Konzentration in Cola classic zu ermitteln. Die dunkle Eigenfarbe der Cola erlaubt es nicht, den Farbumschlag eines Indikators zu erkennen.

A3

a) Man pipettiert mit einer Vollpipette ein bestimmtes Volumen der Probelösung in einen Erlenmeyerkolben. Mit einer Vollpipette lässt sich ein bestimmtes Volumen einer Probelösung am genauesten abmessen. Anschließend gibt man wenige Tropfen einer Indikatorlösung zu der Probelösung, evtl. verdünnt man die Probelösung noch mit dest. Wasser.
Durch die Bürette lässt man ein wenig Maßlösung laufen, um eventuell vorhandene Wasserreste oder Staub zu entfernen. Anschließend füllt man die Bürette mit der Maßlösung, die Bürette muss dazu nicht vollständig befüllt werden. Man merkt sich den Anfangsstand der Maßlösung in der Bürette. Dann lässt man die Maßlösung in kleinen Portionen unter Umschwenken in die Probelösung einfließen. Die Titration ist beendet, wenn in der gesamten Probelösung der Farbwechsel zu beobachten ist.

b) Bei einem Säure-Base-Indikator handelt es sich im Allgemeinen um eine schwache, farbige organische Säure, deren Base eine andere Farbe als die Säure hat. Bei der Titration reagiert die Maßlösung nicht nur mit der Probelösung, sondern auch mit der organischen Säure bei Einsatz einer Basen-Maßlösung bzw. mit deren Base bei Einsatz einer Säure-Maßlösung.

A4 $Ag^+(aq) + Cl^-(aq) \longrightarrow AgCl(s)$
Die konduktometrische Titration ist geeignet, die Chlorid-Ionen-Konzentration mit einer Silbernitrat-Maßlösung zu ermitteln. Bei der Zugabe der Maßlösung zu der Probelösung reagieren Chlorid-Ionen mit Silber-Ionen zu festem Silberchlorid, das ausfällt. Die Chlorid-Ionen werden allerdings durch die Nitrat-Ionen der Maßlösung ersetzt, dadurch verändert sich die Leitfähigkeit der Lösung nur wenig. Nachdem der Äquivalenzpunkt erreicht ist, steigt die Leitfähigkeit der Lösung stark an.

A5

a)–e) Die folgende Tabelle zeigt berechnete Konzentrationen und pH-Werte einer Titration von Salzsäure ($V = 100\,ml$, $c = 0,1\,mol/l$) mit Natronlauge ($c = 1,0\,mol/l$). Die Volumenänderung wurde vernachlässigt, d.h., alle Berechnungen sind mit $V = 100\,ml$ durchgeführt:

Hinzugefügtes V(Natronlauge)	Hinzugefügte $n(OH^-)$	Verbleibende $n(H_3O^+)$	Stoffmengen-konzentration $c(H_3O^+)$	Überschüssige $n(OH^-)$	pH-Wert	Anteil der neutralisierten Säure
0,00 ml	0,00000 mol	0,01 mol	0,1 mol/l $= 10^{-1}$ mol/l	–	1	0 %
9,00 ml	0,00900 mol	0,001 mol	0,01 mol/l $= 10^{-2}$ mol/l	–	2	90 %
9,90 ml	0,00990 mol	0,0001 mol	0,001 mol/l $= 10^{-3}$ mol/l	–	3	99 %
9,99 ml	0,00999 mol	0,00001 mol	0,0001 mol/l $= 10^{-4}$ mol/l	–	4	99,9 %
10,00 ml	0,01000 mol		10^{-7} mol/l (Autoprotolyse des Wassers)	–	7	100 %
11,00 ml	0,01100 mol			0,001 mol	12	
20,00 ml	0,02000 mol			0,010 mol	13	

f) Die Ausgangslösung ist die Lösung einer starken Säure; sie hat den pH-Wert pH = 1 (s. Tabelle). Diese wird mit Natronlauge (c = 1 mol/l) titriert, also mit einer einer starken Base (OH⁻). Die Natronlauge hat den pH-Wert pH = 14 – lg {1 mol/l} = 14. Nach Zugabe von sehr viel Natronlauge würde dieser pH-Wert fast erreicht. Der pH-Sprung beträgt also: ΔpH ≤ 14 – 1 = 13
Die Lösung einer schwachen Säure gleicher Konzentration hätte einen höheren pH-Wert. Wenn diese mit der Lösung einer schwachen Base titriert würde, wäre auch der am Schluss erreichte pH-Wert nicht so hoch. Auf jeden Fall wäre ΔpH kleiner.

Hinweis: Auch die Tatsache, dass ein Großteil des pH-Sprungs nahe am Äquivalenzpunkt stattfindet, hängt damit zusammen, dass eine sehr starke Säure mit einer sehr starken Base titriert wird. Bei Verwendung einer schwachen Säure oder einer schwachen Base bildet sich im Bereich des Äquivalenzpunktes eine Pufferlösung, d.h., die Titrationskurve hat eine kleinere Steigung.

A6 Bei einer konduktometrischen Titration ermittelt man zu jedem Volumen der zugegebenen Maßlösung die Stromstärke bzw. die Leitfähigkeit. Mit den Wertepaaren erstellt man eine grafische Darstellung, aus der sich der Äquivalenzpunkt als Schnittpunkt zweier Geraden ermitteln lässt. Man muss also nicht genau das Volumen der Maßlösung wie bei einer Titration mit Endpunktbestimmung treffen, das dem Äquivalenzpunkt der Probelösung entspricht.
Allerdings ist die pH-metrische Titration in diesem Fall auch gut geeignet, ein sehr gutes Ergebnis zu erzielen. Der pH-Sprung vom Ausgangs-pH-Wert bis zum pH-Wert des Äquivalenzpunktes beträgt ΔpH = 4. Der gesamte pH-Sprung vom Ausgangs-pH-Wert pH = 3 bis zum pH-Wert pH ≤ 11, der durch die überschüssige Maßlösung bestimmt wird, ist ΔpH ≤ 8.

4.18 Fachmethode: Konzentrationsberechnungen

Zu den Aufgaben

A1 $Ca(OH)_2 + 2\,H_3O^+ \longrightarrow Ca^{2+} + 2\,H_2O$ und $n(H_3O^+) = n(HCl)$

$$\Rightarrow \quad \frac{n(Ca(OH_2))}{n(HCl)} = \frac{1}{2} = \frac{c_0(Ca(OH_2)) \cdot V_0(\text{Calciumhydroxid-Lösung})}{c_0(HCl) \cdot V(\text{Salzsäure})}$$

$$\Leftrightarrow \quad c_0(Ca(OH_2)) = \frac{c_0(HCl) \cdot V(\text{Salzsäure})}{2 \cdot V_0(\text{Calciumhydroxid-Lösung})} = \frac{0{,}05\,\text{mol/l} \cdot 15\,\text{ml}}{2 \cdot 40\,\text{ml}} = 0{,}009\,4\,\text{mol/l}$$

A2   Titrationskurve:

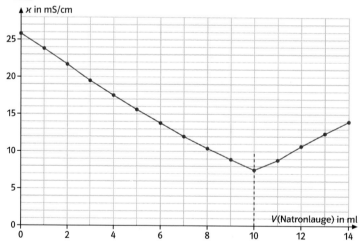

Der Äquivalenzpunkt liegt bei einer Zugabe von 10 ml Natronlauge.

$$c_0(H_2N-SO_2-OH) = \frac{c(NaOH) \cdot V(\text{Natronlauge})}{V(\text{Amidosulfonsäure-Lösung})} = \frac{1{,}0\,\text{mol/l} \cdot 0{,}010\,\text{l}}{0{,}100\,\text{l}} = 0{,}10\,\text{mol/l}$$

$$m(\text{Amidosulfonsäure}) = c_0(H_2N-SO_2-OH) \cdot V(\text{Amidosulfonsäure-Lösung}) \cdot M(H_2N-SO_2-OH)$$
$$= 0{,}10\,\text{mol/l} \cdot 0{,}100\,\text{l} \cdot 97\,\text{g/mol}$$
$$= 0{,}97\,\text{g}$$

$$\beta_0(H_2N-SO_2-OH) = \frac{m(\text{Amidosulfonsäure})}{V(\text{Amidosulfonsäure-Lösung})} = \frac{0{,}97\,\text{g}}{0{,}100\,\text{l}} = 9{,}7\,\text{g/l}$$

4.19 Praktikum: Säuren und Basen in Produkten des Alltags

Zu den Versuchen

V1 **Phosphorsäure in einem Cola-Getränk**

Aufgabenlösungen

1.–3. Zwei unterschiedliche Cola-Getränke (je 200 ml) wurden mit Natronlauge (c_0(NaOH) = 0,25 mol/l) titriert:

V(Natronlauge) in ml	pH (Cola 1)	pH (Cola 2)
0	2,44	2,41
1,0	2,68	2,54
2,0	2,95	2,74
3,0	3,55	3,08
4,0	5,72	4,14
5,0	6,39	6,16
6,0	6,78	6,66
7,0	7,18	7,05
8,0	7,88	7,58
9,0	8,81	8,66
10,0	9,48	9,27
11,0	9,85	9,56
12,0	10,09	9,74
13,0	10,23	9,87
14,0	10,36	9,99
15,0	10,45	10,06
20,0	10,76	10,34

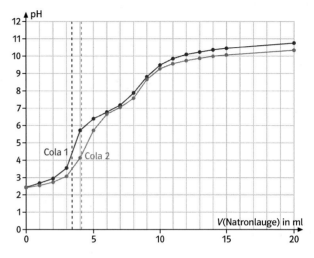

Grafische Auswertung ergibt:

1. Äquivalenzpunkt Cola 1:   V(Natronlauge) ≈ 3,4 ml

$$c(H_3PO_4) = \frac{c(NaOH) \cdot V(\text{Natronlauge})}{V(\text{Cola-Getränk})} = \frac{0,25\,\text{mol/l} \cdot 3,4\,\text{ml}}{200\,\text{ml}} = 0,0043\,\text{mol/l}$$

$$\beta(\text{Phosphorsäure}) = c(H_3PO_4) \cdot M(H_3PO_4) = 0,0051\,\text{mol/l} \cdot 98\,\text{g/mol} = 0,42\,\text{g/l}$$

1. Äquivalenzpunkt Cola 2:   V(Natronlauge) ≈ 4,1 ml

Analoge Rechnung ergibt: $c(H_3PO_4) = 0,0051\,\text{mol/l}$ und $\beta(\text{Phosphorsäure}) = 0,51\,\text{g/l}$

4. 1 l Cola-Getränk enthält (je nach Sorte) ca. 100 bis 110 g Zucker. Dessen Süße wird also durch 0,4 bis 0,5 g Phosphorsäure „neutralisiert" bzw. modifiziert.

Zusatzversuch:
Für viele Schülerinnen und Schüler ist es erstaunlich, dass Cola-Getränke Phosphorsäure als Säuerungsmittel enthalten. Es lohnt sich zusätzlich, den Zuckergehalt des Cola-Getränks zu bestimmen, um das Verhältnis von „Süße" und „Säure" zu erfahren. Dazu stellen die Schülerinnen und Schüler zunächst einige Zuckerlösungen her (z. B. 3 g, 6 g, 9 g, 12 g, 15 g und 18 g in 100 ml Lösung) und bestimmen ihre Dichte. Eine Auftragung der Massenkonzentration β(Saccharose) in g/l gegen die Dichte ϱ(Lösung) in g/ml ergibt eine Kalibriergerade, mit der sich die Massenkonzentration einer unbekannten Lösung aus der Dichte bestimmen lässt.

Anschließend entfernen die Schülerinnen und Schüler z. B. aus 250 ml Cola-Getränk in einem weiten 400-ml-Becherglas mit dem Mixer die Kohlensäure. (Austreiben der Kohlensäure durch Kochen hat die Nachteile, dass es länger braucht und dass Wasser verdampft.) Die Dichte des Cola-Getränks ohne Kohlensäure wird bestimmt und mithilfe der Kalibriergerade grafisch (oder mit der mit dem Taschenrechner bzw. mit einer Tabellenkalkulation berechneten Gleichung der Ausgleichsgerade, s. u.) in die Massenkonzentration umgerechnet. Dabei werden i. d. R. recht gute Werte erzielt, meist 100 bis 110 g Zucker in 1 l Cola-Getränk. Dies entspricht den Angaben der Hersteller.

Eine Messung bei Zimmertemperatur ergab:

Kalibriergerade: β(Saccharose) = 2 528 g/l · ϱ(Lösung) · 1 ml/g – 2 514 g/l

ϱ(Cola-Getränk) = 1,036 g/ml $\Rightarrow$ β(Saccharose) = 105 g/l

V2 Überprüfung des Essigsäure-Anteils in Essigessenz
Aufgabenlösungen

1.
- Pipettieren Sie mit der Vollpipette genau 20 ml Essigessenz in den 1-l-Messkolben. Füllen Sie anschließend unter Umschwenken bis zur Markierung mit dest. Wasser auf.
- Füllen Sie mit dem 100-ml-Messkolben genau 100 ml der sauren Lösung aus dem 1-l-Messkolben in das Becherglas. Das Becherglas wird auf den Magnetrührer gestellt. In die Lösung geben Sie den Rührmagnet. Legen Sie eine Wechselspannung an den Leitfähigkeitsprüfer an, der in die Lösung taucht. Die Stromstärke soll zu Beginn der Titration etwa 10 mA betragen. Messen Sie die Stromstärke nach Zugabe von jeweils 1 ml Maßlösung. Halten Sie die angelegte Wechselspannung während der Titration konstant und ändern Sie nicht den Messbereich für die Stromstärke. Die Lösung wird während der Titration mit dem Rührmagnet gerührt.
  Beenden Sie die Zugabe der Maßlösung, wenn die Stromstärke stärker ansteigt.

2. Die konduktometrische Titration kann wie in (1.) beschrieben durchgeführt werden.

3.–5. Der Versuch wurde vom Autor mit „Surig Essigessenz" durchgeführt. Diese hat laut Etikett einen Massenanteil an Essigsäure von w = 25 %.

1 Liter dieser Essigessenz hat die Masse 1030 g und enthält folglich:

$$m(CH_3COOH) = 1030\,g \cdot 25\% = 258\,g$$

$$\Rightarrow \quad n(CH_3COOH) = \frac{258\,g}{60\,g/mol} = 4,3\,mol \qquad \Rightarrow \quad c(CH_3COOH) = \frac{4,3\,mol}{1\,l} = 4,3\,mol/l$$

20 ml Essigessenz enthalten: $n(CH_3COOH) = 4,3\,mol/l \cdot 0,020\,l = 0,086\,mol$

Konzentration nach dem Verdünnen auf 1 Liter: $c(CH_3COOH) = \frac{0,086\,mol}{1\,l} = 0,086\,mol/l$

Messung der Stromstärke:

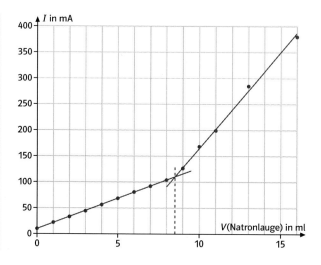

V(Natronlauge) in ml	I in mA
0,0	10,1
1,0	22,2
2,0	33,2
3,0	44,6
4,0	56,4
5,0	68,4
6,0	80,8
7,0	91,9
8,0	103,9
9,0	126,4
10,0	168,3
11,0	199,3
13,0	285,0
16,0	380,0

Der Äquivalenzpunkt liegt bei einer Zugabe von 8,6 ml Natronlauge.

$$c(CH_3COOH) = \frac{c(NaOH) \cdot V(Natronlauge)}{V(verd.\ Essigessenz)} = \frac{1\,mol/l \cdot 0,0086\,l}{0,100\,l} = 0,086\,mol/l$$

Das Ergebnis entspricht dem oben berechneten Wert. Die unverdünnte Essigessenz hat also, wie auf dem Etikett angegeben, einen Massenanteil von $w(CH_3COOH) = 25\%$.

Hinweis: Im Schulbuch wird nur die Verfolgung der Stromstärke in Abhängigkeit von der Zugabe der Natronlauge gefordert. Arbeitsteilig können aber auch weitere Messgrößen verfolgt werden, z. B. die elektrische Leitfähigkeit und der pH-Wert. Im Folgenden sind auch diese Messwerte aufgeführt.

Messung der elektrischen Leitfähigkeit:

V(Natronlauge) in ml	κ in mS/cm
0,0	0,48
1,0	1,11
2,0	1,74
3,0	2,42
4,0	3,14
5,0	3,79
6,0	4,48
7,0	5,11
8,0	5,74
9,0	6,64
10,0	8,55
11,0	10,38
13,0	13,93
16,0	18,78

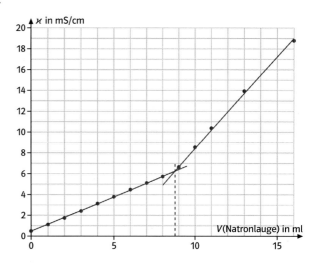

Messung des pH-Werts:

V(Natronlauge) in ml	pH
0,0	2,9
1,0	3,8
2,0	4,1
3,0	4,4
4,0	4,6
5,0	4,9
6,0	5,1
7,0	5,4
8,0	6,0
9,0	10,9
10,0	11,7
12,0	12,1

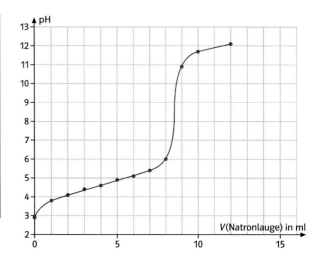

V3 **Bestimmung von Säuren in Weißwein**
Aufgabenlösungen

1., 2. Je 20 ml von drei Weinsorten wurden mit Natronlauge ($c(\text{NaOH})$ = 0,1 mol/l) titriert:
- Rebenschoppen (Verschnitt von Weinen aus mehreren Ländern der EU):
  V(Natronlauge) = 15,0 ml (Der Umschlag nach Blaugrün war nicht wahrnehmbar, da die Eigenfarbe des Weines ein sattes Goldgelb war. Daher wurde vermutlich etwas übertitriert, bis zum Umschlag nach Blau).
- Himmlisches Tröpfchen, lieblich, fruchtig, fein, Abfüller: Langguth:
  V(Natronlauge) = 17,3 ml (Umschlag nach Blaugrün)
- Riesling Spätlese halbtrocken, Zotzenheimer Klostergarten (Rheinhessen):
  V(Natronlauge) = 21,0 ml (Umschlag nach Blaugrün)

V(Probe) = 20 ml c(Natronlauge) = 0,1 mol/l	
Probe	**V(Natronlauge)**
Weinsäurelösung, c = 0,025 mol/l	10,0 ml
Weinsäurelösung, c = 0,050 mol/l	20,1 ml
Weinsäurelösung, c = 0,100 mol/l	39,9 ml
Rebenschoppen (Verschnitt)	15,0 ml
Himmlisches Tröpfchen	17,3 ml
Riesling Spätlese, halbtrocken	21,0 ml

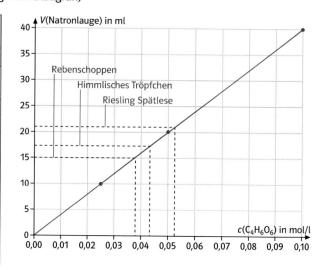

Grafische Auswertung ergibt: Rebenschoppen: $c(\text{C}_4\text{H}_6\text{O}_6)$ = 0,038 mol/l
$\Rightarrow \quad \beta$(Weinsäure) = $M(\text{C}_4\text{H}_6\text{O}_6) \cdot c(\text{C}_4\text{H}_6\text{O}_6)$ = 150 g/mol · 0,038 mol/l = 5,7 g/l
Himmlisches Tröpfchen: $c(\text{C}_4\text{H}_6\text{O}_6)$ = 0,043 mol/l
$\Rightarrow \quad \beta$(Weinsäure) = $M(\text{C}_4\text{H}_6\text{O}_6) \cdot c(\text{C}_4\text{H}_6\text{O}_6)$ = 150 g/mol · 0,043 mol/l = 6,5 g/l
Riesling Spätlese, halbtrocken: $c(\text{C}_4\text{H}_6\text{O}_6)$ = 0,053 mol/l
$\Rightarrow \quad \beta$(Weinsäure) = $M(\text{C}_4\text{H}_6\text{O}_6) \cdot c(\text{C}_4\text{H}_6\text{O}_6)$ = 150 g/mol · 0,053 mol/l = 8,0 g/l

Hinweise:
- Die Säurekonzentration in deutschen Traubenweinen liegt zwischen 5,5 g/l und 8,5 g/l (berechnet als Weinsäure). Durch Säureabbau und Auskristallisieren von Weinstein haben länger gelagerte Weine eine geringere Säurekonzentration. Rotweine enthalten meist mehr Säure als Weißweine. Weine aus Südeuropa sind eher säurearm. Neben der Weinsäure tragen die Äpfelsäure und die Milchsäure zur Gesamtsäure des Traubenweins bei.
- Die Weinsäure kommt ausschließlich in Traubenmosten und Traubenweinen vor, also nicht in Fruchtweinen wie Erdbeer- oder Brombeerwein.
- Das Weinsäure-Molekül ist eine zweiprotonige Säure. Dies ergibt sich auch aus der Titration der Probelösungen mit einer Abweichung von ± 0,1 ml vom erwarteten Wert: Man benötigt zur Neutralisation die doppelte Stoffmenge an NaOH.

V4 **Bestimmung von Hydroxid- und Carbonat-Ionen in einem festen Rohrreiniger**
Aufgabenlösungen

1. Zu Schritt (a): Zur Auswertung muss die Masse der Probe möglichst genau bekannt sein. Dabei ist es gleichgültig, ob man 4,000 g oder z. B. 4,123 g Rohrreiniger einwiegt. Die Aluminiumkörner werden entfernt, da sie sonst, sobald Wasser zugegeben wird, mit anderen Bestandteilen des Rohrreinigers reagieren (siehe (d) und (e)). Beim Lösen des Rohrreinigers wird Wärme abgegeben. Die Lösung muss gekühlt werden, damit die Probelösung das gewünschte Volumen von 100 ml bei Zimmertemperatur aufweist.

Zu Schritt (b): Mit einer Vollpipette lässt sich die Probelösung genau abmessen. Methylorange ist der Indikator zur Ermittlung des Äquivalenzpunktes. Die Salzsäure (als H_3O^+) reagiert sowohl mit den gelösten Hydroxid-Ionen als auch mit den gelösten Carbonat-Ionen:

$$\text{H}_3\text{O}^+ + \text{OH}^- \longrightarrow 2\,\text{H}_2\text{O} \qquad \text{und} \qquad 2\,\text{H}_3\text{O}^+ + \text{CO}_3^{2-} \longrightarrow \text{CO}_2 + 3\,\text{H}_2\text{O}$$

Zu Schritt (c): Die Bestimmung von Carbonat-Ionen ist auf diese Weise nicht direkt möglich, da jede Titration mit einer Säure auch das Natriumhydroxid erfasst. Deshalb werden die Carbonat-Ionen als schwer lösliches Bariumcarbonat ausgefällt:

$$Ba^{2+}(aq) + CO_3^{2-}(aq) \longrightarrow BaCO_3(s)$$

Danach können die Hydroxid-Ionen allein bestimmt werden:

$$H_2C_2O_4 + 2\,OH^- \longrightarrow C_2O_4^{2-} + 2\,H_2O$$

(Durch die Wahl der Oxalsäure als Maßlösung wird verhindert, dass das Bariumcarbonat wieder in Lösung geht, da Bariumoxalat in Wasser schwer löslich ist.)

Aus der Differenz der Volumina der beiden Maßlösungen (Salzsäure und Oxalsäure) kann man die Stoffmenge der Carbonat-Ionen berechnen.

2. Ergebnis der Untersuchung eines Rohrreinigers:

m(Rohrreinigerprobe) = 4,427 g (Sechs Aluminiumkörner, insgesamt 50 mg, wurden aussortiert.)

Die Probe wurde in Wasser gelöst und auf V = 100 ml = 0,100 l aufgefüllt; jeweils 20 ml davon wurden titriert:

V(Salzsäure) = 10,6 ml   mit c(HCl) = 1 mol/l

V(Oxalsäure) = 10,1 ml   mit c(H_2C_2O_4) = 0,5 mol/l

Berechnungen zum Hydroxid:

$$\frac{n(NaOH)}{n(H_2C_2O_4)} = \frac{2}{1} = \frac{c(NaOH) \cdot V(\text{Natronlauge})}{c(H_2C_2O_4) \cdot V(\text{Oxalsäure})}$$

$$\Leftrightarrow \quad c(NaOH) = \frac{2 \cdot c(H_2C_2O_4) \cdot V(\text{Oxalsäure})}{1 \cdot V(\text{Natronlauge})} = \frac{2 \cdot 0,5\,mol/l \cdot 10,1\,ml}{20\,ml} = 0,505\,mol/l$$

$$n(NaOH) = c(NaOH) \cdot V = 0,505\,mol/l \cdot 0,100\,l = 0,0505\,mol$$

$$m(\text{Natriumhydroxid}) = n(NaOH) \cdot M(NaOH) = 0,0505\,mol \cdot 40,00\,g/mol = 2,02\,g$$

$$w(\text{Natriumhydroxid}) = \frac{m(\text{Natriumhydroxid})}{m(\text{Rohrreinigerprobe})} = \frac{2,02\,g}{4,427\,g} \cdot 100\,\% \approx 46\,\%$$

Berechnungen zum Carbonat:

Hinweis: Die in der Lösung vorhandenen Hydroxid-Ionen verbrauchen bei der Titration genauso viel Salzsäure (einprotonig; c(HCl) = 1 mol/l) wie sie bei der anderen Titration Oxalsäure (zweiprotonig; c(H_2C_2O_4) = 0,5 mol/l) verbraucht haben. Zur Berechnung der Konzentration der Carbonat-Ionen korrigiert man deshab das titrierte Volumen einfach durch Subtraktion von V(Oxalsäure).

$$\frac{n(HCl)}{n(Na_2CO_3)} = \frac{2}{1} = \frac{c(HCl) \cdot [V(\text{Salzsäure}) - V(\text{Oxalsäure})]}{c(Na_2CO_3) \cdot V(\text{Natriumcarbonat-Lösung})}$$

$$\Leftrightarrow \quad c(Na_2CO_3) = \frac{1 \cdot c(HCl) \cdot [V(\text{Salzsäure}) - V(\text{Oxalsäure})]}{2 \cdot V(\text{Natriumcarbonat-Lösung})} = \frac{1 \cdot 1\,mol/l \cdot (10,6\,ml - 10,1\,ml)}{2 \cdot 20\,ml} = 0,0125\,mol$$

$$n(Na_2CO_3) = c(Na_2CO_3) \cdot V = 0,0125\,mol/l \cdot 0,100\,l = 0,00125\,mol$$

$$m(\text{Natriumcarbonat}) = 0,00125\,mol \cdot 105,99\,g/mol = 0,132\,g$$

$$w(\text{Natriumcarbonat}) = \frac{0,132\,g}{4,427\,g} \cdot 100\,\% \approx 3\,\%$$

Der Rohrreiniger enthält 3 % Natriumcarbonat und 46 % Natriumhydroxid.

3. Rohrreiniger ist ein inhomogenes, grobkörniges Feststoffgemisch. Bei der Entnahme kleiner Mengen treten daher zufällige Schwankungen in der Zusammensetzung auf. Die Komponenten haben außerdem unterschiedliche Dichten und Korngrößen. Durch Schütteln gelangen schwere, kleine Körner in den unteren Bereich der Rohrreinigerdose und werden (oben) in zu kleinem Anteil entnommen.

Zum Entnehmen der Probe muss die Rohrreinigerdose – in waagerechter Lage – gut geschüttelt und dabei gedreht werden, damit sich die Stoffe gut durchmischen. Im Prinzip könnte man auch den gesamten Inhalt einer Rohrreinigerdose wiegen, von Aluminiumkörnern befreien und in Wasser auflösen; dies ist jedoch sehr aufwändig.

Eine weitere Fehlerquelle liegt darin, dass vor der Titration mit Oxalsäure nicht lange genug abgewartet wird, bis alle Carbonat-Ionen mit den Barium-Ionen reagiert haben.

4. Aluminium reagiert mit einer alkalischen Lösung unter Bildung von Wasserstoff. Die Gasbildung fördert die Lockerung der Rohrverstopfung.

Hinweis: Man kann den Wasserstoff nachweisen, indem man zu einer kleinen Portion Rohrreiniger in einem Reagenzglas etwas Wasser gibt und einen brennenden Holzspan in den oberen Teil des Reagenzglases hält.

Viele (nicht alle) festen Rohrreiniger enthalten Natriumnitrat. Es reagiert mit dem aus Aluminium und Natronlauge gebildeten Wasserstoff u.a. zu Ammoniak. Viele Quellen geben an, dass dadurch Knallgasexplosionen verhindert werden sollen. Da jedoch auch Rohrreiniger ohne Natriumnitrat im Handel sind, kann dies zumindest nicht der alleinige Zweck sein. Möglicherweise setzt man das Natriumnitrat zu, um einen „sauberen Geruch nach Salmiak" zu erzeugen.

Hinweise:
- Man kann das Nitrat nachweisen, indem man zu einer kleinen Portion Rohrreiniger in einem Reagenzglas etwas Wasser gibt und und angefeuchtetes Universalindikator-Papier über die Öffnung des Reagenzglases hält. Wenn der Abflussreiniger Kaliumnitrat oder Natriumnitrat enthält, färbt sich das Universalindikator-Papier blau. Beispiele Stand 2016: „Denkmit Rohrreiniger-Granulat": keine Bildung von Ammoniak; „rorax Rohrfrei Power-Granulat": Bildung von Ammoniak.
- Die Knallgasprobe (siehe Hinweis oben) verläuft i.d.R. positiv, auch wenn der Rohrreiniger ein Nitrat enthält. Offenbar reagiert nur ein Teil des Wasserstoffs mit den Nitrat-Ionen.

Hinweise zur Durchführung:
- Es sind Rohrreiniger mit Aluminiumkörnern und ohne Aluminiumkörner im Handel; bei letzteren entfällt natürlich das Entfernen der Aluminiumkörner. Jedenfalls muss der eingesetzte Rohrreiniger einen großen Anteil von Natriumhydroxid enthalten.
- Vor der Titration mit Oxalsäure muss ca. 5 Minuten abgewartet werden, bis alle Carbonat-Ionen mit den Barium-Ionen reagiert haben. Man erkennt dies daran, dass sich das Bariumcarbonat absetzt und die Lösung wieder fast klar wird.

Literatur

Zur Untersuchung von Cola-Getränken:
D. Steiner: Analyse und Synthese von Cola-Getränken. Naturwissenschaften im Unterricht Chemie 43 (1998), 37
D. Graf: Zuckerbestimmung in Lebensmitteln. Naturwissenschaften im Unterricht Chemie 43 (1998), 40
Th. Bianco: Die Aufnahme und Auswertung einer Titrationskurve der Säure-Base-Titration von behandelter Cola (aus der die Kohlensäure weitgehend entfernt wurde) mit Natronlauge zur Bestimmung der Massenkonzentration des Säuerungsmittels Phosphorsäure in Coca-Cola als Beispiel für eine praxisbezogene Anwendung des maßanalytischen Verfahrens der pH-metrischen Titration (Examenslehrprobe 1998, unveröffentliches Manuskript)

Zum Säuremanagement in Weinen:
H. Otteneder: Chemie und Genuss – Wein zwischen Tradition und moderner Technik. Chemie in unserer Zeit 2/2011, 86

Zur Untersuchung der Wirkungsweise eines Rohrreinigers:
P. Gietz: Projektorientiertes Arbeiten, Beispiel „Rohrreiniger". Chemie in der Schule 4 (1995), 138

4.20 Chemische Reaktionen und Energie

Zu den Aufgaben

A1 Die im Schulbuch abgebildeten und/oder weitere Beispiele können genannt werden.
- Offene Systeme: Lagerfeuer, offene Getränkeflasche, offenes Becherglas, Essen im Kochtopf, Feuer im Heizkessel oder Kamin, Pfütze, Lebewesen ...
- Geschlossene Systeme: geschlossene Getränkeflasche, Erlenmeyerkolben mit Stopfen, Konservendose, verschlossene Gasflasche, die Erde (nicht ganz geschlossen, da die Erde Gase aus der Atmosphäre verliert und Meteoriten aufnimmt), ...
- Isolierte Systeme: Dewar-Gefäß, Thermoskanne, gesamtes Weltall ...
  Es gibt (abgesehen vom gesamten Weltall) eigentlich kein komplett isoliertes System. Die Beispiele können kontrovers diskutiert werden.

A2 Grundsätzlich kann es ein solches System nicht geben, da die Teilchen eines Stoffes immer auch Energie enthalten.

A3 In einem isolierten System ändert sich die innere Energie nicht. Durch eine endotherme Reaktion in einem isolierten System sinkt die Temperatur (d.h., die mittlere kinetische Energie der Teilchen im System wird kleiner), aber dafür nimmt die chemische Energie zu. Ein geschlossenes oder offenes System nimmt aus der Umgebung die Reaktionswärme Q_r auf. Dies führt zu einer Erhöhung der inneren Energie U des geschlossenen bzw. offenen Systems um den Betrag von Q_r.

Zusatzinformationen

Extensive und intensive Zustandsgrößen

Zustandsgrößen können in extensive und intensive Zustandsgrößen unterteilt werden:
- Extensive Zustandsgrößen verändern sich, wenn man ein System teilt oder zwei gleiche Systeme vereinigt. Beispiele: Volumen, Masse, Stoffmenge, Wärmekapazität, innere Energie, Enthalpie, Entropie.
- Intensive Zustandsgrößen bleiben konstant, wenn man nur einen Teilbereich eines homogenen Systems betrachtet oder zwei gleiche Systeme zusammenführt. Beispiele: molares Volumen, Dichte, molare Masse, Massenkonzentration, Stoffmengenkonzentration, spezifische Wärmekapazität, molare innere Energie, molare Enthalpie, molare Entropie, Temperatur, Druck.

Literatur

Ulrich Nickel: Lehrbuch der Thermodynamik – Eine anschauliche Einführung. PhysChem Verlag, Erlangen, 3. Auflage 2019

4.21 Die Neutralisationsenthalpie

Vorbemerkungen

Im Kernlehrplan 2022 wird der Energetik ein breiterer Anteil eingeräumt als bisher, sodass die KMK-Bildungsstandards von 2020 berücksichtigt sind. Im Lernfeld „Säuren, Basen und analytische Verfahren" wurden dazu für den Grundkurs und für den Leistungskurs u.a. die folgenden Kompetenzen formuliert (S. 39 bzw. S. 48):
Die Schülerinnen und Schüler
- definieren den Begriff der Reaktionsenthalpie und grenzen diesen von der inneren Energie ab,
- erklären im Zusammenhang mit der Neutralisationsreaktion den ersten Hauptsatz der Thermodynamik (Prinzip der Energieerhaltung),
- erläutern die Neutralisationsreaktion unter Berücksichtigung der Neutralisationsenthalpie.
Mit Kap. 4.21 können diese Kompetenzen erreicht werden. Sinnvoll ist es jedoch, Kap. 4.20 einzubeziehen, um grundlegende Begriffe (z.B. System und Umgebung) zu klären.

Diese Lerneinheit beinhaltet u.a. einen Versuch, in dem die Neutralisationsenthalpie mit einem sehr kleinen apparativen Aufwand bestimmt wird. Die mangelnde Wärmeisolation des Kunststoffbechers schadet hier wenig, da die Neutralisationsreaktion sehr schnell abläuft, sodass der Wärmeverlust relativ klein ist. Außerdem ist die Wärmekapazität des Kunststoffbechers klein.
Alternativ kann man nach Kap. 4.23, V2 vorgehen.

Zu den Aufgaben

A1 *Hinweis:* Diese Aufgabe entspricht ungefähr der 2. Aufgabe zum Versuch V1 (Lösung s.u.). Die Aufgabe wurde nur für den Fall gestellt, dass die Schülerinnen und Schüler den Versuch nicht durchführen.

A2 Stoffmengen:
50 ml Salpetersäure, $c(HNO_3) = 1\,mol/l \Rightarrow n(H_3O^+) = 1\,mol/l \cdot 0,050\,l = 0,050\,mol$
50 ml Kalilauge, $c(KOH) = 1\,mol/l \Rightarrow n(OH^-) = 1\,mol/l \cdot 0,050\,l = 0,050\,mol$

Temperaturdifferenz: $\Delta\vartheta = 29,0\,°C - 22,3\,°C = 6,7\,°C = 6,7\,K$

Vereinfachende Annahme: Die neutrale Lösung hat die gleiche Dichte und Wärmekapazität wie Wasser: $\varrho = 1\,g/ml$ und $c_W = 4,2\,J/(g \cdot K)$

Masse der neutralen Lösung: $m = (50\,ml + 50\,ml) \cdot 1\,g/ml = 100\,g$

$Q_r = c_W \cdot m \cdot \Delta\vartheta$

$Q_r(0,050\,mol) = 4,2\,J/(g \cdot K) \cdot 100\,g \cdot 6,7\,K \approx 2,8 \cdot 10^3\,J = 2,8\,kJ$

Bei der Reaktion der 20-fachen Stoffmenge, d.h. von 1 mol H_3O^+ mit 1 mol OH^-, entsteht die 20-fache Wärmemenge:

$Q_r(1\,mol) \approx 2,8\,kJ \cdot 20 = 56\,kJ$

A3 Die bei der Neutralisation entstehende Wärme soll möglichst vollständig an die Lösung abgegeben werden. Die Wärme wird aber auch an das Reaktionsgefäß und (bei einem offenen Gefäß) an die Luft abgegeben. Auch vom Reaktionsgefäß wird die Wärme nach und nach an die Umgebung abgegeben.

Metalle leiten die Wärme wesentlich besser als Kunststoffe. Thermosflaschen sind sogar so konstruiert, dass sie die Wärme möglichst langsam abgeben. Von einem Metallbecher wird die Wärme deshalb schneller an die Umgebung abgegeben als von einem Kunststoffbecher oder einer Thermosflasche.

Die Temperaturerhöhung fällt folglich bei einer Neutralisation in einem Metallbecher niedriger aus als in einem Kunststoffbecher oder einer Thermosflasche. In einem Metallbecher wird man eine Wärmemenge bestimmen, die deutlich niedriger ist als die Neutralisationswärme.

Zum Versuch

V1

Aufgabenlösungen

1. Auswertung einer Messreihe:

	Salzsäure und Natronlauge	Salzsäure und Kalilauge	Salpetersäure und Natronlauge	Salpetersäure und Kalilauge
ϑ_{Ende}	28,6 °C	28,5 °C	28,5 °C	28,4 °C
ϑ_{Anfang}	21,8 °C	21,8 °C	21,8 °C	21,8 °C
$\Delta\vartheta$	6,8 K	6,7 K	6,7 K	6,6 K

2. Bei allen vier Reaktionen sind die Temperaturerhöhungen ungefähr gleich.
Deutung:
Bei diesen Neutralisationen reagieren Oxonium-Ionen mit Hydroxid-Ionen zu Wasser-Molekülen:

$H_3O^+ + Cl^- + Na^+ + OH^- \longrightarrow 2 H_2O + Na^+ + Cl^-$
Salzsäure   Natronlauge   Wasser   Natriumchlorid (gelöst)

$H_3O^+ + Cl^- + K^+ + OH^- \longrightarrow 2 H_2O + K^+ + Cl^-$
Salzsäure   Kalilauge   Wasser   Kaliumchlorid (gelöst)

$H_3O^+ + NO_3^- + Na^+ + OH^- \longrightarrow 2 H_2O + Na^+ + NO_3^-$
Salpetersäure   Natronlauge   Wasser   Natriumnitrat (gelöst)

$H_3O^+ + NO_3^- + K^+ + OH^- \longrightarrow 2 H_2O + K^+ + NO_3^-$
Salpetersäure   Kalilauge   Wasser   Kaliumnitrat (gelöst)

Die Natrium-, Kalium-, Chlorid- und Nitrat-Ionen reagieren nicht. Es findet also jeweils die gleiche Reaktion statt. Wenn man die nicht reagierenden Ionen weglässt, ergibt sich jedes Mal die folgende Reaktionsgleichung:

$H_3O^+ + OH^- \longrightarrow 2 H_2O$

d) Für alle vier Neutralisationen gilt:

$Q_r = c_W \cdot m \cdot \Delta\vartheta$

$c_W = 4,2 \, J/(g \cdot K)$ (vereinfachend gleiche Wärmekapazität wie Wasser)

$m = (50 \, ml + 50 \, ml) \cdot 1 \, g/ml = 100 \, g$ (vereinfachend gleiche Dichte wie Wasser: $\rho = 1 \, g/ml$)

$n(H_3O^+) = 1 \, mol/l \cdot 0,050 \, l = 0,050 \, mol$

$n(OH^-) = 1 \, mol/l \cdot 0,050 \, l = 0,050 \, mol$

Salzsäure und Natronlauge:

$Q_r(0,050 \, mol) = 4,2 \, J/(g \cdot K) \cdot 100 \, g \cdot 6,8 \, K \approx 2,9 \cdot 10^3 \, J = 2,9 \, kJ$

$\Delta_r H(1 \, mol) = Q_r(1 \, mol) \approx 2,9 \, kJ \cdot 20 = 58 \, kJ$

Salzsäure und Kalilauge:

$Q_r(0,050 \, mol) = 4,2 \, J/(g \cdot K) \cdot 100 \, g \cdot 6,7 \, K \approx 2,8 \cdot 10^3 \, J = 2,8 \, kJ$

$\Delta_r H(1 \, mol) = Q_r(1 \, mol) \approx 2,8 \, kJ \cdot 20 = 56 \, kJ$

Salpetersäure und Natronlauge:

$$Q_r(0{,}050\,\text{mol}) = 4{,}2\,\text{J/(g·K)} \cdot 100\,\text{g} \cdot 6{,}7\,\text{K} \approx 2{,}8 \cdot 10^3\,\text{J} = 2{,}8\,\text{kJ}$$

$$\Delta_r H(1\,\text{mol}) = Q_r(1\,\text{mol}) \approx 2{,}8\,\text{kJ} \cdot 20 = 56\,\text{kJ}$$

Salpetersäure und Kalilauge:

$$Q_r(0{,}050\,\text{mol}) = 4{,}2\,\text{J/(g·K)} \cdot 100\,\text{g} \cdot 6{,}6\,\text{K} \approx 2{,}8 \cdot 10^3\,\text{J} = 2{,}8\,\text{kJ}$$

$$\Delta_r H(1\,\text{mol}) = Q_r(1\,\text{mol}) \approx 2{,}8\,\text{kJ} \cdot 20 = 56\,\text{kJ}$$

Zur Abbildung

B1 Versuchsaufbau zur Ermittlung der Neutralisationswärme
Der Kunststoffbecher steht auf einem Kunststoffbrett, sodass er gegen die Tischfläche gut isoliert ist. Eine Metallplatte wäre weniger geeignet, da Metalle eine hohe Wärmeleitfähigkeit haben.

Zusatzinformationen

Die Neutralisationswärme (Neutralisationsenthalpie) hängt in geringem Maß von den verwendeten Säuren und Laugen ab; die real gemessenen Werte liegen i.d.R. zwischen 54 und 60 kJ. Dies liegt u.a. daran, dass beim Verdünnen vieler Ionen Energie abgegeben wird (besonders viel z.B. bei K^+) und dass zur Protolyse schwacher Säuren (z.B. Essigsäure) Energie benötigt wird. Bei der Neutralisation von Schwefelsäure misst man sogar Neutralisationswärmen von ca. 66 kJ, da bei der Deprotonierung der Hydrogensulfationen Energie abgegeben wird. (Genaueres: siehe Literatur)

Literatur

R. Peper-Bienzeisler, H. Fickenfrechrichs, W. Jansen: Neutralisationsenthalpien – Warum sind sie so verschieden? Chemie konkret 19 (1/2012), 21

4.22 Exkurs: Reaktionsenergie und Reaktionsenthalpie – ein Vergleich

Zu den Aufgaben

A1

a) Bei Reaktionen, die mit einer Volumenzunahme verbunden sind, verrichtet das System Volumenarbeit an der Umgebung. Dies ist bei allen Reaktionen der Fall, bei denen die Anzahl der Gasteilchen durch die Reaktion zunimmt.
Beispiele:
- Verbrennungen fester oder flüssiger Stoffe, bei denen ausschließlich gasförmige Produkte entstehen, z.B. $C_5H_{12}(l) + 8\,O_2(g) \longrightarrow 5\,CO_2(g) + 6\,H_2O(g)$
  (*Hinweis*: Wird diese Reaktion so geführt, dass das gebildete Wasser kondensiert, ist sie ein Beispiel für Volumen*abnahme*.)
- Zerfallsreaktionen, z.B. Explosion von Sprengstoffen, Thermolyse von Oxiden, Thermolyse von Ammoniumchlorid, Thermolyse von Kohlenwasserstoffen
- Reaktionen von Säuren mit unedlen Metallen (Bildung von gasförmigem Wasserstoff)
- Beispiele aus dem Alltag: Eine Brausetablette löst sich auf, ein Hefeteig geht, eine Sprudelflasche wird geöffnet (es entsteht jeweils gasförmiges Kohlenstoffdioxid), ein Oxireiniger setzt Sauerstoff frei.

b) Bei Reaktionen, die mit einer Volumenabnahme verbunden sind, verrichtet die Umgebung Volumenarbeit am System. Dies ist bei allen Reaktionen gegeben, bei denen die Anzahl der Gasteilchen bei der Reaktion abnimmt.
Beispiele:
- Synthese von Wasser oder Ammoniak aus den elementaren Stoffen
- Reaktionen von Metallen mit Sauerstoff
- Reaktionen von Metallen mit gasförmigen Halogenen

A2 Die innere Energie von 1 kg flüssigem Wasser ist größer als die innere Energie von 1 kg Eis. Dies gilt auch, wenn beide Stoffportionen die gleiche Temperatur (0 °C) haben. Begründung: Um Eis in flüssiges Wasser zu überführen, muss Wärme zugeführt werden. Die innere Energie steigt dadurch, obwohl die Temperatur gleich bleibt. Durch die Energiezufuhr wird ein Teil der Wasserstoffbrücken im Eiskristall zerstört, sodass das Eis schmilzt.

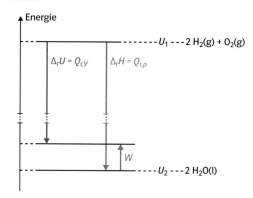

Die Knallgasreaktion ist sowohl bei konstantem Volumen als auch bei konstantem Druck eine exotherme Reaktion, d.h., die Reaktionsenergie $\Delta_r U$ und die Reaktionsenthalpie $\Delta_r H$ haben negative Werte.

Bei konstantem Druck ist die Reaktionswärme $Q_{r,p}$ gleich der Reaktionsenthalpie $\Delta_r H$.

Es gilt: $\Delta_r H = \Delta_r U - W$. Da aus Gasen eine Flüssigkeit entsteht, ist $\Delta V < 0$ und damit die Volumenarbeit positiv ($W = -p \cdot \Delta V > 0$). Daraus folgt: $\Delta_r H < \Delta_r U$. Da jedoch beide Größen negative Werte haben, ist der *Betrag* der Reaktionsenthalpie *größer* als der Betrag der Reaktionsenergie, d.h., der Pfeil der Reaktionsenthalpie im Diagramm ist länger.

Zum Versuch

V1 Beobachtung (s. B3 im Schulbuch): Unter Austritt einer Stichflamme findet eine Explosion statt; der Deckel der Chipsdose wird weggeschleudert.

Erklärung: Butan-Luft-Gemische sind in bestimmten Mischungsverhältnissen explosiv.
Untere Explosionsgrenze: φ(Butan) $\approx 1,5\%$
Optimale Mischung: φ(Butan) $\approx 1,9\%$
Obere Explosionsgrenze: φ(Butan) $\approx 8,0\%$

Reaktionsgleichung: $2\,C_4H_{10}(g) + 13\,O_2(g) \longrightarrow 8\,CO_2(g) + 10\,H_2O(g)$

Aus 15 Mol Gas entstehen also 18 Mol Gas, schon dies führt zu einer Druckerhöhung in der Chipsdose.

Berechnung der Reaktionsenthalpie (für n-Butan; für Isobutan wäre $\Delta_f H^0 = -134$ kJ/mol einzusetzen):
$\Delta_r H^0 = 8\,\text{mol} \cdot (-242\,\text{kJ/mol}) + 10\,\text{mol} \cdot (-393\,\text{kJ/mol}) - 2\,\text{mol} \cdot (-126\,\text{kJ/mol}) = -5614\,\text{kJ}$

Die Reaktion ist also stark exotherm. Da die Reaktionswärme nicht schnell abgeführt werden kann, kommt es zu einem sehr schnellen Temperaturanstieg. Dies bewirkt eine rapide Erhöhung der Reaktionsgeschwindigkeit, verbunden mit einer starken Druckerhöhung, wodurch der Deckel der Chipsdose weggeschleudert wird.

4.23 Praktikum: Kalorimetrische Ermittlung von Enthalpien

Vorbemerkungen

Dieses Praktikum deckt die im Kernlehrplan vorgesehenen Beispiele für Reaktionsenthalpien ab: die Neutralisationsenthalpie und die Lösungsenthalpie. Auf die „klassischen" Beispiele der Reaktionsenthalpien von Verbrennungsreaktionen und anderen Redoxreaktionen wird verzichtet, da sie im Kernlehrplan nicht vorgesehen sind.
Alternativ zu V2 kann Kap. 4.21, V1 durchgeführt werden.

Zur spezifischen Wärmekapazität von Wasser
Die spezifische Wärmekapazität von Wasser bei 20 °C und 1000 hPa beträgt $c_W = 4{,}18$ J/(g·K).
(Quellen: CRC Handbook, 91st Edition 2010–2011: $C_p = 4{,}1841$ kJ/(kg·K); D'Ans-Lax, Taschenbuch für Chemiker und Physiker, 4. Auflage 1992: $C_p = 4{,}182$ J/(g·K).
Die spezifische Wärmekapazität von Wasser ist temperaturabhängig, sie beträgt 4,202 J/(g·K) bei 5 °C; 4,186 J/(g·K) bei 15 °C; 4,182 J/(g·K) bei 20 °C; 4,178 J/(g·K) bei 30 °C; 4,179 J/(g·K) bei 40 °C; 4,181 J/(g·K) bei 50 °C (nach D'Ans-Lax; nach dem CRC Handbook sind die Werte etwas höher).

Hinweis: Die veraltete Einheit Kalorie war (grob gesagt) als die Energiemenge definiert, die man benötigt, um ein Gramm Wasser um 1 Kelvin zu erwärmen. Aus der spezifischen Wärmekapazität des

Wassers folgt also prinzipiell auch die Umrechung zwischen den Einheiten Joule und Kalorie. Da die Wärmekapazität jedoch temperaturabhängig ist, gibt es leider mehrere unterschiedliche Definitionen der Kalorie. Die Internationale Tafel-Kalorie ist folgendermaßen exakt definiert: $1\,cal_{IT} = 4{,}1868\,J$

Zu den Versuchen

V1 Bestimmung der Wärmekapazität des Kalorimetermaterials

Die im Folgenden beschriebene Messung wurde an einem Dewar-Gefäß (ähnlich wie in V2 und V3) durchgeführt. Zum Vergleich wurde ein Getränkedosenkalorimeter untersucht, wie es in Elemente Chemie 7–10 NRW (Klett-Nr. 756141) in Kap. 10.37 zur Bestimmung von Heizwerten beschrieben wird (Spititusbrenner mit Docht auf Waage, Getränkedose über dem Spititusbrenner mit Stativ befestigt).

Aufgabenlösung

B3 im Schulbuch zeigt die Formeln zur Auswertung.

	Dewar-Gefäß	Getränkedosenkalorimeter
Masse des kalten Wassers $m_{W,1}$	102,61 g	96,63 g
Masse des warmen Wassers $m_{W,2}$	105,03 g	99,13 g
Temperatur des kalten Wassers ϑ_1	24,6 °C	24,9 °C
Temperatur des warmen Wassers ϑ_2	37,5 °C	42,3 °C
Mischtemperatur ϑ_{misch}	30,6 °C	33,4 °C
$\vartheta_{misch} - \vartheta_1$	+6,0 K	+8,5 K
$\vartheta_{misch} - \vartheta_2$	–6,9 K	–8,9 K

Dewar-Gefäß:

$$Q_{W,2} = c_W \cdot m_{W,2} \cdot (\vartheta_{misch} - \vartheta_2) = 4{,}18\,J/(g{\cdot}K) \cdot 105{,}03\,g \cdot (-6{,}9\,K) = -3\,029\,J$$

$$Q_{W,1} = c_W \cdot m_{W,1} \cdot (\vartheta_{misch} - \vartheta_1) = 4{,}18\,J/(g{\cdot}K) \cdot 102{,}61\,g \cdot 6{,}0\,K = 2\,573\,J$$

$$Q_K = -Q_{W,2} - Q_{W,1} = 3\,029\,J - 2\,573\,J = 456\,J$$

$$C_K = \frac{Q_K}{\vartheta_{misch} - \vartheta_1} = \frac{456\,J}{6{,}0\,K} = 76\,J/K$$

Getränkedosenkalorimeter:

$$Q_{W,2} = c_W \cdot m_{W,2} \cdot (\vartheta_{misch} - \vartheta_2) = 4{,}18\,J/(g{\cdot}K) \cdot 99{,}13\,g \cdot (-8{,}9\,K) = -3\,688\,J$$

$$Q_{W,1} = c_W \cdot m_{W,1} \cdot (\vartheta_{misch} - \vartheta_1) = 4{,}18\,J/(g{\cdot}K) \cdot 96{,}63\,g \cdot 8{,}5\,K = 3\,433\,J$$

$$Q_K = -Q_{W,2} - Q_{W,1} = 3\,688\,J - 3\,433\,J = 255\,J$$

$$C_K = \frac{Q_K}{\vartheta_{misch} - \vartheta_1} = \frac{255\,J}{8{,}5\,K} = 30\,J/K$$

Hinweise zum Getränkedosenkalorimeter:
Die Wärmekapazität der Getränkedose kann (unter der vereinfachenden Annahme, dass sie aus reinem Aluminium besteht) auch aus ihrer Masse berechnet werden. Die verwendete Getränkedose hatte eine Masse von 32,1 g, damit ergibt sich die folgende Wärmekapazität:
$$C_K = c_{Aluminium} \cdot m(Aluminium) = 0{,}896\,J/(g{\cdot}K) \cdot 32{,}1\,g = 28{,}8\,J/K$$

Bei einem weiteren Versuch wurde die Mischungstemperatur erst nach 10 Minuten (statt nach nach 1 Minute) gemessen. Hier ergab sich ein Wert von $C_K = 245\,J/K$. Außerdem war der Wert auch stark abhängig von den Temperaturen der Wasserportionen. Beides ist durch die fehlende Wärmedämmung und die daraus resultierenden hohen Wärmeverluste an die Umgebungsluft zu erklären.

Durch den folgenden Trick kann man die Wärmeverluste des Getränkedosenkalorimetes näherungsweise kompensieren: Die Mischungstemperatur wird so gewählt, dass diese etwas unterhalb der Endtemperatur im Verbrennungsversuch liegt, und die Temperaturmessung erfolgt erst nach der Zeit, die der Brenndauer entspricht.

Diskussion der Ergebnisse:
Die Wärmekapazität der Getränkedose ist kleiner ist als die Wärmekapazität des Dewar-Gefäßes. Dies kann man dadurch erklären, dass die innere Glaswand des Dewar-Gefäßes, die den Großteil der Wärme aufnimmt, eine höhere Masse hat als die Getränkedose. Die spezifischen Wärmekapazitäten der Materialien sind ähnlich: $c_{Aluminium} = 0{,}896\,J/(g{\cdot}K)$; $c_{Glas} \approx 0{,}8\,J/(g{\cdot}K)$

Die größte Fehlerquelle bei Messungen mit dem Getränkedosenkalorimeter ist offensichtlich die unzulängliche (bzw. kaum vorhandene) Isolation des Kalorimetergefäßes nach außen. Dadurch wird (v.a. bei langer Versuchszeit und hoher Temperaturdifferenz zur Umgebung) eine große Wärmemenge durch die Kalorimeterwand hindurch auf die Umgebung übertragen. Dies kann man schon daran erkennen, dass die Getränkedose nach dem Einfüllen des warmen Wassers auch außen warm wird, während die Außenwand eines Dewar-Gefäßes kühl bleibt. Dass beim Getränkedosenkalorimeter der Wärmeverlust eine große Fehlerquelle ist, wird auch dadurch belegt, dass die berechnete Wärmekapazität des Kalorimetermaterials stark abhängig von den Temperaturen der Wasserportionen ist und enorm ansteigt, wenn man die Mischungstemperatur einige Minuten später misst (s. Hinweis weiter oben).

Für eine genauere kalorimetrische Messung ist also neben der Berücksichtigung der Wärmekapazität des Kalorimetermaterials vor allem die Vermeidung von Wärmeabgabe an die Umgebung wichtig (thermische Isolierung des Kalorimetergefäßes, Reaktionsraum innerhalb des Kalorimetergefäßes, kurze Versuchsdauer, möglichst geringe Temperaturdifferenz des Kalorimeterwassers zur Umgebung).

V2 Bestimmung einer Neutralisationsenthalpie
In einem Schülerversuch wurden mit einem Dewar-Gefäß die folgenden Werte bestimmt:

a) Bestimmung der Wärmekapazität des Kalorimetermaterials (s. V1): $C_K = 76\,J/K$

b) Anfangstemperatur der Natronlauge und der Salzsäure: $\vartheta_1 = 20{,}8\,°C$
Endtemperatur der neutralisierten Lösung: $\vartheta_2 = 26{,}8\,°C$
$\Rightarrow \Delta\vartheta = 6{,}0\,K$
Masse der neutralisierten Lösung: $m(\text{Lösung}) = 203\,g$

Aufgabenlösungen
1. Berechnung der Reaktionsenthalpie (Neutralisationsenthalpie) für die eingesetzten Mengen:
$\Delta_r H = -(c_W \cdot m(\text{Lösung}) + C_K) \cdot \Delta\vartheta$
$\Delta_r H = -(4{,}18\,J/(g \cdot K) \cdot 203\,g + 76\,J/K) \cdot 6{,}0\,K \approx -5{,}5 \cdot 10^3\,J = -5{,}5\,kJ$

Berechnung der Stoffmengen:
$n(H_3O^+) = c(HCl) \cdot V(\text{Salzsäure}) = 1{,}00\,mol/l \cdot 0{,}100\,l = 0{,}100\,mol$
$n(OH^-) = c(NaOH) \cdot V(\text{Natronlauge}) = 1{,}00\,mol/l \cdot 0{,}100\,l = 0{,}100\,mol$

Die Neutralisationsenthalpie für je 1 mol H_3O^+-Ionen und OH^--Ionen beträgt also das Zehnfache des oben ermittelten Werts:
$\Delta_r H(1{,}00\,mol) = -5{,}5\,kJ \cdot 10 = -55\,kJ$

2. Es ist der gleiche Wert der Neutralisationsenthalpie zu erwarten. Begründung: Schwefelsäure ist eine zweiprotonige Säure. Bei der Konzentration von $c(H_2SO_4) = 0{,}50\,mol/l$ reagiert die gleiche Menge H_3O^+-Ionen wie bei Salzsäure mit $c(H_2SO_4) = 1{,}00\,mol/l$. Es sind also gleich viele H_3O^+- und OH^--Ionen an der Neutralisation beteiligt.

Hinweise zu Aufgabe 2:
Die Neutralisationsenthalpie hängt in geringem Maß von den verwendeten Säuren und Laugen ab (siehe Literatur und Kap. 4.21, Zusatzinformationen).

Falls die Schülerinnen und Schüler bereits Vorkenntnisse zum Thema Säure-Base-Gleichgewichte haben, kann es hier zu Fehlvorstellungen kommen. Zunächst erscheint es nicht selbstverständlich, dass die Schwefelsäure-Moleküle beide Protonen abgeben, da das Hydrogensulfat-Ion zwar eine starke Säure ist, aber *keine* sehr starke Säure. So könnte die Hypothese aufgestellt werden, dass hier die gemessene Neutralisationsenthalpie geringer ist, da weniger H_3O^+-Ionen in der Lösung vorhanden sind. Der Denkfehler besteht darin, dass nur die wässrige Schwefelsäure-Lösung betrachtet wird, und nicht berücksichtigt wird, dass bei der Neutralisation Hydroxid-Ionen zugegeben werden, die mit H_3O^+-Ionen reagieren. Dadurch verschiebt sich das Gleichgewicht, sodass ständig H_3O^+-Ionen nachgebildet werden. Diesem Fehlschluss kann durch Gleichgewichtsbetrachtungen und letztlich durch das Überprüfungsexperiment begegnet werden.

Hinweis zur Durchführung:
Mit Styroporbechern oder ineinander gestellten Pappbechern (statt eines Dewar-Gefäßes) erzielt man ebenfalls sehr gute Ergebnisse (s. Kap. 4.21, V1). Dies hat die folgenden Gründe:
- Die Reaktion läuft sehr schnell ab. Deshalb kann die Endtemperatur nach kurzer Zeit bestimmt werden, sodass die Wärmeverluste gering sind.
- Das Wasser der reagierenden Lösungen ist zugleich auch das Kalorimeterwasser. Hier muss die Reaktionswärme also nicht erst auf eine Wasserportion in einer „begrenzten Umgebung" übertragen werden, sondern kann im System selbst gemessen werden. Dies führt ebenfalls zu geringen Wärmeverlusten.

Hinweise zur Auswertung:
Die Ergebnisse von Schülerpraktika liegen oft sehr nah am Tabellenwert von $\Delta_r H^0 = -57{,}5\,\text{kJ}$.

Die Neutralisationsenthalpie ist für die folgende Reaktionsgleichung definiert (die Reaktionsenthalpie der Anlagerung eines Protons an ein Wasser-Molekül ist definitionsgemäß null):

$$H^+(aq) + OH^-(aq) \longrightarrow H_2O(l) \quad | \quad \Delta_r H^0 = -57{,}5\,\text{kJ} \quad \text{(bei } c(H^+) = c(OH^-) = 1\,\text{mol/l)}$$

Dieser Wert wird meistens in Lexika angegeben.
Die Berechnung aus Tabellenwerten für ideale Lösungen (z.B. Tafelwerk, Ernst Klett Verlag, Stuttgart 2009) weicht davon geringfügig ab:

$$
\begin{aligned}
\Delta_r H^0 &= 1\,\text{mol} \cdot \Delta_f H_m^0(H_2O,l) - [1\,\text{mol} \cdot \Delta_f H_m^0(H^+,aq) + 1\,\text{mol} \cdot \Delta_f H_m^0(OH^-,aq)] \\
&= 1\,\text{mol} \cdot (-286\,\text{kJ/mol}) - [1\,\text{mol} \cdot 0 \quad + 1\,\text{mol} \cdot (-230\,\text{kJ/mol})] = -56\,\text{kJ}
\end{aligned}
$$

Der Wert $\Delta_f H_m^0(H^+,aq) = 0$ ist eine willkürliche Festlegung. Äquivalent dazu ist die folgende Definition: $\Delta_f H_m^0(H_3O^+,aq) = \Delta_f H_m^0(H_2O,l) = -286\,\text{kJ/mol}$

Geht man von der Reaktionsgleichung $H_3O^+(aq) + OH^-(aq) \longrightarrow 2\,H_2O(l)$ aus, so erhält man den gleichen Wert der Neutralisationsenthalpie:

$$
\begin{aligned}
\Delta_r H^0 &= 2\,\text{mol} \cdot \Delta_f H_m^0(H_2O,l) - [1\,\text{mol} \cdot \Delta_f H_m^0(H_3O^+,aq) + 1\,\text{mol} \cdot \Delta_f H_m^0(OH^-,aq)] \\
&= 2\,\text{mol} \cdot (-286\,\text{kJ/mol}) - [1\,\text{mol} \cdot (-286\,\text{kJ/mol}) + 1\,\text{mol} \cdot (-230\,\text{kJ/mol})] = -56\,\text{kJ}
\end{aligned}
$$

Die Neutralisationsenthalpie wird hier (wie jede Reaktionsenthalpie) in der Einheit kJ (also nicht in kJ/mol) angegeben, siehe Vorbemerkung zu Kap. 5.6. Die Neutralisationsenthalpie bezieht sich immer auf die angegebene Reaktionsgleichung. Bei den obigen Reaktionsgleichungen entsteht einmal 1 H_2O und einmal 2 H_2O als Produkt. Es wäre trotzdem *falsch*, das Ergebnis der zweiten Berechnung der Neutralisationsenthalpie durch 2 zu dividieren.

V3 **Bestimmung einiger Lösungsenthalpien**
Im Folgenden wird eine Messung des Autors beschrieben.

Masse des Wassers: $m_W = 50\,\text{ml} \cdot 1{,}00\,\text{g/ml} = 50\,\text{g}$
Spezifische Wärmekapazität des Wassers: $c_W = 4{,}18\,\text{J/(g·K)} = 0{,}00418\,\text{kJ/(g·K)}$
Wärmekapazität des Kalorimetermaterials: $C_K = 72\,\text{J/K} = 0{,}072\,\text{kJ/K}$

Salz	m in g	M in g/mol	n in mol	ϑ_1 in °C	ϑ_2 in °C	$\Delta\vartheta$ in K
NaCl	3,0 g	58,44	0,051	20,5	19,8	−0,7
KCl	3,8 g	74,55	0,051	22,5	17,5	−5,0
KNO_3	5,0 g	101,11	0,049	22,8	16,8	−6,0
$CaCl_2$	5,5 g	110,98	0,050	21,5	32,5	+11,0

Aufgabenlösungen
1. Formeln zur Berechnung: $\Delta_{Loes}H = -(m_W \cdot c_W + C_K) \cdot \Delta\vartheta$ und $\Delta_{Loes}H_m = \dfrac{\Delta_{Loes}H}{n}$

Salz	$m_W \cdot c_W \cdot C_K$ in kJ/K	$\Delta\vartheta$ in K	Δ_{Loes} in kJ	n in mol	$\Delta_{Loes}H_m$ in kJ/mol
NaCl	0,281	−0,7	+0,2	0,051	+4
KCl	0,281	−5,0	+1,4	0,051	+28
KNO_3	0,281	−6,0	+1,7	0,049	+34
$CaCl_2$	0,281	+11,0	−3,1	0,050	−62

2. Formel zur Berechnung: $\Delta_{Loes}H_m^0 = \Delta_{Hydr}H_m^0 - \Delta_{Gitt}H_m^0$

Salz	$\Delta_{Hydr}H_m^0$ in kJ/mol	$\Delta_{Gitt}H_m^0$ in kJ/mol	$\Delta_{Loes}H_m^0$ in kJ/mol
NaCl	$-400 + (-376) = -776$	-780	$+4$
KCl	$-314 + (-376) = -690$	-718	$+28$
KNO$_3$	$-314 + (-255) = -569$	-604	$+35$
CaCl$_2$	$-1577 + 2 \cdot (-376) = -2329$	-2262	-67

Hinweise zur Durchführung:
Bei Calciumchlorid erhält man häufig als Messergebnis eine deutlich niedrigere Lösungsenthalpie als aus der Berechnung aus der Hydratations- und Gitterenthalpie. Dies ist i. d. R. darauf zurückzuführen, dass das verwendete Calciumchlorid nicht vollkommen wasserfrei ist. Calciumchlorid nimmt sehr leicht Wasser aus der Luft auf und bildet Calciumchlorid-Hydrate. (Dadurch ist es auch als Trocknungsmittel gut geeignet.) Grundsätzlich lässt sich Calciumchlorid bei ca. 220 °C im Trockenschrank entwässern, meist gelingt dies aber nicht vollständig. Außerdem kann sich bei sehr schnellem Aufheizen des wasserhaltigen Calciumchlorids Chlorwasserstoff entwickeln.

Literatur

R. Peper-Bienzeisler, H. Fickenfrechrichs, W. Jansen: Neutralisationsenthalpien – Warum sind sie so verschieden? Chemie konkret 19 (1/2012), 21
W. Glöckner, W. Jansen, R. G. Weißenhorn: Handbuch der experimentellen Chemie, Bd. 7 Chemische Energetik. Aulis Verlag Deubner, Köln 2007
G. Langhammer: Versuche zur Physikalischen Chemie. Braunschweig 1957

4.24 Lösungsenthalpien

Vorbemerkung

Im Kernlehrplan sind die folgenden Kompetenzen zum Lösungsvorgang formuliert:
Grundkurs (S. 39): Die Schülerinnen und Schüler deuten endotherme und exotherme Lösungsvorgänge bei Salzen unter Berücksichtigung der Gitter- und Solvatationsenergie.
Leistungskurs (S. 48): Die Schülerinnen und Schüler erklären endotherme und exotherme Lösungsvorgänge bei Salzen unter Einbeziehung der Gitter- und Solvatationsenergie und führen den spontanen Ablauf eines endothermen Lösungsvorgangs auf die Entropieänderung zurück.
Das Autorenteam des Schulbuches hat sich entschieden, den Begriff „Enthalpie" (statt „Energie") zu verwenden, der auch bei den anderen energetischen Inhalten des Kernlehrplans gefordert wird.

Zu den Aufgaben

A1

$\Delta_{Loes}H_m^0$(NaBr) $= \Delta_{Hydr}H_m^0$(Na$^+$) $+ \Delta_{Hydr}H_m^0$(Br$^-$) $- \Delta_{Gitt}H_m^0$(NaBr)
$= -400$ kJ/mol $+ (-342$ kJ/mol) $- (-750$ kJ/mol)
$= +8$ kJ/mol

Natriumbromid löst sich endotherm in Wasser.

$\Delta_{Loes}H_m^0$(CaCl$_2$) $= \Delta_{Hydr}H_m^0$(Ca^{2+}) $+ 2 \cdot \Delta_{Hydr}H_m^0$(Cl$^-$) $- \Delta_{Gitt}H_m^0$(CaCl$_2$)
$= -1577$ kJ/mol $+ 2 \cdot (-376$ kJ/mol) $- (-2262$ kJ/mol)
$= -67$ kJ/mol

Calciumchlorid löst sich exotherm in Wasser.

A2 Eine gesättigte Salzlösung mit festem Bodenkörper kann man als chemisches Gleichgewicht betrachten.

Natriumchlorid: $NaCl(s) \xrightleftharpoons{\text{Wasser}} Na^+(aq) + Cl^-(aq)$ $\quad |\Delta_{Loes}H_m^0 = +4$ kJ

Der Lösungsvorgang ist endotherm. Temperaturerhöhung (also Energiezufuhr) begünstigt die endotherme Hinreaktion, das Gleichgewicht wird in Richtung der hydratisierten Ionen verschoben. Durch eine Temperaturerhöhung steigt also die Löslichkeit des Natriumchlorids.

Lithiumchlorid: $LiCl(s) \xrightleftharpoons{\text{Wasser}} Li^+(aq) + Cl^-(aq)$ $\quad |\Delta_{Loes}H_m^0 = -28$ kJ

Der Lösungsvorgang ist exotherm. Temperaturerhöhung (also Energiezufuhr) begünstigt die endotherme Rückreaktion, das Gleichgewicht wird in Richtung des festen Bodenkörpers verschoben. Durch eine Temperaturerhöhung sinkt also die Löslichkeit des Lithiumchlorids.

A3 Zwischen Ethanol-Molekülen wirken London-Kräfte, Dipol-Dipol-Kräfte und Wasserstoff-brücken. Zwischen Heptan-Molekülen wirken London-Kräfte. Beim Mischen der beiden Stoffe wird ein Teil der Anziehungskräfte zwischen den Ethanol-Molekülen und ein Teil der Anziehungskräfte zwischen den Heptan-Molekülen gelöst, dazu ist Energie notwendig. Zwischen Ethanol-Molekülen und Heptan-Molekülen bilden sich London-Kräfte aus, dabei wird Energie abgegeben. Beim Gesamt-prozess wird offenbar mehr Energie aufgenommen als abgegeben, deshalb tritt eine Abkühlung auf.

Zum Exkurs

Enthalpie beim Mischen von Flüssigkeiten
Das Lösen von Salzen in Wasser ist zwar ein sehr häufiger, aber nicht der einzige Lösungsvorgang. Deshalb wird hier die Mischungsenthalpie betrachtet. Die Lernenden haben so die Chance, diesen Aspekt kennenzulernen.

4.25 Durchblick: Zusammenfassung und Übung

Zu den Aufgaben

A1

a) $HSO_4^- + HPO_4^{2-} \longrightarrow SO_4^{2-} + H_2PO_4^-$

b) Das Sulfat-Ion kann kein Proton abgeben; es ist kein amphoteres Teilchen. Das Dihydrogen-phosphat-Ion kann ein Proton aufnehmen oder abgeben; es ist ein amphoteres Teilchen:

$$H_2PO_4^- + H_3O^+ \longrightarrow H_3PO_4 + H_2O \qquad \text{oder} \qquad H_2PO_4^- + OH^- \longrightarrow HPO_4^{2-} + H_2O$$

A2

a) Iodwasserstoffsäure ist eine sehr starke Säure. Die Oxonium-Ionen-Konzentration entspricht der Ausgangskonzentration der Säure.

$$HI + H_2O \longrightarrow I^- + H_3O^+$$

$$c(H_3O^+) = c_0(HI)$$

$$pH = -\lg\{c_0(HI)\} = -\lg 0{,}25 = 0{,}6$$

b) Kaliumhydroxid dissoziiert in Wasser vollständig in Kalium-Ionen und Hydroxid-Ionen. Die Hydroxid-Ionen-Konzentration entspricht der Ausgangskonzentration des Kaliumhydroxids.

$$KOH \longrightarrow K^+ + OH^-$$

$$c(OH^-) = c_0(KOH)$$

$$pH = 14 - pOH = 14 + \lg\{c(OH^-)\} = 14 + \lg 0{,}1 = 13$$

c) Schwefelwasserstoff ist eine schwache Säure.

$$pH = \frac{1}{2} \cdot [pK_S - \lg\{c_0(H_2S)\}] = \frac{1}{2} \cdot [6{,}92 - \lg 0{,}4] = 3{,}66$$

A3

a) C ist der Neutralpunkt (pH = 7); D ist der Äquivalenzpunkt.
Am Punkt B (Halbäquivalenzpunkt) liegen etwa gleiche Stoffmengen von Ammoniak-Molekülen und Ammonium-Ionen vor. Durch die Pufferwirkung des Systems NH_3/NH_4^+ ändert sich der pH-Wert bei Zugabe von Salzsäure nur wenig, da die zusätzlichen Oxonium-Ionen mit Ammoniak-Molekülen reagieren:

$$NH_3 + H_3O^+ \rightarrow NH_4^+ + H_2O$$

Die Steigung der Titrationskurve hat folglich am Punkt B einen kleinen Betrag.

b) Der Äquivalenzpunkt liegt bei $V(\text{Salzsäure}) = 25\,\text{ml}$.

$$NH_3 + H_3O^+ \;\rightarrow\; NH_4^+ + H_2O \qquad \text{und} \qquad n(H_3O^+) = n(HCl)$$

$$\Rightarrow \quad \frac{n_0(NH_3)}{n(H_3O^+)} = \frac{1}{1} = \frac{c_0(NH_3) \cdot V(\text{Ammoniak-Lösung})}{c(HCl) \cdot V(\text{Salzsäure})}$$

$$\Leftrightarrow \quad c_0(NH_3) = \frac{c(HCl) \cdot V(\text{Salzsäure})}{V(\text{Ammoniak-Lösung})} = \frac{1\,\text{mol/l} \cdot 25\,\text{ml}}{25\,\text{ml}} = 1\,\text{mol/l}$$

c) Am Äquivalenzpunkt ist $\text{pH} \approx 5$. Folglich ist Methylrot ($pK_S = 5{,}0$) ein geeigneter Indikator.

A4

$$NaCl + H_2O \;\rightleftharpoons\; Na^+ + Cl^- + H_2O \qquad\qquad \text{neutral}$$

$$NH_4Cl + H_2O \;\rightleftharpoons\; NH_3 + Cl^- + H_3O^+ \qquad\qquad \text{sauer}$$

$$CH_3COONa + H_2O \;\rightleftharpoons\; Na^+ + CH_3COOH + OH^- \qquad \text{alkalisch}$$

$$NaHCO_3 + H_2O \;\rightleftharpoons\; Na^+ + H_2CO_3 + OH^- \qquad\qquad \text{alkalisch}$$

A5

a)

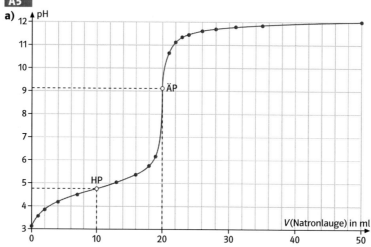

b) $c(CH_3COOH) = \dfrac{c(NaOH) \cdot V(\text{Natronlauge})}{V(\text{Ethansäure})} \approx \dfrac{0{,}100\,\text{mol/l} \cdot 20{,}0\,\text{ml}}{40{,}0\,\text{ml}} = 0{,}050\,\text{mol/l}$

c) $pK_S \approx 4{,}76$ (pH am Halbäquivalenzpunkt)

d) Ethansäure ist eine schwache Säure.
Begründung: $pK_S > 4$; Äquivalenzpunkt liegt im alkalischen Bereich; relativ kleiner pH-Sprung am Äquivalenzpunkt.

A6 Es handelt sich um eine Pufferlösung mit der Säure $H_2PO_4^-$ und der konjugierten (korrespondierenden) Base HPO_4^{2-}.

Henderson-Hasselbalch-Gleichung für dieses Puffersystem: $\text{pH} = pK_S + \lg \dfrac{c(HPO_4^{2-})}{c(H_2PO_4^-)}$

Stoffmengenkonzentrationen: $c(H_2PO_4^-) = 1\,\text{mol/l}$ und $c(HPO_4^{2-}) = 0{,}5\,\text{mol/l}$

pK_S-Wert der Säure: $pK_S(H_2PO_4^-) = 7{,}20$

$$\Rightarrow \quad \text{pH} = 7{,}20 + \lg \frac{0{,}5\,\text{mol/l}}{1\,\text{mol/l}} = 7{,}20 + \lg 0{,}5 = 7{,}20 - 0{,}30 = 6{,}90$$

A7 Das Löslichkeitsprodukt von Silberiodid ist extrem klein: $K_L(AgI) = 1{,}5 \cdot 10^{-16}\,\text{mol}^2/\text{l}^2$. Das (eigentlich ebenfalls sehr kleine) Löslichkeitsprodukt von Silberchlorid ist ca. eine Millon mal so groß: $K_L(AgCl) = 1{,}6 \cdot 10^{-10}\,\text{mol}^2/\text{l}^2$. Deshalb genügt bei einer gesättigten Silberchlorid-Lösung die Zugabe einer geringen Menge von Iodid-Ionen, dass das Löslichkeitsprodukt von Silberiodid überschritten wird. Dadurch bildet sich ein Niederschlag von Silberiodid:

$$Ag^+(aq) + I^-(aq) \;\longrightarrow\; AgI(s)$$

A8 Der Niederschlag von Silbercarbonat stört den Nachweis der Chlorid-Ionen, d.h., man würde mit Silbernitrat-Lösung auch dann einen Niederschlag erzeugen, wenn keine Chlorid-Ionen vorliegen:

$$2\,Ag^+(aq) + CO_3^{2-}(aq) \longrightarrow Ag_2CO_3(s)$$

Um vor dem Nachweis der Chlorid-Ionen die Carbonat-Ionen zu entfernen, gibt man Salpetersäure zu. Aus den Carbonat-Ionen entsteht Kohlensäure, die sofort zu Kohlenstoffdioxid und Wasser zerfällt:

$$CO_3^{2-}(aq) + 2\,H_3O^+(aq) + 2\,NO_3^-(aq) \longrightarrow CO_2(g) + 3\,H_2O(l) + 2\,NO_3^-(aq)$$

Hinweis: Die beiden anderen im Labor häufig verwendeten Säuren sind ungeeignet. Durch Salzsäure würden Chlorid-Ionen hinzugefügt, die man ja eigentlich nachweisen möchte. Schwefelsäure könnte evtl. einen Niederschlag des relativ schwer löslichen Silbersulfats erzeugen.

A9 $K_L(Ba(OH)_2) = 4{,}3 \cdot 10^{-3}\,mol^3/l^3$
$\Rightarrow \quad c(Ba^{2+}) \cdot c^2(OH^-) = 4{,}3 \cdot 10^{-3}\,mol^3/l^3$

Aus der Verhältnisformel des Bariumhydroxids folgt: $\quad c(OH^-) = 2 \cdot c(Ba^{2+})$
$\Rightarrow \quad c(Ba^{2+}) \cdot (2 \cdot c(Ba^{2+}))^2 = 4 \cdot c^3(Ba^{2+}) = 4{,}3 \cdot 10^{-3}\,mol^3/l^3$

$\Leftrightarrow \quad c(Ba^{2+}) = \sqrt[3]{4{,}3 \cdot 10^{-3}\,mol^3/l^3 : 4} = 0{,}102\,mol/l$

Berechnung der Stoffmenge und der Masse der Barium-Ionen in 500 ml Wasser:
$n(Ba^{2+}) = c(Ba^{2+}) \cdot 0{,}500\,l = 0{,}102\,mol/l \cdot 0{,}500\,l = 0{,}051\,mol$
$\Rightarrow \quad m(\text{Barium-Ionen}) = M(Ba^{2+}) \cdot n(Ba^{2+}) = 137{,}3\,g/mol \cdot 0{,}051\,mol = 7{,}0\,g$

Berechnung der Stoffmenge und der Masse der Hydroxid-Ionen in 500 ml Wasser:
$n(OH^-) = 2 \cdot n(Ba^{2+}) = 2 \cdot 0{,}051\,mol = 0{,}102\,mol$
$\Rightarrow \quad m(\text{Hydroxid-Ionen}) = M(OH^-) \cdot n(OH^-) = 17{,}0\,g/mol \cdot 0{,}102\,mol = 1{,}7\,g$

Berechnung der Masse des Bariumhydroxids in 500 ml Wasser:
$m(\text{Bariumhyroxid}) = m(\text{Barium-Ionen}) + m(\text{Hydroxid-Ionen}) = 7{,}0\,g + 1{,}7\,g = 8{,}7\,g$

A10
Formale Erklärung:
- Die Reaktionsenergie $\Delta_r U$ ist bei beiden Varianten gleich groß, da es sich um dieselbe Reaktion handelt.
- Bei konstantem Volumen ist die Reaktionswärme gleich der Reaktionsenergie: $\quad Q_{r,V} = \Delta_r U$
- Bei konstantem Druck ist die Reaktionswärme: $\quad Q_{r,p} = \Delta_r H = \Delta_r U + p \cdot \Delta V$
- Da bei der Reaktion gasförmiger Wasserstoff entsteht, ist $\Delta V > 0$ und damit auch $p \cdot \Delta V > 0$.
- Folglich ist $Q_{r,p} > Q_{r,V}$. Die Reaktion ist jedoch exotherm, d.h., beide Reaktionswärmen sind negativ. Wenn man die Beträge betrachtet, ist $|Q_{r,p}| < |Q_{r,V}|$. Bei konstantem Druck wird folglich *weniger* Wärme abgegeben.

Anschauliche Erklärung:
- Bei konstantem Volumen wird die gesamte Reaktionsenergie in Wärme umgewandelt.
- Bei konstantem Druck wird das Volumen durch die Gasentwicklung größer, d.h., das System verrichtet Arbeit an der Umgebung. Ein Teil der Reaktionsenergie wird also in Arbeit umgewandelt und nicht in Wärme. Folglich wird bei konstantem Druck *weniger* Wärme abgegeben.

A11 Chlorwasserstoff ist eine sehr starke Säure. Verdünnte Salzsäure ist folglich eine Lösung von vollständig protolysiertem Chlorwasserstoff, also von Chlorid-Ionen und Oxonium-Ionen. Bei der Neutralisation von Salzsäure mit Natronlauge findet deshalb nur die „eigentliche" Neutralisations-reaktion statt:

$$H_3O^+ + OH^- \longrightarrow 2\,H_2O$$

Essigsäure ist eine schwache Säure. Verdünnte Essigsäure ist folglich nur zu einem sehr kleinen Anteil protolysiert; sie enthält neben Wasser-Molekülen hauptsächlich Essigsäure-Moleküle und vergleichsweise wenige Acetat-Ionen und Oxonium-Ionen. Die Neutralisation von Essigsäure läuft (im Vergleich zur Neutralistion von Salzsäure) im Wesentlichen nach einer ganz anderen Reaktions-gleichung ab:

$$CH_3COOH + OH^- \longrightarrow CH_3COO^- + H_2O$$

Die Reaktionsenthalpie beträgt $\Delta_r H = -54\,kJ$, es wird also etwas weniger Wärme abgegeben als bei der Neutralisation von Salzsäure ($\Delta_r H = -57\,kJ$).

Hypothese: Dass zwei unterschiedliche Reaktionen unterschiedliche Reaktionsenthalpien haben, ist an sich nicht erstaunlich. Genauer betrachtet wird die Differenz von 3 kJ dadurch verursacht, dass zur Abgabe eines Protons durch die Essigsäure mehr Energie notwendig ist als zur Abgabe eines Protons durch das Oxonium-Ion.

Hinweis:
Die Neutralisation von Essigsäure kann man gedanklich in zwei Teilreaktionen aufspalten, die Protolyse eines Essigsäure-Moleküls mit einem Wasser-Molekül und die „eigentliche" Neutralisations-reaktion:

$$CH_3COOH + H_2O \longrightarrow CH_3COO^- + H_3O^+$$

$$H_3O^+ + OH^- \longrightarrow 2\,H_2O$$

Die Differenz von 3 kJ kann man auf diese Weise der Protolyse von 1 mol Essigsäure-Molekülen mit 1 mol Wasser-Molekülen zuschreiben.

A12
$$\Delta_{Loes}H_m^0(KBr) = \Delta_{Hydr}H_m^0(KBr) - \Delta_{Gitt}H_m^0(KBr) = \Delta_{Hydr}H_m^0(K^+) + \Delta_{Hydr}H_m^0(KBr^-) - \Delta_{Gitt}H_m^0(KBr)$$
$$= -314\,kJ/mol + (-342\,kJ/mol) - (-685\,kJ/mol)$$
$$= +29\,kJ/mol$$

Die Lösungsenthalpie hat ein positives Vorzeichen. Der Lösungsvorgang von Kaliumbromid ist folglich endotherm.

A13
$$\Delta_{Loes}H_m^0 = \Delta_{Hydr}H_m^0 - \Delta_{Gitt}H_m^0 \qquad \Leftrightarrow \qquad \Delta_{Gitt}H_m^0 = \Delta_{Hydr}H_m^0 - \Delta_{Loes}H_m^0$$

$$\Delta_{Gitt}H_m^0(LiBr) = \Delta_{Hydr}H_m^0(Li^+) + \Delta_{Hydr}H_m^0(Br^-) - \Delta_{Loes}H_m^0(LiBr)$$
$$= -508\,kJ/mol + (-342\,kJ/mol) - (-50\,kJ/mol)$$
$$= -800\,kJ/mol$$

Hinweis: Der Vergleich mit A12 zeigt, dass scheinbar ähnliche Salze deutlich unterschiedliche Eigenschaften haben können. Der Lösungsvorgang von Lithiumbromid ist exotherm; der Lösungs-vorgang von Kaliumbromid ist endotherm.

Zum Bild der Einstiegsseite	Ein Elektro-Fahrrad (Pedelec) hat als Energiespeicher einen Lithium-Ionen-Akkumulator (Kap. 5.28). Beim Laden des Akkus wird elektrische Energie in chemische Energie umgewandelt. Wenn man in die Pedale tritt, erhält man eine Unterstützung. Hierbei wird chemische Energie in elektrische Arbeit umgewandelt und diese wiederum in mechanische Arbeit.
Literatur	W. Glöckner, W. Jansen, R. G. Weissenhorn (Hrsg.): Handbuch der experimentellen Chemie, Sekundarbereich II, Band 6: Elektrochemie. Aulis Verlag Deubner, Köln 1994. Band 7: Chemische Energetik. Aulis Verlag Deubner, Köln 2007 H. Wambach (Hrsg.): Materialienhandbuch Kursunterricht Chemie, Band 4: Elektrochemie – Energetik. Aulis, Köln 1994
Hinweis	**Begriff „konjugiertes Redoxpaar"** Im Schulbuch wird „konjugiertes Redoxpaar" als Hauptbegriff verwendet. Der bisher übliche, synonyme Begriff „korrespondierendes Redoxpaar" steht an einigen Stellen in Klammern. Dies ist zurückzuführen auf: Begleitende Dokumente zu den Abituraufgabenpools – Naturwissenschaften – Mathematisch-naturwissenschaftliche Formelsammlung. Institut zur Qualitätsentwicklung im Bildungswesen (IQB), Stand: 04.07.2023. Inhalte aus einer etwas älteren Version dieses Dokuments wurden übernommen in: Dokument mit Formeln und relevanten Werten für das Fach Chemie. Ministerium für Schule und Bildung des Landes Nordrhein-Westfalen. Stand: 15.06.2022. In der englischen Fachsprache ist der Begriff *„conjugate redox pair"* üblich.

Speicherung und Nutzung von Energie (S. 208/209)

Zu den Aufgaben

A1 Die Lösungen der Lernenden werden individuell sein. Typische Geräte mit Batterien oder Akkus sind z. B.: Fernbedienung, Taschenlampe, Armbanduhr, Smartphone, Tablet, elektrische Zahnbürste, mobile Spielekonsole, elektronische Waage.

A2 Einige historische Batterietypen:
- Die **Bagdad-Batterie** ist folgendermaßen aufgebaut: Ein etwa 14 cm hohes vasenförmiges Tongefäß enthält einen unten verschlossenen Kupferzylinder. Im Kupferzylinder steckt ein Eisenstab, der oben und unten mit Bitumen fixiert ist und oben aus dem Kupferzylinder herausragt. Kupfer und Eisen sind durch das Bitumen elektrisch gegeneinander isoliert. Man vermutet, dass der Kupferzylinder mit einem Elektrolyt (z. B. Essig) gefüllt war. (Literatur: W. Glöckner, W. Jansen, R. G. Weissenhorn (Hrsg): Handbuch der experimentellen Chemie, Band 6: Elektrochemie. Aulis-Verlag, 1994, S. 8 ff.)
Allerdings stellte EMMERICH VON PASZTHORY 1985 eine andere Hypothese bezüglich der Anwendung der Bagdad-Batterie auf: Er ist der Meinung, dass die Gefäße eher mystische okkulte Bedeutung hatten. (Internet-Quelle (Stand August 2023): Wikipedia-Artikel „Bagdad-Batterie")
- Das **Gravity-Daniell-Element** ist eine Variante des klassischen Daniell-Elements. Eine Kupfersulfat-Lösung ist (ohne Diaphragma) mit einer Zinksulfat-Lösung überschichtet. Die unterschiedliche Dichte der Lösungen verhindert eine Durchmischung. Bis Anfang des 20. Jahrhunderts wurde das Gravity-Daniell-Element u. a. in der Telegrafie verwendet. Bauformen des Gravity-Daniell-Elements sind das Meidinger-Element, das Callaud-Element und das Lockwood-Element.
- Der **Deflagrator** wurde von ROBERT HARE (1781–1858) entwickelt. Zum Bau eines einzelnen Elements des Deflagrators werden ein Tuch, ein Kupferblech, ein Tuch und ein Zinkblech übereinandergelegt, fest zusammengerollt und in verdünnte Schwefelsäure eingetaucht. HARE schaltete 250 solcher Elemente (allerdings in flacher Bauform) in Reihe und erzeugte damit einen Lichtbogen zwischen Kohleelektroden. Er nannte das Gerät Deflagrator, vermutlich weil er damit Eisendrähte explosionsartig verdampfen lassen konnte.
- Das **Edison-Lalande-Element** wurde von THOMAS ALVA EDISON gegen Ende des 19. Jahrhunderts entwickelt, nach Vorarbeiten von FELIX LALANDE und GEORGES CHAPERON. Das Element von LALANDE und CHAPERON bestand aus Zink, pulverförmigem Kupferoxid und Kaliumhydroxid-Lösung. EDISON ersetzte das pulverförmige Kupferoxid durch Pressstücke aus Kupferoxid.

Hinweise: LUIGI GALVANI (1737–1798) führte schon 1780 elektrische Experimente durch, indem er Froschschenkel mit zwei verschiedenen Metallen berührte. Fasziniert von der Entdeckung GALVANIS beschäftigte sich ALESSANDRO VOLTA intensiv mit dem Thema Elektrizität und entwickelte im Jahr 1799 die berühmte Volta-Säule. Viele Wissenschaftler meinen jedoch, dass die Geschichte der elektrochemischen Zellen nicht erst mit GALVANI und VOLTA begann. Antike Funde lassen vermuten, dass die Parther, die 141 v. Chr. Mesopotamien eroberten, funktionierende Batterien besaßen. Nach ihrem Ausgrabungsort bei Khujut Rabuah in der Nähe Bagdads, werden die vor etwa 2000 Jahren gebauten Zellen zur Erzeugung von Elektrizität „Bagdad-Batterien" genannt.

A3 Viele Hersteller produzieren sowohl Hybrid- als auch Elektroautos.
Im Jahr 2022 betrug in Deutschland der Anteil der neu zugelassenen Elektro-PkW 17,7 %. Der Anteil der neu zugelassenen Hybrid-Pkw betrug 31,2 % (davon 13,7 % Plug-in-Hybride). Quelle: Kraftfahrt-Bundesamt.

Vorteile von Hybridautos:
- Der Verbrennungsmotor wird i.d.R. mit einer Drehzahl betrieben, die zu einem günstigen Wirkungsgrad führt. Dadurch kommt es zu einem geringeren Verbrauch, v.a. im Stadtverkehr
- Da beim Anfahren und Beschleunigen der Elektromotor zugeschaltet wird, kann man einen schwächeren Verbrennungsmotor verwenden und trotzdem gute Beschleunigungswerte erreichen.
- Geringere Geräuschentwicklung, wenn der Verbrennungsmotor abgeschaltet ist

Nachteile von Hybridautos:
- Größere Masse
- Geringere Höchstgeschwindigkeit (wegen des schwächeren Verbrennungsmotors)
- Stärkere Geräuschentwicklung bei hoher Geschwindigkeit (wegen des schwächeren Verbrennungsmotors)
- Begrenzte Haltbarkeit des Akkumulators
- Höhere Anschaffungskosten

Vorteile von Elektroautos:
- Geringere Geräuschentwicklung
- Einfacheres Getriebe (oft ohne Schaltung)
- Keine Abgasreinigung erforderlich
- Aufladen zu Hause möglich

Nachteile von Elektroautos:
- Netz von Ladestationen erforderlich
- Geringere Reichweite, bis der Akku wieder aufgeladen werden muss
- Längere Aufladedauer im Vergleich zum herkömmlichen Tanken
- Begrenzte Haltbarkeit des Akkumulators
- Höhere Anschaffungskosten

A4
a) Wenn als Verbrennungsprodukt Wasser entsteht, unterscheidet sich der Brennwert vom Heizwert. Der Heizwert ist die Verbrennungswärme, die ein Brennstoff (bezogen auf seine Masse oder sein Volumen) liefern kann, wobei das Verbrennungsprodukt Wasser gasförmig ist. Der Brennwert ist die Summe aus dem Brennwert und der Kondensationswärme des Wasserdampfs. Heizungsanlagen mit Brennwertkessel sind so konstruiert, dass im Wärmetauscher ein großer Teil des Wasserdampfs so weit abgekühlt wird, dass er kondensiert.
b) Wäre der Schornstein eines Brennwertkessels gemauert, würde Feuchtigkeit ins Mauerwerk gelangen und den Schornstein zerstören. Ein Schonsteinrohr aus Edelstahl hält der Feuchtigkeit stand. *Hinweis*: Da die Abgase abgekühlt sind, kann man Schonsteinrohre statt aus Edelstahl auch aus Kunststoff herstellen, z.B. aus Polyvinylidenfluorid (Monomer: 1,1-Difluorethen).

A5
a) Das Gas (z.B. Erdgas) verbrennt mit dem Sauerstoff der zugeführten Luft. Die Reaktionswärme heizt das Wasser im 1. Wärmetauscher auf. Das warme Wasser fließt über den Heizungsvorlauf in den Heizkörper; von diesem wird Wärme an die Raumluft abgegeben. Das abgekühlte Wasser fließt aus dem Heizkörper über den Heizungsrücklauf über den 2. Wärmetauscher (s. Teilaufgabe (b)) in den 1. Wärmetauscher.
b) Die Verbrennungsgase, die Wasserdampf als Verbrennungsprodukt enthalten, wärmen den 2. Wärmetauscher auf. Dabei kühlen sich die Verbrennungsgase ab; der Wasserdampf kondensiert; das flüssige Wasser fließt über den Kondensatablauf ab. Die restlichen Verbrennungsgase gelangen über den Schornstein in die Atmosphäre. Bei der Kondensation wird Wärme an den 2. Wärmetauscher abgegeben, die sonst über den Schonstein verloren gehen würde.

A6
a) Beispiele von Brennstoffen, die in Haushalten zum Heizen eingesetzt werden: Erdgas, Heizöl, Holz, Holzpellets. Immer mehr Haushalte nutzen keinen Brennstoff zum Heizen. Sie nutzen Fernwärme, oder sie betreiben eine Wärmepumpe, die ggf. durch einen Sonnenkollektor unterstützt wird.
b) Ein durchschnittlicher 4-Personen-Haushalt im frei stehenden Einfamilienhaus hat einen Energiebedarf von ca. 30 000 kWh im Jahr. Der größte Teil, ca. 25 000 kWh, wird für die Heizung und Warmwasserbereitung benötigt. Falls die Heizung und Warmwasserbereitung nicht elektrisch

betrieben wird, benötigt der Haushalt ca. 5 000 kWh elektrische Energie für herkömmliche Haushaltsgeräte und Beleuchtung. Der Hauptanteil der elektrischen Energie wird für die Nutzung von großen Haushaltsgeräten und Unterhaltungselektronik benötigt.
Der Energiebedarf für die Heizung eines Hauses hängt vom Baujahr des Hauses und seinem Zustand im Hinblick auf die Wärmedämmung ab. Bei einem Haus mit 140 m² Wohnfläche, das nach dem Jahr 2000 gebaut worden ist, geht man von einem Energiebedarf von 8000 bis 10 000 kWh im Jahr aus. Ein Passivhaus dieser Größe soll mit 2100 kWh auskommen.

A7 Die Gefriertruhe produziert Wärme (deutlich an der Rückseite des Gerätes spürbar). Die Wärme wird an die Umgebung abgegeben, wodurch die Entropie in der Umgebung zunimmt. Die Entropie in der Gefriertruhe nimmt ab, aber die Entropie der Umgebung nimmt um mindestens den gleichen Betrag (i.d.R. um einen größeren Betrag) zu.

A8 Die Wärme, die der Küche über die offene Kühlschranktür entzogen wird, wird über den Wärmetauscher hinten am Kühlschrank wieder abgegeben. Außerdem wandelt der Kühlschrank elektrische Energie letztendlich in Wärme um. In der Küche wird es also sogar wärmer.

5.1 Oxidation und Reduktion

Zu den Aufgaben

A1

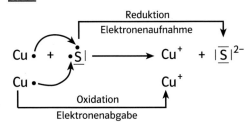

Vergleich mit der Reaktion von Kupfer mit Sauerstoff: In beiden Fällen geben die Kupfer-Atome Elektronen ab (Kupfer ist also Reduktionsmittel), die von Schwefel- bzw. Sauerstoff-Atomen aufgenommen werden (Schwefel bzw. Sauerstoff sind also Oxidationsmittel). Es ist daher sinnvoll, auch die Reaktion mit Schwefel als eine Oxidation des Kupfers anzusehen.

A2 *Hinweis:* Zusätzlich sind im Folgenden auch die Gesamtgleichungen angegeben.

Reaktion von Eisen mit Sauerstoff:

Oxidation:	Fe	$\longrightarrow$	$Fe^{3+} + 3\,e^-$	$\mid \cdot 4$
Reduktion:	$O_2 + 4\,e^-$	$\longrightarrow$	$2\,O^{2-}$	$\mid \cdot 3$

Redoxreaktion:	$4\,Fe + 3\,O_2$	$\longrightarrow$	$4\,Fe^{3+} + 6\,O^{2-}$
bzw.	$4\,Fe + 3\,O_2$	$\longrightarrow$	$2\,Fe_2O_3$

Redoxpaare: Fe/Fe^{3+} und O^{2-}/O_2; Reduktionsmittel: Fe; Oxidationsmittel: O_2
Hinweis: Das für Oxidationsversuche verwendete Eisenpulver lässt sich nur zum Eisen(II, III)-oxid oxidieren. Nur pyrophores Eisen, das aus Eisenoxalat hergestellt werden kann, reagiert an der Luft mit Sauerstoff zu Eisen(III)-oxid.

Reaktion von Eisen mit Chlor:

Oxidation:	Fe	$\longrightarrow$	$Fe^{3+} + 3\,e^-$	$\mid \cdot 2$
Reduktion:	$Cl_2 + 2\,e^-$	$\longrightarrow$	$2\,Cl^-$	$\mid \cdot 3$

Redoxreaktion:	$2\,Fe + 3\,Cl_2$	$\longrightarrow$	$2\,Fe^{3+} + 6\,Cl^-$
bzw.	$2\,Fe + 3\,Cl_2$	$\longrightarrow$	$2\,FeCl_3$

Redoxpaare: Fe/Fe^{3+} und Cl^-/Cl_2; Reduktionsmittel: Fe; Oxidationsmittel: Cl_2

A3
Redoxgleichung zu V1:

Oxidation:	Cu	$\longrightarrow$	$Cu^{2+} + 2\,e^-$
Reduktion:	$Br_2 + 2\,e^-$	$\longrightarrow$	$2\,Br^-$

Redoxreaktion:	$Cu + Br_2$	$\longrightarrow$	$Cu^{2+} + 2\,Br^-$

Redoxpaare: Cu/Cu^{2+} und Br^-/Br_2

Redoxgleichung zu V2a:

Oxidation: $\qquad\qquad Fe^{2+} \;\longrightarrow\; Fe^{3+} + e^-$ $\qquad |\cdot 2$

Reduktion: $\qquad Cl_2 + 2\,e^- \;\longrightarrow\; 2\,Cl^-$

Redoxreaktion: $\quad 2\,Fe^{2+} + Cl_2 \;\longrightarrow\; 2\,Fe^{3+} + 2\,Cl^-$

Redoxpaare: Fe^{2+}/Fe^{3+} und Cl^-/Cl_2

Redoxgleichung zu V2b:

Oxidation: $\qquad\qquad Fe^{2+} \;\longrightarrow\; Fe^{3+} + e^-$

Reduktion: $\qquad Ag^+ + e^- \;\longrightarrow\; Ag$

Redoxreaktion: $\quad Fe^{2+} + Ag^+ \;\longrightarrow\; Fe^{3+} + Ag$

Redoxpaare: Fe^{2+}/Fe^{3+} und Ag/Ag^+

Redoxgleichung zu V3a:

Oxidation: $\qquad\qquad Zn \;\longrightarrow\; Zn^{2+} + 2\,e^-$

Reduktion: $\qquad Fe^{3+} + e^- \;\longrightarrow\; Fe^{2+}$ $\qquad |\cdot 2$

Redoxreaktion: $\quad 2\,Fe^{3+} + Zn \;\longrightarrow\; 2\,Fe^{2+} + Zn^{2+}$

Redoxpaare: Zn/Zn^{2+} und Fe^{2+}/Fe^{3+}

Redoxgleichung zu V3b:

Oxidation: $\qquad\qquad 2\,I^- \;\longrightarrow\; I_2 + 2\,e^-$

Reduktion: $\qquad Fe^{3+} + e^- \;\longrightarrow\; Fe^{2+}$ $\qquad |\cdot 2$

Redoxreaktion: $\quad 2\,Fe^{3+} + 2\,I^- \;\longrightarrow\; 2\,Fe^{2+} + I_2$

Redoxpaare: I^-/I_2 und Fe^{2+}/Fe^{3+}

A4 *Hinweis:* Das Beispiel der Reaktion von Eisen(III)-oxid mit Wasserstoff kommt im Schulbuch in Kap. 5.30. Weitere Beispiele sind zum Teil dem Schulbuch für die Mittelstufe entnommen (Elemente Chemie 7 – 10 NRW (ISBN 978-3-12-756141-8), Kap. 4.3, 4.4, 4.10, dort teilweise nur als Reaktionsschema).

Oxidation als Reaktion mit Sauerstoff:

Beispiel	Redoxreaktion nach heutigem Verständnis
Zink reagiert mit Sauerstoff: $2\,Zn + O_2 \;\longrightarrow\; 2\,ZnO$	O-Atome nehmen Elektronen auf; sie werden zu O^{2-}-Ionen reduziert. Zn-Atome geben Elektronen ab; sie werden zu Zn^{2+}-Ionen oxidiert.
Magnesium reagiert mit Sauerstoff: $2\,Mg + O_2 \;\longrightarrow\; 2\,MgO$	O-Atome nehmen Elektronen auf; sie werden zu O^{2-}-Ionen reduziert. Mg-Atome geben Elektronen ab; sie werden zu Mg^{2+}-Ionen oxidiert.

Reduktion als Entzug von Sauerstoff aus einem Oxid:

Beispiel	Redoxreaktion nach heutigem Verständnis
Silberoxid wird erhitzt: $2\,Ag_2O \;\longrightarrow\; 4\,Ag + O_2$	Ag^+-Ionen nehmen Elektronen auf; sie werden zu Ag-Atomen reduziert. O^{2-}-Ionen geben Elektronen ab; sie werden zu O-Atomen oxidiert (je zwei O-Atome reagieren dann zu O_2-Molekülen).
Kupfer(II)-oxid wird erhitzt: $4\,CuO \;\longrightarrow\; 2\,Cu_2O + O_2$	Cu^{2+}-Ionen nehmen Elektronen auf; sie werden zu Cu^+-Ionen reduziert. O^{2-}-Ionen geben Elektronen ab; sie werden zu O-Atomen oxidiert (je zwei O-Atome reagieren dann zu O_2-Molekülen).
Kupfer(II)-oxid reagiert mit Zink: $CuO + Zn \;\longrightarrow\; Cu + ZnO$	Cu^{2+}-Ionen nehmen Elektronen auf; sie werden zu Cu-Atomen reduziert. Zn-Atome geben Elektronen ab; sie werden zu Zn^{2+}-Ionen oxidiert.

Hinweis: Beim Lösen dieser Aufgabe ist es eleganter, mit Oxidationszahlen zu argumentieren. Die Oxidationszahlen werden im Schulbuch in Kap. 1.15 und nochmals in Kap. 5.2 eingeführt. In diesem Fall kann man auch Beispiele mit Molekülen aufnehmen:

Oxidation als Reaktion mit Sauerstoff:

Beispiel	Redoxreaktion nach heutigem Verständnis
Zink reagiert mit Sauerstoff: $\overset{0}{2\,Zn}\ +\ \overset{0}{O_2}\ \longrightarrow\ \overset{II\ -II}{ZnO}$	O-Atome werden zu O^{2-}-Ionen reduziert (Oxidationszahl wird kleiner). Zn-Atome werden zu Zn^{2+}-Ionen oxidiert (Oxidationszahl wird größer).
Magnesium reagiert mit Sauerstoff: $\overset{0}{2\,Mg}\ +\ \overset{0}{O_2}\ \longrightarrow\ \overset{II\ -II}{2\,MgO}$	O-Atome werden zu O^{2-}-Ionen reduziert (Oxidationszahl wird kleiner). Mg-Atome werden zu Mg^{2+}-Ionen oxidiert (Oxidationszahl wird größer).
Kohlenstoff reagiert mit Sauerstoff: $\overset{0}{C}\ +\ \overset{0}{O_2}\ \longrightarrow\ \overset{IV\ -II}{CO_2}$	O-Atome werden reduziert (Oxidationszahl wird kleiner) C-Atome werden oxidiert (Oxidationszahl wird größer)
Schwefel reagiert mit Sauerstoff: $\overset{0}{S}\ +\ \overset{0}{O_2}\ \longrightarrow\ \overset{IV\ -II}{SO_2}$	O-Atome werden reduziert (Oxidationszahl wird kleiner) S-Atome werden oxidiert (Oxidationszahl wird größer)
Methan reagiert mit Sauerstoff: $\overset{-IV\ I}{CH_4}\ +\ \overset{0}{O_2}\ \longrightarrow\ \overset{IV\ -II}{CO_2}\ +\ \overset{I\ -II}{2\,H_2O}$	O-Atome werden reduziert (Oxidationszahl wird kleiner) C-Atome werden oxidiert (Oxidationszahl wird größer)

Reduktion als Entzug von Sauerstoff aus einem Oxid:

Beispiel	Redoxreaktion nach heutigem Verständnis
Silberoxid wird erhitzt: $\overset{I\ -II}{2\,Ag_2O}\ \longrightarrow\ \overset{0}{4\,Ag}\ +\ \overset{0}{O_2}$	Ag^+-Ionen werden zu Ag-Atomen reduziert (Oxidationszahl wird kleiner). O_2-Ionen werden zu O-Atomen (gebunden in O_2-Molekülen) oxidiert (Oxidationszahl wird größer).
Kupfer(II)-oxid wird erhitzt: $\overset{II\ -II}{4\,CuO}\ \longrightarrow\ \overset{I\ -II}{2\,Cu_2O}\ +\ \overset{0}{O_2}$	Cu^{2+}-Ionen werden zu Cu^+-Ionen reduziert (Oxidationszahl wird kleiner). O_2-Ionen werden zu O-Atomen (gebunden in O_2-Molekülen) oxidiert (Oxidationszahl wird größer).
Kupfer(II)-oxid reagiert mit Zink: $\overset{II\ -II}{CuO}\ +\ \overset{0}{Zn}\ \longrightarrow\ \overset{0}{Cu}\ +\ \overset{II\ -II}{ZnO}$	Cu^{2+}-Ionen werden zu Cu-Atomen reduziert (Oxidationszahl wird kleiner). Zn-Atome werden zu Zn^{2+}-Ionen oxidiert (Oxidationszahl wird größer).
Kupfer(II)-oxid reagiert mit Kohlenstoff: $\overset{II\ -II}{2\,CuO}\ +\ \overset{0}{C}\ \longrightarrow\ \overset{0}{2\,Cu}\ +\ \overset{IV\ -II}{CO_2}$	Cu^{2+}-Ionen werden zu Cu-Atomen reduziert (Oxidationszahl wird kleiner). C-Atome werden oxidiert (Oxidationszahl wird größer).
Eisen(III)-oxid reagiert mit Wasserstoff: $\overset{III\ -II}{Fe_2O_3}\ +\ \overset{0}{3\,H_2}\ \longrightarrow\ \overset{0}{2\,Fe}\ +\ \overset{I\ -II}{3\,H_2O}$	Fe^{3+}-Ionen werden zu Fe-Atomen reduziert (Oxidationszahl wird kleiner). H-Atome werden oxidiert (Oxidationszahl wird größer).

Zu den Versuchen

V1 Die braunrote Farbe der Lösung verschwindet; die Lösung färbt sich durch das entstehende lösliche Kupfer(II)-bromid blau.

Sicherheitshinweise: Demonstrationsexperiment! Brom ist giftig! Schutzbrille tragen! Unter dem Abzug arbeiten!

V2

a) Die Lösung färbt sich durch die entstehenden Eisen(III)-Ionen gelbbraun.

Sicherheitshinweise: Demonstrationsexperiment! Chlor ist giftig! Schutzbrille tragen! Unter dem Abzug arbeiten!

Hinweise zur Durchführung: Die genaue Konzentration der verwendeten Lösungen ist unwichtig; man löst einfach eine Spatelspitze des jeweiligen Salzes in etwas Wasser. Bei der Herstellung von Chlor, z. B. aus Kaliumpermanganat und Salzsäure, sollte man nicht mehr als die benötigte Menge an Chlor entwickeln.

Hinweis zur Entsorgung: Überschüssiges Chlor wird im Abzug mit Natriumthiosulfat-Lösung zu Chlorid reduziert und dann in den Ausguss gegeben.

b) Beim Erwärmen fällt metallisches Silber aus; die überstehende Lösung färbt sich durch die entstehenden Eisen(III)-Ionen gelb.

V3

a) Die hellgelbe Lösung wird entfärbt. (Lösungen von Eisen(II)-Ionen sind fast farblos.)

b) Die hellgelbe Lösung färbt sich durch das entstehende Iod rotbraun.

c) Entnimmt man vor den Teilversuchen (a) und (b) eine Probe, ist der Nachweis von Fe^{2+}-Ionen negativ und der Nachweis von Fe^{3+}-Ionen positiv. Nach den Teilversuchen kann man Fe^{2+}-Ionen nachweisen, bei (b) außerdem Iod.

Nachweisreaktionen:

$$[Fe(H_2O)_6]^{3+} + SCN^- \rightleftharpoons [Fe(SCN)(H_2O)_5]^{2+} + H_2O \qquad \text{(blutrote Lösung,}$$
$$\text{s. Hinweis zu Kap. 2.13, V1)}$$

bzw. vereinfacht: $\quad Fe^{3+}(aq) + SCN^- \rightleftharpoons [Fe(SCN)]^{2+}(aq)$

$$\overset{III}{Fe^{3+}} + \overset{II}{[Fe(CN)_6]^{4-}} \rightleftharpoons \overset{III\ II}{[Fe\,Fe(CN)_6]^-} \qquad \text{(blaue Lösung)}$$

$$\overset{II}{Fe^{2+}} + \overset{III}{[Fe(CN)_6]^{3-}} \rightleftharpoons \overset{III\ II}{[Fe\,Fe(CN)_6]^-} \qquad \text{(blaue Lösung)}$$

Bei höheren Konzentrationen bildet sich auch das „unlösliche Berliner Blau": $Fe_4[Fe(CN)_6]_3$

Iodprobe: Durch Zugabe von Stärkelösung entsteht „Iodstärke", die – je nach Konzentration der Iodlösung – eine tiefblaue, blauviolette bis schwarze Färbung aufweist. Die aus Iod-Molekülen und Iodid-Ionen gebildeten Triiodid-Ionen (I_3^-) lagern sich im Innern der spiralförmigen Amylose ein. Dadurch entsteht die charakteristische Färbung (s. Schulbuch, Kap. 10.8).

Hinweis zur Durchführung: Bei den Nachweisreaktionen für Fe^{2+}- und Fe^{3+}-Ionen entsteht häufig eine so hoch konzentrierte Lösung, dass man die Farbe nicht erkennen kann. In diesem Fall verdünnt man eine Probe davon in einem weiteren Reagenzglas.

5.2 Oxidationszahlen

Zu den Aufgaben

A1

$$\overset{II\ -II}{N\,O} \qquad \overset{IV\ -II}{N\,O_2} \qquad \overset{I\ -II}{N_2\,O} \qquad \overset{III\ -II}{N_2\,O_3} \qquad \overset{V\ -II}{N_2\,O_5} \qquad \overset{III\ -II}{N\,O_2^-} \qquad \overset{V\ -II}{N\,O_3^-} \qquad \overset{-III\ I}{N\,H_3}$$

A2

a)

$$\overset{0}{Cu} \ + \ 2\,\overset{I\ VI-II}{H_2\,S\,O_4} \ \longrightarrow \ \overset{II\ VI-II}{Cu\,S\,O_4} \ + \ 2\,\overset{I\ -II}{H_2\,O} \ + \ \overset{IV-II}{S\,O_2}$$

Es liegt eine Redoxreaktion vor. Bei den Kupfer-Atomen steigt die Oxidationszahl von 0 auf II, d.h., die ungeladenen Kupfer-Atome werden zu Kupfer(II)-Ionen oxidiert. Bei einem Teil der Schwefel-Atome sinkt die Oxidationszahl von VI auf IV, d.h., sie werden reduziert.

b)

$$\overset{II\ IV-II}{Ca\,C\,O_3} \ + \ 2\,\overset{I\ -I}{H\,Cl} \ \longrightarrow \ \overset{II\ -I}{Ca\,Cl_2} \ + \ \overset{I\ -II}{H_2\,O} \ + \ \overset{IV-II}{C\,O_2}$$

Die Oxidationszahlen ändern sich nicht. Es liegt eine Säure-Base-Reaktion vor. Das HCl-Molekül wirkt als Protonendonator (Säure), das Carbonat-Ion wirkt als Protonenakzeptor (Base).

c)

$$\overset{0}{Zn} \ + \ 2\,\overset{I\ -I}{H\,Cl} \ \longrightarrow \ \overset{II\ -I}{Zn\,Cl_2} \ + \ \overset{0}{H_2}$$

Es liegt eine Redoxreaktion vor. Bei den Zink-Atomen steigt die Oxidationszahl von 0 auf II, d.h., die ungeladenen Zink-Atome werden zu Zink-Ionen oxidiert. Bei den Wasserstoff-Atomen sinkt die Oxidationszahl von I auf 0, d.h., sie werden reduziert.

5.3 Fachmethode: Aufstellen einer Redoxgleichung

Zu den Aufgaben

A1 Vorgehensweise wie im Schulbuch in B1 dargestellt:

a) Ox: $\quad \overset{IV}{SO_3^{2-}} \longrightarrow \overset{VI}{SO_4^{2-}} + 2\,e^-$

Red: $\quad \overset{IV}{MnO_2} + 2\,e^- \longrightarrow \overset{II}{Mn^{2+}}$

$\quad SO_3^{2-} + MnO_2 \longrightarrow SO_4^{2-} + Mn^{2+}$

Redox: $\quad SO_3^{2-} + MnO_2 + 2\,H_3O^+ \longrightarrow SO_4^{2-} + Mn^{2+} + 3\,H_2O$

b) Ox: $\quad \overset{II}{HCOOH} \longrightarrow \overset{IV}{CO_2} + 2\,e^- \qquad |\cdot 5$

Red: $\quad \overset{VII}{MnO_4^-} + 5\,e^- \longrightarrow \overset{II}{Mn^{2+}} \qquad |\cdot 2$

$\quad 5\,HCOOH + 2\,MnO_4^- \longrightarrow 5\,CO_2 + 2\,Mn^{2+}$

Redox: $\ 5\,HCOOH + 2\,MnO_4^- + 6\,H_3O^+ \longrightarrow 5\,CO_2 + 2\,Mn^{2+} + 14\,H_2O$

c) Ox: $\quad \overset{-II}{CH_3OH} \longrightarrow \overset{0}{HCHO} + 2\,e^- \qquad |\cdot 3$

Red: $\quad \overset{VI}{Cr_2O_7^{2-}} + 6\,e^- \longrightarrow \overset{III}{2\,Cr^{3+}}$

$\quad 3\,CH_3OH + Cr_2O_7^{2-} \longrightarrow 3\,HCHO + 2\,Cr^{3+}$

Redox: $\ 3\,CH_3OH + Cr_2O_7^{2-} + 8\,H_3O^+ \longrightarrow 3\,HCHO + 2\,Cr^{3+} + 15\,H_2O$

d) Ox: $\overset{\text{II}}{Fe^{2+}} \longrightarrow \overset{\text{III}}{Fe^{3+}} + e^-$ $| \cdot 6$

Red: $\overset{\text{VI}}{Cr_2O_7^{2-}} + 6\,e^- \longrightarrow 2\,\overset{\text{III}}{Cr^{3+}}$

$6\,Fe^{2+} + Cr_2O_7^{2-} \longrightarrow 6\,Fe^{3+} + 2\,Cr^{3+}$

Redox: $6\,Fe^{2+} + Cr_2O_7^{2-} + 14\,H_3O^+ \longrightarrow 6\,Fe^{3+} + 2\,Cr^{3+} + 21\,H_2O$

e) Ox: $2\,\overset{-\text{III}}{NH_4^+} \longrightarrow \overset{0}{N_2} + 6\,e^-$

Red: $2\,\overset{\text{III}}{NO_2^-} + 6\,e^- \longrightarrow \overset{0}{N_2}$

$2\,NH_4^+ + 2\,NO_2^- \longrightarrow 2\,N_2$

Redox: $2\,NH_4^+ + 2\,NO_2^- \longrightarrow 2\,N_2 + 4\,H_2O$ $| : 2$

$NH_4^+ + NO_2^- \longrightarrow N_2 + 2\,H_2O$

Mit sofortiger Atombilanz und sofortigem Ladungsausgleich:

a) Ox: $\overset{\text{IV}}{SO_3^{2-}} + 3\,H_2O \longrightarrow \overset{\text{VI}}{SO_4^{2-}} + 2\,e^- + 2\,H_3O^+$

Red: $\overset{\text{IV}}{MnO_2} + 2\,e^- + 4\,H_3O^+ \longrightarrow \overset{\text{II}}{Mn^{2+}} + 6\,H_2O$

Redox: $SO_3^{2-} + MnO_2 + 2\,H_3O^+ \longrightarrow SO_4^{2-} + Mn^{2+} + 3\,H_2O$

b) Ox: $\overset{\text{II}}{HCOOH} + 2\,H_2O \longrightarrow \overset{\text{IV}}{CO_2} + 2\,e^- + 2\,H_3O^+$ $| \cdot 5$

Red: $\overset{\text{VII}}{MnO_4^-} + 5\,e^- + 8\,H_3O^+ \longrightarrow \overset{\text{II}}{Mn^{2+}} + 12\,H_2O$ $| \cdot 2$

Redox: $5\,HCOOH + 2\,MnO_4^- + 6\,H_3O^+ \longrightarrow 5\,CO_2 + 2\,Mn^{2+} + 14\,H_2O$

c) Ox: $\overset{-\text{II}}{CH_3OH} + 2\,H_2O \longrightarrow \overset{0}{HCHO} + 2\,e^- + 2\,H_3O^+$ $| \cdot 3$

Red: $\overset{\text{VI}}{Cr_2O_7^{2-}} + 6\,e^- + 14\,H_3O^+ \longrightarrow 2\,\overset{\text{III}}{Cr^{3+}} + 21\,H_2O$

Redox: $3\,CH_3OH + Cr_2O_7^{2-} + 8\,H_3O^+ \longrightarrow 3\,HCHO + 2\,Cr^{3+} + 15\,H_2O$

d) Ox: $\overset{\text{II}}{Fe^{2+}} \longrightarrow \overset{\text{III}}{Fe^{3+}} + e^-$ $| \cdot 6$

Red: $\overset{\text{VI}}{Cr_2O_7^{2-}} + 6\,e^- + 14\,H_3O^+ \longrightarrow 2\,\overset{\text{III}}{Cr^{3+}} + 21\,H_2O$

Redox: $6\,Fe^{2+} + Cr_2O_7^{2-} + 14\,H_3O^+ \longrightarrow 6\,Fe^{3+} + 2\,Cr^{3+} + 21\,H_2O$

e) Ox: $2\,\overset{-\text{III}}{NH_4^+} + 8\,H_2O \longrightarrow \overset{0}{N_2} + 6\,e^- + 8\,H_3O^+$

Red: $2\,\overset{\text{III}}{NO_2^-} + 6\,e^- + 8\,H_3O^+ \longrightarrow \overset{0}{N_2} + 4\,H_2O$

Redox: $2\,NH_4^+ + 2\,NO_2^- \longrightarrow 2\,N_2 + 4\,H_2O$ $| : 2$

$NH_4^+ + NO_2^- \longrightarrow N_2 + 2\,H_2O$

A2

Vorgehensweise wie im Schulbuch in B1 dargestellt:

a) Ox: $\overset{\text{II}}{Mn^{2+}} \longrightarrow \overset{\text{IV}}{MnO_2} + 2\,e^-$ $| \cdot 3$

Red: $\overset{\text{VII}}{MnO_4^-} + 3\,e^- \longrightarrow \overset{\text{IV}}{MnO_2}$ $| \cdot 2$

$3\,Mn^{2+} + 2\,MnO_4^- \longrightarrow 5\,MnO_2$

Redox: $3\,Mn^{2+} + 2\,MnO_4^- + 4\,OH^- \longrightarrow 5\,MnO_2 + 2\,H_2O$

b) Ox: $\overset{IV}{S}O_3^{2-} \longrightarrow \overset{VI}{S}O_4^{2-} + 2\,e^-$

Red: $\overset{VII}{Mn}O_4^- + e^- \longrightarrow \overset{VI}{Mn}O_4^{2-}$ $\quad | \cdot 2$

$SO_3^{2-} + 2\,MnO_4^- \longrightarrow SO_4^{2-} + 2\,MnO_4^{2-}$

Redox: $SO_3^{2-} + 2\,MnO_4^- + 2\,OH^- \longrightarrow SO_4^{2-} + 2\,MnO_4^{2-} + H_2O$

c) Ox: $\overset{0}{Cl}_2 \longrightarrow 2\,\overset{I}{O}Cl^- + 2\,e^-$

Red: $\overset{0}{Cl}_2 + 2\,e^- \longrightarrow 2\,\overset{-I}{Cl}^-$

$2\,Cl_2 \longrightarrow 2\,OCl^- + 2\,Cl^-$

Redox: $2\,Cl_2 + 4\,OH^- \longrightarrow 2\,OCl^- + 2\,Cl^- + 2\,H_2O \quad | : 2$

$Cl_2 + 2\,OH^- \longrightarrow OCl^- + Cl^- + H_2O$

Mit sofortiger Atombilanz und sofortigem Ladungsausgleich:

a) Ox: $\overset{II}{Mn}^{2+} + 4\,OH^- \longrightarrow \overset{IV}{Mn}O_2 + 2\,e^- + 2\,H_2O \quad | \cdot 3$

Red: $\overset{VII}{Mn}O_4^- + 3\,e^- + 2\,H_2O \longrightarrow \overset{IV}{Mn}O_2 + 4\,OH^- \quad | \cdot 2$

Redox: $3\,Mn^{2+} + 2\,MnO_4^- + 4\,OH^- \longrightarrow 5\,MnO_2 + 2\,H_2O$

b) Ox: $\overset{IV}{S}O_3^{2-} + 2\,OH^- \longrightarrow \overset{VI}{S}O_4^{2-} + 2\,e^- + H_2O$

Red: $\overset{VII}{Mn}O_4^- + e^- \longrightarrow \overset{VI}{Mn}O_4^{2-} \quad | \cdot 2$

Redox: $SO_3^{2-} + 2\,MnO_4^- + 2\,OH^- \longrightarrow SO_4^{2-} + 2\,MnO_4^{2-} + H_2O$

c) Ox: $\overset{0}{Cl}_2 + 4\,OH^- \longrightarrow 2\,\overset{I}{O}Cl^- + 2\,e^- + 2\,H_2O$

Red: $\overset{0}{Cl}_2 + 2\,e^- \longrightarrow 2\,\overset{-I}{Cl}^-$

Redox: $2\,Cl_2 + 4\,OH^- \longrightarrow 2\,OCl^- + 2\,Cl^- + 2\,H_2O \quad | : 2$

$Cl_2 + 2\,OH^- \longrightarrow OCl^- + Cl^- + H_2O$

Zu den Versuchen

V1 Die rotviolette Kaliumpermanganat-Lösung wird entfärbt.
Aufstellen der Redoxgleichung (Vorgehensweise wie im Schulbuch in B1 dargestellt):

Ox: $\overset{IV}{S}O_3^{2-} \longrightarrow \overset{VI}{S}O_4^{2-} + 2\,e^- \quad | \cdot 5$

Red: $\overset{VII}{Mn}O_4^- + 5\,e^- \longrightarrow \overset{II}{Mn}^{2+} \quad | \cdot 2$

$5\,SO_3^{2-} + 2\,MnO_4^- \longrightarrow 5\,SO_4^{2-} + 2\,Mn^{2+}$

Redox: $5\,SO_3^{2-} + 2\,MnO_4^- + 6\,H_3O^+ \longrightarrow 5\,SO_4^{2-} + 2\,Mn^{2+} + 9\,H_2O$

Aufstellen der Redoxgleichung (mit sofortiger Atombilanz und sofortigem Ladungsausgleich):

Ox: $\overset{IV}{S}O_3^{2-} + 3\,H_2O \longrightarrow \overset{VI}{S}O_4^{2-} + 2\,e^- + 2\,H_3O^+ \quad | \cdot 5$

Red: $\overset{VII}{Mn}O_4^- + 5\,e^- + 8\,H_3O^+ \longrightarrow \overset{II}{Mn}^{2+} + 12\,H_2O \quad | \cdot 2$

Redox: $5\,SO_3^{2-} + 2\,MnO_4^- + 6\,H_3O^+ \longrightarrow 5\,SO_4^{2-} + 2\,Mn^{2+} + 9\,H_2O$

Hinweis: Lösungen von hydratisierten Mangan(II)-Ionen sind blassrosa, verdünnte Lösungen sind jedoch fast farblos.

V2 Es fällt braunes Mangan(IV)-oxid (MnO_2, „Braunstein") aus, siehe B2 im Schulbuch.
Aufstellen der Redoxgleichung (Vorgehensweise wie im Schulbuch in B1 dargestellt):

Ox: $\overset{-I}{H_2O_2} \longrightarrow \overset{0}{O_2} + 2\,e^-$ $\qquad | \cdot 3$

Red: $\overset{VII}{MnO_4^-} + 3\,e^- \longrightarrow \overset{IV}{MnO_2}$ $\qquad | \cdot 2$

$$3\,H_2O_2 + 2\,MnO_4^- \longrightarrow 2\,MnO_2 + 3\,O_2$$

Redox: $3\,H_2O_2 + 2\,MnO_4^- \longrightarrow 2\,MnO_2 + 3\,O_2 + 2\,OH^- + 2\,H_2O$

Aufstellen der Redoxgleichung (mit sofortiger Atombilanz und sofortigem Ladungsausgleich):

Ox: $\overset{-I}{H_2O_2} + 2\,OH^- \longrightarrow \overset{0}{O_2} + 2\,e^- + 2\,H_2O$ $\qquad | \cdot 3$

Red: $\overset{VII}{MnO_4^-} + 3\,e^- + 2\,H_2O \longrightarrow \overset{IV}{MnO_2} + 4\,OH^-$ $\qquad | \cdot 2$

Redox: $3\,H_2O_2 + 2\,MnO_4^- \longrightarrow 2\,MnO_2 + 3\,O_2 + 2\,OH^- + 2\,H_2O$

5.4 Redoxtitrationen

Zur Aufgabe

A1 Zu zeigen ist: $n(O_2) = \frac{1}{4} n(S_2O_3^{2-})$

Mit (1): Aus 1 mol O_2 entstehen 4 mol MnO(OH)
Mit (2): Aus 4 mol MnO(OH) entstehen 2 mol I_2
Mit (3): Für 1 mol (bzw. 2 mol) I_2 benötigt man 2 mol (bzw. 4 mol) $S_2O_3^{2-}$

Für die Reaktion von 1 mol O_2 benötigt man folglich 4 mol $S_2O_3^{2-}$.

Also $\dfrac{n(O_2)}{n(S_2O_3^{2-})} = \dfrac{1}{4}$

Damit gilt: $n(O_2) = \frac{1}{4} n(S_2O_3^{2-})$

5.5 Praktikum: Iodometrie und Permanganometrie

Zu den Versuchen

V1 Titration einer Oxalsäure-Lösung
Aufgabenlösung:
Beispiel zur Berechnung der Stoffmengenkonzentration der Oxalsäure-Lösung:

Probelösung: V(Oxalsäure-Lösung) = 50 ml = 0,05 l
Maßlösung: c(Permanganat-Lösung) = 0,01 mol/l
Verbrauch bis zum Äquivalenzpunkt (Beispiel): $V(MnO_4^-)$ = 20 ml = 0,02 l
Reaktionsgleichung: $2\,MnO_4^- + 5\,C_2O_4^{2-} + 16\,H_3O^+ \longrightarrow 2\,Mn^{2+} + 10\,CO_2 + 24\,H_2O$

Nach der Reaktionsgleichung gilt am Äquivalenzpunkt:

$$\frac{n(C_2O_4^{2-})}{n(MnO_4^-)} = \frac{5}{2} \quad \Leftrightarrow \quad n(C_2O_4^{2-}) = \frac{5 \cdot n(MnO_4^-)}{2} \qquad (1)$$

Mit $n = c \cdot V$ ergeben sich (2) und (3):

$$n(MnO_4^-) = c(MnO_4^-) \cdot V\text{(Permanganat-Lösung)} \qquad (2)$$

$$n(C_2O_4^{2-}) = c(C_2O_4^{2-}) \cdot V\text{(Oxalsäure-Lösung)} \qquad (3)$$

Einsetzen von (2) und (3) in (1) ergibt:

$$c(C_2O_4^{2-}) \cdot V\text{(Oxalsäure-Lösung)} = \frac{5 \cdot c(MnO_4^-) \cdot V\text{(Permanganat-Lösung)}}{2} \qquad (4)$$

Auflösen von (4) nach der gesuchten Größe $c(C_2O_4^{2-})$ ergibt:

$$c(C_2O_4^{2-}) = \frac{5 \cdot c(MnO_4^-) \cdot V(\text{Permanganat-Lösung})}{2 \cdot V(\text{Oxalsäure-Lösung})} \qquad (5)$$

Einsetzen der oben angegebenen Werte in (5) ergibt:

$$c(C_2O_4^{2-}) = \frac{5 \cdot 0{,}01\,mol/l \cdot 0{,}02\,l}{2 \cdot 0{,}05\,l} = 0{,}01\,mol/l$$

Hinweis zur Durchführung: Falls sich die Lösung beim Titrieren nicht schnell genug entfärbt, kann man die Reaktion durch Erwärmen beschleunigen (z.B. Magnetrührer mit Heizplatte).

V2 **Bestimmung von Sauerstoff in einer Gewässerprobe**
Aufgabenlösung
Ein Berechnungsbeispiel findet sich in Kap. 5.4, B3 (Schulbuch).

Zusatzinformationen

Sauerstoffgehalt in Gewässern
Einfach und schnell kann der in Wasser gelöste Sauerstoff mit im Handel erhältlichen speziellen Reagenziensätzen und dazugehörigen Titrierpipetten bestimmt werden (z.B. Sauerstoff-Test Aquamerck® der Firma Merck).

Die maximal zu erwartende Massenkonzentration des Sauerstoffs im Wasser ist die Gleichgewichtskonzentration β_G (Sauerstoff). Sie hängt von der Temperatur ab. Bei einem Luftdruck von 1013 hPa gilt:

ϑ in °C	β_G (Sauerstoff) in mg/l	ϑ in °C	β_G (Sauerstoff) in mg/l
0	14,16	16	9,56
2	13,40	18	9,18
4	12,70	20	8,84
6	12,06	22	8,53
8	11,47	24	5,25
10	10,92	26	7,99
12	10,43	28	7,75
14	9,98	30	7,53

Die Sauerstoffsättigung ist die tatsächliche Massenkonzentration des Sauerstoffs dividiert durch die Gleichgewichtskonzentration. Die Sauerstoffsättigung wird meistens in Prozent angegeben.

Die starke Temperaturabhängigkeit der Gleichgewichtskonzentration ist der Grund dafür, dass Fische mit einem großen Sauerstoffbedarf (z.B. Bachforelle, Äsche, Elritze) nur in den kalten, schnell strömenden (turbulenten) und damit sauerstoffreichen Oberläufen von Flüssen leben können. Gewässer mit Lachsfischen (Salmoniden) müssen im Mittel eine Sauerstoffsättigung von mindestens 75% aufweisen.

5.6 Bildungsenthalpien und Reaktionsenthalpien

Vorbemerkung

Reaktionsenthalpien werden in „Elemente Chemie" in der Einheit kJ (also *nicht* in kJ/mol) angegeben (Ausnahmen s.u.). Reaktionsenthalpien beziehen sich immer auf den Umsatz, der durch die Reaktionsgleichung beschrieben wird, mit der Annahme, dass jedes Molekül für 1 mol des entsprechenden Stoffes steht. Zur Angabe einer Reaktionsenthalpie gehört also immer auch die entsprechende Reaktionsgleichung. Bei der Angabe einer Reaktionsenthalpie in kJ/mol wäre meistens die Frage offen, auf welchen Reaktionspartner man sich bezieht.
Die Einheit kJ ergibt sich, wenn man in die Berechnungsformel im Schulbuch die Stoffmengen in mol und die Bildungsenthalpien in kJ/mol einsetzt. Auch aus der Berechnungsformel im Dokument „Mathematisch-naturwissenschaftliche Formelsammlung" des IQB (Stand 04.07.2023, siehe Hinweis am Anfang dieses Serviceband-Kapitels) ergibt sich die Einheit kJ.

Wenn man sich eindeutig auf einen ganz bestimmten Reaktionspartner bezieht, kann man auch molare Größen angeben, z.B. bei Verbrennungsenthalpien (hier bezieht man sich auf 1 mol des Brennstoffs und nicht auf den Sauerstoff oder auf Verbrennungsprodukte) und bei Lösungsenthalpien (hier bezieht man sich auf 1 mol des gelösten Stoffes).

A1

a) Reaktionsgleichung: $S(s) + O_2(g) \longrightarrow SO_2(g)$

$$\Delta_r H^0 = 1\,\text{mol} \cdot \Delta_f H_m^0(SO_2, g) - [1\,\text{mol} \cdot \Delta_f H_m^0(S, s) + 1\,\text{mol} \cdot \Delta_f H_m^0(O_2, g)]$$
$$= 1\,\text{mol} \cdot (-297\,\text{kJ/mol}) - [1\,\text{mol} \cdot 0\,\text{kJ/mol} + 1\,\text{mol} \cdot 0\,\text{kJ/mol}]$$
$$= -297\,\text{kJ}$$

b) Reaktionsgleichung: $N_2(g) + 3\,H_2(g) \longrightarrow 2\,NH_3(g)$

$$\Delta_r H^0 = 2\,\text{mol} \cdot \Delta_f H_m^0(NH_3, g) - [1\,\text{mol} \cdot \Delta_f H_m^0(N_2, g) + 3\,\text{mol} \cdot \Delta_f H_m^0(H_2, g)]$$
$$= 2\,\text{mol} \cdot (-46\,\text{kJ/mol}) - [1\,\text{mol} \cdot 0\,\text{kJ/mol} + 3\,\text{mol} \cdot 0\,\text{kJ/mol}]$$
$$= -92\,\text{kJ}$$

c) Reaktionsgleichung: $2\,NaCl(s) \longrightarrow 2\,Na(s) + Cl_2(g)$

$$\Delta_r H^0 = 2\,\text{mol} \cdot \Delta_f H_m^0(Na, s) + 1\,\text{mol} \cdot \Delta_f H_m^0(Cl_2, g) - 2\,\text{mol} \cdot \Delta_f H_m^0(NaCl, s)$$
$$= 2\,\text{mol} \cdot 0\,\text{kJ/mol} + 1\,\text{mol} \cdot 0\,\text{kJ/mol} - 2\,\text{mol} \cdot (-411\,\text{kJ/mol})$$
$$= +822\,\text{kJ}$$

d) Reaktionsgleichung: $4\,Al(s) + 3\,O_2(g) \longrightarrow 2\,Al_2O_3(s)$

$$\Delta_r H^0 = 2\,\text{mol} \cdot \Delta_f H_m^0(Al_2O_3, s) - [4\,\text{mol} \cdot \Delta_f H_m^0(Al, s) + 3\,\text{mol} \cdot \Delta_f H_m^0(O_2, g)]$$
$$= 2\,\text{mol} \cdot (-1676\,\text{kJ/mol}) - [4\,\text{mol} \cdot 0\,\text{kJ/mol} + 3\,\text{mol} \cdot 0\,\text{kJ/mol}]$$
$$= -3352\,\text{kJ}$$

A2

Reaktionsgleichung: $CO(g) + H_2O(g) \longrightarrow CO_2(g) + H_2(g)$

$$\Delta_r H^0 = 1\,\text{mol} \cdot \Delta_f H_m^0(CO_2, g) + 1\,\text{mol} \cdot \Delta_f H_m^0(H_2, g) - [1\,\text{mol} \cdot \Delta_f H_m^0(CO, g) + 1\,\text{mol} \cdot \Delta_f H_m^0(H_2O)]$$
$$= 1\,\text{mol} \cdot (-393\,\text{kJ/mol}) + 1\,\text{mol} \cdot (0\,\text{kJ/mol}) - [1\,\text{mol} \cdot (-111\,\text{kJ/mol}) + 1\,\text{mol} \cdot (-242\,\text{kJ/mol})]$$
$$= -40\,\text{kJ}$$

A3 Reaktionsgleichung: $CuO(s) + H_2(g) \longrightarrow Cu(s) + H_2O(l)$

$$\Delta_r H^0 = 1\,\text{mol} \cdot \Delta_f H_m^0(Cu, s) + 1\,\text{mol} \cdot \Delta_f H_m^0(H_2O, l) - [1\,\text{mol} \cdot \Delta_f H_m^0(CuO, s) + 1\,\text{mol} \cdot \Delta_f H_m^0(H_2, g)]$$
$$= 1\,\text{mol} \cdot (0\,\text{kJ/mol}) + 1\,\text{mol} \cdot (-286\,\text{kJ/mol}) - [1\,\text{mol} \cdot (-156\,\text{kJ/mol}) + 1\,\text{mol} \cdot 0\,\text{kJ/mol}]$$
$$= -130\,\text{kJ}$$

Hinweis: Mit $H_2O(g)$ statt $H_2O(l)$ als Reaktionsprodukt ergibt sich: $\Delta_r H^0 = -86\,\text{kJ}$

Grafische Veranschaulichung:

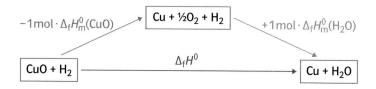

A4

a) Reaktionsgleichung: $C_2H_4(g) + 3\,O_2(g) \longrightarrow 2\,CO_2(g) + 2\,H_2O(g)$

b)

Spaltung von 4 mol C–H-Bindungen:	$4\,\text{mol} \cdot 413\,\text{kJ/mol} =$	$1652\,\text{kJ}$
Spaltung von 1 mol C=C-Bindungen:	$1\,\text{mol} \cdot 614\,\text{kJ/mol} =$	$614\,\text{kJ}$
Spaltung von 3 mol Bindungen der O_2-Moleküle:	$3\,\text{mol} \cdot 498\,\text{kJ/mol} =$	$1494\,\text{kJ}$

Gesamtenthalpie zur Spaltung aller Bindungen: $\qquad\qquad\qquad\qquad 3760\,\text{kJ}$

Bildung von 4 mol C=O-Bindungen der CO_2-Moleküle:	$4\,\text{mol} \cdot (-803\,\text{kJ/mol}) =$	$-3212\,\text{kJ}$
Bildung von 4 mol O–H-Bindungen:	$4\,\text{mol} \cdot (-464\,\text{kJ/mol}) =$	$-1856\,\text{kJ}$

Gesamtenthalpie zur Bildung aller Bindungen: $\qquad\qquad\qquad\qquad -5068\,\text{kJ}$

Bilanz: $\Delta_r H^0 = 3760\,\text{kJ} - 5068\,\text{kJ} = -1308\,\text{kJ}$

c) $\Delta_r H^0 = 2\,\text{mol} \cdot \Delta_f H_m^0(CO_2) + 2\,\text{mol} \cdot \Delta_f H_m^0(H_2O, g) - 1\,\text{mol} \cdot \Delta_f H_m^0(C_2H_4)$
$\qquad\quad = 2\,\text{mol} \cdot (-393\,\text{kJ/mol}) + 2\,\text{mol} \cdot (-242\,\text{kJ/mol}) - 1\,\text{mol} \cdot (+53\,\text{kJ/mol})$
$\qquad\quad = -1323\,\text{kJ}$

Absolute Abweichung des Ergebnisses von (b): $-1308\,kJ - (-1323\,kJ) = +15\,kJ$
Relative Abweichung des Ergebnisses von (b): $15\,kJ/(1323\,kJ) = 0{,}011 = 1{,}1\%$
Die Übereinstimmung ist bei dieser Reaktion also gut.

Hinweis: Der in (c) aus Standardbildungsenthalpien berechnete Wert ist die „wahre" Reaktionsenthalpie, während der in (b) berechnete Wert auf *durchschnittlichen* Bindungsenthalpien beruht und folglich im Einzelfall davon abweichen kann. Aus diesem Grund ist es sinnvoll, die Abweichung von (b) auf den „wahren" Wert (c) zu beziehen und nicht umgekehrt.

5.7 Die Redoxreihe

Zu den Aufgaben

A1

Redoxgleichungen zu V2:

Oxidation: $\quad Zn \longrightarrow Zn^{2+} + 2\,e^-$
Reduktion: $\quad Fe^{2+} + 2\,e^- \longrightarrow Fe$

Redoxreaktion: $\quad Zn + Fe^{2+} \longrightarrow Zn^{2+} + Fe$

Oxidation: $\quad Zn \longrightarrow Zn^{2+} + 2\,e^-$
Reduktion: $\quad Cu^{2+} + 2\,e^- \longrightarrow Cu$

Redoxreaktion: $\quad Zn + Cu^{2+} \longrightarrow Zn^{2+} + Cu$

Oxidation: $\quad Zn \longrightarrow Zn^{2+} + 2\,e^-$
Reduktion: $\quad Ag^+ + e^- \longrightarrow Ag \qquad |\cdot 2$

Redoxreaktion: $\quad Zn + 2\,Ag^+ \longrightarrow Zn^{2+} + 2\,Ag$

Oxidation: $\quad Fe \longrightarrow Fe^{2+} + 2\,e^-$
Reduktion: $\quad Cu^{2+} + 2\,e^- \longrightarrow Cu$

Redoxreaktion: $\quad Fe + Cu^{2+} \longrightarrow Fe^{2+} + Cu$

Oxidation: $\quad Fe \longrightarrow Fe^{2+} + 2\,e^-$
Reduktion: $\quad Ag^+ + e^- \longrightarrow Ag \qquad |\cdot 2$

Redoxreaktion: $\quad Fe + 2\,Ag^+ \longrightarrow Fe^{2+} + 2\,Ag$

Oxidation: $\quad Cu \longrightarrow Cu^{2+} + 2\,e^-$
Reduktion: $\quad Ag^+ + e^- \longrightarrow Ag \qquad |\cdot 2$

Redoxreaktion: $\quad Cu + 2\,Ag^+ \longrightarrow Cu^{2+} + 2\,Ag$

Bei allen anderen Kombinationen (z.B. Silber mit Zinksulfat) erfolgt keine Reaktion.

Redoxgleichungen zu V3:

Oxidation: $\quad 2\,Br^- \longrightarrow Br_2 + 2\,e^-$
Reduktion: $\quad Cl_2 + 2\,e^- \longrightarrow 2\,Cl^-$

Redoxreaktion: $\quad 2\,Br^- + Cl_2 \longrightarrow Br_2 + 2\,Cl^-$

Oxidation: $\quad 2\,I^- \longrightarrow I_2 + 2\,e^-$
Reduktion: $\quad Cl_2 + 2\,e^- \longrightarrow 2\,Cl^-$

Redoxreaktion: $\quad 2\,I^- + Cl_2 \longrightarrow I_2 + 2\,Cl^-$

Oxidation: $\quad 2\,I^- \longrightarrow I_2 + 2\,e^-$
Reduktion: $\quad Br_2 + 2\,e^- \longrightarrow 2\,Br^-$

Redoxreaktion: $\quad 2\,I^- + Br_2 \longrightarrow I_2 + 2\,Br^-$

A2 Zink und Eisen reagieren mit Salzsäure unter Wasserstoffentwicklung, d.h., sie können H_3O^+-Ionen zu H_2-Molekülen reduzieren. Kupfer und Silber reagieren dagegen nicht mit Salzsäure. In der im Schulbuch abgebildeten Redoxreihe der Metalle ist das Redoxpaar H_2/H_3O^+ folglich zwischen den Redoxpaaren Fe/Fe^{2+} und Cu/Cu^{2+} einzuordnen.

Zu den Versuchen

V1
a) Der Eisennagel überzieht sich mit einer roten Kupferschicht. (Redoxreaktion: siehe A1)
b) Die Suspension färbt sich nach Zugabe der Kaliumhexacyanidoferrat(III)-Lösung blau. (Redoxreaktion wie Teilversuch (a); Nachweisreaktion: siehe Kap. 5.1, V3c)

V2 Redoxreaktionen: siehe A1. Wenn eine Reaktion stattfindet, bildet sich an der benetzten Stelle ein „Belag". Dieser besteht aus dem Metall, das den Ionen der jeweiligen Lösung entspricht.

V3
a) Das Heptan färbt sich braun. Reaktionsgleichung: $2\,Br^- + Cl_2 \longrightarrow Br_2 + 2\,Cl^-$
b) Das Heptan färbt sich violett. Reaktionsgleichung: $2\,I^- + Cl_2 \longrightarrow I_2 + 2\,Cl^-$
c) Das Heptan färbt sich violett. Reaktionsgleichung: $2\,I^- + Br_2 \longrightarrow I_2 + 2\,Br^-$

Hinweise zur Durchführung von V1, V2 und V3:
- Die genaue Konzentration der verwendeten Lösungen ist unwichtig; man löst einfach eine Spatelspitze des jeweiligen Salzes in etwas Wasser.
- V3 funktioniert zwar auch mit Hexan; dieses ist jedoch stark gesundheitsschädlich und steht im Verdacht, reproduktionsschädigend zu sein. Man soll es daher – auch im Lehrerversuch – nicht verwenden.

V4 Eisen und Zink reagieren mit Salzsäure unter Bildung von Wasserstoff.

Reaktionsgleichungen:
$$Fe + 2\,H_3O^+ \longrightarrow Fe^{2+} + H_2 + 2\,H_2O$$
$$Zn + 2\,H_3O^+ \longrightarrow Zn^{2+} + H_2 + 2\,H_2O$$

Kupfer und Silber reagieren nicht.

5.8 Galvanische Zellen

Zu den Aufgaben

A1
Oxidation (Anode, Minuspol): $Zn \longrightarrow Zn^{2+} + 2\,e^-$
Reduktion (Kathode, Pluspol): $2\,H_3O^+ + 2\,e^- \longrightarrow H_2 + 2\,H_2O$

A2 Beim Betrieb des Daniell-Elements werden die Kupfer(II)-Ionen zu metallischem Kupfer reduziert, dadurch sinkt die Konzentration der Kupfer(II)-Ionen und damit auch die Spannung des Daniell-Elements. Die ungelösten Kupfer(II)-sulfat-Kristalle im Meidinger-Element lösen sich allmählich auf und halten so die Konzentration der Kupfer(II)-Ionen konstant.
Hinweis: Ein weiteres Problem im Dauerbetrieb ist, dass die Konzentration der Zink(II)-Ionen bis zur Sättigung zunimmt, wodurch die Spannung ebenfalls fällt. Dies gleicht man aus, indem man ab und zu einen Teil der Zinksulfat-Lösung entnimmt und durch Wasser ersetzt.

Zum Versuch

V1
a) Die Leerlaufspannung beträgt 1,1 V. (Es handelt sich um ein Daniell-Element.) Sie ist unabhängig von der Eintauchtiefe der Elektroden.
b) Mit angeschlossenem Elektromotor ist die gemessene Spannung kleiner als die Leerlaufspannung. Verringert man die Eintauchtiefe der Elektroden, läuft der Elektromotor langsamer und die Spannung wird kleiner.

Zusatzinformation

Messung von Redoxpotentialen
Galvanische Zellen lassen sich für Schülerexperimente besonders einfach und rasch in einem „Elektrochemie-Arbeitsplatz" aufbauen. Derartige Experimentierbausätze werden von verschiedenen Lehrmittelfirmen angeboten. Weitere Vorteile sind sehr gute Versuchsergebnisse und ein geringer Chemikalienverbrauch.

Literatur

W. Glöckner, W. Jansen, R. G. Weißenhorn (Hrsg.): Handbuch der experimentellen Chemie, Sekundarbereich II, Band 6: Elektrochemie. Aulis, Köln 1994

5.9 Die elektrochemische Spannungsreihe

Zu den Aufgaben

A1

a) $E^0(Ag/Ag^+) > E^0(Zn/Zn^{2+})$
Folglich werden die Zn-Atome oxidiert: $Zn + 2\,Ag^+ \longrightarrow 2\,Ag + Zn^{2+}$

b) $E^0(Sn/Sn^{2+}) < E^0(Fe^{2+}/Fe^{3+})$ Folglich werden die Fe^{2+}-Ionen nicht zu Fe^{3+}-Ionen oxidiert.
$E^0(Fe/Fe^{2+}) < E^0(Sn/Sn^{2+})$ Folglich werden die Sn-Atome nicht zu Sn^{2+}-Ionen oxidiert.
Es findet also keine Reaktion statt.

c) $E^0(Br^-/Br_2) < E^0(Cl^-/Cl_2)$ Folglich werden die Cl^--Ionen nicht zu Cl_2-Molekülen oxidiert.
Es findet also keine Reaktion statt.

d) $E^0(I^-/I_2) > E^0(H_2S/S)$
Folglich werden die Schwefel-Atome oxidiert: $H_2S + I_2 \longrightarrow 2\,HI + S$

A2 $\Delta E^0 = E^0(\text{Kathode}) - E^0(\text{Anode})$

a) $\Delta E^0 = E^0(Cu/Cu^{2+}) - E^0(Pb/Pb^{2+}) = +0{,}34\,V - (-0{,}13\,V) = 0{,}47\,V$

b) $\Delta E^0 = E^0(Br^-/Br_2) - E^0(Cd/Cd^{2+}) = +1{,}07\,V - (-0{,}40\,V) = 1{,}47\,V$

c) $\Delta E^0 = E^0(Fe^{2+}/Fe^{3+}) - E^0(Pb/Pb^{2+}) = +0{,}77\,V - (-0{,}13\,V) = 0{,}90\,V$

5.10 Ionenkonzentration und Spannung

Zu den Aufgaben

A1

Formel zur Berechnung der Spannung (mit $z = 1$): $\Delta E = 0{,}059\,V \cdot \lg\dfrac{c_2(Ag^+)}{c_1(Ag^+)}$

Die folgende Tabelle zeigt die nach der Nernst-Gleichung berechneten Werte der Spannung:

$c_1(Ag^+)$ in mol/l	$c_2(Ag^+)$ in mol/l	$\lg[c_2(Ag^+)/c_1(Ag^+)]$	ΔE (berechnet) in V
0,01	0,1	1,0	0,059
0,001	0,1	2,0	0,118
0,001	0,01	1,0	0,059
0,0001	0,1	3,0	0,178

A2   Für M/M^{z+}-Konzentrationszellen gilt allgemein:

$$U = \Delta E = \frac{0{,}059\,V}{z} \cdot \lg\frac{c_2(M^{z+})}{c_1(M^{z+})} \quad \text{mit} \quad c_2 < c_1$$

Eine Änderung des Konzentrationsverhältnisses um den Faktor 10 ergibt eine Spannungszunahme um 0,059 V wenn (wie bei Ag/Ag$^+$-Konzentrationszellen) $z = 1$ ist.
Gegenüber der Ag/Ag$^+$-Konzentrationszelle mit $z = 1$ ergeben sich bei den Cu/Cu^{2+}-Konzentrationszellen mit $z = 2$ nur die Hälfte der Spannungen wie bei den Silber-Konzentrationszellen, da hier der Faktor 0,059 V noch durch zwei geteilt wird.

Für Cu/Cu^{2+} (teilweise gerundet):
a) $U = 0{,}030\,V$
b) $U = 0{,}059\,V$
c) $U = 0{,}030\,V$
d) $U = 0{,}089\,V$

A3

a) Es gilt für die Wasserstoffhalbzellen:
$$H_2(g) + 2\,H_2O(l) \rightleftharpoons 2\,H_3O^+(aq) + 2\,e^-$$
und
$$E(H_2/H_3O^+) = E^0(H_2/H_3O^+) + \frac{0{,}059\,V}{2} \cdot \lg\{c^2(H_3O^+)\} = 0{,}059\,V \cdot \lg c(H_3O^+) = -0{,}059\,V \cdot pH$$

Potentiale der beiden Wasserstoffhalbzellen:
Die Wasserstoffhalbzelle mit der größeren Oxonium-Ionen-Konzentration ist die Kathode.
E(Kathode) = 0 V
E(Anode) = 0,059 V $\cdot$ lg 0,001 = $-$0,177 V

Spannung der Konzentrationszelle:
$U = \Delta E = E$(Kathode) $- E$(Anode) = 0 V $- (-0,177$ V) = 0,177 V

b) Es gilt: pH = $-$lg c(H_3O^+)
Damit folgt: für c_1: pH = 0; für c_2: pH = 3
Würde ein elektrischer Strom zwischen den beiden Halbzellen fließen, so würden sich die Konzentrationen der beiden Lösungen und damit auch die pH-Werte langsam angleichen; c_1 würde absinken und c_2 ansteigen.

Literatur J. Friedrich: Potentialdifferenz von Konzentrationszellen – Eine Hinführung zur Konzentrationsabhängigkeit von Elektrodenpotentialen. Praxis der Naturwissenschaften – Chemie 62 (Heft 7, Oktober 2013), 9

5.11 Praktikum: Spannungen und Standardpotentiale

Zu den Versuchen

V1 **Potentialdifferenzen zwischen Silber, Kupfer, Eisen und Zink**
Aufgabenlösungen
1., 3. Eine Messung des Autors mit frisch angesetzten Lösungen (c = 0,1 mol/l) ergab:

Zelle	ΔE(gemessen) in V	ΔE(berechnet) in V	ΔE^0(berechnet) in V
Zn / Zn^{2+} // Fe^{2+} / Fe	0,410	0,35	0,35
Zn / Zn^{2+} // Cu^{2+} / Cu	1,085	1,10	1,10
Zn / Zn^{2+} // Ag^+ / Ag	1,480	1,53	1,56
Fe / Fe^{2+} // Cu^{2+} / Cu	0,614	0,75	0,75
Fe / Fe^{2+} // Ag^+ / Ag	1,034	1,18	1,21
Cu / Cu^{2+} // Ag^+ / Ag	0,431	0,43	0,46

Hinweis: Die nach der Nernst-Gleichung berechneten Spannungen ΔE weichen zum Teil vom Standardwert ΔE^0 ab – hier jeweils um 0,03 Volt, wenn die Silber-Halbzelle beteiligt ist.

2. Die Donatorhalbzelle (in der Tabelle links) soll an den Minuspol des Messgeräts angeschlossen werden, die Akzeptorhalbzelle an den Pluspol. Sonst werden negative Spannungen gemessen.

Hinweise zur Durchführung:
– Drähte aus Eisen (Stahl) oder Kupfer sowie Platin sind gut erhältlich. Statt Silber- oder Zinkdrähten können auch versilberte oder verzinkte Drähte verwendet werden. Allerdings müssen hier Ösen geformt werden, sodass die Schnittfläche nicht in Kontakt mit der Elektrolytlösung kommt.
– Die Elektrolytbrücken aus Papierfilz lassen sich einfach aus einem Bierdeckel schneiden.
– Den Anschlussdraht wie in der Grafik abgebildet formen. Das erhöht die Stabilität der Elektrodenhalterung mit der Lüsterklemme.
– Beim Einfüllen der Lösungen muss darauf geachtet werden, dass sich die Lösungen nicht vermischen bzw. verunreinigt werden.
– Messungen mit Eisen(II)-sulfat-Lösungen sind wegen der Oxidation durch Sauerstoff oft ungenau. Die Lösungen sind nicht haltbar und müssen kurz vor dem Versuch frisch hergestellt werden.

V2 **Potentiale von Silber, Kupfer und Zink gegen die Wasserstoffhalbzelle**
Aufgabenlösungen
1. Eine Messung des Autors mit frisch angesetzten Lösungen (c = 0,1 mol/l) ergab:

Zelle	ΔE(gemessen) in V	ΔE(berechnet) in V	ΔE^0(berechnet) in V
H_3O^+ / H_2 // Zn^{2+} / Zn	$-$0,718	$-$0,73	$-$0,76
H_3O^+ / H_2 // Cu^{2+} / Cu	+0,382	+0,37	+0,34
H_3O^+ / H_2 // Ag^+ / Ag	+0,789	+0,80	+0,80

Hinweis: Die nach der Nernst-Gleichung berechneten Spannungen ΔE weichen zum Teil vom Standardwert ΔE^0 ab – hier jeweils um 0,03 Volt, wenn die Zink- oder Kupfer-Halbzelle beteiligt ist.

2. $H_2/H_3O^+//Zn^{2+}/Zn$: Die Zink-Halbzelle ist die Donatorhalbzelle (hier ausnahmsweise rechts).

$H_2/H_3O^+//Cu^{2+}/Cu$: Die Wasserstoff-Halbzelle ist die Donatorhalbzelle.

$H_2/H_3O^+//Ag^+/Ag$: Die Wasserstoff-Halbzelle ist die Donatorhalbzelle.

3. Beispiel-Messwert aus V2: $\Delta E(H_3O^+/H_2//Cu^{2+}/Cu) = +0,382\,V$

$\Rightarrow \quad \Delta E^0(H_3O^+/H_2//Cu^{2+}/Cu) = +0,382\,V - 0,030\,V = +0,352\,V \quad \Rightarrow \quad E^0(Cu/Cu^{2+}) = +0,352\,V$

Beispiel-Messwert aus V1: $\Delta E(Fe/Fe^{2+}//Cu^{2+}/Cu) = \Delta E^0(Fe/Fe^{2+}//Cu^{2+}/Cu) = 0,614\,V$

$\Rightarrow \quad 0,750\,V = E^0(Cu/Cu^{2+}) - E^0(Fe/Fe^{2+}) = +0,352\,V - E^0(Fe/Fe^{2+})$

$\Leftrightarrow \quad E^0(Fe/Fe^{2+}) = -(0,614\,V - 0,352\,V) = -0,262\,V \qquad$ (Tabellenwert: $E^0(Fe/Fe^{2+}) = -0,41\,V$)

4. $E^0(Cl^-/Cl_2) = U(Zn/Zn^{2+}//Cl^-/Cl_2/Pt) + E^0(Zn/Zn^{2+}) = 2,12\,V + (-0,76\,V) = 1,36\,V$

Hinweis: Der Abzug von 0,030 V in der Lösung zu Aufgabe 3 ergibt sich aus der Nernst-Gleichung. Man kann diese Aufgabe bzw. das gesamte Praktikum als Ausgangspunkt verwenden, um die Nernst-Gleichung zu behandeln.

V3 Potentialdifferenzen in Konzentrationszellen

Aufgabenlösungen

1., 2. Die folgende Tabelle mit Diagramm zeigt Beispiel-Messergebnisse und die nach der Nernst-Gleichung berechneten Werte der Spannung:

$c_1(Ag^+)$ in mol/l	$c_2(Ag^+)$ in mol/l	$lg[c_2(Ag^+)/c_1(Ag^+)]$	ΔE(gemessen) in V	ΔE(berechnet) in V
0,01	0,1	1,0	0,055	0,059
0,001	0,1	2,0	0,115	0,118
0,001	0,01	1,0	0,058	0,059
0,0001	0,1	3,0	0,170	0,178

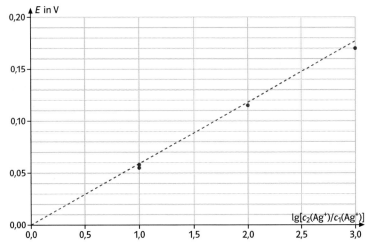

Hinweis: Die gestrichelte Gerade zeigt die berechnete Abhängigkeit. Die Abweichung wird hauptsächlich von der Wechselwirkung zwischen den Ionen in der Lösung verursacht. Die Nernst-Gleichung gilt nur dann genau, wenn man die Konzentrationswerte mit dem Aktivitätskoeffizienten multipliziert; dieser ist konzentrationsabhängig und immer kleiner als 1.

Hinweise zur Durchführung:
– Silbernitrat-Lösungen in lichtgeschützten Gefäßen aufbewahren.
– Die Elektrolytlösungen in kleinen Vorratsgefäßen (mind. 30 ml) für jede Gruppe vorbereiten.
– Die Elektrolytlösungen können nicht mehrfach verwendet werden.

5.12 Die Nernst-Gleichung

Zu den Aufgaben

A1

a) $E(\text{Al}/\text{Al}^{3+}) = E^0(\text{Al}/\text{Al}^{3+}) + \dfrac{0{,}059\,\text{V}}{3} \cdot \lg\{c(\text{Al}^{3+})\}$

b) $E(\text{F}^-/\text{F}_2) = E^0(\text{F}^-/\text{F}_2) - 0{,}059\,\text{V} \cdot \lg\{c(\text{F}^-)\}$

c) $E(\text{MnO}_2/\text{MnO}_4^-) = E^0(\text{MnO}_2/\text{MnO}_4^-) + \dfrac{0{,}059\,\text{V}}{3} \cdot \lg\dfrac{\{c(\text{MnO}_4^-)\}}{\{c^4(\text{OH}^-)\}}$

A2

a), b)

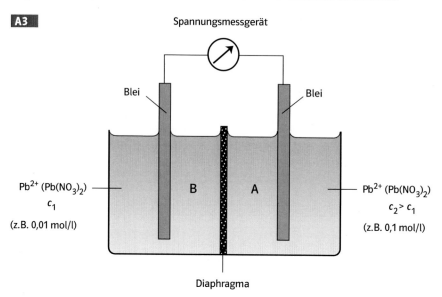

Minuspol (Anode) — U — Pluspol (Kathode)

Zinkelektrode — Kupferelektrode

Filterpapier, mit gesättigter Kaliumnitrat-Lösung getränkt

z. B. Zinkchlorid-Lösung, $c(\text{Zn}^{2+}) = 0{,}1\,\text{mol/l}$

z. B. Kupferchlorid-Lösung, $c(\text{Cu}^{2+}) = 0{,}01\,\text{mol/l}$

c) $E(\text{Zn}/\text{Zn}^{2+}) = E^0(\text{Zn}/\text{Zn}^{2+}) + \dfrac{0{,}059\,\text{V}}{2} \cdot \lg\{c(\text{Zn}^{2+})\}$

$E(\text{Zn}/\text{Zn}^{2+}) = -0{,}76\,\text{V} + 0{,}030\,\text{V} \cdot \lg 0{,}1 = -0{,}79\,\text{V}$

$E(\text{Cu}/\text{Cu}^{2+}) = E^0(\text{Cu}/\text{Cu}^{2+}) + \dfrac{0{,}059\,\text{V}}{2} \cdot \lg\{c(\text{Cu}^{2+})\}$

$E(\text{Cu}/\text{Cu}^{2+}) = 0{,}34\,\text{V} + 0{,}030\,\text{V} \cdot \lg 0{,}01 = 0{,}28\,\text{V}$

$U = \Delta E = E(\text{Kathode}) - E(\text{Anode}) = 0{,}28\,\text{V} - (-0{,}79\,\text{V}) = 1{,}07\,\text{V}$

d) Tauscht man das Spannungsmessgerät gegen einen leitenden Draht aus, so laufen die folgenden Vorgänge ab: Zink-Atome werden zu Zink-Ionen oxidiert und gehen in die Lösung über. Die Konzentration der Zink-Ionen steigt. Ein Ladungsausgleich erfolgt durch die Nitrat-Ionen aus der Kaliumnitrat-Lösung des Papiers. Die Elektronen fließen von der Zinkelektrode zur Kupferelektrode. An der Kupferelektrode werden Kupfer-Ionen zu Kupfer-Atomen reduziert. Die Konzentration der Kupfer-Ionen nimmt ab. Ein Ladungsausgleich erfolgt durch Kalium-Ionen aus der Kaliumnitrat-Lösung des Papiers. Durch die Konzentrationsänderung erreichen schließlich beide Halbzellen das gleiche Redoxpotential. Die Reaktion hört auf, und es fließt kein Strom mehr.

A3

Spannungsmessgerät

Blei — Blei

Pb^{2+} ($\text{Pb}(\text{NO}_3)_2$) c_1 (z.B. 0,01 mol/l)

B   A

Pb^{2+} ($\text{Pb}(\text{NO}_3)_2$) $c_2 > c_1$ (z.B. 0,1 mol/l)

Diaphragma

Die Spannung der Konzentrationszelle besteht aufgrund des Konzentrationsunterschiedes der Elektrolytlösungen. In der Lösung B mit der kleineren Elektrolytkonzentration ist die Lösungstension des Bleis größer als in der Lösung A mit der größeren Elektrolytkonzentration, wodurch sich die Elektrode B stärker negativ auflädt (größerer „Elektronendruck"):

Anode (B): $\qquad$ $Pb \; \rightleftharpoons \; Pb^{2+} + 2\,e^-$
Kathode (A): $\quad Pb^{2+} + 2\,e^- \; \rightleftharpoons \; Pb$

a) Zugabe von Natriumnitrat zur Halbzelle B:
Die Spannung bleibt gleich, da das Redoxgleichgewicht $Pb \rightleftharpoons Pb^{2+} + 2\,e^-$ durch Na^+- und NO_3^--Ionen nicht beeinflusst wird.

b) Zugabe von Blei(II)-nitrat zur Halbzelle B:
Die Spannung nimmt ab. Durch das leicht lösliche Blei(II)-nitrat nimmt die Konzentration der Pb^{2+}-Ionen in Halbzelle B zu; das Redoxgleichgewicht $Pb \rightleftharpoons Pb^{2+} + 2\,e^-$ wird nach links verschoben. Dies bedeutet eine Abnahme der Lösungstension. Das Redoxpotential $E(Pb/Pb^{2+})$ (Halbzelle B) wird größer („positiver"). Gibt man so viel Blei(II)-nitrat zu, dass $c_1 > c_2$ wird, kehrt sich die Polung der Konzentrationszelle um und die Spannung wird wieder größer.

c) Zugabe von Natriumsulfat zur Halbzelle B:
Die Spannung nimmt zu. Durch Ausfällung von schwer löslichem $PbSO_4$ nimmt die Konzentration der Pb^{2+}-Ionen ab. Das Redoxgleichgewicht $Pb \rightleftharpoons Pb^{2+} + 2\,e^-$ wird nach rechts verschoben. Dies bedeutet eine Zunahme der Lösungstension. Das Redoxpotential $E(Pb/Pb^{2+})$ (Halbzelle B) wird kleiner („negativer").

Hinweis: Die Aussagen zu (b) und (c) folgen auch unmittelbar aus der Nernst-Gleichung:

$$\Delta E = \frac{0{,}059\,V}{2} \cdot \lg \frac{\{c_2(Pb^{2+})\}}{\{c_1(Pb^{2+})\}}$$

Nimmt $\{c_1(Pb^{2+})\}$ zu, wird der Quotient $\{c_2(Pb^{2+})\}/\{c_1(Pb^{2+})\}$ und somit auch ΔE kleiner.
Nimmt $\{c_1(Pb^{2+})\}$ ab, wird der Quotient $\{c_2(Pb^{2+})\}/\{c_1(Pb^{2+})\}$ und somit auch ΔE größer.

A4 In der Reaktionsgleichung zum Redoxpaar Mn^{2+}/MnO_4^- stehen H_3O^+-Ionen als Produkt (siehe B2 im Schulbuch):

$$Mn^{2+}(aq) + 12\,H_2O \; \rightleftharpoons \; MnO_4^-(aq) + 8\,H_3O^+(aq) + 5\,e^-$$

Das Redoxpotential $E(Mn^{2+}/MnO_4^-)$ ist folglich pH-abhängig. (Das Redoxpotential $E(Br^-/Br_2)$ ist dagegen pH-unabhängig.)

Qualitative Erklärung: Bei Zugabe von H_3O^+-Ionen verschiebt sich das Gleichgewicht nach links. Die MnO_4^--Ionen werden reduziert, die Bromid-Ionen werden oxidiert. (*Merkhilfe*: Im MnO_4^--Ion sind Sauerstoff-Atome enthalten. Für diese werden H_3O^+-Ionen benötigt, damit als ein Produkt Wasser-Moleküle entstehen können.)

Quantitative Erklärung: Mit $\{c(Br^-)\} = 1$ ist $E(Br^-/Br_2) = E^0(Br^-/Br_2) = +1{,}07\,V$. Die Bromid-Ionen werden nur von einem Oxidationsmittel mit höherem Potential (also $E > +1{,}07\,V$) oxidiert. Einsetzen des Standardpotentials und der Konzentrationen von Mn^{2+}, MnO_4^- und H_3O^+ in die Gleichung in B2 im Schulbuch:

$$E(Mn^{2+}/MnO_4^-) = E^0(Mn^{2+}/MnO_4^-) + \frac{0{,}059\,V}{5} \cdot \lg \frac{\{c(MnO_4^-)\} \cdot \{c^8(H_3O^+)\}}{\{c(Mn^{2+})\}}$$

$$E^0(Mn^{2+}/MnO_4^-) = +1{,}49\,V$$

$$\{c(MnO_4^-)\} = \{c(Mn^{2+})\} = 1$$

$$\{c^8(H_3O^+)\} = 10^{-8\,pH}$$

$$pH = 3 \; \Rightarrow \; E(Mn^{2+}/MnO_4^-) = +1{,}49\,V + \frac{0{,}059\,V}{5} \cdot \lg 10^{-24} = +1{,}49\,V - 0{,}28\,V = +1{,}21\,V$$

$$pH = 7 \; \Rightarrow \; E(Mn^{2+}/MnO_4^-) = +1{,}49\,V + \frac{0{,}059\,V}{5} \cdot \lg 10^{-56} = +1{,}49\,V - 0{,}66\,V = +0{,}83\,V$$

Bei $pH = 3$ werden die Bromid-Ionen folglich oxidiert, bei $pH = 7$ nicht.

Hinweis:
Die folgende vertiefende Betrachtung ist zusätzlich möglich:

$$E(Mn^{2+}/MnO_4^-) = E^0(Mn^{2+}/MnO_4^-) + \frac{0,059\,V}{5} \cdot lg\, \frac{\{c(MnO_4^-)\} \cdot \{c^8(H_3O^+)\}}{\{c(Mn^{2+})\}}$$

Daraus ergibt sich die pH-Abhängigkeit des Redoxpotentials:

$$E(Mn^{2+}/MnO_4^-) = E^0(Mn^{2+}/MnO_4^-) + \frac{0,059\,V}{5} \cdot lg\, \frac{\{c(MnO_4^-)\}}{\{c(Mn^{2+})\}} - \frac{0,059\,V}{5} \cdot 8\,pH$$

Mit $c(MnO_4^-) = c(Mn^{2+})$ und $0,059\,V / 5 \cdot 8 = 0,0944\,V$ vereinfacht sich die Gleichung:

$$E(Mn^{2+}/MnO_4^-) = E^0(Mn^{2+}/MnO_4^-) - 0,0944\,V \cdot pH$$

Wenn $E(Mn^{2+}/MnO_4^-) > E(Br^-/Br_2)$, ist die Reduktion von MnO_4^- durch Br^- möglich. Die Bedingung $E(Mn^{2+}/MnO_4^-) = E(Br^-/Br_2)$ liefert denjenigen pH-Wert, ab dem die Reduktion nicht mehr möglich ist:

$$E^0(Mn^{2+}/MnO_4^-) - 0,0944\,V \cdot pH = E^0(Br^-/Br_2) + \frac{0,059\,V}{2} \cdot lg\, \frac{1}{\{c(Br^-)\}}$$

Setzt man $\{c(Br^-)\} = 1$ und löst die Gleichung nach dem pH-Wert auf, ergibt sich:

$$pH = -\frac{E^0(Br^-/Br_2) - E^0(Mn^{2+}/MnO_4^-)}{0,0944\,V}$$

$$pH = \frac{1,07\,V - 1,49\,V}{0,0944\,V} = 4,45$$

Das folgende Diagramm zeigt die beiden Redoxpotentiale abhängig vom pH-Wert:

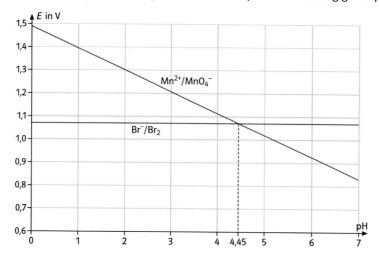

A5

a) Galvanische Zelle: $Pt/H_2/H_3O^+ (pH = 2) // OH^- (pH = 12)/O_2/Pt$

Reaktionsgleichungen und Nernst-Gleichungen der Redoxpaare:

Anode: $\quad H_2(g) + 2\,H_2O(l) \rightleftharpoons 2\,H_3O^+(aq) + 2\,e^-$

$$E(H_2/H_3O^+) = -0,059\,V \cdot pH$$

Einsetzen von $pH = 2$ ergibt: $\quad E(H_2/H_3O^+) = -0,059\,V \cdot 2 \approx -0,12\,V$

Kathode: $\quad 4\,OH^-(aq) \rightleftharpoons O_2(aq) + 2\,H_2O(l) + 4\,e^-$

$$E(OH^-/O_2) = E^0(OH^-/O_2) + \frac{0,059\,V}{4} \cdot lg\, \frac{1}{\{c^4(OH^-)\}}$$

$$E(\text{OH}^-/\text{O}_2) = E^0(\text{OH}^-/\text{O}_2) + \frac{0{,}059\,\text{V}}{4} \cdot (-4) \cdot \lg\{c(\text{OH}^-)\}$$

$$= E^0(\text{OH}^-/\text{O}_2) - 0{,}059\,\text{V} \cdot \lg\{c(\text{OH}^-)\}$$

$$= E^0(\text{OH}^-/\text{O}_2) - 0{,}059\,\text{V} \cdot (-\text{pOH})$$

$$= E^0(\text{OH}^-/\text{O}_2) + 0{,}059\,\text{V} \cdot \text{pOH}$$

Einsetzen von $\text{pOH} = 14 - \text{pH} = 14 - 12 = 2$ ergibt: $E(\text{OH}^-/\text{O}_2) = 0{,}40\,\text{V} + 0{,}059\,\text{V} \cdot 2 \approx 0{,}52\,\text{V}$

Spannung der galvanischen Zelle:

$$\Delta E \approx E(\text{OH}^-/\text{O}_2) - E(\text{H}_2/\text{H}_3\text{O}^+) = 0{,}52\,\text{V} - (-0{,}12\,\text{V}) = 0{,}64\,\text{V}$$

b) Wenn die saure Lösung verdünnt wird, steigt der Betrag des Redoxpotentials $E(\text{H}_2/\text{H}_3\text{O}^+)$. Bei „unendlicher" Verdünnung ist $\text{pH} = 7$, dann beträgt das Redoxpotential:

$$E(\text{H}_2/\text{H}_3\text{O}^+) = -0{,}059 \cdot \text{pH} = -0{,}059\,\text{V} \cdot 7 \approx -0{,}41\,\text{V}$$

Wenn die alkalische Lösung verdünnt wird, steigt das Redoxpotential $E(\text{OH}^-/\text{O}_2)$ an. Bei „unendlicher" Verdünnung ist $\text{pOH} = 7$, dann beträgt das Redoxpotential:

$$E(\text{OH}^-/\text{O}_2) = 0{,}40\,\text{V} + 0{,}059\,\text{V} \cdot 7 \approx 0{,}81\,\text{V}$$

Beim Verdünnen einer oder beider Lösungen steigt die Spannung der galvanischen Zelle. Der maximal erreichbare Wert bei $\text{pH} = \text{pOH} = 7$ ist:

$$\Delta E \approx E(\text{OH}^-/\text{O}_2) - E(\text{H}_2/\text{H}_3\text{O}^+) = 0{,}81\,\text{V} - (-0{,}41\,\text{V}) = 1{,}22\,\text{V}$$

Hinweis: Dies ist (abgesehen vom Rundungsfehler) die theoretisch maximal erreichbare Spannung der Brennstoffzelle, die mit 1,23 V angegeben wird.

Zum Versuch

V1 Man erhält zunächst eine Spannung von ca. 0,5 V. Nach Zugabe der Schwefelsäure ergibt sich eine Spannung von ca. 1 V. Die pH-Abhängigkeit des Redoxpotentials zeigt sich deutlich.

Zusatzinformationen

Zusammenhang der freien Reaktionsenthalpie mit der Nernst-Gleichung
Die im Schulbuch angegebene Form der Nernst-Gleichung ist vereinfacht. Die Nernst-Gleichung kann aus der Thermodynamik hergeleitet werden; dies wird im Folgenden gezeigt.

Die maximal mögliche elektrische Arbeit W_{el} einer galvanischen Zelle entspricht dem Betrag der freien Reaktionsenthalpie $\Delta_r G$:

$$W_{\text{el}} = -\Delta_r G$$

Die elektrische Spannung ist definiert als Quotient aus elektrischer Arbeit W_{el} und Ladung Q. Die Spannung ΔE einer galvanischen Zelle ist folglich:

$$\Delta E = \frac{W_{\text{el}}}{Q} = \frac{-\Delta_r G}{Q}$$

Die übertragene Ladung Q lässt sich aus der Anzahl der Elektronen pro Formelumsatz z und der Faraday-Konstante F berechnen (Kap. 5.25 im Schulbuch):

$$Q = z\,\text{mol} \cdot F$$

Durch Einsetzen in die obige Gleichung ergibt sich der folgende einfache Zusammenhang:

$$\Delta E = \frac{-\Delta_r G}{z\,\text{mol} \cdot F}$$

Hinweis: Man muss $\Delta_r G$ in Joule (nicht Kilojoule) einsetzen, um die Spannung in Volt zu erhalten.

Für eine Halbzelle gilt entsprechend:

$$E(\text{Red/Ox}) = \frac{-\Delta_r G}{z\,\text{mol} \cdot F}$$

Liegen alle Reaktionspartner einer Redoxreaktion bei 25 °C in der Aktivität $a = 1\,mol/l$ vor, so ist:

$$\Delta_r G = \Delta_r G^0 \qquad und \qquad E(Red/Ox) = E^0(Red/Ox)$$

Bei anderen Aktivitäten der Reaktionspartner gilt für die freie Reaktionsenthalpie bei 25 °C (hier ohne die thermodynamische Herleitung; R ist die universelle Gaskonstante):

$$\Delta_r G = \Delta_r G^0 - R \cdot T \cdot 1\,mol \cdot \ln \frac{\{a(Ox)\}}{\{a(Red)\}}$$

Setzt man dies in die Gleichung weiter oben ein, so erhält man die Nernst-Gleichung in einer allgemeineren Form:

$$E(Red/Ox) = \frac{-\Delta_r G^0}{1\,mol \cdot z \cdot F} + \frac{R \cdot T}{z \cdot F} \cdot \ln \frac{\{a(Ox)\}}{\{a(Red)\}}$$

$$E(Red/Ox) = E^0(Red/Ox) + \frac{R \cdot T}{z \cdot F} \cdot \ln \frac{\{a(Ox)\}}{\{a(Red)\}}$$

Anmerkungen:
- Diese Gleichung gilt (obwohl sie die Temperatur T als Variable enthält) streng genommen nur bei 25 °C, da die Temperaturabhängigkeit von $\Delta_r G$ nicht berücksichtigt ist.
- Die Zahlenwerte der Aktivitäten $\{a(Red)\}$ und $\{a(Ox)\}$ stehen hier stellvertretend für die Aktivitäten aller Edukte bzw. Produkte in der Reaktionsgleichung der Halbzelle, ggf. mit den stöchiometrischen Faktoren im Exponenten (s. B2 im Schulbuch).

Bei kleinen Konzentrationen kann man näherungsweise die Aktivität a durch die Konzentration c ersetzen. Setzt man außerdem $R = 8{,}314\,J/(mol \cdot K)$, $T = 298\,K$ und $F = 96\,485\,A \cdot s \cdot mol^{-1}$ ein und wandelt den natürlichen Logarithmus in den dekadischen Logarithmus um (s. Anhang „Potenzen und Logarithmen" im Schulbuch), so erhält man die vereinfachte Nernst-Gleichung:

$$E(Red/Ox) = E^0(Red/Ox) + \frac{0{,}059\,V}{z} \cdot \lg \frac{\{c(Ox)\}}{\{c(Red)\}}$$

Literatur

P. Heinzerling: 125 Jahre Nernst-Gleichung. Praxis der Naturwissenschaften – Chemie 62 (Heft 7, Oktober 2013), 5
W. Vonau: Elektrochemische Sensorik – Stand der Technik und Perspektiven. Praxis der Naturwissenschaften – Chemie 62 (Heft 7, Oktober 2013), 16

5.13 Bestimmung extrem kleiner Konzentrationen

Zur Aufgabe

A1 $c_1(Ag^+) = c_2(Ag^+) \cdot 10^{-\frac{\Delta E}{0{,}059\,V}} = 10^{-2}\,mol/l \cdot 10^{-\frac{0{,}45\,V}{0{,}059\,V}}$

$$= 10^{-2}\,mol/l \cdot 10^{-7{,}63} = 10^{-9{,}63}\,mol/l$$

$$K_L(AgCl) = c_1(Cl^-) \cdot c_1(Ag^+) = 1\,mol/l \cdot 10^{-9{,}63}\,mol/l$$

$$= 10^{-9{,}63}\,mol^2/l^2$$

Zum Versuch

V1 Messergebnisse und deren Auswertung nach den im Schulbuch angegebenen Formeln mit $c_1(Cl^-) = 1\,mol/l$ und $c_2(Ag^+) = 0{,}1\,mol/l$; Vergleich mit Literatur (Tafelwerk, Ernst Klett Verlag 2009):

Silbersalz	ΔE in V	$c_1(Ag^+)$ in mol/l	K_L in mol²/l²	pK_L	pK_L (nach Literatur)
AgCl	0,51	$2{,}3 \cdot 10^{-10}$	$2{,}3 \cdot 10^{-10}$	9,6	9,8
AgBr	0,66	$6{,}5 \cdot 10^{-13}$	$6{,}5 \cdot 10^{-13}$	12,2	12,2
AgI	0,89	$8{,}2 \cdot 10^{-17}$	$8{,}2 \cdot 10^{-17}$	16,1	15,8

5.14 Fachmethode: Berechnung einer Potentialdifferenz

Zur Aufgabe

A1 **a), b)** Aus der Nernst-Gleichung folgt:

$$E(\text{Sn/Sn}^{2+}) = E^0(\text{Sn/Sn}^{2+}) + \frac{0{,}059\,\text{V}}{2} \cdot \lg\{c(\text{Sn}^{2+})\}$$

$$= -0{,}14\,\text{V} + \frac{0{,}059\,\text{V}}{2} \cdot \lg 0{,}1 \approx -0{,}14\,\text{V} - 0{,}03\,\text{V} = -0{,}17\,\text{V}$$

$$E(\text{Pb/Pb}^{2+}) = E^0(\text{Pb/Pb}^{2+}) + \frac{0{,}059\,\text{V}}{2} \cdot \lg\{c(\text{Pb}^{2+})\}$$

$$= -0{,}13\,\text{V} + \frac{0{,}059\,\text{V}}{2} \cdot \lg 0{,}001 \approx -0{,}13\,\text{V} - 0{,}09\,\text{V} = -0{,}22\,\text{V}$$

$E(\text{Sn/Sn}^{2+}) > E(\text{Pb/Pb}^{2+})$ Folglich werden die Pb-Atome oxidiert: $\text{Pb} + \text{Sn}^{2+} \longrightarrow \text{Pb}^{2+} + \text{Sn}$
Die Pb/Pb^{2+}-Halbzelle wird oxidiert, es ist die Donator-Halbzelle.
Die Sn/Sn^{2+}-Halbzelle wird reduziert, es ist die Akzeptor-Halbzelle.
Die Elektronen fließen von der Bleielektrode (Anode, Minuspol) zur Zinnelektrode (Kathode, Pluspol).

Hinweis: Durch die Reihenfolge der Halbzellen in der elektrochemischen Spannungsreihe erwartet man eine andere Richtung der Reaktion. Wegen der sehr unterschiedlichen Konzentrationen ist die Richtung der Reaktion dazu gerade umgekehrt.

5.15 Die Richtung spontaner Vorgänge

Zu den Aufgaben

A1 Reaktionsgleichung: $3\,\text{CO}(g) + 6\,\text{H}_2(g) \longrightarrow \text{CH}_2\text{=CH--CH}_3(g) + 3\,\text{H}_2\text{O}(l)$
Auf der Seite der Produkte liegen weniger Gasteilchen vor. Folglich wird durch die Reaktion der Ordnungszustand erhöht, d. h., die Entropie des Systems nimmt ab.
Hinweis: Dies gilt auch, wenn bei der Reaktion gasförmiges Wasser (Wasserdampf) entsteht.

A2 Reaktionsgleichung:
$\text{Ba(OH)}_2 \cdot 8\,\text{H}_2\text{O}(s) + 2\,\text{NH}_4\text{SCN}(s) \longrightarrow \text{Ba}^{2+}(aq) + 2\,\text{SCN}^-(aq) + 10\,\text{H}_2\text{O}(l) + 2\,\text{NH}_3(g)$
Die Edukte sind Feststoffe mit niedriger Entropie. Die Produkte sind eine Flüssigkeit (Barium-thiocyanat-Lösung) und ein Gas (Ammoniak). Das System hat folglich nach der Reaktion eine höhere Entropie als vorher.

A3 Reaktionsgleichung:
$3\,\text{Na}_2\text{CO}_3 \cdot 10\,\text{H}_2\text{O}(s) + 2\,\text{C}_6\text{H}_8\text{O}_7(s) \longrightarrow 6\,\text{Na}^+(aq) + 2\,\text{C}_6\text{H}_5\text{O}_7^{3-}(aq) + 33\,\text{H}_2\text{O}(l) + 3\,\text{CO}_2(g)$
Die Edukte sind Feststoffe mit niedriger Entropie. Die Produkte sind eine Flüssigkeit (Natriumcitrat-Lösung) und ein Gas (Kohlenstoffdioxid). Das System hat folglich nach der Reaktion eine höhere Entropie als vorher.

Zu den Versuchen

V1 Das Lösen von Kaliumchlorid ist ein endothermer Vorgang. Da die Umgebungsluft nicht schnell genug Wärme nachliefern kann, hat die Lösung eine niedrigere Temperatur als die beiden Komponenten vor dem Lösen. Auch das Lösen von Ammoniumnitrat ist endotherm.

V2 Das Reagenzglas kühlt sich so stark ab, dass es sich außen mit einer Eisschicht überzieht. Stellt man das Reagenzglas während der Reaktion auf ein feuchtes Filterpapier, friert dieses an. Es entwickelt sich gasförmiges Ammoniak, das feuchtes Indikatorpapier blau färbt. Reaktionsgleichung siehe A2.

V3 Das Pentan verdampft und entzieht seine Verdampfungswärme zum Teil dem Thermometer. Die Temperatur des Thermometers sinkt folglich.

V4 Unter Gasentwicklung und Abkühlung entsteht eine wässrige Lösung. Reaktionsgleichung siehe A3. Die Hydratation der Ionen erfolgt durch die bei der Reaktion entstehenden Wasser-Moleküle.

Zusatzinformationen

Zum Zweiten Hauptsatz der Thermodynamik
Aus der Formulierung im Schulbuch kann man eine weitere Version des Zweiten Hauptsatzes der Thermodynamik entwickeln. Ein beliebiges System mit seiner Umgebung kann insgesamt als isoliertes System betrachtet werden. Folglich kann man den Zweiten Hauptsatz auch so formulieren:
Die Entropie in einem isolierten System kann nicht abnehmen. Sie bleibt entweder gleich oder nimmt zu.

In vielen Lehrbüchern findet man eine Berechnungsformel mit der Größe „Q_{rev}". Der Index „rev" kommt von der Berechnung der übertragenen Wärme bei der reversiblen isothermen Expansion eines Gases (Berechnung der Entropie nach RUDOLF CLAUSIUS). Die Entropie ist jedoch eine Zustandsfunktion, d.h., ΔS_{System} hängt nur vom Anfangs- und Endzustand ab. Folglich kann man einen irreversiblen (schwieriger zu berechnenden) Prozess in Gedanken durch einen reversiblen Prozess ersetzen, für den man die übertragene Wärme Q berechnet. Die Berechnungsformel im Schulbuch kann also auch auf irreversible Prozesse angewandt werden, sofern man die übertragene Wärme Q kennt.

Zum Exkurs

Reversible Vorgänge

Ein weiteres Beispiel für einen reversiblen Vorgang ist die isotherme Kompression (d.h. Kompression bei gleich bleibender Temperatur) eines Gases. Wenn die isotherme Kompression unendlich langsam in einem ständigen Gleichgewicht mit der unendlich großen Umgebung erfolgt, so nimmt die Entropie des Systems im gleichen Maße ab wie die Entropie der Umgebung zunimmt, d.h., die Gesamtentropie bleibt gleich. Man bezeichnet diesen gedachten Vorgang auch als reversible Zustandsänderung. Kehrt man den Vorgang um (isotherme Expansion), so sind am Schluss die Entropien des Systems und der Umgebung wieder wie am Anfang. Auch dies ist in der Realität nicht möglich.

Zur Abbildung

B5 Temperatur und Entropie eines Stoffes

Die Steigung der Kurve in B1 ist die Ableitung der Entropie nach der Temperatur bei konstantem Druck. Man kann die Ableitung der *molaren* Entropie nach der Temperatur aus der molaren Wärmekapazität $C_{m,p}$ (auch „Molwärme bei konstantem Druck" genannt) folgendermaßen berechnen:

$$\frac{dS_m}{dT} = \frac{C_{m,p}}{T}$$ (Diese Gleichung gilt nur bei konstantem Druck; auf die Schreibweise mit partiellen Ableitungen wurde hier verzichtet.)

Betrachtet man B5 genauer, so stellt man fest, dass die Kurve im gasförmigen Bereich eine geringere Steigung hat als im festen und flüssigen Bereich. Dies hängt damit zusammen, dass Gase i. Allg. eine deutlich kleinere molare Wärmekapazität haben als die entsprechenden Flüssigkeiten und Festkörper.

Tabellenwerte der molaren Standardentropie (wie z.B. in Kap. 5.16, B3) werden meist folgendermaßen bestimmt: Man misst die molare Wärmekapazität $C_{m,p}$ abhängig von der Temperatur und berechnet daraus die oben angegebene Funktion, indem man die Messwerte durch T dividiert. Das Integral dieser Funktion entspricht dann B5; der Wert bei 298,15 K ist die molare Standardentropie des betreffenden Stoffes.

5.16 Reaktionsentropien

Zu den Aufgaben

A1 Wenn die Reaktionsentropie kleiner als null ist, bedeutet dies eine Abnahme der Entropie des Systems während der Reaktion. Da die Gesamtentropie gemäß des 2. Hauptsatzes zunehmen muss, kann die Reaktion nur dann spontan ablaufen, wenn die Entropie der Umgebung stärker zunimmt, indem Wärme vom System auf die Umgebung übertragen wird. Folglich muss die Reaktion genügend exotherm sein, sodass die Gesamtentropie zunimmt.

Hinweis: Damit Wärme auf die Umgebung übertragen werden kann, darf das System nicht isoliert sein.

A2 Der Verdunstungsvorgang ist eine Aggregatzustandsänderung: $H_2O(g) \longrightarrow H_2O(l)$

Stoffmenge des Wassers: $n(H_2O) = \frac{m(Wasser)}{M(H_2O)} = \frac{200\,g}{18,02\,g/mol} = 11,1\,mol$

Berechnung der Entropiedifferenz aus den Werten in B1:

$\Delta_{vap}S(25\,°C, 1000\,hPa) = n(H_2O) \cdot S_m^0(H_2O, g) - n(H_2O) \cdot S_m^0(H_2O, l)$

$= n(H_2O) \cdot [S_m^0(H_2O, g) - S_m^0(H_2O, l)]$

$= 11,1\,mol \cdot [189\,J/(K \cdot mol) - 70\,J/(K \cdot mol)]$

$= 1321\,J/(K \cdot mol))$

A3 Reaktionsgleichung: $2\,Mg\,(s) + O_2\,(g) \longrightarrow 2\,MgO\,(s)$

Für die Entropieänderung sind die gasförmigen Stoffe entscheidend. Aus 1 Mol Gas wird 1 Mol eines Feststoffes gebildet. Folglich nimmt die Ordnung zu und damit die Entropie ab. Die Reaktionsentropie hat somit einen negativen Wert.

Berechnung der Standardreaktionsentropie:

$$\Delta_r S^0 = 2\,mol \cdot S_m^0(MgO,s) \;\; - [2\,mol \cdot S_m^0(Mg,s) \;\; + 1\,mol \cdot S_m^0(O_2,(g)]$$
$$= 2\,mol \cdot 27\,J/(K\cdot mol) \;\; - [2\,mol \cdot 33\,J/(K\cdot mol) + 1\,mol \cdot 205\,J/(K\cdot mol)]$$
$$= -217\,J/K$$

Die berechnete Reaktionsentropie hat einen negativen Wert; dies entspricht der Abschätzung.

Zur Abbildung

B1 Molare Standardentropien einiger Stoffe
Die Werte der molaren Standardentropien wurden i.d.R. aus der Temperaturabhängigkeit der molaren Wärmekapazität bestimmt. Siehe Kap. 5.15, „Zur Abbildung B5 Temperatur und Entropie eines Stoffes".

5.17 Exkurs: Entropie und Wahrscheinlichkeit

Zu den Abbildungen

B2 Realisierungszahl abhängig von der Teilchenanzahl
Die Diagramme wurden nach der in B3 gezeigten Formel erstellt:

$$\Omega = \frac{N!}{K! \cdot (N-K)!} = \binom{N}{K}$$

Ω: Realisierungszahl
N: Gesamtzahl der Teilchen
K: Anzahl der Teilchen in der rechten Kastenhälfte
$N - K$: Anzahl der Teilchen in der linken Kastenhälfte

Diese Funktion der Kombinatorik beschreibt die Anzahl der Möglichkeiten, K Objekte aus einer Menge von N Objekten auszuwählen. Man bezeichnet sie als Binominalkoeffizient; sie wird häufig abgekürzt wie rechts in der obigen Formel geschrieben und dann „N über K" oder „K aus N" gesprochen. Ein Beispiel dafür ist das Lotto „6 aus 49". Die Anzahl der möglichen Ziehungen ist:

$$\Omega = \binom{49}{6} = \frac{49!}{6! \cdot (49-6)!} = \frac{49!}{6! \cdot 43!} = 13\,983\,816$$

Hinweis: Diese Berechnung ist mit dem Taschenrechner i.d.R. noch ohne weiteres möglich. Bei größeren Zahlen kann es aber passieren, dass der Speicher überläuft. Dies kann man vermeiden, indem man die Fakultäten in der Form einzelner Faktoren schreibt, dann den Bruch kürzt und (wenn nötig) in einzelne Brüche zerlegt bzw. abwechselnd multipliziert und dividiert. Für die Anzahl der möglichen Ziehungen beim Lotto ergibt sich beispielsweise:

$$\Omega = \frac{49!}{6! \cdot 43!} = \frac{44 \cdot 45 \cdot 46 \cdot 47 \cdot 48 \cdot 49}{1 \cdot 2 \cdot 3 \cdot 4 \cdot 5 \cdot 6} = \frac{44}{1} \cdot \frac{45}{2} \cdot \frac{46}{3} \cdot \frac{47}{4} \cdot \frac{48}{5} \cdot \frac{49}{6}$$

$$= 44 \cdot 45 : 2 \cdot 46 : 3 \cdot 47 : 4 \cdot 48 : 5 \cdot 49 : 6 = 13\,983\,816$$

B3 Berechnung einer Entropieänderung
Möchte man Entropieänderungen zu Volumenänderungen üblicher Stoffmengen (d.h. Größenordnungen von 1 Mol) berechnen, sind die Teilchenanzahlen so groß, dass auch der Hinweis zu B2 (s.o.) nicht mehr hilft. Hier verwendet man die Stirling-Formel. Für große Zahlen x gilt:

$$\ln(x!) \approx x \cdot \ln x - x$$

Bei extrem großen Zahlen kann man das „Ungefähr gleich"-Zeichen mit sehr guter Näherung durch das Gleichheitszeichen ersetzen.
Im Folgenden wird anhand des Modells des zweigeteilten Kastens mithilfe der Stirling-Formel die Entropieänderung von 1 Mol eines Gases berechnet, wenn sein Volumen verdoppelt wird:

Binominalkeffizient: $\Omega = \dfrac{N!}{K! \cdot (N-K)!}$

Alle Gasteilchen in der linken Kastenhälfte: $K = 0$

$$\Rightarrow \quad \Omega_1 = \frac{N!}{0! \cdot N!} = 1 \qquad \text{mit } 0! = 1$$

Gleichverteilung der Gasteilchen auf beide Kastenhälften: $\quad K = 0{,}5 \cdot N \quad \Leftrightarrow \quad N = 2K \quad \Leftrightarrow \quad N - K = K$

$$\Rightarrow \quad \Omega_2 = \frac{(2K)!}{K! \cdot K!} = \frac{(2K)!}{(K!)^2}$$

$$\Rightarrow \quad \ln \Omega_2 = \ln \frac{(2K)!}{(K!)^2} = \ln(2K)! - 2 \cdot \ln(K!)$$

Mit der Stirling-Formel gilt:

$$\begin{aligned}
\ln \Omega_2 &= 2K \cdot \ln(2K) - 2K - 2 \cdot (K \cdot \ln K - K) \\
&= 2K \cdot \ln 2 + 2K \cdot \ln K - 2K - 2K \cdot \ln K + 2K \\
&= 2K \cdot \ln 2 \\
&= N \cdot \ln 2 \qquad \text{mit } N = 2K
\end{aligned}$$

Einsetzen in die Boltzmann-Formel ergibt:

$$\Delta S = k \cdot \ln \Omega_2 - k \cdot \ln \Omega_1 = k \cdot \ln \frac{\Omega_2}{\Omega_1} = N \cdot k \cdot \ln 2 \qquad \text{mit } \Omega_1 = 1 \text{ und } \ln \Omega_2 = N \cdot \ln 2$$

Für 1 Mol Gasteilchen gilt: $\quad N \approx 6{,}022 \cdot 10^{23}$
Die Boltzmann-Konstante ist: $\quad k \approx 1{,}38 \cdot 10^{-23} \, \text{J/K}$

$$\Rightarrow \quad \Delta S = N \cdot k \cdot \ln 2 \approx 6{,}022 \cdot 10^{23} \cdot 1{,}38 \cdot 10^{-23} \, \text{J/K} \cdot 0{,}693 \approx 5{,}8 \, \text{J/K}$$

Die obige Rechnung kann analog auch für beliebige Volumenänderungen durchgeführt werden: Das Volumen eines Gases wird um den Faktor $a = V_2/V_1$ vergrößert. Das Modell des *zweigeteilten* Kastens muss dann zum Modell des *a-fach geteilten* Kastens verallgemeinert werden. Anstatt des Binominalkoeffizienten wird der *Multinominalkoeffizient* berechnet.

Die Anzahl der Teilchen sei: $\quad N = a \cdot K$

Wenn sich alle Teilchen im selben Kastenteil befinden, gilt analog zum zweigeteilten Kasten: $\quad \Omega_1 = 1$

Wenn die Teilchen auf alle Kastenteile gleich verteilt sind, befinden sich in jedem Kastenteil K Teilchen. In diesem Fall folgt aus dem Multinominalkoeffizienten die folgende Gleichung:

$$\Omega_2 = \frac{(aK)!}{(K!)^a}$$

Hinweis: Der allgemeine Multinominalkoeffizient ist:
$N! / (K_1! \cdot K_2! \cdot \ldots \cdot K_a!) \;$ mit $\; N = K_1 + K_2 + \ldots + K_a$
Die links stehende Gleichung ergibt sich mit:
$K_1 = K_2 = \ldots = K_a = K \;$ und $\; N = a \cdot K$

Mit der Stirling-Formel gilt:

$$\begin{aligned}
\ln \Omega_2 &= aK \cdot \ln(aK) - aK - a \cdot (K \cdot \ln K - K) \\
&= aK \cdot \ln a + aK \cdot \ln K - aK - aK \cdot \ln K + aK \\
&= aK \cdot \ln a \\
&= N \cdot \ln a \qquad \text{mit } N = aK
\end{aligned}$$

Einsetzen in die Boltzmann-Formel ergibt:

$$\Delta S = k \cdot \ln \Omega_2 - k \cdot \ln \Omega_1 = k \cdot \ln \frac{\Omega_2}{\Omega_1} = N \cdot k \cdot \ln a \qquad \text{mit } \Omega_1 = 1 \text{ und } \ln \Omega_2 = N \cdot \ln a$$

Für die Volumenänderung eines Gases gilt mit $a = V_2/V_1$ folglich allgemein:

$$\Delta S = N \cdot k \cdot \ln \frac{V_2}{V_1} = n \cdot R \cdot \ln \frac{V_2}{V_1} \qquad \text{mit } n = \frac{N}{1 \, \text{mol}} \text{ und } R = k \cdot 1 \, \text{mol}$$

Diese Gleichung (in der Form mit der universellen Gaskonstante R) folgt auch aus der klassischen (phänomenologischen) Thermodynamik. Durch die Arbeit von Ludwig Boltzmann wurde die Gleichung auf eine statistische Grundlage gestellt.

Zusatzinformationen

Der von Ludwig Boltzmann entdeckte Zusammenhang ist die Grundlage der statistischen Thermodynamik. Die Gleichung ist in der Form $S = k. \log W$ auf Boltzmanns Grabstein in Wien eingraviert. (Mit einer Internet-Suchmaschine findet man Fotos des Grabsteins.)

5.18 Die freie Enthalpie

Vorbemerkung

Bei der Interpretation der Gibbs-Helmholtz-Gleichung wird manchmal das *„Prinzip vom Energie-minimum"* oder gar das *„Prinzip vom Enthalpieminimum"* genannt. Ein solches Prinzip existiert jedoch in der Natur nicht. Wer es dennoch verwendet, wird sich alsbald in Widersprüche mit dem Ersten Hauptsatz der Thermodynamik verwickeln: Wenn der Energieerhaltungssatz gültig ist, kann es kein „Prinzip vom Energieminimum" geben.

Man kann allerdings das *Prinzip vom Minimum der freien Enthalpie des Systems* formulieren. Es ist äquivalent zum Prinzip vom Maximum der Gesamtentropie und folgt aus dem Zweiten Hauptsatz der Thermodynamik.

B2 im Schulbuch zeigt den Zusammenhang zwischen der freien Enthalpie des Systems und der Gesamtentropie. Die dort gezeigte Gleichung kann natürlich auch nach der Gesamtentropie aufgelöst werden:

$$\Delta_r G = -T \cdot \Delta S_{Gesamt} \qquad \Leftrightarrow \qquad \Delta S_{Gesamt} = -\frac{\Delta_r G}{T}$$

Eine Abnahme der freien Enthalpie des Systems ist also äquivalent mit einer Zunahme der Gesamt-entropie und umgekehrt.

Zu den Aufgaben

A1

a) Reaktionsgleichung: $C_2H_5OH\,(l) + 3\,O_2\,(g) \longrightarrow 2\,CO_2\,(g) + 3\,H_2O\,(l)$

b) Berechnung von $\Delta_r H^0$ und $\Delta_r S^0$:

$$\begin{aligned}
\Delta_r H^0 &= 2\,mol \cdot \Delta_f H_m^0(CO_2) \quad + 3\,mol \cdot \Delta_f H_m^0(H_2O) \quad -1\,mol \cdot \Delta_f H_m^0(C_2H_5OH) \\
&= 2\,mol \cdot (-393\,kJ/mol) + 3\,mol \cdot (-286\,kJ/mol) -1\,mol \cdot (-277\,kJ/mol) \\
&= -1367\,kJ
\end{aligned}$$

$$\begin{aligned}
\Delta_r S^0 &= 2\,mol \cdot S_m^0(CO_2) \quad + 3\,mol \cdot S_m^0(H_2O) \quad - [1\,mol \cdot S_m^0(C_2H_5OH) + 3\,mol \cdot S_m^0(O_2)] \\
&= 2\,mol \cdot 214\,J/(K\cdot mol) + 3\,mol \cdot 70\,J/(K\cdot mol) - [1\,mol \cdot 161\,J/(K\cdot mol) + 3\,mol \cdot 205\,J/(K\cdot mol)] \\
&= -138\,J/K = -0{,}138\,kJ/K
\end{aligned}$$

Berechnung von $\Delta_r G^0$ mit der Gibbs-Helmholtz-Gleichung:

$$\begin{aligned}
\Delta_r G^0 &= -1367\,kJ - 298\,K \cdot (-0{,}138\,kJ/K) \\
&= -1367\,kJ + 41\,kJ \\
&= -1326\,kJ
\end{aligned}$$

Berechnung von $\Delta_r G^0$ aus Tabellenwerten der freien Bildungsenthalpien:

$$\begin{aligned}
\Delta_r G^0 &= 2\,mol \cdot \Delta_f G_m^0(CO_2) \quad + 3\,mol \cdot \Delta_f G_m^0(H_2O) \quad - 1\,mol \cdot \Delta_f G_m^0(C_2H_5OH) \\
&= 2\,mol \cdot (-394\,kJ/mol) + 3\,mol \cdot (-237\,kJ/mol) - 1\,mol \cdot (-175\,kJ/mol) \\
&= -1324\,kJ
\end{aligned}$$

(Die Abweichung kommt von Rundungsfehlern.)

Analoge Rechnungen mit $H_2O\,(g)$ ergeben:

$$\Delta_r H^0 = -1235\,kJ$$
$$\Delta_r S^0 = +219\,J/K$$
$$\Delta_r G^0 = -1300\,kJ \qquad \text{(nach beiden Berechnungsmethoden)}$$

A2 Reaktionsgleichung: $2\,NO_2\,(g) \rightleftharpoons N_2O_4\,(g)$

$$\begin{aligned}
\Delta_r H^0 &= 1\,mol \cdot \Delta_f H_m^0(N_2O_4) - 2\,mol \cdot \Delta_f H_m^0(NO_2) \\
&= 1\,mol \cdot 9\,kJ/mol \quad - 2\,mol \cdot 33\,kJ/mol \\
&= -57\,kJ
\end{aligned}$$

$$\begin{aligned}
\Delta_r S^0 &= 1\,mol \cdot S_m^0(N_2O_4) \quad - 2\,mol \cdot S_m^0(NO_2) \\
&= 1\,mol \cdot 304\,J/(K\cdot mol) - 2\,mol \cdot 240\,J/(K\cdot mol) \\
&= -176\,J/K = -0{,}176\,kJ/K
\end{aligned}$$

Da hier jeweils der gasförmige Zustand angenommen wird, kann man näherungsweise die berechne-ten Werte von $\Delta_r H^0$ und $\Delta_r S^0$ (obwohl sie eigentlich nur für Standardbedingungen gelten) für beide Temperaturen in die Gibbs-Helmholtz-Gleichung einsetzen:

$\Delta_r G(298\,K) = \Delta_r H^0 - 298\,K \cdot \Delta_r S^0 = -57\,kJ - 298\,K \cdot (-0{,}176\,kJ/K) = -57\,kJ + 52\,kJ = -5\,kJ$

$\Delta_r G(400\,K) = \Delta_r H^0 - 400\,K \cdot \Delta_r S^0 = -57\,kJ - 400\,K \cdot (-0{,}176\,kJ/K) = -57\,kJ + 70\,kJ = +13\,kJ$

Bei 298 K hat die freie Reaktionsenthalpie ein negatives Vorzeichen, d.h., die Reaktion ist exergonisch. Bei 400 K hat die freie Reaktionsenthalpie ein positives Vorzeichen, d.h., die Reaktion ist endergonisch.

Hinweis: Die Berechnung aus Tabellenwerten ist bei 298 K auch möglich; die Abweichung kommt von Rundungsfehlern:

$\Delta_r G(298\,K) = \Delta_r G^0 = 1\,mol \cdot \Delta_f G^0_m(N_2O_4) - 2\,mol \cdot \Delta_f G^0_m(NO_2) = 98\,kJ - 2 \cdot 51\,kJ = -4\,kJ$

A3

Reaktionsgleichung I: $\quad C(Graphit) + 2\,H_2(g) \longrightarrow CH_4(g)$

$$\begin{aligned}
\Delta_r H^0_I &= 1\,mol \cdot \Delta_f H^0_m(CH_4) \\
&= 1\,mol \cdot (-75\,kJ/mol) \\
&= -75\,kJ
\end{aligned}$$

$$\begin{aligned}
\Delta_r S^0_I &= 1\,mol \cdot S^0_m(CH_4) \quad - [1\,mol \cdot S^0_m(C) \quad + 2\,mol \cdot S^0_m(H_2)] \\
&= 1\,mol \cdot 186\,J/(K\cdot mol) - [1\,mol \cdot 6\,J/(K\cdot mol) + 2\,mol \cdot 131\,J/(K\cdot mol)] \\
&= -82\,J/K = -0{,}082\,kJ/K
\end{aligned}$$

a) Bei Standardbedingungen: $\quad \Delta_r G^0_I(298\,K) = -75\,kJ - 298\,K \cdot (-0{,}082\,kJ/K) = -51\,kJ$
b) Bei 1000 K: $\quad \Delta_r G_I(1000\,K) \approx -75\,kJ - 1000\,K \cdot (-0{,}082\,kJ/K) = +7\,kJ$
Bei Standardbedingungen ist Reaktion I stark exergonisch, bei 1000 K ist sie schwach endergonisch.

Reaktionsgleichung II: $\quad C(Graphit) + H_2O(g) \longrightarrow CO(g) + H_2(g)$

$$\begin{aligned}
\Delta_r H^0_{II} &= 1\,mol \cdot \Delta_f H^0_m(CO) \quad - 1\,mol \cdot \Delta_f H^0_m(H_2O) \\
&= 1\,mol \cdot (-111\,kJ/mol) - 1\,mol \cdot (-242\,kJ/mol) \\
&= +131\,kJ/mol
\end{aligned}$$

$$\begin{aligned}
\Delta_r S^0_{II} &= 1\,mol \cdot S^0_m(CO) \quad + 1\,mol \cdot S^0_m(H_2) \quad - [1\,mol \cdot S^0_m(C) \quad + 1\,mol \cdot S^0_m(H_2O)] \\
&= 1\,mol \cdot 198\,J/(K\cdot mol) + 1\,mol \cdot 131\,J/(K\cdot mol) - [1\,mol \cdot 6\,J/(K\cdot mol) + 1\,mol \cdot 189\,J/(K\cdot mol)] \\
&= +134\,J/K = +0{,}134\,kJ/K
\end{aligned}$$

a) Bei Standardbedingungen: $\Delta_r G^0_{II}(298\,K) = 131\,kJ - 298\,K \cdot 0{,}134\,kJ/K = +91\,kJ$
b) Bei 1000 K: $\quad \Delta_r G_{II}(1000\,K) \approx 131\,kJ - 1000\,K \cdot 0{,}134\,kJ/K = -3\,kJ$
Bei Standardbedingungen ist Reaktion II stark endergonisch, bei 1000 K ist sie schwach exergonisch.

A4

a) Reaktionsgleichung: $\quad NH_3(g) + HCl(g) \rightleftharpoons NH_4Cl(s)$

$$\begin{aligned}
\Delta_r H^0 &= 1\,mol \cdot \Delta_f H^0_m(NH_4Cl) \quad - [1\,mol \cdot \Delta_f H^0_m(NH_3) \quad + 1\,mol \cdot \Delta_f H^0_m(HCl)] \\
&= 1\,mol \cdot (-315\,kJ/mol) - [1\,mol \cdot (-46\,kJ/mol) + 1\,mol \cdot (-92\,kJ/mol)] \\
&= -177\,kJ
\end{aligned}$$

$$\begin{aligned}
\Delta_r S^0 &= 1\,mol \cdot S^0_m(NH_4Cl) \quad - [1\,mol \cdot S^0_m(NH_3) \quad + 1\,mol \cdot S^0_m(HCl)] \\
&= 1\,mol \cdot 95\,J/(K\cdot mol) - [1\,mol \cdot 193\,J/(K\cdot mol) + 1\,mol \cdot 187\,J/(K\cdot mol)] \\
&= -285\,J/K = -0{,}285\,kJ/K
\end{aligned}$$

Da hier jeweils die gleichen Aggregatzustände angenommen werden, kann man näherungsweise die berechneten Werte von $\Delta_r H^0$ und $\Delta_r S^0$ (obwohl sie eigentlich nur für Standardbedingungen gelten) für alle Temperaturen in die Gibbs-Helmholtz-Gleichung einsetzen:

$$\begin{aligned}
\Delta_r G \quad\quad &= \Delta_r H^0 \quad - T \quad\quad \cdot \Delta_r S^0 \\
\Delta_r G(350\,K) &= -177\,kJ - 350\,K \cdot (-0{,}285\,kJ/K) = -77\,kJ \\
\Delta_r G(298\,K) &= -177\,kJ - 298\,K \cdot (-0{,}285\,kJ/K) = -92\,kJ \\
\Delta_r G(250\,K) &= -177\,kJ - 250\,K \cdot (-0{,}285\,kJ/K) = 106\,kJ
\end{aligned}$$

Je tiefer die Temperatur ist, desto stärker exergonisch ist die Bildung von Ammoniumchlorid. Die Entropieabnahme durch die Bildung eines Feststoffs aus Gasen schwächt den exergonischen Charakter der Reaktion ab. Bei tiefen Temperaturen fällt dieser Effekt weniger ins Gewicht als bei hohen Temperaturen.

b) Zur Lösung der Aufgabe wird die Gibbs-Helmholtz-Gleichung umgestellt:

$$\Delta_r G = \Delta_r H^0 - T \cdot \Delta_r S^0 = 0 \quad \Leftrightarrow \quad T = \frac{\Delta_r H^0}{\Delta_r S^0}$$

$$T = \frac{-177\,kJ}{-0{,}285\,kJ/K} = 621\,K \quad (\Rightarrow \quad \vartheta = 348\,°C)$$

Hinweis: Die Zersetzungstemperatur von Ammoniumchlorid beträgt nach der Literatur 338 °C (Sicherheitsdatenblatt der Carl Roth GmbH + Co. KG und Wikipedia, Stand April 2022).

5.19 Exkurs: Freie Enthalpie und chemisches Gleichgewicht

Zur Aufgabe

A1

a) Reaktionsgleichung: $\quad N_2(g) + 3\,H_2(g) \rightleftharpoons 2\,NH_3(s)$

b)
$$\begin{aligned}
\Delta_r H^0 &= 2\,mol \cdot \Delta_f H_m^0(NH_3) \quad - [1\,mol \cdot \Delta_f H_m^0(N_2) + 3\,mol \cdot \Delta_f H_m^0(H_2)] \\
&= 2\,mol \cdot (-46\,kJ/mol) \quad - [1\,mol \cdot 0\,kJ/mol \quad + 3\,mol \cdot 0\,kJ/mol] \\
&= -92\,kJ
\end{aligned}$$

$$\begin{aligned}
\Delta_r S^0 &= 2\,mol \cdot S_m^0(NH_3) \quad - [1\,mol \cdot S_m^0(N_2) \quad + 3\,mol \cdot S_m^0(H_2)] \\
&= 2\,mol \cdot 193\,J/(K \cdot mol) - [1\,mol \cdot 192\,J/(K \cdot mol) + 3\,mol \cdot 131\,J/(K \cdot mol)] \\
&= -199\,J/K = -0{,}199\,kJ/K
\end{aligned}$$

$$\begin{aligned}
\Delta_r G &= \Delta_r H^0 \quad - T \quad \cdot \Delta_r S^0 \\
\Delta_r G^0(298\,K) &= -92\,kJ - 298\,K \cdot (-0{,}199\,kJ/K) \approx -33\,kJ \\
\Delta_r G(723\,K) &\approx -92\,kJ - 723\,K \cdot (-0{,}199\,kJ/K) \approx +52\,kJ
\end{aligned}$$

c) Zahlenwert der Gleichgewichtskonstante für $T = 298\,K$:

$$\frac{\Delta_r G^0/1\,mol}{R \cdot T} \approx \frac{-33 \cdot 10^3\,J/1\,mol}{8{,}314\,J/(mol \cdot K) \cdot 298\,K} \approx -13{,}32$$

$$\Rightarrow \quad \{K_c\} \approx e^{-\frac{\Delta_r G^0/1\,mol}{R \cdot T}} \approx e^{+13{,}32} \approx 6{,}1 \cdot 10^5$$

Zahlenwert der Gleichgewichtskonstante für $T = 723\,K$:

$$\frac{\Delta_r G^0/1\,mol}{R \cdot T} \approx \frac{+52 \cdot 10^3\,J/1\,mol}{8{,}314\,J/(mol \cdot K) \cdot 723\,K} \approx +8{,}651$$

$$\Rightarrow \quad \{K_c\} \approx e^{-\frac{\Delta_r G^0/1\,mol}{R \cdot T}} \approx e^{-8{,}651} \approx 1{,}7 \cdot 10^{-4}$$

d) Bei 25 °C ist die Reaktion stark exergonisch, und die Gleichgewichtskonstante ist sehr groß. Wegen der hohen Aktivierungsenergie (auch mit Katalysator) kann die Synthese jedoch nicht bei dieser Temperatur durchgeführt werden; das Gemisch der Edukte ist metastabil.
Bei 450 °C ist die Reaktion stark endergonisch, und die Gleichgewichtskonstante ist sehr klein. Trotzdem wird diese Temperatur benötigt, damit genügend Edukt-Teilchen die Aktivierungsenergie haben. Bei der technischen Ammoniak-Synthese verschiebt man durch einen hohen Druck die Gleichgewichtslage. Durch ständiges Abtrennen des Produkts Ammoniak stellt sich das chemische Gleichgewicht immer wieder neu ein, sodass letztendlich keine Edukte übrig bleiben.

Zur Abbildung

B1 Abhängigkeit der Gleichgewichtskonstante und der Ausbeute von der freien Enthalpie
Der Begriff „Ausbeute" im Diagramm bezeichnet das Verhältnis zwischen der Produktmenge im Gleichgewicht und der Produktmenge bei angenommenem vollständigem Umsatz:

$$\frac{n(\text{Prod})_{\text{Gleichgew.}}}{n(\text{Prod})_{\text{vollst.}}} = \frac{c(\text{Prod})_{\text{Gleichgew.}}}{c(\text{Prod})_{\text{vollst.}}}$$

Die Ausbeute kann aus der Gleichgewichtskonstante berechnet werden.
Für den Reaktionstyp $A + B \rightleftharpoons C + D$ (im Diagramm gezeigt) und ebenso für $A + B \rightleftharpoons 2\,D$ gilt:

$$\frac{c(D)_{\text{Gleichgew.}}}{c(D)_{\text{vollst.}}} = \frac{\sqrt{\{K_c\}}}{1 + \sqrt{\{K_c\}}}$$

Bei $\Delta_r G^0 = -30\,\text{kJ}$ ist $\{K_c\} = 1{,}8 \cdot 10^5$. Die Ausbeute nach dieser Formel ist dann 99,8 %; dies kann man als „fast vollständig" bezeichnen (vgl. Schulbuch).

Für den einfachsten (aber in der Praxis selten vorkommenden) Reaktionstyp $A \rightleftharpoons D$ gilt:

$$\frac{c(D)_{\text{Gleichgew.}}}{c(D)_{\text{vollst.}}} = \frac{\{K_c\}}{1 + \{K_c\}}$$

Die Kurve zu $A \rightleftharpoons D$ verläuft steiler. Die Ausbeute von 99,8 % wird bereits bei $\Delta_r G^0 = -15\,\text{kJ}$ bzw. $\{K_c\} = 4{,}2 \cdot 10^2$ erreicht. Qualitativ sieht die Kurve ähnlich aus wie die im Schulbuch gezeigte Kurve zu $A + B \rightleftharpoons C + D$.
(Ein Beispiel für den Reaktionstyp $A \rightleftharpoons D$ ist die *E-Z*-Isomerisierung einer ungesättigten Fettsäure.)

Zusatzinformationen

Zusammenhang der freien Reaktionsenthalpie mit der Gleichgewichtskontante des MWG
Der im Schulbuch gezeigte Zusammenhang zwischen $\{K_c\}$ und $\Delta_r G^0$ ist vereinfacht. Die korrekte Formulierung ist:

$$\frac{\Delta_r G^0}{1\,\text{mol}} = -R \cdot T \cdot \ln K \qquad \Leftrightarrow \qquad K = e^{-\frac{\Delta_r G^0/1\,\text{mol}}{R \cdot T}}$$

Die Gleichgewichtskonstante K ist nicht über die Stoffmengen*konzentrationen*, sondern über die *Aktivitäten* bezogen auf die Stoffmengen*anteile* definiert. Wenn die Summe der stöchiometrischen Koeffizienten bei den Edukten und Produkten gleich ist, dann ist bei idealen Gasgemischen $K = \{K_c\}$.

Wenn man den Unterschied zwischen K und $\{K_c\}$ vernachlässigt, $R = 8{,}314\,463\,\text{J}/(\text{K}\cdot\text{mol})$ und $T = 298{,}15\,\text{K}$ setzt und den natürlichen Logarithmus in den dekadischen Logarithmus umwandelt (s. Anhang „Potenzen und Logarithmen" im Schulbuch), so erhält man eine vereinfachte Formel, die natürlich nur bei 25 °C gilt:

$$\frac{\Delta_r G^0}{1\,\text{mol}} \approx -R \cdot T \cdot \ln\{K_c\} \approx -8{,}314\,463\,\text{J}/(\text{K}\cdot\text{mol}) \cdot 298{,}15\,\text{K} \cdot \frac{\lg\{K_c\}}{\lg e} \approx -5708\,\text{J/mol} \cdot \lg\{K_c\}$$

$$\frac{\Delta_r G^0}{1\,\text{mol}} \approx -5{,}71\,\text{kJ/mol} \cdot \lg\{K_c\}$$

$$\Leftrightarrow \qquad \Delta_r G^0 \approx -5{,}71\,\text{kJ} \cdot \lg\{K_c\} \qquad \Leftrightarrow \qquad \{K_c\} = 10^{-\frac{\Delta_r G^0}{5{,}71\,\text{kJ}}}$$

Eine analoge Vereinfachung ist übrigens in der Nernst-Gleichung enthalten (s. Kap. 5.12); die im Schulbuch angegebene Form gilt ebenfalls nur bei 25 °C.

Zusammenhang der freien Reaktionsenthalpie mit der Spannung einer galvanischen Zelle
Siehe Kap. 5.12 (Serviceband) und Kap. 5.20 (Schulbuch und Serviceband).

Die Gleichgewichtsbedingung „ΔG = 0"
Immer wieder stößt man auf die folgende (richtige) Aussage, die oft falsch verstanden wird: „Im chemischen Gleichgewicht ist $\Delta G = 0$." Damit kann ganz offensichtlich nicht die freie Standardreaktionsenthalpie gemeint sein, sonst gäbe es praktisch keine Gleichgewichtsreaktion. Das griechische Delta bedeutet in diesem Zusammenhang nicht „Differenz", sondern es ist der Operator der 1. Ableitung nach der Umsatzvariablen ξ (wenn nur Edukte vorliegen, ist $\xi = 0$; wenn nur Produkte vorliegen, ist $\xi = 1\,\text{mol}$):

$$\Delta G = \frac{dG}{d\xi} \qquad\qquad \text{(Die Schreibweise rechts vom Gleichheitszeichen vermeidet Verwechslungen mit dem „Differenz-Delta".)}$$

Trägt man die freie Enthalpie G eines Reaktionsgemisches gegen die Umsatzvariable ξ auf, so hat die Funktion immer ein Minimum, das irgendwo *zwischen* den „Eckwerten" $\xi = 0$ und $\xi = 1\,\text{mol}$ liegt. (Die Existenz dieses Minimums lässt sich dadurch erklären, dass die Entropie S durch den Beitrag der Mischungsentropie ein *Maximum* erreicht, dies führt zu einem *Minimum* des Summanden $-T \cdot \Delta S$ in der Gibbs-Helmholtz-Gleichung.) Beim Minimum der Funktion ist die 1. Ableitung $dG/d\xi = 0$; hier ist das chemische Gleichgewicht erreicht. Die folgenden Diagramme zeigen dies für drei Gleichgewichtsreaktionen mit unterschiedlichen Werten von $\Delta_r G$:

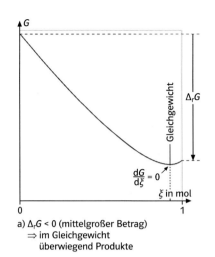

a) $\Delta_r G < 0$ (mittelgroßer Betrag)
$\Rightarrow$ im Gleichgewicht
überwiegend Produkte

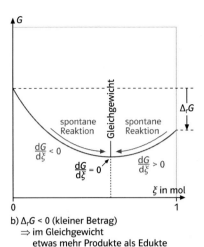

b) $\Delta_r G < 0$ (kleiner Betrag)
$\Rightarrow$ im Gleichgewicht
etwas mehr Produkte als Edukte

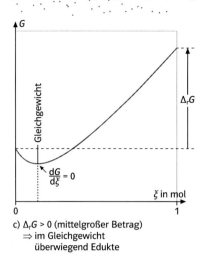

c) $\Delta_r G > 0$ (mittelgroßer Betrag)
$\Rightarrow$ im Gleichgewicht
überwiegend Edukte

Anhand der Diagramme kann man sich auch vorstellen, dass bei noch größeren Beträgen von $\Delta_r G$ der Anteil der Edukte bzw. Produkte sehr klein ist, sodass man dann nicht mehr von Gleichgewichtsreaktionen spricht.

Literatur F. Jürgensen: Ein Erklärungskonzept der Triebkraft chemischer Reaktionen. Chemie konkret 5 (1998), 121

5.20 Freie Enthalpie und Spannung galvanischer Zellen

Vorbemerkungen In dieser Lerneinheit wird der Zusammenhang zwischen der freien Enthalpie und der Potentialdifferenz am Beispiel des Daniell-Elements gezeigt. Das Daniell-Element ist für die Schülerinnen und Schüler die „klassische" galvanische Zelle. An diesem Beispiel wird in Kap. 5.8 das Prinzip der galvanischen Zelle erklärt; die Redoxreaktion ist einfach und übersichtlich.

Auch die Anwendung der Gibbs-Helmholtz-Gleichung wird anhand des Daniell-Elements gezeigt. B3 ist allerdings offensichtlich idealisiert, da ein Großteil des dargestellten Temperaturbereichs experimentell nicht zugänglich ist. Das eigentliche experimentelle Hindernis ist jedoch der kleine Betrag der Reaktionsentropie des Daniell-Elements, der zu einer kleinen Steigung der Geraden führt. Bei Konzentrationen von 1 mol/l ist bei einer Temperaturerhöhung um 10 K eine Verringerung der Spannung um nur 0,001 V zu erwarten.
Aus diesem Grund wurde für den Versuch die Kupfer-Silber-Zelle gewählt, deren Reaktionsentropie ungefähr den zehnfachen Wert hat. Ihre Spannung beträgt 0,46 Volt bei Standardbedingungen (s. Kap. 5.9, B6 im Schulbuch). Eine weitere experimentelle Möglichkeit wäre die Zink-Silber-Zelle. Ihre Spannung beträgt allerdings 1,57 Volt; bei den meisten Spannungsmessgeräten ist die Messgenauigkeit geringer als im Bereich unter 1 Volt.

Zu den Aufgaben **A1** Es gilt der folgende Zusammenhang zwischen der Potentialdifferenz und der freien Reaktionsenthalpie:

$$\Delta_r G = -\Delta E \cdot z\,\text{mol} \cdot F \qquad \Leftrightarrow \qquad \Delta E = \frac{-\Delta_r G}{z\,\text{mol} \cdot F}$$

Die Potentialdifferenz ist also proportional zum Betrag der freien Reaktionsenthalpie.

B3 im Schulbuch zeigt, dass bei einer Temperaturerhöhung die freie Reaktionsenthalpie des Daniell-Elements größer wird. Die freie Reaktionsenthalpie hat jedoch einen negativen Wert, d.h., ihr *Betrag* wird bei steigender Temperatur *kleiner*.
Daraus folgt: Die Potentialdifferenz des Daniell-Elements wird bei steigender Temperatur kleiner.

Hinweis: Die Potentialdifferenz einer galvanischen Zelle wird bei steigender Temperatur kleiner, wenn die Reaktionsentropie einen negativen Wert hat. Dies ist bei den meisten galvanischen Zellen der Fall. Eine Ausnahme ist der Bleiakkumulator; hier hat die Reaktionsenthalpie einen positiven Wert.

A2 Reaktionsgleichung mit Oxidationszahlen:

$$\overset{0}{2\,H_2} + \overset{0}{O_2} \longrightarrow \overset{I\ -II}{2\,H_2O}$$

Aus der Reaktionsgleichung folgt, dass insgesamt 4 Elektronen übertragen werden, d.h.: $z = 4$

$$\begin{aligned}\Delta_r G^0 &= -\Delta E^0 \cdot z\,\text{mol} \cdot F \\ &= -1{,}229\,V \cdot 4\,\text{mol} \cdot 96\,485{,}33\,A{\cdot}s/\text{mol} \\ &= -1{,}229 \cdot 0{,}001\,kJ/(A{\cdot}s) \cdot 4\,\text{mol} \cdot 96\,485{,}33\,A{\cdot}s/\text{mol} \\ &= -474\,kJ\end{aligned}$$

$\Delta_r S^0$ wird mit der Gibbs-Helmholtz-Gleichung berechnet:

$$\Delta_r G^0 = \Delta_r H^0 - T \cdot \Delta_r S^0 \qquad \Leftrightarrow \qquad \Delta_r S^0 = -\frac{\Delta_r G^0 - \Delta_r H^0}{T}$$

$$\Delta_r S^0 = -\frac{-474\,kJ - (-572\,kJ)}{T} \approx -0{,}329\,kJ/K = -329\,J/K$$

Hinweise:
– Definition der Einheit Volt: $1V = 1\,J/(A{\cdot}s) = 0{,}001\,kJ/(A{\cdot}s)$
– Aus den molaren Standardentropien (Kap. 5.16, B1) ergibt sich $\Delta_r S^0 = -327\,J/K$; die Abweichung kommt von Rundungsfehlern.

A3 Das Laden einer galvanischen Zelle durch Erwärmen ist nicht möglich. Falls die Reaktionsentropie der Zellreaktion einen negativen Wert hat, wird durch Temperaturerhöhung die Spannung sogar kleiner.
Durch eine Temperaturerhöhung wird allerdings die Reaktionsgeschwindigkeit größer. Dies ermöglicht eine höhere Stromstärke.

Hinweise:
– Durch Erwärmen sinkt die Viskosität des Elektrolyts, auch dies ermöglicht eine höhere Stromstärke.
– Bei der früher üblichen „Trockenbatterie" (Leclanché-Element) bildete sich eine Schicht von Zink-Ionen am Zinkbecher, die die Elektrode blockierte (ähnlicher Effekt wie bei der Überspannung). Durch Erwärmen wurden diese Zink-Ionen wieder im gesamten Elektrolyt verteilt.

Zu den Versuchen

V1 Reaktionsgleichung: $Cu(s) + 2\,Ag^+(aq) \longrightarrow Cu^{2+}(aq) + 2\,Ag(s)$
Aus der Reaktionsgleichung folgt: $z = 2$
$\Rightarrow \Delta_r G^0 = -\Delta E^0 \cdot 2\,\text{mol} \cdot F$

Berechnete thermodynamische Daten aus den Werten im CRC Handbook (s. Literatur und Medien):
$\Delta_r G^0 = -89\,kJ$
$\Delta_r H^0 = -147\,kJ$
$\Delta_r S^0 = -195\,J/K$

Eine Messung des Autors im Temperaturbereich zwischen 15,5 °C und 70,5 °C ergab das folgende Diagramm:

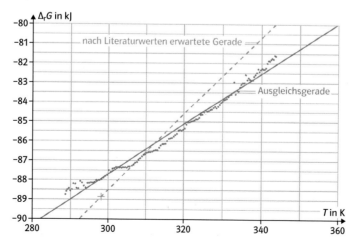

Die Gleichung der Ausgleichsgerade ist: $\Delta_r G = 0{,}1289\,kJ/K \cdot T - 126{,}37\,kJ$ ($R^2 = 0{,}9835$)

Aus dieser Gleichung können die thermodynamischen Daten berechnet werden:

$\Delta_r G^0 = -88\,kJ$ (durch Einsetzen von $T = 298{,}15\,K$)

$\Delta_r H^0 = -126\,kJ$ (y-Achsenabschnitt)

$\Delta_r S^0 = -129\,J/K$ (negative Steigung, Umrechnung von kJ/K in J/K)

Hinweise zur Auswertung:

- Beim Umrechnen der Potentialdifferenz in die freie Reaktionsenthalpie sollte die Definition der Einheit Volt beachtet werden:

  $1\,V = 1\,J/(A \cdot s) = 0{,}001\,kJ/(A \cdot s) \Rightarrow 1\,mV = 0{,}000001\,kJ/(A \cdot s)$

- Die gestrichelte Linie im Diagramm mit der Markierung bei 298,15 K zeigt die nach den thermodynamischen Daten aus dem CRC Handbook (s.o.) theoretisch erwartete Gerade. Ein Vergleich mit den aus der Ausgleichsgerade der Messdaten berechneten thermodynamischen Daten zeigt: $\Delta_r G^0$ liegt sehr nah beim Literaturwert (Abweichung −1 %); $\Delta_r H^0$ weicht um −14 % ab; $\Delta_r S^0$ weicht um −34 % ab.

Mögliche Ursachen der Abweichung:

- Die Gleichung $\Delta_r G^0 = -\Delta E^0 \cdot 2\,mol \cdot F$ gilt streng genommen für Lösungen mit der Aktivität $a = 1\,mol/l$, nicht für $c = 1\,mol/l$. Der Aktivitätskoeffizient ist bei $c = 1\,mol/l$ vermutlich deutlich kleiner als Eins. Dies gilt insbesondere für zwei- oder mehrfach geladene Kationen (hier Cu^{2+}), vermutlich wegen deren großer Hydrathülle. Die Steigung der Messkurve nimmt mit steigender Temperatur etwas zu; dies könnte bedeuten, dass der Aktivitätskoeffizient temperaturabhängig ist.
- Wegen der hohen Wärmeleitfähigkeit der Elektroden waren die Temperaturen der Elektrolyte möglicherweise nicht gleich wie die gemessene Temperatur im mittleren Rohrschenkel, evtl. auch untereinander verschieden.
- Möglicherweise wurden die Oberflächen der Elektroden durch den Sauerstoff der Luft beeinflusst.

Ein sehr ähnlicher Versuch wird im Handbuch der experimentellen Chemie von Glöckner & al. auf S. 197–201 beschrieben (s. Literatur und Medien). Hier werden zwei Erlenmeyerkolben und ein mit Kaliumnitrat-Lösung getränkter Filterpapierstreifen oder ein Stromschlüssel verwendet. Gemessen wird zwischen 24,1 °C und 59,7 °C. Die daraus ermittelten thermodynamischen Daten sind:

$\Delta_r G^0 = -81\,kJ$

$\Delta_r H^0 = -126\,kJ$

$\Delta_r S^0 = -152\,J/K$

Um den möglichen Fehler des zu kleinen Aktivitätskoeffizienten zu verringern, wurden vom Autor auch Messungen mit kleineren Konzentrationen durchgeführt. Die Auswertung ist etwas komplizierter. Die theoretisch erwartete Geradengleichung bei Konzentrationen ungleich 1 mol/l ist (mit der Näherung $\{a\} = \{c\}$, siehe auch Zusatzinformationen):

$$\Delta_r G(c) = \Delta_r H^0 - T \cdot \Delta_r S^0 + R \cdot T \cdot 1\,mol \cdot \ln \frac{\{c(Cu^{2+})\}}{\{c^2(Ag^+)\}}$$

$$= \left[-\Delta_r S^0 + R \cdot 1\,mol \cdot \ln \frac{\{c(Cu^{2+})\}}{\{c^2(Ag^+)\}} \right] \cdot T + \Delta_r H^0$$

$\Delta_r H^0$ entspricht dem y-Achsenabschnitt. Der Term in eckigen Klammern ist die Steigung; aus ihr kann $\Delta_r S^0$ berechnet werden. $\Delta_r G^0$ ergibt sich dann durch Einsetzen von $\Delta_r H^0$, $\Delta_r S^0$ und $T = 298{,}15\,K$ in die Gibbs-Helmholtz-Gleichung.

Die Auswertung einer Messung mit $c(Cu^{2+}) = c(Ag^+) = c(KNO_3) = 0{,}1\,mol/l$ ergab die folgenden thermodynamischen Daten, die den Literaturwerten näher kommen:

$\Delta_r G^0 = -89\,kJ$

$\Delta_r H^0 = -141\,kJ$

$\Delta_r S^0 = -178\,J/K$

Hinweise zur Durchführung:

- Die vorliegende Messung wurde mit einem Mobile-Cassy-Lab (Leybold) durchgeführt. Das Aufheizen von ca. 13 °C bis 70,6 °C benötigte 60 Minuten; alle 30 Sekunden wurde ein Messwert erfasst.
- Der theoretisch erwartete Spannungsbereich geht von 471 mV (15 °C) über 460 mV (25 °C) bis 415 mV (70 °C), d.h., die Spannungsdifferenzen sind klein. Das Spannungsmessgerät sollte deshalb eine Genauigkeit von 0,1 mV haben. Handelsübliche Multimeter erfüllen i.d.R. dieses Kriterium. Bei einigen schultypischen Messwerterfassungssystemen muss zusätzlich ein Mikrovoltverstärker verwendet werden.

- Aluminiumfolie über dem Messkolben beim Ansetzen der Silbernitrat-Lösung und danach auch über der Versuchsanordnung schützt die lichtempfindlichen Silber-Ionen und vermindert außerdem Wärmeverluste beim Aufheizen des Wasserbads.
- Die drei Flüssigkeitspegel im Doppel-U-Rohr sollen ungefähr gleich hoch sein, sodass überall annähernd der gleiche hydrostatische Druck herrscht. Dadurch wird verhindert, dass die Flüssigkeit von einem Schenkel des U-Rohrs in den daneben liegenden gedrückt wird. Durch niedrige Pegel spart man Material (v.a. das teure Silbernitrat); bei der vorliegenden Messung tauchten die Elektroden ca. 1 cm in die Lösungen.
- Um die Anfangstemperatur von ca. 15 °C zu erreichen, kühlt man das Wasserbad vor Versuchsbeginn, z.B. mit Eis.
- In Vorversuchen wurde ein zweischenkliges U-Rohr eingesetzt. Darin war jedoch schon nach wenigen Minuten eine Vermischung der Elektrolyte deutlich erkennbar (Blaufärbung der Silbernitrat-Lösung). Ein Doppel-U-Rohr mit zwei Fritten (B4 im Schulbuch) verhindert über einen deutlich längeren Zeitraum die Vermischung der Elektrolyte. Dies ist aufgrund der langen Messzeit (s.o.) notwendig.
- Nach dem Handbuch der experimentellen Chemie von Glöckner & al. (S. 197–201, s. Literatur und Medien) werden statt eines Doppel-U-Rohrs zwei Erlenmeyerkolben und ein mit Kaliumnitrat-Lösung getränkter Filterpapierstreifen oder ein Stromschlüssel verwendet.

Zusatzinformationen

Zusammenhang der freien Reaktionsenthalpie mit der Nernst-Gleichung
Siehe Kap. 5.12, Zusatzinformationen

Literatur und Medien

CRC Handbook of Chemistry and Physics. 91st Edition, 2010–2011
W. Glöckner, W. Jansen, R. G. Weissenhorn (Hrsg.): Handbuch der experimentellen Chemie, Sekundarbereich II, Band 7: Chemische Energetik. Aulis Verlag Deubner, Köln 2007

5.21 Elektrolysen in wässrigen Lösungen

Zu den Aufgaben

A1

Oxidation: $\quad\quad\quad\quad\quad Zn \longrightarrow Zn^{2+} + 2\,e^-$
Reduktion: $\quad\quad I_2 + 2\,e^- \longrightarrow 2\,I^-$

Redoxreaktion: $\quad Zn + I_2 \longrightarrow Zn^{2+} + 2\,I^-$

A2

a) Siehe B3 im Schulbuch und Ergebnisse zu V2 im Serviceband.

b) Bei der Elektrolyse der Salzsäure bildet sich die galvanische Zelle $Pt/Cl_2/Cl^-//H_3O^+/H_2/Pt$, die nach Abschalten der äußeren Spannung eine Spannungsquelle ist.

A3 Bei beiden Elektrolysen finden die gleichen Reaktionen statt:

Anode (Pluspol): $\quad 4\,OH^- \longrightarrow O_2 + 2\,H_2O + 4\,e^-$

$$E(OH^-/O_2) = E^0(OH^-/O_2) + \frac{0{,}059\,V}{4} \cdot \lg \frac{1}{\{c^4(OH^-)\}} = E^0(OH^-/O_2) + \frac{0{,}059\,V}{4} \cdot 4 \cdot pOH$$

$$= E^0(OH^-/O_2) + 0{,}059\,V \cdot pOH = E^0(OH^-/O_2) + 0{,}059\,V \cdot (14 - pH)$$

$$= 0{,}40\,V + 0{,}059\,V \cdot (14 - pH)$$

Kathode (Minuspol): $\quad 2\,H_3O^+ + 2\,e^- \longrightarrow H_2 + 2\,H_2O$

$$E(H_2/H_3O^+) = E^0(H_2/H_3O^+) + \frac{0{,}059\,V}{2} \cdot \lg\{c^2(H_3O^+)\} = E^0(H_2/H_3O^+) - \frac{0{,}059\,V}{2} \cdot 2 \cdot pH$$

$$= E^0(H_2/H_3O^+) - 0{,}059\,V \cdot pH$$

$$= 0{,}00\,V - 0{,}059\,V \cdot pH = -0{,}059\,V \cdot pH$$

$U_Z = \Delta E = E(\text{Pluspol}) - E(\text{Minuspol})$
$\quad\quad\quad = 0{,}40\,V + 0{,}059\,V \cdot (14 - pH) - (-0{,}059\,V \cdot pH) = 0{,}40\,V + 0{,}059\,V \cdot 14$
$\quad\quad\quad = 0{,}40\,V + 0{,}83\,V = 1{,}23\,V$

Wird also bei einer Elektrolyse an der Anode Sauerstoff und an der Kathode Wasserstoff gebildet, so ist die berechnete Zersetzungsspannung U_Z = 1,23 V unabhängig vom pH-Wert (Zersetzungsspannung des Wassers).

Da mit blanken und nicht mit platinierten Platinelektroden gearbeitet wird und außerdem wegen der hohen Ionenäquivalentleitfähigkeiten hohe Stromdichten vorliegen, treten Überpotentiale auf. Deshalb ist die Zersetzungsspannung U_Z = 1,75 V größer als die errechnete. Es ist anzunehmen, dass die Überpotentiale bei beiden Elektrolysen gleich groß sind.

A4 Die Differenz zwischen der berechneten Zersetzungsspannung (Spannung der entsprechenden galvanischen Zelle) und der gemessenen Zersetzungsspannung bezeichnet man als Überspannung.

Die Differenz zwischen dem Betrag des Abscheidungspotentials und dem des entsprechenden Redoxpotentials an einer Elektrode wird als Überpotential bezeichnet.

Zu den Versuchen

V1

a) Bei Verwendung einer Zinkiodid-Lösung mit $c(ZnI_2)$ = 1 mol/l ist ab ca. 8 V an Graphitelektroden bzw. 5 V an Platinelektroden eine Abscheidung von Iod erkennbar. B1 im Schulbuch zeigt die Beobachtung an Graphitelektroden: ein „Zinkbäumchen" an der Kathode, Iod-Schlieren (eigentlich Triiodid, I_3^-) an der Kathode. Redoxgleichung: siehe A1

b) Nach 3 bis 4 Minuten Elektrolyse (U = 15 V) misst man eine Spannung von ca. 1,3 V. Verbindet man die Elektroden über einen kleinen Elektromotor, so läuft dieser eine kurze Zeit, bis das direkt an der Elektrode befindliche Iod wieder reduziert ist.

Hinweise zur Durchführung:
- Der Versuch ist insbesondere als Projektionsversuch geeignet. Die Verwendung von Graphitelektroden hat den Vorteil, dass die Spannung beim Betrieb des Elektromotors nicht so schnell sinkt. Man sollte außerdem darauf achten, dass eine möglichst große Elektrodenfläche in die Lösung taucht und die Konzentration der Lösung nicht zu gering ist. Nicht jeder Elektromotor ist geeignet; sein Anlaufstrom sollte möglichst kleiner als 12 mA sein. Im Versuch lief ein Solarmotor von Conrad (Nr. 198080) nur mit Graphitelektroden; ein Kleinmotor von der Firma Faulhaber lief auch mit Platinelektroden. Falls kein ausreichend guter Elektromotor zur Verfügung steht, kann man auch mit einer billigen Armbanduhr experimentieren.
- Nach dem Versuch gibt man die Lösung mit einigen Zinkspänen in eine Vorratsflasche; auf diese Weise kann sie oft wiederverwendet werden. Steht kein Zinkiodid zur Verfügung, kann man die Lösung auch herstellen, indem man Zink und Iod im Massenverhältnis 1:4 mischt und in destilliertes Wasser gibt.
- Größere Stromstärken als im U-Rohr erreicht man, wenn man den Versuch aus Graphitplatten, einer Küvette und mit Draht versteiftem Schaumstoff als Diaphragma aufbaut.
- Statt Kaliumiodid kann man auch Kaliumbromid verwenden. Die Spannung beträgt dann ca. 1,8 V, und der Elektromotor läuft deutlich länger.

V2 Überpotentiale sind insbesondere stark abhängig von der Stromdichte. Verwendet man z.B. drahtförmige Elektroden, bei denen die Stromdichten hoch sind, sind die Überpotentiale besonders hoch. Die gemessenen Stromstärken sind je nach der verwendeten Versuchsanordnung sehr unterschiedlich. Es empfiehlt sich eine Messwerterfassung mit dem PC.

Elektrolyse von Salzsäure (c(HCl) = 1 mol/l) an blanken Platinelektroden: U_Z ≈ 1,4 V

U in V	I in mA
0,2	0
1,0	0,1
1,2	1
1,4	7
1,6	21
1,8	40
2,0	58
2,2	77

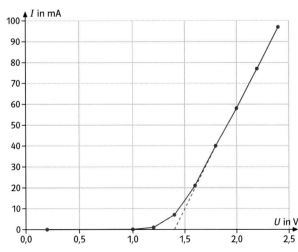

Elektrolyse von Salzsäure ($c(HCl)$ = 1 mol/l) an Graphitelektroden: $U_Z \approx 2,35\,V$

U in V	I in mA
0,2	0
2,0	0,1
2,1	0,5
2,2	1,3
2,3	2,0
2,4	3,6
2,5	5,5
2,6	8,5
2,7	12,5
2,8	16,5
2,9	21,0
3,0	26,0

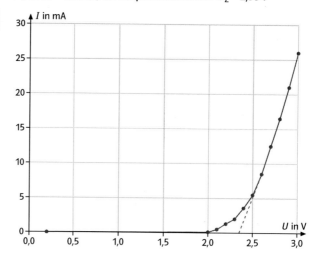

V3

a) Elektrolyse von Zinkchlorid-Lösung an Graphitelektroden: Am Minuspol (Kathode) wird Zink abgeschieden („Zinkbäumchen"), am Pluspol (Anode) wird Chlor entwickelt. Chlor kann mit Kaliumiodid-Stärke-Papier nachgewiesen werden (Blaufärbung durch Bildung von Iod). Zu den möglichen Anoden- und Kathodenvorgängen: siehe B4 im Schulbuch.

b) Elektrolyse von Salzsäure ($c(HCl)$ = 1 mol/l, d.h. pH = 0) an Kupferelektroden: Die Kupferanode (Pluspol) „löst sich auf" (Blaufärbung der Lösung), während an der Kupferkathode (Minuspol) Wasserstoff abgeschieden wird (Gasentwicklung).

Mögliche Anodenvorgänge:

$$Cu \longrightarrow Cu^{2+} + e^- \qquad | \; E^0 = +0,34\,V$$
$$2\,Cl^- \longrightarrow Cl_2 + 2\,e^- \qquad | \; E^0 = +1,36\,V$$
$$4\,OH^- \longrightarrow O_2 + 2\,H_2O + 4\,e^- \qquad | \; E = +0,40\,V + 0,059\,V \cdot (14 - pH) = +1,23\,V \qquad (\text{für pH = 0})$$

Möglicher Kathodenvorgang:

$$2\,H_3O^+ + 2\,e^- \longrightarrow H_2 + 2\,H_2O \qquad | \; E^0 = 0\,V$$

Da der Gesamtvorgang abläuft, der die kleinste Zersetzungsspannung erfordert ($U_Z = \Delta E = 0,34\,V - (-0\,V) = 0,34\,V$), wird an der Kathode Wasserstoff abgeschieden und die Kupferanode „löst sich auf".

Hinweis: Durch die Entladung von Oxonium-Ionen (aus dem Autoprotolysegleichgewicht des Wassers) wird im Kathodenraum $c(OH^-) > c(H_3O^+)$, d.h., die Lösung im Kathodenraum wird alkalisch.

V4 Elektrolyse von Kupfersulfat-Lösung ($c(CuSO_4)$ = 1 mol/l) an Kupferelektroden: $U_Z \approx 0,02\,V$

U in V	I in mA
0,2	9
0,4	18
0,6	27
0,8	36
1,0	45
1,2	54
1,4	64
1,6	73
1,8	83
2,0	92

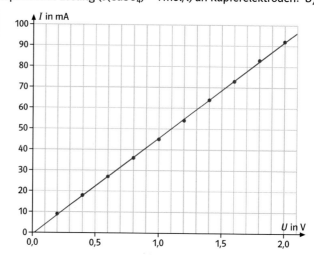

Die Stromstärke-Spannungs-„Kurve" ist eine Gerade, die die Spannungsachse bei ca. 0,02 V schneidet.

Mögliche Anodenvorgänge:

$Cu \longrightarrow Cu^{2+} + e^-$ | $E^0 = +0,34\,V$

$4\,OH^- \longrightarrow O_2 + 2\,H_2O + 4\,e^-$ | $E \approx +0,99\,V$ (pH = 4; Berechnung nach Nernst-Gleichung)

$2\,SO_4^{2-} \longrightarrow S_2O_8^{2-} + 2\,e^-$ | $E^0 = +2,00\,V$ (Bildung von Peroxodisulfat-Ionen)

Mögliche Kathodenvorgänge:

$Cu^{2+} + e^- \longrightarrow Cu$ | $E^0 = +0,34\,V$

$2\,H_3O^+ + 2\,e^- \longrightarrow H_2 + 2\,H_2O$ | $E \approx -0,24\,V$ (pH = 4; Berechnung nach Nernst-Gleichung)

Die Oxidation und anschließende Reduktion von Kupfer erfordert die kleinste Zersetzungsspannung ($U_Z = \Delta E = 0,34\,V - 0,34\,V) = 0\,V$. Diese Gesamtreaktion entspricht der elektrolytischen Raffination von Kupfer.

Hinweise:
- Die Stromstärke wird nach dem Ohm'schen Gesetz durch den Widerstand der Elektrolyseanordnung und durch die Spannung der Spannnungsquelle bestimmt.
- Geringe Überpotentiale der Elektrodenreaktionen sind die Ursache dafür, dass die Gerade nicht exakt durch den Nullpunkt geht.
- Das hydratisierte Kupfer(II)-Ion (das Hexaaquakupfer(II)-Ion) ist eine schwache Säure (pK_S = 8,0). Daraus folgt der pH-Wert der verwendeten Kupfer(II)-sulfat-Lösung: pH = 0,5 · (8,0 − lg 1) = 4

Zusatzinformationen

Überpotentiale in Abhängigkeit von der Stromdichte

Die Werte der folgenden Tabelle sind entnommen aus: A. Schmidt: Angewandte Elektrochemie. Verlag Chemie, Weinheim 1976

	Elektroden-material	Überpotential E_0 in V			
		$J = 0,001\,A/cm^2$	$J = 0,01\,A/cm^2$	$J = 0,1\,A/cm^2$	$J = 1\,A/cm^2$
Wasserstoff (in Salzsäure, c(HCl) = 1 mol/l)	Platin, platiniert	−0,01	−0,03	−0,05	−0,07
	Platin, blank	−0,12	−0,23	−0,35	−0,47
	Nickel	−0,33	−0,42	−0,51	−0,59
	Eisen	−0,40	−0,53	−0,64	−0,77
	Aluminium	−0,58	−0,71	−0,74	−0,78
	Kupfer	−0,60	−0,75	−0,82	−0,84
	Blei	−0,67	−1,09	−1,12	—
	Quecksilber	−1,04	−1,15	−1,21	−1,24
	Graphit	−0,47	−0,76	−0,99	−1,03
Sauerstoff (in Kalilauge, c(KOH) = 1 mol/l)	Platin, platiniert	+0,40	+0,53	+0,64	+0,77
	Platin, blank	+0,72	+0,85	+1,28	+1,49
	Kupfer	—	+0,56	+0,66	—
	Nickel	—	+0,50	+0,73	—
	Blei	+0,89	+1,01	+1,12	+1,28
	Graphit	+0,53	+0,90	+1,09	+1,24
Chlor (in gesättigter NaCl-Lösung)	Platin, platiniert	+0,006	+0,016	+0,026	+0,08
	Platin, blank	+0,008	+0,030	+0,054	+0,24
	Graphit	+0,1	—	+0,25	+0,50

Platinierte Platinelektroden

Unter Platinierung versteht man das Abscheiden von Platin in fein verteilter Form auf einer Metalloberfläche, z.B. durch Elektrolyse einer wässrigen Hexachloridoplatin(IV)-säure-Lösung. Das fein verteilte Platin kann die Oberfläche um den Faktor 1000 vergrößern. Die Herstellung platinierter Platinelektroden ist aufwändig und ihre Verwendung meist nicht erforderlich. Bei den Versuchen werden daher in der Regel blanke Platinelektroden angegeben.

Herstellung platinierter Platinelektroden

Zur Herstellung der Platinierungslösung löst man 3 g Hydrogenhexachloridoplatinat(IV)-Hexahydrat (Hexachloridoplatin(IV)-säure, $H_2[PtCl_6] \cdot 6\,H_2O$) in 100 ml Wasser.
Zwei Platinelektroden werden entfettet (z.B. mit Benzin) und durch Eintauchen in heißes Königswasser (3 Volumenteile konz. Salzsäure und 1 Volumenteil konz. Salpetersäure) gereinigt (Abzug! Schutzbrille! Schutzhandschuhe!). Dabei wird auch eine eventuell vorhandene alte Platinierung abgelöst. Anschließend werden die Elektroden gründlich mit dest. Wasser abgespült.

Die zu platinierende Platinelektrode wird an den Minuspol einer Gleichspannungsquelle angeschlossen. Eine zweite Platinelektrode wird mit dem Pluspol verbunden. In einem Elektrolysiergefäß mit der Platinierungslösung wird 5 Minuten lang elektrolysiert. Die Spannung wird dabei so weit erhöht, bis sich die zu platinierende Elektrode zu schwärzen beginnt und eine leichte Gasentwicklung zu erkennen ist. Die Elektrolyse wird beendet, wenn die Platinierung tiefschwarz aussieht. Durch Umpolen kann die zweite Platinelektrode in gleicher Weise platiniert werden. Die Elektroden werden dann mit destilliertem Wasser abgespült.

Zur Nachbehandlung werden die Platinelektroden analog zur vorherigen Anordnung jeweils 5 Minuten in Schwefelsäure (w = 2%) elektrolysiert. (Die Spannung wird so eingestellt, dass eine kräftige Gasentwicklung zu beobachten ist.) Dabei werden Reste der Platinierungslösung reduziert. Danach werden die Platinelektroden mit dest. Wasser gründlich abgespült und in dest. Wasser aufbewahrt; sie dürfen nicht austrocknen.

Metallgewinnung durch Elektrolyse

Die Elektrolyse hat große Bedeutung für die Metallgewinnung.

Einige Beispiele:

- Natrium gewinnt man durch Schmelzflusselektrolyse von Natriumchlorid (Rohstoff: Steinsalz). Zur Herabsetzung der Schmelztemperatur verwendet man ein eutektisches Gemisch von Natriumchlorid und Calciumchlorid (ϑ_{sm} = 580 °C). Die Schmelze wird an einer Graphitanode und einer Eisenkathode elektrolysiert. Dabei entsteht flüssiges Natrium, festes Calcium und gasförmiges Chlor.
- Zink gewinnt man durch Elektrolyse einer Zinksulfat-Lösung mit Bleianoden und Aluminiumkathoden (Kap. 5.23 im Schulbuch). Die Zinksulfat-Lösung stellt man her, indem man Zinksulfid (Zinkblende; Rohstoff: Zinksulfid-Erze) an der Luft röstet und das entstandene Zinkoxid in verd. Schwefelsäure löst. (Es gibt allerdings auch das sog. trockene Verfahren, bei dem das Zinkoxid mit Kohlenstoff reduziert wird.)
- Aluminium gewinnt man durch Schmelzflusselektrolyse von Aluminiumoxid (Rohstoff: Bauxit), das in geschmolzenem Kryolith (Na_3AlF_6) gelöst ist (Kap. 5.24 im Schulbuch). Sowohl die Kathode als auch die Anode bestehen aus Graphit. Die Anodenblöcke reagieren während der Elektrolyse mit dem entstehenden Sauerstoff zu Kohlenstoffmonooxid.
- Kupfer wird zwar nicht durch Elektrolyse gewonnen, aber das Rohkupfer wird durch elektrolytische Raffination gereinigt. Man elektrolysiert ein Gemisch aus Kupfersulfat-Lösung und Schwefelsäure mit einer Anode aus Rohkupfer und einer Kathode aus Reinkupfer. Die unedleren Metalle werden an der Anode oxidiert, aber an der Kathode nicht abgeschieden. Die edleren Metalle werden an der Anode nicht oxidiert und sinken als sog. Anodenschlamm ab. An der Kathode wird praktisch nur Kupfer abgeschieden; dieses sog. Elektrolytkupfer hat einen Kupfergehalt von 99,99%. Aus dem Anodenschlamm werden danach Edelmetalle gewonnen.

5.22 Exkurs: Die Alkalichlorid-Elektrolyse

Zu den Aufgaben

A1 Verwendung von Chlor: z. B. Bleichmittel; Grundchemikalie in der Chemischen Industrie zu Herstellung von Zwischenprodukten und bei der Herstellung von Polvinylchlorid (PVC), Polyurethan (PU) und Polycarbonat (PC); Desinfektionsmittel für das Trinkwasser; Desinfektionsmittel für Badewasser in Schwimmbädern

Forderung des Verzichts auf PVC:
- Oft werden Kunststoffe nach ihrer Verwendung verbrannt. Bei der Verbrennung von PVC entsteht ätzender Chlorwasserstoff und je nach Reaktionsbedingungen auch giftiges Phosgen.
- Reines PVC ist als Kunststoff sehr hart und spröde. Um die Eigenschaften des Kunststoffs PVC an die Verwendung anzupassen, werden sogenannte Weichmacher dem PVC zugemischt. Oft werden dazu Phthalate verwendet, die über Speichel, Hautkontakt oder die Atemwege in unseren Körper gelangen können. Viele dieser Phthalate sind leber- und nierenschädigend und stehen im Verdacht, krebserzeugend zu wirken.

Hinweis: Im Ersten Weltkrieg verwendete man Chlor und Chlor-Verbindungen als chemische Kampfstoffe. Nach dem Ersten Weltkrieg war Natronlauge stärker gefragt als zuvor; diese gewann und gewinnt man bis heute durch Alkalichlorid-Elektrolyse. Was sollte nun mit dem überschüssigen Chlor passieren? Man suchte nach Verwendungsmöglichkeiten für Chlor und Chlor-Verbindungen. Zunächst wurde die Methanchlorierung entwickelt, wodurch Tetrachlormethan hergestellt werden konnte, welches als Feuerlöschmittel und Lösungsmittel Anwendung fand. Zudem konnte auch der Kunststoff PVC produziert werden.

Methode	Vorteile	Nachteile
Amalgam-verfahren	– hohe Qualität der Natronlauge (in hoher Konzentration ($w = 50\%$)) – (hohe Qualität des produzierten Chlors und Wasserstoffs) – (einfache Soleaufbereitung)	– sehr hoher Stromverbrauch, da das Natriumamalgam im Amalgamzersetzer in einem weiteren Schritt mit Wasser zu Natronlauge und Wasserstoff umgesetzt werden muss – Quecksilberemissionen in die Umwelt möglich
Diaphragma-verfahren	– (geringe Anforderungen an die Qualität der Reinsole)	– (hoher Stromverbrauch) – durch Natriumchlorid verunreinigte Natronlauge – (weitere Energie nötig, wenn die Natronlauge auf das handelsübliche Niveau ($w = 50\%$) konzentriert wird) – (Gesundheitsproblematik, wenn das Diaphragma aus Asbest besteht)
Membran-verfahren	– hohe Qualität der Natronlauge (35%) – geringster Gesamtenergieverbrauch – kein Einsatz von Quecksilber oder Asbest nötig	– (hohe Anforderungen an die Reinheit der eingesetzten Reinsole) – (relativ geringe Qualität des produzierten Chlors)

Hinweis: Die in Klammer aufgeführten Aspekte können nicht dem Text im Buch entnommen werden.

5.23 Gewinnung von Zink

Zusatzinformation

Da die Gewinnung von Zink hier im Zusammenhang mit der Elektrolyse behandelt wird, ist im Schulbuch das „nasse Verfahren" beschrieben.

Auch das „trockene Verfahren" zur Gewinnung von Zink ist wirtschaftlich bedeutend: Zinkoxid wird zusammen mit gemahlener Kohle in einem Gebläseschachtofen erhitzt. Das eigentliche Reduktionsmittel ist dabei Kohlenstoffmonooxid (wie im Hochofen). Das metallische Zink entweicht als Dampf. Es wird durch Einsprühen von Blei kondensiert und dann durch fraktionierende Destillation gereinigt.

5.24 Exkurs: Gewinnung von Aluminium

Zur Aufgabe

A1 geg.: m(Aluminiumoxid) = 1889 g

$M(Al_2O_3)$ = 101,96 g/mol (aus Tabellen)
$M(Al)$ = 26,98 g/mol (aus Tabellen)
$M(C)$ = 12,01 g/mol (aus Tabellen)

a) ges.: m(Aluminium)

Aus der Verhältnisformel Al_2O_3 folgt: $n(Al) = 2 \cdot n(Al_2O_3)$

$$n(Al_2O_3) = \frac{m(Aluminiumoxid)}{M(Al_2O_3)} = \frac{1889\,g}{101,96\,g/mol} = 18,53\,mol$$

$$\Rightarrow\ n(Al) = 2 \cdot 18,53\,mol = 37,06\,mol$$

$$\Rightarrow\ m(Aluminium) = n(Al) \cdot M(Al) = 37,06\,mol \cdot 26,98\,g/mol \approx 1000\,g = 1,000\,kg$$

b) ges.: m(Graphit)

Jedes C-Atom reagiert mit einem O^{2-}-Ion zu einem CO-Molekül. Die Stoffmenge $n(C)$ ist also gleich der Stoffmenge $n(O^{2-})$.

Aus (a) und der Verhältnisformel Al_2O_3 folgt: $n(C) = n(O^{2-}) = 3 \cdot n(Al_2O_3)$
$$= 3 \cdot 18,53\,mol = 55,59\,mol$$

$$\Rightarrow\ m(Graphit) = n(C) \cdot M(C) = 55,59\,mol \cdot 12,01\,g/mol = 668\,g$$

Alternativer Lösungsweg:

$$2\,C + O_2 \;\longrightarrow\; 2\,CO$$

$$\frac{n(C)}{n(O_2)} = \frac{2}{1} \;\Leftrightarrow\; n(C) = 2 \cdot n(O_2) \qquad\qquad (1)$$

$$4\,Al + 3\,O_2 \;\longrightarrow\; 2\,Al_2O_3$$

$$\frac{n(O_2)}{n(Al_2O_3)} = \frac{3}{2} \;\Leftrightarrow\; n(O_2) = \frac{3}{2} \cdot n(Al_2O_3) \qquad\qquad (2)$$

Zusammenführen von (1) und (2) :

$$n(C) = 2 \cdot \frac{3}{2} \cdot n(Al_2O_3) = 3 \cdot n(Al_2O_3)$$

$$n(C) = 3 \cdot 18{,}53\,mol = 55{,}59\,mol$$

$$\Rightarrow\quad m(\text{Graphit}) = n(C) \cdot M(C) = 55{,}59\,mol \cdot 12{,}01\,g/mol = 668\,g$$

c) geg.: Molare Zersetzungsenergie von Al_2O_3: $\quad E_{zers,m} = 1676\,kJ/mol$

ges.: Zersetzungsenergie E_{zers} von 1889 g bzw. 18,35 mol Al_2O_3 in kWh

$$E_{zers} = E_{zers,m} \cdot n(Al_2O_3) = 1676\,kJ/mol \cdot 18{,}53\,mol \cdot \frac{1\,kWh}{3600\,kJ} = 8{,}63\,kWh$$

Nach dem Ergebnis von (a) ist dies die mindestens benötigte Energiemenge zur Erzeugung von 1 kg Aluminium. Vergleich mit dem tatsächlichen Energieaufwand:

$$\frac{8{,}63\,kWh}{13\,kWh} = 0{,}66 = 66\,\%$$

Hinweise:
Der Energieaufwand von 13 kWh für 1 kg Aluminium berücksichtigt nur die elektrische Energie für den Elektrolyseprozess. Dazu kommt der Energieaufwand für Gewinnung, Transport und Aufbereitung des Bauxits und für die Herstellung der Graphitanoden.

Dem Elektrolyseprozess wird zusätzlich „versteckte Energie" in Form von Graphit zugeführt, das in einer exothermen Reaktion zu Kohlenstoffmonooxid oxidiert wird:

$$C + 0{,}5\,O_2 \;\longrightarrow\; CO \qquad |\,\Delta_r H^0 = -111\,kJ/mol$$

Zur Produktion von 1 kg Aluminium werden 55,59 mol C zu CO oxidiert. Dabei wird dem Elektrolyseprozess die folgende Energie zugeführt:

$$-\Delta_r H = 111\,kJ/mol \cdot 55{,}59\,mol \cdot \frac{1\,kWh}{3600\,kJ} = 1{,}71\,kWh$$

5.25 Quantitative Betrachtung der Elektrolyse

Zu den Aufgaben

A1

geg.: m(Silber) = 1,118 mg = 0,001 118 g; t = 1 s
aus Tabellen: M(Ag) = 107,8682 g/mol; z = 1; F = 96 485 A·s·mol^{-1}

ges.: I

Faraday-Gesetz: $n = \dfrac{m}{M} = \dfrac{I \cdot t}{z \cdot F}$ $\Leftrightarrow$ $I = \dfrac{m \cdot z \cdot F}{M \cdot t}$

$I = \dfrac{0,001\,118\,g \cdot 1 \cdot 96\,485\,A \cdot s \cdot mol^{-1}}{107,8682\,g \cdot mol^{-1} \cdot 1\,s} = 1,000\,A$

A2

geg.: m(Kupfer) = 1 g; I = 0,1 A
aus Tabellen: M(Cu) = 63,546 g/mol; z = 2; F = 96 485 A·s·mol^{-1}

ges.: t

Faraday-Gesetz: $n = \dfrac{m}{M} = \dfrac{I \cdot t}{z \cdot F}$ $\Leftrightarrow$ $t = \dfrac{m \cdot z \cdot F}{M \cdot I}$

$t = \dfrac{1\,g \cdot 2 \cdot 96\,485\,A \cdot s \cdot mol^{-1}}{63,546\,g \cdot mol^{-1} \cdot 0,1\,A} \approx 3 \cdot 10^4\,s \approx 8\,h$

Zu den Versuchen

V1 Quantitative Elektrolyse von Schwefelsäure an blanken Platinelektroden
(c(H$_2$SO$_4$) = 0,5 mol/l; $\vartheta \approx 21\,°C$)

a), b) Messwerte und V-t-Diagramme:

Stromstärke I = 0,2 A		
t in s	V(Wasserstoff) in ml	V(Sauerstoff) in ml
0	0	0
60	1,9	0,9
120	3,4	1,6
180	5,3	2,5
240	7,0	3,4
300	8,8	4,3
360	10,6	5,1
420	12,2	6,1
480	14,0	6,9
540	15,8	7,8
600	17,8	8,7
660	19,4	9,6
720	21,3	10,5

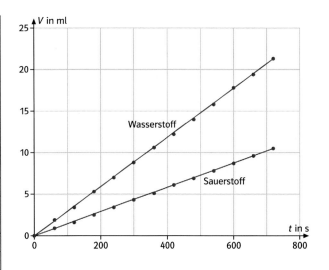

Stromstärke I = 0,4 A		
t in s	V(Wasserstoff) in ml	V(Sauerstoff) in ml
0	0	0
60	3,4	1,5
120	6,5	2,8
180	9,6	4,2
240	12,8	5,8
300	15,8	7,5
360	18,8	9,2
420	21,8	10,8
480	25,0	12,2

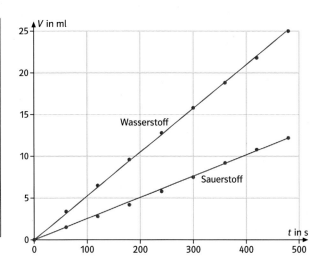

Stromstärke I = 0,6 A		
t in s	V(Wasserstoff) in ml	V(Sauerstoff) in ml
0	0	0
60	4,3	2,1
120	9,1	4,3
180	14,0	7,0
240	18,5	9,5
300	23,5	12,0

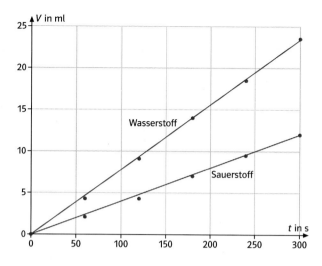

Ausgewählte Messwerte und V-I-Diagramm:

Beispiel: Zeit t = 300 s		
I in A	V(Wasserstoff) in ml	V(Sauerstoff) in ml
0	0	0
0,2	8,8	4,3
0,4	15,8	7,5
0,6	23,5	12,0

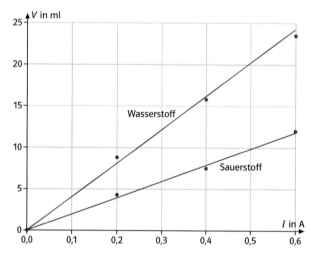

c) Berechnung der Stoffmengen nach der Zeit t = 300 s mit $n = V/V_m \approx V/(24\,\mathrm{l})$:

I in A	V(Wasserstoff) in ml	$n(H_2)$ in mmol	V(Sauerstoff) in ml	$n(O_2)$ in mmol
0,2	8,8	0,37	4,3	0,18
0,4	15,8	0,66	7,5	0,31
0,6	23,5	0,98	12,0	0,50

Hinweis zur weiteren Auswertung:
Man kann mit diesen Messwerten das Faraday-Gesetz überprüfen:

$$n = \frac{I \cdot t}{z \cdot F} \quad \text{und} \quad \frac{n_1}{n_2} = \frac{z_1}{z_2}$$

I in A	$Q = I \cdot t$ in As	$n(H_2)$ in mmol ($z = 2$)		$n(O_2)$ in mmol ($z = 4$)		$n(H_2)/n(O_2)$	$z(H_2)/z(O_2)$
	mit t = 300 s	gemessen	berechnet	gemessen	berechnet		
0	0	0	0	0	0	—	2
0,2	60	0,37	0,31	0,18	0,16	2,3	2
0,4	120	0,66	0,62	0,31	0,31	2,1	2
0,6	180	0,98	1,20	0,50	0,62	2,0	2

Innerhalb der Messgenauigkeit wird das Faraday-Gesetz also bestätigt.

Ein entsprechendes n-Q-Diagramm zeigt die Proportionalität zwischen der Stoffmenge des abgeschiedenen Stoffes und der an den Elektroden übertragenen Ladung auch grafisch:

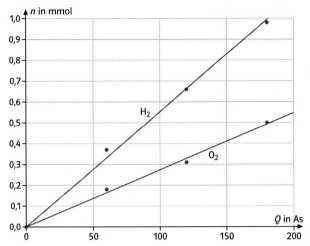

Die Proportionalität zwischen der Stoffmenge und der Elektrolysezeit folgt analog aus den V-t-Diagrammen.

V2 Die Messwerte stimmen i.d.R. gut mit den theoretischen Werten überein.

Berechnung nach dem Faraday-Gesetz: $\quad n = \dfrac{I \cdot t}{z \cdot F}$

Bei der Elektrolysedauer $t = 1200\,s$ mit der Stromstärke $I = 0{,}40\,A$ ergeben sich z.B. theoretisch:

$n(\text{Cu}) = \dfrac{0{,}40\,\text{A} \cdot 1200\,\text{s}}{2 \cdot 96\,485\,\text{A} \cdot \text{s} \cdot \text{mol}^{-1}} = 0{,}0025\,\text{mol} \quad$ und $\quad m(\text{Kupfer}) = 63{,}546\,\text{g/mol} \cdot 0{,}0025\,\text{mol} = 0{,}16\,\text{g}$

$n(\text{Ag}) = \dfrac{0{,}40\,\text{A} \cdot 1200\,\text{s}}{1 \cdot 96\,485\,\text{A} \cdot \text{s} \cdot \text{mol}^{-1}} = 0{,}0050\,\text{mol} \quad$ und $\quad m(\text{Silber}) = 107{,}8682\,\text{g/mol} \cdot 0{,}0050\,\text{mol} = 0{,}54\,\text{g}$

Da $z(\text{Cu}) = 2$ und $z(\text{Ag}) = 1$ ist, wird durch die gleiche Ladung $Q = I \cdot t$ im Vergleich zum Silber nur die halbe Stoffmenge Kupfer abgeschieden.

Aus den experimentell gefundenen Massen der abgeschiedenen Metalle lässt sich umgekehrt die Faraday-Konstante („molare Ladung") berechnen:

$$n = \dfrac{m}{M} = \dfrac{I \cdot t}{z \cdot F} \quad \Leftrightarrow \quad F = \dfrac{M \cdot I \cdot t}{m \cdot z}$$

Literatur P. Gietz, P. Nelle: Die Integration des Faraday-Gesetzes in die Elektrochemie – Stationen einer Unterrichtsreihe. Praxis der Naturwissenschaften – Chemie 62 (Heft 7, Oktober 2013), 30

5.26 Batterien

Zu den Aufgaben **A1**

a) Anode (Minuspol): $\qquad\qquad\qquad \overset{0}{\text{Zn}} \longrightarrow \overset{\text{II}}{\text{Zn}^{2+}} + 2\,e^{-}$

Kathode (Pluspol): $\quad \overset{\text{IV}}{\text{MnO}_2} + e^{-} + \text{H}_2\text{O} \longrightarrow \overset{\text{III}}{\text{MnO(OH)}} + \text{OH}^{-} \qquad\qquad | \cdot 2$

Gesamtreaktion: $\text{Zn} + 2\,\text{MnO}_2 + 2\,\text{H}_2\text{O} \longrightarrow \text{Zn}^{2+} + 2\,\text{MnO(OH)} + 2\,\text{OH}^{-}$

Hinweis: U.a. um die prinzipielle Ähnlichkeit mit der Alkali-Mangan-Batterie zu betonen, ist die Kathodenreaktion im Schulbuch mit OH^{-}-Ionen formuliert. Man kann diese auch mit H_3O^{+}-Ionen formulieren: $\text{MnO}_2 + e^{-} + \text{H}_3\text{O}^{+} \longrightarrow \text{MnO(OH)} + \text{H}_2\text{O}$

b) Beim Entladen einer Zink-Kohle-Batterie wird das Zink des Zinkbechers oxidiert. Dadurch kann es zu undichten Stellen kommen.

c) Grundsätzlich läuft in beiden Batterien die gleiche Reaktion ab. Weitere Gemeinsamkeiten sind, dass beide Batterien die gleiche Nennspannung haben, ein Stab als Ableiter fungiert, ein Separator Kathode und Anode trennt und die Kathode jeweils aus einem Gemisch besteht, das Braunstein enthält.

Unterschiede sind u.a. bezüglich der Konstruktion auszumachen: Bei der Zink-Kohle Batterie wird der Zinkbecher oxidiert und stellt den Minuspol dar. Bei der Alkali-Mangan-Batterie liegt ein Zinkgel vor. Der Stahlbecher stellt den Pluspol dar und wird nicht oxidiert. Der Ableiter ist bei der Alkali-Mangan-Batterie ein Stahlnagel; der Elektrolyt ist Kalilauge. Bei der Zink-Kohle-Batterie ist ein Graphitstab der Ableiter und eine komplexe Zink-Verbindung der Elektrolyt.

Zusammenfassung der Unterschiede in einer Tabelle: Kap. 5.27, V2 (Serviceband)

A2

a) In der Zink-Luft-Zelle werden Zink-Atome zu Zink-Ionen oxidiert. Die Elektronen werden von den Atomen des Luftsauerstoffs aufgenommen, d.h., die Atome werden reduziert.

b) Die Klebefolie darf erst kurz vor Gebrauch entfernt werden, da die Reaktion sonst schon vor Benutzung ablaufen würde.

A3 Bei der Berstmembran handelt es sich um ein Sicherheitselement, das für einen kontrollierten Gasaustritt sorgen soll, falls sich in der Batterie ein Überdruck bildet. Zu einem Überdruck durch Gasbildung kann es z.B. kommen, wenn die Batterie falsch „geladen" wird.

Hinweis: Alkali-Mangan-Batterien können mithilfe von speziellen Ladegeräten regeneriert werden. Die Gefahr der Gasbildung entsteht bei Regeneration mit nicht geeigneten Geräten.

Zusatzinformationen

Vorsichtsmaßnahmen im Umgang mit Batterien und Akkumulatoren:
- Nur für den bestimmungsgemäßen Gebrauch verwenden
- Nie verschiedene Zellentypen gemeinsam verwenden
- Nie kurzschließen
- Vor Überhitzung und offenem Feuer schützen
- Nie direkt auf Zellen löten
- Nur mit für den jeweiligen Typ vorgesehenen Ladegeräten aufladen
- Bestimmungen zur Rücknahme und Entsorgung beachten

Akkumulatoren gewinnen gegenüber nicht wieder aufladbaren Batterien immer größere Bedeutung, vor allem Lithium-Ionen-Akkumulatoren (z.B. in Smartphones und Kameras) und Lithium-Polymer-Akkumulatoren (z.B. als „Lipo" in Flugmodellen).

Batterien, die von der IEC (International Electrotechnical Commission) genormt wurden, haben eindeutige, international gültige Bezeichnungen. Bezeichnungen nach der ANSI-Norm (American National Standards Institute) sind zwar nicht mehr gültig, werden aber oft noch verwendet:

Gebräuchlicher Name	IEC-Bezeichnung		Alte ANSI-Bezeichnung
	Zink/Kohle	Alkaline	
1,5-V-Microzelle (Penlite klein)	R03	LR03	AAA
1,5-V-Mignonzelle (Penlite)	R6	LR6	AA
1,5-V-Babyzelle	R14	LR14	C
1,5-V-Monozelle	R20	LR20	D
9-V-Block	6F22	6LR61	91604D
4,5-V-Flachbatterie	3R12	3LR12	—

Literatur

M. Klaus, M. Hasselmann, I. Rubner, B. Mößner, M. Oetken: Metall-Luft-Batterien mit einer neuartigen Kohleelektrode – Moderne elektrochemische Speichersysteme im Schulexperiment. Chemie konkret 21 (2/2014), 63

R. Peper-Bienzeisler, L. Bröll, Ch. Pöhls, W. Jansen: Untersuchungen zur Zitronenbatterie. Chemie konkret 20 (3/2013), 111

C. Hagen-Schittkowski, A. Vorweg, A. Habekost, C. Maulbetsch: Zur Elektrochemie der Zitronenbatterie. Chemie konkret 22 (2/2015), 69

5.27 Praktikum: Primärzellen

Zu den Versuchen

V1 **Volta-Elemente**

a) Am Zinkblech ist eine geringe Wasserstoffentwicklung zu beobachten.

b) Die Spannung eines einzelnen Volta-Elements beträgt etwa 1V.

c) Ein Kleinelektromotor kann mit einem einzelnen Volta-Element betrieben werden. Bei Belastung durch den Elektromotor sinkt die Spannung.

d) Die Einzelspannungen addieren sich zur Gesamtspannung, also ca 2V bzw. 3V.

Aufgabenlösungen

1. Teilgleichungen:

Anode (Minuspol): $Zn \longrightarrow Zn^{2+} + 2\,e^-$

Kathode (Pluspol): $2\,H_3O^+ + 2\,e^- \longrightarrow H_2 + 2\,H_2O$

2.

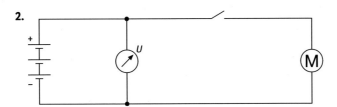

3. Gesamtspannung: Schaltet man galvanische Zellen in Reihe, addieren sich die Einzelspannungen zur Gesamtspannung: $U_{ges} = U_1 + U_2 + U_3 + \ldots$

Hinweise zur Durchführung:

– Das Volta-Element kann auch mit Schwefelsäure oder Kochsalzlösung (jeweils $w \approx 10\,\%$) betrieben werden. Gemessen wird eine Spannung von 0,8 bis 1V.
– Der Elektromotor muss einen möglichst kleinen Anlaufstrom haben, geeignet sind z.B. sog. Solarmotoren.
– Obwohl am Kupferblech H_3O^+-Ionen reduziert werden, ist dort keine Gasentwicklung erkennbar. Die entsprechende historische Versuchsanordnung von Alessandro Volta wird auch als „Tassenkrone" bezeichnet: Man schaltete bis zu 60 „Tassen" in Reihe und ordnete diese kreisfömig an. (Achtung: Die Spannung einer solchen Anordnung ist lebensgefährlich!)

V2 **Leclanché-Element**

Ohne Elektromotor wird eine Spannung von 1,4 bis 1,5V gemessen. Bei Belastung durch den Elektromotor sinkt die Spannung. Wird der Elektromotor entfernt, steigt die Spannung rasch wieder bis fast auf den ursprünglichen Wert.

Aufgabenlösungen

1.

Anode (Minuspol): $Zn \longrightarrow Zn^{2+} + 2\,e^-$

Kathode (Pluspol): $MnO_2 + H_3O^+ + e^- \longrightarrow MnO(OH) + H_2O$

Hinweis: siehe Hinweis zu Kap. 5.26, A1

2. Aktivkohle besteht zum Großteil aus Graphit und dient als elektrischer Leiter.

3. Unterschiede zwischen der Zink-Kohle- und Alkali-Mangan-Batterie:

	Zink-Kohle-Batterie	Alkali-Mangan-Batterie
Anode (Minuspol)	Zinkbecher (außen)	Zinkgel mit großer Oberfläche (innen), Stahlnagel als Ableitelektrode
Kathode (Pluspol)	Braunstein-Graphit-Zinkchlorid-Ammoniumchlorid-Gel, Kohlestab als Ableitelektrode	Braunstein-Graphit-Kalilauge-Gemisch, Stahlbecher als Ableitelektrode
Elektrolyt	Zinkchlorid und Ammoniumchlorid	Kalilauge
Batteriebecher	aus Zink (identisch mit der Anode bzw. dem Minuspol)	aus Stahl (verbunden mit der Kathode bzw. dem Pluspol). Vorteil: Der Batteriebecher nimmt an den elektrochemischen Vorgängen nicht teil, dies erhöht die Auslaufsicherheit.

Hinweis zur Durchführung:
Man kann das Leclanché-Element immer wieder verwenden, wenn man die Ammoniumchlorid-Lösung in einen Vorratsbehälter gießt und die Extraktionshülse mit dem Inhalt vom Zinkblech getrennt aufbewahrt.

5.28 Akkumulatoren

Zu den Aufgaben

A1 $\Delta E^0 = E^0(PbSO_4/PbO_2) - E^0(Pb/PbSO_4) = +1{,}69\,V - (-0{,}36\,V) = 2{,}05\,V$

A2 Sowohl in einer galvanischen Zelle als auch bei der Elektrolyse läuft eine Redoxreaktion ab. Bei der galvanischen Zelle läuft die Redoxreaktion freiwillig ab. Im Bleiakkumulator werden Blei-Atome zu Blei-(II)-Ionen oxidiert und und Blei-(IV)-Ionen zu Blei-(II)-Ionen reduziert. Am Minuspol läuft die Oxidation ab (Anode). Am Pluspol läuft die Reduktion ab (Kathode). Die galvanische Zelle liefert eine Spannung von 2,05 V. Chemische Energie wird in elektrische Energie umgewandelt.
Bei der Elektrolyse wird die Reaktion durch einen von außen angelegten Strom erzwungen. Die Reaktionen laufen in umgekehrter Richtung ab. Am Pluspol läuft die Oxidation ab (Anode). Am Minuspol läuft die Reduktion ab (Kathode). Bei der Elektrolyse wird elektrische Energie in chemische Energie umgewandelt. Dies entspricht dem Laden des Bleiakkumulators.

A3
Laden: $\quad Co^{3+} + 6\,C \longrightarrow Co^{4+} + C_6^-$
Entladen: $Co^{4+} + C_6^- \longrightarrow Co^{3+} + 6\,C$

A4 Mögliche Lösung:
Im sog. „Lithium-Dreieck" (Bolivien, Argentinien, Chile) sollen 70 % der weltweiten Lithium-Vorkommen lagern. Beispielsweise werden in der Atacama-Wüste in Chile Lithiumsalze abgebaut.

Prinzip:
- Grundwasser mit gelösten Salzen wird an die Oberfläche gepumpt und in große Becken geleitet (die Flächen für die Becken sind so groß, dass man sie selbst vom Weltraum aus sieht).
- Das Wasser verdunstet, wodurch konzentrierte Salzlösungen entstehen.
- Diese Salzlösungen werden aufgearbeitet, sodass man am Ende festes Lithiumcarbonat (Li_2CO_3) erhält.

Folgen:
- Grundwasserspiegel sinkt
- Trinkwasserknappheit
- Wasser, das zur Bewässerung von Feldern benötigt wird, wird immer knapper
- Bodenverschmutzung
- Speziell in der Atacama-Wüste: Der Wasserstand in den Salzlagunen sinkt, der Salzgehalt steigt. In und an den Salzlagunen leben Flamingos. Diese ernähren sich von in den Lagunen befindlichen Krebschen und Algen. Durch den sinkenden Wasserpegel und den steigenden Salzgehalt gibt es weniger Krebschen und Algen, die Flamingos haben zu wenig Nahrung. Ihnen wird die Lebensgrundlage entzogen.

Bezeichnung	Spannung	Minuspol	Pluspol	Elektrolyt	Besondere Merkmale	Anwendungsbeispiele
Zink-Kohle-Batterie	1,5 V	Zn	MnO_2	$ZnCl_2$	preiswert, umweltverträglich	Taschenlampen, Spielzeug (nur noch selten)
Alkali-Mangan-Batterie				KOH	hohe Stromstärke bei Dauernutzung	tragbare Audiogeräte, Spielzeug
Zink-Luft-Knopfzelle	1,4 V	Zn	O_2	KOH	hohe Belastbarkeit, umweltverträglich	Hörgeräte, Personenruf-geräte
Silberoxid-Zink-Knopfzelle	1,5 V	Zn	Ag_2O	KOH	konstante Spannung, langlebig	Uhren, Fotoapparate, Taschenrechner
Lithium-Mangan-Batterie	3,0 V	Li	MnO_2	org. Lösm. $LiClO_4$	sehr geringe Selbst-entladung, sehr lang-lebig	Uhren, Fotoapparate, Fernbedienungen, Taschenrechner
Bleiakkumulator	2,0 V	Pb	PbO_2	H_2SO_4	hohe Belastbarkeit, selbstentladend, um-weltbelastend	Starterbatterien, Solar-technik, unterbrechungs-freie Stromversorgung (USV, UPS)
Nickel-Metallhydrid-Akkumulator	1,2 V	Metall-H	NiO(OH)	KOH	hohe Belastbarkeit, konstante Spannung, umweltverträglich	Taschenlampen, schnurlose Telefone, Hybridautos
Lithium-Ionen-Akkumulator	3,3 – 3,8 V	C	$LiCoO_2$ $LiMn_2O_4$	org. Lösm. Li-Salze	hohe Zellspannung	Smartphones, Tablet-PCs, Elektrofahrräder, Elektroautos

Zum Versuch

V1 Bereits beim Eintauchen in die Schwefelsäure überziehen sich die Bleiplatten mit schwer löslichem Bleisulfat ($PbSO_4$). Das Blei wird von den Oxonium-Ionen oxidiert, bis eine geschlossene Schicht von Bleisulfat eine weitere Oxidation verhindert (Passivierung):

$$Pb + 2\,H_3O^+ + SO_4^{2-} \longrightarrow PbSO_4 + H_2 + 2\,H_2O$$

Bei der Elektrolyse entsteht an der Anode ein brauner Überzug von Blei(IV)-oxid (PbO_2), während an der Kathode eine Schicht von fein verteiltem Blei gebildet wird:

Anode (Pluspol): $\quad PbSO_4 + 6\,H_2O \longrightarrow PbO_2 + 6\,H_3O^+ + SO_4^{2-} + 2\,e^-$

Kathode (Minuspol): $\quad PbSO_4 + 2\,e^- \longrightarrow Pb + SO_4^{2-}$

Die Reaktionen entsprechen denen beim Laden eines Bleiakkumulators. Durch die Elektrolyse wird also ein Bleiakkumulator gebildet. Die Gasentwicklung (Wasserstoff, Sauerstoff) ist auf eine Ent-ladung von Oxonium-Ionen (aus der Schwefelsäure) bzw. Hydroxid-Ionen (aus dem Autoprotolyse-gleichgewicht des Wassers) zurückzuführen. Diese Reaktionen laufen neben den oben angegebenen Reaktionen ab.

Man misst die Leerlaufspannung des Bleiakkumulators von ca. 2,1 V. Wird der Bleiakkumulator über den Elektromotor entladen, laufen die oben angegebenen Reaktionen in umgekehrter Richtung ab. Bei Stromfluss sinkt die Spannung des Akkumulators.

Hinweis: Das Löslichkeitsprodukt von Bleisulfat ist $K_L(PbSO_4) = 2 \cdot 10^{-8}\,mol^2/l^2$.

Schwefelsäure mit $w(H_2SO_4) = 20\,\%$ hat eine Stoffmengenkonzentration von $c(SO_4^{2-}) \approx 2\,mol/l$. Daraus ergibt sich die Blei-Ionen-Konzentration, die zur Ausfällung von Bleisulfat ausreicht:

$$c(Pb^{2+}) = \frac{K_L(PbSO_4)}{c(SO_4^{2-})} \approx \frac{2 \cdot 10^{-8}\,mol^2/l^2}{2\,mol/l} = 1 \cdot 10^{-8}\,mol/l$$

Diese geringe Konzentration an Pb^{2+}-Ionen in der Lösung wird nach dem Eintauchen der Bleiplatten schnell erreicht, sodass sich fast alles Bleisulfat als Feststoff auf den Bleiplatten bildet.

Hinweise zur Durchführung: Die Gleichspannung bei der Elektrolyse beträgt ca. 2,3 V. Auch ohne Strommessgerät ist an der Gasentwicklung erkennbar, dass Strom fließt. Das Spannungsmessgerät wird (auch nach der Elektrolyse) mit derselben Polung wie die Spannungsquelle angeschlossen. Man kann auch die Platten aus einer alten Autobatterie verwenden. Die braune PbO_2-Platte wird mit dem Pluspol verbunden, die graue Pb-Platte mit dem Minuspol. Fließt auch bei höherer Spannung kein Strom, liegt dies meistens daran, dass die Krokodilklemmen keine leitende Verbindung zu den Bleirahmen der Platten haben. In diesem Fall schmirgelt man die Kontaktstellen blank.

Zusatzinformationen

Lithium-Ionen-Akkumulatoren spielen in der Technik eine immer wichtigere Rolle. Neben der Anwendung in mobilen elektronischen Geräten rückt immer mehr die Nutzung in Kraftfahrzeugen und als häuslicher Stromspeicher in den Fokus. Je nach Anwendung werden Lithium-Ionen-Akkumulatoren mit unterschiedlichen Elektrodenmaterialien ausgestattet. Im Schulbuch werden die weit verbreiteten Lithium-Ionen-Akkumulatoren mit Metalloxidelektrode behandelt. Einen guten Überblick über die Lithium-Ionen-Technologie gibt der Artikel von Winter und Besenhard (1999, Teil II) und das Buch von Hamman und Vielstich, S. 509 ff. (siehe Literatur).

Durch die verstärkte Nutzung hat der Sicherheitsaspekt an Bedeutung gewonnen. Immer wieder werden Lithium-Ionen-Akkumulatoren wegen ihrer Brandgefahr in der Presse erwähnt. So mussten in der Boeing 787 die Akkumulatoren ausgetauscht werden, da Brandgefahr bestand.

Durch einen Kurzschluss kann sich ein Lithium-Ionen-Akkumulator so stark erhitzen, dass der organische Elektrolyt zu brennen beginnt. Ursache des Kurzschlusses kann eine mechanische Belastung, Überladung und Überentladung sein. Daher muss der Lade- und Entladevorgang elektronisch überwacht werden. Beim Überladen und Laden bei tiefen Temperaturen können sich an der Graphit-Anode Lithiumdendriten bilden, die den Separator des Akkumulators durchdringen und so einen Kurzschluss auslösen können.

Den Gefahren, die von den Akkumulatoren ausgehen, wird mit immer neuen Entwicklungen begegnet; dies wird z. B. im Artikel von H. Wu & al. (2014) beschrieben (siehe Literatur).

Literatur

M. Hasselmann, M. Oetken: Versuche zu Lithium-Ionen-Akkus. Chemie in unserer Zeit, 48 (2014), 102–113 (DOI: 10.1002/ciuz.201400619)

M. Hasselmann, C. Wagner, M. Oetken: Lithiummetall-Akkumulatoren als elektrochemische Energiespeicher und die faszinierende Chemie eines ausgewählten Alkalimetalls. Chemie konkret 21 (4/2014), 163

M. Hasselmann, J. Friedrich, M. Klaus, C. Wagner, B. Mößner, D. Quarthal, M. Oetken: Chemie und Energie – Elektronische Speichersysteme für die Zukunft: Modelle zum Themenfeld Lithium-Ionen-Akkumulatoren – Teil 4: Vom Modell zur Reaktionsgleichung. Praxis der Naturwissenschaften – Chemie 63 (Heft 7, Oktober 2014), 42

M. Klaus, M. Hasselmann, I. Rubner, B. Mößner, M. Oetken: Metall-Luft-Batterien mit einer neuartigen Kohleelektrode – Moderne elektrochemische Speichersysteme im Schulexperiment. Chemie konkret 21 (2/2014), 63

R. Peper-Bienzeisler, L. Bröll, Ch. Pöhls, W. Jansen: Untersuchungen zur Zitronenbatterie. Chemie konkret 20 (3/2013), 111

H. Wu, D. Zhuo, D. Kong, Y. Cui: Improving battery safety by early detection of internal shorting with a bifunctional separator. Nature Communications 5 (2014), Artikel Nr. 5193. DOI: 10.1038/NCOMMS6193 (Stand Juni 2023 frei zugänglich)

M. Winter, J. O. Besenhard: Wiederaufladbare Batterien – Teil I: Akkumulatoren mit wässriger Elektrolytlösung. Chemie in unserer Zeit 33 (1999), 252–266. DOI: 10.1002/ciuz.19990330503

M. Winter, J. O. Besenhard: Wiederaufladbare Batterien – Teil II: Akkumulatoren mit nicht wässriger Elektrolytlösung. Chemie in unserer Zeit 33 (1999), 320

C. Hamann, W. Vielstich: Elektrochemie. 4., vollständig überarbeitete und aktualisierte Auflage. Wiley-VCH, Weinheim 2005, 509 ff.

5.29 Exkurs: Recycling und Wertstoffkreisläufe

Zu den Aufgaben

A1

- **Kupfer** weist eine sehr gute elektrische Leitfähigkeit auf und hat einen vergleichsweise niedrigen Preis.
- **Zinn** hat eine niedrige Schmelztemperatur und wird deshalb zum Löten, d.h. zum Zusammenfügen von metallischen Bauteilen verwendet.
- **Eisen** bzw. Edelstahl kommt wegen seiner vergleichsweise hohen Härte und dem niedrigen Preis für Schrauben zum Einsatz.
- **Gold** wird wegen seiner Korrosionsbeständigkeit und seiner sehr guten Leitfähigkeit an wichtigen Verknüpfungsstellen verwendet, beispielsweise auf der SIM-Karte und am Akku. Allerdings sind es nur ca. 30 mg Gold pro Smartphone.
- **Silber** (ca. 305 mg in einem Smartphone) wird aufgrund seiner guten elektrischen Leitfähigkeit für die Tastaturmatte und die Leiterplatine der Kontaktbahnen verwendet. Als Edelmetall ist Silber reaktionsträge.
- **Aluminium** ist ein Leichtmetall. Es wird für die große Fläche des Abschirmblechs des Smartphones verwendet. Dadurch wird verhindert, dass das Smartphone zu schwer wird.
- **Indium** wird in Form seiner Verbindung Indiumzinnoxid als transparenter Leiter in Displays von Smartphones verwendet.
- **Gallium** wird zu dem Halbleiter Galliumarsenid verarbeitet. Galliumarsenid ist Bestandteil der Leuchtdioden und des Hochfrequenzverstärkers im Smartphone.
- **Tantal** ist der wichtigste Bestandteil der Tantal-Elektrolytkondensatoren. Diese haben hohe Kapazitäten bei kleinen Abmessungen und werden deshalb im Smartphone verwendet.
- **Lithium, Mangan und Cobalt** werden zum Bau von Lithium-Ionen-Akkumulatoren verwendet (Kap. 5.28 im Schulbuch).

A2

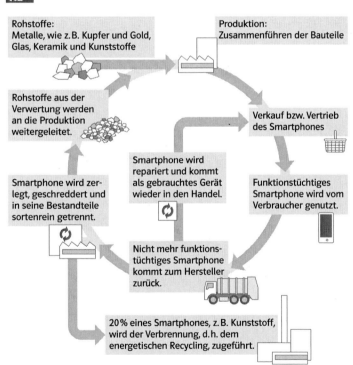

A3

Da es sich bei den Kunststoffen meist um Verbundstoffe handelt, d.h. mehrere Kunststoffe kombiniert sind, lohnt sich eine werkstoffliche bzw. rohstoffliche Verwertung nicht (Kap. 9.8 im Schulbuch).

5.30 Wasserstoff – Energieträger und Reduktionsmittel

Zu den Aufgaben

A1 Der massenbezogene Heizwert von Wasserstoff ist etwa dreimal so groß wie der massenbezogene Heizwert von Benzin. Auf den ersten Blick erscheint also Wasserstoff als vorteilhaft. Für den Einsatz als Treibstoff in Kraftfahrzeugen hat trotzdem Benzin einige Vorteile im Vergleich zu Wasserstoff:
- Bei Standardbedingungen (1 000 hPa und 25 °C) ist Benzin flüssig, während Wasserstoff gasförmig ist. Der volumenbezogene Heizwert von Benzin ist dann mehr als 3 000-mal so hoch.
- Wegen des großen Volumens ist es nicht sinnvoll, Wasserstoff bei Standardbedingungen zu lagern und zu transportieren. Man presst Wasserstoff entweder in Drucktanks, oder man verflüssigt ihn durch Kühlen auf eine sehr tiefe Temperatur. Beides bedeutet für Kraftfahrzeuge einen zusätzlichen Aufwand an Energie und an technischen Voraussetzungen. Benzin wird einfach in einen dünnwandigen Stahltank geschüttet.

A2 *Hinweis:* Die Schülerinnen und Schüler können ihre Lösung anhand von B3 im Schulbuch überprüfen.

a) Reaktionsgleichung: $2\,H_2(g) + O_2(g) \longrightarrow 2\,H_2O(l)$

$$
\begin{aligned}
\Delta_r H^0 &= 2\,mol \cdot \Delta_c H_m^0(H_2O, l) \quad - [2\,mol \cdot \Delta_c H_m^0(H_2, g) + 1\,mol \cdot \Delta_c H_m^0(O_2, g)] \\
&= 2\,mol \cdot (-286\,kJ/mol) - [2\,mol \cdot 0\,kJ/mol \quad + 1\,mol \cdot 0\,kJ/mol] \\
&= -572\,kJ
\end{aligned}
$$

$$
H_s = \frac{|\Delta_r H^0|}{2\,mol \cdot M(H_2)} = \frac{572\,kJ}{2\,mol \cdot 2{,}016\cdot 10^{-3}\,kg/mol} = 142\cdot 10^3\,kJ/kg = 142\,MJ/kg
$$

Mit 1 kWh = 3 600 kJ:
$$
H_s = 142\cdot 10^3\,kJ/kg \cdot 1\,kWh/3\,600\,kJ = 39{,}4\,kWh/kg
$$

b) Reaktionsgleichung: $2\,H_2(g) + O_2(g) \longrightarrow 2\,H_2O(g)$

$$
\begin{aligned}
\Delta_r H^0 &= 2\,mol \cdot \Delta_c H_m^0(H_2O, g) \quad - [2\,mol \cdot \Delta_c H_m^0(H_2, g) + 1\,mol \cdot \Delta_c H_m^0(O_2, g)] \\
&= 2\,mol \cdot (-242\,kJ/mol) - [2\,mol \cdot 0\,kJ/mol \quad + 1\,mol \cdot 0\,kJ/mol] \\
&= -484\,kJ
\end{aligned}
$$

$$
H_i = \frac{|\Delta_r H^0|}{2\,mol \cdot M(H_2)} = \frac{484\,kJ}{2\,mol \cdot 2{,}016\cdot 10^{-3}\,kg/mol} = 120\cdot 10^3\,kJ/kg = 120\,MJ/kg
$$

Mit 1 kWh = 3600 kJ:
$$
H_i = 120\cdot 10^3\,kJ/kg \cdot 1\,kWh/3\,600\,kJ = 33{,}3\,kWh/kg
$$

A3 Aufgrund des niedrigen volumenbezogenen Heizwertes des Wasserstoffs muss das Gas stark komprimiert werden, damit das Fahrzeug eine alltagstaugliche Reichweite hat. Man verwendet spezielle Hochdrucktanks aus glasfaserverstärkten Kunststoffen und Carbonfasern. Üblich sind Drücke bis zu 80 MPa (800 bar).
Eine zweite (seltener verwirklichte) Möglichkeit ist die Mitnahme von flüssigem Wasserstoff bei einer Temperatur von –252 °C in wärmeisolierten Tanks.

A4 Vorteil von Ammoniak im Vergleich zu Wasserstoff:
Die Lagerung und der Transport von Ammoniak ist weniger aufwändig. Ammoniak ist unter Standardbedingungen gasförmig, kann aber mit relativ geringem Aufwand verflüssigt werden, entweder durch Abkühlen unter –33 °C, oder auch bei +25 °C in Druckbehältern bei ca. 1 MPa (10 bar). Wasserstoff ist bei Normaldruck unterhalb –252 °C flüssig. Oberhalb von –240 °C ist es auch bei erhöhtem Druck nicht möglich, Wasserstoff zu verflüssigen. Um ohne Kühlung viel Wasserstoff zu speichern, benötigt man deshalb einen Drucktank; üblich sind Drücke bis zu 80 MPa (800 bar).

Nachteile von Ammoniak im Vergleich zu Wasserstoff:
- Ammoniak ist giftig, Wasserstoff ist ungiftig. Immerhin riecht man Ammoniak bereits in geringsten, ungefährlichen Konzentrationen.
- Der massenbezogene Heizwert von Ammoniak beträgt 5,2 kWh/kg. Der Heizwert von Wasserstoff ist mehr als 6-mal so hoch: 33,3 kWh/kg. Allerdings muss man bedenken, dass zum Abkühlen bzw. Komprimieren von Wasserstoff mehr Energie notwendig ist als bei Ammoniak.

Hinweis: In einem Teil der Auflage des Schulbuchs steht, dass Ammoniak unterhalb –78 °C flüssig wird. Hier wurde versehentlich die Schmelztemperatur eingesetzt. Die Siedetemperatur liegt bei –33 °C.

B3 Wasserstoff im Vergleich mit Methan und Benzin

Heizwert in kWh/m³ (bei 25 °C):

In vielen Tabellenwerken werden die energetischen Daten bei 25 °C auf das Gasvolumen bei 0 °C bezogen. Die im Schulbuch tabellierten Werte beziehen die energetischen Daten bei 25 °C auf das Gasvolumen bei 25 °C, da dies für die Lernenden besser nachvollziehbar erscheint.

Berechnung der Werte von Wasserstoff:

Hinweis: Im Folgenden wird jeweils die molare Verbrennungsenthalpie $\Delta_c H_m^0$ eingesetzt.

Heizwert (Verbrennung zu Wasserdampf):

$\Delta_c H_m^0 = -242 \, \text{kJ/mol}$

$$H_i(\text{mass}) = \frac{|\Delta_c H_m^0|}{M(H_2)} = \frac{242 \, \text{kJ/mol}}{2,016 \cdot 10^{-3} \, \text{kg/mol} \cdot 3\,600 \, \text{kJ/kWh}} = 33,34 \, \text{kWh/kg}$$

$$H_i(\text{vol}) = H_i(\text{mass}) \cdot \varrho = 33,34 \, \text{kWh/kg} \cdot 0,0824 \, \text{kg/m}^3 = 2,75 \, \text{kWh/m}^3$$

Brennwert (Verbrennung zu flüssigem Wasser):

$\Delta_c H_m^0 = -286 \, \text{kJ/mol}$

$$H_s(\text{mass}) = \frac{|\Delta_c H_m^0|}{M(H_2)} = \frac{286 \, \text{kJ/mol}}{2,016 \cdot 10^{-3} \, \text{kg/mol} \cdot 3\,600 \, \text{kJ/kWh}} = 39,41 \, \text{kWh/kg}$$

$$H_s(\text{vol}) = H_i(\text{mass}) \cdot \varrho = 39,41 \, \text{kWh/kg} \cdot 0,0824 \, \text{kg/m}^3 = 3,25 \, \text{kWh/m}^3$$

Berechnung der Werte von Methan:

Der real eingesetzte Energieträger Erdgas hat je nach der genauen Zusammensetzung unterschiedliche Eigenschaften. Aus diesem Grund wurde für die Tabelle Methan ausgewählt. Die Eigenschaften von Erdgas H kommen denen von Methan ziemlich nah.

Hinweis: Im Folgenden wird jeweils die molare Verbrennungsenthalpie $\Delta_c H_m^0$ eingesetzt.

Heizwert (Verbrennung zu gasförmigem Kohlenstoffdioxid und Wasserdampf):

$\Delta_c H_m^0 = -802 \, \text{kJ/mol}$

$$H_i(\text{mass}) = \frac{|\Delta_c H_m^0|}{M(CH_4)} = \frac{802 \, \text{kJ/mol}}{16,04 \cdot 10^{-3} \, \text{kg/mol} \cdot 3\,600 \, \text{kJ/kWh}} = 13,89 \, \text{kWh/kg}$$

$$H_i(\text{vol}) = H_i(\text{mass}) \cdot \varrho = 13,89 \, \text{kWh/kg} \cdot 0,6596 \, \text{kg/m}^3 = 9,16 \, \text{kWh/m}^3$$

Brennwert (Verbrennung zu gasförmigem Kohlenstoffdioxid und flüssigem Wasser):

$\Delta_c H_m^0 = -890 \, \text{kJ/mol}$

$$H_s(\text{mass}) = \frac{|\Delta_c H_m^0|}{M(CH_4)} = \frac{890 \, \text{kJ/mol}}{16,04 \cdot 10^{-3} \, \text{kg/mol} \cdot 3\,600 \, \text{kJ/kWh}} = 15,41 \, \text{kWh/kg}$$

$$H_s(\text{vol}) = H_i(\text{mass}) \cdot \varrho = 15,41 \, \text{kWh/kg} \cdot 0,6596 \, \text{kg/m}^3 = 10,16 \, \text{kWh/m}^3$$

CO_2-Emission pro Kilogramm Methan:

1 mol CH_4	verbrennt zu	1 mol CO_2
16,04 g CH_4	verbrennen zu	44,01 g CO_2
1 kg CH_4	verbrennt zu	2,744 kg CO_2

CO_2-Emission pro Kilowattstunde bzgl. H_i:
13,89 kWh ergeben 2,744 kg CO_2 $\Rightarrow$ 1 kWh ergibt 0,20 kg CO_2

CO_2-Emission pro Kilowattstunde bzgl. H_s:
15,41 kWh ergeben 2,744 kg CO_2 $\Rightarrow$ 1 kWh ergibt 0,18 kg CO_2

Reduktion von Eisen(III)-oxid mit Wasserstoff

Ein Gasentwickler wird mit Zink-Granalien, Schwefelsäure (1 mol/l) und wenig Kupfer(II)-sulfat-Lösung (1 mol/l) befüllt; der Hahn wird geschlossen. In eine Pasteurpipette aus Glas wird als Rückschlagsicherung bis zur Verengung ein Stück Stahlwolle 000 geschoben, dann wird wenig Eisen(III)-oxid eingefüllt. Die Pipette wird mit einem kurzen Schlauchstück waagerecht an den Gasentwickler angeschlossen. Der Hahn wird geöffnet. Man wartet, bis eine kräftige Gasentwicklung stattfindet, und erhitzt dann das Eisen(III)-oxid mit dem Gasbrenner.
Beobachtung: Das rote Eisen(III)-oxid wird in ein schwarzes Pulver umgewandelt, das von einem Magnet angezogen wird. (Quelle: M. Schwab, siehe Literatur und Medien)

Wasserstoff in der Stahlerzeugung

Die Industrie arbeitet auf eine Zukunft hin, in der energieintensive Prozesse einen möglichst geringen Kohlenstoffdioxid-Ausstoß verursachen. Die konventionelle Stahlherstellung hat durch den Einsatz von Koks als Reduktionsmittel einen hohen Kohlenstoffdioxid-Ausstoß. Der Einsatz von Wasserstoff in Direktreduktionsanlagen scheint vielversprechend zu sein (Rechberger & al. 2020, s. Literatur und Medien).

Für eine Tonne flüssigen Stahl benötigt man eine Energie von ca. 3,48 MWh (Vogl & al. 2018, s. Literatur und Medien). Der Energiebedarf ist bei der konventionellen Stahlherstellung mit Koks als Reduktionsmittel und bei der Stahlherstellung in Direktreduktionsanlagen mit Wasserstoff als Reduktionsmittel ungefähr gleich. Die Energie für Direktreduktionsanlagen sollte allerdings regenerativ erzeugte elektrische Energie sein, mit der dann durch Elektrolyse Wasserstoff produziert wird. Erzeugt man die elektrische Energie aus fossilen Brennstoffen oder den Wasserstoff durch Dampfreformierung von Erdgas, sind die Reduktionsziele bei den Kohlenstoffdioxid-Emissionen nicht erreichbar.

Da Direktreduktionsanlagen noch in der Entwicklung sind, wird bei Thyssenkrupp in einem ersten Schritt Wasserstoff in einem normalen Hochofen als Ersatz für die Einblaskohle eingesetzt. (Einblaskohle ist Kohlenstaub, der über die Heißwinddüsen eingeblasen wird.) Dies ist selbstverständlich kein klimaneutraler Betrieb, aber immerhin wird eine Verringerung der Kohlenstoffdioxid-Emission um bis zu 20 % erwartet (Wang & al. 2021, s. Literatur und Medien).

Literatur und Medien

M. Schwab: Reduktion von Eisenoxid mit Wasserstoff. Internet-Seite „Fachreferent Chemie bei der MB-Dienststelle Unterfranken" (Stand Juni 2023 im Internet frei zugänglich)

B. Mattson, E. Saunders: Formation of Elemental Iron. A chemistry laboratory experiment. Chem 13 News 303 (May, 2002). (Stand Juni 2023 bei Chem 13 News nicht mehr im Archiv, dafür aber auf einer Internet-Seite von Bruce Mattson und Emily Saunders. Link in der Versuchbeschreibung von Martin Schwab, s. o.)

A. Hodges, A. Linh Hoang, G. Tsekouras, K. Wagner, Ch.-Y. Lee, G. F. Swiegers, G. G. Wallace: A high-performance capillary-fed electrolysis cell promises more cost-competitive renewable hydrogen. Nature Communications 13 (2022), Artikel Nr. 1304. DOI: 10.1038/s41467-022-28953-x (Stand Juni 2023 im Internet frei zugänglich)

K. Rechberger, A. Spanlang, C. A. Sasiain, H. Wolfmeir, C. Harris: Green Hydrogen-Based Direct Reduction for Low-Carbon Steelmaking. steel research international 91/11 (2020), 2000110. DOI: 10.1002/srin.202000110 (Stand Juni 2023 im Internet frei zugänglich)

V. Vogl, M. Åhman, L. J. Nilsson: Assessment of hydrogen direct reduction for fossil-free steelmaking. Journal of Cleaner Production 203 (2018), 736–745. DOI: 10.1016/j.jclepro.2018.08.279 (Stand Juni 2023 im Internet frei zugänglich)

R. R. Wang, Y. Q. Zhao, A. Babich, D. Senk, X. Y. Fan: Hydrogen direct reduction (H-DR) in steel industry—An overview of challenges and opportunities. Journal of Cleaner Production 329 (2021), Artikel Nr. 129797. DOI: 10.1016/j.jclepro.2021.129797 (Stand Juni 2023 im Internet nur auszugsweise frei zugänglich)

Pressemitteilungen im Internet-Auftritt von thyssenkrupp Steel (Suchwort z. B. „Direktreduktion")

5.31 Energiespeicherung

Zu den Aufgaben

A1

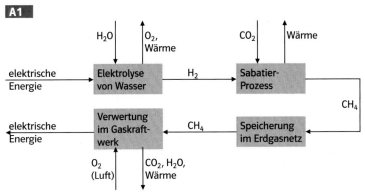

A2

Power-to-Gas:
Vorteile:
- Die vorhandene Gasinfrastruktur kann genutzt werden.
- Nutzung für andere Zwecke (Heizen, Autos)
- Kein großer Platzbedarf für die technischen Anlagen
- Langfristige Speicherung und Fluktuationen bei Wind und Sonne können auch über einen längeren Zeitraum ausgeglichen werden.

Nachteil:
- Die vielen Energieumwandlungen sind verlustbehaftet (geringe Effizienz).

Pumpspeicherkraftwerke:
Vorteile:
- Relativ hohe Wirkungsgrade
- Energie kann kurzfristig abgerufen werden (das Kraftwerk braucht keine längere Anlaufphase).

Nachteile:
- Die Speicherbecken benötigen viel Platz.
- Das Becken muss betoniert oder asphaltiert sein und bietet keinen Lebensraum für Tiere und Pflanzen.
- Es ist keine längerfristige Energieversorgung möglich.

Zum Versuch

V1 Beobachtung: Das Salz kristallisiert aus; eine Erwärmung ist bei Prüfung mit dem Handballen deutlich spürbar.

Erklärung: Wird Natriumacetat-Trihydrat auf über 58 °C erwärmt, erfolgt die Abspaltung des Hydratwassers. Da die Löslichkeit bei steigender Temperatur stark zunimmt, löst sich eine immer größer werdende Portion des Salzes im Wasser. Bei 100 °C ist die Löslichkeit mit 170,3 g wasserfreien Salzes auf 100 g Wasser so hoch, dass aus einer bei niedrigerer Temperatur gesättigten Lösung ohne Wasserzusatz durch weiteres Erhitzen eine ungesättigte Lösung entsteht. Bei langsamem Abkühlen entsteht eine übersättigte Lösung, aus der das Salz zunächst nicht auskristallisiert. Gibt man einige Kristalle Natriumacetat-Trihydrat als Kristallisationskeim zu der übersättigten Lösung, so kristallisiert das Salz aus. Dabei wird die Energie wieder abgegeben, die zuvor zum Abspalten des Hydratwassers und zum Lösen des Salzes aufgewendet wurde.

Zusatzversuch

Wärme aus dem Plastikbeutel
Material: Plastikbeutel, Bügeleisen oder Folienschweißgerät, 2 Blätter Papier, leere Getränkedose, Schere, Thermometer, Waage, Natriumacetat-Trihydrat ($CH_3COONa \cdot 3 H_2O$)

Durchführung:
a) Fertigen Sie aus einem Plastikbeutel (Tiefkühlbeutel oder Klarsichthülle) mit einem Bügeleisen (Einstellung „Seide", Andrückzeit ca. 2 – 3 Sekunden) einen Beutel von etwa 8 cm Kantenlänge an. Bei Verwendung des Bügeleisens muss darauf geachtet werden, dass das angeschmolzene Plastikmaterial weder an der Unterlage noch am Bügeleisen festklebt. Deshalb wird der zu schweißende Bereich zwischen zwei Papierblätter gelegt. Sie werden unmittelbar nach dem Bügelvorgang entfernt.
b) Schneiden Sie aus dem Blech einer Getränkedose ein rundes Stück mit einem Durchmesser von etwa 2,5 cm aus und entfernen Sie mit Schmirgelpapier sorgfältig scharfe Schnittkanten. Ritzen Sie in die Mitte zwei gewinkelte Kerben ein und drücken Sie mit dem Daumen eine Wölbung hinein. Es entsteht ein unter Spannung stehendes Metallplättchen („Knackfrosch").

c) Geben Sie in den angefertigten Beutel 30 g Natriumacetat-Trihydrat, etwa 3 ml Wasser und das vorbereitete Metallplättchen. Drücken Sie möglichst vollständig die Luft aus dem Beutel und schweißen Sie ihn mit dem Folienschweißgerät oder dem Bügeleisen zu.

d) Legen Sie den Beutel für ca. 5 bis 10 Minuten in kochendes Wasser, bis das Natriumacetat vollständig geschmolzen ist.

e) Lassen Sie danach den Beutel langsam erkalten. (Der Inhalt soll flüssig bleiben. Falls doch Kristalle erscheinen, muss der Beutel noch einmal in kochendes Wasser gelegt werden.)

f) Knicken Sie das im Beutel eingeschlossene Metallplättchen einige Male hin und her, bis die Kristallisation beginnt.

g) Verfolgen Sie den Ablauf der Kristallisation und prüfen Sie mit der Hand oder mit einem Thermometer die Temperatur.

Beobachtung und Erklärung: Siehe V1. Hier wird die Kristallisation durch eine Stoßwelle ausgelöst. Nach Ablauf des Experiments kann der Beutel erneut in heißes Wasser gelegt werden, bis wieder eine klare Schmelze entstanden ist. Nach dem Abkühlen ist er wieder einsatzbereit.

Hinweis: Nach dem gleichen Prinzip funktionieren die im Handel erhältlichen Taschenwärmer, Handwärmer oder Wärmekissen (Bezugsquelle z. B. Wehrle GmbH medical care).

Literatur und Medien
I. Rubner, M. Hasselmann, M. Oetken: Das „Power-to-Gas"-Konzept – Strategien zur Speicherung erneuerbarer Energien – ein (fachdidaktischer) Baustein zur erfolgreichen Energiewende? Praxis der Naturwissenschaften – Chemie 62 (Heft 7, Oktober 2013), 38
D. Weingarth, V. Presser: Elektrochemische Energiespeicherung mit Superkondensatoren. Praxis der Naturwissenschaften – Chemie 63 (Heft 7, Oktober 2014), 16
Weitere Informationen zu „Power to Gas" und „Pumpspeicherkraftwerke" findet man auf den Internetseiten der Bundesnetzagentur, der Heise Medien GmbH & Co. KG und der Deutschen Energie-Agentur GmbH (dena).

5.32 Brennstoffzellen und heterogene Katalyse

Vorbemerkungen
Brennstoffzellen in Kombination mit grünem Wasserstoff werden möglicherweise eine Säule der Energiewende sein. Im Kernlehrplan ist dieses Thema im Grundkurs (S. 41 u. 42) und im Leistungskurs (S. 50 u. 52) vorgesehen.
Bei allen Möglichkeiten und Chancen, die mit Brennstoffzellen verbunden sind, sollte gleichzeitig auch vermittelt werden, dass bei der Umwandlung von chemischer Energie in elektrische Energie in der Brennstoffzelle immer auch Wärme abgegeben wird, d.h., der energetische Wirkungsgrad liegt (auch idealisiert) deutlich unter 100 %. Der energetische Wirkungsgrad einer Brennstoffzelle lässt sich im Unterricht bestimmen (Kap. 5.33) und für eine vertiefte Diskussion nutzen.

Zu den Aufgaben
A1 Gemeinsam haben alle drei Systeme, dass sie chemische in elektrische Energie umwandeln. In allen Systemen laufen Redoxreaktionen ab. Es handelt sich also um galvanische Zellen.
Batterien und Akkumulatoren sind sowohl Energiespeicher als auch Energiewandler. Der wesentliche Unterschied ist, dass Batterien (Primärzellen) i.d.R. nicht wiederaufladbar sind, während Akkumulatoren (Sekundärzellen) wiederaufladbar sind. Bei Brennstoffzellen werden die Reaktionspartner kontinuierlich zugeführt, sodass ein Aufladen nicht erforderlich ist. Brennstoffzellen sind keine Energiespeicher, sondern nur Energiewandler.

A2 Berechnung der Leistung:

$$P_{el} = U \cdot I = 0{,}803\,V \cdot 0{,}230\,A = 0{,}185\,V \cdot A = 0{,}185\,W$$

Berechnung des Energiewirkungsgrads:
Zunächst wird berechnet, welche elektrische Arbeit die Brennstoffzelle geliefert hat:

$$W_{el} = U \cdot I \cdot t = 0{,}803\,V \cdot 0{,}230\,A \cdot 600\,s \approx 111\,V \cdot A \cdot s = 111\,J$$

Demgegenüber steht die Reaktionswärme, die beim Verbrennen der Wasserstoffportion abgegeben würde. Um diese berechnen zu können, wird zunächst die Stoffmenge des verbrauchten Wasserstoffs berechnet:

$$n(H_2) = \frac{V(H_2)}{V_m} = \frac{0{,}018\,l}{24\,l/mol} = 0{,}00075\,mol$$

Aus der Stoffmenge kann die Reaktionswärme beim Verbrennen der Wasserstoffportion berechnet werden:

$$Q_{r,p} = 286 \cdot 10^3 \, \text{J/mol} \cdot 0{,}00075 \, \text{mol} \approx 215 \, \text{J}$$

Durch Division der elektrischen Arbeit und der Reaktionswärme ergibt sich der energetische Wirkungsgrad:

$$\eta_{\text{Energie}} = \frac{W_{el}}{Q_{r,p}} \cdot = \frac{111 \, \text{J}}{215 \, \text{J}} \approx 0{,}52 = 52 \, \%$$

Zusatzversuch

Knallgaszelle mit Platinelektroden (Lehrerversuch)
Nach B2 im Schulbuch wird eine Knallgaszelle $Pd(Ni)/H_2/KNO_3//KNO_3/O_2/(Ni)Pd$ aufgebaut. Die beiden Netzelektroden müssen vollständig von Kaliumnitrat-Lösung ($c(KNO_3) = 1 \, \text{mol/l}$) bedeckt sein. Aus Druckgasflaschen werden über Sicherheitswaschflaschen Wasserstoff und Sauerstoff eingeleitet. Die Spannung der Zelle wird gemessen und ein Elektromotor wird betrieben. Aus der Umgebung der Elektroden werden dann Proben der Elektrolytlösung entnommen und mit Universalindikator-Lösung versetzt.
Hinweis: Die Nickeldrahtnetze sollten frisch palladiniert werden. Hierzu werden sie in zwei Reagenzgläsern etwa eine Stunde lang in verdünnte, leicht mit Salzsäure angesäuerte Palladium(II)-chlorid-Lösung getaucht.

Versuchsergebnis:
Die Leerlaufspannung der Knallgaszelle beträgt ca. 1V. Bei Belastung mit einem Elektromotor sinkt die Spannung. Die am Minuspol entnommene Lösung ist sauer, die am Pluspol entnommene Lösung ist alkalisch.

Hinweise zur Durchführung:
– Der Elektromotor muss einen möglichst kleinen Anlaufstrom haben, geeignet sind z.B. sog. Solarmotoren.
– Vor dem Palladinieren entfettet man die Nickeldrahtnetze (z.B. mit Benzin) und spült sie mit dest. Wasser ab. Statt angesäuerter Palladium(II)-chlorid-Lösung ist auch eine stark verdünnte wässrige Lösung von Ammonium-hexachloridopalladinat(IV) ($(NH_4)_2[PdCl_6]$) geeignet. Nach dem Palladinieren werden die Nickeldrahtnetze mit dest. Wasser gespült und in dest. Wasser aufbewahrt.

Zur Abbildung

B4 Prinzip der Polymermembran-Brennstoffzelle (PEMFC)
Die Gasdiffusionselektroden sind stark vereinfacht dargestellt. Die Aggregatzustände fest, flüssig und gasförmig liegen bei diesen Elektroden nebeneinander vor, da so die größten Stromdichten erreicht werden können.
Die feste Phase ist die mit dem Katalysator versehene Elektrode. In PEM-Brennstoffzellen werden poröse Elektroden (z.B. gepresstes Aktivkohlepulver), bei denen die stromliefernden Reaktionen im Inneren der vielen Poren ablaufen, benutzt. Als Katalysatoren werden meistens Platinmetalle eingesetzt.
Die Vorgänge in der Polymermembran (proton exchange membrane) sind noch nicht endgültig geklärt. Die häufig verwendete Membran Nafion® von DuPont, die aus einem sulfonierten Tetrafluorethylenpolymer (PTFE) besteht, enthält hydrophobe und hydrophile Bereiche. In den hydrophilen Bereichen bilden sich Wasserstoffbrücken zu Wasser-Molekülen aus, die auch wieder gelöst werden können. Dadurch können Wasser-Moleküle und Protonen durch die Membran gelangen. Es wird angenommen, dass der Grotthuß-Mechanismus beim Protonentransport eine wichtige Rolle spielt. Dabei werden im Wesentlichen Wasserstoffbrücken umgelagert, sodass sich letztlich nicht ein solvatisiertes Proton durch die Membran bewegt, sondern nur die Ladung (s. Schulbuch Kap. 4.16, B2 oder Lehrbücher wie z.B. P. Atkins, Physikalische Chemie). Der Hydratisierungsgrad der Membran wirkt sich dabei auf die protonenleitende Eigenschaft aus (Moilanen et al. 2007, siehe Literatur).

Zusatzinformationen

Reaktionen in der Sauerstoffhalbzelle
Die Vorgänge bei der Reduktion des Sauerstoffs sind im Schulbuch vereinfacht dargestellt. Wesentlich ist der Katalysator, der nötig ist, um die Bindung zwischen zwei Sauerstoff-Atomen zu spalten. Die tatsächlichen Reaktionswege am Katalysator sind komplex und an der Kathode deutlich langsamer als an der Anode. Daher wird auf der Kathodenseite mehr Katalysator-Material eingesetzt.

An Platin-Katalysatoren läuft bei der direkten Reduktion der O_2-Moleküle in alkalischer Lösung die folgende Reaktion ab:

$$O_2 + 2\,H_2O + 4\,e^- \rightleftharpoons 4\,OH^-$$

Die Vorgänge an der Katalysatorberfläche sind:
1. Sauerstoff-Moleküle diffundieren zum Katalysator und werden dort adsorbiert.
2. Elektronen werden von den Sauerstoff-Molekülen aufgenommen.
3. Die Bindung zwischen den Sauerstoff-Atomen wird geschwächt und gespalten.
4. Durch Reaktion mit Wasser-Molekülen entstehen Hydroxid-Ionen; diese lösen sich vom Katalysator.

Außerdem ist in alkalischer Lösung eine Reduktion in zwei Schritten mit jeweils zwei Elektronen möglich:

$$O_2 + H_2O + 2\,e^- \;\rightleftharpoons\; OH^- + HO_2^- \qquad \text{und} \qquad HO_2^- + H_2O + 2\,e^- \;\rightleftharpoons\; 3\,OH^-$$

Die Reduktion des Sauerstoffs kann auch in sauren Lösungen erfolgen. Auch hier gibt es einen direkten Weg mit vier Elektronen und einen zweischrittigen Weg mit zwei Elektronen:

$$O_2 + 4\,H^+ + 4\,e^- \;\rightleftharpoons\; 2\,H_2O$$

$$O_2 + 2\,H^+ + 2\,e^- \;\rightleftharpoons\; H_2O_2 \qquad \text{und} \qquad H_2O_2 + 2\,H^+ + 2\,e^- \;\rightleftharpoons\; 2\,H_2O$$

Ob die Reduktion des Sauerstoffs bevorzugt in einem oder in zwei Schritten abläuft, hängt von den Reaktionsbedingungen ab. Die genauen Abläufe bei der Reduktion sind aktueller Gegenstand der Forschung.

Platin-Katalysatoren sind teuer und außerdem empfindlich gegen manche Stoffe (z. B. Methanol). Ein wichtiger Gegenstand der Forschung sind deshalb neue Katalysatoren, z. B. auf der Basis von Graphen oder Mangan.

Literatur

C. Hamann, W. Vielstich: Elektrochemie. Wiley-VCH-Verlag, Weinheim 2005

Jens Hagen: Industrial Catalysis. Wiley-VCH, Weinheim 2015

X. Ge, A. Sumboja, D. Wuu, T. An, B. Li, F. W. Th. Goh, T. S. A. Hor, Y. Zong, Zh. Liu: Oxygen Reduction in Alkaline Media: From Mechanisms to Recent Advances of Catalysts. ACS Catalysis 5 (2015), 4643–4667. DOI: 10.1021/acscatal.5b00524

P. Gietz, P. Nelle: Die Integration des Faraday-Gesetzes in die Elektrochemie – Stationen einer Unterrichtsreihe. Praxis der Naturwissenschaften – Chemie 62 (Heft 7, Oktober 2013), 30

D. E. Moilanen, I. R. Piletic, M. D. Fayer: (2007). Water Dynamics in Nafion Fuel Cell Membranes: the Effects of Confinement and Structural Changes on the Hydrogen Bond Network. The Journal of Physical Chemistry. C (Nanomaterials and Interfaces), 111(25) (2007), 8884–8891. DOI: 10.1021/jp067460k

R. Ma, G. Lin, Y. Zhou, Qian Liu, T. Zhang, G. Shan, M. Yang, J. Wang: A review of oxygen reduction mechanisms for metal-free carbon-based electrocatalysts. npj Computational Materials 5/78 (2019). DOI: 10.1038/s41524-019-0210-3 (Stand Mai 2023 im Internet frei zugänglich)

5.33 Praktikum: Experimente mit Brennstoffzellen

Zu den Versuchen

V1 **Modellversuch zur Wasserstoff-Sauerstoff-Brennstoffzelle**
Die Leerlaufspannung der Wasserstoff-Sauerstoff-Brennstoffzelle (Knallgaszelle) beträgt ca. 1V. Bei Belastung mit einem Elektromotor sinkt die Spannung.

Aufgabenlösungen
1. Teilgleichungen für die Elektrolysezelle:
Anode (Pluspol): $\quad 4\,OH^- \quad\longrightarrow\quad O_2 + 2\,H_2O + 4\,e^-$
Kathode (Minuspol): $\quad 4\,H_2O + 4\,e^- \quad\longrightarrow\quad 2\,H_2 + 4\,OH^-$

Teilgleichungen für die Strom liefernde Brennstoffzelle:
Anode (Minuspol): $\quad 2\,H_2 + 4\,OH^- \quad\longrightarrow\quad 4\,H_2O + 4\,e^-$
Kathode (Pluspol): $\quad O_2 + 2\,H_2O + 4\,e^- \quad\longrightarrow\quad 4\,OH^-$

2. Möglichkeiten des Einsatzes von Brennstoffzellen sind z. B.: Energieversorgung in der Raumfahrt, Antrieb von Fahrzeugen, Hausenergieanlagen und mobile Stromversorgung (z. B. in Wohnmobilen). Weitere Informationen findet man beispielsweise auf den Internetseiten des TÜV Süd (dort gibt es ein Brennstoffzellen-Informationssystem) und von Ballard (ein Hersteller von stationären und mobilen Brennstoffzellensystemen).

V2 **Wirkungsgrade einer Brennstoffzelle**

Aufgabenlösungen

1. Die folgenden Messwerte wurden mit einem Gerätesatz der Firma Heliocentris ermittelt.
Formeln für die berechneten Werte:

$$Q_{r,p} = 286 \cdot 10^3 \, \text{J/mol} \cdot \frac{\Delta V(\text{Wasserstoff})_{\text{exp}}}{24 \, \text{l/mol}} \qquad P_{\text{el}} = U \cdot I \qquad W_{\text{el}} = U \cdot I \cdot t \qquad \eta_{\text{Energie}} = \frac{W_{\text{el}}}{Q_{r,p}} \cdot 100\,\%$$

$V(\text{Wasserstoff})_{\text{exp}}$ in l	$\Delta V(\text{Wasserstoff})_{\text{exp}}$ in l	$Q_{r,p}$ in J	t in s	Δt in s	U in V	I in A	P_{el} in W	W_{el} in J	η_{Energie} in %
0,005	0,005	60	137	137	0,702	0,204	0,143	20	33
0,010	0,005	60	267	130	0,699	0,202	0,141	18	31
0,015	0,005	60	404	137	0,695	0,202	0,140	19	32
0,020	0,005	60	530	126	0,694	0,201	0,139	18	29

Mittelwert der Leistung: $\overline{P}_{\text{el}} = 0{,}141\,\text{W}$
Mittelwert des Energiewirkungsgrads: $\overline{\eta}_{\text{Energie}} = 31\,\%$

Alternative Versuchsdurchführung:
Der Energiewirkungsgrad lässt sich auch bestimmen, wenn man die Brennstoffzelle eine bestimmte
Zeit an einen konstanten Widerstand anschließt und den Wasserstoffverbrauch, die Stromstärke und
die Spannung misst. Beispielwerte (Mittelwerte mehrerer Messungen):
$t = 180\,\text{s}$
$V(\text{Wasserstoff})_{\text{exp}} = 6{,}2\,\text{ml} = 0{,}0062\,\text{l}$
$U = 0{,}803\,\text{V}$
$I = 0{,}234\,\text{A}$

$$Q_{r,p} = 286 \cdot 10^3 \, \text{J/mol} \cdot \frac{0{,}0062\,\text{l}}{24\,\text{l/mol}} = 74\,\text{J}$$

$$W = 0{,}803\,\text{V} \cdot 0{,}234\,\text{A} \cdot 180\,\text{s} = 34\,\text{J}$$

$$\eta_{\text{Energie}} = \frac{34\,\text{J}}{74\,\text{J}} \cdot 100\,\% = 46\,\%$$

2. Formeln zur Berechnung des Faraday-Wirkungsgrads:

$$\eta_{\text{Faraday}} = \frac{\Delta V(\text{Wasserstoff})_{\text{theor}}}{\Delta V(\text{Wasserstoff})_{\text{exp}}} \cdot 100\,\%$$

$$\Delta V(\text{Wasserstoff})_{\text{theor}} = 24\,\text{l/mol} \cdot \frac{I \cdot \Delta t}{z \cdot F} \qquad \text{mit} \quad z = 2 \quad \text{und} \quad F = 96\,485\,\text{A} \cdot \text{s} \cdot \text{mol}^{-1}$$

$V(\text{Wasserstoff})_{\text{exp}}$ in l	$\Delta V(\text{Wasserstoff})_{\text{exp}}$ in l	t in s	Δt in s	I in A	$\Delta V(\text{Wasserstoff})_{\text{theor}}$ in l	η_{Faraday} in %
0,005	0,005	137	137	0,204	0,0035	70
0,010	0,005	267	130	0,202	0,0033	65
0,015	0,005	404	137	0,202	0,0034	69
0,020	0,005	530	126	0,201	0,0031	63

Mittelwert des Faraday-Wirkungsgrads: $\overline{\eta}_{\text{Faraday}} = 67\,\%$

Hinweise zur Durchführung:
Die Systeme, die von Lehrmittelherstellern angeboten werden, sind in der Regel selbsterklärend und
liefern gute Messwerte. Beim Aufbau sind die Hinweise des Herstellers zu beachten. Gerätesätze
werden von vielen Lehrmittelherstellern angeboten z. B. von Heliocentris, h-tec, Phywe, LD Didactic
und Hedinger.
Je nach Brennstoffzelle können die Werte unterschiedlich sein. Wie gut der Wirkungsgrad ist, hängt
dabei von verschiedenen Faktoren ab. Ältere Brennstoffzellen haben oft einen geringeren Wirkungsgrad, da die Membran aufgrund der Lagerung ausgetrocknet ist. Die Brennstoffzelle, die für diese
Messungen benutzt wurde, lieferte im neuen Zustand eine um 100 mV höhere Spannung, was großen
Einfluss auf den Wirkungsgrad hat. Abhilfe schafft hier, die Brennstoffzelle über mehrere Stunden zu
betreiben. Die Werte sollten dann wieder größer werden. Auch das Befeuchten der Membran kann
helfen (Hersteller-Hinweise beachten). In der Regel sind dann wieder gute Messwerte zu erzielen.
Achtung: Eine Brennstoffzelle darf nicht oder allenfalls unter Vorsichtsmaßnahmen an Druckgasflaschen angeschlossen werden. Der Gasdruck kann die Membran durchstoßen und so die Brennstoffzelle zerstören.

Hinweise zu den Wirkungsgraden:
Da die Messung des Gasvolumens V(Wasserstoff) nicht sehr genau ist, beträgt der geschätzte
absolute Messfehler des Energiewirkungsgrads $\pm 5\%$ und des Faraday-Wirkungsgrads $\pm 10\%$.
Erfahrungsgemäß sinken die Wirkungsgrade im Verlauf der Messung, z. B. sank der Energie-
wirkungsgrad in der oben beschriebenen Messreihe von 33 % auf 29 %. Dies scheint auf den ersten
Blick im Rahmen des geschätzten Messfehlers zu liegen. Die systematisch sinkende Spannung ist
jedoch ein Hinweis darauf, dass zumindest der Energiewirkungsgrad tatsächlich sinkt. Vermutliche
Ursachen sind die steigende Temperatur und der sinkende Gasdruck; durch beide Einflüsse sinkt die
Spannung einer Brennstoffzelle.

Der maximal mögliche Faraday-Wirkungsgrad beträgt 100 %. Der maximal mögliche Energiewirkungsgrad einer Wasserstoff-Sauerstoff-Brennstoffzelle beträgt jedoch nicht 100 %, sondern bei Standardbedingungen etwa 83 %. Man kann ihn folgendermaßen berechnen (Kap. 5.32 im Schulbuch):

Die maximal mögliche elektrische Arbeit einer Brennstoffzelle entspricht dem Betrag der freien
Reaktionsenthalpie:

$$W_{el}(\text{ideal}) = |\Delta_r G|$$

Die Reaktionswärme bei konstantem Druck entspricht dem Betrag der Reaktionsenthalpie:

$$Q_{r,p} = |\Delta_r H|$$

Folglich ist der maximal mögliche Energiewirkungsgrad einer Wasserstoff-Sauerstoff-Brennstoffzelle
bei Standardbedingungen:

$$\eta_{Energie}(\text{ideal}) = \frac{|\Delta_r G^0|}{|\Delta_r H^0|} = \frac{474\,kJ}{572\,kJ} \approx 0{,}829 \approx 83\%$$

Literatur und Medien   Siehe Kapitel 5.32

5.34 Korrosion und Korrosionsschutz

Zu den Aufgaben

A1
Oxidation: $Fe \longrightarrow Fe^{2+} + 2\,e^-$
Reduktion: $2\,H_3O^+ + 2\,e^- \longrightarrow H_2 + 2\,H_2O$

A2 Der untere Teil des Zinkstabs taucht in eine konzentrierte Zinksulfat-Lösung, der obere Teil
in eine verdünnte Zinksulfat-Lösung. Es entsteht ein (durch den Zinkstab selbst) kurzgeschlossenes
Konzentrationselement. Unten werden Zink(II)-Ionen zu Zink-Atomen reduziert (Bildung von Zink-
kristallen), oben werden Zink-Atome zu Zink(II)-Ionen oxidiert (die Zinkoberfläche wird angegriffen
und dadurch matt und rau).
Im Zinkstab fließen Elektronen von oben nach unten; in der Lösung wandern Sulfat-Ionen von unten
nach oben. Die Reaktion läuft so lange ab, bis die unterschiedlichen Konzentrationen in der Lösung
ausgeglichen sind.

A3 Kupfer(II)-Ionen werden an der Zinkoberfläche zu Kupfer-Atomen reduziert. Es entstehen
Zink-Kupfer-Lokalelemente, vergleichbar mit dem im Schulbuch in B2 und B3 beschriebenen
Zink-Kupfer-Kontaktelement. An diesem ist die Wasserstoffentwicklung beschleunigt.

Hinweis: Aus diesem Grund korrodiert auch reines Zink langsamer als mit edleren Metallen verun-
reinigtes Zink. Außerdem nimmt die Korrosionsgeschwindigkeit mit der Zeit zu, da immer mehr edle
Beimengungen freigelegt werden, die als Lokalkathoden wirken.

A4 Eine Zinkschicht würde von Säuren aufgelöst werden. Dadurch würden Zink-Ionen in den Inhalt der Dose gelangen. Zink-Ionen sind in höherer Konzentration giftig für den Menschen.
Eine verzinnte Dose (Weißblech) ist korrosionsbeständig gegen schwache Säuren, solange kein Sauerstoff in die Dose gelangt. Ohne Sauerstoff wird das Zinn auch angegriffen, jedoch bildet sich eine Sn^{2+}-Ionenschicht an der Oberfläche des Zinns, die das Zinn gegenüber den positiv geladenen Protonen der Säure abschirmt. Gelangt Sauerstoff in die Dose, erfolgt eine rasche Korrosion, da die ungeladenen Sauerstoff-Moleküle durch die Sn^{2+}-Ionenschicht diffundieren können und zu Hydroxid-Ionen reduziert werden. Die Zinnschicht wird aufgelöst, und anschließend wird auch das freigelegte Eisenblech angegriffen.

Zu den Versuchen

V1 Es bildet sich ein Zink-Kupfer-Kontaktelement. B2 im Schulbuch zeigt das Versuchsergebnis, B3 erklärt die Vorgänge.

V2 Beobachtung: Nach kurzer Zeit färbt sich die Lösung um den Eisenstab blau, um den Kupferstab purpur.
Erklärung: Die Anordnung ist eine kurzgeschlossene galvanische Zelle. Das unedlere Eisen (Anode) wird oxidiert und geht in Lösung: $Fe(s) \longrightarrow Fe^{2+}(aq) + 2\,e^-$
Die entstehenden Fe^{2+}-Ionen reagieren mit $[Fe(CN)_6]^{3-}$-Ionen zu Berliner Blau (siehe Kap. 5.1, V3). Am edleren Kupfer (Kathode) werden im Wasser gelöste Sauerstoff-Moleküle zu Hydroxid-Ionen reduziert: $O_2(aq) + 2\,H_2O + 4\,e^- \longrightarrow 4\,OH^-(aq)$
Die entstehenden Hydroxid-Ionen bewirken eine Purpurfärbung des Indikators Phenolphthalein.

Hinweise zur Projektion von V1 und V2: Für Diaprojektoren gibt es spezielle Küvettenhalter. Alternativ kann man auch eine Videokamera auf die Küvette richten und das Bild mit dem Beamer an die Wand projizieren.

Zusatzinformationen

Opferanoden
Der passive Korrosionsschutz ist den Lernenden vertraut; der aktive Korrosionsschutz i.d.R. nicht. In Fachgeschäften für Bootszubehör (oder entsprechenden Abteilungen in Baumärkten) kann man kleine Opferanoden (Zinkanoden oder Magnesiumanoden) als Anschauungsobjekte kaufen.

Literatur

R. Demuth, B. Duvinage, R. Franik, G. Latzel (Hrsg.): Korrosion. Praxis der Naturwissenschaften 45 (4/1996)
P. Heinzerling: Von Batterien zur Korrosion – Einfache Low-Cost-Experimente zur Elektrochemie. Praxis der Naturwissenschaften – Chemie 62 (Heft 7, Oktober 2013), 34
Ch. Pöhls, M. Busker: Rosten gegen Gelenkschmerzen? Eine experimentelle Untersuchung von Wärmepflastern. Chemie konkret 20 (3/2013), 131

5.35 Praktikum: Korrosion

Zu den Versuchen

V1 Rosten von Eisen
Zur Rostbildung sind sowohl Wasser als auch Sauerstoff erforderlich. Wenn eines davon fehlt, rostet Eisen kaum. Gelöstes Natriumchlorid beschleunigt die Korrosion. Das Ansteigen des Wasserspiegels in den Reagenzgläsern wird durch den Sauerstoffverbrauch verursacht.

Reagenzglas	Wasserstand	Rostbildung
1 (trocken)	nicht bzw. kaum angestiegen	keine bzw. kaum sichtbar
2 (mit Wasser)	deutlich angestiegen	deutlich
3 (mit Natriumchlorid-Lösung)	stark angestiegen	stark

Hinweis: Gelöstes Natriumchlorid beschleunigt die Korrosion aus den folgenden Gründen:
- Es erhöht die elektrische Leitfähigkeit der Lösung. In bestehenden Lokalelementen (z.B. aus Rost und Eisen) sind dadurch größere Stromstärken möglich, sodass sich die Reaktionsgeschwindigkeit erhöht.
- Chlorid-Ionen bilden z.B. mit Fe^{3+}-Ionen und Wasser-Molekülen die komplexen $[FeCl(H_2O)_5]^{2+}$-Ionen und entziehen sie dadurch dem chemischen Gleichgewicht, d.h, die Bildung neuer Fe^{3+}-Ionen wird begünstigt.

V2 **Eisen-Sauerstoff-Zelle („Rostbatterie")**

a) Die Leerlaufspannung des Eisen-Sauerstoff-Elements beträgt ca. 0,6 V.

b) Der Elektromotor läuft, solange genügend Sauerstoff gebildet wird.

c) Die Lösung aus dem Anodenbereich färbt Kalium-hexacyanidoferrat(III)-Lösung blau, die Lösung aus dem Kathodenbereich färbt Phenolphthalein-Lösung purpur (Erklärung siehe V3).

Aufgabenlösung

Anode (Minuspol): $Fe \longrightarrow Fe^{2+} + 2\,e^-$

Kathode (Pluspol): $O_2 + 2\,H_2O + 4\,e^- \longrightarrow 4\,OH^-$

Hinweis: Katalytische Zersetzung von Wasserstoffperoxid: $2\,H_2O_2 \longrightarrow 2\,H_2O + O_2$

V3 **Rostbildung unter einem Salzwassertropfen**
Aufgabenlösung

Im Tropfen zeigen sich blaue und rote Bereiche sowie eine braune Zone.
- Reaktion im Zentrum des Tropfens (Oxidation, Lokalanode): $Fe \longrightarrow Fe^{2+} + 2\,e^-$
  Die Fe^{2+}-Ionen reagieren mit $[Fe(CN)_6]^{3-}$-Ionen zu Berliner Blau (siehe Kap. 5.1, V3).
- Reaktion am Tropfenrand (Reduktion, Lokalkathode): $O_2 + 2\,H_2O + 4\,e^- \longrightarrow 4\,OH^-$
  Die Hydroxid-Ionen bewirken die Purpurfärbung des Indikators Phenolphthalein.
- Reaktionen in der Lösung:
  $Fe^{2+} + 2\,OH^- \longrightarrow Fe(OH)_2$ und $4\,Fe(OH)_2 + O_2 \longrightarrow 4\,FeO(OH) + 2\,H_2O$
  Die Fe^{2+}-Ionen reagieren mit OH^--Ionen und O_2-Molekülen zu rotbraunem Eisen(III)-hydroxidoxid.

V4 **Rostbildung an Lokalelementen**
Aufgabenlösungen

1. Beobachtungen und Erklärungen: Blaufärbung weist Fe^{2+}-Ionen nach und zeigt damit den Ort der Lokalanode; Purpurfärbung weist OH^--Ionen nach und zeigt damit den Ort der Lokalkathode (Reaktionsgleichungen siehe V3).
- Nagel 1: Blaufärbung am Kopf und an der Spitze (Lokalanode an den blank geschmirgelten Stellen ohne Oxidschicht), Pupurfärbung im mittleren Teil (Lokalkathode an der Oxidschicht)
- Nagel 2: Blaufärbung am Kopf (Lokalanode im Bereich ohne Oxidschicht), Purpurfärbung im mittleren Teil und an der Spitze (Lokalkathode an der durch Erhitzen aufgebrachten Oxidschicht)
- Nagel 3: Blaufärbung an den nicht umwickelten Bereichen (Eisen als Lokalanode), Purpurfärbung am Kupferdraht (Lokalkathode)

Hinweis: Solche anodischen und kathodischen Bereiche entstehen auch beim Biegen eines Nagels, da an der Biegung die Oxidschicht reißt.

2. Reaktion von technischem Zink: Die Geschwindigkeit der Wasserstoffentwicklung nimmt zu, da durch die Auflösung des Zinks immer mehr Kupfer freigelegt wird und sich so immer mehr Lokalkathoden bilden können, an denen die Wasserstoffentwicklung beschleunigt ist.

3. Silberamalgam und Goldkrone: Berühren sich die beiden Metalle, bilden sie zusammen mit dem Speichel eine kurzgeschlossene galvanische Zelle. Dies kann zu unangenehmen Strömen im Mundbereich führen. Das unedlere Quecksilber kann dabei oxidiert werden und unter Umständen Vergiftungen oder allergische Reaktionen hervorrufen.

5.36 Praktikum: Korrosionsschutz

Zu den Versuchen

V1 **Korrosionsschutz durch Metallüberzüge**

Aufgabenlösungen

1. Beobachtung am halb verzinkten Eisennagel: Der Bereich um die obere Hälfte des Nagels färbt sich rosa, der Bereich um die untere Hälfte färbt sich nicht.

Erklärung: Das Eisen wirkt als Lokalkathode, das noch unedlere Zink als Lokalanode.

Oxidation (Lokalanode): $\qquad\qquad\qquad$ $Zn \longrightarrow Zn^{2+} + 2\,e^-$

Reduktion (Lokalkathode): $\quad O_2 + 2\,H_2O + 4\,e^- \longrightarrow 4\,OH^-$

Hinweis: Eine eventuell auftretende weiße Trübung ist auf die Bildung von Zinkhydroxid zurückzuführen: $Zn^{2+}(aq) + 2\,OH^-(aq) \longrightarrow Zn(OH)_2(s)$

Beobachtung am verkupferten Eisennagel: An den beschädigten, nicht verkupferten Stellen färbt sich die Lösung blau, an den verkupferten Bereichen purpur.

Erklärung: Das edlere Kupfer wirkt als Lokalkathode, das Eisen als Lokalanode:

Oxidation (Lokalanode): $\qquad\qquad\qquad$ $Fe \longrightarrow Fe^{2+} + 2\,e^-$

Reduktion (Lokalkathode): $\quad O_2 + 2\,H_2O + 4\,e^- \longrightarrow 4\,OH^-$

Erklärung der Farbreaktionen: siehe Kap. 5.35, V3

2. Konservendosen aus Weißblech: Konservendosen werden innen nicht verzinkt, da das Zink – wenn es als Opferanode für Eisen wirkt – zu Zn^{2+}-Ionen oxidiert wird (siehe unten) und außerdem auch durch die in Obst und Gemüse enthaltenen Säuren oxidiert werden kann:

$Zn + 2\,H_3O^+ \longrightarrow Zn^{2+} + H_2 + 2\,H_2O$

Abgesehen von gesundheitlichen Bedenken würde dies auch den Geschmack der Konserven beeinträchtigen.

Das edlere Zinn wird nicht angegriffen. Bei verzinntem Eisen ist der Korrosionsschutz allerdings nur gewährleistet, solange die Zinnschicht unbeschädigt bleibt. Ist die Zinnschicht beschädigt, wird das edlere Zinn zur Lokalkathode und das Eisen zur Lokalanode:

Oxidation (Lokalanode): $\qquad\qquad\qquad$ $Fe \longrightarrow Fe^{2+} + 2\,e^-$

Reduktion (Lokalkathode): $\quad O_2 + 2\,H_2O + 4\,e^- \longrightarrow 4\,OH^-$

Es gehen also Eisen(II)-Ionen in Lösung, die – abgesehen vom schlechten Geschmack – in zu großen Mengen gesundheitsschädlich sind, außerdem könnten auch weitere im Stahl enthaltene Schwermetalle oxidiert werden und in Lösung gehen. Vom Verzehr des Sauerkrauts aus einer eingedrückten Dose ist daher abzuraten.

3. Sauerstoffkorrosion bei verzinktem Eisen: Es entsteht ein Lokalelement, dessen Zinkelektrode (Lokalanode) oxidiert wird, während am Eisen (Lokalkathode) Sauerstoff reduziert wird:

Oxidation (Lokalanode): $\qquad\qquad\qquad$ $Zn \longrightarrow Zn^{2+} + 2\,e^-$

Reduktion (Lokalkathode): $\quad O_2 + 2\,H_2O + 4\,e^- \longrightarrow 4\,OH^-$

Der Zinküberzug schützt also als Opferanode das Eisen vor Korrosion.

V2 **Kathodischer Korrosionsschutz**

Aufgabenlösungen

1. Beobachtung: Das Eisenschiffchen ohne Magnesiumband ist stark angerostet. Am Eisenschiffchen mit Magnesiumband sind kaum merkliche Roststellen zu erkennen. Das Magnesiumband ist stark korrodiert.

Erklärung: Beim Eisenschiffchen ohne Magnesiumband wird das Eisen durch gelösten Sauerstoff zu Eisen(II)-hydroxid und dann weiter zu Eisen(III)-hydroxidoxid oxidiert. Das Eisenschiffchen mit Magnesiumband in der Natriumchlorid-Lösung ist eine kurzgeschlossene galvanische Zelle. Das Magnesium wirkt als Opferanode und wird oxidiert, während am Eisen (Kathode) Sauerstoff reduziert wird (Reaktionsgleichungen: siehe V1). Ist die Opferanode verbraucht, rostet das Schiffchen, beginnend an der Phasengrenze zwischen Luft und Salzlösung.

2. Magnesium und Eisen bilden im Wasser eine galvanische Zelle. Das im Vergleich zum Eisen unedlere Magnesium bildet die Anode und verhindert als „Opferanode" die Korrosion (Oxidation) des Eisens (Kathode).

Hinweise zur Durchführung: Die Schiffchen werden mithilfe einer Flachzange oder Kombizange und einer Blechschere hergestellt. Wenn man möchte, kann man sie mit Klebstoff abdichten. Das Magnesiumband kann man z. B. mit einer Kunststoff-Büroklammer befestigen. Die Schiffchen müssen zum Teil der Luft ausgesetzt sein. Falls sie nicht schwimmen, weil Wasser eindringt, füllt man einfach weniger Salzlösung in die Bechergläser.

5.37 Durchblick: Zusammenfassung und Übung

Zu den Aufgaben

A1 Da sich die Metalle berühren, bildet sich eine kurzgeschlossene galvanische Zelle:

Anode (Oxidation): $\overset{0}{Al} \longrightarrow \overset{III}{Al}^{3+} + 3\,e^-$

Kathode (Reduktion): $\overset{I}{Ag}^+ + e^- \longrightarrow \overset{0}{Ag} \qquad |\cdot 3$

Redoxreaktion: $Al + 3\,Ag^+ \longrightarrow Al^{3+} + 3\,Ag$

Das unedlere Metall Aluminium wird oxidiert, die Silber-Ionen werden reduziert.

Hinweis: Es bildet sich formal Aluminiumsulfid; dessen Sulfid-Ionen reagieren jedoch mit Wasser in einer Säure-Base-Reaktion zu Schwefelwasserstoff. Deshalb kann es beim Silberputzen nach dieser Methode ein wenig stinken: $S^{2-} + 2\,H_2O \longrightarrow H_2S + 2\,OH^-$

A2 Werden die mit Kupfernieten verbundenen Eisenbleche nass, entsteht an jeder Berührungsstelle zwischen Eisen und Kupfer ein Lokalelement. Die Eisenbleche korrodieren.

A3 Beim Entladen eines Bleiakkumulators wird Schwefelsäure verbraucht und Wasser gebildet:

$Pb + PbO_2 + 2\,SO_4^{2-} + 4\,H_3O^+ \longrightarrow 2\,PbSO_4 + 6\,H_2O$

bzw. $\quad Pb + PbO_2 + 2\,H_2SO_4 \longrightarrow 2\,PbSO_4 + 2\,H_2O \quad$ (als „Netto-Gleichung")

Je stärker der Bleiakkumulator entladen ist, desto kleiner ist der Schwefelsäure-Gehalt der Batteriesäure. Da die Dichte der Batteriesäure vom Schwefelsäure-Gehalt abhängt, kann durch Messung der Dichte indirekt der Ladezustand bestimmt werden. Je geringer der Schwefelsäure-Gehalt, desto geringer ist die Dichte der Batteriesäure.

A4

Oxidation (Anode, Minuspol): $\overset{0}{Zn} \longrightarrow \overset{II}{Zn}^{2+} + 2\,e^-$

Reduktion (Kathode, Pluspol): $\overset{I}{Ag_2}O + 2\,e^- \longrightarrow 2\,\overset{0}{Ag}$

$Zn + Ag_2O \longrightarrow Zn^{2+} + 2\,Ag$

Redoxreaktion: $Zn + Ag_2O + H_2O \longrightarrow Zn^{2+} + 2\,Ag + 2\,OH^-$

A5

Oxidation (Anode, Minuspol): $\overset{0}{Cu} \longrightarrow \overset{II}{Cu}^{2+} + 2\,e^-$

Reduktion (Kathode, Pluspol): $\overset{II}{Cu}^{2+} + 2\,e^- \longrightarrow \overset{0}{Cu}$

Gesamtreaktion: $Cu + Cu^{2+} \longrightarrow Cu^{2+} + Cu$

Hinweis: Die Gesamtreaktion macht deutlich, dass die Edukte und Produkte gleich sind, d.h., aus chemischer Sicht ändert sich insgesamt „nichts". Das abgeschiedene Kupfer („Elektrolytkupfer") ist jedoch aus den folgenden Gründen sehr rein:
- Unedlere Metalle werden zwar an der Anode oxidiert, aber an der Kathode nicht abgeschieden.
- Edlere Metalle werden nicht oxidiert und sinken als „Anodenschlamm" ab, aus dem in nachgeschalteten Prozessen die Edelmetalle gewonnen werden.

a) Ohne Atombilanzausgleich (Schulbuch, Kap. 5.3):

Versuch 1: $Pt/H_2/H_3O^+(pH = 1)//Cu^{2+}(c = 0,1\,mol/l)/Cu$

Oxidation (Minuspol): $\qquad H_2(g) \longrightarrow 2\,H_3O^+(aq) + 2\,e^-$

Reduktion (Pluspol): $\qquad Cu^{2+}(aq) + 2\,e^- \longrightarrow Cu(s)$

Versuch 2: $Zn/Zn^{2+}(c = 0,1\,mol/l)//H_3O^+(pH = 1)/H_2/Pt$

Reduktion (Pluspol): $\qquad 2\,H_3O^+(aq) + 2\,e^- \longrightarrow H_2(g)$

Oxidation (Minuspol): $\qquad Zn(s) \longrightarrow Zn^{2+}(aq) + 2\,e^-$

Versuch 3: $Pt/H_2/H_3O^+(pH = 1)//OH^-(pH = 12)/O_2/Pt$

Oxidation (Minuspol): $\qquad H_2(g) \longrightarrow 2\,H_3O^+(aq) + 2\,e^-$

Reduktion (Pluspol): $\qquad O_2(g) + 4\,e^- \longrightarrow 4\,OH^-(aq)$

Versuch 4: $Pt/H_2/H_3O^+(pH = 1)//Fe^{2+}(c = 0,1\,mol/l)//Fe^{3+}(c = 0,01\,mol/l)/Pt$

Oxidation (Minuspol): $\qquad H_2(g) \longrightarrow 2\,H_3O^+(aq) + 2\,e^-$

Reduktion (Pluspol): $\qquad Fe^{3+}(aq) + e^- \longrightarrow Fe^{2+}(aq)$

Mit Atombilanzausgleich:

Versuch 1: $Pt/H_2/H_3O^+(pH = 1)//Cu^{2+}(c = 0,1\,mol/l)/Cu$

Oxidation (Minuspol): $\qquad H_2(g) + 2\,H_2O(l) \longrightarrow 2\,H_3O^+(aq) + 2\,e^-$

Reduktion (Pluspol): $\qquad Cu^{2+}(aq) + 2\,e^- \longrightarrow Cu(s)$

Versuch 2: $Zn/Zn^{2+}(c = 0,1\,mol/l)//H_3O^+(pH = 1)/H_2/Pt$

Reduktion (Pluspol): $\qquad 2\,H_3O^+(aq) + 2\,e^- \longrightarrow H_2(g) + 2\,H_2O(l)$

Oxidation (Minuspol): $\qquad Zn(s) \longrightarrow Zn^{2+}(aq) + 2\,e^-$

Versuch 3: $Pt/H_2/H_3O^+(pH = 1)//OH^-(pH = 12)/O_2/Pt$

Oxidation (Minuspol): $\qquad H_2(g) + 2\,H_2O(l) \longrightarrow 2\,H_3O^+(aq) + 2\,e^-$

Reduktion (Pluspol): $\qquad O_2(g) + 2\,H_2O(l) + 4\,e^- \longrightarrow 4\,OH^-(aq)$

Versuch 4: $Pt/H_2/H_3O^+(pH = 1)//Fe^{2+}(c = 0,1\,mol/l)//Fe^{3+}(c = 0,01\,mol/l)/Pt$

Oxidation (Minuspol): $\qquad H_2(g) + 2\,H_2O(l) \longrightarrow 2\,H_3O^+(aq) + 2\,e^-$

Reduktion (Pluspol): $\qquad Fe^{3+}(aq) + e^- \longrightarrow Fe^{2+}(aq)$

b) $E(H_2/H_3O^+) = E^0(H_2/H_3O^+) + \dfrac{0{,}059\,V}{2} \cdot \lg\{c^2(H_3O^+)\} = 0{,}059\,V \cdot \lg\{c(H_3O^+)\} = -0{,}059\,V \cdot pH$

$E(Cu/Cu^{2+}) = E^0(Cu/Cu^{2+}) + \dfrac{0{,}059\,V}{2} \cdot \lg\{c(Cu^{2+})\}$

$E(Zn/Zn^{2+}) = E^0(Zn/Zn^{2+}) + \dfrac{0{,}059\,V}{2} \cdot \lg\{c(Zn^{2+})\}$

$E(OH^-/O_2) = E^0(OH^-/O_2) + \dfrac{0{,}059\,V}{4} \cdot \lg\dfrac{1}{\{c^4(OH^-)\}} = E^0(OH^-/O_2) - 0{,}059\,V \cdot \lg\{c(OH^-)\}$
$\qquad\qquad\qquad = E^0(OH^-/O_2) + 0{,}059\,V \cdot pOH$
$\qquad\qquad\qquad = E^0(OH^-/O_2) + 0{,}059\,V \cdot (14 - pH)$

$E(Fe^{2+}/Fe^{3+}) = E^0(Fe^{2+}/Fe^{3+}) + \dfrac{0{,}059\,V}{1} \cdot \lg\dfrac{\{c(Fe^{3+})\}}{\{c(Fe^{2+})\}}$

c) $E(H_2/H_3O^+) = -0{,}059\,V \cdot 1 \approx -0{,}06\,V$

$E(Cu/Cu^{2+}) = 0{,}34\,V + \dfrac{0{,}059\,V}{2} \cdot \lg 0{,}1 \approx 0{,}31\,V$

$E(Zn/Zn^{2+}) = -0{,}76\,V + \dfrac{0{,}059\,V}{2} \cdot \lg 0{,}1 \approx -0{,}79\,V$

$E(OH^-/O_2) = 0{,}40\,V + 0{,}059\,V \cdot (14 - 12) \approx 0{,}52\,V$

$E(Fe^{2+}/Fe^{3+}) = 0{,}77\,V + 0{,}059\,V \cdot \lg\dfrac{0{,}01}{0{,}1} \approx 0{,}71\,V$

Versuch 1: $\quad Pt/H_2/H_3O^+\,(pH = 1)\,/\!/\,Cu^{2+}\,(c = 0{,}1\,mol/l)/Cu$

$\qquad\qquad \Delta E \approx 0{,}31\,V - (-0{,}06\,V) = 0{,}37\,V$

Versuch 2: $\quad Zn/Zn^{2+}(c = 0{,}1\,mol/l)\,/\!/\,H_3O^+(pH = 1)/H_2/Pt$

$\qquad\qquad \Delta E \approx -0{,}06\,V - (-0{,}79\,V) = 0{,}73\,V$

Versuch 3: $\quad Pt/H_2/H_3O^+\,(pH = 1)\,/\!/\,OH^-\,(pH = 12)/O_2/Pt$

$\qquad\qquad \Delta E \approx 0{,}52\,V - (-0{,}06\,V) = 0{,}58\,V$

Versuch 4: $\quad Pt/H_2/H_3O^+\,(pH = 1)\,/\!/\,Fe^{2+}\,(c = 0{,}1\,mol/l)\,/\!/\,Fe^{3+}\,(c = 0{,}01\,mol/l)/Pt$

$\qquad\qquad \Delta E \approx 0{,}71\,V - (-0{,}06\,V) = 0{,}77\,V$

d) $\Delta_r G = -\Delta E \cdot z\,mol \cdot F \qquad$ und $\qquad 1\,V = 1\,J/(A\cdot s) = 0{,}001\,kJ/(A\cdot s)$

Hinweis: Im Folgenden wird jeweils auch die Reaktionsgleichung angegeben, da nur so die Anzahl z der übertragenen Elektronen und der Betrag und das Vorzeichen der freien Reaktionsenthalpie $\Delta_r G$ einen sinnvollen Bezug haben.

Versuch 1: $\quad H_2(g) + Cu^{2+}(aq) + 2\,H_2O(l) \longrightarrow 2\,H_3O^+(aq) + Cu(s)$

$\qquad\qquad \Delta_r G = -0{,}37 \cdot 0{,}001\,kJ/(A\cdot s) \cdot 2\,mol \cdot 96\,485{,}33\,A\cdot s/mol = -71\,kJ$

Versuch 2: $\quad 2\,H_3O^+(aq) + Zn(s) \longrightarrow H_2(g) + Zn^{2+}(aq) + 2\,H_2O(l)$

$\qquad\qquad \Delta_r G = -0{,}06 \cdot 0{,}001\,kJ/(A\cdot s) \cdot 2\,mol \cdot 96\,485{,}33\,A\cdot s/mol = -12\,kJ$

Versuch 3: $\quad 2\,H_2(g) + O_2(g) + 6\,H_2O(l) \longrightarrow 4\,H_3O^+(aq) + 4\,OH^-(aq)$

$\qquad\qquad \Delta_r G = -0{,}52 \cdot 0{,}001\,kJ/(A\cdot s) \cdot 4\,mol \cdot 96\,485{,}33\,A\cdot s/mol = -201\,kJ$

Versuch 4: $\quad H_2(g) + 2\,H_2O(l) + Fe^{3+}(aq) \longrightarrow 2\,H_3O^+(aq) + Fe^{2+}(aq)$

$\qquad\qquad \Delta_r G = -0{,}71 \cdot 0{,}001\,kJ/(A\cdot s) \cdot 4\,mol \cdot 96\,485{,}33\,A\cdot s/mol = -274\,kJ$

a) Reaktionsgleichung: $2\,N_2O_5\,(s)\;\longrightarrow\;4\,NO_2\,(g)\,+\,O_2\,(g)$

b) Die Entropie nimmt zu, da bei der Reaktion aus 2 mol eines Feststoffes 5 mol Gase gebildet werden.

$$\begin{aligned}\Delta_r S^0 &= 4\,mol\cdot S_m^0(NO_2) &&+\,1\,mol\cdot S_m^0(O_2) &&-\,2\,mol\cdot S_m^0(N_2O_5)\\ &= 4\,mol\cdot 240\,J/(K\cdot mol) &&+\,1\,mol\cdot 205\,J/(K\cdot mol) &&-\,2\,mol\cdot 178\,J/(K\cdot mol)\\ &= +809\,J/K\end{aligned}$$

c) Da in der Aufgabenstellung nur $\Delta_f H_m^0(N_2O_5)$ angegeben ist, berechnet man zunächst $\Delta_r H^0$ und dann $\Delta_r G^0$ mit der Gibbs-Helmholtz-Gleichung und dem Ergebnis aus der Teilaufgabe b:

$$\begin{aligned}\Delta_r H^0 &= 4\,mol\cdot \Delta_f H_m^0(NO_2) &&+\,1\,mol\cdot \Delta_f H_m^0(O_2) &&-\,2\,mol\cdot \Delta_f H_m^0(N_2O_5)\\ &= 4\,mol\cdot 33\,kJ/mol &&+\,1\,mol\cdot 0\,kJ/mol &&-\,2\,mol\cdot(-43\,kJ/mol)\\ &= +218\,kJ\end{aligned}$$

$$\Delta_r G^0 = +218\,kJ - 298\,K\cdot 0{,}809\,kJ/K = +218\,kJ - 241\,kJ = -23\,kJ$$

Man erkennt an den Zahlenwerten und an den Vorzeichen, dass es sich um eine stark endotherme, aber trotzdem exergonische Reaktion handelt.

Hinweis: Aus den Tabellenwerten $\Delta_f G_m^0(N_2O_5) = 114\,kJ/mol$ und $\Delta_f G_m^0(NO_2) = 51\,kJ/mol$ ergibt sich $\Delta_r G^0 = -24\,kJ$. Die Abweichung zur Berechnung mit der Gibbs-Helmholtz-Gleichung kommt von Rundungsfehlern.

a) Reaktionsgleichung: $2\,CH_3OH\,(l)\,+\,3\,O_2\,(g)\;\longrightarrow\;2\,CO_2\,(g)\,+\,4\,H_2O\,(l)$

$$\begin{aligned}\Delta_r H^0 &= 2\,mol\cdot \Delta_f H_m^0(CO_2,g) &&+\,4\,mol\cdot \Delta_f H_m^0(H_2O,l) &&-\,2\,mol\cdot \Delta_f H_m^0(CH_3OH,l)\\ &= 2\,mol\cdot(-393\,kJ/mol) &&+\,4\,mol\cdot(-286\,kJ/mol) &&-\,2\,mol\cdot(-239\,kJ/mol)\\ &= -1452\,kJ\end{aligned}$$

$$\begin{aligned}\Delta_r G^0 &= 2\,mol\cdot \Delta_f G_m^0(CO_2,g) &&+\,4\,mol\cdot \Delta_f G_m^0(H_2O,l) &&-\,2\,mol\cdot \Delta_f G_m^0(CH_3OH,l)\\ &= 2\,mol\cdot(-394\,kJ/mol) &&+\,4\,mol\cdot(-237\,kJ/mol) &&-\,2\,mol\cdot(-166\,kJ/mol)\\ &= -1404\,kJ\end{aligned}$$

$\Delta_r S^0$ wird nach der Gibbs-Helmholtz-Gleichung mit $T = 298{,}15\,K$ berechnet:

$$\Delta_r G^0 = \Delta_r H^0 - T\cdot \Delta_r S^0 \qquad\Leftrightarrow\qquad \Delta_r S^0 = \frac{\Delta_r H^0 - \Delta_r G^0}{T}$$

$$\Delta_r S^0 = \frac{-1452\,kJ - (-1404\,kJ)}{298{,}15\,K} = -0{,}161\,kJ/K = -161\,J/K$$

Hinweise:
- In einem Teil der Auflage des Schulbuchs steht bei den Zahlenangaben falsch „$\Delta_r H_m^0$" und „$\Delta_r G_m^0$" statt richtig „$\Delta_f H_m^0$" und „$\Delta_f G_m^0$".
- $\Delta_f H_m^0(O_2,g) = \Delta_f G_m^0(O_2,g) = 0$, deshalb wurden sie in den Gleichungen weggelassen.
- Die Reaktionsgleichung der Verbrennung von Methanol kann man (falls man möchte) aufstellen wie im Schulbuch in Kap. 5.3 beschrieben:

Oxidation:	$\overset{-II\;\;-II}{CH_3OH}$	$\longrightarrow$ $\overset{IV\;-II}{CO_2}\,+\,6\,e^-$	$|\cdot 2$
Reduktion:	$\overset{0}{O_2}\,+\,4\,e^-$	$\longrightarrow$ $\overset{-II}{2\,H_2O}$	$|\cdot 3$

$$2\,CH_3OH\,+\,3\,O_2\;\longrightarrow\;2\,CO_2\,+\,6\,H_2O$$

Redoxreaktion:	$2\,CH_3OH\,+\,3\,O_2$	$\longrightarrow$ $2\,CO_2\,+\,4\,H_2O$

(Beim Atombilanzausgleich stellt man fest, dass bei den Reaktionsprodukten vier H-Atome und zwei O-Atome zu viel stehen. Dies gleicht man durch Wegnahme zweier H_2O-Moleküle aus.)

b) Die Standardreaktionsentropie hat einen negativen Wert ($\Delta_r S^0 < 0$). Setzt man diesen in die Gibbs-Helmholtz-Gleichung ein, wird (bei annähernd temperaturunabhängiger Reaktionsenthalpie) bei steigender Temperatur die freie Reaktionsenthalpie größer. Bei einer galvanischen Zelle hat die freie Reaktionsenthalpie jedoch immer einen negativen Wert, d.h., ihr *Betrag* wird bei steigender Temperatur *kleiner*. Die Spannung einer galvanischen Zelle ist proportional zum Betrag der freien Reaktionsenthalpie.
Daraus folgt: Die Spannung einer DMFC wird bei steigender Temperatur kleiner.

c) Zur Lösung dieser Teilaufgabe wird die freie Standardreaktionsenthalpie $\Delta_r G^0$ und die Anzahl z der übertragenen Elektronen benötigt.

$\Delta_r G^0$ wurde in der Teilaufgabe (b) berechnet; man muss diese Größe jedoch in der Einheit Joule einsetzen: $\Delta_r G^0 = -1\,404\,000\,J$

Zur Bestimmung von z wird die Reaktionsgleichung mit Oxidationszahlen geschrieben (die Oxidationszahl I bei H wird im Folgenden weggelassen):

$$\overset{-II\ \ -II}{2\,CH_3OH} + \overset{0}{3\,O_2} \longrightarrow \overset{IV\ -II}{2\,CO_2} + \overset{-II}{4\,H_2O}$$

Aus der Reaktionsgleichung mit Oxidationszahlen folgt:
- Zwei C-Atome werden oxidiert; ihre Oxidationszahl steigt von $-II$ auf $+IV$.
  $\Rightarrow$ Zwei C-Atome geben je sechs Elektronen ab. $\Rightarrow$ $z = 2 \cdot 6 = 12$
- Sechs O-Atome werden reduziert; ihre Oxidationszahl fällt von 0 auf $-II$.
  $\Rightarrow$ Sechs O-Atome nehmen je zwei Elektronen auf. $\Rightarrow$ $z = 6 \cdot 2 = 12$

Maximal mögliche Spannung bei Standardbedingungen:

$$\Delta_r G^0 = -\Delta E^0 \cdot z\,mol \cdot F \qquad \Leftrightarrow \qquad \Delta E^0 = \frac{-\Delta_r G^0}{z\,mol \cdot F}$$

$$\Delta E^0 = \frac{-(-1\,404\,000\,J)}{12\,mol \cdot 96\,485,33\,A \cdot s/mol} = 1,185\,J/(A \cdot s) = 1,213\,V$$

Maximal möglicher Energiewirkungsgrad:

$$\eta_{Energie}(ideal) = \frac{\Delta_r G^0}{\Delta_r H^0} = \frac{-1404\,kJ}{-1452\,kJ} = 0,967 = 96,7\,\%$$

d) Zur Lösung dieser Teilaufgabe wird die elektrische Arbeit W_{el} und die Reaktionswärme $Q_{r,p}$ benötigt.

Die Reaktionswärme $Q_{r,p}$ entspricht der Standardreaktionsenthalpie $\Delta_r H^0$ (in Teilaufgabe (b) berechnet). Da das Vorzeichen beim Wirkungsgrad keine Rolle spielt, kann $Q_{r,p} = 1452\,kJ$ eingesetzt werden.

Berechnung der elektrischen Arbeit nach Kap. 5.25 und 5.32:

$$W_{el} = U \cdot I \cdot t = U \cdot Q = U \cdot z\,mol \cdot F = 0,50\,V \cdot 12\,mol \cdot 96\,485,33\,A \cdot s/mol \approx 580\,000\,J = 580\,kJ$$

$$\eta_{Energie}(real) = \frac{W_{el}}{Q_{r,p}} = \frac{580\,kJ}{1452\,kJ} = 0,40 = 40\,\%$$

Hinweise:
- Da $\Delta_r G^0$ der maximal möglichen elektrischen Arbeit entspricht, kann die Berechnung der elektrischen Arbeit W_{el} auch aus der in Kap. 5.20 gezeigten Formel $\Delta_r G^0 = -\Delta E^0 \cdot z\,mol \cdot F$ abgeleitet werden: Man ersetzt in dieser Formel $\Delta_r G^0$ durch W_{el} und $-\Delta E^0$ durch U.
- Wenn man mit den Vorzeichen ganz korrekt umgehen möchte, bekommen sowohl die Reaktionswärme als auch die elektrische Arbeit ein negatives Vorzeichen, da sie beide vom System abgegeben werden. Das Vorzeichen des Energiewirkungsgrades ist dann ebenfalls positiv.

6 Wege zu organischen Produkten

Von Ausgangsstoffen zu Reaktionsprodukten (S. 276/277)

Zu den Aufgaben

A1

a) Neben den Darstellungen von Molekülen mit Kugel-Stab-Modellen, Kalottenmodellen und mit Strukturformeln können Moleküle z. B. mit Halbstrukturformeln, Skelettformeln, Molekülformeln oder Keilstrichformeln dargestellt werden.

b) Molekülformel des Propans: C_3H_8
Halbstrukturformeln des Propan-Moleküls: $CH_3-CH_2-CH_3$ oder $CH_3CH_2CH_3$

Strukturformel des Propan-Moleküls:

$$H-\underset{\underset{H}{|}}{\overset{\overset{H}{|}}{C}}-\underset{\underset{H}{|}}{\overset{\overset{H}{|}}{C}}-\underset{\underset{H}{|}}{\overset{\overset{H}{|}}{C}}-H$$

Skelettformel des Propan-Moleküls: ⌄⌄

A2

- Kettenstart: Beispielsweise durch ein lautes akustisches Signal kommt ein Schneebrett am Steilhang ins Rutschen.
- Kettenreaktion: Der herabrutschende Schnee reißt weiteren Schnee mit sich.
- Kettenabbruch: Die Lawine kommt zum Erliegen, wenn die Neigung des Hangs zu gering wird.

A3 Die Aldehydgruppe lässt sich zu einer Carboxygruppe oxidieren, ohne dass die Kohlenstoffkette verändert wird. An der Ketogruppe ist eine Oxidation zu einem sekundären Alkohol nur möglich, wenn die Kohlenstoffkette durch Anlagerung eines weiteren Wasserstoff-Atoms verändert wird. Die Carboxygruppe ermöglicht wie bei anorganischen Säuren die Bildung von Salzen und Substitutionen mit anderen polaren Teilchen oder Gruppen. Doppel- und Dreifachbindungen ermöglichen Additionsreaktionen.

A4

- Ananasaroma: Butansäuremethylester
- Apfelaroma: u.a. Pentansäurepentylester
- Himbeeraroma: u.a. Methansäureethylester

Hinweis: Geruchswahrnehmungen und Zuordnungen zu Aromen sind sehr individuell. Das Gesamtaroma einer Frucht entsteht meist durch eine Kombination vieler verschiedener Stoffe.

A5 Aus Erdgas und Erdölprodukten lassen sich viele sehr wertvolle Ausgangsstoffe für Alltagsprodukte und Synthesen der chemischen Industrie gewinnen.
Beispiele: Ethen und Propen für Kunststoffe, Benzol und Benzolderivate für Farbstoffe, Salicylsäure und Essigsäure bzw. Essigsäureanhydrid für das Medikament Acetylsalicylsäure (ASS), Ethen für die Gewinnung von Ethanol, Methan als Wasserstoffquelle für die Ammoniaksynthese.

A6 Bei der Verbrennung von Methan entstehen Wasser und Kohlenstoffdioxid. Kohlenstoffdioxid aus Verbrennungsprozessen fördert den anthropogenen Treibhauseffekt.
Wird Kohlenstoffdioxid zur Methangewinnung eingesetzt, entsteht kein zusätzliches Kohlenstoffdioxid. Die Stoffbilanz im Hinblick auf das eingesetzte Kohlenstoffdioxid und das gebildete Kohlenstoffdioxid ist weitgehend ausgeglichen.

A7 Quellen für pflanzliche Fette sind: Früchte der Ölpalme, Oliven, Avocados, Nüsse (Erdnüsse, Haselnüsse, Walnüsse, Kokosnüsse), Ölsaaten (z. B. Sonnenblumenkerne, Leinsamen, Sojabohnen, Rapssaat, Sesamsamen, Hanfsamen).
Quellen für tierische Fette sind: Milch, Schweineschmalz, Rindertalg, Lebertran.

A8 Palmöl ist ein begehrter Rohstoff. Es kommt praktisch in jedem zweiten Supermarktprodukt vor. Entsprechend groß ist die Nachfrage, und die ursprünglichen Herkunftsländer können den Bedarf schon lange nicht mehr decken. Weltweit wurden 2022 etwa 76 Millionen Tonnen konventionelles Palm- und Palmkernöl erzeugt. Die Hauptanbauländer sind heute Indonesien und Malaysia.

Im Vergleich zu anderen Ölfrüchten zeichnet sich die Ölpalme durch einen besonders hohen Ertrag pro Hektar aus. Da Ölpalmen so ertragreich sind, werden sie gerne angepflanzt. Allerdings zerstören die Plantagen ganze Regionen. Palmölplantagen haben wesentlich zum Verlust von artenreichen Wäldern und vielfältigen bäuerlichen Landschaften und Landwirtschaften beigetragen.

Seit den neunziger Jahren des vorigen Jahrhunderts sind über 25 % des indonesischen Regenwaldes abgeholzt und durch riesige Palmölplantagen ersetzt worden. Damit ist Palmöl für die Zerstörung vieler Regenwälder der Erde mitverantwortlich.

In Monokulturen der Palmölplantagen können einheimische Tierarten nicht überleben (häufig dargestellt wird der Verlust des Lebensraumes von Orang-Utans). Die Wurzeln der Ölpalmen entziehen den Böden große Wassermengen und einen großen Teil der Mineralien. Zurück bleibt karges, unfruchtbares Land.

Häufig werden auch die ursprünglichen Nutzer des Naturwaldes und der landwirtschaftlichen Flächen einfach vertrieben.

6.1 Kohlenwasserstoffe aus Erdöl und Erdgas

Zu den Aufgaben

A1 Leichtbenzin (Siedebereich 40 – 80 °C): Die Hauptbestandteile des Leichtbenzins sind Kohlenwasserstoffe mit 5 bis 7 Kohlenstoff-Atomen pro Molekül.
Beispiele:

Pentan (n-Pentan)   Hexan (n-Hexan)   Heptan (n-Heptan)

2-Methylbutan (Isopentan)   2,3-Dimethylhexan   2,4-Dimethylpentan

Leichtes Heizöl (Siedebereich 250 – 360 °C): Die Hauptbestandteile des leichten Heizöls sind Alkane, Cycloalkane und aromatische Kohlenwasserstoffe mit etwa 9 bis 22 Kohlenstoff-Atomen pro Molekül.
Beispiele:

$CH_3-CH_2-CH_2-CH_2-CH_2-CH_2-CH_2-CH_2-CH_2-CH_2-CH_3$
Undecan ($C_{11}H_{24}$)

$CH_3-CH_2-CH_2-CH-CH_2-\overset{\overset{\displaystyle CH_3}{|}}{\underset{\underset{\displaystyle CH_3}{|}}{C}}-CH_2-CH_2-CH_2-CH_2-CH_3$
4-Ethyl-6,6-dimethyl-undecan ($C_{15}H_{32}$)

$CH_3-CH-CH_2-CH-CH_2-C-CH_2-CH_2-CH_2-CH_2-CH_2-CH_3$
4-Ethyl-2,6,6-trimethyl-dodecan ($C_{17}H_{36}$)

$CH_3-CH-CH_2-C-CH_2-C-CH_2-CH_2-CH_2-CH_2-CH_2-CH_3$
4,4-Diethyl-2,6,6-trimethyl-dodecan ($C_{19}H_{40}$)

A2 Bezugsquellen für das Erdgas in Deutschland im Jahr 2020:

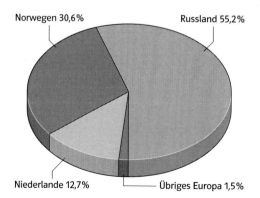

Norwegen 30,6 %   Russland 55,2 %
Niederlande 12,7 %   Übriges Europa 1,5 %

Deutschland bekam 2020 das meiste Erdgas, ca. die Hälfte, aus Russland. Deutschland hatte sich damit von Russland abhängig gemacht. In einer angespannten politischen Situation ist der Handlungsspielraum damit für Deutschland sehr eingeschränkt gewesen.

An zweiter Stelle für den Bezug von Erdgas stand Norwegen; solange die Erdgasquellen dieses Landes ergiebig sind, ist das eine sichere Bezugsquelle.

Ca. 13 % seines Erdgases bezog Deutschland aus den Niederlanden; solange die Erdgasquellen dieses Landes ergiebig sind, ist auch das eine sichere Bezugsquelle.

Allerdings: Obwohl noch große Mengen Erdgas in dem Feld in der Nähe von Groningen lagern, steht schon länger fest, dass die Förderung keine Zukunft hat. Zu umstritten ist sie, seit Wissenschaftlerinnen und Wissenschaftler sowie staatliche Behörden einen Zusammenhang zwischen den lokal häufig auftretenden Erdbeben und der Exploration herstellen. Ein Beben mit der Stärke 3,6 auf der Richterskala im Jahr 2012 hat für ein Umdenken in den Niederlanden geführt.

Die Gasförderung in Groningen ist inzwischen deutlich reduziert worden. Es steht noch nicht fest, wann sie ganz gestoppt wird.

Der Einmarsch Russlands in die Ukraine am 24.2.2022 hat auf die deutsche Erdgasversorgung zu einem großen Umbruch geführt. Russland fällt seitdem bis auf Weiteres als Erdgaslieferant für Deutschland und die meisten Länder der EU weitgehend oder vollkommen aus. Der wichtigste Erdgaslieferant für Deutschland ist seit August 2022 Norwegen. Deutschland bemüht sich, die Erdgaslieferanten zu diversifizieren. Insbesondere wird vermehrt auf Flüssigerdgas (Abkürzung LNG für englisch liquefied natural gas) gesetzt.

6.2 Gaschromatografie

Zu den Aufgaben

A1 Beispiele: Material der stationären Phase in der Trennsäule, Durchmesser und Länge der Trennsäule, Temperatur der Trennsäule, Geschwindigkeit des Trägergasstroms, Zusammensetzung des Trägergases.

A2 Die Peakfläche A ist proportional zum Stoffmengenanteil χ der Komponente. Da bei Gasen das Volumen proportional zur Stoffmenge ist, ist die Peakfläche auch proportional zum Volumenanteil φ der Komponente.

$$\varphi(\text{Propan}) = \chi(\text{Propan}) = \frac{A(\text{Propan})}{A(\text{gesamt})} = \frac{0,8\,\text{cm}^2}{2\,\text{cm}^2} = 0,4 \approx 40\,\%$$

Hinweis: Das Gesamtvolumen des Feuerzeuggases wird zum Lösen der Aufgabe nicht benötigt. Man kann aber zusätzlich aus dem Gesamtvolumen V(Gasgemisch) und dem berechneten Volumenanteil φ(Propan) das Volumen des Propan-Anteils berechnen:

V(Propan) = V(Gasgemisch) · φ(Propan) = 4 ml · 0,4 = 1,6 ml

Zu den Versuchen

V1

a) Je nach Feuerzeuggas erhält man z. B. ein Chromatogramm wie in B4 im Schulbuch. Oft fehlen aber einzelne Komponenten. Manche Feuerzeuggase enthalten nur Isobutan.

b) Durch Zugabe von Butan erhält man im Chromatogramm eine vergrößerte Fläche des Butan-Peaks (i. d. R. der Peak mit der längsten Retentionszeit). Auf diese Weise kann man auch ermitteln, welcher Peak im Gaschromatogramm der Butan-Peak ist.

Hinweis zur Durchführung: Low-cost-GC können beispielsweise vom AK Kappenberg bezogen werden. (Suche im Internet-Auftritt des AK Kappenberg (Stand April 2022): „Experimente/Literatur" – „Exp. mit LowCost-GC")

V2

a), b) Es entstehen verschiedene Gase, die mithilfe von Vergleichsgasen identifiziert werden können. Hauptbestandteil ist Ethen, daneben entstehen aber auch Kohlenstoffdioxid und verschiedene gasförmige Aromastoffe.

Ethen ist ein Pflanzenhormon und bewirkt u. a. die Fruchtreifung. In Reifereien (Betriebe, die Früchte zur Reifung lagern) wird diese Wirkung genutzt, um unreif geerntete Früchte – vor allem Bananen – nachträglich zu Stoffwechselvorgängen zu veranlassen, die die Früchte reifen lassen.

6.3 Kleine Moleküle durch Cracken

Zur Aufgabe

A1 Ein Beispiel:

$$H-\underset{H}{\overset{H}{C}}-\underset{H}{\overset{H}{C}}-\underset{H}{\overset{H}{C}}-\underset{H}{\overset{H}{C}}-\underset{H}{\overset{H}{C}}-\underset{H}{\overset{H}{C}}-\underset{H}{\overset{H}{C}}-\underset{H}{\overset{H}{C}}-\underset{H}{\overset{H}{C}}-\underset{H}{\overset{H}{C}}-\underset{H}{\overset{H}{C}}-\underset{H}{\overset{H}{C}}-H$$

Dodecan

$\longrightarrow$ But-1-en + Ethen + Propen + Propan

Zusatzaufgabe

Begründen Sie, weshalb beim Cracken vermehrt Moleküle mit Doppelbindungen und Ruß entstehen.

Lösung:
Beim Cracken von Kohlenwasserstoff-Molekülen werden C-C-Bindungen gespalten. Wenn bei der Spaltung neben Alken-Molekülen viele Alkan-Moleküle gebildet werden, entsteht ein Überhang an Kohlenstoff-Atomen, die den Ruß bilden.

Beispiel:

$$H-\underset{H}{\overset{H}{C}}-\underset{H}{\overset{H}{C}}-\underset{H}{\overset{H}{C}}-\underset{H}{\overset{H}{C}}-\underset{H}{\overset{H}{C}}-\underset{H}{\overset{H}{C}}-\underset{H}{\overset{H}{C}}-\underset{H}{\overset{H}{C}}-\underset{H}{\overset{H}{C}}-\underset{H}{\overset{H}{C}}-\underset{H}{\overset{H}{C}}-H$$

Undecan

$\longrightarrow$ Ethen + Propen + Ethan + Propan + C (Kohlenstoff)

Zum Versuch

V1

a) An der Glasrohrspitze treten gasförmige Kohlenwasserstoffe (hauptsächlich mit 1 bis 5 C-Atomen) aus und verbrennen mit rußender Flamme. Der zunächst gelbe Perlkatalysator wird durch abgelagerten Ruß grauschwarz.

b) Paraffinöl ist fast geruchlos, relativ zähflüssig und mit einem brennenden Holzspan nur schwer zu entzünden. Das farblose bis hellgelbe Crackprodukt im U-Rohr riecht ähnlich wie Benzin und ist auch ähnlich niedrig viskos und entflammbar. Daneben entstehen oft durch Polymerisation auch Produkte von „wachsartiger" Konsistenz, die im U-Rohr an der Glasoberfläche haften.

Hinweise zur Durchführung:
- Man verwendet einen im Lehrmittelhandel erhältlichen Perlkatalysator (z. B. von Hedinger). Wenn man die grau-schwarzen Katalysatorperlen nach dem Crackversuch in eine Porzellanschale gibt und mit der rauschenden Brennerflamme erhitzt, werden sie wieder gelb. So kann man zeigen, dass sich der Katalysator regenerieren lässt.
- Zum Erhitzen des Paraffinöls und des Perlkatalysators genügt auch ein Gasbrenner. Man erhitzt zuerst den Perlkatalysator und bringt dann das Paraffinöl zum Sieden. Sobald das Paraffinöl siedet, wird sofort wieder der Katalysator mit der rauschenden Flamme befächelt. Wenn das Sieden nachlässt, wird erneut das Paraffinöl erhitzt usw.
- Falls kein schwer schmelzbares Reagenzglas in gebogener Form vorhanden ist, kann auch ein gerades verwendet werden. Der Perlkatalysator wird dann – durch etwas Glaswolle getrennt – direkt auf das Paraffinöl geschichtet.

6.4 Exkurs: E-Fuels – alternative Kraftstoffe?

Zu den Aufgaben

A1

Bildung von Hexan: $6\,CO + 13\,H_2 \longrightarrow C_6H_{14} + 6\,H_2O$

Bildung von Propen: $3\,CO + 6\,H_2 \longrightarrow C_3H_6 + 3\,H_2O$

Bildung von Methanol: $CO + 2\,H_2 \longrightarrow CH_3OH$

A2 Die Akkumulatoren der Seeschiffe und der Lkws im Schwerlastverkehr müssen häufig aufgeladen werden, das kostet Zeit. Außerdem benötigen die Seeschiffe und die Lkws sehr viele Akkumulatoren, um eine akzeptable Strecke zurücklegen zu können.
Methanol ist bis zu einer Temperatur von 65 °C flüssig, kann also – ähnlich wie Benzin – in einfachen Tanks gelagert werden. Die Energiedichte für Methanol hat den Wert 5,6 kWh/kg oder 4,4 kWh/l und liegt damit bei etwa der Hälfte derjenigen des Benzins, aber deutlich höher als die Energiedichte von Lithium-Ionen-Akkumulatoren mit durchschnittlich 0,2 kWh/kg bzw. 0,4 kWh/l.

A3 Dieses Problem ist schwer und nicht eindeutig zu beantworten. Nach dem heutigen Ausbaustadium und dem geplanten Ausbaustadium für die nächsten 10 Jahre wird dies wohl nicht gelingen. Es ist die Kooperation mit vielen Ländern notwendig, in denen grüner Strom im Überfluss gewonnen werden kann.

6.5 Kohlenwasserstoffe und Reaktionstypen

Zur Aufgabe

A1 Chlorierung von Methan:

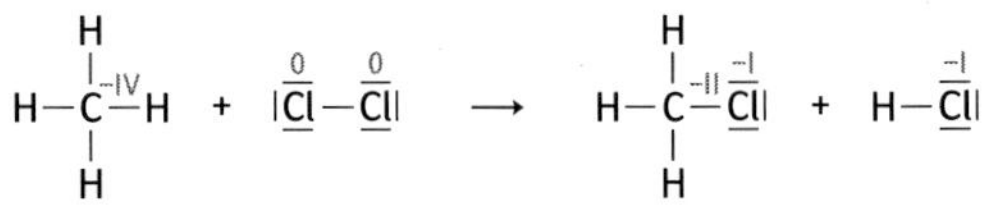

Das C-Atom wird oxidiert von – IV nach – II; die Cl-Atome werden reduziert von 0 zu – I.

Bromierung von Ethen:

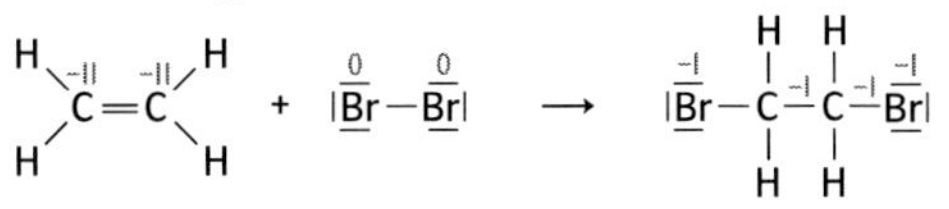

Die C-Atome werden von – II nach – I oxidiert; die Br-Atome werden von 0 zu – I reduziert.

Hydrierung von Ethen:

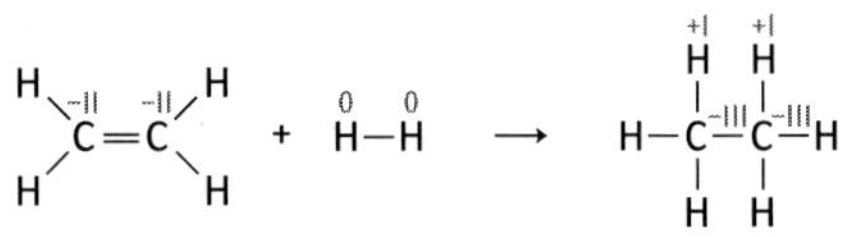

Die C-Atome werden von – II zu – III reduziert; die Wasserstoff-Atome werden von 0 zu + I oxidiert.

6.6 Geometrie und Isomerie organischer Moleküle

Zu den Aufgaben

A1

Propen:

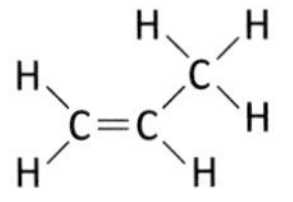

Propin:

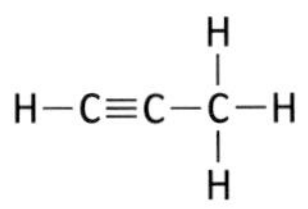

Zwischen zwei C-Atomen des Propen-Moleküls besteht eine *Doppelbindung*. Im Propen-Molekül liegen die mit der Doppelbindung verbundenen C-Atome, deren drei H-Atome und das C-Atom der

Methylgruppe in einer Ebene. Die Bindungswinkel zwischen einem C-Atom und den drei Bindungspartnern der Atome der Doppelbindung betragen jeweils 120°. Dies entspricht der Aussage des EPA-Modells, dass sich eine Doppelbindung auf andere Elektronenpaare fast wie eine Einfachbindung auswirkt.

In der Methylgruppe ist das C-Atom *tetraedrisch* von den mit ihm verbundenen Atomen umgeben (koordiniert). Das C-Atom befindet sich in der Mitte eines Tetraeders. Die Bindungswinkel betragen 109,5°.

Im Propin-Molekül sind zwei C-Atome durch eine *Dreifachbindung* miteinander verknüpft. Das einzelne H-Atom (welches an ein C-Atom, das eine Dreifachbindung aufweist, gebunden ist), die C-Atome der Dreifachbindung und das C-Atom der Methylgruppe sind linear angeordnet. Die Bindungswinkel zu den linear angeordneten Atomen betragen 180°. In der Methylgruppe ist das C-Atom *tetraedrisch* von den mit ihm verbundenen Atomen umgeben (koordiniert). Das C-Atom befindet sind in der Mitte eines Tetraeders. Die Bindungswinkel betragen 109,5°.

A2 In einem Alkanal-Molekül ist das C-Atom der Carbonylgruppe über eine Einfachbindung mit mindestens einem H-Atom verknüpft (beim Formaldehyd sogar mit zwei H-Atomen). Die funktionelle Gruppe bezeichnet man dann als Aldehydgruppe.
In einem Alkanon-Molekül ist das C-Atom der Carbonylgruppe über die beiden übrigen Einfachbindungen jeweils mit einem C-Atom verknüpft. Es handelt sich dann um die Ketogruppe.
Sowohl die Aldehydgruppe als auch die Ketogruppe enthalten die Carbonylgruppe.

Aldehyde (z.B. Alkanale)		Carbonylgruppe (links) Aldehydgruppe (rechts)
Ketone (z.B. Alkanone)		Carbonylgruppe (links) Ketogruppe (rechts)

A3

Hydroxygruppe:

$$-\overline{\underline{O}}-H$$

Carbonylgruppe:

Aldehydgruppe   Ketogruppe

Carboxygruppe:

Sowohl die Hydroxygruppe als auch die Carbonylgruppe und die Carboxygruppe weisen ein Sauerstoff-Atom auf. In der Hydroxygruppe ist dieses Sauerstoff-Atom über eine Einfachbindung mit einem Wasserstoff-Atom und über eine weitere Einfachbindung mit einem Kohlenstoff-Atom verknüpft. In einer Carbonylgruppe ist das Sauerstoff-Atom über eine Doppelbindung mit dem Kohlenstoff-Atom verbunden. Das Kohlenstoff-Atom ist bei einem Alkanal-Molekül mit einem oder zwei Wasserstoff-Atomen über Einfachbindungen verknüpft oder mit einem Wasserstoff-Atom und einem Kohlenstoff-Atom einer Alkylgruppe über Einfachbindungen verbunden. In einem Alkanon-Molekül ist das Kohlenstoff-Atom der Carbonylgruppe mit zwei Kohlenstoff-Atomen von Alkylgruppen über Einfachbindungen verbunden. Die Carboxygruppe ist eine Kombination aus einer Carbonyl- und einer Hydroxygruppe.
Bei der Carbonyl- und der Carboxygruppe liegen das Kohlenstoff-Atom und alle drei Bindungspartner in einer Ebene.

A4 a) und b) *Hinweis*: Zur Lösung der Aufgabe genügen vier der folgenen Positionsisomere.

Name	Strukturformel	Unterschiede
Pentan-1-ol primäres Alkanol	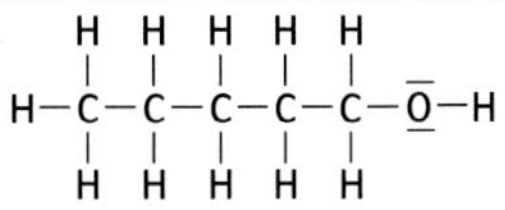	Das C-Atom, mit dem die Hydroxygruppe verknüpft ist, ist mit einem weiteren C-Atom verbunden.
Pentan-2-ol sekundäres Alkanol	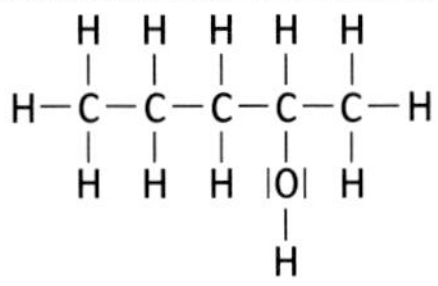	Das C-Atom, mit dem die Hydroxygruppe verknüpft ist, ist mit zwei weiteren C-Atomen verbunden.
Pentan-3-ol sekundäres Alkanol	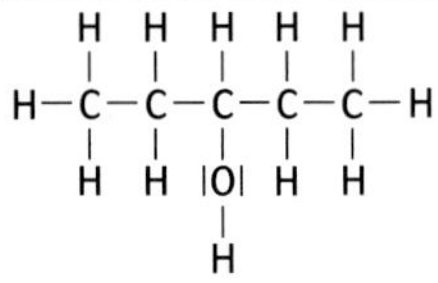	Das C-Atom, mit dem die Hydroxygruppe verknüpft ist, ist mit zwei weiteren C-Atomen verbunden.
2-Methylbutan-1-ol primäres Alkanol	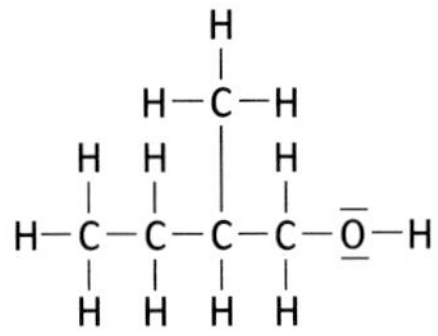	Das C-Atom, mit dem die Hydroxygruppe verknüpft ist, ist mit einem weiteren C-Atom verbunden. Der Alkylrest ist verzweigt, nicht linear.
2-Methylbutan-2-ol tertiäres Alkanol	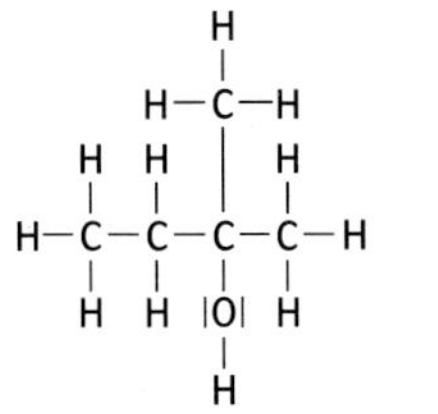	Das C-Atom, mit dem die Hydroxygruppe verknüpft ist, ist mit drei weiteren C-Atomen verbunden. Der Alkylrest ist verzweigt, nicht linear.
3-Methylbutan-1-ol primäres Alkanol	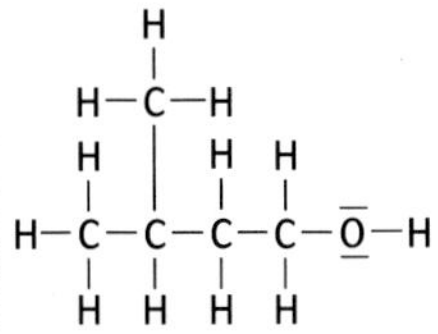	Das C-Atom, mit dem die Hydroxygruppe verknüpft ist, ist mit einem weiteren C-Atom verbunden. Der Alkylrest ist verzweigt, nicht linear.
3-Methylbutan-2-ol sekundäres Alkanol	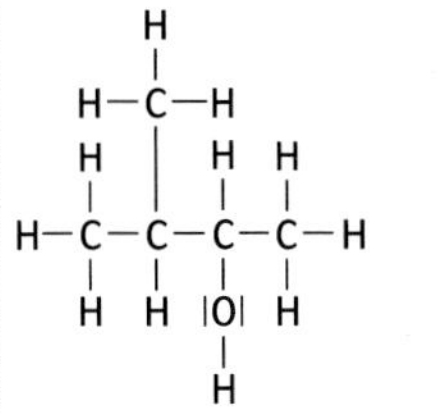	Das C-Atom, mit dem die Hydroxygruppe verknüpft ist, ist mit zwei weiteren C-Atomen verbunden. Der Alkylrest ist verzweigt, nicht linear.
2,2-Dimethylpropan-1-ol primäres Alkanol	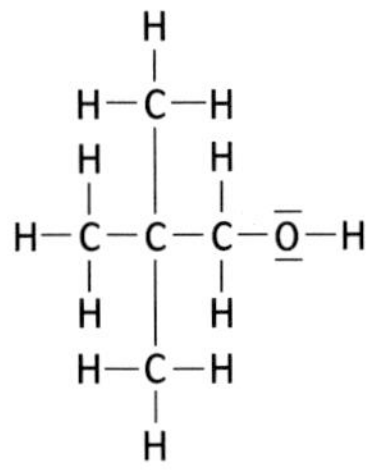	Das C-Atom, mit dem die Hydroxygruppe verknüpft ist, ist mit einem weiteren C-Atom verbunden. Der Alkylrest ist verzweigt, nicht linear.

A5

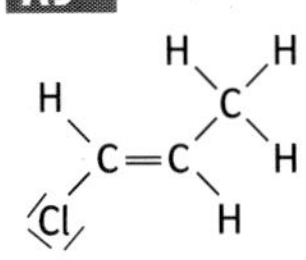

(*E*)-1-Chlorpropen

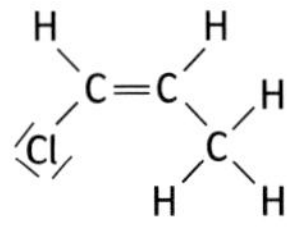

(*Z*)-1-Chlorpropen

A6

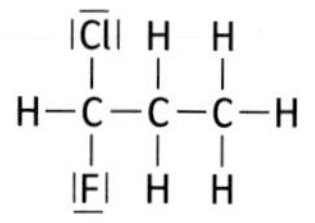

1-Chlor-1-fluorpropan

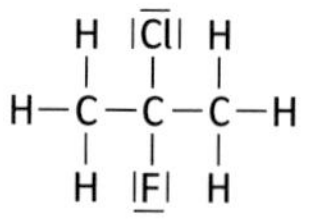

2-Chlor-2-fluorpropan

Bei 1-Chlor-1-fluorpropan liegt Spiegelbildisomerie vor, das erste C-Atom ist mit drei unterschiedlichen Atomen (H, Cl, F) und einer Atomgruppe ($-C_2H_5$) verbunden.

Bei 2-Chlor-2-fluorpropan ist das zweite C-Atom mit zwei unterschiedlichen Atomen (Cl, F) und zwei gleichen Atomgruppen ($-CH_3$) verbunden. Daher liegt hier keine Spiegelbildisomerie vor.

6.7 Moleküldarstellungen mit Tablet und PC

Zu den Aufgaben

A1

a) Formeln von Methanol:

Strukturformel	Halbstrukturformel	Skelettformel	Keilstrichformel
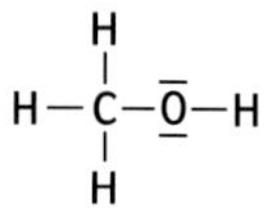	CH_3-OH	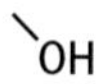	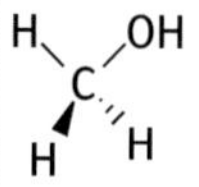

b)

Darstellungsform	Vorteile	Nachteile
Strukturformel	Da sie alle bindenden und nicht-bindenden Elektronenpaare zeigen, sind Strukturformeln für die Darstellung von Reaktionsmechanismen gut geeignet.	Es ist sehr aufwändig, Strukturformeln großer Moleküle zu zeichnen.
Halbstrukturformel	Halbstrukturformeln lassen sich schneller zeichnen als Strukturformeln. Durch die Zusammenfassung von Molekülgruppen zu Molekülformeln (Summenformeln) sind Halbstrukturformeln übersichtlich; auch funktionelle Gruppen sind gut erkennbar.	In Halbstrukturformeln sind die Bindungen oft formal „falsch" eingezeichnet, z.B. besteht im Methanol-Molekül (CH_3-OH) keine Bindung zwischen einem H-Atom und dem O-Atom. Freie Elektronenpaare sind nicht erkennbar.
Skelettformel	Große Moleküle können sehr schnell gezeichnet werden. Skelettformeln großer Moleküle sind meistens noch übersichtlicher als Halbstrukturformeln; insbesondere Hetero-Atome sind auf den ersten Blick erkennbar.	Skelettformeln sind für ungeübte Betrachter etwas schwieriger zu interpretieren. Für kleine Moleküle sind sie praktisch unbrauchbar: Methan ist als Skelettformel nicht darstellbar. Die Skelettformel von Ethan ist nur ein Strich, der ohne weitere Erläuterung alles mögliche bedeuten kann. Auch für Methanol ist eine Skelettformel i.d.R. nicht sinnvoll, da sie doppeldeutig ist: Man sieht nicht, ob damit nur eine Hydroxygruppe oder ein ganzes Methanol-Molekül gemeint ist.
Keilstrichformel	Keilstrichformeln zeigen die räumliche Anordnung der Atome im Molekül.	Keilstrichformeln, vor allem von großen Molekülen, sind schwierig zu zeichnen. Voraussetzung zum Zeichnen ist die Kenntnis aller Bindungswinkel.

A2 Beispiel-Lösung (Screenshot):

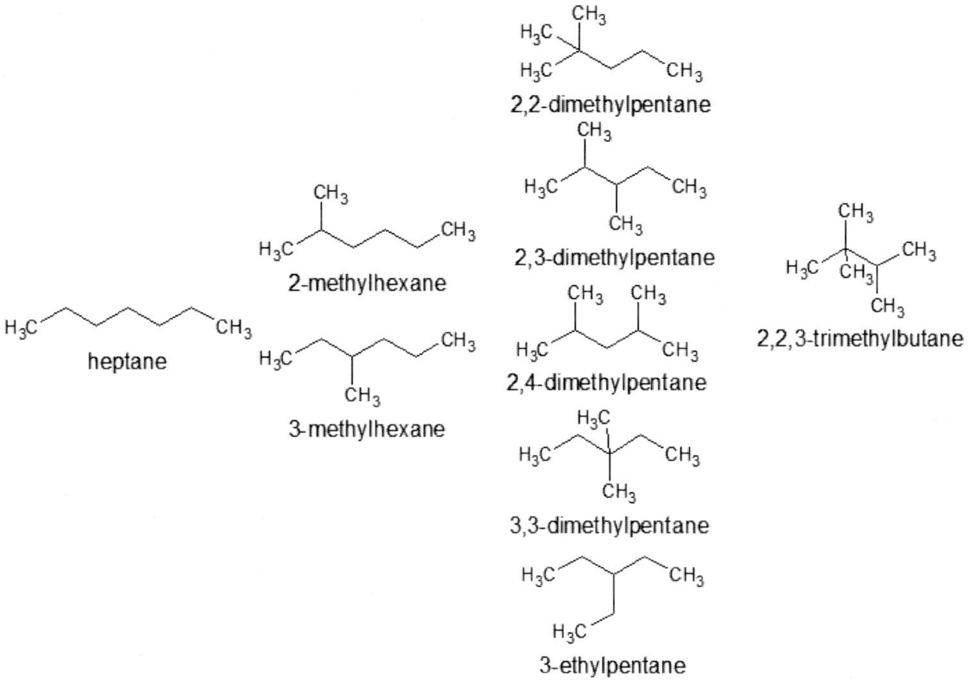

2,2-dimethylpentane

2-methylhexane

2,3-dimethylpentane

2,2,3-trimethylbutane

heptane

3-methylhexane

2,4-dimethylpentane

3,3-dimethylpentane

3-ethylpentane

A3 Das Cyclohexan-Molekül ist in B2 als Kugel-Stab-Modell (oben) und als Kalottenmodell (unten) und in B7 als Stäbchenmodell dargestellt.

Im Folgenden werden die allgemeinen Vor- und Nachteile dieser Modelle zusammengefasst und auf das Cyclohexan-Molekül angewendet.

Modell	Vorteile (* bzgl. Cyclohexan)	Nachteile (* bzgl. Cyclohexan)
Stäbchen-modell	– Stereochemische Aspekte von Molekülen und intramolekulare Vorgänge der Torsion und Rotation können anschaulich gemacht werden. – Die kleine Darstellung der Atome gestattet einen guten Tiefenblick in die Struktur großer Moleküle. * Das Cyclohexan-Molekül ist in B7 in der Sesselkonformation dargestellt. Nimmt man das Stäbchenmodell in die Hand, kann man es leicht in eine andere Konformation, z.B. die Twist-Konformation, drehen.	– Mehrfachbindungen werden nicht dargestellt. * Beim Cyclohexan-Molekül liegen nur Einfachbindungen vor.
Kugel-Stab-Modell	– Stereochemische Aspekte von Molekülen und intramolekulare Vorgänge der Torsion und Rotation können anschaulich gemacht werden. – Deutlichere Darstellung der Größenverhältnisse verschiedener Atome als im Stäbchenmodell – Deutlichere räumliche Darstellung als im Stäbchenmodell * Das Cyclohexan-Molekül ist in der Sesselkonformation in B2 (oben) dargestellt. Nimmt man das Kugel-Stab-Modell in die Hand, kann man es leicht in eine andere Konformation, z.B. die Twist-Konformation, drehen. Die Größenverhältnisse der Kohlenstoff-Atome und Wasserstoff-Atome treten deutlicher als im Stäbchenmodell hervor. Die räumliche Darstellung des Cyclohexan-Moleküls tritt im Kugel-Stab-Modell deutlicher hervor als im Stäbchenmodell.	– Mehrfachbindungen werden nicht dargestellt. * Beim Cyclohexan-Molekül liegen nur Einfachbindungen vor.
Kalotten-modell	– Die Relationen der Atomgrößen, Bindungswinkel und Bindungslängen entsprechen den tatsächlichen Verhältnissen. * Das Kalottenmodell gibt die Kompaktheit des Cyclohexan-Molekül am besten wieder.	– Bindungen werden nicht dargestellt. – Unübersichtliche Darstellung der stereochemischen Aspekte * Die C–C-Bindungen und die C–H-Bindungen des Cyclohexan-Moleküls werden nicht dargestellt und müssen damit von Betrachtern „mitgedacht" werden. Die Starrheit des Kalottenmodells des Cyclohexan-Moleküls ist ein Nachteil gegenüber dem Kugel-Stab-Modell und dem Stäbchen-Modell.

6.8 Halogenierung von Alkanen

Zu den Aufgaben

A1

1. Startreaktion:
Durch Zufuhr von Energie (Erhitzen oder Belichten) werden in der Startreaktion Brom-Moleküle in Brom-Atome gespalten.

Teilchen, die wie die Brom-Atome ungepaarte Elektronen aufweisen, sind sehr reaktionsfreudig. Man bezeichnet sie als Radikale.

2. Reaktionskette:
In der auf die Startreaktion folgenden Reaktionskette bilden sich abwechselnd Methyl- und Brom-Radikale; als Produkte bilden sich Brommethan- und Bromwasserstoff-Moleküle.

Reagieren die Brom-Atome mit Brommethan-Molekülen, bilden sich in einer weiteren Reaktionskette Dibrommethan- und Bromwasserstoff-Moleküle.

3. Abbruchreaktionen:
Neben den Reaktionen, die zur Bildung von Brommethan-, Dibrommethan- und Bromwasserstoff-Molekülen führen, finden auch Abbruchreaktionen statt, in denen je zwei Radikale miteinander reagieren.

Die gesamte Reaktion bezeichnet man wegen der daran beteiligten Radikale als radikalische Substitution.

1. Startreaktion:

$$|\overline{Br} - \overline{Br}| \longrightarrow |\overline{Br}\cdot \ + \ \cdot\overline{Br}|$$

2. Reaktionskette:

2.1a

$$|\overline{Br}\cdot \ + \ H-\overset{\overset{\displaystyle H}{|}}{\underset{\underset{\displaystyle H}{|}}{C}}-H \longrightarrow H-\overline{Br}| \ + \ \cdot\overset{\overset{\displaystyle H}{|}}{\underset{\underset{\displaystyle H}{|}}{C}}-H$$

2.2a

$$H-\overset{\overset{\displaystyle H}{|}}{\underset{\underset{\displaystyle H}{|}}{C}}\cdot \ + \ |\overline{Br}-\overline{Br}| \longrightarrow H-\overset{\overset{\displaystyle H}{|}}{\underset{\underset{\displaystyle H}{|}}{C}}-\overline{Br}| \ + \ \cdot\overline{Br}|$$

2.3a

$$|\overline{Br}\cdot \ + \ H-\overset{\overset{\displaystyle H}{|}}{\underset{\underset{\displaystyle H}{|}}{C}}-H \longrightarrow \text{usw.}$$

2.1b

$$|\overline{Br}\cdot \ + \ H-\overset{\overset{\displaystyle H}{|}}{\underset{\underset{\displaystyle H}{|}}{C}}-\overline{Br}| \longrightarrow H-\overline{Br}| \ + \ H-\overset{\overset{\displaystyle H}{|}}{\underset{}{\dot{C}}}-\overline{Br}|$$

2.2b

$$H-\overset{\overset{\displaystyle H}{|}}{\underset{}{\dot{C}}}-\overline{Br}| \ + \ |\overline{Br}-\overline{Br}| \longrightarrow H-\overset{\overset{\displaystyle H}{|}}{\underset{\underset{\displaystyle |\overline{Br}|}{|}}{C}}-\overline{Br}| \ + \ \cdot\overline{Br}|$$

2.3b

$$|\overline{Br}\cdot \ + \ H-\overset{\overset{\displaystyle H}{|}}{\underset{\underset{\displaystyle H}{|}}{C}}-\overline{Br}| \longrightarrow \text{usw.}$$

3. Abbruchreaktionen:

3.1

$$|\overline{Br}\cdot \ + \ \cdot\overline{Br}| \longrightarrow |\overline{Br}-\overline{Br}|$$

3.2

$$H-\overset{\overset{\displaystyle H}{|}}{\underset{\underset{\displaystyle H}{|}}{C}}\cdot \ + \ \cdot\overset{\overset{\displaystyle H}{|}}{\underset{\underset{\displaystyle H}{|}}{C}}-H \longrightarrow H-\overset{\overset{\displaystyle H}{|}}{\underset{\underset{\displaystyle H}{|}}{C}}-\overset{\overset{\displaystyle H}{|}}{\underset{\underset{\displaystyle H}{|}}{C}}-H$$

$$|\overline{Br}-\overset{\overset{\displaystyle H}{|}}{\underset{\underset{\displaystyle H}{|}}{C}}\cdot \ + \ \cdot\overset{\overset{\displaystyle H}{|}}{\underset{\underset{\displaystyle H}{|}}{C}}-\overline{Br}| \longrightarrow |\overline{Br}-\overset{\overset{\displaystyle H}{|}}{\underset{\underset{\displaystyle H}{|}}{C}}-\overset{\overset{\displaystyle H}{|}}{\underset{\underset{\displaystyle H}{|}}{C}}-\overline{Br}|$$

3.3

$$H-\overset{\overset{\displaystyle H}{|}}{\underset{\underset{\displaystyle H}{|}}{C}}\cdot \ + \ \cdot\overline{Br}| \longrightarrow H-\overset{\overset{\displaystyle H}{|}}{\underset{\underset{\displaystyle H}{|}}{C}}-\overline{Br}|$$

$$H-\overset{\overset{\displaystyle H}{|}}{\underset{}{\dot{C}}}-\overline{Br}| \ + \ \cdot\overline{Br}| \longrightarrow H-\overset{\overset{\displaystyle H}{|}}{\underset{\underset{\displaystyle |\overline{Br}|}{|}}{C}}-\overline{Br}|$$

A2 Reaktionsmechanismus der Bromierung von Ethan:

1. Startreaktion:

$$|\overline{Br} - \overline{Br}| \longrightarrow |\overline{Br}\cdot \; + \; \cdot\overline{Br}|$$

2. Reaktionskette:

2.1

$$|\overline{Br}\cdot \; + \; H-\underset{\underset{H}{|}}{\overset{\overset{H}{|}}{C}}-\underset{\underset{H}{|}}{\overset{\overset{H}{|}}{C}}-H \longrightarrow H-\overline{Br}| \; + \; \cdot\underset{\underset{H}{|}}{\overset{\overset{H}{|}}{C}}-\underset{\underset{H}{|}}{\overset{\overset{H}{|}}{C}}-H$$

2.2

$$H-\underset{\underset{H}{|}}{\overset{\overset{H}{|}}{C}}-\underset{\underset{H}{|}}{\overset{\overset{H}{|}}{C}}\cdot \; + \; |\overline{Br}-\overline{Br}| \longrightarrow H-\underset{\underset{H}{|}}{\overset{\overset{H}{|}}{C}}-\underset{\underset{H}{|}}{\overset{\overset{H}{|}}{C}}-\overline{Br}| \; + \; \cdot\overline{Br}|$$

2.3

$$|\overline{Br}\cdot \; + \; H-\underset{\underset{H}{|}}{\overset{\overset{H}{|}}{C}}-\underset{\underset{H}{|}}{\overset{\overset{H}{|}}{C}}-H \longrightarrow \text{usw.}$$

3. Abbruchreaktionen:

3.1

$$|\overline{Br}\cdot \; + \; \cdot\overline{Br}| \longrightarrow |\overline{Br}-\overline{Br}|$$

3.2

$$H-\underset{\underset{H}{|}}{\overset{\overset{H}{|}}{C}}-\underset{\underset{H}{|}}{\overset{\overset{H}{|}}{C}}\cdot \; + \; \cdot\underset{\underset{H}{|}}{\overset{\overset{H}{|}}{C}}-\underset{\underset{H}{|}}{\overset{\overset{H}{|}}{C}}-H \longrightarrow H-\underset{\underset{H}{|}}{\overset{\overset{H}{|}}{C}}-\underset{\underset{H}{|}}{\overset{\overset{H}{|}}{C}}-\underset{\underset{H}{|}}{\overset{\overset{H}{|}}{C}}-\underset{\underset{H}{|}}{\overset{\overset{H}{|}}{C}}-H$$

3.3

$$H-\underset{\underset{H}{|}}{\overset{\overset{H}{|}}{C}}-\underset{\underset{H}{|}}{\overset{\overset{H}{|}}{C}}\cdot \; + \; \cdot\overline{Br}| \longrightarrow H-\underset{\underset{H}{|}}{\overset{\overset{H}{|}}{C}}-\underset{\underset{H}{|}}{\overset{\overset{H}{|}}{C}}-\overline{Br}|$$

A3

a)

1-Chlor-2-methylbutan   2-Chlor-2-methylbutan   2-Chlor-3-methylbutan   1-Chlor-3-methylbutan

Hinweis: 2-Chlor-3-methylbutan ist chiral, d.h., streng genommen entstehen fünf unterschiedliche Monosubstitiutionsprodukte.

b) Nach den Anzahlen der substituierbaren H-Atome wäre das folgende Mengenverhältnis zu erwarten: n(1-Chlor-2-methylbutan) : n(2-Chlor-2-methylbutan) : n(2-Chlor-3-methylbutan) : n(1-Chlor-3-methylbutan) = 6 : 1 : 2 : 3 ≈ 50,0 % : 8,3 % : 16,7 % : 25,0 %. Wegen der unterschiedlichen Aktivierungsenergien bei der Bildung der als Zwischenprodukte auftretenden Alkylradikale ergeben sich allerdings Abweichungen von diesem Mengenverhältnis:
 – Bei der Bildung von 1-Chlor-2-methylbutan und 1-Chlor-3-methylbutan entstehen primäre Alkylradikale. Dazu wird die höchste Aktivierungsenergie benötigt; deshalb ist der Anteil dieser Produkte geringer als 50 % bzw. 25 %.
 – Bei der Bildung von 2-Chlor-2-methylbutan entsteht ein tertiäres Alkylradikal. Dazu wird die geringste Aktivierungsenergie benötigt; deshalb ist sein Anteil größer als 8,3 %.
 – Bei der Bildung von 2-Chlor-3-methylbutan entsteht ein sekundäres Alkylradikal. Dazu wird eine mittlere Aktivierungsenergie benötigt. Ob sein Anteil größer, gleich oder kleiner als 16,7 % ist, hängt von der Selektivität der Reaktion ab und kann nicht ohne weiteres vorausgesagt werden.

Hinweise:
- Das folgende Mengenverhältnis kann der Literatur entnommen werden:
  n(1-Chlor-2-methylbutan) : n(2-Chlor-2-methylbutan) : n(2-Chlor-3-methylbutan) : n(1-Chlor-3-methylbutan) $\approx$ 24 % : 28 % : 35 % : 12 %. Der Anteil des sekundären Chlorids ist also am höchsten, danach kommt das tertiäre Chlorid und dann die beiden primären Chloride. Der Anteil des sekundären Chlorids ist etwas höher als der Anteil des tertiären Chlorids, weil die Anzahl der substituierbaren H-Atome doppelt so groß ist.
  (Mengenverhältnis aus: H. Mayr, A. R. Ofial: Das Reaktivitäts-Selektivitäts-Prinzip: ein unzerstörbarer Mythos der organischen Chemie. Angewandte Chemie 118 (2006), 1876 – 1886, zitiert in: Prof. Dr. Herbert Mayr, LMU München: Skript zur Vorlesung Organische Chemie 2, WS 2010/2011, Stand Juli 2022 im Internet frei zugänglich)
- Die radikalische Substitution mit Brom ist wesentlich selektiver (Literatur s. o.):
  n(1-Brom-2-methylbutan) : n(2-Brom-2-methylbutan) : n(2-Brom-3-methylbutan) : n(1-Brom-3-methylbutan) = 0,34 % : 90,4 % : 9,0 % : 0,17 %. Hier überwiegt also das tertiäre Bromid bei weitem; mit großem Abstand kommt das sekundäre Bromid; die primären Bromide entstehen nur in sehr kleinen Anteilen.

Zu den Versuchen

V1 Das Universalindikator-Papier färbt sich rot, da aus dem Kolben gasförmiger Bromwasserstoff (Hydrogenbromid) entweicht, der mit Wasser Oxonium-Ionen bildet:
$HBr + H_2O \longrightarrow H_3O^+ + Br^-$
Durch Zugabe des Silbernitrats können Bromid-Ionen nachgewiesen werden.

V2 Das Versuchsergebnis entspricht V1.
Hinweis: In ähnlicher Weise kann man auch ungesättigte Verbindungen und Aromaten bromieren, siehe Literatur.

Zusatzinformationen

Vorkommen und Verwendung halogenierter Kohlenwasserstoffe
Halogenierte Kohlenwasserstoffe werden in vielen Bereichen eingesetzt. Beispiele:
- Als Lösungsmittel zum Entfetten von Metallen, zur Stofftrennung in der Erdölindustrie und im Labor, in der chemischen Reinigung (z. B. Perchlorethylen), zur Textilveredelung (z. B. Imprägnierung)
- Zur Schädlingsbekämpfung in der Landwirtschaft sind diverse halogenierte Kohlenwasserstoffe im Einsatz, wie z. B. Brommethan, Hexachlorcyclohexan („HCH", „Lindan", seit 2008 in der EU verboten), 1,3-Dichlorpropen.
- Chlorierte Fluormethane und -ethane (Chlorfluorkohlenwasserstoffe, CFKW) werden wegen ihrer niedrigen Siedetemperatur und ihrer chemischen Stabilität als Kältemittel verwendet. Typische Handelsnamen sind z. B. „Frigene", „Freone", „Flugene". Da sie die Ozonschicht schädigen, wurde die Verwendung der CFKW durch das Montreal-Protokoll weitgehend abgeschafft. Fluorierte Kohlenwasserstoffe (z. B. Difluormethan, R 32) werden aber weiterhin als Kältemittel eingesetzt. Sie schädigen die Ozonschicht nicht, sind aber starke Treibhausgase.
- Als Feuerlöschmittel finden halogenierte Kohlenwasserstoffe u.a in sog. Halon-Löschern Verwendung. Die früher verwendeten Halone, z. B. Bromchlordifluormethan (Halon 1211) sind heute in Deutschland nicht mehr zugelassen. Sie wurden durch andere halogenorganische Verbindungen ersetzt, wie z. B. das fluorierte Keton $CF_3-CF_2-CO-CF(CF_3)_2$ (FK-5-1-12).
- Medizinische Anwendungen sind Narkosemittel (aktuell ist z. B. der halogenierte Ether Sevofluran ($CF_3-CH(CF_3-O-CH_2F$), Halothan ($CF_3-CHClBr$) wird heute kaum mehr angewandt) und das Vereisungsmittel Chlorethan (zur Lokalanästhesie).
- Halogenierte Kohlenwasserstoffe haben in der chemischen Industrie eine besondere Bedeutung als Edukte für die Synthese und als Zwischenprodukte.

Halogenierte Kohlenwasserstoffe kommen auch in der Natur vor. Pro Jahr entstehen ca. 5 Millionen Tonnen Chlormethan durch natürliche Vorgänge wie z. B. Waldbrände und Vulkanausbrüche.

Kennzeichnung der halogenierten Kohlenwasserstoffe
Neben den systematischen Namen der Chlorfluorkohlenwasserstoffe (CFKW) gibt es die Kennzeichnung der „American Society of Heating, Refrigeration and Air Conditioning Engineers", die auch von Deutschland übernommen wurde (DIN 8962).
- Die letzte Ziffer gibt die Zahl der Fluor-Atome des Moleküls an.
- Die vorletzte Ziffer entspricht der um eins vermehrten Zahl der Wasserstoff-Atome.
- Die drittletzte Ziffer entspricht der um eins verminderten Zahl der Kohlenstoff-Atome. Die Null (die sich bei Methan-Derivaten ergibt) wird weggelassen.
- Sind Brom-Atome am Aufbau des Moleküls beteiligt, wird der Buchstabe B mit der Anzahl der Brom-Atome hinzugefügt.
- Die Anzahl der Chlor-Atome ergibt sich aus der Ergänzung der Bindungen des Kohlenstoff-Atoms.
- Den Ziffern wurde der Buchstabe R aufgrund der ursprünglichen Verwendung der CFKW in der Kältetechnik vorangestellt (von engl. refrigerant, Kältemittel); häufig wird auch der Buchstabe F verwendet.

Beispiel: 1,1,2-Trichlor-1,2,2-trifluorethan ($C_2Cl_3F_3$, R 113)

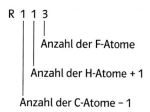

R 1 1 3
- Anzahl der F-Atome
- Anzahl der H-Atome + 1
- Anzahl der C-Atome – 1

Beispiel: Bromchlordifluormethan ($CClBrF_2$, R 12B1; vgl. das entspechende Halon-Beispiel unten)

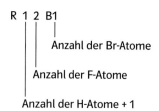

R 1 2 B1
- Anzahl der Br-Atome
- Anzahl der F-Atome
- Anzahl der H-Atome + 1

(Anzahl der C-Atome – 1 entfällt bei Methan-Derivaten)

Die Halone werden häufig gesondert betrachtet, obwohl sie grundsätzlich der Reihe der CFKW zuzuordnen sind. Der Name ist eine Wortverdichtung des englischen Begriffs „halogenated hydrocarbon". Halone sind Verbindungen, deren Moleküle Fluor-, teilweise auch Chlor-, aber immer Brom-Atome aufweisen. Ihre separate Behandlung ergab sich aus ihrem eigenen Verwendungsbereich. Für sie wurde eine eigene Ziffern-Kennzeichnung eingeführt. Die vier Ziffern bezeichnen nacheinander:
1. Anzahl der C-Atome
2. Anzahl der F-Atome
3. Anzahl der Cl-Atome
4. Anzahl der Br-Atome

Beispiel: Bromchlordifluormethan ($CClBrF_2$, Halon 1211; vgl. das entsprechende CFKW-Beispiel oben)

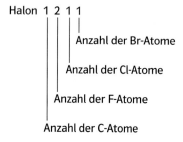

Halon 1 2 1 1
- Anzahl der Br-Atome
- Anzahl der Cl-Atome
- Anzahl der F-Atome
- Anzahl der C-Atome

Literatur

K. Müller, W. Kirsch: Reaktionen von Kohlenwasserstoffen mit Bromwasser als Schülerversuche. MNU-Journal 72 (02/2019), 127–134

6.9 Produktvielfalt durch nucleophile Substitutionen

Zu den Aufgaben

A1 Im erster Reaktionsschritt, der Abspaltung eines Bromid-Ions, liegt eine heterolytische Bindungsspaltung vor. Bei der Trennung des Bromid-Ions vom 2-Brom-2-methylpropan wird das bindende Elektronenpaar der C–Br-Bindung vollständig vom Brom-Atom übernommen. Bei einer homolytischen Spaltung würde jedes Atom der C–Br-Bindung ein Elektron übernehmen.

A2

Radikalische Substitution:
- Ein Atom eines Substrats wird ersetzt.
- Das Teilchen, das das Substrat angreift, ist ein Radikal.
- Die „Abgangsgruppe" ist i.d.R. ein Wasserstoff-Atom.
- Die radikalische Substitution wird durch Licht oder Radikalbildner gestartet und ist danach eine Kettenreaktion. Bei der radikalischen Substitution erfolgen homolytische Spaltungen.

Nucleophile Substitution:
- Ein Atom oder eine Atomgruppe des Substrats wird ersetzt.
- Das Teilchen, das das Substrat angreift, ist ein nucleophiles Teilchen (ein Anion oder ein Molekül mit freien (nicht bindenden) Elektronenpaaren).
- Die Abgangsgruppe ist ebenfalls ein nucleophiles Teilchen.
- Die Reaktion läuft in zwei Schritten über eine heterolytische Spaltung (S_N1) oder in einem Schritt (S_N2) ab.

Die nucleophile und die radikalische Substitution haben gemeinsam, dass sie Substitutionen sind, d.h., ein Atom oder eine Atomgruppe des Substrats wird ersetzt. Sie unterscheiden sich im angreifenden Teilchen, in der Art der Abgangsgruppe und im Reaktionsmechanismus.

A3

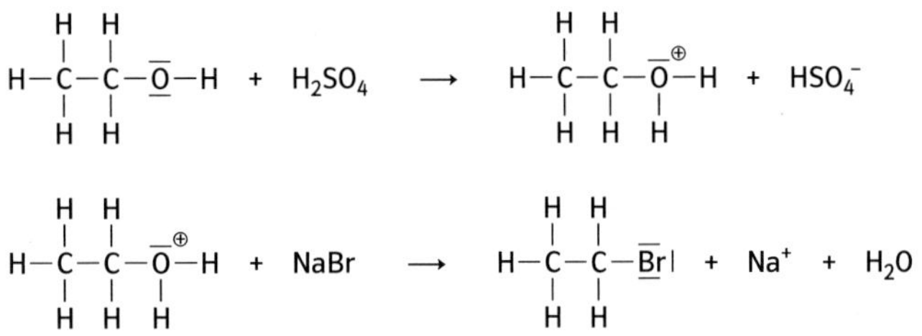

Die Hydroxygruppe des Ethanols wird durch die Schwefelsäure protoniert. Die protonierte Hydroxygruppe wird leichter als die Hydroxygruppe abgetrennt und durch das Bromid-Ion substituiert.

A4

a) Langsame Reaktion, nur unter Erwärmen:

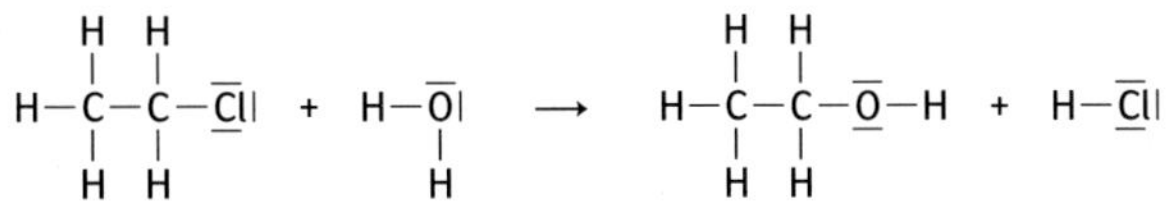

Chlorethan   Wasser   Ethanol   Chlorwasserstoff

Leicht ablaufende Reaktion:

Chlorethan-Molekül   Iodid-Ion   Iodethan-Molekül   Chlorid-Ion

Leicht ablaufende Reaktion:

Iodethan-Molekül   Wasser-Molekül   Ethanol-Molekül   Iodwasserstoff-Molekül

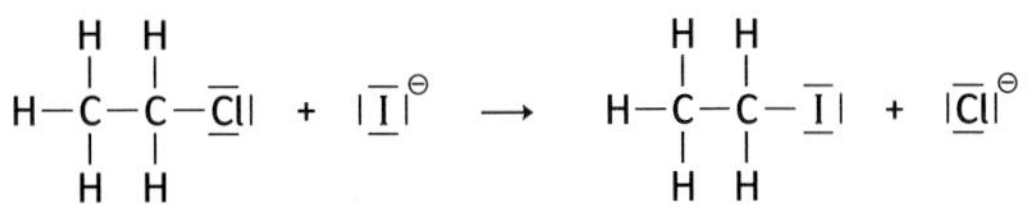

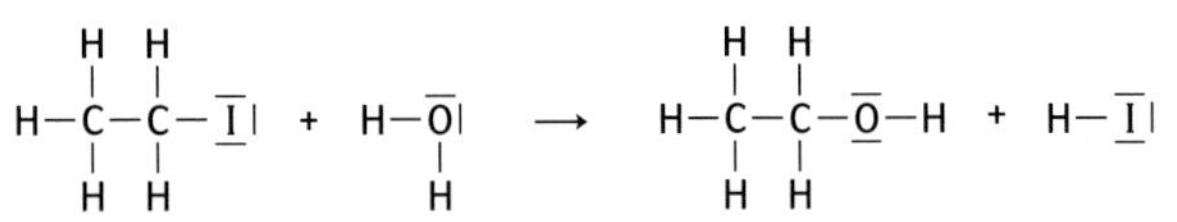

b) Die Iodid-Ionen beschleunigen die Bildung des Ethanols aus Chlorethan und Wasser, indem sie in einem ersten Schritt das Iodid-Ion das Chlor-Atom als Chlorid-Ion verdrängt. Im zweiten Schritt lässt sich das Iod-Atom als Iodid-Ion leicht durch das richtige Agens, das Wasser-Molekül, verdrängen.

Hinweis:

F < Cl < Br < I

——————————————→

Substituierbarkeit
nimmt zu

$F^- < Cl^- < Br^- < I^-$

——————————————→

Nucleophilie des Agens
nimmt zu

Zu den Versuchen

V1 Beobachtung: Nach dem Zusammengeben der Reaktionspartner wird die zunächst rotviolette Lösung farblos. Nach Zusatz von Silbernitrat-Lösung entsteht ein weißgelber Niederschlag.

Deutung: Der Farbumschlag von Rotviolett nach Farblos zeigt eine Absenkung des pH-Wertes an, d.h., es werden Hydroxid-Ionen der Natronlauge verbraucht. Bei Zugabe von Silbernitrat-Lösung entsteht ein weißgelber Niederschlag von Silberbromid, der anzeigt, dass sich Bromid-Ionen gebildet haben. B1 im Schulbuch zeigt die Reaktionsgleichung: Aus 2-Brom-2-methylpropan entsteht durch eine nucleophile Substitution 2-Methylpropan-2-ol. Die Reaktion läuft nach dem S_N1-Mechanismus ab, da als Zwischenprodukt ein tertiäres Carbo-Kation entsteht.

V2 Beobachtung und Deutung: Nach kurzer Zeit trübt sich das Reaktionsgemisch, und es bildet sich eine organische Phase auf der wässrigen Phase. Das Edukt 2-Methylpropan-2-ol ist in Wasser löslich; das Produkt 2-Chlor-2-methylpropan ist praktisch unlöslich. Reaktionsgleichung:

$$H_3C-\underset{\underset{CH_3}{|}}{\overset{\overset{CH_3}{|}}{C}}-\overline{O}-H \ + \ H-\overline{\underline{C}l}| \ \longrightarrow \ H_3C-\underset{\underset{CH_3}{|}}{\overset{\overset{CH_3}{|}}{C}}-\overline{\underline{C}l}| \ + \ |\overline{O}-H$$

Die Reaktion verläuft nach dem S_N1-Mechanismus.

Präparative Variante:
(Abzug!) Man gibt in einen Scheidetrichter 10 ml 2-Methylpropan-2-ol und 30 ml konz. Salzsäure. Der Scheidetrichter wird verschlossen und unter regelmäßigem vorsichtigem Belüften intensiv geschüttelt. Danach wird der Scheidetrichter in einen Stellring gesetzt. Sollten sich die Phasen nur schwer oder gar nicht trennen, kann mit Natriumchlorid ausgesalzen werden. Die organische (obere) Phase wird in einen Erlenmeyerkolben gegeben und mit etwas Calciumchlorid getrocknet. Mit dem Reaktionsprodukt kann man die Beilsteinprobe durchführen.
Hinweise (nach „Organikum", 21. Auflage 2001): Der Scheidetrichter sollte maximal zu zwei Dritteln gefüllt sein. Nach dem Verschließen mit einem Stopfen wird unter Festhalten des Hahnkükens und des Stopfens zunächst vorsichtig geschüttelt. Um den durch verdampfte Flüssigkeit entstandenen Überdruck abzubauen, wird der Scheidetrichter anschließend mit dem Auslauf nach oben gehalten (in den Abzug hinein) und am Hahn vorsichtig geöffnet. Der Vorgang des vorsichtigen Schüttelns und Lüftens wird so lange wiederholt, bis der Gasraum im Scheidetrichter mit Flüssigkeitsdampf gesättigt ist und der Druck unverändert bleibt. Anschließend wird 1 bis 2 Minuten kräftig geschüttelt.

V3 Beobachtung:
Bei Zugabe der ethanolischen Silbernitrat-Lösung zu 2-Chlor-2-methylpropan (tert. Butylchlorid) ist sofort oder nach kurzem Abwarten und Schütteln ein weißer Niederschlag zu beobachten.
Bei der Zugabe der ethanolischen Silbernitrat-Lösung zu 2-Chlorbutan zeigt sich allmählich eine Trübung, die nach mehrmaligem Schütteln immer deutlicher hervortritt. Ein weißer Stoff liegt zunächst fein verteilt vor. Der weiße Stoff setzt sich allmählich ab.

Deutung:
2-Chlor-2-methylpropan ist ein tertiäres Halogenalkan, 2-Chlorbutan ein sekundäres Halogenalkan. Offensichtlich reagiert das tertiäre Halogenalkan schneller als das sekundäre Halogenalkan.

Zu a) 2-Chlor-2-methylpropan reagiert mit ethanolischer Silbernitrat-Lösung:

$$H_3C-\underset{\underset{CH_3}{|}}{\overset{\overset{CH_3}{|}}{C}}-\underline{\overline{C}l}| \;+\; Ag^+ \;+\; NO_3^- \;\longrightarrow\; H_3C-\underset{\underset{CH_3}{|}}{\overset{\overset{CH_3}{|}}{C}}^{\oplus} \;+\; AgCl \;+\; NO_3^-$$

2-Chlor-2-methylpropan tertiäres Carbo-Kation

$$H_3C-\underset{\underset{CH_3}{|}}{\overset{\overset{CH_3}{|}}{C}}^{\oplus} \;+\; |\overline{O}-C_2H_5 \;\longrightarrow\; H_3C-\underset{\underset{CH_3}{|}}{\overset{\overset{CH_3}{|}}{C}}-\overset{\oplus}{\underset{H}{O}}-C_2H_5$$

$$H_3C-\underset{\underset{CH_3}{|}}{\overset{\overset{CH_3}{|}}{C}}-\overset{\oplus}{\underset{H}{O}}-C_2H_5 \;\longrightarrow\; H_3C-\underset{\underset{CH_3}{|}}{\overset{\overset{CH_3}{|}}{C}}-\overline{O}-C_2H_5 \;+\; H^+$$

Ethyl-tertiär-butylether (ETBE)

Zu b) 2-Chlorbutan reagiert mit ethanolischer Silbernitrat-Lösung:

$$H_3C-\underset{\underset{|\underline{C}l|}{|}}{\overset{\overset{H}{|}}{C}}-C_2H_5 \;+\; Ag^+ \;+\; NO_3^- \;\longrightarrow\; H_3C-\underset{\oplus}{\overset{\overset{H}{|}}{C}}-C_2H_5 \;+\; AgCl \;+\; NO_3^-$$

2-Chlorbutan sekundäres Carbo-Kation

$$H_3C-\underset{\oplus}{\overset{\overset{H}{|}}{C}}-C_2H_5 \;+\; |\overline{O}-C_2H_5 \;\longrightarrow\; H_3C-\overset{\overset{H}{|}}{\underset{\underset{H}{|}}{\underset{\oplus|O-C_2H_5}{C}}}-C_2H_5$$

$$H_3C-\overset{\overset{H}{|}}{\underset{\underset{H}{|}}{\underset{\oplus|O-C_2H_5}{C}}}-C_2H_5 \;\longrightarrow\; H_3C-\overset{\overset{H}{|}}{\underset{|\underline{O}-C_2H_5}{C}}-C_2H_5 \;+\; H^+$$

2-Butylethylether

Vom jeweiligen *Halogenalkan* spaltet sich im ersten Reaktionsschritt ein Chlorid-Ion ab. Die Chlorid-Ionen bilden mit Silber-Ionen das schwer lösliche Silberchlorid, das ausfällt.
Zurück bleibt ein *Carbo-Kation*. Dieses reagiert mit einem Ethanol-Molekül. Das Additionsprodukt weist eine positive Ladung am Sauerstoff-Atom auf. Durch Abspaltung eines Wasserstoff-Ions (eines Protons) entsteht im letzten Schritt der *Ether*. Die Wasserstoff-Ionen können mit den Nitrat-Ionen Salpetersäure bilden.

Die Reaktionen laufen nach dem S_N1-Mechanismus ab. Das *tertiäre Carbo-Kation* bildet sich leichter als das *sekundäre Carbo-Kation*. Durch den +I-Effekt werden die Carbo-Kationen stabilisiert. Drei Methylgruppen stabilisieren ein Carbo-Kation stärker als zwei Methylgruppen.

V4 Es entwickelt sich Wasserstoff. Nach Hinzufügen von Wasser entsteht eine alkalische Lösung, die Phenolphthalein violett färbt. B7 a) im Schulbuch zeigt die Reaktionsgleichung für die Reaktion von Ethanol mit Natrium. Das Ethanolat reagiert mit Wasser zu Ethanol und Hydroxid-Ionen, die die alkalische Lösung bilden.

Zusatzinformationen   Die wesentlichen Unterschiede zwischen der S_N1- und S_N2-Reaktion sind im Schulbuch beschrieben. Im Folgenden wird dies noch am Beispiel der Hydrolysen von Iodmethan bzw. 2-Iod-2-methylpropan verdeutlicht und genauer behandelt.

Die Hydrolyse von Iodmethan mit Kalilauge ist eine S_N2-Reaktion:

Das nucleophile Teilchen greift gegenüber von der Abgangsgruppe an. Im Übergangszustand existieren eine noch nicht vollständig gebildete C–O-Bindung sowie eine noch nicht vollständig gelöste C–I-Bindung. Anschließend wird die C–I-Bindung vollständig gelöst und die C–O-Bindung vervollständigt.

Im Unterschied dazu ist die (sonst analog scheinende) Hydrolyse von 2-Iod-2-methylpropan eine S_N1-Reaktion:

Hier entsteht als Zwischenprodukt ein Carbo-Kation (Carbenium-Ion). Die S_N1-Reaktion ist hier begünstigt, da das Carbo-Kation durch den +I-Effekt der drei Methylgruppen am positiv geladenen C-Atom stabilisiert wird.

Allgemein gilt für den Einfluss der Substituenten:
– Wenn als Zwischenprodukt ein mit drei elektronenschiebenden Gruppen substituiertes Carbo-Kation entstehen kann, ist die S_N1-Reaktion begünstigt. Beispiel: Substitution an tertiären Alkoholen (s. V1).
– Ein unsubstituiertes Carbo-Kation ist sehr instabil und entsteht nur mit geringer Wahrscheinlichkeit als Zwischenprodukt. In diesem Fall ist die S_N2-Reaktion begünstigt. Beispiel: Substitution an primären Alkoholen.

Ob eine S_N1- oder S_N2-Reaktion stattfindet, hängt aber nicht nur vom organischen Edukt ab, sondern auch vom Lösungsmittel und von den Konzentrationen der Edukte:
– Polare, protische Lösungsmittel begünstigen die S_N1-Reaktion. Sie solvatisieren beide Zwischenprodukte (das Carbo-Kation und das abgespaltene Anion) und stabilisieren sie dadurch. Beispiele: Wasser, Methanol, Ethanol. („Protisch" bedeutet, dass das Lösungsmittel-Molekül Wasserstoff-Atome mit positiver Partialladung enthält.)
– Polare, aprotische Lösungsmittel begünstigen die S_N2-Reaktion. Das Nucleophil liegt in diesen Lösungsmitteln fast unsolvatisiert vor, sodass es klein ist und das C-Atom besser angreifen kann. Außerdem wird auch das abgespaltene Anion nicht solvatisiert, sodass es „lieber" möglichst lange am C-Atom gebunden bleibt. Beispiele: Aceton, Acetonitril, Nitromethan, Dimethylsulfoxid (DMSO).
– Hohe Konzentrationen beider Edukte begünstigen die S_N2-Reaktion.

Viele nucleophile Substitutionen (z. B. an sekundären Alkoholen) sind weder S_N1- noch S_N2-Reaktionen, sondern zeigen Merkmale beider Reaktionsmechanismen. Ob hier beide Mechanismen nebeneinander ablaufen, oder ob eher ein „Zwischenmechanismus" vorliegt (durch Lösungsmittel-Moleküle zusammengehaltene „innere Ionenpaare"), ist noch umstritten.

Die Eliminierungsreaktion ist eine Konkurrenzreaktion zur nucleophilen Substitution. Statt einer S_N1-Reaktion kann eine E1-Reaktion stattfinden, statt einer S_N2-Reaktion eine E2-Reaktion. Als Nebenprodukte können folglich ungesättigte Verbindungen entstehen.

Die beiden unterschiedlichen Reaktionsmechanismen beeinflussen den zeitlichen Ablauf der Reaktion (Kinetik) und die Reaktionsprodukte:
– Kinetik: Bei der S_N1-Reaktion ist der erste Schritt geschwindigkeitsbestimmend, da er wesentlich langsamer ist als der zweite Schritt. Die Reaktionsgeschwindigkeit ist daher i. d. R. nur von der Konzentration des organischen Edukts (hier 2-Iod-2-methylpropan) abhängig (Reaktion 1. Ordnung). Die S_N2-Reaktion läuft in einem Schritt ab, daher ist ihre Reaktionsgeschwindigkeit von der Konzentration des organischen Edukts (hier Iodmethan) *und* von der Konzentration des Nucleophils (hier OH^-) abhängig (Reaktion 2. Ordnung).

– Spiegelbildisomerie: Falls an einem asymmetrischen C-Atom substituiert wird, erhält man im Falle der S_N1-Reaktion beide Enantiomere als Produkt, da das Zwischenprodukt ein trigonal planares (und damit spiegelsymmetrisches, d.h. achirales) Carbo-Kation ist:

chirale Verbindung (nur ein Enantiomer) | planares, achirales Carbo-Kation | chirale Verbindung (Enantiomergemisch 1:1)

Im Falle der S_N2-Reaktion bleibt das C-Atom während des ganzen Reaktionsablaufs asymmetrisch. (Das „Umklappen des Regenschirms" im Übergangszustand bezeichnet man als Walden-Umkehr oder Walden'sche Umkehrung). Setzt man eine optisch aktive Verbindung als Edukt ein, so ist auch das Produkt optisch aktiv:

chirale Verbindung (nur ein Enantiomer) | trigonal-bipyramidaler, chiraler Übergangszustand | chirale Verbindung (nur ein Enantiomer)

Zusammenfassung der Unterschiede von S_N1 und S_N2:

	S_N1	S_N2
Kinetik	1. Ordnung	2. Ordnung
Stereochemie	Racemisierung	Walden-Umkehr
C-Atom mit Abgangsgruppe	tertiär	primär
Lösungsmittel	polar, protisch	polar, aprotisch

Literatur

Peter Sykes: Reaktionsmechanismen der organischen Chemie. VCH, Weinheim 2001

C. Schmuck: Basisbuch Organische Chemie. München 2013 (Pearson)

H. G. O. Becker et al.: Organikum – Organisch-chemisches Grundpraktikum. Deutscher Verlag der Wissenschaften, Berlin. Ab der 20. Auflage: Wiley VCH, Weinheim

C. Schmitt, O. Wißner, M. Schween: Carbenium-Ionen als reaktive Zwischenstufen. (Experimenteller) Zugang zu einem tieferen Verständnis organischer Reaktionen. Chemie konkret 20 (2/2013), 59

6.10 Reaktionen der Alkene – elektrophile Addition

Zu den Aufgaben

A1

	Reaktionsablauf	Produkte	Reaktions-typ
Bromierung von Ethan	Einsetzen der Reaktion erst nach Energiezufuhr (Belichten); vergleichsweise langsame Reaktion	Zwei Produkte: Bromethan und Brom-wasserstoff (Hydrogenbromid). (*Hinweis:* Ein mögliches Nebenprodukt ist n-Butan, das sich aus zwei Ethyl-radikalen bildet. Außerdem bilden sich mehrfach bromierte Ethan- und Butan-derivate.)	Radikalische Substitution
Bromierung von Ethen	Sofortige, schnelle Reaktion beim Zusammen-geben; keine Belichtung (bzw. andere Energie-zufuhr) erforderlich	Ein Produkt: Dibromethan. (*Hinweis:* Es gibt keine Neben-produkte.)	Elektrophile Addition

A2

1. Protonierung eines But-1-en-Moleküls:

But-1-en   Oxonium-Ion   Carbo-Kation   Wasser

2. Nucleophiler Angriff eines Wasser-Moleküls:

Carbo-Kation   Alkyloxonium-Ion

3. Abspaltung eines Protons:

Alkyloxonium-Ion   Butan-2-ol   Oxonium-Ion

Hinweise:

- Zum 1. Reaktionsschritt: Da das Wasser-Molekül ein nucleophiles Teilchen ist, kann es die Doppel-bindung nicht erfolgreich angreifen. Die Addition von Wasser ist daher säurekatalysiert, d.h., ein Oxonium-Ion greift elektrophil an. Dabei entsteht auch ein sehr geringer Anteil des primären Carbo-Kations und folglich eine geringe Menge von Butan-1-ol als Reaktionsprodukt.
- Zum 2. Reaktionsschritt: Ein nicht bindendes Elektronenpaar des Wasser-Moleküls greift das Carbo-Kation nucleophil an. Das Wasser-Molekül wird addiert.
- Zum 3. Reaktionsschritt: Abgesehen vom Reaktionsprodukt wird hier der Katalysator wieder ge-bildet.
- Gesamtgleichung:

$$CH_3-CH_2-CH=CH_2 \ + \ H_2O \ \xrightarrow{H_3O^+} \ CH_3-CH_2-CH-CH_3$$
$$|$$
$$OH$$

Zum Versuch

V1 Nach 2 bis 3 Sekunden entfärbt sich das gelbliche Bromwasser, und es entsteht eine klare Lösung.

Reaktionsgleichung: $C_3H_6 + Br_2 \longrightarrow C_3H_6Br_2$

Hinweis zur Durchführung:
Propen kann in Kleinstahlflaschen bzw. Druckdosen im Chemikalienfachhandel bezogen oder selbst hergestellt werden:
– aus Propan-2-ol (Isopropanol) und konz. Schwefelsäure
– durch Auftropfen von Propan-2-ol auf Tetraphosphordecaoxid (V. Obendrauf: Die Low-Cost-Lach-gas-Kanone. Praxis der Naturwissenschaften – Chemie 48 (3/1999), 35, v. a. S. 39)

Varianten:
Bei Verwendung eines unpolaren Lösungsmittels, z.B. Cyclohexan, erfolgt die Entfärbung nach etwa 5 bis 6 Sekunden; es entsteht eine Lösung. In gesättigter Kaliumbromid-Lösung erfolgt die Entfär-bung nach 2 bis 3 Sekunden; es entsteht eine Emulsion.

Literatur

M. Bruch, C. Schmitt, M. Schween: Die Markovnikov-Regel verstehen ... Neue Schlüsselexperimente: die Addition von Wasser an Alkene in zwei getrennten Schritten. Praxis der Naturwissenschaften – Chemie 64 (Heft 3, April 2015), 14

6.11 Reaktionsschritte der Esterbildung und Esterspaltung

Zu den Aufgaben

A1 Die Veresterung wird durch eine Säure katalysiert, die genügend stark sein muss, dass sie das Carbonsäure-Molekül protonieren kann. Hierfür ist z.B. Schwefelsäure geeignet, oder Oxonium-Ionen, die durch die Reaktion von Schwefelsäure mit dem Reaktionsprodukt Wasser entstehen.

Hinweis: Wird bei der Veresterung eine größere Portion Schwefelsäure eingesetzt, wirkt die Schwe-felsäure nicht nur als Katalysator, sondern bindet auch Wasser. Dieses steht dann nicht mehr für die Hydrolyse zur Verfügung. (Allgemein ausgedrückt: Man entzieht dem Gleichgewicht ein Produkt.) Das Gleichgewicht wird dadurch in Richtung der Produkte (Ester und Wasser) verschoben.

A2 Der Reaktionsmechanismus der säurekatalysierten Esterhydrolyse entspricht der Umkehrung der Veresterung (B3 im Schulbuch):

Hinweis: Die Nummern auf den Gleichgewichtspfeilen zeigen die Analogie zu B3 im Schulbuch.

6.12 Esterbildung und -spaltung – Gleichgewichtsbetrachtung

Zur Aufgabe

A1 Ausschlaggebend dafür, dass die Esterhydrolyse in alkalischer Lösung im Gegensatz zur säurekatalysierten Esterspaltung keine Gleichgewichtsreaktion ist, ist der im Schulbuch in B6 dargestellte Reaktionsschritt 3. Carbonsäure-Moleküle reagieren mit Alkoholat-Ionen zu Carboxylat-Ionen und Alkohol-Molekülen. Dieser letzte Schritt ist nicht umkehrbar, da die negativ geladenen Carboxylat-Ionen nicht von den Alkohol-Molekülen angegriffen werden können. Die Ester-Moleküle werden daher vollständig gespalten, es stellt sich kein Gleichgewicht ein.

Zu den Versuchen

V1

a) Beobachtung:
Nach dem Zusammensetzen der Apparatur heizt man mit Stufe 3 den Kolbeninhalt auf. Die Temperatur steigt sehr schnell, schon nach ca. 5 Minuten siedet das Gemisch heftig und Dampf steigt auf. Die Dampftemperatur beträgt etwa 95 °C. Flüssigkeitstropfen tropfen vom Kühler in den Bürettenteil des Wasserauskreisers (Wasserabscheiders), sinken herab. Man heizt nur noch mit Stufe 2 oder 1 nach. Nach ca. 25 Minuten beträgt die Dampftemperatur 110 °C und nach ca. 30 Minuten knapp 120 °C. Es fallen keine Tropfen mehr in den Bürettenteil. Das Heizgerät schaltet man ganz ab und beobachtet. Die Flüssigkeit im Bürettenteil wird klar, das Volumen beträgt ca. 9 ml.
Die Flüssigkeit des Bürettenteils riecht noch noch angenehm fruchtartig (nach Ethansäure-n-butylester).
Überstehende Flüssigkeit im Bürettenteil lässt man durch Schrägstellen der Destillationsbrücke in den Kolben fließen.

Erklärung:
Das Gemisch aus Butan-1-ol, Ethansäure und Schwefelsäure siedet nach ca. 5 Minuten (gemessene Temperatur des Flüssigkeitsgemisches zwischen 95 °C und 100 °C). Wasser und Butan-1-ol bilden ein Azeotrop, das eine Siedetemperatur von 92,4 °C oder 93 °C hat. Als Destillat geht zwischen 95 °C und 120 °C vor allem das aus Wasser und Butan-1-ol (mit kleinen Anteilen an Ethansäure und Schwefelsäure vermischt) bestehende Azeotrop über und kondensiert am Kühler. Es tropft in den Bürettenteil des Wasserauskreisers (Wasserabscheiders).
Dabei trennt sich das Wasser-Butan-1-ol-Gemisch, Butan-1-ol bildet die obere Phase und fließt wieder zurück in den Kolben.
Ethansäure und Butan-1-ol haben (praktisch) vollständig zu Ethansäure-n-butylester (der sich im Kolben befindet) und Wasser reagiert.
Hinweis: Es hat sich auch ein wenig Butan-1-ol im Wasser gelöst (ca. 0,5 ml).

b) Beobachtung:
Nach Zugabe der Natriumcarbonat-Lösung ist eine deutliche Gasbildung zu beobachten.
Es bilden sich zwei Schichten.
Mit dem Scheidetrichter wird die organische Schicht des Esters von der Wasserschicht getrennt.

Erklärung:
Schwefelsäure reagiert mit dem Natriumcarbonat zu Natriumsulfat und Kohlenstoffdioxid.
Das Kohlenstoffdioxid entweicht sehr weitgehend aus der Natriumsulfat-Lösung.

Hinweis: Es soll möglichst wenig Natriumcarbonat-Lösung eingesetzt werden, da sich ein wenig Ester im Wasser löst. Außerdem geht auch Ethansäure-n-butylester in den Gasraum über.

c) Beobachtung:
Bei den vom Autor durchgeführten Versuchen wurden meist zwischen 47 g (0,4 mol) und 51 g (0,44 mol) Ethansäure-n-butylester erhalten.

Erklärung:
Ein Teil des Esters löst sich in der Natriumsulfat-Lösung, ein weiterer Teil ist verdunstet.

Hinweise zur Durchführung:
– Für den Versuchsansatz sollen die Ethansäure und das Butan-1-ol möglichst wasserfrei sein.
– Es ist darauf zu achten, dass nicht mehr Schwefelsäure eingesetzt wird, als in der Versuchsanleitung angegeben. Zu viel Schwefelsäure führt beim Erhitzen des Reaktionsgemisches zur Zersetzung der organischen Stoffe, erkennbar an einer Braunfärbung der Lösung.

Eigenschaften der beteiligten Stoffe:

Stoff	Molare Masse M	Siedetemperatur ϑ_{sd}	Dichte ρ bei 20 °C	Löslichkeit in Wasser bei 20 °C
Ethansäure	60,05 g/mol	118 °C	1,04 g/cm^3	unbegrenzt
Butan-1-ol	74,12 g/mol	Azeotrop* mit Wasser (w = 55,5 %): ϑ_{sd} = 92,4 °C Reinstoff: ϑ_{sd} = 118 °C	0,81 g/cm^3	7,7 g / 100 g
Wasser	18,02 g/mol	100 °C	0,998 g/cm^3	unbegrenzt
Schwefelsäure	98,08 g/mol	Azeotrop* mit Wasser (w = 98 %): ϑ_{sd} = 335 °C Reinstoff: ϑ_{sd} = 290 °C	1,84 g/cm^3	unbegrenzt
Ethansäure-n-butylester	116,16 g/mol	126 °C	0,88 g/cm^3	5,1 g / 1 l

*Quelle: Englische Wikipedia, Artikel „Azeotrope tables" (Stand: August 2023)

V2 In dem Versuch wird das Vorgehen zum Nachweis eines Esters, in diesem Fall Ethansäureethylester, beschrieben. Zu der Lösung des Ethansäureethylesters in Ethanol wird in Gegenwart des Indikators Thymolphthalein (geeignet ist auch eine Phenolphthalein-Lösung) Natronlauge getropft, bis eine schwach alkalische, blaue Lösung vorliegt (bei Einsatz einer Phenolphthalein-Lösung eine schwach alkalische, rotviolette Lösung). Bei leichtem Erwärmen reagiert Ethansäureethylester mit Natronlauge zum Salz der Ethansäure (Natriumacetat) und Ethanol.

$$CH_3COOC_2H_5 + Na^+ + OH^- \longrightarrow CH_3COO^- + Na^+ + C_2H_5OH$$

Infolge dieser Esterspaltung verringert sich die Hydroxid-Ionen-Konzentration, sodass eine neutrale oder nahezu neutrale Lösung entsteht. Dieser Nachweis auf Ester wird auch als Rojahn-Test (Schulbuch, Kap. 6.15) bezeichnet.

6.13 Vom C4-Schnitt zu organisch-chemischen Synthesen

Zu den Aufgaben

A1 Hauptbestandteile des C4-Schnittes:

C_4H_6 $CH_2=CH-CH=CH_2$
Buta-1,3-dien ϑ_{sd} = – 6 °C

C_4H_8 $CH_2=CH-CH_2-CH_3$ $CH_2=\overset{\displaystyle CH_3}{\underset{}{C}}-CH_3$
But-1-en ϑ_{sd} = – 6 °C   Isobuten (2-Methylpropen) ϑ_{sd} = – 7 °C

$$\underset{\text{(E)-But-2-en}}{\overset{H_3C}{\underset{H}{>}}C=C\overset{H}{\underset{CH_3}{<}}} \qquad \underset{\text{(Z)-But-2-en}}{\overset{H_3C}{\underset{H}{>}}C=C\overset{CH_3}{\underset{H}{<}}}$$

(E)-But-2-en ϑ_{sd} = 4 °C   (Z)-But-2-en ϑ_{sd} = 1 °C

Hinweis: Die Siedetemperaturen der genannten Stoffe gehören nicht zur Aufgabenlösung.

a) und b)

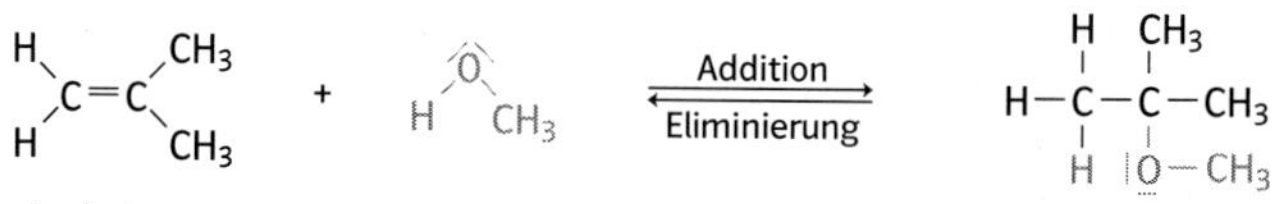

Durch Addition von Methanol an Isobuten erhält man Methyl-tertiär-butylether (MTBE).
Anschließend eliminiert man das Methanol und erhält reines Isobuten.

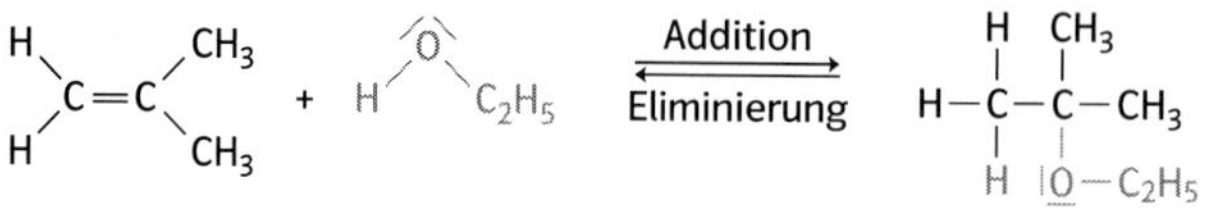

Durch Addition von Ethanol an Isobuten erhält man Ethyl-tertiär-butylether (ETBE).
Anschließend eliminiert man das Ethanol und erhält reines Isobuten.

Zusatzinformationen

Eine Möglichkeit zur Abtrennung von Isobuten ist die Addition von Methanol oder Ethanol unter Einfluss eines sauren Katalysators bei 40 bis 100 °C und 0,7 bis 1 MPa Druck (Williamson-Ethersynthese, Kap. 6.9). Es entsteht Methyl-tertiär-butylether (MTBE) bzw. Ethyl-tertiär-butylether (ETBE). Für diese Stoffe gibt es einen großen Absatzmarkt, da sie als Antiklopfmittel zur Erhöhung der Octanzahl von Kraftstoffen verwendet werden.
Auch aus MTBE bzw. ETBE kann man hochreines Isobuten herstellen. Beim Erhitzen auf 250 bis 400 °C unter Druck mit einem sauren Katalysator kommt es zur Rückreaktion; Methanol bzw. Ethanol wird eliminiert. Auch hier wird das Methanol bzw. Ethanol in einem Stoffkreislauf zurückgeführt. In der Technik nutzt man solche Anlagen, um von Schwankungen auf dem Kraftstoffmarkt unabhängiger zu sein und um die erforderlichen Produktströme besser handhaben zu können.

6.14 Chemische Reaktion und Chiralität

Zur Aufgabe

A1

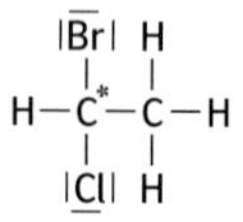

1-Brom-1-chlorethan 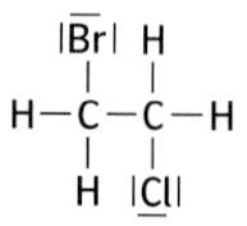   1-Brom-2-chlorethan 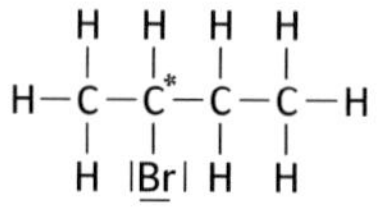   2-Brombutan

- Beim 1-Brom-1-chlorethan tritt Spiegelbildisomerie auf. Das erste C-Atom ist mit vier unterschiedlichen Substituenten (H, Br, Cl, $-CH_3$) verknüpft.
- Beim 1-Brom-2-Chlorethan liegt keine Spiegelbildisomerie vor.
- Beim 2-Brombutan tritt Spiegelbildisomerie auf. Das zweite C-Atom ist mit vier unterschiedlichen Substituenten (H, Br, $-CH_3$, $-C_2H_5$) verknüpft.

6.15 Impulse: Nachweise von funktionellen Gruppen

Zu den Aufgaben

A1 Bei der Reaktion einer Kohlenwasserstoff-Verbindung mit C=C-Doppelbindungen tritt Entfärbung des Bromwassers ein, die Brom-Moleküle werden an die C=C-Doppelbindungen addiert.

A2 Man gibt in ein Reagenzglas ein wenig alkoholischen Sekt und in ein zweites Reagenzglas alkoholfreien Sekt, anschließend tropft man unter Schütteln des Reagenzglases Cer(IV)-ammoniumnitrat-Reagenz (salpetersaure Lösung von Cer(IV)-ammoniumnitrat) zu. Eine Rotfärbung der Lösung ist der Nachweis für den Alkohol.

A3

Tollens-Probe:

$$C_3H_7-\overset{\text{I}}{\underset{H}{C}}\!\!\overset{\overline{O}|}{\diagup} \;+\; 2\,Ag^+ \;+\; 3\,OH^- \;\longrightarrow\; C_3H_7-\overset{\text{III}}{C}\!\!\overset{\overline{O}|}{\underset{\overline{O}|^{\ominus}}{\diagup}} \;+\; 2\,\overset{0}{Ag} \;+\; 2\,H_2O$$

Fehling-Probe und Benedict-Probe:

$$C_3H_7-\overset{\text{I}}{\underset{H}{C}}\!\!\overset{\overline{O}|}{\diagup} \;+\; 5\,OH^- \;+\; 2\,\overset{\text{II}}{Cu}\!\!^{2+} \;\longrightarrow\; C_3H_7-\overset{\text{III}}{C}\!\!\overset{\overline{O}|}{\underset{\overline{O}|^{\ominus}}{\diagup}} \;+\; Cu_2O \;+\; 3\,H_2O$$

A4 Man lässt das Gemisch nach Beendigung der Reaktion abkühlen und gießt es anschließend in einen schmalen und hohen Standzylinder oder Messzylinder. Nach kurzer Zeit nimmt man mit einer Pipette einen Teil der oberen, wasserunlöslichen Schicht ab und lässt diese in ein Reagenzglas abfließen. Zu dem Ester gibt man etwa das gleiche Volumen Ethanol.
Zu dieser Lösung tropft man eine Indikator-Lösung und verdünnte Natronlauge, bis eine schwach alkalische Lösung entstanden ist. Als Indikator-Lösung ist eine Phenolphthalein- oder eine Thymolph-thalein-Lösung gut geeignet. Die schwach alkalische Lösung mit dem Ester wird geschüttelt und in ein warmes Wasserbad (40 °C) gestellt. Die Lösung wird im Abstand von etwa 1 Minute immer wieder geschüttelt.
Tritt ein Farbwechsel ein, der eine neutrale Lösung anzeigt, ist der Ester-Nachweis positiv.
In der alkalischen Lösung werden die Ester-Moleküle in Carboxylat-Anionen (hier Acetat-Anionen) und Alkohol-Moleküle (hier Butanol-Moleküle) zerlegt:

$$CH_3-COO-C_4H_9 \;+\; OH^- \;\longrightarrow\; CH_3-COO^- \;+\; C_4H_9-OH$$

Infolge dieser Esterspaltung verringert sich die Hydroxid-Ionen-Konzentration, sodass sich das Gleichgewicht nach rechts verschiebt.
Dieser Nachweis auf Ester wird auch als *Rojahn*-Test bezeichnet.

6.16 Exkurs: Technische Herstellung von Essigsäure

Zur Aufgabe

A1 Partielle Oxidation von Methan: $2\,CH_4 + O_2 \longrightarrow 2\,CO + 4\,H_2$

Zur Abbildung

B1 Produktionsanlage für Essigsäure
Die Abbildung zeigt eine Anlage der Firma BP in Salt End, Yorkshire (England). Sie produziert jährlich 600 000 Tonnen Essigsäure und 150 000 Tonnen Essigsäureanhydrid.

Zusatzinformationen

Carbidessig
Das Erdöl war erst ab den 1960iger-Jahren die rohstoffliche Quelle für organische Verbindungen. In den Jahrzehnten davor war der Weg über Ethin (Acetylen) einer der wichtigsten Wege zu Produkten der organischen Chemie. Ethin wurde aus Calciumcarbid (CaC_2) hergestellt, das wiederum aus den Rohstoffen Kalk und Kohle gewonnen wurde. (Die eigentliche Rohstoffbasis der organischen Chemie war also Kohle.) Aus Ethin wurde durch die Addition von Wasser Ethanal (Acetaldehyd) hergestellt; dieses wurde zu Ethansäure (Essigsäure) oxidiert.

Reaktionsschritte:

1. Brennen von Kalk: $CaCO_3 \longrightarrow CaO + CO_2$

2. Reaktion von gebranntem Kalk mit Koks im Schmelz-Reduktionsofen: $CaO + 3\,C \longrightarrow CaC_2 + CO$

3. Hydrolyse von Calciumcarbid: $CaC_2 + 2\,H_2O \longrightarrow Ca(OH)_2 + C_2H_2$

4. Katalytische Addition von Wasser an Ethin: $C_2H_2 + H_2O \xrightarrow{\;Hg^{2+},\,H_2SO_4\;} CH_3CHO$

5. Katalytische Oxidation von Ethanal (Acetaldehyd): $2\,CH_3CHO + O_2 \xrightarrow{\;Mn^{2+}\;} 2\,CH_3COOH$

Die auf diese Weise in mehreren Stufen aus Calciumcarbid hergestellte Essigsäure wurde auch „Carbidessig" genannt. (Entsprechend war die Bezeichnung „Carbidsprit" für Ethanol, das aus Ethanal durch Reduktion gewonnen wurde.)

Literatur und Medien (Stand April 2022)

J. H. Jones: The Cativa™ Process for the Manufacture of Acetic Acid. Platinum Metals Review 44 (3/2000), 94–105 (Stand April 2022 im Internet frei zugänglich)
Wikipedia: Monsanto-Prozess
Wikimedia Commons: Suchwort „Cativa process"

6.17 Synthesen und Katalysatoren

Zur Aufgabe

A1

$$O=C=O \;+\; 2\,H^+ \;+\; 2\,e^- \;\longrightarrow\; H-C(=O)-O-H$$

Kohlenstoff-
dioxid

Methansäure
(Ameisensäure)

$$H-C(=O)-O-H \;+\; 2\,H^+ \;+\; 2\,e^- \;\longrightarrow\; H-C(=O)-H \;+\; H_2O$$

Methansäure
(Ameisensäure)

Methanal
(Formaldehyd)

$$H-C(=O)-H \;+\; 2\,H^+ \;+\; 2\,e^- \;\longrightarrow\; H-C(H)(H)-O-H$$

Methanal
(Formaldehyd)

Methanol

$$H-C(H)(H)-O-H \;+\; 2\,H^+ \;+\; 2\,e^- \;\longrightarrow\; H-C(H)(H)-H \;+\; H_2O$$

Methanol

Methan

6.18 Aufbau und Eigenschaften der Fette

Zu den Aufgaben

A1

A2 Ob sich ein Stoff in einem anderen Stoff löst, wird maßgeblich durch die Polarität der Teilchen bestimmt. Dabei gilt: Ähnliches löst sich in Ähnlichem, bezogen auf die Polarität. Wasser ist kein geeignetes Lösungsmittel, um Fette von der Faser von Kleidungsstücken zu lösen, da sich Fette nicht in Wasser lösen. Sie sind hydrophob. Der hydrophobe Charakter der Fette lässt sich erklären, wenn man die Fett-Moleküle hinsichtlich ihrer Polarität betrachtet. Der Einfluss der langen, unpolaren Fettsäurereste überwiegt den Einfluss der polaren Estergruppen. Fette lösen sich daher gut in lipophilen Stoffen, die aus unpolaren Teilchen bestehen, wie z.B. Tetrachlorethen. Sie lösen sich dagegen nicht in Wasser, das aus Dipol-Molekülen besteht.

Zu den Versuchen

V1 Gibt man Speiseöl und Wasser oder Speiseöl und Ethanol zusammen, entsteht eine Emulsion, die sich nach und nach wieder auftrennt. Gibt man Speiseöl und Heptan zusammen, so entsteht eine Lösung.

V2 Fette bzw. Öle hinterlassen auf dem Papier einen Fettfleck, der auch nach dem Trocknen erhalten bleibt.

Zusatzinformationen

Neben der Angabe der Schmelztemperaturbereiche der Fettarten und der Massenanteile der enthaltenen Fettsäuren werden die Fette durch verschiedene Kennzahlen charakterisiert:

Säurezahl SZ (oder Neutralisationszahl). Die Säurezahl gibt an, welche Portion Kaliumhydroxid (in mg) zur Neutralisation der in 1 Gramm Fett enthaltenen freien Säuren erforderlich ist. Besonders ältere Fette werden durch Feuchtigkeit und Einwirkung von Licht und Mikroorganismen langsam verseift, sodass die Säurezahl größer wird.

Verseifungszahl VZ. Die Verseifungszahl gibt an, welche Portion Kaliumhydroxid (in mg) benötigt wird, um die in 1 Gramm Fett enthaltenen freien Säuren zu neutralisieren *und* die Fett-Moleküle zu verseifen. Es entstehen die Kaliumsalze der Fettsäuren.

Esterzahl (EZ). Die Esterzahl ist die Differenz von Verseifungszahl und Säurezahl. Aus ihr lassen sich Rückschlüsse auf die durchschnittliche molare Masse der Fett-Moleküle ziehen. Je höher die Esterzahl ist, desto größer ist der Anteil der gebundenen kurzkettigen Fettsäuren in den Fett-Molekülen.

Iodzahl (IZ). Die Iodzahl gibt an, welche Portion Iod (in Gramm) von 100 g Fett addiert werden kann. Sie ist also ein Maß für den Gehalt der für die menschliche Ernährung so bedeutsamen ungesättigten Fettsäuren in Fetten. Reines Iod wird allerdings nicht an die Doppelbindungen der Fettsäuren addiert, sodass die Iodzahl auf Umwegen bestimmt wird:

Nach HÜBL wird mit Iod titriert, aber mit Quecksilberchlorid als Katalysator. Das eigentliche Reagenz ist dabei vermutlich Iodtrichlorid, das während der Titration aus Quecksilberchlorid und Iod gebildet wird.

- Nach WIJS lässt man zuerst einen Überschuss von Iodtrichlorid mit dem Fett reagieren und bestimmt dann die verbrauchte Menge durch Rücktitration mit Natriumthiosulfat.
- Nach H. P. KAUFMANN gibt man Brom im Überschuss zu, d.h., man addiert Brom-Moleküle an die Doppelbindungen. Das übrige Brom lässt man mit einem Überschuss von Kaliumiodid reagieren und bestimmt das entstandene Iod durch Titration mit Natriumthiosulfat.

Weitere Ausführungen und Berechnungsbeispiele siehe (Stand Mai 2022):
Homepage von Thomas Wohlhaupter TOMCHEMIE (Rechnen in der Chemie, Kennzahlen von Fetten)

Zur Nomenklatur und zum Stoffwechsel ungesättigter Fettsäuren

Bei nicht konjugierten ungesättigte Fettsäuren wird oft mit dem Buchstaben ω (omega) die Position der ersten Doppelbindung angegeben, wobei man nicht von der Carboxygruppe aus zählt, sondern von der Methylgruppe am anderen Molekülende. Ungesättigte Fettsäuren mit strukturellen Ähnlichkeiten werden zu „Familien" zusammengefasst:

- Ölsäure gehört zur ω-9-Familie;
- Linolsäure gehört zur ω-6-Familie;
- Linolensäure gehört zur ω-3-Familie.

Diese Zählweise erleichtert es, stoffwechselphysiologische Zusammenhänge darzustellen. Linolensäure und andere ω-3-Fettsäuren (Omega-3-Fettsäuren) sind z.B. Vorstufen eines bestimmten Prostaglandins (s.u.). Physiologisch wirksam sind vor allem die zur ω-3-Familie zählende 5,8,14,17-Icosapentaensäure (C_{20}, andere Bezeichnung: Eicosapentaensäure) und die 4,7,10,13,16,19-Docosahexaensäure (C_{22}), die aus Fischölen gewonnen werden. Sie verhindern Herz-Kreislauf-Erkrankungen und senken die Blutfettwerte.

Neben den systematischen Namen werden sehr häufig Trivialnamen verwendet. Um Kettenlänge und Anzahl der Doppelbindungen anzugeben, wird häufig eine Kurzschreibweise eingesetzt.
Zum Beispiel sagt die Kennzeichnung „18:1" aus, dass es sich um das Molekül der Octadecensäure mit einer Doppelbindung im Molekül handelt. Um auch die Position dieser Doppelbindung anzugeben, wird häufig das Zeichen Δ verwendet mit der hochgestellten Ziffer des C-Atoms mit der kleineren Ziffer, das die Doppelbindung trägt. Im Fall der Ölsäure lautet dann die Kennzeichnung Δ^9-18:1. Außerdem wird hinzugefügt, ob *cis*- oder *trans*-Konfiguration vorliegt. Bei natürlich vorkommenden Fettsäuren liegt fast ausschließlich die *cis*-Konfiguration vor.

Beispiel: Linolensäure ist *all-cis*, $\Delta^{9,12,15}$-Octadecatriensäure. Sie kann durch Kettenverlängerung (am Ende mit der Carboxygruppe) und Reduktion in die *all-cis*, $\Delta^{5,8,11,14,17}$-Icosapentaensäure umgewandelt werden. Dabei hat sich die Position der bisher schon vorhandenen Doppelbindungen um zwei Einheiten verschoben, zwei Doppelbindungen sind neu hinzugekommen. Beide gehören zu den Omega-3-Fettsäuren.

Ausschnitt aus dem Stoffwechsel einiger ω-3-Fettsäuren:

Linolensäure ($\Delta^{9,12,15}$-18:3)
↓
Octadecatetraensäure ($\Delta^{6,9,12,15}$-18:4)
↓
Icosatetraensäure ($\Delta^{8,11,14,17}$-20:4)
↓
Icosapentaensäure ($\Delta^{5,8,11,14,17}$-20:5)
↓
Prostaglandin E3

Literatur und Medien   A. Hahn et al: Ω-3-Fettsäuren. Chemie in unserer Zeit 38 (5/2004), 310
Themenheft: Fette und Öle. Praxis der Naturwissenschaften – Chemie in der Schule 50, (6/2001)
Themenheft: Fette, Öle, Derivate. Naturwissenschaften im Unterricht 20 (6/2009), Heft 113
DVD 4602291 Biomoleküle

6.19 Fette und Fetthärtung

Zu den Aufgaben   **A1**   Bei der Hydrierung entstehen drei Octadecansäurereste (Stearinsäurereste):

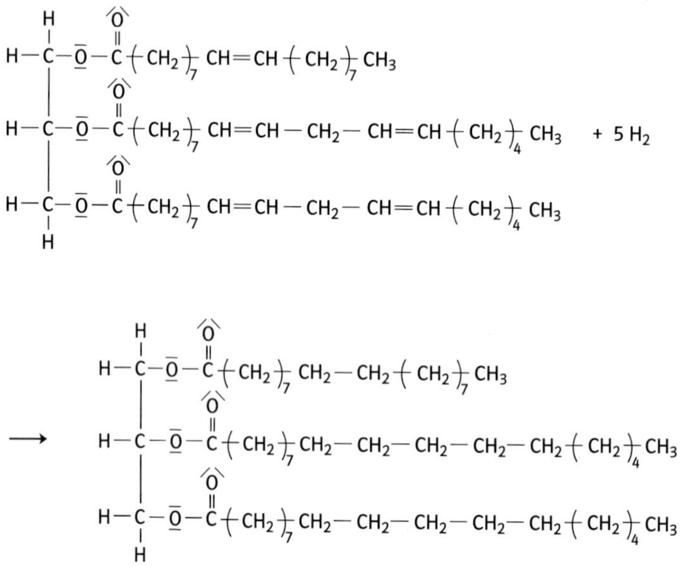

A2

a) $m(Br_2) = \beta(Br_2) \cdot V(\text{Brom-Lösung})$
$m(Br_2) = 60,0\,\text{mg/ml} \cdot 20,0\,\text{ml} = 1200\,\text{mg} = 1,200\,\text{g}$

b) $M(I_2) : M(Br_2) = 253,8\,\text{g/mol} : 158,8\,\text{g/mol} = 1,6$
$m(I_2) = 1,6 \cdot m(Br_2) = 1,6 \cdot 1,200\,\text{g} = 1,920\,\text{g}$
Gemäß der Umrechnung könnte 1 g Öl also 1,920 g Iod addieren. Da sich die Iodzahl auf 100 g Fett bezieht, ergibt sich eine Iodzahl von 192.

Zu den Versuchen   **V1**   Nach dem Abkühlen besteht der Überstand aus einem pasteähnlichen bis festen Material. Die ungesättigten Fettsäurereste der Moleküle des Pflanzenöls wurden (teilweise) hydriert zu gesättigten Fettsäureresten. Das hydrierte Fett hat einen höheren Schmelztemperaturbereich (Kap. Kap. 6.18, Schulbuch).
Hinweis: Im Unterschied zur katalytischen (industriellen) Fetthärtung verwendet man hier „nascieren-den Wasserstoff". Dieser ist besonders reaktiv, da einzelne Wasserstoff-Atome vorliegen.

V2   Man beobachtet eine Entfärbung des zugegebenen Bromwassers, da die Brom-Moleküle an die Doppelbindungen der Fettsäurereste addiert werden. Damit verbunden nimmt die Anzahl der Doppelbindungen in den Fettsäureresten ab. Dies führt zur Fetthärtung, das flüssige Öl wird fest. Dies kann im Experiment dadurch beobachtet werden, dass sich in der Mitte des Reaktionsgemisches eine feste, weiße Phase bildet.

V3 Sofern (noch) Doppelbindungen in den Fett-Molekülen vorhanden sind, kann Iod addiert werden. Da Kokosfett nur wenige Doppelbindungen enthält, kann nur ein geringer Teil des zugetropften Iods reagieren, und der überwiegende Rest den blauen Iod-Stärke-Komplex bilden. Anders verhält es sich bei Leinöl oder Sonnenblumenöl, hier wird das zugetropfte Iod überwiegend an die Doppelbindungen addiert und es kann sich entsprechend kaum der blaue Iod-Stärke-Komplex bilden.
Hinweis: PVP-Iod-Lösungen (Betaisodona® oder Braunol®) können im Handel erworben werden.

6.20 Praktikum: Fette

Zu den Versuchen

V1 **Bestimmung des Fett- und Wasseranteils in Kokosraspeln**
Ergebnis einer Messung:
m(Hülse, leer) = 2,44 g
m(Hülse, voll) = 7,51 g
m(Hülse, voll, trocken) = 7,46 g
m(Kolben, leer) = 114,50 g
m(Kolben mit Fett) = 117,23 g

Aufgabenlösungen

1. m(Kokosraspel) = 7,51 g – 2,44 g = 5,07 g
 m(Wasser) = 7,51 g – 7,46 g = 0,05 g
 m(Kokosraspel, trocken) = 5,07 g – 0,05 g = 5,02 g
 m(Fett) = 117,23 g – 114,50 g = 2,73 g

2. w(Wasser) = $\dfrac{m(\text{Wasser})}{m(\text{Kokosraspel})}$ = $\dfrac{0{,}05\,g}{5{,}07\,g}$ = 0,01 = 1 %

 w(Fett) = $\dfrac{m(\text{Fett})}{m(\text{Kokosraspel})}$ = $\dfrac{2{,}73\,g}{5{,}07\,g}$ = 0,538 = 53,8 %

Vergleich mit der Angabe des Herstellers auf der Packung: 100 g Kokosraspel enthalten 58,4 g Fett.

Hinweis zur Durchführung: Wenn kein Soxhletapparat zur Verfügung steht, kann man die Extraktion unter Rückflusskühlung im Rundkolben ausführen. Nach der Extraktion muss der Rückstand abfiltriert werden. Damit möglichst wenig Dampf austritt, filtriert man erst, wenn die Flüssigkeit abgekühlt ist. Das Filter wird mit einer kleinen Menge des Lösungsmittels ausgewaschen.

V2 **Bestimmung der Säurezahl von Fetten**

Aufgabenlösungen

1. Ergebnisse von zwei Titrationen mit Kaliumhydroxid-Lösung (c(KOH) = 0,079 mol/l):

Frisches Rapsöl:
m(Fett) = 3,9 g
V(Kaliumhydroxid-Lösung) = 0,38 ml = 0,000 38 l
c(KOH) = 0,079 mol/l
M(KOH) = 56,11 g/mol = 56,11 · 10^3 mg/mol

SZ = $\dfrac{0{,}000\,38\,l \cdot 0{,}079\,\text{mol/l} \cdot 56{,}11 \cdot 10^3\,\text{mg/mol}}{3{,}9\,g}$ = 0,43 mg/g

Altes Rapsöl:
m(Fett) = 3,6 g
V(Kaliumhydroxid-Lösung) = 1,60 ml = 0,001 60 l
c(KOH) = 0,079 mol/l
M(KOH) = 56,11 g/mol = 56,11 · 10^3 mg/mol

SZ = $\dfrac{0{,}001\,60\,l \cdot 0{,}079\,\text{mol/l} \cdot 56{,}11 \cdot 10^3\,\text{mg/mol}}{3{,}6\,g}$ = 2,0 mg/g

Hinweis: Um die Säurezahl genauer zu bestimmen, benötigt man zusätzlich einen Blindwert. Dazu titriert man 50 ml des Lösungsmittelgemisches. Der Blindwert wird dann von dem Volumen, das für die Neutralisierung der Fettprobe benötigt wurde, abgezogen.

Zu den oben beschriebenen Titrationen wurde ein Blindwert von
V(Kaliumhydroxid-Lösung) = 0,12 ml bestimmt. Die genaueren Säurezahlen sind dann:

Frisches Rapsöl:
m(Fett) = 3,9 g
V(Kaliumhydroxid-Lösung, korr.) = 0,38 ml – 0,12 ml = 0,26 ml = 0,00026 l
c(KOH) = 0,079 mol/l
M(KOH) = 56,11 g/mol = 56,11 · 10^3 mg/mol

$$SZ = \frac{0,00026 \, l \cdot 0,079 \, mol/l \cdot 56,11 \cdot 10^3 \, mg/mol}{3,9 \, g} = 0,30 \, mg/g$$

Altes Rapsöl:
m(Fett) = 3,6 g
V(Kaliumhydroxid-Lösung, korr.) = 1,60 ml – 0,12 ml = 1,48 ml = 0,00148 l
c(KOH) = 0,079 mol/l
M(KOH) = 56,11 g/mol = 56,11 · 10^3 mg/mol

$$SZ = \frac{0,00148 \, l \cdot 0,079 \, mol/l \cdot 56,11 \cdot 10^3 \, mg/mol}{3,6 \, g} = 1,8 \, mg/g$$

2. Beim Verderben werden die Fett-Moleküle gespalten. Die Spaltung erfolgt meistens an der Esterbindung oder an evtl. vorhandenen Doppelbindungen. Bei beiden Reaktionen entstehen Carbonsäuren:
- Die Esterbindung wird bei Vorhandensein von Wasser hydrolytisch gespalten. Dabei entstehen freie Fettsäuren. Die hydrolytische Spaltung kann auch durch Mikroorganismen erfolgen. Für manche Käsesorten werden Mikroorganismen gezielt eingesetzt, um ein gewisses Aroma zu erhalten.
- Die Doppelbindungen können von Sauerstoff in einer radikalischen Reaktion gespalten werden (Autoxidation). Dabei entstehen in einer Kettenreaktion Alkylhydroperoxide, die weiter zu kurzkettigen Carbonsäuren oxidiert werden.

Durch diese Vorgänge wird das Fett ranzig und ungenießbar. Die entstandenen Carbonsäuren verursachen eine höhere Säurezahl, da sie bei der Titration mit Natronlauge neutralisiert werden und folglich den Verbrauch an Kaliumhydroxid-Lösung erhöhen.
Damit ein Fett nicht verdirbt, soll es kühl, dunkel und luftdicht verschlossen gelagert werden.

Hinweise zur Durchführung:
- Beim Umgang mit Dieethylether ist äußerste Vorsicht geboten. Entzündungsquellen und auch elektrische Geräte müssen ferngehalten werden. Um elektrostatische Entladungen zu vermeiden, verwendet man zum Umfüllen einen geerdeten Metalltrichter.
- Sollte sich ein Fett schlecht lösen, kann man durch vorsichtiges Erwärmen im Wasserbad (ohne Heizplatte oder Brenner!) eine homogene Flüssigkeit erhalten.
- Es ist sinnvoll, eine Flasche Speiseöl langfristig zur Seite zur stellen, damit man wirklich altes Öl zur Verfügung hat.
- Raffinierte Speiseöle eignen sich nicht gut, da deren Säurezahlen sehr klein sind.
- Es ist schwierig, eine ethanolische Kaliumhydroxid-Lösung mit exakt c(KOH) = 1 mol/l anzusetzen. Einfacher ist es, eine Lösung mit ungefähr der richtigen Konzentration anzusetzen, diese mit Salzsäure zu titrieren und die genaue Konzentration auf die Vorratsflasche zu schreiben.
- Insgesamt werden bei der Titration nur sehr kleine Volumina an ethanolischer Kaliumhydroxid-Lösung verbraucht. Eine kleine Bürette ($V < 50$ ml) ist daher zwingend erforderlich.
- Im Schulbuch wird die Säurezahl folgendermaßen definiert: „Die Säurezahl bezeichnet die Masse von Kaliumhydroxid in Milligramm, die zur Neutralisation der in 1 g Fett enthaltenen Säuren erforderlich ist." Deshalb müssen die Schülerinnen und Schüler bei der Berechnung beachten, dass sie die molare Masse von Kaliumhydroxid in der Einheit mg/mol einsetzen. Damit hat die Säurezahl die Einheit mg/g bzw. 10^3. Sie wird allerdings meistens ohne Einheit angegeben.

Literatur und Medien (Stand Mai 2022)

W. Baltes: Lebensmittelchemie. Springer-Verlag, Berlin 2011
P. Bruice: Organische Chemie. Pearson Studium, München 2011
Auf Prof. Blumes Bildungsserver für Chemie findet man weitere Informationen und Versuche zum Fettverderb.

6.21 Fette als Nährstoffe

A1

Stearinsäure: Molekülformel: $C_{17}H_{35}COOH$, gesättigte Fettsäure
Linolsäure: Molekülformel: $C_{17}H_{33}COOH$, eine Doppelbindung zwischen den C-Atomen 12 und 13, ungesättigte Fettsäure

A2 Der Ort der Fettverdauung ist vorwiegend der *Dünndarm*, in welchem ein leicht *alkalisches Milieu* vorliegt. Die Esterbindungen der Fett-Moleküle werden mithilfe von Lipasen hydrolytisch gespalten. Der zugrunde liegende Reaktionstyp ist also eine *Esterspaltung*.

6.22 Durchblick: Zusammenfassung und Übung

Zu den Aufgaben

A1

a) Strukturformel der Milchsäure (2-Hydroxypropansäure):

b) Funktionelle Gruppen des Milchsäure-Moleküls: Carboxygruppe und Hydroxygruppe

c) Milchsäure ist in jedem Verhältnis in Wasser löslich, weil die Milchsäure-Moleküle über die Hydroxy- und die Carboxygruppe mit Wasser-Molekülen Wasserstoffbrücken bilden können. Außerdem kann die Milchsäure noch protolysieren. Die Anionen der Milchsäure sind ebenfalls in Wasser sehr gut löslich.
Milchsäure ist in Heptan unlöslich, weil sich nur schwache London-Kräfte zwischen Milchsäure-Molekülen und Heptan-Molekülen ausbilden können. Diese reichen nicht aus, die zwischenmolekularen Kräfte zwischen Milchsäure-Molekülen bzw. Heptan-Molekülen zu überwinden.

d) Bildung eines Esters aus zwei Milchsäure-Molekülen:

Auch die Bildung eines Lactid-Moleküls ist möglich (siehe A11). Es kommt dabei auf die Reaktionsbedingungen an.

e) Das C-Atom 2 des Milchsäure-Moleküls ist mit vier verschiedene Substituenten verbunden: einem Wasserstoff-Atom, einer Carboxygruppe, einer Methylgruppe und einer Hydroxygruppe. Damit handelt es sich beim C-Atom 2 des Milchsäure-Moleküls um ein asymmetrisches C-Atom. Enthält eine Verbindung ein asymmetrisches C-Atom, so gibt es von dieser Verbindung chirale Moleküle (Spiegelbildisomere oder Enantiomere).
Ergänzung: Im Fall der Milchsäure handelt es sich bei den Spiegelbildisomeren um D- und L-Milchsäure-Moleküle.

A2

- Substitutionsreaktionen: Chemische Reaktionen, bei denen Atome oder Atomgruppen durch andere Atome oder Atomgruppen ersetzt werden
- Additionsreaktionen: Chemische Reaktionen, bei denen Moleküle aufgrund von Doppel- oder Dreifachbindungen Atome oder Atomgruppen binden
- Eliminierungsreaktionen: Chemische Reaktionen, bei denen aus Molekülen kleine Moleküle abgespalten werden

A3 Im 2-Iod-2-methylpropan-Molekül ist das Iod-Atom an ein tertiäres C-Atom gebunden. Wird ein Iodid-Ion abgespalten, entsteht ein tertiäres Carbo-Kation. Dieses ist relativ stabil, sodass die S_N1-Reaktion (im Vergleich zur S_N2-Reaktion) bevorzugt ist. Deshalb wird der Reaktionsmechanismus als S_N1-Reaktion formuliert:

1. Reaktionsschritt:

$$H_3C-\underset{\underset{CH_3}{|}}{\overset{\overset{CH_3}{|}}{C}}-\bar{I} \;\rightleftharpoons\; H_3C-\underset{\underset{CH_3}{|}}{\overset{\overset{CH_3}{|}}{C}}^{\oplus} \;+\; \bar{I}^{\ominus}$$

2. Reaktionsschritt:

$$H_3C-\underset{\underset{CH_3}{|}}{\overset{\overset{CH_3}{|}}{C}}^{\oplus} \;+\; {}^{\ominus}\bar{O}-H \;\rightleftharpoons\; H_3C-\underset{\underset{CH_3}{|}}{\overset{\overset{CH_3}{|}}{C}}-\bar{O}-H$$

A4

a) 1. Schritt – vom Isobuten zum 2-Methylpropan-2-ol:

$$H_3C-\underset{\overset{|}{CH_3}}{C}=CH_2 \;+\; H_2O \;\longrightarrow\; H_3C-\underset{\underset{OH}{|}}{\overset{\overset{CH_3}{|}}{C}}-CH_3$$

Es handelt sich um eine elektrophile Addition:

Isobuten — Oxonium-Ion — tertiäres Carbo-Kation — Wasser — Alkyloxonium-Ion

Alkyloxonium-Ion — Wasser — 2-Methylpropan-2-ol — Oxonium-Ion

2. Schritt – vom 2-Methylpropan-2-ol zum Isobuten:

$$H_3C-\underset{\underset{OH}{|}}{\overset{\overset{CH_3}{|}}{C}}-CH_3 \;\longrightarrow\; H_3C-\underset{\overset{|}{CH_3}}{C}=CH_2 \;+\; H_2O$$

Es handelt sich um eine Eliminierung (E1-Mechanismus):

2-Methylpropan-2-ol — Oxonium-Ion — Alkyloxonium-Ion — Wasser

Alkyloxonium-Ion — tertiäres Carbo-Kation — Wasser — Isobuten — Oxonium-Ion

3. Schritt – vom Isobuten zum MTBE:

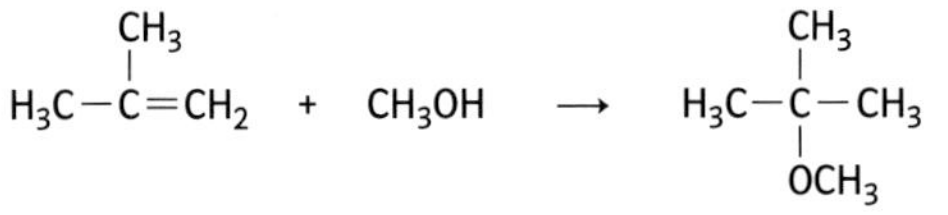

$$
\begin{array}{c}
\overset{\displaystyle CH_3}{\underset{\displaystyle |}{}} \\
H_3C-C{=}CH_2
\end{array}
\;+\; CH_3OH \;\longrightarrow\;
\begin{array}{c}
\overset{\displaystyle CH_3}{\underset{\displaystyle |}{}} \\
H_3C-\underset{\displaystyle |}{C}-CH_3 \\
OCH_3
\end{array}
$$

Es handelt sich um eine elektrophile Addition:

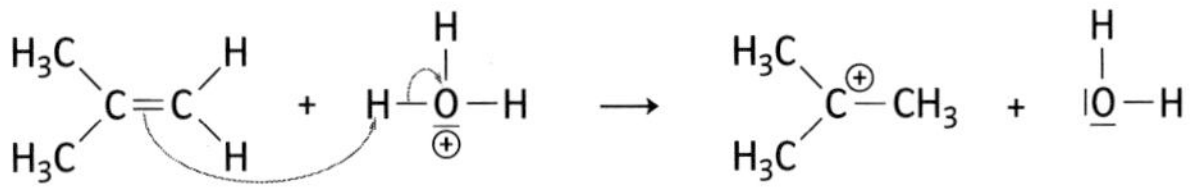

Isobuten   Oxonium-Ion   tertiäres Carbo-Kation   Wasser

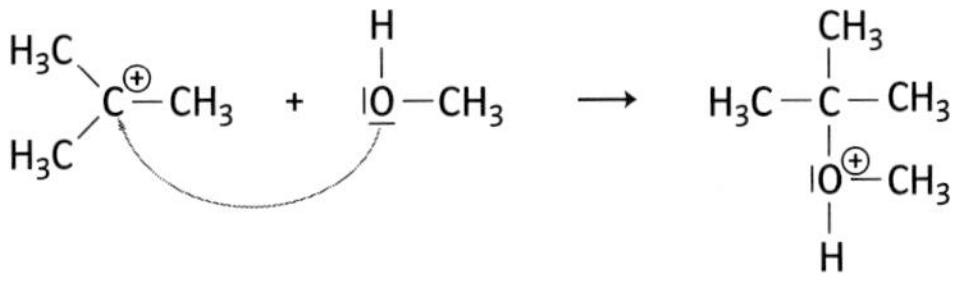

tertiäres Carbo-Kation   Methanol   Alkyloxonium-Ion

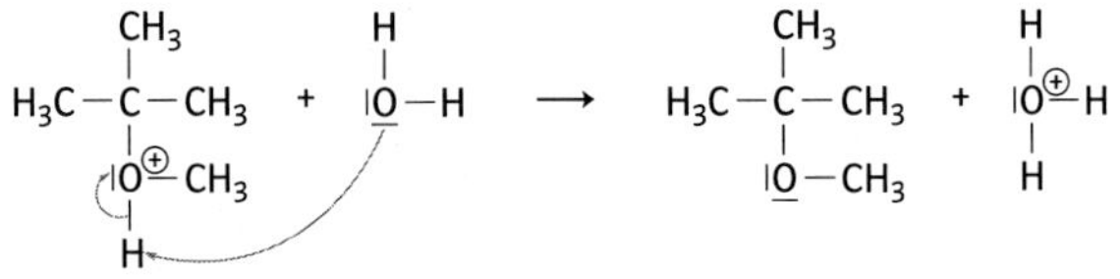

Alkyloxonium-Ion   Wasser   MTBE   Oxonium-Ion

b) ETBE (Ethyl-tertiär-butylether) lässt sich aus Isobuten (2-Methylpropen) und Ethanol gewinnen:

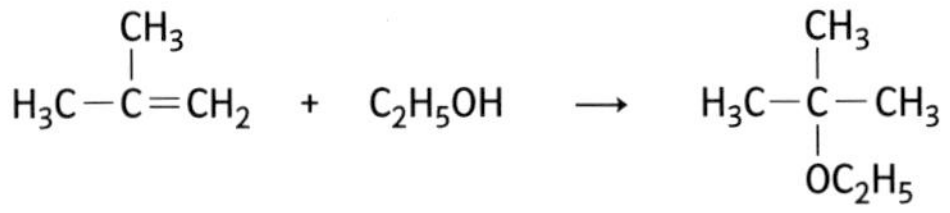

$$
\begin{array}{c}
\overset{\displaystyle CH_3}{\underset{\displaystyle |}{}} \\
H_3C-C{=}CH_2
\end{array}
\;+\; C_2H_5OH \;\longrightarrow\;
\begin{array}{c}
\overset{\displaystyle CH_3}{\underset{\displaystyle |}{}} \\
H_3C-\underset{\displaystyle |}{C}-CH_3 \\
OC_2H_5
\end{array}
$$

Die Reaktionsschritte sind analog zur Reaktion von Isobuten mit Methanol, s. Teilaufgabe (a); man ersetzt das Edukt Methanol durch Ethanol und (beim Alkyloxonium-Ion und beim Produkt) die Methylgruppe am O-Atom durch eine Ethylgruppe.

c) Struktur- bzw. Halbstrukturformel von 1,1-Dimethylpropyl-methylether:

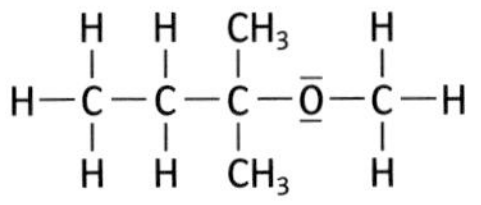

A5

a) Ethen reagiert mit einer wässrigen Lösung von Brom und Kaliumbromid
(vorhandene Teilchen sind C_2H_4, H_2O, Br_2, Br^- und K^+):

$$CH_2{=}CH_2 + Br_2 \;\longrightarrow\; CH_2Br-CH_2Br$$

$$CH_2{=}CH_2 + Br_2 + 2\,H_2O \;\longrightarrow\; CH_2Br-CH_2OH + H_3O^+ + Br^-$$

Reaktionsprodukte: 1,2-Dibromethan, 2-Bromethanol (2-Brom-1-hydroxyethan), Bromwasserstoffsäure

Denkbar ist noch diese Folgereaktion:

$$CH_2Br-CH_2OH + H_3O^+ + Br^- \;\longrightarrow\; CH_2Br-CH_2Br + 2\,H_2O$$

b) Ethen reagiert mit einer wässrigen Lösung von Brom und Natriumchlorid (vorhandene Teilchen sind C_2H_4, H_2O, Br_2, Cl^- und Na^+):

$$CH_2{=}CH_2 + Br_2 \longrightarrow CH_2Br{-}CH_2Br$$

$$CH_2{=}CH_2 + Br_2 + 2\,H_2O \longrightarrow CH_2Br{-}CH_2OH + H_3O^+ + Br^-$$

$$CH_2{=}CH_2 + Br_2 + Cl^- \longrightarrow CH_2Br{-}CH_2Cl + Br^-$$

Reaktionsprodukte: 1,2-Dibromethan, 2-Bromethanol (2-Brom-1-hydroxyethan), 1-Brom-2-Chlorethan, Bromwasserstoffsäure

Denkbar sind z.B. noch diese Folgereaktionen:

$$CH_2Br{-}CH_2OH + H_3O^+ + Br^- \longrightarrow CH_2Br{-}CH_2Br + 2\,H_2O$$

$$CH_2Br{-}CH_2OH + H_3O^+ + Cl^- \longrightarrow CH_2Br{-}CH_2Cl + 2\,H_2O$$

Hinweis: Im ersten Reaktionsschritt bildet sich ein Bromonium-Ion. Deshalb enthalten alle direkt aus Ethen entstehenden Reaktionsprodukte mindestens ein Brom-Atom. Das Bromonium-Ion kann dann von den verschiedenen nucleophilen Teilchen angegriffen werden.

A6

a) Da es sich um eine elektrophile Addition handelt, ist die Reaktionsgeschwindigkeit umso größer, je größer die negative Ladungsdichte an der C=C-Doppelbindung ist. Die beiden Methylgruppen im 2,3-Dimethylbut-2-en-Molekül erhöhen aufgrund ihres +I-Effekts die Ladungsdichte an der C=C-Doppelbindung. Die beiden Chlor-Atome im 1,2-Dichlorethen-Molekül verringern aufgrund ihres −I-Effekts die Ladungsdichte an der C=C-Doppelbindung.

b) Die Doppelbindung zwischen den beiden Kohlenstoff-Atomen führt zu einer Anhäufung von Elektronen zwischen den beiden Atomkernen. Ein elektrophiles Teilchen (ein Teilchen mit einer positiven Ladung oder Teilladung) wird davon angezogen, ein nucleophiles Teilchen wird aufgrund der gleichnamigen Ladungen abgestoßen.

A7

a) Essigsäurebutylester kann man im Schulversuch herstellen, indem man z.B. 1 mol Essigsäure und 1 mol Butan-1-ol zusammengibt und für längere Zeit bei ca. 80 °C am Rückflusskühler erhitzt. Man erhält dann nach dem Abkühlen ein Gleichgewichtsgemisch, in dem Essigsäure, Butan-1-ol, Essigsäurebutylester und Wasser nebeneinander vorliegen. Man kann das Gemisch anschließend in einen Scheidetrichter mit Wasser geben. Im Wasser (untere Phase) lösen sich Essigsäure, Wasser und auch Butan-1-ol weitgehend. Die obere Phase besteht hauptsächlich aus Essigsäurebutylester.

Hinweise:
- Löslichkeit von Butan-1-ol: ca. 80 g in 1 l Wasser bei 20 °C
- Löslichkeit von Essigsäurebutylester: ca. 4 g in 1 l Wasser bei 20 °C
- Der Essigsäurebutylester kann nach der Abtrennung noch getrocknet werden, z.B. mit Calciumchlorid.
- Essigsäurebutylester kann nach dem beschriebenen Verfahren etwas schneller hergestellt werden, indem ein wenig Schwefelsäure als Katalysator zum Reaktionsgemisch gegeben wird.

b) Formulierung der Reaktionsschritte:

1. Reaktionsschritt:

$$H_3C-C\begin{array}{c}\overline{O}| \\ \backslash \overline{O}-H\end{array} \quad + \quad H^{\oplus} \quad \rightleftharpoons \quad H_3C-C\underset{\oplus}{\begin{array}{c}\overline{O}-H \\ \backslash \overline{O}-H\end{array}}$$

Essigsäure   Kation 1

2. Reaktionsschritt:

$$H_3C-C\underset{\oplus}{\begin{array}{c}\overline{O}-H \\ \overline{O}-H\end{array}} \quad + \quad \overset{/\overline{O}\backslash}{H \quad C_4H_9} \quad \rightleftharpoons \quad H_3C-\underset{\underset{H}{\overset{|}{H-\overline{O}|}}}{\overset{\overset{|\overline{O}-H}{|}}{C}}-\underset{\oplus}{\overline{O}}-C_4H_9$$

Kation 1   Butanol   Kation 2

3. Reaktionsschritt:

$$H_3C-\underset{\overset{|}{H-\overline{O}|}\ H}{\overset{\overset{|\overline{O}-H}{|}}{C}}-\underset{\oplus}{\overline{O}}-C_4H_9 \quad \rightleftharpoons \quad H_3C-\underset{\overset{|}{H-\overline{O}|}}{\overset{\overset{|\overline{O}-H}{|}}{C}}-\overline{O}-C_4H_9 \quad + \quad H^{\oplus}$$

Kation 2   Zwischenprodukt

4. Reaktionsschritt:

$$H_3C-\underset{\overset{|}{H-\overline{O}|}}{\overset{\overset{|\overline{O}-H}{|}}{C}}-\overline{O}-C_4H_9 \quad + \quad H^{\oplus} \quad \rightleftharpoons \quad H_3C-\underset{\underset{H}{\overset{|}{H-O|\oplus}}}{\overset{\overset{|\overline{O}-H}{|}}{C}}-\overline{O}-C_4H_9$$

Zwischenprodukt   Kation 3

5. Reaktionsschritt:

$$H_3C-\underset{\underset{H}{\overset{|}{H-O|\oplus}}}{\overset{\overset{|\overline{O}-H}{|}}{C}}-\overline{O}-C_4H_9 \quad \rightleftharpoons \quad H_3C-C\underset{\oplus}{\begin{array}{c}\overline{O}-H \\ \overline{O}-C_4H_9\end{array}} \quad + \quad \overset{/\overline{O}\backslash}{H \quad H}$$

Kation 3   Kation 4   Wasser

6. Reaktionsschritt:

$$H_3C-C\underset{\oplus}{\begin{array}{c}\overline{O}-H \\ \overline{O}-C_4H_9\end{array}} \quad \rightleftharpoons \quad H_3C-C\begin{array}{c}\overline{O}| \\ \backslash \overline{O}-C_4H_9\end{array} \quad + \quad H^{\oplus}$$

Kation 4   Essigsäurebutylester

Erläuterungen zu den Reaktionsschritten:
1. Reaktionsschritt: Die Carbonylgruppe des Essigsäure-Moleküls wird protoniert.
2. Reaktionsschritt: Das protonierte Carbonsäure-Molekül (Kation 1) reagiert mit einem Butanol-Molekül in einer nucleophilen Addition zum Kation 2.
3. Reaktionsschritt: Das Kation 2 gibt ein Proton ab, wodurch der Katalysator wieder zur Verfügung steht. Damit ist die Addition des Butanol-Moleküls an das Essigsäure-Molekül abgeschlossen. Als Zwischenprodukt entsteht ein Molekül, das zwei Hydroxygruppen an einem Kohlenstoff-Atom trägt. Derartige Moleküle sind (nach der Erlenmeyer-Regel) nicht stabil.
4. Reaktionsschritt: Eine der Hydroxygruppen wird protoniert. Dies erleichtert im nächsten Reaktionsschritt die Abspaltung eines Wasser-Moleküls vom Kation 3.
5. Reaktionsschritt: Ein Wasser-Molekül spaltet sich ab, übrig bleibt das Kation 4.
6. Reaktionsschritt: Das Kation 4 gibt ein Proton ab und wird damit zum Essigsäurebutylester-Molekül, außerdem steht dadurch der Katalysator wieder zur Verfügung. Die Kondensationsreaktion ist abgeschlossen.

c) Prinzipiell kann man das Gleichgewicht zur Seite der Produkte verschieben, indem man eines der Edukte im Überschuss einsetzt oder eines der Produkte aus dem Reaktionsgemisch entfernt. Man kann also Essigsäure oder Butan-1-ol im Überschuss einsetzen, um eine höhere Ausbeute an Essigsäurebutylester zu erzielen. Eine weitere prinzipielle Möglichkeit wäre, den Ester aus dem Reaktionsgemisch zu entfernen; dies ist jedoch experimentell kaum möglich. Die höchste Ausbeute erzielt man, indem man das Reaktionsprodukt Wasser aus dem Reaktionsgemisch entfernt. Man verwendet dazu einen Wasserauskreiser.

A8

a) Herstellung von 2-Chlorbuta-1,3-dien (Chloropren) aus Ethin:

$$2\,HC{\equiv}CH \;\longrightarrow\; HC{\equiv}C{-}CH{=}CH_2$$

$$HC{\equiv}C{-}CH{=}CH_2 + HCl \;\longrightarrow\; H_2C{=}CCl{-}CH{=}CH_2$$

Herstellung von 2-Chlorbuta-1,3-dien (Chloropren) aus Buta-1,3-dien:

$$H_2C{=}CH{-}CH{=}CH_2 + Cl_2 \;\longrightarrow\; ClH_2C{-}CHCl{-}CH{=}CH_2$$

$$ClH_2C{-}CHCl{-}CH{=}CH_2 \;\longrightarrow\; H_2C{=}CCl{-}CH{=}CH_2 + HCl$$

b) Elektrophile Addition von Chlorwasserstoff an Butenin (Vinylacetylen):

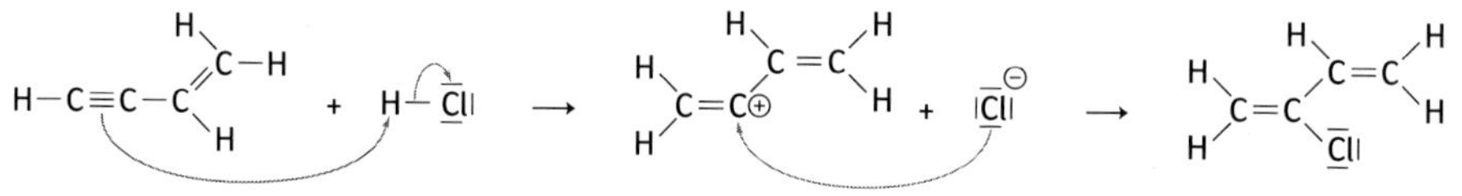

A9

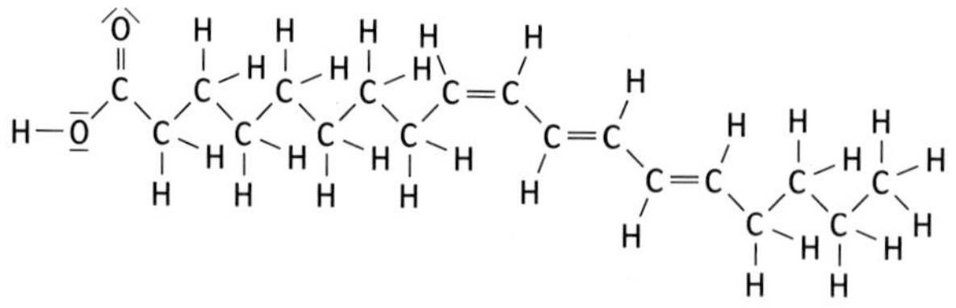

Strukturformel von Octadeca-(*Z,E,E*)-9,11,13-triensäure

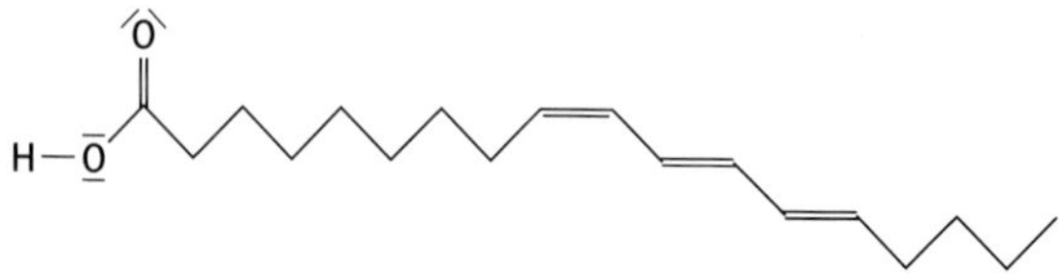

Zur besseren Übersichtlichkeit:
Skelettformel von Octadeca-(*Z,E,E*)-9,11,13-triensäure

A10 Speiseöl enthält ungesättigte Fettsäuren. Ungesättigte Fettsäuren reagieren mit dem Sauerstoff der Luft; sie werden „ranzig". Dies macht sich durch einen unangenehmen Geruch bemerkbar.
Die Fette können in Anwesenheit von Feuchtigkeit (Wasser) hydrolytisch gespalten werden. Auch diese Form der Ranzigkeit macht sich durch einen unangenehmen Geruch bemerkbar. Beim Verderben eines Speiseöls lässt auch seine Schmierwirkung nach.

A11 Bei der cyclischen Verbindung handelt es sich um ein Lactid-Molekül (Dilactid-Molekül), welches aus zwei Milchsäure-Molekülen gebildet wird. Das Lactid-Molekül ist ein cyclischer Diester.

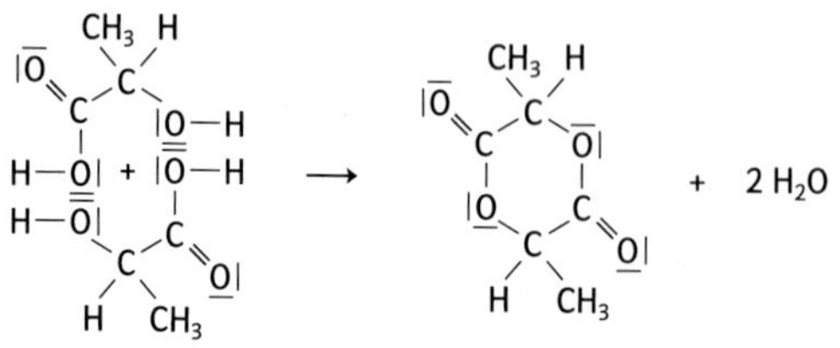

7 Aromaten

Zum Bild der Einstiegsseite

Das regelmäßige Sechseck ist die Grundstruktur vieler aromatischer Verbindungen. Die Gleichheit der Bindungslängen und Bindungswinkel kann man mit dem Modell der Mesomerie erklären (Kap. 7.2 und 7.3 oder auch mit dem Orbitalmodell (Kap. 7.5). Das regelmäßige Sechseck kommt im Benzol-Molekül vor (alle C–C-Bindungslängen betragen 139 pm, alle Bindungswinkel betragen 120°), außerdem annähernd in den Molekülen der Benzol-Derivate (Kap. 7.6 ff.) und in den Molekülen der polycyclischen Aromaten wie z.B. Naphthalin (nach IUPAC: Naphthalen), Anthracen und Benzpyren (Kap. 7.4 und 7.14). Bei Benzol-Derivaten sind die Abweichungen klein: Beispielsweise sind im Phenol-Molekül die beiden C–C-Bindungslängen zwischen den drei nahe an der OH-Gruppe gelegenen C-Atomen geringfügig kleiner (139,1 pm) als die vier anderen C–C-Bindungslängen (139,4 pm). Bei polycyclischen Aromaten sind die Abweichungen etwas größer: Im Anthracen-Molekül gibt es vier C–C-Bindungslängen von 137 pm und sieben C–C-Bindungslängen von 142 pm.

Es gibt aromatische Verbindungen mit anderen regelmäßigen Vielecken; diese werden allerdings im Schulbuch nicht behandelt: das Cylopropyl-Kation (Dreieck), das Cyclopentadienyl-Anion (Fünfeck) und das Cycloheptatrienyl-Kation (Siebeneck).

Hinweis

Nach dem Kernlehrplan des Landes Nordrhein-Westfalen sind für den **Leistungskurs** im Inhaltsfeld Reaktionswege in der organischen Chemie folgende Inhalte und Kompetenzen verbindlich, die das Kapitel 7 Aromaten betreffen:

Inhaltliche Schwerpunkte:
- Struktur und Reaktivität des aromatischen Systems
- Konstitutionsisomerie und Stereoisomerie, Mesomerie, Chiralität
- Reaktionsmechanismen: Radikalische Substitution, elektrophile Addition, nucleophile Substitution erster und zweiter Ordnung, elektrophile Erstsubstitution, Kondensationsreaktion (Estersynthese)

Sachkompetenz
Die Schülerinnen und Schüler
- erklären die Reaktivität eines aromatischen Systems anhand der Struktur und erläutern in diesem Zusammenhang die Mesomerie (S9, S13, E9, E12).

Erkenntnisgewinnungskompetenz
Die Schülerinnen und Schüler
- entwickeln Hypothesen zum Reaktionsverhalten aus der Molekülstruktur (E3, E12, K2).

Allgemeine Eigenschaften wie inter- und intramolekulare Wechselwirkungen oder funktionelle Gruppen berühren selbstverständlich auch die Aromaten.

Die Betrachtung der Aromaten bildet auch eine wesentliche Voraussetzung für die Behandlung der Farbstoffe, sodass auf dieses Kapitel an vielen Stellen zurückgegriffen werden kann.

Aromaten und Arzneimittel (S. 318/319)

A1

a) Ottokraftstoffe enthalten im Wesentlichen ein Gemisch aus Alkanen, Alkenen, Cycloalkanen, Cycloalkenen und Aromaten. Super 95 E10 enthält „Bio-Ethanol" mit einem Volumenanteil von maximal 10%. Super 95 und Super Plus enthalten weniger „Bio-Ethanol", mit einem Volumenanteil von maximal 5%. Darüber hinaus enthalten diese Benzine noch Additive, die z.B. die Reinigungswirkung und Reinhaltewirkung im Motor verbessern. Zur Erhöhung bzw. zum Einhalten der erforderlichen Klopffestigkeit enthalten Ottokraftstoffe meist noch MTBE oder ETBE. (*Hinweis:* MTBE und ETBE werden in Kap. 6.22, A4 thematisiert, als Anwendung der elektrophilen Addition.)

b) Gefahren, die vom Benzol ausgehen:
H225	Flüssigkeit und Dampf leicht entzündbar.
H304	Kann bei Verschlucken und Eindringen in die Atemwege tödlich sein.
H315	Verursacht Hautreizungen.
H319	Verursacht schwere Augenreizung.
H340	Kann genetische Defekte verursachen.
H350	Kann Krebs erzeugen.
H372	Schädigt die Organe (Blut) bei längerer oder wiederholter Exposition.
H412	Schädlich für Wasserorganismen, mit langfristiger Wirkung.

(Quelle: Sicherheitsdatenblatt von Merck // Sigma Aldrich / Supelco, Version 8.7, 01.10.2021)

c) Benzin (und damit auch Benzol) soll nicht in die Luft entweichen. Die Gefahren, die durch Einatmen oder Kontakt mit dem Benzin bestehen, sollen vermieden werden.
Hinweis: Benzindämpfe wirken auch als Treibhausgas.

A2 Das Benzol-Molekül besteht nach B2 aus einem Ring von sechs Kohlenstoff-Atomen, die miteinander im Wechsel über Doppel- und Einfachbindungen verknüpft sind. Jedes Kohlenstoff-Atom ist mit einem Wasserstoff-Atom verknüpft.
Hinweis: In Kap. 7.2 und 7.3 wird selbstverständlich klargestellt, dass es sich hier nur um eine mesomere Grenzformel handelt, und dass die sechs C-C-Bindungen gleich sind.

A3

Zugeben von Natronlauge:

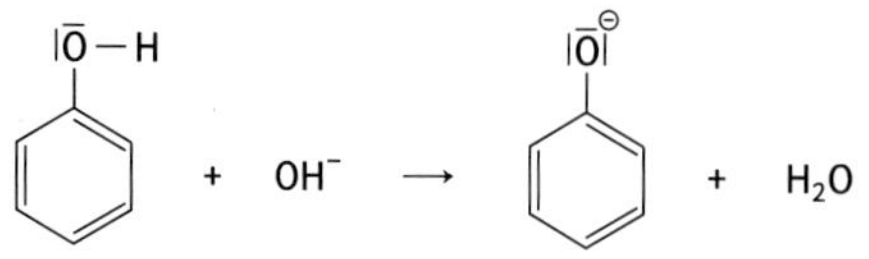

Zugeben von Säure:

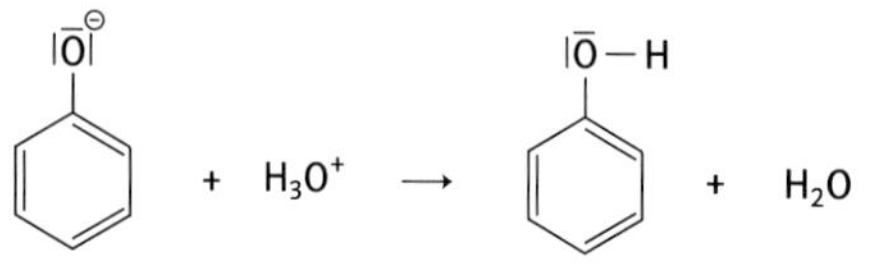

A4 Die Schmelz- und die Siedetemperatur des Phenols sind höher als die Schmelz- und die Siedetemperatur des Benzols. Zwischen den Benzol-Molekülen wirken London-Kräfte. Das Phenol-Molekül weist eine Hydroxygruppe auf. Deshalb wirken zwischen den Phenol-Molekülen nicht nur London-Kräfte, sondern auch die wesentlich stärkeren Wasserstoffbrücken.

A5 4-Ethylphenol und einige weitere substituierte Phenole:

Phenol-Derivat	Formel	Vorkommen
4-Ethylphenol	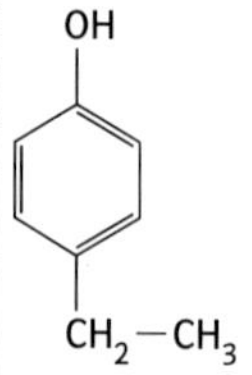	Kaffee, Mais, Bier, Whisky, Wein (als Ursache eines Weinfehlers)
2-Ethylphenol	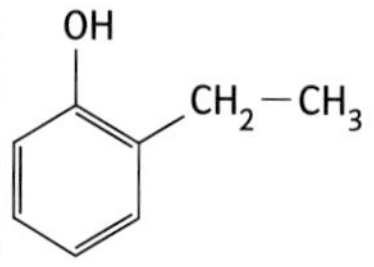	Kaffee
Himbeerketon	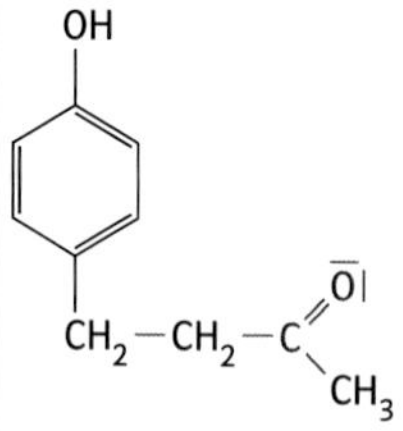	Himbeere
Guajacol	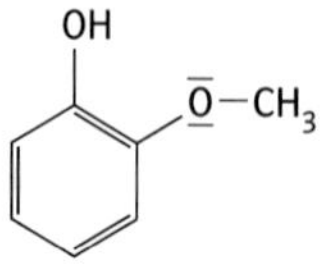	Räucheraroma, Whisky

Vanillin		Gewürzvanille (siehe A11)
	OH $\bar{O}-CH_3$ CHO	
Eugenol		Nelkenöl
	OH $\bar{O}-CH_3$ $CH_2-C\overset{H}{\underset{CH_2}{\diagdown}}$	

A6

a) Das Salicylsäure-Molekül hat hat das secheckige Grundgerüst des Benzol-Moleküls. Ein Kohlenstoff-Atom ist mit einer Carboxygruppe (–COOH) verknüpft, ein dazu benachbartes Kohlenstoff-Atom mit einer Hydroxygruppe (–OH).
Das Acetylsalicylsäure-Molekül ist sehr ähnlich aufgebaut wie das Salicylsäure-Molekül. Die Hydroxygruppe ist allerdings mit einem Essigsäure-Molekül verestert, d.h., an das Kohlenstoff-Atom, das im Salicylsäure-Molekül die Hydroxygruppe trägt, ist hier eine Estergruppe (–O–(CO)–CH$_3$) gebunden.

b) Die Synthese von reiner ortho-Acetylsalicylsäure aus Salicylsäure und Essigsäureanhydrid gelang im August 1897 erstmals FELIX HOFFMANN (1868–1946) im Bayer-Stammwerk in Elberfeld. In einem Brief aus dem Konzentrationslager Theresienstadt, in das ARTHUR EICHENGRÜN (1867–1949) als Jude eingewiesen worden war, bezeichnete ARTHUR EICHENGRÜN sich als Kopf der Entwicklung des Schmerzmittels Aspirin® aus dem Hause Bayer. In einer Veröffentlichung aus dem Jahr 1949 wiederholte ARTHUR EICHENGRÜN, dass er die Entwicklung von Aspirin® und benötigter Hilfsstoffe geplant und koordiniert habe. ARTHUR EICHENGRÜNS Urheberanspruch wurde bis 1999 nicht aufgegriffen. Der schottische Medizinhistoriker WALTER SNEADER kam 1999 nach seiner Untersuchung der Laboraufzeichnungen von FELIX HOFFMANN zu dem Ergebnis, dass es FELIX HOFFMANN zwar als Erstem gelungen sei, Acetylsalicylsäure zu synthetisieren, aber nur nach den Vorgaben ARTHUR EICHENGRÜNS.

Die Bayer AG sprach sich hingegen in einer Presseerklärung auf die Schlussfolgerung von WALTER SNEADER weiterhin für FELIX HOFFMANN als Entwickler der Synthese der Acetylsalicylsäure als Wirkstoff des Aspirins® aus. Dafür spreche auch, dass von ARTHUR EICHENGRÜN aus der Zeit zwischen 1897 und 1933, in der ARTHUR EICHENGRÜN noch nicht den Repressalien der Nationalsozialisten ausgeliefert war, keine Veröffentlichung bekannt sei, die als Anspruch auf die Erstsynthese des reinen Aspirins® angesehen werden könne. In der amerikanischen Patentschrift für die Acetylsalicylsäure von 1899 wird FELIX HOFFMANN bereits als „Inventor" geführt. Dem habe ARTHUR EICHENGRÜN nie widersprochen. Noch in einer Bayer-Chronik, die 1918 erschienen sei, beschreibe EICHENGRÜN die Erfolge der Pharmazeutischen Abteilung von Bayer sehr detailliert und nenne eine Reihe seiner eigenen Arbeiten. Er verbinde jedoch seinen Namen nicht mit Aspirin®, sondern schreibe es FELIX HOFFMANN zu. (Presseerklärung der Bayer AG vom September 1999, Stand Juli 2022 im Internet frei zugänglich: Zum Vortrag von Dr. Walter Sneader über die Entwicklung der Acetylsalicylsäure – Felix Hoffmann ist der „Vater" des Aspirin)

Vielleicht trifft die Aussage von CARL DUISBERG (1861–1935), dem Forschungsdirektor der Farbenfabriken Bayer zu: „Der 1894 bei den Farbenfabriken Bayer eingestellte FELIX HOFFMANN forschte an der Salicylsäure, synthetisierte daraus 1897 Acetylsalicylsäure, aus der unter Mithilfe seines Kollegen ARTHUR EICHENGRÜN das 1899 patentierte Aspirin® entstand." (Aus: Carl Duisberg (1861–1935), Briefe eines Industriellen, bearb. von Kordula Kühlem. Oldenbourg Wissenschaftsverlag, München 2012, S. 93)

Hinweise: Wahrscheinlich wird es auch in der Zukunft nicht gelingen, die Urheberschaft eindeutig zu klären. Es ist in der Regel auch so, dass an der Synthese, Erforschung und Vermarktung von Medikamenten eine größere Anzahl von Menschen beteiligt ist. Acetylsalicylsäure ist in vielerlei Hinsicht ein interessanter Stoff. Den Schülerinnen und Schülern kann auch die Möglichkeit gegeben werden, sich mit historischen Aspekten auseinanderzusetzen. Beschämend für die deutsche Vergangenheit ist, dass Verdienste jüdischer Wissenschaftler systematisch verschwiegen, abgestritten oder gar verleugnet wurden. Es ist lohnenswert, sich mit dem vielseitigen Chemiker und Unternehmer Arthur Eichengrün zu beschäftigen.

A7

	Acetaminophen	Ibuprofen	Diclofenac
a) Formel			
b) Funktionelle Gruppen	Hydroxygruppe, Carbonylgruppe/Amidgruppe	Carboxygruppe	Carboxygruppe, sekundäre Aminogruppe
c) Handelsnamen (Beispiele)	ben-u-ron®, Captin®, Contac®, GRIPPEX®, Parapaed®	Aktren®, Dolgit®, Esprenit®, Ibuflam®, IbuHEXAL®, Ibutop®, Ibubeta®, Nurofen®, Opturem®	Voltaren®, Arthrex®, Diclac®, Diclo®, Monoflam®, Rewodina®

A8 Ibuprofen und Diclofenac gehören zur Gruppe der nichtsteroidalen Antirheumatika (NSAR). Diese Arzneimittelgruppe wird zur Behandlung von Schmerzen, Entzündungen und Fieber eingesetzt. Acetaminophen hingegen wirkt kaum entzündungshemmend.

A9 Sowohl Ethanol als auch Acetaminophen werden in der Leber abgebaut, wobei diese durch toxische Abbauprodukte geschädigt wird. Bei der gleichzeitigen Einnahme der Stoffe ergänzen sich diese Effekte.
Auch chronischer Alkoholmissbrauch ist (natürlich nicht nur) im Hinblick auf die Einnahme von Acetaminophen kritisch zu sehen. Die regelmäßige Aufnahme von Ethanol bewirkt, dass im Körper eine höhere Konzentration des Enzyms CYP2E1 vorgehalten wird, das sowohl den Abbau von Ethanol als auch von Acetaminophen katalysiert. Dies führt dazu, dass Acetaminophen schneller verstoffwechselt wird. Dadurch ist neben einer kürzeren Wirkdauer die Maximalkonzentration der hepatotoxischen (für Leberzellen giftigen) Abbauprodukte höher. Quelle: siehe Literatur

A10 Hausmittel gegen leichte Kopfschmerzen:
- Wasser trinken
- An die frische Luft gehen
- Ausruhen (dabei nicht Smartphone, Unterhaltungselektronik o.ä. nutzen)
- Schläfen massieren
- Japanisches Pfefferminzöl auf die Stirn tupfen (nur zwei oder drei Tropfen; *nicht* in die Augen, in offene Wunden oder auf Schleimhäute bringen!).

A11
a) Das Vanillin-Molekül weist eine Hydroxygruppe (–OH), eine Aldehydgruppe (–CHO) und eine Ethergruppe (–C–O–CH$_3$) auf.
b) Natürliche Aromastoffe werden aus Pflanzenteilen gewonnen, diese kommen also in der Natur vor. Naturidentische Aromastoffe werden zwar synthetisch hergestellt, kommen jedoch auch in der Natur vor.
Ergänzung: Künstliche Aromastoffe haben keine Entsprechung in der Natur; sie werden in Laboratorien entwickelt.

Literatur

Zu A9: B. M. Gensthaler: Hände weg vom Alkohol. Pharmazeutische Zeitung PZ 15 (2010) (Stand März 2022 im Internet frei zugänglich)

7.1 Benzol – ein Aromat

Zu den Aufgaben

A1 Im Vergleich mit einem Alkan der Molekülformel (Summenformel) C_6H_{14} fehlen im Molekül der Verbindung mit der Molekülformel (Summenformel) C_6H_6 acht H-Atome, d.h., ein offenkettiges Molekül müsste entweder zwei Dreifachbindungen, eine Dreifachbindung und zwei Doppelbindungen oder vier Doppelbindungen enhalten. Beispiele:

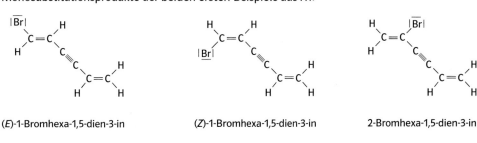

A2

a) Die Strukturformel von DEWAR steht nicht mit dem experimentellen Befund in Einklang, dass bei der Bromierung von Benzol nur ein Brombenzol-Isomer entsteht. Die beiden anderen Strukturformeln stehen mit dem Befund in Einklang.

b) Monosubstitutionsprodukte der beiden ersten Beispiele aus A1:

(*E*)-1-Bromhexa-1,5-dien-3-in   (*Z*)-1-Bromhexa-1,5-dien-3-in   2-Bromhexa-1,5-dien-3-in

1-Bromhexa-1,5-diin   3-Bromhexa-1,5-diin

A3 Das „Ladenburg-Benzol" steht mit dem experimentellen Befund in Einklang, dass bei der Bromierung von Benzol nur ein Brombenzol-Isomer entsteht, da alle C-Atome gleichwertig sind. Es steht auch auf den ersten Blick damit in Einklang, dass es drei Dibrombenzol-Isomere gibt:

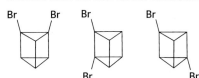

Bei genauerer Betrachtung erkennt man allerdings, dass das rechts dargestellte Molekül chiral ist, d.h., es gibt vier „Ladenburg-Dibrombenzol"-Isomere, von denen zwei zueinander spiegelbildisomer sind.

Hinweis: Die Chiralität des rechts dargestellten Moleküls kann an einem einfachen Modell geprüft werden: Man unterteilt ein rechteckiges Stück Papier durch Falten in vier Viertel und klebt dann zwei der Flächen so aufeinander, dass ein gleichseitiges Dreieck-Prisma entsteht. Mit einem Filzstift o.ä. markiert man zwei der Ecken wie im rechts dargestellten Molekül. An einem zweiten Dreieck-Prisma markiert man die Ecken spiegelverkehrt. Durch Drehversuche stellt man fest, dass die beiden Modelle tatsächlich unterschiedlich sind.

Zur Abbildung

B5 Einige Vorschläge für die Struktur des Benzol-Moleküls
Das „Dewar-Benzol" und das „Ladenburg-Benzol" wurden später synthetisiert (siehe „Zusatzinformationen"). JAMES DEWAR veröffentlichte seine Struktur als eine von mehreren Möglichkeiten für die Molekülformel (Summenformel) C_6H_6, war aber aufgrund seiner Experimente der Meinung, dass die Struktur von AUGUST KEKULÉ richtig sei. Das „Ladenburg-Benzol" wird heute meist als „Prisman" bezeichnet.

Entdeckung des Benzols und der ersten Benzol-Derivate

Bei der Untersuchung der unerwünschten Flüssigkeitsabscheidungen im „Ölgas" von D. Gordons tragbaren Gaslampen entdeckte M. Faraday 1825 das „bicarburet of hydrogen". („Ölgas" wurde durch thermische Spaltung von Teerölen u.ä. hergestellt. Gordon erfand einen Druckbehälter aus Kupfer, in dem man dieses Gas transportieren konnte.) E. Mitscherlich und E.-M. Péligot erhielten 1833 bis 1834 unabhängig voneinander beim Erhitzen von Benzoesäure (aus Benzoeharz) mit Kalk eine Flüssigkeit, die mit Faradays „bicarburet of hydrogen" identisch war. E. Mitscherlich nannte sie Benzin, aber J. Liebigs Vorschlag „Benzol" setzte sich durch. Mitscherlich stellte die ersten Benzol-Derivate her, u.a. Chlor- und Brombenzol, Nitrobenzol, Benzolsulfonsäure. 1845 isolierte A. W. Hofmann erstmals Benzol aus Steinkohlenteer.

August Kekulés Schilderung seiner Vision, die zum Aufstellen der Ringformel führte

Ich drehte den Stuhl nach dem Kamin und versank in Halbschlaf. Wieder gaukelten die Atome vor meinen Augen. Kleinere Gruppen hielten sich diesmal bescheiden im Hintergrund. Mein geistiges Auge, durch wiederholte Gesichte ähnlicher Art geschärft, unterschied jetzt größere Gebilde von mannigfacher Gestaltung. Lange Reihen, vielfach dichter zusammengefügt; Alles in Bewegung, schlangenartig sich windend und drehend. Und siehe, was war das? Eine der Schlangen erfasste den eigenen Schwanz und höhnisch wirbelte das Gebilde vor meinen Augen. Wie durch einen Blitzstrahl erwachte ich; auch diesmal verbrachte ich den Rest der Nacht um die Consequenzen der Hypothese auszuarbeiten.
(Von Chemiehistorikern wird allerdings bezweifelt, dass diese Schilderung zutrifft.)

Cyclische Valenzisomere des Benzols

Etwa 100 Jahre, nachdem die Formeln des „Dewar-Benzols" und des „Ladenburg-Benzols" aufgestellt worden waren, wurden die passenden Verbindungen synthetisiert, die natürlich völlig andere Eigenschaften als Benzol haben. Diese und einige weitere cyclische Valenzisomere des Benzols werden im Folgenden kurz vorgestellt.

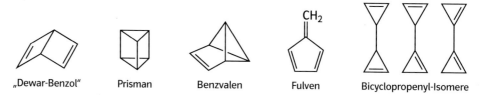

| „Dewar-Benzol" | Prisman | Benzvalen | Fulven | Bicyclopropenyl-Isomere |

„Dewar-Benzol" (Bicyclo[2.2.0]hexa-2,5-dien, s. B5 im Schulbuch) wurde erstmals 1963 synthetisiert. Es isomerisiert mit einer Halbwertszeit von 37 Stunden zu Benzol. Das Molekül ist nicht eben, sondern gewinkelt (wie eine in der Mitte gefaltete Postkarte).

Prisman (Tetracyclo[2.2.0.0^{2,6}.0^{3,5}]hexan, „Ladenburg-Benzol", s. B5 im Schulbuch) wurde erstmals 1973 synthetisiert. Es ist eine farblose, leicht flüchtige und explosive Flüssigkeit. Prisman isomerisiert nicht zu Benzol, da die Umlagerung nach den Woodward-Hoffmann-Regeln aufgrund der Orbitalsymmetrie „verboten" ist. Robert B. Woodward und Roald Hoffmann bezeichneten Prisman als „an angry tiger unable to break out of a paper cage".

Benzvalen wurde erstmals 1971 synthetisiert. Der Reinstoff ist explosiv. Benzvalen isomerisiert mit einer Halbwertszeit von ca. 10 Tagen zu Benzol.

Fulven (5-Methylen-1,3-cyclopentadien, Pentafulven) ist eine gelbliche Flüssigkeit, die leicht polymerisiert. Es gehört zur Stoffgruppe der Fulvene; diese wurden bereits im Jahr 1900 entdeckt. Fulven kann durch eine Kondensationsreaktion von Cyclopentadien mit Formaldehyd hergestellt werden, oder auch durch eine fotochemische Isomerierung von Benzol.

Bicyclopropenyl ist eine Verbindung, deren Moleküle aus zwei verbundenen Cyclopropenyl-Gruppen bestehen. Je nach Lage der Doppelbindungen gibt es drei Isomere (in der Abbildung von links nach rechts): Bicycloprop-2-enyl, Bicycloprop-1,2-enyl und Bicycloprop-1-enyl. Alle drei Isomere wurden erstmals 1989 synthetisiert. Das (relativ) stabilste Isomer, Bicycloprop-2-enyl, polymerisiert oberhalb von −10 °C.

Literatur

E. Mitscherlich: Über das Benzol und die Säuren der Öl- und Talgarten. Annalen der Pharmacie 9 (1834), 39–56 (Stand Juli 2022 in Google Books frei zugänglich)
J. Dewar: On the Oxidation of Phenyl Alcohol, and a Mechanical Arrangement adapted to illustrate Structure in the Nonsaturated Hydrocarbons. Proceedings of the Royal Society of Edinburgh 6 (1869), 82–86 (Stand Juli 2022 in Google Books frei zugänglich)

7.2 Bindungsverhältnisse im Benzol-Molekül

Zu den Aufgaben

A1

Ethan   Ethen   Ethin   Benzol

Hinweis: Die genaueren Winkel im Ethen sind 117,4° (H–C–H) und 121,3° (H–C–C).

A2 Die besondere Stabilität des Benzol-Moleküls ist auf die Delokalisierung der sechs Ringelektronen zurückzuführen. Die Delokalisierung führt dazu, dass das Benzol-Molekül deutlich energieärmer ist als das hypothetische Cyclohexa-1,3-5-trien-Molekül.

A3

a) Molekülformel (Summenformel) von Toluol: C_7H_8
Molekülformel (Summenformel) von Xylol: C_8H_{10}

b) Mesomere Grenzformeln des Toluol-Moleküls: Mesomere Grenzformeln der Xylol-Isomere:

Hinweis: Toluol bezeichnet man auch als Methylbenzol oder Phenylmethan. Die drei Xylol-Isomere bezeichnet man als *ortho*-Xylol (1,2-Dimethylbenzol, oben), *meta*-Xylol (1,3-Dimethylbenzol, Mitte) und *para*-Xylol (1,4-Dimethylbenzol, unten).

7.3 Mesomerie und Aromatizität

Zu den Aufgaben

A1 Betrachtet man zunächst das Ethen-Molekül, so ist jedes der beiden Kohlenstoff-Atome über eine Doppelbindung mit dem anderen Kohlenstoff-Atom verbunden sowie über Einfachbindungen mit zwei Wasserstoff-Atomen. Nach dem Elektronenpaar-Abstoßungs-Modell (EPA-Modell) wird die Doppelbindung wie eine Einfachbindung behandelt und somit die Abstoßung von nur drei „Elektronenwolken" betrachtet. Diese haben den größtmöglichen Abstand bei einer trigonal-planaren Anordnung mit einem Bindungswinkel von ca. 120°.

Beim Buta-1,3-dien-Molekül erwartet man analog, dass die beiden Molekülhälften für sich genommen eben sind. Das EPA-Modell würde aber freie Drehbarkeit um die Einfachbindung in der Mitte erlauben, sodass das Molekül als Ganzes nicht eben wäre. Die mesomeren Grenzstrukturen zeigen aber, dass auch die mittlere C-C-Bindung Doppelbindungscharakter hat:

Die Delokalisierung ist energetisch günstiger als die Lokalisierung der Elektronen in den „endständigen" Doppelbindungen. Wendet man das EPA-Modell auf die „polaren" Grenzstrukturen und den Mittelteil des Moleküls an, ergibt sich auch dort eine planare Anordnung. Folglich erwartet man, dass das ganze Molekül planar ist.

Hinweise:
- Messungen haben ergeben, dass im Buta-1,3-dien die beiden äußeren C-C-Bindungen etwas länger sind als bei einer normalen Doppelbindung zu erwarten wäre, während die mittlere C–C-Bindung etwas kürzer ist als bei einer normalen Einfachbindung zu erwarten wäre.
- Nach dem EPA-Modell sollten die vier C-Atome und die beiden mittleren H-Atome in einer Ebene liegen. Die vier endständigen H-Atome könnten auch in Ebenen senkrecht zur C_4-Ebene liegen. Nach dem Orbitalmodell erwartet man allerdings, dass auch die vier endständigen H-Atome in der C_4-Ebene liegen.

A2 Naphthalin:

Es liegt ein ringförmiges durchgehendes System von 5 konjugierten Doppelbindungen vor. Die Anzahl der delokalisierten Elektronen ist also 10. Dies entspricht der Hückel-Regel, wenn man $n = 2$ einsetzt: $4n + 2 = 8 + 2 = 10$

$\Rightarrow$ Naphthalin ist nach der Hückel-Regel ein Aromat.

Anthracen:

Es liegt ein ringförmiges durchgehendes System von 7 konjugierten Doppelbindungen vor. Die Anzahl der delokalisierten Elektronen ist also 14. Dies entspricht der Hückel-Regel, wenn man $n = 3$ einsetzt: $4n + 2 = 12 + 2 = 14$

$\Rightarrow$ Anthracen ist nach der Hückel-Regel ein Aromat.

7.4 Beispiele für Aromaten

Zu den Aufgaben

Cyclohepta-1,3,5-trien

kein Aromat

CH_3

1-Methylcyclohexa-1,3,5-trien

Aromat

H_3C CH_3 H_3C CH_3

1,2,3,4-Tetramethylcyclobut-1-en

kein Aromat

 Pyrimidin: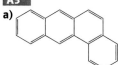

- Ringförmiges Molekül
- Durchgehendes System konjugierter Doppelbindungen, d.h., die Elektronen sind delokalisiert
- Die Anzahl der delokalisierten Elektronenpaare ist 3, folglich ist die Anzahl der delokalisierten Elektronen 6. Dies entspricht der Hückel-Regel, wenn man $n = 1$ einsetzt: $4n + 2 = 4 + 2 = 6$
⇒ Pyrimidin ist nach der Hückel-Regel ein Aromat. Da es Stickstoff-Atome enthält, ist es ein heterocyclischer Aromat.

A3
a)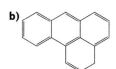

- Ringförmiges Molekül
- Durchgehendes System konjugierter Doppelbindungen, d.h., die Elektronen sind delokalisiert
- Die Anzahl der delokalisierten Elektronenpaare ist 9, folglich ist die Anzahl der delokalisierten Elektronen 18. Dies entspricht der Hückel-Regel, wenn man $n = 4$ einsetzt: $4n + 2 = 16 + 2 = 18$
⇒ Das Ringsystem ist nach der Hückel-Regel ein Aromat.
Hinweis: Die Molekülformel (Summenformel) ist $C_{18}H_{12}$; der Name der Verbindung ist Benzo[a]anthracen.

b) 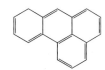 oder

Beide isomeren Moleküle ($C_{17}H_{12}$) sind ringförmig, aber das System konjugierter Doppelbindungen ist nicht durchgehend. Die Ringsysteme sind also als Ganzes keine Hückel-Aromaten.
Beim linken Molekül kann man allerdings die oberen drei Sechsringe zusammen als Hückel-Aromat betrachten, d.h., man kann das Molekül als Anthracen-Derivat betrachten. Beim rechten Molekül kann man die beiden rechten Sechsringe zusammen als Hückel-Aromat betrachten, d.h., man kann das Molekül als Naphthalin-Derivat betrachten.

Zusatzinformationen

Wandel des Begriffes „Aromat"
Ein Aromat ist ...
... an seinem Geruch erkennbar. (vor 1825)
... durch hohen Kohlenstoffgehalt gekennzeichnet. (vor 1865)
... ein Benzol-Abkömmling. (KEKULÉ 1865)
... eine Verbindung, deren Reaktivität derjenigen des Benzols ähnelt. (ERLENMEYER 1866)
... eine Verbindung, deren ringförmige Moleküle ein Elektronensextett aufweisen. (ARMIT und ROBINSON 1925)
... eine Verbindung, die bevorzugt Substitutionsreaktionen eingeht. (ab 1925)
... eine Verbindung, deren ebene und ringförmige Moleküle ein Elektronensystem von $(4n + 2)$ delokalisierten Elektronen besitzen mit $n = 0, 1, 2, 3$. (HÜCKEL 1931)
... eine Verbindung, in deren Molekülen ein diamagnetischer Ringstrom induziert werden kann. (ab 1931)

Reduziert man die angegebenen Definitionen zum Begriff „Aromatizität" auf die wichtigsten Punkte, so ergeben sich im Wesentlichen drei Merkmale, die als Basis für eine sinnvolle Differenzierung dienen können:
1. die Struktur (ein ebenes System),
2. die Art des delokalisierten Ringelektronensystems und
3. das chemische Verhalten.

Nichtbenzoide Aromaten

Neben den klassischen aromatischen Verbindungen, die sich vom Benzol ableiten, gibt es noch andere Verbindungen mit aromatischem Charakter, die im Gegensatz zum Benzol eine ungerade Anzahl von Atomen im Ring besitzen. Diese Verbindungen werden zu einer Klasse zusammengefasst, den *nichtbenzoiden Aromaten*. Diese liegen meist als Kation oder als Anion vor und haben daher ein anderes Reaktionsverhalten als Benzol. Soll also der aromatische Zustand über das Benzol hinausgehend definiert werden, so kann nicht das chemische Verhalten zugrunde gelegt werden, sondern es müssen die physikalischen Eigenschaften betrachtet werden. Unter aromatischen Verbindungen im weitesten Sinne versteht man cyclische, ungesättigte Ringsysteme, in denen alle Ring-Atome an einem mesomeren System beteiligt sind, und die sich durch eine hohe Mesomerieenergie auszeichnen. Ein weiteres wesentliches Kriterium ist der ebene oder nahezu ebene Bau des Ringsystems. Alle nichtbenzoiden Aromaten haben wie die benzoiden aromatischen Verbindungen $(4n + 2)$ delokalisierte Ringelektronen (π-Elektronen).

Das einfachste carbocyclische System dieser Stoffklasse ist das Cyclopropenylium-Kation mit zwei delokalisierten Ringelektronen ($n = 0$). Sowohl dieses als auch die stabileren dreifach substituierten Kationen sind synthetisiert worden:

Ein nichtbenzoider Aromat mit sechs delokalisierten Ringelektronen ist das Cyclopentadienid-Anion:

Eine besonders stabile Verbindung, das Ferrocen, entsteht bei der Einwirkung von Eisen(II)-chlorid auf die Grignard-Verbindung Magnesium-bromid-cyclopentadienid. Es wurde erstmals 1951 synthetisiert (orangefarbene Kristalle, ϑ_{sm} = 173 °C) und gehört zu den sog. Sandwichverbindungen (Metallocene):

$$2 \,[C_5H_5]MgBr + FeCl_2 \longrightarrow Fe(C_5H_5)_2 + MgBr_2 + MgCl_2$$

Auch das Cycloheptatrienylium-Kation (Tropylium-Kation) hat sechs delokalisierte Ringelektronen. Es kann durch sieben energiegleiche Grenzformeln beschrieben werden:

Hückel-Regel

Erich Hückel (1896 – 1980, Professor für theoretische Chemie in Marburg) stellte 1931 für konjugierte monocyclische Kohlenwasserstoffe (Annulene) eine Regel auf, wonach sich diejenigen als besonders stabil erweisen, die $(4n + 2)$ π-Elektronen (n = 0, 1, 2 …) besitzen. Dieses sind die aromatischen Systeme. Systeme mit $4n$ π-Elektronen werden antiaromatisch genannt. Die besondere Stabilität der Kohlenwasserstoffe mit $(4n + 2)$ π-Elektronen (sog. Hückel-Aromaten) wird dadurch erklärt, dass in diesem Fall alle bindenden π-Molekülorbitale vollständig besetzt sind und damit ein geschlossenschaliger Zustand erreicht wird, ähnlich wie bei den Edelgas-Atomen. Dies zeigt das folgende Molekülorbital-Schema (MO-Schema):

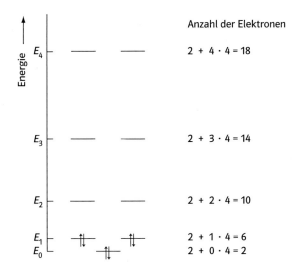

Anzahl der Elektronen

E_4 ⸻ ⸻ $2 + 4 \cdot 4 = 18$

E_3 ⸻ ⸻ $2 + 3 \cdot 4 = 14$

E_2 ⸻ ⸻ $2 + 2 \cdot 4 = 10$

E_1 ⸻ ⸻ $2 + 1 \cdot 4 = 6$
E_0 ⸻ $2 + 0 \cdot 4 = 2$

Das abgebildete MO-Schema lässt sich aus dem Modell des Elektrons im eindimensionalen Kasten ableiten. Für den vorliegenden Fall legt man einen *ringförmigen* Aufenthaltsbereich zugrunde. Auf diesem Ring mit dem Umfang L soll ein konstantes Potential herrschen, dem der Wert null zugewiesen werden kann. Die Gesamtenergie eines Elektrons besteht deshalb nur aus kinetischer Energie:

$$E = \frac{1}{2} \cdot m_e \cdot v^2 = \frac{m_e \cdot v \cdot m_e \cdot v}{2 m_e} = \frac{p^2}{2 m_e} \qquad \text{(mit dem Impuls } p = m_e \cdot v)$$

Wenn man das Elektron als stehende Welle betrachtet, muss die Auslenkung der Welle nach einem Umlauf um den Ring wieder denselben Wert haben. Diese Bedingung ist erfüllt, wenn der Ringumfang L ein ganzzahliges Vielfaches der Wellenlänge λ_n ist:

$$L = n \cdot \lambda_n \qquad \text{(Die Quantenzahl } n \text{ ist eine ganze Zahl.)}$$

Da der Ringumfang L durch die Geometrie des Moleküls vorgegeben ist, sind also nur bestimmte Wellenlängen λ_n möglich. Beim ringförmigen Kastenpotential ist auch $n = 0$ möglich, wobei λ_0 als unendlich groß angesehen werden muss. Auch negative Werte von n sind möglich.

Mit der De-Broglie-Gleichung $\lambda \cdot p = h$ bzw. $\lambda = h/p$ kann man die Wellenlänge des Elektrons in den Impuls umrechnen. Die Bedingung für eine stehende Welle lautet dann:

$$L = n \cdot \lambda_n = n \cdot \frac{h}{p_n} \qquad \Leftrightarrow \qquad p_n = n \cdot \frac{h}{L}$$

Wegen der Quantelung der Wellenlängen sind auch nur gequantelte Impulse möglich. In die obige Gleichung für die kinetische Energie eingesetzt ergibt sich somit:

$$E_n = \frac{p_n{}^2}{2 m_e} = n^2 \cdot \frac{h^2}{2 m_e \cdot L^2}$$

Außer für das tiefste Energieniveau $E_0 (n = 0)$ existieren für jedes weitere Energieniveau zwei Quantenzahlen n mit gleichem Betrag, aber unterschiedlichem Vorzeichen. Mit anderen Worten: Es gibt ein tiefstes Energieniveau, das nicht entartet ist, und darüber beliebig viele Energieniveaus, die alle jeweils zweifach entartet sind. Diese Energieniveaus entsprechen den Molekülorbitalen im obigen MO-Schema. Auf dem untersten Energieniveau können 2 Elektronen, auf allen weiteren je 4 Elektronen untergebracht werden. Wenn die Energieniveaus entweder voll oder gar nicht besetzt sind, so muss die Gesamtzahl der Elektronen $4n + 2$ mit $n = 0, 1, 2 \ldots$ sein. (Dieses n stimmt mit der oben benutzten Quantenzahl bis auf die Tatsache überein, dass hier keine negativen Werte möglich sind.)
Damit hat die Hückel-Regel eine elementare Begründung gefunden, die allerdings streng genommen nur für Systeme aus *einem* Ring Gültigkeit beanspruchen kann.

Die Vorhersage der besonderen Stabilität eines carbocyclischen Systems mit 2 π-Elektronen ($n = 0$) ist eine herausragende Leistung der Hückel-Regel: Das Cyclopropenylium-Kation wurde erstmals 1965 in Form von salzartigen Verbindungen hergestellt.

Cyclobuta-1,3-dien (s. B1 im Schulbuch) ist antiaromatisch, d.h., die Anzahl seiner π-Elektronen genügt der Bedingung $4n$ (mit $n = 1, 2, 3, \ldots$). Es ist ein äußerst reaktives Molekül, das nur bei extrem tiefen Temperaturen überhaupt beobachtbar ist.

Cycloocta-1,3,5,7-tetraen, eine gelbe Flüssigkeit (ϑ_{sd} = 152 °C), ist ebenfalls sehr reaktiv und nur bei niedrigen Temperaturen stabil. Es wird an der Luft oxidiert, lässt sich leicht zu Cyclooctan hydrieren und geht elektrophile Additionsreaktionen ein. Diese Art der Reaktivität zeigt, dass es sich ebenfalls nicht um eine aromatische Verbindung handelt. Man bezeichnet das Cyclooctatetraen-Molekül aber *nicht* als Antiaromat, da es nicht eben, sondern wannenförmig gebaut ist. Die vier konjugierten Doppelbindungen sind orthogonal zueinander ausgerichtet.

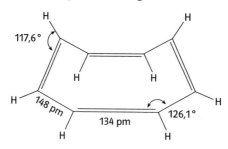

Literatur　E. Heilbronner, H. Bock: Das HMO-Modell und seine Anwendung. VCH, Weinheim 1978

7.5 Exkurs: Das Benzol-Molekül im Orbitalmodell

Zu den Aufgaben

A1 Für die sechs C-Atome des Moleküls wird die sp^2-Hybridisierung angenommen. Die drei sp^2-Hybridorbitale liegen in einer Ebene und bilden einen Winkel von 120°. Zwei Hybridorbitale eines C-Atoms bilden durch Überlappung mit den Hybridorbitalen der beiden benachbarten C-Atome jeweils eine σ-Bindung. Eine weitere σ-Bindung kommt durch Kombination mit dem s-Orbital eines H-Atoms zustande. Damit bilden die sechs C-Atome und die sechs H-Atome das σ-Bindungsgerüst des Benzol-Moleküls. Die sechs p-Orbitale, die nicht zur Hybridisierung herangezogen werden, stehen senkrecht zur Molekülebene. Diese sechs p-Orbitale überlappen zu einem geschlossenen ringförmigen π-Elektronensystem.

A2 Bei der sp^3-Hybridisierung wird ein s-Orbital mit drei p-Orbitalen rechnerisch gemischt. Man erhält vier gleichartige sp^3-Hybridorbitale. Die Symmetrieachsen der sp^3-Hybridorbitale stehen in Tetraeder-Winkeln (109,5°) zueinander.
Bei der sp^2-Hybridisierung wird ein s-Orbital mit zwei p-Orbitalen rechnerisch gemischt. Man erhält drei gleichartige sp^2-Hybridorbitale. Die Symmetrieachsen der sp^2-Hybridorbitale liegen in einer Ebene und bilden Winkel von 120°. Die Symmetrieachse des übrigen p-Orbitals steht senkrecht zu dieser Ebene.
Mithilfe der sp^3-Hybridisierung lassen sich u.a. Alkan-Moleküle konstruieren. Mithilfe der sp^2-Hybridisierung lassen sich u.a. Alken-Moleküle und aromatische Systeme konstruieren.

Zusatzinformationen　**Hückel-Regel**
Siehe Kap. 7.4, Zusatzinformationen

7.6 Halogenierung von Benzol

Zu den Aufgaben

A1 Die heterolytische Spaltung des Brom-Moleküls wird durch den Katalysator $FeBr_3$ erleichtert, da dieser das Br_2-Molekül polarisiert. Die eigentliche heterolytische Spaltung des Br_2-Moleküls wird dann begünstigt, indem die formal entstehenden Ionen sofort gebunden werden: das Br^+-Ion an ein C-Atom des Benzol-Moleküls, das Br^--Ion an den Katalysator $FeBr_3$. Dadurch entstehen stabilere Ionen, da deren Ladung über einen größeren Bereich verteilt ist (vgl. Kap. 4.4).

Hinweis: Die Katalysatoren (z.B. $FeBr_3$ und $AlCl_3$) bei der elektrophilen Substitution sind Lewis-Säuren, also Elektronenpaar-Akzeptoren.

A2 Bei dem positiv geladenen Arenium-Ion (Carbo-Kation) ist die positive Ladung auf mehrere C-Atome verteilt (delokalisiert), wodurch das Arenium-Ion etwas stabilisiert wird. Allerdings beruht die Mesomerie nur auf 4 Elektronen, die keinen geschlossenen Ring über alle 6 C-Atome bilden. Deshalb ist das Arenium-Ion nur ein instabiles Zwischenprodukt. Wenn das Arenium-Ion ein Proton abgibt, entsteht ein Brombenzol-Molekül, und der aromatische Zustand ist wiederhergestellt. Die Delokalisierung der 6 Valenzelektronen ist energetisch besonders günstig; sie ist der Grund für die besondere Stabilität des Benzol-Moleküls.

Hinweis: Das Arenium-Ion ist durch die Delokalisierung der positiven Ladung im π-Elektronensystem relativ stabil, aber es ist kein Aromat. Das H-Atom und das Br-Atom, die an dasselbe C-Atom gebunden sind, liegen in einer Ebene senkrecht zur Ringebene.

Literatur

N. Vorwerk, C. Schmitt, M. Schween: Elektrophile Substitutionsreaktionen an Aromaten verstehen – σ-Komplexe als (experimentelle) Schlüsselstrukturen. Chemie konkret 22 (2/2015), 59
Peter Sykes: Reaktionsmechanismen der organischen Chemie – Eine Einführung. VCH, Weinheim 2001

7.7 Benzol-Derivate

Zu den Aufgaben

A1 Phenol-Moleküle können in einer Säure-Base-Reaktion an Wasser-Moleküle Protonen abgeben:

Diese Reaktion lässt sich mit der Stabilität des Phenolat-Ions, der korrespondierenden Base, erklären. Die negative Ladung ist nicht am Sauerstoff-Atom lokalisiert, sondern über das ganze Anion delokalisiert. Man kann mehrere Grenzformeln des Anions erstellen, bei denen neben dem Phenylrest ($-C_6H_5$) auch ein freies (nicht bindendes) Elektronenpaar des Sauerstoff-Atoms an der Mesomerie beteiligt ist. Das Phenolat-Ion ist also mesomeriestabilisiert:

Eine solche Stabilisierung des Anions kann bei nichtaromatischen Hydroxy-Verbindungen nicht auftreten. Bei der Säure-Base-Reaktion von Ethanol mit Wasser würde das Ethanolat-Ion als korrespondierende Base gebildet. Bei diesem Ion wäre die gesamte negative Ladung auf ein Atom konzentriert:

Ethanol ist deshalb eine sehr schwache Säure und reagiert praktisch nicht mit Wasser.

Hinweis: Ein Anion wird stabilisiert, wenn seine negative Ladung über einen größeren Bereich verteilt wird. Genaueres: siehe Kap. 4.4 (Schulbuch und Serviceband).

A2

Ergänzung:

Anilin (pK_B = 9,4) ist eine schwache Base. Ein Anilin-Molekül hat am Stickstoff-Atom ein freies (nicht bindendes) Elektronenpaar und kann damit ein Proton binden. Anilin ist eine wesentlich schwächere Base als andere Amine, da das Anilin-Molekül mesomeriestabilisiert ist. Das freie Elektronenpaar am Stickstoff-Atom ist in die Mesomerie des Phenylringes einbezogen und somit für die Bindung eines Protons schlecht verfügbar.

Diethylamin (pK_B = 3,0) ist eine wesentlich stärkere Base als Anilin, da das Stickstoff-Atom nicht an einen Phenylring gebunden ist, und folglich das freie Elektronenpaar für die Bindung eines Protons besser verfügbar ist. Die beiden Ethylgruppen üben außerdem einen +I-Effekt aus. Dadurch wird die positive Ladung am Stickstoff-Atom des Diethylammonium-Ions (also der konjugierten Säure) auf einen größeren Bereich verteilt. Die konjugierte Säure des Diethylamin-Moleküls wird dadurch stabilisiert, vgl. Kap. 4.4 (Schulbuch und Serviceband).

A3 Benzoesäure (E 210) und ihre Salze Natriumbenzoat (E 211), Kaliumbenzoat (E 212) und Calciumbenzoat (E 213) hemmen das Wachstum von Pilzen und Hefen und werden vor allem in sauer eingelegten Lebensmitteln (Mayonnaisen und mayonnaisehaltige Feinkostprodukte wie Fleisch- und Wurstsalate, Marinaden, Gemüsekonserven (vor allem Sauergemüse), saure Obstkonserven und Fruchtsaftkonzentrate) eingesetzt. Sie finden sich aber auch in Ketchup, Senf, Wurst und Margarine als Konservierungsstoffe. Benzoesäure und Natriumbenzoat sind auch in Tabakprodukten zur Konservierung zugelassen.

Hinweis: Benzoesäure und ihre Salze sind als Konservierungsstoffe in Katzen- und Hundefutter verboten. Es sollte strikt darauf geachtet werden, dass an die Hauskatze oder den Hund keine Lebensmittel verfüttert werden, die diese Konservierungsmittel enthalten.

A4 Beispiel: Katalytische Oxidation von Toluol mit Sauerstoff:

$$2\ \overset{-III}{C_6H_5-CH_3} + 3\ \overset{0}{O_2} \xrightarrow{Kat.} 2\ \overset{III\ -II\ -II}{C_6H_5-CO\,OH} + 2\ \overset{-II}{H_2O}$$

(Nur die Oxidationszahlen, die sich ändern, sind hier angeschrieben.)

Das C-Atom der Methylgruppe wird oxidiert: Die Oxidationszahl ändert sich von −III nach +III. Die O-Atome werden reduziert: Die Oxidationszahl ändert sich von 0 nach −II. Folglich handelt es sich um eine Redoxreaktion.

Hinweis: Zur Lösung der Aufgabe genügt auch eine Betrachtung der Oxidationszahl des C-Atoms, ohne dass eine Reaktionsgleichung aufgestellt wird. Da sich die Oxidationszahl ändert, muss es sich um eine Redoxreaktion handeln.

	Benzol	Anilin
Gefahren-piktogramme	GHS02 (Flamme) GHS07 (Ausrufezeichen) GHS08 (Gesundheitsgefahr)	GHS05 (Ätzwirkung) GHS06 (Totenkopf) GHS08 (Gesundheitsgefahr) GHS09 (Umwelt)
H-Sätze	H340 Kann genetische Defekte verursachen. H350 Kann Krebs erzeugen. H225 Flüssigkeit und Dampf leicht entzündbar. H304 Kann bei Verschlucken und Eindringen in die Atemwege tödlich sein. H315 Verursacht Hautreizungen. H319 Verursacht schwere Augenreizung. H372 Schädigt die Organe (Blut) bei längerer oder wiederholter Exposition. H412 Schädlich für Wasserorganismen, mit langfristiger Wirkung.	H301 + H311 + H331 Giftig bei Verschlucken, Hautkontakt oder Einatmen. H317 Kann allergische Hautreaktionen verursachen. H318 Verursacht schwere Augenschäden. H341 Kann vermutlich genetische Defekte verursachen. H351 Kann vermutlich Krebs erzeugen. H372 Schädigt die Organe (Blut) bei längerer oder wiederholter Exposition. H400 Sehr giftig für Wasserorganismen.
Gefahren-klassen und -kategorien	Entzündbare Flüssigkeit, Kategorie 2 Reizwirkung auf die Haut, Kategorie 2 Augenreizung, Kategorie 2 Keimzell-Mutagenität, Kategorie 1B Karzinogenität, Kategorie 1A Spezifische Zielorgan-Toxizität – wiederholte Exposition, Kategorie 1, Blut Aspirationsgefahr, Kategorie 1 Langfristig (chronisch) gewässergefährdend, Kategorie 3	Karzinogenität, Kategorie 2 Keimzell-Mutagenität, Kategorie 2 Akute Toxizität, Kategorie 3, Einatmung Akute Toxizität, Kategorie 3, Haut Akute Toxizität, Kategorie 3, Oral Spezifische Zielorgan-Toxizität – wiederholte Exposition, Kategorie 1, Blut Schwere Augenschädigung, Kategorie 1 Sensibilisierung durch Hautkontakt, Kategorie 1 Kurzfristig (akut) gewässergefährdend, Kategorie 1

Beurteilung der Toxizität: Benzol kann genetische Defekte und Krebs erzeugen. Es ist aber nicht als giftig eingestuft, sondern es verursacht „nur" Reizungen. Anilin ist giftig und kann vermutlich genetische Defekte und Krebs verursachen. Insgesamt scheint Benzol vor allem langfristig Schäden zu verursachen, während Anilin akut gefährlicher ist.

Hinweis: Für die Zulassung an Schulen betrachtet man offenbar die langfristigen Schäden als gravierender. Nach D-GISS (Stand Mai 2022) sind mit Benzol keine Experimente an Schulen erlaubt. Anilin ist sogar für Schülerversuche zugelassen, allerdings mit Tätigkeitsbeschränkungen bis Jahrgangsstufe 4 und für schwangere oder stillende Lehrerinnen und Schülerinnen.

Zum Versuch

V1

a) Die Löslichkeit von Phenol in Wasser bei 20 °C ist 84 g/l. Der Phenol-Gehalt im ersten Reagenzglas beträgt ca. 2 g/0,005 l ≈ 400 g/l. Durch Verdünnen auf knapp das fünffache Volumen entsteht also eine klare Lösung. Ihr pH-Wert ist ca. 4,5.

b) Durch Zugabe von Natronlauge bilden sich Phenolat-Ionen, die in Wasser gut löslich sind. Durch Zugabe von Salzsäure bilden sich aus den Phenolat-Ionen wieder schlechter lösliche Phenol-Moleküle.

Hinweise:
- Phenol löst sich oberhalb von 68,8 °C in Wasser in jedem Verhältnis. Unterhalb dieser Temperatur tritt aber Entmischung ein, die Flüssigkeit wird trüb (Emulsion). Es entstehen zwei Phasen, da es sich um ein Zweistoffgemisch mit Mischungslücke handelt. So entsteht z. B. bei 25 °C eine wässrige Phase, die gelöstes Phenol mit einem Massenanteil von 7 bis 8 % enthält, und eine phenolische Phase, bei der ca. 28 % Wasser im Phenol gelöst sind. Bei 40 °C liegen zwei Phasen nebeneinander vor, von denen die wässrige einen Massenanteil w(Phenol) von höchstens 10 %, die andere einen Massenanteil w(Wasser) von höchstens 33 % hat.

– Unterhalb der Schmelztemperatur von Phenol (ϑ_{sm} = 40 °C) und einem Massenanteil w(Phenol) von mehr als ca. 74 % kristallisiert Phenol aus der Lösung aus. Die Schmelztemperatur von wasserhaltigem Phenol ist abhängig vom Wasser-Gehalt: Bei einem Massenanteil von 2 % Wasser liegt die Schmelztemperatur von Phenol bei 33 °C, bei 6 % Wasser schon bei 20 °C.

Zusatzaufgaben

Zusatzaufgabe 1

Recherchieren und zeichnen Sie die Strukturformeln der Benzol-Derivate Phthalsäure und Phenylalanin.

Lösung:

Phthalsäure   Phenylalanin

Zusatzaufgabe 2

Recherchieren Sie die Struktur des Benzol-Derivats DDT. Stellen Sie die Problematik dar, die sich aus der Verwendung von DDT ergibt.
Lösung: Das DDT-Molekül (**D**ichlor**d**iphenyl**t**richlorethan) enthält zwei aromatische Ringe und fünf Chlor-Atome.
DDT weist eine hohe Toxizität für Insekten auf, aber nur eine geringe für Säugetiere. Daher wurde es lange Zeit großflächig als Insektizid angewandt. Die Entwicklung von Resistenzen und das Erkennen der negativen Auswirkungen von DDT für die Umwelt führten dazu, dass DDT heute nur noch zur Bekämpfung der Malariamücke (Anopheles) eingesetzt wird.
DDT ist lipophil und chemisch sehr stabil. Die Stabilität bedingt, dass DDT biologisch schwer abbaubar ist. Gelangt DDT in die Nahrungskette, so kann es sich aufgrund seiner Fettlöslichkeit im Gewebe von Tieren und Menschen anreichern. DDT und seine Abbauprodukte besitzen eine endokrine Wirkung, d.h., sie können wie Hormone wirken oder körpereigene Hormone hemmen. Dies kann fatale Auswirkungen für Organismen mit hoher DDT-Konzentration haben, z. B. zu dünne Eierschalen bei Vögeln.

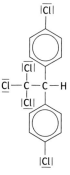

Dichlor-Diphenyl-Trichlorethan (DDT)

Zusatzversuch

Oxidation von Toluol

(Abzug! Schutzbrille!) Man schüttelt kräftig einige Tropfen Toluol mit 10 ml verdünnter Kaliumpermanganat-Lösung und einigen Tropfen konz. Schwefelsäure. Die Lösung wird anschließend schwach erwärmt. Man prüft vorsichtig den Geruch.
Beobachtung: Durch die Oxidation des Toluols tritt nach kurzer Zeit der charakteristische Geruch des Benzaldehyds („Bittermandelaroma") auf.

Literatur

K. Hübner: 75 Jahre DDT. Chemie in unserer Zeit 48, 3 (Juni 2014), 226 – 229

7.8 Zweitsubstitution an Aromaten

Zu den Aufgaben

A1 –M-Effekt: $-NO_2$, $-CHO$, $-COOH$, $-COOR$, $-SO_3H$, $-CN$
+M-Effekt: $-OH$, $-O^-$, $-OR$, $-NH_2$, $-NR_2$, $-C_6H_5$, $-CH_2=CH_2$, $-F$, $-Cl$, $-Br$, $-I$

Hinweise: Die Lösung kann dem Schulbuch entnommen werden (rechte Randspalte). Substituenten 1. Ordnung üben meist einen +M-Effekt aus (nur die Methylgruppe nicht); Substituenten 2. Ordnung üben einen –M-Effekt aus. Die Methylgruppe übt keinen +M-Effekt aus, sondern einen +I-Effekt. Damit kann man erklären, warum auch die Methylgruppe ein Substituent 1. Ordnung ist, siehe „Zusatzinformationen".

A2 Das Br-Atom ist ein Substituent 1. Ordnung und damit ortho/para-dirigierend. Betrachtet man die mesomeren Grenzformeln des Carbo-Kations bei den drei Möglichkeiten der Stellung des Zweitsubstituenten, so erkennt man, dass bei Zweitsubstitution in ortho- bzw. para-Stellung jeweils eine Grenzformel auftritt, bei der das Br-Atom die positive Ladung trägt. Bei Zweitsubstitution in meta-Stellung gibt es keine Grenzformel mit der positiven Ladung am Br-Atom:

Zweitsubstitution in ortho-Stellung:

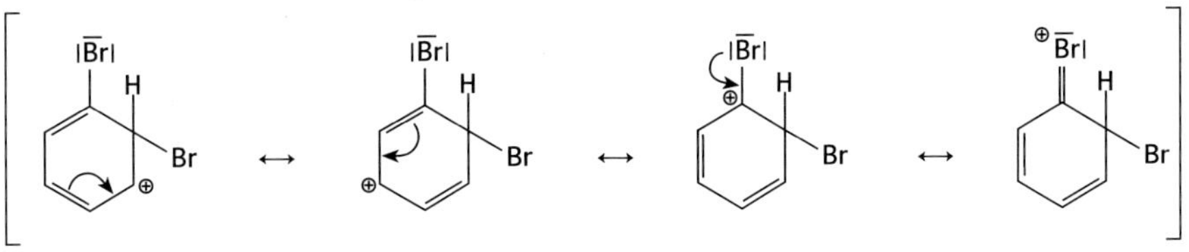

Zweitsubstitution in meta-Stellung:

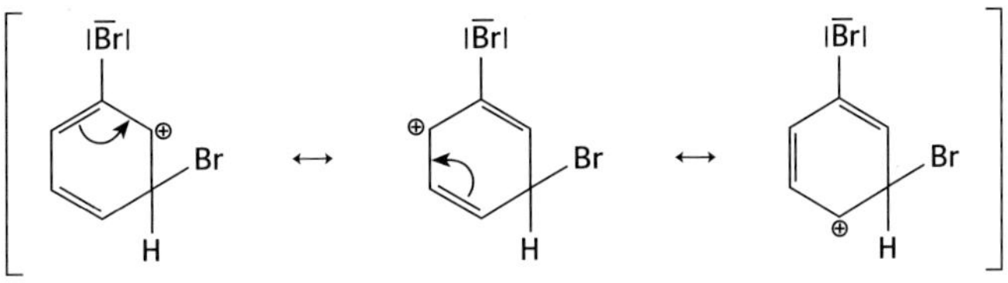

Zweitsubstitution in para-Stellung:

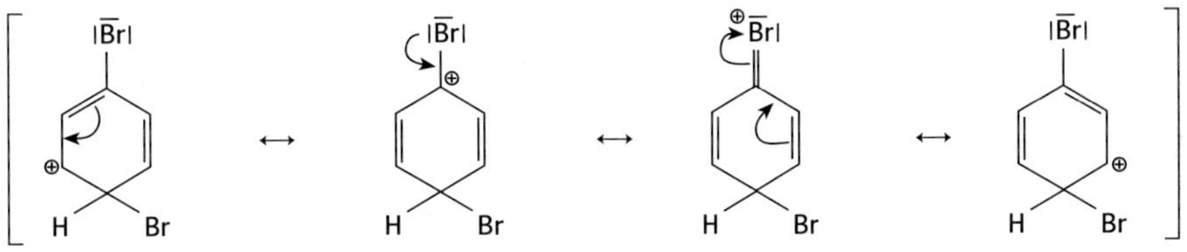

Nur bei bei Zweitsubstitution in ortho- bzw. para-Stellung ist also die positive Ladung über den Ring hinaus delokalisiert. Diese Carbo-Kationen sind daher stabiler als das Carbo-Kation bei Zweitsubstitution in meta-Stellung. Deshalb wird Brombenzol bevorzugt in ortho- und para-Stellung substituiert.

A3 Statistisch würde man erwarten, dass bei einer Zweitsubstitution doppelt so viel ortho- wie para-Produkt entsteht, da es am Ring zwei ortho-Positionen und nur eine para-Position gibt. Allerdings beansprucht der Zweitsubstituent teilweise den gleichen Raumbereich wie der Erstsubstituent. Daher ist die Zweitsubstitution in para-Stellung bevorzugt.
Hinweis: Man bezeichnet diesen Effekt als sterische Hinderung.

A4

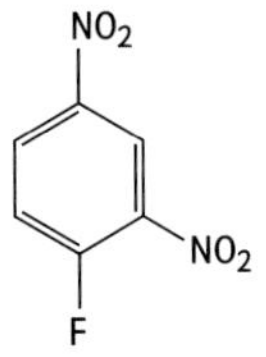

Das Ringsystem ist deaktiviert.
Begründung:
Die Nitrogruppen üben einen −M- und −I-Effekt aus.
Das Fluor-Atom übt einen −I-Effekt aus.

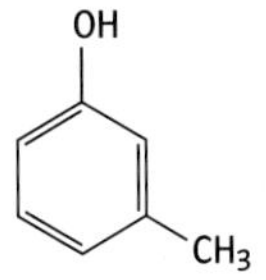

Das Ringsystem ist aktiviert.
Begründung:
Die Hydroxygruppe übt einen +M-Effekt aus, der den −I-Effekt überwiegt.
Die Methylgruppe übt einen +I-Effekt aus.

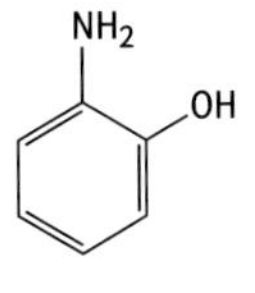

Das Ringsystem ist aktiviert.
Begründung:
Die Aminogruppe übt einen +M-Effekt aus, der den −I-Effekt überwiegt.
Die Hydroxygruppe übt einen +M-Effekt aus, der den −I-Effekt überwiegt.

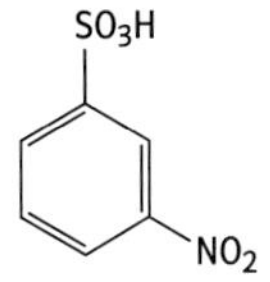

Das Ringsystem ist deaktiviert.
Begründung:
Die Sulfonatgruppe übt einen −M- und −I-Effekt aus.
Die Nitrogruppe übt einen −M- und −I-Effekt aus.

Erläutern Sie (mithilfe von Kap. 7.9), wie man aus Toluol als Ausgangsstoff (a) 2- und 4-Chlortoluol bzw. (b) Chlorphenylmethan herstellen könnte. Zeichnen Sie auch die Strukturformeln der drei Verbindungen.

Lösung:

a) Toluol reagiert mit Chlor in Gegenwart eines geeigneten Katalysators zu 2- und 4-Chlortoluol (KKK-Regel: Kälte, Katalysator, Kern; die Methylgruppe ist ortho/para-dirigierend).

b) Unter dem Einfluss von Licht oder bei höherer Temperatur werden ein oder mehrere Wasserstoff-Atome der Methylgruppe durch Chlor-Atome ersetzt (SSS-Regel: Sonnenlicht, Siedehitze, Seitenkette). Es entsteht u.a. Chlorphenylmethan.

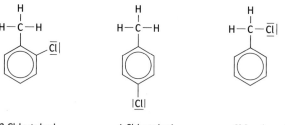

2-Chlortoluol
(o-Chlortoluol)

4-Chlortoluol
(p-Chlortolul)

Chlorphenylmethan

Zusatzinformationen

Einfluss von Alkylgruppen als Erstsubstituenten

Alkylgruppen sind aufgrund ihres +I-Effekts aktivierend und ortho/para-dirigierend. Im Schulbuch wird nur gezeigt, auf welche Weise das „Dirigieren" durch den M-Effekt zustande kommt. Am Beispiel der Methylgruppe wird im Folgenden gezeigt, wie auch der I-Effekt „dirigiert".

Für die drei möglichen Fälle der Zweitsubstitution lassen sich jeweils drei mesomere Grenzformeln des Carbo-Kations aufstellen:

Zweitsubstitution in ortho-Stellung:

Zweitsubstitution in meta-Stellung:

Zweitsubstitution in para-Stellung:

Bei Zweitsubstitution in ortho- und in para-Stellung wird die positive Ladung an dem C-Atom, das die Methylgruppe trägt, durch den +I-Effekt der Methylgruppe verringert. Dadurch werden diese Carbo-Kationen stabilisiert. Bei Zweitsubstitution in meta-Stellung gibt es keine Grenzformel mit der positiven Ladung an dem C-Atom, das die Methylgruppe trägt. Folglich ist die Zweitsubstitution in ortho- und in para-Stellung bevorzugt.

Einfluss der Halogen-Atome als Erstsubstituenten

Halogen-Atome als Erstsubstituenten wirken desaktivierend. Die Elektronegativität (und damit der −I-Effekt) nimmt zwar in der Reihe Fluor − Chlor − Brom − Iod ab, aber ebenso nimmt wegen der zunehmenden Größe der Atome auch der +M-Effekt ab, sodass bei allen Halogen-Atomen der −I-Effekt überwiegt. Trotzdem sind Halogen-Atome Substituenten 1. Ordnung (also ortho/para-dirigierend), da sie außerdem durch ihre freien (nicht bindenden) Elektronenpaare einen +M-Effekt ausüben (siehe auch Lösung zu A2).

Produktanteile bei der Zweitsubstitution

Bei der Zweitsubstitution tritt praktisch immer das ortho- meta- und para-Produkt auf, allerdings mit sehr unterschiedlichen Anteilen. Die folgende Tabelle zeigt einige Beispiele:

Edukt	Reaktion	ortho-Produkt	meta-Produkt	para-Produkt
Acetanilid ($C_6H_5-NH-CO-CH_3$)	Nitrierung	21%	Spuren	79%
Anisol (Methoxybenzol, $C_6H_5-O-CH_3$)	Nitrierung	40%	2%	58%
Chlorbenzol (C_6H_5-Cl)	Nitrierung	29%	1%	70%
Brombenzol (C_6H_5-Br)	Bromierung	13%	2%	85%
Benzoesäure (C_6H_5-COOH)	Nitrierung	18,5%	80,0%	1,5%

Literatur

N. Vorwerk, C. Schmitt, M. Schween: Elektrophile Substitutionsreaktionen an Aromaten verstehen – σ-Komplexe als (experimentelle) Schlüsselstrukturen. Chemie konkret 22 (2/2015), 59
Peter Sykes: Reaktionsmechanismen der organischen Chemie – Eine Einführung. VCH, Weinheim 2001

7.9 Reaktionsmechanismen im Vergleich

Vorbemerkungen

Der Vergleich der Reaktionsmechanismen anhand der Edukt-Teilchen schult und vertieft das Verständnis für die Eigenschaften der Edukt-Teilchen und lenkt den Blick auf mögliche Reaktionsabläufe. Diese Form der Systematik erleichtert den Lernenden, den Überblick zu behalten.

Die Bildungsstandards im Fach Chemie für die Allgemeine Hochschulreife (KMK 2020) fordern die Reaktionsmechanismen der radikalischen Substitution, der elektrophilen Addition, der nucleophilen Substitution (nur erhöhtes Anforderungsniveau) und der elektrophilen Substitution (nur erhöhtes Anforderungsniveau).
Nach dem Kernlehrplan des Landes Nordrhein-Westfalen erfolgt bezüglich dieser Reaktionsmechanismen folgende Zuordnung:
– Im Rahmen des Leistungskurses werden die radikalische Substitution, die elektrophile Addition, die nucleophile Substitution (erster und zweiter Ordnung) und die elektrophile Erstsubstitution beim Inhaltsfeld „Reaktionswege in der organischen Chemie" behandelt.
– Im Rahmen des Grundkurses werden die radikalische Substitution und die elektrophile Addition beim Inhaltsfeld „Reaktionswege in der organischen Chemie" behandelt.

Zu den Aufgaben

A1 Das Bromonium-Ion kann (statt mit dem Bromid-Ion) auch mit einem Wasser-Molekül reagieren. Das Sauerstoff-Atom des Wasser-Moleküls hat eine negative Teilladung und ein freies Elektronenpaar, mit dem es eine C−O-Bindung bildet.

A2 Die elektrophile Substitution an Aromaten und die elektrophile Addition an Alkenen haben gemeinsam, dass jeweils ein elektrophiler Angriff auf das Substrat-Teilchen erfolgt. Die reaktionsfähigen Teilchen, die das Substrat-Teilchen angreifen, sind Kationen oder Bereiche von Teilchen mit positiver Teilladung. Unterschiede:
– Bei der elektrophilen Substitution bleibt das aromatische System erhalten, bei der elektrophilen Addition werden Doppelbindungen (oder Dreifachbindungen) aufgehoben.
– Bei der elektrophilen Substitution sind die Hauptschritte ein Additions- und ein Eliminierungsschritt. Bei der elektrophilen Addition erfolgt auf den ersten Additionsschritt ein zweiter Additionsschritt.

A3 Bei Zugabe von Bromwasser bilden sich in beiden Fällen zwei flüssige Phasen (Schichten), da sich die Flüssigkeiten nicht ineinander lösen.
Benzol reagiert unter den angegebenen Bedingungen nicht mit dem Bromwasser, d.h., das Bromwasser wird nicht entfärbt und bleibt gelb.
Cycloxen reagiert mit dem Bromwasser; das Bromwasser wird entfärbt. Es findet eine elektrophile Addition statt (s. B3 im Schulbuch).

Zu den Abbildungen

B1 (Übersichtsschema) und B2 (Tabelle)
B1 schafft einen Überblick über einige Reaktionstypen und zugeordnete Reaktionsmechanismen. B2 zeigt dann, wie die Reaktionsmechanismen vom angegriffenen Teilchen (Substrat-Teilchen) und vom angreifenden Teilchen abhängig sind. Ein Vorzug der mechanistischen Betrachtung und der mechanistischen Vergleiche liegt darin, dass Einzeltatsachen durch wenige Leitprinzipien strukturiert und miteinander verknüpft werden können.

Literatur

Peter Sykes: Reaktionsmechanismen der organischen Chemie. VCH, Weinheim 2001
C. Schmuck: Basisbuch Organische Chemie. München 2013 (Pearson)
H. G. O. Becker et al.: Organikum – Organisch-chemisches Grundpraktikum. Deutscher Verlag der Wissenschaften, Berlin. Ab der 20. Auflage: Wiley VCH, Weinheim
N. Vorwerk, C. Schmitt, M. Schween: Elektrophile Substitutionsreaktionen an Aromaten verstehen – σ-Komplexe als (experimentelle) Schlüsselstrukturen. Chemie konkret 22 (2/2015), 59
C. Schmitt, O. Wißner, M. Schween: Carbenium-Ionen als reaktive Zwischenstufen. (Experimenteller) Zugang zu einem tieferen Verständnis organischer Reaktionen. Chemie konkret 20 (2/2013), 59

7.10 Exkurs: ASS – ein Jahrhundertarzneimittel

Zu den Aufgaben

A1 Durch Spaltung der glycosidischen Bindung von Salicin und Oxidation erhält man:

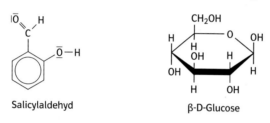

Salicylaldehyd   β-D-Glucose

A2 Bekannte Nebenwirkungen von Acetylsalicylsäure sind z. B.: Sodbrennen, Übelkeit und Erbrechen, Durchfall, Blutungen, Eisenmangel, Magen-Darm-Geschwüre, allergische Reaktionen, Gichtanfälle (bei Gichtpatienten).

Literatur

H. G. O. Becker et al.: Organikum – Organisch-chemisches Grundpraktikum. Deutscher Verlag der Wissenschaften, Berlin. Ab der 20. Auflage: Wiley VCH, Weinheim
M. A. Fox, J. K. Whitesell: Organische Chemie (Grundlagen, Mechanismen, bioorganische Anwendungen). Spektrum Akad. Verl., Heidelberg, Berlin, Oxford
L. Gattermann, Th. Wieland: Praxis des organischen Chemikers, Teil 1. Walter de Gruyter, Berlin
G. Vollmer (Hrsg.): Aspirin® und die Bayer AG Elberfeld in „Chemie in Wuppertal und Umgebung"
A. Düntsch: Ohne Kopfschmerzen durch die Organische Chemie – mit Aspirin®. Der mathematische und naturwissenschaftliche Unterricht 53 (7/2000), 414
A. Kleemann, H. Offermanns: Meilenstein Salicylsäuresynthese. Chemie in unserer Zeit 46, 1 (Februar 2012), 40–47

7.11 Praktikum: Acetylsalicylsäure

Zu den Versuchen

V1 **Synthese von ASS**
Aufgabenlösung
Zu (a): Hier findet die eigentliche Synthese von ASS statt. B3 in Kap. 7.10 zeigt die Reaktions-
gleichung.
Zu (b): Acetylsalicylsäure ist in kaltem Wasser sehr schlecht löslich, sodass sie mit guter Ausbeute abfiltriert werden kann.
Zu (c): Beim langsamen Verdunsten des Ethanols entstehen größere Kristalle.

Hinweise:
Zeitweise war Essigsäureanhydrid (Acetanhydrid) in Schülerversuchen nicht erlaubt, aus diesem Grund ist der Versuchsteil (a) so beschrieben, dass er von der Lehrkraft durchgeführt wird. Nach D-GISS (Stand Mai 2022) besteht ein Tätigkeitsverbot für Schülerinnen und Schüler bis einschließlich Jahrgangsstufe 9 und Tätigkeitsbeschränkungen für schwangere und stillende Lehrerinnen und Schülerinnen. Die Entscheidung, ob der Versuchsteil (a) doch von den Schülerinnen und Schülern

durchgeführt werden kann, liegt bei der Lehrkraft, die sich über die aktuellen Bestimmungen informieren sollte.

Für den Versuch genügt eine Doppelstunde, wenn heißes Wasser für die Wasserbäder und Eiswasser bereitgehalten werden. Als Reaktionszeit werden in der Literatur zwei Stunden angegeben, jedoch erhält man bereits in einer Doppelstunde verwertbare Ausbeuten.

Es empfiehlt sich, zuerst die Schwefelsäure (2 bis 3 Tropfen) zum Acetanhydrid (ϱ = 1,087 g/ml bei 15 °C) und dann diese Mischung zur Salicylsäure zu geben. Gibt man die konz. Schwefelsäure zur Salicylsäure, so wird diese teilweise verkohlt. Achtung: Unmittelbar nach dem Zusammengeben der Komponenten setzt eine stark exotherme Reaktion ein, und es besteht die Gefahr des Verspritzens. Erst nach Beendigung dieser Reaktion wird auf dem Wasserbad erhitzt. Es ist daher günstig, das Acetanhydrid mit der Schwefelsäure in kleinen Portionen in den Rundkolben zur Salicylsäure zu geben und den Rückflusskühler sofort aufzusetzen.

Verwendet man Eisessig statt Acetanhydrid, wird das Risiko des Verspritzens gering. Allerdings verlängert sich dann die Reaktionszeit, und es kann zu Problemen beim Auskristallisieren kommen (siehe unten).

Bei Verwendung von Salicylsäure, die vorher nicht getrocknet wurde, oder verunreinigter Salicylsäure fällt das Produkt in Eiswasser nicht kristallin aus, sondern es entsteht eine leicht gelbliche, ölige Flüssigkeit. Stellt man das Becherglas über Nacht in den Kühlschrank bei etwa 6 °C, so entsteht i.d.R. bis zum nächsten Tag ein Kristallbrei, der abgetrennt werden kann. Achtung: Salicylsäure sublimiert beim Trocknen im Trockenschrank. Es empfiehlt sich daher, die Salicylsäure einige Tage über konz. Schwefelsäure im Exsikkator zu trocknen.

In einer allgemeinen Arbeitsvorschrift zur Darstellung von Essigsäureestern aus Acetanhydrid (vgl. „Organikum") findet sich die Empfehlung, die Reaktion mit frisch destilliertem Acetanhydrid durchzuführen. Die Umsetzung gelingt aber auch, wenn das Anhydrid nicht vorher destilliert wird. Soll das Anhydrid doch zuerst gereinigt werden, so destilliert man es über wasserfreiem Natriumacetat. Dieses lässt sich durch Verdampfen des Kristallwassers aus kristallwasserhaltigem Natriumacetat (3 mol Wasser) gewinnen. Man gießt die wasserfreie Schmelze auf ein Eisenblech, lässt sie erstarren, pulverisiert das Salz und bewahrt es im Exsikkator auf.

ASS löst sich gut in Ethanol und kann aus einer Lösung von Ethanol in Wasser (Volumenverhältnis 1 : 4) umkristallisiert werden. Dadurch wird allerdings die Ausbeute erheblich verringert. Auf keinen Fall sollte die ethanolische Lösung stärker erwärmt werden, da ASS sonst merklich hydrolysiert. Besser geeignet ist eine Lösung von 1,4-Dioxan in Wasser (Volumenverhältnis 1 : 1). Nach einmaligem Umkristallisieren liegt die Ausbeute hier zwischen 70 und 50 % (Literaturwert: 85 %). Achtung: Dioxan ist gesundheitsschädlich. Schülerexperimente mit Dioxan sind nicht untersagt, jedoch ist die Ersatzstoffprüfung von besonderer Bedeutung. Deshalb sollte Ethanol bevorzugt werden.

Bei der Verwendung von Acetanhydrid (Essigsäureanhydrid) als Acetylierungsmittel kann der folgende Reaktionsmechanismus für die Veresterung formuliert werden:

Essigsäureanhydrid

Acetylsalicylsäure

V2 **Versuche mit dem Produkt aus V1**
Aufgabenlösung
Zu (b): Beobachtung: Der der pH-Wert des Produkts aus V1 liegt zwischen den Werten von Salicyl-säure und ASS. Mit dem pH-Meter ermittelte Werte:

pH (ASS) $\approx$ 3,1
pH (Salicylsäure) $\approx$ 2,4
pH (Produkt) $\approx$ 2,6

Deutung: Das Produkt enthält vermutlich noch Salicylsäure.

Hinweis zur Durchführung: Zum Vergleich der pH-Werte wird ein pH-Meter empfohlen. Mit Universal-indikator-Papier ist es sehr schwierig, zwischen den drei Lösungen einen Unterschied zu erkennen, und die Bestimmung der pH-Werte ist ungenau. Alternativ kann man auch auf der Tüpfelplatte oder in einem anderen Gefäß die pH-Werte mithilfe von flüssigem Universalindikator bestimmen.

Zu (c): Beobachtung: Bei Salicylsäure färbt sich die Lösung dunkel violett, bei reiner Acetylsalicylsäu-re schwach bräunlich rot, bei dem hergestellten Produkt bräunlich violett.
Deutung: Die Farbreaktion mit Eisen(III)-chlorid-Lösung zeigt, dass das Produkt vermutlich noch Salicylsäure enthält.

Hinweise:
Diese Farbreaktion tritt bei fast allen Verbindungen auf, die die nebenstehende Atomgruppierung enthalten, und auch bei aromatischen Hydroxyverbindungen. Die Farbe der verschiedenen Komplexe reicht von Rot über Rotviolett und Violett bis Dunkelblauviolett.

Interessant ist auch das Ergebnis der Farbreaktion bei verschiedenen käuflichen ASS-Produkten und bei Aspirin®. Es zeigt sich, dass in vielen Produkten noch Salicylsäure vorhanden ist. Man kann der Farbreaktion auch eine Chromatografie vorschalten. Fließmittel Butanol/Eisessig/Wasser (40 ml/10 ml/50 ml), DC-Karten mit Kieselgelbeschichtung, Entwicklung mit Eisen(III)-chlorid-Lösung (w = 0,1 %), Zeitbedarf ca. 3 bis 4 Stunden.

V3 **Nachweis eines weiteren Bestandteils einer ASS-Tablette**
Aufgabenlösung
Beobachtung: Die Lösung färbt sich nach Zugabe von Iod-Kaliumiodid-Lösung blau.
Deutung: Die ASS-Tablette enthält Stärke als Bindemittel.

V4 **Hydrolyse von ASS**
Aufgabenlösung
Beobachtung: Die Färbung der Proben nach Zugabe von jeweils wenigen Tropfen der Eisen(III)-chlorid-Lösung geht in Abstufungen von Bräunlichrot über Braunlila bis Violett. Nach etwa vier Minuten intensiven Siedens wird fast der gleiche Farbton erreicht wie bei reiner Salicylsäure.
Deutung: Bei der Hydrolyse von Acetylsalicylsäure entstehen Salicylsäure und Essigsäure. Salicylsäure gibt mit Eisen(III)-chlorid-Lösung eine charakteristische Farbreaktion: Eine intensive, blau- bis schwarzviolette Färbung tritt auf. Frisch bereitete ASS-Lösung zeigt diese Farbreaktion nicht. Die Lösung wird lediglich hell bräunlichrot gefärbt. Die mehrfache Probennahme während der vier Minuten zeigt, dass die Hydrolyse relativ langsam abläuft.

Hinweis zur Durchführung: Sollte während Schritt (c) zu viel Flüssigkeit verdampfen, muss weiteres Ethanol-Wasser-Gemisch zugesetzt werden.

7.12 Dünnschichtchromatografie

Zu den Aufgaben

A1

a) Das Farbstoffgemisch des Filzstiftes würde sich im Fließmittel lösen und ebenfalls aufgetrennt werden. Dadurch würden die Ergebnisse verfälscht bzw. unbrauchbar.

b) Taucht die Startlinie in das Fließmittel ein, so lösen sich die zu trennenden Stoffe direkt im Fließmittel. Auf der DC-Platte entstehen keine klaren Substanzflecken, sondern nur ein Bereich, in dem alle Stoffe vorliegen. Das Ergebnis wäre unbrauchbar.

c) Erreicht das Fließmittel den oberen Rand der DC-Platte, kann man unter Umständen l, also die Strecke „Startlinie – Fließmittelfront", nicht mehr eindeutig bestimmen. Diese benötigt man aber für die Bestimmung des R_f-Werts.

d) Wenn man die Trennkammer offen lässt, verdunstet nach und nach das Fließmittel. Die Chromatografie kann sogar ganz misslingen, wenn die DC-Platte im oberen Bereich austrocknet oder wenn die ganze Trennkammer austrocknet. Je nach Fließmittel ist eine offene Trennkammer auch gesundheitsschädlich, wenn man nicht im Abzug arbeitet; beispielsweise enthält das Fließmittel in V2 Methanol. Das verdunstete Fließmittel kann sich außerdem entzünden und eine Deflagration (Verpuffung) oder Explosion verursachen.

Zu den Versuchen

V1 **Modellversuch zur Verteilungschromatografie**

Die erste Verteilung sieht folgendermaßen aus: 5 rote und 15 blaue Bausteine liegen auf dem grünen Blatt (stationäre Phase); 15 rote und 5 blaue Bausteine liegen auf dem gelben Blatt (mobile Phase). Dann wird das gelbe Blatt neben das zweite grüne Blatt geschoben und ein neues gelbes Blatt kommt neben das erste grüne Blatt. Die Bausteine werden neu verteilt usw., siehe Versuchsanleitung. In der folgenden Situation wird eine Münze geworfen: 6 Bausteine müssten eigentlich 4,5:1,5 verteilt werden. Es ist nicht möglich, beide Zahlen „kaufmännisch aufzurunden" (also 5:2), da hierfür 7 Bausteine nötig wären. Je nach Münzwurf wird 5:1 oder 4:2 verteilt.

Die folgende Tabelle zeigt ein mögliches Versuchsergebnis. Am Schluss waren die roten und blauen Bausteine komplett „getrennt":

Blatt Nr.	Blaue Bausteine			Rote Bausteine		
	Stationär	Mobil	Summe	Stationär	Mobil	Summe
1	1	0	1	0	0	0
2	4	1	5	0	0	0
3	4	2	6	0	0	0
4	4	1	5	0	0	0
5	2	1	3	0	0	0
6	0	0	0	1	2	3
7	0	0	0	1	4	5
8	0	0	0	2	4	6
9	0	0	0	1	3	4
10	0	0	0	0	2	2

Aufgabenlösung

Die Bausteine entsprechen Farbstoff-Molekülen; die Papierblätter entsprechen Flüssigkeitsportionen der stationären bzw. mobilen Phase. Im Modellversuch strömt die mobile Phase in Schritten „unendlich schnell" eine definierte Strecke weiter und wartet dann „unendlich lange", bis das Verteilungsgleichgewicht erreicht ist. Allerdings gibt es wegen der geringen Anzahl der Bausteine Rundungsfehler.

In der realen Chromatografie strömt die mobile Phase kontinuierlich; das Verteilungsgleichgewicht wird nie ganz erreicht. Wegen der sehr großen Zahl der Moleküle sind dafür Rundungsfehler bzw. statistische Fehler (es zählt ja niemand ab) vernachlässigbar.

V2 **Untersuchung eines Schmerzmittels**

Unter der UV-Lampe leuchtet die DC-Platte grün, und die Substanzflecken erscheinen dunkel. Durch Umranden mit einem Bleistift erhält man Ergebnisse wie in der folgenden Abbildung:

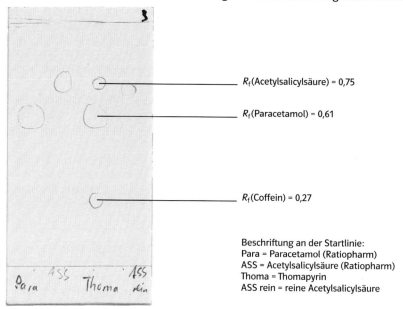

R_f(Acetylsalicylsäure) = 0,75

R_f(Paracetamol) = 0,61

R_f(Coffein) = 0,27

Beschriftung an der Startlinie:
Para = Paracetamol (Ratiopharm)
ASS = Acetylsalicylsäure (Ratiopharm)
Thoma = Thomapyrin
ASS rein = reine Acetylsalicylsäure

Substanzflecken gleicher Stoffe sollten auf gleicher Höhe sein. Nun lassen sich die R_f-Werte berechnen. Bei gleichen Versuchsbedingungen (Temperatur, Lösungsmittelzusammensetzung, Trennkammer etc.) sollten gleiche R_f-Werte für einen bestimmten Stoff erhalten werden.

Hinweise:
Der Versuch ist besonders im Kontext der Kombinationspräparate interessant. So enthält z.B. Thomapyrin® die Wirkstoffe Acetylsalicylsäure, Paracetamol und Coffein. Dies kann mit einer Dünnschichtchromatografie gut gezeigt werden.
Mit den Lernenden sollte in diesem Zusammenhang thematisiert werden, dass die Dünnschichtchromatografie nur ein wichtiges Indiz bei der Bestimmung eines Stoffes liefert. Ein gleicher R_f-Wert ist kein Nachweis, da theoretisch ein anderer Stoff exakt den gleichen R_f-Wert aufweisen könnte.

7.13 Exkurs: Wirkungsweise von Schmerzmitteln

Zu den Aufgaben

A1 Ein Herzinfarkt ist auf den Verschluss von Herzkranzgefäßen zurückzuführen. Die Verstopfung geht von einer Gefäßwandverkalkung aus (Arteriosklerose), bei der sich Cholesterin und Kalk an den Gefäßinnenseiten der Herzkranzgefäße ablagern. Diese Ablagerungen werden als Plaques bezeichnet. Reißen diese Plaques auf, setzen sich Thrombozyten an diese Stelle, um wie bei einer Wunde die Stelle zu verschließen. Im Herzkranzgefäß entsteht so ein Blutgerinnsel, das zur Verstopfung des Gefäßes führen kann. Dadurch wird der Herzmuskel in einem bestimmten Bereich nicht mehr mit Blut versorgt und kann u. U. absterben.
ASS hemmt die Blutgerinnung. Dies kann ein weiteres Verstopfen des Herzkranzgefäßes durch Blutgerinnung (Verklumpen der Thrombozyten) bei einem Infarkt verhindern. Der Infarkt wird dadurch möglichst klein gehalten.

A2 ASS wird durch den Patienten oral aufgenommen (pharmazeutische Phase). Die Freisetzung des Wirkstoffs erfolgt im Magen-Darm-Trakt. Von dort aus wird der Wirkstoff auf den Körper verteilt und gelangt zum Wirkort, oder er wird über die Nieren ausgeschieden (pharmakokinetische Phase). Am Wirkort, den Cyclooxygenasen, reagiert der Wirkstoff und löst so den pharmakologischen Effekt aus. Dieser beinhaltet die erwünschte schmerzstillende Wirkung, aber auch die (meist) unerwünschte Hemmung der Blutgerinnung und Magenprobleme (pharmakodynamische Phase).
Aspirin® protect Tabletten haben eine spezielle Ummantelung, die magensaftresistent ist. Dadurch löst sich die Tablette nicht im Magen auf, sondern erst im Darm. Magenprobleme sollen so reduziert werden, da der Wirkstoff nicht direkt mit der Magenschleimhaut in Kontakt kommt.

A3 Bei Lysin handelt es sich um eine essenzielle Aminosäure, die der menschliche Körper nicht selbst herstellen kann. Viele Schmerzmittel werden nur langsam vom Körper aufgenommen. Da Lysin schnell aufgenommen wird, erhöht die Kombination mit Lysin die Aufnahmegeschwindigkeit des damit kombinierten Wirkstoffes ins Blut. Die orale Einnahme von Lysin ruft kaum Nebenwirkungen hervor. Bei zu hoher Dosierung sind jedoch Fälle von Magenkrämpfen, Übelkeit und Durchfall bekannt, vor allem bei Einnahme über einen längeren Zeitraum.

Zusatzinformationen

Zur Wirkungsweise von ASS und Ibuprofen

Acetylsalicylsäure ist das meistverwendete Analgetikum. Der Wirkungsmechanismus ist geklärt, und durch die inzwischen lange Zeitspanne der Anwendung sind die Nebenwirkungen auch bekannt. Alle Analgetika haben gemeinsam, dass sie auf die Cyclooxygenasen wirken. Es gibt zwei Isoenzyme der Cyclooxygenase: COX-1 und COX-2. Beide Isoenzyme sind an der Schmerzentstehung beteiligt, indem Sie die Prostaglandinsynthese aus Arachidonsäure katalysieren. Die COX-1 wird konstitutiv gebildet und hat neben der Schmerz- und Entzündungsentstehung weitere Funktionen im Körper, wie die Regulation der Magenschleimhautproduktion und die Thromboxanbildung. Die COX-2 wird hingegen durch Entzündungsmediatoren induziert. Für eine vollständige schmerzlindernde Wirkung würde es reichen, die COX-2 zu hemmen. Die meisten Schmerzmittel wirken jedoch unspezifisch. So wirkt ASS hauptsächlich auf die COX-1 durch irreversible Acetylierung der COX-1 in der Nähe des katalytischen Zentrums. Dies erklärt auch die Nebenwirkungen von ASS: Durch die irreversible Hemmung wird auch die Magenschleimhautproduktion und die Blutgerinnung beeinflusst. Da die Hemmung irreversibel ist, hält die verminderte Blutgerinnung über einige Tage an. Die Thrombozyten enthalten nämlich keinen Zellkern und können daher die COX-1 nicht selbst bilden. Erst durch die Bildung neuer Thrombozyten erreicht die Blutgerinnung wieder ihr normales Maß. Ibuprofen wirkt auch hauptsächlich auf die COX-1. Die Hemmung erfolgt jedoch reversibel, sodass die Blutgerinnung nur über einen kurzen Zeitraum vermindert ist.

Literatur

K. Aktories, U. Förstermann, F. Hofmann, K. Starke: Allgemeine und spezielle Pharmakologie und Toxikologie. Elsevier, Urban & Fischer, München 2013
T. Karow, R. Lang-Roth: Allgemeine und spezielle Pharmakologie und Toxikologie. Dr. med. Thomas Karow, Pulheim 2006

7.14 Impulse: Aromaten im Alltag

Zu den Aufgaben

A1

a) Motive, die Jugendliche zu Rauchern machen:
- Gruppenzwang – Einfluss gleichaltriger Jugendlicher: Ein Jugendlicher möchte „dazugehören"; Rauchen fördert (in den Augen der Raucher) die Geselligkeit und die Kommunikation.
- Nachahmung: Die Eltern oder Erwachsenen der näheren Umgebung rauchen. Der Jugendliche nimmt das Angebot der Erwachsenen an und fühlt sich in den Kreis der Erwachsenen aufgenommen.
- Neugier: Einfach mal ausprobieren!

Als Begründungen für das Rauchen geben viele Jugendliche an:
- Rauchen steckt an,
- Rauchen beruhigt,
- Zigarettenpausen schaffen Wohlbefinden,
- Rauchen schmeckt.

b) Mögliche Maßnahmen:
- Rauchverbot zum Schutz Jugendlicher vor der Verführung zum Rauchen,
- Rauchverbote in Schulen, Diskotheken und Gaststätten,
- Verkaufseinschränkungen,
- Ächten des Rauchens durch Gleichaltrige,
- Belohnung des Entwöhnens, Perspektivwechsel (Hinwendung zu intensiven sportlichen Betätigungen oder neuen beruflichen Anforderungen).

Hinweis: Repräsentativbefragungen der Bundeszentrale für gesundheitliche Aufklärung (BZgA) zum Tabakkonsum von Jugendlichen in Deutschland zeigten seit Jahren einen Rückgang der Raucherquote. Bei den 12- bis 17-Jährigen sank im Zeitraum von 2001 bis 2018 der Anteil der Raucher von 28 % auf 6,6 %. Bei den 18- bis 25-Jährigen sank die Raucherquote im gleichen Zeitraum von 45 % auf 24,8 %. Rund zwei Drittel der Raucher zwischen 12 und 25 Jahren würden gerne aufhören zu rauchen. Quelle: Bundeszentrale für gesundheitliche Aufklärung (BZgA): Raucherquote bei Kindern und Jugendlichen – Nichtrauchen – bei Jugendlichen im Trend (Stand Juli 2022 im Internet frei zugänglich).

Aus der Deutschen Befragung zum Rauchverhalten (DEBRA-Studie) geht allerdings hervor, dass sich im Jahr 2022 im Vergleich zu 2021 der Anteil der Tabakraucherinnen und Tabakraucher unter den 14- bis 17-Jährigen fast verdoppelt hat; er stieg von 8,7 % auf 15,9 %. Laut DEBRA-Studie stieg die Raucherquote im gleichen Zeitraum bei den 18- bis 24-Jährigen von 30,8 % auf 35,6 %.

A2 Energy-Drinks enthalten – wie auch andere Limonaden – Wasser, Zucker oder Süßstoffe, Farbstoffe und Aromastoffe. Die schädlichen Wirkungen von zu viel Zucker (u.a. Karies, Übergewicht, Diabetes) sind allgemein bekannt und werden hier nicht weiter ausgeführt.
Besondere Zusatzstoffe der Energy-Drinks sind Coffein, Glucuronolacton, Taurin und Inosit.
- Coffein hat eine anregende Wirkung. Eine Überdosis kann Nervosität, Schwindel, Kopfschmerzen, Schlaflosigkeit, Magen-Darm-Beschwerden, Schweißausbrüche und Herzrasen verursachen. Außerdem kann eine regelmäßige Zufuhr von Coffein zu Coffeinismus („Kaffee-Sucht") führen.
- Glucuronolacton steht aufgrund von Tierversuchen im Verdacht, in großen Mengen toxisch zu wirken. Von der EFSA (**E**uropean **F**ood **S**afety **A**uthority) wurde ein NOAEL (**N**o **O**bserved **A**dverse **E**ffect **L**evel) von 1000 mg pro kg Körpergewicht und Tag festgelegt.
- Bei Taurin und Inosit sind zurzeit weder positive noch schädliche Wirkungen erwiesen.
Quelle: Bundesinstitut für Risikobewertung, Stellungnahme Nr. 018/2019 des BfR vom 27. Mai 2019: Übermäßiger Konsum von Energy Drinks erhöht Gesundheitsrisiko bei Kindern und Jugendlichen. DOI: 10.17590/20190527-103615 (Stand Juli 2020 im Internet frei zugänglich)

Zusatzinformationen

Benzpyren als Carcinogen

Benzpyren (Benzo[a]pyren) ist eines der am längsten bekannten und am besten untersuchten Carcinogene. Es entsteht beim Verbrennen organischer Stoffe, z.B. von Kraftstoffen, Heizöl, in Müllverbrennungsanlagen, bei Waldbränden, im Zigarren- und Zigarettenrauch und auch in gegrilltem Fleisch. Schon 1775 stellte der Londoner Chirurg Sɪʀ P. Pott fest, dass Krebs, insbesondere Hodenkrebs, besonders häufig bei Schornsteinfegern auftrat. Er vermutete die Rauchgase der Kohle als Ursache. Diese enthalten tatsächlich zahlreiche carcinogene Stoffe, z.B. Benzol, Benzolderivate und mehrkernige benzoide Kohlenwasserstoffe, zu denen das Benzpyren gehört. Benzpyren gilt als Prototyp der polycyclischen aromatischen Kohlenwasserstoffe. Bei der Bestimmung der Umweltbelastung durch diese Stoffgruppe wird meist Benzpyren als Referenz verwendet.
Benzpyren ist in Wasser praktisch unlöslich und sammelt sich im Fettgewebe der Leber an, wo es von Enzymen oxidiert wird. Die oxidierten Verbindungen sind deutlich polarer und daher besser wasserlöslich, sie werden über den Harn ausgeschieden. Man erklärt die Carcinogenität von Benzpyren damit, dass es in den Mikrosomen des endoplasmatischen Retikulums durch Enzyme in das 7,8-Dihydroxy-9,10-epoxy-7,8,9,10-tetrahydrobenzpyren (im Folgenden als „Carcinogen (4)" bezeichnet) umgewandelt wird.
Benzpyren (1) wird durch eine Oxidase in das 7,8-Oxacyclopropan (2), ein Epoxid, überführt. Eine Epoxid-Hydratase katalysiert die Umwandlung in ein trans-Diol (3), aus dem durch weitere Oxidation das eigentliche Carcinogen (4) wird. Das Carcinogen (4) baut sich durch Interkalation (von lat. intercalare, einschieben) in die Doppelhelix der DNA ein. Die Interkalation erfolgt vermutlich dadurch, dass das Stickstoff-Atom der Aminogruppe des Guanins den Dreiring angreift. Dies führt zu einer veränderten Struktur eines der Basenpaare der DNA (5), vgl. Peter/Vollhardt (s. Literatur):

Benzo[a]pyren (1)   Benzo[a]pyren-oxacyclopropan (2)   7,8-Dihydrobenzo[a]pyren-trans-7,8-diol (3)

Carcinogen (4)   (5)

Das eingebaute Carcinogen stört sowohl die Replikation als auch die Transkription der DNA. Dies führt zu Mutationen; meistens wird dadurch die betroffene Zelle zerstört. Eine Mutation kann aber auch zu einer Linie schnell wuchernder Zellen führen, d.h. zu einem bösartigen Tumor.

Literatur

K. Peter, C. Vollhardt: Organische Chemie. VCH, Weinheim 1990 (zur carcinogenen Wirkung von Benzpyren: S. 1193)
S. Streller, K. Roth: Starker Tobak. Chemie in unserer Zeit 47, 4 (August 2013), 248–268

7.15 Durchblick: Zusammenfassung und Übung

Zu den Aufgaben

A1

1. Aromaten sind ebene, cyclische Moleküle.
2. Das Ring-Molekül weist ein durchgehendes System konjugierter Doppelbindungen auf.
3. Die Anzahl der delokalisierten Elektronen beträgt $4n+2$ ($n = 0, 1, 2 \ldots$) (Hückel-Regel), d.h., die Anzahl der delokalisierten Elektronenpaare ist ungerade.
4. Das Molekül zeigt eine besondere Stabilisierungsenergie.

A2

a) Die erste (linke) Grenzformel des Pyrrol-Moleküls weist keine Ladungstrennung auf. Sie ist daher energetisch am günstigsten und trägt am meisten zur Mesomerie bei.
Hinweis: Diese Lösung folgt aus Kap. 7.3. Der Beitrag der anderen vier Grenzformeln zusammen ist allerdings größer. Dies führt dazu, dass das Stickstoff-Atom im Pyrrol-Molekül eine positive Teilladung trägt (+0,24 Elementarladungen), obwohl es das elektronegativste Element im Molekül ist.

b) Das freie Elektronenpaar des Stickstoff-Atoms ist delokalisiert. Pyrrol hat also insgesamt 6 delokalisierte Elektronen im Ring und gehört damit nach der Hückel-Regel zu den aromatischen Verbindungen. Der aromatische Zustand ist besonders stabil. Reagiert Pyrrol als Base, werden zwei der delokalisierten Elektronen zur Bindung des Protons benötigt. Das $C_4H_5NH^+$-Kation (die konjugierte Säure) ist folglich nicht aromatisch und damit viel weniger stabil. Das Gleichgewicht der Protonierungsreaktion liegt daher auf der Seite der Edukte.

Hinweise:
– Pyrrol gehört zu den aromatischen Heterocyclopentadienen, wie auch Furan und Thiophen.
– An Pyrrol ist (ähnlich wie an Benzol) eine elektrophile Substitution möglich.
– Der pK_B-Wert von Pyrrol ist 13,6. Pyrrol ist also eine schwächere Base als das SO_4^{2-}-Ion. Wenn ein Pyrrol-Molekül als Base reagiert, wird eines der C-Atome protoniert, da das N-Atom eine positve Teilladung trägt.
– Die NH-Gruppe des Pyrrols kann *de*protoniert werden, ohne dass der aromatische Zustand verloren geht. Trotzdem ist Pyrrol ist eine extrem schwache Säure ($pK_S \approx 25$).

A3

1. Aluminiumchlorid verstärkt die Polarität der C–Cl-Bindung des Chlormethan-Moleküls, d.h., die positive Teilladung des C-Atoms wird verstärkt. Das C-Atom tritt mit den delokalisierten Elektronen des Benzol-Moleküls in Wechselwirkung. Die C–Cl-Bindung wird heterolytisch gespalten.
Das formal entstehende Methyl-Kation wird an ein Kohlenstoff-Atom des Benzol-Moleküls gebunden, dadurch entsteht ein Arenium-Ion (Carbo-Kation). Das formal entstehende Chlorid-Ion wird vom Aluminiumchlorid gebunden, dadurch entsteht ein $AlCl_4^-$-Ion.
Durch die Bindung an das Methyl-Kation verliert das Benzol-Molekül seine Aromatizität; das Arenium-Ion ist also nicht aromatisch. Seine positive Ladung ist über mehrere Atome delokalisiert, dadurch wird es etwas stabilisiert.
2. Das Arenium-Ion gibt ein Proton ab. Dadurch entsteht ein Toluol-Molekül (Methylbenzol-Molekül), und der aromatische Zustand ist wiederhergestellt.
Das Proton reagiert mit einem $AlCl_4^-$-Ion, dadurch entsteht Chlorwasserstoff (Hydrogenchlorid) und Aluminiumchlorid. Der Katalysator ist damit auch wiederhergestellt.

A4

1. Herstellung von Toluol:

2. Oxidation von Toluol:

Hinweise:
Der erste Reaktionsschritt ist eine elektrophile Substitution. Man bezeichnet ihn als Friedel-Crafts-Alkylierung; als Katalysator ist z. B. Aluminiumchlorid geeignet (vgl. A3).
Der zweite Reaktionsschritt ist im Schulbuch in Kap. 7.7 kurz beschrieben (Lesetext und B4). Er kann in folgende kleinere Schritte unterteilt werden:

Als Oxidationsmittel ist eine Lösung von Kaliumpermanganat mit einigen Tropfen konz. Schwefelsäure geeignet.

A5

Elektrophiler Angriff und heterolytische Spaltung des Iodchlorid-Moleküls:

Deprotonierung und Rearomatisierung:

Das polare Iodchlorid-Molekül wird durch das Aluminiumchlorid noch stärker polarisiert. Es tritt mit den delokalisierten Ringelektronen des Benzol-Moleküls in Wechselwirkung und wird heterolytisch gespalten. Das Chlor-Atom hat eine höhere Elektronegativität als das Iod-Atom (EN(Cl) = 3,0; EN(I) = 2,5), deshalb wird das Chlor-Atom formal zum Chlorid-Ion und vom Aluminiumchlorid gebunden. Das Iod-Atom wird formal zum Iod-Kation und wird an ein C-Atom des Benzol-Moleküls gebunden. Es bildet sich ein Carbo-Kation, in dem die positive Ladung über mehrere Atome delokalisiert ist. Unter Abgabe eines Protons und der Bildung eines Chlorwasserstoff-Moleküls erfolgt die Rearomatisierung zum Iodbenzol-Molekül (Reaktionsprodukt).

A6 Das gemeinsame Zwischenprodukt der hypothetischen Addition und der Substitution ist das Arenium-Ion $C_6H_6Br^+$. Dieses kann prinzipiell zum 1,2-Dibromcyclohexa-3,5-dien reagieren (Addition) oder zum Brombenzol (Substitution). Der Reaktionsweg zum Brombenzol hat eine wesentlich geringere Aktivierungsenergie, deshalb findet die Substitution statt.

A7

a) Die Ausgangsstoffe für die Synthese von Salicylsäuremethylester sind Salicylsäure und Methanol. Schwefelsäure wird als Katalysator eingesetzt. Die Salicylsäure wird in einem deutlichen Überschuss an Methanol gelöst. Dadurch ist sichergestellt, dass die Salicylsäure sich vollständig löst. Die Veresterung ist eine Gleichgewichtsreaktion. Der Überschuss an Methanol führt dazu, dass das Gleichgewicht stärker in Richtung des Reaktionsproduktes verschoben wird. Der Kolben ist das Reaktionsgefäß. Der Rückflusskühler sorgt dafür, dass während des Erhitzens kein Methanol an die Umgebung abgegeben wird. Außerdem beschleunigt das Erhitzen des Reaktionsgemisches die Geschwindigkeit der Reaktion. Das Reaktionsgemisch wird nach dem Abkühlen in kaltes Wasser gegeben. In dem kalten Wasser sind die Schwefelsäure, das Wasser und das überschüssige Methanol und die geringe nicht umgesetzte Salicylsäure-Portion gut löslich. Salicylsäuremethylester sammelt sich aufgrund seiner sehr geringen Löslichkeit in Wasser und seiner größeren Dichte als Wasser unterhalb der Wasserschicht. Die Zugabe der Calciumchlorid-Körner dient zum Trocknen des Esters. Calciumchlorid bindet Wasser. Die Siedetemperatur bestätigt, dass Salicylsäuremethylester als Reaktionsprodukt gewonnen wurde.

b) Reaktionsgleichung:

Salicylsäure   Methanol   Salicylsäuremethylester

c) Reaktionsschritte:

1. Reaktionsschritt:

Salicylsäure   Kation 1 (formal)

2. Reaktionsschritt:

Kation 1 (real)   Methanol   Kation 2

3. Reaktionsschritt:

Kation 2

4. Reaktionsschritt:

Kation 3

5. Reaktionsschritt:

Kation 3   Kation 4

6. Reaktionsschritt:

Kation 4   Salicylsäuremethylester

1. Reaktionsschritt: Das Carbonyl-Sauerstoff-Atom der Salicylsäure wird von der als Katalysator zugegebenen Schwefelsäure protoniert.

2. Reaktionsschritt: Das Kation 1 ist symmetrisch aufgebaut; es weist zwei gleich lange C-O-Bindungen auf. Zwei bindende Elektronen sind delokalisiert, und das Kohlenstoff-Atom der Carboxygruppe ist stark positiviert. Dies erleichtert den nucleophilen Angriff des Methanol-Moleküls und die Bildung des Kations 2.

3. Reaktionsschritt: Das Kation 2 gibt im nächsten Schritt ein Proton ab, wodurch der Katalysator wieder gebildet wird. Gleichzeitig ist damit die Addition des Alkohol-Moleküls abgeschlossen. Vorläufiges Ergebnis ist ein Molekül, das zwei Hydroxygruppen an einem Kohlenstoff-Atom aufweist. Derartige Moleküle sind nicht stabil.

4. Reaktionsschritt: Eine dieser beiden Hydroxygruppen wird protoniert. Reaktionschritt 3 und 4 verlaufen wahrscheinlich eher gleichzeitig, d.h., aus dem Kation 2 entsteht das Kation 3.

5. Reaktionsschritt: Im Kation 3 ist ein Wasser-Molekül als Abgangsgruppe vorhanden; es spaltet sich ab.

6. Reaktionsschritt: Das Kation 4 spaltet ein Proton ab. Aus dem Kation 4 ist damit ein Salicylsäuremethylester-Molekül entstanden. Die Kondensationsreaktion ist abgeschlossen.

8 Organische Farbstoffe

Vorbemerkung   Im Kernlehrplan 2022 (S. 53–55) sind die Farbstoffe nur für den Leistungskurs verbindlich. Dieses Kapitel kann jedoch auch für Facharbeiten und Projektkurse genutzt werden.

Zum Bild der Einstiegsseite   Das Foto zeigt die Auslage eines Süßwarenstandes in den Markthallen „Mercat de la Boqueria" in Barcelona. Ohne Farbstoffe wären die meisten der gezeigten Lebensmittel vermutlich farblos oder gelblich.
Auch weiße Süßwaren sind i.d.R. mit dem anorganischen Pigment Calciumcarbonat (E 170) „gefärbt". Bis vor einiger Zeit wurde dazu häufig Titandioxid (E 171) verwendet. Im Jahr 2022 wurde die bisher erlaubte Anwendung von Titandioxid als Lebensmittelzusatzstoff aus der Verordnung (EG) Nr. 1333/2008 gestrichen, da eine Wirkung auf das Erbgut nicht auzuschließen ist. Im selben Jahr wurde Titandioxid als Lebensmittelzusatzstoff auch in Deutschland verboten.
Das Thema „Lebensmittelfarbstoffe" wird in den Kapiteln 8.6 und 8.7 behandelt.

Literatur   W. Kratzert, R. Peichert: Farbstoffe. Heidelberg 1981
Heinrich Zollinger: Farbe – Eine multidisziplinäre Betrachtung. Wiley-VCH, Verlag Helvetica Chimica Acta, Zürich 2005
Praxis der Naturwissenschaften – Chemie 59 (8/2010) (Chemie mit Farbstoffen)
Spektrum der Wissenschaft – Spezial 4/2000: Farben
Naturwissenschaften im Unterricht – Chemie 25 (2014), Heft 139 (Themenheft Farbstoffe)

Farbstoffe und Farbigkeit (S. 346/347)

Zu den Aufgaben   **A1**   Die Regenbogenfarben sind von innen nach außen: violett, blau, grün, gelb, orange, rot. Sie sind so in der Abbildung B1 im Schulbuch zu erkennen. Die gleichen Farben zeigt B1 in Kap. 8.1. Es handelt sich also um den sichtbaren Teil des elektromagnetischen Spektrums.

A2   Wenn die Sonne scheint und es gleichzeitig regnet, sieht man (wenn man mit dem Rücken zur Sonne steht) einen Regenbogen. Je nach Lichtverhältnissen kann man einen zweiten, schwächeren Bogen um den ersten mit umgekehrter Farbenfolge erkennen. Der Regenbogen entsteht durch Brechung des Sonnenlichts in den Regentropfen. Das in einen Tropfen eintretende Licht wird verschieden stark gebrochen, rot am wenigsten, violett am stärksten. Im Tropfen wird es reflektiert. Beim Austritt aus dem Tropfen erfolgt ebenfalls eine Brechung. Der Betrachter blickt gegen eine Regenwand. Er befindet sich an der Spitze eines Kegels, dessen Achse von der Sonne durch den Betrachter zum Sonnengegenpunkt führt. Jeder Farbe des Spektrums entspricht ein solcher Kegel. So trifft das rote Licht in einem Winkel von 42,0° zwischen der Achse und dem Kegelmantel ins Auge des Betrachters, das blaue Licht in einem Winkel von 40,2°. Da das Sonnenlicht von einer riesigen Anzahl von Regentropfen gebrochen wird, ist der Regenbogen hell genug, um gesehen zu werden.
Hinweis: Eine detaillierte Beschreibung findet man z.B. im Wikipedia-Artikel „Regenbogen".

A3   Die Komplementärfarbe zu Rot ist Grün.

A4   Die Farbe des Pullovers ist Magenta (Purpur).
Hinweis: Der Pullover absorbiert grünes Licht im Bereich 500–560 nm. Das übrige Licht wird vom Gehirn als Magenta (Purpur) wahrgenommen. B2 und B4 in Kap. 8.1 des Schulbuchs zeigen die additive Farbmischung zu Purpur.

A5   Das Wort „komplementär" ist vom lateinischen Wort complementum (Ergänzung) abgeleitet. Licht aller Komplementärfarben (Ergänzungsfarben) zusammen ergibt durch additive Farbmischung Weiß. Absorbiert ein Farbstoff eine bestimmte Farbe (d.h. einen Bereich des Spektrums), so nimmt das menschliche Auge zusammen mit dem Gehirn die Komplementärfarbe wahr.

A6   Sichtbares Licht gehört zu den elektromagnetischen Wellen, wie z.B. auch Radiowellen, Mikrowellen, Infrarotstrahlung, Ultraviolettstrahlung, Röntgenstrahlung und Gammastrahlung. Elektromagnetische Wellen sind gequantelt. Dies bedeutet, dass Licht aus kleinen „Energieportionen" besteht. Diese Lichtquanten bezeichnet man als Photonen. Die Energie eines Photons kann man aus der Frequenz oder aus der Wellenlänge der elektromagnetischen Welle berechnen:

$$E = h \cdot \nu = \frac{h \cdot c}{\lambda}$$

(E: Energie eines Photons; ν: Frequenz des Lichts; λ: Wellenlänge des Lichts; h: Planck-Konstante; c: Lichtgeschwindigkeit)
Die Gleichung zeigt, dass Photonen des Lichts kleinerer Wellenlänge eine größere Energie haben. Die Energie ist umgekehrt proportional zur Wellenlänge.

A7 Durch die subtraktive Farbmischung von Magenta und Cyan erhält man Violett.

A8 Bei einer additiven Farbmischung werden mehrere Bereiche des Spektrums zusammengefügt (addiert). Im Auge regt das Licht je nach Zusammensetzung rot-, grün- und blauempfindliche Sinneszellen an. Wird eine nicht absorbierende Fläche von den Grundfarben Grün, Rot und Blau mit passenden Intensitäten bestrahlt, so erscheint sie für das menschliche Gehirn weiß.
Bei der subtraktiven Farbmischung wird Licht verschiedener Farben z.B. durch Farbfilter ausgeblendet oder durch Malfarbe (Pigmente) absorbiert. Das restliche Licht wird reflektiert und ergibt den Sinneseindruck der Mischfarbe. Bei der subtraktiven Farbmischung wird also ein Bereich oder mehrere Bereiche aus dem Spektrum entfernt (subtrahiert).

A9 Konjugierte Doppelbindungen liegen vor, wenn sich in einem Molekül Doppel- und Einfachbindungen abwechseln.
Hinweis: Sind die Doppelbindungen durch mehr als nur eine Einfachbindung voneinander getrennt, spricht man von isolierten Doppelbindungen.

A10 β-Carotin weist ein ausgedehnteres Absorptionssystem auf als α-Carotin. Im β-Carotin-Molekül liegen 11 konjugierte Doppelbindungen vor, im α-Carotin-Molekül nur 10 konjugierte Doppelbindungen und eine isolierte Doppelbindung.

Hinweise:
– Die Absorptionsmaxima der Carotinoide liegen zwischen 400 und 500 nm. Das Absorptionsmaximum des β-Carotins liegt bei 450 nm, das Absorptionsmaximum des α-Carotins liegt bei 420 nm.
– B5 im Schulbuch zeigt, dass sich die beiden abgebildeten Moleküle nur durch die Lage der C=C-Doppelbindung in der links stehenden Trimethylcyclohexenylgruppe unterscheiden. Im β-Carotin-Molekül ist diese C=C-Doppelbindung in das delokalisierte Elektronensystem einbezogen, im α-Carotin-Molekül nicht. Dies verursacht die unterschiedliche Lage der Absorptionsmaxima.

A11 Je ausgedehnter das delokalisierte Elektronensystem ist, desto kleiner ist die Energie der absorbierten Photonen, und desto größer ist folglich die Wellenlänge des absorbierten Lichts.

A12

a)

Pflanzenfarbstoffe	Gewinnung aus Pflanzen
Carotinoide	Gewinnung aus: β-Carotin (E 160a): Möhre, rotes Palmöl von der Palmfrucht (Elaeis guineensis) Capsanthin (E 160c): Gemüsepaprika Lycopin (E 160d): Tomate Lutein (E 161b): Tagetes-Blütenblätter *Hinweis:* β-Carotin (E 160a) kommt in Wurzeln, Blättern und Früchten vor, z.B. Möhre, Spinat, Aprikose. Capsanthin (E 160c) ist das Haupt-Carotinoid roter Paprikafrüchte. Lycopin (E 160d) findet man z.B. in der Tomate und in der Wassermelone. Lutein (E 161b) ist in hoher Konzentration in Tagetes-Blütenblättern enthalten, in kleineren Konzentrationen aber auch z.B. in Grünkohl, Spinat und Eidotter.
Anthocyane	Gewinnung aus: Rotkohl, Rotwein-Trester, schwarzem Mais, Fruchtschalen z.B. von Heidelbeeren *Hinweis:* Anthocyane (E 163) sind natürliche Farbstoffe, die in allen Früchten vorkommen, die dunkelrot bis fast schwarz gefärbt sind, z.B. Kirschen, Brombeeren und Heidelbeeren.
Chlorophyll	Gewinnung aus: Gräsern, Luzerne, Nesseln *Hinweis:* Chlorophyll (E 140) kommt in allen grünen Pflanzen vor. Es gibt unterschiedliche Chlorophylle, u.a. Chlorophyll a und Chlorophyll b (Kap. 12.6).

b)

Pflanzenfarbstoffe	Verwendung in Lebensmitteln
Carotinoide	Natürliches Vorkommen z.B. in: Möhre, Aprikose, Paprika, Tomate, Wassermelone, Grapefruit, Eidotter
	Als Lebensmittelzusatzstoff z.B. in: Margarine, Butter, Fruchtsäften
	Als Futtermittelzusatzstoff z.B. zum Färben von: Eidotter, Lachs
Anthocyane	Natürliches Vorkommen z.B. in: Kirsche, Brombeere, Heidelbeere, rote Traubensorten (daher auch im Rotwein), Aubergine, schwarze Olive, Schwarze Johannisbeere, Holunderbeere, rote Zwiebel, violette Karotte, Rotkohl
	Als Lebensmittelzusatzstoff z.B. in: Süßwaren, Speiseeis, Brause, Marmelade, Fruchtgelee, Obstkonserven
Chlorophyll	Natürliches Vorkommen z.B. in: Grünkohl, Petersilie, Spinat, Broccoli, Rosenkohl
	Als Lebensmittelzusatzstoff z.B. in: Süßwaren, Speiseeis, Marmelade, Fruchtgelee, Limonade, Likör

A13 Bei der Küpenfärbung wird der wasserunlösliche Indigo zum wasserlöslichen Leukoindigo reduziert. Als Reduktionsmittel eignet sich z.B. Natriumdithionit ($Na_2S_2O_4$). Das Gewebe wird mit Leukoindigo getränkt, danach wird der Leukoindigo wieder zu Indigo oxidiert, z.B. durch den Sauerstoff der Luft.

Reaktionsschema:

Indigo   Leukoindigo

A14 Indigo ist nicht abriebfest, da die Farbstoff-Moleküle an der Faser nur adsorbiert sind, also nicht durch Elektronenpaarbindungen mit der Faser verbunden sind. An beanspruchten Stellen des Gewebes verblasst daher die Farbe.

A15 Das ausgeblichene und leicht zerschlissene Aussehen der stone washed Jeans wird durch Abtragen der obersten Faserschicht erzeugt. Ursprünglich wurden dazu Bimssteine verwendet. Heute kann man stone washed Jeans auch durch Sandstrahlen oder durch die Bearbeitung mit harten Bürsten herstellen.

A16 Das Absorptionsspektrum einer β-Carotin-Lösung weist zwei Absorptionsbereiche auf: im UV-Bereich zwischen etwa 250 und 300 nm (Maximum bei ca. 275 nm) und im Bereich des sichtbaren Lichts zwischen etwa 400 und 500 nm (Hauptmaximum bei ca. 450 nm). Die Wellenlängen 275 nm und 450 nm sind für eine Konzentrationsbestimmung gut geeignet.

A17 β-Carotin-Lösung absorbiert hauptsächlich blaues Licht. Die Farbe der β-Carotin-Lösung ist die Komplementärfarbe zu Blau, also Orange.

8.1 Licht und Farbe

Zur Aufgabe

A1 Das absorbierte Licht im Wellenlängenbereich 480–490 nm ist blau. Die Lösung hat folglich die Komplementärfarbe, d.h., sie ist orange.

Zu den Versuchen

V1 Es handelt es sich um ein Experiment zur additiven Farbmischung. B4 zeigt – idealisiert – das Ergebnis. Im realen Experiment erscheint die Schnittfläche der drei Lichtkegel grau, häufig mit einem Farbstich.

a) An der Stelle im Spektrum, die dem Absorptionsbereich der Farbstofflösung entspricht, entsteht ein schwarzer Streifen. (Da die grüne Farbstofflösung zwei Farbstoffe enthält, entstehen zwei schwarze Streifen im Spektrum.)

b) Es handelt sich um ein Experiment zur subtraktiven Farbmischung. Die roten, blauen und grünen Anteile des Spektrums werden von den Lösungen absorbiert. Durch alle drei Bechergläser kann also praktisch kein Licht hindurchdringen, d.h., man kann keinen Gegenstand mehr erkennen, der sich hinter den Bechergläsern befindet.

Zur Abbildung

B3 Komplementärfarben im Farbkreis

Der abgebildete Farbkreis geht zurück auf eine Darstellung in: W. Kratzert, R. Peichert: Farbstoffe. Heidelberg 1981, S. 13. Die Spektralfarben sind wie im Spektrum angeordnet, allerdings kreisförmig. Die Abstände zwischen den Farben sind gleich, das entspricht nicht dem beobachtbaren Spektrum. Daher sind auch die an den Rand geschriebenen Wellenlängen nicht äquidistant. Der Grund liegt darin, dass gleichzeitig die Komplementärfarben deutlich werden sollen. Zwischen Rot und Violett ist eine Lücke: Magenta (Purpur) ist zwar die Komplementärfarbe zu Grün, aber keine Spektralfarbe.

Dies war bereits ISAAC NEWTON bekannt, der als Erster einen derartigen Farbkreis zeichnete. Er verglich ihn mit der Tonleiter, daher die eingezeichneten Noten A bis G; das B entspricht in der deutschen Notation dem H. (Abbildung aus I. Newton: Opticks. London 1704, Book I, Part II, Plate III, nach S. 122).

NEWTON schreibt in seinem Buch „Opticks" sinngemäß (zitiert nach H. Zollinger: Farbe – Eine multidisziplinäre Betrachtung. Zürich 2005, S. 75): *„Wenn alle sichtbaren Farben dargestellt werden sollen, ist es nötig, Platz zwischen Violett und Rot für Purpur offen zu lassen."*

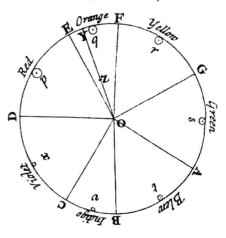

Zusatzinformationen und Literatur

NEWTONS „Opticks" und GOETHES „Farbenlehre"

ISAAC NEWTONS Zeitgenosse JOHANN WOLFGANG VON GOETHE erstellte einen Farbkreis, der grundsätzlich ähnlich wie der Farbkreis von NEWTON aussieht (siehe „Zur Abbildung B3 Komplementärfarben im Farbkreis"). GOETHE ordnete den Farben seines Farbkreises eine „sinnlich-sittliche Wirkung" zu. Reproduktionen dieses Farbkreises findet man sehr leicht im Internet, z.B. auf der Startseite der Goethe-Gesellschaft Hannover (Stand Juli 2023). Da GOETHES Beschriftung schwer zu lesen ist, ist diese hier wiedergegeben:

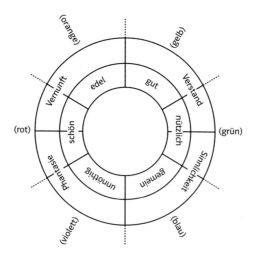

Hinweise zur Beschriftung:
- Der Original-Farbkreis ist koloriert. Die Grenzen der Farbsektoren sind hier durch gestrichelte Linien dargestellt und die Farben dazugeschrieben.
- Das Wort „gemein" ist als Gegensatz zu „edel" zu verstehen. Im heutigen Spachgebrauch würde man „gewöhnlich" oder „einfach" schreiben.

Die Tatsache, dass weißes Licht aus dem Licht unterschiedlicher Farben zusammengesetzt ist (s. V1 im Schulbuch), ist eine Entdeckung von ISAAC NEWTON. Er veröffentlichte dies in seinem Werk "Opticks or a treatise of the reflections, refractions, inflections and colours of light". GOETHE vertrat in seinem Buch „Zur Farbenlehre" die Auffassung, dass Farben „aus Licht und Finsterniß" entstehen. Die Entdeckung von ISAAC NEWTON kritisierte er im Kapitel „Enthüllung der Theorie Newtons". Außerdem sind von GOETHE die folgenden Sätze überliefert: *„Diejenigen, die das einzige grundklare Licht aus farbigen Lichtern zusammensetzen, sind die eigentlichen Obskuranten."* und *„Hundert graue Pferde machen nicht einen einzigen Schimmel."* Im Zusammenhang steht dieser

Satz mit der Beobachtung, dass die additive Mischung reiner Farben immer ein Grau ergibt, das bei GOETHE eine andere Bedeutung hatte als „schmutziges Weiß".

Auch im folgenden Gedicht nimmt GOETHE wohl die Theorie NEWTONS aufs Korn:

Gesetz der Trübe

Freunde, flieht die dunkle Kammer,
Wo man euch das Licht verzwickt
und mit kümmerlichstem Jammer
Sich verschrobnen Bildern bückt.
Abergläubische Verehrer
Gab's die Jahre her genug,
in den Köpfen eurer Leerer
Laßt Gespenst und Wahn und Trug.

Wenn der Blick an heitern Tagen
Sich zur Himmelsbläue lenkt,
Beim Siroc der Sonnenwagen
Purpurroth sich niedersenkt:
Da gebt der Natur die Ehre,
Froh, an Aug' und Herz gesund,
Und erkennt der Farbenlehre
Allgemeinen ewigen Grund!

Ein ähnliches Experiment wie V2 beschreibt auch NEWTON (allerdings fehlt hier Grün):

Now if there be two Liquors of full Colours, suppose a red and blue, and both of them so thick as suffices to make their Colours sufficiently full; though either Liquor be sufficiently transparent apart, yet will you not be able to see through both together. For if only the red-making rays pass through one Liquor, and only the blue-making through the other, no rays can pass through both. This Mr. Hook tried casually with Glass-wedges filled with red and blue Liquors, and was surprized at the unexpected event, the reason of it being then unknown; which makes me trust the more to his Experiment, though I have not tryed it my self. But he that would repeat it, must take care the Liquors be of very good and full Colours.
(I. Newton: Opticks. London 1704, Book I, Part II, S. 139)

GOETHE zitiert und übersetzt dies in seiner „Farbenlehre" folgendermaßen:

Nimmt man zwei Flüssigkeiten von starker Farbe, z. B. Rot und Blau, und beide hinlänglich gesättigt, so wird man, wenn jede Flüssigkeit für sich noch durchsichtig ist, nicht durch beide hindurchsehen können, sobald sie zusammengestellt werden. Denn wenn durch die eine Flüssigkeit nur die rotmachenden Strahlen hindurch können und nur die blaumachenden durch die andre, so kann kein Strahl durch beide hindurch. Dieses hat Herr Hooke zufällig mit keilförmigen Glasgefäßen, die mit roten und blauen Liquoren gefüllt waren, versucht und wunderte sich über die unerwartete Wirkung, da die Ursache damals noch unbekannt war. Ich aber habe alle Ursache, an die Wahrheit dieses Experiments zu glauben, ob ich es gleich selbst nicht versucht habe. Wer es jedoch wiederholen will, muss sorgen, dass die Flüssigkeiten von sehr guter und starker Farbe seien.
(J. W. v. Goethe: Zur Farbenlehre. Tübingen 1810, S. 640)

Die „Opticks" von ISAAC NEWTON sind in der digitalen Bibliothek „Gallica" frei zugänglich (Stand Juli 2023).
Die „Farbenlehre" von JOHANN WOLFGANG VON GOETHE ist in der digitalen Bibliothek „Deutsches Textarchiv (DTA)" frei zugänglich (Stand Juli 2023). Weitere Informationen zu GOETHES „Farbenlehre" im Internet (Stand Juli 2023): Farben-Welten – zu Goethes Farbenlehre

8.2 Struktur und Farbe

Zur Aufgabe

A1 Lycopin hat ein Absorptionssystem aus 11 konjugierten Doppelbindungen. Brom reagiert mit Lycopin in einer Additionsreaktion: Brom-Atome werden an Doppelbindungen addiert. Dadurch wird das konjugierte Elektronensystem zunächst verkürzt bzw. (wenn genügend Doppelbindungen betroffen sind) ganz beseitigt. Die Wellenlängen des absorbierten Lichts werden nach und nach in den kürzerwelligen Bereich verschoben. Der mit Brom versetzte Tomatensaft ändert folglich seine Farbe.

Hinweise:
- Als Zwischenschritt entsteht eine blaue Anlagerungsverbindung aus Lycopin- und Brom-Molekülen, sodass die Lösung zunächst blau wird, dann grün (Mischfarbe von Blau und Gelb) und schließlich (aufgrund übriger, nicht zerstörter Chromophore) gelb. Das Experiment wird daher auch als „chemischer Regenbogen" bezeichnet.
- Lycopin absorbiert Licht im gesamten sichtbaren Wellenlängenbereich unterhalb ca. 560 nm. Eine Lösung des reinen Farbstoffs ist orange.

Zu den Versuchen

V1 Brillantblau FCF und Patentblau V sind Triphenylmethan-Farbstoffe. Durch Reduktion des Farbstoff-Moleküls wird das delokalisierte Elektronensystem unterbrochen. Das reduzierte Produkt ist farblos. Die Reaktionsgleichung zeigt die Reduktion am Beispiel Brillantblau FCF:

Hinweise:
- Das Umgießen der Lösung ist vorteilhaft, weil überschüssiges Zinkpulver und Wasserstoffbläschen die Lösung trüben. Die farblose Lösung ist dann nicht so gut zu erkennen.
- Man kann hier eine Analogie zum Redoxverhalten des Chinon-Hydrochinon-Systems ziehen. Die Absorption der Chinon-Moleküle ist zwar nicht mit der Absorption des Triphenylmethan-Systems zu vergleichen, die Aufnahme von Elektronen aber sehr wohl:

V2 Absorptionsspektren von Aurin:

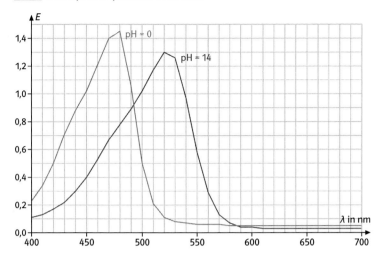

Eine verdünnte Lösung des Triphenylmethan-Farbstoffs Aurin absorbiert in saurer Lösung Licht im kürzerwelligen Bereich ($\lambda_{max} \approx 480$ nm). Das durchgelassene Licht ergibt den Farbeindruck Gelb. Die Abgabe eines Protons aus der OH-Gruppe verstärkt den +M-Effekt. In alkalischer Lösung wird der Absorptionsbereich deshalb zu größeren Wellenlängen verschoben ($\lambda_{max} \approx 520$ nm). Das durchgelassene Licht ergibt den Farbeindruck Purpur (Pink).

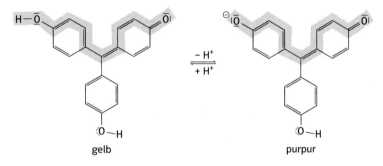

Hinweise zur Durchführung:
- Die Spektren wurden erstellt mit dem Spektralfotometer „Novaspec II" und der Software „Unimess" des Arbeitskreis Kappenberg.
- Die Aurin-Lösungen wurden folgendermaßen hergestellt:
  (Abzug!) Man gibt in ein Reagenzglas 1–2 Spatelspitzen Phenol und etwa die gleiche Portion Oxalsäure. Nach Zugabe von etwa 6 Tropfen konz. Schwefelsäure erwärmt man vorsichtig über einer kleinen Flamme. (Bei starkem Erhitzen entsteht Kohlenstoffmonooxid.) Nach dem Abkühlen wird der goldgelbe, manchmal auch rote Farbstoff in Ethanol gelöst. (In der Lösung befinden sich auch noch Edukte, die aber für die Farbe der Lösung bzw. für das Absorptionsspektrum keine Rolle spielen.)
  Eine Probe der alkoholischen Lösung wird mit Wasser verdünnt; man erhält eine saure, gelbe Lösung. Zu einem Teil dieser gelben Lösung gibt man Natronlauge über den Neutralpunkt hinaus; man erhält eine alkalische, rotviolette Lösung. Bei Bedarf werden die Lösungen verdünnt, sodass die Extinktion im Absorptionsmaximum nicht höher als ca. 1,5 ist.
  (Literatur: F. Bukatsch, W. Glöckner: Experimentelle Schulchemie, Organische Chemie I. Aulis-Verlag, Köln 1974, S. 138)

Zusatzinformationen

Das Elektron im Kasten als Modell für Absorptionssysteme

Die Energiedifferenz zwischen dem Grundzustand und dem angeregten Zustand eines annähernd linearen Farbstoff-Moleküls kann näherungsweise mit dem Modell des Elektrons im eindimensionalen Kasten berechnet werden.

Man nimmt an, dass sich die delokalisierten Elektronen des Absorptionssystems in einem eindimensionalen Kasten mit der Länge L befinden. Die Energie E_n des Niveaus mit der Quantenzahl n wird dann folgendermaßen berechnet:

$$E_n = \frac{h^2}{8 m_e \cdot L^2} \cdot n^2$$

Durch Zufuhr eines bestimmten Energiebetrags ΔE wird ein Elektron aus dem höchsten besetzten Energieniveau (HOMO, highest occupied molecular orbital, Quantenzahl n_{max}) in das niedrigste unbesetzte Energieniveau (LUMO, lowest unoccupied molecular orbital, Quantenzahl $n_{max} + 1$) überführt. Damit ist dieser Energiebetrag:

$$\Delta E = \frac{h^2}{8\,m_e \cdot L^2} \cdot (n_{max} + 1)^2 - \frac{h^2}{8\,m_e \cdot L^2} \cdot n_{max}^2$$

$$= \frac{h^2}{8\,m_e \cdot L^2} \cdot ((n_{max} + 1)^2 - n_{max}^2)$$

$$= \frac{h^2}{8\,m_e \cdot L^2} \cdot (2n_{max} + 1)$$

Die Anzahl der delokalisierten Elektronen sei z. Da jedes Energieniveau von zwei Elektronen besetzt wird, gilt für die Quantenzahl des höchsten besetzten Energieniveaus:

$$n_{max} = \frac{z}{2}$$

Setzt man dies in die oben ermittelte Gleichung ein, so erhält man:

$$\Delta E = \frac{h^2}{8\,m_e \cdot L^2} \cdot (z + 1)$$

Wenn die Energiedifferenz ΔE durch ein absorbiertes Photon aufgebracht wird, gilt für die Wellenlänge des absorbierten Lichts:

$$\lambda = \frac{h \cdot c}{\Delta E}$$

$$\lambda = h \cdot c \cdot \frac{8 m_e \cdot L^2}{h^2 \cdot (z + 1)} = \frac{8 m_e \cdot L^2 \cdot c}{h \cdot (z + 1)}$$

$m_e \approx 9{,}11 \cdot 10^{-31}\,kg$ (Masse eines Elektrons)
$c \approx 3{,}00 \cdot 10^8\,m/s$ (Lichtgeschwindigkeit)
$h \approx 6{,}626 \cdot 10^{-34}\,J \cdot s = 6{,}626 \cdot 10^{-34}\,kg \cdot m^2 \cdot s^{-1}$ (Planck-Konstante)

Beispielrechnung anhand eines Cyanin-Farbstoffs mit $z = 8$ delokalisierten Elektronen:

Aus den Bindungslängen und Bindungswinkeln kann man die Länge des Absorptionssystems berechnen: $L = 1{,}07\,nm = 1{,}07 \cdot 10^{-9}\,m$

$$\lambda \approx \frac{8 \cdot 9{,}11 \cdot 10^{-31}\,kg \cdot (1{,}07 \cdot 10^{-9}\,m)^2 \cdot 3{,}00 \cdot 10^8\,m/s}{6{,}626 \cdot 10^{-34}\,kg \cdot m^2 \cdot s^{-1} \cdot (8 + 1)} \approx 4{,}20 \cdot 10^{-7}\,m = 420\,nm$$

Zum Vergleich: Die experimentell gemessene Wellenlänge des Absorptionsmaximums ist $\lambda = 416\,nm$.

Umgekehrt kann man auch aus einer experimentell ermittelten Wellenlänge näherungsweise die Länge des Absorptionssystems berechnen.

8.3 Kolorimetrie und Fotometrie

Zu den Aufgaben

A1 Die Skizze entspricht B4 im Schulbuch.
Das Licht der Strahlungsquelle wird im Monochromator in seine Spektralfarben zerlegt; auf diese Weise wird monochromatisches Licht erzeugt. Die Probe wird dann von dem monochromatischen Licht durchstrahlt. Die Intensität des Lichts, das aus der Probe austritt, wird gemessen.

A2 Durch eine Trübung oder Schmutz würde zusätzlich Licht absorbiert oder gestreut, sodass es nicht zum Detektor gelangt. Dies würde eine höhere Konzentration vortäuschen.

A3

a) Beispiele für Anwendungen der Fotometrie in der Medizin sind Bestimmungen des Gehalts von:

- Nukleinsäuren/DNA
- Erythrozyten
- Glucose
- Lactat
- Ethanol
- Sauerstoff

b) Bilirubin ist ein Abbauprodukt des Hämoglobins. Wenn größere Mengen an Bilirubin im Körper anfallen oder die Aufnahme von Bilirubin in die Leber beziehungsweise seine Weiterverarbeitung oder seine Ausscheidung über die Galle gestört sind, reichert sich das gelbe Bilirubin im Blut an und wird dann teilweise auch in der Haut abgelagert. Dies bezeichnet man als Gelbsucht. Die Neugeborenengelbsucht tritt sehr häufig in den ersten Lebenstagen von Kindern auf; sie ist i.d.R. harmlos. Wenn der Bilirubin-Gehalt jedoch zu sehr ansteigt, kann das Bilirubin über die Blut-Hirn-Schranke ins Gehirn kommen und dieses dauerhaft schädigen. Deshalb wird bei Neugeborenen, die eine sichtbare Gelbsucht entwickeln, der Bilirubin-Gehalt im Blut bestimmt.

Zur Bestimmung des Bilirubin-Gehalts im Blut wird das Blutplasma vom Blut abgetrennt. Das Bilirubin kann mit mehreren fotometrischen Methoden bestimmt werden, u.a.:
- Mit einem sog. Bilirubinometer (dies ist i.d.R. ein Filterfotometer) wird die Extinktion des Blutplasmas bei 455 nm (nahe am Absorptionsmaximum von Bilirubin) und bei 575 nm gemessen. Man berechnet $\Delta E = E_{Blutplasma}(455\,nm) - E_{Blutplasma}(575\,nm)$. Das (die Messung störende) Hämoglobin hat bei 455 nm und bei 575 nm den gleichen Extinktionskoeffizienten, Bilirubin absorbiert bei 575 nm kein Licht. Deshalb entspricht ΔE der Extinktion des reinen Bilirubins (ohne Hämoglobin): $\Delta E = E_{Bilirubin}$.
- Bei der Diazo-Methode nach JENDRASSIK und GROF wird das Bilirubin in mehrere rote Azofarbstoffe umgewandelt, die dann in alkalischer Lösung blau werden. Die Farbänderung wird fotometrisch bestimmt; daraus wird der Bilirubin-Gehalt ermittelt.

Hinweise:
Zur weiteren Kontrolle kann auch der Bilirubin-Gehalt der Haut fotometrisch mit einem sog. Multispektralgerät bestimmt werden, sodass man auf eine Blutentnahme verzichten kann.
Literatur: M. Thaler, P. Luppa1, H. Schlebusch: Die Bilirubinbestimmung – Eine aktuelle Übersicht. Zeitschrift LaboratoriumsMedizin (Journal of Laboratory Medicine) 32 (2008), 1–10.
DOI: 10.1515/JLM.2008.005 (Stand Juli 2023 im Internet frei zugänglich)

c) Pulsoxymeter dienen zur Messung der Sauerstoffsättigung im Blut, sie funktionieren nach demselben Messprinzip wie Fotometer. Die Sauerstoffsättigung gibt an, wie viel Prozent des gesamten Hämoglobins im Blut mit Sauerstoff beladen ist. Das Messprinzip basiert darauf, dass mit Sauerstoff beladenes Hämoglobin (HbO_2) Licht anderer Wellenlängen absorbiert (insbesondere bei ca. 900 nm), als reines Hämoglobin (Hb, deutlich stärker bei ca. 660 nm).
Als Lichtquellen werden daher eine rote LED (ca. 660 nm) und eine Infrarot-LED (ca. 920 nm) verwendet, die alternierend in Betrieb sind. Als Empfänger dient eine Fotodiode, die im gesamten Wellenlängenbereich empfindlich ist. Um Störungen durch Fremdlicht zu vermeiden, befindet sich die optische Einheit in einem Clip, der z.B. an einem Finger angebracht wird. Auf einer Seite des Clips befinden sich die beiden Leuchtdioden als Lichtquellen, auf der gegenüberliegenden Seite die Fotozelle als Detektor.
Eine Messung von Absolutwerten ist nicht möglich, da verschiedene Gewebearten unterschiedliche Einflüsse auf die Absorption haben. Eine Relativwertmessung erfolgt über den Puls. Durch den Herzschlag pulsiert der Blutfluss in den Arterien, womit sich auch der Weg des Lichts durch das Blut ändert. Somit ändert sich der absolute Absorptionsgrad bei einer bestimmten Wellenlänge periodisch. Bei jedem Herzschlag bildet man für beide Wellenlängen das Verhältnis von maximaler zu minimaler Lichtintensität. Aus diesen beiden Werten wird dann das Verhältnis $Hb : HbO_2$ und die Sauerstoffsättigung berechnet.

A4

Da die Schichtdicke konstant ist, ist die Extinktion direkt proportional zur Konzentration: $E \sim c$

$$\Rightarrow \quad \frac{c_2}{c_1} = \frac{E_2}{E_1} \quad \Leftrightarrow \quad c_2 = \frac{E_2}{E_1} \cdot c_1 = \frac{0{,}44}{0{,}64} \cdot 2{,}0 \cdot 10^{-3}\,mol/l = 1{,}4 \cdot 10^{-3}\,mol/l$$

A5 Anleitungen findet man z.B. unter:
HAW Hamburg (Olaf Elsholz, Ulrich Scheffler, Susanne Töfke): Smartphone-Photometer (Stand Juli 2023, mit Download-Angebot und weiteren Links)
O. Elsholz, T. C. Rodrigues Elsholz, U. Scheffler: Smartphone- Photometer zum Selbstbau. GIT Labor Fachzeitschrift 5/2017, 20 – 22 (allgemeine Beschreibung)

M. Schäfer, B. Hauck, J. Kuhn, R. Ulber: Analytik mit Licht – Das Smartphone-Photometer. Chemie in unserer Zeit 52 (2018), 52–55. DOI: 10.1002/ciuz.201700804

Zu den Versuchen

V1 Die im Folgenden abgebildete Messreihe wurde mit dem Spektralfotometer „Novaspec II" und der Software „Unimess" des AK Kappenberg durchgeführt. Untersucht wurde eine Lösung von Methylenblau-Lösung (c(Mb) ≈ 0,025 mmol/l) in einer Küvette mit d = 1 cm. Abgebildet sind zusätzlich auch die Spektren mit Absorptions- und Transmissionsgrad. Sie entsprechen den im Schulbuch abgebildeten Spektren.

Messreihe zu V1:

λ in nm	E	τ in %	α in %
400	0,010	97,724	2,276
410	0,003	99,312	0,688
420	0,000	100,000	0,000
430	0,003	99,312	0,688
440	0,008	98,175	1,825
450	0,014	96,828	3,172
460	0,022	95,060	4,940
470	0,030	93,325	6,675
480	0,039	91,411	8,589
490	0,048	89,536	10,464
500	0,054	88,308	11,692
510	0,057	87,700	12,300
520	0,063	86,497	13,503
530	0,080	83,176	16,824
540	0,106	78,343	21,657
550	0,148	71,121	28,879
560	0,204	62,517	37,483
570	0,268	53,951	46,049
580	0,355	44,157	55,843
590	0,497	31,842	68,158
600	0,667	21,528	78,472
610	0,789	16,255	83,745
620	0,811	15,453	84,547
630	0,840	14,454	85,546
640	0,971	10,691	89,309
650	1,193	6,412	93,588
660	1,361	4,355	95,645
670	1,259	5,508	94,492
680	0,758	17,458	82,542
690	0,298	50,350	49,650
700	0,114	76,913	23,087
710	0,050	89,125	10,875
720	0,025	94,406	5,594
730	0,014	96,828	3,172
740	0,010	97,724	2,276
750	0,007	98,401	1,599

Hinweis: Nach der Aufgabenstellung in V1 soll nur das obere Spektrum (Extinktion in Abhängigkeit von der Wellenlänge) gezeichnet werden.

V2

a) Wenn man beim Absorptionsmaximum ($\lambda \approx 660\,\text{nm}$) misst, liegt die Extinktion der unverdünnten Lösung über 3, sodass man nur mit den verdünnten Lösungen brauchbare Messwerte erhält. Man wird i.d.R. die Messung mit Küvetten der Schichtdicke $d = 1\,\text{cm}$ durchführen und die Konzentrationen in der Einheit mmol/l auftragen. Die Kalibriergerade wird durch den Punkt (0/0) gelegt. Sie hat die folgende Form:

$$E = \varepsilon \cdot c \cdot 0{,}001\,\text{mmol/mol} \cdot 1\,\text{cm}$$

Die Schülerinnen und Schüler können also auch den molaren dekadischen Extinktionskoeffizienten ε bestimmen; er entspricht der mit 1000 multiplizierten Steigung der Kalibriergeraden. Man erhält Werte in der Größenordnung von $4 \cdot 10^4$ bis $9 \cdot 10^4\,\text{l/(mol·cm)}$.

b) Die Konzentration kann entweder grafisch mit dem in (a) erstellten Diagramm ermittelt werden oder (wenn der molare Extinktionskoeffizient bestimmt wurde) mithilfe der folgenden Formel:

$$c = \frac{E}{\varepsilon \cdot d}$$

V3 1,2 g sehr fein geriebene Möhren wurden mit 20 ml Heptan angesetzt und nach der Extraktion dekantiert. Die unverdünnte Lösung wurde in eine Küvette gegeben; das Absorptionsspektrum wurde mit dem Spektralfotometer Novaspec III+ in 1-Nanometer-Schritten aufgenommen:

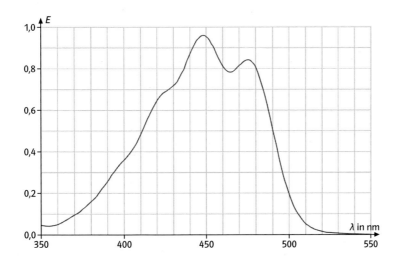

Ein Vergleich dieses Absorptionsspektrums ($\lambda_{max} = 448\,\text{nm}$) mit dem Absorptionsspektrum im Schulbuch ($\lambda_{max} = 450\,\text{nm}$) ergab eine annähernde Übereinstimmung, abgesehen von einer Verschiebung des gesamten Spektrums von 2 nm. Diese könnte von den unterschiedlichen Lösungsmitteln verursacht sein oder auch durch einen ungenau kalibrierten Monochromator. Der Extrakt bestand also wahrscheinlich aus fast reinem β-Carotin.

Zusatzaufgabe

Geben Sie die Farbe einer Lösung an, die rotes Licht absorbiert.
Lösung: Eine Lösung, die rotes Licht absorbiert, ist blaugrün (Komplementärfarbe).

Zusatzinformationen

Zum Lambert-Beer-Gesetz

Das Lambert-Beer-Gesetz lautet (mit 10er-Logarithmen geschrieben):

$$I_{tr} = I_0 \cdot 10^{-\varepsilon \cdot c \cdot d} \qquad \text{oder} \qquad \tau = 10^{-\varepsilon \cdot c \cdot d}$$

Die exponentielle Abnahme der Lichtintensität I bzw. des Transmissionsgrades τ mit der Schichtdicke d und Konzentration c kann den Schülerinnen und Schülern folgendermaßen dargelegt werden:
Geht ein monochromatischer Lichtstrahl durch eine Küvette, die eine Licht absorbierende Lösung einer bestimmten Konzentration enthält, so wird das Licht (der Photonenstrom) geschwächt. Beträgt die Intensität des durchgelassenen Lichtes z.B. 60% der Intensität des eingestrahlten Lichtes, so ist der Transmissionsgrad $\tau_1 = 60\% = 0{,}6$. Geht der schon abgeschwächte Lichtstrahl durch eine zweite Küvette mit der gleichen Schichtdicke und gleichen Lösung, wird davon wiederum der gleiche Anteil des Lichtes durchgelassen:

Nr. der Küvette	Intensität des durchgelassenen Lichtes	Transmissionsgrad
1	$I_{tr,1} = I_0 \cdot 0{,}6$	$\tau_1 = 0{,}6^1 = 0{,}6 \qquad$ oder 60%
2	$I_{tr,2} = I_{tr,1} \cdot 0{,}6 = I_0 \cdot 0{,}6 \cdot 0{,}6 = I_0 \cdot 0{,}6^2$	$\tau_2 = 0{,}6^2 = 0{,}36 \qquad$ oder 36%
3	$I_{tr,3} = I_{tr,2} \cdot 0{,}6 = I_0 \cdot 0{,}6^2 \cdot 0{,}6 = I_0 \cdot 0{,}6^3$	$\tau_3 = 0{,}6^3 \approx 0{,}22 \qquad$ oder 22%
4	$I_{tr,4} = I_{tr,3} \cdot 0{,}6 = I_0 \cdot 0{,}6^3 \cdot 0{,}6 = I_0 \cdot 0{,}6^4$	$\tau_4 = 0{,}6^4 \approx 0{,}13 \qquad$ oder 13%
n	$I_{tr,n} = I_0 \cdot 0{,}6^n$	$\tau_n = 0{,}6^n$

Die Änderung der Lichtintensität I_{tr} bzw. des Transmissionsgrades τ in Abhängigkeit von der Anzahl der Küvetten wird also durch Exponentialfunktionen beschrieben:

$$I_{tr,n} = I_0 \cdot 0{,}6^n \qquad \text{und} \qquad \tau_n = 0{,}6^n$$

In der Praxis ist es jedoch sinnvoller, mit einer Größe zu arbeiten, die zwar mit dem Transmissionsgrad τ zusammenhängt, aber proportional zur Anzahl der Küvetten ist. Man verwendet den mit -1 multiplizierten dekadischen Logarithmus von τ, die Extinktion E.

Die folgenden Diagramme verdeutlichen den Zusammenhang:

Der Transmissionsgrad τ nimmt mit zunehmender Anzahl der Küvetten exponentiell ab.

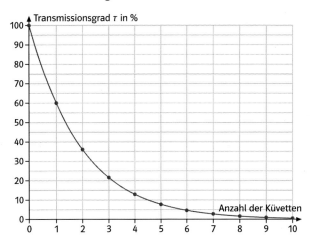

Der Absorptionsgrad $\alpha = 1 - \tau$ nimmt mit zunehmender Anzahl der Küvetten exponentiell zu.

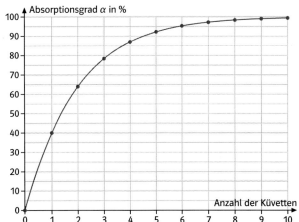

Die Extinktion $E = -\lg \tau$ nimmt mit zunehmender Anzahl der Küvetten linear zu.

Bei Absorptionsspektren wird in der Praxis so gut wie immer die Extinktion aufgetragen. Dies hat den Vorteil, dass die *Form* der Absorptionsbanden unabhängig von der Konzentration ist. Dadurch lassen sich Spektren, die von Lösungen mit unterschiedlichen Konzentrationen aufgenommen wurden, problemlos vergleichen.

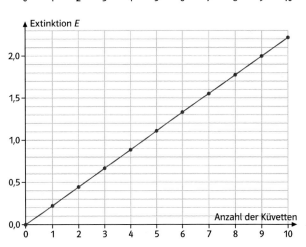

Man kann sich nun leicht vorstellen, dass man mehrere Küvetten durch eine einzige Küvette mit entsprechend mehrfacher Schichtdicke ersetzen kann. Die Lichtintensität I_{tr} bzw. der Transmissionsgrad τ in Abhängigkeit von der Schichtdicke wird also ebenfalls durch Exponentialfunktionen beschrieben; die Extinktion E in Abhängigkeit von der Schichtdicke wird durch eine lineare Funktion beschrieben.

Die exponentielle Abhängigkeit von der *Konzentration* kann auf die gleiche Weise verdeutlicht werden. Dazu stellt man sich statt einer Konzentrationsverdopplung, -verdreifachung usw. zwei, drei bzw. *n* Küvetten hintereinander gestellt vor. Auf diesem Wege lässt sich die schon demonstrierte Abhängigkeit von der Schichtdicke ausnutzen und auf die Abhängigkeit von der Konzentration übertragen:

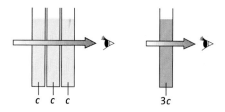

Die Gleichheit zwischen der Intensität des durchgelassenen Lichtes bei z.B. drei hintereinander gestellten Küvetten mit Lösungen der Konzentration *c* und der Intensität des durchgelassenen Lichtes bei einer Küvette mit der Konzentration 3*c* kann experimentell z.B. mit ammoniakalischen Kupfer(II)-sulfat-Lösungen oder Kaliumpermanganat-Lösungen gezeigt werden.

Eine Veranschaulichung für die Absorption bzw. Transmission und die exponentielle Abnahme des Transmissionsgrades mit der Schichtdicke bzw. der Konzentration kann durch die folgende grobe, aber von Schülerinnen und Schülern gern angenommene Analogie erreicht werden:
In einem Haifischbecken befinden sich 5 Haifische. Durch das Haifischbecken bewegt sich ein Strom von 100 Beutefischen. Von den 100 Beutefischen wird ein Anteil von 20% (also 20 Fische) gefressen (absorbiert):

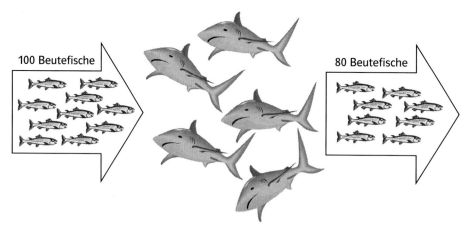

100 Beutefische

80 Beutefische

Müssen die übrigen 80 Beutefische durch ein zweites Haifischbecken mit 5 Haifischen schwimmen, so wird wieder ein Anteil von 20% (also 16 Fische) gefressen. Von den übrigen 64 Beutefischen werden bei Durchquerung eines dritten Haifischbeckens etwa 13 gefressen, sodass am Schluss etwa 51 Beutefische übrigbleiben.
Befinden sich in einem Haifischbecken gleicher Größe 15 Haifische, bleiben von 100 Beutefischen nach Durchquerung des Beckens auch etwa 51 Beutefische übrig.

Medien   Spektrenbibliothek (Stand Juli 2023 im Internet frei zugänglich):
NIST Chemistry WebBook (National Institute of Standards and Technology, USA)

8.4 Exkurs: Farbe entsteht im Kopf

Zur Aufgabe   **A1** β-Carotin ist eine Vorstufe von Retinol (Vitamin A1) und wird daher auch als Provitamin A bezeichnet (lat. pro, vor). Retinol kann im Körper zu Retinal oxidiert werden. Retinal ist der Chromophor des Rhodopsins und damit für den Sehvorgang notwendig.

Hinweis: β-Carotin und Retinol sind außerdem für weitere Körperfunktionen wichtig.

8.5 Farbstoffklassen

Zu den Aufgaben

A1 Außer Anilin und Phenol benötigt man noch Natriumnitrit und verdünnte Salzsäure.

Diazotierung:

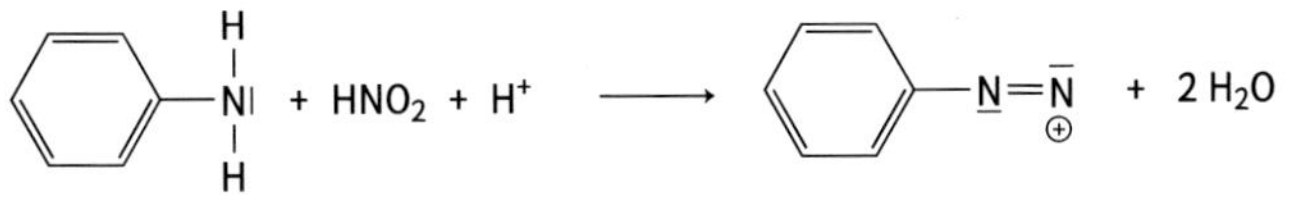

Azokupplung:

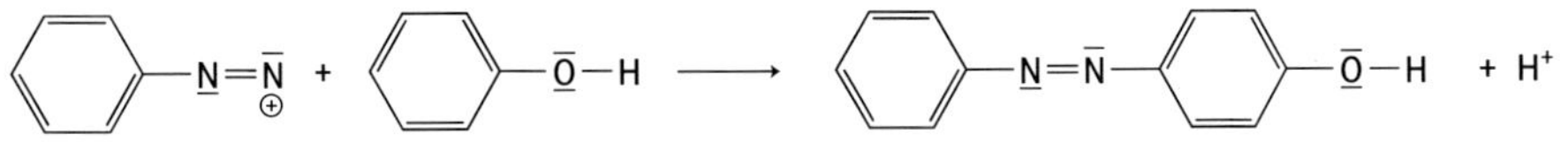

A2

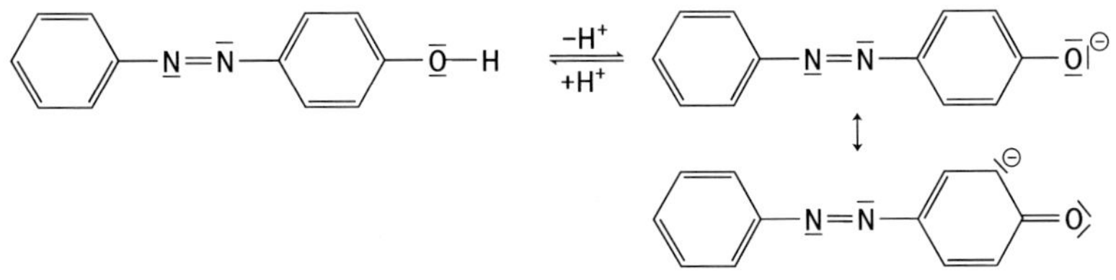

Die Abgabe des Protons der OH-Gruppe verstärkt den +M-Effekt. Dies führt zur Verschiebung des Absorptionsbereichs zu größeren Wellenlängen. Das 4-Hydroxyazobenzol-Molekül absorbiert hauptsächlich blaues Licht; seine Lösung hat die Komplementärfarbe Gelb. Das Anion absorbiert hauptsächlich grünes Licht (also Licht größerer Wellenlängen); seine Lösung hat die Komplementärfarbe Rot.

A3

Hydrolyse von Solvent Yellow 124:

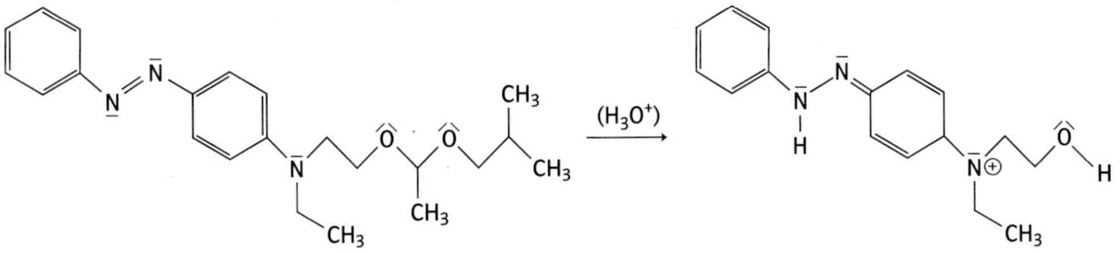

Bei der Hydrolyse entsteht ein Kation, dessen positive Ladung über einen Teil des Moleküls – bis zum linken N-Atom der Azogruppe – delokalisiert ist, ähnlich wie bei der protonierten Form von Methylorange (siehe B3 im Schulbuch).

Hinweis: Seit 2002 ist Solvent Yellow 124 der einheitliche Markierstoff in der EU, um das niedriger besteuerte Heizöl von Dieselkraftstoff zu unterscheiden. Es färbt das Heizöl kaum, reagiert aber mit angesäuertem Wasser zu dem kationischen Farbstoff, der (weil er wasserlöslich ist) die wässrige Phase rot färbt.

A4

a)

1. Schritt: Elektrophiler Angriff des Diazonium-Ions

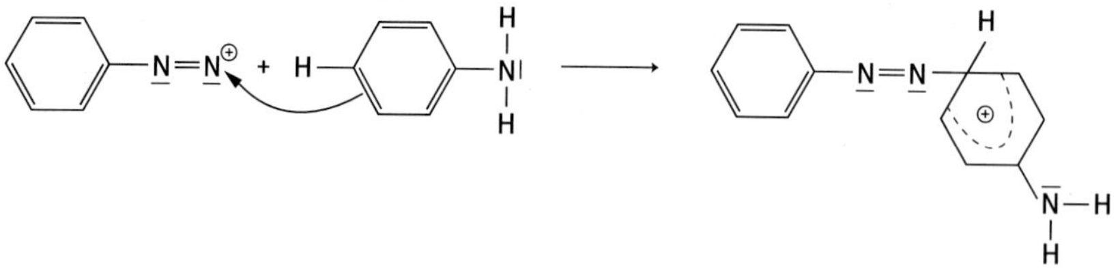

2. Schritt: Deprotonierung und Rearomatisierung

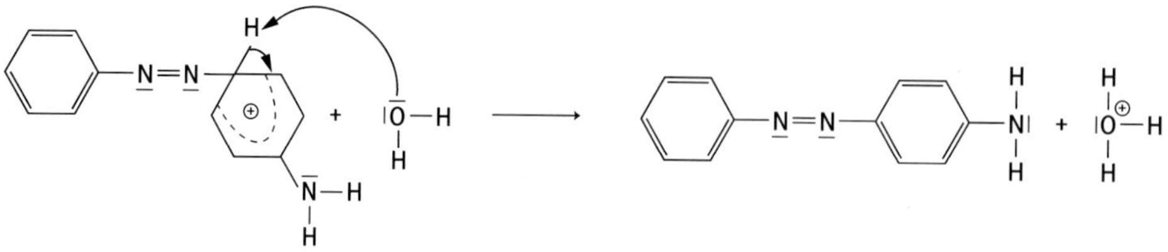

Hinweis: Die Aufgabe kann mithilfe von Kap. 7.6 gelöst werden.

b) Es handelt sich um eine aromatische Zweitsubstitution an Anilin. Die Aminogruppe ist ein Substituent 1. Ordnung und damit ortho/para-dirigierend. Man kann dies anhand der der mesomeren Grenzformeln des als Zwischenprodukt auftretenden Carbo-Kations begründen: Bei Substitution in ortho- oder para-Stellung wird die positive Ladung zum Teil vom Stickstoff-Atom der Aminogruppe übernommen, d.h., sie ist über einen größeren Raum delokalisiert als bei Substitution in meta-Stellung:

Zweitsubstitution in ortho-Stellung:

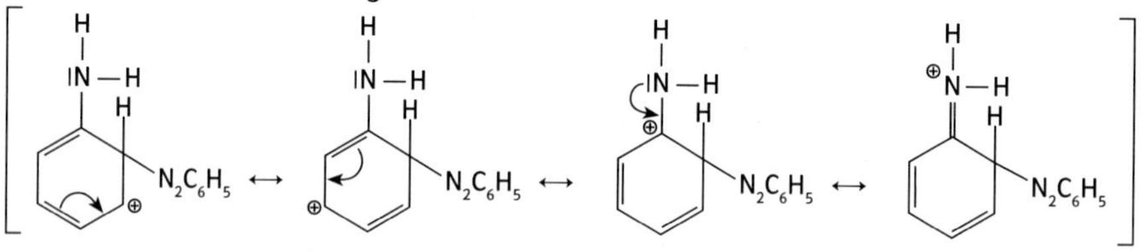

Zweitsubstitution in meta-Stellung:

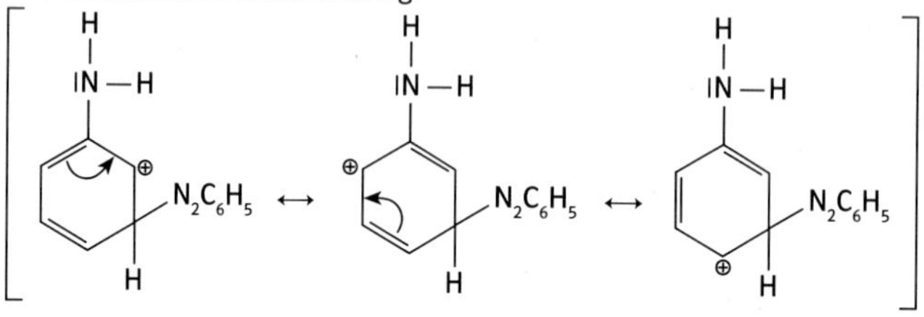

Zweitsubstitution in para-Stellung:

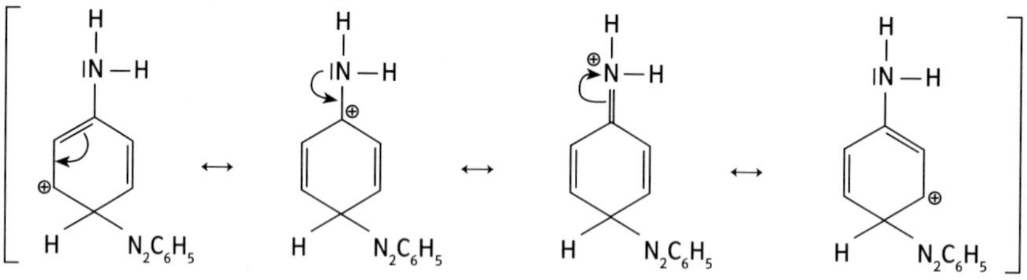

Das Carbo-Kation ist also bei Substitution in ortho- oder para-Stellung stabiler als bei Substitution in meta-Stellung.

Hinweis: Die Aufgabe kann mithilfe von Kap. 7.8 gelöst werden.

Zu den Versuchen

V1 Die Sulfanilsäure wird durch Zugabe von Natriumnitrit und Salzsäure diazotiert. Beim Zutropfen der Lösung zu Naphth-2-ol entsteht ein orangener Farbstoff, beim Zutropfen zu Phenol entsteht ein gelber Farbstoff. Bei Zugabe von Natronlauge werden die Lösungen rot.

Reaktionsgleichungen:

Diazotierung:

Azokupplung:

bzw.

Hinweise:
- Die Indikatorwirkung wird durch Abgabe eines Protons der OH-Gruppe und den dadurch verstärkten +M-Effekt verursacht, siehe Kap. 8.2. (Die bereits bei niedrigeren pH-Werten stattfindende Protolyse der Sulfonsäuregruppe spielt für die Farbe keine wesentliche Rolle.)
- Das Natriumsalz des orangenen Farbstoffs wird als Orange II bezeichnet, siehe auch Kap. 8.9, V5a. Der pH-Bereich des Farbumschlags von Orange II ist $10{,}2 <$ pH $< 11{,}8$.

Hinweis zur Durchführung:
Bei der Synthese von Azofarbstoffen erfolgt der erste Schritt (die Diazotierung) i.d.R. unter Eiskühlung, da Diazonium-Ionen sich bei höheren Temperaturen zersetzen. (Im festen, trockenen Zustand sind Diazonium-Salze sogar explosiv.) Da bei diesem Versuch nur kleine Portionen verwendet werden, wird auf die Eiskühlung verzichtet. Allerdings sollte man darauf achten, dass man bei nicht zu hoher Temperatur arbeitet und nicht zu große Mengen im Wasser löst, und dass man die erhaltene Diazonium-Salz-Lösung nicht zu lange stehen lässt. Bei Verwendung größerer Portionen kann evtl. giftiges Stickstoffdioxid entstehen, was man an einer Braunfärbung bzw. braunen Dämpfen erkennen kann.

V2 Die Nachweisreaktion beruht auf der Bildung eines roten Azofarbstoffs. Dazu sind zwei Reaktionsschritte nötig: eine Diazotierung und eine Azokupplung.
Zunächst bildet sich Salpetrige Säure aus Stickstoffdioxid und Wasser; daraus entstehen durch Protonierung Nitrosyl-Kationen:

$$2\,NO_2 + H_2O \rightleftharpoons HNO_2 + HNO_3$$

$$HNO_2 + H_3O^+ \rightleftharpoons NO^+ + 2\,H_2O$$

Die Diazotierung der Sulfanilsäure erfolgt durch das Nitrosyl-Kation. Bei der anschließenden Azokupplung reagiert das Diazonium-Salz mit dem im Folgenden gezeigten Naphthalin-Derivat zu einem roten Farbstoff:

Diazotierung:

Azokupplung:

Hinweise zur Durchführung:
- Herstellung von Saltzman-Reagenz: (Schutzhandschuhe! Schutzbrille! Hautkontakt mit dem Reagenz vermeiden!) 0,05 g N-(1-Naphthyl)-ethylendiamindihydrochlorid und 5 g Sulfanilsäure werden in einen Messkolben (1 l) gegeben. Nach Zugabe von 50 ml Eisessig wird mit dest. Wasser bis zur Eichmarke aufgefüllt und etwa 30 min gerührt (Magnetrührer). Die klare, farblose Lösung ist, in einer dunklen Flasche kühl aufbewahrt, einige Wochen haltbar.
- Statt eines Piezozünders kann man auch ein Lichtbogen-Feuerzeug (Plasma-Feuerzeug) verwenden. Auch die Verbrennungsgase einer Kerze, eines Gasbrenners oder das Abgas eines Autos sind geeignet. Man kann diese Gase über einen Schlauch mit Trichter in den Kolbenprober ziehen. Eine weitere Möglichkeit besteht darin, dass man ein ca. 3 cm langes Stück Kunststoffschlauch mit dem Kolbenprober verbindet, eine Zigarette hineinzusteckt und diese entzündet.
- Mit verdünnter Natriumnitrit-Lösung kann man eine Blindprobe durchführen.
- Man kann das Saltzman-Reagenz auch in eine Waschflasche oder in ein Reagenzglas mit seitlichem Ansatz geben und mithilfe einer Wasserstrahlpumpe die Verbrennungsgase durch die Lösung leiten.
- Manchmal genügt eine Füllung des Kolbenprobers mit Verbrennungsgasen nicht für eine deutlich positive Farbreaktion. In diesem Fall drückt man nach dem Schütteln das Gas wieder heraus und zieht weitere Verbrennungsgase in den Kolbenprober.
- Bei Verwendung einer Kerze kann zunächst Ruß die Farberkennung stören. Der Ruß trennt sich aber nach einiger Zeit von der flüssigen Phase, sodass die rosa Färbung sichtbar wird. Alternativ kann man auch eine Zigarette (am besten „in voller Glut") verwenden. Durch den Teer kann sich die Lösung zusätzlich gelb färben, vor allem bei einer Zigarette ohne Filter. Auch in den Abgasen eines Autos kann man Stickstoffdioxid nachweisen, am besten (im Falle eines Benzinmotors), solange der Katalysator noch kalt ist.

Hinweise:
Die Bildung von Stickstoffdioxid erfolgt in mehreren Stufen. Bei der Verbrennung bilden sich Sauerstoff-Atome und Hydroxyl-Radikale. Diese reagieren bei hoher Temperatur in einer Kettenreaktion mit Stickstoff-Molekülen zu Stickstoffmonooxid-Molekülen:

$$N_2 + O \longrightarrow NO + N$$

$$N + O_2 \longrightarrow NO + O$$

$$N + OH \longrightarrow NO + H$$

Bei niedrigerer Temperatur wird das Stickstoffmonooxid zum Stickstoffdioxid oxidiert:

$$2\,NO + O_2 \longrightarrow 2\,NO_2$$

V3 Reaktionsgleichung:

Phthalsäureanhydrid   Resorcin   (ZnCl₂)   Fluorescein   Wasser

Durch Extraktion des Reaktionsproduktes mit Natronlauge entsteht eine rote Lösung des Natriumsalzes von Fluorescein. Gießt man die Lösung in ein Becherglas mit Wasser, sinkt sie in grünlich leuchtenden Schlieren auf den Boden des Becherglases.

Hinweise zur Durchführung:
- Da Phthalsäureanhydrid bei zu hoher Temperatur anfängt zu rauchen, muss wirklich vorsichtig erhitzt werden. Man kann das erreichen, indem man das Reagenzglas kurz in die Flamme hält, es wieder herausnimmt, wieder kurz in die Flamme hält usw.
- Die erhaltene Schmelze enthält den gewünschten Farbstoff und weitere Nebenprodukte. Durch Natronlauge wird der Farbstoff extrahiert; es bildet sich das Natriumsalz, das in Lösung geht.
- Bei diesem Versuch bildet sich nur eine geringe Menge an Fluorescein, die aber aufgrund der starken Fluoreszenz dieses Farbstoffs völlig ausreicht.
- Der Effekt ist noch schöner, wenn man das Gefäß mit Schwarzlicht oder einer UV-Lampe (254 nm) bestrahlt.

Hinweise:
- Die Fluoreszenz wird im Exkurs (Kap. 8.5 im Schulbuch) kurz beschrieben.
- Wenn man auf die Herstellung von Fluorescein verzichten, den Farbstoff aber trotzdem zeigen will, kann man eine wässrige Lösung des Natriumsalzes von Fluorescein in verdünnte Natronlauge gießen. Die Farbstoff-Lösung sinkt in grünlich leuchtenden Schlieren zu Boden.

Variante zu V3: siehe Zusatzversuch

Zusatzversuch

Herstellung von Phenolphthalein (Lehrerversuch)
Man gibt eine Spatelspitze Phthalsäureanhydrid und dann zwei Spatelspitzen Phenol-Kristalle in ein Reagenzglas, fügt einige Tropfen konzentrierte Schwefelsäure hinzu und erhitzt die Mischung über kleiner Flamme zum Schmelzen. Den Inhalt des Reagenzglases gibt man in ein kleines Becherglas, das mit ca. 10 ml Wasser gefüllt ist. Von der entstandenen Lösung (Suspension) gibt man 1 bis 2 ml in ein Reagenzglas und fügt tropfenweise konzentrierte Natronlauge zu. Die daraufhin intensiv rot gefärbte Lösung lässt sich durch Zugabe von verdünnter Salzsäure wieder entfärben.
Alternativ kann man die Schmelze abkühlen lassen und mit etwas Ethanol versetzen. Das Phenolphthalein löst sich. Die ethanolische Lösung kann man in verdünnte Natronlauge geben und so als Indikator verwenden.

Hinweise:
- Die Reaktion ist ähnlich wie die Herstellung von Fluorescein in V3. Statt Zinkchlorid wird hier konzentrierte Schwefelsäure eingesetzt.
- Analog zur obigen Anleitung kann auch Fluorescein hergestellt werden. Auch bei dieser Reaktion bildet sich nur eine geringe Menge des Farbstoffs, die aber für die Farbreaktion ausreicht.
- Zu Phenolphthalein (als Reinstoff) gibt es strenge Tätigkeitsbeschränkungen. Es besteht ein Tätigkeitsverbot für Schülerinnen und Schüler und Tätigkeitsbeschränkungen für schwangere oder stillende Lehrerinnen. Eine Phenolphthalein-Lösung der Massenkonzentration $w = 0,5\%$ darf in der Sekundarstufe I und II für Schülerversuche verwendet werden. (Angaben nach D-GISS 2023)

Zu den Abbildungen

B3 Mesomere Grenzformeln von Methylorange bei verschiedenen pH-Werten.
Zusätzlich zu den im Schulbuch dargestellten Grenzformeln von Methylorange sind weitere Grenzformeln denkbar, bei denen die Sulfonatgruppe einbezogen wird. Im Folgenden wird gezeigt, dass diese Grenzformeln einen so kleinen Beitrag zur Beschreibung der Elektronenverteilung liefern, dass man auf sie verzichten sollte.
Die folgende Abbildung zeigt beispielhaft (unten) je eine zusätzliche Grenzformel, in der die rechte Molekülhälfte in die Mesomerie miteinbezogen ist und die Sulfonatgruppe eine zweite formale Ladung trägt:

In der zusätzlichen Grenzformel der unprotonierten Form (unten links) sind die positive und die negative formale Ladung weiter voneinander entfernt, sodass man dieser Grenzformel einen höheren Energiegehalt zuschreibt. Sie trägt demnach zur Beschreibung der realen Elektronenverteilung sehr wenig bei. Entsprechendes gilt für die Grenzformel der protonierten Form (unten rechts). Hier kommt es zusätzlich zu einer Erhöhung der Anzahl der formalen Ladungen; daher ist diese Grenzformel noch energiereicher.
Die Beschränkung auf die im Schulbuch dargestellten Grenzformeln ist also sinnvoll; sie ist auch in anderen Lehrbüchern üblich. Dies ist auch der Hintergrund der Marginalie „Sulfonsäuregruppen bzw. Sulfonatgruppen" im Schulbuch.

B13 Kardinal RICHELIEU

Das Ölgemälde von PHILIPPE DE CHAMPAIGNE stellt ARMAND-JEAN DU PLESSIS, 1ER DUC DE RICHELIEU (1585–1642) dar, genannt „Kardinal RICHELIEU". Das Gemälde ist in der National Gallery in London ausgestellt. Kardinal RICHELIEU war ein bedeutender – allerdings umstrittener – französischer Politiker. Den Leserinnen und Lesern des Romans „Die drei Musketiere" („Les Trois Mousquetaires") von ALEXANDRE DUMAS ist er als Gegenspieler der drei Helden bekannt.

Nicht nur das echte Gewand des Kardinals war mit Alizarin gefärbt; vermutlich verwendete PHILIPPE DE CHAMPAIGNE denselben Farbstoff auch für sein Gemälde. Alizarin (Krapprot, Alizarin-Krapplack) wird bis heute als Pigment für Künstlerfarben verwendet.
In Kap. 8.9 wird das Färben mit Alizarin beschrieben.

Zusatzinformationen

Bromthymolblau als Säure-Base-Indikator

Im Schulbuch wird kurz erwähnt, dass die Indikatorwirkung von Bromthymolblau darauf beruht, dass in saurer Lösung ein O-Atom der Sulfonatgruppe an das zentrale C-Atom gebunden wird. Die Reaktionsgleichung zeigt, wie durch diesen Ringschluss das Absorptionssystem unterbrochen wird:

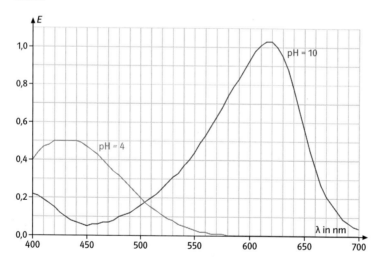

blau   gelb

Die Absorptionsspektren zeigen, dass beim Ansäuern einer Bromthymolblau-Lösung die Absorptionsbande bei $\lambda \approx 620\,\text{nm}$ verschwindet und dafür eine neue Absorptionsbande bei $\lambda \approx 430\,\text{nm}$ entsteht:

Literatur

Das folgende Skript enthält u.a. Vorschriften zur Herstellung von Azofarbstoffen:
Dr. Horst Berneth: Farbstoffe – eine Übersicht. Aktualisierte Ausgabe 2005. Bayer Industry Services GmbH & Co. OHG Leverkusen (Stand Juli 2023 im Internet frei zugänglich)
S. Zajonc, M. Ducci: Badeperlen „Stressfrei" – Experimente mit Fluorescein. Chemie konkret 19 (2/2012), 87
C. Herriger, W. Schmitz, S. Zajonc, M. Ducci: Eine „bärchenstarke" Reduktion. Die reduktive Spaltung von Azofarbstoffen. Chemie konkret 19 (2/2012), 59
S. Zajonc, M. Ducci: Stokes-Shift mit dem Zauberstift und der Lösungsmitteleinfluss auf die Fluoreszenz. Chemie konkret 20 (1/2013), 9
F. Schulze et.al.: Karminsäure. Chemie in unserer Zeit 47, 4 (August 2013), 222–228
Ph. Drosky et.al.: Die optischen Aufheller Fraxin und Aesculin. Chemie in unserer Zeit 48, 6 (Dezember 2014), 450–459
D. Weiß, H. Brandl: Fluoreszenzfarbstoffe in der Natur. Chemie in unserer Zeit 47, 1 (Februar 2013), 50–54
D. Weiß, H. Brandl: Fluoreszenzfarbstoffe in der Natur. Chemie in unserer Zeit 47, 2 (April 2013), 122–131

8.6 Lebensmittelfarbstoffe

Zu den Aufgaben

A1 Tartrazin: Azofarbstoff; Brillantblau FCF: Triphenylmethan-Farbstoff; Karminsäure: Carbonyl-farbstoff

A2 Die für diesen Menschen zulässige Farbstoffmenge ist:
m(Chinolingelb) = 60 kg · 0,5 mg/kg = 30 mg

Diese Farbstoffmenge ist enthalten in folgender Portion Schokolinsen:
m(Schokolinsen) = 30 mg : 116 mg/kg ≈ 0,26 kg

Der Mensch müsste also 0,26 kg gelbe Schokolinsen verzehren, um den ADI-Wert zu erreichen.

Zu den Versuchen

V1 **Lebensmittelfarbstoffe aus Schokolinsen**

Aufgabenlösung
Der Wollfaden wird von dem Farbstoff (bzw. Farbstoffgemisch) gefärbt. Die ethanolische Ammoniak-Lösung löst den Farbstoff vom Wollfaden ab. Die Anzahl der Substanzflecken hängt davon ab, mit wie vielen Farbstoffen die Schokolinsen gefärbt waren.

Hinweise zur Durchführung:
Zu (a): Zum Ablösen des Überzugs sollte möglichst wenig Wasser verwendet werden.
Zu (b): Die Lösung enthält viel Zucker, der z. B. beim Chromatografieren stört. Daher wird der Farbstoff mit dem Wollfaden extrahiert. Statt des Wollfadens kann man auch ein Stück von einem Perlonstrumpf verwenden.
Zu (c): Wegen des Ammoniaks soll im Abzug gearbeitet werden.
Zu (d): Das Fließmittel für die DC ist im Schulbuch beschrieben. Nach dem Artikel von Pietzner, Fiege und Karrasch (siehe Literatur) eignet sich auch eine Lösung von Trinatriumcitrat in Ammoniak-Lösung mit w(Na$_3$cit) = 2 % und w(NH$_3$) = 5 %.
Zur Aufnahme eines Absorptionsspektrums muss die Farbstofflösung ggf. verdünnt werden; die Extinktion im Absorptionsmaximum sollte nicht größer als 1,3 sein. Nicht alle Lebensmittelfarbstoffe sind in Wasser löslich. Am einfachsten ist es, zum Verdünnen die ethanolische Ammoniak-Lösung zu verwenden.

V2 **Redoxeigenschaften von Indigotin I**

Aufgabenlösungen
1. Die Moleküle von Indigotin und Indigo unterscheiden sich nur durch die Sulfonsäuregruppen an den beiden Sechsringen:

Indigotin I (Indigokarmin, E 132)

Indigo

Hinweis: Die Sulfonsäuregruppen sind für die Löslichkeit des Indigotins in Wasser verantwortlich. Das Redoxverhalten des Moleküls wird durch sie nicht beeinflusst.

2. Beobachtung: Durch Zugabe von Natriumdithionit wird die Lösung entfärbt. Durch Einblasen von Sauerstoff oder Luft wird die Lösung wieder blau.
Erklärung: Das Indigotin-Molekül wird durch Reduktion mit Natriumdithionit in eine farblose Leuko-verbindung überführt; die Struktur zeigt (abgesehen von den Sulfonäuregruppen) B5 in Kap. 8.8 im Schulbuch. Durch Oxidation mit Sauerstoff wird die Leukoverbindung wieder zum blauen Indigotin.

Zur Abbildung

B5 Auswahl der in der EU zugelassenen Lebensmittelfarbstoffe
Aus Platzgründen zeigt die Tabelle nur eine Auswahl, die im Erscheinungsjahr des Schulbuchs aktuell war. Vollständige und aktuelle Listen findet man im Internet, z. B. im Wikipedia-Artikel „Lebensmittelfarbstoff" (Stand Juli 2023).

Literatur

Naturwissenschaften im Unterricht – Chemie 19 (2008), Nr. 105, darin:
Zu Versuch 1: H. Kleinhorst, K. Sommer: Schafwolle und Perlonstrümpfe (S. 24)
Zu Versuch 2: J. Lorke, K. Sommer: Die Farbe Blau
Zu Lebensmittelfarbstoffen in Fingerfarben: K. Roth: Fingerfarben – Ideal für kleine Künstler. Chemie in unserer Zeit 40 (2006), 260 – 267
V. Pietzner, K. Fiege, D. Karrasch: Lebensmittelfarbstoffe im Unterricht. Naturwissenschaften im Unterricht – Chemie 139 (2014), 12 – 16

8.7 Praktikum: Farbstoffe in Lebensmitteln

Zu den Versuchen

V1 **Extraktion von Carotinoiden**
Der Versuch dient zur Gewinnung eines Farbstoffgemisches für V2.

V2 **Chromatografische Untersuchung von Carotinoid-Gemischen**
Man erhält deutlich voneinander abgegrenzte gelbe bis orangefarbene Zonen (Banden). Beispiele:
- Farbstoffextrakt aus Lachsfleisch: Das Chromatogramm zeigt zwei rote Banden: eine kräftige Bande von Astaxanthin [(3S,3'S)-3,3'-Dihydroxy-β,β'-carotin-4,4'-dion] im unteren Drittel des Chromatogramms und darüber eine schwächere Bande von Canthaxanthin (β,β'-Carotin-4,4'-dion).
- Farbstoffextrakt aus Mais bzw. aus der Haut eines Maishähnchens: Die Chromatogramme zeigen (für beide Extrakte gleich) drei gelbe Banden: zwei kräftige Banden in der unteren Hälfte des Chromatogramms und eine weitere Bande oben in der Nähe der Laufmittelfront.
  Die unterste Bande ist Zeaxanthin [(3R,3'R)-β,β'-Carotin-3,3'-diol]; die obere Bande ist Physalien, der Palmitinsäureester des Zeaxanthins.

Hinweise zur Durchführung:
- V1 und V2 lassen sich gut in einer Doppelstunde durchführen. Zur Durchführung einer Chromatografie benötigt man etwa 30 Minuten.
- Für die Untersuchung der Maishähnchen-Haut muss diese möglichst vollständig von anhaftendem Fett befreit werden.
- Zusätzlich zu der chromatografischen Untersuchung können noch mithilfe eines VIS-Spektrometers die Absorptionsmaxima bestimmt werden. Man geht dabei von dem Extrakt in Aceton aus. Man misst z.B. beim Maisextrakt drei Maxima bei 430 nm, 448 nm und 472 nm. Dies gilt auch für den Maishähnchenextrakt; wegen des gelösten Fettes sind die Absorptionsbanden hier aber breiter, sodass die Maxima schwieriger zu bestimmen sind.

V3 **Fotometrische Bestimmung von Lebensmittelfarbstoffen**
Die folgenden Messungen wurden mit dem-Spektrometer USB 4000 von Ocean Optics durchgeführt. Da dieses Spektrometer einen CCD-Chip als Detektor enthält und somit nicht ein Monochromator „durchgefahren" werden muss, geht das Aufnehmen eines Spektrums sehr schnell. Aus diesem Grund wurden (statt der Messung einzelner Extinktionswerte) einfach immer Spektren aufgenommen; diesen wurden dann bei der Auswertung die Extinktionswerte im Maximum entnommen.
Die Lösungen befanden sich in Polystyrol-Küvetten mit d = 1 cm.

Hinweise:
- B3 in Kap. 8.6 im Schulbuch zeigt die Strukturformeln von Brillantblau FCF und Tartrazin.
- Brillantblau FCF ist auch unter dem Namen „Patentblau AE" im Handel. Weitere Synonyme der beiden Farbstoffe findet man z.B. in der Wikipedia.

a) Brillantblau FCF in Blue Curaçao
In einem Versuch wurden 99 mg Brillantblau FCF in 100 ml Wasser gelöst („Stammlösung", β = 990 mg/l). Die Massenkonzentrationen der Probelösungen waren (mit einer Stelle mehr angegeben, um spätere Rundungsfehler zu vermeiden):
β = 9,90 mg/l und β = 4,95 mg/l und β = 1,98 mg/l

Aufgabenlösungen
1. B2 im Schulbuch zeigt das Absorptionsspektrum der Lösung mit β = 9,90 mg/l.

2. Das Absorptionsmaximum lag bei $\lambda_{max, B}$ = 629 nm. Von den drei Lösungen wurden Absorptionsspektren aufgenommen; diesen wurde jeweils bei $\lambda_{max, B}$ = 629 nm der Extinktionswert entnommen. Messwerte und Diagramm:

β in mg/l	E
1,98	0,219
4,95	0,478
9,90	1,130

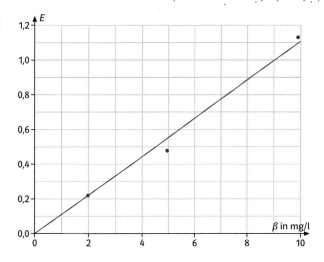

Die durch den Punkt $(0\,|\,0)$ gelegte Ausgleichsgerade hatte die folgende Gleichung:

$$E = 0{,}1106 \text{ l/mg} \cdot \beta = 0{,}110{,}6 \text{ l/g} \cdot \beta$$

Hinweis: Mit $M = 792{,}85 \text{ g/mol}$ und $d = 1\,\text{cm}$ kann man daraus den Extinktionskoeffizienten ε berechnen. Es gilt:

$$E = \varepsilon \cdot c \cdot d \quad \text{und} \quad c = \frac{1}{M} \cdot \beta \quad \Rightarrow \quad E = \varepsilon \cdot \frac{1}{M} \cdot \beta \cdot d$$

Ein Koeffizientenvergleich mit der Ausgleichsgeraden ergibt:

$$\varepsilon \cdot \frac{1}{M} \cdot d = 110{,}6 \text{ l/g} \quad \Leftrightarrow \quad \varepsilon = \frac{110{,}6 \text{ l/g} \cdot M}{d} = \frac{110{,}6 \text{ l/g} \cdot 792{,}85 \text{ g/mol}}{1\,\text{cm}} \approx 8{,}8 \cdot 10^4 \text{ l/(mol·cm)}$$

3. Blue Curaçao der Marke „Bols" wurde auf 1/10 verdünnt. Das Absorptionsspektrum sah gleich aus wie das Absorptionsspektrum von Brillantblau FCF. Die Extinktion bei $\lambda_{\text{max, B}} = 629\,\text{nm}$ betrug $E = 0{,}548$. Aus der in (2.) angegebenen Ausgleichsgeraden ergab sich für den verdünnten Likör:

$$\beta = \frac{E}{0{,}1106} \text{ mg/l} = \frac{0{,}548}{0{,}1106} \text{ mg/l} \approx 5{,}0 \text{ mg/l}$$

Da die Messung bei einer Verdünnung von 1/10 durchgeführt wurde, war die Massenkonzentration von Brillantblau FCF in Blue Curaçao der Marke „Bols" 10-mal so hoch:

$$\beta \approx 5{,}0 \text{ mg/l} \cdot 10 = 50 \text{ mg/l}$$

Hinweise:
- Auf dem Etikett des Blue Curaçao der Marke „Bols" waren die folgenden Inhaltsstoffe angegeben: Wasser, Ethylalkohol, Zucker, natürliche Aromen, Farbstoff (E 133).
- Die Methode setzt voraus, dass die anderen Komponenten des Blue Curaçao die Messung nicht stören, und dass der Extinktionskoeffizient von Brillantblau FCF in reinem Wasser gleich ist wie in einer Lösung aus Wasser, Alkohol und Zucker.

b) Tartrazin und Brillantblau FCF
In einem Versuch wurden 98 mg Tartrazin in 100 ml Wasser gelöst („Stammlösung", $\beta = 980 \text{ mg/l}$). Die Massenkonzentrationen der Probelösungen waren (mit einer Stelle mehr angegeben, um spätere Rundungsfehler zu vermeiden):
$\beta = 49{,}0 \text{ mg/l}$ und $\beta = 19{,}6 \text{ mg/l}$ und $\beta = 9{,}8 \text{ mg/l}$

Die unbekannte Lösung wurde hergestellt, indem 10 ml der verdünnten Brillantblau-FCF-Stammlösung ($\beta = 99 \text{ mg/l}$) und 40 ml der verdünnten Tartrazin-Stammlösung ($\beta = 98 \text{ mg/l}$) zusammengegeben wurden und dieses Gemisch auf das doppelte Volumen verdünnt wurde. Dadurch ergab sich eine „rein" grüne Farbe, wie man sie z. B. von Waldmeisterbrause kennt. Die Lösung hatte die folgenden Massenkonzentrationen: $\beta(\text{Brillantblau-FCF}) = 9{,}9 \text{ mg/l}$ und $\beta(\text{Tartrazin}) = 39{,}2 \text{ mg/l}$.

Aufgabenlösungen
4. B2 im Schulbuch zeigt das Absorptionsspektrum der Lösung mit $\beta = 49 \text{ mg/l}$.
Das Absorptionsmaximum lag bei $\lambda_{\text{max, T}} = 427\,\text{nm}$. Von den drei Lösungen wurden Absorptionsspektren aufgenommen; diesen wurde jeweils bei $\lambda_{\text{max, T}} = 427\,\text{nm}$ der Extinktionswert entnommen. Messwerte und Diagramm:

β in mg/l	E
9,8	0,214
19,6	0,412
49,0	1,064

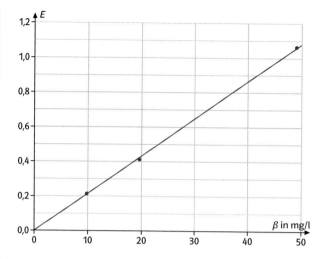

Die durch den Punkt $(0\,|\,0)$ gelegte Ausgleichsgerade hatte die folgende Gleichung:

$$E = 0{,}0216\,\text{l/mg} \cdot \beta = 21{,}6\,\text{l/g} \cdot \beta$$

Hinweis: Mit $M = 534{,}37\,\text{g/mol}$ und $d = 1\,\text{cm}$ kann man daraus analog zu (a/2.) den Extinktions-koeffizienten ε berechnen:

$$\varepsilon = \frac{21{,}6\,\text{l/g} \cdot 534{,}37\,\text{g/mol}}{1\,\text{cm}} \approx 1{,}2 \cdot 10^4\,\text{l/(mol·cm)}$$

5. Die Extinktion der unbekannten Lösung bei $\lambda_{\text{max, B}} = 629\,\text{nm}$ betrug $E = 1{,}180$. Aus der in (a/2.) angegebenen Ausgleichsgeraden ergab sich:

$$\beta = \frac{E}{0{,}1106}\,\text{mg/l} = \frac{1{,}180}{0{,}1106}\,\text{mg/l} \approx 10{,}7\,\text{mg/l} \qquad \text{(erwartet: } \beta = 9{,}9\,\text{mg/l)}$$

Hinweis: B3 im Schulbuch zeigt, dass Tartrazin bei 629 nm kein Licht absorbiert, d.h., es stört die fotometrische Bestimmung von Brillantblau FCF nicht.

6. Die Extinktion der unbekannten Lösung bei $\lambda_{\text{max, T}} = 427\,\text{nm}$ betrug $E = 0{,}984$.

Aus dem Absorptionsspektrum von Brillantblau FCF ergab sich:

$$\frac{E(\lambda_{\text{max, T}})}{E(\lambda_{\text{max, B}})} = \frac{E(427\,\text{nm})}{E(629\,\text{nm})} = \frac{0{,}037}{1{,}130} \approx 0{,}033 \qquad \Leftrightarrow \qquad E(427\,\text{nm}) = E(629\,\text{nm}) \cdot 0{,}033$$

Die Extinktion von Brillantblau FCF in der unbekannten Lösung ($E(629\,\text{nm}) = 1{,}180$) war folglich bei 427 nm:

$$E(427\,\text{nm}) \approx 1{,}180 \cdot 0{,}033 \approx 0{,}039$$

Die korrigierte Extinktion von Tartrazin in der unbekannten Lösung war damit:

$$E(427\,\text{nm})_{\text{korr}} = 0{,}984 - 0{,}039 = 0{,}945$$

Aus der in (4.) angegebenen Ausgleichsgeraden ergab sich:

$$\beta = \frac{E}{0{,}0216}\,\text{mg/l} = \frac{0{,}945}{0{,}0216}\,\text{mg/l} \approx 43{,}8\,\text{mg/l} \qquad \text{(erwartet: } \beta = 39{,}2\,\text{mg/l)}$$

Hinweis: B3 im Schulbuch zeigt, dass Brillantblau FCF bei 427 nm etwas Licht absorbiert, d.h., es stört die fotometrische Bestimmung von Tartrazin. Mit dem oben gezeigten Verfahren wird die Störung „herausgerechnet".

Carotinoide

Carotinoide sind in Wasser und Ethanol nicht bis kaum löslich, wohl aber in Ölen. Sie sind als Polyene empfindlich gegen Luft, Licht und Wärme.

β-Carotin (Provitamin A) wurde erstmals von H. W. WACKENRODER 1826 in Jena aus Möhren isoliert. R. WILLSTÄTTER (Professor für Organische Chemie in Zürich, Berlin und München, Nobelpreis 1915 für Forschungen über Pflanzenfarbstoffe, besonders über Chlorophyll) fand 1907 die Summenformel. Die Strukturformel geht auf P. KARRER (Professor für Organische Chemie in Zürich, Nobelpreis 1937) zurück (1930). Seit etwa 1954 wird β-Carotin im kommerziellen Rahmen synthetisiert.

Wegen ihrer Ungiftigkeit eignen sich Carotinoide gut zum Anfärben von fetthaltigen Lebensmitteln. β-Carotin (E 160a) wird als Extrakt aus natürlichen Rohstoffen oder als synthetisches Produkt u. a. Getränken, Fruchtsäften, Margarine, Butter, Käse, Trockensuppen, Joghurt, Speiseeis, Pudding, Konditorwaren, Teig- und Eierprodukten, Kosmetika und Tierfutter zugesetzt. Als Futterzusatz dient es in der Geflügelzucht und Eierproduktion zum Färben von Fleisch und Eigelb. Da in Gefangenschaft gehaltene Tiere kaum noch frisches Gras erhalten, fehlen ihnen die darin enthaltenen Carotinoide. Weiterhin werden Carotinoide in der Lachszucht und als Futteradditiv für Goldfische sowie für in zoologischen Gärten gehaltene Flamingos eingesetzt. Fehlen die Carotinoide im Futter, verlieren die Tiere ihre Farbe und werden blass und weißlich. Normales Tierfutter enthält nicht die ansonsten mit der natürlichen Nahrung der wild lebenden Tiere aufgenommenen Farbstoffe und Pigmente.

8.8 Färbeverfahren

A1 Unterschiedliche Fasern bestehen aus unterschiedlichen Molekülen mit unterschiedlichen Gruppen, die eine Haftung von Farbstoff-Molekülen bewirken bzw. unterstützen können. Auch Farbstoff-Moleküle sind nicht einheitlich aufgebaut. Farbstoff-Moleküle, die OH-Gruppen enthalten, können über Wasserstoffbrücken an Cellulose-Moleküle (z. B. in Baumwolle) gebunden werden. Elektrisch geladene (ionische) Farbstoff-Moleküle können über ionische Bindungen an Protein-Moleküle (z. B. in Wolle) gebunden werden.

A2 Die Moleküle der Direktfarbstoffe sind in Faserzwischenräumen über London-Kräfte oder Wasserstoffbrücken mit der Faser verbunden. Wasser-Moleküle können eine Ablösung bewirken. Oxonium-Ionen und Hydroxid-Ionen können Farbstoff-Moleküle verändern, sodass sie nicht mehr gebunden werden können, oder sie können den Platz der Farbstoff-Moleküle auf der Faser einnehmen und diese verdrängen. Da die Farbstoffpartikel nicht fest mit der Faser verbunden sind, können sie auch durch mechanisches Abreiben abgelöst werden, z. B. in der Waschmaschine. (*Hinweis*: Der Abrieb verursacht die hellen Knickfalten auf einer Jeans, die nicht „von links" gewaschen wurde.)

B5 Reaktionen bei der Küpenfärbung mit Indigo

Auf den ersten Blick werden die Schülerinnen und Schüler wahrscheinlich nicht erkennen, aus welchem Grund Indigo ein blauer Farbstoff und Leukoindigo farblos ist. Dies soll im Folgenden plausibel gemacht werden.

Der Chromophor des Indigo-Moleküls besteht aus zwei konjugierten Carbonylgruppen (Absorptionssystem) und zwei sekundären Aminogruppen (auxochrome Gruppen). Die sekundären Aminogruppen verschieben durch ihren +M-Effekt die Lichtabsorption in den längerwelligen Bereich (bathochromer Effekt). Die folgenden Grenzstrukturen verdeutlichen dies (der Chromophor ist grau unterlegt):

Im Leukoindigo-Molekül ist das Absorptionssystem um zwei Bindungen kürzer; es entspricht dem Butadien-Molekül. (Butadien absorbiert kein sichtbares Licht; sein Absorptionsmaximum liegt im UV-Bereich bei 217 nm.) Außerdem sind im Leukoindigo-Molekül die oben gezeigten Grenzstrukturen, bei denen ein nicht bindendes Elektronenpaar eines Stickstoff-Atoms in das Absorptionssystem einbezogen wird, nicht möglich. Die sekundäre Aminogruppe kann hier folglich *nicht* als auxochrome Gruppe wirken.

Geschichte der Indigo-Synthese

Um 1800 beherrschten die Engländer durch ihre indischen Kolonien den Weltmarkt für Indigo. Aus diesem Grund setzte Kaiser NAPOLEON I. im Jahr 1800 einen Preis von 1 Million Francs für die Herstellung von künstlichem Indigo aus. Trotzdem dauerte es noch fast ein Jahrhundert, bis ein großtechnisches Verfahren zur Produktion von synthetischem Indigo anlief.

ADOLF VON BAEYER gelang 1880 die Strukturaufklärung und 1887 die Synthese aus 2-Nitrobenzaldehyd (Reaktionsgleichung: siehe Kap. 8.9, V3 im Serviceband). Die technische Umsetzung dieser Synthese wurde jedoch wegen zu hoher Kosten verworfen. Nach 17 weiteren Forschungsjahren konnte die BASF im Jahr 1897 den ersten synthetischen Indigo auf den Markt bringen. Der Handel mit natürlichem Indigo brach fast schlagartig zusammen. Bereits 1910 deckte der künstliche Indigo 85 % des Weltbedarfs.

Ungefähr 30 verschiedene Synthesewege für Indigo sind bekannt; großtechnische Bedeutung haben nur wenige. Das erste Verfahren der BASF beruhte auf der Umsetzung von Anthranilsäure mit Chloressigsäure zur Phenylglycin-o-carbonsäure. Diese wurde dann durch Schmelzen mit Kaliumhydroxid bei 260 bis 300 °C zu Indoxyl umgesetzt, welches mit Luft zu Indigo oxidiert wurde. Die Anthranilsäure wurde zuvor in mehreren Schritten aus Naphthalin synthetisiert:

Naphthalin — (Hg^{2+}/H_2SO_4) → Phthalsäure — $-H_2O$ → Phthalsäureanhydrid — $+NH_3$ / $-H_2O$ →

Phthalimid — $(NaOCl/OH^-)$ → Anthranilsäure — $+CH_2Cl-COOH$ / $-HCl$ → Phenylglycin-o-carbonsäure

— (KOH) / $-H_2O$ $-CO_2$ → Indoxyl — $+$ Indoxyl $+O_2$ / $-H_2O$ → Indigo

Dieses erste Verfahren wurde in den folgenden Jahren immer weiter verbessert. Heute wird Indigo großtechnisch aus Kostengründen ausschließlich auf der Basis von Phenylglycin hergestellt. Das Phenylglycin wird durch Verseifen des bei der Reaktion von Anilin mit Methanol und Natriumcyanid nach dem Blausäureverfahren gebildeten Phenylaminoacetonitril gewonnen und anschließend mit Natriumamid zum Indoxyl umgesetzt:

Anilin — $+HCHO +HCN$ / $-H_2O$ → Phenylaminoacetonitril — $+2H_2O$ / $-NH_3$ → Phenylglycin

— $(NaNH_2)$ / $-H_2O$ → Indoxyl — $+$ Indoxyl $+O_2$ / $-2H_2O$ → Indigo

Purpur

Der bis heute sehr teure Farbstoff Purpur wurde in der Antike aus Purpurschnecken gewonnen. Produzenten des Farbstoffs waren die Phönizier; im Libanon haben Archäologen Berge von Schneckenhäusern gefunden.

Das Purpur-Molekül unterscheidet sich vom Indigo-Molekül nur dadurch, dass zwei Wasserstoff-Atome durch Brom-Atome ersetzt sind:

Die Brom-Atome üben einen −I-Effekt aus, der den +M-Effekt der sekundären Aminogruppe abschwächt (siehe „Zur Abbildung B5"). Sie haben deshalb einen hypsochromen Effekt. Das Absorptionsbereich liegt im Vergleich zu Indigo bei etwas kürzeren Wellenlängen. (Indigo in Ethanol: λ_{max} = 606 nm; Purpur in Tetrachlorethan: λ_{max} = 596 nm; Quelle: W. Kirsch: Purpur & Indigo – die Farbstoffe von Toga & Jeans. MNU 68/4 (15.07.2015), Ch A 15/08 M_Online-Ergänzung)

Literatur und Medien

P. Bützer: Kein Müßiggang am Montag. Chemie in unserer Zeit 46, 3 (Juni 2012), 192–193
S. Struckmeier, B. Sieve: Textilfarbstoffe und Textilfärbung – Versuche mit Textilfarbstoffen. Naturwissenschaften im Unterricht – Chemie 139 (2014), 24–37
R. Harrer: Indigo auf Speicherchips. Chemie in unserer Zeit 46, 3 (Juni 2012), 136
Wikipedia-Artikel „Purpur (Farbstoff)" (Stand Juli 2023)
Internet-Auftritt von Thomas Seilnacht: Chemielexikon – Purpur (Stand Juli 2023)

8.9 Praktikum: Färben von Textilien

Zu den Versuchen

V1 **Bildung einer Aluminium-Alizarin-Verbindung (Krapplack)**

Alizarin bildet in Wasser eine rötliche Suspension, deren Farbe durch geringes Lösen des Alizarins in Wasser entsteht. (Die Farbe ist pH-abhängig, bei pH < 5,5 ist eine Alizarin-Lösung gelb.) Nach Zugabe von Natronlauge erhält man eine violette Lösung. Nach Hinzufügen von Aluminiumsulfat-Lösung wird die Lösung rot.

Aufgabenlösung

In saurer Lösung (pH < 5,5) ist das Alizarin-Molekül vollständig protoniert. Es absorbiert Licht im kurzwelligen Bereich; die Lösung ist gelb. In neutraler Lösung liegt das (einfach negativ geladene) Alizarin-Anion vor. Durch die Deprotonierung ist der +M-Effekt verstärkt; der Absorptionsbereich wird zu größeren Wellenlängen verschoben. Die beobachtete Farbe ist Rot.
In alkalischer Lösung wird das Alizarin-Ion deprotoniert; es bildet sich das (zweifach negativ geladene) Alizarin-Dianion. Dadurch wird der +M-Effekt der Sauerstoff-Atome an einem der Sechsringe nochmals verstärkt, was zu einer weiteren Verschiebung des Absorptionsbereichs zu größeren Wellenlängen führt. Die beobachtete Farbe ist Violett.
Durch Zugabe von Aluminium-Ionen entstehen Bindungen zu den negativ geladenen Sauerstoff-Atomen des Alizarin-Dianions. Dies führt dazu, dass die nicht bindenden Elektronenpaare dem delokalisierten Elektronensystem des Chromophors teilweise entzogen werden, d.h., der +M-Effekt der Sauerstoff-Atome wird abgeschwächt. Dadurch wird der Absorptionsbereich zu kleineren Wellenlängen verschoben. Die beobachtete Farbe ist Rot.

V2 **Beizenfärbung von Baumwolle mit Alizarin**
Aufgabenlösung
Die unbehandelte Baumwollprobe wird nur schwach rotbraun gefärbt, die Färbung lässt sich relativ leicht auswaschen. In der gebeizten Baumwollprobe sind Aluminium-Ionen an die Hydroxygruppen der Faser gebunden. An diese Aluminium-Ionen binden sich auch Alizarin-Dianionen, siehe B2 im Schulbuch. Die gebeizte Baumwollprobe wird dauerhaft rot gefärbt.

V3 ■ Indigo – Synthese und Färben

Das ausgefällte und gewaschene Produkt ist der blaue Farbstoff Indigo.
Reaktionsgleichung:

2-Nitrobenzaldehyd   Aceton   Indigo   Acetat

Durch Reduktion mit Natriumdithionit-Lösung entsteht der wasserlösliche Leukoindigo, mit dem Baumwolle gefärbt werden kann, siehe V4.

Hinweise zur Durchführung:
- Es handelt sich um die historisch erste Indigo-Synthese, die ADOLF VON BAEYER entwickelte.
- Die Zugabe der Natronlauge erfolgt in zwei Schritten, damit das Reaktionsgemisch während der Synthese nicht zu heiß wird.
- Der zweite Teil des Versuchs entspricht V4; es wird lediglich auf die Erzeugung einer homogenen Suspension verzichtet.

V4 ■ Färben mit Indigo

a) Im ersten Schritt wird eine homogene Suspension erzeugt, die später schneller in Lösung gebracht werden kann. Bei diesem Vorgang erfolgt die Redoxreaktion der Dithionit-Ionen mit Indigo zu Leukoindigo (Reaktionsgleichung: siehe Aufgabenlösung).

b) Auf der gelben Lösung von Leukoindigo (die wegen des Dithionits nicht sehr appetitlich riecht) bildet sich eine blau schimmernde Haut. Die Haut lässt sich immer wieder durch vorsichtiges Umrühren in Lösung bringen, wenn noch genügend Dithionit in der Lösung vorliegt. Wird die Probe aus der Lösung herausgenommen, färbt sie sich gleich blau, die Farbe verstärkt sich beim Waschen. Nach dem Waschen hat man die endgültige Färbung meist schon erreicht.
Hinweis zur Durchführung: Wenn das Wasser aus der Probe herausgedrückt werden soll, empfiehlt es sich, Handschuhe zu tragen, sonst werden auch die Hände blau gefärbt.

c) Wenn zur Färbung der Probe genügend Farbstoff verwendet wurde, entsteht durch Reiben ein blauer Streifen auf dem Papier.
Hinweis: Auch bei mit Indigo gefärbten Textilien ist der Farbstoff nicht abriebfest. Man weiß, dass man mit neuen blauen Jeans z. B. nicht auf weißen Unterlagen sitzen sollte. Reibt man an einer neuen Jeans die Hände, kann es passieren, dass sie blau werden.

Aufgabenlösung

Bei der Herstellung der Küpe wird der Indigo zum wasserlöslichen Leukoindigo reduziert. Als Reduktionsmittel dienen Dithionit-Ionen, die zu Sulfit-Ionen oxidiert werden:

Indigo   Leukoindigo

Die Faser wird mit der Küpe (Leukoindigo-Lösung) getränkt. Danach wird der Leukoindigo zum wasserunlöslichen Indigo oxidiert. Als Oxidationsmittel dient der Sauerstoff der Luft:

Leukoindigo   Indigo

V5 **Direktfärbung mit anionischen und kationischen Farbstoffen**

a) Die Baumwollprobe wird orange gefärbt.
Strukturformel von Orange II (Synthese in Kap. 8.5, V1):

b) Die Baumwollprobe wird violett gefärbt.
Strukturformel von Kristallviolett:

Hinweis: Mit Kristallviolett kann man Gegenstände präparieren, die einen Dieb überführen sollen. Früher wurde Kristallviolett in Umdruckermatrizen eingesetzt.

Hinweis zur Durchführung: Kristallviolett färbt das Baumwollgewebe zwar schön, aber bereits Spuren lösen sich mit intensiv violetter Farbe überall, wo das Pulver hinkommt. Daher muss man äußerst vorsichtig mit dem Farbstoff umgehen. Schutzhandschuhe sind hier angeraten.

Zusatzinformationen

Alizarin
Krapp und das Färben mit Krapp waren schon im alten Ägypten sowie bei den Griechen, Römern, Indern und Persern bekannt. Die Levantiner nannten die Krapppflanze „Al izari". Daraus wurde später die Bezeichnung Alizarin für den Farbstoff, nicht für die Pflanze. Die Krappwurzel enthält das Alizarin (1,2-Dihydroxyanthrachinon) glycosidisch gebunden an ein Disaccharid.

Literatur

S. Struckmeier, B. Sieve: Textilfarbstoffe und Textilfärbung – Versuche mit Textilfarbstoffen. Naturwissenschaften im Unterricht – Chemie 139 (2014), 24 – 37

8.10 Exkurs: Die Farbstoff-Solarzelle

Zu den Aufgaben

A1 Photonen treffen auf Farbstoff-Moleküle, die dadurch angeregt werden und dann Elektronen abgeben und so zu Farbstoff-Kationen oxidiert werden. Diese Elektronen werden vom Titandioxid aufgenommen und an der Anode an einen Leitungsdraht wieder abgegeben. Diese Elektronen werden über den Leitungsdraht zu einem elektrischen Gerät geleitet, geben dort ihre Energie ab und gelangen über einen weiteren Leitungsdraht zur Kathode. Dort werden sie von Iod-Molekülen aufgenommen; diese werden dabei zu Iodid-Ionen reduziert. Die Iodid-Ionen geben die Elektronen an Farbstoff-Kationen ab, die dadurch wieder zu neutralen Farbstoff-Molekülen reduziert werden. Die Iodid-Ionen werden dabei wieder zu Iod-Molekülen oxidiert.
Insgesamt findet in der Farbstoff-Solarzelle unter Vermittlung von Titandioxid eine Redoxreaktion zwischen Iod- und Farbstoff-Molekülen statt.

A2 Titandioxid wird nach dem Sulfatverfahren oder nach dem Chloridverfahren gewonnen. Das *Sulfatverfahren* geht von dem titanhaltigen Eisenerz Ilmenit ($FeTiO_3$) aus. Das Erz wird in Norwegen, Finnland, Russland, Kanada und Australien im Tagebau gewonnen. Da im Erz weitere Begleitmineralien vorhanden sind, wird zunächst nach dem Pulverisieren in einem Flotationsprozess reines Ilmenit gewonnen. Es hat einen Anteil an Titandioxid von ca. 45%. Das Ilmenit wird anschließend in konzentrierter Schwefelsäure aufgeschlossen. Auf diese Weise erhält man die Sulfate der beiden Metall-Ionen. Problematisch bei diesem Prozess ist die Entwicklung von Schwefeldioxid, das man mithilfe verschiedener Verfahren – u.a. Reaktion mit Natronlauge – nicht in die Umwelt gelangen lässt. Durch Kristallisation werden die beiden Sulfate getrennt. Eisen(II)-sulfat ist schwerer löslich und kann so abgetrennt werden. Erhitzen der verbliebenen Titansulfat-Lösung führt zur Bildung von Titanoxohydrat (TiO$_2$ · x H$_2$O), das aus der Lösung ausfällt. Das Titanoxohydrat wird im Drehrohrofen bei 800 bis 1000 °C zu Titandioxid geglüht. Das abgetrennte Wasser wird als „Dünnsäure" bezeichnet. Es wurde früher in der Nordsee „verklappt", was zu Umweltproblemen führte.

Das *Chloridverfahren* geht von dem Titanerz Rutil (TiO$_2$) aus. Zur Gewinnung von reinem Titandioxid wird dieses durch Reaktion mit Chlor und Koks in Titanchlorid (TiCl$_4$) überführt. Dieses wird durch Destillation gereinigt und danach durch Reaktion mit Sauerstoff wieder in Titandioxid überführt.

Hinweis: Eine anschauliche Darstellung der beiden Verfahren findet man im Internet-Auftritt von Thomas Seilnacht: Chemielexikon – Titandioxid (Weißpigment) (Stand Juli 2023)

Silicium für Solarzellen muss sehr rein sein. Zu seiner Herstellung wird zunächst Rohsilicium aus Quarz und Kohlenstoff im Schmelz-Reduktionsofen bei 2000 °C erzeugt. Dieses wird mit Chlorwasserstoff bei 300 °C zu Trichlorsilan (HSiCl$_3$) umgesetzt. Nach destillativer Reinigung wird das Trichlorsilan an Siliciumstäben thermisch zersetzt. Der dabei entstehende Chlorwasserstoff wird wieder in den Kreislauf zurückgeführt. Umweltprobleme sind sowohl bei der Herstellung des Chlorwasserstoffs als auch bei der Behandlung des Trichlorsilans zu meistern. Die Energie, die zur Herstellung des Reinstsiliciums aufgewendet werden muss, wird durch eine Solaranlage, in der es eingesetzt wird, erst nach einem dreiviertel Jahr wieder eingespielt.

Hinweis: Internet-Suchmaschinen finden z. B. mithilfe der Suchbegriffe „Silicium Herstellung", „Silicium Herstellung Umweltprobleme" weitere Informationen.

A3 Solarzellen werden in Solarmodulen (Fotovoltaikmodulen) zur Stromerzeugung eingesetzt. Man unterscheidet zwischen starren und flexiblen Systemen. Zu den starren Systemen gehören Solarpanels, die man z. B. auf Hausdächern anbringen kann. Sie enthalten i. d. R. Silicium-Solarzellen. In flexiblen Systemen werden zum Teil Farbstoff-Solarzellen eingesetzt. Während sich Siliciumzellen eher für die immobile Verwendung eignen, kann man flexible Systeme auch in Rucksäcken und Kleidung zur Stromerzeugung nutzen, z. B. zum Aufladen eines Handys.

Der Wirkungsgrad der Silicium-Solarzellen (ca. 15 %) ist höher als der Wirkungsgrad der Farbstoff-Solarzellen (ca. 10 %).

Probleme bei der Entwicklung der Farbstoff-Solarzellen:

– Anthocyane, wie im Experiment der Schulversion, haben eine zu geringe Lebensdauer. Ziel der Forschung ist es, möglichst langlebige Farbstoffe zu finden.
– Der Elektrolyt muss langzeitstabil versiegelt werden, da er sonst austrocknet.

Hinweis: Einen ausführlichen Überblick bietet der Wikipedia-Artikel „Solarzelle" (Stand August 2023).

Zum Versuch

V1 Die Spannung der Farbstoff-Solarzelle beträgt 200 bis 400 mV.

Hinweise zur Durchführung:

– Die Materialien können z. B. bei den folgenden Anbietern bestellt werden (Stand Juli 2023): Solaronix, Man Solar
– Im Handel werden auch fertig mit Titandioxid beschichtete Platten angeboten, sodass man auf die Versuchsteile (a) und (b) verzichten kann.
– Wenn man mehrere Solarzellen in Reihe schaltet, kann man kleine elektrische Geräte betreiben, z. B. einen Taschenrechner oder einen Soundchip. Geeignete Geräte werden von den oben genannten Anbietern geliefert.
– Die im Versuchsteil (e) gemessene Spannung wird als Leerlaufspannung bezeichnet. Wenn man zusätzlich den Kurzschlussstrom misst, kann man nach der folgenden Formel die maximale Leistung der Solarzelle näherungsweise berechnen: $P_{max} \approx U(\text{Leerlauf}) \cdot I(\text{Kurzschluss}) \cdot 0{,}8$ Man erhält Werte im Bereich von 0,5 mW.
– Viele Hinweise auf weitere Anleitungen und Internetvideos bietet der Artikel von B. Sieve (s. Literatur und Medien).

Literatur und Medien

B. Sieve: Strom aus Saft und Licht – Eine Fotoanleitung zum Bau einer Grätzelzelle. Naturwissenschaften im Unterricht – Chemie 25 (2014), Heft 139 (Themenheft Farbstoffe), 41–43
W. M. Wagner: Selbstbau einer Farbstoffsolarzelle. (Stand Juli 2023 bei lehrer-online frei zugänglich)
D. Wöhrle, G. Schnurpfeil, S. Makarov, O. Suvora: Phthalocyanine. Chemie in unserer Zeit 46/1 (2012), 12–24. DOI: 10.1002/ciuz.201200548
Videos bei Youtube: Suchbegriff „Grätzelzelle bauen" (Stand Juli 2023)

8.11 Durchblick: Zusammenfassung und Übung

Zu den Aufgaben

A1

a) Die Rylen-Farbstoff-Moleküle können als miteinander verbundene Naphthalin-Moleküle betrachtet werden. Alternativ könnte man sie auch als Ausschnitte aus einem Graphen-Molekül ansehen. Die Moleküle sind ebene „Plättchen". Die Elektronen der (formalen) Doppelbindungen scheinen über das gesamte Molekül delokalisiert zu sein. Die drei abgebildeten Moleküle unterscheiden sich in der Anzahl der Naphthalin-Einheiten. Folglich unterscheiden sich die drei abgebildeten Moleküle durch die Fläche, die den delokalisierten Elektronen zur Verfügung steht.

b) Bei den abgebildeten Molekülen nimmt die Wellenlänge der absorbierten Strahlung mit der Größe des delokalisierten Elektronensystems zu. Dies entspricht dem Merksatz in Kap. 8.2: „Je ausgedehnter das delokalisierte Elektronensystem ist, desto kleiner ist die Energie der absorbierten Photonen und desto größer folglich die Wellenlänge der absorbierten Strahlung."

c) Je tiefer ein Ton ist, desto größer ist die Wellenlänge der entsprechenden Schwingung, z. B. der Schwingung einer Saite. Aus diesem Grund hat eine Bratsche längere Saiten als eine Violine, und ein Violoncello hat noch längere Saiten. Außerdem ist bei tieferen Tönen (größeren Wellenlängen) der notwendige Resonanzkörper größer. Von den Molekülen wird Licht umso größerer Wellenlängen absorbiert, je ausgedehnter (länger) das delokalisierte Elektronensystem ist.

A2 Gelbliche Wäsche absorbiert blaues Licht. Wäscheblau absorbiert zusätzlich Licht der Komplementärfarbe. Die Wäsche ist daher insgesamt nicht mehr gelblich, aber sie reflektiert trotzdem nicht mehr alles Licht und sieht grau aus. Optische Aufheller absorbieren (unsichtbares) UV-Licht und fluoreszieren blau, d. h., sie ersetzen das durch die gelbliche Wäsche absorbierte Licht. Im Idealfall sieht die Wäsche weiß aus.

Zusatzinformationen zu A2:
- Fluoreszenz ist die Eigenschaft von Stoffen, innerhalb von 10^{-10} bis 10^{-7} Sekunden nach Anregung durch Licht die absorbierte Energie in Form von Strahlung gleicher oder längerer Wellenlänge wieder abzugeben. Optische Aufheller bewirken eine Aufhellung und täuschen gleichzeitig eine Bleichwirkung vor, indem sie UV-Licht (z. B. von der Sonne oder auch einem „Schwarzlicht") absorbieren und die Energie als schwach bläuliche Fluoreszenz abstrahlen, also in der Komplementärfarbe der Vergilbung. Eine kurze Information zur Fluoreszenz befindet sich im Schulbuch am Schluss von Kap. 8.5.
- An optische Aufheller werden hohe Anforderungen gestellt. Sie müssen waschecht und beständig gegenüber Schweiß, hohen Temperaturen und Sonnenlicht sein. Außerdem kann nicht jeder optische Aufheller jedem Material zugesetzt werden. Die Einsatzgebiete sind vielfältig: Man verwendet optische Aufheller z. B. zum Weißtönen von Baumwolle, Zellwolle, Papier, Wolle, Synthesefasern, Kunststoffen, Wachsen, Seifen, Wäscheseifen, Druckfarben und Fotopapieren. Allerdings ist ihr Einsatz zur Lebensmittelschönung verboten.
- Die meisten optischen Aufheller sind Derivate des Stilbens (1,2-Diphenylethen) oder analoge Verbindungen wie heteroaromatische Systeme, die über eine Ethenbrücke verbunden sind. Ein Beispiel ist die Flavonsäure (4,4'-Diamino-2,2'-stilbendisulfonsäure), deren Derivate zum Weißtönen von Textilien eingesetzt werden.

A3

a) Es handelt sich um eine subtraktive Farbmischung. Begründung: Beide Wasserfarben absorbieren jeweils einen Teil des weißen Lichts. Nur das Licht, das weder von der blauen noch von der gelben Wasserfarbe absorbiert wird, wird reflektiert.

b) Als Grundlage dient der Farbkreis (Kap. 8.1, B3). Die blaue Wasserfarbe absorbiert das Licht ihrer (orangenen) Komplementärfarbe, nämlich gelbes, orangenes und rotes Licht. Die gelbe Wasserfarbe absorbiert das Licht ihrer (blauen) Komplementärfarbe, nämlich violettes, dunkelblaues und hellblaues Licht. Blaugrünes, dunkelgrünes und hellgrünes Licht wird weder von der blauen noch von der gelben Wasserfarbe absorbiert; es wird reflektiert. Es gelangt in das Auge und erzeugt dort den grünen Farbeindruck.

A4

a)

$$HO_3S-\langle\text{Benzolring}\rangle-\overset{H}{\underset{H}{N}}I \qquad \langle\text{Naphthalin: } HO-\dots-SO_3H\rangle \qquad NaNO_2 \qquad HCl\,(aq) \qquad NaOH\,(aq)$$

Sulfanilsäure (4-Aminobenzolsulfonsäure) 6-Hydroxy-naphthalin-sulfonsäure Natriumnitrit verd. Salzsäure verd. Natronlauge

Hinweis: Die Namen der beiden organischen Ausgangsstoffe müssen hier nicht genannt werden; zur Lösung der Aufgabe genügen die Strukturformeln.

b)

Bildung des Nitrosyl-Kations:

$$NO_2^- \;\underset{}{\overset{+\,H^+}{\rightleftharpoons}}\; HNO_2 \;\underset{}{\overset{+\,H^+}{\rightleftharpoons}}\; NO^+ \;+\; H_2O$$

Diazotierung:

$$HO_3S-\langle\text{Ring}\rangle-\overset{H}{\underset{H}{N}}I \;+\; NO^+ \;\longrightarrow\; HO_3S-\langle\text{Ring}\rangle-\underset{\oplus}{N}=\bar{N} \;+\; H_2O$$

Azokupplung:

$$HO_3S-\langle\text{Ring}\rangle-\underset{\oplus}{N}=\bar{N} \;+\; \langle\text{Naphthalin}\rangle \;\longrightarrow\; HO_3S-\langle\text{Ring}\rangle-N=\bar{N}-\langle\text{Naphthalin, HO, } SO_3H\rangle \;+\; H^+$$

Neutralisation:

$$HO_3S-\langle\text{Ring}\rangle-N=\bar{N}-\langle\text{Naphthalin, HO, } SO_3H\rangle \;+\; 2\,NaOH \;\longrightarrow\; {}^{\ominus}O_3S-\langle\text{Ring}\rangle-N=\bar{N}-\langle\text{Naphthalin, HO, } SO_3^{\ominus}\rangle \;+\; Na^+ \;+\; 2\,H_2O$$

- Bildung des Nitrosyl-Kations: Das Nitrit-Ion wird in der Salzsäure protoniert; es entsteht ein Nitrosyl-Kation.
- Diazotierung: Das Nitrosyl-Kation greift die Aminogruppe der Sulfanilsäure elektrophil an, sodass ein aromatisches Nitrosamin entsteht. Dieses wird in der sauren Lösung protoniert. In einer Eliminierungsreaktion wird dann ein Wassermolekül abgespalten; es bildet sich ein aromatisches Diazonium-Ion.
- Azokupplung: Das Diazonium-Ion reagiert in einer elektrophilen Substitution mit einem Molekül der 6-Hydroxy-naphtalin-2-sulfonsäure. Anhand mesomerer Grenzformeln kann man zeigen, dass das als Zwischenprodukt entstehende Carbo-Kation am stabilsten ist, wenn die Substitution in ortho-Position zur OH-Gruppe stattfindet. Die Substitution der para-Position ist durch den zweiten Ring blockiert. (Als weiteres Produkt wäre ein Molekül zu erwarten, bei dem die andere ortho-Position angegriffen wird. Allerdings lägen dann der Phenylring und die Sulfonatgruppe auf derselben Seite; dies ist evtl. räumlich ungünstig.)

c)

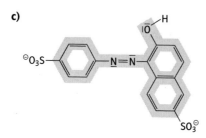

A5 Das Phenol-Molekül ist reaktiver als das unsubstituierte Benzol-Molekül, da in ihm durch den +M-Effekt negative Teilladungen in den ortho-Positionen und in der para-Position vorliegen:

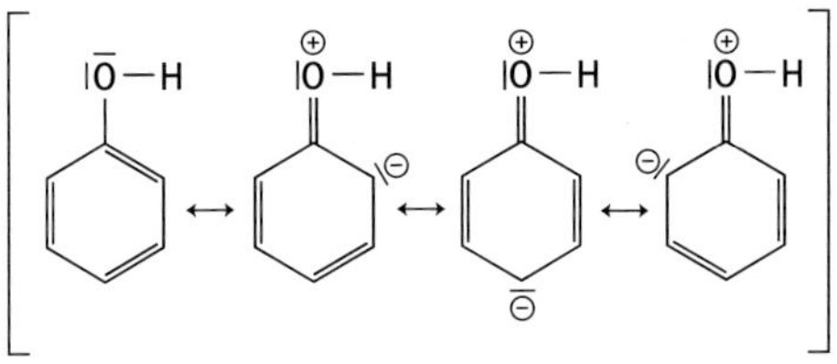

Die Kupplungsreaktion ist eine elektrophile Substitution. Die negativen Teilladungen begünstigen den elektrophilen Angriff des (positiv geladenen) Diazonium-Ions.

Im alkalischen Milieu liegt Phenol hauptsächlich als Phenolat-Ion vor. Dessen negative Ladung ist durch Mesomerie über den aromatischen Ring verteilt, mit Schwerpunkten in den ortho-Positionen und in der para-Position:

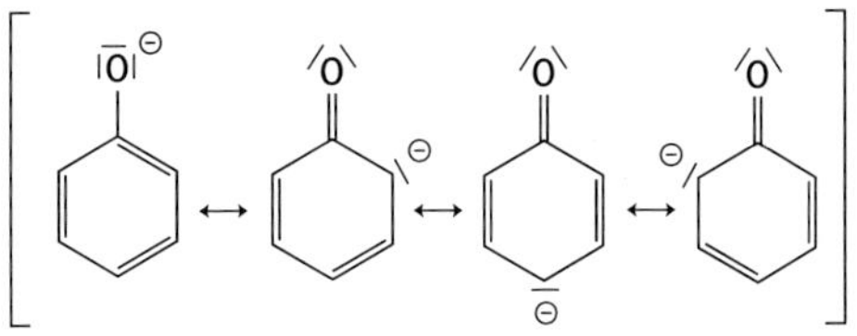

Wegen der negativen Ladung des Phenolat-Ions ist der elektrophile Angriff des Diazonium-Ions noch stärker begünstigt als am insgesamt neutralen Phenol-Molekül, das nur negative Teilladungen hat.

A6

a) Methylviolett gehört zur Farbstoffklasse der Triphenylmethan-Farbstoffe.
Erklärung der Farbigkeit anhand einiger Grenzformeln des Methylviolett-Moleküls:

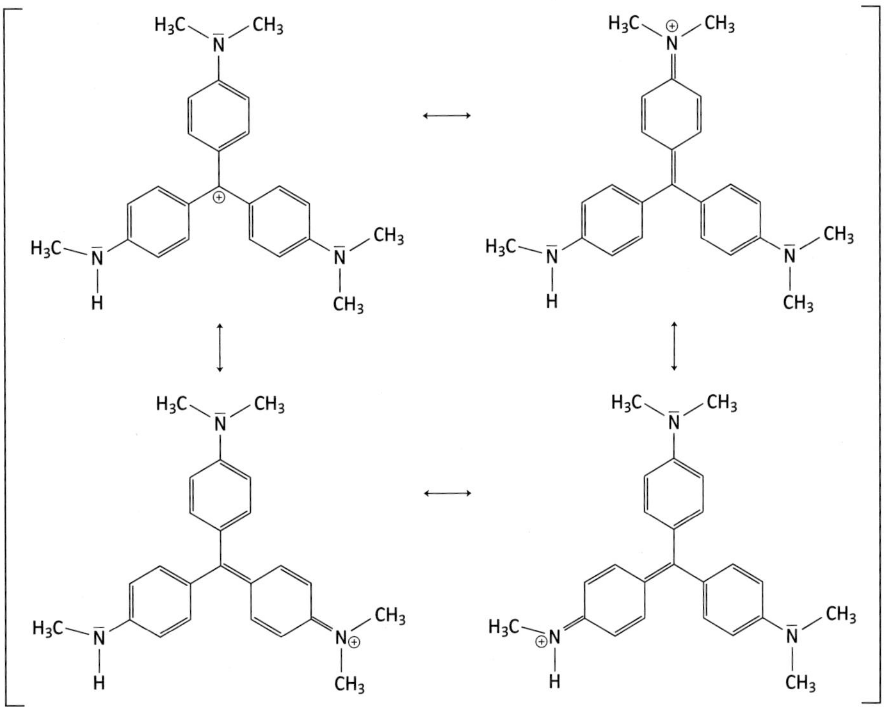

Die Grenzformeln zeigen, dass ein großes delokalisiertes Elektronensystem besteht. Die Methyl-bzw. Dimethylaminogruppen wirken durch ihren +M-Effekt als auxochrome Gruppen, indem sie die positive Ladung am zentralen C-Atom aufnehmen. Ein so großes delokalisiertes Elektronensystem kann durch elektromagnetische Strahlung im sichtbaren Bereich angeregt werden. Das Molekül absorbiert also Licht und ist daher farbig.

Hinweis: Da die auxochromen Gruppen gleich bzw. zueinander sehr ähnlich sind, absorbiert das System bei besonders großen Wellenlängen, ähnlich wie z.B. Phenolphthalein oder Bromthymolblau in alkalischer Lösung (siehe Kap. 8.5 im Schulbuch).

b) Wellenlängenbereiche:
- In neutraler Lösung ist die Farbstofflösung blauviolett. Aus dem Farbkreis (Kap. 8.1, B3) ergibt sich, dass hauptsächlich Licht der Komplementärfarbe Gelb absorbiert wird, also im Bereich 580–595 nm. (*Hinweis:* Das Absorptionsmaximum liegt bei ca. 580 nm.)
- In stark saurer Lösung ist die Farbstofflösung gelb. Aus dem Farbkreis ergibt sich, dass hauptsächlich Licht der Komplementärfarbe Blauviolett absorbiert wird, also im Bereich 440–480 nm. (*Hinweis:* Das Absorptionsmaximum liegt bei ca. 430 nm.)
- In schwach saurer Lösung ist die Farbstofflösung grün. Die Komplementärfarbe dazu ist Magenta; sie entspricht aber keinem Wellenlängenbereich des Lichts. Am Spektrum des sichtbaren Lichts (Kap. 8.1, B1) kann man aber erkennen, dass sich die Farbe Grün ergibt, wenn das Licht im Bereich unter ca. 500 nm und über ca. 600 nm absorbiert wird. Das Absorptionsspektrum der grünen Farbstofflösung hat folglich zwei Bereiche mit hoher Extinktion. (*Hinweis:* Die Absorptionsmaxima liegen bei ca. 420 nm und ca. 620 nm.)

c) Beim Ansäuern werden die Farbstoff-Moleküle an den Stickstoff-Atomen protoniert:

Bei jeder Protonierung eines Stickstoff-Atoms entfällt ein nicht bindendes Elektronenpaar und damit eine auxochrome Gruppe mit +M-Effekt. Dadurch ändert sich die Farbe.

Violette Form: Das Absorptionssystem erstreckt sich im Prinzip über das ganze Molekül, siehe Lösung zur Teilaufgabe (a). Die Länge des Absorptionssystems entspricht der Strecke zwischen zwei Stickstoff-Atomen. Gelbes und grünes Licht wird absorbiert; rotes, blaues und violettes Licht wird durchgelassen. Es entsteht der Farbeindruck Violett.
Hinweis: Die Phenylringe sind aus sterischen Gründen etwas aus der Ebene gedreht (das Molekül ist „verdrillt"), sodass die Elektronen nicht optimal delokalisiert sind.

Gelbe Form: Das Absorptionssystem geht vom zentralen Kohlenstoff-Atom (–M-Effekt) bis zum unprotonierten Stickstoff-Atom (+M-Effekt), es ist also deutlich kleiner. Licht im blauen bis violetten Bereich wird absorbiert; man sieht deshalb die Komplementärfarbe Gelb.

Grüne Form: Die Komplementärfarbe zu Grün ist Magenta. Da kein magentafarbenes Licht existiert, das absorbiert werden könnte, kann man die Farbe eines grünen Farbstoffs nur damit erklären, dass er zwei Absorptionsmaxima hat. Diese kann man zwei Absorptionssystemen zuordnen:
- Das kürzere Absorptionssystem besteht aus dem Phenylring mit dem protonierten Stickstoff-Atom, der aus der restlichen Molekülebene herausgedreht ist, und dem zentralen Kohlenstoff-Atom. Dieses Absorptionssystem ist noch etwas kürzer als das Absorptionssystem der gelben Form; es absorbiert im violetten Bereich.
- Das längere Absorptionssystem besteht aus den beiden Phenylringen mit den unprotonierten Stickstoff-Atomen. Es hat die gleiche Länge wie das Absorptionssystem der violetten Form. Da der dritte Phenylring ganz aus der Molekülebene gedreht ist, liegen diese beiden Phenylringe etwas besser in der Ebene als bei der violetten Form, d.h., die Delokalisierung der Elektronen ist praktisch ungestört. Das System absorbiert deshalb Licht von größeren Wellenlängen als die violette Form, v.a. im roten und orangenen Bereich.

Das von beiden Absorptionssystemen nicht absorbierte Licht ergibt insgesamt den Farbeindruck Grün.

d) In alkalischer Lösung wird ein Hydroxid-Ion addiert:

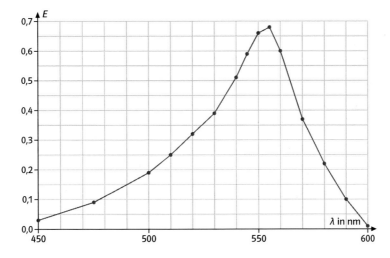

violett   farblos

Dadurch wird das delokalisierte Elektronensystem am zentralen Kohlenstoff-Atom unterbrochen. Die delokalisierten Elektronensysteme der drei Phenylringe sind so kurz, dass die Wellenlänge des absorbierten Lichts nicht im sichtbaren Bereich liegt. Folglich ist die Lösung farblos.

A7 Blaues Licht hat eine kleinere Wellenlänge und damit eine höhere Frequenz als rotes Licht. Die Photonen von blauem Licht haben folglich (nach der Gleichung $E = h \cdot v$) eine höhere Energie als die Photonen von rotem Licht.
Ein durch ein Photon angeregtes Molekül gibt meistens einen Teil seiner Energie in Form von Wärme ab, bevor es Energie in Form eines Photons abgibt. Ein Photon des Fluoreszenzlichts kann deshalb höchstens die gleiche Energie haben wie ein Photon des Anregungslichts; i.d.R. hat es eine kleinere Energie. Folglich kann man einen Fluoreszenzfarbstoff, der dafür geeignete Energieniveaus hat, mit blauem Licht anregen, sodass er rot fluoresziert, aber nicht umgekehrt.

A8
a) Absorptionsspektrum des Farbstoffs:

b) Aus dem Absorptionsspektrum (oder aus der Wertetabelle): Das Absorptionsmaximum des Farbstoffs liegt bei $\lambda = 555\,\text{nm}$. Die Farbe des Farbstoffs ist Purpur (Magenta) bis Violett. Begründung: Der Farbstoff absorbiert hauptsächlich Licht im Bereich zwischen ca. 500 und 580 nm. Das übrige Licht addiert sich zu Licht der genannten Farbe.

c) Auftragung der Extinktion gegen die Konzentration und Ermittlung einer Ausgleichsgeraden:

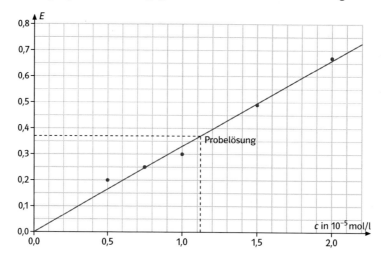

Die Konzentration der Probelösung kann grafisch oder rechnerisch ermittelt werden:
$c = 1{,}12 \cdot 10^{-5} \, \text{mol/l}$

d) Da die Schichtdicke $d = 1 \, \text{cm}$ ist, entspricht die Steigung der Ausgleichsgeraden dem molaren Extinktionskoeffizienten:
$\varepsilon = 0{,}33 \cdot 10^5 \, \text{l/(mol} \cdot \text{cm)} = 3{,}3 \cdot 10^4 \, \text{l/(mol} \cdot \text{cm)}$

Hinweis: Mit dem Ergebnis der Teilaufgabe (d) kann man die Konzentration der Probelösung auch nach dem Lambert-Beer-Gesetz berechnen:

$$c = \frac{E}{\varepsilon \cdot d} = \frac{0{,}37}{0{,}33 \cdot 10^5 \, \text{l/(mol} \cdot \text{cm)} \cdot 1 \, \text{cm}} = 1{,}12 \cdot 10^{-5} \, \text{mol/l}$$

e) Der Transmissionsgrad bzw. die Extinktion einer Lösung bei einer bestimmten Wellenlänge hängt von den Konzentrationen der gelösten Farbstoff-Teilchen ab, die Licht dieser Wellenlänge absorbieren. Wenn nur ein Farbstoff gelöst ist, kann man über die Messung der Extinktion seine Konzentration bestimmen.

Als Messgerät verwendet man ein Spektralfotometer. Es besteht aus den folgenden Hauptkomponenten:
- Strahlungsquelle (Lichtquelle)
- Eintrittsblende
- Monochromator: Bauteil, das nur Licht einer bestimmten (aber einstellbaren) Wellenlänge durchlässt, d.h. monochromatisches Licht erzeugt
- Küvette: Durchsichtiges Gefäß für die Probenlösung, das vom monochromatischen Licht durchstrahlt wird. Die Länge des Lichtwegs durch die Lösung in der Küvette bezeichnet man als Schichtdicke d.
- Austrittsblende
- Strahlungsempfänger (z.B. Fotozelle)

Der Transmissionsgrad τ ist der Quotient aus durchgelassener und eingestrahlter Lichtintensität. Die Extinktion E ist der negative dekadische Logarithmus des Transmissionsgrads τ. Nach dem Lambert-Beer-Gesetz ist (bei konstanter Schichtdicke d) die Extinktion E proportional zur Konzentration c des Farbstoffs.

Bei der Fotometrie geht man folgendermaßen vor: Zunächst wird ein Absorptionsspektrum der Farbstofflösung aufgenommen, d.h., man misst die Extinktion abhängig von der Wellenlänge und trägt diese in einem Diagramm auf. Aus diesem Absorptionsspektrum wählt man eine Wellenlänge aus, bei der die Extinktion einen hohen Wert hat.
Dann setzt man mehrere Lösungen mit bekannten Konzentrationen an und misst deren Extinktionen bei der ausgewählten Wellenlänge. In einem Diagramm trägt man die Extinktion gegen die Konzentration auf und ermittelt eine Kalibriergerade.
Nun misst man die Extinktion einer Lösung des Farbstoffs, deren Konzentration man ermitteln will. Anhand der Kalibriergeraden kann man aus der Extinktion die Konzentration bestimmen.
Alternativ kann man aus der Steigung der Kalibriergeraden den molaren Extinktionskoeffizienten bestimmen und dann die Konzentration der Probelösung nach dem Lambert-Beer-Gesetz berechnen (siehe Hinweis zur Teilaufgabe (d)).

9 Moderne Werkstoffe

Zum Bild der Einstiegsseite

Das Foto zeigt Wassertropfen auf einem nanobeschichteten Stoff. Auf einem Stoff ohne Beschichtung würden die Wassertopfen nicht so kugelig erhalten bleiben, sondern eher zerfließen. Das Thema „Nanostrukturierte Oberflächen" wird im Kapitel 9.16 behandelt.

Unterrichtsmaterial (Stand April 2022)

Die BASF bietet Schulen das kostenlose „Experimentierset Kunststoffe" an.
Eine gute Übersicht über Kunststoffe, ihre Geschichte und ihre Anwendung gibt es auf der Homepage des Sandretto-Museums in Pont Canavese, Turin.

Literatur

W. Glöckner, W. Jansen, R. G. Weißenhorn (Hrsg.): Handbuch der experimentellen Chemie, Sekundarbereich II, Band 12: Kunststoffe, Recycling, Alltagschemie. Aulis Verlag, Deubner (wird jetzt über den Stark Verlag vertrieben)
V. Hofheinz: Das Babywindelprojekt – Offene Forschungsaufträge und implizierter Wissenserwerb über die Natur der Naturwissenschaften. Naturwissenschaften im Unterricht – Chemie 118/119 (2010), 50
D. Braun, G. Collin: 100 Jahre Bakelit. Chemie in unserer Zeit 3/2010, 90
H. Vogler: 75 Jahre Nylon-Polyamidfasern. Chemie in unserer Zeit 4/2010, 308
Themenheft: Innovative Kunststoffe. Praxis der Naturwissenschaften – Chemie in der Schule 7/56 (2007)
Themenheft: Klebstoffe. Praxis der Naturwissenschaften – Chemie in der Schule 3/59 (2010)
Bei den folgenden Aufsätzen stehen Unterrichtsmethoden am Beispiel von Kunststoffthemen im Vordergrund: M. Burmeister, I. Eilks: Ist ein Bio-Kunststoff immer besser als PVC? – Die Warentestmethode und ein Beispiel aus dem Chemieunterricht. Praxis der Naturwissenschaften – Chemie in der Schule 5/60 (2011), 33
W. Pöpping, I. Melle: Kommunikationsorientierte Unterrichtsverfahren – Am Beispiel von Polymilchsäure.
Praxis der Naturwissenschaften – Chemie in der Schule 5/60 (2011), 36
Themenheft: Nanochemie. Naturwissenschaften im Unterricht – Chemie 189 (2022)
Themenheft: Kunststoffe. Naturwissenschaften im Unterricht – Chemie 196 (2023)

Kunststoffe – Werkstoffe nach Maß (S. 376/377)

Zu den Aufgaben

A1 PolyTHF-Fasern, auch als Elastan- oder Spandex-Fasern bekannt, werden in Fasergemischen mit Baumwolle, Polyester oder Polyamidfasern verwendet. Eigenschaften nach Angaben des Herstellers BASF:
- weich und glatt
- gut einzufärben
- um 500 bis 700 Prozent der ursprünglichen Länge dehnbar
- dauerhaft formbeständig
- widerstandsfähig gegen Feuchtigkeit und Mikroben
- durchlässig für Wasserdampf

Baumwollfasern sind evtl. etwas weniger weich und glatt, aber sehr angenehm auf der Haut. Auch sie sind gut einzufärben. Baumwollfasern sind jedoch weniger dehnbar und weniger formbeständig. Sie können mehr Wasser aufsaugen und geben es langsamer wieder ab. Dies ist bei Sportbekleidung ein Nachteil, da sich das Trikot mit Schweiß vollsaugen kann und dann nass auf der Haut „klebt".

Hinweis:
Recherchiert man auf den Internetseiten der BASF zum Thema „Poly-THF-Fasern", so findet man dort auch den Herstellungsweg von PolyTHF: „Aus Erdgas wird zunächst Acetylen hergestellt, das in einer Reaktion mit Formaldehyd zu Butindiol umgesetzt wird. Daraus entsteht anschließend Butandiol, aus dem durch Cyclisierung an einem Katalysator Tetrahydrofuran (THF) gebildet wird, das schließlich zu PolyTHF polymerisiert, chemisch für Polytetramethylenetherglykol (PTMEG)."

A2 Aufbau eines Sportschuhs:
- Obermaterial: z. B. Nylon
- Fersenschale: z. B. Nylon, PVC
- Zwischensohle: z. B. geschäumtes EVA (Ethylen-Vinyl-Acetat), PU (Polyurethan)
- Außensohle: z. B. Hartgummi, Carbongummi

Die Dämpfung wird zum Teil durch das geschäumte Material der Zwischensohle erreicht. Außerdem sind in die Zwischensohle Luftkissen, Gaskissen oder Gelkissen eingearbeitet. Schaumstoffe, Luftkissen und Gaskissen lassen sich wegen der eingeschlossenen Gase komprimieren und dämpfen dadurch Stöße. Gelkissen verteilen die Kraft eines Stoßes auf eine größere Fläche.

A3 Multilayer als Material für PET-Flaschen verhindern die Diffusion von Sauerstoff. Die Schicht, die die Sauerstoffdiffusion größtenteils unterbindet, besteht aus Polyamiden, vornehmlich Nylon. In diese Schicht integriert ist ein Übergangsmetallkatalysator, der durch Wärme aktiviert wird. Er katalysiert die Oxidation eines Teils des Polymers, sodass eindringender Sauerstoff verbraucht wird. Folgende Artikel sind im Internet zu finden (Stand April 2022):
- G. Goldhan: Sauerstoff-Scavenger für Lebensmittelverpackungen. Symposium „Aktive und kommunikative Verpackungen" 2003, Fraunhofer-Institut für Verfahrenstechnik und Verpackung, Freising.
- Bierflasche mit recyceltem PET. Plastverarbeiter 51 (2000), Nummer 5, S. 88.

A4 PET-Flaschen, z. B. aus der Sammlung des Grünen Punkts, werden zu sog. Flakes geschreddert und erneut zu Multilayer-Flaschen verarbeitet. Dabei können die Außen- oder Zwischenschichten aus recyceltem, die Innenschicht aus neuem PET bestehen. Bei diesem Recyclingverfahren beträgt der Recyclinganteil 40 bis 80%.
Hinweis:
Folgende Artikel sind im Internet zu finden (Stand April 2022):
- Transport- und Aufbereitungsanlage für PET-Flaschen. Ventilatorenfabrik Oelde GmbH, Oelde.
- Bierflasche mit recyceltem PET. Plastverarbeiter 51 (2000), Nummer 5, S. 88.

A5 Beispiel: Molekülkette aus drei Buta-1-3-dien-Monomer-Molekülen und einem Styrol-Monomer-Molekül:

Hinweise:
Dieses Copolymer ist unter dem Namen Styrol-Butadien-Kautschuk (SBR) bekannt und wird als synthetisches Gummi in der Reifenproduktion verwendet. Interessant ist, dass durch Einfügen eines weiteren Monomer-Typs (Acrylnitril) der harte, schlagfeste Kunststoff ABS entsteht.

A6 In Blockpolymeren sind Segmente von einheitlichen Molekülkettenteilen miteinander verknüpft. In alternierenden Copolymeren wechseln sich die Monomer-Sorten ab.
Hinweis:
Die Lösung dieser Aufgabe kann dem Exkurs des Schulbuchs, Kap. 9.2 entnommen werden.

A7 Die eingesetzten Kunststoffe müssen Thermoplaste sein, die sich beim Druckvorgang nicht verändern und einen engen Schmelzbereich aufweisen, damit die gedruckte Struktur gezielt erstellt werden kann. Bei einem weiten Erweichungsbereich ist die gedruckte Struktur direkt nach dem Druck nicht stabil.

A8 Glasfaserverstärkte Kunststoffe (GFK, auch Fiberglas, von engl. fibreglass) werden im Fahrzeugbau, in der Luftfahrt, im Schiffbau, im Brückenbau, bei Windkraftanlagen und im Modellbau eingesetzt. Man tränkt Gewebe oder Faserbündel (Rovings) aus Glas, Aramid oder Kohlenstoff mit Gemischen aus u. a. Polyesterharzen und Zusatzstoffen und härtet die Harze anschließend bei höheren Temperaturen. Als Matrix für GFK können thermoplastische oder duroplastische Kunststoffe eingesetzt werden.

A9 GFK werden verwendet in der Luftfahrt (Flugzeuge), beim Schiffbau (z. B. Segelboote), für Windkraftanlagen (Rotorblätter) und für Karosserien von Autos. (Auch Holz ist ein Faserverbundwerkstoff, dementsprechend können GFK häufig als Ersatz für Holz eingesetzt werden.)

A10 Eine Möglichkeit der Entsorgung des Materials von Rotorblättern besteht in der Deponierung und thermischen Verwertung. Diese Möglichkeiten kommen jedoch schnell an Kapazitätsgrenzen. Zurzeit wird nach Verfahren gesucht, die Rotorblätter zu recyceln. Eines davon ist, die GFK zu Schnipseln zu schreddern und in Parkbänken oder Verkleidungen mit anderen Kunststoffen zu verarbeiten (Downcycling).

A11 Ausschnitt aus dem Polymilchsäure-Molekül:

A12 Kontaktlinsen müssen formstabil und – je nach Linsentyp – für Sauerstoff durchlässig sein. Das Material muss biokompatibel sein. Hergestellt werden sie in steriler Umgebung im Spritzgieß-verfahren. Für harte Kontaktlinsen verwandte man früher Plexiglas (PMMA, Polymethylmethacrylat), das aber sauerstoffundurchlässig ist. Heute verwendet man Materialien, die aus verschiedenen Komponenten wie Silikonpolymeren (Siloxanmethacrylate) oder Polymeren mit Fluor-Atomen bestehen, die eine Sauerstoffdurchlässigkeit gewährleisten. Weiche Kontaktlinsen werden aus Materialien mit hohem Wassergehalt hergestellt (Hydrogel-Kontaktlinsen). Hier kommen als Monomere z. B. Hydroxyethylmethacrylat oder auch Vinylalkohol zum Einsatz.

A13 Der erste Würfel hat eine Oberfläche von $6 \cdot 4^2\,\text{cm}^2 = 96\,\text{cm}^2$. Wird dieser Würfel in acht gleiche Würfel mit einer Kantenlänge von 2 cm zerteilt, ergibt sich eine Oberfläche von $6 \cdot 2^2\,\text{cm}^2 \cdot 8 = 192\,\text{cm}^2$. Werden diese Würfel wiederrum in $64 = 8^2$ gleiche Würfel mit einer Kantenlänge von 1 cm zerteilt, ergibt sich eine Oberfläche von $6 \cdot 1^2\,\text{cm}^2 \cdot 8^2 = 384\,\text{cm}^2$. In einem nächsten Zerteilungsschritt werden $512 = 8^3$ Würfel mit einer Kantenlänge von 0,5 cm und einer Oberfläche von $6 \cdot 0,5^2\,\text{cm}^2 \cdot 8^3 = 768\,\text{cm}^2$ erhalten. Allgemein kann die folgende Formel für die Oberfläche A_n nach dem n-ten Zerteilungsschritt aufgestellt werden:

$$A_n = 6 \cdot \left(\frac{4}{2^n}\right)^2 \text{cm}^2 \cdot 8^n$$

Zunahme der Gesamtoberfläche in Abhängigkeit von der Kantenlänge:

Zerteilungs-schritt	Anzahl der Würfel	Kantenlänge	Oberfläche
0	$8^0 = 1$	4,0 cm	$96\,\text{cm}^2$
1	$8^1 = 8$	2,0 cm	$192\,\text{cm}^2$
2	$8^2 = 64$	1,0 cm	$384\,\text{cm}^2$
3	$8^3 = 512$	0,5 cm	$768\,\text{cm}^2$
4	$8^4 = 4\,096$	0,25 cm	$1\,536\,\text{cm}^2$
5	$8^5 = 32\,768$	0,125 cm	$3\,072\,\text{cm}^2$
6	$8^6 = 262\,144$	0,0625 cm	$6\,144\,\text{cm}^2$
7	$8^7 = 2\,097\,152$	0,03125 cm	$12\,288\,\text{cm}^2$
8	$8^8 = 16\,777\,216$	0,015625 cm	$24\,576\,\text{cm}^2$

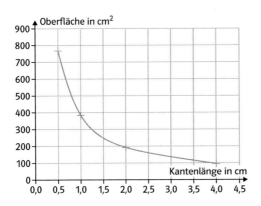

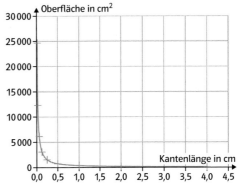

Hintergrundinformation: Für sphärische Partikel mit dem Radius r gilt das folgenden Oberfläche-Volumen-Verhältnis

$$\frac{A}{V} = \frac{4 \cdot \pi \cdot r^2}{\frac{4}{3} \cdot \pi \cdot r^3} = \frac{3}{r}$$

A14 Eisenoxid (E 172) ist ein Farbpigment, welches Lebensmittel braun oder ockerfarben färben kann. Eisenoxid wird zum Beispiel Oliven und Süßwaren zugesetzt.
Siliciumdioxid (E 551) ist ein stark feuchtigkeitsbindendes Trennmittel zur Verhinderung von Verklumpung. Siliciumdioxid ist zum Beispiel in Tütensuppen, Gewürzen oder Kochsalz enthalten.

A15 Titandioxid (E 171) wurde zur Erzeugung eines weißen Farbeindrucks eingesetzt, beispielsweise in Backwaren, Salatdressings, Süßigkeiten, Eiscreme, Kaugummis und anderen Lebensmitteln. Titandioxid enthält höchstens 50 % Partikel im Nanometerbereich. Im Januar 2022 hat die europäische Kommission ein Verbot für die Verwendung von Titandioxid als Lebensmittelzusatzstoff erlassen.

Der Grund für das Verbot ist ein Gutachten der Europäischen Behörde für Lebensmittelsicherheit aufgrund von Bedenken, dass eine Veränderung von genetischem Zellmaterial durch Titandioxidpartikel nicht ausgeschlossen werden kann. Die Aufnahme von Titandioxidpartikeln in den Körper sei nach oraler Aufnahme zwar gering, diese könnten sich jedoch im Körper ansammeln.
In Arzneimitteln darf Titandioxid allerdings weiterhin enthalten sein.

Literatur und Medien (Stand Mai 2023)

Im Internet findet man auf den Seiten der Europäischen Behörde für Lebensmittelsicherheit und auf den Seiten der Europäischen Union, bei der Vertretung in Deutschland unter „Pressemitteilungen", Informationen zu Titandioxid.

A16 Für den Einsatz von Nanomaterialien in Lebensmitteln sprechen verbesserte Produkteigenschaften (z.B. Farbe, Rieselfähigkeit von Pulvern). Gegen einen Einsatz sprechen jedoch die ungewissen Auswirkungen auf die Gesundheit, wie sie sich für Titandioxid ergeben haben. Nanopartikel in Lebensmitteln haben nicht nur kurzfristigen Kontakt mit der Haut, wo eine Aufnahme unwahrscheinlicher ist, sondern verbleiben über längere Zeit im Magen-Darm-Trakt, sodass die Gefahr einer Aufnahme z.B. über Schleimhäute aktuell schwer abschätzbar ist. In diesem Zusammenhang könnte auch eine Abhängigkeit von Dosis und möglichen Schädigungen des Körpers bestehen, was aber auch noch nicht hinreichend erforscht wurde. Daher sollte vor einer Verwendung von Nanomaterialien Klarheit über mögliche Auswirkungen bestehen. Auch sollte geprüft werden, ob der Einsatz der Lebensmittelzusatzstoffe wirklich nötig ist, oder ob z.B. auf einen bestimmten Farbeindruck auch verzichtet werden kann (farbige Tabletten anstelle von durch Titandioxidpartikel weiß eingefärbten Tabletten).

9.1 Eigenschaften und Struktur der Kunststoffe

Zu den Aufgaben

A1 **Monomer-Moleküle:** Monomere werden zur Herstellung von Polymeren benötigt. Reagieren Monomer-Moleküle miteinander, so entstehen Polymer-Moleküle.
Makromoleküle: Makromoleküle sind sehr große Moleküle, die aus sich wiederholenden Struktureinheiten bestehen.
Thermoplaste: Kunststoffe, die beim Erwärmen weich und plastisch verformbar werden. Die Moleküle der Thermoplaste sind linear oder wenig verzweigt.
Duromere: Kunststoffe, die sich beim Erwärmen nicht plastisch verformen lassen. Die Moleküle der Duromere sind dreidimensional engmaschig vernetzt.
Elastomere: Kunststoffe, die bei mechanischer Belastung ihre Form ändern, anschließend aber wieder in die Ausgangsform zurückkehren. Die Moleküle sind dreidimensional weitmaschig vernetzt.
Kristalliner Bereich eines Thermoplasten: Bereich, in dem die Moleküle eines Thermoplasten parallel ausgerichtet sind, also geordnet vorliegen.
Amorpher Bereich eines Thermoplasten: Bereich, in dem die Moleküle eines Thermoplasten verknäult und damit ungeordnet vorliegen.

A2 Die Wollfäden werden analog zu B3 im Schulbuch angeordnet.
– Thermoplaste: Parallel nebeneinander gelegte Wollfäden repräsentieren geordnete oder kristalline Bereiche. Die Wollfäden können aber auch wirr durcheinander gelegt werden, dies repräsentiert den ungeordneten oder amorphen Zustand.
– Elastomere und Duromere: Die Wollfäden werden dreidimensional miteinander verknüpft. Je nach Vernetzungsgrad repräsentiert dies Elastomere oder Duromere.

A3 Duromere zersetzen sich bei stärkerem Erhitzen, weil die intramolekularen Kräfte (Atombindungen der Makromoleküle) schwächer sind als die intermolekularen Kräfte (zwischenmolekularen Kräfte). Das bedeutet, dass die Atombindungen der Makromoleküle bei hohen Temperaturen gespalten werden.

A4 Frischhaltefolie besteht aus Polyethen (PE) und gehört zu den Thermoplasten. PE ist aus linearen, nicht vernetzten Molekülketten, die durch zwischenmolekulare Kräfte zusammengehalten werden, aufgebaut. Beim Dehnen werden die zwischenmolekularen Kräfte überwunden. Die Molekülketten werden gestreckt und gleiten aneinander vorbei. Schließlich nehmen sie eine neue Anordnung ein, die durch neu gebildete zwischenmolekulare Kräfte fixiert wird. Die gedehnte Folie kann sich daher nicht zusammenziehen.
Gummi gehört zu den Elastomeren, hier sind die die Molekülketten weitmaschig vernetzt und liegen verdreht und geknäuelt vor. Beim Dehnen richten sich die Ketten in Richtung der Belastung aus, die Ketten werden „entknäuelt". Sobald die Zugspannung nachlässt, kehren die Ketten in ihre ursprüngliche knäuelartige Anordnung zurück, das Elastomer zieht sich wieder zusammen.

V1

1. Eine Möglichkeit ist es, ein Stück eines thermoplastischen Kunststoffs (PE, PP oder PS, z.B. aus Verpackungsbechern, aber nicht PVC!) mit einer Tiegelzange etwa 5 cm über ein Blech zu halten, das mit der rauschenden Brennerflamme erhitzt wird. Das Erhitzen wird beendet, sobald eine deutliche Formveränderung eintritt.
2. Man kann die Kunststoffproben auch direkt auf das Blech legen und das Blech mit sehr kleiner (nicht leuchtender) Flamme vorsichtig erhitzen.
3. Eine weitere Möglichkeit ist es, die Probe auf einer mit Aluminiumfolie umkleideten Herdplatte vorsichtig zu erhitzen.
4. Die Kunststoffproben können auch im Trockenschrank auf den Rost gelegt werden (Aluminiumfolie unterlegen). Der Trockenschrank wird zunächst auf ca. 60 °C aufgeheizt, dann wird die Temperatur z. B. in 10 °C-Schritten erhöht. Nach jeder Temperaturerhöhung überprüft man den Zustand der Kunststoffproben bis zum vollständigen Formverlust.
5. Schalen für Obst oder Fleisch bestehen auch häufig aus PE. Sind die Schalen sehr dünn, dann genügt es, kochendes Wasser in die Schalen zu gießen, um den Verlust der Form zu demonstrieren.

Literatur

D. Braun: Der lange Weg zum Makromolekül. Chemie in unserer Zeit 46, 5 (Oktober 2012), 310 – 320

9.2 Polymerisation

Zu den Aufgaben

A1

a) Repetiereinheiten:

PE	PP	PVC	PS

PAN	PMMA	PTFE

b) Formelausschnitte:

Polyethen (PE):

Polypropen (PP):

Polyvinylchlorid (PVC):

```
    H   H   H   H   H   H
    |   |   |   |   |   |
···C — C — C — C — C — C···
    |   |   |   |   |   |
    H   Cl  H   Cl  H   Cl
```

Polystyrol (PS):

```
    H     H     H     H     H     H
    |     |     |     |     |     |
···C  —  C  —  C  —  C  —  C  —  C···
    |     |     |     |     |     |
    H           H           H
```

Polyacrylnitril: (PAN):

```
    H   H   H   H   H   H
    |   |   |   |   |   |
···C — C — C — C — C — C···
    |   |   |   |   |   |
    H   C   H   C   H   C
        |||         |||         |||
        N           N           N
```

Polymethylmethacrylat (PMMA):

```
    H    CH₃   H    CH₃   H    CH₃
    |    |     |    |     |    |
···C  —  C  —  C  —  C  —  C  —  C···
    |    |     |    |     |    |
    H    C     H    C     H    C
       O⧸ ⧹O      O⧸ ⧹O      O⧸ ⧹O
              |           |           |
             CH₃         CH₃         CH₃
```

Polytetrafluorethen (PTFE):

```
    F   F   F   F   F   F
    |   |   |   |   |   |
···C — C — C — C — C — C···
    |   |   |   |   |   |
    F   F   F   F   F   F
```

A2 Repetiereinheit:

```
┌ CH₂ — CH ──────┐
│          |     │
│          CH₂   │
│          |     │
│          CH    │
│        ⧸    ⧹  │
│      CH₃   CH₃ │
└                ┘ₙ
```

Name des Monomers: 4-Methylpent-1-en

A3 Radikalische Polymerisation von Styrol:

Erzeugung von Start-Radikalen:

$$R-R \longrightarrow 2\,R\cdot$$

1. Kettenstart (Erzeugung von Monomer-Radikalen):

2. Kettenwachstum (Verlängerung der „Radikalkette"):

3. Kettenabbruch (Zusammenschluss von Radikalen):

Erläuterungen zu den Reaktionsschritten:

Erzeugung von Start-Radikalen: Eine Polymerisation muss durch Start-Moleküle in Gang gesetzt werden. Im Fall der radikalischen Polymerisation erzeugt man hierfür z. B. Benzoyl-Radikale aus Dibenzoylperoxid durch homolytische Spaltung. *Hinweis:* Als Start-Radikal wird im Schulbuch das Benzoyl-Radikal genannt (Kap. 9.2, B4). Nach anderen Quellen kann dieses zunächst in ein Phenyl-Radikal ($C_6H_5\cdot$) und ein CO_2-Molekül zerfallen, sodass die Reaktion auch durch das Phenyl-Radikal gestartet werden kann.

1. Kettenstart: Im ersten Schritt der Kettenreaktion spaltet ein Benzoyl-Radikal die Doppelbindung eines Styrol-Moleküls. Es entsteht ein verlängertes Radikal.
2. Kettenwachstum: Das verlängerte Radikal reagiert mit einem weiteren Styrol-Molekül unter Kettenverlängerung. Diese Reaktion setzt sich so lange fort, bis das kettenförmige Radikal mit einem weiteren Radikal reagiert (Kettenabbruch).
3. Kettenabbruch: Reagieren zwei Radikale miteinander, ist die Reaktionskette beendet und somit die Bildung eines Polymer-Moleküls abgeschlossen.

Repräsentativer Kettenausschnitt
eines Polystyrol-Moleküls

A4

a) Styrol-Acrylnitril-Copolymere haben ähnliche Eigenschaften wie Polystyrol und sind transparente und steife Thermoplaste. Eine typische Zusammensetzung besteht zu 70 % aus Styrol- und zu 30 % aus Acrylnitrilanteilen.

b)

Zu den Versuchen

V1 Alternativ können auch
a) Acrylglas-Platten hergestellt werden oder
b) Gegenstände in Acrylglas eingebettet werden.

V2 *Hinweise:*
PMMA-Proben können durch Zerkleinern von alten, roten Autorücklichtern gewonnen werden. Achtung: Frontscheinwerfer bestehen meist aus Polycarbonat (PC) und sind nicht geeignet.

Die Lehrkraft muss den Versuchsaufbau prüfen, bevor die Schülerinnen und Schüler den Versuch durchführen.

Mögliche Versuchsdurchführung:
(Schutzbrille! Abzug!) Das Rücklicht kann in einem Tuch mit einem Hammer in kleine Stücke zerschlagen werden.
Ein Reagenzglas mit seitlichem Ansatz und Winkelrohr (alternativ Reagenzglas mit Stopfen und Winkelrohr) wird zu ca. 2/3 mit den Kunststoffstücken gefüllt. Das Winkelrohr wird in ein zweites Reagenzglas geleitet. Weil man hier mit einer offenen Flamme arbeitet, sollte auf gute Kühlung des Winkelrohrs und der Vorlage geachtet werden. Daher stellt man die Vorlage (das zweite Reagenzglas) zur Kühlung in ein Becherglas mit Eiswasser. Das Winkelrohr kann mit einem feuchten Lappen gekühlt werden. Dann erwärmt man das PMMA vorsichtig von oben nach unten.
Das PMMA schmilzt und es bildet sich weißer Nebel. Rötlich gefärbtes Destillat kondensiert im zweiten Reagenzglas.
Mithilfe der Bromwasserprobe kann das Destillat auf Doppelbindungen geprüft werden. Somit ist die erfolgreiche Depolymerisation gezeigt.
(Reinigung der Glasgeräte mit Aceton.)
Die erhaltenen Monomer-Moleküle können auch erneut wie in V1 polymerisiert werden.

9.3 Polykondensation

Zu den Aufgaben

A1 Strukturformel von Bisphenol A (BPA):

Bisphenol A (BPA) ist ein Grundstoff zur Herstellung von Polycarbonat; aus diesem Kunststoff werden u.a. Spielzeug, Kunststoffschüsseln und die Innenbeschichtung von Konservendosen hergestellt. In Lebensmitteln, die in diesen Gefäßen aufbewahrt werden, können sich geringe Mengen BPA lösen. BPA wirkt auf Hormonrezeptoren im Körper. BPA steht im Verdacht, u.a. die Sexualentwicklung, die männliche Sexualfunktion und die Gehirnentwicklung zu stören, Fettleibigkeit, Diabetes mellitus, Schilddrüsen-Funktionsstörungen auszulösen und erbgutschädigend zu sein.
Von der Europäischen Kommission wurde Bisphenol A als reproduktionstoxisch der Kategorie 1B eingestuft. Nach dem europäischen Chemikalienrecht wird Bisphenol A als besonders besorgniserregende Substanz (Substance of Very High Concern, SVHC) kategorisiert.

Der Recycling-Code gibt Auskunft über die Art des verwendeten Kunststoffs. Die Recycling-Nummern 2 (Polyethylenterephthalat), 4 (Polyethylen High-Density) und 5 (Polypropylen) gelten als sicher, da diese Kunststoffe kein BPA enthalten. Ist ein Kunststoffprodukt mit der Recycling-Nummer 7 (andere

Kunststoffe, wie Polycarbonat u.a.) gekennzeichnet oder liegt ein nicht gekennzeichnetes Kunststoffprodukt vor, enthält es meist BPA.

Auf den Internetseiten des Bundes für Umwelt und Naturschutz (BUND) und des Bundesinstituts für Risikobewertung (BfR) kann man weitere Informationen zu Bisphenol A finden.

A2 1,6-Diaminohexan und Sebacinsäuredichlorid (Decandisäuredichlorid) reagieren in einer Polykondensationsreaktion zu Polyamid 6.10:

$$n \; H_2N{-}(CH_2)_6{-}NH_2 \;+\; n \; ClOC{-}(CH_2)_8{-}COCl \;\longrightarrow\; H{-}[NH{-}(CH_2)_6{-}NH{-}CO{-}(CH_2)_8{-}CO]_n{-}Cl \;+\; (2n{-}1)\,HCl$$

repräsentativer Kettenausschnitt

Zu den Versuchen

V1 Zunächst entsteht eine farblose, klare, leicht bewegliche Flüssigkeit. Dann setzt eine starke Gasentwicklung ein, die nach einer Minute immer heftiger wird, obwohl nur noch mit schwacher Flamme erhitzt wird. Das Wasserindikatorpapier am Rand des Reagenzglases weist nach, dass Wasser entsteht. Nach 2 bis 3 Minuten wird der Reagenzglasinhalt viskoser, die Gasentwicklung hält auch nach beendeter Wärmezufuhr an. Nach kurzer Zeit kommt es zu einem heftigen Aufschäumen, dabei erstarrt der zähflüssige Stoff. Nach dem Abkühlen haftet der harte, gelbliche Schaumstoff fest im Reagenzglas.

Hinweise zur Durchführung:
Der Versuch soll im Abzug durchgeführt werden. Bewährt haben sich Reagenzgläser mit 16 mm Durchmesser und 160 mm Länge und wasserhaltiges Glycerin ($w = 85\%$).
Wegen der hohen Viskosität ist das Abmessen von 1 ml Glycerin nicht ganz einfach. Die Füllhöhe im Reagenzglas entspricht etwa der Breite des kleinen Fingers.
Die im Schulbuch angegebenen Mengen sollen nicht überschritten werden. Beim Überschreiten der Mengen kann es zu Siedeverzug, Entwicklung von Rauch und Braunfärbung kommen.
Das Gemisch darf nicht zu hoch erhitzt werden; man arbeitet mit der nicht leuchtenden Flamme (nicht mit der rauschenden Flamme). Die Bernsteinsäure bildet dann mit dem Glycerin eine klare Lösung, die nach kurzer Zeit heftig aufschäumt. Wenn der Schaum im Reagenzglas zu hoch steigt, nimmt man es sofort aus der Flamme. Wenn das Gemisch zu hoch erhitzt wird, kann Nebel bzw. Rauch auftreten, der die Atemwege reizt, möglicherweise Bernsteinsäure, Acrolein (entsteht durch Wasserabspaltung aus Glycerin) und andere Pyrolyseprodukte.

Variante: Setzt man statt 3,5 g nur etwa 2,5 g Bernsteinsäure ein, entsteht ein nahezu elastischer Schaumstoff.

V2 B5 im Schulbuch zeigt die Beobachtung.
Formeln der verwendeten Monomer-Moleküle:

1,6-Diaminohexan (Hexamethylendiamin)   Adipinsäuredichlorid (Hexandisäuredichlorid)   Sebacinsäuredichlorid (Decandisäuredichlorid)

Reaktionsgleichung für 1,6-Diaminohexan und Adipinsäuredichlorid:

$$n \; H_2N{-}(CH_2)_6{-}NH_2 \;+\; n \; ClOC{-}(CH_2)_4{-}COCl \;\longrightarrow\; H{-}[NH{-}(CH_2)_6{-}NH{-}CO{-}(CH_2)_4{-}CO]_n{-}Cl \;+\; (2n{-}1)\,HCl$$

Reaktionsgleichung für 1,6-Diaminohexan und Sebacinsäuredichlorid: siehe A2

Hinweise:
Das im Experiment gewonnene Nylon kann man nach gründlichem Waschen mit Wasser trocknen lassen und dann aufschmelzen.

Bei der Deutung des Versuchs kann man auch auf die Reaktionsbedingungen eingehen:
– Es müssen zwei nicht ineinander lösliche Lösungsmittel gewählt werden, damit eine Grenzflächenkondensation abläuft. Das Diamin liegt in wässriger Lösung (Natronlauge) vor, das Säurechlorid in Heptan.

– Adipinsäuredichlorid darf nicht in Wasser gelöst werden, weil es sonst hydrolysiert wird:

– 1,6-Diaminohexan darf nicht in saurer Lösung gelöst werden, weil sonst die Aminogruppen protoniert werden:

Die protonierte Aminogruppe ist nun positiv geladen und besitzt zudem kein nicht bindendes Elektronenpaar mehr. Daher kann keine Addition dieser Gruppe an das partial positiv geladene C-Atom der Säurechloridgruppe stattfinden.

9.4 Polyaddition

Zu den Aufgaben

A1 Beim Zusammengeben der beiden Komponenten würde das Wasser mit dem Diisocyanat reagieren. Bei dieser Reaktion entsteht Kohlenstoffdioxid (Schulbuch, B3 b)), wodurch das Polyurethan aufgeschäumt wird, die Festigkeit ginge verloren.

A2

a) Bei der Polyaddition erfolgt eine Verknüpfung des partial negativ geladenen Sauerstoff-Atoms der Hydroxygruppe des Diols mit dem partial positiv geladenen Kohlenstoff-Atom der Isocyanatgruppe des Diisocyanats. Anschließend löst sich von der „ehemaligen" Hydroxygruppe ein Proton, das von dem Stickstoff-Atom der „ehemaligen" Isocyanatgruppe gebunden wird.

b) Bei der Polyaddition von Hexan-1,6-diisocyanat und Propan-1,2-diol entsteht ein Thermoplast aus langkettigen Molekülen. Wird Propantriol (Glycerin) anstelle des Propan-1,2-diols eingesetzt, ist aufgrund der drei OH-Gruppen des Propantriols eine dreidimensionale Vernetzung möglich. Es kann ein Elastomer oder Duromer entstehen.

A3 Die Verknüpfung in B5a) erfolgt unter Abspaltung von Chlorwasserstoff (HCl), es handelt sich daher um ein Polykondensation.
In B5b) erfolgt eine Polyaddition der Aminogruppe an die Epoxidgruppe, die wie eine Doppelbindung reagiert. Es wird nichts abgespalten.

Zum Versuch

V1 *Hinweis:*
Diphenylmethandiisocyanat (MDI) ist i.d.R. ein Gemisch mehrerer Konstitutionsisomere:

Diphenylmethan-2,2'-diisocyanat

Diphenylmethan-4,4'-diisocyanat

Diphenylmethan-2,4'-diisocyanat

Technisches MDI (auch als „polymeres MDI" bezeichnet) ist eine dunkelbraune Flüssigkeit, die außer MDI weitere Polymere mit drei, vier und mehr Phenylgruppen enthält.

Hinweis zur Durchführung: MDI und eine Polyolzubereitung sind z.B. bei Hedinger unter den Namen Desmodur® und Desmophen® erhältlich. MDI ist als krebserregend (nach EG-Kategorie 2) eingestuft.

9.5 Verarbeitung von Kunststoffen

Zu den Aufgaben

A1

a) Eine Schüssel kann durch Spritzgießen hergestellt werden. Das Granulat wird in einem Extruder mit beweglicher Schnecke gefördert, durch Erwärmen plastisch gemacht und dann durch Vorwärtsbewegen der Schnecke in die gekühlte Form gespritzt. Später öffnet sich die Form und das fertige Teil fällt heraus.

b) Schraubverschlüsse werden wie bei a) beschrieben durch Spritzgießen gefertigt.

c) (Fall)-Rohre werden durch Extrusion hergestellt. Dabei wird das geschmolzene Material kontinuierlich durch formgebende Öffnungen gepresst.

d) Kanister werden durch Hohlkörperblasen hergestellt. Dabei drückt ein Extruder einen fast plastischen Schlauch in ein zweiteiliges Hohlwerkzeug mit der gewünschten Form. Durch Schließen des Werkzeugs wird der Schlauch luftdicht abgequetscht und durch Einblasen von Luft an die Wände der Form gedrückt.

A2

	Thermoplaste	Duromere	Elastomere
Urformverfahren	– Urformverfahren sind möglich – Kunststoffgranulat wird geschmolzen und dann meist über einen Extruder dem formgebenden Gerät zugeführt.	– Urformverfahren sind möglich – Zu Beginn des Prozesses kann kein Granulat verwendet werden, da Duromere beim Erwärmen nicht verformbar sind. – Man setzt Edukte oder unvernetzte Vorprodukte ein, die dann in der Form zur Reaktion gebracht werden.	
Fügeverfahren	– Kleben und Schweißen sind möglich	– Kleben ist möglich – Schweißen ist nicht möglich	
Umformverfahren	– Thermoplaste werden beim Erwärmen zunächst plastisch, dann flüssig. Sie können daher in Thermoverfahren umgeformt werden.	– Kleben ist möglich – Schweißen ist nicht möglich	

Zum Versuch

V1

Beobachtung:

a) Es entsteht eine kreisrunde Kunststoffscheibe mit verzerrter/verdichteter Schrift bzw. mit verdichteten Streifen.

b) Nach dem Erweichen (ca. 20–40 s) wird der Kunststoff in die Nutsche hineingezogen. Die Wasserstrahlpumpe kann dann ausgeschaltet werden und der tiefgezogene Joghurtbecher aus der Nutsche genommen werden.

Hinweise:

zu **a)**

Der Versuch funktioniert nicht mit Joghurtbechern aus PP, da der Schmelzbereich von PP deutlich höher liegt als der des PS. Erklärungsansatz: Aufgrund der voluminösen Phenyl-Reste im Polystyrol können sich die Polymerketten nicht parallel zueinander anordnen. Der Kunststoff liegt folglich amorph vor, sodass die London-Kräfte zwischen den Polymerketten gering sind.

– Einmal-Getränkebecher aus PS sind auch geeignet. Eindrucksvoller ist das Experiment jedoch mit bedruckten Bechern.

– Ein Haarfön kann nicht verwendet werden, da die Temperatur nicht ausreicht.

– Auch durch Erhitzen eines Joghurtbechers im Trockenschrank oder in einem Schnellkochtopf mit Wasser (Temperatur über 100 °C) kann eine Kunststoffscheibe hergestellt werden.

zu **b)**

– Es dürfen keine Hotspots entstehen, da sich der Kunststoff sonst zersetzt oder durch den Unterdruck reißt.

9.6 Polypropen – ein technischer Weg zum Massenprodukt

Zu den Aufgaben

A1 Der Getränkeverschluss muss

a) dem Flascheninnendruck standhalten (eine gewisse Steifigkeit besitzen), bei Kühlschranktemperatur lagerbar sein (genauer: eine Schlagzähigkeit bis – 5 °C besitzen), d. h., er darf auch bei geringer Frosttemperatur nicht spröde werden;

b) leicht abdrehbar sein (Slipvermögen besitzen), das Sicherheitsbändchen im richtigen Moment brechen lassen, stabil zum Wiederverschließen sein.

Hinweise: Für die Produktion ist es zudem wichtig, dass das Material schnell auskristallisiert und aushärtet. Alle speziellen Eigenschaften der Verschlusskapseln lassen sich durch den Zusatz ausgefeilter Additive erzielen.

Zunehmend gibt es Getränkeverschlüsse an Einweg-Kunststoffflaschen, die sich nicht vollständig abdrehen lassen, sog. „Tethered Caps" („angebundene Deckel"). Die neuen Verschlüsse, die an den geöffneten Flaschen hängen bleiben, sollen zur Eindämmung von Kunststoffmüll in der Umwelt beitragen. Sie werden ab 3. Juli 2024 in der gesamten EU und somit auch in Deutschland für Einweg-Getränkeflaschen aus Kunststoff (Volumen bis zu drei Liter) verpflichtend.

Nähere Informationen zum Verpackungsgesetz gibt es über die Verbraucherzentralen der Bundesländer und die Bundesregierung.

A2 Zum syndiotaktischen Polypropen kann man gelangen, indem man bei der Synthese einen Ziegler-Natta-Katalysator mit dem Übergangsmetall Vanadium oder einem Metallocen-Katalysator einsetzt. Bei den Metallocenen handelt es sich um eine Gruppe von metallorganischen Verbindungen, in denen ein Metall-Atom wie in einem Sandwich von organischen Molekülen (Cyclopentadienderivaten) umgeben ist.

Die Eigenschaften des syndiotaktischen Polypropens unterscheiden sich von denen des isotaktischen Polypropens in folgenden Punkten: syndiotaktisches Polypropen hat eine niedrigere Schmelztemperatur, eine geringere Kristallinität und eine geringere Steifigkeit.

Aufgrund der alternierenden Ausrichtung der Seitenketten sind bei diesen Molekülstrukturen zwischenmolekulare Kräfte (London-Kräfte) nicht so ausgeprägt wirksam.

A3 Der Syntheseprozess läuft bei relativ niedriger Temperatur ab (70 °C). Es handelt sich um einen kontinuierlichen Prozess, bei dem nicht umgesetzte Monomer-Moleküle zurückgeführt werden. Dies deutet auf eine relativ gute Energieeffizienz und Atomeffizienz hin, zudem auf eine effiziente Abfallvermeidung.

9.7 Impulse: Kunststoffe im Alltag

Zu den Aufgaben

a)

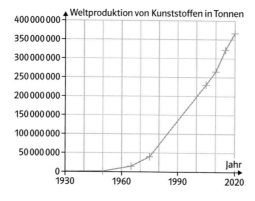

b) Die Kunststoffproduktion wächst quasi exponentiell. Im Verlauf der Kurve ist zu erkennen, dass in den Jahren 1950, 1965 und 2003 nochmals eine deutliche Steigerung stattgefunden hat, die auf einen noch stärkeren Anstieg der Kunststoffproduktion schließen lässt.

A2

1. Verpackungsindustrie: Folien, Behälter für Wurst/Fleisch, Tüten, Dosen, Flaschen
2. Bauindustrie: Kunststoffrohre, Kunststofffenster, Silikonfugen, PU-Schäume
3. Fahrzeugindustrie: Stoßfänger, Reflektoren, Treibstofftank, Hebel, Knöpfe
4. Elektro- und Elektronikindustrie: Kabelummantelungen, Handygehäuse, Laptop-Gehäuse, Sicherungskästen

A3 Eigene Überprüfungen mit der Waage: Bsp: Milchtüte, Kunststoffverpackung bei Nudeln, Joghurtbecher

A4 Individuelle Leistung, vgl. Kap. 9.7, B3 (Schulbuch)

A5 Eigene Untersuchungen, d.h. Getränkepackung aufschneiden und einzelne Schichten aufbiegen:
- Karton ist nicht nur stabil und stark, er bietet auch eine glatte Druckoberfläche für eine Markenbotschaft.
- Polyethen schützt das Produkt vor Feuchtigkeit, die von außen eindringen könnte, und dient als Haftschicht zwischen Karton und Aluminiumfolie. Diese Schicht dient außerdem als Auslaufschutz.
- Aluminiumfolie dient dem Schutz vor Sauerstoff und Licht, um die Inhaltsstoffe und den Geschmack der verpackten Lebensmittel außerhalb der Kühlkette zu erhalten.

A6 Bei den Symbolen handelt es sich um die sog. Recycling-Codes. Diese geben an, dass die Produkte recycelt werden können, und aus welchem Material die jeweiligen Produkte sind.

Recycling-Nummer	Kürzel	Name des Werkstoffs
01	PETE oder PET	Polyethylenterephthalat
02	HDPE oder PE-HD	Polyethylen High Density
03	PVC	Polyvinylchlorid
04	LDPE oder PE-LD	Polyethylen Low Density
05	PP	Polypropylen
06	PS	Polystyrol
07	Other oder O	Andere Kunststoffe wie Polycarbonat, Polyamid u.a.

A7
- Polyethen (PE): Kraftstofftank, Waschwasserbehälter
- Polypropen (PP): Stoßfänger, Luftfiltergehäuse, Führungskanäle, Seitenblenden
- Polyurethane (PU): Sitzpolster, Armaturenpolsterung, Stoßfänger, Dachhimmel, Verkleidungen
- Polyamide (PA): Motorabdeckungen, Ansaugkrümmer, Radblenden, Stecker
- Acrylnitril-Butadien-Styrol (ABS): Innenverkleidungen, Radblenden, Kühlergrill

A8 Der Vorteil ist die Reduktion der Masse des Kraftfahrzeugs, dadurch Reduzierung der Treibstoffmenge und Reduktion der Emissionen, Reduktion des Abriebs von Reifen, keine Korrosion, günstigerer Preis, bessere Verarbeitung …

A9

a) LCD
Material: Organische Verbindungen, die sowohl Eigenschaften von Flüssigkeiten als auch von Feststoffen aufweisen
Bei einem Liquid Chrystal Display (einer Flüssigkristallanzeige oder einem Flüssigkristallbildschirm) – kurz: LCD – gibt es eine Hintergrundbeleuchtung. Bevor das Licht der Hintergrundbeleuchtung auf die Flüssigkristalle trifft, wird es polarisiert. Das Licht, welches durch die Flüssigkristalle gelangt ist, wird nochmals polarisiert. Das Licht der Hintergrundbeleuchtung wird dadurch entweder durchgelassen oder nicht. Bei Schwarz würde idealerweise 100 % Licht blockiert, was aber praktisch nicht möglich ist.

OLED
Material: Organischer Halbleiter, häufig Polymere
Bei einem OLED-Bildschirm sind es die einzelnen Pixel, die das Licht aussenden.

b)

	LCD-Technologie	OLED-Technologie
Vorteile	– Längere Lebensdauer – Niedrigere Herstellungs- kosten	– Sehr hoher Kontrast – Geringer Energieverbrauch – Flexibel (gebogene Displays möglich) – Superflaches Design möglich – Licht wird flächig abgestrahlt – Perfektes Schwarz – Schnelle Reaktionszeit

Nachteile	– Weniger kontrastreich
	– Starr
		– Höhere Herstellungskosten
		– Kürzere Lebensdauer
		– Reagieren auf bestimmte Stoffe empfindlich:
		  Das organische Material kann durch Luft-
		  feuchtigkeit oder Sauerstoff zerstört werden,
		  daher gute Abkapselung notwendig.

A10 Die Adhäsion beruht auf Elektronenpaarbindungen oder zwischenmolekularen Kräften zwischen Molekülen des Klebstoffs und den Molekülen an der Oberfläche der zu verbindenden Teile. Die Kohäsion beruht auf Bindungen und zwischenmolekularen Kräften zwischen Molekülen des Klebstoffs.

A11 Zu den lösungsmittelhaltigen Klebstoffen gehören Leime, die Wasser als Lösungsmittel enthalten, sowie Alleskleber, bei denen Polymere z. B. in Estern (oder anderen organischen Lösungs-mitteln) gelöst sind. Diese Klebstoffe bilden nach dem Verdunsten des Lösungsmittels einen Kleb-stofffilm.
Lösungsmittelfreie Klebstoffe sind neben den Schmelzklebern (Polyamide, Ethen-Vinylacetat-Copoly-mere) die Reaktionskleber, so z. B. Zweikomponenten-Kleber (Kap. 9.4).

A12 Superabsorber bestehen aus Natriumpolyacrylat, das aus Acrylsäure und Natriumacrylat hergestellt wird. Sobald diese Polymerketten mit Wasser in Berührung kommen, dissoziieren die Natrium-Ionen von den Carboxylatgruppen ab. Dadurch stoßen sich die negativ geladenen Polymer-ketten elektrostatisch ab und das Polymernetz quillt auf. Wasser dringt durch osmotischen Druck in die zwischenmolekularen Hohlräume; zwischen den Wasser-Molekülen und den negativ geladenen Gruppen der Polymer-Moleküle bilden sich Wasserstoffbrücken.
Da bei höheren Temperaturen die Molekularbewegung zunimmt, verläuft zum einen die Dissoziation schneller, zum anderen dringt das Wasser schneller in das Polymernetz ein.
Hinweis:
Im Internet findet man beim Fonds der Chemischen Industrie (FCI) (Stand April 2022): Unterrichts-material Innovationen in der Chemie; Materialien, Wirkstoffe und Verfahren für unsere Zukunft

A13 Hygieneartikel, Campingtoiletten, Hochwasserschutz

Zu den Versuchen

V1 Um Gebäude vor plötzlich aufkommenden Wassermassen zu schützen, benötigt man einen Stoff, der in kurzer Zeit sehr große Wassermengen absorbieren kann. Diese Eigenschaft weist ein Superabsorber auf, was mit dem folgenden Modellversuch gezeigt werden kann:

Material:
Becherglas 250 ml, Superabsorber, warmes Wasser, Waage
Durchführung:
In das Becherglas werden 2 g Superabsorber eingewogen und nach und nach 100–200 ml warmes Wasser zugegeben.
Beobachtungen:
Die Körnchen des Superabsorbers quellen auf und nehmen dadurch das eingefüllte Wasser vollstän-dig auf. Die kleinen Körnchen des Superabsorbers vervielfachen dadurch ihr Volumen, sehen gelartig aus, kleben aneinander und haften am Glas.
Beim Umdrehen des Glases haftet der aufgequollene Superabsorber am Becherglas, es tritt kein Wasser aus.
Erklärung:
Der Superabsorber besteht aus Polyacrylat als Kernmaterial in Form von maximal 0,8 Millimeter großen, weißen Körnchen. Diese haben es in sich: Durch das Aufquellen zu einem Gel können sie gut das Hundertfache ihres Eigengewichts an Wasser aufnehmen. Anders als bei einem Schwamm, der bei Druck die eingeschlossene Flüssigkeit wieder abgibt, lässt der Superabsorber nichts heraus. Deshalb fließt auch beim Umdrehen des Glases kein Wasser heraus.

V2 Man entnimmt einer Windel das farblose bis feinkörnige Superabsorberpulver durch Herausschütteln aus der Watte in eine Kunststoffschale. (Vorsicht, es kann stauben!) Dann gibt man z. B. 1 g Superabsorber in ein 500-ml-Becherglas. Danach schüttet man z. B. 100 ml dest. Wasser auf den Superabsorber, rührt um und wartet. Nachdem sich ein Gel gebildet hat, prüft man z. B. mit einem Filterpapier, das man auf das Gel drückt, ob das Papier trocken bleibt. Anschließend gibt man Wasserportionen, z. B. jeweils 50 ml, in das Becherglas, rührt nach jeder Zugabe um, wartet und prüft mit dem Filterpapier. Diese Vorgänge wiederholt man so oft, bis über dem Gel ein wenig Wasser stehen bleibt. (Ergebnis: Je nach Sorte soll 1 g Superabsorber bis zu 1000 ml dest. Wasser binden.)
Nach dieser Erfahrung nimmt man z. B. nur 0,2 g Superabsorber, gibt diesen z. B. in ein 250-ml-Becherglas und gibt vergälltes Ethanol portionsweise in das Becherglas. Zur Überprüfung des Aufnahmevermögens von salzhaltigem Wasser gibt man wieder 1 g Superabsorber in ein 500-ml-Becherglas und gibt Natriumchlorid-Lösung portionsweise zu. Interessant ist z. B. w(Natriumchlorid) = 0,9 %, dies kommt der Ionenkonzentration von menschlichem Urin nahe. (Ergebnis einer Versuchsreihe mit Favor® von Evonik: 1 g Superabsorber bindet ca. 250 ml Wasser bzw. 45 ml Natriumchlorid-Lösung (w = 0,9 %) bzw. kein Ethanol.)
Weitere Informationen zum Thema Superabsorber gibt es auf den Internetseiten von Evonic Industries.

Hinweise zur Durchführung:
Um zu zeigen, dass die Reaktion exotherm ist, nimmt man eine kleine Portion Superabsorber auf die Hand und gibt portionsweise Wasser dazu. Das an Froschlaich erinnernde Produkt ist fühlbar warm. Destilliertes bzw. entionisiertes Wasser enthält meist Kohlenstoffdioxid; dieses wirkt sich auch ein wenig auf das Volumen der Wasserportion aus, die von 1 g Superabsorber gebunden wird.

Literatur   R. Harrer: Superabsorber. Chemie in unserer Zeit 48, 3 (Juni 2014), 230–232
J. Ganz, C. Maulbetsch: Quellungsexperimente mit Superabsorber-Polymeren. Chemie konkret 20 (3/2013), 127

9.8 Verwertung von Kunststoffabfall

Zu den Aufgaben   **A1** Die Kunststoffe durchlaufen z. B. verschiedene Becken, die Lösungen unterschiedlicher Dichte enthalten. Die darin aufschwimmenden Kunststoffe werden abgeschöpft.
Becken 1 mit Wasser (ϱ = 1 g/cm³): PE (ϱ = 0,91 … 0,96 g/cm³) schwimmt auf.
Becken 2 mit gesättigter Kochsalzlösung (ϱ = 1,18 g/cm³): PS (ϱ = 1,05 g/cm³) schwimmt auf.
Zurück bleibt PVC (ϱ = 1,38 … 1,40 g/cm³).

A2
a) 2019: w(energetisch) ≈ 53 %, 1994: w(energetisch) ≈ 7 %

b)

Stoff	Heizwert in MJ/kg
Kunststoffe	
Polyethylen (PE)	46,1
Polypropylen (PP)	44,0
Polystyrol (PS), schlagfest	40,2
Polyamid (PA)	31,0
Polycarbonat (PC)	30,6
Polyvinylchlorid (PVC)	18,0
Polytetrafluorethylen (PTFE)	4,2
Naturstoffe	
Heizöl	42,8
Diesel, Heizöl EL (extraleicht)	42,6
Steinkohle	25–33
Erdgas	31–41

Betrachtet man beispielsweise den Heizwert des Polyethylens und des Heizöls, so kann man feststellen, dass der des Polyethylens größer ist als der Heizwert des Heizöls. Daher kann es durchaus sinnvoll sein, verschmutzte Kunststoffabfälle zu verbrennen. Möglicherweise wäre eine Aufarbeitung gar nicht möglich oder zu kosten- bzw. energieintensiv.

c) Bei der Verbrennung von PVC entstehen u.a. hochgiftige und cancerogene Dioxine und Chlorwasserstoff. Die Dioxine werden vor allem bei Temperaturen von 300–600 °C gebildet. Um die Freisetzung von Dioxinen aus Müllverbrennungsanlagen so gering wie möglich zu halten bzw. nahezu zu verhindern, werden die Anlagen bei Temperaturen von über 1200 °C betrieben.
Der entstehende Chlorwasserstoff wird durch chemische, adsorptive und/oder katalytische Reinigung abgeschieden.

Zum Versuch

V1 Die Becher aus PS sacken beim Erhitzen in sich zusammen.
Hinweis: Die Veränderungen beim Erhitzen können auch zur Trennung von PS und PP in der Verwertung genutzt werden. Die Kunststoffbecher durchlaufen dazu auf einem Fließband einen Ofen mit einer Temperatur von 120 °C. Am Ende des Ofens befindet sich eine von oben auf das Fließband ragende schräg gestellte Platte. Die nicht verformten Becher aus PP werden vom Fließband geworfen, die zusammengefallenen Becher aus PS werden weiter transportiert.

Literatur

Eine große Auswahl an Versuchen zum Recycling von Kunststoffen findet man in:
W. Glöckner, W. Jansen, R. G. Weißenhorn (Hrsg. H.-J. Bader): Handbuch der experimentellen Chemie, Sekundarbereich II, Band 12, Kunststoff, Recycling, Alltagschemie. Aulis Verlag, Köln 1997

9.9 Impulse: Kunststoffmüll – Endstation Meer?

Zu den Aufgaben

A1 Kunststoffverpackungen und Einweg-Kunststoffprodukte müssen deutlich reduziert, Plastiktüten nicht oder mehrfach benützt und Wegwerfartikel konsequent vermieden werden. Konkret:
- Zum Einkaufen Mehrweg-Dosen mitnehmen, um Käse und Wurst darin zu transportieren.
- Gemüse und Obst auf dem Markt oder beim Gemüsehändler um die Ecke kaufen, Ware direkt im mitgebrachten Korb transportieren. Somit kann man den Kauf der Ware in Kunststoffschalen bzw. -folien vermeiden.
- Anstatt Duschgel oder flüssigem Shampoo ein Seifenstück und Haarseife benutzen, da man für diese keine Kunststoffverpackungen benötigt.
- Keinen Coffee-to-go im Kunststoffbecher trinken, sondern sich Zeit nehmen um den Kaffee im Café genüsslich in einem Porzellanbecher zu genießen. Eine andere Möglichkeit ist die, einen Pfandbecher zu nehmen, z. B. RECUP, das deutschlandweite Mehrweg-Pfandsystem für Coffee-to-go-Becher.
- In Unverpackt-Läden einkaufen
- Keine Kosmetik mit Mikroplastik verwenden.

A2 Beispiele:
- Keine Einweg-Kunststoffbecher am Getränkeautomat, sondern Becher aus Porzellan oder Mehrweg-Kunststoffbecher
- Kein Einweggeschirr in der Mensa
- Verbot von Einwegflaschen an der Schule
- Müllsammelaktionen

A3 Geisternetze sind Fischernetze, die herrenlos im Meer treiben. Die Netze wurden entweder im Meer entsorgt, weil sie defekt waren, oder sie sind unabsichtlich in den Tiefen des Meeres verloren gegangen.
Die Netze bestehen u.a. aus Kunststoffen, d.h., auch diese Netze tragen zur Erhöhung des Kunststoffabfall-Aufkommens in den Meeren bei und führen zu den schon genannten Folgen. Zudem erweisen sich die Geisternetze als Fallen für Meeresbewohner. Werden Geisternetze aus dem Meer geborgen, so ist deren Recycling problematisch, da es sich um ein Materialmix handelt. Ein Netz besteht aus bis zu vier verschiedenen Kunststoffen (Polypropylen, Polyethylen, Polyamid und PET), oft Blei und verschiedenen organischen Materialien (z. B. Schlick, Fischgräten und Sand).

A4

a) Man unterscheidet zwei verschiedene Möglichkeiten:
- Primäres Mikroplastik entsteht aus dem Abrieb von Mikrofaserkleidung, z. B. Fleece-Pullovern oder Reifen. Aber auch in Kosmetika und Duschgels sind Mikroplastikpartikel enthalten.
- Sogenanntes sekundäres Mikroplastik entsteht durch das Einbringen von Kunststoffabfall ins Meer. Die groben Kunststoffteile werden zersetzt, zum einen durch chemische Prozesse, d.h. Fragmentierung durch Photooxidation, thermische Oxidation und Hydrolyse, aber auch durch physikalische Prozesse, z. B. mechanisches Zerreiben durch die Wellen.

b) Wie Mikroplastik in die Gewässer eingebracht wird bzw. welche Folgen diese Partikel in der Nahrungskette haben, ist noch viel zu wenig erforscht.
- Sekundäres Mikroplastik gelangt durch direkte Küstenverschmutzung, aber auch durch Wind und Regen von nicht sachgemäß entsorgtem Müll und durch Naturkatastrophen (z. B. Tsunami) ins Meer. Auch durch direkte Müllverklappung, die zwar seit 1988 verboten ist, werden immer noch Unmengen an Müll im Meer entsorgt.
- Primäres Mikroplastik gelangt über das Abwassersystem (aus Bädern, Waschmaschinen, Abwasser) ins Meer. Die Mikroorganismen in den Kläranlagen können die Partikel nicht abbauen, so gelangen sie in die Flüsse und von dort in die Ozeane.

c) Mikroplastik abzufischen stellt ein riesiges Problem dar, weil es sich nicht vermeiden lässt, durch diese Methode immer auch Tiere und Algen einzufangen. Da Kunststoffabfall im Meer je nach Bedingungen bis zu 500 Jahre benötigt, bis es abgebaut ist, sind erfolgversprechende Lösungen noch nicht in Sicht.

d)
- Plastikabfall vermeiden:
  Kunststoffverpackungen und Einweg-Kunststoffprodukte müssen deutlich reduziert, Plastiktüten nicht oder mehrfach benützt und Wegwerfartikel konsequent vermieden werden.
- Forschung und Aufklärung:
  Wie Mikroplastik in die Gewässer eingebracht wird bzw. welche Folgen diese Partikel in der Nahrungskette haben, ist noch viel zu wenig erforscht. Die WWF (World Wildlife Fund, internationale Naturschutzorganisation) fordert in diesem Zusammenhang ein möglichst umfassendes Umweltmonitoring. Das Bewusstsein der Bevölkerung für diese Problematik muss sensibilisiert werden und eine umfassende Aufklärung erfolgen. Außerdem müssen biologisch abbaubare Kunststoffe noch mehr fokussiert werden.
- Entsorgung:
  Schiffsmüll darf nicht mehr wie bisher im Meer entsorgt werden, Zuwiderhandlungen müssen konsequent verfolgt und bestraft werden.
- Bergung:
  Kunststoffmüll in den Ozeanen muss systematisch und international koordiniert abgetragen und nicht nur wahllos abgefischt werden.

A5 Individuelle Leistung.
Hinweis:
Im Internet findet man dazu folgende Broschüre als pdf (Stand April 2022): Allendorfer Kirsten et al.: Abfall und Recycling – vermeiden, wiederverwenden, wiederverwerten, 2017, Arbeitsgemeinschaft Natur und Umweltbildung Hessen e.V.

9.10 Praktikum: Klebstoffe

V1 **Aushärten eines Epoxidharzklebers**
Aufgabenlösung
Die Zugfestigkeit „R_m" ist ein Werkstoffkennwert, der die maximale Belastbarkeit eines Werkstoffs beschreibt.
Im Falle von Klebstoffen ist es die maximal erreichte Zugkraft F_z (bis zum Reißen der Klebverbindung) bezogen auf den Querschnitt A_0 der Klebverbindung: $R_m = F_z/A_0$ (Einheit: N/mm^2)

Die Zugfestigkeit steigt mit der Dauer des Aushärtens, da die Polyaddition weiter fortschreitet.
Beispiel:
Auszug aus dem Datenblatt für UHU PLUS ENDFEST 300 (Stand September 2020)
(In diesem Fall ist die Zugscherfestigkeit angegeben, d. h. die Festigkeit einer Verklebung, bei der Kräfte parallel zur Klebstoffschicht wirken.)

Zugscherfestigkeiten (UHU, Methode in Anlehnung an DIN EN 53283):	Mischungsverhältnis (Volumen) 1:1, Prüfung bei Raumtemperatur 10 h: 5 N/mm^2 24 h: 12 N/mm^2 5 Tage: 17 N/mm^2 1 Monat: 17 N/mm^2

Für diesen Zweikomponentenkleber ist die Polyadditionsreaktion nach 5 Tagen beendet und der Klebstoff vollständig ausgehärtet.

V2 Sekundenkleber – nicht nur zum Kleben
Aufgabenlösungen
1. Reaktionsmechanismus:

1. Startreaktion

2. Polymerisation

α-Cyanacrylsäuremethylester-Polymer

Die Reaktion startet durch einen nucleophilen Angriff des OH^--Ions an die Doppelbindung des Cyanacrylat-Moleküls. Anschließend läuft, ähnlich wie bei der radikalischen Polymerisation, eine Kettenreaktion ab. In diesem Fall verläuft die Reaktion aber nicht über Radikale, sondern über Anionen.

2. Die Strukturformeln von Methacrylsäuremethylester und Cyanacrylat unterscheiden sich nur durch die Methylgruppe bzw. die Cyanogruppe (Nitrilgruppe) am C_2-Atom.

Methacrylsäuremethylester   Cyanacrylat

Durch den –I-Effekt (und –M-Effekt) der Cyanogruppe wird die Polarität der C=C-Doppelbindung erhöht, d.h., die positive Partialladung am C_3-Atom wird größer, sodass der nucleophile Angriff des OH^--Ions erleichtert wird (s. Mechanismus der anionischen Polymerisation unter 1) bzw. das entstehende Carbanion stabilisiert wird. Somit wird die Polymerisationsreaktion stark beschleunigt, der Klebstoff kann in Sekundenschnelle aushärten.
Im Fall des PMMA bewirkt die Methylgruppe durch ihren +I-Effekt eine Verringerung der positiven Partialladung am C_3-Atom und somit eine deutliche Verlangsamung der Reaktion.

3. Die entstehenden H_3O^+-Ionen neutralisieren OH^--Ionen, die für den nucleophilen Angriff, d.h. den Start der Polymerisation, benötigt werden. Daher gibt es weniger Startreaktionen pro Zeitintervall und das Aushärten dauert entsprechend länger.

9.11 Impulse: Biologisch abbaubare Kunststoffe

Zu den Aufgaben

A1 Neben der Verwendung für kurzlebige Verpackungsfolien oder Tiefziehprodukte (z.B. Getränke- oder Joghurtbecher, Obst-, Gemüse- und Fleischschalen) attestiert die Fachagentur Nachwachsende Rohstoffe e.V. (FNR) dem PLA-Rohstoff ein großes Potenzial auch für langlebige Produkte. Beispiele dafür sind Handyschalen, Schreibtischutensilien (z.B. Geodreiecke) sowie Lippenstiftgehäuse. Auch in der Automobilindustrie gibt es erste Serienanwendungen auf Basis von PLA. Für textile Anwendungen kommt zu Fasern gesponnenes PLA zum Einsatz. Zudem bestehen Druckerfilamente für 3D-Drucker aus PLA.
Hinweis:
Auf den Internetseiten des Carl Hanser Verlags (Kunststoffe.de) findet man Informationen zu PLA und weiteren Biokunststoffen.

1. Möglichkeit:
Polykondensation von Milchsäure-Molekülen:

$$n \quad \text{(Milchsäure)} \longrightarrow \text{(Polymer)} + \left(\frac{n}{2} + 1\right) H_2O$$

2. Möglichkeit:
Kondensation von zwei Milchsäure-Molekülen zum Lactid-Molekül:

$$2 \quad \text{(Milchsäure)} \longrightarrow \text{(Lactid)} + 2 H_2O$$

Ringöffnungspolymerisation von Lactid-Molekülen:

$$n \quad \text{(Lactid)} + H_2O \longrightarrow \text{(Polymer)}$$

A3 Es handelt sich um eine Polykondensationsreaktion, da die Monomer-Moleküle unter Abspaltung von Wasser-Molekülen miteinander verknüpft werden.

Monomer   Ausschnitt Polymer-Molekül

A4 Zunächst erfolgt eine Hydrolyse der Polymilchsäure (Esterspaltung):

$$\text{(Polymer)} + (n+1) H_2O \longrightarrow (n+2) \quad \text{(Milchsäure)}$$

Im nächsten Schritt wird Milchsäure zu Kohlenstoffdioxid und Wasser abgebaut:
$$H_3C-CH(OH)-COOH + 3 O_2 \longrightarrow 3 CO_2 + 3 H_2O$$

A5
- pflanzlich: Lignin, Cellulose (Cellulosederivate), Stärke (Stärkederivate)
- tierisch: Chitin, Chitosan, Proteine (z.B. Casein und Gelatine)
- durch Mikroorganismen: abbaubare Polyester

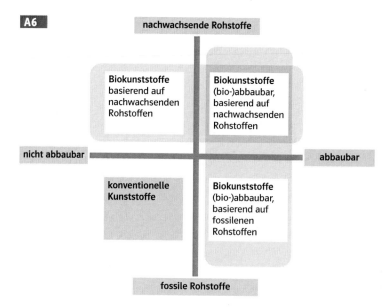

Bemerkenswert ist, dass nicht alle Biokunststoffe aus nachwachsenden Rohstoffen hergestellt werden, sondern auch aus fossilen Rohstoffen. Zudem gibt es sogar biologisch abbaubare Kunststoffe, die aus fossilen Rohstoffen hergestellt werden.

A7

Ökologische Aspekte:
- Die Biodiversität wird beim Anbau von Zuckerrohr eingeschränkt.
- Der Wasser- und Energieverbrauch bei Anbau, Reinigung und Transport des Zuckerrohrs wird z.T. durch die Verbrennung der Bagasse (Co-Produkt beim Mahlprozess) abgedeckt.
- In Teilen von Brasilien ist das Abbrennen von Zuckerrohrfeldern zur Erleichterung der Ernte noch erlaubt, was zu einer erheblichen Luftverschmutzung führt.
- Der Einsatz von Gentechnik beim Anbau von Zuckerrohr ist in Brasilien untersagt.
- Es besteht eine Konkurrenz zum Anbau von Nahrungsmitteln, etwa 2,4 % der Ackerfläche von Brasilien werden zum Anbau von Zuckerrohr genutzt, wobei die Hälfte zur Produktion von Bioethanol (Edukt bei der Herstellung von Bio-PE) und die andere Hälfte des enthaltenen Zuckers für die Ernährung bestimmt ist.

Ökonomische Aspekte:
- Aktuell sind biobasierte Kunststoffe noch teurer als erdölbasierte Kunststoffe, wobei der Preisunterschied stark von Schwankungen des Erdölpreises abhängt. Eine Zunahme der Nachfrage könnte in Zukunft zudem die Herstellung von Bio-PE vergünstigen. Laut des Instituts für Biokunststoffe und Bioverbundwerkstoffe Hannover kann von einem Preisunterschied zwischen Bio-PE und konventionellem PE von etwa 20 % ausgegangen werden.
- Aktuell werden in Brasilien etwa 200 000 t Bio-PE pro Jahr hergestellt. Zum Vergleich: In Deutschland werden jährliche knapp 4 Mio. Tonnen PE verarbeitet.
- Durch eine Veränderung des öffentlichen Umweltbewusstseins kann der Anteil von biobasierten Kunststoffen zunehmen, auch wenn erdölbasierte Kunststoffe preisgünstiger sind.

Soziale Aspekte:
- Die Zucker- und Ethanolindustrie beschäftigt in Brasilien zahlreiche Menschen.
- Beim Anbau von Zuckerrohr werden zunehmend Maßnahmen in Brasilien getroffen, um Kinderarbeit und schlechte Arbeitsbedingungen zu bekämpfen.

A8 Die Biomüll-Tüten sind prinzipiell kompostierbar. Das Problem ist folgendes: Damit die Verrottung stattfindet, müssen die Bedingungen (Temperatur, Luftfeuchtigkeit …) stimmen. Zudem beträgt die durchschnittliche Rottezeit i.d.R. nur 8 bis 10 Wochen. Für die Zersetzung der Biomüll-Tüte ist ein längerer Zeitraum notwendig. Dieser steht meist nicht zur Verfügung, weil der Prozess dann zu teuer ist.
In manchen Kompostierungsanlagen werden die Tüten nach dem Trocknen des Biomülls mit Wind herausgeblasen und dann letztendlich in der Müllverbrennungsanlage verbrannt.
Ein weiteres Problem ist, dass nicht auf die Schnelle erkennbar ist, ob es sich tatsächlich um kompostierbare Tüten aus Biokunststoff handelt oder um Tüten aus konventionellem Kunststoff.

Zum Versuch

V1 Sowohl bei der Papiertüte als auch bei der Folientüte kommt es zu einer Schwarzfärbung. Dies zeigt, dass beide Stärke enthalten. Die Schwarzfärbung bedeutet, dass der sog. Iod-Stärke-Komplex gebildet wird.

Im Internet findet man auf den Seiten der Assoziation ökologischer Lebensmittelhersteller e.V. und dem Institut für Biokunststoffe und Bioverbundwerkstoffe (IfBB) der Hochschule Hannover zahlreiche Informationen zum Thema Biokunststoffe und damit auch zum Thema Bioethanol und Bio-PE.

9.12 Carbonfasern

Zur Aufgabe

A1 Beispiel: Beim Airbus A380 bestehen die folgenden Teile aus einem carbonfaserverstärkten Verbundwerkstoff (CFK): Flügelmittelkasten, Leitwerkkasten, Ruder, Höhenflosse, Höhenruder, Bodenträger, oberes Passagierdeck, hinteres Druckschott.

9.13 Herstellung und Eigenschaften von Nanopartikeln

Zu den Aufgaben

A1 Nanomaterialien haben eine Größe oder eine Strukturierung im Größenbereich von 1 nm bis 100 nm. Dadurch ergibt sich eine besonders große von Molekülen erreichbare Oberfläche, welche z. B. zur Katalyse und zur Adsorption von Gasen genutzt werden kann. Die große Kontaktfläche zu anderen Stoffen kann außerdem zu einer hohen chemischen Reaktivität führen. Das geringe Volumen von Nanopartikeln oder nanometerdicken Schichten kann zu Kosteneinsparungen durch einen geringen Materialaufwand führen. Bei Nanopartikeln kann die große Oberfläche im Vergleich zum Volumen zu besonderen optischen oder magnetischen Eigenschaften führen. Nanopartikel streuen das Licht. Nanopartikel können zudem unter Umständen aufgrund ihrer geringen Größe von Lebewesen aufgenommen werden und ggf. in Zellen eindringen.

A2 Mit einem Goldpreis von 1840 € (Stand: April 2023) pro Feinunze (31,1 g) ergibt sich folgender Goldpreis pro Test:

$$1840 \, € \cdot \frac{0{,}00026 \, \text{g}}{31{,}1 \, \text{g}} \approx 0{,}015 \, €$$

Durch die geringe Größe der Partikel und damit einem geringen Materialverbrauch kann also mit einem geringen Goldpreis von 1–2 ct pro Test gerechnet werden.

A3 Polymer-Nanoverbundwerkstoffe bestehen aus einem Polymer, in welchem Nanopartikel oder Nanoteilchen (z. B. Kohlenstoff-Nanoröhren zur Verbesserung der elektrischen Leitfähigkeit) dispergiert sind. Durch die Zugabe von Nanopartikeln sollen aus konventionellen Kunststoffen moderne Hochleistungswerkstoffe gewonnen werden. Besondere Eigenschaften entstehen durch die geringe Größe der Nanopartikel und das große Oberfläche-zu-Volumen-Verhältnis der Nanopartikel, da so Nanopartikel intensiv mit den Polymer-Molekülen wechselwirken können. Auch können sich synergistische Effekte, beispielsweise durch die Kombination steifer Metalloxidpartikel mit elastischen Polymeren, ergeben oder durch die Integration der optischen Eigenschaften von Nanopartikeln in einen polymeren Werkstoff. Polymer-Nanoverbundwerkstoffe zeichnen sich durch besondere Eigenschaften, z. B. in Bezug auf Festigkeit, Wärmebeständigkeit sowie elektrische Leitfähigkeit und optische Eigenschaften, aus. Sie finden beispielsweise Anwendung in der Automobil- und Flugzeugindustrie, im Bauwesen, in der Flammhemmung von Kunststoffen von Kabeln und zum Bau von Windrad-Flügeln.

Das pdf von „Nanotechnologie in Kunststoff. Innovationsmotor für Kunststoffe, ihre Verarbeitung und Anwendung; Band 15 der Schriftenreihe der Aktionslinie Hessen-Nanotech des Hessischen Ministeriums für Wirtschaft, Verkehr und Landesentwicklung" ist online abrufbar.

Zum Versuch

Nach der Zugabe der Natriumcitrat-Lösung kann innerhalb weniger Minuten zunächst eine gräuliche Verfärbung der Lösung und anschließend eine deutliche Rotfärbung beobachtet werden, was auf Nukleation und Wachstum von Gold-Nanopartikeln zurückzuführen ist. Bei der Aufnahme eines Absorptionsspektrums kann ein Maximum im Bereich von 520 – 540 nm erwartet werden. Die Partikellösung absorbiert grünes Licht und erscheint daher rot. Die genaue Lage des Maximums hängt von der Größe und Qualität der gebildeten Nanopartikel ab. Ist die Absorption zu größeren Wellenlängen verschoben und die Absorptionsbande verbreitert, so deutet dies auf Aggregate von Nanopartikeln und größere Nanopartikel hin. Der Farbeindruck der Lösung verändert sich dann ins Lilafarbene.

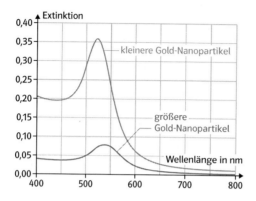

Abbildung: Typische Absorptionsspektren von Gold-Nanopartikel-Lösungen. Das Spektrum mit einem Maximum bei 523 nm deutet auf gut dispergierte, kleine Nanopartikel hin. Das Spektrum mit einem Maximum bei 539 nm deutet auf größere Nanopartikel und die Bildung von Partikelaggregaten hin.

Hinweis zur Durchführung: Für den Versuch ist ein sauberes Arbeiten in gründlich gereinigten Gefäßen notwendig, da es andernfalls zur Aggregation der Nanopartikel kommt. Es ist in der Regel nicht ratsam, die Partikel über mehrere Tage zu lagern, da es dann an den Gefäßwänden zu einer Ablagerung der Partikel kommt und die Partikelprobe an Farbigkeit verliert.

Das Citrat dient als Reduktionsmittel. Die dem Versuch zugrunde liegende Reaktionsgleichung ist folgende:

$$2\,AuCl_3 + 3\,C_6H_5O_7^{3-} \longrightarrow 2\,Au + 3\,C_5H_4O_5^{2-} + 3\,H^+ + 6\,Cl^- + 3\,CO_2$$

9.14 Nanomaterialien aus Kohlenstoff

Zu den Aufgaben

A1 Da im Graphen jedes Kohlenstoff-Atom nur drei Bindungspartner hat, sind frei bewegliche Valenzelektronen vorhanden. Damit sind Ladungs- und Energietransport möglich. Graphen ist daher elektrisch leitfähig.

A2 Die strukturelle Ähnlichkeit von Graphit und Nanomaterialien aus Kohlenstoff spiegelt sich in der elektrischen Leitfähigkeit und Wärmeleitfähigkeit dieser Kohlenstoff-Modifikationen wider. Die Struktur von Diamant unterscheidet sich deutlich von der Struktur der Kohlenstoff-Nanomaterialien, da in Diamant jedes Kohlenstoff-Atom von vier anderen Kohlenstoff-Atomen umgeben ist (tetraedrische Anordnung) und somit keine schichtartigen Strukturen gebildet werden können.
Vergleicht man die Struktur von Graphen mit anderen Kohlenstoff-Modifikationen, so erkennt man Gemeinsamkeiten: Ein Kohlenstoff-Nanotube kann man sich als ein aufgerolltes Stück Graphen vorstellen; ein Graphitkristall besteht im Prinzip aus gestapelten Schichten von Graphen.

9.15 Praktikum: Nanochemie

Zu den Versuchen

V1 **Natürlicher und künstlicher Lotuseffekt**

a) Der Versuch wurde mit einem Kohlrabiblatt durchgeführt.
Das Wasser perlt an der Wasseroberfläche ab und bildet nahezu kugelförmige Tropfen. Die Schmutzpartikel aus fein gemahlener Tonerde bzw. Zigarettenasche werden von den Wassertropfen mitgerissen. Nach dem Abspülen des Blattes unter fließendem Wasser werden auf dem an der Luft getrockneten Blatt die gleichen Beobachtungen gemacht.

b) Auf der verrußten Fläche des Objektträgers bilden sich kleine, nahezu kugelförmige Tropfen. Auf der sauberen Fläche des Objektträgers bilden sich deutlich flachere Tropfen, die größere Kontaktflächen zum Glas bilden.
Hinweise zur Durchführung: Der Objektträger muss dicht über die Flamme gehalten werden, damit sich Ruß abscheidet. Es ist darauf zu achten, dass eine dichte Rußschicht vorliegt.

c) Auf der mit Aceton behandelten CD-Fläche, die wachsartig erscheint, bilden sich nahezu kugelförmige Tropfen. Diese reißen beim Abrollen Schmutzpartikel aus fein gemahlener Tonerde bzw. Zigarettenasche vollständig mit. Auf der unbehandelten CD-Fläche bilden sich deutlich flachere Tropfen, die größere Kontaktflächen zur CD-Fläche bilden. Auch diese „Tropfen" reißen Partikel aus fein gemahlener Tonerde bzw. Zigarettenasche mit, allerdings nicht vollständig.

Aufgabenlösung:
Die Formen der Tropfen und was passiert, wenn die Tropfen über die Tonerde bzw. Asche rollen, wird zu den Versuchsteilen (a), (b) und (c) beschrieben.

V2 **Nachweis von Titan in Sonnencreme**
Der Versuch wurde mit „SUN DANCE 50+ KIDS DERMO" von dm durchgeführt.
Beim Veraschen entweicht Rauch aus dem Tiegelinhalt. Der Tiegelinhalt wird zunächst schwarz, dann allmählich gelb und schließlich grauweiß.
Beim anschließenden Aufschließen des Titandioxids mit Kaliumhydrogensulfat steigt grauer Schwefeltrioxid-Rauch auf; es bildet sich eine klare Schmelze. Die erkaltete Schmelze löst sich unter Rühren in der heißen, verdünnten Schwefelsäure. Der Nachweis von Titan ist positiv.

Aufgabenlösung:
Titandioxid als Weißpigment hinterlässt auf der Haut eine weiße Schicht, die von vielen „Sonnenanbetern" als unästhetisch empfunden wird. Titandioxid in Form von Nanopartikeln streut das UV-Licht, aber nicht das sichtbare Licht, d.h., es bildet keine weiße Schicht auf der Haut.

Hinweis zur Durchführung: Da beim Veraschen Rauch entweicht, muss der Versuch bereits in dieser Phase unter dem Abzug durchgeführt werden. Auch ist auf ein ausreichendes Trocknen der Creme im Trockenschrank dringend zu achten, da andernfalls beim Veraschen der Creme über dem Bunsenbrenner eine Gefährdung durch herumspritzende Sonnencreme besteht.

V3 **Gold-Nanopartikel und Gold aus dem Tropfenreaktor**
Beschreibung der Farbänderungen/Farben der einzelnen Ansätze:
Ansatz 1: Farbverlauf von blau über violett zu rot
Ansatz 2: Farbverlauf von violett über braun-rot zu einem nahezu goldfarbenen Tropfen
Ansatz 3: Goldener Tropfen

Hinweise zur Durchführung:
Die ringförmige Begrenzung aus Aluminium lässt sich gut mit einem Dichtring aus dem Kfz-Bedarf verwirklichen. Der Durchmesser sollte mindestens 57/50 mm betragen. Der Dichtring ist z. B. bei Tegral für ca. 1,90 € zu bekommen.
Die Temperatur der Heizplatte kann gut mit einem IR-Thermometer überprüft werden.
Die immer weiter eindampfende Lösung sollte kurz vor dem vollständigen Verdampfen mit einem Papiertuch aufgesaugt werden, da ansonsten die Oberfläche der Heizplatte ungewollt beschichtet wird.
Die Mengenangaben sind nur beispielhaft, das Verhältnis der Lösungen sollte für einen gelingenden Versuch aber beibehalten werden. Das zugesetzte dest. Wasser dient zur Stabilisierung des Tropfens. Reduziert man die zugesetzte Menge an Wasser, so kann die Reaktion beschleunigt werden bzw. durch Erhöhen der Menge an Wasser kann die Reaktion verlangsamt werden.

Didaktische Betrachtung:
Die beschriebene Synthese bietet die Möglichkeit, einen zentralen Aspekt der Nanowissenschaften anschaulich zu erleben:
Mit der Herstellung und dem Wachstum von Gold-Nanopartikeln werden Struktur-Eigenschafts-Beziehungen zwischen der Partikelgröße und den optischen Eigenschaften verdeutlicht. Da die Farbigkeit der Dispersion direkt von der Partikelgröße abhängt, kann das Wachstum der Partikel von den Schülerinnen und Schülern durch die Farbänderung indirekt beobachtet werden.

Die Reaktionsgleichung zum Versuch: Vgl. Kap. 9.13, V1.

V4 Nanostrukturierte Kupferoberfläche mit Lotuseffekt

a) Nach der Reinigung der Kupferoberfläche ist die Benetzbarkeit mit Wasser gut, das Plättchen weist keine Selbstreinigungsfähigkeit auf.
b) Nach Mikro- und Nanostrukturierung der Oberfläche hat sich das Benetzungsverhalten geändert. Bei Berührung mit der Kupferoberfläche zerläuft der Wassertropfen augenblicklich zu einem gleichmäßigen Film. Das Kupferplättchen weist keine Selbstreinigungsfähigkeit auf.
c) Nach Hydrophobierung kann man eine Änderung des Benetzungsverhaltens beobachten: Der Wassertropfen bildet nahezu eine kugelrunde Form aus. Auch die Selbstreinigungsfähigkeit hat sich geändert: Schmutzpartikel werden durch den Wassertropfen von der Oberfläche entfernt. Das Kupferplättchen weist nun eine gute Selbstreinigungsfähigkeit auf.

Erklärung der Versuchsbeobachtungen (ist nicht Teil der Aufgabenlösung):
Zu **a)** Das Kupferplättchen hat hydrophile Oberflächeneigenschaften, ist also gut benetzbar. Benetzbarkeit und Selbstreinigungsfähigkeit stehen in direktem Zusammenhang, daher kann nach der Reinigung keine Selbstreinigungsfähigkeit der Oberfläche beobachtet werden.
Zu **b)**: Die Eigenschaften der Oberfläche des Kupferplättchens ändern sich stark: Die in a) noch hydrophile Oberfläche wird superhydrophil. Kaliumperoxodisulfat ist ein starkes Oxidationsmittel. Bei der Reaktion wird elementares Kupfer zu Kupfer(II)-hydroxid oxidiert. Sowohl die mikro- als auch die nanoskaligen Oberflächenstrukturen bestehen aus Kupfer(II)-hydroxid.
Zu **c)**: Nach Hydrophobierung mit Laurinsäure hat das Kupferplättchen superhydrophobe Oberflächeneigenschaften. Die Laurinsäure hat also einen maßgeblichen Einfluss auf die Oberflächeneigenschaften des Plättchens. Bei Laurinsäure-Molekülen handelt es sich um Fettsäure-Moleküle mit einem langen, unpolaren Alkylrest. Durch Aufbringen der Laurinsäure ergibt sich der ausgeprägte hydrophobe Charakter der Oberfläche.

Hinweis zur Durchführung:
Das Benetzungsverhalten der Kupferoberfläche mit Wasser kann mit dem bloßen Auge erfasst werden. Kann man einen nahezu kugelförmigen Wassertropfen auf der Oberfläche beobachten, so ist die Oberfläche nicht benetzbar. Zerfließt der Wassertropfen oder bildet sich auf der Oberfläche ein Wasserfilm aus, so ist die Oberfläche benetzbar.

Die Selbstreinigungsfähigkeit der Kupferoberfläche kann überprüft werden, indem man Schmutzpartikel, z. B. Kreidestaub, auf die Oberfläche aufbringt und anschließend mit einer Pipette einen Tropfen Wasser. Werden die Schmutzpartikel durch den Wassertropfen vollständig mitgenommen, d. h. verbleiben keine Schmutzpartikel auf der Oberfläche, so ist eine Selbstreinigungsfähigkeit gegeben.

Literatur

S. Schwarzer et al: Wenn ein Wassertropfen zum Nanolabor wird; Gold-Nanopartikel und Gold aus dem Tropfenreaktor. CHEMKON 23 (Heft Nr. 4 2016), 188–190. DOI: 10.1002/ckon.201610287
C. Bethke et al: Generierung einer mikro- und nanostrukturierten Kupferoberfläche mit Lotos-Effekt – Ein Versuch für die Sekundarstufen I und II. CHEMKON 24 (Heft Nr. 1 2017), 31–38. DOI: 10.1002/ckon.201710290

9.16 Nanomaterialien in der Anwendung

Zu den Aufgaben

A1 Titandioxid streut und reflektiert das UV-Licht. Ein Vorteil von Titandioxid im Vergleich zu anderen „UV-Filtern" (z. B. Benzophenone, Triazole, Dibenzoylmethane und Zimtsäure) ist, dass es weitgehend chemisch inert ist. So werden Cremes mit Titandioxid vor allem für Cremes für Kinder empfohlen. Ein Nachteil dieser Cremes besteht darin, dass die Schutzschicht durch Wasser oder Schweiß leicht abgespült wird. Der Schutz dieser Cremes ist umso wirksamer, je dicker die Sonnencreme aufgetragen wird. Von vielen Verbrauchern wird eine Sonnencreme mit größeren Titandioxid-Partikeln abgelehnt, weil sie auf der Haut einen weißen Film erzeugt. Sonnencremes mit Nanopartikeln zeigen diesen ästhetischen Nachteil nicht. Die Nanopartikel streuen nur das UV-Licht und nicht das sichtbare Licht, daher sind sie transparent. Nanopartikel sind nach Ansicht vieler Umweltschützer, Umweltschützerinnen und Forschenden noch zu wenig erforscht, um deren Auswirkungen auf die Gesundheit und Umwelt abschätzen zu können. Nanopartikel können aufgrund ihrer geringen Größe in den Körper, in den Blutkreislauf und in die Organe gelangen. Derzeitiger Kenntnisstand ist aber eher, dass Nanopartikel bei intakter Haut diese nicht durchdringen können und nicht in den Körper aufgenommen werden können.

A2 Auch Schilfrohr, Frauenmantel und Akelei zeigen den Lotuseffekt.

A3 Selbstreinigende Oberflächen sind superhydrophob. Voraussetzungen sind mikro- und nanoskalige Strukturen, die einen bestimmten Abstand voneinander haben müssen. Zudem muss ein Stoff vorhanden sein, der die Oberfläche hydrophob macht, wie z. B. die Laurinsäure in Kap. 9.15, V4c.

A4 Brillenreiniger-Lösungen, die einen selbstreinigenden Effekt aufgrund von Nanotechnologie versprechen, sind direkt nach dem Aufbringen wirksam. Da die Beschichtung nachträglich mit einem Spray auf die Brillengläser aufgebracht wird, hält diese allerdings nicht ewig und muss immer wieder durch Aufsprühen erneuert werden. Wird dieser Vorgang also nicht immer wieder durchgeführt, ist die Wirksamkeit nicht mehr gegeben.

A5 Die Nanotechnologie spielt eine Rolle
- in der Elektronikbranche (z. B. nanoskalige elektrische Bauteile),
- im Automobilbau (z. B. Nanolacke),
- in der Medizin (z. B. Implantate mit nanostrukturierten Oberflächen, damit sich künstliches und biologische Material besser „verbinden"),
- in der Kosmetikbranche (z. B. Nano-Titandioxid in Sonnencreme),
- in der Lebensmitteltechnologie (z. B. Cyclodextrine als Trägermoleküle von Aromen),
- in der Landwirtschaft (z. B. Nano-Siliciumdioxid als Rieselhilfe in Futtermitteln).

A6 Nanomaterialien können auf folgenden Wegen in die Umwelt gelangen:
- über Abfälle und Abwasser u. a. aus Produktionsprozessen,
- über Abnutzung während des Gebrauchs,
- bei der Entsorgung,
- während des Recyclings,
- bewusst ausgebracht in Düngern und Pestiziden

9.17 Durchblick: Zusammenfassung und Übung

Zu den Aufgaben

A1

a)

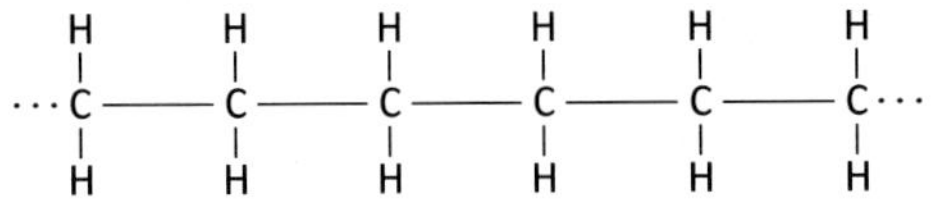

b) Der Reaktionsmechanismus, mit dem man vom Monomer zum Polyethen gelangen kann, ist die radikalischen Polymerisation.

c) Man benötigt ein lipophiles Lösungsmittel, denkbar sind flüssige Alkane, z. B. Benzin oder Petroleum.

d) Herunterkühlen der Platte mit flüssigem Stickstoff, der eine Temperatur von −196 °C hat.

e) Diese Kunststoffe sind leichter und korrosionsfest, damit sind sie langlebiger und widerstandsfähiger.

a) Radikalische Polymerisation von Vinylchlorid zu PVC:

Erzeugung von Startradikalen:

$$R-R \longrightarrow R\cdot + R\cdot$$

Beispiel:

Benzoylradikal

1. Kettenstart (Erzeugung von Monomer-Radikalen):

2. Kettenwachstum (Verlängerung der „Radikalkette"):

3. Kettenabbruch (Zusammenschluss von Radikalen):

Kettenverzweigung (Nebenreaktion):

Erläuterungen zu den Reaktionsschritten:

Erzeugung von Startradikalen: Eine Polymerisation muss durch Start-Moleküle in Gang gesetzt werden. Im Fall der radikalischen Polymerisation erzeugt man hierfür z. B. Benzoyl-Radikale aus Dibenzoylperoxid.

1. *Kettenstart:* Im ersten Schritt der Kettenreaktion spaltet ein Benzoyl-Radikal die Doppelbindung eines Vinylchlorid-Moleküls. Es entsteht ein verlängertes Radikal.
2. *Kettenwachstum:* Das verlängerte Radikal reagiert mit einem weiteren Vinylchlorid-Molekül unter Kettenverlängerung. Diese Reaktion setzt sich so lange fort, bis das kettenförmige Radikal mit einem weiteren Radikal reagiert (Kettenabbruch).
3. *Kettenabbruch:* Reagieren zwei Radikale miteinander, ist die Reaktionskette beendet und somit die Bildung eines Polymer-Moleküls abgeschlossen.
4. *Kettenverzweigung:* Das bei dieser Nebenreaktion gebildete Radikal kann mit einem Monomer-Molekül reagieren.

b) Durch die Zufälligkeit der Abbruchreaktionen entstehen Ketten verschiedener Länge.
Zum einen kann die Kettenverlängerung (Schritt 2) unterschiedlich oft ablaufen, bevor sie durch einen Kettenabbruch (Schritt 3) gestoppt wird. Zum anderen können die Radikale, die im Abbruchschritt rekombinieren, auch unterschiedlich lang sein. Beides führt dazu, dass Polymere mit unterschiedlichem Polymerisationsgrad und damit unterschiedlichen Molekülmassen entstehen.
Bei hohen Starterkonzentrationen wachsen gleichzeitig viele Ketten, damit ist die Wahrscheinlichkeit für einen Zusammenstoß zweier Radikale und damit die Wahrscheinlichkeit für eine Abbruchreaktion groß. Die mittlere Molekülmasse ist somit gering.

Bei hohen Temperaturen verläuft die thermische Spaltung des Starters schneller, es werden daher mehr Startradikale pro Zeit gebildet, sodass auch in diesem Fall gleichzeitig mehr Ketten wachsen und die mittlere Molekülmasse kleiner ist.

c) Bei der energetischen Verwertung (Verbrennung) von PVC entsteht Chlorwasserstoff, welcher mit Wasser bzw. Luftfeuchtigkeit Salzsäure bildet, daher stark korrodierend auf die Anlagenteile wirkt und aus Umweltschutzgründen aus dem Rauchgas entfernt werden muss. Außerdem entstehen dabei hochgiftige und cancerogene Dioxine.
Hinweis: In der üblicherweise bei Müllverbrennungsanlagen durchgeführten Rauchgaswäsche mit Calciumhydroxid führt Chlorwasserstoff zur Bildung von derzeit nicht verwertbarem Calciumchlorid.

d) Schritt 1: Elektrophile Addition von Chlor an Ethen zu 1,2-Dichlorethan:
$$CH_2=CH_2 + Cl_2 \longrightarrow Cl-CH_2-CH_2-Cl$$

Schritt 2: Eliminierung von Chlorwasserstoff zur Chlorethen (Vinylchlorid):
$$Cl-CH_2-CH_2-Cl \longrightarrow CH_2=CH-Cl + HCl$$

A3

Der Angriff des Starterradikals auf eine Doppelbindung des Isoprens führt zur Ausbildung eines Radikals, das mesomeriestabilisiert ist.

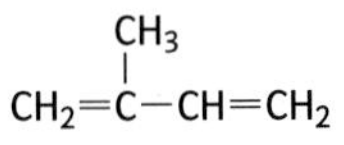

Die Kettenfortpflanzung kann sowohl ausgehend vom zweiten C-Atom als auch vom vierten C-Atom erfolgen.

A4

a) Formelausschnitt des Copolymers:

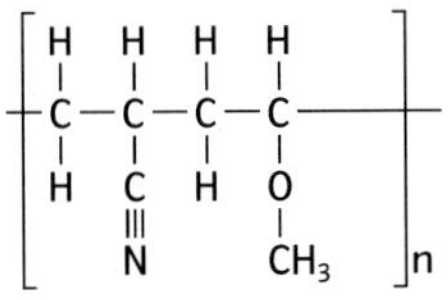

b) Reaktionsschritte:

1. Kettenstart

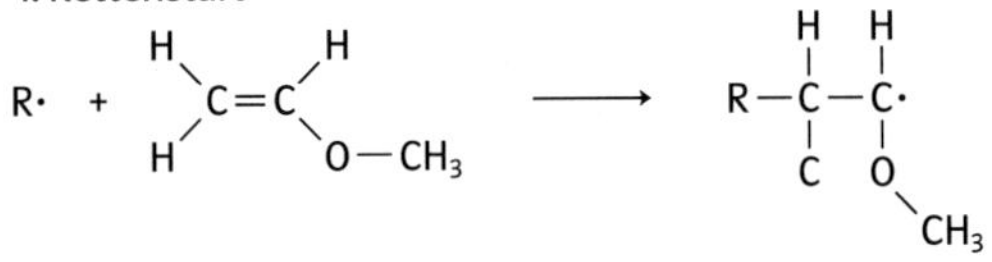

2. Kettenwachstum

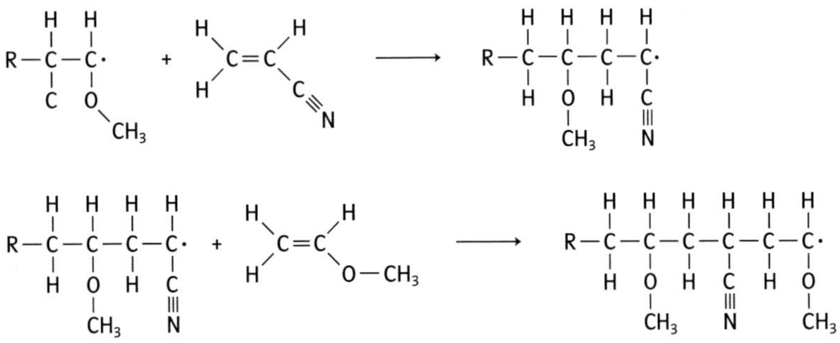

A5

a) Schrumpffolien werden beispielsweise aus Kunststoffmixen (aus thermoplastischem PE, PP oder PVC) hergestellt. Bei der Herstellung werden mehrere Kunststoffgranulatsorten im Extrusionsverfahren verflüssigt und im Folienblasverfahren zu den Schrumpffolien geformt. Bei der Anwendung der Schrumpffolie zieht sich diese Folie durch Hitzeeinwirkung um den zu verpackenden Gegenstand zusammen.

b) Im Polymergranulat der Thermoplaste liegen amorphe und geordnete bzw. kristalline Bereiche vor. Die amorphen Bereiche werden bei der Herstellung der Schrumpffolie unter Wäremeeinfluss „gestreckt" und z.T. orientiert. Dieser Zustand wird durch Abkühlung und Ausbildung zwischenmolekularer Kräfte (London-Kräfte) „konserviert". Bei der Anwendung als Verpackungsmaterial kommte es durch erneute Hitzezufuhr zur Rückbildung des stärker knäuelartigen amorphen Bereichs, die Folie zieht sich als Resultat um den Gegenstand zusammen.

A6

a) Der Kunststoff besteht aus linearen Makromolekülen, zwischen denen London-Kräfte, Dipol-Dipol-Kräfte und – wenige – Wasserstoffbrücken wirken. Folglich liegt ein Thermoplast vor.

b) Die Bildung des Copolymers erfolgt in einer Polymerisationsreaktion. Das wichtigste Strukturmerkmal der Monomer-Moleküle ist die C=C-Doppelbindung, sie ist Voraussetzung für die Polymerisationsreaktion.

Eine Polymerisationsreaktion muss durch Start-Moleküle in Gang gesetzt werden. Im Fall der radikalischen Polymerisation wird ein Start-Radikal gebildet; dieses erzeugt durch Reaktion mit einem Monomer-Molekül ein Monomer-Radikal. Dieses reagiert mit einem weiteren Monomer-Molekül unter Kettenverlängerung.

Erzeugung von Start-Radikalen:

$$R\!-\!R \longrightarrow R\cdot + R\cdot$$

1. Kettenstart (Erzeugung von Monomer-Radikalen):

2. Kettenwachstum (Verlängerung der „Radikalkette"):

Das Kettenwachstum setzt sich so lange fort, bis zwei Radikale miteinander reagieren und somit einen Kettenabbruch bewirken.

c) Im sauren Milieu des Magens liegen die Makromoleküle in der protonierten Form vor. Der Einfluss der unpolaren Gruppen überwiegt, die Makromoleküle sind im polaren Milieu des Magens nicht löslich. Im neutralen bis leicht alkalischen Milieu des Darms liegen Säureanionen vor, diese sind in polaren Lösungsmitteln löslich.

A7 $0{,}08\,\text{mm} : 250\,\text{nm} = 80\,000\,\text{nm} : 250\,\text{nm} = 320$

Der Durchmesser eines menschlichen Haares ist etwa 320 mal so groß wie die Breite eines Hafthärchens (Spatula) eines Geckos.

A8 Der Einsatz von Nanomaterialien bietet offensichtlich viele Chancen. Durch das Beschichten von Oberflächen lässt sich die Frequenz von Reinigungs- und Desinfektionsvorgängen verringern, was positive Auswirkungen auf die Umwelt sowie die Gesundheit, insbesondere der beruflichen Anwender, hat. Zudem wird das Risiko von Resistenzbildungen verringert.

Nichtsdestotrotz sollte der Einsatz von Nanomaterialien nur schritthaltend mit den wissenschaftlichen Erkenntnissen zur Ungefährlichkeit erfolgen, da die Nanomaterialien anschließend mangels geeigneter „Filtertechniken" weder aus der Umwelt noch aus dem menschlichen Körper entfernt werden können.

10 Kohlenhydrate und Proteine

Zum Bild der Einstiegsseite	Äpfel enthalten die folgenden Massenanteile an Nährstoffen: ca. 11% Kohlenhydrate (zum Großteil Zucker), ca. 0,3–0,4% Proteine und ca. 0,2–0,4% Fette. Außerdem enthalten sie für Menschen unverdauliche Kohlenhydrate (Cellulose und Pektine), die man als Ballaststoffe bezeichnet. Äpfel enthalten also im Wesentlichen Kohlenhydrate (Kap. 10.1ff.), während Proteine (Kap. 4.23ff.) und Fette eher eine untergeordnete Rolle spielen.
Literatur und Medien, (Stand April 2022)	K. Sommer et al: Kohlenhydrate – ein reiches Angebot für den Chemieunterricht. Naturwissenschaften im Unterricht – Chemie 12 (2/2001), Heft 62, 4 Themenheft: Vom Protein zur Aminosäure. Praxis der Naturwissenschaften – Chemie in der Schule, 60 (2/2011) Hochschullehrbücher der Biochemie, wie z.B.: L. Stryer, Jeremy M. Berg, John L. Tymoczko, Gregory J. Gatto jr.: Stryer Biochemie. Springer Spektrum, 2017 DVD FWU4602291 Biomoleküle Homepage der ETH Zürich ⇒ Suchbegriff: „Unterrichtsmaterialien"

10.1 Spiegelbildisomerie und optische Aktivität

Zu den Aufgaben

A1

a) 2-Methylheptan: nicht chiral

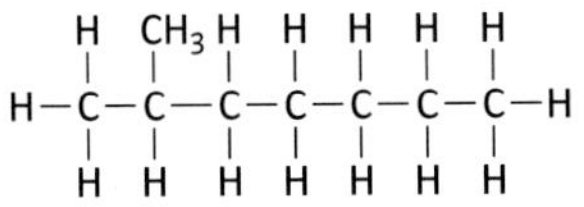

b) 3-Methylheptan: chiral

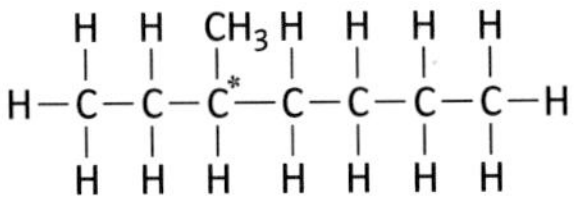

c) 4-Methylheptan: nicht chiral

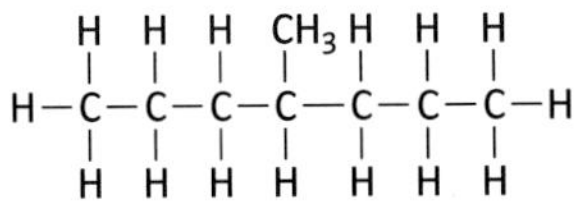

d) 1,1-Dibrompropan: nicht chiral

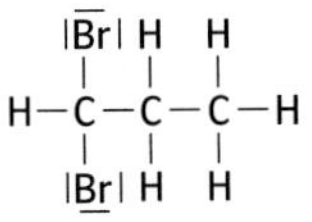

A2

Tasse: achiral (natürlich nur, wenn sie keinen asymmetrischen Aufdruck hat)
Propeller: chiral
Kühlschrank: chiral
Fußball: achiral
Messer: achiral

A3

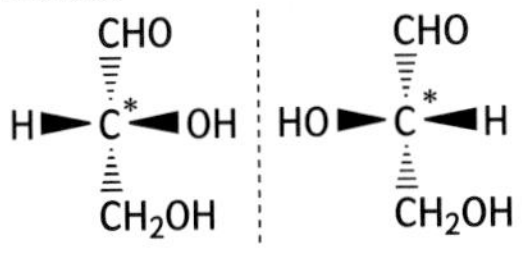

Die Moleküle sind optisch aktiv. Es handelt sich um Enantiomere. Sie drehen die Schwingungsebene des linear polarisierten Lichts um den gleichen Betrag, jedoch in entgegengesetzte Richtung. *Hinweise:* Der Name der Verbindung ist Glycerinaldehyd. Ebenfalls richtig ist die analoge Lösung der Aufgabe mit Glycerinsäure (mit einer COOH-Gruppe statt der CHO-Gruppe).

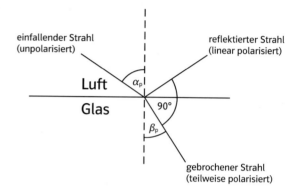

Äpfelsäure

Citronensäure

Glykolsäure

Zum Versuch

V1 Betrachtet man ungefähr senkrecht zur Glasoberfläche durch ein Polarisationsfilter sein eigenes Spiegelbild, so ist es fast unabhängig vom Drehwinkel des Polarisationsfilters deutlich sichtbar. Betrachtet man ein Spiegelbild in einem schrägen Winkel zur Glasoberfläche, so kann man es durch Drehen des Polarisationsfilters nahezu ausblenden.

Hinweis:
An einer Glasplatte reflektiertes Licht ist i. Allg. teilweise polarisiert. Bei einem bestimmten Einfallswinkel, dem Polarisationswinkel (Brewster-Winkel, bei Fensterglas ca. 57°), stehen der reflektierte und der gebrochene Strahl rechtwinklig zueinander. Das reflektierte Licht ist dann vollständig polarisiert.

einfallender Strahl (unpolarisiert)

reflektierter Strahl (linear polarisiert)

Luft

α_p

Glas

90°

β_p

gebrochener Strahl (teilweise polarisiert)

Berechnung des Polarisationswinkels:
Mit der Vereinfachung, dass der Brechungsindex von Luft 1 ist, lautet das Brechungsgesetz:

$$n = \frac{\sin\alpha_p}{\sin\beta_p}$$

Mit $\alpha_p + \beta_p = 90°$ gilt: $\quad n = \frac{\sin\alpha_p}{\sin\beta_p} = \frac{\sin\alpha_p}{\sin(90° - \alpha_p)} = \frac{\sin\alpha_p}{\cos\alpha_p} = \tan\alpha_p$

Der Polarisationswinkel α_p ist also abhängig vom Brechungsindex n:

$$\tan\alpha_p = n \quad \Leftrightarrow \quad \alpha_p = \arctan n$$

Fensterglas hat i. d. R. einen Brechungsindex zwischen 1,5 und 1,6; der Polarisationswinkel liegt folglich zwischen 56° und 58°.

Zusatzinformationen

Physikalische Grundlagen des polarisierten Lichtes
Licht lässt sich verstehen als transversale elektromagnetische Welle. Elektrisches und magnetisches Feld stehen sowohl senkrecht aufeinander als auch auf der Ausbreitungsrichtung. Man nennt Licht linear polarisiert, wenn der Vektor des elektrischen Feldes – und damit auch der senkrecht darauf stehende Vektor des magnetischen Feldes – nur in jeweils einer Richtung schwingt. Von zirkular polarisiertem Licht spricht man, wenn die Amplitude der Feldstärke mit konstanter Winkelgeschwindigkeit eine Schraubenbewegung ausführt.

Im Zusammenhang mit dem Thema „Polarisiertes Licht" werden von Schülerinnen und Schülern häufig folgende Fragen gestellt:
1. Auf welche Weise entsteht beim Durchgang des Lichtes durch ein Polarisationsfilter polarisiertes Licht?
2. Wie ist die Drehung der Schwingungsebene des polarisierten Lichtes bei Durchstrahlung der Lösung einer optisch aktiven Substanz zu erklären?

Zur Frage 1: Häufig wird eine mechanische Welle als Beispiel herangezogen. Ein Seil, das durch einen senkrechten Spalt geführt wird, kann nur in einer Richtung schwingen, nämlich parallel zur Ausrichtung des Spaltes. Steht die Schwingungsrichtung z. B. senkrecht auf der Spaltrichtung, so kann die Welle nicht oder nur mit stark verringerter Amplitude hindurchtreten.

Eine mechanische Welle mit senkrechter
Schwingungsebene tritt durch einen senkrechten
Spalt hindurch:

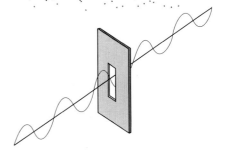

Eine mechanische Welle mit senkrechter
Schwingungsebene gelangt durch einen
waagerechten Spalt nicht hindurch:

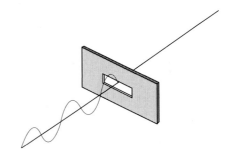

Dieser Vergleich mag grundsätzlich plausibel machen, wie ein Polarisationsfilter wirkt, er gibt
allerdings die Verhältnisse nicht richtig wieder.

Interessierte Schülerinnen und Schüler, die am Physikunterricht teilnehmen, können als Modellversuch ein Experiment mit Mikrowellen ausführen. Mikrowellen sind elektromagnetische Schwingungen mit (verglichen mit Licht) großer Wellenlänge (z.B. λ = 3 cm). Die Geräte zur Demonstration sind üblicherweise in Physiksammlungen vorhanden.

Ein Gitter, dessen Stäbe parallel zum
elektrischen Feldvektor stehen, lässt
die Mikrowellen nicht hindurchtreten:

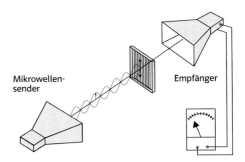

Ein Gitter, dessen Stäbe quer zum
elektrischen Feldvektor liegen, stellt
für die Mikrowellen kein Hindernis dar:

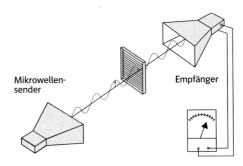

Der Mikrowellensender („Klystron") produziert linear polarisierte Mikrowellen. Liegt der elektrische
Feldvektor der Mikrowellen parallel zu den Gitterstäben, werden Elektronen im Takt der Wellen in
Schwingungen versetzt. Die Stäbe werden zu Hertz'schen Oszillatoren. Sie senden ihrerseits elektromagnetische Schwingungen aus, die gegenüber den zum Teil durch das Gitter hindurchgehenden
Wellen um 180° phasenversetzt sind. Die von den Hertz'schen Oszillatoren erzeugten und die durch
das Gitter hindurchgehenden Wellen löschen sich gegenseitig aus. Im Endeffekt dringt also eine
Welle, deren elektrischer Feldvektor parallel zu den Gitterstäben schwingt, nicht durch das Gitter
hindurch. Stattdessen wird die Welle reflektiert und ergibt mit der einlaufenden Welle eine stehende
Welle.

Im Unterschied zum mechanischen Modell, bei dem die Transmissionsebene parallel zur Spaltrichtung liegt, werden hier die Wellen transmittiert, deren elektrischer Schwingungsvektor senkrecht zu den Gitterstäben steht. Denn der senkrecht stehende Feldvektor ruft in den Gitterstäben keine Schwingung hervor.

Die häufig eingesetzten Polarisationsfolien enthalten parallel ausgerichtete Makromoleküle und sind mit Iod behandelt. Licht, dessen elektrischer Vektor parallel zur Molekülachse schwingt, regt Elektronen zu Schwingungen an. Die Wirkungsweise lässt sich mit der des Metallgitters beim Versuch mit Mikrowellen vergleichen.

Um Verwirrung zu vermeiden, wurde in B5 im Schulbuch auf die Darstellung von „Gitterstäben" ganz verzichtet.

Nicol'sche Prismen, die ebenfalls zur Erzeugung von polarisiertem Licht eingesetzt werden, sind miteinander verklebte Kalkspatkristalle. Die Wirkung beruht auf der Doppelbrechung des Lichtes durch diese Kristalle. Um die Doppelbrechung zu erklären, sei auf die einschlägigen Lehrbücher der Physik hingewiesen (s. Literatur.)

Zur Frage 2: Linear polarisiertes Licht ist ein Sonderfall der zirkularen Polarisation. Durch Überlagerung zweier entgegengerichteter zirkularer Schwingungen gleicher Frequenz, gleicher Wellenlänge und gleicher Intensität, die eine rechts- bzw. linksgerichtete Schraubenbewegung ausführen, entsteht linear polarisiertes Licht. Es liegt also eine Überlagerung zweier „chiraler" Lichtstrahlen vor. In der folgenden Abbildung sind die Vektoren des elektrischen Feldes der rechtsdrehenden Welle E_r und der linksdrehenden Welle E_l dargestellt (Ausbreitungsrichtung des Lichts senkrecht zur Papierebene; „Momentaufnahmen" in zeitlicher und räumlicher Abfolge von links nach rechts). Die Schwingungsrichtung ist so gewählt, dass der resultierende Vektor am Anfang senkrecht nach oben zeigt. Da sich die rechts- und linksdrehende Welle mit der gleichen Geschwindigkeit bewegen, sind die Winkel der Vektoren E_r und E_l zur ursprünglichen Schwingungsrichtung immer entgegengesetzt gleich. Folglich wird der resultierende Vektor auch nach einiger Zeit immer abwechselnd senkrecht nach oben oder unten zeigen, d.h., die Schwingungsrichtung bleibt gleich:

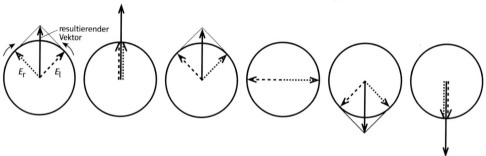

Die Wechselwirkung von Licht mit Molekülen führt immer dazu, dass die Ausbreitungsgeschwindigkeit des Lichtes verringert wird. Sind die Moleküle chiral, so ist ihre Wechselwirkung mit der linksdrehenden Welle anders als mit der rechtsdrehenden Welle. In einem Medium, das chirale Moleküle enthält, entstehen folglich Wellen mit zwei unterschiedlichen Ausbreitungsgeschwindigkeiten.

Im folgenden Beispiel hat die linksdrehende Welle eine größere Geschwindigkeit als die rechtsdrehende. Die Winkel der Vektoren E_r und E_l zur ursprünglichen Schwingungsrichtung sind schon nach kurzer Zeit nicht mehr entgegengesetzt gleich. Der resultierende Vektor liegt auf der Winkelhalbierenden; die Schwingungsrichtung hat sich um einen kleinen Winkel gedreht. Während des Durchgangs durch das Medium vergrößert sich dieser Winkel proportional zur Weglänge:

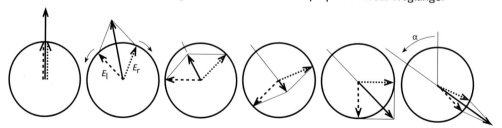

Literatur

A. J. Rüger et al.: Händigkeit – leben in einer chiralen Welt. Chemie in unserer Zeit 46, 5 (Oktober 2012), 294–301

K. Roth: Pasteur und die Weinsäure. Chemie in unserer Zeit 29 (6/1995), 238

K. Roth: Chemische Delikatessen. Weinheim 2007 (Wiley-VCH), 132

Zahlreiche weitere Beispiele zur Chiralität findet man in:

H. Brunner: Rechts oder links – in der Natur und anderswo. Wiley-VCH, Weinheim 1999

Zur Doppelbrechung: z.B. P. A. Tipler: Physik. Spektrum Verlag, Heidelberg 1998

10.2 Fischer-Projektionsformeln

Zu den Aufgaben

A1

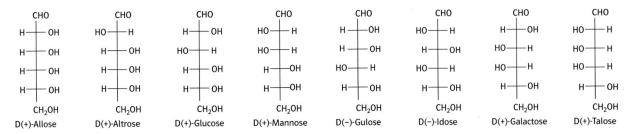

D-Glycerinaldehyd / L-Glycerinaldehyd

A2 Das 2,3,4,5,6-Pentahydroxyhexanal besitzt 4 Chiralitätszentren. Es existieren 2^4 = 16 Stereoisomere, d.h. 8 Enantiomerenpaare.
Die folgende Abbildung zeigt die Formeln der acht D-Konfigurationen, zusätzlich mit den Namen der Verbindungen. Die zugehörigen Enantiomere (L-Konfiguration) ergeben sich durch Spiegelung der dargestellten Moleküle.

D(+)-Allose   D(+)-Altrose   D(+)-Glucose   D(+)-Mannose   D(−)-Gulose   D(−)-Idose   D(+)-Galactose   D(+)-Talose

A3

meso-Butan-2,3-diol   D-Butan-2,3-diol   L-Butan-2,3-diol

Hinweis: Die meso-Form ist trotz der beiden asymmetrischen C-Atome nicht chiral.

A4 Der L-Deskriptor besagt, dass die OH-Gruppe am mittleren C-Atom, dem Chiralitätszentrum in der Fischer-Projektion links steht. Das + gibt an, dass eine Lösung dieses Stoffes die Polarisationsebene von Licht vom Beobachter aus nach rechts dreht.

A5 D-2-Hydroxypropanal; D-2-Hydroxybutansäure; L-3-Hydroxybutansäure

Enantiomere:

L-2-Hydroxypropanal   L-2-Hydroxybutansäure   D-3-Hydroxybutansäure

A6

L-Threose   D-Threose   L-Erythrose   D-Erythrose

10.3 Exkurs: Halbacetale und Vollacetale

Zu den Aufgaben

Die Halbacetalbildung ist eine nucleophile Addition, bei der ein Alkohol-Molekül mit einem Aldehyd- oder Keton-Molekül zu einem Halbacetal-Molekül reagiert (Reaktionsgleichung oben).

Die Vollacetalbildung ist ebenfalls eine nucleophile Addition: Hier reagiert ein Halbacetal-Molekül mit einem Alkohol-Molekül zu einem Vollacetal-Molekül und einem Wasser-Molekül (Reaktionsgleichung unten).

Halbacetalbildung:

$$H-C\!\!\begin{array}{c}\overline{O}|\\\\ \diagdown\\ H\end{array} \quad + \quad H-\underline{\overline{O}}-C_3H_7 \quad \rightleftharpoons \quad H-\underset{\underset{H}{|}}{\overset{\overset{|\overline{O}-H}{|}}{C}}-\underline{\overline{O}}-C_3H_7$$

Vollacetalbildung:

$$H-\underset{\underset{H}{|}}{\overset{\overset{|\overline{O}-H}{|}}{C}}-\underline{\overline{O}}-C_3H_7 \quad + \quad H-\underline{\overline{O}}-C_3H_7 \quad \rightleftharpoons \quad H-\underset{\underset{H}{|}}{\overset{\overset{|\overline{O}-C_3H_7}{|}}{C}}-\underline{\overline{O}}-C_3H_7 \quad + \quad \underset{\underset{H}{|}}{\overset{\overset{|\overline{O}-H}{}}{}}$$

A2

Die Halbacetalbildung ist eine nucleophile Addition eines Alkohol-Moleküls an ein Aldehyd- oder Keton-Molekül, sie kann säurekatalysiert oder basenkatalysiert ablaufen.

Hinweis: Die im Anschluss beschriebenen Reaktionsschritte sind in Form von Reaktionsgleichungen auf der folgenden Seite dargestellt.

Beispiel 1: Säurekatalysierter Verlauf der Halbacetalbildung von Aceton mit Ethanol
Im *ersten Schritt* wird durch die Säure, z.B. ein Oxonium-Ion, die Carbonylgruppe des Aceton-Moleküls protoniert. Dabei entsteht ein elektrophiles, mesomeriestabilisiertes, positiv geladenes Ion. Durch die positive Ladung ist dieses Ion elektrophiler als das ursprüngliche Keton-Molekül.

Im *zweiten Schritt* kommt es zu einem nucleophilen Angriff eines Alkohol-Moleküls an das mesomeriestabilisierte, positiv geladene Ion. Ein freies Elektronenpaar an der Hydroxygruppe des Alkohol-Moleküls wirkt dabei als nucleophiles Teilchen.

Im *dritten Schritt* kommt es zu einer Protonenabgabe an das Wasser-Molekül aus dem ersten Schritt, sodass das Oxonium-Ion wieder unverändert vorliegt.

Beispiel 2: Basenkatalysierter Verlauf der Halbacetalbildung von Aceton mit Ethanol
Im *ersten Schritt* kommt es zu einer Deprotonierung des Alkohol-Moleküls durch eine Base, z.B. ein Hydroxid-Ion, dabei entsteht ein Ethanolat-Ion.
Dieses negativ geladene Ethanolat-Ion ist stärker nucleophil als das Ethanol-Molekül.

Im *zweiten Schritt* greift dieses nucleophile Teilchen am positiv polarisierten Kohlenstoff-Atom der Carbonylgruppe an.

Im *dritten Schritt* nimmt das entstandene negativ geladene Ion ein Proton vom Wasser-Molekül auf, das Hydroxid-Ion bildet sich zurück und die ursprüngliche Base liegt wieder unverändert vor.

Säurekatalysatoren machen die Carbonylgruppe elektrophiler.

$$
\underset{\substack{\\ H_3C}}{\overset{\delta^-}{\underset{\substack{|O|\\ \parallel}}{}}}\!\!\!\underset{CH_3}{\overset{\delta^+}{C}}\;+\;\boxed{H_3O^\oplus}\;\rightleftharpoons\;\left[\;\underset{\substack{H_3C \quad CH_3}}{\overset{\overset{\oplus}{O}-H}{C}}\;\leftrightarrow\;\underset{\substack{H_3C \quad CH_3}}{\overset{|\overline{O}-H}{\overset{\oplus}{C}}}\;\right]\;+\;H_2O
$$

$$
\underset{\substack{|\\ CH_3}}{CH_3-\overset{\overset{\overline{O}-H}{|}}{\underset{\oplus}{C}}}\;+\;\underset{\substack{|\\ H}}{|\overline{O}-CH_2-CH_3}\;\rightleftharpoons\;\underset{\substack{|\\ CH_3\;H}}{CH_3-\overset{\overset{|\overline{O}-H}{|}}{C}-\overset{\oplus}{\overline{O}}-CH_2-CH_3}
$$

$$
\underset{\substack{|\\ CH_3\;H}}{CH_3-\overset{\overset{|\overline{O}-H}{|}}{C}-\overset{\oplus}{\overline{O}}-CH_2-CH_3}\;+\;H_2O\;\rightleftharpoons\;\underset{\substack{|\\ CH_3}}{CH_3-\overset{\overset{|\overline{O}-H}{|}}{C}-\overline{O}-CH_2-CH_3}\;+\;\boxed{H_3O^\oplus}
$$

Die Säure liegt nach der Reaktion unverändert vor.

Basenkatalysatoren machen nucleophile Teilchen (hier das Ethanol-Molekül) nucleophiler.

$$
\underset{\substack{|\\ H}}{CH_3-CH_2-\overline{O}|}\;+\;\boxed{\overset{\ominus}{|\overline{O}}-H}\;\rightleftharpoons\;CH_3-CH_2-\overset{\ominus}{\overline{O}}|\;+\;H_2O
$$

$$
\underset{\substack{\\ H_3C}}{\overset{\delta^-}{\underset{\substack{|O|\\ \parallel}}{}}}\!\!\!\underset{CH_3}{\overset{\delta^+}{C}}\;+\;\overset{\ominus}{|\overline{O}}-CH_2-CH_3\;\rightleftharpoons\;\underset{\substack{|\\ CH_3}}{CH_3-\overset{\overset{|\overline{O}|^\ominus}{|}}{\underset{\delta^+}{C}}\overset{\delta^-}{\overline{O}}-CH_2-CH_3}
$$

$$
\underset{\substack{|\\ CH_3}}{CH_3-\overset{\overset{|\overline{O}|^\ominus}{|}}{C}-\overline{O}-CH_2-CH_3}\;+\;H_2O\;\rightleftharpoons\;\underset{\substack{|\\ CH_3}}{CH_3-\overset{\overset{|\overline{O}-H}{|}}{C}-\overline{O}-CH_2-CH_3}\;+\;\boxed{\overset{\ominus}{|\overline{O}}-H}
$$

Die Base liegt nach der Reaktion unverändert vor.

10.4 Klassifizierung der Kohlenhydrate

Zu den Aufgaben

A1

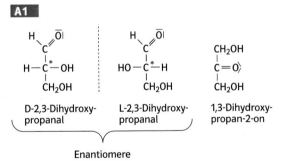

D-2,3-Dihydroxy-propanal   L-2,3-Dihydroxy-propanal   1,3-Dihydroxy-propan-2-on

Enantiomere

A2

Aldopentose
(3 Chiralitätszentren)

Ketopentose
(2 Chiralitätszentren)

Die Aldopentosen besitzen drei Chiralitätszentren. Es gibt 2^n, also $2^3 = 8$ Stereoisomere, also 4 Enantiomerenpaare. Die folgende Abbildung zeigt (zusätzlich zur Aufgabenstellung) die Strukturformeln der vier D-Aldopentosen. Das jeweils andere Enantiomer ergibt sich durch Spiegelung an der durch die Kohlenstoff-Atome gehenden Achse.

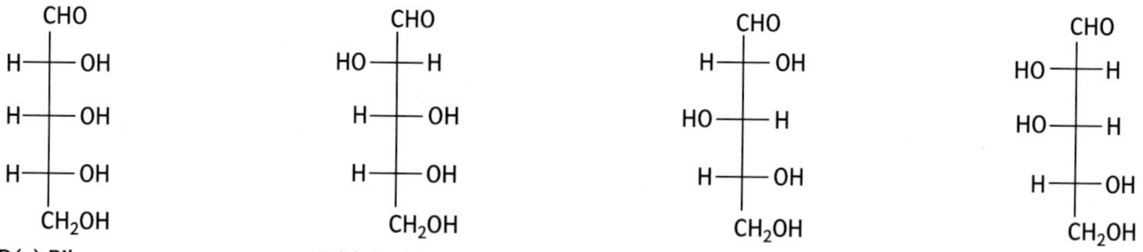

Fischer projections row:

$$CHO$$ — D(–)-Ribose: H—OH, H—OH, H—OH, CH_2OH

D(–)-Arabinose: HO—H, H—OH, H—OH, CH_2OH

D(+)-Xylose: H—OH, HO—H, H—OH, CH_2OH

D(–)-Lyxose: HO—H, HO—H, H—OH, CH_2OH

Die Ketopentosen besitzen zwei Chiralitätszentren. Es gibt $2^2 = 4$ Stereoisomere, also 2 Enantiomerenpaare. Die folgende Abbildung zeigt (zusätzlich zur Aufgabenstellung) die Strukturformeln der zwei D-Ketopentosen. Das jeweils andere Enantiomer ergibt sich durch Spiegelung an der durch die Kohlenstoff-Atome gehenden Achse.

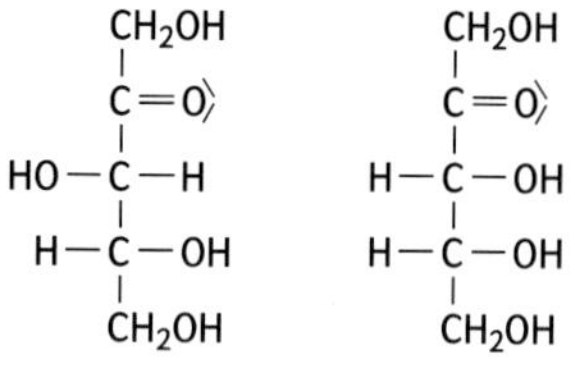

D-Xylulose: CH_2OH, $C=O$, HO—C—H, H—C—OH, CH_2OH

D-Ribulose: CH_2OH, $C=O$, H—C—OH, H—C—OH, CH_2OH

10.5 Glucose und Fructose

Zu den Aufgaben

A1

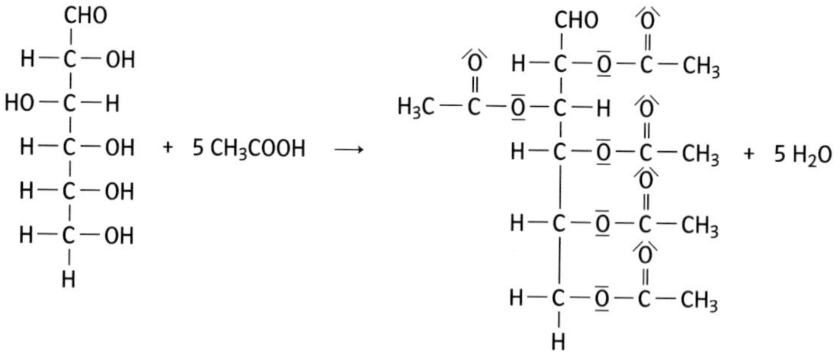

CHO, H—C—OH, HO—C—H, H—C—OH, H—C—OH, H—C—OH, H $+ 5\ CH_3COOH \longrightarrow$

CHO, H—C—O—C(=O)—CH_3, H_3C—C(=O)—O—C—H, H—C—O—C(=O)—CH_3, H—C—O—C(=O)—CH_3, H—C—O—C(=O)—CH_3, H $+ 5\ H_2O$

A2 Stereoisomere, die keine Enatiomere sind, bezeichnet man als Diastereomere; dies trifft auf α- und β-D-Glucose zu.

Begründung: In der Haworth-Projektionsformel der α-D-Glucose steht die OH-Gruppe am anomeren C-Atom nach unten, in der Haworth-Projektionsformel der β-D-Glucose steht sie nach oben (B3 im Schulbuch). Da ansonsten alles gleich ist, sind die beiden Verbindungen Stereoisomere.

Am anomeren C-Atom stehen die OH-Gruppen unterschiedlich, an den anderen (ebenfalls asymmetrischen) C-Atomen stehen sie bei beiden Verbindungen gleich. Folglich kann man α- und β-D-Glucose nicht durch Spiegelung ineinander überführen, sie sind also keine Enantiomere.

A3 Am einfachsten ist die folgende Vorgehensweise: Man baut zunächst die kettenförmige Struktur (nach B2 (Schulbuch), siehe auch Kap. 10.5, Exkurs und Kap. 10.2) und schließt dann den Ring durch eine intramolekulare Halbacetalbildung. Danach dreht man den Ring so, dass die CH_2OH-Gruppe oben steht und prüft, ob die halbacetalische OH-Gruppe am anomeren C-Atom unten (α) oder oben (β) steht.

A4

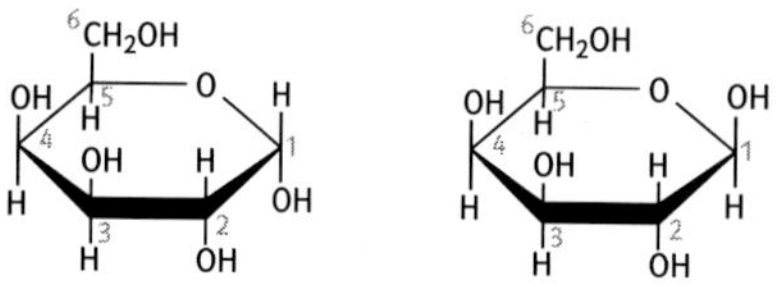

α-D-Galactose   β-D-Galactose

Zu den Versuchen

V1 Glucose löst sich gut in Wasser. In Heptan (auch im Wasserbad erwärmt) löst sie sich nicht.

V2

a) Bei Verwendung eines fettfreien Reagenzglases erhält man bei der Silberspiegelprobe mit Glucose einen schönen Silberspiegel. Die Fehling-Probe und die Benedict-Probe ergeben jeweils einen orangeroten bis ziegelroten Niederschlag. Alle drei Versuchsergebnisse weisen auf das Vorliegen einer Aldehydgruppe hin.

b) Bei Zugabe von Glucose zu Fuchsinschwefliger Säure tritt keine (oder eine sehr schwache) Farbveränderung auf. Für diesen Nachweis liegt also zu wenig Glucose in der offenkettigen Form vor; die Ringform enthält keine Aldehydgruppe und reagiert daher nicht mit Fuchsinschwefliger Säure.

Hinweis zur Durchführung: Die ammoniakalische Silbernitrat-Lösung darf wegen der möglichen Explosionsgefahr durch sich eventuell bildendes Silberazid nicht aufbewahrt werden. Sie muss vor jedem Versuch frisch bereitet werden.

Zusatzinformationen

Zur Silberspiegelprobe und Fehling-Probe

Zunächst ist es nicht einzusehen, warum die Silberspiegelprobe und die Fehling-Probe positiv sind und die Schiff'sche Probe negativ. Es gibt drei Ansätze zur Erklärung:

1. Bei der Silberspiegelprobe und bei der Fehling-Probe liegt das chemische Gleichgewicht so weit auf der Seite der Produkte, dass die offenkettige Form der Glucose praktisch vollständig oxidiert wird. (Anders ausgedrückt: Die Reaktion ist so gut wie nicht umkehrbar.) Die offenkettige Form wird daher dem Gleichgewicht mit der Ringform entzogen. Die Ringform wandelt sich folglich (durch Gleichgewichtsverschiebung, katalysiert durch das alkalische Milieu) nach und nach vollständig in die offenkettige Form um, die dann oxidiert wird.
   Die Schiff'sche Probe ist eine „echte" Gleichgewichtsreaktion. Sie kann das Gleichgewicht zwischen der offenkettigen Form und der Ringform zwar beeinflussen, aber nicht komplett zur offenkettigen Form verschieben (obwohl die Ringöffnung im Prinzip auch durch ein saures Milieu katalysiert wird). Daher ist die Schiff'sche Probe für Glucose zu unempfindlich.
2. Nach Prof. Blume (Prof. Blumes Bildungsserver für Chemie) führt ein saures Milieu dazu, dass Oligosaccharide gebildet werden, die mit dem Schiff'schen Reagenz nicht reagieren.
3. Nach Prof. Dr. Karlheinz Seifert könnte die Konkurrenzreaktion der Sulfonierung (Addition von H_2SO_3 an das offenkettige Glucose-Molekül) überwiegen. (Karlheinz Seifert: Wieso reagiert Glucose (als eine Aldose) nicht oder nur schwach mit Schiff's Reagenz? Stand Mai 2022 zu finden im Internet-Auftritt des Lehrstuhls für Organische Chemie der Universität Bayreuth)

Zur Stellung der OH-Gruppen

Vielen Schülerinnen und Schülern ist nicht auf den ersten Blick einleuchtend, was der Unterschied zwischen „links" und „rechts" in der Fischer-Projektion sein soll, da die C-C-Bindungen frei drehbar sind. Durch den Bau eines Molekülmodells wird das Problembewusstsein geweckt.
Die Ermittlung der Glucosekonfiguration gelang EMIL FISCHER auf rein „chemischem" Weg, wobei er von der (damals willkürlich festgelegten, aber aus heutiger Sicht richtigen) Konfiguration des (+)-Glycerinaldehyds ausging. Das Prinzip seiner Methode bestand darin, dass er durch schrittweise Kettenverlängerung des Glycerinaldehyd-Moleküls (Kiliani-Fischer-Synthese) neue Chiralitätszentren erzeugte und nach jedem Schritt (ggf. nach vorheriger Reduktion der CHO-Gruppe zu einer CH_2OH-Gruppe) feststellte, ob sich optisch aktive Verbindungen oder meso-Verbindungen gebildet hatten.
(Näheres: siehe Literatur unten, oder Lehrbücher der organischen Chemie, z.B.: P. Y. Bruice: Organische Chemie. Pearson Studium, München 2007)

Konformation ringförmiger Glucose-Moleküle

Die Haworth-Projektion ist im Grunde genommen eine vereinfachte Darstellung der Sesselkonformation, die in der Realität hauptsächlich vorliegt. Der Aufbau mit einem Molekülbaukasten zeigt, dass es für jede der Ringformen zwei mögliche Sesselkonformationen gibt (hier zur besseren Übersichtlichkeit ohne die direkt an C-Atome gebundenen H-Atome):

α-D-Glucose:

stabiler   weniger stabil

β-D-Glucose:

stabiler   weniger stabil

Man unterscheidet zwei Ausrichtungen der Gruppen am Ring: äquatorial (Bindung ungefähr parallel zur „Ringebene"), axial (Bindung senkrecht zur „Ringebene"). Stabiler ist i. Allg. die Sesselkonformation, bei der möglichst viele große Gruppen äquatorial ausgerichtet sind, da sie dann einen größeren Abstand zum Ring haben. Im Falle der Glucose ist jeweils die Konformation stabiler, in der die CH_2OH-Gruppe äquatorial ausgerichtet ist. Bei der β-D-Glucose sind auch alle OH-Gruppen äquatorial ausgerichtet; bei der α-D-Glucose ist eine OH-Gruppe (am C-Atom 1) axial ausgerichtet.

Literatur

K. Roth et al: Emil Fischers Strukturaufklärung der Glucose. Chemie in unserer Zeit 36 (6/2002), 390
K. Roth: Chemische Delikatessen. Wiley-VCH, Weinheim 2007, S. 120
F. W. Lichtenthaler: Emil Fischers Beweis der Konfiguration von Zuckern: eine Würdigung nach hundert Jahren. Angewandte Chemie 104 (12/1992), 1577
H. Keune et al: Zur Formeldarstellung des Glucosemoleküls. Der mathematische und naturwissenschaftliche Unterricht 41 (1/1988), 8
Q. Zhang et al: A new method to convert Fischer Projection of monosaccharides to Haworth Projection. Journal of chemical education 76 (6/1999), 799
J. H. Robbins, G. D. Abrams, J. A. Pincock: The structure of Schiff reagent aldehyde adducts and the mechanism of the Schiff reaction as determined by nuclear magnetic resonance spectroscopy. Canadian Journal of Chemistry 58 (1980), 339–347. DOI: 10.1139/v80-055 (Stand Mai 2022 im Internet frei zugänglich)

Zuckerersatzstoff	Formel	Süßkraft im Vergleich zu Zucker (Faktor)	Geschmack	Brennwert	kariogene Wirkung	Diabetikergeeignet? / Wirkung auf Blutzuckerspiegel	Gesundheit	Hitzestabilität (Kochen/ Backen)	Vorkommen
Sorbit	CH₂OH / H—C—OH / HO—C—H / H—C—OH / H—C—OH / CH₂OH	0,4–0,6	ähnlich wie Zucker (kühlender Effekt)	etwas weniger als Zucker	nur sehr wenig kariogen	+	Unbedenklich > 5 g abführend	+	in Früchten der Eberesche
Xylit	CH₂OH / H—C—OH / HO—C—H / H—C—OH / CH₂OH	0,9–1	ähnlich wie Zucker (kühlender Effekt)	fast wie Zucker	– (sogar hemmend)	kaum Anstieg / +	Unbedenklich für Menschen, >20 g abführend, toxisch für Hunde	+	in Birken
Erythrit	CH₂OH / H—C—OH / H—C—OH / CH₂OH	0,5–0,7	ähnlich wie Zucker	kalorienfrei	–	+	Unbedenklich für Menschen, wenig abführend, insektizide Wirkung	+	in Pilzen, Käse, Obst
Isomaltulose	(Strukturformel: zwei verknüpfte Pyranose-Ringe, CH₂OH, OH, CH₂, O, H)	Ca. 0,5	ähnlich wie Zucker	wie Zucker	–	langsamer Anstieg / +	Unbedenklich, >20 g abführend	+	in Honig, Zuckerrüben
Saccharin	(Strukturformel: Benzolring mit NH, SO₂, C=O Ring)	450–550 (Verstärkung mit Cyclamat)	bitter/metallisch	kalorienfrei	–	+	gilt bis zu einer täglichen Aufnahme von 2,5 mg/kg Körpergewicht als unbedenklich.		künstlich
Cyclamat	(Strukturformel: Cyclohexyl-NH-SO₃⁻Na⁺)	35–70 (Verstärkung mit Saccharin)	ähnlich wie Zucker	fast kalorienfrei	–	+	gilt bis zu einer Aufnahme von 7 mg/kg Körpergewicht als unbedenklich	+	künstlich

Zuckerersatzstoff	Formel	Süßkraft im Vergleich zu Zucker (Faktor)	Geschmack	Brennwert	kariogene Wirkung	Diabetikergeeignet? / Wirkung auf Blutzuckerspiegel	Gesundheit	Hitzestabilität (Kochen/Backen)	Vorkommen
Aspartam		200	ähnlich wie Zucker	fast kalorienfrei	–	+	Die IARC (International Academy on Cancer) stufte Aspartam im Juli 2023 als „möglicherweise krebserregend für den Menschen" ein. Eine Aufnahme von 40 mg/kg Körpergewicht gilt als unbedenklich.	– hydrolysiert	künstlich
Sucralose		600	Süßgeschmack setzt spät ein und hält lange	kalorienfrei	–	+	gilt bis zu einer Aufnahme von 15 mg/kg Körpergewicht als unbedenklich, Nebenwirkungen bei Personen mit Fructoseintoleranz	+	künstlich
Stevia	s. Internet	Steviosid: 200–300	Zuckerähnlich / bei zu hoher Dosierung und minderer Qualität bitter / lakritzartig	kalorienfrei	–	+	mit hoher wahrscheinlichkeit unbedenklich, seit 2011 in der EU zugelassen	+	Stevia-Pflanze
Taumatin		bis 3000	lakritzartiger Nachgeschmack; synergetisch mit anderen Süßstoffen	nahezu kalorienfrei	–	sehr gering / +	gesundheitlich unbedenklich.	–	Katamfe-Staude

10.6 Exkurs: Zuckerersatzstoffe

Zu den Aufgaben

A1 Siehe Tabelle auf den beiden vorhergehenden Seiten

A2

a) L-Asparaginsäure und L-Phenylalanin, Formeln s. Kap. 10.12, B2 (Schulbuch);
Phenylalanin liegt mit Methanol verestert vor.
Veresterung von Phenylalanin:

b) PKU (Phenylketonurie) ist eine der häufigsten angeborenen Stoffwechselstörungen (Häufigkeit ca. 1:8.000). Betroffene Menschen können die Aminosäure Phenylalanin nicht abbauen, wodurch sich diese im Körper anreichert, die Abbauprodukte führen bei Neugeborenen unbehandelt zu einer schweren geistigen Entwicklungsstörung. Bestimmte Stoffwechselprodukte, die Phenylketone, die mit dem Urin ausgeschieden werden, waren für die Erkrankung namensgebend. Beim Neugeborenen-Screening wird diese Stoffwechselstörung erkannt. Menschen mit PKU müssen eine proteinarme (insbesondere phenylalaninarme) Diät einhalten.
Der Süßstoff Aspartam wird zu Phenylalanin verstoffwechselt. Auf Verpackungen von Lebensmitteln, die Aspartam enthalten, findet man daher den Hinweis „enthält eine Phenylalaninquelle".

10.7 Maltose, Saccharose, Lactose

Zu den Aufgaben

A1 Bei der Saccharose nehmen die OH-Gruppen der anomeren C-Atome *beider* Bausteine (D-(+)-Glucopyranose und D-(−)-Fructofuranose) an der Bindung teil, daher kann es von Saccharose keine α- und β-Form geben. Ein Gegenbeispiel ist Maltose, die in einer α- und β-Form vorkommt. Dies liegt daran, dass bei der Maltose nur die OH-Gruppe des anomeren C-Atoms *eines* der beiden Glucosebausteine an der glycosidischen Bindung teilnimmt. Die OH-Gruppe des anomeren C-Atoms des anderen Glucosebausteins kann somit in α- oder β-Konfiguration vorliegen.
Hinweis: In B3 im Schulbuch ist nur die α-Maltose abgebildet. Diese steht allerdings über die offenkettige Form mit der β-Maltose im Gleichgewicht.

A2

Trehalose

Trehalose ist nicht reduzierend, da im Molekül keine halbacetalische OH-Gruppe vorhanden ist. Daher ist – wie auch bei Saccharose – keine Ringöffnung zu einer Form mit einer (reduzierenden) Aldehydgruppe möglich.

A3 Schätzungsweise 80 bis 90 Prozent der Weltbevölkerung sind von Lactoseintoleranz betroffen. Sie ist eher als Normalfall zu betrachten und nicht als Krankheit. Am häufigsten ist die Lactoseintoleranz bei den Völkern im südlichen Südamerika, im südlichen Afrika und im östlichen Asien (einschließlich China), dort liegen die Raten bei 80–100%. In den skandinavischen Ländern beträgt der Anteil der betroffenen Menschen nur etwa 5%. In Deutschland und in den übrigen Ländern Mitteleuropas sind schätzungsweise 15–20% betroffen, in den südeuropäischen Ländern Griechenland, Spanien und Italien 40–60%.
Kinder vertragen Lactose i. Allg. ohne Probleme; sie können Muttermilch verdauen. Diese Fähigkeit verliert sich jedoch häufig im Laufe des Heranwachsens, d. h., das Enzym Lactase wird nur noch in sehr kleinen Mengen produziert. Nur bei den Völkern, die seit langer Zeit Milchwirtschaft betreiben, hat sich eine Mutation durchgesetzt, die dazu führt, dass auch im erwachsenen Organismus genügend Lactase produziert wird. Dies sind hauptsächlich die europäischen Völker und die von ihnen abstammenden Menschen, z. B. in Nordamerika.

Eine weitere Theorie geht davon aus, dass es für die im Norden lebenden Völker besonders vorteilhaft war, Milchwirtschaft zu betreiben. Aufgrund der geringen Sonnenstrahlung wird zu wenig Vitamin D gebildet, das für die Calciumresorption notwendig ist. Bei Vitamin-D-Mangel unterstützt Lactose die Calciumresorption, sodass es ein Vorteil ist, wenn man Lactose zu sich nimmt. Folglich ist die Mutation, die dazu führt, dass man auch als Erwachsener Lactose verträgt, vor allem in Ländern mit geringer Sonnenstrahlung ein Selektionsvorteil.

Zum Versuch

V1 *Hinweis:* Der Versuch kann mit der Seliwanow-Probe erweitert werden; diese wird im Folgenden auch beschrieben.

a) Untersuchung der Zuckerlösungen:

Lösung von	Fehling-Probe	Benedict-Probe	Glucosetest	Seliwanow-Probe
Maltose	+	+	–	–
Saccharose	–	–	–	–

Erklärung (siehe auch Lösungen zu Kap. 10.11):
Maltose-Moleküle besitzen jeweils eine Glucoseeinheit, die offenkettig vorliegen kann, da die beiden Ringe in den Disaccharid-Molekülen jeweils 1,4-glycosidisch verknüpft sind (d.h. unter Einbeziehung der halbacetalischen OH-Gruppe des einen Glucose-Moleküls am C-Atom 1 und der alkoholischen OH-Gruppe am C-Atom 4 des zweiten Glucose-Moleküls). Die halbacetalische OH-Gruppe des zweiten Glucose-Moleküls ist dadurch nicht blockiert; dieser Ring kann sich öffnen. Maltose ist folglich reduzierend, die Fehling-Probe ist positiv.
Die Glucoseeinheit des Saccharose-Moleküls kann nicht offenkettig vorliegen, da im Saccharose-Molekül ein Glucose-Molekül mit einem Fructose-Molekül 1,2-glycosidisch verknüpft ist. Damit sind beide halbacetalischen OH-Gruppen blockiert; die Ringe können nicht in die offenkettige Form übergehen. Saccharose ist folglich ein nicht reduzierendes Disaccharid, die Fehling-Probe ist negativ.
Die Seliwanow-Probe ist ein Test auf Ketosen (Zucker mit einer Ketogruppe). Man gibt zu der Zuckerlösung das Seliwanow-Reagenz (10 mg Resorcin (1,3-Dihydroxybenzol) in 20 ml Salzsäure ($w \approx 10\%$) lösen und mit 40 ml Wasser verdünnen) und erwärmt einige Minuten vorsichtig mit dem Gasbrenner. Bei Vorliegen einer Ketose (z. B. Fructose) tritt rasch eine rote Lösung auf.
Erklärung: Ketosen spalten unter sauren Bedingungen Wasser ab; es entsteht Furfural (aus Ketopentosen) bzw. Hydroxymethylfurfural (aus Ketohexosen). Resorcin reagiert mit Furfural bzw. Hydroxymethylfurfural und Luftsauerstoff zu einer roten Verbindung. Bei Aldosen (z. B. Glucose) verläuft die Reaktion wesentlich langsamer, da sich zunächst durch Umlagerung eine Ketose bilden muss.
Die Seliwanow-Probe ist folglich bei allen Lösungen negativ, da keine Fructose oder sonstige Ketose vorliegt. Bei längerem Erhitzen entsteht allerdings auch bei Glucose eine rote Lösung.
Der Glucosetest (s. Kap. 10.11, B1, B2, Schulbuch) ist bei beiden Lösungen negativ, da keine Glucose vorliegt.

b) Untersuchung der Lösungen nach Aufkochen mit Salzsäure und anschließender Neutralisation:

Lösung von	Fehling-Probe	Glucosetest	Seliwanow-Probe
Maltose	+	+	–
Saccharose	+	+	+

Erklärung: Die acetalischen Bindungen wurden durch die Säure hydrolysiert, d.h., die Disaccharide wurden in Monosaccharide gespalten. Folglich liegt in allen Lösungen Glucose vor und sowohl die Fehling-Probe als auch der Glucosetest sind positiv. Aus Saccharose entsteht außerdem Fructose, daher ist hier auch die Seliwanow-Probe positiv.

Hinweis zur Durchführung:
Die Seliwanow-Probe ist annähernd spezifisch, wenn man eine kleine Probe Fructose bzw. Glucose verwendet und nur kurz erhitzt. Bei größeren Proben und längerem Erhitzen entsteht auch bei Glucose eine rote Lösung.

Zusatzinformationen

Honig oder Fabrikzucker?
Diese Frage ist für viele Menschen, die sich bewusst mit ihrer Ernährung auseinandersetzen, von großer Bedeutung. Dementsprechend finden sich sicherlich Schülerinnen und Schüler, die sich mit diesem Thema näher befassen wollen und ihre Ergebnisse in Form eines Referates vortragen. Im Folgenden sind einige Informationen über Honig zusammengefasst.

Während der Haushaltszucker – abwertend auch Fabrikzucker genannt – ein Reinstoff ist (Saccharose), ist Honig ein aus zahlreichen Stoffen zusammengesetztes Naturprodukt. Die Rohstoffe für den Honig sind süße Ausscheidungen der Blüten (Nektar) und andere Pflanzensäfte. Ihre Zusammensetzung ist bei verschiedenen Pflanzen unterschiedlich. Sie enthalten Saccharose als Hauptbestandteil. Den zweiten wichtigen Rohstoff stellen die Pollen dar, die für die Proteinversorgung der Bienen unerlässlich sind. Der Pollen wird in Körbchen der Hinterbeine transportiert, die Pflanzensäfte im Honigmagen der Bienen. Der in den Waben abgelegte „Rohhonig" wird mehrfach von den Bienen wieder aufgenommen, mit Enzymen versetzt und umgelagert. Die Enzyme bewirken eine Spaltung der Saccharose, die den Hauptbestandteil des Zuckers ausmacht. Es entsteht Invertzucker. Honig macht einen Reifungsprozess durch, der auch im abgefüllten Endprodukt noch nicht abgeschlossen ist.

Inhaltsstoffe (sehr breite Schwankungen je nach Herkunft):

Saccharose   ca. 10 %
Glucose   22 – 44 %
Fructose   32 – 49 %
Wasser   17 – 21 %

Außerdem: Enzyme, Vitamine, Mineralstoffe, organische Säuren, Aminosäuren, Aromastoffe.

Naturbelassener Honig kristallisiert aufgrund seines hohen Zuckergehaltes früher oder später aus. Honigsorten, die einen hohen Anteil an Glucose besitzen, kristallisieren besonders schnell, da Glucose im Vergleich zu den anderen Zuckern die geringste Löslichkeit besitzt. Durch vorsichtiges Erwärmen auf eine Temperatur unterhalb von 40 °C kann er wieder verflüssigt werden, kristallisiert später aber wieder. Bei höheren Temperaturen kann eine Schädigung der Vitamine eintreten.

Da Honig vielfältig zusammengesetzt und naturbelassen ist, ist er ein wertvolles Lebensmittel, dessen Vorteil auch im geschmacklichen Bereich liegt. Hinsichtlich der Kariesbildung gibt es keinen Vorteil gegenüber dem Haushaltszucker.

„Kunsthonig" ist ein Lebensmittel, das durch künstliche Spaltung von Saccharose hergestellt wird. Entsprechend der Honig-Verordnung der EU darf dieser Name nicht mehr zur Kennzeichnung von Lebensmitteln verwendet werden. Die Bezeichnung ist Invertzuckercreme.

„Türkischer Honig" ist ebenfalls eine in der EU nicht mehr erlaubte Bezeichnung. Er heißt Weißer Nugat und wird hergestellt unter Verwendung von Glucose, Gelatine, geschlagenem Eiweiß und verschiedenen Früchten.

Literatur und Medien (Stand Mai 2022)

H. Barthel et al: Rübenzuckergewinnung – experimentell behandelt. Praxis der Naturwissenschaften – Chemie 48 (8/1999), 10

A. Deifel: Die Chemie des Honigs. Chemie in unserer Zeit 23 (1/1989), 24

K. Hübner: Franz Carl Achard: (K)ein süßes Leben. Chemie in unserer Zeit 37 (2/2003), 148

C. A. Schlieper: Grundfragen der Ernährung. Handwerk und Technik, Hamburg 2019

G. Schwedt: Zuckersüße Chemie – Kohlenhydrate & Co, Weinheim 2015 (Wiley-VCH)

A. Wörn et al: Honig – Chemieunterricht an einem interessanten Lebensmittel. Praxis der Naturwissenschaften – Chemie 46 (6/1997), 9

H. Zorn et al: Omas Küchenweisheiten – wissenschaftlich hinterfragt. Der mathematische und naturwissenschaftliche Unterricht 56 (1/2003), 35

Im Internet findet man sehr gute, zahlreiche Informationen rund um das Thema Zucker auf den Seiten der Stiftung Deutsches Technikmuseum Berlin.

10.8 Stärke und Cellulose

Zu den Aufgaben

A1 Bei der Reaktion bildet sich eine blaue Einschluss-Verbindung von Triiodid-Ionen (I_3^-) in der Amylosehelix (Kap. 10.8, B3, Schulbuch). Beim Erhitzen nimmt die Wärmebewegung der Teilchen stark zu, sodass ein Teil der Triiodid-Ionen die Helix verlässt; die blaue Färbung verschwindet. Beim Abkühlen tritt die Blaufärbung wieder auf, da sich die Triiodid-Ionen wieder in die Helix einlagern.

A2 Ein einfacher Erklärungsansatz besagt, dass die Wasser-Moleküle zwischen den Stärke-Molekülen bei Druck verdrängt werden und diese sich dann ineinander verhaken. Lässt man die Finger jedoch langsam durchgleiten, wirkt das Wasser wie ein Schmiermittel und das Gemisch verhält sich wie eine normale Flüssigkeit.

A3 Maltose-Molekül, α-1,4-glycosidische Bindung (Kap. 10.7, B2, Schulbuch)

A4 Amylasen in Geschirrreiniger-Tabs können Stärke, z.B. aus Kochwasser von Nudeln, zerlegen. Cellulasen werden in Waschmitteln eingesetzt, um Mikrofibrillen an Baumwollfasern zu entfernen. Dadurch wird die glatte Oberfläche der Fasern wieder hergestellt, die Textilien sind weniger rau (weicher). Farbige Baumwollfasern wirken zudem brillanter.

A5

Mehrere Cellulose-Moleküle lagern sich durch intermolekulare Wasserstoffbrücken zu Elementarfibrillen zusammen. Die Hydroxygruppen liegen räumlich so günstig und regelmäßig, dass kristallähnliche Bereiche entstehen. Der Feststoff mit den kristallähnlichen Bereichen ist stabiler als einzelne Cellulose-Moleküle, die durch Wasser-Moleküle hydratisiert sind. Daher ist Cellulose wasserunlöslich.

Hinweise:
- Auch intramolekulare Wasserstoffbrücken, vor allem zwischen der Hydroxygruppe am C-Atom Nr. 3 einer Glucoseeinheit und dem Ring-Sauerstoffatom der benachbarten Glucoseeinheit, stabilisieren die kristallähnlichen Bereiche.
- Die Grafik zeigt die Struktur der Cellulose Iα, in der Wasserstoffbrücken zwischen den OH-Gruppen an den C-Atomen Nr. 3 und 6 bestehen. (Zur besseren Übersichtlichkeit, und weil dies auch in der Aufgabenstellung nicht verlangt wird, sind die intramolekularen Wasserstoffbrücken nicht eingezeichnet.) Es gibt weitere Strukturen, die man als Cellulose Iβ, Cellulose II, Cellulose III und Cellulose IV bezeichnet.
- Obwohl Cellulose nicht wasserlöslich ist, werden Wasserstoffbrücken zwischen Cellulose- und Wasser-Molekülen gebildet. Dies führt zur Quellung.

Zu den Versuchen

V1 Beim Zutropfen von Lugol'scher Lösung (Iod-Kaliumiodid-Lösung) tritt sofort eine tiefblaue Färbung der Lösung auf. Beim Erhitzen verschwindet die Färbung, beim Abkühlen tritt sie wieder auf. Erklärung: siehe A1

V2 Die Stärkekörner quellen bei der Zugabe von Wasser und bilden ein Gel, in dem Hohlräume des Feststoffs mit Wasser gefüllt sind. Das Stärke-Wasser-Gel ist eine nichtnewtonsche Flüssigkeit. Bei einer Krafteinwirkung von außen wird es zähflüssig, ohne Krafteinwirkung dünnflüssig. Allgemein ändern nicht-newtonsche Flüssigkeiten ihre Viskosität, je nach dem herrschenden Druck. Beim Stärke-Wasser-Gemisch steigt die Viskosität unter Druck, sodass die Kugel fest wird, nach dem Loslassen zerfließt sie. Auch durch Krafteinwirkungen, zum Beispiel durch schnelle Bewegungen mit Löffel oder Finger wird die Flüssigkeit fest. Langsame Einwirkung, zum Beispiel das ruhige Rühren mit dem Löffel, belassen den Stoff im flüssigen Zustand. Man kann sogar auf diesen Flüssigkeiten laufen oder hüpfen. Faust- oder Hammerschläge werden vollständig absorbiert, und es spritzt nicht.

10.9 Exkurs: Cyclodextrine

Zur Aufgabe

A1 Cyclodextrine sind nicht reduzierend, da durch die vollständige Verknüpfung aller Glucose-Moleküle keine halbacetalischen Gruppen mehr vorhanden sind. Es gibt keine freien Enden, wie in Amylose (Kap. 10.8, Schulbuch)
(Durch saure Hydrolyse können Cyclodextrin-Moleküle gespalten werden. Die entstehenden Glucose-Moleküle zeigen dann eine Reaktion mit Fehling-Reagenz.)

V1

a) Der unbehandelte Stoff riecht nach dem Knoblauchöl (der geruchsintensiven Substanz), während beim behandelten Stoff kein Geruch nach Knoblauchöl wahrnehmbar ist.

b) Der unbehandelte Stoff riecht nach Zigarettenrauch, während beim behandelten Stoff kein Geruch nach Zigarettenrauch wahrnehmbar ist.

10.10 Stärke – nicht nur zum Essen

Zu den Aufgaben

A1 Der erste Teil der Verdauung geschieht schon im Mund. Der Speichel enthält das Enzym Ptyalin, eine α-Amylase. Dieses spaltet die Stärke im Brot u.a. in das Disaccharid Maltose und das Monosaccharid Glucose. Deshalb schmeckt Brot nach längerer Verweilzeit im Mund süßlich.

A2

a) Modifizierte Stärke ist natürliche Stärke, die durch physikalische Prozesse oder chemische Reaktionen verändert wurde. Von physikalisch modifizierter Stärke spricht man, wenn diese z. B. mit Hitze behandelt wurde, wodurch sie z. B. besser quellfähig wird.
Wird Stärke durch Reaktion mit Säuren, Laugen, Enzymen, starken Oxidationsmitteln oder durch Veresterung verändert, spricht man modifizierter Stärke. Modifizierte Stärke zählt zu den chemischen Zusatzstoffen und muss deklariert werden (E 1400 bis 1450):
- Acetylierte Stärke, E 1420
- Acetylierte oxidierte Stärke, E 1451
- Acetyliertes Distärkeadipat, E 1422
- Acetyliertes Distärkephosphat, E 1414
- Hydroxypropyldistärkephosphat, E 1442
- Hydroxypropylstärke, E 1440
- Monostärkephosphat, E 1410
- Oxidierte Stärke, E 1404
- Phosphatiertes Distärkephosphat, E 1413
- Stärkenatriumoctenylsuccinat, E 1450

Ziel ist es, die Eigenschaften der Stärke für den jeweiligen Verwendungszweck zu optimieren, z. B. die Hitze- oder Säurestabilität. Dazu werden auf Molekülebene Veränderungen vorgenommen.

b) Das Disaccharid Saccharose ist eine Verbindung aus den beiden Monomeren Glucose und Fructose, dadurch ist der Anteil von Glucose und Fructose jeweils 50 %. Bei Glucose-Fructose-Sirup, einem Gemisch aus Glucose und Fructose, lassen sich die Anteile beliebig variieren. Zum Problem wird es, wenn der Anteil an Fructose deutlich höher als 50 % ist. Weil Fructose im Gegensatz zu Glucose unbegrenzt in die Leber aufgenommen werden kann und dort bei geringem Energiebedarf in Fett umgewandelt und gespeichert wird, kann ein höherer Fructose-Anteil zur Folge haben, dass die Leber schneller verfettet und die Triglyceride sowie das LDL-Cholesterin im Blut ansteigen. Dadurch erhöht sich das langfristige Risiko für Adipositas, Diabetes und koronare Herzerkrankungen.

Da Fructose eine höhere Süßkraft als Glucose hat und ein geringeres Sättigungsgefühl erzeugt, steigt bei einem höheren Anteil an Fructose im Sirup die Süßkraft, die langfristige Empfindlichkeit für „süß" sinkt und man muss mit der Zeit immer mehr süße Lebensmittel essen, um das gleiche Gefühl für „süß" zu bekommen.

A3 Geschirr auf Stärkebasis:

Vorteile	Nachteile
Gewinnung aus nachwachsenden Rohstoffen	Höherer Preis
Biologisch abbaubar	Reinigung nicht möglich
Zumischung anderer Stoffe bei der Herstellung möglich, z. B. um Wasserabweisbarkeit zu erreichen.	Keine Resistenz gegen Wasser (weicht schneller durch), Säuren, Laugen, Oxidationsmitteln etc.
Einfache Entsorgung	Nur bedingt gegen Kunststoff austauschbar

Zum Versuch

V1 Natürliche Stärke besteht zu 20 % aus Amylose und zu 80 % aus Amylopektin. Die Makromoleküle beider Stoffe besitzen die allgemeine Molekülformel (Summenformel) $(C_6H_{10}O_5)_n$ und sind aus α-D-Glucoseeinheiten aufgebaut.

Amylose-Moleküle bestehen aus 250 bis 500 α-Glucose-Einheiten, die α-1,4-glycosidisch miteinander verknüpft sind und eine unverzweigte Kette bilden. Diese wickelt sich zu einer Helix (Schraube) auf, in deren Hohlraum Moleküle eingeschlossen werden können. Die Helix wird durch Wasserstoffbrücken stabilisiert.

Amylopektin-Moleküle bestehen aus bis zu einer Million α-Glucoseeinheiten, die wie bei Amylose-Molekülen α-1,4-glycosidisch verknüpft sind. Zusätzlich ist etwa jede 25. Glucoseeinheit α-1,6-glycosidisch verknüpft, was zu Verzweigungen der Kette führt.

Erhitzt man ein Stärke-Wasser-Gemisch, so werden die zuvor beschriebenen Strukturen zerstört. Durch das Aufbrechen der Wasserstoffbrücken und die Einlagerung von Wasser zwischen den einzelnen Makromolekülen tritt eine Quellung der Stärkekörner auf, welche schließlich dazu führt, dass die kristalline Struktur nicht mehr vorhanden ist. Die Stärkekörner gehen in eine formlose, aufgedunsene Masse über, den sogenannten Stärkekleister. Der Quellvorgang ist irreversibel, sodass auch beim Erkalten der Flüssigkeit der Stärkekleister erhalten bleibt. Bei Abkühlung und bei der Trocknung erfolgt die Knüpfung neuer Wasserstoffbrücken.

Die Quellungseigenschaften der Stärke macht man sich bei diesem Versuch, der Herstellung von Stärkefolien, zunutze. So bildet der Stärkekleister beim Erkalten einen spröden Kunststoff. Damit dieser nicht zu spröde wird, wird dem Stärkekleister Glycerin als Weichmacher hinzugegeben. Dabei lagern sich die Glycerin-Moleküle zwischen die Moleküle der Stärke ein und bilden mit diesen Wasserstoffbrücken aus. Des Weiteren bindet Glycerin Wasser, wodurch ein Austrocknen und damit das Sprödewerden der Folie ausbleiben.

Zusatzaufgaben

In Kombination mit Kap. 10.8 eignen sich die folgenden Themen sehr gut für Recherche-Aufgaben und Präsentationen:
– Stärke und Cellulose als nachwachsende Rohstoffe
– Die praktische Bedeutung der Polysaccharide
Eine weitere Aufgabe könnte sein, die Rolle von Cellulose und Cellulose-Verbindungen als nachwachsende Rohstoffe zu recherchieren und eine Abbildung ähnlich B1 im Schulbuch zu entwickeln. Einen Vorschlag zeigt die folgende Abbildung.

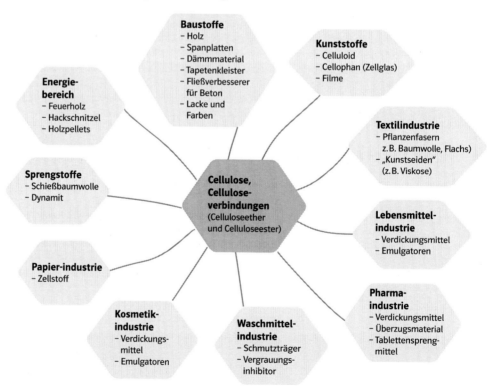

Literatur, Materialien und Medien (Stand Mai 2022)

Zu Stärke und Cellulose als nachwachsende Rohstoffe allgemein:
Behr et al: Aus der Natur für die Chemie. Nachrichten aus der Chemie 57 (7 – 8/2009), 757
M. Essen et al: Grundchemikalien aus Kohlenhydraten. Chemie konkret 16 (4/2009), 204
D. Sell et al: Weiße Biotechnologie – Energie-Lösungen für die Zukunft? Chemie in unserer Zeit 41 (2/2007), 108

Im Internet auf den Seiten der Fachagentur Nachwachsende Rohstoffe (FNR) und des Bundesministeriums für Ernährung und Landwirtschaft (BMEL)
Informationsserie des Fonds der Chemischen Industrie (FCI): Nachwachsende Rohstoffe, Frankfurt/M., 2009: DVD FWU4601957 Nachwachsende Rohstoffe

Zu Papier und Papierherstellung:
Themenheft: Papier. Naturwissenschaften im Unterricht – Chemie 6 (4/1995), Heft 29 Themenheft: Papier, Zellstoff, Holz, Praxis der Naturwissenschaften – Chemie 41 (7/1992)
K. Roth: Chemie kontra Papierzerfall. Chemie in unserer Zeit 40 (1/2006), 54 oder
K. Roth: Chemische Delikatessen. Wiley-VCH, Weinheim 2007, S. 94

FWU 4202346 Industrielle Papierherstellung
Die BASF bietet Schulen das kostenlose „Experimentierset Papierchemie" an.

Zusatzversuch

Extrazelluläre Biosynthese von Stärke

Im Gegensatz zu den Experimenten zur hydrolytischen Spaltung von Stärke demonstriert dieses Experiment die enzymatische Synthese von Stärke.

Material: Küchenreibe, Geschirrtuch, Kristallisierschale, Filterpapier, Glastrichter, Filtriergestell, Becherglas (50 ml), Reagenzgläser, Pipetten (10 ml, 1 ml); Kartoffel, Lugol'sche Lösung, Glucose-1-phosphat-Lösung (w = 1%)

Durchführung:
a) Kleiden Sie die Kristallisierschale mit dem Küchentuch aus. Zerreiben Sie darüber die Kartoffel. Fügen Sie etwas Wasser zu dem Kartoffelmus hinzu und pressen Sie die Flüssigkeit mit dem Küchentuch ab. Filtrieren Sie den Kartoffelsaft anschließend. Prüfen Sie, ob er stärkefrei ist, indem Sie eine Probe davon mit Lugol'scher Lösung versetzen.
b) Vermischen Sie 9 ml des stärkefreien Kartoffelsaftes mit 1 ml der Glucose-1-phosphat-Lösung.
c) Entnehmen Sie nach 10 Minuten und evtl. nach einigen weiteren Minuten eine Probe und geben Sie etwas Lugol'sche Lösung hinzu.

Biochemischer Hintergrund:
Bei der Knüpfung glycosidischer Bindungen handelt es sich um einen endergonischen Vorgang. Deshalb ist eine Kopplung mit einem exergonischen Prozess erforderlich. Hierzu dient die Spaltung von ATP (Adenosintriphosphat). Als Substrat dient Glucose-1-phosphat.
Zur Kettenverlängerung müssen Moleküle vorliegen, die aus mindestens zwei Glucoseeinheiten aufgebaut sind und im Verlauf der Reaktion schrittweise verlängert werden. Diese Akzeptor-Moleküle sowie ATP- und Enzym-Moleküle werden im Experiment mit dem Kartoffelsaft bereitgestellt.

Die Biosynthese der Stärke beginnt mit Glucose-6-phosphat:

$$\text{Glucose-6-phosphat} \xrightarrow{\text{Phosphoglucomutase}} \text{Glucose-1-phosphat}$$

Es folgen zwei weitere enzymatisch gesteuerte Schritte, wobei Pyrophosphat (PP) entsteht:

$$\text{ATP + Glucose-1-phosphat} \xrightarrow{\text{Glucose-1-phosphat-Adenyltransferase}} \text{ADP-Glucose + PP}$$

$$\text{ADP-Glucose} + (\text{Glucose})_n \xrightarrow{\text{Stärke-Synthese}} \text{ADP} + (\text{Glucose})_{n+1}$$

In entsprechender Weise verläuft auch die Synthese von Glykogen im menschlichen Körper. Dieses Enzymsystem kann allerdings keine Verzweigungen ausbilden.
Um Verzweigungen auszubilden, ist die Tätigkeit eines weiteren Enzyms notwendig. Es katalysiert die folgenden Reaktionen: Ein Oligosaccharid aus 6 oder 7 Glucoseeinheiten wird vom Ende einer Polysaccharidkette abgespalten und an das C_6-Atom einer Glucoseeinheit gebunden, die sich in der verbliebenen oder einer anderen Kette befindet. Die Enden der Haupt- und Nebenkette können auf dem oben beschriebenen Weg verlängert werden.

Glykogen

Die Moleküle des tierischen Kohlenhydrat-Reservestoffs sind ähnlich wie die des Amylopektins aufgebaut. Glykogen kommt hauptsächlich in Muskeln und in der Leber vor. Glykogen-Moleküle sind noch stärker verzweigt als die des Amylopektins: Auf etwa jede zehnte Glucoseeinheit kommt eine Verzweigung. Glykogen-Moleküle können aus bis zu 100 000 Glucoseeinheiten aufgebaut sein. Der hohe Verzweigungsgrad begünstigt die Möglichkeit einer raschen Mobilisierung des Speichers durch spezielle Enzyme (Phosphorylasen), die an den Kettenenden ansetzen.

Inhaltsstoffe des Holzes

Der Hauptrohstoff zur Gewinnung von Cellulose ist Holz. Es besteht zu etwa 45–50 % aus Cellulose. Außerdem enthält es u.a. Lignin (Holzstoff, 25–30 %), Polyosen (15–20 %), Harze und Wachse. *Polyosen* (Hemicellulosen) sind Polysaccharide, deren Moleküle nicht aus Glucose-, sondern z.B. aus Arabinose- oder Xylose-Einheiten aufgebaut sind. *Lignin* ist als ein Polymer aufzufassen, dessen Monomere verschiedene aromatische Alkohole sind, z.B. Coniferylalkohol (vorwiegend im Nadelholz) und Syringylalkohol (vorwiegend im Laubholz).

Coniferylakohol   Syringylalkohol

Ausschnitt aus einem Lignin-Molekül

A. Brink, S. Hubricht: New Slime. Polysaccharid-Metallkomplexe – eine Alternative zu Borax-Schleimen. Chemie konkret 21 (1/2014), 23
DVD FWU 4602291 Biomoleküle

Auch bei den Kohlenhydraten ist es von Vorteil, Molekülvisualisierungen am PC zu nutzen. Hilfreiche Ressourcen findet man z.B. unter (Stand Mai 2022) auf den Internetseiten der World of Molecules.

10.11 Praktikum: Kohlenhydrate

V1 **Silberspiegelprobe (Tollens-Probe)**

Glucose, Fructose und Maltose reagieren mit ammoniakalischer Silbernitratlösung unter Bildung eines Silberspiegels in einem fettfreien Reagenzglas. Dabei werden Glucose, Fructose und Maltose oxidiert, die Silber-Ionen werden reduziert. Deshalb bezeichnet man diese Zucker auch als reduzierende Zucker. Saccharose reagiert nicht und bildet keinen Silberspiegel, Saccharose ist kein reduzierender Zucker.
Die Silberspiegel-Probe (Tollens-Probe) ist ein Nachweis für reduzierende Zucker.

V2 **Glucotest-Reaktion mit Fructose**

Der Glucotest, auch Glucose-Oxidase-Test (kurz GOD-Test) genannt, verläuft mit Fructose-Lösung negativ, weil er ein spezifischer Nachweis für Glucose ist und auf der Oxidation der Glucose durch das Enzym Glucose-Oxidase beruht.
Wenn man eine Fructose-Lösung allerdings mit Natronlauge erhitzt und anschließend die alkalische Lösung durch tropfenweise Zugabe von Essigsäure neutralisiert, verläuft der Test positiv. Das Ergebnis wird mit der Keto-Endiol-Tautomerie erklärt, d.h., es kommt zu einer Umlagerung, bei der sich aus Fructose-Molekülen Glucose-Moleküle im alkalischen Milieu bilden (Schulbuch Kap. 10.11, B3). Dabei stellt sich ein Gleichgewicht ein, bei dem Glucose-Moleküle überwiegen, was zu einem positiven Testergebnis führt.

V3   Unterscheidung von Glucose und Fructose

Glucose kann man spezifisch mit dem GOD-Test nachweisen. Dieser verläuft nur bei Glucose positiv. Auf dem gelben Testfeld tritt nach Zugabe von Glucose-Lösung eine Grün- bis Blaufärbung auf. Erklärung: Der GOD-Test ist ein spezifischer Nachweis, bei dem ein Enzym, die Glucoseoxidase, die Oxidation der Glucose-Moleküle katalysiert.

Bei der Reaktion mit Seliwanow-Reagenz tritt bei Fructosezugabe rasch eine rote Lösung auf. Bei längerem Erhitzen entsteht auch bei Glucose eine rote Lösung. Erklärung: Glucose gehört zu den Aldosen, Fructose zu den Ketosen. Ketosen spalten unter sauren Bedingungen Wasser ab; es entsteht Furfural (aus Ketopentosen) bzw. Hydroxymethylfurfural (aus Ketohexosen). Resorcin reagiert mit Furfural bzw. Hydroxymethylfurfural und Luftsauerstoff zu einer roten Verbindung.

Bei Aldosen (z. B. Glucose) verläuft die Reaktion wesentlich langsamer, da sich zunächst durch Umlagerung eine Ketose bilden muss.

V4   Benedict- oder Fehling-Probe

Die Fehling-Probe ist eine Nachweisreaktion für Aldehyde und reduzierende Zucker. Glucose, Fructose und Maltose reagieren (roter Niederschlag von Kupfer(I)-oxid), Saccharose reagiert nicht.

Erklärung der einzelnen Versuchsergebnisse: Allgemein ist die offenkettige Form der Zucker-Moleküle für die reduzierende Wirkung verantwortlich, da nur sie eine Aldehydgruppe hat.
– Das Glucose-Molekül (Ringform) besitzt am C-Atom 1 eine halbacetalische OH-Gruppe. Das Molekül kann daher in die offenkettige Form mit einer Aldehydgruppe übergehen (Kap. 10.5).
– Saccharose zählt aufgrund der α,β-1,2-glycosidischen Verknüpfung des Glucopyranose- und des Fructofuranosebausteins zu den nicht reduzierenden Disacchariden, da durch die Bindung beide halbacetalischen OH-Gruppen der Moleküle blockiert sind und so ein Übergang der Ringe in die offenkettige Form mit einer Aldehyd- bzw. Ketogruppe nicht möglich ist (Kap. 10.7).
– Maltose zählt zu den reduzierenden Disacchariden, da in ihren Molekülen zwei α-Glucopyranosebausteine α-1,4-glycosidisch verknüpft sind, d.h., die Bindung zwischen den beiden Ringen kam durch eine Kondensationsreaktion einer halbacetalischen OH-Gruppe am C-Atom 1 mit einer alkoholischen OH-Gruppe am C-Atom 4 des zweiten Rings zustande. Der Ring mit der alkoholischen OH-Gruppe besitzt am C-Atom 1 noch eine halbacetalische OH-Gruppe, sodass das Molekül in Lösung in die offenkettige Form mit einer Aldehydgruppe übergehen kann (Kap. 10.7).
– Fructose ist eine Ketose und daher eigentlich ein nicht reduzierendes Monosaccharid. Die positive Reaktion der Fructose ist auf die Keto-Endiol-Tautomerie in alkalischer Lösung zurückzuführen.
– Blüten der Goldnessel enthalten sehr viel Nektar. Die Pflanze stellt eine wichtige Bienenweide dar. Im Nektar sind v.a. Saccharose, Fructose und Glucose enthalten. Da Fructose und Glucose im Nektar enthalten sind, fällt die Fehling-Probe positiv aus.

Im Schulbuch sind in B3 und B4 Reaktionsgleichungen zu finden, mit denen die Versuchsergebnisse der Fehling-Probe erklärt werden können, siehe auch Literatur.

V5   Halbacetalstruktur der Glucose

Bei der Propanal-Lösung tritt sofort nach Zusatz von Fuchsinschwefliger Säure (Schiff's Reagenz) eine Rotfärbung auf. Bei der Glucose-Lösung ist nach 2 bis 3 Minuten eine äußerst schwache Rosafärbung zu erkennen.

Erklärung (siehe auch Zusatzinformationen zu Kap. 10.5): Die Schiff'sche Probe ist eine Nachweisreaktion für Aldehyde. Neuere Erkenntnisse zum Reaktionsmechanismus der Schiff'schen Probe lassen eine Blockierung der Aldehydgruppe des Glucose-Moleküls durch konkurrierendes Hydrogensulfit vermuten. Deshalb verläuft die Schiff'sche Probe bei Glucose negativ.

Hinweis zur Durchführung: Für den Versuch sollte „frisches" Propanal verwendet werden.

Zusatzinformationen

Ersatz für Schiff's Reagenz

Schiff's Reagenz enthält als Verunreinigung unter Umständen Parafuchsin, welches Krebs erzeugen kann. Laut der aktuellen Stoffliste zur DGUV-Regel 113-018 (Stand 02/2022) darf Schiff's Reagenz mit einem Parafuchsingehalt von $w > 0{,}1\%$ nicht mehr in der Schule verwendet werden und muss durch einem Parafuchsinanteil zwischen 0 und 0,1% substituiert werden.

Eine mögliche einfache Alternative stellt der Einsatz von **Purpald** dar. Dieser Stoff weist nicht nur ein deutlich geringeres Gefährdungspotenzial auf, sondern reagiert auch sehr sensitiv beim Nachweis von Aldehyden und wird mittlerweile für die Detektion von Methanal in Trinkwasser sowie alkoholischen Getränken verwendet. Für die die Herstellung des Nachweisreagenz müssen 100 mg Purpald in 2 ml Natriumhydroxid-Lösung ($c = 1\,mol/l$) gegeben werden. Für die schulische Anwendung ist jedoch die gleiche Menge Purpald in 20 ml Natriumhydroxid-Lösung ($c = 1\,mol/l$) ausreichend. Zu beachten ist, dass die Lösung immer frisch angesetzt werden sollte. Der Nachweis kann chemikaliensparend in kleinen Schnappdeckelgläschen durchgeführt werden. Nach dem Schütteln tritt nach kurzer Zeit eine

Farbänderung der Lösung zu dunkelviolett oder braun ein. Für Ketone oder Alkohole fällt der Nachweis negativ aus.

Eine weitere Möglichkeit ist der **Königsblau-Nachweis.** Dabei wird das Fuchsin durch durch den ungefährlichen Triphenylmethan-Farbstoff Methylblau ersetzt, einem Bestandteil von Füllertinte. Man macht sich hierbei die „Chemie des Tintenkillers" zunutze. Details: siehe Literatur.

Herstellung von Königsblau-Reagenz und Königsblau-Reagenzstreifen:
Material:
Methylblau oder blaue Tinte (z.B. Pelikan® 4001 königsblau), Natriumdihydrogenphosphat-Dihydrat ($NaH_2PO_4 \cdot 2\,H_2O$), Dikaliumhydrogenphosphat (wasserfrei) (K_2HPO_4), Natriumsulfit-Lösung $c(Na_2SO_3)$ = 0,1 mol/l, Messzylinder (50 ml), 2 Spatel, Trichter, Messpipette (5 ml), Messpipette (10 ml), Magnetrührgerät und Rührkern, Becherglas (150 ml), 2 Wägebecher, Waage, Chromatografie-Papier (z.B. MN260, Rutka Laborbedarf), Pinzette
Durchführung:
Im Becherglas werden 0,1 g Methylblau in 15 ml dest. Wasser vollständig gelöst. Statt dieser Lösung kann man auch 10 ml blaue Tinte verwenden. 1,39 g Natriumdihydrogenphosphat-Dihydrat und 5,32 g Kaliumhydrogenphosphat werden zugegeben; das Ganze wird gerührt. Nachdem auch die Phosphate gelöst sind, werden 2,6 ml Natriumsulfit-Lösung zugegeben. Das Gemisch wird nochmals ca. 20 Minuten gerührt und dann mit dest. Wasser auf 25 ml aufgefüllt. Diese Lösung ist ca. einen Monat haltbar. Kurz vor der Verwendung werden schmale Streifen aus Chromatografie-Papier mit der Pinzette kurz in die Lösung getaucht; sie dürfen nicht eintrocknen.

Verwendung der Königsblau-Reagenzstreifen:
– Becherglas: Der Reagenzstreifen wird umgeknickt, mit der Pinzette über den Rand des Becherglases gehängt und mit einem Gummiring befestigt. Das Becherglas wird mit einem Uhrglas abgedeckt. Falls das Aldehyd durch Reaktion eines Alkohols mit Kupferoxid im Becherglas gebildet wird, muss der Oxidationsvorgang evtl. mehrmals wiederholt werden.
– Reagenzglas: Der Reagenzstreifen wird mithilfe der Pinzette über die Flüssigkeit gehängt und mit einem Stopfen festgeklemmt.

Wichtig ist, dass der Reagenzstreifen nicht mit der Flüssigkeit in Berührung kommt, sondern nur mit der Gasphase. Sonst können evtl. enthaltene Säuren durch den niedrigen pH-Wert das Ergebnis verfälschen. Der Nachweis ist dann als positiv zu bewerten, wenn der Reagenzstreifen sich gleichmäßig und großflächig blaugrün bis blau verfärbt. Eine stark blaue Verfärbung der Ränder an den Kontaktstellen zum Reagenzglas ist eher ein Hinweis auf eine Verunreinigung durch Säuren in der Gasphase.

Literatur

H. Fleischer: Fehlinterpretation der Fehling-Probe auf reduzierende Zucker – Von der Beobachtung im Chemieunterricht zur Evidenz gegen die Oxidation der Aldehydgruppe. CHEMKON 24 (2017), 27–30
L. Ehlert, O. Tepner: Neue Substitutionsexperimente im Microscale-Format. Unterricht Chemie 33 (Heft 188 März 2022), 43–47
I. Bertsche: Königsblau statt krebserregend – Ein neues Reagenz zum Nachweis von Aldehyden. CHEMKON 24/2 (April 2017), 73–76. DOI: 10.1002/ckon.201710291

10.12 Strukturen der Aminosäuren

Zu den Aufgaben

A1 Arginin, Lysin und Histidin tragen im Rest zusätzliche Aminogruppen, die Protonen aufnehmen können. Daher reagieren diese Aminosäuren basisch.

A2 Methionin- und Cystein-Moleküle enthalten das Element Schwefel.

A3

D-Asparaginsäure   D-Serin

A4 Aminosäuren kann man nach unterschiedlichen Gesichtspunkten einteilen. In Bezug auf die Proteinsynthese unterscheidet man proteinogene und nicht-proteinogene Aminosäuren. Im engeren Sinn sind mit dem Begriff „proteinogen" meistens die 20 verschiedenen kanonischen Aminosäuren (die Standardaminosäuren) gemeint, aus denen die menschlichen Proteine aufgebaut sind. Selenocystein, die 21. proteinogene Aminosäure (bei Eukaryoten und manchen Bakterien und Archaeen), nimmt eine Sonderrolle ein, da sie nicht direkt in der DNA kodiert ist. Stattdessen wird der Einbau von Selenocystein über ein UGA-Codon und eine Selenocystein-Insertionssequenz (SECIS) gesteuert. Beim Menschen sind mehrere Enzyme bekannt, die Selenocystein enthalten. Auch für die 22. proteinogene Aminosäure Pyrrolysin (bei manchen Bakterien und Archaeen) wurden spezifische tRNAs gefunden, die während der Translation einen Einbau am Ribosom möglich machen. Selenocystein und Pyrrolysin gehören zu den nichtkanonischen Aminosäuren.

In der Natur existieren mehrere hundert weitere Aminosäuren, die bei der Proteinsynthese keine Rolle spielen, also nicht-proteinogene Aminosäuren sind. Trotzdem erfüllen sie wichtige Funktionen im Organismus und sind an verschiedenen metabolischen Vorgängen beteiligt. Die Rolle der verschiedenen Aminosäuren unterscheidet sich bei verschiedenen Spezies. Beim Menschen gehören zu den nicht-proteinogenen Aminosäuren u.a. der inhibitorische Neurotransmitter GABA, Ornithin und Citrullin – Zwischenprodukte im Harnstoffzyklus – sowie Homocystein und das Schilddrüsenhormon Thyroxin. Für den Menschen nicht-proteinogene Aminosäuren können von anderen Spezies zur Proteinsynthese benutzt werden, wie z.B. Pyrrolysin (s.o.).

Die Vielfalt der synthetisch erzeugten und die der theoretisch möglichen Aminosäuren ist noch erheblich größer.

Zusatzinformation

Zu B2

Neben dem Dreibuchstaben-Code zur Charakterisierung von Aminosäuren wird häufig auch ein Einbuchstaben-Code benutzt:

Aminosäure	Dreibuchstaben-Code	Einbuchstaben-Code
Alanin	Ala	A
Arginin	Arg	R
Asparagin	Asn	N
Asparaginsäure	Asp	D
Cystein	Cys	C
Glutamin	Gln	Q
Glutaminsäure	Glu	E
Glycin	Gly	G
Histidin	His	H
Isoleucin	Ile	I
Leucin	Leu	L
Lysin	Lys	K
Methionin	Met	M
Phenylalanin	Phe	F
Prolin	Pro	P
Serin	Ser	S
Threonin	Thr	T
Tryptophan	Trp	W
Tyrosin	Tyr	Y
Valin	Val	V

Literatur

S. Leupold: Experimente zu Aminosäuren und Eiweißen. Praxis der Naturwissenschaften – Chemie in der Schule 60 (2/2011), 31

Themenheft: Nützliche Aminosäuren. Naturwissenschaften im Unterricht – Chemie 14 (3/2003), Heft 75

10.13 Exkurs: Der isoelektrische Punkt

Zu den Aufgaben

A1 Der pH-Wert 6,1 entspricht dem IEP von Glycin. Hier liegen fast nur Zwitterionen vor (B1 im Schulbuch). Sie richten sich im elektrischen Feld aus, wobei die Ladungen sich den entsprechenden Elektroden zuwenden, aber nicht von der Stelle wandern.

A2

a) Asparaginsäure: IEP = 2,8
Glutaminsäure: IEP = 3,2
Arginin: IEP = 11,1
Lysin: IEP = 9,7

b) Saure Aminosäuren, wie Asparaginsäure oder Glutaminsäure, besitzen eine zusätzliche Carboxygruppe. Diese ist in alkalischer und neutraler Lösung deprotoniert, folglich liegen Anionen vor. Nur in einer sauren Lösung liegt die zusätzliche Carboxygruppe in der protonierten Form vor, sodass (bei einem bestimmten pH-Wert) insgesamt ein Zwitterion existieren kann.
Basische Aminosäuren, wie Arginin und Lysin, besitzen eine zusätzliche Aminogruppe. Diese ist in saurer und neutraler Lösung protoniert, folglich liegen Kationen vor. Nur in einer alkalischen Lösung liegt die zusätzliche Aminogruppe in der nicht protonierten Form vor, sodass (bei einem bestimmten pH-Wert) insgesamt ein Zwitterion existieren kann.
Allgemeingültige Regel: Die IEP saurer Aminosäuren sind deutlich kleiner als 7; die IEP basischer Aminosäuren sind deutlich größer als 7.

c) Die Phenyl-OH-Gruppe des Tyrosin-Moleküls kann ein Proton abgeben:

Die Säurestärke der Phenyl-OH-Gruppe ist aber sehr gering. Im Bereich von pH = 5,7 liegt das Gleichgewicht dieser Protolyse fast ganz auf der linken Seite (die NH_2-Gruppe ist bei diesem pH-Wert außerdem protoniert), d.h., an praktisch keinem Tyrosin-Molekül ist die Phenyl-OH-Gruppe deprotoniert. Tyrosin ist folglich eine neutrale Aminosäure und hat damit einen IEP-Wert im Bereich zwischen etwa 5 und 6.

Hinweise:
Die pK_S-Werte von Tyrosin sind: $pK_S(-COOH) = 2,2$; $pK_S(-NH_3^+) = 9,1$; $pK_S(-OH) = 10,1$. Die Phenyl-OH-Gruppe wird also erst in nennenswertem Umfang deprotoniert, wenn die NH_2-Gruppe schon unprotoniert vorliegt, also im alkalischen Bereich.
Der IEP-Wert von Tyrosin ist etwas kleiner als der von Alanin; dies kann man mit der elektronenziehenden Wirkung des Phenylrings erklären (−I-Effekt). Der IEP-Wert von Tyrosin ist etwas größer als der von Phenylalanin; dies kann man mit der elektronenschiebenden Wirkung der OH-Gruppe erklären (+M-Effekt), die die elektronenziehende Wirkung des Phenylrings teilweise aufhebt.
Im Folgenden wird der IEP-Wert von Tyrosin etwas ausführlicher erläutert.

Verglichen werden:
Alanin: IEP = 6,00 $pK_S(COOH) = 2,34$ $pK_S(NH_3^+) = 9,69$
Phenylalanin: IEP = 5,48 $pK_S(COOH) = 1,83$ $pK_S(NH_3^+) = 9,13$
Tyrosin: IEP = 5,66 $pK_S(COOH) = 2,20$ $pK_S(NH_3^+) = 9,11$
(Daten aus: F. A. Carey: Organic Chemistry, 5th edition. The McGraw Companies 2001)

Alanin sei die Basis für den Vergleich, da die beiden anderen Aminosäuren (im Prinzip) durch Substitution eines H-Atoms am Alanin-Molekül gebildet werden können.

Phenylalanin: Der Phenylrest übt auf seine Nachbarn einen +M-Effekt und einen −I-Effekt aus (nach E. Breitmeier, G. Jung: Organische Chemie. Thieme-Verlag). Dabei kann sich der +M-Effekt nicht auf die Carboxy- und Aminogruppe auswirken, weil sich zwischen Phenylrest und α-C-Atom ein C-Atom mit vier Einfachbindungen befindet, das eine Mesomerie unmöglich macht. Der −I-Effekt wirkt sich aber über dieses C-Atom auf das α-C-Atom und damit auf die beiden funktionellen Gruppen aus:

- Üblicherweise besitzt eine Methylgruppe einen +I-Effekt; sie stellt einem Partner negative Ladung zur Verfügung. Wenn aber an die Methylgruppe ein Phenylrest gebunden ist, dem selbst ein −I-Effekt zugeschrieben wird, so hat diese Benzylgruppe insgesamt einen −I-Effekt (man kann allerdings +I- und −I-Effekte nicht quantitativ gegeneinander aufrechnen).
- Im Vergleich zur Ladungsverteilung im Alanin-Molekül besitzt das Carbonyl-C-Atom dadurch eine etwas größere positive Partialladung. Daher kann das O-Atom der OH-Gruppe das Bindungselektronenpaar der C-O-Bindung weniger stark zu sich orientieren und zieht das Bindungselektronenpaar der O-H-Bindung in stärkerem Ausmaß zu sich. Die Polarität der O-H-Bindung wird also erhöht; dies bedeutet größere Säurestärke. Folge: pK_S(COOH) ist kleiner als bei Alanin.
- Aus dem gleichen Grund wird die negative Partialladung am N-Atom der Aminogruppe verringert. Dies führt zu einer niedrigeren Basizität der Aminogruppe und damit zu einer größeren Säurestärke der konjugierten Säure. Folge: pK_S(NH_3^+) ist kleiner als bei Alanin.

Beide Effekte zusammen führen (im Vergleich zu Alanin) zu einem kleineren IEP.

Tyrosin: Auch hier wirkt der −I-Effekt der Phenylgruppe, wie beim Phenylalanin. Durch den +M-Effekt der Phenyl-OH-Gruppe ist aber die Elektronendichte im Ring größer, dadurch wird der −I-Effekt abgeschwächt. Dies führt (im Vergleich zu Phenylalanin) zu einem etwas größeren IEP.

A3

a) pH = 1   b) pH = 3   c) pH = 10

10.14 Exkurs: Trennung von Aminosäuren

Zur Aufgabe

A1 *Hinweis:* Die Aufgabe kann mithilfe von B1 des Schulbuchs gelöst werden.

Glycin: Der IEP von Glycin (IEP = 6,1) entspricht annähernd dem pH-Wert der Puffer-Lösung (pH = 6,0). Glycin liegt als (insgesamt ungeladenes) Zwitterion vor und bleibt auf der Startlinie stehen.

Glutaminsäure: Der IEP von Glutaminsäure (IEP = 3,2) liegt unterhalb des pH-Wertes der Puffer-Lösung (pH = 6,0). Das Glutaminsäure-Molekül gibt ein Proton ab und liegt somit als Anion vor:

Zwitterion   Anion (Monoanion)

Das Glutaminsäure-Anion wandert wegen seiner negativen Ladung Richtung Pluspol.

Hinweis: Die pK_S-Werte der Glutaminsäure sind: pK_S(α-COOH) = 2,2; pK_S(γ-COOH) = 4,3; pK_S(α-NH_3^+) = 10,0. Daraus folgt: Bei pH = 6,0 liegt das Monoanion vor, *nicht* das Dianion. Die Deprotonierung der α-NH_3^+-Gruppe findet erst im Bereich oberhalb pH ≈ 10,0 statt (nach der Henderson-Hasselbalch-Gleichung liegen bei pH = 10,0 gleich viele Dianionen wie Monoanionen vor):

Anion (Monoanion)   Dianion

Lysin: Der IEP von Lysin (IEP = 9,6) liegt über dem pH-Wert der Puffer-Lösung (pH = 6,0). Das Zwitterion nimmt ein Proton auf und liegt somit als Kation vor:

$$\begin{array}{c} COO^- \\ | \\ H-C-(CH_2)_4-NH_3^+ \\ | \\ NH_2 \end{array} \; + \; H_3O^+ \; \rightleftharpoons \; \begin{array}{c} COO^- \\ | \\ H-C-(CH_2)_4-NH_3^+ \\ | \\ {}^+NH_3 \end{array} \; + \; H_2O$$

Zwitterion　　　　　　　　　　　　　　Kation (Monokation)

Das Lysin-Anion wandert wegen seiner positiven Ladung Richtung Minuspol.

Hinweis: Die pK_S-Werte des Lysins sind: $pK_S\,(\alpha\text{-}COOH) = 2,2$; $pK_S\,(\alpha\text{-}NH_3^+) = 8,9$; $pK_S\,(\varepsilon\text{-}NH_3^+) = 10,3$. Daraus folgt: Im Zwitterion ist die $\varepsilon\text{-}NH_3^+$-Gruppe protoniert, da sie einen größeren pK_S-Wert hat als die $\alpha\text{-}NH_3^+$-Gruppe. Bei pH = 6,0 liegt das Monokation vor, *nicht* das Dikation. Die Protonierung der $\alpha\text{-}COO^-$-Gruppe findet erst im Bereich unterhalb pH $\approx$ 2,2 statt (nach der Henderson-Hasselbalch-Gleichung liegen bei pH = 2,2 gleich viele Dikationen wie Monokationen vor):

$$\begin{array}{c} COO^- \\ | \\ H-C-(CH_2)_4-NH_3^+ \\ | \\ {}^+NH_3 \end{array} \; + \; H_3O^+ \; \rightleftharpoons \; \begin{array}{c} COOH \\ | \\ H-C-(CH_2)_4-NH_3^+ \\ | \\ {}^+NH_3 \end{array} \; + \; H_2O$$

Kation (Monokation)　　　　　　　　　　Dikation

(Einfacher ist es eventuell, sich den umgekehrten Vorgang vorzustellen: Unterhalb pH $\approx$ 2,2 liegt hauptsächlich das Dikation vor. Bei einer Erhöhung des pH-Werts über 2,2 gibt die α-COOH-Gruppe ihr Proton ab, dadurch bildet sich das Monokation.)

Zum Versuch

V1 Ein Ergebnis dieser elektrophoretischen Trennung zeigt B1 im Schulbuch. Bei pH = 6 ist Glycin ein Zwitterion und wandert nicht im elektrischen Feld. Lysin liegt als Kation vor und wandert daher zum Minuspol. Glutaminsäure liegt als Anion vor und wandert aus diesem Grund zum Pluspol.

Hinweise zur Durchführung: Die Ninhydrin-Lösung wird mit einem Handzerstäuber aufgebracht. Sie kann nach folgender Rezeptur hergestellt werden: 0,3 g Ninhydrin werden in 100 ml Butan-1-ol und 3 ml konz. Essigsäure gelöst. Mit Ninhydrin erzeugte Farbflecke verblassen allmählich.

Zusatzinformationen

Ninhydrin-Reaktion
Die Formel des Ninhydrins ist:

Bei der in zahlreichen Zwischenstufen ablaufenden Reaktion mit einer Aminosäure werden zwei Ninhydrin-Einheiten zu einem Diketimin-Anion miteinander verbunden:

Das Stickstoff-Atom, das die beiden Ninhydrin-Einheiten miteinander verbindet, entstammt der Aminogruppe eines Aminosäure-Moleküls. Die Struktur des Anions ähnelt dem Indigo-Molekül.

Literatur

B. Breuer, H. Breuer: Reaktionsmechanismus der Ninhydrinprobe. Praxis der Naturwissenschaften – Chemie 45 (3/1996), 18

10.15 Impulse: Aminosäuren im Alltag

Zu den Aufgaben

A1 Ein Wasserstoff-Atom der endständigen Alkyl-Gruppe des Alanins ist durch einen aromatischen Ring ersetzt (Kap. 10.12, B2, Schulbuch).

A2 Mit dem Guthrie-Test kann auf das Vorliegen einer erhöhten Phenylalanin-Konzentration im Blut getestet werden, welche ein Hinweis auf die Krankheit Phenylketonurie ist. Der Test ist in einigen Ländern noch Bestandteil der Screening-Untersuchung von Neugeborenen. In Deutschland ist er durch empfindlichere Nachweismethoden ersetzt worden.

A3 Hefeextrakt wirkt als Geschmacksverstärker. Er hat die Glutamate (z.B. Mononatriumglutamat, E 621 oder auch Glutaminsäure, E 620) in vielen Fällen ersetzt. Der Vorteil für die Hersteller ist, dass Hefeextrakt im Gegensatz zu Glutamat nicht als Zusatzstoff gilt und somit auch nicht extra gekennzeichnet werden muss. Hefeextrakt wird aus natürlich vorkommenden Hefen gewonnen und enthält von Natur aus geschmacksverstärkende Glutaminsäure.

A4 Die essenzielle Aminosäure Lysin wird im (menschlichen) Körper für den Muskelaufbau und den Aufbau von anderen Aminosäuren benötigt. Ferner ist sie am Knochenwachstum, an der Zellteilung und an der Wundheilung beteiligt. Sie gehört zu den wichtigsten Inhaltsstoffen in Nährstoff-Lösungen für eine künstliche Ernährung.

A5 Die Hauptquelle für Lysin sind tierische Eiweiße. Lebensmittel wie Fisch, Fleisch, Eier und Milchprodukte liefern dem Körper daher ausreichende Mengen dieser Aminosäure. In geringerem Umfang findet sie sich auch in Getreide, Hülsenfrüchten und Nährhefe. Veganer, die jegliche tierische Nahrung strikt meiden, müssen daher zur Bedarfsdeckung oft Präparate mit Lysin einnehmen. Während einer Schwangerschaft und in der Stillzeit ist eine ausreichende Versorgung mit Lysin besonders wichtig, da sie das Knochenwachstum und die Zellteilung fördert. Zudem spielt die Aminosäure in der Wundheilung eine wichtige Rolle, da sie am Aufbau des Kollagens (Baustein des Bindegewebes) beteiligt ist und die Zellteilung anregt. Bei einem Mangel – egal in welchem Alter – kann es zu einer verringerten Enzymaktivität, Wachstumsstörungen und einem geschwächten Immunsystem kommen. Daher ist es in bestimmten Fällen sinnvoll, ärztlich abzuklären, ob ein Mangel besteht und diesen gegebenenfalls durch die Einnahme entsprechender Präparate auszugleichen.

10.16 Peptide und Peptidbindung

Zu den Aufgaben

A1 Eine Peptidbindung entsteht, wenn eine Aminogruppe (NH_2-Gruppe) mit einer Carboxygruppe (COOH-Gruppe) unter Abspaltung eines Wasser-Moleküls reagiert. Bei einer Esterbildung reagiert statt der Aminogruppe eine Hydroxygruppe (OH-Gruppe), ebenfalls unter Abspaltung eines Wasser-Moleküls. Anstatt der NH-Gruppe der Peptidbindung enthält die Estergruppe ein verbrückendes Sauerstoff-Atom.

Hinweis: Analog zur alkalischen Esterhydrolyse können durch Hydroxid-Ionen auch Peptide gespalten werden. Da das zentrale C-Atom der Peptidgruppe keine so hohe positive Partialladung trägt ($EN(N) < EN(O)$), benötigt man dazu allerdings eine stark alkalische Lösung, während zur Esterspaltung eine schwach alkalische Natriumcarbonat-Lösung genügt. Außer einem Carboxylat-Ion entsteht bei der alkalischen Hydrolyse eines Peptids ein Amin, bei der alkalischen Hydrolyse eines Esters entsteht ein Alkohol.

A2 Wegen der besseren Übersichtlichkeit ist hier die Skelettformel dargestellt:

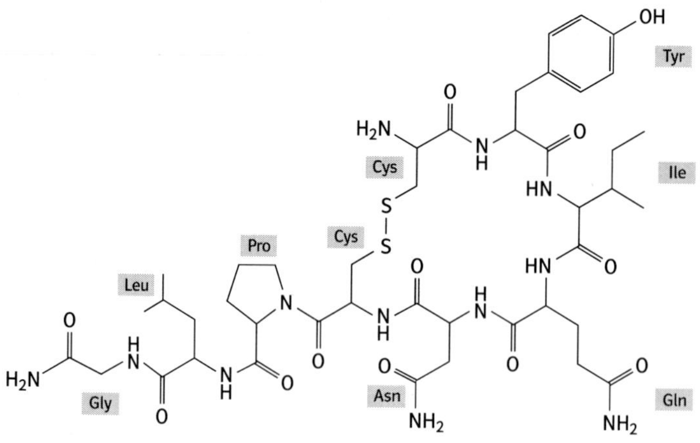

Oxytocin

A3 Abweichend von der Aufgabenstellung sind hier (statt der Halbstrukturformeln) die Strukturformeln dargestellt:

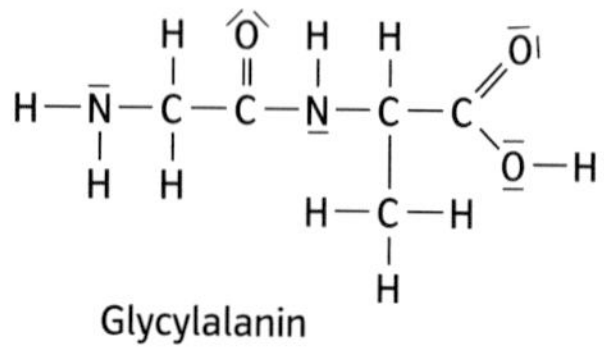

Glycylalanin

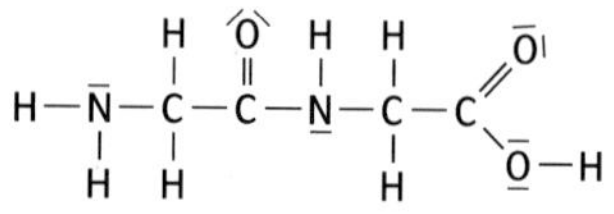

Glycylglycin

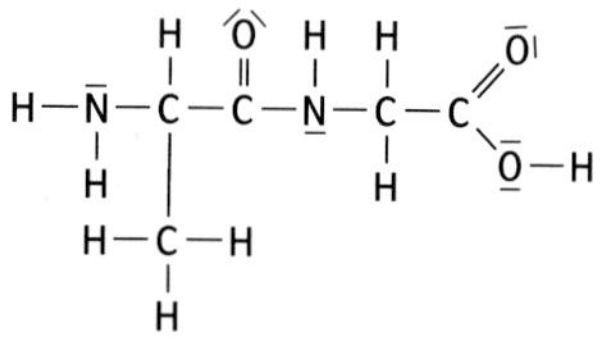

Alanylglycin

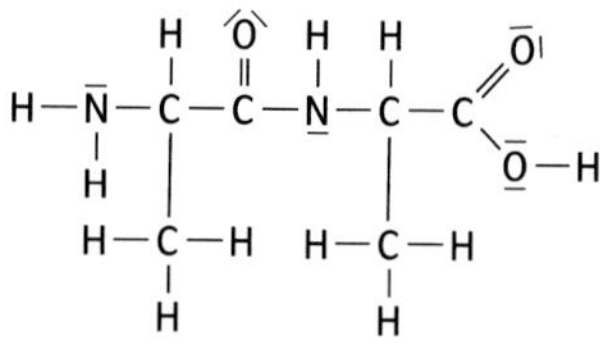

Alanylalanin

A4 Aus Hexandisäure (Adipinsäure) und Hexamethylendiamin (1,6-Diaminohexan) wird durch Polykondensation Nylon hergestellt:

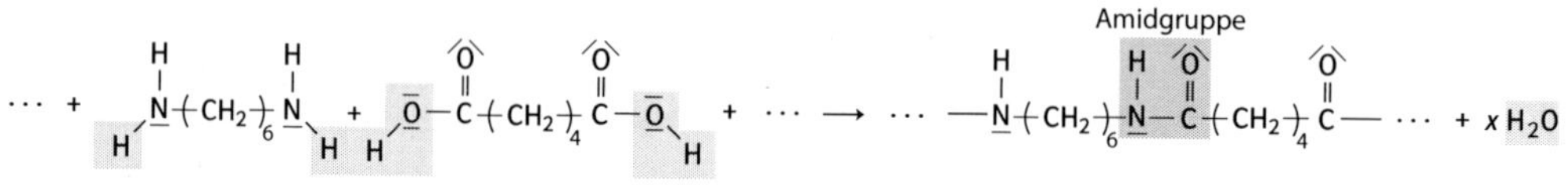

Diaminohexan (Diamin) Hexan-1,6-disäure (Dicarbonsäure) Nylon 6.6 (Polyamid)

Literatur

Ausführliche Darstellung des Themas Peptidsynthese:

R. K. Konat et al: Natürliche und künstliche Peptide. Praxis der Naturwissenschaften – Chemie in der Schule 44 (7/1995), 9

L. Jaenicke: 1902 – Das Geburtsjahr der Peptidchemie. Chemie in unserer Zeit 36 (5/2002), 338

10.17 Struktur von Peptiden und Proteinen

Zu den Aufgaben

A1

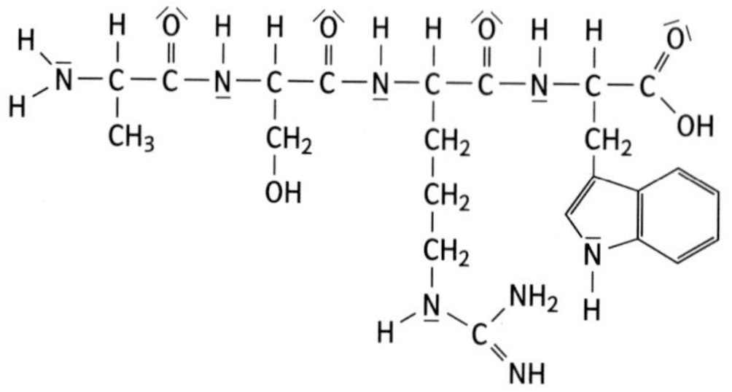

A2 Da Lysin zu den basischen Aminosäuren zählt und Valin zu den neutralen, wird die Protonierung an einem Stickstoff-Atom des Lysinbausteins stattfinden. Da die Aminogruppe am α-C-Atom durch die elektronenziehende Wirkung der CO-Gruppe elektronenärmer ist, wird bevorzugt die Aminogruppe am C-Atom 6 des Lysinbausteins protoniert:

$$
\begin{array}{c}
\text{H} \quad \hat{\text{O}} \quad \text{H} \quad \text{H} \\
| \quad \| \quad | \quad | \\
\text{H}-\overset{|}{\underset{|}{\text{N}}}-\overset{|}{\text{C}}-\text{C}-\overset{|}{\text{N}}-\overset{|}{\text{C}}-\text{C} \\
\text{H} \qquad \text{CH}_2 \quad \text{H}-\text{C}-\text{CH}_3 \\
\text{CH}_2 \qquad \text{CH}_3 \\
\text{CH}_2 \\
\text{CH}_2 \\
\text{H}-\overset{\oplus}{\text{N}}-\text{H} \\
\text{H}
\end{array}
$$

Hinweis: Das Stickstoff-Atom der Peptidbindung lässt sich in jedem Fall weniger leicht protonieren. Begründung (siehe auch Kap. 10.16, B2, Schulbuch): Man kann für die Peptidbindung eine mesomere Grenzformel formulieren, bei der das Stickstoff-Atom eine positive Partialladung trägt und das freie Elektronenpaar in die C–N-Bindung unter Ausbildung einer Doppelbindung einbezogen wird.

A3
- Beispiele für Proteine mit β-Faltblatt-Struktur: Proteinketten der Naturseide, Immunglobuline (Antikörper)
- Beispiele für Proteine mit α-Helix-Struktur: Hämoglobin, Myoglobin (Sauerstoffträger im Muskel), α-Keratin

A4 Kuru („Muskelzittern") ist eine durch Prionen ausgelöste Hirnkrankheit, die in der ersten Hälfte des 20. Jahrhunderts zu einer fast völligen Auslöschung des Volkes der Fore im zentralen Bergland von Neuguinea führte.
Die Symptome der tödlich verlaufenden Krankheit sind Bewegungsstörungen wie Gang- und Standunsicherheit, Tremor und ein unnatürliches Lachen. Ursache der Krankheit sind infektiöse Proteine (Prionen), die vermehrt im Gehirn auftreten. Diese wurden durch eine Art rituellen Endokannibalismus übertragen. Dabei wurde das Gehirn von verstorbenen Stammesmitgliedern von den nächsten weiblichen Verwandten und deren Kindern verzehrt.

Zusatzinformationen

Zur Visualisierung von Protein-Molekülen am PC
Aufgrund der komplexen Strukturen und der begrenzten Darstellungsmöglichkeiten von Protein-Molekülen treten bei der Verwendung von Abbildungen aus Büchern gelegentlich Verständnisschwierigkeiten bei den Schülerinnen und Schülern auf. Mit der Möglichkeit der räumlichen Darstellung von Proteinstrukturen am PC wird die Anschaulichkeit wesentlich erhöht und Fehlvorstellungen werden vermieden.
Für die Darstellung der Strukturmodelle gibt es zahlreiche Programme, z.B. schon seit langer Zeit „Rasmol" und „Chime", die jedoch als Plug-ins im entsprechenden Browser installiert sein müssen, wobei es bei modernen Browserversionen und in Netzwerken immer wieder zu Kompatibilitätsproblemen kam.
Eine für Schulen sehr gute Alternative ist „Jmol", ein Open-Source-Programm, das nicht vorher auf dem PC installiert werden muss. Einzige Voraussetzung ist das Vorhandensein von „Java" auf dem PC, was bei modernen PCs nahezu immer zutrifft. Es besteht z.B. die Möglichkeit, eine bestimmte Proteinstruktur direkt im Browser mit Jmol darzustellen, das zusammen mit der Proteinstruktur heruntergeladen wird.

Literatur und Medien (Stand Mai 2022)

Protein-Datenbanken:
- Worldwide Protein Data Bank (wwPDB), Zusammenschluss der Proteindatenbanken der USA, Europas und Japans
- Research Collaboratory for Structural Bioinformatics Protein Data Bank (RCSB PDB), Nachfolger der bekannten Brookhaven-Proteindatenbank mit einer großen Anzahl von Protein-Molekülen

Ressourcen für Strukturen:
- Jmol: Ein open-source Java viewer für dreidimensionale Molekülmodelle
- Protopedia: Datenbank u.a. für alle in der Protein-Datenbank erfassten Moleküle
- MathMol (Library of 3-D Molecular Structures)

Literatur

S. Musli, A. Kampwerth: „Be Veggie" – ein Struktur-Eigenschafts-Vergleich mit Gummibären. Chemie konkret 19 (4/2012), 185

Ch. Neu et al: Interaktive Enzym-Modelle. Der mathematische und naturwissenschaftliche Unterricht 61 (5/2008), 302

T. Pape: Die dritte Dimension. Räumliche Darstellung von Proteinstrukturen am Computer. Praxis der Naturwissenschaften – Chemie in der Schule 60 (2/2011), 23

DVD FWU4602291 Biomoleküle

10.18 Exkurs: Proteinstrukturen im Alltag

Literatur

J. Weisser: Chemie der Dauerwelle. Praxis der Naturwissenschaften – Chemie 46 (3/1997), 38

J. Hollensen: Haare und Haarkosmetik. Naturwissenschaften im Unterricht – Chemie 13 (4–5/2002), Heft 70/71, 68

P. Pfeifer: Chemie mit Haaren. Naturwissenschaften im Unterricht – Chemie 14 (3/2003), Heft 75, 12

Themenheft: Haut und Haare. Praxis der Naturwissenschaften – Biologie in der Schule 59 (5/2010)

10.19 Eigenschaften und Nachweis von Proteinen

Zu den Versuchen

V1 Von der Seite ist ein „Lichtstreifen" erkennbar.

Hinweis: Der Tyndall-Effekt tritt immer dann auf, wenn der Teilchendurchmesser der Moleküle des gelösten Stoffs in der Größenordnung der Wellenlänge des sichtbaren Lichts liegt. Da dies bei Gelatine-Lösung der Fall ist, streut sie das Licht, d.h., die angestrahlten Protein-Moleküle wirken wie winzige „Lichtquellen", die in alle Richtungen strahlen.

V2 Die Lösung wird violett, siehe B2 im Schulbuch.

Hinweis: Der Name Biuret-Reaktion geht auf den Stoff Biuret zurück, der mit Cu^{2+}-Ionen ebenfalls eine violette Lösung bildet. Die violette Farbe wird durch Kupfer-Komplexe verursacht.

V3 Im Schweiß kommen Aminosäuren vor. Diese können durch Reaktion mit Ninhydrin angefärbt werden. Der Ninhydrin-Nachweis findet daher in der Kriminaltechnik Einsatz.

Hinweis: Ninhydrin ist das Hydrat des Indan-1,2,3-trions. Ninhydrin dient als Reagenz zum Nachweis von Ammoniak und primären Aminogruppen, insbesondere von Aminosäuren aber auch Oligopeptiden. Da für den Nachweis freie Aminogruppen notwendig sind, ist er für Polypeptide eher nicht geeignet. Ninhydrin reagiert mit der Aminogruppe unter Wasserabspaltung zu einer Schiff'schen Base (Imin). Diese decarboxyliert und spaltet nach Hydrolyse den Aminosäure-Rest als Aldehyd ab, wobei Amino-Ninhydrin verbleibt. In einer anschließenden Kondensationsreaktion entsteht schließlich mit einem zweiten Ninhydrin-Molekül der blau-violette Farbstoff, Ruhemanns Purpur. Der Nachweis kann im Wasserbad erfolgen. Auch als Sprühreagenz findet Ninhydrin Einsatz, so bei der Papierchromatografie oder Dünnschichtchromatografie. Zudem kann eine quantitative photometrische Bestimmung stattfinden, da die Intensität des Farbstoffs (Ruhemanns Purpur) der Konzentration einer zu bestimmenden Aminosäure proportional ist.

Indan-1,2,3-trion-Hydrat (Ninhydrin)   Amino-Ninhydrin   Reaktionsprodukt (Ruhemanns Purpur)

10.20 Denaturierung von Proteinen

Zur Aufgabe

A1

a) Fieber dient der körpereigenen Infektabwehr. Durch die erhöhte Temperatur wird der Stoffwechsel beschleunigt und die körpereigenen Abwehrmaßnahmen werden gestärkt. Dadurch wird die Vermehrung der Krankheitserreger behindert.

b) Bei sehr hohem Fieber können Proteine, wie lebensnotwendige Enzyme, denaturieren. Die Denaturierung ist irreversibel bei Temperaturen über 42 °C oder bei hohem Fieber (über 40 °C), falls dieses länger als sechs Stunden anhält.

Zum Versuch

V1

a), b), c)
Bei diesen drei Ansätzen koaguliert das Eiweiß.

d) Man beobachtet eine Trübung durch Koagulation, außerdem eine Violettfärbung.
Erklärung: Die Koagulation beruht auf der Denaturierung durch Schwermetall-Ionen. Außerdem bilden sich Kupfer-Eiweiß-Komplexe, die die Lösung violett färben (Biuret-Reaktion, s. Kap. 10.19).

Literatur

K. Roth: Allerlei zum Frühstücksei. Chemie in unserer Zeit 43 (2/2009), 100
oder
K. Roth: Chemische Köstlichkeiten. Wiley-VCH, Weinheim 2010, S. 26
S. Leupold: Experimente zu Aminosäuren und Eiweißen. Praxis der Naturwissenschaften – Chemie in der Schule 60 (2/2011), 31

10.21 Impulse: Neue Proteine aus Bestandteilen der Nahrung

Zu den Aufgaben

A1 Durch die Kombination unterschiedlicher Lebensmittel kann die biologische Wertigkeit einer proteinhaltigen Mahlzeit deutlich erhöht werden. Die meisten tierischen Lebensmittel enthalten alle essenziellen Aminosäuren, während in pflanzlichen Proteinen häufig eine oder mehrere essenzielle Aminosäuren fehlen. Trotzdem ist es günstig, pflanzliche mit tierischen Lebensmitteln zu kombinieren. Die biologische Wertigkeit ist i.d.R. höher als die der Einzelkomponenten, häufig über 100.
Beispiel: Die Kombination von Hühnerei (100) mit Kartoffeln (90) hat eine biologische Wertigkeit von 136.
Insbesondere Veganer müssen auf eine ausreichende biologische Wertigkeit der Proteine achten. Durch Kombination verschiedener pflanzlicher Lebensmittel, wie Getreide mit Hülsenfrüchten, Sojaprodukten oder Ölsamen (nicht unbedingt während derselben Mahlzeit), können sie sich mit allen essenziellen Aminosäuren versorgen.

A2 Ein hoher Konsum von tierischem Eiweiß begünstigt die Entstehung von verschiedenen Zivilisationskrankheiten. Diskutiert werden: Gicht, Diabetes, Arthrose, Krebserkrankungen (v.a. Darmkrebs) sowie Herz- und Kreislaufkrankheiten.
Weitere Aspekte sind ökologische Auswirkungen der Massentierhaltung (hoher Trinkwasserverbrauch, riesige Abwassermengen, Freisetzung der Treibhausgase Kohlenstoffdioxid und Methan) sowie Tierschutzaspekte.

A3

a) Da Lysin eine essenzielle Aminosäure ist, die hauptsächlich in Fleisch vorkommt, kann es bei Vegetariern zu Lysinmangel kommen.
Hinweis: Da Lysin auch in Milch und Ei enthalten ist, ist die Gefahr des Lysinmangels bei Veganern noch größer.

b) Lebensmittel, in denen Lysin in größeren Mengen vorkommt, sind Fleisch, Fisch, Milchprodukte und Eier. Auch pflanzliche Produkte enthalten Lysin, insbesondere Buchweizen, Amaranth und Quinoa. Geringere Mengen sind auch in Walnüssen, Weizenvollkornmehl, Reis, Linsen, Erbsen und Soja enthalten.

c) Lysin ist eine essenzielle Aminosäure, d.h., der menschliche Organismus kann sie nicht synthetisieren. Bedeutung von Lysin – Beispiele:
- Lysin wird für die Synthese von Carnitin benötigt, einem vitaminähnlichen Stoff, der an zahlreichen Stoffwechselvorgängen im Körper beteiligt ist. Als Biocarrier ist Carnitin beispielsweise für den Fettstoffwechsel unverzichtbar. (Carnitin wird bisweilen als Nahrungsergänzungsmittel empfohlen, um einen besseren Fettabbau zu erzielen, was jedoch von Experten kontrovers diskutiert wird. Viele Sportler erhoffen sich durch die Einnahme eine erhöhte sportliche Ausdauer.) Ein Mangel an Carnitin führt u.a. zu erhöhter Infektneigung, Störungen des Fettstoffwechsels und verminderter Fruchtbarkeit.
- Lysin dient dem Aufbau von Strukturproteinen. Die wichtigsten Strukturproteine sind Kollagene, welche vor allem in Wachstumsphasen von Kindern für den Aufbau von Haut, Knochen und Blutgefäßen unverzichtbar sind. Lysin-Mangel kann daher zu Wachstumsstörungen führen.
- Lysin ist an der Bildung von Hormonen und Antikörpern beteiligt. Lysin-Mangel kann daher zu Hormonstörungen und Störungen des Immunsystems führen.

Hinweis: In der Medizin wird Lysin bei der Heilung und Vorbeugung von Herpes und anderen Virusinfektionen verwendet. Da Lysin die Calciumresorption aus dem Darm und die Calciumeinlagerung in die Knochen unterstützt, wird es auch zur Behandlung von Osteoporose eingesetzt.

10.22 Impulse: Bedeutung von Proteinen

Zu den Aufgaben

A1 Aus keratinhaltigen Naturstoffen, z.B. Horn, Nägel, Haaren werden Aminosäuren gewonnen, indem man diese wasserunlöslichen Faserproteine einer sauren Hydrolyse unterzieht. Die saure Lösung wird anschließend mit Ammoniak neutralisiert. Dabei werden Aminosäuren wie L-Tyrosin, L-Cystein und andere proteinogene Aminosäuren gewonnen.

A2 Weitere Einsatzmöglichkeiten für KI bei Proteinen:
Die Fähigkeit, Proteinstrukturen auf Basis ihrer Aminosäuresequenz vorherzusagen, eröffnet neue Möglichkeiten in der Grundlagenforschung und Medizin. Durch die Ermittlung der dreidimensionalen Struktur können Rückschlüsse auf die Funktion eines Proteins gezogen werden und die aufgrund einer anderen Struktur fehlerhafte Funktion erklärt werden. Dadurch kann die Ursache von Krankheiten ermittelt und Ansatzpunkte für neue Therapien und Medikamente gefunden werden.
Der Einsatz der KI könnte nicht nur die Medizin und Pharmazie revolutionieren, sondern auch die synthetische Biologie. Auf der Grundlage bereits bekannter Proteinstrukturen können durch gezieltes Proteindesign völlig neue molekulare Funktionseinheiten für diagnostische und therapeutische Zwecke erschaffen werden.

A3 Besonders proteinreiche Lebensmittel
In der nachfolgenden Tabelle finden Sie besonders proteinreiche tierische und pflanzliche Lebensmittel mit der Angabe des Massenanteils in g pro 100 g.

	Lebensmittel (100 g)	Protein (g)
tierisch	Parmesan	36
	Rohschinken	31
	Thunfisch in Öl, abgetropft	27,6
	Hart- und Halbhartkäse, vollfett	27,2
	Lachs, geräuchert	23,2
pflanzlich	Bierhefe, getrocknet	47,9
	Sojamehl, entfettet	45,2
	Pinienkerne	31,6
	Seitan	28
	Linsen geschält, getrocknet	27

Hinweis: Seitan wird aus Weizeneiweiß (Gluten) hergestellt. Es hat fleischähnliche Konsistenz.

A4   Leistungssportler haben aufgrund ihrer hohen körperlichen Belastung einen erhöhten Proteinbedarf. Weiter wollen Leistungssportler vermehrt Muskulatur aufbauen. Muskelgewebe besteht zu 20 Prozent aus den Proteinen Actin und Myosin. Muskelgewebe unterliegt einem ständigen Auf- und Abbau. Die notwendigen Bausteine für die Muskelproteine, die Aminosäuren, müssen durch besonders proteinreiche Ernährung dem Körper zugeführt werden.

A5   SARS-CoV-2 nutzt das Enzym ACE-2 als Rezeptor, um in die jeweiligen Wirtszellen zu gelangen. Dieses Enzym ist vor allem bei Zellen des Atemwegstrakts vorhanden. Deshalb werden vor allem Zellen der Atemwege infiziert, was dort zu nachhaltigen Störungen führen kann.

A6   Spike-Proteine bestehen aus zwei Untereinheiten: Die eine Untereinheit bindet an den Rezeptor ACE-2 der Wirtszelle, die andere Untereinheit führt zu einer Fusion von Virushülle und Zellmembran. So gelangen die Viren in die Wirtszelle.

A7   Enzyme wirken sehr spezifisch. Dabei unterscheidet man die Substrat- und die Wirkungsspezifität.
Enzyme sind substratspezifisch, das heißt, sie reagieren nur mit bestimmten Molekülen. Ein Enzym-Substrat-Komplex entsteht nur dann, wenn Substrat-Moleküle zur räumlichen Struktur des aktiven Zentrums des Enzyms passen. Substrat-Moleküle passen zu einem bestimmten Enzym wie ein Schlüssel zum Schloss (Schlüssel-Schloss-Prinzip).
Enzyme sind auch wirkungsspezifisch, das bedeutet, das jeweilige Enzym katalysiert nicht verschiedene, sondern nur eine bestimmte Reaktion, d.h. eine bestimmte Wirkung. Dabei entstehen immer die gleichen Produkte. Ein Enzym ist nach der Reaktion wieder voll funktionsfähig.

Beim Enzym ACE-2 liegt eine Substratspezifität vor, d.h., Spike-Proteine sind das Substrat für das Enzym ACE-2.

A8   Nach der Probenentnahme versetzt man die Probe mit Pufferlösung. Anschließend wird die Patientenprobe aufgetragen, d.h. einige Tropfen auf den Probenbereich getropft. Die Probe wandert durch Kapillarkräfte zunächst durch den Bereich mit den mobilen Antigen-spezifischen Antikörpern. Sind in der Probe passende Antigene vorhanden, binden diese Gold-markierten Antikörper an die Antigene und wandern mit. Auch die Gold-markierten Antikörper ohne Antigen wandern mit. Im Testbereich befinden sich stationäre Antikörper gegen das nachzuweisende Antigen. Von diesen werden die mit Gold-markierten Antikörpern versehenen Antigene gebunden. Es entsteht eine Antikörper-Antigen-Antikörper-Struktur (Sandwich-Komplex). Im Testbereich wird dadurch eine farbige Line sichtbar. Die nun noch vorhandenen Gold-markierten Antikörper wandern weiter zum Kontrollbereich, wo sich stationäre Antikörper gegen die Gold-markierten Antikörper befinden. Die mobilen Gold-markierten Antikörper werden von den stationären Antikörpern gebunden.
Ein positiver Test liegt dann vor, wenn sowohl der Testbereich als auch der Kontrollbereich eine farbige Linie aufweisen.
Ist nur im Kontrollbereich eine farbige Linie sichtbar, so ist der Test negativ. Zudem zeigt eine Linie im Kontrollbereich den ordnungsgemäßen Ablauf des Testverfahrens an.

A9   Das Antigen des Schwangerschafts-Schnelltests ist das hCG, welches für *human Choriongonadotropin* steht. Dieses Hormon wird ausgeschüttet, sobald sich eine befruchtete Eizelle in die Gebärmutter einer Frau eingenistet hat. Human Choriongonadotropin hat u.a. die Aufgabe, das Hormon Progesteron entstehen zu lassen. Progesteron ist verantwortlich dafür, dass die Gebärmutter auf die Schwangerschaft vorbereitet wird.
Das hCG ist einige Tage nach der Einnistung der befruchteten Eizelle in der Gebärmutter im Blut und etwas schwächer auch im Urin messbar. Hier setzt der frei käufliche Selbsttest an, der mit einer Urinprobe einfach durchgeführt werden kann. Schwangerschaftstests enthalten kleine saugfähige Teststreifen, die mit hCG-Antikörpern präpariert sind. Diese reagieren, sobald sie mit hCG im Urin in Berührung kommen.

Beispiel für eine beschriftete Skizze:

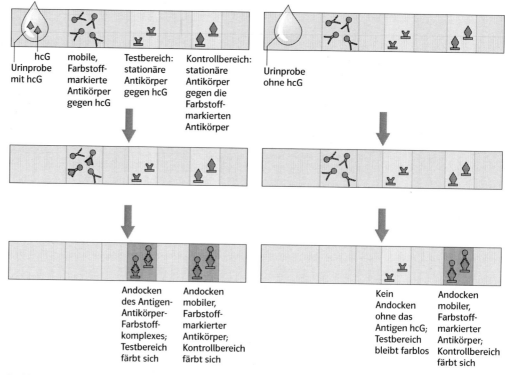

Positiver Schwangerschaftstest: schwanger   Negativer Schwangerschaftstest: nicht schwanger

hcG
Urinprobe
mit hcG

mobile,
Farbstoff-
markierte
Antikörper
gegen hcG

Testbereich:
stationäre
Antikörper
gegen hcG

Kontrollbereich:
stationäre
Antikörper
gegen die
Farbstoff-
markierten
Antikörper

Urinprobe
ohne hcG

Andocken
des Antigen-
Antikörper-
Farbstoff-
komplexes;
Testbereich
färbt sich

Andocken
mobiler,
Farbstoff-
markierter
Antikörper;
Kontrollbereich
färbt sich

Kein
Andocken
ohne das
Antigen hcG;
Testbereich
bleibt farblos

Andocken
mobiler,
Farbstoff-
markierter
Antikörper;
Kontrollbereich
färbt sich

hcG-Molekül

mobiler (mit einem Farbstoff
markierter) Antikörper gegen
das hcG-Molekül

stationärer Antikörper gegen
das hcG-Molekül

stationärer Antikörper gegen
den mobilen Antikörper

10.23 Impulse: Kohlenhydrate und Proteine in der Küche

Zu den Aufgaben

A1

1. Teigzubereitung durch Kneten (Zimmertemperatur)
2. Wirkungsphase der Enzyme (bis 50 °C)
3. Proteindenaturierungs- und Verkleisterungsphase (ab ca. 70 °C)
4. Verdampfungsphase des Wassers an der Oberfläche (bis ca. 100 °C)
5. Bräunungsphase mit Bildung von Aromastoffen (ab ca. 130 °C)

A2

H_2N—C—C—C—C—N—C—C—N—C—COOH

Glutaminsäure   Cystein   Glycin

Glutamyl-Cysteyl-Glycin

NH_2-Glu-Cys-Gly-COOH

```
        COOH
         |
         |   H   H       H   H   O̅        H
         |   |   |       |   |   ‖        |
 H₂N — C — C — C — C — N — C — C — N — C — COOH
         |   |   |   ‖       |   |   |   |
         H   H   H   O̅      CH₂  H   H   H
                             |
                            |S|
                             |
                            |S|
                             |
         H   H   H   O̅      CH₂  H   H
         |   |   |   ‖       |   |   |
 H₂N — C — C — C — C — N — C — C — N — C — COOH
         |   |   |       |   |   ‖       |
         H   H   H       H   H   O̅      H
         |
        COOH
```

A4 Acrylamid bildet sich v.a. in gerösteten, frittierten und gebratenen kohlenhydratreichen Lebensmitteln, wie z.B. frittierten Kartoffeln (Pommes frites, Kartoffelchips) und Getreideprodukten, besonders wenn sie in Gegenwart von Fett hoch erhitzt werden. Für die Bildung von Acrylamid spielt die Aminosäure *Asparagin* eine große Rolle. Beim Erhitzen mit reduzierenden Zuckern, z.B. Glucose, kommt es zur Bildung von Acrylamid. Dabei reagiert zunächst die Aminogruppe des Asparagin-Moleküls mit der halbacetalischen OH-Gruppe des Glucose-Moleküls:

```
        CH₂OH
         |
    H    C —— O̅      H                 H              O̅
     \  /        \   /                  |              ‖
      C           C          +    |N — CH — CH₂ — C — NH₂
     /  \        /  \              |          |
   OH    C —— C    (OH)  (H)      H         COOH
         |    |
         H    OH

         α-Glucose                    Asparagin
```

Maillard-Reaktion →

```
        CH₂OH
         |
    H    C —— O̅      H
     \  /        \   /                                        O̅
      C           C          +  H₂O          Zersetzung        ‖
     /  \        /  \                       ·············►  CH₂ = CH — C — NH₂
   OH    C —— C                    O̅
         |    |                    ‖
         H    OH      |N — CH — CH₂ — C — NH₂            Acrylamid
                       |    |                            (Propensäureamid)
                       H   COOH
```

Einige Gegenmaßnahmen:
– Senkung der Erhitzungsdauer und -temperatur
– Auswahl bestimmter Kartoffelsorten
– Lagerung und Aufbereitung der Rohware (Kartoffeln und Mehl)
– Entfernen von Asparagin und reduzierenden Zuckern durch Auslaugen im Wasserbad
– Zusatz von Säuren, z.B. Citronensäure, kurz vor dem Backen oder Frittieren

Nach: W. Ternes: Naturwissenschaftliche Grundlagen der Lebensmittelzubereitung. B. Behr's Verlag, Hamburg 2008

Zum Versuch

V1

Maillard-Reaktion

Beobachtung:
Man kann eine Verfärbung nach gelb bis braun beobachten, außerdem entwickelt sich ein bestimmter Geruch: Je nach verwendeter Aminosäure kann man bei Cystein bei kurzem Erhitzen den Geruch nach gebratenem Fleisch und bei längerem Erhitzen den Geruch nach Zwiebeln bemerken. Beim Erhitzen von Methionin riecht es nach Pellkartoffeln, bei Prolin nach frischem Brot und bei Glycin nach Karamell.

Erklärung:
Beim Erhitzen der Aminosäuren mit Wasser findet die sogenannte Maillard-Reaktion statt.
1. Kondensationsreaktion: der halbacetalischen Hydroxygruppe am C1-Atom des Glucose-Moleküls wird durch die Aminogruppe des Aminosäure-Moleküls angegriffen (s. Schulbuch, B6).
2. Ringbildungen. In der Folge entstehen häufig heterocyclische Ringe, die Stickstoff-Atome enthalten (s. Schulbuch, B4).

In den weitaus meisten Fällen entsteht das Aroma eines Lebensmittels allerdings aus mehreren hundert Komponenten.

Literatur

M. Angrick et al: Die Maillard-Reaktion. Chemie in unserer Zeit 14 (5/1980), 149

S. Leupold: Experimente zu Aminosäuren und Eiweißen. Praxis der Naturwissenschaften – Chemie in der Schule 60 (2/2011), 31

H. Zorn et al: Omas Küchenweisheiten – wissenschaftlich hinterfragt. Der mathematische und naturwissenschaftliche Unterricht 56 (1/2003), 35

P. Pfeifer: Die Aminosäure L-Cystein und ihre Funktion beim Backen. Naturwissenschaften im Unterricht – Chemie 14 (3/2003), Heft 75, 4

P. Pfeifer: Cystein – ein wichtiges Backhilfsmittel. Naturwissenschaften im Unterricht – Chemie 14 (3/2003), Heft 75, 16

K. Sommer et al: Christstollen und Weihnachtsbraten. Naturwissenschaften im Unterricht – Chemie 19 (6/2008), Heft 108, 43

A. Deifel: Die funktionellen Eigenschaften wichtiger Inhaltsstoffe des Weizenmehls – (k)ein Thema für den Chemieunterricht? Naturwissenschaften im Unterricht – Chemie 5 (3/1994), Heft 23, 18

Themenheft: Chemie beim Kochen und Backen. Praxis der Naturwissenschaften – Chemie in der Schule 58 (6/2009)

K. Roth: Unser täglich Brot. Chemie in unserer Zeit 41 (5/2007), 400 oder

K. Roth: Chemische Köstlichkeiten. Wiley-VCH, Weinheim 2010, S. 102

W. Ternes: Naturwissenschaftliche Grundlagen der Lebensmittelzubereitung. Behr's Verlag, Hamburg 2008

G. Schwedt: Experimente rund ums Kochen, Braten, Backen. Wiley-VCH, Weinheim 2010

N. Rajendran: Kulinarische Biologie und Chemie. Knecht Verlag, Bad Bergzabern 2002

Zur Acrylamid-Problematik:

W. Jansen: Acrylamid in Chips, Pommes und Bratkartoffeln. Chemie konkret 10 (1/2003), 51

R. Kreher et al: Asparagin – ein Vorläufer für die Bildung des Schadstoffes Acrylamid. Naturwissenschaften im Unterricht – Chemie 14 (3/2003), Heft 75, 46

Medien

VHS 10397 Brotbacken heute
VHS 4255268 Rund ums Backen

Museen (Stand Mai 2022)
Museum Brot und Kunst Forum Welternährung, Salzstadelgasse 10, 89073 Ulm
Europäisches Brotmuseum, Göttinger Str. 7, 37136 Ebergötzen

10.24 Nucleinsäuren – vom Gen zum Protein

Zu den Aufgaben

A1 Als Makromoleküle können genannt werden: Kohlenhydrat-, Protein- und Nucleinsäure-Moleküle.

Kohlenhydrat-Moleküle sind charakterisiert durch einen monotonen Aufbau aus jeweils nur einer Einheit. Als einzige Möglichkeit zur Codierung von Informationen könnte die Art der Verzweigung z. B. der Glykogen-Moleküle angesehen werden.

Protein-Moleküle können in ihrer speziellen Aminosäurensequenz Informationen gespeichert enthalten, ebenso Nucleinsäure-Moleküle in ihrer Basensequenz.

A2

DNA	RNA
Doppelstrang	Einzelstrang, Basenpaarung nur abschnittsweise
Bis zu $3 \cdot 10^9$ Basenpaare	Molekülketten kürzer als die der DNA
Molekülbausteine: Desoxyribose und Phosphorsäure, dazu die Basen Thymin, Adenin, Cytosin und Guanin	Molekülbausteine: Ribose und Phosphorsäure, dazu die Basen Uracil, Adenin, Cytosin und Guanin
Mögliche Basenpaarungen: A—T, C—G	Mögliche Basenpaarungen: A—U, C—G

A3 Die Basenabfolge in einem bestimmten Bereich der DNA codiert die Reihenfolge der Aminosäureeinheiten in einem Protein-Molekül. Eine Gruppe von drei Basen auf dem codogenen Strang der DNA, die eine bestimmte Aminosäure codiert, wird Codogen genannt.

Transkription: Die DNA liegt in teilweise entspiralisierter Form im Zellkern vor. Einer der beiden Stränge ist der codogene Strang. Er wird durch das Enzym RNA-Polymerase als solcher erkannt. Mit komplementärer Basenfolge wird ein RNA-Molekül aus Ribose-Nucleotiden aufgebaut. Statt der Base Thymin wird Uracil eingesetzt. Eine dem Codogen der DNA entsprechende Basenfolge der RNA wird Codon genannt. Das gebildete m-RNA-Molekül löst sich vom DNA-Molekül und wandert aus dem Kern ins Cytoplasma.

An speziellen Syntheseorten, den Ribosomen, findet der zweite Schritt, die Translation, statt. Hier tritt eine zweite Art von RNA-Molekülen in Funktion, die t-RNA-Moleküle. An einem Molekülende sind sie mit einem Aminosäure-Molekül verbunden. Außerdem besitzen sie eine charakteristische Dreiergruppe von Basen, die Anticodon genannt wird. Für jede Aminosäure existiert mindestens eine spezifische Art von t-RNA mit einem für sie typischen Anticodon. Ein Anticodon eines t-RNA-Moleküls geht eine Basenpaarung mit dem entsprechenden komplementären Codon des m-RNA-Moleküls ein. Dadurch werden die am Ende des t-RNA-Moleküls befindlichen Aminosäure-Moleküle in eine benachbarte Position gebracht und miteinander verbunden. Die miteinander verknüpften Aminosäure-Einheiten lösen sich von den t-RNA-Molekülen.

A4

Codogene der m-RNA	UUA	CGU	GAA	GAG	UAA
Codierte Aminosäuren	Leu	Arg	Glu	Glu	(Stop)
DNA, codogener Strang	AAT	GCA	CTT	CTC	ATT
DNA, nicht codogener Strang	TTA	CGT	GAA	GAG	TAA

A5

Die Stellungnahme soll folgende Gesichtspunkte enthalten:
- Eine exakte Weitergabe ist natürlich erforderlich, damit z.B. die Information zum Bau von Enzym-Molekülen mit einer für ihre Funktion wichtigen Sequenz von Aminosäuren weitergegeben (vererbt) werden kann.
- Ein System, das ausschließlich fehlerfreie exakte Kopien der Information erstellt, also keine Mutationen zulässt, ist zu keiner Entwicklung (Evolution) fähig.
- Viele Mutationen sind für den Organismus ohne Bedeutung. Es treten aber auch solche auf, die sich positiv oder negativ in der Auseinandersetzung des Individuums mit der Umwelt auswirken. Die Variabilität der DNA in Zusammenhang mit einer Selektion bietet daher die Voraussetzung für den Ablauf der Evolution.

A6

Der Doppelstrang wird entspiralisiert. → Der Doppelstrang wird geöffnet. → Es entsteht eine Replikationsgabel. → An beiden Einzelsträngen lagern sich Nucleotide mit komplementären Basen an. → Die Nukleotide werden zu Strängen verknüpft. → Als Produkt entstehen zwei identische wieder spiralisierte Doppelstränge.

A7

	DNA-Sequenzanalyse	PCR
Gemeinsamkeiten	Gentechnologische Untersuchungsmethoden von DNA	
	DNA-Analyse bzw. -Typisierung	
	Trennung der erhaltenen DNA-Stücke mit Gelelektrophorese	
	Vergleich von verschiedenen DNA-Proben möglich	
Unterschiede	Methode zur Bestimmung der Basenabfolge der DNA	Methode zur Vervielfältigung von DNA-Abschnitten
	Verwendung von Abbruch-Nukleotiden	Verwendung von Primern
	Ablesen der Basensequenz durch Sortieren der synthetisierten DNA-Stücke nach der Länge	Vervielfältigung bestimmter DNA-Abschnitte
	Ermittlung der Basensequenz in einer Gel-Elektrophorese.	Trennung der Gemische durch Gel-Elektrophorese
	Ergebnis: Reihenfolge der Basen A,C,T, G in der DNA-Probe.	Ergebnis: DNA-Kopien eines bestimmten DNA-Abschnittes

A8 Plasmide sind kleine, zirkuläre DNA-Moleküle, die zusätzlich zur Bakterien-DNA in Bakterien vorkommen.

1. Sie können von der Bakterienzelle vielfach repliziert werden.
2. Sie können mehrere Gene enthalten.
3. Sie können zwischen Bakterien ausgetauscht werden. Auf diese Weise entstehen Bakterien, die durch die Neukombination von Merkmalen Selektionsvorteile haben können, z. B. die Resistenz gegen verschiedene Antibiotika.

Zusatzinformation

Zu B7

Die Abbildung zeigt die Replikation in sehr stark vereinfachter Form, indem sie den Eindruck vermittelt, dass beide neu gebildeten Stränge parallel zueinander in der gleichen Richtung entstehen. Das Enzym DNA-Polymerase kann aber nur in der (5'→3')-Richtung des neu gebildeten Stranges arbeiten. Die Synthesen der Tochterstränge verlaufen also gegenläufig.

Literatur und Medien (Stand Mai 2022)

Visualisierung von DNA-Molekülen am PC
Siehe hierzu Informationen im Kapitel 10.17.

Mitmach-Labore
Heidelberger Life-Science-Lab im DKFZ (individuelle Anmeldung)
NUGI Netzwerk Universität-Gymnasien-Industrie, Ulm
Schülerlabore der BASF

Lernprogramm
Eine eher spielerische Einführung in die Thematik kann mit dem Wissensspiel „Genomic Explorer" erreicht werden.

Experimentierkoffer und -zusammenstellungen
Verband Biologie, Biowissenschaften und Biomedizin – VBIO e.V.
Bio-Rad „Classroom Kits"

Medien
Informationsserie des Fonds der chemischen Industrie (FCI): Biotechnologie, kleinste Helfer – große Chancen. Frankfurt/M. 2007
DVD 4650927 Genetischer Fingerabdruck
DVD 4650928 Das Humangenom-Projekt

Literatur
M. Müller, G. Braun: DNA-Extraktion aus Mundschleimhautzellen. Der mathematische und naturwissenschaftliche Unterricht 61 /1/2008), 47
A. Simons et al: Jede Tomate ist eine Gentomate. Gewinnung der DNA aus Obst und Gemüse. Praxis der Naturwissenschaften – Biologie in der Schule 52 (6/2003), 23
F. Crick: Ein irres Unternehmen. Piper Verlag, München 1988
W. D. Watson: Die Doppelhelix. rororo-Taschenbuch, Reinbeck
W. G. Pohl: Francis Crick 1916 – 2004. Chemie & Schule (Salzburg) 19 (3/2004), 8
B. Maddox: Rosalind Franklin. Campus Verlag, Frankfurt 2003,
B. Sykes: Die sieben Töchter Evas. Bastei-Lübbe-Taschenbuch, Köln 2003
K. Roth: Die schöne falsche Theorie der Biochemie. Chemie in unserer Zeit 41 (6/2007), 448 oder
K. Roth: Chemische Köstlichkeiten. Wiley-VCH, Weinheim 2010, S. 182
Zu DNA-Modellen:
H.-J. Quadbeck-Seeger: Die Struktur der DNA – Modellprojekt II. Chemie in unserer Zeit 43 (3/2009), 186
H.-J. Quadbeck-Seeger: Die Struktur der DNA – ein Modellprojekt. Biologie in unserer Zeit 38 (3/2008), 180
H.-J. Quadbeck-Seeger: Die Struktur der DNA – Modellprojekt II. Biologie in unserer Zeit 39 (2/2009), 76
H.-J. Quadbeck-Seeger: Neu: Das MoletomicsTM-Modell. Biologie in unserer Zeit 40 (1/2010), 14
http://www.quadbeck-seeger.de/bilder/moletomics/ (Stand August 2015)
A. Haarmann et al: DNA-Modelle selbst gebastelt. Chemie in unserer Zeit 44 (1/2010), 66

Informationen zu PCR
R. Heinze et al: Die PCR als „einfaches" Schulexperiment. Der mathematische und naturwissenschaftliche Unterricht 62 (2/2009), 98

Informationen zum Humangenom-Projekt
Office of science, Initiative: Genomics
Human Genom Project Information Archive 1990–2003
National Library of Medicine, 8600 Rockville Pike, Bethesda, MD 20894

10.25 Durchblick: Zusammenfassung und Übung

Zu den Aufgaben

A1 Die „Eselsbrücke" (Fischer-Projektion links entspricht oben in der Haworth-Projektion, FloH-Regel) besagt, dass OH-Gruppen, die in der Fischer-Projektion rechts stehen, in der Haworth-Projektion am entsprechenden C-Atom nach unten gezeichnet werden müssen. OH-Gruppen, die in der Fischer-Projektion links stehen, müssen in der Haworth-Projektion am entsprechenden C-Atom nach oben gezeichnet werden.
Im Fall der beiden in B9 dargestellten Formen eines Fructose-Moleküls sind die Kohlenstoff-Atome 3,4 und 5 von der FloH-Regel betroffen.

A2 Im Folgenden sind die Pyranosen dargestellt (auch die Furanosen wären eine richtige Lösung):

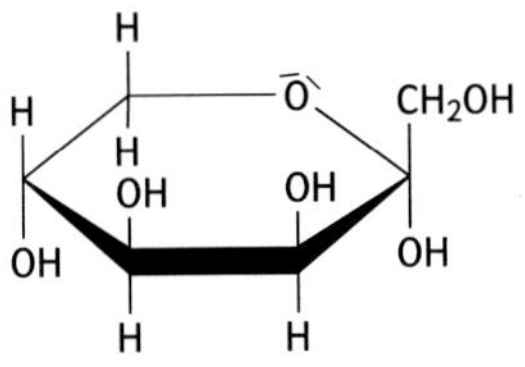

α-D-Tagatopyranose 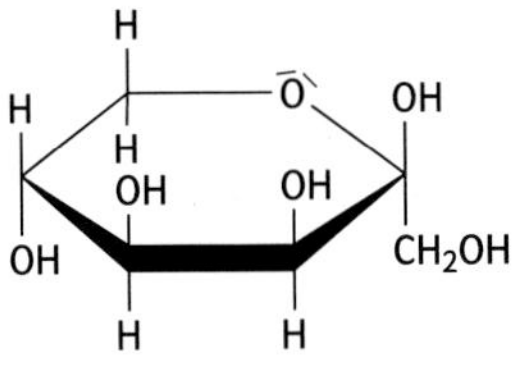   β-D-Tagatopyranose

Die Moleküle der D-Tagatose und L-Tagatose sind Enantiomere, hier in der Fischer-Projektion:

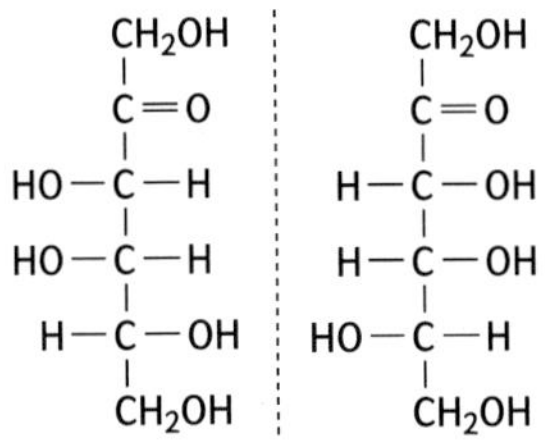

D-Tagatose   L-Tagatose

Allgemein bezeichnet man ein Gemisch aus Enantiomeren im Verhältnis 1:1 als Racemat. Mischt man also D-Tagatose und L-Tagatose im Stoffmengenverhältnis 1:1, erhält man ein Racemat. Eine wässrige Lösung des Racemats ist nicht optisch aktiv, d.h., sie dreht die Schwingungsebene linear polarisierten Lichts nicht.

A3

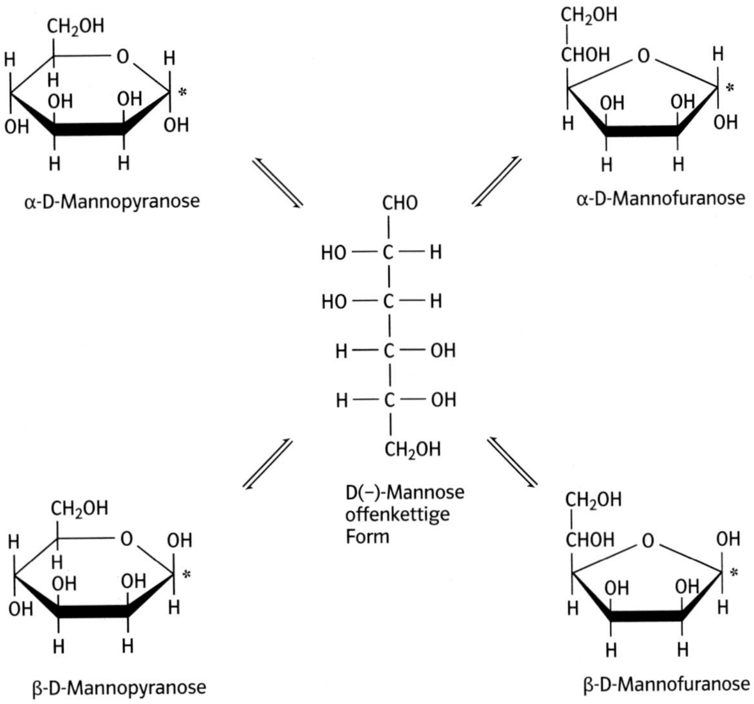

α-D-Mannopyranose

α-D-Mannofuranose

D(–)-Mannose offenkettige Form

β-D-Mannopyranose

β-D-Mannofuranose

Das anomere C-Atom ist mit einem Sternchen gekennzeichnet.
Hinweis: Als Lösung der Aufgabe genügt eine der vier Ringformen

Moleküle von Halbacetalen erkennt man daran, dass an dasselbe Kohlenstoff-Atom sowohl eine Hydroxygruppe als auch eine Alkoxygruppe oder Aryloxygruppe gebunden sind. Dies ist bei allen vier Ringstrukturen am anomeren Kohlenstoff-Atom der Fall.

A4 In einer wässrigen Lösung wandelt sich die α-D-Glucose über die Kettenform in die β-D-Glucose um. Es stellt sich nach einiger Zeit ein Gleichgewicht aus der α-D-Glucose und β-D-Glucose ein. Da sich α-D-Glucose und β-D-Glucose in ihrer spezifischen Drehung unterscheiden, ändert sich der Drehwinkel, bis sich das Gleichgewicht eingestellt hat. Der Vorgang der Umwandlung von α-D-Glucose über die Kettenform in die β-D-Glucose ist ein Beispiel für eine Mutarotation. Unter Mutarotation versteht man die spontane Änderung des Drehwinkels einer Lösung eines optisch aktiven Stoffes vom Zeitpunkt des Ansetzens der Lösung bis zum Erreichen eines konstanten Drehwertes. Es liegt dann das Gleichgewicht zwischen den optisch aktiven Stoffen in der Lösung vor.
Hinweis: Das Gleichgewichtsgemisch besteht aus etwa einem Drittel aus α-D-Glucose und zwei Dritteln β-D-Glucose und sehr geringen Anteilen der offenkettigen Form (ca. 0,1 %).

A5

a) Saccharose ist ein nicht reduzierendes Disaccharid. Begründung:
Der Glucose- und Fructosering des Saccharose-Moleküls sind α, β-1,2-glycosidisch aneinander gebunden. Damit sind beide halbacetalischen OH-Gruppen durch eine Bindung blockiert. Die Ringe können nicht in die offenkettige Form mit einer Aldehyd- bzw. Ketogruppe übergehen, die eine Voraussetzung für die positive Fehling-Probe darstellen (Fructose erst nach einer Keto-Endiol-Tautomerie in alkalischer Lösung).

b) Inversion: Saccharose ist rechtsdrehend (α_{sp} = +66° · ml · g^{-1} · dm^{-1}). Bei Zusatz von verdünnter Salzsäure beginnt die hydrolytische Spaltung der Moleküle in Glucose- und Fructose-Moleküle. Die D-Glucose hat einen spezifischen Drehwert von α_{sp} = +54,7° · ml · g^{-1} · dm^{-1}, die D-Fructose von α_{sp} = −92,4° · ml · g^{-1} · dm^{-1}. Da sich D-Glucose und D-Fructose im Verhältnis 1:1 bilden, überwiegt nach vollständiger Spaltung die Linksdrehung durch die D-Fructose. Beim Fortschreiten der Reaktion nimmt folglich der positive Drehwinkel (Saccharose) ab und geht schließlich in einen negativen Drehwinkel (Glucose-Fructose-Gemisch) über.
Reduzierende Wirkung: Die bei der Hydrolyse gebildete D-Glucose liegt in wässriger Lösung in einem Gleichgewicht zwischen α-Form, offenkettiger Form und β-Form vor. Die offenkettige Form mit ihrer Aldehydgruppe wirkt reduzierend, z. B. gegenüber dem Fehling-Reagenz.
Die außerdem gebildete Fructose ist zwar eine Ketose, reagiert aber in alkalischer Lösung teilweise zum Endiolat-Anion (Keto-Endiol-Tautomerie, siehe Kap. 10.11). Daher wirkt auch Fructose gegenüber dem (alkalischen) Fehling-Reagenz reduzierend.

A6 Oxidation:

Reduktion:

$$2 \overset{II}{Cu}^{2+} + 2 e^- + 2 OH^- \longrightarrow \overset{I}{Cu_2O} + H_2O$$

Gesamtredoxgleichung:

A7 Aus Fructose-Molekülen können in alkalischer Lösung durch die Keto-Endiol-Tautomerie Glucose-Moleküle gebildet werden. Dies geschieht über die Endiolform. Es stellt sich ein Gleichgewicht zwischen Glucose- und Fructose-Molekülen ein:

```
        H                          H                        H    OI
        |                          |                         \   //
   H—C—O—H                    C—O—H                         C
        |                          ||                         |
      C=O                       C—O—H                    H—C—O—H
        |                          |                         |
   H—O—C—H      (OH⁻)         H—O—C—H      (OH⁻)        H—O—C—H
        |        ⇌                 |         ⇌               |
   H—C—O—H                    H—C—O—H                   H—C—O—H
        |                          |                         |
   H—C—O—H                    H—C—O—H                   H—C—O—H
        |                          |                         |
      CH₂OH                      CH₂OH                     CH₂OH

   D-Fructose                 Endiolform der D-Fructose     D-Glucose
                                      der D-Glucose
```

Das Endiolat-Anion wird durch die in der Fehling-Lösung vorliegenden Kupfer(II)-Ionen in alkalischer Lösung zum D-Glucoson oxidiert. Die Kupfer(II)-Ionen werden zum Kupfer(I)-oxid reduziert:

```
     H                                        H    OI
     |                                         \   //
   C—OI⊖                                        C
     ||                                          |
   C—O—H       + 2 Cu²⁺ + 3 OH⁻  →          C=O             + Cu₂O + 2 H₂O
     |                                          |
H—O—C—H                                    H—O—C—H
     |                                          |
H—C—O—H                                    H—C—O—H
     |                                          |
H—C—O—H                                    H—C—O—H
     |                                          |
   CH₂OH                                      CH₂OH

  Endiolat-Anion                         D-Glucoson
                                         (2-Ketoglucose)
```

A8 Bei Verbindungen mit Hydroxygruppen gilt allgemein, dass mit der Anzahl dieser Gruppen die Löslichkeit steigt, da sich über die Hydroxygruppen Wasserstoffbrücken mit den Wasser-Molekülen ausbilden können. Bei Polysacchariden sind die zwischenmolekularen Kräfte (ZMK) zwischen den Polysaccharid-Molekülen aufgrund der Molekülgröße jedoch so groß, dass diese i. Allg. nicht durch die ZMK zwischen Wasser-Molekülen und Polysaccharid-Molekülen ersetzt werden können.

A9 Einige Möglichkeiten:
- Herstellen von wässrigen Lösungen gleicher Massenkonzentration und Messen der elektrischen Leitfähigkeit: In der Kochsalz-Lösung liegen Na⁺- und Cl⁻-Ionen vor. In der Serin-Lösung ist zwar ein Teil der Moleküle protolysiert, sodass Ionen vorhanden sind, aber im schwach sauren Bereich (vor allem bei Verwendung von dest. Wasser, in dem Kohlenstoffdioxid aus der Luft gelöst ist) liegen auch viele Zwitter-Ionen vor, die nicht zur Leitfähigkeit beitragen. Die Leitfähigkeit der Kochsalz-Lösung ist daher deutlich größer.
- Zugabe von Silbernitrat-Lösung zu den wässrigen Lösungen: Nur in der Kochsalz-Lösung bildet sich ein weißer Niederschlag von Silberchlorid.
- Elektrolyse der wässrigen Lösungen mit Graphitelektroden: Kochsalz-Lösung riecht nach Chlor, Serin-Lösung nicht.
- Zugabe von Ninhydrin-Lösung und Erhitzen im Wasserbad: Nur Serin zeigt die blauviolette Farbreaktion.
- Erhitzen der Feststoffe mit Natriumhydroxid (Gasbrenner) und Nachweis von Ammoniak mit feuchtem pH-Papier: Der Nachweis ist nur bei Serin positiv.
- Erhitzen der Feststoffe im Reagenzglas (Gasbrenner): Kochsalz verändert sich nicht, Serin zersetzt sich. Bei Serin lässt sich auch hier Ammoniak nachweisen.

A10 Glycin-Moleküle besitzen keine asymmetrischen C-Atome. Glycin-Moleküle sind daher nicht chiral und nicht optisch aktiv. Alle anderen Aminosäuren weisen asymmetrische C-Atome in ihren Molekülen auf und sind daher chiral und optisch aktiv.

A11 Der IEP ist der pH-Wert, bei dem eine Aminosäure in wässriger Lösung in Form von Zwitter-Ionen vorliegt. Der IEP ist abhängig von den Resten und damit eine charakteristische Kenngröße für jede Aminosäure.

A12 Bei der Dünnschichtchromatographie (DC) auf Kieselgel-Platten tragen Adsorptions- und Verteilungs-Vorgänge zur Auftrennung der Stoffe bei. Im sauren Milieu liegen die Aminosäuren in der kationischen Form vor und können auf der anionischen Silicat-Matrix festgehalten werden. In Abhängigkeit von ihrer Löslichkeit werden sie dann unterschiedlich schnell vom Laufmittel mitgenommen. Dadurch wird und das Gemisch aufgetrennt.

Liegen nicht alle im Gemisch enthaltenen Aminosäuren in der kationischen Form vor (also zum Teil auch anionisch oder ungeladen), so kommt es aufgrund unterschiedlicher Ladung (und Löslichkeit) zwangsläufig zu unterschiedlichen Ergebnissen der chromatografischen Trennung, d.h., die Trennung erfolgt unvollständig oder gar nicht.

A13 Asparaginsäure liegt in stark alkalischer Lösung vollständig deprotoniert vor (Aspartat-Dianion). Gibt man nach und nach Salzsäure hinzu, so laufen die folgenden Protolyseschritte ab:

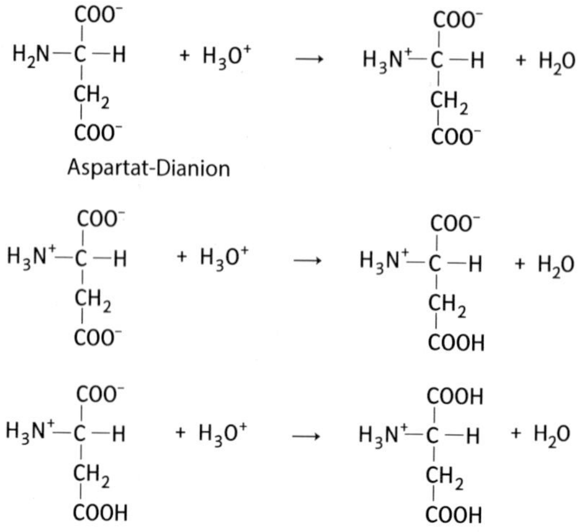

A14

a) Ausschnitt aus einem Keratin-Molekül:

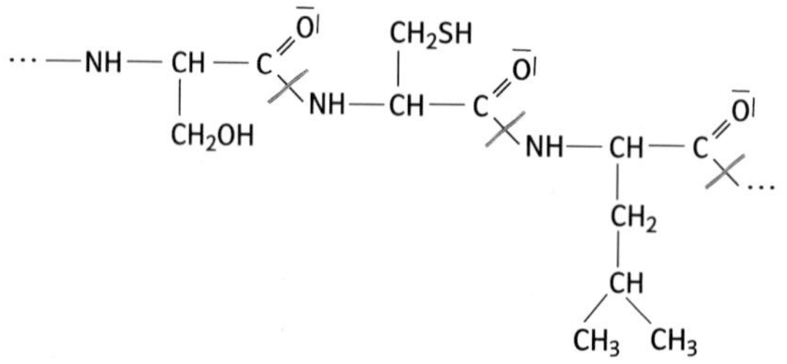

Es handelt sich um eine Peptidbindung.

b) $HOOC-CH(NH_2)-CH_2-SH + HS-CH_2-CH(NH_2)-COOH + H_2O_2$
$\rightarrow \quad HOOC-CH(NH_2)-CH_2-S-S-CH_2CH(NH_2)-COOH + 2\,H_2O$

Redox-Reaktion: Erhöhung der Oxidationszahl der Schwefel-Atome (Oxidation) und Verringerung der Oxidationszahl der Sauerstoff-Atome aus dem Wasserstoffperoxid-Molekül (Reduktion).

A15 In der Doppelhelix des DNA-Moleküls sind nur bestimmte Basenpaarungen möglich: Adenin/Thymin sowie Guanin/Cytosin. Folglich ist der Thymin-Anteil gleich dem Adeninanteil; der Rest muss zu gleichen Teilen Guanin und Cytosin sein. Daraus ergibt sich:

$X(\text{Thymin}) = X(\text{Adenin}) = 21\% \quad \Rightarrow \quad X(\text{Thymin}) + X(\text{Adenin}) = 42\%$

$\Rightarrow \quad X(\text{Guanin}) + X(\text{Cytosin}) = 100\% - 42\% = 58\%$

$\Rightarrow \quad X(\text{Guanin}) = X(\text{Cytosin}) = 58\% : 2 = 29\%$

11 Seifen und Waschmittel

Zum Bild der Einstiegsseite

Kernseife, Naturseife, Milchseifen – es gibt allerhand unterschiedliche Seifenstück-Typen auf dem Markt. Was haben die Schülerinnen und Schüler bisher diesbezüglich beim Einkauf wahrgenommen? Welche unterschiedlichen Seifen haben sie bisher ausprobiert? Seifen sind die Alkalisalze von Fettsäuren. Die Natriumsalze (Kernseifen) sind bei Zimmertemperatur fest, die Kaliumsalze (Schmierseifen) sind bei Zimmertemperatur halbfest bis flüssig. Die Fettsäuren können pflanzlichen oder tierischen Ursprungs sein. Preiswert sind beispielsweise Talg, Schmalz und extrahiertes Sonnenblumenöl. Für die günstigeren Kernseifen wird z. B. Rindertalg verwendet.

Reine Kernseifen sind für die Körperpflege nicht gut geeignet, da sie der Haut das Fett entziehen und sie austrocknen. Man verwendet sie eher für Reinigungszwecke und zum Filzen von Wolle. Körperseifen sind durch ihre rückfettende Wirkung und durch die hygroskopische Wirkung des Glycerins besser verträglich. Man kann sie aus Kernseifen herstellen, indem man z. B. Glycerin, Fette und Duftstoffe zusetzt. Anstatt nachträglich Fette zuzusetzen, kann man auch bei der Herstellung einen Überschuss an Fetten einsetzen, die dann nicht verseift werden. Für Naturseifen verwendet man hochwertige Pflanzenöle wie Olivenöl oder Arganöl und ätherische Öle als Duftstoffe. Milchseifen wird zusätzlich als Pflegemittel noch Milch zugesetzt, z. B. Schafmilch, Ziegenmilch oder Stutenmilch. Das Praktikum in Kap. 11.1 widmet sich der Seifenherstellung.

Literatur und Medien (Stand Mai 2022)

G. Wagner: Waschmittel – Chemie, Umwelt, Nachhaltigkeit. Wiley-VCH, Weinheim 2017
Themenheft: Rund um die Waschmittel. Naturwissenschaften im Unterricht – Chemie 12 (3/2001), Heft 63

Auf den Internetseiten der Universität Duisburg-Essen, des Umweltbundesamtes und des Industrieverbands Körperpflege und Waschmittel (IKW) e. V. findet man interessante Informationen zum Thema „Seifen und Waschmittel".
Angebot der BASF: Teens' Labs für die Oberstufe

11.1 Praktikum: Seife selbst herstellen

Zu den Versuchen

V1 **Seife aus Pflanzenöl**
Die Zugabe von Ethanol als Lösungsvermittler ist für ein optimales Ergebnis bei kurzem Erhitzen (ca. 10 bis 15 Minuten) unentbehrlich. In den letzten Minuten des Erhitzens kommt es zu starkem Schäumen.
Will man die Seife aus diesem Versuch isolieren, so kann man nach dem Erkalten den Becherglasinhalt in eine gesättigte Kochsalz-Lösung gießen und die ausgeflockte Seife abschöpfen. Eine nur noch wenig mit Natronlauge verunreinigte Seife erhält man, wenn die Seifenflocken mehrmals mit gesättigter Kochsalz-Lösung gewaschen werden. Die Seife trocknet man zwischen saugfähigem Papier. Allerdings geht mit jedem „Waschvorgang" ein wenig Seife verloren.

V2 **Extrahieren von Duftstoffen**
Es sind ungespritzte Zitronen oder Orangen einzusetzen. Der Duft der Zitrone oder Orange ist deutlich wahrnehmbar. Es lohnt sich auch eine Blutorange und Bitterorange zu verwenden.

V3 **Parfümieren von Seife**
Will man eine Seife erhalten, an der nur wenig Natronlauge haftet, so wäscht man die Seife zunächst zwei oder dreimal in gesättigter Kochsalz-Lösung und gibt erst der letzten Kochsalz-Lösung das Filtrat aus V2 zu. Allerdings geht mit jedem „Waschvorgang" ein wenig Seife verloren.

V4 **Die Schaumprobe**
Die Schaumprobe mit der selbst hergestellten Seife fällt positiv aus. Der Vergleich mit dem Abrieb gekaufter Seife dient als „Blindprobe".

11.2 Verseifung von Fetten

Zur Aufgabe

A1 Eine wässrige Seifenlösung ist alkalisch:

$$C_{17}H_{35}COO^- (aq) + H_2O (l) \longrightarrow C_{17}H_{35}COOH (s) + OH^- (aq)$$

Seifenlauge macht die Haut glitschig und brennt in den Augen. Die alkalische Lösung greift den schützenden Säureschutzmantel (Hydro-Lipid-Schicht) an. Bei häufigem Waschen kann empfindliche Haut gereizt oder sogar geschädigt werden.
In sauren Lösungen reagieren die Fettsäure-Anionen mit den Oxonium-Ionen der Säure zu Wasser und Fettsäure-Molekülen. Die wasserunlöslichen Fettsäuren scheiden sich in Form weißer Flocken ab.

$$C_{17}H_{35}COO^- (aq) + H_3O^+ (aq) \longrightarrow C_{17}H_{35}COOH (s) + H_2O (l)$$

Mit allen Metall-Ionen außer den Alkalimetall-Ionen bilden die Fettsäure-Anionen schwer lösliche Salze. In hartem Wasser, in dem sehr viele Calcium- und Magnesium-Ionen vorliegen, bildet sich deshalb ein weißer Niederschlag von Kalkseife, der zu Verkrustungen des Gewebes führt und sich als „Grauschleier" ablagert.

$$2\ C_{17}H_{35}COO^-(aq) + Ca^{2+}(aq) \longrightarrow (C_{17}H_{35}COO)_2Ca(s)$$

In hartem oder saurem Wasser wird deshalb ein Teil der Seifen ohne Nutzen verbraucht.
Seifen sind biologisch gut abbaubar und belasten damit die Gewässer nur gering.
Reine Seifen (z.B. Olivenölseifen) sind meist für Allergiker geeignet, da Seife von natürlichen Fetten von den meisten Menschen vertragen wird.
Seife entfernt beim Waschen Talgstauungen, Puder- und Cremereste aus den Poren. Dadurch wird die Hautatmung normalisiert.

Zum Versuch

V1 Kernseife (Natronseife): gelbe Flammenfärbung (Nachweis von Natrium)
Schmierseife (Kaliseife): rötliche Flammenfärbung (Mischfarbe, v.a. durch verglühendes organisches Material und auch Spuren von Natrium). Bei Betrachtung durch ein Cobalt- oder Neophanglas ist eine fahlviolette Flammenfärbung zu erkennen (Nachweis von Kalium).
Hinweis zur Durchführung: Viele der im Handel erhältlichen Flüssigseifen sind keine „echten" Schmierseifen, sondern Natronseifen, die mit Wasser und anderen Zusätzen „verflüssigt" wurden. Wenn der Kaliumnachweis sicher gelingen soll, dann muss reine Schmierseife verwendet werden, die oft leider nur in größeren Gebinden erhältlich ist (z.B. in manchen Öko-Läden). In jedem Fall empfiehlt sich ein Blick auf die Auflistung der Inhaltsstoffe. Schon geringe Mengen des Elements Natrium (engl. sodium) überdecken die Flammenfärbung des Kaliums.

11.3 Seifen als waschaktive Stoffe

Zu den Aufgaben

A1 Seifenlösung leitet den elektrischen Strom. Sie enthält Fettsäure-Anionen und Na^+- oder K^+-Ionen, die als frei bewegliche Ladungsträger die elektrische Ladung transportieren. Eine experimentelle Überprüfung kann z.B. so aussehen, dass man eine Batterie, ein Strommessgerät und ein Gefäß mit Seifenlösung in Reihe schaltet.
Hinweis: Falls der Versuch durchgeführt wird, ist zu beachten, dass die Leitfähigkeit von Seifenlösung nicht besonders hoch ist. Verwendet man statt des Strommessgeräts eine Glühlampe, benötigt man ein Netzgerät; eine Batterie ist i.d.R. zu schwach. Eine kleine Glühlampe (6V/2,4W) glimmt schwach, aber wahrnehmbar, wenn man das Netzgerät auf 12V stellt.

A2
- **Kolloide** oder kolloidale Lösungen sind Lösungen, in denen Teilchen oder Teilchenverbände mit einer Größe von 1 bis 1000 nm vorliegen.
- **Emulgatoren** sind Lösungsvermittler, die sowohl hydrophil als auch lipophil, also amphiphil sind.
- **Tenside** sind amphiphile Stoffe, die die Grenzflächenspannung herabsetzen.
- Eine **Dispersion** ist eine Mischung zweier oder mehrerer ineinander unlöslicher Stoffe, wobei der eine Stoff im anderen fein verteilt ist. Zu den Dispersionen gehören Schäume, Emulsionen und Suspensionen.

- Eine **Emulsion** ist eine fein verteilte Mischung zweier oder mehrerer ineinander unlöslicher Flüssigkeiten.
- Eine **Suspension** ist ein Gemisch eines Feststoffes in einer Flüssigkeit, wobei der Feststoff in der Flüssigkeit fein verteilt ist.
- Als **Tyndall-Effekt** bezeichnet man die Streuung des Lichtes in kolloidalen Lösungen.

A3 Der Wasserläufer, welcher zu den Wanzen gehört, ist ein räuberisches Insekt. Er lebt und jagt auf der Wasseroberfläche von ruhigen Gewässern. Dies ist durch die Oberflächenspannung des Wassers möglich. Da er über das Wasser gleiten kann, bezeichnet man ihn auch als „Schlittschuhläufer".

Auch beim Beutefang kommt dem Wasserläufer die Oberflächenspannung des Wassers zugute: Auf die Wasseroberfläche gefallene Insekten verursachen Kapillarwellen oder Kräuselwellen. Dies ist nur durch die Oberflächenspannung des Wassers möglich. Die Ortung der Beute findet dann durch Sinnesorgane an den Beinen der Wasserläufer statt.

A4 Mayonnaise ist eine „Wasser in Öl"-Emulsion (W/O-Emulsion). Dabei stammt das Wasser aus dem Eigelb (und ggf. aus zugegebenem Zitronensaft oder Essig). Die Emulsion wird durch Lecithin aus dem Eigelb stabilisiert. Lecithin ist kein Reinstoff; man spricht auch von der Stoffgruppe der Lecithine. Es handelt sich um Phosphatidylcholine; die folgende Abbildung zeigt als Beispiel das Phosphatidylcholin der Palmitinsäure und Ölsäure:

Palmityloleylphosphatidylcholin (POPC)

Die Lecithin-Moleküle enthalten sowohl polare als auch unpolare Gruppen, die sich an den Grenzflächen zwischen Wasser und Öl anordnen. Lecithin ist also sowohl lipophil als auch hydrophil, d.h. ein Emulgator.

A5 Im Gegensatz zu Wasser ist Tetrachlormethan eine lipophile Flüssigkeit, die aus unpolaren CCl_4-Molekülen besteht. Da Tetrachlormethan eine größere Dichte als Wasser hat, bildet es die untere Phase. Die Seifen-Anionen werden sich so an der Grenzfläche zwischen den beiden Flüssigkeiten anordnen, dass die unpolaren Alkylreste nach unten zum Tetrachlormethan zeigen und die polaren Carboxylatgruppen nach oben zum Wasser.

A6 Aufgrund des polaren Baus der Wasser-Moleküle sind die zwischenmolekularen Kräfte zwischen den Wasser-Molekülen (Dipol-Dipol-Wechselwirkungen, Wasserstoffbrücken) größer als die zwischen den unpolaren Heptan-Molekülen (London-Kräfte).
Des Weiteren ist auch die Grenzflächenspannung zwischen Luft und Wasser größer als zwischen Heptan und Luft, da Luft im Wesentlichen hydrophob ist. (N_2- und O_2-Moleküle und Edelgas-Atome sind unpolar; nur die in Spuren vorhandenen CO_2- und H_2O-Moleküle sind polar.)

A7
- Mit Seifenlösung: Die Seifen-Anionen dringen mit ihrem hydrophoben Teil in das Fetttröpfchen ein und umhüllen es. Die polare Carboxylatgruppe der Seifen-Anionen zeigt dabei zum Wasser. Durch Schütteln können die entstandenen Fettmicellen in kleinere Micellen zerfallen, wobei weitere Seifen-Anionen angelagert werden. Die Micellen stoßen sich aufgrund der negativ geladenen Hüllen gegenseitig ab. Auf diese Weise kann das hydrophobe Fett im hydrophilen Lösungsmittel Wasser fein verteilt und schließlich ausgespült werden.
- Mit Fleckbenzin: Fleckbenzin besteht aus kurzkettigen, unpolaren Kohlenwasserstoff-Molekülen. Fleckbenzin ist daher lipophil und kann folglich als Lösungsmittel für Fette dienen. Die unpolaren Fett-Moleküle treten in Wechselwirkung mit den unpolaren Kohlenwasserstoff-Molekülen des Fleckbenzins. Dabei können die London-Kräfte, die die Fett- und Benzin-Moleküle jeweils untereinander zusammenhalten, durch die Anziehungskräfte zwischen Fett- und Benzin-Molekülen ersetzt werden. Das Fett löst sich in dem Fleckbenzin und kann entsorgt werden.

Zu den Versuchen

V1 Beobachtung: Die Pfefferpartikel bewegen sich schnell zum Tellerrand.
Erklärung: Gibt man etwas Seife ins Wasser, so richten sich die Seifen-Anionen so aus, dass der polare „Kopf" ins Wasser taucht und der unpolare „Schwanz" in die Luft ragt. Die Anionen verteilen sich dabei gleichmäßig über die gesamte Wasseroberfläche, sodass die Pfefferpartikel an den Rand des Tellers gedrängt werden.

V2 Der „Wasserberg" hält den Stich einer sauberen Nadel aus. Eine in Flüssigseife getauchte Nadel zerstört den „Wasserberg"; das Wasser läuft am Glas herab.
Erklärung: Seife verringert die Oberflächenspannung des Wassers.

V3 Aufgrund der Oberflächenspannung „schwimmt" die Büroklammer bzw. Rasierklinge auf der Wasseroberfläche. Nach Zusatz der Seifenlösung geht der Gegenstand unter. Erklärung: siehe V2
Hinweis zur Durchführung: Man kann die Büroklammer auch mithilfe eines Stücks Filterpapier auf die Wasseroberfläche legen. Dazu legt man die Klammer zuerst auf das Filterpapier und dann beides auf die Wasseroberfläche. Nach kurzer Zeit kann man das Filterpapier unter Wasser drücken. Die Büroklammer bleibt auf der Oberfläche.

V4 Die Dichte von Öl ist kleiner als die Dichte von Wasser, das Öl müsste also nach oben steigen. Trotzdem bleibt aufgrund der großen Grenzflächenspannung das Öl zunächst im Kolben. Nach Zugabe der Seifenlösung steigt das Öl an die Wasseroberfläche. Erklärung: siehe V2

V5 Durch Zutropfen von Speiseöl bildet sich eine dünne, auf dem Wasser schwimmende Ölschicht. Die danach zugegebene Seifenlösung durchdringt die Ölschicht und mischt sich mit dem Wasser. Im nicht geschüttelten Reagenzglas bildet sich unter der Ölschicht ein trüber Bereich. Im geschüttelten Reagenzglas bildet sich Schaum und eine trübe Emulsion, die sich in ca. 15 Minuten teilweise entmischt: Die Emulsion bleibt trüb, darüber bildet sich wieder eine Ölschicht.

V6
a) Butter, Margarine und Paraffin werden in der Seifenlösung trotz starker Schaumbildung nur teilweise suspendiert.
b) In Heptan löst sich das Wachs nach längerem Schütteln. Mit Butter bildet sich aufgrund ihres Wassergehalts eine trübe Emulsion.

V7 Wasser perlt auf der Glasplatte ab bzw. bleibt als Tropfen auf dem Gewebe des Nylonstrumpfes „sitzen". Seifenlösung kann die Glasplatte benetzen; beim Nylonstrumpf dringen die Tropfen in das Gewebe ein. Erklärung: siehe V2

Zusatzversuch

Tyndall-Effekt bei Seifenlösung
Wasser, Kochsalz-Lösung und eine Lösung von 0,1 g Seifenflocken in 100 ml dest. Wasser werden in jeweils einen passenden Standzylinder (oder in eine Küvette) gegeben. Am Standzylinder wird eine Lochblende aus Pappe befestigt (Lochdurchmesser ca. 0,5 cm). Anschließend werden die Flüssigkeiten in einem abgedunkelten Raum mit dem Licht eines Diaprojektors durchstrahlt. Besonders eindrucksvoll ist der Versuch bei der Verwendung eines Laser-Pointers; hier benötigt man keine Lochblende. (Vorsicht! Nicht in die Lichtquelle schauen, der Laserstrahl schädigt die Netzhaut des Auges.)

11.4 Der Waschvorgang

A1 Die Bewegung der Waschtrommel führt dazu, dass die Wäsche gleichmäßig von der Waschlauge durchdrungen wird. Die Mitnehmerrippen im Innern der Waschtrommel sorgen dafür, dass die Wäsche bei der Drehung bis oben mitgenommen wird und von dort in die Lauge fällt. Bei dieser Bewegung wird auch Wasser mit nach oben gespült, das dann durch die Löcher in den Mitnehmern wieder nach unten regnet. Durch die Bewegung der Trommel wird die Wäsche immer wieder aufgelockert. Auf diese Weise wird die Wäsche schonend mechanisch bearbeitet.

A2
a) $2 \text{ R-COO}^-(aq) + Ca^{2+}(aq) \longrightarrow (\text{R-COO}^-)_2Ca(s)$
Kalkseife
b) Wässrige Seifenlösungen reagieren alkalisch. Seifen-Anionen sind Basen, die im Rahmen einer Gleichgewichtsreaktion Protonen von Wasser-Molekülen aufnehmen können:

$$\text{R-COO}^-(aq) + H_2O(l) \rightleftharpoons \text{R-COOH}(s) + OH^-(aq)$$

Empfindliche Textilien, wie Wolle oder Seide, werden durch die alkalische Seifenlösung geschädigt. Die alkalische Seifenlösung brennt in den Augen und greift die Haut an. Durch häufiges Händewaschen wird Fett aus der Haut gelöst, was dazu führt, dass diese austrocknet.

Durch Bildung von Kalkseife beim Waschen mit hartem Wasser geht Seife für den Waschvorgang verloren. Kalkseife lagert sich auch leicht auf den Textilien ab, wodurch diese brüchig und grau werden, das Gewebe verfilzt.

In saurer Lösung entstehen unlösliche Fettsäuren, die ausfallen:

$$R-COO^-(aq) + H_3O^+(aq) \rightleftharpoons R-COOH(s) + H_2O(l)$$

Jedes protonierte Seifen-Anion ist für den Waschvorgang verloren.

Hinweis: Die Nachteile der Seifen haben zur Entwicklung der „synthetischen" Tenside geführt. Waschmitteln wird Seife nur noch zur Schaumregulierung zugegeben (damit es weniger schäumt).

Zum Versuch

V1

a) Das Öl-Wasser-Gemisch entmischt sich in sehr viel kürzerer Zeit (ca. 3 min) als das Gemisch mit dem Seifenzusatz (ca. 10 min).

b) Von Wasser wird der Wollfaden bzw. das Baumwolltuch schnell, aber nicht sofort benetzt. Es bildet sich eine tiefschwarze Suspension; am Rand des Becherglases setzt sich etwas Holzkohle ab. Verwendet man ein weißes Baumwolltuch, so sieht man, dass es etwas sauberer wird, aber schwarze Flecken behält.
Von Seifenlösung wird der Wollfaden bzw. das Baumwolltuch praktisch augenblicklich benetzt. Die Suspension ist grau; am Rand des Becherglases setzt sich keine Holzkohle ab. Ein weißes Baumwolltuch wird fast gleichmäßig hellgrau.

c) Aus dem Wasser kann das Kohlepulver bzw. Eisen(III)-oxid-Pulver durch Filtration abgetrennt werden. Mit Seifenlösung erhält man ein trübes Filtrat. Die Abtrennung von Kohlepulver bzw. Eisen(III)-oxid-Pulver aus Seifenlösung ist also durch Filtration nicht möglich.

11.5 Tenside als waschaktive Stoffe

Zur Aufgabe

A1 Der Fettalkohol Hexadecan-1-ol (Cetylalkohol, Palmitylalkohol) reagiert mit Schwefelsäure; dabei bildet sich der einfache Schwefelsäureester Hexadecylhydrogensulfat:

$$CH_3-(CH_2)_{14}-CH_2-OH + HO-SO_3H \rightarrow CH_3-(CH_2)_{14}-CH_2-O-SO_3H + H_2O$$

Durch Neutralisation mit Natronlauge entsteht Hexadecylsulfat:

$$CH_3-(CH_2)_{14}-CH_2-O-SO_3H + NaOH \rightarrow CH_3-(CH_2)_{14}-CH_2-O-SO_3^-Na^+ + H_2O$$

Zu den Versuchen

V1 Das Reaktionsprodukt ist ein weicher, gelblicher Feststoff. Es handelt sich um das Tensid Hexadecylsulfat, das zur Klasse der Fettalkoholsulfate gehört. Reaktionsgleichung: siehe A1
Hinweise zur Durchführung:
Wichtig für ein Gelingen des Versuches ist das vorsichtige Erwärmen (mit der Brennerflamme), besonders beim Schmelzen des Cetylalkohols, und die tropfenweise Zugabe der konzentrierten Schwefelsäure, um ein Zersetzen zu vermeiden. Das Reaktionsprodukt kann auf Schaumbildung und nach V2b und V2c untersucht werden.
Alternativ kann der Versuch mit Dodecanol (Laurylalkohol) auch in größeren Mengen durchgeführt werden: 14 g Lorol® (Fettalkoholgemisch mit Hauptbestandteil Dodecanol) werden in einem Becherglas auf einer Heizplatte schwach erwärmt (ca. 40 °C). Anschließend gibt man unter ständigem Rühren tropfenweise 3 ml konzentrierte Schwefelsäure zu. (Gelbfärbung; Achtung, bei zu hoher Temperatur Verkohlung!) Durch Neutralisation mit Natronlauge erhält man Natriumdodecylsulfat.

V2 Feinwaschmittellösung und Alkylsulfat-Lösung zeigen in allen Teilversuchen keine Reaktion. Seifenlösung zeigt folgende Reaktionen:
a) Mit Phenolphthalein-Lösung: Rosa- bis Rotfärbung (Bildung einer alkalischen Lösung durch Protolysereaktion der Seifen-Anionen mit Wasser-Molekülen)
b) Mit Kalkwasser: weiße Trübung (Niederschlag von Kalkseife)
c) Mit verd. Salzsäure: weiße Trübung (Abscheidung der freien, schwer löslichen Fettsäuren)

Zusatzinformationen

In den 20er-Jahren des 20. Jahrhunderts begann die Entwicklung der synthetisch hergestellten Waschrohstoffe. 1932 kam das Waschmittel für Feinwäsche (Fewa®) auf den Markt, das erste Waschmittel, das ein synthetisches Tensid enthielt.

Der Durchbruch gelang, als man großtechnisch Fettsäuren, die aus natürlichen Fetten und Ölen gewonnen wurden, zu den entsprechenden Fettalkoholen reduzieren konnte. Zur Herstellung von Fettalkoholen werden Fette und Öle hydrolytisch gespalten, die Fettsäuren mit Methanol verestert und dann die Fettsäuremethylester durch fraktionierende Destillation getrennt. Durch Reaktion mit Wasserstoff gewinnt man die Fettalkohole. Diese werden mit Schwefelsäure zu Alkylsulfaten umgesetzt.

Literatur und Medien

G. Wagner: Waschmittel – Chemie, Umwelt, Nachhaltigkeit. Weinheim 2017

G. Wagner (Hrsg.), G. Hauthal: Reinigungs- und Pflegemittel im Haushalt. Verlag für Chemische Industrie, H. Ziolkowsky, Augsburg 2003 (insbesondere S. 51–58)

Information über eine neue Klasse der Biotenside, die in den nächsten Jahren immer mehr an Bedeutung gewinnen wird: M. Dreja et al: Vom Konzept der Anwendung. Nachrichten aus der Chemie 58, (12/2010), 1238

Tenside – Seife und Waschmittel. FWU 4602684 (DVD) bzw. 5501213 (Web-DVD)

11.6 Inhaltsstoffe von Waschmitteln

Zu den Aufgaben

A1 Silicate binden Schwermetall-Ionen und wirken als Bleichmittelstabilisatoren.

A2 Verschmutzungen, die mit Bleichmitteln entfernt werden sollen, sind oftmals Farbstoffe:
- rote bis blaue Anthocyanfarbstoffe aus Kirschen und Heidelbeeren;
- gelbe Curcumafarbstoffe aus Curry und Senf;
- braune Gerbstoffe von Tee, Obst und Rotwein;
- tiefbraune Huminsäuren aus Kaffee und Kakao;
- rotes Betanin der Roten Bete;
- orangerotes β-Carotin der Möhre und Tomate;
- grünes Chlorophyll;
- technische Farbstoffe aus Kosmetika und Farbstiften.

Die oxidative Bleiche, die sich zur Entfernung dieser Verschmutzungen bewährt hat, beruht im Wesentlichen auf der Zerstörung der Struktur dieser Farbstoffe. Die konjugierten Doppelbindungen, die für die Absorption des Lichtes und damit für die Farbigkeit verantwortlich sind, werden gespalten oder hydroxyliert, d.h., die C-Atome der ehemaligen Doppelbindungen binden Hydroxygruppen. Der Farbstoff verliert seine farbgebenden Eigenschaften und seine Haftung auf der Faser. Dies würde auch mit den Farbstoffen auf den zu waschenden farbigen Textilien geschehen. Ein Ausbleichen der Farben wäre die Folge, deshalb enthalten Colorwaschmittel kein Bleichmittel.

A3 Tensid-Moleküle bzw. Tensid-Ionen bestehen aus einer polaren Kopfgruppe und einer unpolaren Schwanzgruppe. Der unpolare Molekülteil/Teil des Ions weist meist eine ähnliche Struktur auf: unverzweigte oder verzweigte Kohlenwasserstoff-Ketten, manchmal unter Einschluss cyclischer Anteile. Der polare Molekülteil/Teil des Ions kann sich stark unterscheiden. Bei Tensid-Ionen findet man beispielsweise die Carboxylatgruppe und die Sulfatgruppe.

A4 Da Bleichmittel erst oberhalb von 60 °C aktiv werden, gelangen diese bei niedrigeren Waschtemperaturen ungenutzt ins Abwasser.

Der Einsatz von optischen Aufhellern ist nur bei Weißwäsche sinnvoll, um einen Gelbstich zu vermeiden. Bei Buntwäsche bringt ein optischer Aufheller keine Vorteile.

Der Einsatz eines Vollwaschmittels als Universalwaschmittel ist also nicht sinnvoll.

Zu den Versuchen

V1 Der Filterrückstand ist ein weißer Feststoff; er wird für V2 benötigt.

Hinweis: Dies ist eine sehr einfache Methode zur Gewinnung von Zeolith A. Sie eignet sich auch zur quantitativen Bestimmung des Anteils von Zeolith A in unterschiedlichen Vollwaschmitteln.

V2
- Dest. Wasser: Kräftige Schaumbildung
- Hartes Wasser: Weißer flockiger Niederschlag, nahezu keine Schaumbildung
- Hartes Wasser mit Zeolith A: Schaumbildung

Erklärung: Die Schaumbildung ist abhängig von der Menge der gelösten Seife. Mit den Ca^{2+}-Ionen des harten Wassers bildet sich schwer lösliche Kalkseife. Zeolith A bindet die Ca^{2+}-Ionen und verhindert dadurch die Bildung von Kalkseife.

V3 In allen drei Ansätzen ist eine sehr gute Bleichwirkung zu erkennen (in Abhängigkeit von der Konzentration). Erklärung: Die Farbstoffe werden durch Oxidation zerstört.

V4 Alle Lösungen außer der Feinwaschmittel-Lösung färben sich blau.
Erklärung: Bleichmittel und Wasserstoffperoxid-Lösung oxidieren Iodid-Ionen zu Iod-Molekülen.
Diese reagieren mit weiteren Iodid-Ionen zu Triiodid-Ionen:

$$2 \, I^- (aq) \; \longrightarrow \; I_2 + 2 \, e^- \qquad\qquad I_2 + I^- (aq) \; \longrightarrow \; I_3^- (aq)$$

Stärke-Lösung enthält Amylose. Die Amylose-Moleküle lagern Triiodid-Ionen ein und bilden mit
diesen eine blaue Verbindung.
Der Versuch zeigt also, dass das Feinwaschmittel keine Bleichmittel enthält.

V5 Die 50 °C heiße Vollwaschmittel-Lösung greift das Eiweißstückchen deutlich stärker an als die
70 °C heiße Lösung. Erklärung: Die Proteasen des Waschmittels hydrolysieren die Proteine. Bei
Temperaturen über 60 °C werden die Proteasen jedoch denaturiert.
Hinweise zur Durchführung und zu Beobachtungen: Der Versuch wurde mit einer konzentrierten,
trüben Lösung des Vollwaschmittels „Persil sensitive megaperls" durchgeführt. Die Lösung wurde auf
zwei Reagenzgläser verteilt und im Wasserbad auf 50 °C bzw. 70 °C erhitzt; dann wurden die Eiweißstückchen zugegeben. Die Temperatur wurde ca. 1 Stunde im Bereich von 43 – 51 °C bzw. 60 – 70 °C
gehalten. Danach wurden beide Reagenzgläser in einen Reagenzglasständer gestellt, bei Zimmertemperatur weiter beobachtet und dabei ab und zu drehend bewegt. Das Eiweißstückchen in der
weniger erhitzten Lösung war nach einer weiteren halben Stunde deutlich angegriffen, die Oberfläche sah „watteartig ausgefranst" aus. Nach weiteren 9 Stunden zerfiel es in mehrere Teile. Das
Eiweißstückchen in der stärker erhitzten Lösung war auch nach dieser Zeit nur schwach angegriffen.
Nach einigen Tagen war das Eiweißstückchen in der weniger erhitzten Lösung „verschwunden"; das
Eiweißstückchen in der stärker erhitzten Lösung hatte sich nicht mehr verändert.

V6
a) Die Lösung des Vollwaschmittels leuchtet im UV-Licht strahlend blau, die Lösung des Colorwasch-
mittels nicht. Erklärung: Nur das Vollwaschmittel enthält optische Aufheller.
b) Das mit Vollwaschmittel-Lösung behandelte Papiertaschentuch und die Mullbinde leuchten im
UV-Licht strahlend bläulich-weiß. Unbehandelte Papiertaschentücher und Mullbinden leuchten
nicht im UV-Licht.
Hinweis: Papiertaschentücher sind i. Allg. nicht mit optischen Aufhellern behandelt. In Recycling-
produkten finden sich jedoch oft Reste von optischen Aufhellern. (Quelle: Ökotest, Januar 2008)
Hinweise zur Durchführung:
– Für den Versuch wurde eine Leuchte mit Schwarzlicht-Energiesparlampe von Conrad (Leuchte
  Nr. 590685-2M; Leuchtmittel Nr. 596957-2M) verwendet. (Eine Schwarzlicht-Glühlampe brachte das
  Waschmittel nur sehr schwach zum Fluoreszieren.)
– Außer Papiertaschentüchern und Mullbinden sind auch Wattestäbchen gut geeignet.
– Zur Beobachtung der blauen Farbe des Fluoreszenzlichts darf die Umgebung nicht zu dunkel sein.
  Beobachtet man die Fluoreszenz im abgedunkelten Raum, empfindet man sie als weiß. Vermutlich
  liegt dies daran, dass die Zapfen des Auges nicht aktiv sind.

V7 Die zunächst beträchtliche Schaumbildung wird nach Zusatz der Seifen-Lösung erheblich
verringert. Erklärung: Seife wirkt durch die Bildung von Kalkseife als Schaumregulator.

V8 Durch Zugabe von Bariumchlorid-Lösung bildet sich ein weißer Niederschlag von Bariumsulfat:

$$Ba^{2+}(aq) + SO_4^{2-}(aq) \; \longrightarrow \; BaSO_4(s)$$

Hinweise:
Ohne Ansäuern wäre der Sulfatnachweis nicht eindeutig, da sich im alkalischen Milieu auch ein
Niederschlag von Bariumcarbonat oder Bariumhydroxid bilden könnte.
Natriumsulfat ist ein sog. Stellmittel (Füllstoff) und soll für eine gute Rieselfähigkeit, Dosierbarkeit
und Löslichkeit des Waschmittels sorgen. Kompaktwaschmittel enthalten keine Füllstoffe.

Hinweis zur Durchführung: Dieser Versuch lässt sich ergänzen, indem man verschiedene Waschmittel
(z. B. Vollwaschmittel unterschiedlicher Preislagen) auf den Anteil von Natriumsulfat untersucht.
(Die Angaben auf den Waschmittelverpackungen enthalten nur Gehaltsspannen.) Normalerweise
enthalten billige Waschmittel einen höheren Anteil von Natriumsulfat, da diese Komponente den
Hersteller wenig kostet.

V9
Becherglas 1 (Vollwaschmittel): Die Stoffprobe ist blau gefärbt.
Becherglas 2 (Vollwaschmittel mit PVP): Die Stoffprobe ist nahezu farblos.
Becherglas 3 (Colorwaschmittel): Die Stoffprobe ist nahezu farblos.

Erklärung: PVP (Polyvinylpyrrolidon) ist ein Farbübertragungsinhibitor. Das Colorwaschmittel enthält einen Farbübertragungsinhibitor, das Vollwaschmittel nicht.

Zusatzinformationen

Perborate. Natriumperborat wird in Europa als Bleichmittel kaum noch verwendet, seit es als „reproduktionstoxisch Kategorie 2" eingestuft wurde.

Percarbonate. Die Peroxykohlensäure (Peroxymonokohlensäure, H_2CO_4) ist nicht beständig. Es existieren aber Salze dieser Säure, die Peroxycarbonate (Peroxocarbonate, Percarbonate). Neben den Salzen dieser Säure, z. B. $NaHCO_4$, sind auch Salze der ebenfalls nicht beständigen Peroxydikohlensäure bekannt, z. B. $Na_2C_2O_6$. Die Peroxycarbonate der Alkalimetalle zerfallen jedoch beim Erwärmen und in wässriger Lösung, sie sind ohne technische Bedeutung. Das in Waschmitteln eingesetzte „Natriumpercarbonat" ist im eigentlichen Sinne kein Peroxycarbonat, sondern ein H_2O_2-Addukt und müsste richtiger Natriumcarbonat-Peroxohydrat heißen. Die durchschnittliche Zusammensetzung der im Handel verwendeten Natriumpercarbonate ist $2\,Na_2CO_3 \cdot 3\,H_2O_2$. Hierbei handelt es sich um weiße Pulver, die in Wasser zu Natriumcarbonat, Wasser und „bleichaktivem Sauerstoff" zerfallen. Dadurch wird einerseits der zum Bleichen benötigte aktive Sauerstoff frei, andererseits wird der pH-Wert im waschtechnisch günstigen Bereich um pH = 9,5 gehalten. Die Verwendung von Percarbonaten ist wegen der geringen Lagerstabilität problematisch, jedoch ist dieses Problem für Natriumpercarbonat gelöst. Wegen der höheren Bleichwirkung und des heute im Vergleich zu Natriumperborat interessanten Preises lohnt sich der Einsatz in Waschmitteln.

Hypochlorit-Bleiche. In den USA, in Japan und in anderen Regionen, wo die Waschmaschinen i. Allg. keine aktiven Heizsysteme besitzen, wird traditionell mit Natriumhypochlorit (NaClO) gebleicht. Natriumhypochlorit-Lösung (auch Eau de Labarraque genannt, ähnlich der Kaliumhypochlorit-Lösung, welche unter dem Namen Eau de Javelle bekannt ist) entfaltet ihre volle Bleichwirkung schon bei 20 °C. Als Oxidationsmittel wirken kann einerseits die hypochlorige Säure (HOCl) bzw. ihr Anion (OCl^-), andererseits der beim Zerfall der Säure (HOCl $\longrightarrow$ HCl + O) entstehende atomare Sauerstoff. Der genaue Reaktionsablauf der Oxidationsprozesse ist noch nicht im Einzelnen aufgeklärt. Natriumhypochlorit-Lösungen sind unverträglich mit anderen Waschmittelinhaltsstoffen, sodass in diesem Fall das Bleichmittel immer getrennt dosiert werden muss. Die Bildung organischer Halogen-Verbindungen während der Anwendung ist möglich, weiterhin sind auch Hautunverträglichkeiten gegenüber Hypochlorit-Lösungen bekannt geworden.

Silicate, eine neue Enthärtergeneration. Zu den neueren Entwicklungen bei den Enthärtern (Buildern) gehören die sog. Schichtsilicate (Bentonite). Während im Zeolith A ein dreidimensionales Raumgitter vorliegt, bilden Bentonite, die chemisch als Aluminiumhydrosilicate zu bezeichnen sind, zweidimensionale Schichtgitter aus. Die einzelnen Gitterschichten haben einen so großen Abstand voneinander, dass sich kleine Moleküle, z. B. Wasser-Moleküle, Kationen oder organische Moleküle in die Hohlraume einlagern können. Die Gitterschichten lassen sich auch leicht gegeneinander verschieben. Bentonite werden bevorzugt in pulverförmigen Spezialwaschmitteln eingesetzt. Sie besitzen aus waschtechnischer Sicht einige interessante Eigenschaften:
- Aufgrund ihrer Wasserunlöslichkeit und ihres Adsorptionsvermögens lagern sie sich in einer dünnen Schicht auf der Faser ab und wirken dadurch als Weichmacher.
- Aufgrund ihres ausgeprägten Adsorptionsvermögens für organische Komponenten sind sie außerdem in der Lage, Schmutzanteile und Farbstoffe zu binden und kolloidalen Pigmentschmutz durch Koagulation aus der Waschflotte zu entfernen. Sie dienen also auch als Vergrauungsinhibitoren. Die wasserenthärtende Wirkung der Bentonite ist gering.

Waschmittelgesetz. 1987 wurde das „Erste Gesetz zur Änderung des Waschmittelgesetzes" von 1975 unter dem Namen „Gesetz über die Umweltverträglichkeit von Wasch- und Reinigungsmitteln" (Wasch- und Reinigungsmittelgesetz, WRMG) verabschiedet. Damit wurde versucht, das alte Gesetz an die erhöhten Anforderungen des Gewässerschutzes anzupassen. Mittlerweile liegt eine aktualisierte Fassung vom 29. April 2007 vor. Es gilt ergänzend zur Verordnung (EG) Nr. 648/2004 des Europäischen Parlaments und des Rates vom 31. März 2004 über Detergenzien.

Literatur und Medien (Stand Mai 2022)

G. Wagner: Waschmittel – Chemie, Umwelt, Nachhaltigkeit. 4. Aufl., Wiley-VCH, Weinheim 2010 (insbesondere S. 85–134)
C. Jahnel, G. E. Schaumann, B. Risch: Umweltbelastung durch Waschmittel – Ein Modellexperiment zur Gefährdung des Grundwassers. Chemie konkret 21, (3/2014), 135K. Rubner et al: Voll- oder Feinwaschmittel? Naturwissenschaften im Unterricht – Chemie 17 (2/2006), Heft 92, 19
T. Angermaier et al: Die Inhaltsstoffe der Waschmittel – ein Lernzirkel für S I. Naturwissenschaften im Unterricht – Chemie 12 (3/2001), Heft 63, 23
B. Osteroth et al: Technische Anwendung von Enzymen. Chemie in unserer Zeit 41 (4/2007), 324
G. Wagner: Kleine Helfer enttarnt – Experimente zum Nachweis von Enzymen. Naturwissenschaften im Unterricht – Chemie 12 (3/2001), Heft 63, 20

Themenheft: Enzyme. Naturwissenschaften im Unterricht – Chemie 17 (2/2006), Heft 92

S. Eimer et al: Moderne Waschmittelanalyse. Der mathematische und naturwissenschaftliche Unterricht 62, (4/2009), 231

M. Gröger et al: Cyclodextrine – „molekulare Wundertüten" mit Wachstumspotenzial. Der mathematische und naturwissenschaftliche Unterricht 55, (1/2002), 28

C. Borchard-Tuch: Cyclodextrine – die Verpackungskünstler. Chemie in unserer Zeit 39, (2/2005), 137

Zur Gehaltsbestimmung von Bleichmitteln: Kopiervorlagen Elemente Chemie II, Allgemeine Chemie, Teil 1, S. 9 u. 80. Ernst Klett Verlag, ISBN 978-3-12-756731-1

Weitere Informationen zu Waschmitteln und deren Inhaltsstoffe findet man auf den Internetseiten des Verbandes der Hersteller von Prozess und Performance-Chemikalien (TEGEWA) e.V., des Industrieverbands Körperpflege und Waschmittel (IKW) e.V. und des Umweltbundesamtes.

11.7 Impulse: Seifenblasen

Zu den Aufgaben

A1 Die Farbigkeit von Seifenblasen beruht auf der Interferenz der Lichtstrahlen, die an der Doppelmembran reflektiert werden. Wird nun die Haut der Seifenblase durch Absinken des enthaltenen Wassers immer dünner, so verringert sich der Phasenunterschied der interferierenden Lichtstrahlen. Die Wellenlänge des Lichts, das durch Interferenz ausgelöscht wird, wird dadurch immer kürzer. Nach einiger Zeit entspricht diese Wellenlänge der UV-Strahlung. Folglich wird kein sichtbares Licht mehr durch Interferenz ausgelöscht und die Seifenblase erscheint farblos.

A2 Anmerkungen zur folgenden Abbildung:
- Die Grafik ist insgesamt nicht maßstabsgetreu, vor allem der Strohhalm ist im Verhältnis zu klein dargestellt.
- Die Moleküle der Luftbestandteile sind nicht dargestellt.
- Die grauen Linien sollen die Oberfläche der Luftblase und die Wasseroberfläche verdeutlichen; sie sind nur gedachte Linien.

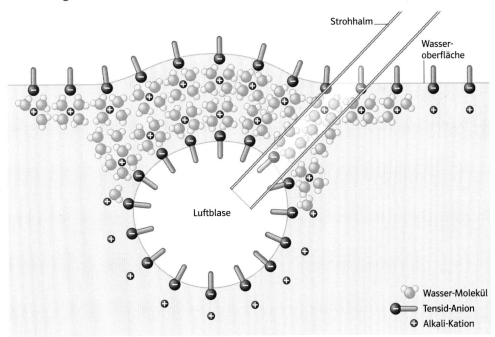

Strohhalm

Wasseroberfläche

Luftblase

Wasser-Molekül
Tensid-Anion
Alkali-Kation

A3 Im Internet findet man eine große Anzahl von Rezepten. Die Rezepte bestehen meistens aus den folgenden Komponenten:
- Tensid: z. B. Spülmittel, Neutralseife, Babyshampoo (schont die Augen, wenn eine Blase beim Aufblasen platzt)
- Verdickungsmittel: z. B. Maissirup, Tapetenkleister, Zucker, Glycerin
- Lösungsmittel: destilliertes oder deionisiertes Wasser (damit sich keine Kalkseife bilden kann)
- Ring zum Eintauchen und Aufblasen:
  Ring aus Draht, umwickelt mit Wolle, Gaze, oder einem anderen dünnen saugfähigen Textilmaterial (Haltestiel aus Holz oder einfach aus demselben Draht).
  Man kann auch einen ca. 1 m langen Wollfaden durch zwei Strohhalme (ohne Knick) fädeln und an

den Enden verknoten. Zuerst zieht man die beiden Strohhalme auseinander, sodass ein Rechteck entsteht. Dann taucht man das Ganze in die Seifenlösung und hält dabei die beiden Strohhalme aneinander. Nach dem Herausnehmen zieht man die Strohhalme langsam auseinander.

A4 Die Farbigkeit von Seifenblasen entsteht dadurch, dass Licht (elektromagnetische Strahlung im Bereich von ca. 380 – 750 nm) an zwei Flächen (Innen- und Außenseite der Doppelmembran) reflektiert wird und nach der Reflexion interferiert.
Bei der Bragg-Reflexion wird elektromagnetische Strahlung an vielen Ebenen eines Kristallgitters (Netzebenen) reflektiert. Da es in jedem Kristall viele Netzebenen mit gleichen Abständen gibt, interferieren die reflektierten Strahlen in ähnlicher Weise wie an nur zwei Flächen. Die Abstände der Netzebenen liegen im Bereich von ca. 100 pm (10^{-10} m). Folglich muss auch die Wellenlänge der elektromagnetischen Strahlung in diesem Bereich liegen; die Bragg-Reflexion ist also mit Röntgenstrahlung zu beobachten.

11.8 Durchblick: Zusammenfassung und Übung

Zu den Aufgaben

A1 Kugelmicelle in Wasser: Kreis aus Streichhölzern, bei dem die einzelnen Hölzchen zum Mittelpunkt des Kreises ausgerichtet sind, die Köpfchen nach außen (Schulbuch, Kap. 11.3, B2). Seifenblase: Doppelter Kreis aus Streichhölzern, bei dem die einzelnen Köpfchen im Inneren der Doppelschicht liegen. (Schulbuch, Kap. 11.7, B1).

A2 Im Inneren einer Flüssigkeit ist jedes Teilchen von allen Seiten von Nachbarteilchen der gleichen Art umgeben. Die Anziehungskräfte zu den Nachbarteilchen wirken von allen Richtungen und heben sich daher gegenseitig auf. Bei den Teilchen an der Oberfläche fehlen nach außen Nachbarteilchen der gleichen Art. Deshalb wirkt auf diese Teilchen eine Kraft, die ins Innere der Flüssigkeit gerichtet ist. Diese Kraft wirkt einer Oberflächenvergrößerung entgegen. Die Kugel ist der geometrische Körper, der bei gegebenem Volumen die kleinste Oberfläche besitzt. Flüssigkeitstropfen nehmen daher eine Kugelform an, sofern keine weiteren Kräfte wirken, die die Kugel verformen. In der Schwerelosigkeit wirken von außen auf die Flüssigkeit kaum andere Kräfte, insbesondere keine Schwerkraft.

A3
a) Kein Tensid, die polare Gruppe ist zu klein.
b) Kein Tensid, das unpolare Ende des Anions ist zu kurz.
c) Kein Tensid, die polare Gruppe ist zu klein.
d) Kein Tensid, der Alkylrest ist zu lang.
e) Tensid. Lipophiler Teil: mittellange Alkylkette (13-C-Atome); hydrophiler Teil: mehrere kurze Ethergruppen; Tensidklasse: Fettalkoholethoxylate

A4 Durch Zugabe von Tensiden lagern sich die Tensid-Moleküle mit ihrem polaren Ende an die feinen Partikel aus Metalloxiden und Metallsulfiden; diese werden dadurch hydrophob. Sie lagern sich an den Luftbläschen an und schwimmen als Schaum auf. Die größeren Partikel der Gangart (Begleitgestein) werden vom Wasser benetzt und sinken ab.

Zusatzinformationen zu A4

Flotation
Die Flotation beruht auf der unterschiedlichen Grenzflächenspannung von Feststoffen gegenüber Wasser und Luft, d. h. auf der unterschiedlichen Benetzung von in Wasser suspendierten Teilchen. Es hat sich gezeigt, dass viele Metalloxide und -sulfide, Schwermetalle und Kohle von hydrophoben Stoffen, wie z. B. aliphatischen und aromatischen Kohlenwasserstoffen, gut benetzt werden, während die Gangart (das erzfreie, aus Quarz, Silicaten sowie anderen anorganischen Salzen bestehende Gestein) leicht von Wasser und anderen hydrophilen Stoffen benetzt wird. Die Trennung erfolgt dadurch, dass vom Wasser benetzte Partikel absinken, während nicht benetzte Partikel mit einem Korndurchmesser unter 1 mm sich beim Einblasen von Luft in die Suspension des zerkleinerten Erzes an den Luftblasen anlagern und an die Oberfläche wandern.
Durch den Zusatz von *Flotationsmitteln* wird der Trenneffekt verstärkt. Zu diesen Mitteln gehören vor allem grenzflächenaktive Stoffe, besonders anionische Tenside (z. B. Alkansulfonate, Alkylsulfate, FAS, FES, SES und Seifen, Kap. 11.5) sowie Phosphorsäure-, Phosphonsäure- bzw. Fettsäureester. Speziell zur Schaumbildung und Schaumstabilisierung werden Phenole, Kresole, Alkohole, Ketone, Holzteeröle, die viele dieser Stoffe enthalten, sowie Polyglykole und deren Ether eingesetzt.
Zurzeit werden weltweit jährlich mehr als 3 Milliarden Tonnen Erz und Kalisalze durch Flotation gewonnen.

Flotation im Kupferbergbau. Der Kupfergehalt der bergmännisch gewonnenen und für die Verhüttung bestimmten kupferhaltigen Erze ist meist sehr gering ($0,4\,\% \leq w \leq 2\,\%$). Durch Flotation lässt sich das kupferarme Gestein in Kupfererzkonzentrate überführen, die einen Massenanteil von 20–30 % Kupfer haben.

Das fein gemahlene Ausgangsmaterial wird mit viel Wasser und etwas schwerem Buchenholzteeröl angerührt, wobei sich das vom Öl benetzte Kupfererz im Oberflächenschaum ansammelt, während das von Wasser benetzbare Gestein („Gangart") zu Boden sinkt. Das Öl wird im nächsten Arbeitsgang abgepresst und das Konzentrat anschließend verhüttet.

Das Holzteeröl fällt bei der Aufbereitung von meist aus Buchenholz gewonnenem Rohholzessig an. Zur Flotation wird das schwere Öl verwendet, das durch Destillation des Rohöls (Fraktion bis 270 °C) erhalten wird.

Flotation im Kalibergbau. Die Anreicherung von Kaliumchlorid erfolgt u.a. durch Flotation. Dadurch werden kaliärmere Rohsalze zu hochangereicherten Kalisalzen, die dann für die Düngung genutzt werden. Ausgangsmaterial zur Gewinnung von reinem Kaliumchlorid ist meist der Carnallit ($KMgCl_3 \cdot 6\,H_2O$ oder $KCl \cdot MgCl_2 \cdot 6\,H_2O$), der in der Regel hauptsächlich mit größeren Mengen Steinsalz ($NaCl$), Anhydrit ($CaSO_4$) und Kieserit ($MgSO_4 \cdot H_2O$) verunreinigt ist.

Im Verfahren wird fein gemahlenes Kalirohsalz (Korngröße zwischen 0,5 und 1 mm) zu einer mit Natrium- und Kaliumchlorid gesättigten wässrigen Tensidlösung gegeben und mit Luft durchspült. Dabei sammelt sich wegen unterschiedlicher Salzbenetzbarkeiten an der Oberfläche der Lösung Kaliumchlorid ($w = 96\,\%$) an. Als Tenside werden Fettalkoholsulfate (FAS mit 8 bis 12 C-Atomen) eingesetzt.

Flotation beim Papierrecycling. Auch bei der Wiederverwertung von bedrucktem Altpapier werden im De-inking-Verfahren (von engl. ink, Tinte) die Tinten- und Druckfarbenpartikel durch Schaum aus einer wässrigen Tensidlösung ausgetragen.

Modellversuch zur Flotation (Schülerversuch)

Füllen Sie tensidhaltiges Wasser in eine Waschflasche (250 ml) mit Fritteneinsatz und geben Sie etwas Braunsteinpulver (Mangan(IV)-oxid) dazu. Schließen Sie die Waschflasche und schütteln Sie gut. **a)** Lassen Sie das Gemisch einige Zeit stehen. **b)** Leiten Sie danach Luft durch das Gemisch.

A5 Die Oberflächenspannung tensidhaltigen Wassers ist viel geringer als diejenige von Leitungswasser. Deshalb ist auch die „Benetzungsfähigkeit" sehr viel größer. Dieser Effekt ist erwünscht, wenn man mit Wasser einen Brand löschen möchte, d.h. einen brennenden Stoff „nass" machen möchte. Tensidhaltige Löschschäume (z.B. Schaumteppich auf Flughäfen) ersticken Feuer durch die Unterbindung der Sauerstoffzufuhr und machen allgemein die o.g. Benetzung möglich. Spezielle Tenside bewirken, dass Wasserschaum auf brennendem Benzin schwimmt.

A6 Hartes Leitungswasser hat einen hohen Anteil an Calcium- und Magnesium-Ionen. Diese bilden beim Eindampfen mit Hydrogencarbonat-Ionen Magnesium- und Calciumcarbonat:

$$Ca^{2+}(aq) + 2\,HCO_3^-(aq) \longrightarrow CaCO_3(s) + H_2O(g) + CO_2(g)$$

$$Mg^{2+}(aq) + 2\,HCO_3^-(aq) \longrightarrow MgCO_3(s) + H_2O(g) + CO_2(g)$$

Diese Carbonate sind in Wasser sehr schwer löslich. Sie reagieren aber mit Essigsäure unter Bildung von Acetat-Lösungen und Kohlenstoffdioxid (Aufschäumen):

$$CaCO_3(s) + 2\,CH_3COOH(aq) \longrightarrow Ca^{2+}(aq) + 2\,CH_3COO^-(aq) + H_2O(l) + CO_2(g)$$

$$MgCO_3(s) + 2\,CH_3COOH(aq) \longrightarrow Mg^{2+}(aq) + 2\,CH_3COO^-(aq) + H_2O(l) + CO_2(g)$$

A7 In geschmolzener Stearinsäure sind die Moleküle beweglich, sodass sie sich auf dem warmen Wasser mit ihrem polaren Molekülteil ($-COOH$) fast wie Emulgator-Moleküle (vgl. Seifen-Anionen) anordnen können. Auf der luftzugewandten Seite erfolgt die Anordnung so, dass der unpolare Molekülteil (langer Alkylrest) sich im Wesentlichen an der Oberfläche anlagert. (Luft kann als hydrophober Stoff angesehen werden.) Die dem Wasser zugewandte Fläche ist hydrophil, die der Luft zugewandte Fläche ist hydrophob. Nach dem Erkalten bleibt diese Anordnung erhalten, da sich die Stearin-Moleküle nicht mehr umlagern können. Nur die hydrophile Fläche ist durch Wasser benetzbar.

A8 Waschnüsse enthalten als waschaktive Substanz Saponine.
Beispiel eines Saponin-Moleküls:

polar   unpolar

Vorteile:
- Preiswert und sehr ergiebig
- Nachwachsender Rohstoff
- Wirkstoffe (Saponine) sind sehr gut hautverträglich
- Saponine sind antimikrobiell
- Biologisch abbaubar
- Von Wildpflanzen, keine Plantagen

Nachteile:
- Nur eingeschränkte Waschwirkung, einige Verschmutzungen werden nicht beseitigt
- Saponine lassen sich nicht vollständig aus der Kleidung entfernen, da die Nüsse bis zum letzten Spülgang in der Trommel bleiben.
- Waschnüsse haben keine Wasser enthärtende oder bleichende Wirkung und geben keine Duftstoffe ab. Sie erfordern daher den Zusatz von Bleichmittel, Wasserenthärter und Duftstoffen.
- Starker Preisanstieg durch eingeschränkte Liefermengen aus Indien; dadurch unerschwinglich für die indische Landbevölkerung.

A9

a) Gelöste Seifen-Anionen können mit Wasser-Molekülen und Natrium-Ionen eine Doppelschicht bilden, die Luft-Moleküle einschließt, also eine Seifenblase. Beim Schütteln bildet sich also Schaum.

b) Im sauren Milieu werden die Seifen-Anionen protoniert; es bilden sich ungeladene Fettsäure-Moleküle:

$$R-COO^-(aq) + H_3O^+(aq) \longrightarrow R-COOH(s) + H_2O$$

Da die hydrophoben Fettsäuren in Wasser schwer löslich sind, erkennt man zunächst eine Trübung, dann sammelt sich der Feststoff allmählich an der Flüssigkeitsoberfläche. Da die gelösten Seifen-Anionen fehlen, bildet sich fast kein Schaum.

c) Hartes Wasser enthält Calcium- oder Magnesium-Ionen. Diese reagieren mit den Seifen-Anionen zu schwer löslichen Metallseifen:

$$2\,R-COO^-(aq) + Ca^{2+}(aq) \longrightarrow (R-COO)_2Ca(s) \qquad \text{(Kalkseife)}$$

$$2\,R-COO^-(aq) + Mg^{2+}(aq) \longrightarrow (R-COO)_2Mg(s) \qquad \text{(Magnesiumseife)}$$

Es bildet sich ein weißer, flockiger Niederschlag. Da die gelösten Seifen-Anionen fehlen, bildet sich fast kein Schaum.

A10

a) Es handelte sich z.B. um Pentanatriumtriphosphat ($Na_5P_3O_{10}$, s. Kap. 11.6). Triphosphat-Ionen bilden mit Ca^{2+}- und Mg^{2+}-Ionen stabile, wasserlösliche Verbindungen, die mit anionischen Tensiden nicht reagieren. Pentanatriumtriphosphat wirkt somit als Wasserenthärter.

b) Die Triphosphate gelangen ins Abwasser und werden in der Kläranlage in Phosphate gespalten. Phosphate sind Düngemittel. Sie führen zu einem übermäßigen Wasserpflanzenwachstum (vor allem Algen, später auch tierisches Plankton) in Flüssen und Seen (Eutrophierung). Abgestorbene Wasserpflanzen werden von aeroben Destruenten abgebaut. Für diesen Prozess wird Sauerstoff benötigt. Dem Gewässer wird also immer mehr Sauerstoff entzogen. Irgendwann ist ein Zeitpunkt erreicht, an dem aerobe Organismen sterben, da zu wenig Sauerstoff im Gewässer vorhanden ist. In diesem Stadium laufen auch die Abbauprozesse anaerob ab, da der Sauerstoff fehlt – Fäulnis spielt nun eine Rolle. Dabei entstehen Ammoniak, Schwefelwasserstoff und Methan. Die genannten Stoffe sind einerseits giftig, wodurch die Sterblichkeit der Organismen des Gewässers erhöht wird. Andererseits kommt es durch die genannten Stoffe zu einer Geruchsbelästigung. Werden all die aufgeführten Stadien durchlaufen, so spricht man vom „Umkippen" des Gewässers.

c) Heute werden vorwiegend Enthärtersysteme verwendet, die nicht nur das Wasser enthärten, sondern auch den Waschvorgang unterstützen. Man spricht deshalb auch von Gerüststoffen oder Buildern. Beispiele sind Zeolithe und Schichtsilicate:
  – Zeolithe sind wasserunlösliche Natriumaluminiumsilicate. In den Hohlräumen ihrer Kristalle befinden sich Na^+-Ionen. Sie enthärten das Wasser, indem sie Na^+-Ionen abgeben und dafür Ca^{2+}- und Mg^{2+}-Ionen aufnehmen (Ionenaustausch).
  – Schichtsilicate sind Salze der Kieselsäure. In den Schichtsilicaten liegen die Silicat-Anionen als Schichten von SiO_4^--Tetraedern vor, zwischen denen sich Na^+-Ionen befinden. Wie Zeolithe können sie Na^+-Ionen gegen Ca^{2+}- und Mg^{2+}-Ionen austauschen. Schichtsilicate sind wasserlöslich und können in Kläranlagen schnell abgebaut werden.

A11

a)

Komponente	Funktion
anionische Tenside und nichtionische Tenside	Waschaktive Substanzen: Ablösen und Dispergieren der Schmutzpartikel
Zeolithe	Wasserenthärter: Bindung von Ca^{2+}- und Mg^{2+}-Ionen, dadurch Verhinderung von Kalkablagerungen; Verbesserung der Tensideigenschaften
Enzyme (Proteasen, Amylasen, Lipasen)	Entfernung von eiweiß-, stärke- und fetthaltigen Flecken
Farbübertragungsinhibitoren	Polymer-Moleküle, die Farbstoff-Moleküle binden und so das Abfärben auf andere Textilien während des Waschvorgangs vermeiden
Natriumperborat	Bleichmittel: Entfernung von nicht auswaschbaren, farbigen Verschmutzungen (Zerstörung der Farbstoffe durch Oxidation)
Bleichmittelaktivator	erhöht die Wirksamkeit der Bleichmittel bei niedrigen Temperaturen (durch Aktivierung des Perboratzerfalls)
Vergrauungsinhibitoren	heften sich an die Faser und verhindern die Wiederablagerung von Schmutz aus der Waschlauge auf die Wäsche
optische Aufheller	Absorption von UV-Licht und Umwandlung der Energie in blaues Licht (Fluoreszenz), dadurch Ausgleich eines Gelbstichs
Duftstoffe	überdecken den Eigengeruch des Waschmittels und geben der Wäsche frischen Duft

b) **A** enthält Farbübertragungsinhibitoren, jedoch keine Bleichmittel und optische Aufheller. Es handelt sich daher um ein Colorwaschmittel.
B hat eine einfache Rezeptur. Da es keine Bleichmittel, optische Aufheller und auch keine Farbübertragungsinhibitoren enthält, ist es ein Feinwaschmittel.
C ist auch für weiße Wäsche geeignet, da es Bleichmittel, Bleichaktivatoren, optische Aufheller und Vergrauungsinhibitoren enthält. Es handelt sich um ein Vollwaschmittel.

c)

Waschmittel	Tintenfleck	Blutfleck	Fettfleck
A	(–) A enthält keine Bleichmittel.	(+) A enthält Enzyme (Proteasen).	(+) A enthält Tenside und evtl. auch Lipasen.
B	(–) B enthält keine Bleichmittel.	(–) B enthält keine Enzyme.	(+) B enthält Tenside.
C	(+) C enthält Bleichmittel und Bleichmittelaktivatoren.	(+) C enthält Enzyme (Proteasen).	(+) C enthält Tenside und evtl. auch Lipasen.

12 Komplexverbindungen

Zum Bild der Einstiegsseite

Der grüne Keimling und das grüne Moos stehen stellvertretend für grüne Pflanzen. Diese enthalten Chlorophyll, eine Komplexverbindung, die es den Pflanzen ermöglicht, Licht „einzufangen", um diese Energie dann für die Fotosynthese zu nutzen (Kap. 12.6).

Didaktischer Hinweis

Die Komplexverbindungen sind kein Inhaltsfeld des Kernlehrplans 2022. Deshalb wird eine separate Behandlung von Kap. 12 nicht in jedem Kurs stattfinden. Die koordinative Bindung muss allerdings im Leistungskurs behandelt werden, im Rahmen des Inhaltsfelds „Reaktionswege in der organischen Chemie" (Kernlehrplan S. 52 – 55, Schulbuch Kap. 6.17). Dies bietet natürlich eine Gelegenheit zur Vertiefung anhand von Kap. 12.

Abgesehen davon bietet die Komplexchemie eine Vielzahl an interessanten und eindrucksvollen Experimenten, die sich auch in anderen Inhaltsfeldern gewinnbringend einsetzen lassen. Bewährt hat sich eine kurze (ca. vier- bis sechsstündige) Einführung in das Gebiet der Komplexverbindungen anhand von Kap. 12.1 (evtl. auch noch Kap. 12.2).

Den größten Nutzen verspricht die Komplexchemie auf dem Gebiet der Gleichgewichtsreaktionen. Es gibt nur wenige Versuche, mit denen sich Gleichgewichtsverschiebungen so einfach und anschaulich erarbeiten lassen wie am Beispiel der Ligandenaustauschreaktionen, z. B. an Kupfer(II)- oder Eisen(III)-Komplexen. So empfiehlt es sich, kurz vor der Beschäftigung mit Gleichgewichtsreaktionen einen kurzen Exkurs über das Phänomen der Komplexverbindungen und die Nomenklatur einzuschieben.

Auch bei Messungen von Reaktionsgeschwindigkeiten bieten sich Ligandenaustauschgleichgewichte an, da sie leicht zu verfolgen sind.

In der Phase kurz vor den Abiturprüfungen lassen sich Beispiele aus der Komplexchemie sehr gut zur Wiederholung grundlegender Konzepte nutzen. Beispiele:
– Gleichgewichtskonstanten: hier Dissoziationskonstanten, evtl. auch im Vergleich mit anderen Gleichgewichtskonstanten, z. B. von Säure-Base-Reaktionen
– Entropie: Der in Kap. 12.5 erwähnte Chelateffekt ist zum Teil damit zu erklären, dass bei der Bildung eines Chelatkompexes z. B. sechs (einzähnige) H_2O-Liganden durch drei (zweizähnige) en-Liganden verdrängt werden. Die Anzahl der Teilchen wird also größer, folglich hat die Reaktionsentropie einen positiven Wert.

Literatur

Praxis der Naturwissenschaften – Chemie 57 (8/2008), Themenheft „Komplexverbindungen"
Praxis der Naturwissenschaften – Chemie 41 (8/1992), Themenheft „Komplexgleichgewichte"
Lutz H. Gade: Koordinationschemie. Wiley-VCH, Weinheim 2008
Erwin Riedel, Christoph Janiak: Anorganische Chemie. de Gruyter, Berlin 2011

12.1 Das Phänomen der Komplexverbindungen

Hinweis zur Nomenklatur

Die in B3 genannten negativ geladenen Liganden sind nach den IUPAC-Regeln bezeichnet (siehe Literatur, IUPAC Red Book). Veraltet (allerdings noch weithin gebräuchlich) sind Bezeichnungen ohne die Silbe „id".

Zu den Aufgaben

A1

$Na[Al(OH)_4]$	Natrium-tetrahydroxidoaluminat(III)	blau: Al	grün: $(OH)_4$	rot: Na
$K_2[HgI_4]$	Kalium-tetraiodidomercuriat(II)	blau: Hg	grün: I_4	rot: K_2
$(NH_4)_2[PbCl_6]$	Ammonium-hexachloridoplumbat(IV)	blau: Pb	grün: Cl_6	rot: $(NH_4)_2$
$[Cu(H_2O)_4]SO_4$	Tetraaquakupfer(II)-sulfat	blau: Cu	grün: $(H_2O)_4$	rot: SO_4

A2 $Na_3[AlF_6]$

A3 Gelbes Blutlaugensalz ($K_4[Fe(CN)_6]$) hat den systematischen Namen Kalium-hexacyanidoferrat(II). Gelbes Blutlaugensalz unterscheidet sich vom Roten Blutlaugenlaugensalz ($K_3[Fe(CN)_6]$), Kalium-hexacyanidoferrat(III)) in der Oxidationsstufe des Eisen-Ions (+II beim Gelben Blutlaugensalz und +III beim Roten Blutlaugensalz). Entsprechend ist auch die Anzahl der Kalium-Gegenionen anders.

Zu den Versuchen

V1 Beobachtung: Bei der Zugabe der Ammoniak-Lösung zur hellblauen Kupfersulfat-Lösung bildet sich zuerst ein hellblau-weißer Niederschlag, der sich jedoch bald wieder auflöst. Es entsteht eine klare, tiefblaue Lösung.
Erklärung: Der Niederschlag besteht aus von Kupferhydroxid. Die tiefblaue Lösung enthält das Tetraamminkupfer(II)-Ion.

V2

a) Beobachtung: Die Lösung aus V1 reagiert nicht mit dem Nagel. In der Kupfer(II)-sulfat-Lösung überzieht sich der Nagel innerhalb kurzer Zeit mit einem rotbraunen Überzug von Kupfer.
Erklärung: Zunächst würde man bei beiden Lösungen eine Redoxreaktion der Kupfer-Ionen mit dem elementaren Eisen erwarten. Im Tetraamminkupfer(II)-Ion ist das Cu^{2+}-Ion allerdings so fest an die NH_3-Liganden gebunden, dass die Redoxreaktion nicht stattfindet. In der Kupfer(II)-sulfat-Lösung liegen Tetraaquakupfer(II)-Ionen vor. Die Bindung des Cu^{2+}-Ions an die H_2O-Liganden ist deutlich weniger fest, sodass die Redoxreaktion stattfindet.

b) Beobachtung: Die Kupfer(II)-sulfat-Lösung bildet mit der Natronlauge einen hellblau-weißen Niederschlag von Kupferhydroxid (Fällungsreaktion), die Lösung aus V1 nicht.
Erklärung: Wie in (a) sind die an die NH_3-Liganden gebundenen Cu^{2+}-Ionen nicht für die Fällungsreaktion verfügbar.

c) Beobachtung: Sowohl mit der Lösung aus V1 als auch mit Kupfer(II)-sulfat-Lösung bildet sich ein weißer, schwer löslicher Niederschlag von Bariumsulfat.
Erklärung: In beiden Lösungen sind Sulfat-Ionen vorhanden, diese sind nicht Teil eines Komplexes.

V3 Berechnungsbeispiel:
Einwaage: m(Kupfer(II)-sulfat, blau) = 0,969 g

Nach dem Erhitzen:
m(Kupfer(II)-sulfat, weiß) = 0,617 g $\Rightarrow$ m(Wasser) = 0,969 g − 0,617 g = 0,352 g

$$n(CuSO_4) = \frac{m\text{(Kupfer(II)-sulfat, weiß)}}{M(CuSO_4)} = \frac{0,617\,g}{159,6\,g/mol} = 0,003\,87\,mol$$

$$n(H_2O) = \frac{m\text{(Wasser)}}{M(H_2O)} = \frac{0,352\,g}{18,02\,g/mol} = 0,0195\,mol$$

$$\Rightarrow \quad \frac{n(H_2O)}{n(CuSO_4)} = \frac{0,0195\,mol}{0,00387\,mol} = 5,04 \approx 5$$

Mit $n(CuSO_4) = 1\,mol$ ergibt sich: $n(H_2O) \approx n(CuSO_4) \cdot 5 = 1\,mol \cdot 5 = 5\,mol$
1 mol blaues Kupfersulfat enthält 5 mol Wasser.

Hinweise zur Durchführung:
Der Versuch ist gut für Schülerexperimente geeignet.
Die Brennerflamme sollte gerade entleuchtet sein. Erhitzt man mit der rauschenden Brennerflamme, kann es zur Zersetzung des Kupfer(II)-sulfats kommen. Kupfer(II)-sulfat lässt sich auch im Tiegelofen ($\vartheta > 250\,°C$) entwässern.
Hinweis: Ein besonders elegantes Untersuchungsverfahren für die Zusammensetzung von Hydraten ist die Differenzthermoanalyse (DTA), siehe Literatur.

Literatur

A. Habekost: Untersuchung von Hydraten und Aquakomplexen – Differenzthermoanalyse (DTA). Praxis der Naturwissenschaften – Chemie 41 (8/1992), Themenheft „Komplexgleichgewichte", 37–42
E. Wiederholt: Differenzthermoanalyse im Chemieunterricht. Aulis-Verlag, Köln 1981
Nomenclature of Inorganic Chemistry – IUPAC Recommendations 2005. IUPAC Red Book, prepared for publication by N. G. Connelly and T. Damhus (senior editors), and R. M. Hartshorn and A. T. Hutton, RSC Publishing, 2005 (ISBN 0-85404-438-8, Stand Juli 2023 im Internet frei zugänglich)

12.2 Komplexe – Struktur und Bindung

Zu den Aufgaben

A1 Der Komplex muss tetraedrisch gebaut sein, da im Tetraeder alle Liganden benachbart sind. (Vom entsprechenden quadratisch planaren Komplex gäbe es insgesamt zwei Isomere.)

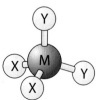

A2 Die Zeichnungen entsprechen B2 im Schulbuch. Es existieren zwei Isomere:
1. Die X-Liganden befinden sich an benachbarten Ecken: (Z)-$[MX_2Y_4]$
2. Die X-Liganden befinden sich an gegenüberliegenden Ecken: (E)-$[MX_2Y_4]$

Hinweis: Am besten macht man sich die Verhältnisse mithilfe eines Modells klar (Molekülbaukasten oder auch Tischtennisbälle, Apfelsinen etc.). Auch 3D-Programme wie z.B. Jmol oder Chime können hier genutzt werden, siehe „Literatur und Medien".

A3 Trigonale Bipyramide: Tetragonale Pyramide („halbes Oktaeder"):

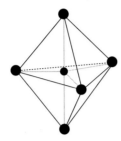   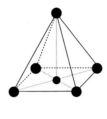

A4 Das Eisen-Atom besitzt 8 Valenzelektronen, es fehlen also 10 Elektronen bis zur Edelgaskonfiguration (von Krypton). 10 Elektronen entsprechen 5 Elektronenpaaren, d.h., 5 Liganden müssen je ein Elektronenpaar zur Verfügung stellen.
Hinweis: Die Anzahl der Valenzelektronen eines Nebengruppenelements ergibt sich aus der Gruppennummer zwischen 3 und 12 im Periodensystem der Elemente.
Weiterer Hinweis zur Anzahl der Valenzelektronen: Ist den Schülerinnen und Schülern das Orbitalmodell bekannt, können sie die Anzahl aus der Elektronenkonfiguration ermitteln: Die Elektronenkonfiguration des Eisen-Atoms ist $(Ar)3d^64s^2$; die Gesamtzahl der s- und d-Valenzelektronen ist $6 + 2 = 8$.

Zur Abbildung

B1 Strukturen von Komplexen
Komplexe des Cu^{2+}-Ions sind eigentlich i.d.R. 6-fach koordiniert. Allerdings sind zwei gegenüber liegende Liganden weiter vom Zentralion entfernt, d.h., man kann die Struktur dieser Komplexe als tetragonal verzerrtes Oktaeder (quadratische Bipyramide) ansehen. Die abgebildeten Komplexe könnten daher (unter der Annahme, dass sie in wässriger Lösung sind) genauer als $[Cu(NH_3)_4(H_2O)_2]^{2+}$, $[Cu(H_2O)_6]^{2+}$ und $[CuCl_4(H_2O)_2]^{2-}$ formuliert werden. Hier wird vereinfachend die quadratische Koordination angegeben.
In dieser Abbildung wird nur auf die am häufigsten auftretenden Koordinationszahlen 4 und 6 eingegangen. In Komplexen mit der Koordinationszahl 2 sind die Liganden immer linear angeordnet, z.B. bei $[Ag(NH_3)_2]^+$. Die Anordnung von 5 Liganden wird in der Aufgabe A3 angesprochen.

Zusatzinformationen

Stereoskopische Darstellungen
Für das Verständnis der Komplexgeometrie gut geeignet sind 3D-Modelle. Diese erstellt man heute am PC (s. Literatur und Medien). Bevor dies möglich war, gab es Stereobildpaare, die ohne einen PC auskommen. Zwei solcher Stereobildpaare sind hier abgebildet. Diese und weitere finden sich in Chimia 52 (10/1998), 620–628.
Das Papierblatt (oder auch ein Computermonitor mit dieser Seite) wird im Leseabstand vor das Gesicht gehalten. Wer genügend kurzsichtig ist, kann – nach Abnehmen der Brille – ohne weitere Hilfsmittel eine räumliche Darstellung sehen. Wer nicht kurzsichtig ist, kann eine Lesebrille verwenden. Auch ohne Lesebrille erreicht man den Effekt durch das „Weitstellen" der Augen, d.h., man blickt auf eine Fläche weit hinter der Abbildung. Aus der zunächst verschwommenen Abbildung wird ein räumliches Bild.

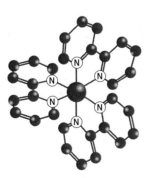   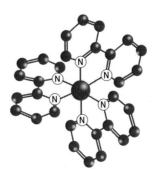

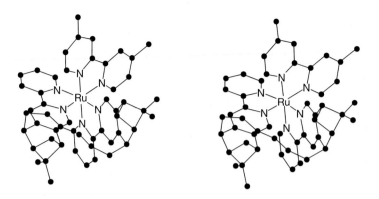

Literatur und Medien   A. Sperl, J. Kröger, R. Berndt: Atom für Atom. Chemie in unserer Zeit 47, 5 (Oktober 2013), 296–299

3D-Programme, die auch für Komplexe geeignet sind:
Jmol (Stand Juli 2023 im Internet frei zugänglich)
MDL Chime (Stand Juli 2023 im Internet frei zugänglich, wird allerdings nicht mehr weiterentwickelt)

12.3 Gleichgewichtsreaktionen bei Komplexverbindungen

Zu den Aufgaben

A1

$[Cu(H_2O)_4]^{2+}$ + Cl^- ⇌ $[CuCl(H_2O)_3]^+$ + H_2O
$[CuCl(H_2O)_3]^+$ + Cl^- ⇌ $[CuCl_2(H_2O)_2]$ + H_2O
$[CuCl_2(H_2O)_2]$ + Cl^- ⇌ $[CuCl_3(H_2O)]^-$ + H_2O
$[CuCl_3(H_2O)]^-$ + Cl^- ⇌ $[CuCl_4]^{2-}$ + H_2O

A2

Zu V1:

$[Fe(H_2O)_6]^{3+}$ + Cl^- ⇌ $[FeCl(H_2O)_5]^{2+}$ + H_2O
   farblos   gelb

$[FeCl(H_2O)_5]^{2+}$ + SCN^- ⇌ $[Fe(SCN)(H_2O)_5]^{2+}$ + Cl^-
   gelb   rot

Durch Zugabe des Produktes Cl^- wird auf das Gleichgewicht ein Zwang (Konzentrationserhöhung) ausgeübt. Dieser Zwang wird minimiert, indem sich die Gleichgewichtslage zur Edukt-Seite, dem gelben Chloridoeisen(III)-Komplex verschiebt.

Zu V2:

$[Fe(CN)_6]^{3+}$ + SCN^- ⇌ $[Fe(SCN)(CN)_5]^{3+}$ + CN^-

Dieses Gleichgewicht liegt so weit auf der linken Seite, dass ein Ligandenaustausch praktisch nicht beobachtet wird.

A3

a) Je kleiner die Dissoziationskonstante K_D eines Komplexes ist, desto stabiler ist dieser Komplex im Vergleich zum reinen Aqua-Komplex (definitionsgemäß $K_D = 1$). Nur wenn der Unterschied zwischen den Dissoziationskonstanten relativ klein ist, ist eine Gleichgewichtsverschiebung nach dem Prinzip von LE CHATELIER und BRAUN in nennenswertem Umfang möglich.
Die Dissoziationskonstante K_D des Tetraamminkupfer(II)-Komplexes ist um ca. 14 Zehnerpotenzen kleiner als die des reinen Aqua-Komplexes. Zugabe von Wasser kann das Gleichgewicht kaum verschieben. Die Dissoziationskonstante K_D des Tetrachloridokupfer(II)-Komplexes beträgt ca. 1/29 der Dissoziationskonstante der reinen Aqua-Komplexes. Hier bewirkt die Zugabe von Wasser eine Gleichgewichtsverschiebung.
Analoges gilt bei den Eisen(III)-Komplexen:
Sowohl der Chlorido- als auch der Thiocyanato-Komplex haben moderate K_D-Werte, während der Hexacyanidoferrat(III)-Komplex mit $K_D = 10^{-44}$ mol^6/l^6 eine so hohe Stabilität aufweist, dass ein Ligandenaustausch praktisch nicht möglich ist.

b) Der Fluorido-Komplex des Eisen(III)-Ions [FeF(H$_2$O)$_5$]$^{2+}$ weist eine hohe Stabilität auf, wie die kleine Dissoziationskonstante anzeigt. Dadurch bilden sich stabile Fluoridoeisen(III)-Komplexe, und es liegen keine „freien" Fe^{3+}-Ionen (d.h. Aquakomplexe) mehr vor. So können z.B. Cobalt(II)-Ionen mit Thiocyanat-Ionen nachgewiesen werden, ohne dass die intensive rote Farbe des Thiocyanato-eisen(III)-Komplexes die blaue Farbe des Thiocyanatocobalt(II)-Komplexes überdeckt (vgl. Kap. 12.5, A5).

Zu den Versuchen

V1

a) Beobachtung: Die hellblaue Kupfer(II)-sulfat-Lösung verfärbt sich durch die Zugabe von konzentrierter Salzsäure zu einer grünen Lösung. Bei anschließender Zugabe von Wasser ändert sich die Farbe wieder zu Hellblau.
Erklärung (siehe auch Lösung zu A3): Das Ligandenaustausch-Gleichgewicht lässt sich gemäß dem Prinzip von LE CHATELIER und BRAUN durch Konzentrationserhöhung eines Produktes (Wasser) in Richtung Edukt (Tetraaquakupfer(II)-Komplex) verschieben.

b) Beobachtung: Die hellblaue Kupfer(II)-sulfat-Lösung verfärbt sich durch die Zugabe von Ammoniak dunkelblau. Die Farbe dieser Lösung ändert sich durch Wasserzugabe nicht mehr.
Erklärung (siehe auch Lösung zu A3): Die Stabilität des Ammin-Komplexes ist so groß, dass das Gleichgewicht durch Wasserzugabe nicht nennenswert in Richtung des Aqua-Komplexes verschoben werden kann.

V2

a) Beobachtung: Nach Zugabe von Kochsalz-Lösung verfärbt sich die farblose Lösung gelb. Gibt man jetzt die sehr verdünnte Kaliumthiocyanat-Lösung zu, beobachtet man eine intensive Rotfärbung. Durch Zugabe von konz. Salzsäure hellt sich diese wieder auf und die Lösung wird gelb.
Erklärung (siehe auch Lösung zu A3): Der gelbe Chloridoeisen(III)-Komplex [FeCl(H$_2$O)$_5$]$^{2+}$ reagiert zum tiefroten Thiocyanatoeisen(III)-Komplex [Fe(SCN)(H$_2$O)$_5$]$^{2+}$. Durch Zugabe von Chlorid-Ionen wird das Gleichgewicht in Richtung Edukt verschoben.
Hinweis zur Durchführung: Damit dieses Gleichgewicht gemäß dem Prinzip von LE CHATELIER und BRAUN durch Chlorid-Ionen-Zugabe in Richtung Edukt verschoben werden kann, dürfen vorher nicht zu viele Thiocyanat-Ionen dazugegeben werden. Sonst kann ähnlich wie bei V1b das Gleichgewicht nicht mehr nennenswert verschoben werden.

b) Beobachtung: Bei Zugabe von Kaliumthiocyanat-Lösung zu einer Lösung von rotem Blutlaugensalz tritt nicht die typische Rotfärbung des Thiocyanatoeisen(III)-Komplexes auf.
Erklärung (siehe auch Lösung zu A3): Die Stabilität des Hexacyanido-Komplexes ist so groß, dass die Cyanid-Liganden nicht durch Thiocyanat-Ionen ausgetauscht werden können.

V3 Beobachtung: Beim Erhitzen verfärbt sich die Lösung in Richtung Grün, beim Abkühlen wieder in Richtung Blau.
Erklärung: Die Ligandenaustauschreaktion vom Aqua-Komplex zum Chlorid-Komplex ist endotherm. Der Zwang der Temperaturerhöhung verschiebt das Gleichgewicht in Richtung der endothermen Reaktion. Beim Abkühlen wird die exotherme Reaktion begünstigt.

Zusatzversuche

Zusatzversuch 1: Wasser-Nachweis mit Cobaltchlorid-Papier
Hinweis: Für Cobalt-Verbindungen gibt es weitgehende Tätigkeitsbeschränkungen, zum Teil auch für Lehrerinnen und Lehrer. Diese sollten aktuell recherchiert und beachtet werden.
Man löst 0,25 g Cobaltchlorid-Hexahydrat in 10 ml Wasser und tränkt ein Stück Filterpapier mit der Lösung. Durch Trocknen im Trockenschrank bei 50 °C (oder vorsichtiges Erhitzen über dem Brenner im Abzug) wird das Cobaltchlorid-Papier blau. Bereits beim Abkühlen an der normalen Zimmerluft verblasst die Farbe aufgrund der Luftfeuchtigkeit.
Reaktionsgleichung:

$$Co[CoCl_4] + 12\,H_2O \;\rightleftharpoons\; 2\,[Co(H_2O)_6]Cl_2$$

   blau   blassrosa

Der Effekt wurde früher auch für „Geheimtinte" genutzt, davon ist aber wegen der Giftigkeit unbedingt abzuraten. (Es lässt sich kaum vermeiden, dass ein solches „Geheimdokument" mit bloßen Händen angefasst wird.)

Zusatzversuch 2: Eine „Fällungskaskade"
Die unterschiedliche Stabilität der Silberkomplexe zeigt sich besonders schön im Vergleich zur Löslichkeit der Silberhalogenide.
Geräte und Chemikalien: Becherglas (100 ml), Rührstab (oder Magnetrührer); Ammoniak-Lösung (w = 20 %), Silbernitrat-Lösung, Natriumthiosulfat-Lösung, Natriumchlorid-Lösung, Kaliumbromid-Lösung, Kaliumiodid-Lösung (jeweils c = 0,1 mol/l).

Durchführung: **a)** Geben Sie zu etwa 20 ml Natriumchlorid-Lösung etwas Silbernitrat-Lösung. Fügen Sie dann in kleinen Portionen folgende Lösungen in der angegebenen Reihenfolge zu: **b)** Ammoniak-Lösung, **c)** Kaliumbromid-Lösung, **d)** Natriumthiosulfat-Lösung, **e)** Kaliumiodid-Lösung. Rühren Sie nach jeder Zugabe gut um.

Auswertung: Formulieren Sie die Ionengleichungen der nacheinander ablaufenden Reaktionen. Erklären Sie die Versuchsergebnisse.

Lösungen:

a) $Cl^-(aq) + Ag^+(aq) \rightleftharpoons AgCl(s)$

Erklärung: Aus einer Lösung, die und Ag^+- und Cl^--Ionen enthält, fällt Silberchlorid aus, da das Löslichkeitsprodukt sehr klein ist: $K_L(AgCl) = 1{,}6 \cdot 10^{-10}\,mol^2/l^2$

b) $AgCl(s) + 2\,NH_3(aq) \rightleftharpoons [Ag(NH_3)_2]^+(aq) + Cl^-(aq)$

Erklärung: Durch Zugabe von Ammoniak-Lösung löst sich der Niederschlag wieder auf. Es bildet sich der Diamminsilber(I)-Komplex, der sehr stabil ist: $K_D([Ag(NH_3)_2]^+) = 10^{-7}\,mol^2/l^2$

c) $[Ag(NH_3)_2]^+(aq) + Br^-(aq) \rightleftharpoons AgBr(s) + 2\,NH_3(aq)$

Erklärung: Fügt man Br^--Ionen hinzu, fällt Silberbromid aus, da dessen Löslichkeitsprodukt noch wesentlich kleiner ist als das von Silberchlorid: $K_L(AgBr) = 6{,}3 \cdot 10^{-13}\,mol^2/l^2$

d) $AgBr(s) + 2\,S_2O_3^{2-}(aq) \rightleftharpoons [Ag(S_2O_3)_2]^{3-}(aq) + Br^-$

Erklärung: durch Zugabe von Thiosulfat-Ionen löst sich der Niederschlag wieder auf. Es bildet bildet sich der Dithiosulfatosilber(I)-Komplex, der noch wesentlich stabiler als der Diamminsilber(I)-Komplex ist: $K_D([Ag(S_2O_3)_2]^{3-}) = 10^{-13}\,mol^2/l^2$

e) $[Ag(S_2O_3)_2]^{3-}(aq) + I^-(aq) \rightleftharpoons AgI(s) + 2\,S_2O_3^{2-}(aq)$

Erklärung: Fügt man I^--Ionen hinzu, fällt Silberiodid aus, da dessen Löslichkeitsprodukt noch wesentlich kleiner ist als das von Silberbromid: $K_L(AgI) = 1{,}5 \cdot 10^{-16}\,mol^2/l^2$

Zur Abbildung

B1 Ligandenaustausch am Tetraamminkupfer(II)-Komplex

Komplexe des Cu^{2+}-Ions sind eigentlich i.d.R. 6-fach koordiniert. Allerdings sind zwei gegenüber liegende Liganden weiter vom Zentralion entfernt, d.h., man kann die Struktur dieser Komplexe als tetragonal verzerrtes Oktaeder (quadratische Bipyramide) ansehen. Die abgebildeten Komplexe könnten daher (unter der Annahme, dass sie in wässriger Lösung sind) genauer als $[Cu(NH_3)_4(H_2O)_2]^{2+}$, $[Cu(H_2O)_6]^{2+}$ und $[CuCl_4(H_2O)_2]^{2-}$ formuliert werden. Hier wird vereinfachend die quadratische Koordination angegeben.

12.4 Praktikum: Komplexreaktionen

Zu den Versuchen

V1 **Nachweis von Nickel**
Der Kopf des Wattestäbchens färbt sich vom Dimethylglyoxim-Komplex des Ni^{2+}-Ions rot (Struktur: siehe B3 im Schulbuch). Nickelblech dient als positive Blindprobe. Bei 1-Euro-Münzen enthält der Kern Nickel, bei 2-Euro-Münzen der Ring.

V2 **Komplexometrische Bestimmung von Metall-Ionen**
Auswertungsbeispiel zu Teilversuch (a) mit Calcium-Ionen:
Verbrauch an Maßlösung (Titriplex III®, $c = 0{,}1\,mol/l$): $V = 9{,}5\,ml = 0{,}0095\,l$
$\Rightarrow n = 0{,}1\,mol/l \cdot 0{,}0095\,l = 0{,}00095\,mol$

Das Verhältnis Ligandmoleküle:Zentralionen ist 1:1. Folglich enthalten die 10 ml Probelösung ebenfalls 0,00095 mol Calcium-Ionen.

$\Rightarrow c(Ca^{2+}) = \frac{0{,}00095\,mol}{0{,}0100\,l} = 0{,}95\,mol/l \qquad \Rightarrow \beta(Calcium) = 0{,}95\,mol/l \cdot 40{,}078\,g/mol = 38{,}1\,g/l$

Bei Teilversuch (b) muss man beachten, dass nur 5 ml Probelösung eingesetzt werden.

V3 Komplexometrische Bestimmung der Gesamthärte von Leitungswasser

Das Ergebnis kann mit den Angaben des örtlichen Wasserversorgungsunternehmens verglichen werden.

12.5 Komplexverbindungen in Labor und Technik

Zu den Aufgaben

A1 Durch die saure Lösung würde das Calciumcarbonat sowieso „gelöst":

$$CaCO_3(s) + H_3O^+(aq) \rightleftharpoons Ca^{2+}(aq) + HCO_3^-(aq) + H_2O(l)$$

Der Versuch soll jedoch die komplexierende Wirkung des Citrat-Ions zeigen, die zur Lösung des Calciumcarbonats führt.

A2

Wasserenthärter	Vorteile	Nachteile
Pentanatrium-triphosphat	Guter Komplexbildner für Erdalkalimetall-Ionen	In Kläranlagen reagieren Triphosphate zu Phosphaten. Folge: Überdüngung der Oberflächengewässer
EDTA und NTA	Gute Komplexbildner für Erdalkalimetall-Ionen	Bildung stabiler Schwermetall-Komplexe. Folge: Mobilisierung von Schwermetall-Ionen aus dem Sediment von Flüssen und Seen
Zeolithe	Keine bekannten giftigen Eigenschaften. Zeolithe gelten als umweltneutral.	Zeolithe werden nicht biologisch abgebaut. Folge: Erhöhung der Menge des Klärschlamms
Citrate	Gute Komplexbildner für Erdalkalimetall-Ionen Gute biologische Abbaubarkeit	Die Komplexe sind bei höheren Temperaturen nicht stabil.

A3 Die noch im Papier vorhandenen Eisen(III)-Ionen reagieren mit den zugesetzten Hexacyanidoferrat(II)-Ionen zu Berliner Blau (vgl. V3).

A4 Im Berliner Blau sind sowohl Eisen(II)- als auch Eisen(III)-Ionen gebunden. Werden die Eisen(II)-Ionen oxidiert, erhält man Hexacyanidoferrat(III), dessen Lösung dunkelgelb ist. Reduktionsmittel reduzieren Eisen(III)-Ionen zu Eisen(II)-Ionen, und man erhält eine hellgelbe Lösung von Hexacyanidoferrat(II).

A5 Eisen(III)-Ionen bilden mit Fluorid-Ionen einen sehr stabilen Fluorido-Komplex:

$$[Fe(H_2O)_6]^{3+} + F^- \rightleftharpoons [FeF(H_2O)_5]^{2+} + H_2O$$

Der Fluorido-Komplex ist stabiler als der Thiocyanato-Komplex. Damit sind die Eisen(III)-Ionen maskiert und können nicht zum Thiocyanato-Komplex reagieren.

A6 Man kann Temperaturen an Stellen, an denen man nicht mit Thermometern messen kann, abschätzen (Verwendung in Thermochromstiften).

a) Die sechs an das Ni^{2+}-Ion gebundenen N-Atome bilden die Ecken eines Oktaeders. (*Hinweis:* Die Symmetrie des Komplexes ist natürlich trotzdem insgesamt nicht oktaedrisch.)

b) Von der im Schulbuch abgebildeten Struktur kann man eine spiegelbildliche Struktur zeichnen bzw. bauen:

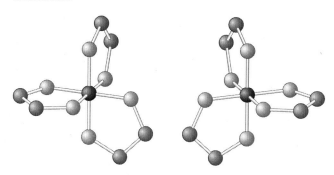

Die beiden Strukturen lassen sich nicht zur Deckung bringen. Folglich sind sie Spiegelbildisomere, d.h., der Komplex ist chiral.

Zu den Versuchen

V1 Nach Zugabe von Natriumcitrat-Lösung wird das Kalkwasser wieder klar. Erklärung: Es bildet sich der lösliche Komplex $[Ca(cit)_2]^{4-}$.

Hinweis: Wegen der Bildung dieses Komplexes ist Citronensäure für den Zahnschmelz schädlich, da sie den gegen andere schwache Säuren unempfindlichen Apatit angreift.

Hinweise zur Durchführung:
Zur Erzeugung der (durch ausgeatmete Luft) getrübten Lösung kann man ca. 50 ml Kalkwasser in einem Erlenmeyerkolben verwenden. Wenige Tropfen einer gesättigten Natriumcitrat-Lösung genügen, um die Trübung sehr rasch wieder aufzulösen.
Als „Natriumcitrat" werden unterschiedliche Verbindungen bezeichnet, teilweise enthalten sie Kristallwasser. Der Versuch kann mit allen durchgeführt werden:
− Na_3cit: Die Lösung ist schwach alkalisch. Auf das Neutralisieren kann man hier verzichten.
− Na_2Hcit: Die Lösung ist schwach sauer und sollte vor dem Versuch mit verd. Natronlauge neutralisiert werden, siehe Lösung zu A1.
− NaH_2cit: siehe Na_2Hcit

V2 Im Reagenzglas ohne EDTA-Lösung beobachtet man eine Fällung von feinkristallinem Calciumoxalat. (*Hinweis:* Die Fällung tritt häufig verzögert auf.) Im Reagenzglas mit EDTA-Lösung beobachtet man wegen der Maskierung der Calcium-Ionen keine Fällung.

V3

a) Durch Zugabe von Kaliumthiocyanat wird die Lösung blutrot. Reaktionsgleichung:

$$[Fe(H_2O)_6]^{3+} + SCN^- \rightleftharpoons [Fe(SCN)(H_2O)_5]^{2+} + H_2O$$

Durch Zugabe von Kalium-hexacyanidoferrat(II) wird die Lösung blau. Reaktionsgleichung:

$$\overset{III}{[Fe}(H_2O)_6]^{3+} + \overset{II}{[Fe}(CN)_6]^{4-} \rightleftharpoons [\overset{III}{Fe}\overset{II}{Fe}(CN)_6]^- + 6\,H_2O \qquad (\text{„lösliches Berliner Blau"})$$

Bei höheren Konzentrationen bildet sich auch das „unlösliche Berliner Blau": $\overset{III}{Fe}_4[\overset{II}{Fe}(CN)_6]_3$

b) Durch Zugabe von Kalium-hexacyanidoferrat(III) wird die Lösung blau. Reaktionsgleichung:

$$\overset{II}{[Fe}(H_2O)_6]^{2+} + \overset{III}{[Fe}(CN)_6]^{3-} \rightleftharpoons [\overset{III}{Fe}\overset{II}{Fe}(CN)_6]^- + 6\,H_2O \qquad (\text{„lösliches Berliner Blau"})$$

Bei höheren Konzentrationen bildet sich auch das „unlösliche Berliner Blau": $\overset{III}{Fe}_4[\overset{II}{Fe}(CN)_6]_3$

Hinweis:
Betrachtet man die Nachweisreaktion mit Thiocyanat genauer, kann sie als eine Reihe mehrerer voneinander abhängiger Ligandenaustauschreaktionen beschreiben:

$$[Fe(H_2O)_6]^{3+} \quad + \; SCN^- \; \rightleftharpoons \; [Fe(SCN)(H_2O)_5]^{2+} + H_2O \qquad \lg K_D = -2{,}2$$

$$[Fe(SCN)(H_2O)_5]^{2+} + \; SCN^- \; \rightleftharpoons \; [Fe(SCN)_2(H_2O)_4]^+ + H_2O \qquad \lg K_D = -1{,}4$$

$$[Fe(SCN)_2(H_2O)_4]^+ + \; SCN^- \; \rightleftharpoons \; [Fe(SCN)_3(H_2O)_3] \; + H_2O \qquad \lg K_D = -1{,}4$$

$$[Fe(SCN)_3(H_2O)_3] \; + \; SCN^- \; \rightleftharpoons \; [Fe(SCN)_4(H_2O)_2]^- + H_2O \qquad \lg K_D = -1{,}3$$

$$[Fe(SCN)_4(H_2O)_2]^- + \; SCN^- \; \rightleftharpoons \; [Fe(SCN)_5(H_2O)]^{2-} + H_2O \qquad \lg K_D = +0{,}1$$

$$[Fe(SCN)_5(H_2O)]^{2-} + \; SCN^- \; \rightleftharpoons \; [Fe(SCN)_6]^{3-} \qquad + H_2O \qquad \lg K_D = +0{,}1$$

Bei kleinen Thiocyanat-Konzentrationen bestimmt der Komplex $[Fe(SCN)(H_2O)_5]^{2+}$ die Farbe der Lösung, da er eine wesentlich kleinere Dissoziationskonstante hat als die in den nachgeschalteten Gleichgewichtsreaktionen gebildeten Komplexe.

V4 Durch Zugabe von Natriumdithionit ($Na_2S_2O_4$) verschwindet die blaue Farbe schnell. Wegen des gelösten Kalium-hexacyanidoferrat(II) kann die Lösung leicht gelblich bleiben; verdünnte Lösungen sind fast farblos.
Erklärung: Berliner Blau enthält Eisen(II)- und Eisen(III)-Ionen. Durch Reduktion der Eisen(III)-Ionen zu Eisen(II)-Ionen wird die Verbindung zerstört.

Hinweis zur Durchführung: Anstelle des Natriumdithionits als Reduktionsmittel können auch andere Reduktions- oder Oxidationsmittel ausprobiert werden, z. B. Sulfite, Percarbonate, Chlorbleichmittel und Bleichmittel auf Peroxidbasis („Oxi-Reiniger"). Das Ziel ist die Reduktion der Eisen(III)-Ionen oder auch die Oxidation der Eisen(II)-Ionen. Da Berliner Blau Eisen(II)- und Eisen(III)-Ionen enthält, wird es sowohl durch Reduktion als auch durch Oxidation zerstört.

Literatur

J. Rudnik, H. Naggert, S. Schwarzer, F. Tuczek, I. Parchmann: „Künstliches Blut" – Synthese eines magnetisch und farblich schaltbaren Eisen-Komplexes. Chemie konkret 21 (2/2014), 85
M. Ware: Prussion Blue: Artists' Pigment and Chemist' Sponge. Journal of Chemical Education 85 (5/2008), 612

Beiträge zu metallorganischen Verbindungen im Themenheft „Komplexverbindungen", Praxis der Naturwissenschaften – Chemie 57 (8/2008):
U. Pfangert-Becker: Auf den Spuren von Alfred Werner – Ein Unterrichtsvorschlag zur Einführung der Komplexchemie in der gymnasialen Oberstufe. S. 20–22
J. Uhlemann, B. Duvinage, U. Schilde: Komplexverbindungen experimentell erkunden. S. 28–34

Metallorganische Verbindungen als Katalysatoren sind ein wichtiges Thema der Forschung. Eine traditionsreiche Forschungsstätte ist das Mülheimer Max-Planck-Institut für Kohleforschung, dessen Forschungsergebnisse u. a. im kostenlosen Wissenschaftsmagazin der Max-Planck-Gesellschaft (MaxPlanckForschung) dargestellt werden.

12.6 Komplexverbindungen in der Natur

Zu den Versuchen

V1 Der Versuch dient zur Gewinnung des Rohchlorophylls für V2 und V3.

V2 Der Versuch dient u.a. zur Gewinnung des Phäophytins für V3.
Beim Versetzen der Rohchlorophyll-Lösung mit Salzsäure wird das Magnesium-Ion aus dem Komplex herausgelöst. Es bildet sich eine braunrote Lösung. Bei Zugabe von Kupfersulfat-Lösung wird ein Kupfer(II)-Ion komplexiert, die Lösung färbt sich grün-blau.

V3 Chromatografie der Rohchlorophyll-Lösung aus V1:
Je nach Sorgfalt und Laufhöhe erhält man vier bis sieben Banden, von oben nach unten:
– gelb: Carotine
– bräunlich-grau: Phäophytine (nicht immer sichtbar)
– blaugrün: Chlorophyll a
– gelbgrün: Chlorophyll b
– gelb: verschiedene Carotinoide (Lutein, Neoxanthin, Violaxanthin), häufig verschwommen zu einer Bande

Chromatografie der Phäophytin-Lösung aus V2:
Man erhält ein analoges Chromatogramm wie aus der Rohchlorophyll-Lösung, mit folgendem Unterschied: Die Phäophytin-Bande ist stärker und die beiden Chlorophyll-Banden fehlen. Bei sorgfältigem Arbeiten erkennt man zwei Phäophytin-Banden, Phäophytin a (vermutlich die obere der beiden Banden) und Phäophytin b.

12.7 Durchblick: Zusammenfassung und Übung

Zu den Aufgaben

A1 Eine Komplexverbindung enthält einen Komplex als Baustein. Ein Komplex ist eine Einheit aus Zentralteilchen und den daran gebundenen Liganden. Im Beispiel $Na_3[AlF_6]$ besteht der Komplex aus dem Zentralteilchen Al^{3+} und sechs F^--Liganden, seine Koordinationszahl ist 6. Die Komplexverbindung besteht aus positiv geladenen Natrium-Ionen und negativ geladenen Hexafluoridoaluminat(III)-Ionen.

A2 Bei Chelatkomplexen besetzen mehrzähnige Liganden zwei oder mehr Koordinationsstellen des Zentralteilchens.

A3

$[Ag(NH_3)_2Cl]$	Diamminsilber(I)-chlorid
$[CuCl_2(H_2O)_2]$	Diaquadichloridokupfer(II)
$[Fe(H_2O)_6]SO_4 \cdot H_2O$	Hexaaquaeisen(II)-sulfat-Monohydrat
$Na_3[AlF_6]$	Natrium-hexafluoridoaluminat(III)
$[CrCl_2(H_2O)_4]Cl$	Tetraaquadichloridochrom(III)-chlorid

A4 Nachweis von Eisen(III)-Ionen:
Zutropfen von Kaliumthiocyanat-Lösung ergibt Rotfärbung:

$$[Fe(H_2O)_6]^{3+} + SCN^- \rightleftharpoons [Fe(SCN)(H_2O)_5]^{2+} + H_2O$$

Zutropfen von Kalium-hexacyanidoferrat(II)-Lösung ergibt Blaufärbung:

$$4\ \overset{III}{[Fe(H_2O)_6]}^{3+} + 3\ \overset{II}{[Fe(CN)_6]}^{4-} \rightleftharpoons \overset{III\ II}{Fe_4[Fe(CN)_6]_3} + 24\ H_2O \qquad \text{(Berliner Blau)}$$

Nachweis von Kupfer(II)-Ionen:
Zutropfen von Ammoniak-Lösung ergibt eine tiefblaue Färbung der Lösung durch den Tetraamminkupfer(II)-Komplex:

$$[Cu(H_2O)_4]^{2+} + 4\ NH_3 \rightleftharpoons [Cu(NH_3)_4]^{2+} + 4\ H_2O$$

Hinweise:
Dass Eisen(III)-Ionen in wässriger Lösung als $[Fe(H_2O)_6]^{3+}$ vorliegen, wird im Schulbuch in Kap. 4.10 beschrieben.

Der Komplex $[Fe(SCN)(H_2O)_5]^{2+}$ kann mit weiteren Thiocyanat-Ionen reagieren:

$$[Fe(H_2O)_6]^{3+} \quad + \ SCN^- \ \rightleftharpoons \ [Fe(SCN)(H_2O)_5]^{2+} + H_2O \qquad \lg K_D = -2{,}2$$

$$[Fe(SCN)(H_2O)_5]^{2+} + SCN^- \ \rightleftharpoons \ [Fe(SCN)_2(H_2O)_4]^+ + H_2O \qquad \lg K_D = -1{,}4$$

$$[Fe(SCN)_2(H_2O)_4]^+ + SCN^- \ \rightleftharpoons \ [Fe(SCN)_3(H_2O)_3] \ + H_2O \qquad \lg K_D = -1{,}4$$

$$[Fe(SCN)_3(H_2O)_3] \ + SCN^- \ \rightleftharpoons \ [Fe(SCN)_4(H_2O)_2]^- + H_2O \qquad \lg K_D = -1{,}3$$

$$[Fe(SCN)_4(H_2O)_2]^- + SCN^- \ \rightleftharpoons \ [Fe(SCN)_5(H_2O)]^{2-} + H_2O \qquad \lg K_D = +0{,}1$$

$$[Fe(SCN)_5(H_2O)]^{2-} + SCN^- \ \rightleftharpoons \ [Fe(SCN)_6]^{3-} \qquad + H_2O \qquad \lg K_D = +0{,}1$$

Bei kleinen Thiocyanat-Konzentrationen bestimmt der Komplex $[Fe(SCN)(H_2O)_5]^{2+}$ die Farbe der Lösung, da er eine wesentlich kleinere Dissoziationskonstante hat als die in den nachgeschalteten Gleichgewichtsreaktionen gebildeten Komplexe.

A5 Der Komplex $[Pt(OH)_2(NH_3)_2]$ (Diammindihydroxidoplatin(II)) hat vier Liganden, könnte also tetraedrisch oder quadratisch planar sein. Wäre der Komplex tetraedrisch, gäbe es (analog zu CH_2Cl_2) keine unterschiedlichen Isomere, folglich ist er planar.
Im (E)-Diammindihydroxidoplatin(II) liegen die jeweils gleichen Liganden gegenüber, im (Z)-Diammindihydroxidoplatin(II) liegen die jeweils gleichen Liganden nebeneinander:

(E)-Diammindihydroxidoplatin(II)   (Z)-Diammindihydroxidoplatin(II)

Aus unterschiedlichen Strukturen folgen immer auch unterschiedliche Eigenschaften. Beispielsweise ist das (Z)-Isomer ein Dipol, das (E)-Isomer ist kein Dipol. Daraus folgen sehr wahrscheinlich unterschiedliche Löslichkeiten und unterschiedliche Kristallstrukturen. Auch ein Unterschied in den chemischen Eigenschaften ist zu erwarten.

Hinweis: Ein Komplex mit ähnlicher Struktur ist (Z)-Diammindichloridoplatin(II) (Kap. 12.5). Das (Z)-Isomer wird in der Medizin als Cytostatikum eingesetzt, das (E)-Isomer nicht. Folglich unterscheiden sich die chemischen Eigenschaften der beiden Isomere deutlich.

A6 Man gibt Ammoniak-Lösung dazu. Es bildet sich der tiefblaue, sehr stabile Tetraammin-kupfer(II)-Komplex. Die Kupfer(II)-Ionen sind dadurch maskiert und können durch Hydroxid-Ionen nicht als unlösliches Kupfer(II)-hydroxid ausgefällt werden.

A7 Kohlenstoffmonooxid-Moleküle werden im Häm-Komplex besser als Sauerstoff-Moleküle an das Eisen(II)-Ion gebunden. Der Häm-Komplex des Kohlenstoffmonooxids ist ca. 200-mal so stabil wie der des Sauerstoffs. Von Kohlenstoffmonooxid besetzte Hämoglobin-Moleküle stehen daher für den Sauerstofftransport nicht mehr zur Verfügung, dies kann zum Tod durch Ersticken führen. Man behandelt eine Kohlenstoffmonooxid-Vergiftung durch Beatmen mit reinem Sauerstoff, um die gebundenen Kohlenstoffmonooxid-Moleküle nach und nach durch Sauerstoff-Moleküle auszutauschen.

Basiskonzepte

Vorbemerkung

Mit den Basiskonzepten sollen die schulischen Inhalte der einzelnen naturwissenschaftlichen Fächer sinnvoll strukturiert werden und (durch den Konzeptgedanken) die fachlichen Beziehungen über die gesamte Lernzeit miteinander verbunden werden. Die Einordnung der Lerninhalte in die nachstehenden drei Basiskonzepte soll einen systematischen und kumulativen Wissensaufbau gewährleisten.

Im Unterricht wird man in der Regel ausgehend von fachlich geeigneten Sachverhalten oder Bezügen aus der Lebenswelt, dem Alltag, der Umwelt oder Technik zu verallgemeinerbaren Aussagen vordringen. Beim Vorliegen auch sehr unterschiedlicher Inhalte gelingt es in der reflektierenden und vergleichenden Analyse dieser Inhalte, Prinzipien aufzudecken oder aufzuzeigen, die das Wissen strukturieren.

Dieses Kapitel bietet die Chance, den Schülerinnen und Schülern die Basiskonzepte als solche zu vermitteln, diese immer wieder im Kontext der betrachteten Inhalte heranzuziehen und sie gegen Ende der unterrichtlichen Arbeit im Fach Chemie zu einer systematischen Reflexion heranzuziehen. Die Aufgaben bieten Chancen zur eigenständigen Überprüfung des Wissens und Verständnisses.

Hinweis

Im Juni 2020 wurden die „Bildungsstandards im Fach Chemie für die Allgemeine Hochschulreife" veröffentlicht. Die darin genannten Basiskonzepte sind:
- Konzept vom Aufbau und von den Eigenschaften der Stoffe und ihrer Teilchen
- Konzept der chemischen Reaktion
- Energiekonzept

Diese Basiskonzepte wurden in den Kernlehrplan Chemie für die Sekundarstufe II Gymnasium/Gesamtschule in Nordrhein-Westfalen von 2022 übernommen.

Literatur und Medien

Im Internetauftritt der Ständigen Konferenz der Kultusminister der Länder in der Bundesrepublik Deutschland (KMK, Stand Juli 2023) findet man die Bildungsstandards im Fach Chemie für den Mittleren Schulabschluss (2004) und für die Allgemeine Hochschulreife (2020).

Themenheft: Grundbegriffe und Basiskonzepte. Naturwissenschaften im Unterricht – Chemie 23 (2/2013), Heft 128
Themenheft: Ziele und Standards für den Chemieunterricht in der Sek I und Sek II. Praxis der Naturwissenschaften – Chemie in der Schule 52 (1/2003)
R. Demuth et al: Basiskonzepte – eine Herausforderung für den Chemieunterricht. Chemie konkret 12 (2/2005), 55
Themenheft: Basiskonzept Energie. Naturwissenschaften im Unterricht – Chemie 22 (1/2011), Heft 121
R. Stösser et al: Von der Struktur zur Eigenschaft, Teil I. Der mathematische und naturwissenschaftliche Unterricht 62 (8/2009), 498
R. Stösser et al: Von der Struktur zur Eigenschaft, Teil II. Der mathematische und naturwissenschaftliche Unterricht 63 (8/2010), 498

Basiskonzept: Stoffe, Teilchen, Eigenschaften (S. 486–489)

Zu den Aufgaben

A1

- Aus Atomen bestehen alle Edelgase (Helium, Neon, Argon, Krypton, Xenon, Radon) und alle Metalle (z.B. Natrium, Calcium, Eisen).
  (*Hinweis:* Bezüglich fester und flüssiger Metalle ist diese Lösung richtig, wenn man das Elektronengasmodell zugrunde legt, s. Schulbuch, S. 20. Nach dem Bändermodell sind die Teilchen in Metallen Riesenmoleküle, s. Serviceband, Rückblick und Vertiefung, Metalle und Metallbindung.)
- Aus Molekülen bestehen z.B. Wasserstoff (H_2-Moleküle), Sauerstoff (O_2-Moleküle), Stickstoff (N_2-Moleküle), alle Halogene (F_2-, Cl_2-, Br_2- bzw. I_2-Moleküle), Schwefel (S_8-Moleküle), Ammoniak (NH_3-Moleküle), Wasser (H_2O-Moleküle), Schwefelsäure (H_2SO_4-Moleküle).
  (*Hinweis:* Durch die Autoprotolyse bestehen Wasser, Schwefelsäure und Ammoniak im flüssigen Zustand zum Teil aus Molekül-Ionen.)
- Aus Ionen bestehen alle Salze (z.B. Natriumchlorid, Kaliumhydroxid, Calciumcarbonat, Ammoniumchlorid).
  (*Hinweis:* Im gasförmigen Zustand bestehen Salze i.d.R. aus Molekülen.)

A2

a) CH_3CHO: Ethanal (Acetaldehyd). Homologe Reihe: Alkanale

b) HCOOH: Methansäure (Ameisensäure). Homologe Reihe: Alkansäuren

c) C_3H_7OH: Propanol. Homologe Reihe: Alkanole

A3 Beispiel für den Inhalt eines Vortrags:

Organische Stoffe und ihre Teilchen

Alle organischen Stoffe sind Kohlenstoff-Verbindungen. Wichtige Stoffklassen der organischen Chemie sind die Alkane, die Alkene, die Alkine, die Alkohole, die Aldehyde, die Ketone, die Carbonsäuren und die Aromaten. Die meisten Kunststoffe sind ebenfalls organische Stoffe (Ausnahme: Silikone). Auch die Naturstoffe, die in Lebewesen vorkommen, sind organische Stoffe, u.a. die Fette, die Kohlenhydrate, die Aminosäuren, die Proteine und die DNA.

Das Kohlenstoff-Atom kann bis zu vier Elektronenpaarbindungen mit anderen Atomen (insbesondere auch mit Kohlenstoff-Atomen) bilden. Dies führt dazu, dass es eine sehr große Anzahl unterschiedlicher organischer Verbindungen gibt, die aus kleinen, mittelgroßen oder auch sehr großen Molekülen bestehen. Alle organischen Stoffe bestehen aus Molekülen, oder sie enthalten Molekül-Ionen (z.B. die Salze der Carbonsäuren).

Die Moleküle vieler organischer Stoffklassen weisen eine Kette aus Kohlenstoff- und Wasserstoff-Atomen und eine die Stoffklasse kennzeichnende funktionelle Gruppe auf, z.B. eine Hydroxygruppe (Alkohole), eine Aldehydgruppe (Aldehyde), eine Ketogruppe (Ketone) oder eine Carboxygruppe (Carbonsäuren). Der Einfluss dieser beiden Molekülteile ist entscheidend für die Eigenschaften der Moleküle und damit auch der Stoffe. Einige organische Stoffklassen bilden homologe Reihen: Alkane, Alkene, Alkine, Alkanole, Alkanale, Alkanone und Alkansäuren. Die aufeinanderfolgenden Glieder einer homologen Reihe unterscheiden sich durch eine CH_2-Gruppe.

Die Schmelz- und Siedetemperaturen und das Lösungsverhalten der organischen Stoffe sind abhängig von der Molekülgröße und von den funktionellen Gruppen. Eine Kette aus Kohlenstoff- und Wasserstoff-Atomen ermöglicht die Ausbildung von London-Kräften. Diese begünstigen lipophile Eigenschaften und eher niedrige Siedetemperaturen. Durch die funktionellen Gruppen im Molekül können Dipol-Dipol-Kräfte wirken und ggf. Wasserstoffbrücken ausgebildet werden. Diese begünstigen hydrophile Eigenschaften und höhere Siedetemperaturen.

Die meisten organischen Verbindungen sind elektrische Nichtleiter, da sie aus ungeladenen Molekülen bestehen. Die Moleküle mancher organischer Verbindungen enthalten ein großes delokalisiertes Elektronensystem, das Licht absorbieren kann. Diese Verbindungen sind Farbstoffe.

A4 Zur besseren Vergleichbarkeit werden die Siedetemperaturen der Stoffe gegen die Elektronenanzahlen ihrer Moleküle (als ungefähres Maß für die Moleküloberflächen) aufgetragen:

Alkan	Elektronenanzahl	ϑ_{sd} in °C
CH_4	10	-161
C_2H_6	18	-88
C_3H_8	26	-42
C_4H_{10}	34	-1
C_5H_{12}	42	36
C_6H_{14}	50	68
C_7H_{16}	58	98

Alkanol	Elektronenanzahl	ϑ_{sd} in °C
CH_3OH	18	65
C_2H_5OH	26	78
C_3H_7OH	34	97
C_4H_9OH	42	117
$C_5H_{11}OH$	50	138
$C_6H_{13}OH$	58	157
$C_7H_{15}OH$	66	176

Alkanal	Elektronenanzahl	ϑ_{sd} in °C
HCHO	16	-21
CH_3CHO	24	21
C_2H_5CHO	32	49
C_3H_7CHO	40	77
C_4H_9CHO	48	102
$C_5H_{11}CHO$	56	130
$C_6H_{13}CHO$	64	153

Alkansäure	Elektronenanzahl	ϑ_{sd} in °C
HCOOH	24	100
CH_3COOH	32	118
C_2H_5COOH	40	141
C_3H_7COOH	48	164
C_4H_9COOH	56	186
$C_5H_{11}COOH$	64	202
$C_6H_{13}COOH$	72	223

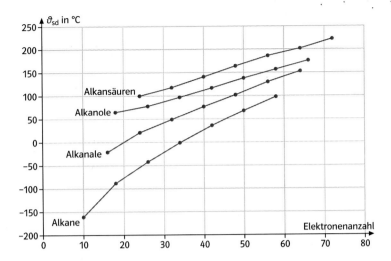

Innerhalb jeder der vier homologen Reihen nehmen die Siedetemperaturen mit steigender Elektronenanzahl zu. Die vier Kurven liegen bei kleinen Molekülen relativ weit auseinander; mit steigender Elektronenanzahl nähern sie sich einander an. Dies bedeutet, dass der Einfluss der funktionellen Gruppen mit steigender Länge der Alkylkette abnimmt.

Vergleicht man die Siedetemperaturen von Stoffen, deren Moleküle eine ähnliche Elektronenanzahl aufweisen, z.B. Propan, Ethanol, Ethanal und Methansäure, so sind die Siedetemperaturen der Alkansäuren höher als die der Alkanole, diese sind wiederum höher als die der Alkanale, und diese sind höher als die der Alkane. Diese Unterschiede sind auf die zwischenmolekularen Kräfte (im flüssigen Zustand der Stoffe) zurückzuführen:
- Zwischen Alkan-Molekülen wirken nur London-Kräfte.
- Zwischen Alkanal-Molekülen wirken neben den London-Kräften auch Dipol-Dipol-Kräfte.
- Zwischen Alkanol-Molekülen sind neben den London-Kräften und Dipol-Dipol-Kräften auch Wasserstoffbrücken wirksam.
- Die Alkansäure-Moleküle können aufgrund der Carboxygruppe jeweils zwei Wasserstoffbrücken ausbilden, die u.a. zur Bildung von Dimeren führen.

A5

Propan-1-ol

Glycerin (Propantriol)

Das Propan-1-ol-Molekül weist eine unpolare Propylgruppe und eine polare Hydroxygruppe auf. Benzin besteht aus unpolaren Kohlenwasserstoff-Molekülen. Zwischen der unpolaren Propylgruppe und unpolaren Kohlenwasserstoff-Molekülen können London-Kräfte wirken. Deshalb löst sich Propan-1-ol in Benzin. Zwischen der polaren Hydroxygruppe und Wasser-Molekülen können Wasserstoffbrücken ausgebildet werden. Deshalb löst sich Propan-1-ol auch in Wasser.
Das Propantriol-Molekül hat keinen Bereich, den man als unpolar betrachten kann. Zwischen den drei Hydroxygruppen des Propantriol-Moleküls und Wasser-Molekülen können Wasserstoffbrücken ausgebildet werden. Deshalb löst sich Propantriol in Wasser. Auch zwischen Propantriol-Molekülen und unpolaren Kohlenwasserstoff-Molekülen können Kräfte wirken. (*Hinweis:* Man bezeichnet sie als Dipol-induzierter-Dipol-Kräfte oder Debye-Wechselwirkungen). Diese sind aber viel schwächer als die Dipol-Dipol-Kräfte und die Wasserstoffbrücken zwischen Propantriol-Molekülen. Beim Mischen von Propantriol mit Benzin bleiben deshalb die Propantriol-Moleküle „unter sich", und es entstehen zwei Phasen.

A6

$$H-\underset{\underset{H}{|}}{\overset{\overset{H}{|}}{C}}-\underset{\underset{\diagdown O\diagup}{\|}}{C}-\underset{\underset{H}{|}}{\overset{\overset{H}{|}}{C}}-H$$

Das Propanon-Molekül weist eine Carbonylgruppe und zwei Methylgruppen auf.
- Die Carbonylgruppe kann Wasserstoffbrücken zu Wasser-Molekülen (oder anderen Molekülen mit einer polaren X-H-Gruppe) ausbilden, darauf beruht die Hydrophilie.
- Die Methylgruppen können temporär polarisiert werden. Damit können London-Kräfte zu anderen unpolaren Molekülen (z.B. Fett-Molekülen) wirken, darauf beruht die Lipophilie.

A7 Makromoleküle, die nur aus C- und H-Atomen aufgebaut sind (z.B. Polyethen, Polypropen), sind keine (bzw. extrem schwache) permanenten Dipole. Zwischen ihnen wirken folglich (fast) nur London-Kräfte. Bei Makromolekülen, die polare Bindungen aufweisen (z.B. Polyvinylchlorid), werden die London-Kräfte durch Dipol-Dipol-Kräfte verstärkt; diese wirken zwischen den Molekülteilen mit polaren Bindungen. Weisen die Makromoleküle Amidgruppen auf, so können zusätzlich Wasserstoffbrücken zwischen Wasserstoff-Atomen mit positiver Teilladung und nicht bindenden Elektronenpaaren von Stickstoff- oder Sauerstoff-Atomen auftreten. Wenn in den Makromolekülen protonierte Amidgruppen und deprotonierte Carboxygruppen auftreten, kann es auch zu Ionenbindungen kommen. Diese wenigen Beispiele zeigen, dass zwischen Makromolekülen, je nach ihrer Zusammensetzung und Struktur, alle zwischenmolekularen Kräfte und sogar Ionenbindungen auftreten können.

Basiskonzept: Chemische Reaktion (S. 490 – 493)

Zu den Aufgaben

A1

a) Mit Hydroxid-Ionen reagiert Methansäure in einer Säure-Base-Reaktion:

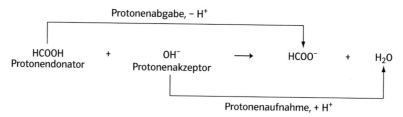

b) Mit Permanganat-Ionen reagiert Methansäure in einer Redoxreaktion:

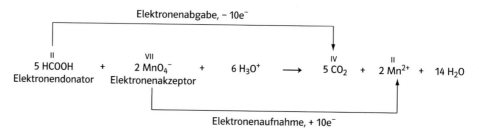

A2

a) Wird das Alkan oder Alken zu einer stark verdünnten wässrigen Brom-Lösung gegeben, erfolgt beim Vorliegen eines Alkens eine schnelle Entfärbung der gelbbraunen Lösung. Beim Vorliegen eines Alkans erfolgt erst unter Lichteinfluss eine allmähliche Entfärbung der Brom-Lösung.

b) Mit der Tollens-Probe, der Fehling-Probe oder der Benedict-Probe kann zwischen Propanon (Aceton) und Propanal (Propionaldehyd) unterschieden werden. Mit Propanal ergibt sich ein positiver Nachweis mit der gewählten Probe, mit Propanon nicht.

A3 Bei der Chlorierung von Methan können einige organische Reaktionsprodukte gebildet werden: Chlormethan, Dichlormethan, Trichlormethan, Tetrachlormethan, Chlorethan und Alkane wie Ethan oder Propan. Es hängt vom Stoffmengenverhältnis von Methan und Chlor ab, ob es in größerem Ausmaß zur Mehrfachchlorierung des Methans kommt. Durch Abbruchreaktionen der Methyl-Radikale miteinander können Ethan-Moleküle gebildet werden. Auch diese können chloriert werden. Reagieren Methyl-Radikale mit Ethyl-Radikalen, werden Propan-Moleküle gebildet.

a) $Zn(s) + 2 H_3O^+(aq) + 2 Cl^-(aq) \longrightarrow Zn^{2+}(aq) + 2 Cl^-(aq) + 2 H_2O(l) + H_2(g)$

- Je höher der Zerteilungsgrad (d.h. die Oberfläche, an der die Reaktion stattfinden kann), desto größer ist die Reaktionsgeschwindigkeit. Folglich kann man die Reaktionsgeschwindigkeit erhöhen, indem man fein gemahlenes Zinkpulver einsetzt bzw. sie verringern, indem man große Zinkstücke einsetzt.
- Je höher die Konzentration der Edukte, desto größer ist nach dem Kollisionsmodell die Reaktionsgeschwindigkeit. Eine Erhöhung der Salzsäure-Konzentration führt also zu einer größeren Reaktionsgeschwindigkeit, eine Verringerung der Salzsäure-Konzentration führt zu einer kleineren Reaktionsgeschwindigkeit.
- Je höher die Temperatur des Reaktionsgemisches ist, desto größer ist die Reaktionsgeschwindigkeit, da bei einem höheren Anteil der Zusammenstöße die Aktivierungsenergie aufgebracht wird. Folglich führt eine Temperaturerhöhung zu einer größeren Reaktionsgeschwindigkeit und eine Temperaturabsenkung zu einer kleineren Reaktionsgeschwindigkeit.
Hinweis: Da es sich um eine exotherme Reaktion handelt, begünstigt eine Temperaturerhöhung die Rückreaktion. Bei den gegebenen Bedingungen (flüssige Salzsäure) ist die Temperatur jedoch niedrig genug, dass dies keine Rolle spielt.

Hinweis:
Es gibt eine weitere Möglichkeit, die Geschwindigkeit dieser Reaktion zu beeinflussen (s. Schulbuch, Kap. 5.34): Wenn ein Zinkstück in einer Säure von einem edleren Metall (z.B. Kupferdraht) berührt wird, bildet sich ein Lokalelement. Dadurch wird die Gasentwicklung stärker (die Reaktion läuft also schneller ab); der Wasserstoff bildet sich am edleren Metall. Die Reaktion ist normalerweise (d.h. ohne Berührung mit dem edleren Metall) gehemmt, weil auf der Zinkoberfläche gasförmiger Wasserstoff haftet, sodass die Zink-Atome nicht so leicht mit den Oxonium-Ionen in Kontakt kommen. Durch die Berührung mit dem edleren Metall fällt diese Hemmung weg.

b) $2 H_2(g) + O_2(g) \longrightarrow 2 H_2O(l)$

- Je höher die Konzentration der Edukte, desto größer ist nach dem Kollisionsmodell die Reaktionsgeschwindigkeit. Die Edukte Wasserstoff und Sauerstoff liegen gasförmig vor, deshalb entspricht eine Druckerhöhung einer Konzentrationserhöhung. Eine Druckerhöhung führt folglich zu einer größeren Reaktionsgeschwindigkeit, eine Druckverminderung zu einer kleineren Reaktionsgeschwindigkeit.
- Eine Temperaturerhöhung führt zu einer Erhöhung der Reaktionsgeschwindigkeit (vgl. Teilaufgabe a). *Hinweis:* Da es sich um eine exotherme Reaktion handelt, begünstigt eine Temperaturerhöhung die Rückreaktion.
- Durch einen Katalysator, z.B. Platin, kann die Reaktionsgeschwindigkeit erhöht werden.

a) $2 CH_4(g) + O_2(g) \rightleftharpoons 2 CO(g) + 4 H_2(g)$ | exotherm

- Eine Temperaturerhöhung begünstigt die endotherme Reaktion. In diesem Fall verschiebt sich das Gleichgewicht auf die Seite von Methan und Sauerstoff, da die Rückreaktion der exothermen Reaktion endotherm ist.
- Eine Druckerhöhung verschiebt das Gleichgewicht zu der Seite mit der geringeren Anzahl von Gasteilchen. In diesem Fall ist die Anzahl von Gasteilchen auf der linken Seite des Gleichgewichtspfeils kleiner als auf der rechten Seite. Folglich verschiebt eine Druckerhöhung das Gleichgewicht auf die Seite von Methan und Sauerstoff.

b) $CO_2(g) + C(s) \rightleftharpoons 2 CO(g)$ | endotherm

- Eine Temperaturerhöhung begünstigt die endotherme Reaktion. In diesem Fall verschiebt sich das Gleichgewicht auf die Seite von Kohlenstoffmonooxid.
- Eine Druckerhöhung verschiebt das Gleichgewicht zu der Seite mit der geringeren Anzahl von Gasteilchen. In diesem Fall ist die Anzahl von Gasteilchen auf der linken Seite des Gleichgewichtspfeils kleiner als auf der rechten Seite. Folglich verschiebt eine Druckerhöhung das Gleichgewicht auf die Seite von Kohlenstoffdioxid und Kohlenstoff.

A6

$$K_c = \frac{c(N_2O_4)}{c^2(NO_2)}$$

Berechnung der Stoffmengenkonzentrationen mit $V_m(50\,°C, 1013\,hPa) = 26,5\,l/mol$:

$c(N_2O_4) = 0,60 : 26,5\,l/mol = 0,0226\,mol/l$

$c(NO_2) = 0,40 : 26,5\,l/mol = 0,0151\,mol/l$

Einsetzen in die obige Gleichung:

$$K_c = \frac{0,0226\,mol/l}{(0,0151\,mol/l)^2} \approx 99\,l/mol$$

Hinweis: Der berechnete Wert von K_c kann mit den im Schulbuch in Kap. 2.17, B3 angegebenen Werten bei anderen Temperaturen verglichen werden.

Basiskonzept: Energie (S. 494 / 495)

Zu den Aufgaben

A1 In der Thermodynamik versteht man unter einem System einen von seiner Umgebung abgegrenzten Raum. Ein geschlossenes System kann mit der Umgebung nur Energie austauschen, ein offenes System kann mit der Umgebung Stoffe und Energie austauschen.
Pflanzen und Tiere können als Systeme betrachtet werden, die von ihrer Umgebung abgegrenzt sind. Pflanzen nehmen aus der Umgebung u.a. Kohlenstoffdioxid, Wasser und Mineralstoffe auf und geben Sauerstoff ab. Tiere nehmen u.a. Sauerstoff und Nährstoffe auf und geben Kohlenstoffdioxid und Wasser ab. Mit einem Stoffaustausch ist immer auch ein Energieaustausch verbunden. Pflanzen nehmen außerdem Energie in Form von Licht auf und geben Wärme ab. Tiere verwerten chemische Energie aus der Nahrung und geben Wärme ab.
Sowohl Pflanzen als auch Tiere sind also offene Systeme. Dies gilt auch für alle anderen Lebewesen.

A2 Wenn Stoffe in einer exothermen Reaktion reagieren, wird Energie abgegeben. Daraus folgt, dass die Energie der Edukte größer ist als die Energie der Produkte. Man kann also sagen, dass in den Edukten Energie gespeichert ist.
Umgekehrt kann man auch aus Edukten in einer endothermen Reaktion Produkte mit höherer Energie erzeugen. Dazu muss man Energie aufwenden (Energie in die Stoffe „hineinstecken"). Diese Energie ist dann in den Produkten gespeichert.

Hinweis: Wenn man z.B. von Benzin sagt, dass in ihm Energie gespeichert ist, setzt man voraus, dass der Sauerstoff zu seiner Verbrennung vorhanden ist. Aus Benzin alleine könnte man keine Energie gewinnen. Es gibt aber auch Reinstoffe, in denen Energie gespeichert ist, z.B. Sprengstoffe.

A3 Da die Reaktion exotherm ist, wird bei ihrem Ablaufen Energie abgegeben. Diese Energie muss im Zuge des Umbaus der Bindungen beim Übergang der Eduktteilchen zu den Produktteilchen abgegeben werden. Entsprechend ist die Enthalpiebilanz der gebildeten Bindungen geringer als die der gespaltenen Bindungen.

A4 Bioethanol zählt zu den nachwachsenden Rohstoffen. Bei deren Verbrennung wird im Prinzip gerade so viel Kohlenstoffdioxid freigesetzt, wie die Pflanze beim Wachstum gebunden hat, sodass auch ein erhöhter Verbrauch zu keinem erhöhten Kohlenstoffdioxid-Ausstoß führt.
Dies ist allerdings nur theoretisch der Fall. Ein zusätzlicher Kohlenstoffdioxid-Ausstoß entsteht bei Anbau, Pflege, Düngung, Ernte und Verarbeitung der Pflanzen und beim Transport der nachwachsenden Rohstoffe und der fertigen Treibstoffe. Trotz dieses zusätzlichen Kohlenstoffdioxid-Ausstoßes wird die Kohlenstoffdioxid-Bilanz der nachwachsenden Treibstoffe gegenüber fossilen Treibstoffen positiv bewertet.

A5 Alle spontanen Vorgänge sind mit einer Zunahme der Gesamtentropie S_{Gesamt} verbunden. Die Änderung der Gesamtentropie setzt sich zusammen aus der Änderung der Entropie des Systems und der Umgebung:

$$\Delta S_{Gesamt} = \Delta S_{System} + \Delta S_{Umgebung}$$

Bei einer chemischen Reaktion entspricht ΔS_{System} der Reaktionsentropie. Zur Beurteilung, ob eine chemische Reaktion spontan abläuft, muss jedoch ΔS_{Gesamt} bekannt sein.

Anstelle der Gesamtentropie ΔS_{Gesamt} wird in der chemischen Energetik meistens die freie Reaktionsenthalpie $\Delta_r G$ betrachtet. Die beiden Größen hängen folgendermaßen zusammen:

$$\Delta_r G = -T \cdot \Delta S_{Gesamt}$$

Eine *Zunahme* der Gesamtentropie entspricht also einer *Abnahme* der freien Enthalpie. Dies bedeutet, dass die freie Reaktionsenthalpie einer spontanen Reaktion kleiner als null ist ($\Delta_r G < 0$). Eine solche Reaktion bezeichnet man als exergonisch. Ist $\Delta_r G > 0$, bezeichnet man die Reaktion als endergonisch.

Damit eine exergonische Reaktion tatsächlich spontan abläuft, muss auch die notwendige Aktivierungsenergie vorhanden sein. Beispielsweise ist ein Gemisch von Wasserstoff und Sauerstoff bei Zimmertemperatur metastabil. Die Knallgasreaktion läuft nur ab, wenn ein Katalysator vorhanden ist, oder wenn das Gemisch durch einen Funken oder eine Flamme gezündet wird.

Hinweise:
- Viele exergonische Reaktionen laufen praktisch vollständig ab, d.h., am Ende sind keine Edukte mehr vorhanden. Entsprechend laufen viele endergonische Reaktionen so gut wie gar nicht ab. Es gibt jedoch auch eine große Zahl chemischer Reaktionen, die unvollständig ablaufen, bis ein chemisches Gleichgewicht erreicht ist.
- Bei einer chemischen Reaktion erreicht die Gesamtentropie des Reaktionsgemisches einen Maximalwert, bevor die Reaktion vollständig abgelaufen ist. Der Grund dafür ist die Vermischung von Edukten mit Produkten, die die Entropie des reagierenden Systems erhöht. Wenn der Maximalwert der Gesamtentropie erreicht ist, läuft die Reaktion nicht mehr spontan weiter. Bei großen Beträgen von $\Delta_r G$ ist dies vernachlässigbar. Stark exergonische Reaktionen laufen fast vollständig ab, stark endergonische Reaktionen so gut wie gar nicht. Ist der Betrag von $\Delta_r G$ eher klein, laufen jedoch sowohl exergonische als auch endergonische Reaktionen ab, bis das chemische Gleichgewicht erreicht ist.

Anhang

Anhang: Potenzen und Logarithmen (S. 502 / 503)

Vorbemerkung

Berechnungen von pH- und pK_S-Werten und von Redoxpotentialen (Nernst-Gleichung) sind ohne Logarithmenrechnung nicht möglich. Die Erfahrung zeigt, dass viele Schülerinnen und Schüler darin ungeübt sind und eine Auffrischung ihrer Kenntnisse nötig haben.

Zu den Aufgaben

A1

a) $10\,000\,000 = 1 \cdot 10^7$

b) $602\,200\,000\,000\,000\,000\,000\,000 = 6{,}022 \cdot 10^{23}$

c) $0{,}01 = 1 \cdot 10^{-2}$

A2

a) $5 \cdot 10^5 = 500\,000$

b) $3{,}35 \cdot 10^{-3} = 0{,}003\,35$

c) $\sqrt{10^{-4}} = 10^{-2} = 0{,}01$

A3

a) $1013 \cdot 10^{-24} = 1{,}013 \cdot 10^{-21} = 0{,}000\,000\,000\,000\,000\,000\,001\,013$

b) $8 \cdot 10^9 : (2 \cdot 10^6) = (8:2) \cdot (10^9 : 10^6) = 4 \cdot 10^3$

c) $2{,}50 \cdot 10^4 + 5{,}6 \cdot 10^3 = 2{,}50 \cdot 10^4 + 0{,}56 \cdot 10^4 = (2{,}50 + 0{,}56) \cdot 10^4 = 3{,}06 \cdot 10^4 = 30\,600$

A4   Der Durchmesser des Atoms ist also ungefähr: $10^{-3}\,pm \cdot 10^5 = 10^2\,pm$

Umrechnung: $10^2\,pm = 10^{-1}\,nm = 10^{-4}\,\mu m = 10^{-7}\,mm$

A5

a) $\lg(4 \cdot 5) = \lg 4 + \lg 5 \approx 0{,}602 + 0{,}699 = 1{,}301$

   Oder: $\lg(4 \cdot 5) = \lg 20 \approx 1{,}301$

b) $\lg(1{,}5 : 7{,}2) = \lg 1{,}5 - \lg 7{,}2 \approx 0{,}176 - 0{,}857 = -0{,}681$

   Oder: $\lg(1{,}5 : 7{,}2) \approx \lg 0{,}208 \approx -0{,}681$

c) $\lg 10^5 = 5$

d) $\lg 10^{-5} = -5$

e) $\lg\sqrt{0{,}25} = \lg 0{,}5 \approx -0{,}301$

   Oder: $\lg\sqrt{0{,}25} = \lg(0{,}25^{1/2}) = \frac{1}{2} \cdot \lg 0{,}25 \approx \frac{1}{2} \cdot (-0{,}602) = -0{,}301$

f) $\lg\sqrt[3]{100} = \lg(100^{1/3}) = \frac{1}{3} \cdot \lg 100 = \frac{1}{3} \cdot 2 = \frac{2}{3} \approx 0{,}667$

A6

a) $\lg x = 3 \quad \Leftrightarrow \quad x = 10^3 = 1000$

b) $\lg x = -3 \quad \Leftrightarrow \quad x = 10^{-3} = 0{,}001$

c) $\lg x = 1 \quad \Leftrightarrow \quad x = 10^1 = 10$

Anhang: Qualitative Analysemethoden – eine Übersicht (S. 507)

Zu den Tabellen

B1 Nachweis von Ionen durch Fällungs- und Farbreaktionen

Die Nachweise von Chlorid, Bromid, Iodid und Sulfat werden i.d.R. in der Mittelstufe behandelt. Carbonat-Ionen ergeben mit Kalkwasser eine Fällungsreaktion, aber es gibt auch einige andere unlösliche Calcium-Salze, z.B. Calciumoxalat. Ein besserer Nachweis geht indirekt: Man erzeugt durch Einwirkung von Salzsäure gasförmiges Kohlenstoffdioxid und weist dieses durch Einleiten in Kalkwasser nach.

Die Nachweise von Eisen-, Kupfer- und Nickel-Ionen werden in Kap. 12.5 behandelt.

B2 Nachweis molekularer Stoffe

Die Nachweise von Sauerstoff, Wasserstoff und Kohlenstoffdioxid werden i.d.R. in der Mittelstufe behandelt.

Die Iod-Stärke-Reaktion wird in Kap. 10.8 behandelt.

Der Nachweis von Wasser mit Wassertestpapier (Watesmo®-Papier) wird i.d.R. in der Mittelstufe behandelt. Die Reaktion mit weißem Kupfer(II)-sulfat führt zum blauen Kupfer(II)-sulfat-Pentahydrat, dessen Struktur in Kap. 12.1 behandelt wird.

B3 Nachweis von Elementen (z.B. in Salzen) durch Flammenfärbung

Die Nachweise der Alkali- und Erdalkalimetalle durch Flammenfärbung werden i.d.R. in der Mittelstufe behandelt: Elemente Chemie 7–10 NRW (3-12-756141-8), Kap. 5.3

Hinweis: In der Flamme leuchten nicht die Metall-Ionen, sondern die Metall-Atome, siehe Zusatzinformationen.

B4 Nachweis von Elementen und funktionellen Gruppen in organischen Verbindungen

Einige der genannten Nachweise (allerdings nicht alle) werden im Schulbuch der Mittelstufe oder der Oberstufe behandelt:

- Kohlenstoff: Elemente Chemie 7–10 NRW (3-12-756141-8), Kap. 10.32
- Wasserstoff: Elemente Chemie 7–10 NRW, Kap. 10.32 (mit Wassertestpapier statt Kupfersulfat)
- Sauerstoff: Elemente Chemie 7–10 NRW, Kap. 10.32.
  Alternative: Elemente Chemie 7–10 NRW, Kap. 10.40, V2. Kohlenwasserstoffe bilden mit Iod-Lösung violett gefärbte Lösungen, Sauerstoff-Verbindungen ergeben rotbraun gefärbte Lösungen.
- Halogene: Die Beilsteinprobe kommt im Schulbuch nicht vor. Sie kann jedoch z.B. mit dem Reaktionsprodukt von Kap. 6.8, V1 durchgeführt werden.
  (Abzug!) Zur Entfernung von gelöstem Bromwasserstoff und Brom versetzt man einen Teil des Kolbeninhalts in einem Schütteltrichter mit verd. Natronlauge und schüttelt. Einige Tropfen der organischen Flüssigkeit gibt man auf einen ausgeglühten Kupferblechstreifen und hält ihn in die nicht leuchtende Flamme. Grünfärbung der Flamme zeigt die Anwesenheit einer Halogenverbindung. (Die Grünfärbung der Flamme wird durch flüchtige Kupferhalogenide verursacht.)
- Stickstoff und Schwefel in Proteinen: (Schutzbrille! Abzug! Heiße Natronlauge kann auch noch nach dem Erhitzen herausspritzen! Das Bleiacetat-Papier ist nur mit der Pinzette anzufassen!)
  In einem Reagenzglas erhitzt man eine kleine Portion gekochtes Hühnereiweiß mit ca. 3 ml Natronlauge ($w = 30\,\%$) kurz zum Sieden; das Reagenzglas wird dann aus der Flamme genommen. Es bildet sich eine schwach gelbe Lösung.
  Zum Nachweis von Stickstoff hält man mit der Pinzette ein feuchtes Universalindikator-Papier in die entweichenden Dämpfe über der Reagenzglasöffnung; es färbt sich grün oder blau. Zusätzlich kann man einen Glasstab mit einem Tropfen konz. Salzsäure über die Reagenzglasöffnung halten; es bildet sich weißer Ammoniumchlorid-Rauch. Zum Nachweis von Schwefel gibt man 1 bis 2 Tropfen der Flüssigkeit aus dem Reagenzglas auf Bleiacetat-Papier, das auf einem Uhrglas liegt. Es bildet sich ein schwarzer Fleck.
  Alternative: Die folgende Versuchsvorschrift (nach einer persönlichen Mitteilung von Herrn Wolfgang Proske) vermeidet das Arbeiten mit Natriumhydroxid oder konzentrierter Natronlauge (die zum Stoßen neigt) und mit Bleiacetat-Papier. Dafür muss am Schluss der Reagenzglasinhalt (wegen des Schwermetalls Silber) korrekt entsorgt werden.
  In ein Reagenzglas gibt man ca. 1 cm hoch gekochtes Hühnereiweiß, und dazu verdünnte Natronlauge (c(NaOH = 1 mol/l), bis das Eiweiß bedeckt ist. Man erhitzt das Gemisch zum Sieden (Achtung: Aufschäumen) und hält feuchtes Universalindikator-Papier an die Reagenzglasmündung. Durch das entstehende Ammoniak färbt sich das Universalindikator-Papier grün oder blau. Nun erhitzt man das Gemisch weiter, bis eine beinahe klare Lösung entstanden ist. Dann gibt man Phenolphthalein-Lösung dazu und säuert die Lösung mit verdünnter Salpetersäure (z.B. c(HNO$_3$) = 1 mol/l) an. Nach Zugabe von 1 bis 2 Tropfen Silbernitrat-Lösung (w(AgNO$_3$) = 1 %) erhält man einen schwarzen Niederschlag von Silbersulfid. (Ohne vorheriges Ansäuern bildet sich auch in einer Blindprobe ein braunschwarzer Niederschlag, der in diesem Fall aus Silberhydroxid und Silberoxid besteht.)

- C=C-Doppelbindungen und C≡C-Dreifachbindungen: Kap. 6.10, V1 und Kap. 6.15 (nur die Brom-wasserprobe)
- Aldehyd-Gruppen: Kap. 6.15. Kap. 10.5, V2 und Kap. 10.11, V1, V4

Zusatzinformationen

Teilchen in gasförmigen Salzen

Wenn mit Salzen von Alkalimetallen eine Flammenfärbung erzeugt wird, so müssen in der Flamme Alkalimetall-Atome vorliegen. Ein Alkalimetall-Ion kann keine Flammenfärbung hervorrufen, da ihm das Wichtigste dazu fehlt, nämlich das Leuchtelektron (Valenzelektron). Dieses äußerste Elektron wird in der Flamme angeregt und erzeugt beim „Zurückfallen" ein Atomspektrum. Die Flammenfär-bung wird also von Atomen und nicht etwa von Ionen hervorgerufen.

Was passiert im Einzelnen? Das Salz wird so weit erhitzt, dass es verdampft. Im Dampf sind keine einzelnen Ionen vorhanden, sondern Ionenpaare, z.B. NaCl-Moleküle. Bei diesen kann man sich prinzipiell eine Dissoziation in Atome oder in Ionen vorstellen. Die beiden Dissoziationskurven (Potentialkurven) für eine Dissoziation der NaCl-Moleküle in Atome bzw. in Ionen verlaufen jedoch so, dass bei etwas größeren Abständen die Kurve für die Dissoziation in Atome deutlich unterhalb der Kurve für die Dissoziation in Ionen verläuft:

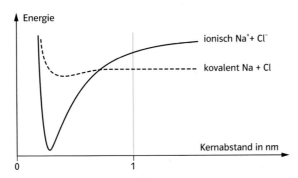

Die Dissoziation in Ionen würde viel mehr Energie erfordern als die Dissoziation in Atome. Daher gibt es im Natriumchlorid-Dampf außer den NaCl-Molekülen auch Na-Atome einschließlich ihres Leucht-elektrons; dies gilt analog auch für andere Salze.

Anhang: Tabellen (S. 508)

Zusatzinformationen

Naturkonstanten und Basiseinheiten

Seit dem 20. Mai 2019 gilt ein neues System der SI-Einheiten. Es basiert darauf, dass die Maßzahlen von sieben ausgewählten Naturkonstanten festgelegt wurden. Die folgenden Werte gelten also genau; ihnen werden in Zukunft trotz steigender Messgenauigkeit voraussichtlich keine weiteren gültigen Ziffern hinzugefügt:

1) Frequenz des Hyperfeinstrukturübergangs des Grundzustands im Cs-133-Atom:
$$\Delta\nu = 9\,192\,631\,770\,\text{s}^{-1}$$

2) Lichtgeschwindigkeit im Vakuum:
$$c = 299\,792\,458\,\text{m} \cdot \text{s}^{-1}$$

3) Planck-Konstante:
$$h = 6{,}626\,070\,15 \cdot 10^{-34}\,\text{J} \cdot \text{s} = 6{,}626\,070\,15 \cdot 10^{-34}\,\text{kg} \cdot \text{m}^2 \cdot \text{s}^{-1}$$

4) Elementarladung:
$$e = 1{,}602\,176\,634 \cdot 10^{-19}\,\text{C} = 1{,}602\,176\,634 \cdot 10^{-19}\,\text{A} \cdot \text{s}$$

5) Boltzmann-Konstante:
$$k = 1{,}380\,649 \cdot 10^{-23}\,\text{J} \cdot \text{K}^{-1} = 1{,}380\,649 \cdot 10^{-23}\,\text{kg} \cdot \text{m}^2 \cdot \text{s}^{-2} \cdot \text{K}^{-1}$$

6) Avogadro-Konstante:
$$N_A = 6{,}022\,140\,76 \cdot 10^{23}\,\text{mol}^{-1}$$

7) Fotometrisches Strahlungsäquivalent monochromatischer Strahlung der Frequenz $\nu = 540 \cdot 10^{12}\,\text{s}^{-1}$ (Licht der Wellenlänge 555 nm):
$$K_{cd} = 683\,\text{lm} \cdot \text{W}^{-1}$$

Basierend auf diesen sieben Naturkonstanten sind die Basiseinheiten des SI (Système international d'unités) wie folgt definiert:

1) Sekunde:
$$1\,\text{s} = 9\,192\,631\,770 / \Delta\nu$$

2) Meter:
$$1\,\text{m} = c / 299\,792\,458 \cdot 1\,\text{s}$$

3) Kilogramm:
$$1\,\text{kg} = h / (6{,}626\,070\,15 \cdot 10^{-34}) \cdot 1\,\text{m}^{-2} \cdot 1\,\text{s}$$

4) Ampere:
$$1\,\text{A} = e / (1{,}602\,176\,634 \cdot 10^{-19}) \cdot 1\,\text{s}^{-1}$$

5) Kelvin:
$$1\,\text{K} = 1{,}380\,649 \cdot 10^{-23} / k \cdot 1\,\text{kg} \cdot 1\,\text{m}^2 \cdot 1\,\text{s}^{-2}$$

6) Mol:
$$1\,\text{mol} = 6{,}022\,140\,76 \cdot 10^{23} / N_A$$

7) Candela:
$$1\,\text{cd} = K_{cd} / 683 \cdot 1\,\text{kg} \cdot 1\,\text{m}^2 \cdot 1\,\text{s}^{-3} \cdot 1\,\text{sr}^{-1}$$ (*Hinweis*: sr bedeutet Steradiant)

Literatur und Medien

Bureau International des Poids et Mesures (BIPM): The International System of Units (SI). (Stand Juli 2023 ist die Broschüre im Internet frei zugänglich.)
Physikalisch-Technische Bundesanstalt (PTB), Nationales Metrologieinstitut: Das neue Internationale Einheitensystem (SI). (Stand Juli 2023 ist die Broschüre im Internet frei zugänglich.)
Übersichtsartikel in der Wikipedia: Basisgröße

Quellenverzeichnis

Bilder 159.2 Heike Maier, Köngen; **328.1** Nelle, Peter, Münster; **338.1** ullstein bild, Berlin (NMSI/Science Museum); **457.4** A. von Zelewsky, P. Belser, CHIMIA Vol. 52 (1998) S. 620 - 628; **458.1** A. von Zelewsky, P. Belser, CHIMIA Vol. 52 (1998) S. 620 - 628; **U1** Getty Images Plus, München (E+/izusek)

Illustrationen Ernst Klett Verlag GmbH, Stuttgart, **6.1; 6.2; 7.1; 8.1; 13.1; 18.1; 18.2; 19.1; 20.1; 21.1; 21.2; 21.3; 21.4; 21.5; 21.6; 21.7; 21.8; 21.9; 21.10; 21.11; 21.12; 22.1; 22.2; 22.3; 23.1; 23.2; 29.1; 29.2; 29.3; 29.4; 30.1; 30.2; 35.1; 37.1; 38.1; 39.1; 39.2; 39.3; 39.4; 39.5; 39.6; 39.7; 39.8; 40.1; 40.2; 40.3; 40.4; 41.2; 43.1; 44.1; 45.1; 45.2; 45.3; 46.1; 47.3; 54.1; 54.2; 54.3; 56.1; 56.3; 59.1; 67.1; 68.1; 69.1; 69.2; 69.3; 70.1; 71.1; 71.2; 72.2; 72.4; 73.2; 77.1; 77.2; 77.4; 77.5; 78.1; 78.2; 78.3; 78.4; 80.1; 84.1; 84.2; 91.1; 114.1; 115.1; 128.1; 132.1; 140.1; 149.1; 149.2; 150.1; 150.2; 157.2; 166.1; 169.1; 177.2; 205.2; 220.2; 269.2; 270.1; 270.2; 270.5; 270.6; 274.1; 274.4; 274.5; 274.7; 276.3; 276.4; 277.1; 279.1; 280.1; 284.1; 286.1; 286.2; 287.1; 287.2; 288.1; 288.2; 291.1; 292.1; 294.5; 296.1; 304.2; 306.1; 309.1; 309.2; 309.3; 309.4; 310.1; 311.2; 311.3; 312.1; 312.2; 312.3; 313.1; 313.2; 313.3; 313.4; 314.1; 314.2; 314.3; 314.4; 315.1; 316.1; 317.1; 317.2; 317.3; 318.1; 320.1; 320.2; 321.1; 321.2; 322.1; 322.2; 324.1; 324.2; 325.1; 326.1; 330.1; 332.1; 332.2; 332.3; 333.1; 333.2; 337.2; 340.1; 340.2; 341.3; 342.1; 348.1; 348.2; 349.1; 349.2; 349.3; 350.1; 350.2; 350.3; 351.2; 351.3; 352.1; 353.2; 354.1; 355.2; 360.1; 360.2; 362.1; 363.1; 363.2; 366.1; 366.3; 367.1; 367.3; 368.1; 369.1; 372.1; 372.2; 375.2; 375.3; 375.4; 375.5; 375.6; 375.7; 375.8; 375.9; 375.10; 376.1; 376.2; 376.3; 376.4; 376.5; 376.6; 377.2; 378.1; 378.2; 379.2; 379.3; 379.4; 380.1; 380.2; 380.3; 380.4; 388.1; 388.2; 388.3; 389.2; 389.3; 389.4; 389.5; 395.2; 396.1; 397.2; 397.3; 398.1; 399.5; 400.1; 400.2; 401.2; 401.3; 402.1; 402.2; 403.1; 403.2; 403.3; 403.4; 403.5; 403.6; 405.1; 405.2; 406.1; 406.2; 406.3; 406.4; 408.1; 409.1; 409.2; 409.4; 409.5; 409.6; 410.1; 411.1; 411.2; 414.1; 418.1; 418.2; 418.3; 420.1; 422.1; 423.1; 423.2; 424.1; 424.3; 424.4; 426.1; 426.2; 426.3; 426.4; 427.1; 428.1; 432.2; 433.1; 433.2; 437.1; 437.3; 438.1; 440.1; 440.2; 443.2; 452.1; 457.2; 457.3; 465.1; 469.3; 470.1; 470.2; 470.3; 477.1;** Lumina Datamatics GmbH, c/o Arnecke Sibeth Dabelstein, Rechtsanwälte Steuerberater Partnergesellschaft mbH, München, **46.2; 46.3; 46.4; 46.5; 47.1; 47.2; 49.1; 50.1; 50.2; 50.3; 50.4; 51.1; 51.2; 51.3; 51.4; 51.5; 51.6; 51.7; 51.8; 53.1; 72.1; 72.3; 73.1; 73.3; 73.4; 75.1; 75.2; 75.3; 76.1; 76.2; 77.3; 79.2; 150.3; 158.1; 270.4; 270.7; 270.8; 270.9; 270.10; 272.1; 272.2; 273.1; 273.2; 273.3; 273.4; 273.5; 275.9; 275.10; 276.1; 276.2; 280.2; 280.3; 280.4; 280.5; 283.1; 283.2; 283.3; 283.4; 285.1; 285.2; 289.1; 292.2; 292.3; 292.4; 292.5; 293.1; 293.2; 294.1; 294.2; 294.3; 294.4; 299.1; 299.2; 300.1; 300.2; 300.3; 300.4; 300.5; 301.1; 301.2; 301.3; 301.4; 303.1; 304.1; 304.3; 306.2; 306.3; 306.4; 306.5; 307.2; 307.3; 308.1; 308.2; 308.3; 397.4; 397.5; 399.1; 399.2; 399.3; 399.4; 404.1; 404.2; 409.3; 410.2; 420.2; 439.1; 439.2;** Mall, Karin, Berlin, **456.1;** Marzell, Alfred, Schwäbisch Gmünd, **15.1; 15.2; 15.3; 15.4; 15.5; 40.5; 41.1; 55.1; 79.1; 85.1; 87.1; 87.2; 87.3; 89.1; 89.2; 90.1; 92.1; 94.1; 95.1; 97.1; 99.1; 104.1; 105.1; 105.2; 107.1; 107.2; 109.1; 109.2; 113.1; 116.1; 116.2; 116.3; 122.1; 125.1; 165.1; 172.1; 173.2; 173.3; 176.1; 177.1; 177.3; 178.1; 180.1; 180.2; 181.1; 181.2; 182.1; 182.2; 184.1; 185.1; 186.1; 187.1; 187.2; 188.1; 194.1; 200.1; 219.1; 220.1; 222.1; 233.1; 237.1; 238.1; 238.2; 243.1; 243.2; 244.1; 244.2; 245.1; 247.1; 251.1; 270.11; 341.2; 344.1; 344.3; 344.5; 345.1; 347.2; 347.3; 347.4; 354.2; 357.2; 358.1; 369.2; 370.1; 390.1; 410.3; 432.1; 449.2; 462.1; 469.2;** medienwerkstatt adrion - Jörg Adrion, Bietigheim-Bissingen, **359.2; 361.2; 362.2; 362.3; 366.2;** Wildermuth, Werner, Würzburg, **270.3**

Texte **9.1** Leopold Gmelin: Handbuch der Chemie, Band 1, 1843. Zitiert nach: Elisabeth Renatus: Chemie in unserer Zeit, Ausgabe 17/1983, S. 97; **10.1** Max Pettenkofer, Zitat. In: J. W. Doebereiner, Max Pettenkofer: Die Anfänge des natürlichen Systems der chemischen Elemente. Ostwalds Klassiker der exakten Naturwissenschaften, Nr. 66, Engelmann Leipzig 1895, Reprint 1983 Geest & Portig (jetzt Verlag Harri Deutsch, Frankfurt/M.), S. 17; **10.2** Lothar Meyer, Zitat. In: J. W. Doebereiner, Max Pettenkofer: Die Anfänge des natürlichen Systems der chemischen Elemente. Ostwalds Klassiker der exakten Naturwissenschaften, Nr. 66, Engelmann Leipzig 1895, Reprint 1983 Geest & Portig (jetzt Verlag Harri Deutsch, Frankfurt/M.), S. 34; **10.3** John A. R. Newlands, Zitat. Zitiert nach: M. M. Pattison Muir: A History of Chemical Theories and Laws. Wiley New York 1907, 359; **10.4** Friedrich Wöhler: Brief an Justus von Liebig, Zitat. Zitiert nach: Hans Eduard Fierz-David: Die Entwicklungsgeschichte der Chemie. Birkhäuser Basel 1952, S. 307; **11.1** Dmitri Iwanowitsch Mendelejew, Zitat. Zitiert nach: Hans Eduard Fierz-David: Die Entwicklungsgeschichte der Chemie. Birkhäuser Basel 1952, S. 314; **57.1** Gottfried Karl Hagen: Grundriß der Experimentalpharmacie zum Gebrauch bey dem Vortrage derselben. Gottlieb Lebrecht Hartung, Königsberg und Leipzig, 1790; **141.1** „Von den Substanzen der Ackerkrume und des Untergrundes". In: Otto Linne Erdmann: Journal für technische und ökonomische Chemie. Bd. 3, Verlag von Johann Ambrosius Barth Leipzig 1828, S. 93; **144.1** LEBENSMITTEL-MONITORING. Ergebnisse des bundesweiten Lebensmittel-Monitorings 2002. Unter: https://www.bvl.bund.de/SharedDocs/Downloads/01_Lebensmittel/01_lm_mon_dokumente/01_Monitoring_Berichte/2002_lm_monitoring_bericht.pdf;jsessionid=000AF8EBF2A2F470D495DA3082E22E42.1_cid290?__blob=publicationFile&v=6 (Zugriff 22.09.2022, bearb.); **310.1** August Kekulé, Zitat. Unter: https://www.lernhelfer.de/schuelerlexikon/chemie/artikel/august-kekule (Zugriff 27.07.2021); **338.1** Isaac Newton: Opticks or a treatise of the reflections, refractions, inflections and colours of light. London 1704, Book I, Part II, S. 139. Zitiert nach: Heinrich Zollinger: Farbe. Eine multidisziplinäre Betrachtung. Helvetica Chimica Acta Zürich 2005, S. 75; **338.2** Johann Wolfgang von Goethe, Zitat. Aus: Ders.: Berliner Ausgabe. Kunsttheoretische Schriften und Übersetzungen (Band 17–22), Band 18. Aufbau Berlin 1960, S. 642-667; **338.3** Johann Wolfgang von Goethe, Zitat. Aus: Ders.: Berliner Ausgabe. Kunsttheoretische Schriften und Übersetzungen (Band 17–22), Band 18. Aufbau Berlin 1960, S. 642-667; **339.1** Johann Wolfgang von Goethe: Gesetz der Trübe. Unter: https://www.projekt-gutenberg.org/goethe/gedichte/chap433.html (Zugriff 11.08.2022); **339.2** Isaac Newton: Opticks or a treatise of the reflections, refractions, inflections and colours of light. London 1704, Book I, Part II, S. 139. Unter: https://gallica.bnf.fr/ark:/12148/bpt6k3362k?rk=21459 (Zugriff 11.08.2022, gek.); **339.3** Isaac Newton: Opticks or a treatise of the reflections, refractions, inflections and colours of light. London 1704, Book I, Part II, S. 139. Übersetzung Johann Wolfgang von Goethe: Zur Farbenlehre. Cotta Tübingen 1810, S. 640. Zitiert nach: Farben-Welten – zu Goethes Farbenlehre. Enthüllung der Theorie Newtons, Zehnte Proposition, Fünftes Problem, 667. Unter: https://farben-welten.de/goethes-farbenlehre/enthuellung-der-theorie-newtons/zehnte-proposition-fuenftes-problem/ (Zugriff 11.08.2022, gek.)

Die Reihenfolge und Nummerierung der Bild- und Textquellen im Quellennachweis erfolgt automatisch und entspricht u. U. nicht der Nummerierung der Bild- und Textquellen im Werk. Die automatische Vergabe der Positionsnummern erfolgt in der Regel von links oben nach rechts unten, ausgehend von der linken oberen Ecke der Abbildung.